제3판

민법기본판례

윤 진 수

弘 文 社

제3판 머리말

민법기본판례 제2판을 낸 지 3년여 만에 제3판을 내게 되었다. 제3판에서는 제2판 출간 후에 나온 중요한 판례들을 추가하였고, 그 과정에서 제2판에서 다루었던 판례를 교체하기도 하였다. 그리고 일부이기는 하지만, 제2판 출간 전에 나왔던 판례를 새로 실은 것도 있다. 결과적으로 제2판에서는 145개의 판례를 다루었으나, 제3판에서는 169개로 판례가 늘어났다.

제3판을 내는 목적도 초판과 다르지 않다. 즉 민법을 공부하는 학생이나 연구자들이 판례를 단순히 외우는 데서 그치지 않고, 판례를 정확하게 이해하고 나아가 비판하는 능력을 갖추어야 한다는 것이다. 이 책이 그러한 목적을 달성할 수 있기를 바란다. 글의 체제도 초판과 마찬가지이다.

마지막으로 책 발간을 맡아 주신 홍문사의 임권규 사장님과 꼼꼼히 교정을 보아 주신 이경희 주간님께 감사의 뜻을 표한다.

2024년 3월

윤 진 수

제2판 머리말

민법기본판례 초판을 낸 지 4년 만에 제2판을 내게 되었다. 초판에서는 재산법(총칙, 물권, 채권)만을 다루었으나, 제2판에서는 친족법과 상속법에 관한 판례를 추가하였다. 그리고 재산법 부분도 초판에서 다루었던 판례가 변경된 것을 실었고, 그 후에 나온 중요한 판례도 추가하였으며, 일부는 미처 다루지 못했던 것을 보충하였다. 그러다 보니 초판에서는 재산법 판례 100개를 다루었으나, 개정판에서는 재산법 116개, 친족법 17개, 상속법 13개가 되어 분량이 많이 늘어났다.

제2판을 내는 목적도 초판과 다르지 않다. 즉 민법을 공부하는 학생이나 연구자들이 판례를 단순히 외우는 데서 그치지 않고, 판례를 정확하게 이해하고 나아가 비판하는 능력을 갖추어야 한다는 것이다. 이 책이 그러한 목적을 달성할 수 있기를 바란다. 글의 체제도 초판과 마찬가지이다.

마지막으로 책 발간을 맡아 주신 홍문사의 임권규 사장님과 꼼꼼히 교정을 보아 주신 이경희 주간님 그리고 귀찮은 일을 맡아 주신 이준기 부장님께 감사의 뜻을 표한다.

2020년 8월

윤 진 수

머 리 말

현재 법 실무에서나 법학교육에서 판례가 가지는 중요성은 아무리 강조해도 지나치지 않고, 법을 이야기하려면 판례를 알아야 하는 것은 당연하다. 그런데 현실에서는 법을 배우는 학생들은 구체적인 판례의 의미를 이해하려고 노력하기보다는, 어떤 판례가 있다는 것을 알고 외우는 데에만 노력을 쏟는 것을 흔히 볼 수 있다. 뿐만 아니라 실무가들도 판례가 있으면 이를 금과옥조로 생각하여 기계적으로 적용하는 경향이 있다. 그리하여 경우에 따라서는 판례가 부적절하게 원용되기도 한다. 그러나 판례를 대하는 올바른 태도는 판례의 의미를 정확히 파악하고, 그것이 적용될 수 있는 범위는 어디까지인지를 따져 보면서, 관련된 문제는 판례에 비추어 어떻게 해결하여야 할 것인가를 생각해 보는 것이다. 아울러 판례를 맹종하기보다는 비판적인 시각을 유지하고, 필요하다면 판례를 변경하여야 한다고 주장할 수도 있어야 한다.

이 책은 민법 중 재산법에 관한 중요한 판례 100개를 골라, 판례가 어떤 의미를 가지는지, 이를 이론적으로 어떻게 평가할 수 있는지를 간략하게 설명함으로써 독자들이 판례를 이해하고 분석하는 것을 도우려는 것을 목적으로 한다. 그리하여 판례가 나오게 된 배경과 학설상의 논의, 그 후의 판례의 추이와 관련 문제에 대한 판례를 소개하였다. 판례의 선정에 있어서는 각 판례가 가지는 이론적 및 실무적 중요성을 우선적으로 고려하였으며, 비슷한 취지의 판례가 여러 개 있는 경우에는 가능하면 여러 가지 쟁점을 포괄하고 있거나, 이해하기에 쉬운 것을 골랐다.

구체적으로는 우선 판례의 이해에 필요한 범위 내에서 **사실**에서 사실관계를 요약하고, **이유**에서 판례의 중요한 부분을 적절하게 편집하여 옮겼으며, **해설**에서는 판례를 분석하고 평가하였고, 필요한 경우에는 저자의 견해를 덧붙였다. 해설의 체제는 판례에 따라 달리 하였다. 그리고 **참고문헌**에서는 대상판례의 평석이나 그 밖에 판례의 이해에 도움이 될 수 있는 문헌을 선별하여 소개하였다.

아무쪼록 이 책이 독자들의 판례 이해에 도움이 되기를 희망한다. 기회가 허용한다면 앞으로 친족상속법에 관한 판례도 다루어 보고자 한다.

이 책을 냄에 있어서는 여러 사람들의 도움을 받았다. 특히 관련 자료를 제공하여 준 대전지법의 이봉민 판사와 원고를 읽고 검토해 준 김수정 박사, 이소은 변호사에게 감사한다. 그리고 꼼꼼히 교정을 보아 준 홍문사의 김경수 대리님이 아니었으면 많은 오류를 바로잡을 수 없었을 것이다.

마지막으로 판례 교재를 쓰도록 권유하신 박준서 전 대법관님과 책을 쓸 것을 독려하고 저자의 게으름을 오랫동안 참아 주신 홍문사의 임권규 사장님께 충심으로 감사를 드린다. 이 분들이 아니었으면 이 책이 나올 수 없었을 것이다.

2016년 2월

윤 진 수

차 례

I. 총 칙

Ⅱ. 물 권

Ⅲ. 채권총칙

Ⅳ. 채권각칙

Ⅴ. 친족법

Ⅵ. 상 속

일러두기

1. 민법의 조문은 조문만으로 표시하였다. 다만 판례에서 민법이라는 용어를 사용한 것은 그대로 두었다. 그리고 '제103조'는 '103조'와 같이 표기하였다.
2. 사건의 적극적 당사자(원고, 보전처분의 신청인 등)는 X로, 소극적 당사자(피고, 보전처분의 피신청인, 형사사건의 피고인 등)는 Y로, 그 외의 관련자는 A, B, C와 같이 표시하였다. 적극적 당사자나 소극적 당사자가 여럿일 때에는 X_1, X_2, Y_1, Y_2와 같이 구별하였다.
3. '급부'와 '입증'이라는 용어는 일본식의 표현이므로 그 사용을 피하고 '급여'와 '증명'이라는 용어를 사용하였으나, 판례나 학설을 인용할 때에는 그대로 두었다.

약 어

대판 1992.12.11, 92다18146 = 대법원 1992.12.11. 선고 92다18146 판결
대결 1995.5.23, 94마2218 = 대법원 1995.5.23.자 94마2218 결정

/ 민법기본판례 /

I 총칙

[판례 1]

여성의 종중원 자격

대법원 2005.7.21. 선고 2002다1178 전원합의체 판결

사 실

Y는 용인 이씨 시조 길권의 18세손 말손(末孫)을 중시조로 하는 종중이고, X들은 말손의 후손인 여성들로서 용인 이씨 33세손이다. 그런데 Y 종중의 소유인 토지가 수용되어 그 보상금의 분배를 둘러싸고 여성도 종중원이 될 수 있는가 하는 분쟁이 생기게 되었다. Y의 종중규약 3조에는 "본회는 용인 이씨 사맹공(휘 末字 孫字)의 후손으로서 성년이 되면 회원자격을 가진다"라고 규정되어 있었다. 그리하여 X들은 위 규약이 회원 자격을 남자로 제한하고 있지 않으므로 X들도 Y 종회의 회원(종원) 자격을 가진다고 주장하면서, Y 종회의 회원(종원) 지위의 확인을 구하는 소송을 제기하였다. 원심은 혈족이 아닌 자나 여성은 종중의 구성원이 될 수 없다고 하여 X들의 청구를 기각하였다.

그러나 대법원은 여성도 종중원이 될 수 있다고 하여 종래 판례를 변경하고, 원심판결을 파기환송하였다. 이 판결에는 다수의견 외에 별개의견과 보충의견이 있었다.

이 유

관습법이란 사회의 거듭된 관행으로 생성한 사회생활규범이 사회의 법적 확신과 인식에 의하여 법적 규범으로 승인·강행되기에 이른 것을 말하고, 사회의 거듭된 관행으로 생성한 어떤 사회생활규범이 법적 규범으로 승인되기에 이르렀다고 하기 위하여는 헌법을 최상위 규범으로 하는 전체 법질서에 반하지 아니하는 것으로서 정당성과 합리성이 있다고 인정될 수 있는 것이어야 하고, 그렇지 아니한 사회생활규범은 비록 그것이 사회의 거듭된 관행으로 생성된 것이라고 할지라도 이를 법적 규범으로 삼아 관습법으로서의 효력을 인정할 수 없다.

그런데 종원의 자격을 성년 남자로만 제한하고 여성에게는 종원의 자격을 부여하지 않는 종래 관습에 대하여 우리 사회 구성원들이 가지고 있던 법적 확신은 상당 부분 흔들리거나 약

화되어 있고, 무엇보다도 헌법을 최상위 규범으로 하는 우리의 전체 법질서는 개인의 존엄과 양성의 평등을 기초로 한 가족생활을 보장하고, 가족 내의 실질적인 권리와 의무에 있어서 남녀의 차별을 두지 아니하며, 정치 · 경제 · 사회 · 문화 등 모든 영역에서 여성에 대한 차별을 철폐하고 남녀평등을 실현하는 방향으로 변화되어 왔는데, 종래의 관습은, 공동선조의 분묘수호와 봉제사 등 종중의 활동에 참여할 기회를 출생에서 비롯되는 성별만에 의하여 생래적으로 부여하거나 원천적으로 박탈하는 것으로서, 위와 같이 변화된 우리의 전체 법질서에 부합하지 아니하여 정당성과 합리성이 있다고 할 수 없다. 따라서 종중 구성원의 자격을 성년 남자만으로 제한하는 종래의 관습법은 이제 더 이상 법적 효력을 가질 수 없게 되었다.

종중의 구성원에 관한 종래 관습은 더 이상 법적 효력을 가질 수 없게 되었으므로, 종중 구성원의 자격은 민법 1조가 정한 바에 따라 조리에 의하여 보충될 수밖에 없고, 종중의 목적과 본질에 비추어 볼 때 공동선조와 성과 본을 같이 하는 후손은 성별의 구별 없이 성년이 되면 당연히 그 구성원이 된다고 보는 것이 조리에 합당하다.

이와 같은 대법원의 견해의 변경은 종중제도의 근간을 바꾸는 것인바, 위와 같이 변경된 견해를 소급하여 적용한다면, 종래 대법원판례를 신뢰하여 형성된 수많은 법률관계의 효력을 일시에 좌우하게 되고, 이는 법적 안정성과 신의성실의 원칙에 기초한 당사자의 신뢰보호를 내용으로 하는 법치주의의 원리에도 반하게 되므로, 위와 같이 변경된 대법원의 견해는 이 판결 선고 이후의 종중 구성원의 자격과 이와 관련하여 새로이 성립되는 법률관계에 대하여만 적용되고, 다만 이 사건에 대하여도 위와 같이 변경된 견해가 적용되지 않는다면, 이는 구체적인 사건에 있어서 당사자의 권리구제를 목적으로 하는 사법작용의 본질에 어긋날 뿐만 아니라 현저히 정의에 반하게 되므로, X들이 피고 종회의 회원 지위의 확인을 구하는 이 사건 청구에 한하여는 위와 같이 변경된 견해가 소급하여 적용되어야 한다.

해 설

1. 종중은 자연발생적 단체인가?

종래의 판례는 종중은 공동선조의 후손 중 성년 이상의 남자를 종원으로 하여 구성되는 종족의 자연발생적 집단이므로 성립을 위하여 특별한 조직행위를 필요로 하는 것이 아니라고 한다(대판 1992.12.11, 92다18146 등). 그리하여 판례는 이러한 자연발생적인 종중을 고유의 의미의 종중이라고 하면서, 이와는 대비되는 것으로서 공동선조의 후손 중 일정한 지역에 거주하는 후손 또는 일정한 친족 범위 내의 후손(종중원)들로 구성된 단체를 고유한 의미의 종중과는 구별되는 종중 유사의 단체로 보아, 법률적으로 종중과는 다소 달리 취급하고 있다(대판 2011.2.24, 2009다17783 등).

그러나 근래에는 종중은 자연발생적 단체가 아니라 인위적인 단체이고, 종래의 자연발생적 단체설은 이전의 관습을 오해한 것이라고 하는 비판이 많다. 뿐만 아니라 개인이 자신의 의사에 관계없이 어느 단체의 구성원이 되는 것으로 강제된다면 이는 헌법상 소극적 의미에서의 결사의 자유(헌재결 2002.9.19, 2000헌바84 등)와도 모순된다.

그러나 대상판결은 이 점에 관하여는 종래의 판례를 유지하였다.

2. 종중원의 자격을 성년 남자에 한정한 것의 당부

종래 대법원의 판례는 관습상 종중의 구성원은 성년 남자에 한정된다고 보고 있었다. 그런데 대상판결의 다수의견은, 여성은 종중의 구성원이 될 수 없다는 종래의 관습은 변화된 우리의 전체 법질서에 부합하지 아니하여 정당성과 합리성이 있다고 할 수 없다고 보았다. 그렇다면 종래의 관습법은 더 이상 법적 효력을 가질 수 없게 되었으므로 종중 구성원의 자격은 조리에 의하여 보충될 수밖에 없는데, 공동선조와 성과 본을 같이 하는 후손은 성별의 구별 없이 성년이 되면 당연히 그 구성원이 된다고 보는 것이 조리에 합당하다고 하였다. 대상판결은 종래 판례상 인정되어 왔던 관습에 관하여 그 효력을 부정한 두 번째 판결이다. 첫 번째 판결은 대판(전) 2003.7.24, 2001다48781인데, 이 판결은 제정 민법이 시행되기 전에 존재하던 관습 중 "상속회복청구권은 상속이 개시된 날부터 20년이 경과하면 소멸한다"는 내용의 관습에는 법적 규범인 관습법으로서의 효력을 인정할 수 없다고 하였다. 그리고 대상판결 후의 대판 2008.11.20, 2007다27670은, 적장자(嫡長子)가 우선적으로 제사를 승계해야 한다는 종래의 관습은 더 이상 관습 내지 관습법으로서의 효력을 유지할 수 없게 되었다고 보았다. 이러한 일련의 판결들은 관습법에 대하여 그것이 헌법에 합치하는가 여부를 따지는 일종의 위헌심사를 한 것으로 볼 수 있다.

그런데 헌법과의 관계에서는 경우를 나누어 살펴볼 필요가 있다. 우선 종래의 판례(대판 1992.12.11, 92다30153)는 종중원은 성년 남자로 한정되고, 종중이 여성을 종중원으로 인정하는 것은 허용되지 않는다고 보았다. 그렇지만 이 사건에서는 피고 종중이 원고들을 종중원으로 인정하지 않는 것이 허용되는가 하는 점이 문제되었으므로 이와는 차이가 있다. 종중이 여성을 종중원으로 받아들이는 것을 허용하지 않는다면, 종중원이 되고자 하는 여자뿐만 아니라 여자를 종중원으로 받아들인 종중의 권리도 침해된다고 할 수 있다. 이때에는 종중의 결사의 자유가 침해되는 것으로서, 바로 헌법에 어긋난다고 볼 수 있다.

반면 종중이 여성을 종중원으로 받아들이지 않는 것은 원칙적으로 종중의 사적 자치에 속하는 것으로서 바로 헌법에 어긋난다고 말할 수는 없다. 그러므로 이는 이른바 기본권의 제3자적 효력 내지 간접적용이라는 관점에서 분석할 필요가 있다. 이 판결의 별개의견은, 어떤 단체가 그 단체에 대하여 중대하거나 본질적인 이해관계를 가지는 개인이 가입을 원하는 경우 합리적이고 정당한 이유 없이 가입을 거부하는 것은 103조에 의하여 허용되지 않는다고 하였다. 다만 별개의견은 성년남자는 그 의사와 관계없이 종중 구성원이 되지만, 여자는 종중에 가입하려는 의사를 표명해야만 종중원이 된다고 보았다.

과연 종중이 여성의 가입을 거부하는 것이 103조에 어긋나는가 하는 점에 관하여 다수의견이 언급하고 있는 우리 사회 법질서의 변화는 중요한 의미를 가진다. 즉 우리나라가 가입한 유엔의 여성차별철폐협약은, 위 협약의 체약국에 대하여 여성에 대한 차별을 초래하는 법률, 규칙, 관습 및 관행을 수정 또는 폐지하도록 입법을 포함한 모든 적절한 조치를 취할 것과, 남성과 여성의 역할에 관한 고정관념에 근거한 편견과 관습 기타 모든 관행의 철폐를 실현하기 위하여 적절한 조치를 취할 의무를 부과하였다. 그리고 1990.1.13. 개정된 민법은 친족의 범위에 있어서 더 이상 남녀 사이의 차별을 두지 않고 있고, 재산상속분에 관하여도 남녀의 차별을 철폐하였다. 이러한 점에 비추어 본다면 지금에 이르러서는 종중이 성년 여성이나 출가한 여성의 종중원의 지위를 부정하는 것은 103조에 어긋난다고 하는 결론을 이끌어낼 수 있을 것이다.

대판 2011.1.27, 2009다19864 판결에서는 서울 YMCA가 여성 회원들에게 총회원 자격을 부여하지 않은 것이 남녀차별로서 불법행위에 해당하는지가 문제되었다. 위 판결은 사적 단체가 그 구성원을 성별에 따라 달리 취급하는 것이 일반적으로 금지된다고 할 수는 없지만, 사적 단체의 구성원에 대한 성별에 따른 차별처우가 사회공동체의 건전한 상식과 법감정에 비추어 볼 때 도저히 용인될 수 있는 한계를 벗어난 경우에는 사회질서에 위반되는 행위로서 위법한 것으로 평가할 수 있다고 하였다. 그리고 이 판단을 위하여서는 사적 단체가 일정 부분 공공적 영역에서 활동하며 공익적 기능도 수행하는지와, 그러한 차별처우가 단체의 정체성을 유지하기 위하여 불가피한 것으로서 필요한 한도 내의 조치였는지 여부 등을 고려하여야 한다고 보았다. 그리하여 결과적으로는 서울 YMCA의 불법행위책임을 인정하였다.

3. 판례변경의 선택적 장래효

대상판결은 종중원의 자격에 관한 종래의 판례를 변경하면서도, 이와 같이 변경된 판례는 이 판결 선고 이후의 종중 구성원의 자격과 이와 관련하여 새로이 성립되는 법률관계에 대하여만 적용된다고 함이 상당하고, 다만 원고들이 피고 종회의 회원 지위의 확인을 구하는 이 사건 청구에 한하여는 위와 같이 변경된 견해가 소급하여 적용되어야 할 것이라고 판시하였다. 제사주재자의 결정에 관한 대판(전) 2008.11.20, 2007다27670도 변경된 판례가 당해 사건에 한하여 소급적용된다고 판시하였고, 대판(전) 2023.5.11, 2018다248626(**[판례 155]**)은 위 대판(전) 2008.11.20, 2007다27670을 변경하면서도 소급 적용에 관하여는 마찬가지로 판시하였다.

나아가 대판(전) 2015.7.23, 2015다200111(**[판례 10]**)은, 형사사건에서의 성공보수 약정이 공서양속에 반하여 무효라고 하면서도, 종래 이루어진 보수약정의 경우에는 무효라고 단정하기 어렵고, 향후의 성공보수 약정은 무효라고 하였다.

이처럼 판례 변경의 효력을 장래에만 미치게 하는 것을 장래적 판례변경(prospective overruling)이라고 하는데, 대상판결처럼 판례의 소급효를 특정 사건에만 미치게 하는 것을 이른바 선택적 장래효(selective prospectivity)라고 하고, 2015다200111 판결처럼 당해 사건에도 소급효를 인정하지 않는 것을 순수한 장래효(pure prospectivity)라고 한다. 그러나 원래 재판이란 과거에 일어난 사건을 대상으로 하는 것이므로, 판례에 대하여 장래효만을 인정한다는 것은 사법의 본질과는 맞지 않을 뿐만 아니라, 판례 변경 전의 사건과 변경 후의 사건을 다르게 취급한다는 면에서 평등의 원칙에 반한다. 나아가 판례의 변경을 이끌어낸 당해 사건의 당사자마저도 새로운 판례의 혜택을 입지 못하게 되는 불합리가 있다. 또한 판례 변경의 장래효만을 인정하면서 당해 사건의 당사자에 대하여만 소급효를 인정하는 선택적 장래효는 더욱더 평등의 원칙에 반한다. 다만 관습법이 변화되었다고 한다면 관습법이 변화된 시점을 확정하여 그 시점 전의 사건에 대하여는 종전의 관습을 적용하고, 또 구체적인 사건에 있어서 종래의 판례를 신뢰한 당사자를 보호할 필요가 있는지 여부를 개별적으로 판단하여 신의칙과 같은 방법에 의하여 당사자를 구제하는 것이 정도라고 하겠다. 아래 **[판례 10]** 참조.

4. 관련 판례

대판 2009.2.26, 2008다8898은, 대상판결 선고 이후인 2005.7.30. 여자 종중원들에게는 소집통지를 하지 않고 남자 종중원들에게만 소집통지를 하여 개최된 종중 총회에서 대표자로 선출된 자에 의하여 제기된 소는, 대표권이 없는 자에 의하여 제기된 것이므로 부적법하다고 하였다. 그리고 대판 2010.12.9, 2009다26596은 종중의 대표자를 선임하기 위하여 개최되는 종중총회의 소집권을 가지는 연고항존자(年高行尊者)를 확정함에 있어서 여성을 제외할 아무런 이유가 없으므로, 여성을 포함한 전체 종원 중 항렬이 가장 높고 나이가 가장 많은 사람이 연고항존자가 된다고 판시하였다.

또한 대판 2010.9.30, 2007다74775은, 종중은 종중의 토지에 대한 수용보상금을 종중총회의 결의에 의하여 분배할 수 있고, 그 분배 비율, 방법, 내용 역시 결의에 의하여 자율적으로 결정할 수 있지만, 종중재산의 분배에 관한 종중총회의 결의 내용이 현저하게 불공정하거나 선량한 풍속 기타 사회질서에 반하는 경우 또는 종원의 고유하고 기본적인 권리의 본질적인 내용을 침해하는 경우 그 결의는 무효라고 하였다. 그리하여 종중재산을 분배함에 있어 단순히 남녀 성별의 구분에 따라 그 분배 비율, 방법, 내용에 차이를 두는 것은 정당성과 합리성이 없어 무효라고 보았다.

그리고 대판 2011.2.24, 2009다17783은, 종중 유사단체는 사적 임의단체라는 점에서 자연발생적인 종족집단인 고유한 의미의 종중과 그 성질을 달리하므로, 그러한 경우에는 사적 자치의 원칙 내지 결사의 자유에 따라 그 구성원의 자격이나 가입조건을 자유롭게 정할 수 있다고 하여, 공동선조의 후손 중 남성만으로 그 구성원을 한정하고 있는 종중 유사단체의 회칙이나 규약이 양성평등 원칙을 정한 헌법 11조 및 민법 103조를 위반하여 무효라고 볼 수는 없다고 하였다. 대상판결에서의 고현철 대법관의 보충의견도 같은 취지이다. 그러나 종중이 자연발생단체라는 것도 근거가 박약할 뿐만 아니라, 종중과 종중 유사단체의 목적과 기능에 별다른 차이가 없다면, 양자를 달리 취급하는 것에는 합리적인 근거가 있다고 하기 어려울 것이다.

다른 한편 헌재결 2013.2.28, 2009헌바129; 2016.4.28, 2013헌바396, 2014헌바394는 관습법은 형식적 의미의 법률은 아니지만 실질적으로는 법률과 같은 효력을 갖는다는 이유로, 관습법도 당연히 헌법재판소의 위헌심판의 대상이 된다고 하였다. 그러나 관습법이 반드시 법률과 같은 효력을 가지는 것은 아니다. 예컨대 민사 관습이 성문법에 어긋나면 이는 효력이 없고, 그 효력 여부의 판단은 헌법재판소가 아닌 법원이 내릴 수 있다. 그리고 관습법의 존재 여부, 그 효력 상실 여부의 판단은 1차적으로 법원이 하는 것이므로, 위헌 여부의 판단도 법원이 하는 것이 타당하다.

한편 대판 2022.5.26, 2017다260940은, 원고가 781조 6항에 따라 가정법원의 허가를 받아 아버지의 성과 본에서 어머니의 성과 본으로 변경을 한 후, 어머니가 구성원으로 있는 피고 종중을 상대로 종원 지위의 확인을 구한 사안에서, 성년인 그 자녀는 모가 속한 종중의 공동선조와 성과 본을 같이 하는 후손으로서 당연히 종중의 구성원이 되고, 부가 속한 종중에서 탈퇴하게 된다고 하였다.

참고문헌

김재형, 단체로서의 종중, 민사재판의 제문제 14, 2005.

김제완, 단체 법리의 재조명: 종중재산의 법적 성격, 민사법학 31, 2006.

김종국, 성과 본의 변경에 따른 소속 종중의 변경 여부에 관한 소고, 가족법연구 23권 3호, 2009.

문영화, 종원의 자격을 성년남자로 제한하는 종래 관습법의 효력, 송민최종영대법원장재임기념 21세기사법의 전개, 2005.

송인권, 종중에 관한 판례이론의 문제점, 법조 2015.8.

윤진수, 변화하는 사회와 종중에 대한 관습, 민법논고 6권, 2015.

윤진수, 관습상 분재청구권에 대한 역사적, 민법적 및 헌법적 고찰, 민사재판의 제문제 22권, 2013.

윤진수, 상속관습법의 헌법적 통제, 헌법학연구 27권 2호, 2017.

윤진수, 한국 대법원의 형사사건 성공보수 판결: 일반조항, 사법적극주의 그리고 장래적 판례변경, 법철학연구 23권 2호, 2020.

정긍식, 종중의 성격에 대한 비판적 검토, 민사판례연구 29권, 2007.

이동진, 판례변경의 소급효, 민사판례연구 36권, 2014.

[판례 2]

사정변경의 원칙

대법원 2021.6.30. 선고 2019다276338 판결

사 실

X들은 2015.8.26. 해외이주 알선업체인 Y와 다음과 같은 미국 비숙련 취업이민을 위한 알선업무계약을 체결하였다. 즉 이 사건 계약의 유효기간은 계약서 작성일부터 원고들의 이민비자 취득일까지로 하고, 국외알선 수수료는 미화 3만 달러로 하되, 지급방법은 계약 시(1차), 노동허가 취득 시(2차), 이민허가 취득 시(3차)로 나누어 미화 1만 달러씩 지급하며, 이민허가가 나지 않을 경우 이미 납입한 국외알선 수수료의 80%를 환불하고, 미국의 이민정책 변경으로 원고들의 이민 절차가 불가능해진 경우 해외알선 수수료에서 실비를 공제한 후 50%를 환불한다는 것이었다.

미국 비숙련 취업이민 절차는 ① 미국 노동부의 노동허가 단계, ② 미국 이민국의 이민허가 단계, ③ 주한 미국대사관의 이민비자 발급 단계로 구분된다. X들은 2016.5. 미국 이민국의 이민허가를 받았고, 이에 따라 X들은 Y에게 이 사건 계약에 따른 국외알선 수수료를 모두 지급하였다. 그러나 주한 미국대사관은 2016.11.경 X들에 대한 이민비자 인터뷰를 한 다음 그 자리에서 추가 행정검토(영사가 신청자의 비자발급 자격에 관한 결정 전 신청 건에 대하여 추가적으로 심사하는 것, 'AP') 결정을 하였고, 2017.9.경 이민국 이송(영사가 AP 결정을 내린 건에 대하여 이민국으로 재심사를 하도록 돌려보내는 것, 'TP') 결정을 하였다. 이처럼 주한 미국대사관의 AP/TP 결정으로 비자발급 절차가 중단되고 그 이유나 비자발급 절차 재개 여 부를 전혀 알 수 없는 상황에서, X들은 2017.12.1. 이 사건 계약에 관하여 사정변경을 이유로 한 해지 등을 주장하며 Y에 대하여 이미 지급한 수수료의 반환을 청구하는 이 사건 소를 제기하였다.

1심과 원심은 사정변경을 이유로 하는 계약 해지를 인정하였고, 원심은 이 사건 계약 해지에 따라 반환할 수수료는 이 사건 계약 제5조 제4호의 '이민허가가 나지 않을 경우'에 준하여 해외수수료의 80%로 봄이 타당하다고 하였다. 대법원도 Y의 상고를 기각하였다.

이 유

1. 판례는 계약을 체결할 때 예견할 수 없었던 사정이 발생함으로써 야기된 불균형을 해소하고자 신의성실 원칙의 파생원칙으로서 사정변경의 원칙을 인정하고 있다. 즉, 계약 성립의 기초가 된 사정이 현저히 변경되고 당사자가 계약의 성립 당시 이를 예견할 수 없었으며, 그로 인하여 계약을 그대로 유지하는 것이 당사자의 이해에 중대한 불균형을 초래하거나 계약을 체결한 목적을 달성할 수 없는 경우에는 계약준수 원칙의 예외로서 사정변경을 이유로 계약을 해제하거나 해지할 수 있다.

여기에서 말하는 사정이란 당사자들에게 계약 성립의 기초가 된 사정을 가리키고, 당사자들이 계약의 기초로 삼지 않은 사정이나 어느 일방당사자가 변경에 따른 불이익이나 위험을 떠안기로 한 사정은 포함되지 않는다. 사정변경에 대한 예견가능성이 있었는지는 추상적 · 일반적으로 판단할 것이 아니라, 구체적인 사안에서 계약의 유형과 내용, 당사자의 지위, 거래경험과 인식가능성, 사정변경의 위험이 크고 구체적인지 등 여러 사정을 종합적으로 고려하여 개별적으로 판단하여야 한다. 이때 합리적인 사람의 입장에서 볼 때 당사자들이 사정변경을 예견했다면 계약을 체결하지 않거나 다른 내용으로 체결했을 것이라고 기대되는 경우 특별한 사정이 없는 한 예견가능성이 없다고 볼 수 있다.

경제상황 등의 변동으로 당사자에게 손해가 생기더라도 합리적인 사람의 입장에서 사정변경을 예견할 수 있었다면 사정변경을 이유로 계약을 해제하거나 해지할 수 없다. 특히 계속적 계약에서는 계약의 체결 시와 이행 시 사이에 간극이 크기 때문에 당사자들이 예상할 수 없었던 사정변경이 발생할 가능성이 높지만, 이러한 경우에도 계약을 해지하려면 경제상황 등의 변동으로 당사자에게 불이익이 발생했다는 것만으로는 부족하고 위에서 본 요건을 충족하여야 한다.

2. X들은 사정변경을 이유로 이 사건 계약을 해지할 수 있다고 봄이 타당하다.

(1) 이 사건 계약 당시 주한 미국대사관의 업무처리 관례에 따르면 비숙련 취업이민의 경우 대체로 2년 정도면 비자발급 절차가 마무리되었다. X들과 Y 모두 늦어도 2년 내에는 비자가 발급될 것으로 예상하고 이를 계약 성립의 기초로 삼아 2015.8.26. 이 사건 계약을 체결하였다.

(2) 그런데 주한 미국대사관은 2016.3.경부터 국내 비숙련 취업이민 신청에 대하여 AP 결정을 내리기 시작하였고, 2016.9.경부터는 TP 결정을 내리기 시작하였다. 그 후 국내에서 비숙련 취업이민 신청 비자발급 절차는 더 이상 진행되지 않고 있고, 이때부터 국내에서 비숙련 취업이민 비자를 받은 사례는 없거나 극히 드물다.

이 사건 계약을 체결할 당시 당사자들이 이러한 사정변경을 예견했다고 볼 수 없고, 그로 인한 불이익이나 위험을 원고들이 부담하기로 했다고 볼 수 없다. 만일 원고들이 이러한 사정을 예견했더라면 이 사건 계약을 체결하지 않거나 계약 내용 중 일부를 변경하거나 추가하였을 것으로 보는 것이 합리적이다.

(3) 이러한 사정을 종합하면, 이 사건 계약은 성립의 기초가 되었던 비자발급 절차나 기간에 관한 사정이 현저히 변경되었고, 당사자가 계약의 성립 당시 이를 전혀 예견할 수 없었으며, 계약을 유지해도 체결한 목적을 달성할 수 없거나 당사자의 이해에 중대한 불균형을 초래하는 경우에 해당한다고 볼 수 있다.

해 설

1. 종래의 학설과 판례

계약의 기초가 되었던 사정이 중대하게 변경된 경우에 당사자가 그 계약의 구속에서 벗어나거나 또는 계약 내용의 변경을 주장할 수 있는 이른바 사정변경의 원칙이 인정되는가 하는 점은 종래부터 많이 논의되었다. 민법에는 지상권의 지료증감청구권(286조), 전세금 증감청구권(312조의2), 차임증감청구권(628조), 차임감액청구권(627조), 증여자의 해제권(557조)과 같이 사정변경을 고려하고 있는 규정들이 있다.

학설상으로는 명문 규정이 없는 경우에도 사정변경의 원칙을 인정하여야 한다는 견해가 많다. 즉 계약 성립 당시 당사자가 예견할 수 없었던 현저한 사정의 변경이 발생하였고 그러한 사정의 변경이 해제권을 취득하는 당사자에게 책임 없는 사유로 생긴 것으로서, 계약내용대로의 구속력을 인정한다면 신의칙에 현저히 반하는 결과가 생기는 경우에는 사정변경을 이유로 하는 계약의 해제를 인정하여야 한다는 것이다. 반면 이를 인정할 필요가 없다는 견해도 있다. 즉 신의칙은 당사자의 합의에 의하여 부여된 계약의 구속력을 배제할 만큼 강력한 기능을 가진 원리는 아니라는 것이다.

대판 1963.9.12, 63다452는, 매매계약을 맺은 때와 그 잔대금을 지급할 때와의 사이에 장구한 시일이 지나서 그 동안에 화폐가치의 변동이 극심하였던 탓으로, 매수인이 애초에 계약할 당시의 금액표시대로 잔대금을 제공한다면 그 동안에 앙등한 매매목적물의 가격에 비하여 그것이 현저하게 균형을 잃은 이행이 되는 경우라 할지라도, 사정변경을 이유로 하는 매매계약의 해제는 인정되지 않는다고 하였다. 그러나 이러한 판례에 대하여는, 사정변경의 법리를 애초부터 부인한 것이 아니라 다만 당해 사안의 경우에 그 법리를 적용할 만한 기초사실이 존재하지 않는다는 것뿐이고, 만일 그러한 사실이 인정된다면 사정변경의 법리를 인정할 수도 있다는 태도라고 이해할 여지도 있다는 주장도 있다.

다른 한편 대판 1990.2.27, 89다카1381 등 일련의 판례는, 회사의 임원이나 직원의 지위에 있기 때문에 회사의 요구로 부득이 회사와 제3자 사이의 계속적 거래로 인한 회사의 채무에 대하여 보증인이 된 자가 그 후 회사로부터 퇴사하여 임원이나 직원의 지위를 떠난 때에는, 보증계약 성립 당시의 사정에 현저한 변경이 생긴 경우에 해당하므로 사정변경을 이유로 보증계약을 해지할 수 있다고 보아야 한다고 판시하고 있고, 이를 사정변경의 원칙이 적용되는 예로서 이해하는 견해가 많다. 그러나 이는 당사자가 그러한 사정 변경을 초래한 경우로 서, 일반적으로 논의되는 사정변경의 요건에는 들어맞지 않는다. 또한 종래 사정변경이 문제되었던 사례들은 사정변경으로 인하여 등가관계가 파괴되거나 계약 목적을 달성할 수 없게 되는 경우였는데, 위와 같은 보증사례에서는 그와 같이 등가관계가 파괴되거나 계약 목적을 달성할 수 없는 경우라고는 할 수 없다. 그러므로 위와 같은 보증계약의 해지는 무상계약인 계속적 보증, 더 나아가 계속적 계약의 특수성 때문에 인정되는 법리라고 설명하여야 할 것이다.

2. 2007년 이후의 판례

가. 대판 2007.3.29, 2004다31302 그런데 대판 2007.3.29, 2004다31302는 처음으로 사정변경을 이유로 하는 계약의 해제가 인정될 수 있다고 판시하였다. 그 사건에서는 토지가 제주시에 위치한 개발제한구역 내에 소재하고 있었는데, 그 사건 피고인 제주시가 건설교통부장관에게 위 개발제한구역의 해제를 요청하여, 건설교통부장관은 1999.7.22. 개발제한구역의 해제결정을 하였다. 제주시는 1999.10.8. 이 사건 토지에 관하여 공유재산매각입찰공고를 하였는데, 그 사건 원고는 이 사건 토지를 낙찰받아, 1999.10.29. 피고와 매매계약을 체결하고, 매매대금을 모두 지급한 다음 2000.2.1. 이 사건 토지에 관하여 그 사건 원고 명의의 소유권이전등기를 마쳤다. 그런데 그 사건 피고 제주시는 2000.10.5. 도시계획재정비수립계획을 결정하고, 2002.4.29. 이 사건 토지를 포함한 34필지에 대하여 건축개발을 할 수 없는 공공공지로 편입하기로 최종 결정하였다. 그 사건 원고는 위 계약의 취소 또는 해제를 주장하면서 Y를 상대로 매매대금의 반환을 청구하는 소송을 제기하였는데, 원심은 사정변경 또는 신의칙을 근거로 하여 위 매매계약을 해제할 수 있다고 판시하였다. 그러나 대법원은 원심판결을 파기환송하였다.

대법원은, 이른바 사정변경으로 인한 계약해제는 계약 성립 당시 당사자가 예견할 수 없었던 현저한 사정의 변경이 발생하였고 그러한 사정의 변경이 해제권을 취득하는 당사자에게 책임 없는 사유로 생긴 것으로서, 계약내용대로의 구속력을 인정한다면 신의칙에 현저히 반하는 결과가 생기는 경우에 계약준수 원칙의 예외로서 인정되는 것이고, 여기에서 말하는 사정이라 함은 계약의 기초가 되었던 객관적인 사정으로서, 일방당사자의 주관적 또는 개인적인 사정을 의미하는 것은 아니라고 하였다. 그러면서 위 토지상의 건축가능 여부는 그 사건 원고 이 사건 토지를 매수하게 된 주관적인 목적에 불과할 뿐 이 사건 매매계약의 성립에 있어 기초가 되었다고 보기 어렵다고 하여, 계약 해제가 허용되지 않는다고 하였다.

나. 그 후의 판례 대판 2011.6.24, 2008다44368은 사정변경으로 인한 계약 해지는 인정될 수 있다고 하면서도, 결론적으로는 해지를 부정하였다. 이 사건에서 대법원은, 원고 회사가 온라인연합복권 운영기관인 피고 은행과, 원고 회사가 온라인연합복권 시스템 구축 및 운영

용역을 제공하는 대가로 피고 은행이 온라인연합복권 매회 매출액의 일정 비율에 해당하는 수수료를 지급하기로 하는 내용의 계약을 체결한 경우에, 온라인연합복권 판매액이 예상매출액을 훨씬 초과하게 되어 판매액에 비례한 수수료를 지급받는 원고 회사가 결과적으로 예상액을 훨씬 초과하는 수수료를 지급받게 되었다는 점만으로 신의칙에 반하는 결과가 초래되었다고 볼 수 없으므로, 사정변경으로 인한 계약의 일부 해지를 인정할 수 없다고 하였다.

또한 대판(전) 2013.9.26, 2012다13637; 대판(전) 2013.9.26, 2013다26746은, 은행과 기업이 맺은 '키코(KIKO) 통화옵션계약'에 대하여 사정변경의 원칙이 적용되어 기업이 위 계약을 해지할 수 있는 것은 아니라고 보았다. 위 계약은 기업이 수출로 인한 외화매출채권의 환율변동(하락)위험을 회피(헤지, hedge)하기 위해 맺은 계약으로서, 기본적으로 달러 환율이 당사자가 정한 일정한 환율보다 높으면 기업이 손실을 보도록 설계되어 있었는데, 달러 환율이 계약 체결 후 급등하여 기업이 많은 손해를 입게 되었다. 대법원은 환율의 변동가능성은 이 사건 각 통화옵션계약에 이미 전제된 내용이거나 내용 자체이고, 원고와 피고는 환율이 각자의 예상과 다른 방향과 폭으로 변동할 경우의 위험을 각자 인수한 것이지, 환율이 일정 범위 내에서 유지됨을 계약의 기초로 삼았다고 볼 수 없다고 하여 사정변경의 원칙이 적용될 수 없다고 하였다.

그리고 대판 2017.6.8, 2016다249557은, 호텔에서 피트니스 클럽을 운영하던 피고가 적자 누적을 이유로 사정 변경에 근거하여 영업을 중단하고 회원들과의 이용계약을 해지하겠다고 주장한 사건에서, 해지 주장을 받아들이지 않았다. 그런데 대법원은 사정 변경을 이유로 하는 해제권 또는 해지권의 발생 요건으로서, 계약 성립의 기초가 된 사정이 현저히 변경되고 당사자가 계약의 성립 당시 이를 예견할 수 없었으며, 그로 인하여 계약을 그대로 유지하는 것이 당사자의 이해에 중대한 불균형을 초래하거나 계약을 체결한 목적을 달성할 수 없는 경우에는 계약준수 원칙의 예외로서 사정변경을 이유로 계약을 해제하거나 해지할 수 있다고 하여, 위 2004다31302 판결과는 달리 당사자의 귀책사유와 신의칙에 현저히 반할 것을 요건으로 들고 있지는 않다. 이는 아래에서 소개할 2012년 민법개정안과 같은 취지로 보인다.

다. 대판 2020.12.10, 2020다254846 이 판결은 대법원이 처음으로 사정변경을 이유로 하는 임대차계약의 해지를 인정한 것이다.

이 사건 원고는 주택건설사업을 위한 견본주택 건설을 목적으로 임대인인 피고와 토지에 관하여 임대차계약을 체결하면서 임대차계약서에 특약사항으로 위 목적을 명시하였는데, 지방자치단체장으로부터 가설건축물 축조신고 반려통보 등을 받고 위 토지에 견본주택을 건축할 수 없게 되자, 원고가 피고를 상대로 임대차계약의 해지 및 임차보증금 반환을 구한 사안에서, 견본주택 건축은 위 임대차계약 성립의 기초가 된 사정인데, 견본주택을 건축할 수 없어 갑이 임대차계약을 체결한 목적을 달성할 수 없게 되었고, 위 임대차계약을 그대로 유지하는 것은 갑과 을 사이에 중대한 불균형을 초래하는 경우에 해당하므로, 위 임대차계약은 갑의 해지통보로 적법하게 해지되었고, 을이 갑에게 임대차보증금을 반환할 의무가 있다고 하였다.

그리고 대상판결이 인용하고 있는 대판 2018.11.9, 2018다208406은, 대상판결과 거의 동일한 사실관계에서, 신의칙에 의한 계약 해지를 인정하였으나, 자세한 이유 설시가 없다.

3. 사정변경의 원칙 인정 여부

사정변경의 원칙은 명문 규정이 없더라도 해석론상 인정하는 것이 타당하다. 비교법적으로 보더라도 많은 나라에서 이를 인정하고 있다. 계약은 원칙적으로 준수되어야 하고, 사정의 변경이 있었다고 하더라도 이는 계약의 이행을 약속한 당사자가 위험을 부담하여야 한다. 그러나 어떤 계약이라도 미래에 일어날 수 있는 모든 사정을 다 반영하여 체결될 수는 없고, 이러한 의미에서 모든 계약은 불완전성을 가지고 있다. 그러므로 당사자들이 전혀 예측할 수 없는 사태가 발생하였음에도 불구하고 계약의 이행을 강요한다면 매우 부당한 결과가 생길 수 있다. 사정변경의 원칙은 이러한 문제점을 해소할 수 있는 수단으로 작용할 수 있다.

종래의 학설은 사정변경의 원칙이 인정되기 위한 요건으로서 다음과 같은 점을 들고 있다. **첫째,** 현저한 사정의 변경이 있을 것. **둘째,** 당사자가 이를 예견할 수 없었을 것. **셋째,** 그 사정변경이 이를 주장하는 당사자에게 책임없는 사유로 생겼을 것. **넷째,** 계약내용대로의 구속력을 인정한다면 신의칙에 현저히 반하는 결과가 생길 것.

이를 좀 더 상세하게 살펴본다. 우선 사정변경은 주로 계약에서 등가관계가 근본적으로 변경되거나, 당사자가 의도하였던 계약의 목적을 달성할 수 없게 된 경우에 주로 문제된다. 등가관계의 근본적인 변경이란 당사자의 이행비용이 급격히 증가하거나, 당사자가 수령하는 이행의 가치가 현저하게 감소함으로써 계약급여 사이의 실질적인 균형이 근본적으로 변경되는 것을 말하고, 계약목적의 달성불능은 당사자가 그 계약을 통해 달성하고자 하는 목적이 좌절되어 계약의 이행이 무의미하게 된 경우를 일컫는다. 종래의 판례상 문제되었던 물가 변동으로 인한 사정변경은 등가관계의 변경 가운데 이행의 가치가 현저하게 감소된 경우에 해당하고, 이 사건과 같은 경우에는 계약목적의 달성불능이 문제된다.

그리고 종래의 학설은 위와 같은 네 가지 요소를 사정변경의 원칙이 적용되기 위한 요건으로 보아, 어느 한 가지라도 갖추어지지 않으면 사정변경의 원칙이 적용될 수 없다고 보았다. 그러나 근래에는 그와 같이 엄격하게 볼 것은 아니고, 가령 위험의 예견가능성이 낮을수록 사정변경 원칙의 적용 가능성이 높아지고, 위험의 크기가 클수록 사정변경 원칙의 적용 가능성이 높아지는 등, 여러 가지 요소를 종합적으로 고려하여야 한다는 주장도 제기되고 있다.

사정변경의 원칙이 적용되는 경우 그 효과로서 종래에는 주로 계약의 해제 또는 해지를 인정하여야 한다는 주장이 많았다. 그러나 근래에는 제1차적으로는 사정변경을 이유로 하는 법원에 의한 계약 내용의 수정을 인정하고, 계약 내용의 변경으로는 더 이상 계약의 목적을 달성할 수 없다고 인정되는 때에 한하여 계약의 해소를 인정하여야 한다는 견해도 제기되고 있다.

다만 이행불능이나 착오, 하자담보책임의 적용, 보충적 계약해석 등의 법리에 의하여 문제를 해결할 수 있으면 구태여 사정변경의 원칙을 따져 볼 필요는 없다.

4. 민법개정안

2012년에 만들어진 민법개정안은 사정변경의 원칙에 관하여 다음과 같은 내용의 538조의 2를 신설하기로 하였다.

제538조의2 (사정변경) 계약성립의 기초가 된 사정이 현저히 변경되고 당사자가 계약의 성립 당시 이를 예견할 수 없었으며, 그로 인하여 계약을 그대로 유지하는 것이 당사자의 이해에 중대한 불균형을 초래 하거나 계약을 체결한 목적을 달성할 수 없는 때에는 당사자는 계약의 수정을 청구하거나 계약을 해제 또는 해지할 수 있다.

5. 종래의 판례에 대하여

가. 대판 2007.3.29, 2004다31302 위 판결이 이 사건에 관하여 사정변경의 원칙의 적용을 부정한 결론은 타당하다고 생각된다. 그러나 이 판결이 이 사건 토지상의 건축가능 여부는 이 사건 매매계약의 성립에 있어 기초가 되었다고 보기 어렵다고 한 점은 수긍하기 어렵다. 그 사건 원고는 그 사건 토지상에 건축이 가능할 것으로 믿고 공매예정가격의 5배가 넘는 가격에 이 사건 토지를 낙찰받았다. 그리고 그 사건 피고도 토지의 매수인이 그 지상에 건축을 할 수 있도록 하기 위하여 건설교통부장관에게 개발제한구역의 해제를 요청하였다고 짐작된다. 그러므로 이 사건 토지상에 건축이 가능하다는 점은 계약의 기초가 되었다고 할 수 있다.

그런데 그 사건에서는 매매계약이 모두 이행된 뒤에 이 사건 토지가 공공공지로 지정되었다. 이처럼 계약이 모두 이행된 뒤의 사정변경은 원칙적으로 고려되어서는 안 된다. 그렇지 않다면 계약이 이행된 후에도 계약이 해제될 가능성이 계속 존재하게 되어 법적 안정성을 해치게 된다. 매매계약이 이행된 후에 매매목적물에 관하여 생긴 위험은 매수인이 부담하여야 하는 것이다. 달리 설명한다면, 그 대상물이 피고가 매도하여 넘겨준 것이었다는 이유만으로 피고의 공공공지를 지정할 권한이 제약될 수는 없다. 결국 위 판결이 이 사건에서 행위기초론의 적용을 부정한 것은 결과에 있어서 타당하다고 평가될 수 있다.

나. 대판 2020.12.10, 2020다254846 이 판결의 결론은 학설상 지지를 받고 있는 것으로 보인다. 그러나 그 이론에 있어서는 사정변경의 원칙을 적용할 것이 아니라는 주장도 있다. 그 하나는 이러한 경우에 계약의 보충적 해석 이론을 적용하여 계약의 해지를 인정하여야 한다는 것이다. 이에 대하여는 아래 6. 참조. 다른 하나는 착오를 이유로 하는 취소를 인정하여야 한다고 주장한다. 즉 장래 사정에 대한 착오라 하더라도 당사자들이 장래의 사정에 대해 구체적인 관념을 가지고 그 도래를 확실한 것으로 전제하여 계약을 체결한 경우에는 착오로 인한 취소를 인정하여야 하는데, 위 사건에서는 원고는 임대차 토지에 견본주택을 건축할 수 있음을 전제로 하여 임대차계약을 체결하였으므로, 견본주택 건축이 불가능하게 되었으므로 착오 취소를 인정할 수 있다는 것이다.

6. 대상판결에 대하여

대상판결에 대하여는 그 이유와 결론에 모두 찬성하는 견해가 있다. 반면 그 결론에는 찬송하면서도, 계약의 보충적 해석에 의하여야 한다는 견해도 있다. 이 견해는 당사자들이 이민허가는 받았으나 어떠한 이유에서 이민비자가 나오지 않는 경우에 관하여 약정하지 않은 것은 계약의 흠결이고, 당사자들의 가정적 의사는 이민허가를 받지 못한 경우에 준하여 약정 해지권을 유보하고 그 원상회복으로 기지급 수수료의 80%를 반환하도록 정하였을 것이라고 한다.

보충적 해석과 사정변경의 원칙과의 관계에 관하여는, 양자를 별개로 보기보다는 동일한 것으로 파악하여 사정변경의 문제를 보충적 해석의 이론으로 해결할 수 있다는 견해가 독일에서 주장되었다. 그러나 독일에서는 2002년 사정변경의 이론을 입법화하였다(독일 민법 313조). 그렇지만 양자의 경계가 불분명하다는 점은 일반적으로 인정되고 있다.

참고문헌

권영준, 위험배분의 관점에서 본 사정변경의 원칙, 민사법학 51호, 2010.

권영준, 2020년 민법 판례 동향, 서울대학교 법학 62권 1호, 2021.

김형석, 사정변경 법리의 적용 범위, 저스티스 191호, 2022.

김효정, 계속적 계약관계에서 사정변경에 따른 해지, 민사판례연구 41, 2019.

박석일, 견본주택 건축을 목적으로 하는 토지임대차에 있어서 사정변경에 의한 해지 가능여부, 외법논집 45권 2호, 2021.

손봉기, 사정변경으로 인한 계약해제가 인정되는지 여부 등, 대법원판례해설 67호(2007년 상).

윤진수, 2007년도 주요 민법 관련 판례 회고, 서울대학교 법학 49권 1호, 2008.

이동진, 계약위험의 귀속과 그 한계, 비교사법 26권 1호, 2019.

장보은, 「사정변경 원칙」 적용론, 민사법학 97호, 2021.

정상현, 매매목적 토지에 발생한 사정의 변경과 계약의 효력, 저스티스 2008.6.

조인영, 장래의 사정에 대한 쌍방 공통의 동기 착오와 사정변경의 원칙, 민사법학 96호, 2021.

[판례 3]

권리남용

대법원 1999.9.7. 선고 99다27613 판결

사 실

Y(한국전력공사)는 X들 소유의 토지를 변전소 부지로 매수하기 위하여 X들과 협의하였으나, 협의가 성립되지 않자 경기도지방토지수용위원회에 수용재결을 신청하여 1989.12.2. 수용재결을 받고 그 손실보상금을 공탁한 다음, 자기 앞으로 소유권이전등기를 마치고 그 지상에 변전소신축공사를 시작하여 1993.12.8. 이를 완공하였다. 그런데 Y는 손실보상금을 공탁할 때 이 사건 토지에 제3자 앞으로 근저당권이 설정되어 있고 또 다른 제3자 앞으로 처분금지가처분등기가 마쳐져 있어 누가 피보상자인지 알 수 없다는 이유로 피공탁자를 X들 또는 위 제3자들이라고 표시하여 공탁하였다. 그 후 X들이 제기한 행정소송에서, 수용대상 토지에 근저당권설정등기가 마쳐져 있다는 사유를 들어 피보상자를 알 수 없다는 이유로 손실보상금을 공탁한 것은 부적법하므로 수용재결은 실효되었다는 취지의 판결이 선고되어 1996.3.22. 확정되었다. 그러자 X들은 위 변전소의 철거와 토지를 청구하는 소송을 제기하였다.

원심은 X들의 청구가 권리남용이라고 판시하였고, 대법원도 원심판결이 정당하다고 하여 X들의 상고를 기각하였다.

이 유

원심은 위 변전소는 시흥시 전역, 부천시 남부지역, 인천 만수택지개발지구 및 남동공단 일부 지역 86,174가구에 전력을 공급하고 있는바, 위 변전소가 철거될 경우 인근에 있는 부천, 부개 등의 변전소에서 최대한 24,424가구에 대하여는 전력공급이 가능하나 나머지 61,750가구에 대하여는 전력공급이 불가능하고, 위 변전소 인근은 이미 개발이 완료되어 더 이상 변전소 부지를 확보하기가 어려울 뿐만 아니라 설령 그 부지를 확보한다고 하더라도 변전소를 신축하는 데는 상당한 기간이 소요되며, 이 사건 토지의 시가는 약 6억 원인 데 비하여 위 변전소를 철거하고 같은 규모의 변전소를 신축하는 데에는 약 164억 원이 소요될 것으로 추산되는 사실, X들은 이 사건 토지가 자연녹지지역에 속하고 개발제한구역 내에 위치하고 있어서 이 사건 토지를 인도받더라도 도시계획법상 이를 더 이상 개발·이용하기가 어려운데도 이 사건 토지 또는 이 사건 토지를 포함한 그들 소유의 임야 18,919㎡ 전부를 시가의 120%에 상당하는 금액으로 매수하겠다는 Y의 제의를 거절하고 위 변전소의 철거와 이 사건 토지의 인도만을 요구하고 있는 사실 등을 인정한 다음, X들이 Y에 대하여 위 변전소의 철거와 이 사건 토지의 인도를 청구하는 것은 X들에게는 별다른 이익이 없는 반면 Y에게는 그 피해가 극심하여 이러한 권리행사는 주관적으로는 그 목적이 오직 상대방에게 고통을 주고 손해를 입히려는 데 있고, 객관적으로는 사회질서에 위반된 것이어서 권리남용에 해당한다고 판단하였다.

사실관계가 위와 같다면 Y는 정당한 권원에 의하여 이 사건 토지를 수용하였으나 손실보상금 공탁에 있어서의 착오로 부적법한 공탁이 되어 수용재결이 실효됨으로써 결과적으로 이 사건 토지에 대한 점유권원을 상실하게 된 것이고, 변전소는 공공의 이익에 관계된 시설로서 이를 철거하는 경우 Y의 이익뿐 아니라 공익에도 심각한 침해를 가져올 우려가 있는 반면 X들로서는 Y가 제의하는 금액으로 이 사건 토지를 매도하더라도 별다른 손해가 없고 오히려 상당한 이익이 있을 것으로 보이는데도 이를 거절하였음을 알 수 있는바, 이러한 사정들과 그 밖에 이 사건 변론에 나타난 다른 모든 사정을 함께 감안하면, X들의 이 사건 청구가 권리남용에 해당한다고 본 원심의 판단은 수긍이 간다.

해 설

1. 권리남용의 주관적 요건에 관한 종래의 학설과 판례

일반적으로 학설과 판례상 권리남용의 요건으로서 많이 논의되는 것은, 권리행사가 본래의 사회적 목적 내지 사회질서에 부합하지 않을 것이라는 이른바 객관적 요건 이외에, 상대방에게 손해를 가하려고 하는 주관적 요건이 필요한가 하는 점이다. 학설은 일반적으로 주관적 요건은 필요하지 않다고 보고 있다. 학설 가운데에는 종래 권리남용으로 문제되었던 사례들 중 가해목적이 있는 경우에는 권리남용 규정(2조 2항)이 적용되고, 가해목적이 없으나 신뢰침해가 있는 경우에는 신의칙 규정(2조 1항)이 적용되어야 한다는 견해도 있으나, 두 경우를 명확하게 구분할 수 있는지, 구분할 필요가 있는지 의문이다. 반면 판례는 반드시 일관되어 있지는 않으나, 주류적인 판례는 객관적 요건 이외에 그 권리행사의 목적이 오로지 상대방에게 고통이나 손해를 주는 데 그칠 뿐, 권리자에게는 아무런 이익이 없어야 한다는 주관적 요건도 갖추어야 한다고 보고 있다.

다만 근래의 판례(대판 1993.5.14, 93다4366 등)는 권리의 행사가 상대방에게 고통이나 손해를 주기 위한 것이라는 주관적 요건은 권리자의 정당한 이익을 결여한 권리행사로 보여지는 객관적인 사정에 의하여 추인할 수 있다고 하여 다소 입장을 완화하고 있다. 또한 아래의 관련 판례에서 보듯이 판례는 일부 특수한 사안에 대하여는 명시적으로 주관적 요건을 필요로 하지 않는다고 보고 있다.

2. 검 토

일반적으로 권리남용의 요건으로서 상대방에게 고통이나 손해를 주려는 주관적 의도를 요구할 합리적인 이유는 없을 것이다. 뿐만 아니라 주관적 요건이라는 말 자체의 의미도 분명하지 않다. 주관적 요건을 요구하는 판례와 그렇지 않은 판례 사이에 실질적인 차이가 있었는지는 의문이다.

그런데 권리남용이 문제되는 사례는 매우 다양하므로, 그 요건을 획일적으로 판단할 수는 없다. 그러므로 이 사건과 같이 토지 소유자의 지상물 철거청구가 권리남용인지 여부에 한정하여 살펴본다. 토지 소유자의 지상물 철거청구가 권리남용인지 여부를 판단함에 있어서는 당사자들의 이익과 손해를 객관적으로 비교하는 것만으로는 부족하고, 지상물 소유자가 토지를 점유하게 된 것이 고의 또는 과실에 기한 것이었는가, 권리자로부터 그 권리를 취득하기 위하여 얼마나 진지한 노력을 기울였는가, 그러한 진지한 노력에 대하여 토지 소유자가 부당한 이득을 얻기 위하여 협조를 거부하였는가 하는 점을 종합적으로 고려하여야 한다. 설령 지상물의 철거로 인하여 토지 소유자가 얻는 이익보다 지상물 소유자가 입는 손해가 현저하게 큰 경우라고 하더라도, 지상물 소유자가 토지 소유자로부터 토지의 사용권을 쉽게 취득할 수 있다면 권리남용을 인정하여서는 안 된다. 그렇지 않으면 당사자는 토지의 사용권을 얻으려는 노력을 하지 않은 채로 일단 토지를 점유한 다음 법원에게 이를 해결하여 달라고 요청하는 것이 되어, 불필요한 재판 비용을 소비하게 된다. 법경제학적으로 말한다면, 지상물 소유자가 일단 토지 소유자로부터 토지의 사용권을 얻도록 하는 것이 재판비용과 같은 거래비용(transaction cost)을 최소화하는 수단이다.

그리고 거래비용의 크기를 판단함에 있어서는 사전적 거래비용과 사후적 거래비용을 아울러 고려하여야 한다. 토지 점유자가 그 토지의 점유를 개시한 것이 적법하다고 믿었고 그와 같이 믿은 데 중대한 과실이 없었다면, 토지 점유자가 토지 소유자로부터 토지 사용권을 얻기 위하여는 상당한 비용이 들었을 것이고, 따라서 이는 권리남용을 인정할 수 있는 근거가 된다. 그러나 사전적 거래비용이 크다고 하더라도, 그것만으로 권리남용을 인정하기에는 충분하지 않다. 토지 점유자가 토지를 점유한 상태에서 소유자로부터 권리를 취득하기 위해 성실히 노력하였으나, 토지 소유자가 점유자의 상태를 이용하여 더 큰 이익을 얻으려고 토지 소유자와의 교섭을 제대로 이행하지 않은 경우에 한하여 권리남용을 인정하여야 한다. 그렇지 않으면 토지 점유자가 토지 사용권을 얻기 위한 노력을 하지 않게 될 것이다.

그러므로 권리남용 여부를 판단함에 있어서는 이러한 객관적인 이익 이외에, 가령 권리남용이 문제되는 전형적인 사례인, 토지소유권에 기한 지상 공작물의 철거청구의 경우에는, 권리행사의 상대방이 그 토지를 점유하게 된 것이 고의 또는 과실에 기한 것이었는가, 권리자로부터 그 권리를 취득하기 위하여 얼마나 진지한 노력을 기울였는가, 그러한 진지한 노력에 대하여 권리자가 부당한 이득을 얻기 위하여 협조를 거부하였는가 하는 점을 검토하여야 한다.

이러한 관점에서 본다면 이 사건에서 X들의 행위는 전형적인 권리남용에 해당된다. 즉 Y는 X들로부터 토지를 취득하기 위하여 매수 협의를 하였으나 협의가 성립되지 않자 수용 절차를 밟아 점유하게 되었고, 따라서 그 점유하게 된 데 별다른 잘못이 있다고 할 수 없다. 나아가 그 수용이 절차상의 잘못으로 인하여 취소되게 되자 Y는 토지를 시가 이상으로 매수하려고 노력하였으나, X들은 이를 거절하였다. 그렇다면 이러한 경우에는 권리남용에 해당된다고 보아야 할 것이다.

이는 다른 판례들과 비교하면 더 쉽게 이해할 수 있다. 대판 1996.5.14, 94다54283에서는 토지 소유자가 그 지상에 있는 송전선의 철거를 청구하였는데, 대법원은 원고가 토지 상공에 위 송전선이 설치되어 있는 사정을 알면서 이 사건 토지를 취득하였고, 위 송전선의 철거 및 이전비용이 막대하고 대체부지의 확보가 용이하지 않을 것이라는 등의 사정을 인정하면서도, 피고가 이 사건 토지 상공에 송전선을 설치함에 있어서 적법하게 그 상공의 공간 사용권을 취득하거나 그에 따른 손실을 보상하였다는 자료가 없고, 그 설치 후에도 피고가 적법한 사용권을 취득하려고 노력하였다거나 그 사용에 대한 손실을 보상한 사실이 전혀 없다는 점 등을 들어 원고의 송전선 철거청구가 권리남용에 해당한다고는 할 수 없다고 판시하였다.

3. 관련 판례

다른 한편 판례는 다음과 같은 경우에는 주관적 요건이 필요하지 않다고 하였다. 우선 대판 2003.4.11, 2002다59481은 상계를 하려는 자가 부도가 난 채무자 발행의 약속어음을 싼 가격에 취득하여 상계를 하는 경우 이를 권리남용이라고 하면서, 이러한 경우에는 일반적인 권리남용의 경우에 요구되는 주관적 요건을 필요로 하는 것은 아니라고 하였다.

그리고 대판 2007.1.25, 2005다67223은 피신청인이 제작, 판매한 시리즈 편집음반의 "진한커피"라는 제명이 자타상품의 식별표지로서 기능하고 있음에도 불구하고 신청인이 위 제명의 선사용자인 음반제작 · 판매자의 동의나 허락없이 "진한커피"와 같이 구성된 등록상표를 출원 · 등록한 다음 그 상표권에 기하여 위 음반제작 · 판매자가 "진한커피" 제명을 사용하여 출시한 음반의 제작 · 판매 금지 등을 구하는 것은 권리남용이라고 하면서, 이러한 경우에는 상표권 행사의 목적이 오직 상대방에게 고통을 주고 손해를 입히려는 데 있을 뿐 이를 행사하는 사람에게는 아무런 이익이 없어야 한다는 주관적 요건을 반드시 필요로 하는 것은 아니라고 하였다. 대판 2007.2.22, 2005다39099; 2008.7.24, 2006다40461, 40478도 같은 취지이다.

위 두 가지의 판례들에서는 권리를 행사하려는 자가 권리남용을 주장하는 자보다 나중에 권리를 취득하였다는 공통점이 있다. 이러한 경우에는 권리남용을 주장하는 사람이 권리자로부터 권리를 취득하려고 노력할 것을 요구하기보다는 권리자가 권리를 취득하기 전에 권리남용을 주장하는 사람의 동의를 받도록 하는 것이 보다 효율적이고, 따라서 이러한 경우에는 주관적 요건을 별도로 요구할 필요가 없을 것이다.

참고문헌

김기동, 고압송전선의 철거청구와 권리남용, 대법원판례해설 25호, 1996.

김천수, 권리남용과 권리행사상 신의칙, 민사판례연구 32권, 2010.

오금석, 상계권의 행사가 신의칙에 반하거나 상계에 관한 권리남용에 해당하기 위한 요건, 대법원판례해설 44호, 2003.

윤진수, 권리남용 금지의 경제적 분석, 민법논고 1권, 2007.

이동형, 권리남용 성립요건의 판단방법과 기준, 법조 2009.11.

허성욱, 권리남용금지 법리에 관한 법경제학적 고찰, 법조 2005.12, 2006.1.

[판례 4]

의사무능력자가 한 법률행위의 효력

대법원 2002.10.11. 선고 2001다10113 판결

사실관계 및 소송의 경과

X는 1927년생으로서, 1997.1.14. 동네사람인 A와 함께 Y축산업협동조합을 방문하여 금 2,000만 원을 대출받고 이를 담보하기 위하여 X가 거주하는 주택 및 그 대지에 대하여 채권최고액 금 2,600만 원의 근저당권을 설정하였다. 이때 금전소비대차약정서 및 근저당권설정계약서의 서명부분은 A가 대필하였고, 그 대출금 역시 A가 사용하였다. X는 다시 1997.2.25. 역시 동네사람인 B와 함께 Y 조합을 방문하여 금 3,000만 원을 대출받고 이를 담보하기 위하여 X 소유의 논에 대하여 채권최고액 금 4,500만 원의 근저당권을 설정하였는데, 그 금전소비대차약정서 및 근저당권설정계약서의 서명부분은 X가 직접 하였고, 그 대출금은 B가 사용하였다.

X는 위 각 계약 당시 의사무능력자였으므로, 이 사건 각 계약체결행위는 무효라고 주장하면서 근저당권 설정등기의 말소 등을 청구하였다.

원심은 X의 청구를 기각하였으나, 대법원은 원심판결을 파기환송하였다.

이 유

의사능력이란 자신의 행위의 의미나 결과를 정상적인 인식력과 예기력을 바탕으로 합리적으로 판단할 수 있는 정신적 능력 내지는 지능을 말하는 것으로서, 의사능력의 유무는 구체적인 법률행위와 관련하여 개별적으로 판단되어야 한다.

X는 이 사건 계약일 무렵 그 지능지수는 70 정도이고, 사회연령은 6세 정도에 불과하며, 읽기, 쓰기, 계산 능력을 제대로 갖추지 못한 상태였다고 볼 여지가 있는바, 이러한 X의 지능지수와 사회적 성숙도에다가, 장애인복지법상 지능지수 70 이하의 사람을 정신지체인(정신장애자)으로서 보호의 대상으로 삼고 있는 점, X가 대출받은 금원이 5,000만 원으로서 결코 소액이라고 할 수 없는 점, 계약관계자들은 모두 면지역의 동네 사람들로서 X의 정신상태를 알 만한

처지라는 점을 보태어 보면, X가 이 사건 계약 당시 5,000만 원이라는 금액을 대출받고 이에 대하여 자기 소유의 부동산을 담보로 제공함으로써 만약 대출금을 변제하지 못할 때에는 근저당권의 실행으로 인하여 그 소유권을 상실할 수 있다는 일련의 법률적인 의미와 효과를 이해할 수 있는 의사능력을 갖추고 있었다고는 볼 수 없고, 따라서 이 사건 계약은 의사능력을 흠결한 상태에서 체결된 것으로서 무효라고 보아야 할 것이다. 비록 X가 이 사건 계약 당시 직접 피고 조합을 방문하여 일부 서류에 서명날인하였다고 하더라도, 이를 가지고 X가 그 행위의 법률적 의미와 효과까지 이해하였다고 볼 수도 없다.

해 설

1. 행위무능력제도와 의사무능력

2011년 개정 전의 민법은 행위능력이 제한되는 행위무능력자로서 미성년자, 한정치산자 및 금치산자를 들고 있었는데, 법정대리인의 동의 없는 행위무능력자의 행위는 원칙적으로 취소할 수 있었다. 2011.5.8. 개정되어 2013.7.1. 시행된 민법은 성년후견제를 도입하여 금치산자와 한정치산자를 피성년후견인과 피한정후견인으로 대치하였고, 무능력자라는 용어도 제한능력자로 바꾸었다.

한정치산과 금치산의 경우에는 법원으로부터 한정치산선고 또는 금치산선고를 받아야 하며, 표의자가 법률행위 당시 심신상실이나 심신미약상태에 있어 금치산 또는 한정치산선고를 받을 만한 상태에 있었더라도 그 당시 금치산 또는 한정치산선고를 받은 사실이 없었으면, 그 후 금치산 또는 한정치산선고가 있더라도 그 선고 이전의 법률행위를 취소할 수는 없다(대판 1992.10.13, 92다6433). 한정치산선고 또는 금치산선고를 필요로 하는 이유에 대하여는 보통 다음과 같이 설명한다. 우선 그러한 선고가 없더라도 법률행위의 취소를 주장할 수 있게 한다면 본인이 법률행위 당시에 심신상실이나 심신미약 상태에 있었음을 증명하여야 하지만, 이는 쉽지 않다. 다른 한편 심신상실 또는 심신미약이라는 이유만으로 취소할 수 있게 한다면, 상대방으로서는 예측하지 못했던 손해를 입게 된다. 그러므로 민법은 객관적 · 획일적인 기준을 정하였다는 것이다.

그러나 위의 두 번째 이유에 대하여는 다소 의문이 있다. 한정치산 또는 금치산의 선고가 있으면 이 사실이 공고되고 가족관계등록부에 기재되지만, 일반인이 이를 쉽게 알 수는 없다. 더구나 가족관계등록부에 기록된 사항의 증명서를 발급받을 수 있는 사람은 극히 제한되어 있다(가족관계의 등록 등에 관한 법률 14조). 이는 현행의 한정후견 또는 성년후견의 선고를 받은 경우도 마찬가지이다. 그러므로 한정치산선고 또는 금치산선고나 현행의 성년후견선고 또는 한정후견 선고를 필요로 하는 이유는 주로 첫째 이유라고 생각된다.

2. 의사무능력자가 한 법률행위의 효력

한정치산 또는 금치산선고를 받지 않았지만 실제로 의사능력이 없는 사람이 한 법률행위의 효력은 어떠한가? 대상판결은 의사능력이란 자신의 행위의 의미나 결과를 정상적인 인식력과 예기력을 바탕으로 합리적으로 판단할 수 있는 정신적 능력 내지는 지능을 말하는 것이라고 보고 있다.

독일 민법은 의사능력이 없는 사람의 행위는 무효라고 보고 있으나(104, 105조), 우리 민법은 이와 같은 규정을 두고 있지 않다. 그러나 종래의 일반적인 견해는 의사능력이 없는 사람의 행위는 무효라고 보면서, 그 근거를 사적 자치에서 찾고 있다. 즉 모든 사람은 원칙적으로 자기의 의사에 기하여서만 권리를 얻고 의무를 부담하는데, 의사능력이 없는 사람의 행위는 자기의 의사에 기한 것이라고 볼 수 없기 때문에 무효라는 것이다. 반면 학설과 판례가 의사능력 개념을 인정함으로써 입법자가 의도하였던 거래 안전 보호라는 취지를 침해하고 있으므로, 법정책적 측면에서 본 판결의 해석론은 문제가 있다는 주장도 있다. 그러나 행위능력제도가 제1차적으로 무능력자 본인의 보호를 위한 것이고, 거래 안전의 보호는 부차적이거나 별로 중요하지 않다면, 의사능력이 없는 사람의 법률행위를 무효라고 보더라도 반드시 입법자의 의도에 어긋난다고 할 수는 없을 것이다.

3. 대상판결에 대하여

대상판결은 종래의 일반적인 견해와 마찬가지로 의사무능력자의 행위는 무효라고 보았다. 대법원은 의사능력 유무의 판단 기준으로서, X가 이 사건 계약 당시 5,000만 원이라는 금액을 대출받고 이에 대하여 자기 소유의 부동산을 담보로 제공함으로써 만약 대출금을 변제하지 못할 때에는 근저당권의 실행으로 인하여 그 소유권을 상실할 수 있다는 일련의 법률적인 의미와 효과를 이해할 수 있는 의사능력을 갖추고 있었는가 하는 점을 들었다. 이 판결에 대한 재판연구관의 해설은, 이 판결이 '물건을 판다', '돈을 빌린다' 하는 정도의 행위의 일상적인 의미를 이해한다면 의사능력이 있다고 본 것은 아니고, 행위의 법률적인 의미와 효과에 대한 이해까지 요한다고 본 것이라고 설명하였다.

4. 관련 판례

대판 2006.9.22, 2006다29358도 대체로 대상판결과 같은 취지이다. 또한 대판 2022.5.26, 2019다213344는, 어떤 법률행위가 그 일상적인 의미만을 이해해서는 알기 어려운 특별한 법률적 의미나 효과가 부여되어 있는 경우 의사능력이 인정되기 위해서는 그 행위의 일상적인 의미뿐만 아니라 법률적인 의미나 효과에 대해서도 이해할 수 있어야 한다고 하면서, 지적장애를 가진 사람에게 의사능력이 있는지를 판단할 때 단순히 그 외관이나 피상적인 언행만을 근거로 의사능력을 쉽게 인정해서는 안 되고, 의학적 진단이나 감정 등을 통해 확인되는 지적장애의 정도를 고려해서 법률행위의 구체적인 내용과 난이도, 그에 따라 부과되는 책임의 중대성 등에 비추어 볼 때 지적장애를 가진 사람이 과연 법률행위의 일상적 의미뿐만 아니라 법률적인 의미나 효과를 이해할 수 있는지, 법률행위가 이루어지게 된 동기나 경위 등에 비추어 합리적인 의사결정이라고 보기 어려운 사정이 존재하는지 등을 세심하게 살펴보아야 한다고 판시하였다.

그리고 대판 2009.1.15, 2008다58367은 의사능력 결여를 이유로 하는 무효의 효과에 대하여 다음과 같이 판시하고 있다. 즉 141조는 "취소한 법률행위는 처음부터 무효인 것으로 본다. 그러나 무능력자는 그 행위로 인하여 받은 이익이 현존하는 한도에서 상환할 책임이 있다"고 규정하고 있는데, 위 조항의 단서는 무능력자의 보호를 위해 그 선의·악의를 묻지 아니하고 반환범위를 현존 이익에 한정시키려는 데 그 취지가 있으므로, 의사능력의 흠결을 이유로 법률행위가 무효가 되는 경우에도 유추적용되어야 할 것이라고 보았다. 그러나 법률상 원인 없이 타인의 재산 또는 노무로 인하여 이익을 얻고 그로 인하여 타인에게 손해를 가한 경우, 그 취득한 것이 금전상의 이득인 때에는 그 금전은 이를 취득한 자가 소비하였는가의 여부를 불문하고 현존하는 것으로 추정되므로, 위 이익이 현존하지 아니함은 이를 주장하는 자, 즉 의사무능력자측에 입증책임(증명책임)이 있다고 하였다.

의사무능력 개념을 인정하는 취지가 의사무능력자의 보호에 있다면, 행위무능력을 이유로 하는 취소에 관한 141조 단서가 의사무능력의 경우에도 유추적용될 수 있다는 것은 수긍할 수 있다. 다만 141조 단서의 현존이익의 증명책임에 관하여는 현존이익이 있다는 것을 상대방이 증명하여야 한다는 견해와, 현존이익이 존재하지 않는다는 것을 행위무능력자 또는 의사무능력자가 증명하여야 한다는 견해가 대립하고 있었는데, 위 2008다58367 판결은 의사무능력자에 관하여 후자의 견해를 따랐다. 그리하여 의사무능력자가 자신이 소유하는 부동산에 근저당권을 설정해 주고 금융기관으로부터 금원을 대출받아 이를 제3자에게 대여하였으면, 대출로 받은 이익이 위 제3자에 대한 대여금채권 또는 부당이득반환채권의 형태로 현존하므로, 금융기관은 대출거래약정 등의 무효에 따른 원상회복으로서 위 대출금 자체의 반환을 구할 수는 없더라도 현존 이익인 위 채권의 양도를 구할 수 있다고 보았다. 그리고 의사무능력자의 금융기관에 대한 채권양도 의무와 금융기관의 근저당권설정등기말소 의무는 동시이행관계에 있다고 보았다.

참고문헌

김동훈, 의사무능력자의 법률행위와 금전부당이득의 반환, 고시계 2009.10.
이봉민, 지적 장애를 가진 사람의 의사능력 판단 기준, 대법원판례해설 131호, 2022.
이병준, 법률행위의 일반적 효력요건으로서의 의사능력, Jurist 409호(2006.2.).
이승현, 지적 장애인의 의사능력의 판단기준, 고려법학 106호, 2022.
이승현, 판례에 나타난 의사능력 유무의 판단기준에 대한 고찰, 동북아법연구 16권 3호, 2022.
이준현, 의사무능력자의 법률행위, 인권과 정의 2010. 4
이홍권, 무능력자의 부당이득의 반환 범위, 대법원판례해설 79호, 2009.
윤장원, 의사무능력을 둘러싼 법률관계, 판례연구 22권, 부산판례연구회, 2011.
조한창, 의사능력의 흠결과 법률행위의 무효, 대법원판례해설 42호, 2003.

[판례 5]

재단법인의 설립에 있어서 출연재산의 귀속시기

대법원 1979.12.11. **선고** 78다481, 482 **전원합의체 판결**

사 실

A는 그 생존시인 1956.4.10 그 소유의 이 사건 토지를 Z 법인의 설립을 위하여 출연하였다. Z 법인은 1960.5.9 재단법인 설립허가를 얻어 같은 달 20. 그 설립등기를 마쳤다. 그런데 이 사건 토지에 대하여 1965.3.10. B 앞으로 소유권이전등기가 경료된 후 이에 터잡아 Y들 앞으로 각 공유지분이전등기 내지는 가등기가 순차 경료되었다. A는 1956.4.30. 사망하여 그 아들인 C가 상속인이 되었다가, C도 사망하여 X들이 그 공동상속인이 되었다.

X들은 이 사건 토지는 X들의 소유이므로 B 명의로 경료된 소유권이전등기는 무효라고 주장하면서 Y들 명의의 각 등기의 말소를 청구하였다. 이에 대하여 Z 법인은 독립당사자참가를 하여 이 사건 토지는 Z 법인의 설립 등기시인 1960.5.20. Z 법인의 소유가 되었다고 하여, X들에 대하여는 그 각 등기의 말소를, Y들에 대하여는 1956.4.10.자 기부를 원인으로 하는 소유권이전등기를 각 청구하였다.

원심은, 이 사건 토지는 Z 법인의 법인설립등기시인 1960.5.20. Z 법인에게 귀속된 참가인의 소유라는 이유로 X들의 Y들에 대한 청구는 기각하고 Z 법인의 X들 및 Y들에 대한 청구를 인용하였다. 이에 대하여 대법원은 다음과 같은 이유로 Y들의 패소부분을 파기하고 사건을 원심법원으로 환송하였다. 그러나 이에 대하여는 반대의견이 있었다.

이 유

1. 다수의견

민법 48조는 재단법인 성립에 있어서 재산출연자와 법인과의 간의 관계에 있어서의 출연재산의 귀속에 관한 규정이고, 동 규정은 그 기능에 있어서 출연재산의 귀속에 관해서 출연자와 법인과의 관계를 상대적으로 결정함에 있어서 그의 기준이 되는 것에 불과하여, 출연재산은 출연자와 법인과의 관계에 있어서 그 출연행위에 터잡아 법인이 성립되면 그로써 출연재산은 민법의 위 조항에 의하여 법인 설립시에 법인에게 귀속되어 법인의 재산이 되는 것이고, 출연재산이 부동산인 경우에 있어서도 위 양 당사자간의 관계에 있어서는 위 요건(법인의 성립) 외에 등기를 필요로 하는 것이 아니라 함이 상당하지만, 제3자에 대한 관계에 있어서는 출연행위가 법률행위이므로 출연재산의 법인에의 귀속에는 부동산의 권리에 관해서는 법인 성립 외에 등기를 필요로 한다.

2. 반대의견

민법 48조 1항은 민법 187조 소정의 법률의 규정에 의하여 등기없이 물권이 취득되는 한 경우를 규정한 것으로 볼 수밖에 없고, 다수의견은 재단법인의 출연재산이 침해 일탈되는 것을 방지하고자 한 48조의 입법정신에 정면으로 위배하여 출연재산이 침해되어 제3자에게 일탈되는 길을 터놓은 해석이라는 비난을 면치 못할 것이요, 더 나아가 물권변동에 있어서 민법 186조의 형식주의에 따르거나 예외적으로 187조의 의사주의에 따르거나 어느 한편에 따를 수밖에 없는 현 법제하에 있어서 대내적으로는 의사주의요, 대외적으로는 형식주의라는 법에 근거 없는 복잡한 제도를 창안하여 재단법인의 성립과 그 기능에 혼란을 야기시킨 해석이라고 아니할 수 없다.

해 설

1. 종래의 학설과 판례

48조 1항은 "생전처분으로 재단법인을 설립하는 때에는 출연재산은 법인이 성립된 때로부터 법인의 재산이 된다"고 규정하고, 2항은 "유언으로 재단법인을 설립하는 때에는 출연재산은 유언의 효력이 발생한 때로부터 법인에 귀속한 것으로 본다"고 규정하고 있다. 그런데 출연재산이 부동산인 경우에는 48조의 규정이 물권변동에 관하여 형식주의를 규정한 186조와 어떠한 관계에 있는지에 관하여 종래부터 학설이 대립하고 있다. 다수설은 48조에 의한 출연재산의 재단법인 귀속은 186조의 예외로서 187조가 규정하는 법률의 규정에 의한 물권변동에 해당하므로, 출연 후 재단법인이 성립한 때에는 등기가 없더라도 재단법인이 성립한 때로부터 당연히 그 출연재산은 재단법인에게 귀속한다고 보고 있다. 이 견해는 그 근거로서, 그와 같이 보지 않게 되면 재단법인이 성립되었더라도 출연재산에 관한 이전등기를 할 때까지는 전혀 재산이 없는 재단법인이 있게 된다고 하는 점을 든다. 반면 소수설은 재단법인 설립행위는 법률행위이므로 법률행위로 인한 부동산 물권변동에 관한 형식주의의 원칙에 따라 등기가 있어야만 출연재산이 재단법인에게 귀속된다고 한다. 종전의 대판 1965.5.25, 64다1196은 소수설을 따랐다.

그런데 대상판결의 다수의견은 출연자와 재단법인과의 관계 및 제3자와의 관계를 나누어, 출연재산은 출연자와 재단법인과의 관계에서는 등기 없이도 재단법인 성립시에 재단법인에게 귀속되지만, 제3자와의 관계에 있어서는 등기가 있어야 한다고 하는 제3의 견해를 채택하였다. 다수의견은 그 이유로서 물권변동에 관한 관념은 이를 실체화해서 고정적인 것으로 받아들이지 않으면 안 될 이론상 또는 사실상의 이유나 필요가 반드시 있는 것이 아니므로, 민법의 위 조항을 위와 같은 해석하는 것이 무리라거나 위 조항의 문언상 허용할 수 없는 것은 아니라고 설명하였다. 그리고 이와 같이 해석하는 것이 일반적으로 출연자의 의사에 합치되는 동시에 거래의 안전에 기여하는 결과가 되고 아울러 법인으로 하여금 성립 후 출연재산에 대하여 제3자에 대한 관계에 있어서 권리확보의 필요한 조치를 속히 취하도록 유도함으로써 출연자와 법인 그리고 제3자의 이해관계가 적절히 조화될 것을 기대할 수 있게 된다고 하였다.

2. 검 토

민법 시행 전의 의용민법 42조는 대체로 현행 48조와 같은 내용을 규정하고 있었으나, 당시에는 물권변동에 관하여 대항요건주의를 취하고 있었기 때문에 재단법인이 성립하면 재단법인은 출연자에 대한 관계에서는 등기 없이도 출연재산의 소유권을 취득하게 되지만, 이를 제3자에게 대항하기 위하여는 등기를 필요로 하였다. 그런데 현행 민법은 물권변동에 관하여 성립요건주의를 취하면서도 의용민법 42조와 같은 규정을 그대로 답습하였기 때문에 이러한 문제가 생겼다.

민법의 문언상으로는 다수설과 같이 법인이 성립하면 등기 없이도 출연재산이 법인에 귀속한다고 보는 것이 타당하다. 다만 그렇게 보면 이 사건에 있어서처럼 출연재산이 출연자의 소유인 것으로 믿고 그 부동산을 취득한 제3자가 피해를 입게 되기 때문에, 대상판결은 출연자와의 관계와 제3자와의 관계를 나누어 봄으로써 법문을 존중하면서도 거래의 안전을 꾀하려고 한 것이다. 대법원 판례 가운데에는 현행민법 시행 후에도 명의신탁과 양도담보에 관하여 대상판결처럼 물권변동의 당사자 사이의 관계와 제3자 사이의 관계를 나누어, 당사자 사이에서는 등기를 필요로 하지 않지만 제3자에 대한 관계에 있어서는 등기를 필요로 한다고 하는 것들이 없지 않다(대판 1975.5.27, 75다318, 319 등). 그러나 대상판결의 소수의견이 지적하고 있듯이 물권변동에 관하여 형식주의를 취하고 있는 현행 민법 하에서 이러한 상대적인 소유권의 귀속을 인정하는 것은 문제이다.

3. 관련 판례

대상판결은 생전처분에 의한 출연의 경우인데, 대판 1993.9.14, 93다8054는 유언으로 재단법인을 설립하는 경우에 관하여도 대상판결과 동일하게 판시하고 있다. 그리고 대판 1999.

7.9, 98다9045는 대상판결을 재확인하면서, 다만 출연자는 재단법인의 성립 여부나 출연된 재산이 기본재산인지 여부와는 관계없이 착오에 기한 의사표시를 이유로 출연 의사표시를 취소할 수 있다고 하였다.

4. 민법개정안

법무부가 2014.10.24. 국회에 제출하였던 민법개정안 48조는 다음과 같이 규정하여 형식주의의 원칙을 관철하려고 하였다.

> **제48조** (출연재산의 귀속시기) ① 재단법인을 설립하기 위하여 출연한 재산의 권리변동에 등기, 인도, 그 밖의 요건이 필요한 경우에는 그 요건을 갖춘 때에 법인의 재산이 된다.
> ② 설립자의 사망 후에 재단법인이 성립하는 경우에는 재산 출연에 관하여는 그의 사망 전에 재단법인이 성립한 것으로 본다.
> ③ 제2항의 경우에 출연재산은 제1항의 요건을 갖추면 설립자가 사망한 때부터 법인에 귀속한 것으로 본다. 재단법인이 성립한 후 설립자가 사망한 경우에도 또한 같다.

참고문헌

권철, 민법의 관점에서 바라본 민법 개정안의 법인제도, 비교사법 17권 4호, 2010.
김기영, 재단법인설립시 생전처분행위로 인한 출연재산(부동산물권)의 귀속시기, 연세법학연구 1집, 1990.
김대정, 재단법인의 설립을 위한 출연재산의 귀속시기, 숭실대 법학논총 47집, 2020.
김용한, 재단법인의 설립에 있어서의 출연재산의 귀속시기, 사법행정 1980.10.
김학동, 재단법인에서의 출연재산의 귀속시기, 서울법학 18권 1호, 2010.
안상돈, 재단법인의 설립에 있어서 출연부동산의 귀속시기, 대법원판례해설 2권 1호, 1980.
윤진수, 법인에 관한 민법개정안의 고찰, 민법논고 1권, 2007.

[판례 6]

이사의 대표권 제한

대법원 1992.2.14. 선고 91다24564 판결

사 실

A 주식회사는 재단법인인 Y로부터 진입로 포장공사를 도급받았다. A 회사는 그 공사에 필요한 레미콘을 구입하기 위하여 1987.10.17. X 회사와 레미콘 공급계약을 체결하고, 같은 해 11.14.까지 X 회사로부터 레미콘을 공급받았다. X 회사는 Y 법인이 1987.10.17. A 회사의 X 회사에 대한 위 레미콘대금채무를 연대보증 하였다고 주장하면서 Y 법인을 상대로 위 대금의 지급을 구하는 소송을 제기하였다. 이에 대하여 Y 법인은, 위 연대보증계약은 Y 법인의 적법한 대표자가 체결한 것이 아니고, Y 법인의 대표자가 연대보증하였다고 하더라도 Y 법인의 정관에 의하면 Y 법인의 채무부담행위에 대하여는 이사회의 결의 및 소속 기독교 교단 노회와 설립자의 승인을 거쳐 주무관청의 인가를 받도록 되어 있는데, 위 연대보증행위에 대하여는 위 정관규정에 따른 절차를 거친 바 없고, X 회사는 선의의 제3자도 아니므로 그 절차의 흠결로써 대항할 수 있다고 주장하였다.

원심판결은 X 회사의 청구를 받아들였고, 대법원도 Y 법인의 상고를 기각하였다.

이 유

법인의 대표자가 법인의 채무를 부담하는 계약을 함에 있어서 이사회의 결의를 거쳐 노회와 설립자의 승인을 얻고 주무관청의 인가를 받도록 정관에 규정되어 있다면 그와 같은 규정은 법인대표권의 제한에 관한 규정으로서 이러한 제한은 등기하지 아니하면 제3자에게 대항할 수 없다고 할 것인바, Y 법인의 정관 10조에 그와 같은 취지의 법인대표권의 제한에 관한 규정이 있어도 그와 같은 취지가 등기되어 있다는 주장 입증이 없는 이 사건에서 Y 법인은 X 회사가 그와 같은 정관의 규정에 대하여 선의냐 악의냐에 관계없이 제3자인 X 회사에 대하여 이러한 절차의 흠결을 들어 이 사건 보증계약의 효력을 부인할 수 없다.

해 설

1. 60조의 대표권 제한의 의미

59조 1항 본문은 "이사는 법인의 사무에 관하여 각자 법인을 대표한다"고 규정하고, 60조는 "이사의 대표권에 대한 제한은 등기하지 아니하면 제삼자에게 대항하지 못한다"고 규정한다. 60조에서 말하는 "대표권의 제한"의 의미에 관하여는, 다음과 같이 주장하는 견해가 있다. 즉 대표권의 제한을 두 가지로 구분하여 하나는 대표권의 유무에 관한 제한과 대표권의 행사방법에 관한 제한이고, 다른 하나는 대표권의 범위에 관한 제한인데, 위 조문에서 말하는 대표권의 제한이란 첫째의 경우, 즉 이사 중에 대표권이 있는 이사를 특정하거나 공동대표의 정함이 있는 경우만을 말하고, 둘째의 경우, 즉 대표권이 있으나 그 범위에 관하여 예컨대 거래의 종류, 금액 등을 제한하는 것은 이에 해당하지 않는다고 한다. 그러나 대판 1987.11.24, 86다카2484나 대상판결 등은 둘째의 경우도 60조에서 말하는 대표권의 제한에 해당한다고 보았다.

2. 제3자의 범위

60조는 "제삼자에게 대항하지 못한다"고만 규정하고 있을 뿐 제3자의 선의 · 악의 여부를 문제삼고 있지 않다. 그럼에도 불구하고 학설상으로는 등기되지 않은 이사의 대표권 제한은 선의의 제3자에 대하여만 대항할 수 없을 뿐 악의의 제3자에 대하여는 대항할 수 있다고 주장하는 견해(제한설)가 많다. 반면 법문과 같이 악의의 제3자에 대하여도 대항할 수 없다고 주장하는 견해(무제한설)도 있다.

제한설은 그 근거로서, 악의의 제3자는 보호할 필요가 없고, 만일 악의의 제3자도 위 조문의 제3자에 포함된다면 현저히 정의관념에 반하는 결과가 된다고 주장한다. 반면 무제한설은 위 조문이 선의와 악의를 구별하지 않고 있고, 입법과정에서도 선의의 제3자에 한정하고 있던 의용민법 54조와는 달리 그냥 제3자로 규정하였다는 점, 등기제도에 의하여 법률관계가 획일적으로 처리되어야 한다는 점 등을 근거로 들고 있다. 대상판결 이전의 대판 1975.4.22, 74다410; 1987.11.24, 86다카2484 등도 대체로 같은 취지였다.

이론적으로는 찬반양론이 대립할 수 있지만, 입법자의 의사를 중시한다면 무제한설이 좀 더 설득력이 있다고 보인다. 그러나 입법론적으로는 그 타당성에 의문이 없지 않다. 거래의 안전이 보다 중요시되는 상법에서도 회사의 대표자의 권한의 제한은 선의의 제3자에 대하여만 대항하지 못하는 것으로 규정하고 있는 것(209조, 269조, 389조 3항, 562조 4항 등)과 비교하여 균형이 맞지 않기 때문이다. 뿐만 아니라 법인의 대표자가 법인의 이익을 위한 것이 아니라 자기 또는 제3자의 이익을 도모할 목적으로 그 권한을 남용한 경우에는 그 행위의 상대방이 대표자의 진의를 알았거나 알 수 있었을 때에는 무효가 되는데(대판 2004.3.26, 2003다34045), 등기하지 않은 이사의 대표권 제한은 악의의 제3자에게도 대항하지 못한다는 것은 일종의 평가모순이라고 하지 않을 수 없다. 대표권 남용의 경우에는 대표자가 자신에게 부여된 대표권의 범위 내에서 대표행위를 하지만 그 권한을 남용하는 것임에도 그 상대방이 이를 알았거나 알 수 있었다면 보호를 받지 못하는데, 대표권 제한의 경우에는 이사가 내부적으로 제한된 대표권의 범위를 벗어나서 대표행위를 하는 것임에도 불구하고 이를 안 상대방도 그 대표행위의 유효를 주장할 수 있다는 것이기 때문이다.

3. 이후의 판례

대판 1995.2.10, 94다13473은, 법인 해산시 잔여재산의 귀속권리자를 직접 지정하지 않고 정관으로 법인 해산시의 잔여재산은 이사회에서 이사 전원의 의결에 의하여 원고 법인과 유사한 목적의 단체 또는 국가에 기부하도록 규정한 경우에, 이러한 정관 규정은 유효하고, 민법상의 청산절차에 관한 규정은 강행규정이므로 이에 반하는 잔여재산의 처분행위는 특단의 사정이 없는 한 무효이며, 이사 전원의 의결에 의하여 잔여재산을 처분하도록 한 위 정관 규정은 성질상 등기하여야만 제3자에게 대항할 수 있는 청산인의 대표권에 관한 제한이라고 볼 수 없다고 하였다.

다른 한편 대판 2003.7.22, 2002다64780은 법인 아닌 사단의 경우에는 법인과 달리 보았다. 즉 비법인사단의 경우에는 대표자의 대표권 제한에 관하여 등기할 방법이 없어 60조의 규정을 준용할 수 없고, 비법인사단의 대표자가 정관에서 사원총회의 결의를 거쳐야 하도록 규정한 대외적 거래행위에 관하여 이를 거치지 아니한 경우에는 그 거래 상대방이 그와 같은 대표권 제한 사실을 알았거나 알 수 있었을 경우가 아니라면 그 거래행위는 유효하다고 봄이 상당하고, 이 경우 거래의 상대방이 대표권 제한 사실을 알았거나 알 수 있었음은 이를 주장하는 비법인사단 측이 주장 · 입증하여야 한다고 판시하여, 대표권 남용의 법리에 준하여 취급하였다.

참고문헌

남효순, 민법상 이사의 대표권제한, 서울대학교 법학 50권 3호, 2009.
양창수, 민법 제60조에서 정하는 「제3자」의 범위, 민법연구 제3권, 1995.
윤진수, 법인에 관한 민법개정안의 고찰, 민법논고 1권, 2009.
이교림, 법인이사의 대표권의 제한, 대법원판례해설 17호(92년 상반기), 1992.

[판례 7]

비법인사단인 종교단체에서의 임시이사 선임

대법원 2009.11.19. 자 2008마699 전원합의체 결정

사 실

사건본인 Y 종단은 A가 1969.4.경 창설한 종교단체로서 법인 아닌 사단이고, 신청인 X는 Y 종단의 임원이다. Y 종단의 최고규범인 도헌(都憲)에는 종신제인 도전이 Y 종단을 대표하고, Y 종단의 대외적인 업무는 도전의 지시에 의하여 도전이 임명하는 종무원장 명의로 시행하도록 규정하고 있다.

도전이던 A는 1996.1.23. 후임 도전을 지명하지 않은 채 사망하였고, 그 후 종단 내에 갈등이 생겨 누가 적법한 종단의 대표자인가에 관하여 재판이 벌어졌는데, 대법원은 도전의 법률상 지위와는 별도로 종무원장은 법률적으로 독립한 Y 종단의 대표자이지만, 종무원장이라고 주장하는 사람들은 모두 종무원장이 아니라고 판결하여 결국 종무원장이 공석이 되었다. 이에 X는 임시 종무원장의 선임을 구하였고, 원심은 Y 종단의 임시 종무원장으로 Y 종단의 신도가 아닌 변호사 B를 선정하였다. 그러자 위 결정에 불복한 Y 종단의 신도 C 등이 재항고를 제기하였고, 대법원은 원심결정을 파기환송하였다.

이 유

1. 민법 63조는 법인의 조직과 활동에 관한 것으로서 법인격을 전제로 하는 조항이 아니고, 법인 아닌 사단이나 재단의 경우에도 이사가 없거나 결원이 생길 수 있으며, 통상의 절차에 따른 새로운 이사의 선임이 극히 곤란하고 종전 이사의 긴급처리권도 인정되지 아니하는 경우에는 사단이나 재단 또는 타인에게 손해가 생길 염려가 있을 수 있으므로, 민법 63조는 법인 아닌 사단이나 재단에도 유추 적용할 수 있다. 이와 달리 판시한 대법원 1961.11.16. 자 4294

민재항431 결정은 이 결정의 견해에 배치되는 범위 내에서 이를 변경하기로 한다.

2. 종교단체라고 하더라도 법인으로 설립되지 않은 경우에는 법인격 없는 단체에 관한 일반법리가 적용될 수 있고, 따라서 법인 아닌 사단인 종교단체에 대하여도 원칙적으로 그 요건이 충족되는 한 이해관계인이나 검사는 법원에 민법 63조에 따른 임시이사의 선임을 청구할 수 있다. 하지만 종교단체에 대하여는 그 조직과 운영에 관한 자율성이 최대한 보장되어야 하므로, 법원이 임시이사의 형태로 그 조직과 운영에 관여하게 될 때에도 헌법상 종교단체에 보장되는 종교활동의 자유와 자율성이 침해되지 않도록 그 선임요건과 필요성을 인정함에 신중을 기하여야 하며, 특히 그 선임요건으로 "손해가 생길 염려가 있는 때"를 판단할 때에는, 이사의 결원에 이르게 된 경위와 종교단체가 자율적인 방법으로 그 결원을 해결할 수 있는지 여부를 살피고, 아울러 임시이사를 선임하지 아니하는 것이 현저히 정의관념에 반하고 오히려 자유로운 종교활동을 위한 종교단체의 관리·운영에 심각한 장해를 초래하는지 여부 등의 사정을 종합적으로 참작하여야 한다.

3. 종교단체에서 임시이사의 선임이 불가피한 경우에도 종교단체의 종교적인 활동 및 그 자율성에 장해를 주지 않도록 선임자격이나 그 구체적 권한 내지 직무내용을 제한함이 상당하다. 특히 그 종단의 신도가 아니어서 신앙적 동일성이 인정되지 않는 외부의 제3자로 하여금 신앙공동체인 종단의 대표자 업무를 담당하도록 하는 것은 특별한 사정이 없는 한 종교단체의 자율성과 본질에 어긋나므로 원칙적으로 허용되지 않는다고 해석함이 상당하다. 다만, 당해 종단의 신도 중에서는 중립적인 지위에서 종단의 대표자 업무를 적정하게 수행할 수 있는 적임자를 도저히 찾을 수 없는 예외적 사정이 존재하는 경우에는 신도 아닌 사람도 임시이사로 선임할 수 있으나, 이 경우에도 그 직무범위나 권한을 비종교적 영역 내에서 선임의 필요성에 상응한 최소한의 범위로 제한함으로써, 종단의 정체성을 보존하고 그 자율적 운영에 대한 제약도 최소화될 수 있도록 하여야 한다.

해 설

1. 법인 아닌 사단과 재단에 대한 법인규정의 유추적용

민법상 법인은 주무관청의 인가를 받아 등기함으로써 성립하고, 일단 성립한 법인은 권리능력을 가진다(34조). 그러므로 사단 또는 재단으로서의 실체를 가지고 있지만 위와 같은 절차를 밟지 않은 법인 아닌 사단이나 재단은 권리능력을 가지지 않는다. 그러나 법인 아닌 사단 또는 재단도 부동산등기법상 등기능력을 가지고(30조), 또 민사소송법상 당사자능력도 가진다(52조).

종래의 학설은 법인 아닌 사단과 재단도 사단 또는 재단의 실체를 가지고 있으므로, 법인 아닌 사단과 재단에 대하여도 법인격을 전제로 하는 것을 제외하고는 법인에 대한 규정을 유추적용할 수 있다고 보고 있다. 학설상으로는 정관에 관한 규정, 사단의 행위능력, 대표기관의 권한과 그 대표의 형식, 대표기관의 불법행위로 인한 사단의 배상책임 등이 유추적용될 수 있다고 한다.

판례는 다음과 같은 사례에서 유추적용을 인정하였다.

첫째, 법인 아닌 사단에 있어서도 사단법인과 마찬가지로 구성원이 없게 되었다 하여 막바로 그 사단이 소멸하여 소송상의 당사자능력을 상실하였다고 할 수는 없고 청산사무가 완료되어야 비로소 그 당사자능력이 소멸한다(대판 1992.10.9, 92다23087). 또한 비법인사단인 교회의 교인이 존재하지 않게 된 경우 그 교회는 청산절차에 들어가는데, 이 경우 해산 당시 그 비법인사단의 총회에서 향후 업무를 수행할 자를 선정하였다면 82조를 유추하여 그 선임된 자가 청산인으로서 청산 중의 비법인사단을 대표하여 청산업무를 수행하게 된다(대판 2003.11.14, 2001다32687).

둘째, 비법인사단 대표자가 행한 타인에 대한 업무의 포괄적 위임과 그에 따른 포괄적 수임인의 대행행위는 62조의 규정에 위반된 것이어서 비법인사단에 대하여는 그 효력이 미치지 아니한다(대판 1996.9.6, 94다18522).

셋째, 정관의 규정에 따른 이사의 임면을 규정한 40조, 수인의 이사의 사무집행에 관한 58조 및 총회의 권한을 정관에 의하여 이사 또는 기타 임원에게 위임할 수 있다는 68조의 규정도 법인 아닌 사단에 준용될 수 있다(대판 1997.1.24, 96다39721, 39738).

넷째, 사단법인의 총회에 관한 73조 2항, 75조 2항의 규정은 정관에 다른 규정이 없으면 종중과 같은 권리능력 없는 사단의 경우에도 준용된다(대판 1992.9.14, 91다46830).

다섯째, 비법인사단의 대표자가 직무에 관하여 타인에게 가한 손해를 가한 경우 그 사단은 35조 1항의 유추적용에 의하여 그 손해를 배상할 책임이 있다(대판 2003.7.25, 2002다27088).

여섯째, 특정 교단에 가입한 법인 아닌 사단인 지교회가 소속 교단을 탈퇴하거나 소속 교단을 변경하는 것은 사단법인 정관변경에 준하여 의결권을 가진 교인 2/3 이상의 찬성에 의한 결의를 필요로 한다{대판(전) 2006.4.20, 2004다37775}.

반면 대판 2003.7.22, 2002다64780은 비법인사단의 경우에는 대표자의 대표권 제한에 관하여 등기할 방법이 없어 60조의 규정을 준용할 수 없다고 한다.

이 사건에서 문제되고 있는 임시이사의 선임에 관하여 대결 1961.11.16. 자 4294민재항431은 63조의 준용을 부정하였다. 그러나 대상결정은 위 결정을 변경하여 63조는 법인 아닌 사단이나 재단에도 유추 적용할 수 있다고 판시하였다. 종래의 학설도 63조는 법인격을 전제로 하는 규정이라고는 볼 수 없으므로, 이 규정이 법인 아닌 사단이나 재단에 유추적용될 수 있다고 보고 있었고, 대상결정도 학설의 지지를 받고 있다.

2. 종교단체의 자율성 존중

종래 판례는 종교의 자유를 침해하지 않기 위하여 종교단체의 자율성을 존중하면서 종교단체 내부의 분쟁에 관하여 개입을 자제하는 태도를 보이고 있다. 즉 판례는 원칙적으로 종교단체 내부의 권징결의와 같은 징계는 교인으로서 비위가 있는 자에게 종교적인 방법으로 징계 제재하는 종교단체 내부의 규제에 지나지 않으므로, 이는 사법심사의 대상이 되지 않고, 그 효력과 집행은 교회 내부의 자율에 맡겨져야 한다고 보고 있다(대판 1978.12.26, 78다1118 등 다수). 다만 그러한 징계의 효력 유무가 다른 구체적인 권리 또는 법률관계의 선결문제가 되는 경우에는 그 판단의 내용이 종교 교리의 해석에 미치지 않는 한 법원으로서는 위 징계의 당부를 판단할 수 있지만, 이러한 경우에도 종교단체의 자율성을 존중하여, 그 종교단체 소정의 징계절차를 전혀 밟지 아니하였다거나 징계사유가 전혀 존재하지 아니한다는 등 이를 무효라고 할 특별한 사정이 없으면 그 징계는 여전히 효력을 지속한다고 하였다(대판 1992.5.22, 91다41026 등).

그런데 대판 2006.2.10, 2003다63104는 교회의 공동의회에서 이루어진 장로에 대한 신임투표 결의의 무효확인을 구하는 것을 사법심사의 대상에서 제외하거나 소의 이익을 부정할 것은 아니라고 하면서, 그 이유로서 소의 이익을 부정하게 되면 국민의 재판청구권이 침해될 위험이 크고, 종교단체 내부의 지위를 둘러싼 분쟁이라는 이유만으로 본안에 관한 심리조차 거부하는 것이 반드시 타당하다고는 보기 어려우며, 종교단체 내에서의 지위에 영향을 미치는 처분이나 결의의 이유 자체가 언제나 신앙이나 교리와 직접 연관되어 있는 것은 아니라는 점 등을 들었다.

대상결정도 그 연장선상에서 법원이 종교단체의 임시이사를 선임할 수는 있지만 그 선임요건과 필요성을 인정함에 신중을 기하여야 하고, 종단의 대표자는 원칙적으로 당해 종단의 신도 중에서 선임하여야 하며, 예외적 사정이 존재하는 경우에는 신도 아닌 사람도 임시이사로 선임할 수 있으나, 이 경우에도 그 직무범위나 권한을 비종교적 영역 내에서 선임의 필요성에 상응한 최소한의 범위로 제한함으로써, 종단의 정체성을 보존하고 그 자율적 운영에 대한 제약도 최소화될 수 있도록 하여야 한다고 판시하였다. 특히 종단의 대표자는 원칙적으로 종단의 신도 중에서 선임하여야 한다고 본 것은 실제상 매우 중요한 의미를 가진다.

참고문헌

윤진수, 법인에 관한 민법개정안의 고찰, 민법논고 1권, 2009.

윤진수, 사법상의 단체와 헌법, 비교사법 제15권 1호, 2008.

이원범, 임시이사 선임에 관한 민법 제63조가 법인 아닌 사단에 유추적용되는지 여부와 종교단체에서의 제한가능성, 사법 11호, 2010.

이재혁, 법인 아닌 사단에서 대표자가 없게 된 경우의 업무수행, 민사판례연구 33권 상, 2011.

[판례 8]

교회의 분열

대법원 2006.4.20. 선고 2004다37775 전원합의체 판결

사 실

A 교회(X)는 기독교대한성결교회의 지교회였는데, 그 목사로 재직하던 B는 소속 교단의 징계재판을 받을 지경에 이르자 2001.8.26. 지지교인을 모아 교단 탈퇴와 독립교회 설립을 결의하고, 새로운 교회의 명칭을 동일하게 A 교회(Y)라고 칭하였다. Y 교회는 2001.11.21. X 교회 명의로 등기되어 있던 이 사건 부동산에 관하여 같은 해 11.5. 자신 앞으로 매매를 원인으로 한 소유권이전등기를 마쳤으나 위 등기는 실제로 X 교회로부터 이를 매수하지 아니하였음에도 종전 교회의 당회원인 B 등 4인이 매도 결의를 한 것처럼 임의로 관련 서류를 작성하여 이를 첨부한 것이었다. B는 위 행위로 인하여 공정증서원본불실기재죄, 동행사죄 및 횡령죄로 유죄 확정판결을 받았다. 한편 소속 교단은 2001.10.11. B에 대하여 면직판결을 하고 2001.10.27. 후임 당회장으로 목사 C를 파송하였다.

X 교회는 Y 교회를 상대로 하여, 이 사건 부동산에 대한 소유권이전등기의 말소등기청구를 제기하였는데, 제1심 및 원심은, 종전 교회는 B를 당회장으로 하는 Y 교회와 잔류 교인들로 구성된 X 교회로 분열되었고, 교회가 분열되면 종전 교회의 재산은 그 분열 당시 교인들의 총유에 속하고 총유재산의 보존행위는 총회의 결의에 의하여야 하는 것이므로, 이 사건에서 종전 교회가 X 교회와 Y 교회로 분열될 당시 교인들의 총회 결의가 존재하지 않아 X 교회는 교회 재산의 보존행위로서 이 사건 소를 제기할 수 없다고 하여 X 교회의 청구를 기각하였다.

대상판결은 다수의견에 따라 원심판결을 파기환송하였다. 이 판결에는 별개의견과 반대의견이 있었다.

이 유

1. 교회가 법인 아닌 사단으로서 존재하는 이상 그 법률관계를 둘러싼 분쟁을 소송적인 방

법으로 해결함에 있어서는 법인 아닌 사단에 관한 민법의 일반 이론에 따라 교회의 실체를 파악하고 교회의 재산 귀속에 대하여 판단하여야 한다. 따라서 일부 교인들이 교회를 탈퇴하여 그 교회 교인으로서의 지위를 상실하게 되면, 종전 교회의 총유 재산의 관리처분에 관한 의결에 참가할 수 있는 지위나 그 재산에 대한 사용·수익권을 상실하고, 종전 교회는 잔존 교인들을 구성원으로 하여 실체의 동일성을 유지하면서 존속하며 종전 교회의 재산은 그 교회에 소속된 잔존 교인들의 총유로 귀속됨이 원칙이다. 그리고 교단에 소속되어 있던 지교회의 교인들의 일부가 소속 교단을 탈퇴하기로 결의한 다음 종전 교회를 나가 별도의 교회를 설립하여 별도의 대표자를 선정하고 나아가 다른 교단에 가입한 경우, 그 교회 소속 교인들은 더 이상 종전 교회의 재산에 대한 권리를 보유할 수 없게 된다.

2. 특정 교단에 가입한 지교회가 교단이 정한 헌법을 지교회 자신의 자치규범으로 받아들였다고 인정되는 경우에는 소속 교단의 변경은 실질적으로 지교회 자신의 규약에 해당하는 자치규범을 변경하는 결과를 초래하고, 만약 지교회 자신의 규약을 갖춘 경우에는 교단변경으로 인하여 지교회의 명칭이나 목적 등 지교회의 규약에 포함된 사항의 변경까지 수반하기 때문에, 소속 교단에서의 탈퇴 내지 소속 교단의 변경은 사단법인 정관변경에 준하여 의결권을 가진 교인 2/3 이상의 찬성에 의한 결의를 필요로 한다.

3. 그러므로 교회의 분열을 인정하고 종전 교회의 재산은 분열 당시 교인들의 총유(또는 합유)에 속한다고 판시한 종래의 판결들과, 교회의 소속 교단 변경은 교인 전원의 의사에 의하여만 가능하다는 취지로 판시한 대판 1978.10.10, 78다716과 같은 취지의 판결들은 이 판결의 견해에 배치되는 범위 내에서 변경하기로 한다.

해 설

1. 종전의 판례와 판례변경

법인이 아닌 기독교의 개개 지교회는 교인들로 구성된 권리능력 없는 사단이라고 보는 것이 일반적이다. 그런데 교회에서는 교인들 사이의 다툼으로 종전 교회의 교인들이 두 개 또는 그 이상으로 나누어지는 경우가 많이 있다. 이를 일반적으로 교회의 분열이라고 한다. 그런데 종전의 판례는, 교회가 분열되었을 경우 교회 건물을 비롯한 교회의 재산은 특별한 사정이 없는 한 분열 당시 전체 교인들의 총유에 속하고, 분열된 각 교회는 별개 독립의 교회로서 각각 상대방의 종교활동이나 총유물에 대한 사용수익을 방해하지 아니하는 범위 내에서 총유권자로서 종전의 교회재산을 사용·수익할 수 있다고 하여, 일방 교회의 다른 일방 교회에 대한 명도청구를 받아들이지 않고 있었다(대판 1988.3.22, 86다카1197 등 다수). 또 이 사건에서 문제된 것과 같이 종전 교회로부터 분열된 교회 명의로 소유권이전등기가 이루어진 경우에, 그 말소등기청구는 총유재산의 관리행위로서 분열 당시 교인들의 결의가 필요한데 이러한 결의가 없었다는 이유로 말소등기청구를 배척하고 있었다(대판 1990.12.7, 90다카23561 등). 대판(전) 1993.1.19, 91다1226도 이러한 종래의 판례를 재확인하였으나, 여기에는 반대의견이 있었다.

그런데 대상판결은 이러한 종래의 판례를 변경하여, 교회의 분열이라는 개념을 더 이상 인정하지 않고, 이러한 현상을 일부 교인들이 교회를 탈퇴하는 것으로 파악하였다. 그리하여 종전 교회는 잔존 교인들을 구성원으로 하여 존속하고, 종전 교회의 재산은 잔존 교인들의 총유로 귀속된다고 하였다. 다만 의결권을 가진 교인 2/3 이상의 찬성에 의한 결의에 따라 소속 교단에서 탈퇴하거나 다른 교단으로 변경한 경우에는 종전 교회의 실체는 교단을 탈퇴한 교회로서 존속한다고 보았다.

2. 학 설

학설상으로는 분열의 개념을 승인하면서 교회 재산은 분열된 두 개의 교회가 공유하고, 그 공유지분을 각 교회의 교인이 총유로 소유한다고 보는 공유설이 다수설이었다. 대상판결 중 박시환 대법관의 별개의견은 이러한 태도를 보이고 있다. 이 판결 선고 후에도 이러한 공유설을 지지하는 논자가 많다. 그 근거로서는 교회는 신앙단체라는 특수성이 있으므로 일반적인 권리능력 없는 사단의 법리로 규율될 수는 없고, 주식회사의 분할이 인정되는 점에 비추어 보면 교회의 분열도 인정될 수 있으며, 교회재산은 교회를 유지하기 위한 필수적 요소이므로 교회의 분열을 인정하여 종전의 교회 재산에 대한 분열된 교인들의 권리를 인정하여야 분열된 교인들의 계속적인 종교행위도 보장될 수 있다는 점 등을 들고 있다.

반면 법률적인 개념으로서의 분열을 인정할 수 없다는 견해도 있다. 이 견해에서는, 사단의 경우에 다수결은 그 존립 기반이 되는 법리로서 정관에 다른 규정이 없는 한 어떠한 경우에도 이를 포기할 수 없는 것인데, 만일 이와 같이 보지 않는다면 사단의 목적 내지 근본규칙에 위배하여 단체의 질서를 파괴한 소수파의 행동을 정당한 것으로 긍인하는 결과로 되며, 더 나아가 소수파의 분열을 조장하는 결과로 된다고 한다.

3. 검 토

우선 과거의 판례처럼 교회의 재산이 분열 당시 교인들의 총유에 속하므로 분열된 교회가 다같이 사용할 권리가 있다고 하는 것은 법원이 현실적으로 존재하는 분쟁을 해결하는 것을 포기하는 것이다. 그리고 법률적인 의미에서 교회의 분열이라는 개념은 이를 인정할 수 있는 근거가 없으므로 부정되어야 한다. 공유설은 주식회사의 분할(상법 530조의2 이하)이 인정된다는 것을 분열 개념을 인정할 수 있는 근거로 들고 있다. 그러나 주식회사의 분할은 주주총회의 결의에 의하여 이루어지는 것으로서, 분할을 위하여는 가중된 요건(상법 530조의3, 434조)을 필요로 하므로, 법적 절차에 따르지 않은 채로 사실상 교회가 갈라지는 교회의 분열과는 전혀 다른 개념이다. 다른 한편 교회나 기타 일반 사단의 경우에도 그 구성원들이 별도의 결의 또는 합의를 통하여 종전 사단을 분할하는 행위가 사적자치의 원칙상 허용됨은 당연하지만, 단순히 사단이 분할하기로 결의하였다 하여 등기의 변동과 같이 권리변동에 요구되는 별도의 요건을 갖추지 않았음에도 불구하고 종전의 총유 상태가 포괄적으로 공유의 상태로 바뀐다고 볼 아무런 근거가 없다. 그리고 종교의 자유가 그 권리자의 의사와는 관계없이 종교단체의 재산을 이용할 자유를 포함하는 것은 아니며, 이는 일반 재산법의 원리에 따라야 한다. 따라서 분열 당시 교회의 재산은 종전 교회와 동일성이 인정되는 교회에 귀속되는 것으로 보아야 할 것이다. 이러한 점에서 대상판결이 법적인 개념으로서 교회의 분열을 부정한 것은 타당하다고 보아야 할 것이다.

그리고 대상판결에서 손지열 대법관 등 4인의 별개의견은, 교회의 소속 교단의 변경에 관하여는 사단법인의 정관변경에 관한 42조 1항을 유추적용할 것이 아니라, 사단법인의 해산결의에 관한 78조를 유추적용하여야 하므로, 의결권을 가진 교인 3/4 이상의 동의를 얻은 경우에 한하여 적법하게 소속 교단을 탈퇴하거나 변경할 수 있다고 주장하였다. 그러나 교단의 변경을 사단법인의 해산과 같이 본다면 법률적 효과에 관하여도 사단법인 해산에 관한 80조 이하를 유추적용하여 청산 절차에 들어가 교회 재산을 처분하고 종국적으로 종전 교회의 실체를 소멸시켜야 할 것이나, 위 별개의견도 이러한 결론까지 인정하는 취지는 아니라고 생각된다. 따라서 교단변경의 경우에는 다수의견과 마찬가지로 사단법인의 정관 변경에 준하는 것으로 보아 세례교인 2/3 이상의 찬성만 있으면 된다고 보아야 할 것이다.

4. 관련 판례

이후의 판례 가운데 주목할 것으로는 대판 2010.5.27, 2009다67658이 있다. 이 사건에서는 교단변경 결의가 있었으나, 재판에서 그 결의가 절차상 이유로 무효인 것으로 확정되었다. 그 후 종전 교회 명의의 예금채권이 누구에게 귀속되는가가 문제되었는데, 대법원은 교단변경의 결의와 교회를 탈퇴하는 것을 구분하면서, 교단변경 결의에 찬성한 교인들이 교단변경 결의가 유효하게 이루어지지 아니하는 경우 교회재산의 사용수익권을 잃는 것을 감수하고서라도 새로운 교회를 설립할 것인지 아니면 종전 교회에 남을 것인지 사이에서 교인들이 어떠한 선택을 하였다고 볼 것인지 여부와 같은 사정을 종합적으로 고려하여 판단하여야 하는데, 이 사건에서는 교단변경 결의에 찬성한 교인들이 종전 교회에서의 탈퇴까지 의도하였다거나 종전 교회와는 별개의 새로운 교회를 설립하였다고 단정하기 곤란하다고 하였다.

그러나 위 판결이 교단변경 결의에 찬성한 교인들이 결의가 무효인 경우에까지 교회를 탈퇴하려고 한 것으로 볼 수 없다고 한 점은 문제가 있다. 이 판결은 교단변경 결의에 찬성한 교인들로 구성된 피고 교회의 존재 그 자체를 부정하였는데, 교단변경 결의가 무효로 확정되기까지 독립된 교회로서 활동하였던 피고 교회가 결의무효임이 확정되면 아예 존재하지 않는 것으로 된다는 것은 현실에 부합하지 않는다. 가령 피고 교회가 보유하고 있던 재산이 있었던 경우에는, 피고 교회의 교인이 전부 피고 교회를 탈퇴하여 더 이상 교인이 존재하지 않는다고 하더라도 바로 피고 교회가 소멸하는 것은 아니고, 청산 절차를 거쳐야 하는 것이다(대판 1992.10.9, 92다23087).

위 사건에서는 교단변경 결의에 찬성한 교인들이 종전의 교회를 탈퇴하였다가 다시 복귀한 것으로 평가하는 것이 사건의 실체에 부합할 것이다. 그러나 이와 같이 본다고 하더라도 교회의 분열을 인정하였던 종전 판례와 같은 결과로 돌아간 것이라고는 할 수 없다. 종전의 판례는 2개의 교회를 인정하였기 때문에 이 교회들이 서로 협의하여 분쟁을 해결하는 것 자체가 어려웠던 반면, 위 판결에 의할 때에는 종전 교회에 복귀한 교인들도 종전 교회 내부의 의사결정 절차에 따라 의사를 결정할 수밖에 없으므로, 결과적으로 분쟁의 해결을 촉진하는 것이 될 것이다.

참고문헌

김민규, 교회의 분열과 재산귀속에 관한 판례법리의 변천, 재산법연구 23권 3호, 2007.

김민기, 교단변경 결의에 찬성한 교인들이 종전 교회에서 탈퇴한 것인지 여부의 판단 기준, 대법원판례해설 제83호, 2010.

김진현, 교회재산분쟁에 관한 비교법적 고찰, 강원법학 1권, 1985.

민유숙, 교인들이 집단적으로 교회를 탈퇴한 경우 법률관계, 대법원판례해설 60호, 2006.

배성호, 교회분열과 재산귀속, 한국부패학회보 12권 4호, 2007.

백현기, 교회분쟁관계법, 개정증보판, 법문사, 2021.

변동걸, 교회의 분열과 교회재산의 귀속, 민사재판의 제문제 7권, 1993.

송호영, 교회의 교인들이 종전교단으로부터 집단적으로 탈퇴하여 별도의 교회를 설립한 경우의 법률관계, 민사법학 35호, 2007.

양형우, 교회분열에 따른 재산귀속, 재산법연구 24권 1호, 2007.

오시영, 교회의 분열과 재산 귀속 관계에 대한 고찰, 인권과 정의 2006.9.

윤진수, 이용훈 대법원의 민법판례, 이용훈대법원장재임기념 정의로운 사법, 2011.

윤진수, 교회분열의 법률적 검토, 정태윤 지원림 교수 논문집 새봄을 여는 민법학, 홍문사, 2023.

홍기태, 교인들의 탈퇴에 따른 교회재산의 귀속관계, 민사판례연구 29권, 2007.

[판례 9]

반사회적 부동산 이중양도에 있어서 전득자의 지위

대법원 1996.10.25. 선고 96다29151 판결

사 실

X(전주시)의 전신인 전주부는 1943.3.15.경 이 사건 토지를 소유자인 A로부터 매수하고 매수한 인근 토지와 함께 유지(溜池)를 축조한 후 이를 소류지로서 유지, 관리하여 왔으나, 등기는 여전히 A에게 남아 있었다. 그 후 Y_1이 A를 상속하여 1984.8.16. 이 사건 토지에 대하여 상속을 원인으로 하는 소유권이전등기를 마치고, 1987.4.18. Y_2에게 매매를 원인으로 하는 소유권이전등기를 넘겨주었으며, 그 후 여러 피고들 명의로 순차 소유권이전등기가 경료되었고, Y_{13}은 위 부동산 중 Y_{12} 명의의 지분에 관하여 1990.4.12. 근저당권자로 등기되었다. X는 1990년에 Y_1의 위 매도는 원고에 대한 배임행위이고, Y_2는 이 배임행위에 적극 가담하였으므로 위 매매는 무효라고 주장하면서, Y_1에 대하여는 1943.3.15.자 매매를 원인으로 하는 소유권이전등기절차의 이행을 구하고, 나머지 피고들 명의의 각 소유권이전등기 및 근저당권설정등기의 말소를 청구하였다.

1, 2심 법원은 Y_1이 원고의 매수 사실을 알았다거나 Y_2가 Y_1의 배임행위에 적극 가담하였다고 볼 수 없다고 하여 원고의 청구를 기각하였으나, 대판 1995.5.26, 94다28307은 이 사건 토지의 현황 등에 비추어 Y_1이 X가 이 사건 토지를 매수한 사실을 몰랐던 것이라고 단정하기는 어렵고, Y_2도 Y_1의 배임행위에 적극 가담하였다고 인정할 여지가 충분히 있다는 이유로 원심 판결을 파기환송하였다. 환송 후 원심판결은 대체로 대법원의 환송판결과 같은 이유로, X 전부 승소의 판결을 선고하였다. 이에 Y들이 상고하였으나, 대상판결은 상고를 기각하였다.

이 유

부동산의 제2매수인이 매도인의 배임행위에 적극 가담하여 제2매매계약이 반사회적 법률행위에 해당하는 경우에는 제2매매계약은 절대적으로 무효이므로, 당해 부동산을 제2매수인으로부터 다시 취득한 제3자는 설사 제2매수인이 당해 부동산의 소유권을 유효하게 취득한 것으로 믿었다고 하더라도 제2매매계약이 유효하다고 주장할 수 없다. 논지는 부동산의 이중양도가 반사회적 법률행위에 해당하여 무효인 경우 금반언 내지 신의칙의 원칙상 허위통정표시의 경우와 같이 선의의 제3자에 대하여는 무효를 주장할 수 없다고 보아야 한다는 것이나, 이는 독자적인 견해로서 채용할 수 없다.

해 설

1. 종래의 판례와 학설

부동산 이중양도란 부동산을 다른 사람(제1양수인)에게 양도하여 주기로 하는 계약을 체결한 양도인이 동일한 부동산에 대하여 다른 제3자(제2양수인)과 또 다른 양도계약을 체결하고 그 등기까지 마쳐 줌으로써 제1양수인에 대한 의무를 이행하지 않는 경우를 말한다. 매매가 이중으로 된 경우가 많이 문제되므로 이중매매라고 부르기도 한다.

대법원은 대판 1969.11.25, 66다1565 이래로 부동산의 이중양도의 경우에 제한된 범위에서는 등기를 마치지 않은 제1양수인을 등기를 마친 제2양수인에 우선하여 보호하고 있다. 즉 양도인이 제1양수인에 대한 양도의무를 부담함에도 불구하고 다시 제2양수인에게 부동산을 이중으로 양도하고 그 소유권이전등기까지 마치게 되면 원칙적으로 제2양수인은 그 소유권을 유효하게 취득하고, 이는 제2양수인이 선행의 양도사실을 알고 있었던 경우라도 마찬가지이지만, 제2양수인이 양도인의 제1양수인에 대한 배임행위에 적극 가담한 때에는 위 제2의 양도는 103조 소정의 선량한 풍속 기타 사회질서에 위반한 것이어서 무효이고(이른바 배임행위 적극가담론), 제1양수인은 양도인을 대위하여 제2양수인 명의의 소유권이전등기의 말소를 청구할 수 있다는 것이다(대판 1983.4.26, 83다카57; 2002.4.26, 2001다8097, 8103 등). 이러한 판례는 한동안은 학설의 일반적인 지지를 받고 있었다. 그리고 현재에도 제한된 범위 내에서는 제1양수인을 보호할 필요가 있다는 점은 일반적으로 인정되고 있다.

한편 판례는 종전부터 부동산 이중양도(이중매매)에서 중도금이 지급되는 등 계약이 본격적으로 이행되는 단계에 이른 경우, 그때부터 매도인은 배임죄에서 말하는 '타인의 사무를 처리하는 자'에 해당하고, 그러한 지위에 있는 매도인이 매수인에게 계약 내용에 따라 부동산의 소유권을 이전해 주기 전에 그 부동산을 제3자에게 처분하고 제3자 앞으로 그 처분에 따른 등기를 마쳐 준 경우, 배임죄가 성립한다고 보아 왔고, 근래의 대판(전) 2018.5.17, 2017도4027도 이를 유지하였다. 그러나 위 2017도4027 판결에는 배임죄가 성립하지 않는다는 반대의견이 있었다.

2. 판례의 문제점

그러나 근래에 이러한 판례에 대하여는 여러 가지의 문제점이 지적되고 있다. 우선 그 요건 면에서 판례가 제시하고 있는 「배임행위에의 적극가담」이라는 개념은 실제에 있어서는 반드시 명확하지 않다. 판례는 배임행위의 적극가담 여부를 판단함에 있어서 제1양수인의 점유상태, 양도인과 제2양수인의 특별한 인적 관계, 제2양도에 있어서의 대가가 적정한 것이었는지 등 여러 가지 요소를 고려하고 있을 뿐만 아니라, 판례도 어떤 경우에는 제2양수인의 가담 정도가 미약한데도 이중양도를 무효라고 판시하고 있는 반면(대판 1981.12.22, 81다카197), 다른 경우에는 비교적 적극적으로 가담하였다고 보이는데도 무효가 아니라고 하는 경우도 있다(대판 1983.12.13, 83다카1347). 이로 인하여 어떤 이중양도가 무효인지의 여부를 판단하는 것이 상당히 어렵다고 하지 않을 수 없다. 그리고 제2양수인이 단순히 악의인 경우와 배임행위에 적극 가담한 경우를 구별할 필요성이 있는가 하는 점도 문제이다.

그리고 그 효과에서도 양도인의 이중의 양도행위가 103조에 위반되어 무효라고 본다면, 양도인이 제2양수인에게 등기를 이전하여 주는 것은 746조 소정의 불법원인급여에 해당하여 양도인은 원칙적으로 제2양수인에게 그 말소를 청구할 수 없게 되고 따라서 제1양수인으로서도 양도인을 대위하여 제2양수인에게 그 말소를 청구할 수 없게 된다는, 매우 모순되는 결론이 도출되게 된다. 또 제2양수인이 양도인에 대하여 소유권이전등기를 명하는 확정판결을 받아 그에 기하여 자기 명의로 소유권이전등기를 마친 경우에는 양도인이 제2양수인에게 그 등기의 말소를 청구하는 것은 위 확정판결의 기판력에 저촉되어 허용되지 않고, 따라서 제1양수인도 양도인을 대위하여 그러한 청구를 할 수 없게 된다(대판 2000.7.6, 2000다11584 등). 그러나 이는 법을 악용하는 제2양수인을 보호하는 결과가 된다.

그리고 또 다른 문제점은 대상판결에서 문제된 것처럼, 두 번째의 양도행위가 공서양속에 위반되어 무효라면 제2양수인으로부터 부동산을 양수한 전득자가 등기를 마쳤어도 그 전득자는 배임행위 적극가담 여부에 관계없이 제1양수인에 대하여는 자기의 권리를 주장하지 못하게 된다는 것이다(대판 1979.7.24, 79다942 등). 그러나 원래 제1양수인도 등기하기 전까지는 양도인에 대하여 채권을 가지고 있는 데 불과하고 아직 소유자라고는 할 수 없는데, 이와 같은 제1양수인이 이미 등기까지 갖춘 선의의 전득자에 우선할 별다른 이유가 없다.

3. 판례에 대한 대안

그리하여 판례에 대한 대안이 여러 가지 등장하게 되었다. 우선 불법원인급여의 문제에 관하여는, 746조의 불법원인급여는 선량한 풍속 위반의 경우에만 한정되고, 사회질서 위반의 경우에는 불법원인급여가 아닌데, 부동산 이중양도의 경우에는 선량한 풍속 위반은 아니므로 불법원인급여에 해당하지 않는다고 하거나, 부동산 이중매매에 있어서 제1양수인이 양도인을 대위하는 경우처럼 출연이 원래 귀속되어야 할 제3자에게 자동적으로 귀속되는 경우에는 746조의 적용을 부정하여야 한다는 주장이 있다.

그러나 선량한 풍속 위반과 사회질서 위반을 구별하는 기준이 무엇인지 불분명하고, 부동산 이중양도의 경우에 그것이 과연 선량한 풍속 위반에는 해당하지 않는다고 할 수 있는 근거가 무엇인지 명확하지 않다. 가령 대판 1992.12.11, 92다33169는 수입품에 대한 관세포탈의 범죄를 저지르기 위하여 환전상 인가를 받지 아니한 자에게 비밀송금을 위탁한 행위는 746조 소정의 불법원인급여에 해당한다고 하였는데, 이러한 관세포탈이 선량한 풍속 위반에 해당한다고 보기는 어려울 것이다. 또 채권자대위권은 채무자의 제3채무자에 대한 권리를 행사하는 것이므로, 제3채무자는 채무자에 대해 가지는 모든 항변사유로 채권자에게 대항할 수 있으나, 채권자는 채무자 자신이 주장할 수 있는 사유의 범위 내에서 주장할 수 있을 뿐 자기와 제3채무자 사이의 독자적인 사정에 기한 사유를 주장할 수는 없으므로(대판 2009.5.28, 2009다4787), 이중양도의 경우를 예외로 취급하기는 어려울 것이다.

그리고 제2양수인이 양도인과의 확정판결에 기하여 소유권이전등기를 마쳤을 경우에는 소유권자가 그 등기의 말소를 구하지 않고 대신 진정명의회복을 위한 소유권이전등기청구{대판(전) 1990.11.27, 89다카12398}를 하면 된다고 하는 주장이 있다. 그러나 대판(전) 2001.9.20, 99다37894는 전소인 소유권이전등기말소청구소송의 확정판결의 기판력이 후소인 진정명의회복을 원인으로 한 소유권이전등기청구소송에 미친다고 하였다.

나아가 양도인과 제2양수인 사이의 제2양도행위는 제1양수인을 해하는 사해행위이므로 채권자취소권에 기하여 이를 취소할 수 있다는 주장도 있다. 이 설에 따를 때에는 선의의 전득자는 보호받을 수 있다. 그러나 채권자취소권을 인정하기 위하여는 양도인이 무자력이어야 할 뿐만 아니라, 407조는 채권자취소권에 의한 취소와 원상회복은 "모든 채권자의 이익을 위하여" 효력이 있다고 규정하고 있으므로 일단 채권자취소권을 행사한 제1양수인이 다시 원래의 소유권이전등기청구권을 행사하는 것을 인정하는 것은 제1양수인만의 이익을 위하여 채권자취소권을 행사하는 것이 된다.

최근에 주장된 학설은, 제2매매는 매도인과 제2매수인의 관계에서는 사적자치의 원칙에 따른 것으로서 적법하지만, 제1매수인과의 관계에서는 제1매수인의 채권적 권리를 침해하는 위법한 것으로서, 제1매수인과의 사이에서만 상대적으로 무효라고 주장한다. 그러나 제2양도행위가 무효인 근거를 103조에서 찾는 이상, 이를 상대적 무효라고 볼 수는 없을 것이다.

4. 불법행위로 인한 원상회복의무 이론

필자는 이 문제를 제2양수인의 제1양수인에 대한 불법행위라는 관점에서 파악하여, 그 효과로서 제2양수인의 제1양수인에 대한 원상회복의무를 인정함으로써 가장 적절하게 해결될 수 있다고 생각한다. 즉 부동산의 이중양도에 있어서 제2양수인이 악의인 때에는 이는 제1양수인에 대한 불법행위에 해당하고, 따라서 제2양수인은 제1양수인에 대하여 손해배상의무를 부담하는데, 그 손해배상의 방법으로는 금전배상 아닌 원상회복의 의무를 인정하여야 한다는 것이다.

이러한 주장에 대하여는 394조가 손해배상의 방법으로 원상회복 아닌 금전배상을 인정하고 있으므로 해석론상으로는 불가능하다는 반론이 있다. 그러나 394조는 금전배상이 손해배상의 원칙적인 방법이라고 선언하고 있는 임의규정에 불과한 것이지, 해석에 의하여 예외적으로 원상회복에 의한 손해배상을 인정하는 것까지 금지하는 규정이라고 경직되게 이해할 이유는 없다.

5. 대상판결의 검토

대상판결에 의하면 결국 전득자인 Y들은 보호를 받지 못하게 되었고, 이는 판례 이론의 문제점을 잘 보여주고 있다. 이 판결 이후에 명의수탁자가 명의신탁부동산을 처분한 경우에 관한 대판 2008.3.27, 2007다82875도 같은 취지이다. 다만 대상판결의 경우에는 피고 Y_2가 피고 Y_1의 배임행위에 적극 가담하였다고 인정된 근거는 이 사건 토지가 유지로서 사용되고 있다는 객관적인 사정에 기초한 것이고, 이러한 사정은 나머지 피고들에 대한 관계에 있어서도 마찬가지이므로, 이러한 점에서는 판결의 구체적 타당성이 인정될 여지가 있을 것이다.

6. 관련 판례

대판 2009.9.10, 2009다34481은 부동산 이중매매가 무효로 되는 기준에 관하여, 다음과 같이 비교적 상세하게 판시하였다. 즉 이중매매와 같은 경우에 소유자의 제2의 소유권양도의무를 발생시키는 원인이 되는 매매 등의 계약이 소유자의 위와 같은 의무위반행위를 유발시키는 계기가 된다는 것만을 이유로 이를 공서양속에 반하여 무효라고 할 것이 아니고, 그것이 공서양속에 반한다고 하려면, 다른 특별한 사정이 없는 한 상대방에게도 그가 의도한 권리취득 자체의 좌절을 정당화할 만한 책임귀속사유가 있어야 한다고 하였다. 그리고 이를 판단함에 있어서는 제2의 양도채권자가 당해 계약의 성립과 내용에 어떠한 방식으로 관여하였는지를 일차적으로 고려할 것이고, 나아가 계약에 이른 경위 등 법률행위가 공서양속에 반하는지 여부의 판단에서 일반적으로 참작되는 제반 사정을 종합적으로 살펴보아야 하며, 제2의 양도채권자가 소유자가 같은 부동산에 대하여 이미 다른 사람에 대하여 소유권양도의무를 지고 있음을 그 채권 발생의 원인이 되는 계약 당시에 알고 있었다는 것만으로 당연히 위와 같은 책임귀속이 정당화될 수는 없다고 보았다. 이 판결은 종전의 판례에 비하여 이중매매가 무효로 될 수 있는 범위를 상당히 엄격하게 보고 있다.

참고문헌

권순규 · 정상현, 반사회적 이중매매에 있어서 불법성의 비교를 통한 제1매수인의 보호범위 확정, 성균관법학 22권 2호, 2010.

김홍일, 부동산 이중매매의 반사회성에 관하여, 판례연구 22집, 부산판례연구회, 2011.

박영규, 부동산 이중매매에 관한 이론 비판, 법률행정논집 8권, 서울시립대학교, 2001.

박인환, 부동산 이중매매의 효력, 일감법학 20호, 2011.

박찬주, 이중매매에 대한 새로운 이해, 인권과 정의 381호(2008.5).

윤진수, 반사회적 이중양도에 있어서 전득자의 지위, 민법논고 1권, 2007.

윤진수, 손해배상의 방법으로서의 원상회복, 민법논고 3권, 2008.

황경웅, 반사회적 부동산 이중양도의 효력, 중앙법학 18권 4호, 2016.

[판례 10]

형사사건 성공보수약정의 공서양속 위반

대법원 2015.7.23. 선고 2015다200111 전원합의체 판결

사 실

X는 아버지인 A가 특정범죄 가중처벌 등에 관한 법률 위반(절도) 사건으로 구속되자, 2009.10.12. 변호사인 Y를 A의 변호인으로 선임하면서 착수금으로 1,000만 원을 지급하고, A가 석방되면 사례금을 지급하기로 약정하였다. Y는 2009.12.8. A에 대한 보석허가신청을 하였고, 같은 달 11. X는 Y에게 1억 원을 지급하였으며, 같은 달 17. A에 대한 보석허가결정이 내려졌다. A는 제1심에서 징역 3년에 집행유예 5년을 선고받았고, 항소심에서 일부 공소사실이 철회된 후 같은 형이 선고되어 그대로 확정되었다. X는 위 1억 원의 반환을 청구하는 소송을 제기하였다.

원심은 위 1억 원이 변호사 성공보수약정에 기하여 지급된 것으로 인정하면서, 그 중 6,000만 원을 초과하는 4,000만 원 부분은 신의성실의 원칙이나 형평의 원칙에 반하여 부당하게 과다하므로 무효라고 하여, Y는 A에게 위 4,000만 원을 반환할 의무가 있다고 판단하였다.

대법원 전원합의체는 대법관 전원의 일치된 의견으로 Y의 상고를 기각하였다.

이 유

형사사건에 관하여 체결된 성공보수약정이 가져오는 여러 가지 사회적 폐단과 부작용 등을 고려하면, 비록 구속영장청구 기각, 보석 석방, 집행유예나 무죄 판결 등과 같이 의뢰인에게 유리한 결과를 얻어내기 위한 변호사의 변론활동이나 직무수행 그 자체는 정당하다 하더라도, 형사사건에서의 성공보수약정은 수사 · 재판의 결과를 금전적인 대가와 결부시킴으로써, 기본적 인권의 옹호와 사회정의의 실현을 그 사명으로 하는 변호사 직무의 공공성을 저해하고, 의뢰인

과 일반 국민의 사법제도에 대한 신뢰를 현저히 떨어뜨릴 위험이 있으므로, 선량한 풍속 기타 사회질서에 위반되는 것으로 평가할 수 있다.

다만 선량한 풍속 기타 사회질서는 부단히 변천하는 가치관념으로서 어느 법률행위가 이에 위반되어 민법 103조에 의하여 무효인지 여부는 그 법률행위가 이루어진 때를 기준으로 판단하여야 하고, 또한 그 법률행위가 유효로 인정될 경우의 부작용, 거래자유의 보장 및 규제의 필요성, 사회적 비난의 정도, 당사자 사이의 이익균형 등 제반 사정을 종합적으로 고려하여 사회통념에 따라 합리적으로 판단하여야 한다. 그런데 그동안 대법원은 수임한 사건의 종류나 그 특성에 관한 구별 없이 성공보수약정이 원칙적으로 유효하다는 입장을 취해 왔고, 대한변호사협회도 권고양식으로 만들어 제공한 형사사건의 수임약정서에도 성과보수에 관한 규정을 마련하여 놓고 있었으므로 이에 따라 변호사나 의뢰인은 형사사건에서의 성공보수약정이 안고 있는 문제점 내지 그 문제점이 약정의 효력에 미칠 수 있는 영향을 제대로 인식하지 못한 것이 현실이고, 그 결과 당사자 사이에 당연히 지급되어야 할 정상적인 보수까지도 성공보수의 방식으로 약정하는 경우가 많았던 것으로 보인다. 이러한 사정들을 종합하여 보면, 종래 이루어진 보수약정의 경우에는 보수약정이 성공보수라는 명목으로 되어 있다는 이유만으로 민법 103조에 의하여 무효라고 단정하기는 어렵다. 그러나 대법원이 이 판결을 통하여 형사사건에 관한 성공보수약정이 선량한 풍속 기타 사회질서에 위반되는 것으로 평가할 수 있음을 명확히 밝혔음에도 불구하고 향후에도 성공보수약정이 체결된다면 이는 민법 103조에 의하여 무효로 보아야 한다.

이와 배치되는 대판 2009.7.9, 2009다21249 등은 모두 변경하기로 한다.

해 설

1. 성공보수약정의 유효 여부

성공보수는 위임사무의 처리 결과에 따라, 즉 성공의 정도에 비례하여 의뢰인이 변호사에게 지급하는 보수를 말한다. 무엇이 성공인가는 의뢰인과 당사자 사이의 약정에서 정할 문제이다. 형사사건에서는 그 선고 결과가 무죄나 집행유예 또는 벌금형인가에 따라 성공보수의 액을 달리 정하기도 한다. 실제로는 변호사가 사건을 수임할 당시에 착수금을 먼저 받고, 위임사무의 처리가 완료되면 그 결과에 따라 추가로 성공보수를 받기로 약정하는 것이 일반적이다.

종래 이러한 성공보수약정이 유효한가에 대하여 논란이 있었다. 제1설은 성공보수약정은 일반적으로 공서양속에 어긋나므로 무효라고 본다. 즉 변호사는 기본적 인권의 옹호와 사회정의의 실현을 그 사명으로 하고 있으므로, 변호사가 법원과 당사자로부터 독립하여 그 사명을 완수할 수 있도록 하고, 또 변호사가 비윤리적이거나 불법적인 수단을 동원하려는 유혹에 빠지지 않도록 하기 위해서는 성공보수를 전면적으로 금지하여야 한다는 것이다. 반면 제2설은 성공보수의 약정은 자력이 없어 변호사비용을 부담할 능력이 없는 소송 당사자에게는 유리한 면이 있을 뿐 아니라 변호사에게 승소를 위한 노력을 기울이게 하는 유인을 제공할 수 있으므로 이를 무효로 볼 필요는 없다고 주장한다. 제3설은 일반적으로 성공보수약정을 무효라고 할 수는 없으나, 형사사건에서는 구속된 피고인이 석방되면 성공보수를 받기로 하는 것과 같은 약정은 위와 같은 부정적인 면이 특히 강할 뿐 아니라, 일반인에게 형사사법제도에 대한 불신을 가져오는 요인이 되므로 공서양속에 반한다고 본다.

2. 판 례

종전의 판례는 민사사건이건 형사사건이건 가리지 않고, 성공보수약정은 원칙적으로 유효하지만, 다만 약정된 보수액이 부당하게 과다하여 신의성실의 원칙이나 형평의 원칙에 반한다고 볼 만한 특별한 사정이 있는 경우에는 예외적으로 상당하다고 인정되는 범위 내의 보수액만을 청구할 수 있다고 보았다(민사사건에 관하여 대판 1992.3.31, 91다29804 등; 형사사건에 관하여 대판 2009.7.9, 2009다21249).

그런데 대상판결은 형사사건에서의 성공보수약정은 공서양속에 어긋나서 무효라고 보았다. 형사사건에 관하여 체결된 성공보수약정이 가져오는 여러 가지 사회적 폐단과 부작용 등을 고려하면, 형사사건에서의 성공보수약정은 수사 · 재판의 결과를 금전적인 대가와 결부시킴으로써, 변호사 직무의 공공성을 저해하고, 의뢰인과 일반 국민의 사법제도에 대한 신뢰를 현저히 떨어뜨릴 위험이 있으므로, 선량한 풍속 기타 사회질서에 위반된다는 것이다. 종래부터 판례는 103조에 의하여 무효로 되는 반사회질서 행위는 법률행위의 목적인 권리의무의 내용이 선량한 풍속 기타 사회질서에 위반되는 경우뿐만 아니라, 그 내용 자체는 반사회질서적인 것이 아니라고 하여도 법률적으로 이를 강제하거나 법률행위에 반사회질서적인 조건 또는 금전적인 대가가 결부됨으로써 반사회질서적 성질을 띠게 되는 경우 및 표시되거나 상대방에게 알려진 법률행위의 동기가 반사회질서적인 경우 등을 포함한다고 보고 있었는데(대판 1984.12.11, 84다카1402 등), 대상판결은 성공보수 약정이 수사 · 재판의 결과를 금전적인 대가와 결부시킴으로써 공서양속에 위반되는 것으로 보았다.

대법원은 형사사건 성공보수약정이 가져오는 사회적 폐단과 부작용으로서 변호사 직무의 독립성이나 공공성이 훼손될 위험이 있다는 점 외에, 특별히 형사사법체계 전반에 대한 신뢰가 실추될 위험이 있음을 강조하였다. 즉 형사사건에서는 수사나 재판의 결과가 상당한 권한을 가진 법관이나 검사의 판단 영역에 속하여 있는데, 변호사로서는 수사나 재판의 담당자에게 직 · 간접적으로 영향을 행사하려는 유혹에 빠질 위험이 있으며, 의뢰인으로서도 성공보수를 약정함으로써 변호사가 부적절한 방법을 사용하여서라도 사건의 처리결과를 바꿀 수 있을 것이라는 그릇된 기대를 할 가능성이 없지 않으므로, 형사사법체계 전반에 대한 신뢰가 실추될 위험이 있다는 것이다. 또한 형사사건에서 다수의 의뢰인은 당장 눈앞의 곤경을 면하기 위하여 자신의 처지에 비추어 과다한 성공보수를 약속할 수밖에 없는 상황에 처할 수 있는데, 이런 사정들로 인하여 변호사에 대한 부정적 인식이 널리 퍼지게 된다면 변호사제도의 정당성 자체가 위협받게 되고, 이는 형사재판에 대한 신뢰와 승복을 가로막는 커다란 걸림돌이 된다고 하였다.

다만 민사사건은 형사사건과 달리 그 결과가 승소와 패소 등으로 나누어지므로, 사적 자치의 원칙이나 계약자유의 원칙에 비추어 보더라도 성공보수약정이 허용될 수 있고, 당장 가진 돈이 없어 변호사보수를 지급할 형편이 되지 않는 사람도 성공보수를 지급하는 조건으로 변호사의 조력을 받을 수 있게 된다는 점에서 문제가 없다고 보았다.

이러한 판례의 결론은 타당한 것으로 생각된다. 다만 형사재판에서 변호인이 유죄판결 이외의 결과를 얻어내는 경우에는 그 한도에서 성공보수 약정이 허용될 수도 있을 것이다.

이 사건 당사자를 포함한 변호사들이 이러한 판례에 대하여 헌법소원을 제기하였으나, 헌법재판소는 법원의 재판은 원칙적으로 헌법소원의 대상이 되지 않고, 헌법소원의 대상에서 법원의 재판을 제외하는 것도 위헌이 아니라고 하여 이를 각하하였다(헌재결 2018.8.21, 2018헌마794; 2018.8.30, 2015헌마784).

3. 판결의 장래효에 대하여

대상판결은 종래 이루어진 보수약정의 경우에는 보수약정이 성공보수라는 명목으로 되어 있다는 이유만으로 무효라고 단정하기는 어렵지만, 대상판결 후에 체결되는 성공보수 약정은 무효라고 하여 판례변경의 소급효를 부정하고 장래효만을 인정하였다. 대판(전) 2005.7.21, 2002다1178(**[판례 1]**)과 대판(전) 2008.11.20, 2007다27670은 일반적으로는 소급효를 부정하면서도 당해 사건에 관하여는 소급효를 긍정하는 선택적 장래효(selective prospectivity)를 인정하였는고, 대법원 2023.5.11. 선고 2018다248626 전원합의체 판결(**[판례 155]**)는 위 대판(전) 2008.11.20, 2007다27670을 다시 변경하면서도 소급효에 관하여는 같은 태도를 취하였다. 그런데 대상판결은 당해 사건에도 소급효를 부정하는 순수한 장래효(pure prospectivity)를 인정하였다. 그러나 원래 재판이란 과거에 일어난 사건을 대상으로 하는 것이므로, 판례에 대하여 장래효만을 인정한다는 것은 사법의 본질과는 맞지 않을 뿐만 아니라, 판례 변경 전의 사건과 변경 후의 사건을 다르게 취급한다는 면에서 평등의 원칙에 반한다. 나아가 판례의 변경을 이끌어낸 당해 사건의 당사자마저도 새로운 판례의 혜택을 입지 못하게 되는 불합리가 있다(위 **[판례 1]** 참조).

뿐만 아니라 대상 사건에서 과연 장래효를 인정할 필요가 있는가 하는 점도 의문이다. 대상판결이 소급효를 부정한 이유는, 대상판결이 언급하고 있는 것처럼 종래에는 당사자 사이에 당연히 지급되어야 할 정상적인 보수까지도 성공보수의 방식으로 약정하는 경우가 많았던 것으로 보아, 이러한 경우의 성공보수까지 무효라고 하는 것은 가혹하지 않은가 하는 고려가 있었던 것으로 여겨진다. 그러나 성공보수약정을 무효로 하더라도 이러한 경우에는 계약의 보충적 해석에 의하여 변호사가 정상적인 보수를 받을 수 있는 길이 없지 않다. 계약의 보충적 해석이란, 당사자가 어느 사항에 관하여 약정한 바가 없는 계약상 공백이 있는 경우에, 당사자들이 그러한 사항에 관하여 약정하였다면 어떻게 하였을까 하는 이른바 가정적인 당사자 의사에 의하여 그 공백을 보충한다는 것이다. 대법원 판례도 당사자 쌍방에게 공통의 착오가 있는 경우에는 보충적 해석에 의한 해결을 인정하고 있다(아래 **[판례 13]** 참조). 이러한 법리는 공통의 착오가 있는 경우뿐만 아니라 계약이 일부 무효인 경우에도 적용될 수 있다(대판 2010.7.22, 2010다23425 참조).

그러므로 변호사의 보수약정 중 성공보수 부분이 무효인데 당사자가 이를 알았더라면 당사자가 약정한 보수를 성공을 조건으로 하지 않고 지급하기로 약정하였을 것으로 인정될 수 있다면, 그만큼의 보수는 청구할 수 있는 것으로 볼 수 있을 것이다. 공통의 착오에 관한 위 대법원의 판례는, 보충되는 당사자의 의사는 당사자의 실제 의사 또는 주관적 의사가 아니라 계약의 목적, 거래관행, 적용법규, 신의칙 등에 비추어 객관적으로 추인되는 정당한 이익조정 의사를 말한다고 한다.

4. 향후의 법률관계

앞으로는 변호사가 성공보수 자체의 지급을 청구할 수는 없게 되었다. 이 경우에는 당사자들이 성공보수약정이 무효임을 알고 있었으므로, 종전의 성공보수약정의 경우와는 달리 보충적 계약해석에 의하여도 통상적인 보수를 청구할 수는 없다고 보아야 할 것이다.

다른 한편 의뢰인이 일단 성공보수를 지급한 경우에는 공서양속에 반하여 무효인 약정에 기하여 지급한 것이므로 불법원인급여에 해당하고, 이 경우 불법원인이 수익자인 변호사에게만 있다고 할 수도 없으므로, 원칙적으로는 의뢰인이 그 반환을 청구할 수는 없다고 하여야 할 것이다. 다만 판례는 이른바 불법성 비교이론을 적용하여, 수익자의 불법성이 급여자의 그것보다 현저히 큰 데 반하여 급여자의 불법성은 미약한 경우에는 급여자의 반환청구는 허용된다고 보고 있으므로(대판 1999.9.17, 98도2036, **[판례 107]** 등), 성공보수의 액수가 지나치게 과다하고 의뢰인이 궁박한 상태에서 성공보수의 약정을 하였다면, 수익자인 변호사의 불법성이 의뢰인의 불법성보다 현저히 크고, 급여자인 의뢰인의 불법성은 미약하다고 보아 성공보수의 반환을 청구할 수 있다고 하여야 할 것이다.

참고문헌

권오승, 변호사 보수에 관한 검토, 법과 사회 11호, 1995.

김자영 · 백경희, 변호사 성공보수약정에 관한 소고, 서울법학 23권 2호, 2015.

김제완, 형사사건 변호사 성공보수약정 무효화에 대한 비판적 고찰, 인권과 정의, 457호, 2016.

박경재, 변호사의 성공보수약정의 금지논리와 그 한계, 부산대학교 법학연구 51권 4호, 2010.

오종근, 변호사보수에 관한 연구, 법과 사회 27호, 2004.

윤진수, 한국 대법원의 형사사건 성공보수 판결; 일반조항, 사법적극주의 그리고 장래적 판례변경, 법철학연구 23권

2호, 2020.

이창민 · 최한수, 형사성공보수 무효 약정 판결에 대한 법경제학적 분석, 법경제학연구 13권 1호, 2016.

이창희, 변호사 보수의 적정성과 투명성, 법률가의 윤리와 책임, 제2판, 2003.

장윤순, 형사사건에 관한 성공보수금약정의 효력에 관한 연구, 동아법학 69호, 2015.

전경운, 변호사의 성공보수약정, 민사법학 25호, 2004.

정형근, 변호사의 형사사건 성공보수 약정에 관한 고찰, 법조 2020.2.

조은경, 형사성공보수약정의 사회적 타당성과 장래적 판례 변경의 문제, 민사판례연구 39, 2017.

최동배, 형사사건 성공보수약정의 민법 제103조 위반에 대한 연구, 전북대 법학연구 63집, 2020.

한상규, 변호사 직무의 공공성과 형사사건 성공보수의 규제, 강원법학 39권, 2013.

[판례 11]

산재 유족 특별채용 조항이 공서양속 위반인지 여부

대법원 2020.8.27. 선고 2016다248998 전원합의체 판결

사 실

A는 1985.2.1. Y_1(기아자동차 주식회사)에 고용되어 근무하다가 2008.2.경 Y_2(현대자동차 주식회사)로 전적하여 근무하였다. A는 2008.8.25. 급성 골수성 백혈병으로 진단받은 후 2010. 7.19. 그로 인하여 사망하였다. 근로복지공단은 A의 사망이 산재보험법상의 업무상 사유에 의한 질병이라고 판정하여 A의 가족들은 산재보험법이 정하는 각종 급여를 지급받았다.

한편 Y_1과 노동조합이 체결한 단체협약 27조 1항은 "회사는 인력 수급 계획에 의거 신규 채용 시 사내 비정규직, 재직 중 질병으로 사망한 조합원의 직계가족 1인, 정년퇴직자 및 장기 근속자(25년 이상)의 자녀에 대하여 채용규정상 적합한 경우 우선채용함을 원칙으로 한다. 단 세부적인 사항은 조합과 별도로 정한다"라고 정하였고, 2항은 "업무상 재해로 인한 사망과 6급 이상 장해 조합원의 직계가족 1인에 대하여 결격사유가 없는 한 요청일로부터 6개월 내 특별채용하도록 한다."라고 정하였으며, Y_2가 노동조합과 체결한 단체협약 97조는 "회사는 조합원이 업무상 사망하였거나 6급 이상의 장해로 퇴직할 시 직계가족 또는 배우자 중 1인에 대해 결격사유가 없는 한 요청일로부터 6개월 이내 특별채용하도록 한다"라고 정하였다.

X는 A의 자녀로서 위 산재 유족 특별채용 조항에 근거하여 주위적으로 Y_1을, 예비적으로 Y_2를 상대로 고용계약 청약에 대한 승낙의 의사표시를 구하였다. 1심과 원심은 위 산재 유족 특별채용 조항이 공서양속에 위반된다는 이유로 청구를 기각하였다. 그러나 대법원 전원합의체는 원심판결을 파기하였다. 다만 2인의 반대의견이 있었고, 다수의견에 대한 2개의 보충의견이 있었다.

이 유

단체협약이 민법 103조의 적용대상에서 제외될 수는 없으므로 단체협약의 내용이 선량한 풍속 기타 사회질서에 위배된다면 그 법률적 효력은 배제되어야 한다. 다만 단체협약이 선량한 풍속 기타 사회질서에 위배되는지 여부를 판단할 때에는 단체협약이 헌법이 직접 보장하는 기본권인 단체교섭권의 행사에 따른 것이자 헌법이 제도적으로 보장한 노사의 협약자치의 결과물이라는 점 및 노동조합법에 의해 그 이행이 특별히 강제되는 점 등을 고려하여 법원의 후 견적 개입에 보다 신중할 필요가 있다.

사용자가 노동조합과의 단체교섭에 따라 업무상 재해로 인한 사망 등 일정한 사유가 발생하는 경우 조합원의 직계가족 등을 채용하기로 하는 내용의 단체협약을 체결하였다면, 그와 같은 단체협약이 사용자의 채용의 자유를 과도하게 제한하는 정도에 이르거나 채용 기회의 공정성을 현저히 해하는 결과를 초래하는 등의 특별한 사정이 없는 한 선량한 풍속 기타 사회질서에 반한다고 단정할 수 없다. 이러한 단체협약이 사용자의 채용의 자유를 과도하게 제한하는 정도에 이르거나 채용 기회의 공정성을 현저히 해하는 결과를 초래하는지 여부는 단체협약을 체결한 이유나 경위, 그와 같은 단체협약을 통해 달성하고자 하는 목적과 수단의 적합성, 채용대상자가 갖추어야 할 요건의 유무와 내용, 사업장 내 동종 취업규칙 유무, 단체협약의 유지 기간과 그 준수 여부, 단체협약이 규정한 채용의 형태와 단체협약에 따라 채용되는 근로자의 수 등을 통해 알 수 있는 사용자의 일반 채용에 미치는 영향과 구직희망자들에 미치는 불이익 정도 등 여러 사정을 종합하여 판단하여야 한다.

정년퇴직자 및 장기근속자의 자녀를 특별채용하거나 우선채용하는 합의와 달리, 이 사건 산재 유족 특별채용 조항은 업무상 재해로 사망한 근로자의 가족에게 일자리를 제공함으로써 무엇보다 소중한 목숨을 잃어버린 근로자의 특별한 희생에 상응하는 보상을 하고, 가족 생계의 어려움을 해결할 수 있도록 사회적 약자를 보호 또는 배려하는 것을 목적으로 하는 규정이다. 근로기준법과 산재보험법에 따른 보상은 최소한의 것일 뿐 충분한 보호나 배려라고 보기는 어렵다. 가족의 생계를 담당하던 근로자가 사망하는 경우 유족들이 생계에 어려움을 겪으리라는 것은 통상적으로 예상할 수 있다. 이러한 어려움을 고려하여 사용자가 부담할 재해보상 책임을 보충하거나 확장하는 내용의 이 사건 산재 유족 특별채용 조항은 사회적 약자를 배려하여 실질적 공정을 달성하는 데 기여한다고 평가할 수 있다.

사망한 근로자의 유족 중 1인에게 채용의 기회를 제공함으로써 유족은 근로자가 사망하기 이전과 유사한 수준의 생활을 영위할 수 있게 된다. 따라서 이 사건 산재 유족 특별채용 조항은 보상과 보호라는 목적을 달성하기 위해 유효적절한 수단이라고 할 수 있다. 이 사건 산재 유족 특별채용 조항은 노사가 자율적으로 사용자가 '어떤 조건에서', '누구를' 채용할 것인지에 관하여 미리 정하는 '자기구속적인 약속'을 한 것으로, 국가가 사용자에게 누군가를 채용할 것을 강제하여 헌법상 보장된 채용의 자유를 제한하는 것과 성격이 전혀 달라 양자를 동일시 할 수 없다.

해 설

1. 사건의 배경

기업의 단체협약 가운데에는 근로자의 배우자나 직계비속 또는 피부양자를 특별채용하여야 한다는 조항이 포함되어 있는 경우가 많았다. 여기서 문제되는 산재 유족 특별채용(업무상 사고 · 질병 · 사망자 자녀 또는 피부양가족 우선 · 특별채용) 외에도 업무외 사고 · 질병 · 사망자 자녀 또는 피부양가족 우선 · 특별채용, 정년퇴직자 자녀 또는 피부양가족 우선 · 특별채용, 장기근속자 자녀 또는 피부양가족 우선 · 특별채용 등이 있었고, 또 노조가 추천하는 사람 우선 · 특별채용 조항을 둔 경우도 있었다.

이러한 특별채용 조항이 불공정하다는 이유로 비난하는 여론이 있었고, 고용노동부도 2015년에 이러한 특별채용 조항에 대하여 시정을 요구하였다. 대상판결은 위와 같은 특별채용 조항 중에서 산재유족 특별채용 조항이 유효하다고 하였다.

2. 산재 유족 특별채용 조항에 대한 유효설과 무효설

이 문제에 대하여는 유효설과 무효설이 대립하였다.

유효설은, 사용자가 채택한 채용방식과 기준은 포괄적으로 존중되어야 하고, 조항의 적용범위가 매우 제한적이고 예외적이어서 배타적이고 전면적으로 구직의 기회를 제한하지 않으며, 유족의 생계보장이라는 정당한 목적을 위하여 노사가 합의한 사항이고, 산재유족 특별채용 조항은 사용자의 채용의 자유를 제한하는 방식과 정도가 중대하지 않다고 한다. 또 산재보험상의 유족급여는 유족의 생계보호에 충분하지 않고 단체협약의 특별채용 조항은 이를 보완하기 위하여 노사합의로 도입된 것이라는 점을 강조한다.

반면 무효설은, 장래 불특정한 시점에 불특정인과 고용관계의 체결을 강제한다는 점에서 사용자의 채용의 자유를 현저하게 침해할 우려가 있고, 일자리를 대물림하도록 함으로써 취업기회를 독점하는 특수노동자 계급의 출현을 초래할 가능성을 배제할 수 없으며, 산재유족에 대한 특별채용은 비교법적으로 이례적이고 일종의 페널티를 부과하는 것이어서 후진적이고, 고용기회의 평등이 강조되는 시점에서 사회적 합의(consensus)가 아닌 노사합의만으로 특별채용을 하는 것은 바람직하지 않다고 주장한다.

3. 대상판결의 다수의견과 반대의견

대상판결의 다수의견은 위와 같은 산재 유족 특별채용 조항이 유효하고, 103조에 어긋나지 않는다고 하였다. 그 주된 근거는 위 조항은 소중한 목숨을 잃어버린 근로자의 특별한 희생에 상응하는 보상을 하고, 가족 생계의 어려움을 해결할 수 있도록 사회적 약자를 보호 또는 배려하는 것을 목적으로 하는 규정으로서 목적이 정당하고, 보상과 보호라는 목적을 달성하기 위해 유효적절한 수단이며, 위 조항은 노사가 자율적으로 사용자가 '어떤 조건에서', '누구를' 채용할 것인지에 관하여 미리 정하는 '자기구속적인 약속'을 한 것으로, 국가가 사용자에게 누군가를 채용할 것을 강제하여 헌법상 보장된 채용의 자유를 제한하는 것과 성격이 전혀 달라 양자를 동일시할 수 없다는 것이다. 그리고 위 조항은 Y들의 사업장에서 극히 드물게 업무상 재해로 인한 사망이 발생하는 경우에 비로소 적용되고, 결격사유가 없는 근로자로 채용대상을 한정하고 있어서 최소한의 업무수행능력도 없는 등 일정한 범위 내의 자는 채용될 수 없어서 사용자의 채용의 자유를 과도하게 제한한다고 볼 수도 없다는 것이다.

반면 대상판결의 반대의견(이기택, 민유숙 대법관)은 근로조건의 유지·개선과 근로자의 복지증진 기타 사회적·경제적 지위의 향상과 무관한 사항에 대한 노사합의까지 헌법에 의한 특별한 보호를 받는다고 볼 수는 없고, 산재 유족 특별채용 조항이 구직희망자들을 합리적 이유 없이 차별하고, 업무상 재해에 대한 보상이나 보호의 수단으로서 부적절하고 불공평하다고 하였다. 기업의 필요성이나 업무능력과 무관한 채용기준을 채택하기로 노사가 합의하였고, 그러한 기준이 해당 기업에 대한 구직희망자들이나 다른 조합원을 합리적 이유 없이 차별하는 것이어서 공정한 채용에 관한 정의관념과 법질서를 벗어난 경우에는 103조가 정하는 사회질서에 위반되는 법률행위로 평가할 수 있다는 것이다.

또한 산재 유족 특별채용 조항은 사용자에게 업무상 재해에 대한 책임을 부담하도록 하는 방식 또는 사망한 근로자에게 보상하거나 가족을 보호하는 수단이라고 하기에는 대단히 부적절하고 불공평하다고 하였다. 반대의견이 강조하는 점은 재해로 인하여 유족이 입은 손해는 '사망 근로자가 정년에 이를 때까지 근무하였을 경우의 임금 상당액'에서 '재해보상으로 받은 금액'을 공제한 금액 정도로 상정할 수 있는데, 산재 유족 특별채용 조항은 사망한 근로자의 잔여 근로기간, 사망 전 임금액과 무관하게 신규 채용된 유족의 나이를 기준으로 정년과 임금액이 새롭게 설정되도록 하여 사망 근로자가 기준이 되는 것이 아니라 신규 채용되는 유족이 기준이 되어 보상의 정도가 달라지고, 산재 유족 특별채용 조항은 '신체가 건강하여 정상적으로 근로를 할 수 있는 가족'이 있는 경우만을 보호하는 것이라는 점이다.

4. 검 토

다수의견은 수긍할 수 있다. 위 산재 유족 특별채용 조항의 목적은 산재로 인하여 사망한 근로자의 유족에게 보상을 하는 것으로서, 이것이 부당하다고 할 수는 없다. 반대의견도 이 점에는 동의하고 있다. 그리고 이를 위한 특별채용이라는 수단이 적절하지 않다고 할 수도 없다.

실제로는 산재 유족 특별채용 조항에 의하여 특별채용되는 경우는 그다지 많지 않으므로, 이것이 사용자의 채용의 자유를 현저하게 침해한다고 말할 수 없다. 더구나 사용자는 이러한 특별채용 조항에 미리 동의를 하였다. 그리고 해당 기업에 대한 구직희망자들이나 다른 조합원에 미치는 부정적 영향이 있다고 하더라도, 그 목적의 정당성 내지 산재로 인하여 사망한 근로자의 유족에 대한 보상 필요성과 비교하면 충분히 받아들일 수 있는 것이다. 이러한 면에서 법익 균형성도 인정된다.

5. 다른 특별채용 조항의 효력

대상판결에서는 산재 유족 특별채용 조항 외의 다른 특별채용 조항의 효력에 대하여는 직접 판단하지 않았다. 다만 다수의견은 정년퇴직자 및 장기근속자의 자녀를 특별채용하거나 우선 채용하는 합의와 산재 유족 특별채용 조항 사이에는 그 목적에 있어 차이가 있다고 보았고, 김재형 대법관의 보충의견도 산재 유족 특별채용 조항은 정년퇴직자나 장기근속자의 자녀에 대한 특별채용이나 우선채용 조항과는 분명하게 구별된다고 하였다.

반면 반대의견은 다수의견의 논거에 따라 살펴보면 정년퇴직자 및 장기근속자의 가족 등을 특별채용하거나 우선채용하는 것도 유효하다고 보는 것이 논리적이라고 비판한다.

그러나 이러한 정년퇴직자 및 장기근속자의 자녀를 특별채용하거나 우선채용하는 조항은 그 목적이 정당하다고 보기 어렵고, 따라서 효력이 인정될 수 없을 것이다. 학설상으로도 위와 같은 특별조항의 효력은 인정될 수 없다는 것이 일반적이고, 다수의견에 대한 김선수, 김상환 대법관의 보충의견은 피고 현대자동차와 노동조합은 단체협약을 개정하면서 정년퇴직자나 장기근속 조합원의 자녀를 우선채용한다는 취지의 규정을 삭제하였다는 점을 언급하고 있다.

대상판결 선고 후에 기업과 노동조합의 단체협약에서는 산재 유족 특별채용 조항은 유지하지만, 정년퇴직자 및 장기근속자의 자녀 특별채용 규정은 삭제하고 있는 것으로 보인다.

참고문헌

권오성, 산재유족 특별채용의 법적 쟁점, 사회보장법연구 9권 2호, 2020.

박천우, 귀족계급의 탄생?: 단체협약상 산재 유족 특별채용 조항은 과연 불공정한 것인가, 민주법학 77호, 2021.

손미정, 단체협약상 우선·특별채용규정의 효력에 관한 법적 연구, 한국법학회 법학연구 16권 4호, 2016.

이달휴, 단체협약상 산재유족 특별채용규정의 유효성, 노동법논총 52집, 2021.

이창현, 단체협약상 특별채용 조항의 법적 효력, 저스티스 187호, 2021.

[판례 12]

처분문서의 해석

대법원 2008.5.23. 선고 2006다36981 전원합의체 판결

사 실

X(신용보증기금)는 A회사와 신용보증약정을 체결하였고, Y들은 X가 신용보증약정에 따라 보증채무를 이행할 경우 A회사가 X에게 부담하는 구상금채무를 연대보증하였다. A회사는 위 신용보증약정에 의한 신용보증서를 X의 보조참가인 X' 은행에게 제출하고 어음할인대출약정을 체결한 후, B회사가 발행한 약속어음에 배서하여 이를 X' 은행에게 교부하고 대출금을 지급받았다. X' 은행은 위 약속어음의 지급기일에 지급제시를 하였으나 지급이 거절되자 X에게 보증채무 이행을 청구하였고, X는 A회사의 대출금을 대위변제한 뒤 Y들을 상대로 구상금 청구의 소를 제기하였다. X가 X' 은행 앞으로 발행한 신용보증서 특약 2항은 "본 보증서는 사업자등록증을 교부받은 업체 간에 당해 업체의 사업목적에 부합되고 경상적 영업활동으로 이루어지는 재화 및 용역거래에 수반하여 발행된 상업어음(세금계산서가 첨부된) 할인에 대하여 보증책임을 부담합니다"라고 기재되어 있다.

제1심과 원심은 B회사가 발행한 약속어음은 융통어음으로서 이 사건 신용보증의 대상이 아니므로 X가 X' 은행에게 보증책임을 부담하지 않고, 따라서 X는 Y들에게 구상책임을 물을 수 없다고 판시하였다. 그러나 대법원은 원심판결을 파기환송하였다. 이 판결은 다수의견과 반대의견으로 나뉘었다.

판결이유 요지

1. 다수의견

이 사건 신용보증서가 보증 대상으로 삼는 상업어음할인대출이 오로지 진정한 상업어음의 할인에 의한 대출만을 의미하는 것인지, 아니면 어음의 발행 경위 자체를 따짐이 없이 금융기관이 소정의 조사·확인절차에 의해 상업어음으로 판단하여 실시하는 이른바 '상업어음할인대

출'이라는 과목의 대출을 가리키는 것인지 여부에 관하여 신용보증서의 기재 내용이 이 점을 명백히 하고 있다고 보기 어려우므로, 처분문서의 해석에 관하여 여러 사정을 종합적으로 고찰하여 논리와 경험칙에 따라 이 사건 신용보증서를 합리적으로 해석함으로써 이를 가려야 한다.

만일 금융기관이 필요한 조사 · 확인조치를 모두 취하였는데도 나중에 그 어음이 상업어음이 아닌 것으로 밝혀졌다는 이유로 신용보증책임을 물을 수 없게 된다면, 결국 금융기관은 신용보증제도를 기피하거나 별도의 담보제공을 요구하게 되어 신용보증제도는 담보능력이 미약한 기업의 자금융통에 아무런 도움이 되지 못하게 될 것이니, 이러한 결과는 X의 설립 취지나 신용보증제도의 목적에 부합하지 않는다. 뿐만 아니라 X는 당해 기업에 대한 총체적인 평가에 의해 보증금액의 범위 안에서 위험을 인수하였다고 볼 여지가 있고, 또한 금융기관이 상당한 주의를 기울여 이러한 절차규정에 따라 상업어음할인에 의한 대출을 실시하는 한, X가 부담할 신용보증책임이 신용보증제도의 목적에 부합하는 합리적인 범위를 넘어설 우려는 없다고 할 수 있다.

위와 같은 점을 종합적으로 고려하면, 신용보증을 한 당사자의 의사는, 금융기관이 선량한 관리자로서의 주의의무를 다하여 정상적인 업무처리절차에 의해 상업어음인지 여부를 확인하고 상업어음할인의 방식으로 실시한 대출에 대하여 신용보증책임을 진다는 취지로 해석함이 합리적이고, 따라서 금융기관이 상업어음으로서 할인한 어음이 사후에 상업어음이 아님이 드러났다 하여도 그 할인에 의한 대출과정에서 선량한 관리자로서의 주의의무를 다하였다면 그에 대하여는 X가 신용보증책임을 부담한다는 취지로 해석하여야 한다. 이와 다른 종전의 판례(대판 2001.11.9, 2000다23952 등)는 이 판결의 견해에 배치되는 범위 내에서 이를 변경한다.

2. 반대의견

이 사건 신용보증서의 특약 자체에서 상업어음의 의미를 특정하여 규정하고 있으므로 '상업어음' 또는 '상업어음의 할인'의 의미에 관하여 다른 해석이나 의문이 있을 수 없고, 거기에 '상업어음'에 해당하지 아니하는 이른바 자금융통을 목적으로 하여 발행된 융통어음이나 그 융통어음의 할인이 포함되는 것으로 해석할 여지는 없다.

금융기관은 어음할인의 대상인 상업어음이 부도 처리되는 등으로 채권을 회수하지 못할 위험에 대비하기 위하여 상업어음할인에 대하여 보증을 요구하는 것이지 그 할인의 대상인 어음이 상업어음 아닌 융통어음일 위험에 대비하기 위하여 보증을 요구하는 것이라고는 할 수 없으며, X 역시 후자의 위험이 아닌 전자의 위험에 한정하여 이를 인수하는 것이다. 따라서 이 사건 신용보증조건에 관한 특약은, 금융기관이 신용보증에 기하여 어음할인을 한 대상이 상업어음이 아니라면 그 대출채무는 신용보증의 대상이 되지 아니하고, 그 어음할인대출채무에 관하여는 신용보증관계가 성립되지 않는다는 취지라고 볼 수밖에 없다. 그렇다면 어음할인의 대상이 상업어음이 아닌 융통어음으로 판명된 때에는, 설령 금융기관이 어음할인대출 당시에 그것이 상업어음인지 여부를 조사 · 확인하면서 주의의무를 다하였다고 하더라도, 그러한 사정만으로는 그 어음할인대출채무가 X가 보증책임을 부담할 신용보증의 대상으로 될 수 없고, 이는 처분문서인 이 사건 신용보증서상의 신용보증조건에 관한 특약을 앞서와 같이 문리해석한 데 따른 당연한 논리적 귀결이다.

해 설

1. 계약의 해석 방법

종래의 학설은 법률행위의 해석 방법에 관하여 이를 자연적 해석, 규범적 해석 및 보충적 해석으로 나누어 설명한다. 자연적 해석이란 법률행위의 해석에 있어서 표현의 문자적 · 언어적 의미에 구속되지 않고 표의자의 실제의 의사, 즉 내심적 효과의사를 추구하는 것을 말한다. 그리고 규범적 해석이란 내심적 효과의사와 표시행위가 일치하지 않는 경우에 상대방의 시각에서 표시행위에 따라 법률행위의 성립을 인정하는 해석이라고 설명된다. 마지막으로 보충적 해석이란 당사자가 어느 사항에 관하여 약정한 바가 없는 이른바 공백이 있는 경우에, 당사자들이 그러한 사항에 관하여 약정하였다면 어떻게 하였을까 하는 이른바 가정적인 당사자 의사에 의하여 그 공백을 보충하는 것이다. 이러한 해석 방법은 주로 계약에 관하여 많이 문제되고, 계약과 단독행위의 해석 방법에는 다소 차이가 있다.

그런데 이러한 분류는 이론적으로는 명쾌할지 몰라도, 실제로 이루어지고 있는 계약 해석의 현실을 설명하기에는 불충분하다. 많은 경우에는 과연 계약 당시에 상대방 당사자가 계약의 의미를 어떤 의미로 이해하였는지를 잘 알 수 없는 경우가 많기 때문이다. 그리하여 필자는 이를 문언 해석, 객관적 해석, 주관적 해석, 규범적 해석 및 보충적 해석의 5단계로 나누어 설명하였다. 문언 해석이란 계약서와 같은 서면의 문언을 중요시하는 해석이다. 그리고 객관적 해석이란 문언의 의미가 불명확한 경우와 같이 당사자의 실제 의사를 확인하기 어려울 때 법원이 여러 가지 객관적인 사정을 고려하여 합리적인 당사자라면 이를 어떻게 이해하였을까 하는 관점에서 객관적으로 계약의 의미를 판단하는 것을 말한다. 주관적 해석이란 쌍방 당사자의 주관적인 의사는 확인되었으나 그것이 서로 일치하지 않는 경우에 어떻게 할 것인가 하는 문제에 관한 것이다. 이때에는 객관적 해석과 합치하지 않는 일방의 의사를 상대방이 알 수 없었다면 객관적 해석의 결과가 종국적인 해석의 결과로 되어야 하고, 일방의 의사를 상대방이 알았거나 모를 수 없었던 경우에는 그 일방의 의사에 따라야 한다. 종래의 학설이 규범적 해석이라고 불렀던 것은 대체로 주관적 해석에 상응한다. 그리고 규범적 해석이란 위의 방법에 의하더라도 계약의 의미가 불분명한 경우에는 결국 법원이 당사자의 실제 의사와는 관계없이 어느 해석이 규범적으로 가장 바람직한 결과를 가져오는가 하는 관점에서 결정하는 것을 말한다. 마지막으로 보충적 해석이란 계약에 공백이 있는 경우에 당사자가 이를 알았더라면 어떻게 약정하였을 것인가(이른바 가정적 당사자의 의사)를 탐구하여 그에 따르는 것을 말한다.

2. 문언 해석과 처분문서의 증명력

계약이 계약서와 같은 서면에 의하여 체결된 경우에는 계약 해석의 제1단계는 그 서면의 문언에서 출발하여야 한다. 그러한 서면이 당사자의 의사를 가장 정확하게 표현한 것일 뿐만 아니라, 계약 해석에 동원되는 여타의 다른 표준에 비하여 가장 객관적이고 신뢰할 수 있는 자료이기 때문이다. 법규범의 해석에 있어서도 그 출발점은 문언인 것과 마찬가지이다.

판례는 계약 해석에서 문언을 기본적인 출발점으로 하고 있다. 즉 처분문서의 증명력에 의하여, 계약당사자 사이에 어떠한 계약내용을 처분문서인 서면으로 작성한 경우에 문언의 객관적인 의미가 명확하다면, 특별한 사정이 없는 한 문언대로의 의사표시의 존재와 내용을 인정하여야 한다는 것이다{대판(전) 2009.3.19, 2008다45828[**판례 14**] 등}. 그리하여 처분문서의 진정성립이 인정되면 법원은 분명하고도 수긍할 수 있는 반증이 없는 한 그 기재내용대로의 의사표시의 존재 및 내용을 인정하여야 한다(대판 1994.10.11, 93다55456).

그러나 처분문서의 문언의 객관적인 의미가 명확하게 드러나지 않는 경우에는 그 문언의 내용과 계약이 이루어지게 된 동기 및 경위, 당사자가 계약에 의하여 달성하려고 하는 목적과 진정한 의사, 거래의 관행 등을 종합적으로 고찰하여 사회정의와 형평의 이념에 맞도록 논리와 경험의 법칙, 그리고 사회일반의 상식과 거래의 통념에 따라 계약내용을 합리적으로 해석하여야 한다(대판 2002.5.24, 2000다72572 등).

3. 대상판결의 검토

다수의견은 이 사건 신용보증서가 보증 대상으로 삼는 상업어음할인대출의 의미가 명확하지 않으므로 해석에 의하여 이를 밝혀야 하는데, 여러 가지 사정을 고려하면 신용보증을 한 당사자의 의사는, 금융기관이 선량한 관리자로서의 주의의무를 다하여 정상적인 업무처리절차에 의해 상업어음인지 여부를 확인하고 상업어음할인의 방식으로 실시한 대출에 대하여 신용보증책임을 진다는 취지로 해석함이 합리적이라고 하였다.

그러나 반대의견이 지적하는 것처럼 이 사건에서는 그 특약 자체에서 상업어음의 의미를 경상적 영업활동으로 이루어지는 재화 및 용역 거래에 수반하여 발행된 것으로 특정하여 규정하고 있다. 이는 이른바 자금융통을 목적으로 하여 발행된 융통어음이나 그 융통어음의 할인은 배제된다는 점을 밝히기 위한 것이므로, 그 의미가 불명확하다고 할 수는 없고, 금융기관이 필요한 조사·확인조치를 모두 취하였는지 여부에 따라 신용보증책임의 유무가 좌우된다는 것을 위 특약의 문언에서 도출해 낼 수는 없다. 다수의견과 같이 해석한다면 위와 같은 특약에 의하여 보증책임을 지지 않는 경우란 거의 없게 될 것이고, 이는 위와 같은 특약을 넣게 된 당사자의 의사에 부합하지 않는다.

다수의견이 들고 있는 사정, 즉 금융기관이 필요한 조사·확인조치를 모두 취하였는데도 나중에 그 어음이 상업어음이 아닌 것으로 밝혀졌다는 이유로 신용보증책임을 물을 수 없게 된다면, 금융기관이 신용보증제도를 기피하거나 신용보증서에 부가하여 별도의 담보제공을 요구하게 되어 신용보증제도가 담보능력이 미약한 기업의 자금융통에 아무런 도움이 되지 못하게 된다는 점은 정책적인 판단일 뿐이고 원고의 실제 의사와는 직접 관련이 없다. 또 진정한 상업어음이 아닌 어음인지의 여부는 신용보증기금이 아니라 직접 어음할인거래를 한 금융기관이 더 잘 판단할 수 있으므로, 원칙적으로는 금융기관이 그러한 위험을 부담하여야 할 것이다.

참고문헌

박성수, 상업어음의 할인을 보증한다는 특약이 있는 신용보증의 보증범위, 정의로운 사법, 2011.

변환철, 신용보증기금이 상업어음할인대출 신용보증을 한 경우 그 보증범위에 관하여, 중앙법학 11집 4호, 2009, 185 이하.

유중원, 상업어음할인의 법률관계, 법률신문 3710호(2009.1.1.).

윤진수, 이용훈 대법원의 민법판례, 민법논고 7권, 2015.

정진세, 신용보증기금의 상업어음할인대출 신용보증, 법률신문 3723호(2009.2.19).

최준규, 상업어음할인대출에 대한 신용보증약정의 해석, 민사판례연구 34권, 2012.

[판례 13]

공통의 착오와 사정변경 및 보충적 해석

대법원 2014.11.13. 선고 2009다91811 판결

사 실

X는 2000.12.8. Y(대한민국)에게 장비를 공급하기로 하는 계약을 체결하였는데, 계약기간은 2004.9.30.까지(이후 2005.7.15.까지로 연장되었다)였다. 이 사건 계약 내용 중 소프트웨어 프로그램 개발용역 부분은 당시의 부가가치세법령에 따라 부가가치세 면세대상이었으므로, 이를 면세대상으로 하여 계약금액을 면세대상 공급가액 21,808,923,000원, 과세대상 공급가액 57,155,524,000원, 과세대상에 대한 부가가치세 5,715,552,400원의 합계인 84,679,999,400원으로 예정하였다. 그런데 2000.12.29. 부가가치세법 시행령이 개정됨에 따라 소프트웨어 프로그램 개발용역이 과세대상으로 변경되어 2001.7.1.부터 시행되자, X는 위 시행일 이후 공급된 소프트웨어 프로그램 개발용역 부분에 대하여는 부가가치세를 납부하게 되었다. X는 추가로 부담하게 된 부가가치세 금액만큼 Y가 계약금액을 증액하여 주어야 한다고 주장하면서 소를 제기하였다.

원심은 이러한 경우에는 신의성실의 원칙과 사정변경의 원칙에 따라 국가계약법 16조 및 같은 법 시행령 66조를 유추적용하여 원고의 요청에 따라 부가가치세 증액분 상당만큼 계약금액이 조정된다고 보아 X의 청구를 받아들였다.

대법원은 Y의 상고를 기각하였다.

이 유

1. 국가를 당사자로 하는 계약에 관한 법률(국가계약법) 19조는 "물가의 변동, 설계변경, 기타 계약 내용의 변경"의 3가지 사유에 의한 계약금액조정을 인정하고 있고, 같은 법 시행령 66

조, 시행규칙 74조의3 1항 본문의 규정에 따르면 '기타 계약 내용의 변경'에 의한 계약금액조정은 "공사기간 · 운반거리와 같은 계약의 구체적인 내용이 변경되고, 그 계약 내용의 변경이 계약의 이행 전에 당사자 간에 합의될 것"을 요건으로 한다고 해석된다. 그렇다면 국가계약법 19조, 같은 법 시행령 66조는 이를 신의칙 또는 사정변경의 원칙에 의한 계약금액조정을 일반화한 규정이라고 할 수 없다. 따라서 위 규정을 그 내용 및 성질이 전혀 다른 계약 체결 후 부가가치세법령이 변경된 경우에까지 유추적용할 수는 없다.

2. 계약당사자 쌍방이 계약의 전제나 기초가 되는 사항에 관하여 같은 내용으로 착오가 있고 이로 인하여 그에 관한 구체적 약정을 하지 아니하였다면, 당사자가 그러한 착오가 없을 때에 약정하였을 것으로 보이는 내용으로 당사자의 의사를 보충하여 계약을 해석할 수 있다. 여기서 보충되는 당사자의 의사는 당사자의 실제 의사 또는 주관적 의사가 아니라 계약의 목적, 거래관행, 적용법규, 신의칙 등에 비추어 객관적으로 추인되는 정당한 이익조정 의사를 말한다.

만약 X와 Y가 이 사건 계약 체결 당시 면세대상이 차후 과세대상으로 변경될 것을 알았더라면 그 부분에 대하여도 피고가 부가가치세를 부담하기로 약정하였을 것으로 보이므로 위 부가가치세 증액분이 이 사건 계약금액에 포함되는 것으로 해석함이 상당하다.

그렇다면 위 부가가치세 증액분을 이 사건 계약금액에 포함하여야 한다는 원심의 결론은 정당하다.

해 설

1. 공통의 착오에 관한 종래의 학설

이 사건에서는 당사자들이 계약을 체결할 때에는 소프트웨어 프로그램 개발용역 부분은 부가가치세 면세대상이었는데, 계약 체결 후 법령의 변경으로 이 또한 부가가치세 과세대상이 되었고, 대법원은 이를 양 당사자가 공통의 착오에 빠진 것으로 보았다. 가령 부동산 매매계약에서 매수인이 매도인이 납부하게 될 양도소득세를 부담하기로 하였는데, 실제 부과된 양도소득세가 매수인이 부담하기로 한 금액보다 많은 경우, 즉 당사자 쌍방에게 양도소득세 금액에 관하여 착오가 있었던 것과 같은 경우를 가리켜 이른바 공통의 착오라고 한다. 이러한 공통의 착오의 경우에 어떻게 해결할 것인가에 관하여는 행위기초론에 의하여야 한다는 견해, 보충적 해석에 의하되 착오취소는 허용되지 않는다는 견해, 보충적 해석을 시도하고 이것이 불가능하면 착오취소를 인정하여야 한다는 견해가 대립한다.

행위기초론에 의하여야 한다는 견해는, 109조는 당사자 일방이 착오를 범한 경우에 관한 규정이고, 당사자 쌍방이 착오에 빠진 경우에 대하여는 규율하는 바가 없으므로 그 해결을 위하여는 독일의 주관적 행위기초론에 의하여야 한다는 것이다. 그리하여 착오에 의하여 불이익하게 계약을 체결한 당사자에게 계약으로부터 벗어날 탈퇴권(해제권 또는 해지권)이 부여되어야 하지만, 착오에 의해 유익하게 된 당사자가 계약을 당사자 쌍방이 착오가 없었으면 합의하였을 내용으로 효력 있게 하려고 하는 경우에는 상대방의 탈퇴권이 인정되지 않아야 한다고 한다. 따라서 계약수정이 가능하더라도 상대방의 양보가 없으면 탈퇴권이 인정된다고 한다.

다른 견해는 쌍방의 착오의 경우에는 착오취소는 허용될 수 없고, 보충적 해석에 의하여 당사자가 그러한 착오가 없었더라면 어떻게 약정하였을 것인가를 탐색하여 그에 맞추어 계약내용을 수정하여야 하며, 당사자들의 가정적 의사가 일치하지 않으면 계약이 불성립한 것으로 보아야 한다고 주장한다.

그리고 또 다른 견해는 공통의 착오의 경우에 109조가 전혀 적용될 수 없다고 볼 근거는 없지만, 공통의 착오의 경우에 무조건 계약의 취소만을 인정하는 것은 실제에 있어서 불합리한 결과를 가져오기 쉬우므로, 계약 자체의 취소를 문제 삼기 이전에 보충적 해석에 의하여 그러한 계약의 수정이 가능한가를 먼저 탐구하고, 그것이 불가능하면 그때 비로소 계약을 취소할 것인가를 따져 볼 필요가 있다고 한다.

2. 판 례

종래의 판례는 공통의 착오인 경우에도 일반적인 착오와 마찬가지로 보아 취소 여부를 결정하고 있다. 예컨대 대판 1989.7.25, 88다카9364에서는 토지소유자와 주위토지통행권자가 모두 인접 대지 위의 담장이 그 대지의 경계선과 일치하는 것으로 잘못 알고 이 담장을 기준으로 통로 폭을 정하여 토지소유자가 담장을 설치하는 것에 합의하였는데, 실제로는 인접 토지가 실제 경계보다 들어가 있음이 밝혀져서 통로 폭이 좁아지게 된 경우에는 원고가 착오를 이유로 위 합의를 취소할 수 있다고 하였다.

그런데 대판 1994.6.10, 93다24810은 부동산 매매계약에서 매수인이 매도인이 납부하게 될 양도소득세를 부담하기로 하였는데, 실제 부과된 양도소득세가 매수인이 부담하기로 한 금액보다 많은 경우에 착오취소는 허용되지만, 원고와 피고가 착오 사실을 알았더라면 피고가 초과세액도 부담하기로 약정하였으리라는 특별한 사정이 있으면 착오취소는 허용되지 않는다고 하였다. 이는 일단 보충적 해석에 의하여 계약의 수정이 가능한지 여부를 따져 보고, 불가능하면 착오취소를 허용하여야 한다는 취지로 보인다.

이후의 판례도 공통의 착오의 경우에 계약의 수정이 허용된다고 보고 있다(대판 2005.5.27, 2004다60065 등). 대판 2006.11.23, 2005다13288은 이 점을 명확하게 밝혔다. 이 사건에서는 원고가 국가에게 건물을 기부채납하였는데, 당시에는 쌍방이 기부채납에 부가가치세가 부과된다는 사실을 알지 못하였다. 나중에 부가가치세를 납부하게 된 원고가 국가를 상대로 납부한 부가가치세 상당의 지급을 청구하였다. 대법원은, 계약당사자 쌍방이 계약의 전제나 기초가 되는 사항에 관하여 같은 내용으로 착오를 하고, 이로 인하여 그에 관한 구체적 약정을 하지 아니하였다면 당사자가 그러한 착오가 없을 때에 약정하였을 것으로 보이는 내용으로 당사자의 의사를 보충하여 계약을 해석할 수도 있고, 여기서 보충되는 당사자의 의사란 당사자의 실제 의사 내지 주관적 의사가 아니라 계약의 목적, 거래관행, 적용법규, 신의칙 등에 비추어 객관적으로 추인되는 정당한 이익조정 의사를 말한다고 하였다. 그러나 당해 사건에 관하여는 이와 같은 경우에 피고인 국가가 부가가치세를 부담하는 것으로 약정하였으리라고 단정한 것은 수긍할 수 없다고 하여 국가에게 부가가치세 지급을 명한 원심판결을 파기환송하였다.

한편 대판 2023.8.18, 2019다200126은, 피고 지방자치단체가 폐기물 처리업자인 원고 등과 체결한 생활폐기물 위탁처리 용역계약에 따라 을 회사 등에 용역대금과 부가가치세를 지급하였으나, 위 용역의 공급이 부가가치세 면세대상임이 밝혀진 경우에, 지방자치단체와 을 회사 등이 용역계약 체결 당시 위 용역의 공급이 부가가치세 면세대상이라는 사정을 알았다면 갑 지방자치단체가 부가가치세를 제외하고 기존 용역대금에 상당한 금액만을 지급하기로 약정하였을 것으로 보기 어렵다고 하여 원고 등이 피고 지방자치단체에 대해 지급받은 부가가치세 전액 상당의 부당이득반환의무를 부담한다고 본 원심판단이 잘못이라고 하였다.

3. 검 토

공통의 착오의 경우에 무조건 계약의 취소만을 인정하는 것은 실제에 있어서 불합리한 결과를 가져오기 쉽다. 즉 양 당사자가 착오가 없었더라면 체결하였을 계약의 내용을 탐구하여, 그것이 확정될 수 있다면 그러한 내용으로 계약을 수정하는 것이 당사자 쌍방에게 모두 유리하기 때문이다. 이러한 계약 수정을 정당화하는 이론으로서는 주관적 행위기초론보다는 보충적 해석이 더 적절한 방법이다. 주관적 행위기초론은 동기의 착오를 취소사유에서 배제하고 있는 독일법의 특유한 이론인데 반하여, 보충적 해석은 종래의 학설과 판례상 모두 인정되는 것일 뿐만 아니라, 당사자의 의사에 기초를 둔다는 면에서는 행위기초론보다는 더 사적자치의 원칙에 부합하기 때문이다. 그리고 공통의 착오에 민법의 착오취소 규정의 적용이 배제된다고 볼 근거는 없다. 착오취소 규정이 배제된다는 주장은 이러한 공통의 착오는 취소 사유에 해당하는 법률행위의 내용에 관한 착오가 아닌 동기의 착오에 불과하다거나, 공통의 착오의 경우에 취소자의 신뢰이익에 대한 손해배상책임을 인정하는 것은 불합리하다는 점을 근거로 든다. 그러나 법률행위의 내용인가 아닌가는 그 법률행위의 해석에 의하여 결정될 문제이며, 보통 말하는 동기라고 하여 법률행위의 내용에 포함되지 않는다고 단정할 수는 없다. 그리고 우리 민법에는 독일 민법과 같이 취소자의 신뢰이익 배상책임을 인정하는 규정이 없을 뿐만 아니라, 대판 1997.8.22, 97다13023은 이러한 배상책임을 인정하지 않고 있다. 따라서 공통의 착오의 경우에는 우선 보충적 해석에 의하여 계약의 수정이 가능한지를 검토하고, 그것이 불가능하면 착오를 이유로 계약을 취소하여야 한다.

위 대판 1994.6.10, 93다24810의 경우에는 원래는 피고가 원고에게 추가로 부가되게 된 세금을 지급하는 것이 계약 체결 당시의 당사자의 가정적 의사에 부합할 것이다. 그러나 법원이 이처럼 계약의 수정을 명하려면 취소에 의하여 불이익을 받을 당사자의 주장이 있어야 할 것인데, 이 사건에서는 1, 2심 법원이 원고의 추가세액 지급 청구를 받아들이지 않았을 뿐만 아니라, 피고가 원고의 수정 주장을 받아들이지 않고 있었기 때문에 대법원으로서는 수정을 명할 수 없었고, 따라서 착오를 이유로 하는 취소 주장만을 받아들일 수밖에 없었다고 할 수 있다.

4. 장래의 법령 변경을 예정하지 못한 것이 착오인지 여부

그런데 이 사건에서 소프트웨어 프로그램 개발용역 부분은 계약 체결 당시에는 부가가치세 과세 대상이 아니었으므로, 당사자가 그와 같이 전제하여 계약을 체결한 데에는 착오가 있었다고 할 수 없다. 그러면 그 후 법령이 변경되어 부가가치세 과세 대상이 되었다면 당사자에게 착오가 있다고 할 수 있는가?

판례는 대체로 이를 착오로 보지 않는 것 같다. 예컨대 대판 2007.8.23, 2006다15755는, 원고들이 매매 당시 장차 도시계획이 변경되어 자신들이 이 사건 토지상에 공동주택 등을 신축하는 사업에 대한 인·허가를 받을 수 있을 것이라고 생각하였으나 그 후 생각대로 되지 않았다 하더라도, 이는 장래의 미필적 사실의 발생에 대한 기대 또는 예상이 빗나간 것에 불과할 뿐 이를 착오라고 할 수는 없다고 하였다. 대판 1972.3.28, 71다2193; 2011.6.24, 2008다44368; 2020.5. 14, 2016다12175도 같은 취지이다. 학설 가운데에는 위 대판 1994.6.10, 93다24810이 부동산의 양도가 있은 경우에 그에 대하여 부과될 양도소득세 등의 세액에 관한 착오가 미필적인 장래의 불확실한 사실에 관한 것이어서 109조 소정 착오에서 제외되는 것이 아니라고 한 것을 가리켜 장래에 일어날 일에 대한 예견이 잘못된 경우도 착오에 포함시키고 있다고 하는 설명이 있으나, 이 판결은 부동산의 양도가 있은 경우에 그에 대하여 부과될 양도소득세 등의 세액에 관한 착오는 미필적인 장래의 불확실한 사실에 관한 것이 아니므로 착오에 포함된다는 취지이다.

그러나 근래에는 장래 사정에 대한 착오라 하더라도 당사자들이 장래의 사정에 대해 구체적인 관념을 가지고 그 도래를 확실한 것으로 전제하여 계약을 체결한 경우에는 착오로 인한 취소를 인정하여야 한다는 견해도 주장되고 있다.

생각건대 장래의 사정을 예측한 자는 그 사정이 예측과 달리 변화하더라도 그로 인한 위험은 감수하여야 하는 것이 원칙이므로, 이러한 경우를 착오로 보는 것은 적절하지 않다. 다만 필요한 경우에는 아래에서 보는 것처럼 사정변경의 원칙이나 보충적 해석을 적용할 수 있을 것이다.

설령 장래의 사정에 대한 착오도 일정한 범위에서는 109조의 착오로 인정될 수 있다고 하더라도, 사후에 법령이 개정된 경우에까지 109조의 착오로 인정되기는 어려울 것이다.

5. 대상판결에 대하여

대상판결의 원심판결은 이 사건에 사정변경의 원칙이 적용될 수 있는가 하는 관점에서 접근하여, 직접적으로는 계약 내용의 변경으로 인하여 계약금액을 조정할 필요가 있을 때에는 계약금액을 조정한다는 국가계약법 19조가 유추적용된다고 보았다. 그러나 계약 체결 후 세법이 변경된 것을 계약 내용의 변경이라고 할 수는 없다. 또 위 규정은 신의칙이나 사정변경의 원칙에 의하여 인정될 수 있는 계약의 변경만큼 엄격한 요건을 요구하고 있지는 않다는 점에서, 계약 준수의 원칙에 대한 예외를 규정하고 있는 위 규정을 함부로 유추 적용할 것은 아니다.

반면 대법원은 이 사건에서 공통의 착오가 있는 것으로 보았으나, 앞에서 본 것처럼 계약 체결 후에 법령 개정이 있다고 하여 착오가 있었다고는 할 수 없다. 그러나 대법원이 보충적 해석의 법리를 적용하여 당사자들이 면세대상이 차후 과세대상으로 변경될 것을 알았더라면 그 부분에 대하여도 피고가 부가가치세를 부담하기로 약정하였을 것으로 보이므로 위 부가가치세 증액분을 피고가 부담하여야 한다고 본 것은 수긍할 수 있다. 대법원은 그와 같이 보는 근거로서, 면세대상 부분인 소프트웨어 프로그램 개발용역 부분이 과세대상으로 변경된다고 하더라도 피고가 그 사업을 폐기하거나 이 사건 계약을 체결하지 아니하였을 것으로 보기는 어렵고, 재정경제부나 국방부도 계약금액을 조정하여야 한다고 보고 있으며, X로서는 예상하지 못한 부가가치세법령의 변경으로 인하여 손실을 입게 되는 반면에 Y는 위 부가가치세 증액분을 지급하더라도 소관청을 달리하여 다시 Y가 이를 환수하게 되므로 실질적인 손해가 발생하지 않고 X도 당초 예정했던 것 이상의 이익을 얻게 되는 것은 아니라는 점 등을 들고 있다.

이론적으로는 사정변경의 원칙은 적용될 수 없더라도 보충적 해석에 의하면 계약 내용의 변경이 인정될 수 있는 경우가 있을 수 있는데, 이 사건이 그러한 경우라고 보인다. 독일에서도 사정변경의 원칙을 포함하는 행위기초론과 보충적 해석의 관계에 관하여 논의가 있는데, 일반적으로는 보충적 해석에 의하여 문제해결이 가능할 때에는 행위기초론을 끌어들일 필요는 없고, 행위기초론이 적용될 수 있으려면 기대불가능성(Unzumutbarkeit)의 요건이 갖추어져야 함에 반하여 보충적 계약해석에 있어서는 그러한 요건을 필요로 하지 않는다고 보고 있다.

종래 판례는 보충적 해석의 법리는 인정될 수 있다고 하면서도 실제로 그에 따라 계약 내용의 변경을 인정하지는 않고 있었는데, 대상판결이 보충적 해석의 법리에 의하여 계약 내용의 변경을 인정한 첫 번째 사례라고 할 수 있다.

참고문헌

김상용, 계약당사자 쌍방의 공통착오와 주관적 행위기초의 상실, 사법행정 1995.1.

김형석, 동기착오의 현상학, 저스티스 151호, 2015.

이강규, 사정변경의 원칙의 유추적용에 관한 연구, 아주법학 9권 1호, 2015.

이동진, 착오개념과 취소요건, 저스티스 178호, 2020.

이상민, 당사자 쌍방의 착오, 민사판례연구 18, 1996.

윤진수, 법률행위의 보충적 해석에 관한 독일의 학설과 판례, 민법논고 1권, 2007.

윤진수, 계약상 공통의 착오에 관한 연구, 민법논고 6권, 2015.

전원열, 착오 개념의 정립을 위한 소고, 저스티스 146-1호, 2015.

조인영, 장래의 사정에 대한 쌍방 공통의 동기 착오와 사정변경의 원칙, 민사법학 96호, 2021.

지원림, 착오에 관한 약간의 문제제기, 재산법연구 제22권 2호, 2005.

박동진, 쌍방의 공통된 동기착오, 민사법학 제35호, 2007.

송덕수, 공동의 동기의 착오에 관한 판례 연구, 법조 2009.11.

[판례 14]

계약 당사자의 확정

대법원 2009.3.19. 선고 2008다45828 전원합의체 판결

사 실

X의 남편 A는 2006.2.13. B 상호저축은행에 49,212,873원을 정기예금으로 예치하였고, 같은 날 이와 별도로 X 명의의 정기예금 계좌가 개설되어 4,200만 원이 예치되었다. 위 4,200만 원은 같은 날 A 명의의 다른 금융기관 계좌에서 인출된 돈이었다. B은행은 2006.9.8. 예금등 채무의 지급을 정지하였고, Y(예금보험공사)는 X와 A에게 예금자보호법에 따른 보험금 가지급금으로 각 500만 원을 지급하였다가, 위 4,200만 원 예금은 X 아닌 A의 예금이므로 A에게만 예금자보호법이 정한 5,000만 원의 한도 내에서 보험금을 지급할 것을 통지하였고, 그 후 A에게 위 가지급금 1,000만 원을 공제한 보험금을 지급하였다. X는 위 4,200만 원 예금의 예금주는 자신이라고 주장하면서 자신에게 보험금을 지급하라고 청구하였다.

1, 2심 법원은 이 사건 예금의 출연자인 B와 이 사건 은행 사이에서는 이 사건 예금 명의자인 X가 아닌 A에게 예금반환채권을 귀속시키기로 하는 묵시적 약정이 있었으므로 예금주는 X 아닌 A라고 하여 X의 청구를 기각하였다.

그러나 대법원은 원심판결을 파기환송하였다. 이 판결에는 별개의견과 보충의견이 있었다.

이 유

가. 일반적으로 계약의 당사자가 누구인지는 그 계약에 관여한 당사자의 의사해석의 문제에 해당하는데, 계약당사자 사이에 어떠한 계약 내용을 처분문서인 서면으로 작성한 경우에는 그 서면의 기재 내용에 의하여 당사자가 그 표시행위에 부여한 객관적 의미를 합리적으로 해석하여야 하며, 문언의 객관적인 의미가 명확하다면, 특별한 사정이 없는 한 문언대로의 의사표시의 존재와 내용을 인정하여야 한다.

나. 금융실명거래 및 비밀보장에 관한 법률('금융실명법')은 예금계약에 기한 예금반환청구

권을 갖는 예금주 등이 누구인지를 명확히 하기 위하여 실명확인 절차를 마련하였고, 그에 따라 예금계약의 체결에 앞서 실명확인 절차를 거쳐야 하게 되었으므로, 예금계약에 의하여 발생되는 예금반환청구권을 갖는 예금주가 누구인지는 실명확인 절차에 의하여 객관적으로 확인된 당사자의 의사에 기초하여 해석하여야 한다.

다. 금융실명제가 시행된 후에는 특별한 사정이 없는 한 주민등록증 등을 통하여 실명확인을 한 예금명의자가 금융기관과 예금계약을 체결할 의사를 표시한 것으로 보아야 하고, 또한 금융기관으로서도 예금계약의 당사자 확정을 둘러싼 분쟁을 방지하고 법률관계를 명확히 하기 위하여 실명확인을 통하여 계약체결 의사를 표시한 예금명의자를 계약당사자로 받아들여 예금계약을 체결한 것이라고 보아야 하므로, 실명확인 절차를 거쳐 예금계약을 체결한 경우에는 일반적으로 예금명의자나 그를 대리한 행위자 및 금융기관의 의사는 예금명의자를 예금계약의 당사자로 보려는 것이라고 해석하는 것이 경험법칙에 합당하고, 예금계약의 당사자에 관한 법률관계를 명확히 할 수 있어 합리적이다.

라. 따라서 예금명의자의 의사에 따라 예금명의자의 실명확인 절차가 이루어지고 예금명의자를 예금주로 하여 예금계약서를 작성하였음에도 불구하고, 예금명의자가 아닌 출연자 등을 예금계약의 당사자라고 볼 수 있으려면, 금융기관과 출연자 등과 사이에서 예금명의자와의 예금계약을 부정하여 예금명의자의 예금반환청구권을 배제하고, 출연자 등과 예금계약을 체결하여 출연자 등에게 예금반환청구권을 귀속시키겠다는 명확한 의사의 합치가 있는 극히 예외적인 경우로 제한되어야 할 것이고, 이러한 의사의 합치는 금융실명법에 따라 실명확인 절차를 거쳐 작성된 예금계약서 등의 증명력을 번복하기에 충분할 정도의 명확한 증명력을 가진 구체적이고 객관적인 증거에 의하여 매우 엄격하게 인정하여야 한다. 이와 달리 금융기관과 출연자 등 사이에서 출연자 등에게 예금반환청구권을 귀속시키려는 명확한 의사의 합치가 있다고 인정되는 극히 예외적인 경우에 해당하는지 여부를 심리하지 아니하고, 그에 이르지 아니한 명시적 또는 묵시적 약정에 의하여서도 예금명의자가 아닌 출연자 등에게 예금반환청구권이 귀속될 수 있다는 취지로 판시한 판례들은 모두 변경한다.

해 설

1. 예금주 확정에 관한 종래의 판례와 학설

예금을 함에 있어서 실제로 자금을 출연한 출연자와 예금명의인이 다를 때 누구를 예금주로 볼 것인가에 관하여는 1993년 금융실명거래 및 비밀보장에 관한 긴급재정경제명령에 의한 이른바 금융실명제의 실시에 따라 변화가 있었다. 종전의 판례는, 금융기관에 대한 기명식 예금에 있어서는 그 명의가 누구 앞으로 되어 있는지를 묻지 않고 예금을 실질적으로 지배하고 있는 자로서 자기의 출연에 의하여 자기의 예금으로 한다는 의사를 가지고 예금계약을 한 자를 예금주로 보아야 한다고 판시하고 있었다(대판 1987.10.28, 87다카946 등). 그러나 금융기관은 거래자의 실지명의(실명)에 의하여 금융거래를 하도록 한 금융실명제 실시 후에는 주민등록증을 통하여 실명확인을 한 예금명의자를 위 명령 3조 1항 소정의 거래자로 보아 그와 예금계약을 체결할 의도라고 보아야 하지만, 예외적으로 출연자와 금융기관 사이에 예금명의인이 아닌 출연자에게 예금반환채권을 귀속시키기로 하는 명시적 또는 묵시적 약정이 있는 경우에는 출연자를 예금주로 보아야 한다고 보았다(대판 1998.11.13, 97다53359 등). 위 명령은 1997년에 금융실명거래 및 비밀보장에 관한 법률로 대체되었다.

학설로서는 예금의 명의인이 예금주가 아님을 금융기관이 안 경우뿐만 아니라 알 수 있었다면 출연자가 예금주라고 하는 설, 금융기관이 예금계약을 체결할 당시에 명의인이 아닌 제3자가 출연자임을 안 경우에는, 출연자를 예금주라고 인정하여야 한다는 설 및 판례와 마찬가지로 출연자와 금융기관 사이에 예금명의자 아닌 출연자에게 예금반환채권을 귀속시키기로 하는 명시적 또는 묵시적 약정이 있었던 경우에는 출연자가 예금주로 된다는 설 등이 주장되었다. 그리고 마지막 설과 기본적으로는 같지만 명시적 또는 묵시적 약정은 매우 제한적으로 인정하여야 한다는 주장도 있었다.

2. 대상판결

대상판결은 예금명의자가 아닌 출연자 등을 예금계약의 당사자라고 볼 수 있으려면, 금융기관과 출연자 등과 사이에서 예금명의자의 예금반환청구권을 배제하고 출연자 등과 예금계약을 체결하여 출연자 등에게 예금반환청구권을 귀속시키겠다는 명확한 의사의 합치가 있는 극히 예외적인 경우로 제한되어야 하고, 이러한 의사는 실명확인 절차를 거쳐 작성된 예금계약서 등의 증명력을 번복하기에 충분할 정도의 명확한 증명력을 가진 구체적이고 객관적인 증거에 의하여 매우 엄격하게 인정하여야 한다고 판시하면서, 단순히 명시적 또는 묵시적 약정에 의하여서 예금명의자가 아닌 출연자 등에게 예금반환청구권이 귀속될 수 있다는 취지로 판시한 종전의 판례를 변경하였다. 이 판결이 그 근거로 들고 있는 것은 처분문서의 증명력에 관한 법리와 함께, 실명확인을 요구하는 금융실명제에 비추어 보면 예금명의자나 그를 대리한 행위자 및 금융기관의 의사는 예금명의자를 예금계약의 당사자로 보려는 것이라고 해석하는 것이 경험법칙에 합당하고, 예금계약의 당사자에 관한 법률관계를 명확히 할 수 있어 합리적이라는 점이다.

3. 계약 당사자 확정에 관한 일반론

이 문제는 아래 차명대출의 사례([**판례** 16])와 마찬가지로 일반적인 계약 당사자 확정의 문제의 일부이다. 그리고 계약의 당사자가 누구인지를 확정하는 것은 계약 해석의 문제이다. 계약에 있어서 쌍방이 동일한 사람을 그 계약의 당사자로 생각하였다면 그 사람이 당사자로 확정된다. 반면 표시자가 생각한 의미와 그 상대방이 생각한 의미가 다른 경우에는 규범적 해석이 문제된다. 이때에는 원칙적으로 그 상대방의 관점에서 그 의사표시를 해석하여야 한다. 다시 말하여 그 상대방의 신뢰를 보호하기 위하여, 그 상대방이 이해한 내용이, 제반 사정에 비추어 합리적이라면 그러한 의미로 의사표시가 해석되어야 하는 것이다. 이는 계약의 당사자 결정에 있어서도 마찬가지이다.

대판 1995.9.29, 94다4912 이래 일련의 판례는, 타인의 이름을 임의로 사용하여 계약을 체결한 경우에, 행위자 또는 명의인 가운데 누구를 당사자로 할 것인지에 관하여 행위자와 상대방의 의사가 일치한 경우에는 그 일치하는 의사대로 행위자의 행위 또는 명의인의 행위로서 확정하여야 할 것이지만, 그러한 일치하는 의사를 확정할 수 없을 경우에는 계약의 성질, 내용, 목적, 체결경위 및 계약체결을 전후한 구체적인 제반 사정을 토대로 상대방이 합리적인 인간이라면 행위자와 명의자 중 누구를 계약당사자로 이해할 것인가에 의하여 당사자를 결정하고, 이에 터잡아 계약의 성립 여부와 효력을 판단하여야 한다고 하였다. 또 최근의 대판 2019.1.17, 2016다256999은, 연예인이 연예기획사와 전속계약을 체결하고 방송사들의 프로그램에 출연하였는데, 출연계약서가 존재하지 않는 경우, 방송프로그램 출연계약의 당사자가 누구인지를 확정하기 위해서는 출연계약의 내용, 출연계약 체결의 동기와 경위, 출연계약에 의해 달성하려는 목적, 당사자의 진정한 의사 등을 종합적으로 고찰하여 합리적으로 해석해야 하는데, 출연계약의 특성, 출연계약 체결 당시 연예인이 갖고 있었던 영향력과 인지도, 연예기획사와의 전속의 정도 및 출연계약서가 작성되지 아니한 사정 등을 고려하면, 방송사들이 연예인인 갑 등을 출연계약의 상대방으로 하여 직접 프로그램 출연계약을 체결한다는 의사로서 행위하였다고 봄이 타당한 점 등에 비추어, 위 방송사들과의 출연계약 당사자는 연예인이고 연예기획사가 아니라고 하였다.

4. 예금계약의 예금주 확정

필자는 과거에는 금융기관이 예금명의인 외의 출연자가 따로 있음을 알았을 때에는 출연자를 예금주로 보아야 한다고 주장하였다. 그러나 현재는 대상판결과 마찬가지로 예금명의인 아닌 출연자를 예금주로 하겠다는 당사자 사이의 명시적인 의사의 합치가 있는 경우에 한하여 출연자를 예금주로 보아야 한다고 생각한다. 우선 금융기관으로서는 대량적 · 반복적으로 이루어지는 예금거래의 특성상 실명확인을 통하여 계약체결 의사를 표시한 예금명의자를 계약당사자로 받아들여 예금계약을 체결하려는 의사를 가진다고 봄이 합리적이다. 다른 한편 출연자의 경우에도 이러한 금융기관의 의사를 모를 수 없었을 뿐 아니라, 자신이 예금주가 되고자 하였다면 이를 명확히 밝혔어야 하고, 그렇지 않았다면 출연자가 자신이 예금주라고 주장하는 것은 금융기관의 이익에 어긋나는 것으로서 허용되어서는 안 될 것이다. 이는 예금명의인의 경우에도 마찬가지이다. 예금명의인이 내심으로는 출연자를 예금주로 하는 의사를 가지고 있었다고 하더라도, 이를 명확히 밝히지 않았다면 이러한 의사는 고려되어서는 안 될 것이다. 이는 주관적 해석(종래의 학설이 말하는 규범적 해석)의 한 예라고 할 수 있다.

그리고 대상판결이 말하고 있는 명확한 의사의 합치가 있어야 한다는 것이 반드시 묵시적 약정의 경우를 배제하는 것은 아니라는 주장이 있으나, 묵시적 합의가 판례가 말하는 "명확한 의사의 합치"에 해당하는 경우란 상상하기 어렵다.

5. 관련 판례

이후의 판례도 대상판결의 태도를 재확인하고 있다(대판 2010.11.11, 2010다41263, 41270; 2011.5.13, 2009도5386; 2011.9.29, 2011다47169). 이 중 2009도5386 판결에서는 예금명의인인 피고인이 금융기관을 상대로 예금반환청구소송을 하여 패소한 것이 사기미수에 해당하는가 하는 점이 문제되었다. 이 사건에서는 A가 피고인과 함께 은행 지점을 방문한 다음 피고인의 이름으로 예금을 하면서, 당시 위 은행 담당직원 B에게 '이 사건 예금의 인출은 나만이 할 수 있도록 해달라'고 요청하였고, 이에 따라 B는 A의 신분증을 복사하여 보관하면서 예금관련 전산시스템의 고객비고란에 'A가 예금, 인출 예정'라고 입력하였으며, 피고인은 이러한 과정 등을 지켜보고 있었지만 아무런 이의를 제기하지 않았다. 원심은 은행과 A 사이에 피고인과의 예금계약을 부정하여 피고인의 예금반환청구권을 배제하고 A와 예금계약을 체결하여 A에게 예금반환청구권을 귀속시키겠다는 명확한 의사의 합치가 있었다고 보아 예금반환청구를 한 피고인의 사기미수를 인정하였다. 그러나 대법원은 대상판결의 태도를 재확인하면서, 은행과 A 사이에 피고인이 아니라 A를 이 사건 예금의 예금주로 하는 명확한 의사의 합치가 없었다고 보아 원심판결을 파기하였다.

참고문헌

고재민, 예금계약의 당사자 확정, 판례연구 21집, 부산판례연구회, 2010.
김재형, 금융거래의 당사자에 관한 판단기준, 민법론 3권, 2007.
김재형, 2009년도 민법 판례 동향, 민사재판의 제문제 19권, 2010.
김진우, 도급계약에 있어 계약 당사자의 확정과 계약인수, 사법 3호, 2008.
오영준, 금융실명제하에서 예금계약의 당사자 확정 방법, 사법 제8호, 2009.
손철우, 금융실명제와 예金주 확정, 민사판례연구 32, 2010.
송덕수, 계약당사자 확정이론과 대리행위, 민사판례연구 31권, 2009.
윤진수, 계약 당사자의 확정에 관한 고찰, 민법논고 1권, 2007.
윤진수, 금융기관의 수신거래와 여신거래, 민법논고 3권, 2008.
윤진수, 이용훈 대법원의 민법판례, 민법논고 7권, 2015.
이동진, 차명계약의 법리, BFL 46호, 2011.
장보은, 연예인 관련 엔터테인먼트계약의 이해, 법조 2019.6.

[판례 15]

효력규정과 단속규정의 구별

대법원 2007.12.20. 선고 2005다32159 전원합의체 판결

사 실

X는 2003.1.14. 그 소유인 토지 및 지상 건물을 부동산중개업자인 Y의 중개로 소외 3인에게 9억 3,200만 원에 매도하는 내용의 매매계약을 체결하고, Y와의 사이에 중개수수료의 지급에 갈음하여 X 소유의 이 사건 토지를 Y에게 이전등기해 주기로 약정한 다음, 2003.4.8. Y에게 이 사건 토지에 관하여 매매를 원인으로 한 소유권이전등기를 마쳐주었다. 당시 이 사건 토지의 시가는 34,840,000원이었다. 그런데 당시 부동산중개업법 및 계약 장소인 제주도의 조례에 의한 위 매매의 중개수수료의 한도액은 매매대금의 0.9%인 8,388,000원이었다. 제주시는 2004.6.1. 이 사건 토지를 취득하고 Y에게 보상금 35,360,000원을 지급하였다.

X는 Y에게 지급한 중개수수료 중 이 사건 매매계약의 중개수수료의 최고한도액인 8,388,000원을 초과하는 금액의 반환을 청구하는 소송을 제기하였다.

1, 2심 판결은 이 사건 토지의 소유권이전등기 당시의 시가를 중개수수료로 보아 Y에게 26,452,000원(34,840,000원~8,388,000원)의 지급을 명하였다. 대법원 전원합의체는 피고의 상고를 기각하였다.

이 유

부동산중개업법은 부동산중개업을 건전하게 지도 · 육성하고 부동산중개 업무를 적절히 규율함으로써 부동산중개업자의 공신력을 높이고 공정한 부동산거래질서를 확립하여 국민의 재산권 보호에 기여함을 입법목적으로 하고 있으므로, 중개수수료의 한도를 정하는 한편 이를 초과하는 수수료를 받지 못하도록 한 부동산중개업법 관련 법령 또는 그 한도를 초과하여 받기로 한 중개수수료 약정의 효력은 이와 같은 입법목적에 맞추어 해석되어야 한다. 뿐만 아니라, 중개업자가 부동산중개업법 관련 법령 소정의 한도를 초과하여 수수료를 받는 행위에 의하여 얻

은 중개수수료 상당의 이득을 그대로 보유하게 하는 것은 투기적·탈법적 거래를 조장하여 부동산거래질서의 공정성을 해할 우려가 있고, 또한 부동산 중개수수료는 국민 개개인의 재산적 이해관계 및 국민생활의 편의에 미치는 영향이 매우 커 이에 대한 규제가 강하게 요청된다. 그렇다면 앞서 본 입법목적을 달성하기 위해서는 고액의 수수료를 수령한 부동산 중개업자에게 행정적 제재나 형사적 처벌을 가하는 것만으로는 부족하고 부동산중개업법 관련 법령 소정의 한도를 초과한 중개수수료 약정에 의한 경제적 이익이 귀속되는 것을 방지하여야 할 필요가 있으므로, 부동산 중개수수료에 관한 위와 같은 규정들은 중개수수료 약정 중 소정의 한도를 초과하는 부분에 대한 사법상의 효력을 제한하는 이른바 강행법규에 해당한다고 보아야 한다.

따라서 부동산중개업법 관련 법령에서 정한 한도를 초과하는 부동산 중개수수료 약정은 그 한도를 초과하는 범위 내에서 무효이다. 이와 달리 판시한 대판 2001.3.23, 2000다70972는 이 판결의 견해에 배치되는 범위 내에서 이를 변경하기로 한다.

해 설

1. 강행규정, 효력규정과 단속규정의 개념

당사자의 의사에 의하여 어느 법률규정의 적용을 배제할 수 없는 때에는 이를 임의규정과 대비하여 강행규정이라고 부른다. 그런데 이러한 강행규정에 위반된 법률행위의 효력에 관하여 논자에 따라 용어를 달리하고 있다. 1설은 강행규정에는 효력규정과 단속규정이 있는데, 효력규정은 그 규정에 위반하는 행위의 효과가 부정되는 것인 데 반하여, 단속규정은 그에 위반하면 벌칙의 적용이 있을 뿐이고 행위 자체의 효과에는 영향이 없는 것으로 이해한다. 반면 다른 설은 강행규정에는 사법영역에 속하는 강행규정 외에 일정한 행정상의 목적을 달성하기 위하여 일정한 행위를 금지 내지 제한하는 규정이 포함되어 있고, 이러한 행정상의 금지·제한규정을 단속규정 내지 단속법규라고 한다. 그리고 이러한 단속규정에는 사법상의 효력에도 영향을 미치는 규정과 그렇지 않은 규정이 있는데, 전자를 효력규정, 후자를 단순한 단속규정이라고 한다. 또 다른 설은 금지법규에 위반하는 법률행위가 무효로 되는 경우를 강행법규라고 하고, 위반하더라도 무효가 되지 않는 경우를 단속법규라고 한다.

판례는 그 위반이 사법상의 효력에 영향을 미치는 경우를 효력규정, 그렇지 않은 경우를 단속규정이라고 하는 경우가 많으나, 그 위반이 무효로 되는 경우를 강행규정이라고 표현하기도 하고, 그 위반이 효력에 영향이 없는 경우를 단순한 단속규정이라고 부르기도 한다. 이하에서는 그 위반이 법률행위의 효력에 영향을 미치는 경우를 효력규정, 그렇지 않은 경우를 단속규정이라고 한다.

2. 효력규정과 단속규정의 구별기준에 관한 학설

어떠한 법규가 그에 위반하는 행위의 효력에 관하여 명문의 규정을 두었으면 그에 따르면 될 것이다. 그러나 많은 경우에는 법규가 거래행위를 금지 내지 제한하면서도 그에 위반하는 행위의 효력에 대하여는 규정을 두지 않고 있다. 이러한 경우에 그 법규를 효력규정으로 볼 것인가 단속규정으로 볼 것인가의 판단기준이 문제된다. 학설상으로는 그 법률행위를 유효·무효로 함으로써 생기는 사회경제적 영향을 고려하여, 그 법규의 입법취지가 법규가 규정하는 내용 그 자체의 실현을 금지하고 있는가 또는 단순히 그러한 행위를 하는 것을 금지하고 있는가에 따라서 결정하는 수밖에 없다고 설명하는 예가 많다.

이를 좀 더 세분하여 설명하는 설은 다음과 같이 설명한다. 즉 당해 규정의 취지가 행위 자체를 금지·제한하려는 것인가, 또는 행위의 결과로서 생기는 물건의 이동까지도 억제하려는 것인가를 검토해야 하고, 또 당해 행위의 사법상의 효력을 부정하는 경우의 거래안전을 고려해야 하며, 당사자 간의 신의·공평을 고려하여야 한다고 한다. 그리하여 원칙적으로 당해 행위를 유효로 하고, 예외적으로 문제의 행정법규 위반행위가 중대한 법익을 해치게 되고 강력한 비난을 면치 못하는 경우에 한하여 그 행위를 무효로 해야 한다고 한다.

이처럼 학설상으로는 금지 또는 제한규정에 위반한 행위라고 해도 이를 원칙적으로 유효한 것으로 보고, 무효가 되는 것은 예외에 속한다고 주장하는 것이 많다. 그러나 법률에서 일정한 행위를 금지하면서 이에 위반된 계약을 유효라고 하는 것은 법질서의 자기모순이므로 사법상의 거래를 규제하는 법령에 위반한 법률행위는 원칙적으로 무효라고 보아야 한다는 반대의 견해도 있다.

다른 한편 단순한 단속규정이라 하더라도 당사자가 합의하여 위법행위를 감행한 때에는 103조의 사회질서에 위반하여 무효로 될 수 있다고 보는 견해도 있다.

근래에는 효력규정과 단속규정의 구별은 해당 법규의 해석 문제인데, 문제가 되는 경우는 법률행위의 무효 여부에 관한 효과에 대해서는 규율이 흠결되어 있는 법률의 흠결(Gesetzes-lücke)이 존재하고, 이는 법률에 의하여 당사자의 약정을 제한하는 경우이므로, 과잉금지의 원칙 또는 비례의 원칙이 적용되어야 한다는 주장이 있다. 이에 따르면 강행규정 위반의 효과로 계약을 무효로 하는 등의 효과를 인정하기 위해서는 규정의 보호목적과의 사이에 적절한 비례관계가 인정되어야 하는데, 위반된 규정의 목적과 관련해서는, 해당 규정이 완전히 효력을 발휘하기 위해서는 계약을 무효로 할 필요가 있는지가 판단되어야 하고, 형사적 또는 행정적 제재가 문제가 된 행위를 억지하는 데 충분한지, 위반의 중대성 등을 고려하여야 한다고 한다.

3. 판례의 동향

판례는 특정한 규정이 효력규정인지 또는 단속규정인지의 구별 기준을 대체로 그 규정의 취지에서 찾는다. 예컨대 대판(전) 1985.11.26, 85다카122의 다수의견은, 상호신용금고가 차입을 할 때에는 건별로 총사원의 3분의 2 이상의 동의 또는 이사회의 결의를 거쳐 재무제표 및 장부에 계상하여야 한다는 당시의 상호신용금고법 17조 2항은 상호신용금고가 무분별하고 방만한 채무부담행위로 인한 자본구조의 악화로 불실화됨으로써 그 업무수행에 차질을 초래하고 신용질서를 어지럽게 하여 서민거래자의 이익을 침해하는 사태가 발생함을 방지하려는 데에 그 입법취지가 있으므로, 이러한 차입 등 채무부담의 제한규정은 단순한 단속법규가 아니라 효력법규라고 하였다.

대판 2010.12.23, 2008다75119은 금지규정의 목적과 의미를 판단함에 있어서는 당해 금지규정의 배경이 되는 사회경제적 · 윤리적 상황과 그 추이, 금지규정으로 보호되는 당사자 또는 이익, 그리고 반대로 그 규정에 의하여 활동이 제약되는 당사자 또는 이익, 금지되는 행위 또는 그에 기한 재화나 경제적 이익의 변동 등의 반사회성, 금지행위에 기하여 또는 그와 관련하여 일어나는 재화 또는 경제적 이익의 변동 등이 당사자 또는 제3자에게 가지는 의미나 영향, 당해 금지행위와 유사하거나 밀접한 관련이 있는 행위에 대한 법의 태도 기타 관계 법상황 등이 종합적으로 고려되어야 한다고 보았다. 그리하여 중개사무소 개설등록에 관한 구 부동산중개업법 관련 규정들은 공인중개사 자격이 없는 자가 중개사무소 개설등록을 하지 아니한 채 부동산중개업을 하면서 체결한 중개수수료 지급약정의 효력을 제한하는 이른바 강행법규에 해당한다고 보았다.

그러나 위와 같은 여러 가지 요소를 종합하여 효력규정인지 여부를 판단하는 것은 쉽지 않다. 실제로 개별 규정이 효력규정인가 단속규정인가에 관하여 종전의 판례를 변경한 것이 대상판결 외에도 여러 건 있었다{대판(전) 1975.4.22, 72다2161; 1981.5.26, 80다2367; 1985.11.26, 85다카122; 2011.4.21, 2009다97079}.

그런데 판례는 계약 자유의 원칙을 중요시하여, 특정 법규를 효력규정으로 보아 그에 위반한 행위를 무효라고 하는 데에는 매우 신중한 태도를 취하고 있는 것으로 보인다. 가령 **[판례 14]**에서 박시환 대법관의 별개의견은, 실명확인을 요구하는 금융실명법 3조 1항은 강행규정이므로, 예금명의자 아닌 출연자 등을 예금계약상의 예금반환청구권을 갖는 예금계약의 당사자로 하기로 하는 약정은 강행규정에 위반되어 효력이 없다고 주장하였다. 그러나 그 사건에서 차한성 대법관의 보충의견은, 헌법상 계약 체결의 자유를 강조하면서, 명문의 효력 규정이 없는 상태에서 실명에 의하지 아니한 예금계약의 사법적 효력을 일률적으로 부정하여야 한다는 해석론은 헌법 23조 1항의 규정 취지나 실질적 법치주의의 이념에 비추어 볼 때 해석론으로서 가능한 한계를 벗어난 것이라고 하였다.

이 외에 주목할 만한 판례로는 단순한 단속규정이라 하여도 당사자가 통정하여 단속규정을 위반하는 법률행위를 한 경우에는 선량한 풍속 기타 사회질서에 위반한 사항을 내용으로 하는 법률행위로서 무효라고 한 것이 있다(대판 1993.7.27, 93다2926).

4. 대상판결에 대하여

종래의 판례 가운데에는 이처럼 중개수수료의 한도를 정한 규정을 효력규정으로 보아서 그 한도를 초과하는 중개수수료 약정은 그 초과범위 내에서 무효라고 판시한 것이 있었다(대판 1976.11.23, 76다405; 1987.5.26, 85다카1146). 그런데 대판 2001.3.23, 2000다70972는 부동산중개업법에 위 규정에 위반한 금품수수행위의 효력이나 수수된 금품의 처리에 대하여는 아무런 규정이 없을 뿐만 아니라, 위 법은 '부동산중개업자의 공신력을 높이고 공정한 부동산 거래질서를 확립'하여 국민의 재산권 보호에 기여함을 목적으로 하고 있는 점을 종합하여 보면, 위 금지규정은 단속규정에 불과하고 효력규정은 아니라고 하였다. 그러나 그 후 선고된 대판 2002.9.4, 2000다54406, 54413은, 위와 같은 부동산중개업법의 규정들은 이른바 강행법규에 속하는 것으로서 그 한도액을 초과하는 부분은 무효라고 하였다. 이처럼 상반되는 판례가 존재하고 있으므로 전원합의체 판결에 의하여 판례의 통일을 기해야 하는데, 위 2002.9.4. 판결이 타당하다고 하는 견해가 유력하였다. 그러므로 대상판결의 결론은 충분히 예측할 수 있는 것이었다.

5. 관련 판례

대판(전) 2011.4.21, 2009다97079는 임대주택법에 의한 임차인에 대한 분양전환의 가격이 법령에 따른 산정기준보다 높은 경우의 분양계약의 효력에 관하여 종전의 판례를 변경하였다. 임대주택법은 그 법에 의한 임대주택을 분양전환할 때에는 입주일 이후부터 분양전환 당시까지 해당 임대주택에 거주한 무주택자인 임차인에게 우선 분양전환하여야 하도록 규정하고 있고, 이 경우 분양전환의 방법 · 절차 및 가격 등의 산정기준은 대통령령 및 그 시행규칙에 따라 정해진다. 종전의 대판 2004.12.10, 2004다33605은 산정기준에 위반하여 산정한 분양전환가격으로 분양계약을 체결하였다는 사정만으로 그 사법상의 효력까지 부인된다고 할 수는 없고, 그 분양전환가격이 지나치게 높아서 임차인의 우선분양권을 사실상 박탈하는 것과 같은 정도에 이르러 임대주택법의 입법목적을 본질적으로 침해하는 경우에만 구 임대주택법시행규칙 3조의3에 위배되어 허용될 수 없다고 보았다. 그러나 위 전원합의체 판결은 임대주택법 및 그 시행령 등이 규정하고 있는 분양전환가격 산정기준에 관한 규정들은 강행법규이므로, 그 규정들에서 정한 산정기준에 의한 금액을 초과한 분양전환가격으로 체결된 분양계약은 그 초과하는 범위 내에서 무효라고 하였다. 위 판결은 그 이유로, 임대주택법 등 관련 법령의 목적이 임대주택의 건설을 촉진하고 국민주거생활의 안정을 도모하는 데 있고, 무주택 임차인에게 임대주택의 우선 분양전환권을 인정하고 분양전환가격의 산정기준을 상세히 규정하는 것은 임대사업자가 자의적으로 분양전환가격을 정하는 것을 방지하기 위한 것인데, 임대사업자가 위와 같은 분양전환가격 산정기준에 기속되지 않는다고 해석하게 되면, 임대사업자가 임차인으로부터 분양전환가격 산정기준을 초과한 분양대금을 수령하여 이를 보유하는 것이 허용되게 되어 법령의 입법취지를 심하게 훼손할 뿐만 아니라, 임차인이 분양계약 체결을 거절할 경우 임대사업자가 이를 이유로 임대주택을 제3자에게 매각하여 그 시세 차익을 독점할 수 있게 되는 등 임대주택제도가 임대사업자의 경제적 이익을 위한 수단으로 변질될 우려도 있으므로, 임대주택법의 입법목적을 달성하기 위해서는 임대사업자에게 형사적 처벌을 가하는 것만으로는 부족하고 그 산정기준을 위반하여 정한 분양전환가격에 의한 경제적 이익이 임대사업자에게 귀속되는 것을 금지시킬 필요가 있다는 점을 들었다. 이 판결은 임대주택법이 무주택 임차인에게 우선분양전환을 인정하고, 분양전환의 기준을 상세하게 규정하고 있는 것은 사회적 약자라고 할 수 있는 무주택 임차인을 보호하기 위한 것이라는 입법목적을 중요시한 것으로 볼 수 있다.

반면 대판 2012.6.14, 2010다86525는 공인중개사 자격이 없는 자가 우연한 기회에 단 1회 타인간의 거래행위를 중개한 경우 등과 같이 '중개를 업으로 한 것'이 아니라면, 그에 따른 중개수수료 지급약정이 강행규정에 위배되어 무효라고 할 것은 아니라고 하여 대판 2010.12.23, 2008다75119의 적용범위를 제한하였다.

다른 한편 대판(전) 2017.12.21, 2012다74076의 다수의견은, 국가를 당사자로 하는 계약에 관한 법률(국가계약법)의 '물가의 변동으로 인한 계약금액 조정' 규정이 국가 등이 계약상대자와의 합의에 기초하여 계약당사자 사이에만 효력이 있는 특수조건 등을 부가하는 것을 금지하거나 제한하는 것이 아니므로, 당사자가 그 적용을 배제하는 합의를 할 수 있다고 하여, 이를 강행규정 아닌 임의규정으로 보았다. 그러나 그렇게 되면 위 규정의 존재이유가 사실상 사라지게 된다.

그리고 대판 2018.10.12, 2015다219528은, 구 노인복지법 시행규칙이 노인의료복지시설 설치자는 '시설 설치목적 외의 목적에 의한 저당권, 그 밖에 시설로서의 이용을 제한할 우려가 있는 권리는 해당 토지 및 건물에 설정하여서는 아니 된다'고 규정하고 있는 것은 강행규정이 아니고, 그에 위반하여 체결된 근저당권 설정계약은 무효가 아니라고 하였다. 이 판결은 이 조항을 강행규정으로 해석할 경우 이 조항이 모법의 위임범위를 벗어난 규정이 될 우려도 있다고 하는 점을 중요하게 고려한 것으로 생각된다.

참고문헌

김수정, 효력규정과 단속규정의 구별기준에 관한 체계화 모색, 민사법학 85호, 2018.

김재형, 법률에 위반한 법률행위, 민법론 1, 2004.

문현호, 공인중개사 자격을 갖추지 못한 자가 등록을 하지 아니한 채 부동산매매계약을 중개하면서 중개의뢰인과 체결한 중개수수료 지급약정의 효력, 대법원판례해설 85호, 2011.

박준용, 법정한도초과 부동산중개수수료 약정의 효력, 판례연구 제20집, 부산판례연구회, 2009.

오영준, 임대주택법상 분양전환가격 규정의 강행규정성, 사법 17호, 2011.

이규진, 한도 초과 중개수수료 반환 판결, 이용훈대법원장재임기념 정의로운 사법, 2011.

황정근, 법정한도초과 부동산중개수수료 약정의 효력, 민사재판의 제문제 제15권, 2006.

[판례 16]

차명대출의 허위표시 여부 및 파산관재인의 제3자성

대법원 2006.11.10. 선고 2004다10299 판결

사 실

주식회사 A 신용금고의 대주주인 B는 A에게 27억 원을 대출해 줄 것을 요구하였는데, B에 대한 대출은 2/100 이상의 주식을 가지는 주주에 대한 대출을 금지하는 구 상호신용금고법에 위반되는 것이었으므로, A는 임원회의를 거쳐 제3자로부터 대출명의를 빌려서 B에게 대출을 실행해 주기로 하였다. 그에 따라 A의 대출담당자가 A의 오랜 거래처이며 A로부터 곧 4억 원을 대출받게 될 X의 승낙을 받아 2000.11.9. X와 대출계약을 맺고 27억 원을 대출하였으나, 실제로 그 대출금은 B에게 전달되었다.

한편 금융감독원은 A의 불법대출을 발견하고, 2000.12.12. 영업정지명령을 발함과 동시에 금융감독원의 직원인 D, Y(예금보험공사)의 직원인 E를 A신용금고의 관리인으로 선임하여 경영관리에 들어갔다. 그 후 A는 2001.8.27. 서울지방법원으로부터 파산선고를 받았고, Y가 그 파산관재인으로 선임되었다.

X는 Y를 상대로 이 사건 대출금채무가 존재하지 않는다는 취지의 채무부존재확인소송을 제기하였다.

원심판결은 파산관재인은 108조 2항의 제3자에 해당하지만, 파산관재인인 Y는 파산선고 당시 이 사건 대출약정이 통정허위표시라는 사실을 알았으므로 선의가 아니라고 하여 X의 청구를 받아들였다. 그러나 대법원은 원심판결을 파기하였다.

이 유

종래의 판례가 파산관재인이 민법 108조 2항의 경우 등에 있어 제3자에 해당된다고 한 것

은, 파산관재인은 파산채권자 전체의 공동의 이익을 위하여 선량한 관리자의 주의로써 그 직무를 행하여야 하는 지위에 있기 때문에 인정되는 것이므로, 그 선의 · 악의도 파산관재인 개인의 선의 · 악의를 기준으로 할 수는 없고, 총파산채권자를 기준으로 하여 파산채권자 모두가 악의로 되지 않는 한 파산관재인은 선의의 제3자라고 할 수밖에 없다. 이러한 법리에 비추어 살펴보면, 비록 파산관재인인 피고가 파산선고 이전에 이 사건 대출계약이 통정허위표시에 의한 것이라는 점을 알게 되었다고 하더라도 그러한 사정만 가지고 파산선고시 파산관재인이 악의자에 해당한다고 할 수는 없다.

해 설

1. 차명대출의 효력

이 사건처럼 금융기관으로부터 대출을 받으려는 사람이 자기 이름으로 대출을 받기 어려운 경우에, 다른 사람의 동의를 받아 그 사람의 이름을 빌려 그 다른 사람을 채무자(차주)로 내세워 대출(차명대출)을 받는 경우가 많다. 이러한 경우에 대출을 담당하는 금융기관의 직원이 이러한 명의대여 사실을 알고서도 대출을 하여 주었다면 차명대출이 명의대여자와의 관계에서 통정허위표시로서 무효인가 하는 점이 문제로 된다.

이 점에 관하여는 유사한 사안들에서 판례가 서로 다른 결론을 보이고 있다. 가령 대판 2001.5.29, 2001다11765는, 실질적인 주채무자가 실제 대출받고자 하는 채무액에 대하여 제3자를 형식상의 주채무자로 내세우고, 금융기관도 이를 양해하여 제3자에 대하여는 채무자로서의 책임을 지우지 않을 의도 하에 제3자 명의로 대출관계서류를 작성받은 경우, 제3자는 형식상의 명의만을 빌려 준 자에 불과하고 그 대출계약의 실질적인 당사자는 금융기관과 실질적 주채무자이므로, 제3자 명의로 되어 있는 대출약정은 그 금융기관의 양해 하에 그에 따른 채무부담의 의사 없이 형식적으로 이루어진 것에 불과하여 통정허위표시에 해당하는 무효의 법률행위라고 보았다.

반면 이러한 차명대출이 무효가 아니라고 한 판례도 여러 개가 있다. 예컨대 대판 2010.5.27, 2010도369는, 금융거래에 있어서 권리의무를 부담하는 당사자는 그 명의를 기준으로 정하는 것이 원칙이므로 실제 차주가 제3자의 명의를 빌어 대출을 받는 경우에도, 금융기관이 명의대여자와 사이에 당해 대출에 따르는 법률상의 효과를 실제 차주에게 귀속시키고 명의대여자에게는 그 채무 등의 부담을 지우지 아니하기로 합의하였다는 사정이 적극적으로 입증되는 등의 특별한 사정이 없는 한, 금융기관과 대출명의자 사이의 거래를 통정허위표시로 보아 그 효력을 부인할 수는 없다고 보고 있다. 이 판결은 같은 취지인 대판 2008.6.12, 2008다7772, 7789를 선례로서 인용하고 있다.

이처럼 판례가 대립하고 있으나, 차명대출의 경우 명의대여자는 원칙적으로 대주인 금융기관에 대하여 차주로서의 책임을 부담하여야 하며, 통정허위표시를 인정하여서는 안 된다고 생각한다. 이는 원칙적으로 실명확인을 한 예금명의자를 예금주로 보아야 한다는 [**판례** 14]에 비추어 보아도 알 수 있다. 다만 이 사건에서는 A 신용금고가 적극적으로 임원회의를 거쳐 제3자로부터 대출명의를 빌려서 B에게 대출을 실행해 주기로 하였다는 점이 A와 X 사이의 대출계약을 허위표시로 보게 된 중요한 요인이었다고 보인다.

2. 파산관재인이 108조 2항의 제3자에 해당하는지 여부

파산관재인이 108조 2항의 제3자에 해당하는가에 관하여 이미 대판 2003.6.24, 2002다48214는 이를 긍정하였다. 즉 파산관재인은 파산자의 포괄승계인과 같은 지위를 가지게 되지만, 파산관재인은 파산선고에 따라 파산자와 독립하여 그 재산에 관하여 이해관계를 가지게 된 제3자로서의 지위도 가지게 되므로, 파산자와는 독립한 지위에서 파산채권자 전체의 공동의 이익을 위하여 직무를 행하게 된 파산관재인은 108조 2항의 제3자에 해당한다고 판시하였다.

그러나 이러한 판례의 타당성은 의심스럽다. 지금까지의 판례는, 통정허위표시의 무효를 대항할 수 없는 제3자란 허위표시의 당사자 및 포괄승계인 이외의 자로서 허위표시에 의하여 외형상 형성된 법률관계를 토대로 새로운 법률원인으로써 이해관계를 갖게 된 자를 말한다고 하였다(대판 1982.5.25, 80다1403 등 다수). 그런데 파산관재인은 법원의 결정에 의하여 파산관재인이 되는 것이고, 허위표시에 의하여 외형상 형성된 법률관계를 토대로 새로운 법률원인으로써 이해관계를 갖게 된 자는 아니다. 그리고 파산관재인이 파산채권자 전체의 공동의 이익을 위하여 선량한 관리자의 주의로써 그 직무를 행한다고 하는 것도, 파산채권자들이 제3자에 해당하지 않는 이상 파산관재인을 제3자로 볼 이유는 되지 못한다.

이처럼 파산관재인의 제3자성을 인정하여야 한다는 또 다른 근거는, 압류채권자는 108조의 제3자에 해당하는데, 파산관재인의 지위는 파산선고시의 압류채권자와 동일시되므로 파산관재인을 압류채권자와 같이 취급하여야 한다는 점에 있다. 종래의 다수설과 판례(대판 2004.5.28, 2003다70041 등)는 통정한 허위표시에 의하여 생긴 채권을 가압류한 사람은 108조 2항의 제3자에 해당한다고 하였다.

그러나 압류채권자는 허위표시에 의하여 특정 재산이 채무자의 책임재산에 속하는 것으로 믿고 적극적으로 이를 압류한 것인데 반하여, 파산의 경우에는 파산채권자나 파산관재인이 그와 같이 믿은 것은 아니고, 다만 파산선고에 의하여 채무자의 재산 전체에 대하여 법률이 정하는 바에 따라 압류의 효력이 생기는 것일 뿐이다. 압류의 경우에는 압류된 재산이 채무자의 소유에 속하지 않는 것으로 판명되면 압류의 효력이 상실되지만, 파산선고의 경우에는 특정 재산이 허위표시에 기한 것이어서 파산채무자의 재산에 속하지 않는다고 하더라도 파산선고의 효력 자체에는 영향이 없다. 그러므로 압류와의 균형을 이유로 파산관재인을 제3자에 해당한다고 볼 수는 없다.

3. 선의 여부의 판정 기준

파산관재인이 제3자에 해당한다고 하는 경우에 파산관재인 자신이 선의여야 하는가? 대상판결의 원심은, 파산선고 당시 파산관재인이 악의였으므로 원고가 허위표시의 무효를 파산관재인에게 주장할 수 있다고 보았다. 그러나 대법원은, 파산관재인이 제3자에 해당되는 것은 파산관재인은 파산채권자 전체의 공동의 이익을 위하여 선량한 관리자의 주의로써 그 직무를 행하여야 하는 지위에 있기 때문이므로, 그 선의·악의도 파산관재인 개인의 선의·악의를 기준으로 할 수는 없고, 총파산채권자를 기준으로 하여 파산채권자 모두가 악의로 되지 않는 한 파산관재인은 선의의 제3자라고 할 수밖에 없다고 보았다.

이러한 판례는, 파산관재인을 제3자라고 보는 것은 파산관재인 자신이 아니라 파산채권자를 보호하기 위한 것인데, 파산관재인이 악의인지 여부에 따라 파산채권자가 보호받을 수 있는지가 달라지는 것은 불합리하다는 생각을 바탕으로 하고 있다. 그러나 그렇게 되면 실제로 파산채권자 모두가 악의가 된다는 경우란 있기 어려울 뿐만 아니라, 선의의 채권자가 한 사람이라도 있는 한 악의의 채권자도 보호를 받게 된다는 점에서 부당하다. 결국 이는 사실상 제3자가 선의인지 여부를 묻지 않겠다는 것과 마찬가지여서, 제3자의 신뢰보호라는 108조 2항의 기본 이념과는 동떨어진 것이다.

4. 관련 판례

이후의 판례는 108조 2항뿐만 아니라 다른 경우에도 파산관재인을 제3자로 보고 있다.

대판 2010.4.29, 2009다96083은 파산관재인이 108조 2항뿐만 아니라 사기에 관한 110조 3항의 제3자에도 해당한다고 보았다.

또한 대판 2014.8.20, 2014다206563은, 파산자가 상대방 회사와 그 회사의 이사회 결의가 없는 거래행위를 하였다가 파산이 선고된 경우 특별한 사정이 없는 한 파산관재인은 이사회의 결의를 거치지 아니하고 이루어진 상대방 회사와의 거래행위에 따라 형성된 법률관계를 토대로 실질적으로 새로운 법률상 이해관계를 가지게 된 제3자에 해당하고, 그 선의·악의도 파산관재인 개인의 선의·악의를 기준으로 할 수는 없고 총파산채권자를 기준으로 하여 파산채권자 모두가 이사회의 결의가 없었음을 알았거나 이를 알지 못한 데 중대한 과실이 있지 않은 한 상대방 회사는 위 거래의 무효를 파산관재인에게 주장할 수 없다고 하였다.

그리고 대판 2014.6.26, 2012다9386은, 파산관재인은 548조 1항 단서에서 말하는 계약당사자와 양립하지 아니하는 법률관계를 갖게 된 제3자의 지위에 있게 된다고 하였다.

참고문헌

권영준, 통정허위표시로 인한 법률관계에 있어서 파산관재인의 제3자성, 법조 2007.5

장상균, 통정허위표시로 인한 법률관계에 있어서 파산관재인의 선의성의 판단기준, 민사재판의 제문제 16권, 2007.

양재호, 파산관재인이 통정허위표시의 법률관계에서 보호되는 제3자에 해당하는지 여부 및 이 경우 '선의성'의 판단

기준, 민사판례연구 30, 2008.
이동진, 차명거래의 법적 쟁점: 차명계약의 법리-차명예금 및 차명대출을 중심으로-. BFL 46호, 2011.
이동형, 민법 제108조 제2항의 제삼자의 범위: 일반채권자 · 압류채권자를 중심으로, 법조 2008.2.
양형우, 파산관재인과 통정허위표시에서의 제3자, 인권과 정의 2008.7.
윤진수, 차명대출을 둘러싼 법률문제, 민법논고 2권, 2008.
윤진수, 이용훈 대법원의 민법판례, 민법논고 7권, 2015.
최종원, 통정허위표시에 있어 파산관재인의 제3자성, 사법논집 73집, 2021.

[판례 17]

서명의 착오, 착오와 사기

대법원 2005.5.27. 선고 2004다43824 판결

사 실

A 회사는 B 회사와 국제화물 운송계약을 체결하면서, 그 계약 관련 채무의 이행을 담보하기 위하여 보증보험회사인 X와의 사이에 이행보증보험계약을 체결하고 이행보증보험증권을 발행받아 B 회사에 교부하였다. A 회사와 X는 위 이행보증보험계약을 체결하면서, A 회사가 부담하는 채무를 이행하지 아니하는 보험사고가 발생함으로써 X가 보험금을 지급한 때에는 A 회사와 그 보증인은 그 지급보험금과 약정된 지연손해금을 즉시 변상하기로 약정하였다. 한편 A 회사의 이사인 C는 A 회사의 대표이사인 D와 공모하여, 자신의 매형인 E에게 '직장동료 중 가까운 사람에게 부탁하여 E의 아들인 F의 신원보증서류를 작성해 달라'고 요구하였고, E는 직장 동료인 Y에게 아들의 신원보증을 하여 달라고 부탁하여, 이에 속은 Y가 2000.8.30. F를 위한 신원보증을 할 의사로 위 이행보증보험약정서의 연대보증인란에 서명날인하였다. 그 후 A 회사는 B 회사에 대한 위 운송계약상의 채무를 이행하지 아니하여, X는 2002.3.22. B 회사에게 보험금 2억 3,000만 원을 지급하고 Y에게 위 보증채무의 이행을 청구하였다.

원심은, Y의 내심의 의사가 A 회사에 대하여 F의 신원보증을 하고자 한 것이었다 하더라도, 위 이행보증보험약정서에 드러난 Y의 의사표시는 X에 대하여 A 회사의 위 이행보증보험계약상 채무를 연대보증하겠다는 것이라고 봄이 상당하고, X가 이를 받아들임으로써 X와 Y 사이에 연대보증약정이 성립된 이상, Y가 C와 D의 기망행위로 말미암아 착오를 일으켜 위 이행보증보험약정서에 서명날인하게 되었다는 사정은 Y가 계약상대방이 아닌 제3자의 사기에 의하여 하자 있는 의사표시를 하였다는 것에 불과하고, X가 이를 알았거나 알 수 있었다고 볼 만한 아무런 증거도 없다고 하여 X의 청구를 받아들였다. 그러나 대법원은 원심판결을 파기환송하였다.

이 유

사기에 의한 의사표시란 타인의 기망행위로 말미암아 착오에 빠지게 된 결과 어떠한 의사표시를 하게 되는 경우이므로, 거기에는 의사와 표시의 불일치가 있을 수 없고 단지 의사의 형성과정 즉 의사표시의 동기에 착오가 있는 것에 불과하며, 이 점에서 고유한 의미의 착오에 의한 의사표시와 구분되는데, 이 사건의 경우 Y는 신원보증서류에 서명날인한다는 착각에 빠진 상태로 연대보증의 서면에 서명날인한 것으로서, 위와 같은 행위는 강학상 기명날인의 착오(또는 서명의 착오), 즉 어떤 사람이 자신의 의사와 다른 법률효과를 발생시키는 내용의 서면에, 그것을 읽지 않거나 올바르게 이해하지 못한 채 기명날인을 하는 이른바 표시상의 착오에 해당하므로, 비록 위와 같은 착오가 제3자의 기망행위에 의하여 일어난 것이라 하더라도 그에 관하여는 사기에 의한 의사표시에 관한 법리, 특히 상대방이 그러한 제3자의 기망행위 사실을 알았거나 알 수 있었을 경우가 아닌 한 의사표시자가 취소권을 행사할 수 없다는 110조 2항의 규정을 적용할 것이 아니라, 착오에 의한 의사표시에 관한 법리만을 적용하여 취소권 행사의 가부를 가려야 할 것이다.

한편, Y는 위 연대보증약정이 착오에 기한 의사표시임을 이유로 이를 취소한다는 주장을 한 바 없으나, 신원보증서류에 서명날인하는 것으로 잘못 알고 위 이행보증보험약정서를 읽어보지 않은 채 서명날인한 것일 뿐 연대보증약정을 한 사실이 없다는 Y의 주장은 위 연대보증약정을 착오를 이유로 취소한다는 취지로 보지 못할 바 아니다. 그렇다면 원심으로서는 마땅히 이러한 점을 석명하도록 하여 Y의 주장을 정리시킨 후 의사표시의 착오에 관한 법리와 규정을 적용하여 심판하였어야 한다.

해 설

1. 서명의 착오

서명의 착오(또는 기명날인의 착오)란, 어떤 사람이 그의 의사와 다른 법률효과를 발생시키는 서면에 그것을 읽지 않거나 또는 올바르게 이해하지 못하고 기명날인 또는 서명하는 경우를 가리킨다. 이러한 서명의 착오가 있을 때 착오를 이유로 취소할 수 있는가 하는 점은 여러 경우를 나누어 보아야 한다.

우선 쌍방이 계약의 내용에 대하여 구두로 합의를 하였는데 계약서가 구두의 합의와는 달리 작성된 경우에는, 당사자 일방이 이를 자세히 살펴보지 않고 기명날인 또는 서명을 하였더라도 “잘못된 표시는 해가 되지 않는다(falsa demonstratio non nocet)”는 원칙에 따라 구두의 합의가 계약 내용이 되고, 구두합의와 다른 계약서의 기재는 당사자를 구속하지 않으므로 착오를 이유로 하는 취소의 필요성이 존재하지 않는다. 다른 한편 어떤 문서에 서명한 사람이 그 문서의 내용을 알지 못한다는 것을 인식하면서도 그에 서명하였다면 이 경우에는 착오가 있다고 할 수 없고, 따라서 착오를 이유로 취소할 수 없다.

반면 표의자가 서면의 내용에 관하여 잘못된 관념을 가지고 기명날인한 경우에는 원칙적으로 착오를 원인으로 하는 취소가 가능하다. 그런데 이 경우의 착오를 표시상의 착오로 보아야 할 것인지, 내용의 착오로 보아야 할 것인지에 관하여는 의견의 대립이 있다. 대상판결은 이를 표시상의 착오로 보았고, 학설상으로도 그러한 주장이 많다. 반면 이러한 경우에는 표시행위, 즉 기명날인 그 자체에는 착오가 없었으므로 표시상의 착오는 아니고 내용의 착오라는 견해도 있다. 그러나 어떻게 보건 간에 결과에서 차이는 없다.

이 사건의 경우에는 Y가 연대보증서류를 신원보증서류인 줄 잘못 알고 읽어보지 않은 채로 서명날인하였다. 이 경우에 착오를 이유로 하는 취소가 가능한가? 만일 법률행위의 해석상 Y의 행위를 신원보증으로 볼 수 있다면 연대보증에 대한 취소는 필요하지 않을 것이다. 그러나 상대방인 X로서는 Y가 신원보증의 취지에서 서명날인하였다는 것을 알 수 없었으므로 Y의 서명날인에 의하여 신원보증계약이 성립한 것으로는 볼 수 없다. 그러므로 이러한 경우에는 Y로서는 착오를 이유로 취소할 수 있다고 보아야 할 것이다. 대상판결도 같은 취지이다. 다만 이 경우에 Y에게 중대한 과실이 있어서 취소가 배제되는가가 문제될 수 있으나, Y가 직장동료인 E의 말에 따라 연대보증서류를 신원보증서류로 믿은 것에 대하여 Y에게 중대한 과실이 있었다고 평가하기는 어려울 것이다.

2. Y의 적법한 취소 주장이 있었는지 여부

이 사건에서 Y는 명시적으로 사기 또는 착오를 이유로 하여 계약을 취소한다는 주장을 하지는 않고, 다만 연대보증을 한 일이 없다고만 주장한 것으로 보인다. 이러한 경우에 Y의 주장을 착오취소 주장으로 보아, 연대보증의 의사표시가 착오를 이유로 적법하게 취소되었다고 볼 수 있는지가 문제된다.

우선 취소의 의사표시가 있었는가 하는 점은 의사표시의 해석 문제로서, 반드시 명시적으로 취소의 의사표시를 하여야만 하는 것은 아니며, 묵시적으로라도 취소의 의사표시가 있었던 것으로 인정되기만 하면 그것으로 충분하다. 대판 1993.9.14, 93다13162도, 취소의 의사표시는 특별히 재판상 행하여짐이 요구되는 경우 이외에는 특정한 방식이 요구되는 것이 아니고, 취소의 의사가 상대방에 의하여 인식될 수 있다면 어떠한 방법에 의하더라도 무방하며, 법률행위의 취소를 당연한 전제로 한 소송상의 이행청구나 이를 전제로 한 이행거절 가운데는 취소의 의사표시가 포함되어 있다고 볼 수 있을 것이라고 하였다.

그런데 이와 구별하여야 할 것이, 취소의 주장을 함에 있어서 취소 원인 내지 사유를 밝혀야만 하는가 하는 문제이다. 예컨대 이 사건에서는 사기를 이유로 하는 취소와 착오를 이유로 하는 취소가 주장될 수 있는데, 그 중 어느 것을 이유로 하여 취소한다는 점을 밝혀야 하는가 하는 점이 문제된다. 이 점에 대하여는 학설상 다소 표현의 차이는 있으나, 결론에 있어서는 큰 차이가 없다. 즉 1설은 취소사유는 주위사정에 의하여 상대방이 알 수 있는 것이므로 취소사유를 제시하지 아니한 취소의 의사표시도 유효하지만, 여러 개의 취소사유가 경합되어 있는 경우에는 당해 취소의 의사표시가 어떤 취소사유를 이유로 하는 것인지는 상대방에게 인식 가능하여야 한다고 하고, 다른 설은 상대방이 취소를 다투는 경우 취소사유를 제시하는 것이 취소권자에게는 어려운 일이 아닌 반면 상대방은 취소사유를 모르면 불리한 지위에 있기 때문에 취소사유를 제시하여야 하지만, 취소사유를 구체적으로 명시할 필요까지는 없고 상대방이 그 사유를 인식할 수 있을 정도이면 충분하다고 한다. 결국 어느 설을 따르더라도 상대방이 무슨 이유로 취소를 주장하는가 하는 점을 알 수 있었다면 취소사유 제시가 필요하지 않은 반면, 그렇지 않은 경우에는 취소사유를 제시하여야 한다.

대상판결은 취소의 의사표시란 반드시 명시적이어야 하는 것은 아니고, 취소자가 그 착오를 이유로 자신의 법률행위의 효력을 처음부터 배제하려고 한다는 의사가 드러나면 족한 것이며, 취소원인의 진술 없이도 취소의 의사표시는 유효하다고 하였다. 그런데 이러한 판시내용 가운데 우선 취소자가 법률행위의 효력을 처음부터 배제하려고 한다는 의사가 드러나야 한다는 부분은 다소 문제가 있다. 과거 독일의 판례는 방론으로 취소의 의사표시는 취소의 대상인 법률행위가 소급하여 무효로 간주되어야 한다는 점을 표현하고 있어야 한다고 설시한 바 있었다. 그러나 오늘날의 독일의 학설은, 일반인으로서는 소급효가 있는 취소와 소급효가 없는 해제의 구별에 익숙하지 않을 뿐만 아니라, 법이 취소의 의사표시에 부여하고 있는 소급효가 그 의사표시에 의하여 언급될 필요는 없다고 하여 이에 반대하고 있다. 독일에서는 해제의 소급효가 인정되지 않는다.

그리고 대상판결은 취소원인의 진술 없이도 취소의 의사표시는 유효하다고 하고 있는데, 이 사건에서는 상대방이 취소원인을 알 수 있었던 경우이므로 취소원인의 진술이 없었어도 취소가 유효하다고 할 수 있지만, 일반론으로서 이와 같이 말하기는 어려울 것이다.

이 사건에서 Y는 자신은 연대보증을 한 일이 없다고만 주장하였는데, 이는 연대보증은 처음부터 무효라는 취지이고, 일단 연대보증계약이 성립하였지만 이를 취소한다는 주장은 아니라고 볼 수도 있다. 그러나 어떤 법률행위가 취소되면 그 결과 그 법률행위는 소급하여 무효로 된다는 점을 감안한다면, Y의 주장을 착오를 이유로 하는 취소의 주장으로 받아들일 여지도 있다. 대상판결은 원심이 이러한 점을 석명하였어야 한다고 하여 원심판결을 파기하였다.

3. 사기 취소의 가부

사기로 인한 취소의 요건과 착오로 인한 취소의 요건을 아울러 갖추었을 때에는 표의자는 양자 중 어느 것이나 선택적으로 주장할 수 있다. 그런데 대상판결의 원심판결은, Y가 계약상 대방이 아닌 제3자 C, D의 사기에 의하여 하자 있는 의사표시를 하였다는 점에 관하여 계약상대방인 X가 이를 알았거나 알 수 있었다고 볼 만한 아무런 증거도 없으므로, Y로서는 그러한 사정만으로 위 연대보증약정의 효력을 다툴 수 없다고 하였다. 110조 2항의 해석으로서는 이러한 결론이 불가피하다고 생각된다.

그런데 대상판결은 이 점에 관하여 원심판결과는 달리, Y의 서명날인의 착오가 제3자의 기망행위에 의하여 일어난 것이라 하더라도 그에 관하여는 사기에 의한 의사표시에 관한 법리, 특히 상대방이 그러한 제3자의 기망행위 사실을 알았거나 알 수 있었을 경우가 아닌 한 의사표시자가 취소권을 행사할 수 없다는 110조 2항의 규정을 적용할 것이 아니라고 보았다. 그리고 그 이유로는, 사기에 의한 의사표시란 타인의 기망행위로 말미암아 착오에 빠지게 된 결과 어떠한 의사표시를 하게 되는 경우이므로 거기에는 의사와 표시의 불일치가 있을 수 없고, 단지 의사의 형성과정 즉 의사표시의 동기에 착오가 있는 것에 불과하다는 점을 들었다. 대판 2013.9.26, 2013다40353, 40360도 대상판결을 선례로서 인용하면서, 지상권설정계약 체결 당시에는 지상권설정계약서에 표시된 계약 내용을 모르고 지상권설정계약서에 날인하였다는 주장은 원고의 의사와 달리 표시된 이 사건 지상권설정계약이 체결되었다는 취지여서 의사와 표시의 불일치를 주장하는 착오의 문제이지 기망에 의한 의사표시의 문제는 아니라고 하였다.

그러나 우선 이러한 판시 내용이 대상판결의 결론을 도출하는 데에는 아무런 필요가 없다는 점은 별론으로 하더라도, 사기에 의한 의사표시는 동기의 착오일 뿐이고 의사와 표시의 불일치가 있을 수 없다는 점은 받아들이기 어렵다. 물론 사기에 의한 의사표시가 문제되는 대부분의 경우는 의사표시의 내용에 관한 것이 아니라 의사표시의 동기에 관한 것이다. 그러나 사기에 의한 의사표시가 반드시 동기의 착오의 경우에만 문제된다고 할 수는 없다. 사기에 의한 의사표시를 취소할 수 있도록 한 것은 표의자의 의사결정의 자유를 보호하기 위한 것인데, 기망행위로 인하여 표의자가 동기의 착오를 일으켰는지, 아니면 법률행위의 내용의 착오를 일으켰는지에 따라 표의자의 보호가치가 달라진다고 할 수는 없기 때문이다. 만일 기망행위에 의하여 의사표시의 내용의 착오를 일으킨 경우에는 110조에 의한 사기 취소는 허용되지 않고, 109조에 의한 착오 취소만이 문제된다고 한다면, 착오가 법률행위의 내용의 중요부분에 관한 것이 아닐 때에는 취소할 수 없는 것이 되나, 이는 명백히 부당하다.

4. 관련 판례

대판(전) 2017.2.16, 2016도13362의 다수의견은, 피고인이 피해자에게 토지거래허가 등에 필요한 서류라고 속여 근저당권설정계약서 등에 서명·날인하게 하고 인감증명서를 교부받은 다음, 이를 이용하여 갑 등의 소유 토지에 피고인을 채무자로 한 근저당권을 제3자에게 설정하여 주고 돈을 차용하는 방법으로 재산상 이익을 취득한 것은 사기죄에 해당하고, 피해자가 비록 자신들이 서명 또는 날인하는 문서의 정확한 내용과 문서의 작성행위가 어떤 결과를 초래하는지를 미처 인식하지 못하였더라도 토지거래허가 등에 관한 서류로 알고 그와 다른 근저당권설정계약에 관한 내용이 기재되어 있는 문서에 스스로 서명 또는 날인함으로써 그 문서에 서명 또는 날인하는 행위에 관한 인식이 있었던 이상 처분의사가 인정된다고 하였다. 이는 대상판결과는 다소 어긋난다. 실제로 위 판결의 반대의견에 대한 보충의견은 대상판결을 인용하여 다수의견을 비판하였다.

참고문헌

김희수, 사기죄에서 말하는 처분행위가 인정되기 위해 피기망자에게 처분결과에 대한 인식이 필요한지 여부, 사법 40호, 2017.

박민수, 제3자의 기망행위에 의한 기명날인의 착오, 판례연구 18집, 2007.

송덕수, 사기에 의한 의사표시와 착오의 관계, 법조 2010.5.

지원림, 타인의 기망행위에 의하여 유발된 착오의 취소. 민사법학 32호, 2006.

[판례 18]

강요에 의한 재산헌납행위의 효력

대법원 1996.12.23. 선고 95다40038 판결

사 실

A는 1972.11.7. 자신의 재산을 출연하여 장학사업 등을 목적으로 하는 X 재단을 설립하고 그 대표자인 이사장에 취임하였다. 그 후 1979.10.26. 박정희 대통령의 피살사건이 발생하여 비상계엄이 선포되고 1980.5.17. 비상계엄이 전국적으로 확대되면서, A는 같은 날 21:00경 계엄사령부 예하의 합동수사본부에 강제로 연행되어 그 수사관들로부터 재산을 국가에 헌납할 것과 X 재단의 이사장직에서 사임할 것을 요구받고 처음에는 그 요구를 거절하였으나, 마침내 자기의 재산을 대한민국에 증여한 데 이어 X 재단의 이사장직에서 사임한다는 내용의 사퇴서를 작성하여 X 재단에 제출한 후 같은 해 7.2. 석방되었다. 새로 구성된 X 재단의 이사회는 1982.2.22. X 재단의 전 재산을 Y 재단에 증여하기로 결의를 하고, 같은 해 5.7. 목적사업 달성 불능을 이유로 X 재단을 해산하기로 하는 결의를 하여 같은 해 11.4. 청산종결등기를 경료하였다.

그 후 A는 X 재단 이사장직 사임의 의사표시가 무효라고 하여 X 재단의 대표자로서 Y 재단을 상대로 하여 X 재단 소유였던 재산의 반환 등을 구하는 소송을 제기하였다.

원심은 A의 이사장직 사임의 의사표시가 무효라는 X 재단의 주장을 배척하고, A는 X 재단의 이사장으로서의 지위를 상실하였으므로 이 사건 소는 대표권이 없는 자에 의하여 제기된 것으로서 부적법하다고 하여 이를 각하하였다. 대법원도 X 재단의 상고를 기각하였다.

판결이유

가. 민법 제103조에 의하여 무효로 되는 반사회질서행위는 법률행위의 목적인 권리의무의 내용이 선량한 풍속 기타 사회질서에 위반되는 경우뿐 아니라, 그 내용 자체는 반사회질서적인 것이 아니라고 하여도 법률적으로 이를 강제하거나 그 법률행위에 반사회질서적인 조건 또는

금전적인 대가가 결부됨으로써 반사회질서적인 성격을 띠는 경우 및 표시되거나 상대방에게 알려진 법률행위의 동기가 반사회질서적인 경우를 포함하지만, 이상의 각 요건에 해당하지 아니하고 단지 법률행위의 성립과정에 불법적인 방법이 사용된 데 불과한 경우에는 그 의사표시의 하자를 이유로 그 효력을 논할 수 있을 뿐이고 반사회질서의 법률행위에 해당하여 무효라고는 할 수 없다.

이 사건에서 국가기관이 A를 불법적으로 장기간 구금하면서 만약 이사장직에서 사임하지 아니하면 그 자신이나 가족들의 신체와 재산에 어떤 해악을 가할 것처럼 위협하는 위법행위를 하였지만, 그러한 위법행위는 강박행위의 수단에 불과하고, A의 이사장직 사임의 의사표시에 불법적인 조건이나 금전적인 대가가 결부된 것이라고는 볼 수 없으며, 또 원고 재단의 이사장직에서 사임한다는 의사표시를 법률로 강제한다고 하여 그로 인하여 사회질서에 반하는 결과가 발생하는 것도 아니므로, A의 재단법인 이사장직에서의 사임의 의사표시가 반사회에 반사회질서적인 조건 또는 금전적인 대가가 결부되었다거나 그 의사표시를 강제하게 되면 반사회질서적인 결과가 발생한다는 주장은 모두 이유가 없다.

나. 원심은, 강박에 의한 법률행위가 무효로 되기 위하여는 강박의 정도가 극심하여 의사표시자의 의사결정의 자유가 완전히 박탈된 상태에서 이루어져야만 할 것인데, 관련 증거들에 의하면 A가 의사결정의 자유를 완전히 박탈당할 정도의 극심한 강박상태에서 사임의 의사표시를 하였다고 보기 어려우므로, 위 사임의 의사표시가 취소할 수 있는 법률행위에 해당함은 별론으로 하고 이를 무효라고 볼 수는 없다고 판단하였는바, 원심의 위와 같은 인정과 판단은 정당하다.

해 설

1. 문제의 상황

1979년 10 · 26 사태 후 비상계엄이 선포되어 있던 기간 동안에 계엄사령부 예하의 합동수사본부에서 여러 사람을 연행하여 그들로부터 재산을 국가 등에 헌납한다는 의사표시를 받아내어 재산을 국가 등의 소유로 돌린 일들이 많았는데, 1987년 이후에 이들이 재산을 돌려받기 위하여 소송을 제기하였고, 이 사건도 그 중 하나이다. 이러한 사건들에서는 당사자는 위 재산 헌납의 의사표시가 강박의 정도가 극심하여 무효라는 주장, 또는 공서양속에 위반되어 무효라는 주장 등을 하였고, 또 강박으로 인하여 무효는 아니고 취소할 수 있을 뿐이라 하여도 취소권의 제척기간이 경과하지 않았다는 주장을 하였으나 대법원은 이러한 주장들을 모두 받아들이지 않았다.

2. 강박으로 인하여 무효인지 여부

110조 1항은 강박에 의한 의사표시는 취소할 수 있다고 규정하고 있다. 그런데 학설과 판례는 이처럼 취소사유인 강박 외에도 무효사유로서의 강박을 인정하고 있다. 그러나 어떠한 경우에 강박이 무효사유가 되는가는 반드시 명백하지 않다.

판례는, "강박에 의한 법률행위가 하자 있는 의사표시로서 취소되는 것에 그치지 않고 나아가 무효로 되기 위하여는, 강박의 정도가 단순한 불법적 해악의 고지로 상대방으로 하여금 공포를 느끼도록 하는 정도가 아니고, 의사표시자로 하여금 의사결정을 스스로 할 수 있는 여지를 완전히 박탈한 상태에서 의사표시가 이루어져 단지 법률행위의 외형만이 만들어진 것에 불과한 정도이어야 한다"(대판 1998.2.27, 97다38152 등)라고 본다. 대부분의 학설도 이러한 판례를 지지하고 있다. 그러나 판례가 실제로 강박에 의한 의사표시가 무효라고 한 예는 찾아보기 어렵다.

이를 구체적으로 설명하고 있는 견해는, 어떤 자가 저항하는 손을 억지로 끌어다가 서면에 날인하게 하거나, 또는 거수투표를 할 때 힘으로 투표권자의 손을 들어 올린 경우와 같이 항거할 수 없는 절대적 폭력(vis absoluta)에 의하여 의사결정의 자유를 완전히 빼앗긴 경우에는 무효이고, 그렇지 않으면 취소할 수 있을 뿐이라고 한다. 이외에 이러한 항거불능한 강제(vis absoluta)에 준할 수 있는 준항거불능적 강제의 경우에도 당연무효라고 하면서, 이 사건과 같이 계엄령 하에서 보안부대가 피해자 등을 구속영장도 없이 강제로 연행하여 감금하고 재산을 자진납부할 것을 종용한 경우를 포함시키는 견해도 있다.

원래 강박으로 인한 무효와 취소의 구별은 독일에서 절대적 폭력(vis absoluta)과 강제적 폭력(vis compulsiva)의 구별에서 유래하는데, 이러한 구별은 단순한 강박의 정도에 따른 양적인 구별이 아니고, 행위의사가 존재하는가 아닌가 하는 질적인 차이에 그 근거를 두고 있다. 다시 말하여 취소사유인 강박은 장래의 해악을 고지하는 강제적 폭력인데 반하여, 직접 폭력을 행사하는 것과 같이 바로 불이익을 가하는 것은 절대적 폭력이라고 한다. 예컨대 서면에 의한 의사표시의 경우에 표의자의 손을 강제로 끌어서 서명하게 하는 것은 행위의사가 없기 때문에 의사표시가 존재하지 않지만, 표의자가 구타를 당한 다음 장래의 구타를 피하기 위하여 서명을 하였다면 강박을 이유로 하여 취소할 수 있다고 한다.

이러한 관점에서 본다면 이 사건의 경우에는 표의자 A가 장기간 감금을 당하고, X 재단의 이사장 사퇴나 재산 헌납 등을 강요당하였다고 하더라도 그 의사표시가 무효라고 하기는 어려울 것이다. 실제로 이와 유사한 다른 사건들에서 대법원은 그러한 의사표시가 취소할 수 있을 뿐 무효는 아니라고 하였다(대판 1992.11.27, 92다7719 등).

그런데 이러한 사실관계 하에서의 의사표시는 의사결정의 자유가 완전히 박탈된 상태에서 이루어진 것이므로 무효라고 보아야 한다고 하거나, 강박으로 인하여 의사결정의 자유가 완전히 박탈된 상태에 이르지 않더라도 강박으로 인하여 자기의 의사를 실현하기 현저히 곤란한 상태에 이른 경우에는 그 행위를 무효로 보아야 한다고 하는 비판이 있다.

3. 강박으로 인한 취소권의 행사기간의 기산점

이 사건과 같은 계엄사령부 예하 합동수사본부의 강박에 의한 법률행위가 무효가 아니라 취소할 수 있는 것으로 보게 되면, 그 취소권은 언제부터 언제까지 행사할 수 있는가가 문제로 된다. 여기서 문제되는 것은 주로 146조가 규정하고 있는 추인할 수 있는 날로부터 3년의 제척기간이 언제부터 진행하는가 하는 점이다. 144조 1항은 추인은 취소의 원인이 종료한 후에 하지 아니하면 효력이 없다고 규정하고 있으므로, 강박의 경우에는 표의자의 강박상태가 종료한 시점이 3년의 취소기간의 기산점이 된다.

그런데 이 사건과 같은 경우에는 판례는 일관하여 전국적으로 실시되었던 비상계엄이 1981.1.21. 해제되어 자유민주적 헌정질서를 회복한 때부터는 강박으로 인한 외포상태가 종료하였다고 보아, 그로부터 3년이 경과한 후에는 강박으로 인한 취소권이 소멸하였다고 보고 있다(대판 1992.11.27, 92다8521 등).

그러나 이러한 판단의 타당성은 의문이다. 우선 강박으로 인한 의사표시에 있어서 언제 강박으로 인한 외포상태가 종료하였는가 하는 점은 표의자를 기준으로 하여 주관적으로 판단하여야 하고, 객관적인 상황만을 가지고 강박으로 인한 외포상태가 종료하였다고 판단할 수는 없다. 이와 같이 해석하는 것이 표의자의 구체적인 의사결정의 자유를 보호하려는 강박으로 인한 의사표시의 취소제도의 목적에 부합한다. 그러므로 전국적으로 실시되었던 비상계엄이 해제되었다는 것만으로 당사자들이 강박으로 인한 외포상태에서 벗어났다고 단정할 수는 없다. 오히려 위와 같은 강박행위의 피해자들로서는 제5공화국 당시에 이러한 강박에 의한 법률행위의 효력을 다투기 위하여 이의를 제기하면 또 다른 불이익을 입게 될 것으로 생각하였을 것이다. 그러므로 A와 같은 피해자들이 강박상태에서 벗어난 것은 제5공화국이 제6공화국으로 교체된 때, 아니면 빨라도 1987년의 6 · 29 사태 이후였다고 보아야 할 것이다.

4. 이 사건의 경우

이 사건에서는 A가 강박으로 인한 의사표시를 취소한다는 의사표시를 언제 하였는지 분명하지 않다. 그러나 앞에서 살펴본 대로라면 그 취소권의 제척기간이 경과하기 전에 이루어졌을 가능성이 많다. 그러나 그렇다고 하여 X 재단이 승소할 수 있는지는 별도로 따져 보아야 한다. 즉 Y 재단이 A의 이사장 사임의 의사표시가 강박에 의하여 이루어진 것이라는 점에 대하여 선의였다면 결과에 있어서 A의 주장은 받아들여지기 어려울 것이다.

5. 공서양속 위반 여부

이 사건에서 A는 이사장 사임의 의사표시가 국가기관의 강박에 의하여 이루어졌으므로 공서양속에 위반하여 무효라고 주장하였다. 그러나 판례는 법률행위의 성립과정에서 강박이라는 불법적 방법이 사용된 데 불과한 때에는, 그 강박에 의한 의사표시의 하자나 의사의 흠결을 이유로 그 효력을 논의할 수는 있을지언정 반사회질서의 법률행위로서 무효라고 할 수는 없다고 하여 이를 받아들이지 않고 있다(대판 1992.11.27, 92다7719 등).

이에 대하여는, 이러한 사안은 국가가 독점적 지위를 악용하여 상대방에게 불이익한 계약을 체결한 전형적인 반윤리적 행위에 해당하는 것이라고 하는 비판 및 법률행위의 성립과정에 불법적인 방법이 사용된 경우에는 그것이 법률행위의 내용에 중대한 영향을 미쳤으면 그 법률행위를 무효로 하는 것이 타당하다는 비판이 있다.

그러나 일반적으로 사기 또는 강박으로 인한 법률행위의 취소에 관한 규정은 103조에 대하여 특별규정의 관계에 있는 것이고, 따라서 다른 특별한 사정이 없는 한 사기 또는 강박으로 인한 취소 외에 무효를 주장할 여지는 없다고 보아야 할 것이다. 그렇게 보지 않는다면 민법이 사기 또는 강박으로 인한 취소를 인정한 의의가 상실될 것이기 때문이다.

6. 불공정한 법률행위 여부

이 사건과 유사한 사건들에서 당사자들은 이러한 강박에 의한 증여행위가 104조에 의한 불공정한 법률행위로서 무효라고도 주장하였다. 그러나 판례는, 104조가 규정하는 현저히 공정을 잃은 법률행위라 함은 자기의 급부에 비하여 현저하게 균형을 잃은 반대급부를 하게 하여 부당한 재산적 이익을 얻는 행위를 의미하는 것이므로, 이 사건 기부행위와 같이 아무런 대가관계 없이 당사자 일방이 상대방에게 일방적인 급부를 하는 법률행위는 그 공정성 여부를 운위할 수 있는 성질의 법률행위가 아니라고 하여 이러한 주장을 받아들이지 않았다(대판 1993.3.23, 92다52238 등).

이 점에 관하여는 반대설도 있기는 하나, 104조의 연혁 등에 비추어 본다면 불공정한 법률행위의 요건으로서 급여와 반대급여의 현저한 불균형은 불가결의 요건이라고 할 것이다. 따라서 104조는 원칙적으로 유상행위에 적용되어야 하고, 무상행위에 대하여는 원칙적으로 적용이 없다고 보아야 한다.

참고문헌

권대우, 국가기관에 의하여 강요된 재산헌납행위의 효력, 법과 사회 22권, 2002.

권오승, 강요에 의한 증여계약, 판례월보 1994.3.

배성호, 불공정한 법률행위의 재검토 소고, 인권과 정의 2003.8.

윤진수, 국가 공권력의 위법행위에 대한 민사적 구제와 소멸시효 · 제척기간의 문제, 민법논고 2권, 2008.

서을오, 민법 제103조상의 반사회질서행위의 유형화에 대한 비판적 검토, 민사판례연구 33권(상), 2011.

[판례 19]

대리권의 남용

대법원 1987.7.7. 선고 86다카1004 판결

사 실

Y 은행의 지점장 대리인 A는 1979.4.부터 B의 사업자금을 마련하기 위하여 예금의 형식을 빌어 사채를 끌어 모으기로 하고, 사채중개인을 통하여 은행이자와 사채이자의 차액을 사례금조로 지급해 주는 조건으로 예금주들을 모집하였다. 모집된 예금주들은 예금을 하면서 사채중개인 또는 그 하수인의 지시에 따라 Y 은행 지점 창구직원에게 「3개월 만기의 통장식 정기예금을 하러 왔다」고 말하고, 예금거래신청서에 주소, 성명만을 기재하고 예금액란은 공란으로 하여 도장과 함께 교부하였으며, A나 그의 지시를 받은 여직원들은 예금상황을 컴퓨터에 입력시키지 않고 볼펜을 사용하여 손으로 예금액을 기입한 이른바 수기식 통장을 작성하여 이를 예금주들에게 교부하였다. 이 예금주들은 이와 같이 교부받은 수기식 통장을 사채중개인에게 제시하고 그로부터 이미 약속된 사례금을 지급받았다. 한편 A는 예금으로 받은 돈을 부정인출하여 B의 사업자금으로 제공하였다. X는 위와 같은 방법으로 예금한 사람 중 하나인데, 1983.4.20. Y 은행을 상대로 예금반환청구를 하였다.

원심은 X의 청구를 받아들였으나, 대법원은 원심판결을 파기하였다.

이 유

진의 아닌 의사표시가 대리인에 의하여 이루어지고, 그 대리인의 진의가 본인의 이익이나 의사에 반하여 자기 또는 제3자의 이익을 위한 배임적인 것임을 그 상대방이 알거나 알 수 있었을 경우에는, 민법 107조 1항 단서의 유추해석상 그 대리인의 행위는 본인의 대리행위로 성립할 수 없으므로 본인은 대리인의 행위에 대하여 아무런 책임이 없다. 이때 그 상대방이 대리인의 표시의사가 진의 아님을 알거나 알 수 있었는가의 여부는 표의자인 대리인과 상대방 사이에 있었던 의사표시의 형성과정과 그 내용 및 그로 인하여 나타나는 효과 등을 객관적인 사정에 따라 합리적으로 판단하여야 한다.

이 사건 예금계약이 은행의 정규예금금리보다 훨씬 높은 이자가 정기적으로 지급되고, Y 은행의 많은 지점 가운데서도 오로지 A가 근무하는 지점에서만 이러한 예금이 가능할 뿐더러 예금을 할 때 암호가 사용되어야 하며, 예금거래신청서의 금액란도 빈칸으로 한 채 통상의 방법이 아닌 수기식 통장이 교부되는 사정이라면 적어도 예금자인 X로서는 A의 표시의사가 진의가 아닌 것을 알았거나 중대한 과실로 이를 알 수 없었다고는 할 수 없을지라도 적어도 통상의 주의만 기울였던들 이를 알 수 있었을 것이라고 인정하기에 어렵지 않다.

이렇게 볼 때 A의 의사는 Y 은행의 의사나 이익에 반하여 자기 또는 B의 이익을 위하여 배임적인 의도로 한 것이고, X가 A의 예금계약의사가 진의가 아님을 통상의 과실로 알지 못한 채 이 사건 예금계약을 체결한 것이므로 어차피 X와 Y 은행과의 관계에 있어서는 이 사건 예금계약 자체가 성립되지 아니하였고, 따라서 X로서는 Y은행에 대하여 A의 사용자임을 이유로 그의 불법행위를 원인으로 한 책임을 묻는 것은 별문제로 하고 정당한 예금계약이 성립되었음을 전제로 하는 예금반환청구는 할 수 없다.

해 설

1. 대리권 남용에 관한 학설

대리인의 대리행위가 본인의 이익을 위한 것처럼 보이지만 실제로는 본인의 이익을 위한 것이 아니라 대리인이나 다른 제3자의 이익을 위한 것으로서 본인에게는 손해를 가져오는 경우에는 대리인이 대리권을 남용한 것으로 볼 수 있다. 이러한 경우에도 대리행위의 효과가 본인에게 귀속되는가에 관하여 다음과 같은 몇 가지 설이 주장된다.

제1설은 비진의표시 유추적용설이다. 이 설에 따르면 대리인이 본인의 이익을 위하여 법률행위를 하는 것이 아니라는 사실을 상대방이 알았거나 알 수 있었을 때에는 107조 1항 단서의 유추적용에 의하여 그 대리행위가 무효로 된다고 한다. 제2설은 대리권제한설이다. 이에 의하면 모든 대리권에는 "본인의 이익을 위하여 행사되어야 한다"는 내재적 제한이 있으므로, 대리권 남용행위는 무권대리행위라고 본다. 다만 어느 경우에 무효로 되는가에 관하여는, 상대방이 악의이거나 중과실이 있어야 한다는 견해, 상대방이 정당한 이유 없이 알지 못하였으면 무효라는 견해, 대리인의 배임행위가 명백하면 무효라는 견해 등으로 나누어진다. 제3설은 표현대리설이다. 이 설에서는 대리인이 대리권을 남용하여 자기 또는 제3자의 이익을 위하여 행한 대리행위는 무권대리로서 무효이지만, 대리권남용에 대해 상대방이 선의·무과실인 경우에는 표현대리로서 유효하게 된다고 한다. 제4설은 신의칙설(권리남용설)이다. 이에 따르면 상대방이 대리권의 남용 사실을 알았거나 또는 중대한 과실로 알지 못하고 취득한 권리를 행사하는 것은 신의칙 위반 내지 권리남용으로서 허용되지 않는다고 한다. 이 설 가운데에는 상대방이 대리권 남용 사실을 안 경우에만 대리행위가 무효라고 하는 주장도 있다.

최근에 주장된 학설은, 대리인과 상대방이 공모하지 않은 한, 우선 본인에 대한 대리효과의 귀속은 인정하되, 상대방이 대리인의 배신행위를 알았거나 알 수 있었음에도 그에 동조하였으므로, 그 관여 형태에 따라 불법행위책임이 인정된다고 한다.

2. 판 례

주류적인 판례는 비진의표시 유추적용설이다. 최초로 이를 밝힌 것은 대판 1975.3.25, 74다1452이고, 대상판결도 이를 따랐으며, 이는 최근의 판례에까지 이어지고 있다(대판 2011.12.22, 2011다64669 등). 그런데 대판 1987.10.13, 86다카1522는 주식회사의 대표이사가 대표권을 남용한 경우에 관하여, 행위의 상대방이 그와 같은 정을 알았던 경우에는 그로 인하여 취득한 권리를 회사에 대하여 주장하는 것이 신의칙에 반하므로, 회사는 상대방의 악의를 입증하여 그 행위의 효과를 부인할 수 있다고 하여 권리남용설을 따랐으나, 그 후의 판례(대판 1993.6.25, 93다13391 등)는 이를 따르지 않고 있다.

3. 검 토

종래의 학설은 어느 것이나 문제점이 있다. 우선 비진의표시 유추적용설에 대하여는, 비진의표시의 경우에는 표의자가 의사표시로 인한 법률효과의 발생을 의욕하지 않는 반면, 대리권 남용의 경우에는 대리인이 대리행위로 인한 법률효과의 발생을 의욕한다는 점에서 차이가 있으므로 유추가 허용될 수 없다는 비판이 있다. 또한 대리권 제한설은, 대리권의 행사 자체는 대리권의 범위 내에서 이루어졌는데, 대리행위가 무효로 되는지 여부가 상대방의 주관적 사정에 따라 달라진다는 것은 설명하기 어렵다는 비판을 받는다. 그리고 표현대리설에 대하여는, 대리권의 범위 내에서 행해진 행위가 원칙적으로 무효라고 보는 것은 맞지 않는다는 주장이 있다. 권리남용설에 대하여는, 대리권 남용의 문제를 대리법 안에서 해결하지 않고 일반조항에 의하여 해결하는 것이 문제라는 지적이 있다.

마지막으로 본인에 대한 대리효과의 귀속은 인정하되, 상대방의 불법행위책임을 인정한다는 설은 이론적으로 대리효과의 귀속과 상대방의 불법행위책임이 양립할 수 있는가가 문제된다.

이러한 논란은 기본적으로 법에 규정이 없기 때문에 생기는 것으로서, 이 문제는 1차적으로는 기존의 제도 중 어느 것을 유추하여 해결할 수 있는가를 찾아보아야 하고, 다른 방법이 없을 때 비로소 신의칙과 같은 일반조항에 의한 해결책을 모색하여야 한다. 그런데 일반적으로는 대리행위는 본인의 이익을 위한 것인데, 대리권 남용의 경우에는 대리인은 본인의 이익을 위하여서가 아니라 대리인이나 다른 제3자의 이익을 위하여 행동하는 것이므로, 이 점에서 비진의표시와 유사하다고 할 수 있고, 따라서 여러 학설 가운데 비진의표시 유추적용설이 가장 합리적이다. 따라서 대리행위의 상대방이 대리권 남용임을 알았거나 알 수 있었을 때에는 그

대리행위는 무효라고 보아야 한다.

대상판결의 경우 X로서는 A의 대리권 남용을 의심할 만한 충분한 이유가 있었다고 보이므로, 대상판결이 예금계약을 무효로 본 것은 타당하다고 여겨진다.

4. 불법행위로 인한 손해배상

대상판결은 X와 Y 은행 사이의 예금계약이 무효라고 보면서, 다만 X로서는 Y 은행에 대하여 A의 사용자임을 이유로 그의 불법행위를 원인으로 한 책임을 묻는 것은 별문제라고 하였다. 실제로 대상판결 이후에 A를 통하여 Y 은행과 예금계약을 맺었던 당사자들은 Y 은행을 상대로 사용자책임(756조)을 근거로 하여 손해배상청구를 하였고 대부분 받아들여졌다.

예금계약에 기한 반환청구와 사용자책임에 기한 손해배상청구 사이에는 다음과 같은 차이가 있다. **첫째,** 예금계약의 경우에는 원금뿐만 아니라 약정 이자까지 청구할 수 있지만, 손해배상청구를 하면 원금과 그에 대한 연 5푼의 법정이자만을 받을 수 있다. **둘째,** 피용자의 불법행위가 사용자의 사무집행행위에 해당하지 않음을 피해자 자신이 알았거나 또는 중대한 과실로 알지 못한 경우에는 사용자에 대하여 사용자 책임을 물을 수 없으므로(대판 1983.6.28, 83다카217 등), 이 사건과 같은 경우에 예금주가 A의 대리권 남용 사실을 알았거나 중대한 과실로 알지 못하였다면 손해배상청구도 할 수 없다. **셋째,** 예금주가 대리권 남용 사실을 알지 못한 데 중대한 과실은 없었지만 이를 알 수는 있었다고 한다면 과실상계를 한 금액만을 손해배상으로 받을 수 있다. 대판 1989.9.12, 89다카2285는 이 사건과 같은 경우에 2할의 과실상계를 한 것은 수긍할 수 있다고 한 반면, 대판 1989.9.26, 88다카32371은 과실비율을 1할 정도로만 본 것은 정의와 형평에 어긋난다고 하였다.

참고문헌

손지열, 대표권의 남용, 민사판례연구 11권, 1989.

이용훈, 은행대리의 대리의사흠결과 예금계약의 성립, 민사판례연구 10권, 1988.

정상현 · 박석일, 친권자에 의한 배임적 대리행위와 제3자 보호에 관한 판례 재검토, 저스티스 178호, 2020.

하경효, 대리권 남용시의 대리효과 부인의 근거와 요건, 무암 이영준박사 화갑기념 민법이론의 발전 1, 1999.

[판례 20]

후견인의 법률행위에 대한 월권표현대리의 성립 여부

대법원 1997.6.27. 선고 97다3828 판결

사 실

X는 1989.7.14. 동생인 소외 A에 의하여 정신병원에 강제로 입원하게 되었고, 또 서울가정법원으로부터 같은 해 11.28. 한정치산선고를 받았는데, 법원은 같은 해 12.28. A를 원고의 후견인으로 선임하였다. 서울가정법원은 A의 신청에 의하여 1990.11.18.경 한정치산자인 X의 친족회원으로 X의 동생인 Y_1, A의 처인 B 및 Y_1의 처인 C를 선임하는 한편, A가 X의 부동산을 매각함에 있어서 그 동의 여부를 의결하기 위하여 1990.12.13. 10:00 친족회를 소집한다'는 심판을 하였고, 또한 1990.12.7. 같은 사람들로 친족회원을 다시 선임함과 아울러 A가 X 소유의 다른 부동산을 매각함에 있어 그 동의 여부를 의결하기 위한 친족회를 1990.12.22. 10:00 소집한다는 심판을 하였다.

A는 위 각 친족회 소집심판 전인 1990.11.2.경 X 소유의 부동산 중 일부인 부동산 1)을 Y_2에게 매각한 다음, 위 친족회원 3인 명의로 위 매매대금에 매각하는 데에 동의한다는 결의의 취지가 적힌 1990.12.22.자 친족회의사록을 첨부하여 같은 해 12.24. Y_2 앞으로 소유권이전등기를 경료하여 주었고, 그 후 1991.1.28.경 및 1991.8.20.경 X 소유인 부동산 2), 3)을 각각 Y_3와 Y_4에게 매각하고 같은 방법으로 소유권이전등기를 경료하여 주었다. 그러나 실제로는 위 1990.12.22.자 친족회 결의는 실제로 개최된 바 없고, A와 Y_1이 친족회 의사록을 허위로 작성한 것이었으며, 법원은 위 친족회 결의가 무효라는 판결을 선고하였다.

X는 Y_2, Y_3, Y_4에 대하여 각 소유권이전등기의 말소를 청구하였고, Y_1에 대하여는 또 다른 부동산에 대하여 명의신탁 해지를 원인으로 하는 소유권이전등기를 청구하였다(다른 피고들에 대한 청구는 생략한다). 원심은 Y_2, Y_3에 대하여는 X의 청구를 받아들이고, Y_4에 대하여는 X의 청구를 기각하였다. 이 판결에 대하여 X와 Y_2가 상고하였다. 그러나 대법원은 상고를 모두 기각하였다.

판결이유

1. X의 상고이유에 대하여

민법 126조 소정의 권한을 넘는 표현대리 규정은 거래의 안전을 도모하여 거래상대방의 이익을 보호하려는 데에 있으므로, 법정대리라고 하여 임의대리와는 달리 그 적용이 없다고 할 수 없고, 따라서 한정치산자의 후견인이 친족회의 동의를 얻지 않고 피후견인의 부동산을 처분하는 행위를 한 경우에도, 상대방이 친족회의 동의가 있다고 믿은 데에 정당한 사유가 있는 때에는 본인인 한정치산자에게 그 효력이 미친다. 그런데 A와 Y_4의 매매 당시 이미 이 사건 부동산에 관하여 친족회원의 선임 및 친족회의 소집에 관한 법원의 심판이 있었고, 그에 따른 동의의 뜻이 담긴 친족회 의사록을 구비하고 있었던 이상, 매수인인 Y_4로서는 A가 X의 후견인으로서 X 소유의 위 부동산을 처분함에 있어서 친족회의 동의를 받았다고 믿을 만한 정당한 이유가 있었다.

2. Y_2의 상고이유에 대하여

Y_2가 X의 후견인인 A로부터 X 소유의 부동산을 매수할 당시인 1990.11.2.경에는 위 부동산의 처분에 관하여 법원으로부터 친족회원의 선임이나 그 동의의결을 위한 친족회의 소집에 대한 심판을 받지 아니한 상태였을 뿐만 아니라, 위 매매에 동의한다는 취지가 담긴 친족회 의사록이 구비되지도 아니하였다가 사후에 허위로 작성된 1990.12.22.자 친족회 의사록을 첨부한 등기신청에 의하여 Y_2 명의의 소유권이전등기를 경료한 사실을 인정할 수 있는바, 후견인을 상대로 중요한 재산적 가치를 가지는 한정치산자의 부동산을 매수하는 Y_2로서는 친족회의 동의가 있었는지 여부를 확인하였어야 할 것인데도, 친족회의 동의에 관하여는 전혀 확인하지 아니한 이상 Y_2는 후견인을 상대로 거래하는 매수인으로서 마땅히 해야 할 주의를 다하지 못한 과실이 있다고 하지 않을 수 없으며, 또한 권한을 넘은 표현대리에 있어서 정당한 이유의 유무는 대리행위 당시를 기준으로 하여 판정하여야 하고 매매계약 성립 이후의 사정은 고려할 것이 아니므로, 원고가 위 매매로 인한 소유권이전등기를 경료하기에 앞서 친족회 의사록을 A로부터 교부받았다고 할지라도, 이로써 A가 매매 당시 친족회의 동의를 받았다고 믿을 만한 정당한 이유가 된다고 볼 수 없어 원고에게 권한이 넘는 표현대리의 책임을 인정하기 어렵다.

해 설

1. 이 사건의 쟁점

이 사건의 주된 쟁점은, 후견인이 피후견인의 재산을 처분하면서 친족회의 동의를 받지 않은 경우에도 126조의 권한을 넘은 표현대리가 성립할 수 있는가 하는 점이다. 대상판결은 이를 긍정하여 친족회 결의 일자 후에 후견인으로부터 부동산을 매수한 Y_4에 대한 관계에서는 A의 대리행위가 표현대리로서 X에게도 효력이 미치지만, 친족회 결의 일자 전에 부동산을 매수한 Y_2에 대한 관계에서는 표현대리가 성립하지 않는다고 하였다.

2011년 성년후견제의 시행으로 현재는 친족회 제도가 폐지되었지만, 후견감독인이 선임된 경우에는 후견감독인이 과거의 친족회와 같은 기능을 수행하므로(950조 등), 대상판결과 같은 문제는 현재도 여전히 생길 수 있다. 이하에서는 대상판결 당시의 법률도 아울러 인용하면서 설명한다.

2. 종래의 학설

후견인이 친족회의 동의를 필요로 하는 행위를 그러한 동의 없이 한 경우에도 126조의 표현대리가 성립할 수 있는가, 보다 일반적으로 법정대리의 경우에도 126조의 표현대리가 성립할 수 있는가에 관하여는 이를 긍정하는 것이 종래의 다수설이었다. 즉 이 문제는 상대방이 월권행위에 관하여도 대리권이 있는 것으로 믿은 데 관하여 본인에게 과실을 요하느냐 요하지 않느냐라는 것과 밀접한 관계가 있는데, 만약 본인의 과실을 요한다면, 적어도 무능력자(현재는 제한능력자)의 법정대리인의 경우에는 본인의 보호를 위하여 126조의 적용을 배척하여야 하지만, 본인의 과실을 요하지 않는다고 새긴다면 법정대리에도 마찬가지로 적용이 있다고 하여야만 하고, 따라서 법정대리인의 권한이 친족회의 동의를 필요로 하는 경우에, 법정대리인이 그 동의 없이 대리행위를 한 때에도 동조를 적용하여야 한다는 것이다.

그리고 법정대리와 임의대리의 한계도 명백하지는 않고, 무능력자의 보호도 민법에서 절대적인 대원칙일 수는 없으며, 긍정설에 의하더라도 법정대리의 특수성을 감안하여 선의 · 무과실의 인정을 꽤 엄격히 운용하면, 일방적으로 상대방을 보호하여 무능력자 내지는 법정대리인에 의하여 보호받는 본인을 희생시키는 결과로는 되지 않을 것이고, 오히려 일률적으로 상대방의 보호를 부정해 버리는 쪽이 융통성을 잃게 되어 문제가 생길 것이므로 긍정설이 타당하다는 주장도 있다.

그런데 근래에는 부정설도 점차 유력해지고 있다. 즉 표현대리가 성립하기 위해서는 대리권이 존재하는 것 같은 외관이 있을 뿐만 아니라, 본인에게 책임질 만한 사정도 존재하여야 하므로 법정대리의 경우에는 126조가 적용될 여지가 없다고 한다. 무능력자의 법정대리인에 관하여도 126조의 표현대리를 인정하면 무능력자를 보호하려는 무능력자제도의 목적에 반하므로,

법정대리인의 권한이 친족회의 동의를 요하는 경우에 법정대리인이 그 동의 없이 대리행위를 한 때에는 126조를 적용할 수 없다고 하는 주장도 같은 취지이다. 다른 한편 126조는 법정대리의 경우에도 적용되지만, 후견인이 친족회의 동의를 얻지 않은 경우에는 950조 2항에 의하여 피후견인 또는 친족회가 그 행위를 취소할 수 있도록 하고 있으므로, 그러한 경우에도 표현대리의 성립을 인정한다면 950조 2항의 규정은 사문화된다고 하여 원칙적으로는 표현대리의 성립을 부정하고, 다만 동의를 준 친족회의 결의가 취소되거나 또는 무효인 경우에는 표현대리의 성립을 인정하여도 무방할 것이라고 하는 견해도 있다.

3. 종래의 판례

종래의 판례 가운데 대결 1976.12.21, 75마551은 법정대리권도 126조의 기본대리권이 될 수 있다고 인정한 것으로 일반적으로 이해되고 있었다. 이 판결은, 부재자 재산관리인이 부재자 재산에 대한 법원의 매각허가를 받았으나 이를 매각하지 않고 타인의 채무의 담보를 위하여 이에 근저당권을 설정한 것이 유효한가에 관하여 다음과 같이 판시하였다. 즉 부재자 재산관리인의 위 근저당권설정행위는 특별한 사정이 없는 한 그 허용된 권한을 넘는 무효의 처분이며, 그 처분행위의 상대방도 부재자 재산관리인이 법원의 매각처분허가를 얻었다 하더라도 부재자와 아무런 관계가 없는 남의 채무의 담보만을 위하여 부재자 재산에 근저당권을 설정하는 행위는 보통 있을 수 없는 드문 처사로서, 통상의 경우 객관적으로 그 행위가 부재자를 위한 처분행위로서 당연하다고는 경험칙상 쉽사리 볼 수 없으므로, 달리 정당한 이유가 있지 않는 한 그 상대방이 재산관리인에게 권한이 있다고 믿음에 있어 선의·무과실이라고 할 수 없다는 것이다.

그러나 이 판결의 사안은 무권대리 내지 표현대리의 문제로 보기보다는 대리권의 남용이라는 관점에서 이해하는 것이 정확하다고 생각된다. 즉 부재자 재산관리인이 부재자 재산 매각에 대하여 법원의 허가를 받았다면 그 재산에 대하여 담보를 설정하는 것도 허가 범위 내에 포함된다고 보아야 하지만, 그 담보 설정이 부재자 자신을 위한 것이 아니고, 담보 설정의 상대방도 이러한 사실을 알았거나 알 수 있었다면 이는 대리권 남용으로서 무효라고 보아야 할 것이다.

이 이외에 법정대리권의 일종인 부부의 일상가사대리권(827조 1항)이 126조의 기본대리권이 될 수 있다는 판례는 많이 있다(대판 1980.12.23, 80다2077 등). 그러나 일상가사대리권에 기하여 실제로 126조의 표현대리 성립을 인정한 판례는 그다지 많지 않다.

4. 검 토

법정대리 일반에 관하여는 부부의 일상가사대리에서 알 수 있는 것처럼 126조의 표현대리가 성립할 여지가 전혀 없다고 말할 수는 없지만, 이 판결이 후견인이 친족회의 동의를 얻지 않은 경우에도 표현대리가 성립할 수 있다고 한 것에는 찬성하기 어렵다. 그 근거로서는 제한능력자(대상판결 당시에는 무능력자)의 보호와, 법률행위책임의 근거로서의 자기책임의 결여 두 가지를 들 수 있다.

표현대리제도는 기본적으로 거래의 안전 내지 선의의 대리행위 상대방의 보호를 위한 것이다. 그러나 다른 한편으로는 후견인의 중요한 법률행위에 친족회의 동의를 얻게 하고, 이에 위반하였을 때에는 친족회나 무능력자 본인이 이를 취소할 수 있게 한 것은 제한능력자의 보호를 위한 것이다. 그러므로 이 사건과 같은 경우에는 제한능력자의 보호라는 민법상의 한 이념과, 거래의 안전 보호라는 또 다른 이념이 충돌하는 상황이다. 이 경우에는 거래의 안전 보호보다는 제한능력자를 보호하여야 한다는 것이 민법의 기본적인 가치평가라고 할 수 있다. 가령 민법상으로는 제한능력자와 거래한 상대방이 무능력자가 능력자라고 믿었다고 하더라도 그는 보호를 받지 못하고, 또 행위능력의 제한을 이유로 하는 법률행위의 취소는 착오 · 사기 · 강박 등을 이유로 하는 취소와는 달리 선의의 제3자에 대하여도 대항할 수 있다. 다만 이에 대한 예외가 제한능력자가 속임수를 사용한 경우(17조)이지만, 이는 제한능력자 자신에게 책임을 돌릴 수 있는 사유가 있는 경우이므로 위와 같은 원칙에 어긋나는 것은 아니다.

이처럼 제한능력자의 보호가 거래의 안전 보호에 우선한다는 것은 표현대리의 성립 여부에 있어서도 다를 바가 없다. 즉 후견인과 거래한 상대방은 후견인의 대리행위에 친족회의 동의가 있었다고 믿은 데 과실이 없었을 수도 있지만, 제한능력자 자신과 직접 거래한 상대방은 제한능력자에게 행위능력이 있다고 믿은 데 과실이 없다고 하여도 보호받지 못하는데, 제한능력자의 후견인과 거래한 상대방은 후견인에게 그러한 대리권 내지 그러한 대리행위에 필요한 친족회의 동의가 있었다고 믿은 데 과실이 없다는 이유만으로 보호받을 수는 없다.

다른 한편 후견인의 중요한 법률행위에 친족회(현재는 후견감독인)의 동의를 얻도록 요구하고, 그러한 동의가 없는 행위를 취소할 수 있도록 한 규정은 강행규정인데, 친족회(후견감독인)의 동의를 받지 않은 법률행위에 대한 본인 또는 친족회(후견감독인)의 취소권을 배제하는 것은 이러한 강행규정에 위반되는 것으로서 허용되지 않는다고 보아야 한다.

그리고 일반적으로 법률행위, 특히 계약이 당사자에 대하여 구속력을 가지는 근거는 자기결정(Selbstbestimmung)과 자기책임(Selbstverantwortung)의 두 가지라고 할 수 있다. 그런데 착오나 비진의표시와 같이 법률행위를 한 자에게 자기 스스로 그에 구속되겠다고 하는 자기 결정이 없었던 경우에도, 그러한 의사표시를 다른 사람이 신뢰하게 된 데 표의자의 책임이 있으면 법률행위를 한 자가 그러한 의사표시에 구속되어야 한다. 그러므로 표의자 스스로 결정하지 않았고, 또 다른 사람의 신뢰에 대하여 표의자에게 귀책가능성이 없는 경우에는 원칙적으로 구속력이 인정되어서는 안 된다.

이러한 이론은 대리의 경우에도 적용될 수 있다. 임의대리의 경우에 대리행위의 효력이 본인에게 미치는 것은 제1차적으로는 그러한 대리행위의 효과를 받겠다고 하는 자기결정의 원칙에 근거한 것이다. 또한 대리인이 대리권을 남용하였거나 대리권이 없는 경우에도 본인은 그러한 대리인을 선임하고, 나아가 제대로 감독하지 않은 데 대하여 책임을 져야 하는 것이다.

그런데 제한능력자의 법정대리의 경우에는 법적으로 승인될 수 있는 자기결정이란 존재하지 않고, 이때에는 법이 스스로 자기결정을 할 수 없는 제한능력자를 위하여 법정대리인에 의한 대리행위를 제한능력자 본인의 법률행위로 간주함으로써 제한능력자의 무능력을 보완하는 것이다. 따라서 제한능력자의 법정대리인의 대리행위가 본인에게 귀속되기 위하여는 원칙적으로 법률이 정한 요건에 부합하지 않으면 안 된다. 그런데 제한능력자는 책임을 질 능력이 없고, 법정대리인을 자신이 선임하는 것도 아니므로, 제한능력자에게는 자기책임의 원칙이 적용되지 않는다. 다만 제한능력자가 속임수를 쓴 경우(17조)에는 자기책임의 원칙이 적용될 수 있다.

따라서 이 사건과 같이 후견인이 친족회(후견감독인)의 동의를 얻어야 하는 행위를 그러한 동의 없이 행한 때에는, 아무리 상대방에게 그러한 동의가 있었다고 믿을 만한 정당한 사유가 있다고 하여도, 그러한 행위의 책임을 피후견인에게 돌릴 수는 없는 것이다. 이러한 관점에서도 후견인의 행위에 대하여 표현대리를 인정한 대상판결은 문제가 있다.

5. 관련 판례

대판 2007.11.16, 2005다71659, 71666, 71673은, 법정대리인의 동의 없이 신용구매계약을 체결한 미성년자가 그 동의 없음을 이유로 위 계약을 취소하는 것이 신의칙에 위배되지 않는다고 하면서, 그 이유로서 다음과 같은 점을 들었다. 즉 행위무능력자 제도는 사적자치의 원칙이라는 민법의 기본이념, 특히 자기책임 원칙의 구현을 가능케 하는 도구로서 인정되는 것이고, 거래의 안전을 희생시키더라도 행위무능력자를 보호하고자 함에 근본적인 입법취지가 있으므로, 신용카드 가맹점이 미성년자와 사이에 신용구매계약을 체결할 당시 향후 그 미성년자가 법정대리인의 동의가 없었음을 들어 스스로 위 계약을 취소하지는 않으리라고 신뢰하였다 하더라도, 미성년자가 가맹점의 이러한 신뢰에 반하여 취소권을 행사하는 것이 정의관념에 비추어 용인될 수 없는 정도의 상태라고 보기도 어렵고, 미성년자의 법률행위에 법정대리인의 동의를 요하도록 하는 것은 강행규정인데, 위 규정에 반하여 이루어진 신용구매계약을 미성년자 스스로 취소하는 것을 신의칙 위반을 이유로 배척한다면, 이는 오히려 위 규정에 의해 배제하려는 결과를 실현시키는 셈이 되어 미성년자 제도의 입법취지를 몰각시킬 우려가 있다는 것이다.

참고문헌

윤진수, 친족회의 동의를 얻지 않은 후견인의 법률행위에 대한 표현대리의 성립 여부, 민법논고 2권, 2008.

지원림, 친권자의 대리권행사와 미성년자의 보호, 고시계 2005.7.

김선이, 친족회의 동의를 얻지 않은 후견인의 법률행위에 대한 표현대리의 성립여부, Jurist 2006년 1호(통권 409호).

현소혜, 제한적 행위능력 제도와 거래의 안전, 서강법률논총 2권 2호, 2013.

[판례 21]

일부무효

대법원 2004.6.25. 선고 2004다2199 판결

사 실

2000.10.5. X(상호신용금고)는 Y(캐피탈 주식회사)와, Y는 A(X의 과점주주)와 각각 대출약정을 체결하였다. 그에 따라 X는 Y에게 어음할인으로 15억 원을 대출하였고, Y는 A에게 Y는 A에게 팩토링 거래로 15억 원을 대출하였다. 그런데 당시 X와 Y 사이에는 Y가 A에 대한 대출과 관련하여 신용상의 위험을 부담하지 않도록 하는 약정이 있었고, 그에 따라 X, Y 및 A는 X 또는 A의 신용상태에 변화가 있다고 판단하는 경우 등 Y가 필요하다고 판단하는 일체의 경우, Y는 언제든지 A에 대한 채권을 X에게 양도함으로써 X에 대하여 부담하고 있는 채무의 변제에 충당할 권한이 있고, 이 경우 Y는 X에 대하여 X에게 양도된 Y의 A에 대한 채권의 원리금 상당액을 변제한 것으로 보기로 합의하였다. 그 후 X가 2000.12.9.경 금융감독위원회로부터 경영관리명령을 받자, Y는 같은 달 11. X와 A에게, 이 사건 합의에 따라 Y의 A에 대한 채권을 X에게 양도한다는 통지를 하였다. X는 2001.6.15. 파산하였고, 그 파산관재인이 Y를 상대로 위 대출금 청구를 제기하였다.

원심은, 위와 같은 합의는 상호신용금고가 채무의 보증 또는 담보의 제공을 하는 것을 금지하는 구 상호신용금고법 18조의2 4호에 위반하는 것이므로 무효이고, X와 Y 사이의 대출약정은 위 합의와 결합하여 그 전체가 일체로서 행하여진 것으로 보아야 하며, 그 법률행위의 일부분인 위 합의가 무효인 이상 위 대출약정은 137조의 규정에 따라 원칙적으로 무효라고 하여 원고의 청구를 기각하였다. 그러나 대법원은 원심판결을 파기환송하였다.

이 유

법률행위의 일부가 강행법규인 효력규정에 위반되어 무효가 되는 경우, 그 부분의 무효가 나머지 부분의 유효·무효에 영향을 미치는가의 여부를 판단함에 있어서는 개별 법령이 일부무

효의 효력에 관한 규정을 두고 있는 경우에는 그에 따라야 하고, 그러한 규정이 없다면 원칙적으로 민법 137조가 적용될 것이나, 당해 효력규정 및 그 효력규정을 둔 법의 입법 취지를 고려하여 볼 때 나머지 부분을 무효로 한다면 당해 효력규정 및 그 법의 취지에 명백히 반하는 결과가 초래되는 경우에는 나머지 부분까지 무효가 된다고 할 수는 없다.

구 상호신용금고법 18조의2 4호는 거래 당사자의 일방인 상호신용금고를 보호하기 위한 구 상호신용금고법의 입법 목적을 달성하기 위하여 둔 효력규정으로서, 실질적 보증 또는 담보제공에 해당하는 이 사건 합의가 위 규정에 저촉되어 무효라고 하여 이 사건 대출약정까지 무효가 된다고 본다면, 이는 서민과 소규모 기업의 금융편의를 도모하고 거래자를 보호하며 신용질서를 유지함으로써 국민경제의 발전에 이바지하고자 하는 구 상호신용금고법의 입법 목적과 경영자의 무분별하고 방만한 채무부담행위로 인한 자본구조의 악화 및 부실화를 방지하려는 동법 18조의2 4호의 취지에 명백히 반하는 결과가 초래되므로, 이 사건 합의가 구 상호신용금고법 18조의2 4호의 규정에 위반되어 무효라고 하더라도 나머지 부분인 이 사건 대출약정까지 무효가 된다고 할 수는 없다.

해 설

1. 법률행위의 일체성과 가분성

137조는 반드시 무효 여부가 문제되는 법률행위가 하나인 경우에만 적용되는 것은 아니다. 즉 여러 개의 독립된 법률행위라고 하더라도, 그것이 하나의 통일적 목적을 성취하고자 하는 것으로서 이른바 일체성이 있는 때에는 여러 개의 법률행위 전체에 관하여 이 규정이 적용될 수 있다. 문제는 어느 경우에 일체성을 인정할 것인가 하는 점인데, 당사자가 복수의 법률행위를 일체로 취급하려는 의사가 있었고, 또 그 법률행위들 사이에 객관적인 연관관계가 있으면 일체성이 인정된다. 대판 1996.8.23, 94다38199은, 증권회사와 고객 사이에 주식매매거래계좌설정약정 및 투자수익보장약정, 일임매매약정이 체결된 경우에, 주식매매거래계좌설정약정은 위 투자수익보장약정 및 일임매매약정과 결합하여 그 전체가 경제적, 사실적으로 일체로서 행하여진 것으로 보아야 할 것이라고 하였다. 이 사건과 같은 소비대차계약과 이를 담보하기 위한 담보계약 사이에도 일체성이 인정된다(대판 1994.9.9, 93다31191 참조).

그리고 일부무효 규정이 적용되기 위하여는 그 법률행위 가운데 무효인 부분과 그렇지 않은 부분을 나눌 수 있어야 한다. 분할이 불가능하면 처음부터 일부무효의 문제는 생기지 않고, 성질상 당연히 전부 무효가 된다. 분할이 가능한 경우에 비로소 나머지 부분이 무효인가가 문제되는 것이다. 대판 1998.2.10, 97다44737은, 당사자들이 목적물의 시가를 감정하여 그 감정결과에 따라 매매계약을 체결하였으나 나중에 그 감정이 목적물의 시가를 과다평가한 것으로 밝혀진 경우에, 매수인이 착오를 이유로 매매계약을 취소할 수 있는데, 과다한 대금 부분에 관하여만 일부 취소하는 것이 가능하다고 하였다.

이 사건에서 문제되는 대출계약과 담보계약은 각각 별개의 법률행위이므로 당연히 가분성이 인정될 수 있다.

2. 전부무효와 일부무효

137조는 법률행위의 일부부분에 무효사유가 있는 경우에는 원칙적으로 그 전부를 무효로 하되(전부무효), 다만 그 무효부분이 없더라도 법률행위를 하였을 것이라는 이른바 당사자의 가정적 의사가 인정될 때에는 나머지 부분은 유효한 것(일부무효, 잔부유효)으로 규정하고 있다. 일부무효 사유가 있을 때 전부무효를 원칙으로 할 것인가, 일부무효(잔부유효)를 원칙으로 할 것인가는 입법례에 따라 다르다. 독일민법(139조)은 우리나라와 같이 전부무효를 원칙으로 하고 있는 반면, 스위스 채무법(20조)과 오스트리아 민법(878조)은 일부무효를 원칙으로 하고 있다. 그러나 민법이 전부무효를 원칙으로 하고 있는 데 대하여는 입법론적인 비판이 많다.

그렇지만 이러한 전부무효의 원칙에 대하여는 많은 예외가 인정되고 있어서, 실제로는 원칙과 예외가 바뀌었다고 할 수 있다. 우선 137조 단서에 의하여, 당사자들이 무효부분이 없더라도 법률행위를 하였을 것이라고 인정될 때에도 나머지 부분은 유효하다. 대판 1996.2.27, 95다38875는, 복수의 당사자 사이에 중간생략등기의 합의를 한 경우 그 합의는 전체로서 일체성을 가지는 것이므로, 그 중 한 당사자의 의사표시가 무효인 것으로 판명된 경우 나머지 당사자 사이의 합의가 유효한지의 여부는 137조에 정한 바에 따라 당사자가 그 무효 부분이 없더라도 법률행위를 하였을 것이라고 인정되는지의 여부에 의하여 판정되어야 하고, 그 당사자의 의사는 실재하는 의사가 아니라 법률행위의 일부분이 무효임을 법률행위 당시에 알았다면 당사자 쌍방이 이에 대비하여 의욕하였을 가정적 의사를 말하는 것이라고 하였다. 또한 당사자들이 일부 무효사유가 있더라도 나머지 부분은 유효한 것으로 약정하는 예가 많은데, 137조는 강행규정이 아니므로 이러한 약정은 유효하다.

그리고 법령상 일부만을 무효로 하고 있는 경우가 많다. 대표적으로 약관의 규제에 관한 법률 16조는 약관의 전부 또는 일부의 조항이 계약의 내용이 되지 못하는 경우나 무효인 경우 계약은 나머지 부분만으로 유효하게 존속하는 것을 원칙으로 하고 있다. 또한 이자제한법 2조 3항은 계약상의 이자 가운데 최고이자율을 초과하는 부분은 무효로 한다고 규정한다. 그리고 근로기준법 15조는 근로기준법에서 정하는 기준에 미치지 못하는 근로조건을 정한 근로계약은 그 부분에 한하여 무효로 한다고 규정한다.

이외에 또 다른 예외가 이 사건에서 문제되고 있는 규범목적에 의한 전부무효의 제한이다.

3. 규범목적에 의한 제한

독일에서는 나머지 부분을 유효로 한다는 당사자의 가정적 의사가 인정되지 않는 경우에도, 전부무효로 보는 것이 무효의 근거가 되는 강행법규 내지 효력법규의 입법취지 내지 규범목적에 반하는 경우에는 나머지 부분을 유효로 하여야 한다는 것이 일반적으로 받아들여지고 있다. 국내에서도 이러한 독일의 이론이 소개되었는데, 대판 2004.6.11, 2003다1601은 처음으로 이러한 견해를 명시적으로 받아들였고, 대상판결이 이 점을 재확인하였다.

2003다1601 판결도 대상판결과 마찬가지로 상호신용금고의 대출약정과 무효인 담보제공약정이 결합되어 있는 경우였는데, 원심과 대법원 모두 담보제공약정이 무효라고 하더라도 나머지 부분인 대출약정까지 무효가 되는 것은 아니라고 하였다. 그런데 이 사건에서는 원심이 담보제공약정이 무효이면 대출약정도 무효라고 하였으나, 대법원은 대출약정은 무효가 아니라고 하였다. 이 사건에서 당사자, 특히 Y의 입장에서는 담보제공약정이 무효라면 A에게 대출을 하지 않았을 것이고, 이 점에서 137조를 그대로 적용한다면 X의 Y에 대한 대출약정도 무효라고 보아야 할 것이다. 그러나 대법원은 구 상호신용금고법 18조의2 4호의 입법목적이 상호신용금고를 보호하기 위한 것인데, 담보제공약정이 무효라고 하여 대출약정까지 무효가 된다고 본다면 상호신용금고가 보호되지 못하는 결과가 되므로, 이때 대출약정까지 무효가 된다고 할 수는 없다고 보았다.

법의 적용에서 법의 목적을 고려하는 것은 예컨대 효력규정과 단속규정을 구분하는 기준으로서도 중요한데([**판례** 15] 참조), 이는 일부무효 여부의 판단 기준으로서도 의미를 가진다. 그런데 대출약정이 무효가 아니라고 본다면 담보제공약정을 신뢰하고 A에게 대출을 해준 Y의 보호가 문제가 되지만, X, Y와 A 사이의 거래는 상호신용금고법의 규정을 잠탈하려고 하는 것이었기 때문에 Y가 보호받아야 할 필요성이 그렇게 크지는 않다고 할 수 있다.

대법원은 이 후에도 이와 같은 규범목적에 의한 전부무효 제한의 법리를 몇 차례에 걸쳐 재확인하였다(대판 2007.6.28, 2006다38161, 38178; 2008.9.11, 2008다32501 등).

4. 그 밖의 판례

이외에도 판례는 일부무효 사유가 있는 경우에 되도록 나머지 부분은 유효로 하려는 태도를 보이고 있다. 즉 손해배상의 위약벌이나 지체상금, 소비대차의 이자 등이 과다하여 103조에 위반되는 경우에도 허용되는 수준을 넘은 일부만을 무효로 하고 있다(대판 1993.3.23, 92다46905; 1997.6.24, 97다2221; 2007.2.15, 2004다50426(전) 등).

그리고 원래 일체를 이루는 법률행위를 그 내용에 따라 복수의 법률행위로 이루어진 것으로 파악하여, 그 중 하나만이 무효라고 함으로써 사실상 전부무효의 원칙을 완화한 예도 있다. 즉 변호사 아닌 원고가 자신의 비용과 책임으로 소송대리인 선임을 포함한 일체의 소송수행을 하여 피고를 승소시켜주고 그 대가로 피고로부터 부동산의 일정 지분을 양도받기로 한 계약은 반사회적 행위로서 무효이나, 그 대가약정 부분이 아닌 소송대리인 선임권한 위임 부분까지 무효로 볼 수는 없으므로 피고는 원고가 선임한 변호사에 대해 보수를 지불하여야 한다고 하였고(대판 1987.4.28, 86다카1802), 도박채무자가 채권자에게 자기 부동산의 처분을 위임하고 그 처분대가로써 도박채무의 변제에 충당하기로 약정한 경우, 부동산 처분대금으로 도박채무의 변제에 충당한 약정의 이행행위 부분은 공서양속 위반으로 무효이지만, 이행행위에 직접 해당하지 않는 부동산 처분에 관한 대리권 수여 부분은 무효가 아니므로, 선의의 제3자가 채권자를 통하여 부동산을 매수한 행위까지 무효가 되는 것은 아니라고 보았다(대판 1995.7.14, 94다40147).

5. 관련 판례

가. 일부취소와 일부불능 판례는 법률행위의 일부에 취소사유가 있는 경우에도 일부무효의 이론을 적용한다. 대판 1994.9.9, 93다31191은 근저당권설정계약이 금전소비대차계약과 결합하여 체결된 경우에, 근저당권설정계약에 기망으로 인한 취소사유가 있으면 그 취소의 효력은 일부무효의 경우와 같이 금전소비대차계약에도 미친다고 하였다. 또한 대판 1998.2.10, 97다44737 등 몇 개의 판례는 하나의 법률행위의 일부분에만 취소사유가 있다고 하더라도, 그 법률행위가 가분적이거나 그 목적물의 일부가 특정될 수 있다면, 나머지 부분이라도 이를 유지하려는 당사자의 가정적 의사가 인정되는 경우 그 일부만의 취소도 가능하고, 그 일부의 취소는 법률행위의 일부에 관하여 효력이 생긴다고 하였다.

반면 판례는 일부불능의 경우에는 일부무효나 일부취소와는 다르게 취급하고 있다. 즉 대판 1996.2.9, 94다57817은 계약의 일부의 이행이 불능인 경우에는 이행이 가능한 나머지 부분만의 이행으로 계약의 목적을 달할 수 없을 경우에만 계약 전부의 해제가 가능하다고 하였다.

나. 일부무효와 무효행위의 전환 대판 2010.7.15, 2009다50308은 개발사업자가 매수하려는 매매 목적물의 일부를 소유하는 자가 과다한 매매대금을 요구하여 개발사업자가 불가피하게 과다한 매매대금을 지급하는 것(이른바 '알박기')은 불공정한 법률행위여서 104조에 의하여 무효라고 보면서도, 당사자의 가정적 의사를 추단할 수 있는 예외적인 경우에는 무효행위 전환의 법리에 의하여 원래의 매매대금액보다는 적은 액을 매매계약으로 하는 계약이 유효하게 성립한다고 보았다. 그러나 이처럼 매매대금의 액수가 줄어든 매매계약은 원래의 매매계약보다 감축된(minus) 것일 뿐 138조가 규정하는 무효인 법률행위와는 다른(aliud) 법률행위라고는 할 수 없지 않을까? 그러므로 이 사건의 경우에도 137조의 적용에 의하여 해결하는 것이 간명한 방법일 것이다. 대판 2007.2.15, 2004다50426(전)은 소비대차계약에서 약정이율이 과다한 경우에 이는 103조에 어긋나므로 정당한 이율을 초과하는 부분은 무효라고 하였는데, 이 판결도 실제로는 104조를 적용한 것과 마찬가지였다. 위 2009다50308 판결은 일부무효의 법리를 원용한 원심 판결의 이유 설시가 부적절하다고 보고 있으나, 일부무효의 법리도 기본적으로는 당사자의 가정적 의사를 근거로 하는 것이므로, 원심 판결의 이론이 반드시 잘못되었다고 말하기는 어렵다.

참고문헌

김기우, 효력규정의 실효성을 제고하는 일부무효의 법리 적용례에 관한 고찰, 민사법학 66호, 2014.

김천수, 의사표시의 일부취소, 저스티스 제31권 4호, 1998.

김천수, 일부무효에 관한 민법 제137조의 해석 및 적용범위, 비교사법 7권 1호, 2000.

신국미, 법률행위의 일부무효, 고려법학 43호, 2004.

이광만, 매매목적물의 가격에 대한 착오와 법률행위의 일부취소, 판례연구 13집, 부산판례연구회, 2002.

[판례 22]

무효행위의 전환

대법원 2016.11.18. 선고 2013다42236 전원합의체 판결

사 실

X는 2006.5.23. 임대인으로서 임차인인 Y와 구 임대주택법(현재는 '민간임대주택에 관한 특별법')에 따른 공공건설임대주택인 이 사건 주택에 관하여 임대보증금을 246,940,000원으로 하고, 임대료를 월 593,000원으로 하되, 임대료는 매월 말일에 납부받기로 하는 이 사건 임대차계약을 체결하였다. 이는 임대주택법 16조에 따른 건설교통부장관이 정하여 고시하는 표준임대보증금과 표준임대료 조건을 기준으로 하되, 임대보증금은 표준임대보증금 137,191,000원보다 증액하는 대신 월 임대료를 표준임대료 909,000원보다 낮춘, 임대보증금과 임대료의 상호전환을 한 임대 조건에 의한 것이지만, 상호전환에 대하여 위 법에 따른 Y의 동의를 받은 바는 없다.

그 후 Y가 X를 상대로 제기한 소송에서, 위 계약상 임대보증금 중 표준임대보증금을 초과하는 부분은 무효이므로 X는 그 차액을 반환하여야 한다는 Y의 본소청구와, 표준임대료와 약정임대료의 차액을 지급하여야 한다는 X의 반소청구를 인용하는 판결이 선고, 확정되었다. 그러나 Y는 X에게 위 차액을 지급하지 아니하여 X가 2011.12.23. Y의 임대료 연체를 이유로 이 사건 임대차계약을 해지하고 위 주택의 인도를 청구하였다.

1심은 X의 청구를 받아들였으나, 원심은 이를 배척하였다. 그 이유는, 표준임대료와 계약상 임대료의 차액에 대한 Y의 지급의무는 임대차계약에 기한 차임지급채무가 아니라 부당이득반환의무일 뿐이므로, Y가 위 차액을 납부하지 않았더라도 원고는 이 사건 임대차계약을 해지할 수 없다고 보아야 한다는 것이었다. 그러나 대법원 전원합의체는 원심판결을 파기환송하였다. 여기에는 별개의견이 있었다.

이 유

법률행위가 강행법규에 위반되어 무효가 되는 경우에 그 법률행위가 다른 법률행위의 요건을 구비하고 당사자 쌍방이 위와 같은 무효를 알았더라면 다른 법률행위를 하는 것을 의욕하였으리라고 인정될 때에는 민법 138조에 따라 다른 법률행위로서 효력을 가진다.

공공건설임대주택의 임대차계약에서 표준임대보증금과 표준임대료를 기준으로 그 금액의 상호전환을 하였으나, 법정 방식에 의한 임차인의 동의 절차를 거치지 않은 경우에 그 임대차계약을 무효라고 한다면, 임차인은 그 임대주택에 더 이상 거주할 수 없게 되므로 임대주택의 공급을 통해 국민주거생활의 안정을 도모하고자 하는 입법 목적을 달성할 수 없게 된다. 그렇다고 하여 '임대보증금은 표준임대보증금으로 하고 임대료는 표준임대료에서 차감하여 정한 계약상 임대료로 하는 임대 조건'으로 임대차계약이 체결되었다고 보는 것은 임대사업자에게 일방적으로 불리하여 형평에 어긋난다. 그러므로 계약 체결 당시 임대사업자가 위와 같은 무효의 사정을 알았다면 그러한 임대 조건으로 임대차계약을 체결하였으리라고 보기는 어렵다.

결국 이러한 경우에는 특별한 사정이 없는 한 임대사업자와 임차인이 임대보증금과 임대료의 상호전환을 하지 않은 원래의 임대 조건, 즉 표준임대보증금과 표준임대료에 의한 임대조건으로 임대차계약을 체결할 것을 의욕하였으리라고 봄이 상당하다. 그러므로 그 임대차계약은 민법 138조에 따라 표준임대보증금과 표준임대료를 임대 조건으로 하는 임대차계약으로서 유효하게 존속한다고 보아야 할 것이다.

이러한 다수의견에 대하여는, 이러한 경우 임대차계약상의 임대보증금은 표준임대보증금을 초과하는 한도 내에서 무효이지만, 임대차계약의 나머지 부분까지 무효가 되는 것은 아니므로 그 임대차계약상의 임대료 부분은 유효하게 존속하고, 무효행위의 전환을 인정할 수 없지만, 원심판결은 직권조사사항인 확정판결의 기판력 저촉 여부에 관한 심리 및 판단을 누락하였으므로 파기될 수밖에 없다는 별개의견이 있다.

해 설

1. 종전의 선례

대판 2010.7.22, 2010다23425는, 이처럼 구 임대주택법상의 표준임대보증금 및 표준임대료를, 보증금은 올리고 임대료를 내리는 것으로 전환하면서 법령상 요구되는 임차인의 동의를 받지 않은 경우에 대하여, 임대보증금과 임대료는 임대차계약시 임차인의 동의가 있는 경우에는 상호전환이 가능하도록 한 규정은 효력규정이고, 임대차계약 중 임대보증금에서 표준임대보증금을 초과하는 부분이 무효라는 이유로 각 임대차계약 전체까지도 무효가 된다고 본다면 무주택 임차인들을 위한 관련 법규의 제정 목적을 달성할 수 없고, 그 입법 취지에 반하는 결과를 초래하므로, 표준임대보증금을 초과하는 부분만이 무효이고 임대차계약 전체가 무효가 되는 것은 아니라고 하였다. 이는 규범목적에 따른 전부무효의 제한을 적용한 것이다([**판례** 21] 참조).

나아가 이 판결은, 원고들이 그 선택에 따라 표준임대보증금 및 표준임대료에 의하여 임대차계약을 체결할 권리가 있다는 것일 뿐, 표준임대보증금의 적용을 받으면서 동시에 표준임대료보다 낮은 이 사건 임대차계약상의 임대료의 적용도 받는다는 취지는 아니라고 하였다.

2. 보증금계약과 임대차계약의 관계

대상판결의 별개의견은 건물임대차에서 보증금계약은 임대차계약의 종된 계약이기는 하나 임대차계약 자체와는 별개이므로 양자가 불가분의 관계에 있는 것은 아니고, 따라서 보증금계약에서 정한 임대보증금이 법령에서 정한 상한을 초과하여 그 부분이 무효가 되었다고 하여 임대차계약 자체가 무효로 된다거나 또는 그 임대차계약에서 정한 차임이 무효가 되는 임대보증금 부분에 상응하여 그만큼 증액된다고 보아야 할 아무런 이유가 없다고 주장하였다.

생각건대 보증금계약과 임대차계약이 별개인 것은 맞지만, 별개의 독립된 법률행위라고 하더라도 그것이 하나의 통일적 목적을 성취하고자 하는 것으로서 이른바 일체성이 있는 때에는 이에 관하여 일부무효에 관한 137조가 적용될 수 있다([**판례** 21] 참조). 보증금계약과 임대차계약은 임대차라는 하나의 통일적 목적을 성취하고자 하는 것이고, 당사자로서는 이들을 일체로 취급하려는 의사가 있었다고 보아야 할 것이다. 오히려 당사자, 특히 임차인은 이를 별개의 법률행위라고 의식하지 않았을 가능성도 있다. 대상판결의 다수의견에 대한 보충의견은, 임대차계약과 임대보증금약정을 언제나 별개의 법률행위로 단정할 수 있는지에 관하여는 의문이 없지 않다고 하였다.

3. 가정적 의사

다수의견은 이 사건에서 X와 Y가 상호전환에 의한 임대차계약이 무효라는 것을 알았다면 상호전환을 하지 아니한 임대 조건, 즉 법령상 최고한도액인 표준임대보증금과 표준임대료를 적용하는 임대차계약을 체결하였으리라고 봄이 상당하다고 하였다. 다시 말하여 다수의견은 이른바 당사자들의 가정적 의사가 이러한 내용의 임대차계약을 체결하였으리라고 추단한 것이다. 이에 반하여 별개의견은 임대사업자가 '자의적으로' 임대보증금과 임대료를 정하는 것을 방지함으로써 국민주거생활의 안정을 도모한다는 임대주택법령의 입법 취지에 비추어 보아도 무주택 서민인 임차인에게 불리한 방향으로 당사자의 가정적 의사를 추단하여서는 안 된다고 하였다.

그러나 이러한 가정적 의사는 긍정할 수 있다고 여겨진다. 이 사건에서 임차인이 임대보증금과 임대료의 상호전환을 거부하였다면 표준임대보증금과 표준임대료에 의한 임대차계약이 체결되었을 것이다. 그러므로 표준임대보증금보다 전환임대보증금이 증액된 부분이 무효라면, 표준임대료만큼 임대료를 증액한다고 하여도 임차인에게 별로 불리하지는 않다. 오히려 보증금만이 감액되고 임대료는 증액되지 않는다면, 임차인이 뜻하지 않은 이익을 얻게 된다. 이 판결에 대한 평석 가운데에는 이 사건에서는 그러한 가정적 의사를 확정할 수 없다고 하는 견해도 있으나, 대부분의 평석은 그러한 가정적 의사를 인정할 수 있다고 본다.

4. 무효행위의 전환이 가능한가?

다수의견은 무효행위의 전환(138조)에 근거하여 임차인은 임대사업자에게 그 임대차계약에 따른 임대료로 표준임대료 금액을 지급할 의무가 있다고 보았다. 그러나 이 사건과 같은 경우는 무효행위의 전환 요건에 들어맞지 않는다. 무효행위의 전환이 인정되려면, 당사자가 그 무효를 알았더라면 다른 법률행위를 하는 것을 의욕하였으리라는 가정적 의사가 있을 뿐만 아니라, 무효인 법률행위가 다른 법률행위의 요건을 구비하였어야 할 것이 요구된다. 그런데 이 사건에서는 당사자 사이에 임대료를 월 593,000원으로 약정하였고, 표준임대료와 같이 월 909,000원으로 약정한 일이 없는 것이다. 그러므로 임대료가 증액된 임대차로서의 요건을 갖추었다고 볼 수는 없다.

138조의 '다른 법률행위'의 의미에 관하여, 이는 '다른 법률행위'가 그 법률효과에서 무효인 원래의 법률행위의 그것보다 '작은 것'이어서 이에 내포될 수 있는 것이어야 한다는 견해가 있기는 하지만, 반드시 내포될 필요는 없고, '다른 법률행위'로서의 실질적 요건을 모두 갖추기만 했으면 될 것(이른바 Kongruenz)이다. 그러나 이 사건에서는 당사자 사이에 임대료를 월 909,000원으로 한다고 약정한 일이 없으므로, 무효행위 전환의 요건을 갖추었다고 할 수 없다.

다른 한편 무효행위의 전환은 법률행위가 전부무효인 경우에만 적용되므로, 일부무효인 이 사건과 같은 경우에는 적용될 수 없다는 주장도 있다. 독일의 통설은 이와 같이 본다. 그러나 우리나라에서는 이 점에 관하여 별다른 논의가 없고, 다수의견을 지지하는 평석은 일부무효인 경우에도 무효행위의 전환이 가능하다고 본다.

그리고 무효인 원래의 법률행위와 전환되는 다른 법률행위가 다른 종류의 것이어야 하는가? 대상판결의 다수의견에 대한 보충의견은, 138조는 무효인 법률행위와 전환되는 법률행위가 다른 종류의 법률행위이어야 한다고 제한하고 있지 않으므로, 무효인 임대차계약을 다른 내용의 임대차계약으로 전환하는 것이 안 된다고 할 이유가 없다고 하였다. 그러나 같은 종류의 법률행위에 대하여 무효행위의 전환이 가능하다고 할 수 있는 경우가 있는지 의심스럽다. 위 보충의견은 대판 2010.7.15, 2009다50308을 선례로서 인용하고 있다. 그러나 위 판결은 매매계약이 약정된 매매대금의 과다로 말미암아 104조에 의하여 무효인 경우에도 당사자 쌍방이 위와 같은 무효를 알았더라면 대금을 다른 액으로 정하여 매매계약에 합의하였을 것이라고 예외적으로 인정되는 경우에는, 그 대금액을 내용으로 하는 매매계약이 유효하게 성립한다고 하였는데, 이는 무효행위의 전환보다는 매매계약의 일부무효(137조)로 설명하는 것이 더 낫다.

5. 규제된 계약이라는 주장

대상판결에 대한 평석 가운데에는, 임대주택법에 의한 최초의 임대차계약은 법률 등으로 그 내용이 미리 정해지는 이른바 규제된 계약(normierter Vertrag)으로서, 최초의 보증금과 차임을 내용으로 하는 임대차계약이 임대차의 합의에 귀속 내지 편입되고, 임차인의 동의에 의한 전환은 그 내용을 변경하는 효과를 갖는데, 전환 요건이 갖추어지지 아니하면, 위 전환이 전부 무효가 되고, 본래의 계약내용, 즉 최초의 보증금과 차임에 의한 임대차계약으로 되돌아간다고 한다는 주장이 있다.

그러나 임대주택법과 그 시행령은 표준보증금과 표준임대료를 그 상한으로 정하고 있을 뿐, 위 법령에 의하여 바로 그와 같은 표준보증금과 표준임대료가 임대차계약상의 보증금과 임대료로 되는 것이라고는 할 수 없으므로, 이러한 주장은 설득력이 없다.

6. 보충적 해석의 가부

이 문제의 해결은 보충적 해석에서 찾아야 한다. 즉 당사자들이 임차인의 동의가 없는 표준보증금보다 높은 보증금의 약정이 무효임을 알았더라면, 표준임대료보다 낮은 임대료를 표준임대료만큼 증액하려는 가정적 의사가 있었을 것이라고 보아, 표준임대료만큼을 약정하였을 것이라는 보충적 해석이 가능하다는 것이다. 무효행위의 전환이라고 설명한 대상판결의 다수의견도 실제로는 그와 같은 취지로 이해할 수 있다.

이와 같이 법률행위의 일부가 무효인 경우에, 이를 갈음하는 보충적 해석이 허용되는가? 독일에서는 이 문제가 주로 약관의 일부가 무효인 경우에 관하여 논의되는데, 독일의 판례는 연방대법원의 1984년 이행일가격조항(Tagespreisklausel) 판결(BGHZ 90, 69) 이래로 무효로 인한 흠결의 보충적 해석에 의한 보충을 인정한다. 독일의 통설도 이를 지지한다. 우리나라에서도 이처럼 약정의 일부가 무효인 경우에는 보충적 해석에 의한 보충을 인정하는 것이 타당할 것이다.

독일에서 이러한 경우 보충적 해석이 허용되지 않는다는 학설은 그 근거로서, 보충적 해석을 인정하는 것은 결국 효력유지적 축소(geltungserhaltende Reduktion)를 인정하는 것과 마찬가지라고 하는 점을 든다. 그러나 이러한 경우의 보충적 해석이 효력유지적 축소와는 같다고 할 수 없다. 그리고 독일에서는 판례와 통설이 효력유지적 축소를 부정하지만, 우리나라에서는 효력유지적 축소가 인정되고 있다.

이 사건에서도 당사자 사이의 임대차계약이 약관에 의한 것으로 보이지만, 분명하지는 않다. 그러나 약관에 의한 것이 아니라고 하여도 보충적 해석은 가능할 것이다.

참고문헌

강동원, 강행법규를 위반한 계약의 법률관계 처리, 재판과 판례 26집, 2017.

강윤희, 법률행위의 일부가 강행법규에 위반한 경우의 법률관계 저스티스 통권 160호, 2017.

권영준, 무효행위 전환과 일부 무효, 민법판례연구 Ⅰ, 2019.

배동한, 공공건설임대주택 임대보증금과 임대료 사이의 상호전환 약정과 무효행위의 전환, 부산판례연구회 판례연구 30집, 2019.

안병하, 일부무효와 무효행위의 전환, 법조 2017.4.

윤진수, 한국법상 약관규제법에 의한 소비자 보호, 민법논고 6권, 2015.

윤진수, 무효행위의 전환인가, 보충적 해석인가? -대법원 2016.11.18. 선고 2013다42236 전원합의체 판결, 사법 58호, 2021.

이계정, 2016년 분야별 중요판례분석 민법上(총론 물권), 법률신문(2017.3.2).

이동진, 무효인 보증금·차임 전환약정과 증액된 차임의 연체를 이유로 한 임대차계약 해지, 인권과 정의 467호, 2017.

정현희, 재산적 법률행위의 무효행위 전환과 당사자의 가정적 의사, 민사판례연구 40, 2018.

[판례 23]

부동산 소유권이전등기 청구권의 소멸시효

대법원 1999.3.18. 선고 98다32175 전원합의체 판결

사 실

Y는 1970.3.11. A에게 임야의 지분을 매도하고 인도하였고, A는 다시 1971.12.29. X에게 이를 매도하고 인도하였다. X는 1996.4.17. Y와 A의 상속인들을 피고로 하여, Y는 A의 상속인들에게, A의 상속인들은 X에게 각 매매를 원인으로 하는 소유권이전등기절차를 이행할 것을 청구하였다. 제1심에서 A의 상속인들에 대한 X의 청구는 받아들여졌고, 이 판결은 그대로 확정되었다. 그런데 원심은 A의 Y에 대한 소유권이전등기청구권은 A가 X에게 임야를 인도하여 점유를 상실한 1971.12.29.경부터 10년이 경과하여 시효소멸하였다는 이유로 X의 Y에 대한 청구를 기각하였다. 그러나 대법원 전원합의체는 원심판결을 파기환송하였다. 이 판결에는 반대의견이 있었다.

이 유

시효제도는 일정 기간 계속된 사회질서를 유지하고 시간의 경과로 인하여 곤란해지는 증거보전으로부터의 구제를 꾀하며 자기 권리를 행사하지 않고 소위 권리 위에 잠자는 자는 법적 보호에서 이를 제외하기 위하여 규정된 제도라 할 것인바, 부동산에 관하여 인도, 등기 등의 어느 한 쪽만에 대하여서라도 권리를 행사하는 자는 전체적으로 보아 그 부동산에 관하여 권리 위에 잠자는 자라고 할 수 없고, 매수인이 목적 부동산을 인도받아 계속 점유하는 경우에는 그 소유권이전등기청구권의 소멸시효가 진행하지 않는다는 것이 당원의 확립된 판례인바, 부동산의 매수인이 그 부동산을 인도받은 이상 이를 사용·수익하다가 그 부동산에 대한 보다 적극적인 권리 행사의 일환으로 다른 사람에게 그 부동산을 처분하고 그 점유를 승계하여 준 경우에

도 그 이전등기청구권의 행사 여부에 관하여 그가 그 부동산을 스스로 계속 사용 · 수익만 하고 있는 경우와 특별히 다를 바 없으므로 위 두 어느 경우에나 이전등기청구권의 소멸시효는 마찬가지로 진행되지 않는다고 보아야 할 것이다. 이와 다른 취지의 당원 1996.9.20. 선고 96다68 판결; 1997.7.8. 선고 96다53826 판결; 1997.7.22. 선고 95다17298 판결의 견해는 이를 변경하기로 한다.

해 설

1. 목적물을 인도받은 매수인의 등기청구권의 소멸시효

이 판결에서는 부동산 매수인이 그 목적물을 인도받아서 이를 사용수익하고 있는 경우에는 그 매수인의 등기청구권은 다른 채권과는 달리 소멸시효에 걸리지 않는다고 하는 대판(전) 1976.11.6, 76다148의 법리가, 이 사건과 같이 매수인이 일단 인도받았다가 다시 다른 사람에게 매도하고 그에게 인도하여 준 경우에도 적용될 수 있는가가 쟁점이었다.

위 1976년 판결 중 7인의 복수의견은, 부동산의 매수인으로서 그 목적물을 인도받아서 이를 사용수익하고 있는 경우에는 그 매수인을 권리 위에 잠자는 것으로 볼 수도 없고, 또 매도인의 명의로 등기가 남아있는 상태와 매수인이 인도받아 이를 사용수익하고 있는 상태를 비교하면 매도인 명의로 잔존하고 있는 등기를 보호하기보다는 매수인의 사용수익 상태를 더욱 보호하여야 하며, 만일 이러한 경우의 등기청구권도 다른 일반채권과 동일하게 소멸시효에 걸린다면 매도하여 이미 매수인에게 인도까지 완료한 매매목적물이 매도인에게 환원되어야 하는 결과가 되어, 비록 그 책임이 매수인의 등기청구권 행사의 태만에 있다고는 할지라도 우리나라 부동산 거래의 현실정에 비추어 심히 불합리하다고 아니할 수 없다고 하였다.

그런데 1976년 판결의 당부에 대하여는 의견이 갈리고 있으며, 위 판결의 결론을 지지하는 측에서도 그 근거에 관하여는 서로 다른 태도를 보이고 있다. 1설은 등기청구권은 채권적 청구권이지만 인도는 등기의무의 승인이 되고 그 승인상태가 계속된다고 한다(위 판결의 제1별개의견과 같다). 그러나 인도가 등기의무의 승인이라고 하더라도 그 승인상태가 지속된다고 볼 수는 없다. 다른 설은 등기청구권은 물권적 기대권 또는 물권적 합의에서 발생하는 물권적 청구권이므로 소멸시효에 걸리지 않는다고 한다(위 판결의 제2별개의견과 같다). 그러나 등기청구권이 물권적 기대권이나 물권적 합의에서 나온다고 볼 수도 없을 뿐만 아니라, 설령 그와 같이 본다고 하더라도 등기청구권이 물권적 청구권이 될 수는 없다.

그러므로 이 문제는 소멸시효의 남용 이론(아래 **[판례 129]** 참조)으로 해결하는 것이 가장 적절하다. 즉 매도인이 매수인에게 인도까지 해 주었다면 매수인으로서는 매도인이 언제든지 소유권이전등기를 이행해 줄 것으로 믿을 것이고, 매수인이 등기청구권의 행사를 게을리 한 것이 이와 같은 매도인에 대한 신뢰 때문이라면, 매도인이 나중에 소멸시효를 주장하는 것은 위와 같은 부동산의 인도라는 신뢰를 일으키는 선행행위와는 모순되므로 허용되어서는 안 될 것이다. 대판 2010.6.10, 2010다8266은 특별한 사정이 있는 경우에는 채무자가 소멸시효의 완성을 주장하는 것이 신의성실의 원칙에 반하여 권리남용으로서 허용될 수 없다고 하면서, 사용자가 2회에 걸쳐 임금을 지급받지 못한 근로자 등에게 미지급 임금채무 등을 승인함과 아울러, 약정한 변제기에 이를 지급하기로 하는 내용의 채무변제계약 공정증서를 작성하고, 그 후 근로자에게 미지급 임금 중 일부를 지급하는 등 사용자가 임금채무를 자진하여 변제할 것과 같은 태도를 보임에 따라, 근로자가 이를 신뢰하고 그 임금에 대한 권리행사나 시효중단 조치를 별도로 취하지 않았던 경우에는 사용자가 미지급 임금채무 중 일부에 관하여 소멸시효의 완성을 주장하는 것은 권리남용으로 허용될 수 없다고 하였다.

그런데 이와 마찬가지로 매도인의 소멸시효 주장이 소멸시효를 남용하는 것이어서 허용되지 않는다고 하면서도, 그 이유를 객관적 이익형량에서 찾는 견해가 있다. 그 근거는 다음과 같다. 소멸시효 완성 후에도 매수인은 목적물을 점유할 권리를 가지고 있으므로 매도인에게 목적물을 반환할 의무는 없다. 따라서 매도인은 매매목적물에 대해 그 반환을 요구할 수 없는 공허한 소유권을 가지게 되고, 이러한 병적인 상태를 청산하기 위해서는 매수인으로 하여금 추후 그 목적물을 시효취득하도록 하기보다는, 현 상태에서 아예 매수인의 등기청구권의 소멸시효 완성을 부정하고 즉시 매수인 앞으로 소유권이전등기를 할 수 있도록 해주는 것이 나을 것이라고 한다. 그러나 매수인의 권리가 소멸시효에 걸린다면 인도청구권만이 소멸시효에 걸리는 것이 아니라 그 기초가 되는 채권 자체가 소멸시효에 걸리는 것이므로 매수인이 여전히 목적물을 점유할 권리를 가진다고 볼 수는 없고(대상판결의 보충의견 참조), 또 객관적 이익형량만으로 신의칙이나 권리남용의 적용이 정당화될 수는 없다.

2. 점유를 이전하여 준 매수인의 등기청구권의 소멸시효

위 76다148 전원합의체 판결은 매수인이 여전히 점유를 하고 있는 상태에서 매도인에게 등기청구를 한 경우였는데, 매수인이 다시 다른 자에게 목적물을 매도하고 인도하여 준 경우에도 여전히 매도인에 대한 등기청구권은 소멸시효에 걸리지 않는가가 이 사건의 쟁점이었다.

이 점에 관한 종래의 판례는 엇갈리고 있었다. 위 전원합의체 판결 선고 후 초기의 판례(대판 1976.11.23, 76다546; 1977.3.8, 76다1736; 1988.9.27, 86다카2634)는 부동산의 매수인 또는 수증자가 다시 점유를 다른 사람에게 이전하여 준 사안들에서, 매수인 또는 수증자의 등기청구권의 소멸시효는 진행하지 않는다고 하였다.

반면 대판 1996.9.20, 96다68은 부동산의 매수인이 매매 목적물을 인도받아 사용·수익하고 있는 경우에는 그 매수인의 이전등기청구권은 소멸시효에 걸리지 않지만, 매수인이 그 목적물의 점유를 상실하여 더 이상 사용·수익하고 있는 상태가 아니면 그 점유상실 시점으로부터 매수인의 이전등기청구권에 관한 소멸시효는 진행한다고 하였고, 대판 1997.7.8, 96다53826;

1997.7.22, 95다17298도 같다. 다른 한편 대판 1992.7.24, 91다40924은 부동산을 인도받은 매수인이 제3자에 의하여 점유를 침탈당한 경우에 관하여, 매수인이 그 목적물의 점유를 상실하여 더 이상 사용수익하고 있는 상태가 아니라면 그 점유상실시점으로부터 매수인의 이전등기청구권에 관한 소멸시효는 진행한다고 하였는데, 이 판결은 대상판결에 의하여 변경되지 않았다.

3. 대상판결

다수의견은 부동산의 매수인이 그 부동산을 인도받아 사용 · 수익하다가 다른 사람에게 그 부동산을 처분하고 그 점유를 승계하여 준 경우에도 이전등기청구권의 소멸시효는 마찬가지로 진행되지 않는다고 하면서, 위 대판 1996.9.20, 96다68; 1997.7.8, 96다53826; 1997.7.22, 95다17298을 변경하였으나, 대판 1992.7.24, 91다40924는 변경하지 않았다,

다수의견은 그 이유로서, 부동산을 인도받은 매수인이 이를 사용 · 수익하다가 그 부동산에 대한 보다 적극적인 권리 행사의 일환으로 다른 사람에게 그 부동산을 처분하고 그 점유를 승계하여 준 경우에도, 그가 그 부동산을 스스로 계속 사용 · 수익만 하고 있는 경우와 특별히 다를 바 없으므로, 위 두 어느 경우에나 이전등기청구권의 소멸시효는 마찬가지로 진행되지 않는다고 보아야 한다는 점을 들었다.

반면 반대의견은 매수인이 그 부동산을 다른 사람에게 처분하고 인도하여 준 것이 소유권의 처분 내지 행사라고 볼 수는 없고, 매수인으로서는 그 점유를 이전함으로써 목적물에 대한 사용 · 수익의 상태에서 벗어나게 된 것이므로, 점유 상실 시점으로부터 그 이전등기청구권의 소멸시효가 진행한다고 봄이 상당하다고 하였다. 그리고 현행 민법의 시행 초기에는 미등기 매수인을 보호할 필요성이 있었지만, 오늘날은 미등기인 채로 부동산을 전전 매수한 자를 특별히 보호하여야 할 필요성도 그만큼 줄어들었고, 다수의견은 등기의 공시기능을 현저하게 약화시키는 결과를 초래하여 형식주의를 취하는 현행 민법의 체계 및 부동산등기제도의 이념과도 맞지 아니한다고 하였다.

4. 검 토

위 1976년 전원합의체 판결을 유지한다는 전제에 서는 한, 매수인이 점유를 다른 자에게 이전하여 주더라도 그의 등기청구권의 소멸시효는 스스로 점유하고 있는 경우와 마찬가지로 진행하지 않는다고 보아야 할 것이다. 위 1976년 판결의 기본적인 생각은 부동산을 매수하여 점유하고 있던 매수인의 등기청구권의 소멸시효가 진행한다면 소멸시효 완성 후에는 매수인이 그 목적물을 다시 매도인에게 반환하여야 하는데, 이는 불합리하다는 데 있다. 이 점은 매수인이 목적물을 제3자에게 매도하고 인도하여 준 경우에도 마찬가지이다. 다수의견에 대한 보충의견은 이 점을 지적하고 있다. 이 경우 제3자가 목적물을 매도인에게 반환하게 된다면, 제3자는 매수인에 대하여 책임을 물을 수 있게 된다. 또한 199조는 점유자의 승계인은 자기의 점유만을 주장하거나 자기의 점유와 전 점유자의 점유를 아울러 주장할 수 있다고 규정하고 있는데, 이

주장의 근본취지는 승계인의 점유와 피승계인의 점유를 마치 한 사람이 계속 점유하고 있던 것과 같이 보아준다는 데 있고, 그렇다면 위 조항으로부터 점유의 승계가 있더라도 이는 한 사람이 계속 점유하고 있는 것과 마찬가지로 취급하여 등기청구권의 소멸시효도 진행하지 않는다고 하는 결론을 이끌어낼 수도 있을 것이다.

그러나 매수인이 제3자에 의하여 점유를 침탈당하였다면, 204조에 의하여 점유를 회수하지 않는 한 점유를 상실한 때부터 등기청구권의 소멸시효가 진행한다고 보아야 할 것이다. 이때에는 더 이상 매수인을 보호하여야 할 현실적인 이익이 존재하지 않기 때문이다.

5. 관련 판례

가. 공매의 경우 대판 2023.9.21, 2023다249876은 대상판결을 인용하면서도, 매매 목적 대상인 토지상에 건축된 공장에 대한 국세징수법상의 공매로 인하여 매수인이 공장 소유권을 상실함으로써 그 대지인 이 사건 토지의 점유를 상실하였으므로, 그 때부터 소유권이전등기청구권에 관한 상사소멸시효가 진행한다고 하였다.

나. 점유취득시효의 경우 대상판결 이전의 판례(대판 1995.12.5, 95다24241; 1996.3.8, 95다34866, 34873 등)는, 부동산에 대한 점유취득시효 완성을 원인으로 하는 소유권이전등기청구권은 점유자가 그 부동산에 대한 점유를 상실한 때로부터 10년간 이를 행사하지 아니하면 소멸시효가 완성한다고 보았다. 대상판결의 반대의견은 다수의견이 이러한 판례와 저촉된다고 하였다.

그런데 대판 2023.8,31, 2023다240428, 240435은 위 대판 1996.3.8, 95다34866, 34873을 재확인하면서, 대상판결은 이 사건에 적용되지 않는다고 하였다. 그러나 가령 전 점유자가 소유의 의사로 점유를 개시한 지 19년만에 점유의 승계가 있었으면 그 승계인은 20년이 되는 시점에서 소유자에 대한 등기청구권을 취득하고, 이 등기청구권은 그가 점유를 계속하는 한 소멸시효에 걸리지 않는 반면, 전 점유자가 점유개시 후 21년째에 현 점유자에게 점유를 승계하여 준 때에는 이 등기청구권은 소멸시효에 걸린다고 한다면, 점유의 승계가 언제 있었는가 하는 우연한 사정에 따라 소멸시효에 걸리는가 여부가 달라지는 것이 되나 이러한 결과는 부당하다.

다. 명의신탁자의 명의수탁자에 대한 부당이득반환청구권의 소멸시효 대판 2002.12.26, 2000다21123은, 부동산 실권리자명의 등기에 관한 법률 시행 전의 부동산 명의신탁이 위 법률 시행 후 유예기간이 경과하여 무효로 된 경우에는, 명의신탁자가 명의수탁자를 상대로 당해 부동산 자체의 부당이득 반환을 청구할 수 있다고 하였다. 그런데 대판 2009.7.9, 2009다23313은 이 경우 명의신탁자가 부동산을 점유·사용하고 있다고 하여 명의신탁자의 부당이득반환청구권에 기한 등기청구권의 소멸시효가 진행되지 않는다고 본다면, 이는 위 법률을 위반한 경우임에도 그 권리를 보호하여 주는 결과로 되어 부동산 거래의 실정 및 부동산 실권리자명의 등기에 관한 법률 등 관련 법률의 취지에도 맞지 않는다고 하여 소멸시효의 진행을 인정하였다.

참고문헌

강경구, 부동산이 전매된 경우 등기청구권의 소멸시효, 법조 1998.5.

강태훈, 점유를 상실한 부동산매수인의 등기청구권의 소멸시효, 재판과 판례 9집, 2000.

권용우, 부동산매수인의 미등기전매와 등기청구권의 시효소멸, 판례월보 1999.9.

엄동섭, 부동산매수인의 등기청구권의 소멸시효, 민사법학 18호, 2000.

윤진수, 점유를 상실한 부동산 매수인의 등기청구권의 소멸시효 · 부동산의 이중양도와 불법원인급여, 민법논고 2권, 2008.

이기용, 부동산이 이전등기없이 양도된 경우의 등기청구권과 소멸시효, 성균관법학 13권 1호, 2001.

정병호, 부동산 점유와 소유권이전등기청구권의 소멸시효, 민사판례연구 33(상), 2011.

홍성재, 부동산매수인의 등기청구권과 시효소멸여부, 성균관법학 제11호, 1999.

[판례 24]

소멸시효의 기산점

대법원 2012.4.13. 선고 2009다33754 판결

사 실

A는 육군부대 항공기 검사관이었는데, 월북할 결심을 한 다음 1977.10.12. 09:30경 항공기에 정비사인 B를 태운 채 시운전하는 양 가장하고, 불시에 이륙하여 같은 날 12:05경 월북하였다. 그 후 B의 처 및 자녀들인 X들은 국민고충처리위원회에 갑이 자진월북자가 아닌 납북자임을 증명해 달라는 민원을 제기하여 2007.6.7. 그가 의사에 반하여 납북된 것으로 추정된다는 회신을 받았고, 그 무렵 통일부에 납북자 인정신청을 하여 같은 해 7.25. 그 신청이 받아들여졌다. 한편 X들의 청구에 따라 B에 대하여 실종기간 만료일을 1983.4.20.로 하는 실종선고 심판이 2005.8.23. 확정되었다.

X들은 2007.11.22. Y(대한민국) 소속 공무원인 A의 직무상 고의 또는 과실로 인하여 B가 그의 의사에 반하여 납북되었으므로 Y는 국가배상책임이 있고, X들은 B의 손해배상청구권을 상속하였고, 또 X들 고유의 손해배상청구권이 있다고 주장하면서, 국가배상을 구하는 이 사건 소를 제기하였다.

1심은 X들의 청구 중 일부를 인용하였으나 원심은 소멸시효의 경과를 이유로 이를 전부 기각하였다. 그러나 대법원은 원심판결을 일부 파기하고 환송하였다.

이 유

1. X들의 상속채권에 관하여

국가배상청구권에 관한 3년의 단기시효기간을 기산함에 있어서도 766조 1항 외에 소멸시효의 기산점에 관한 일반규정인 166조 1항이 적용되므로, 위 3년의 단기시효기간은 그 '손해 및 가해자를 안 날'에 더하여 그 '권리를 행사할 수 있는 때'가 도래하여야 비로소 시효가 진행한다. 그런데 이 사건과 같이 공무원의 직무수행 중 불법행위에 의하여 납북된 것을 원인으로

하는 국가배상청구권의 행사에 있어, 남북교류의 현실과 거주·이전 및 통신의 자유가 제한된 북한 사회의 비민주성이나 폐쇄성 등을 고려하여 볼 때, 다른 특별한 사정이 없는 한 북한에 납북된 사람이 피고인 국가를 상대로 대한민국 법원에 소장을 제출하는 등으로 그 권리를 행사하는 것은 객관적으로도 불가능하므로, 납북상태가 지속되는 동안은 소멸시효가 진행하지 않는다고 봄이 상당하다(다만 이 사건에서와 같이 납북자에 대한 실종선고심판이 확정되게 되면 상속인들에 의한 상속채권의 행사가 가능해질 뿐이다).

그러므로 납북된 B 본인이 이 사건 불법행위가 발생한 1977.10.12.에 그 손해 및 가해자를 알았다고 하더라도 B로서는 Y를 상대로 그로 인한 국가배상청구권을 행사하는 것이 객관적으로 불가능한 상태에 있었다고 할 것이므로 이 사건 불법행위일인 위 1977.10.12.부터 소멸시효가 진행한다고 볼 수 없다.

2. X들의 고유채권에 관하여

원심은, B의 처이자 그 자녀인 나머지 원고들의 법정대리인인 X_1이 1977.10.13.경에 이 사건 불법행위로 인한 손해 및 가해자를 알았다고 인정한 다음, 원고들 고유의 국가배상청구권은 그 다음날인 1977.10.14.부터 3년이 경과한 1980.10.14.에 소멸시효가 완성되었다고 판단한데 단기소멸시효에 관한 법리오해 등의 위법이 있다고 할 수 없다. 원심이 Y의 소멸시효 항변이 권리남용에 해당하지 않는다고 판단한 것은 결론에 있어 정당한 것으로 수긍된다.

해 설

1. "권리를 행사할 수 있는 때"와 법률상의 장애

166조 1항은 소멸시효의 기산점에 관하여, "소멸시효는 권리를 행사할 수 있는 때로부터 진행한다"라고 규정한다. 종래의 학설은 일반적으로 법률상의 장애와 사실상의 장애를 구별하여, 권리를 행사할 수 있을 때란 법률상의 장애가 없는 때를 말하고, 사실상의 장애가 있는 것은 소멸시효의 진행에 영향을 주지 않는다고 한다. 여기서 법률상의 장애란 기간의 미도래나 조건의 불성취 등을 말한다. 반면 사실상 그 권리의 존재나 권리행사 가능성을 알지 못하였다는 것은 사실상의 장애에 불과하다.

종래의 주류적인 판례도 그와 같은 취지이다{대판(전) 1984.12.26., 84누572; 대판(전) 1992.3.31, 91다32053; 2006.4.27, 2006다1381 등}. 대판 2010.5.27, 2009다44327은, 소멸시효의 기산점에 관하여 변함없이 적용되어 왔던 법률상 장애/사실상 장애의 기초적인 구분기준을 일반적인 법원칙으로서의 신의칙을 통하여 아예 무너뜨리는 오류를 경계하지 아니하면 안 된다고 하였다.

또 위헌인 법률의 존재는 나중에 그 법률이 위헌으로 선언되었다 하더라도 위헌선언이 있기 전까지는 법률상 장애에 해당한다(대판 1996.7.12, 94다52195). 반면 판례는 위헌인 관습법의 존재는 법률상의 장애가 아니라고 보고 있으나(대판 2009.5.28, 2007다41874; 헌재결 2013. 2.28, 2009헌바129), 그 타당성은 의문이다. 또한 유효한 행정처분이 있으면 그 행정처분이 취소되기 전까지는 그 행정처분의 효력 상실을 전제로 하는 권리의 소멸시효는 진행하지 않는다. 다만 행정처분의 하자가 중대 명백하여 당연 무효인 때에는 그러하지 아니하다{대판(전) 1992.3.31, 91다32053}.

그리고 판례(대판 1993.4.13, 93다3622; 2010.9.9, 2008다15865)는 대법원이 판례를 변경한 경우에, 종전 판례의 존재는 법률상 장애에 해당하지 않는다고 한다.

2. 사실상의 장애

그런데 일부의 판례는 사실상의 장애가 있는 경우에도 소멸시효가 진행되지 않는다고 하였다. 우선 대판 1993.7.13, 92다39822; 2001.4.27, 2000다31168; 2008.11.13, 2007다19624 등은, 원칙적으로 보험금액청구권의 소멸시효는 보험사고가 발생한 때로부터 진행하지만, 보험사고가 발생한 것인지의 여부가 객관적으로 분명하지 아니하여 보험금액청구권자가 과실 없이 보험사고의 발생을 알 수 없었던 경우에도 보험사고가 발생한 때로부터 보험금액청구권의 소멸시효가 진행한다고 해석하는 것은, 보험금액청구권자에게 너무 가혹하여 사회정의와 형평의 이념에 반할 뿐만 아니라 소멸시효제도의 존재이유에 부합된다고 볼 수도 없으므로, 이와 같은 경우에는 보험금액청구권자가 보험사고의 발생을 알았거나 알 수 있었던 때로부터 보험금액청구권의 소멸시효가 진행한다고 하였다.

또한 대판 2003.4.8, 2002다64957, 64964은, 법인의 이사회결의가 부존재함에 따라 발생하는 제3자의 부당이득반환청구권처럼 법인이나 회사의 내부적인 법률관계가 개입되어 있어 청구권자가 권리의 발생 여부를 객관적으로 알기 어려운 상황에 있고 청구권자가 과실 없이 이를 알지 못한 경우에도 청구권이 성립한 때부터 바로 소멸시효가 진행한다고 보는 것은 정의와 형평에 맞지 않을 뿐만 아니라 소멸시효제도의 존재이유에도 부합한다고 볼 수 없으므로, 이러한 경우에는 이사회결의부존재확인판결의 확정과 같이 객관적으로 청구권의 발생을 알 수 있게 된 때로부터 소멸시효가 진행된다고 보는 것이 타당하다고 하였다.

대상판결도 이러한 취지에서, 북한에 납북된 사람이 피고인 국가를 상대로 대한민국 법원에 소장을 제출하는 등으로 그 권리를 행사하는 것은 객관적으로도 불가능하므로, 납북상태가 지속되는 동안은 소멸시효가 진행하지 않고, 납북자에 대한 실종선고심판이 확정되게 되면 상속인들에 의한 상속채권의 행사가 가능해진다고 하였다.

근래에는 학설상으로도 가운데에는 사실상의 장애도 일정한 범위에서는 소멸시효의 진행에 관하여 고려할 수 있다는 견해가 주장되고 있다. 즉 법률상 장애와 사실상 장애의 구분은 민법에서 명문으로 규정한 것이 아니라 166조 1항의 해석론으로 도출된 것으로서, 권리가 발생하였지만 객관적으로 그 권리를 행사할 것을 기대할 수 없는 장애사유가 있고, 그 장애의 정도가 법률상 장애에 준한다고 평가된다면, 그 장애가 제거될 때까지는 '권리를 행사할 수 있는 때'에 이르지 않았다는 해석도 가능하다는 것이다.

이와 같은 취지에서, 해당 권리유형에 특유한 거래구조 내지 발생 원인으로 인해서 권리자가 객관적·구조적으로 자신의 권리를 인지하기 어려운 취약한 지위에 있을 때에는 소멸시효가 진행하지 않는다는 주장도 있다.

3. 소멸시효 남용의 법리와의 관계

그런데 이 사건은 소멸시효 남용의 법리(아래 **[판례 129]** 참조)에 의하여 해결하는 것도 생각할 수 있다. 실제로 대상판결의 제1심은, X들이 국가권력을 내세워 불이익한 처우를 하는 Y측에 대해, 자진월북이 아닌 강제납북된 것으로 알았다 하더라도 시효완성 전에 Y측 잘못을 이유로 손해배상을 청구하거나 시효중단을 위한 조치를 취하는 것은 사실상 불가능하였으므로 X들이 그러한 행위에 나서지 못한 것은 전적으로 Y측의 행위 등에 비롯된 것이어서 Y가 새삼스레 소멸시효 완성을 항변하는 것은 신의성실의 원칙에 반하는 권리남용에 해당하여 허용될 수 없다고 하였다. 반면 원심판결은, X들의 고유채권에 관하여는 Y의 소멸시효 주장이 신의칙에 반하지 않는다고 하였고, X들의 상속채권에 관하여는, B가 북한 치하에서 Y를 상대로 시효중단조치를 취하기는 사실상 불가능하였다고 하여, 상속인의 불확정으로 인한 소멸시효의 정지에 관한 182조가 유추적용될 수 있으나, B에 대한 실종선고심판이 확정된 후 원고들의 단순승인이 의제됨으로써 상속의 효과가 확정된 2005.11.23.로부터 6개월이 되는 2006.5.22.이 경과함으로써 소멸시효가 완성하였다고 하였다.

대상판결도 X들의 고유채권에 관하여 Y가 X들의 채권행사를 곤란하게 하거나 그러한 조치가 불필요하다고 믿게 하는 행동을 하였다고 볼 증거는 없으며, 또한 X_1 등이 수사기관으로부터 B의 납북 경위 등에 관하여 조사를 받고 그 후로도 동향감시를 당하였다는 사정만으로는 그로 인하여 원고들이 소멸시효기간이 도과할 때까지 객관적으로 그 권리를 행사할 수 없는 장애사유가 있었다고 보기도 어렵다고 하였다.

4. 검 토

이 사건은 사실상의 장애가 있더라도 법률상의 장애가 없으면 소멸시효가 진행한다는 법리의 문제점을 잘 보여준다. B의 처지에서는 북한에 있으면서 남한 정부를 상대로 국가배상청구를 하는 것은 사실상 불가능했을 것인데, 법률상 장애가 없다고 하여 소멸시효가 진행한다는 것은 어느 모로 보아도 가혹할 것이다. 그러나 그렇다고 하여 일반적으로 승인되었다고 할 수 있는 사실상/법률상 장애 이분론에 대하여 명확한 이론적 근거도 없이 쉽게 예외를 인정하는 것도 문제이다.

그러므로 이 사건에서는 Y의 소멸시효 주장이 신의성실의 원칙에 어긋나고 권리남용에 해당하여 허용될 수 없다는 소멸시효 남용의 이론에 의하여 문제를 해결하는 것이 적절하다. 판례가 들고 있는 소멸시효 남용의 요건으로서는 채무자가 시효완성 전에 채권자의 권리행사나 시효중단을 불가능 또는 현저히 곤란하게 하거나 그러한 조치가 불필요하다고 믿게 하는 행동을 한 경우(제1유형), 객관적으로 채권자가 권리를 행사할 수 없는 장애사유가 있었던 경우(제2유형), 일단 시효완성 후에 채무자가 시효를 원용하지 아니할 것 같은 태도를 보여 권리자인 원고로 하여금 그와 같이 신뢰하게 한 경우(제3유형), 채권자보호의 필요성이 크고 같은 조건의 다른 채권자가 채무의 변제를 수령하는 등의 사정이 있어 채무이행의 거절을 인정함이 현저히 부당하거나 불공평하게 되는 등의 특별한 사정이 있는 경우(제4유형)가 있다(아래 [**판례** 129] 참조).

그런데 이 사건에서는 납북되어 북한에 소재하고 있던 권리자인 B가 Y를 상대로 국가배상청구권을 행사하는 것이 객관적으로 불가능하다는 점은 명백하다. 따라서 이러한 경우에는 Y의 국가배상청구권이 시효로 인하여 소멸하였다는 주장은 신의칙에 어긋나므로 허용되어서는 안 될 것이다. 이에 대하여는, 이러한 제2유형은 사실상의 장애상태가 반드시 채무자에 의하여 유발된 경우에 한정된다고 하는 주장도 있으나, 그와 같이 제한적으로 볼 이유는 없을 것이다.

그 외에 판례가 사실상의 장애가 있는 경우에도 소멸시효가 진행하지 않는다고 한 사례들도 소멸시효 남용의 요건에 해당하는지를 개별적으로 판단하여야 할 것이다.

5. 관련 판례

대판(전) 2016.10.19, 2014다46648에서는 남북 주민 사이의 가족관계와 상속 등에 관한 특례법(남북가족특례법) 11조 1항에 의한 상속회복청구권의 제척기간이 언제부터 진행되는가가 문제되었다. 이 조항은 남북이산으로 인하여 피상속인인 남한주민으로부터 상속을 받지 못한 북한주민 또는 그 법정대리인은 민법 999조 1항에 따라 상속회복청구를 할 수 있다고 규정하고 있으나, 999조 2항이 규정하는 상속권의 침해를 안 날부터 3년, 상속권의 침해행위가 있은 날부터 10년의 제척기간이 적용되는지에 대하여는 규정이 없다. 위 판결의 다수의견은 제척기간이 그대로 적용된다고 하였다. 그 이유는, 위 법이 제척기간에 관하여 특례를 인정하는 규정을 두고 있지 아니한 것은, 상속회복청구의 경우에도 위 법이 특례를 규정하고 있는 친생자관계존재확인이나 인지청구의 경우와 마찬가지로 남북 분단의 장기화·고착화로 인하여 북한주민의 권리행사에 상당한 장애가 있음을 충분히 예측할 수 있음에도, 이들 법률관계를 구분하여 상속회복청구에 관하여 제척기간의 특례를 인정하지 아니한 것은 입법적인 선택이라는 것이다.

반면 반대의견은, 북한주민으로서는 자신의 상속권이 침해된 사실을 알 수 없었고, 설령 알 수 있었다 하더라도 남한의 참칭상속인을 상대로 민법에 의한 상속회복청구의 소를 제기하는 등으로 권리를 행사하는 것은 객관적으로 불가능하였으며, 이러한 사정은 이산의 아픔을 겪은 남한주민이라면 누구나 알고 있고, 이 법원에도 현저하다고 하면서, 남북가족특례법의 해석상 북한주민의 상속회복청구권의 제척기간의 연장에 관하여 별도의 규정이 없는 법률의 흠결이 존재하기 때문에 가장 유사한 취지의 규정을 유추하여 흠결된 부분을 보충하는 법률해석이 가능하다고 하였다. 그리하여 남북이산으로 인하여 피상속인인 남한주민으로부터 상속을 받지 못한 북한주민이었던 사람은 남한의 참칭상속인에 의하여 상속권이 침해되어 10년이 경과한 경우에도 민법상 상속회복청구권의 제척기간이 연장되어 남한에 입국한 때부터 3년 내에 상속회복청구를 할 수 있다고 보는 것이 옳다고 하였다.

참고문헌

권영준, 소멸시효와 신의칙, 재산법연구 26권 1호, 2009.

김미리, 납북된 피랍자의 납북 피해에 대한 국가배상청구권의 소멸시효 기산점, 특별법연구 10권, 2012.

홍성균, 소멸시효 기산점에 관한 객관적 체계의 완화, 비교사법 25권 4호, 2018.

[판례 25]

후순위 담보권자의 소멸시효 원용가부

대법원 2021.2.25. 선고 2016다232597 판결

사 실

A는 B로부터 2억 5,000만 원을 차용하면서 2005.8.19. 그 담보로 이 사건 부동산에 관하여 B 앞으로 소유권이전청구권가등기를 하였다. B는 2006.3.10. 가등기담보법에서 정한 청산절차를 거치지 않은 채 이 사건 담보가등기에 기한 본등기를 하였다. X는 A와의 대위변제 약정에 따라 2006.5.9. B의 승낙을 얻어 B에게 4억 원을 지급함으로써 이 사건 담보가등기의 피담보채무를 대위변제하였다. 한편, A와 B는 2006.5.9. 이 사건 부동산에 관하여 C 앞으로 소유권이전등기를 하기로 약정하고, 2006.5.10. B로부터 C 앞으로 소유권이전등기를 하였다. C는 2008.7.25. 이 사건 부동산에 관하여 Y 앞으로 채권최고액 15억 원의 근저당권설정등기를 하였다.

Y가 이 사건 근저당권에 기하여 임의경매를 신청함에 따라 경매절차가 개시되었고, X는 경매법원에 담보가등기권리자 권리신고서를 제출하였다. 경매법원은 2014.12.17. 매각허가결정을 하고, 2015.2.25. 배당기일에 실제 배당할 금액 1,349,866,145원 중에서 180,000,000원을 선순위 근저당권자에게(1순위), 나머지 1,199,866,145원을 Y에게(2순위) 각 배당하는 내용의 배당표를 작성하였는데, X는 위 배당기일에 출석하여 Y의 배당액 전부에 대하여 이의하였다. X는 이러한 배당에 이의하면서 자신이 Y에 우선하여 변제받을 권리가 있다고 주장하였다. 이에 대해 Y는 이 사건 담보가등기의 피담보채권은 상사 소멸시효기간 5년이 경과하여 소멸하였으므로 담보가등기권자인 X는 배당받을 수 없다고 다투었다.

원심은 Y의 소멸시효 주장을 배척하였다.

이 유

대법원도 Y의 소멸시효 주장을 받아들이지 않았으나, 다른 이유로 원심판결을 일부 파기하였다.

소멸시효가 완성된 경우 이를 주장할 수 있는 사람은 시효로 채무가 소멸되는 결과 직접적인 이익을 받는 사람에 한정된다. 후순위 담보권자는 선순위 담보권의 피담보채권이 소멸하면 담보권의 순위가 상승하고 이에 따라 피담보채권에 대한 배당액이 증가할 수 있지만, 이러한 배당액 증가에 대한 기대는 담보권의 순위 상승에 따른 반사적 이익에 지나지 않는다. 후순위 담보권자는 선순위 담보권의 피담보채권 소멸로 직접 이익을 받는 자에 해당하지 않아 선순위 담보권의 피담보채권에 관한 소멸시효가 완성되었다고 주장할 수 없다고 보아야 한다.

해 설

1. 소멸시효 완성의 효과

소멸시효 완성의 효과에 관하여는 절대적 소멸설과 상대적 소멸설이 대립한다. 절대적 소멸설은 소멸시효기간이 경과하여 소멸시효가 완성하면 그 소멸시효의 대상인 권리는 당연히 소멸하고, 당사자의 소멸시효 주장(원용)을 필요로 하지 않는다고 한다. 반면 상대적 소멸설은 소멸시효 기간 경과만으로 당연히 권리가 소멸하는 것은 아니고, 권리가 소멸하였다고 하는 당사자의 원용이 있어야 한다고 주장한다.

종래의 판례는 절대적 소멸설을 따르고 있다고 보는 것이 일반적인 견해이나, 실제로 판례가 어느 견해를 따르고 있는가는 일률적으로 말할 수는 없다. 대판 1966.1.31, 65다2445는, 당사자의 원용이 없어도 시효의 완성으로써 채무는 당연히 소멸하므로 소멸시효가 완성된 채무에 기하여 한 가압류는 불법행위가 되고, 가압류 당시 시효의 원용이 없었더라도 가압류채권자에게 과실이 없었다고는 할 수 없다고 하여, 절대적 소멸설을 따르는 것처럼 보인다. 그런데 다른 한편 판례는 소멸시효의 이익을 받을 자가 실제 소송에 있어서 시효소멸의 이익을 받겠다는 항변을 하지 않는 이상 그 의사에 반하여 재판할 수 없음은 변론주의의 원칙상 당연한 것이라고 하여(대판 1964.9.15, 64다488 등), 소멸시효의 원용을 필요로 한다고 하면서 그 근거를 변론주의에서 찾고 있다.

그리고 판례는 채권의 소멸시효가 완성된 경우 이를 원용할 수 있는 자는 시효로 인하여 채무가 소멸되는 결과 직접적인 이익을 받는 자에 한정된다고 하여 소멸시효의 이익을 받겠다고 주장할 수 있는 자를 제한하고 있는데(대판 1992.11.10, 92다35899; 2007.3.30, 2005다11312

등), 이는 절대적 소멸설과는 부합하지 않는다. 절대적 소멸설에 따른다면 누구나 채권이 소멸시효의 완성으로 소멸하였다는 주장을 할 수 있어야 하기 때문이다.

절대적 소멸설과 상대적 소멸설을 비교한다면 상대적 소멸설은 이론적으로 우수할 뿐만 아니라, 실제에 있어서도 합리적인 결과를 가져온다. 우선 절대적 소멸설은 소멸시효의 이익을 받을 자가 실제 소송에 있어서 시효소멸의 이익을 받겠다는 항변을 하여야 하는 근거를 변론주의에서 찾고 있으나, 변론주의 하에서도 주요사실은 반드시 그로 인하여 이익을 받을 당사자가 아니라 상대방에 의하여 주장되더라도 법원은 그 사실에 의거하여 판결할 수 있다(주장공통의 원칙, 대판 1996.9.24, 96다25548). 따라서 절대적 소멸설의 논리를 관철한다면, 소멸시효의 요건사실이 어느 쪽 당사자에 의하여서든 주장되기만 하면, 법원은 소멸시효로 인하여 권리가 소멸하였다고 판결하여야 할 것이다. 근래 절대적 소멸설에 따르더라도 소멸시효의 원용은 이른바 권리항변에 속하므로 이익을 받을 당사자가 주장하여야만 법원이 고려할 수 있다는 논의가 있으나, 절대적 소멸설을 따르는 한 소멸시효 완성으로 인하여 어떤 권리가 발생한다고 할 수는 없을 것이다. 또 주장공통의 원칙을 인정하면서도, 소멸시효의 기산일은 채무의 소멸이라는 법률효과 발생을 위한 법률요건의 일부를 구성하는 구체적인 사실이므로 이는 주요사실이고, 원고가 채무의 이행을 청구하면서 청구원인사실로서 그 채무의 이행기가 도래하였다고 주장하더라도 그것만으로는 소멸시효의 기산일을 주장한 것이 아니므로 변론주의가 적용된다고 하는 주장이 있으나, 채무의 이행기가 도래하였음을 주장하였다면 소멸시효의 기산일을 주장한 것과 다를 바가 없다.

또한 절대적 소멸설은 소멸시효 완성 후 채무자가 이를 모르고 변제하였다면 도의관념에 적합한 비채변제(744조)로서 반환을 청구할 수 없다고 하나, 왜 이미 소멸한 채무를 변제한 것이 도의관념에 적합한 비채변제가 되는지 명확하지 않다. 그리고 절대적 소멸설에 의할 때에는 소멸시효 이익의 포기에 의하여 이미 소멸한 채무가 소급적으로 부활하는 것을 설명할 수 없다.

실제에 있어서도 상대적 소멸설에 따르면 원용권자를 제한할 수 있게 되는데, 채무자 아닌 제3자로서 소멸에 따른 이익이 없는 자에게 채무자의 의사에 관계없이 채무의 소멸을 주장할 수 있게 한다는 것은 부당하다. 채무의 이행 여부는 1차적으로는 채무자에게 맡겨져야 하기 때문이다.

기본적으로 소멸시효 제도는 의무자를 보호하기 위한 것인데, 소멸시효가 완성하였다고 하더라도 의무를 이행할 것인지 여부는 제1차적으로는 의무자가 결정할 수 있어야 하고, 소멸시효 완성만으로 권리가 절대적으로 소멸한다고 본다면, 의무자가 의무를 이행하려고 하는 경우에도 이를 인정하지 않고 보호를 강요하는 것이 된다.

2. 소멸시효의 원용권자

판례는 채권의 소멸시효가 완성된 경우 이를 원용할 수 있는 자는 시효이익을 직접 받는 자만이라고 보고 있다(대판 1992.11.10, 92다35899 등). 그리하여 주채무가 시효로 소멸한 때에는 주채무자가 시효의 이익을 포기하더라도 보증인은 그 시효소멸을 원용할 수 있다고 하였다(대판 1991.1.29, 89다카1114). 그 외에 채권담보를 위한 가등기가 경료된 부동산의 제3취득자(대판 1995.7.11, 95다12446; 2007.1.11, 2006다33364), 피담보채무의 담보를 위하여 저당권을 설정한 물상보증인(대판 2004.1.16, 2003다30890), 유치권이 성립된 부동산의 매수인(대판 2009.9.24, 2009다39530)은 모두 시효이익을 직접 받는 자이므로 피담보채무의 시효소멸을 원용할 수 있다고 하였다. 또 채무자에 대한 일반 채권자는 자기의 채권을 보전하기 위하여 필요한 한도 내에서 채무자를 대위하여 소멸시효 주장을 할 수 있다고 하였다(대판 1997.12.26, 97다22676 등). 그리고 대판 2007.11.29, 2007다 54849는 사해행위취소소송의 상대방이 된 사해행위의 수익자는 채권자취소권의 피보전채무의 시효소멸을 주장할 수 있다고 하였다.

반면 채권자대위권을 행사하지 않는 채무자의 일반채권자는 소멸시효를 원용할 수 없고(대판 1991.3.27, 90다17552), 채권자대위소송의 상대방은 채권자의 채무자에 대한 피보전채권이 시효로 인하여 소멸하였다는 항변을 할 수 없다고 하였다(대판 1991.7.26, 91다5631; 1992.11.10, 92다35899 등 다수). 그리고 대판 2007.3.30, 2005다11312은 공탁금출급청구권의 종국적인 채무자로서 소멸시효를 원용할 수 있는 자는 국가이고, 구 토지수용법 61조 2항에 의하여 손실보상금을 공탁한 기업자는 공탁금을 회수할 수 없으므로 공탁금출급청구권의 소멸시효를 원용할 수 없다고 하였다.

3. 소멸시효 원용권 및 원용권자의 범위

생각건대 소멸시효 완성에 의하여 의무가 소멸하는 의무자뿐만 아니라 그 외에도 권리의 소멸에 관하여 정당한 이익을 가지는 자에게 소멸시효의 원용권을 인정하여야 한다. 즉 의무자의 의무가 소멸함으로써 자신의 법률상 의무도 면하게 되는 자나, 권리자의 권리가 소멸되면 자신의 권리를 상실하지 않게 되는 이익을 얻게 되는 자도 의무자의 소멸시효를 원용할 수 있다고 보아야 한다. 위와 같은 기준에 의하면 원용권자의 범위에 관한 종래의 판례도 충분히 설명할 수 있다.

판례는 채권자대위소송에 있어서 대위권 행사의 상대방이 피보전채권의 소멸시효를 원용할 수 없다고 보고 있는데, 이는 타당하다. 채권자대위권 행사의 상대방에게 소멸시효의 원용을 허용하여 채권자대위소송을 각하한다고 하더라도, 피대위자 자신이 따로 소송을 제기하면 그 상대방은 소송에 응하여야 하고, 이는 상대방 자신에게 이익이 되지 않음은 물론 소송경제상으로 낭비를 초래하는 결과가 된다. 그러나 채권자취소소송의 경우에는 피보전채권이 소멸하면 수익자는 사해행위로 인한 원상회복의무를 면하게 되므로, 피보전채권의 소멸시효를 원용할 정당한 이익이 있다고 보아야 할 것이다.

다만 채권자취소소송에 관한 위 대판 2007.11.29, 2007다54849은 채권자가 채무자에 대한 이행청구를 하여 그 승소판결이 확정되었으므로 수익자가 더 이상 소멸시효의 주장 등으로 피보전채권의 존재를 다툴 수는 없다고 하였으나, 이러한 판단은 문제가 있다. 만일 채권자가 피보전채권의 소멸시효기간 내에 소송을 제기함으로써 소멸시효가 중단되었다면, 주채무자에 대한 시효의 중단은 보증인에 대하여 그 효력이 있다고 규정하고 있는 440조와 같은 규정을 유추하여, 그 중단의 효력은 수익자에 대하여도 미친다고 설명할 수 있다고 생각된다. 그러나 대상판결에서는 채권자가 소멸시효기간 경과 후에 채무자를 상대로 소를 제기한 것으로 보이는데, 이러한 경우에는 수익자는 여전히 소멸시효를 주장할 수 있다고 보아야 할 것이다. 가령 보증의 경우에도 주채무자의 시효이익 포기는 보증인에게 효력이 미치지 않는 것이다(대판 1991.1.29, 89다카1114).

4. 대상판결에 대하여

대상판결과 같이 후순위 담보권자가 선순위 담보권의 피담보채권의 소멸시효를 원용할 수 있는지에 관하여는 종래 일본에서 논의가 있었다. 일본의 최고재판소 1999(平成 11).10.21. 판결(民集 53-7, 1190)은, 선순위 저당권의 피담보채권이 소멸하고 후순위 저당권자의 순위가 승진하여 부동산의 환가처분이 행하여지는 경우 배당액이 증가하는 이익을 받게 되는 것은 '반사적 이익'에 불과하기 때문에 후순위 저당권자는 간접적으로 시효이익을 받는 자에 지나 지 않고 따라서 소멸시효를 원용할 수 없다고 하였다. 과거의 일본 학설 가운데에는 후순위 저당권자에게도 선순위 저당권의 피담보채권의 소멸시효를 원용할 수 있다고 보아야 한다는 견해도 있었으나, 현재에는 판례와 같이 이를 부정하는 견해가 많은 것으로 보인다.

이를 부정하는 견해는, 후순위 저당권자가 소멸시효를 원용함으로써 자신의 의무를 소멸시키거나, 권리 상실을 막을 수 있게 되는 것은 아니므로, 후순위 저당권자에게 소멸시효 원용권을 인정할 필요는 없다고 한다. 또 선순위저당권의 피담보채권이 소멸함으로써 받는 이익은 순위승진이라는 반사적 이익에 불과하다고 설명하기도 한다.

반면 이를 긍정하는 견해는, 후순위 담보권자가 시효 원용을 통해 받게 될 순위승진의 이익은 법적인 이익이고, 후순위담보권자도 판례가 시효원용권을 인정하는 담보목적물의 제3취득자와 같이 보아야 한다고 주장한다.

대상판결은 일본의 판례와 같이 후순위 담보권자의 시효원용권을 부정하였고, 이는 타당하다고 여겨진다.

5. 관련 판례

대판 2008.1.31, 2007다64471은, 채권자가 채무자에 대한 채권을 보전하기 위하여 제3채무자를 상대로 채무자의 제3채무자에 대한 채권에 기한 이행청구의 소를 제기하는 한편, 채무자를 상대로 피보전채권에 기한 이행청구의 소를 제기한 경우, 채무자가 그 소송절차에서 소멸시효를 원용하는 항변을 하였고, 그러한 사유가 현출된 채권자대위소송에서 심리를 한 결과, 실제로 피보전채권의 소멸시효가 적법하게 완성된 것으로 판단되면, 채권자는 더 이상 채무자를 대위할 권한이 없게 된다고 하였다.

참고문헌

권영준, 2021년 민법 판례 동향, 서울대 법학 63권 1호, 2022.

김병선, 시효원용권자의 범위, 민사법학 38호, 2007.

김정만, 소멸시효 원용권자의 범위, 사법연수원 논문집 제5집, 2008.

김문희, 소멸시효 완성의 효과를 원용할 수 있는 자의 범위, 판례연구 20집, 부산판례연구회, 2009.

노재호, 소멸시효의 원용, 사법논집 제52집, 2011.

박운삼, 사해행위의 수익자와 취소채권자의 채권의 소멸시효의 원용, 판례연구 21집, 부산판례연구회, 2010.

서종희, 시효원용권자의 범위 판단 기준에 대한 재고, 사법 57호, 2021.

양창수, 후순위저당권자는 소멸시효 원용할 수 없는가?, 법률신문 4887호, 2021.

여미숙, 소멸시효 완성의 효과, 한양대 법학논총 37권 1호, 2020.

윤진수, 2007년도 주요 민법 관련 판례 회고, 민법논고 7권, 2015.

윤진수, 김증한 교수의 소멸시효론, 민사법학 69호, 2014.

장민하, 후순위담보권자가 선순위담보권의 피담보 채권의 소멸시효를 원용할 수 있는지 여부, 민사판례연구 44권, 2022.

Ⅱ 물 권

[판례 26]

물권적 합의

대법원 2006.3.10. 선고 2005도9402 판결

사 실

피고인 Y는 A로부터 그 소유의 부동산을 3억 5,000만 원에 매수하면서, 계약금 3,500만 원은 계약 당일, 중도금은 위 부동산에 설정되어 있는 부담을 피고인이 인수하는 것으로 하고, 잔금 1억 3,260만 원은 2002.11.5. 지급하기로 약정하였다. A는 11.5. 그 다음날 잔금을 지급받는 조건으로 법무사 사무실에 등기신청을 위임해 두기로 하여, 법무사 사무실의 직원 B에게 등기신청에 관한 서류 일체를 교부하면서 자신으로부터 전화연락을 받은 후에야 비로소 소유권이전등기신청을 하도록 하였다. 그런데 Y는 11.6. B에게, 이 사건 부동산에 관하여 소유권이전등기를 먼저 마치고 위 부동산에 저당권을 설정한 후 대출을 받아 잔금을 지급하도록 A가 허락하였다고 거짓말하여, B로 하여금 소유권이전등기절차를 밟도록 하여 Y 앞으로 소유권이전등기가 마쳐졌다. 검사는 Y를 공정증서불실기재, 동행사죄로 기소하였다.

원심은 Y에게 무죄를 선고하였다. 그러나 대법원은 원심판결을 파기하였다.

이 유

공정증서원본 등에 기재된 사항이 존재하지 아니하거나 외관상 존재한다고 하더라도 무효에 해당하는 하자가 있다면 그 기재는 불실기재에 해당한다. 비록 A가 Y 명의로 소유권이전등기를 신청하는 데 필요한 위임장을 법무사 사무실 사무원에게 작성하여 주고 소유권이전등기에 필요한 모든 서류를 그에게 보관시키기는 하였지만, 이는 그 다음날 Y로부터 잔금을 지급받은 후에 법무사에게 작성하여 주거나 교부하여 주어야 할 서류를 본인이 다시 오기에 불편하다는 이유로 미리 작성 및 보관시킨 것에 불과할 뿐이라고 보아야 하고, 이를 들어 A와 Y가 잔금지급에 앞서 이 사건 부동산을 피고인에게 먼저 이전하겠다는 물권적 합의를 하였다거나 피고인 명의의 소유권이전등기를 신청할 대리권을 법무사에게 수여하였다고 볼 수는 없다. 그렇다면 Y

와 A 사이에 물권적 합의가 없는 상태에서, 소유권이전등기신청에 관한 대리권이 없이 단지 소유권이전등기에 필요한 서류를 보관하고 있을 뿐인 법무사를 기망하여 Y 명의의 소유권이전등기를 신청하게 한 행위는 단지 소유권이전등기신청절차에 하자가 있는 것에 불과한 것이 아니라 허위의 사실을 신고한 것이라고 보아야 하고, Y 명의의 소유권이전등기는 원인무효의 등기로서 불실기재라고 보아야 한다.

해 설

1. 공정증서원본불실기재죄와 물권적 합의

판례는 공정증서원본에 기재된 사항이 부존재하거나 외관상 존재한다고 하더라도 무효에 해당되는 하자가 있다면 그 기재는 불실기재에 해당하지만, 기재된 사항이나 그 원인된 법률행위가 객관적으로 존재하고 다만 거기에 취소사유인 하자가 있을 뿐이라면 취소되기 전에 공정증서원본에 기재된 이상 그 기재는 공정증서원본의 불실기재에 해당하지는 않는다고 보고 있다(대판 1993.9.10, 93도698; 2009.2.12, 2008도10248 등). 그런데 대상판결은 매수인이 매매 잔대금을 지급하지 않았음에도 불구하고 법무사를 기망하여 자신 앞으로 소유권이전등기를 마친 경우에, 매수인이 기망을 당하여 소유권이전등기를 해 준 것이 아니라, 물권적 합의 자체가 없으므로 매수인 명의의 등기가 무효이고 따라서 공정증서원본불실기재죄가 성립한다고 보았다.

2. 물권행위와 물권적 합의의 개념

일반적인 학설은 물권변동의 요건으로서 매매와 같은 채권행위 외에 물권행위가 별도로 필요하다고 보고 있다. 여기서 물권행위란 직접 물권의 변동을 목적으로 하는 의사표시를 요소로 하는 법률행위로서, 채권행위는 의무부담행위임에 반하여 물권행위는 처분행위로서 이행의 문제가 남지 않는다고 한다. 그런데 학설상 물권적 합의만으로 물권행위가 있었다고 볼 것인가, 아니면 물권적 합의 외에 등기 또는 인도도 물권행위의 요소라고 볼 것인가에 관하여 논란이 있다. 앞의 설에서는 등기나 인도는 물권행위 효력발생요건이거나 물권변동을 위한 또 하나의 요건이라고 한다. 그러나 이러한 논쟁의 실익은 별로 없다. 이하에서는 물권행위와 물권적 합의를 같은 의미로 사용한다.

그런데 이러한 물권행위 내지 물권적 합의의 개념을 우리 법상 인정할 필요가 없다는 견해도 있다. 즉 우리 민법은 법률행위로 인한 물권변동의 경우에 매매계약과 같은 법률행위(채권행위)와 등기 또는 인도만을 요건으로 규정하고 있으므로, 구태여 물권행위라는 개념을 인정할 필요가 없다는 것이다.

판례는 물권행위나 물권적 합의의 개념을 인정하고 이러한 용어를 사용하고 있다. 대판

1991.3.22, 91다70은, 249조가 규정하는 선의취득의 요건인 선의 · 무과실의 기준시점은 물권행위가 완성되는 때이므로, 물권적 합의가 동산의 인도보다 먼저 행하여지면 인도된 때를, 인도가 물권적 합의보다 먼저 행하여지면 물권적 합의가 이루어진 때를 기준으로 해야 한다고 하였다. 또 대판 1996.6.28, 96다14807은 동산의 소유권유보의 특약을 한 경우, 목적물의 소유권을 이전한다는 당사자 사이의 물권적 합의는 매매계약을 체결하고 목적물을 인도한 때 이미 성립하지만 대금이 모두 지급되는 것을 정지조건으로 한다고 판시하였고, 대판 2001.10.9, 2000다51216은 부동산의 매매로 인한 소유권이전등기청구권은 매도인이 물권행위의 성립요건을 갖추도록 의무를 부담하는 경우에 발생하는 채권적 청구권이라고 하였다.

3. 물권행위의 독자성과 무인성

물권적 합의가 언제 있다고 보는가에 관하여 물권행위 독자성 긍정설과 부정설이 대립한다. 물권행위 독자성 긍정설은 물권행위 또는 물권적 합의는 원칙적으로 채권행위와는 다른 시기에 일어나는데, 보통은 부동산의 경우에는 이전등기에 필요한 서류를 교부한 때에, 동산의 경우에는 인도한 때에 물권적 합의가 있다고 한다. 반면 독자성 부정설은 물권행위는 원칙적으로 채권행위와 함께 하나의 행위로 행하여진다고 주장한다. 이외에 성립요건주의 하에서는 물권변동은 등기나 인도가 있을 때 일어나므로 물권행위가 언제 행해졌는가를 따지는 것은 의미가 없다는 주장도 있다. 다만 근래에는 물권행위의 독자성을 물권행위의 시기에 관한 것이 아니라, 물권변동에 있어서 당사자 사이에 물권변동의 의무를 발생시키는 채권행위와는 별도로 물권변동 그 자체를 목적으로 하는 물권행위를 인정한다는 것으로 이해하는 견해도 있다.

다른 한편 물권행위의 효력이 채권행위의 효력에 의존하는가에 관하여는 무인성설과 유인성설이 대립한다. 물권행위의 무인성설은 물권행위의 원인행위인 채권행위가 존재하지 않거나 무효이거나 취소 또는 해제된 경우에도 물권행위는 효력을 유지한다는 것이고, 유인성설은 그러한 경우에는 물권행위도 효력이 없다고 본다.

판례는 물권행위의 독자성과 무인성을 인정하지 않는다. 대판 1977.5.24, 75다1394는, 우리의 법제가 물권행위의 독자성과 무인성을 인정하고 있지 않으므로 계약이 해제되면 그 계약의 이행으로 변동이 생겼던 물권은 당연히 그 계약이 없었던 원상태로 복귀한다고 하여, 계약해제의 효과에 관한 이른바 물권적 효과설을 따랐다.

4. 검 토

법률행위로 인한 물권변동의 경우에는 등기나 인도와 같은 공시방법이 요구되므로, 그러한 공시방법을 갖추기 위하여도 채권행위와는 별도로 당사자의 의사를 근거로 하여야 하고, 이러한 당사자의 의사가 물권행위를 별도로 필요로 한다는 근거가 될 수 있다. 가령 부동산 매도인으로서는 매수인으로부터 매매대금을 지급받지 않고서도 바로 소유권을 이전할 의사를 가지는 것은 아니며, 매수인이 매매대금 지급의무를 이행하는 경우에 확정적으로 소유권을 이전할 것인지를 결정한다. 그러므로 매매계약이 체결되고 형식적으로 등기나 인도가 있었더라도, 그것이 매도인의 의사에 기한 것이 아니면 그 등기는 실체적 권리관계에 부합하지 않는 한 무효가 된다. 따라서 채권행위와는 별개로 인정되는 물권행위는 이러한 당사자의 의사를 확인하는 역할을 한다.

그런데 일반적으로 물권행위는 원칙적으로 채권행위와 함께 하나의 행위로 행하여진다는 주장에 의한다면, 물권행위는 이러한 당사자의 의사를 확인하는 역할을 할 수 없다. 다른 한편 매도인이 등기에 필요한 서류를 교부할 때 물권적 합의가 있었다고 본다고 하더라도, 그러한 합의에는 별다른 법적 효과가 인정되지 않는다. 소유권이전등기를 위하여 필요한 것은 매도인의 소유권이전등기신청이지 등기서류 교부가 아니다.

그러므로 부동산의 경우에는 쌍방이 공동으로 소유권이전등기를 신청하는 것이 물권행위에 해당한다. 그러한 등기신청은 직접 물권의 변동 그 자체를 목적으로 하는 의사표시이고, 또 채권행위에 따른 의무를 이행하는 것으로서 따로 이행의 문제가 남지 않는다. 등기신청행위는 이른바 사인의 공법행위이기는 하지만, 동시에 사법상 법률행위인 물권행위도 될 수 있다. 예컨대 사법상의 형성권을 소송상 행사하는 경우에는 이는 소송행위와 사법행위라는 두 가지 성질을 다 가진다고 보는 것이 일반적이다. 등기신청의 경우에는 등기신청이라는 공법행위와 물권적 합의라는 사법행위가 병존하고, 그 효력 유무는 별개로 따져야 한다(병존설). 스위스 민법상 물권변동 규정은 우리 민법과 유사한데, 거기서는 등기신청을 처분행위로 보고 있다.

그리고 동산의 경우에는 소유권 이전을 위한 인도의 합의가 물권행위 내지 물권적 합의에 해당한다. 인도가 채권행위의 이행으로서 이루어지는 경우에는 점유의 이전뿐만 아니라 그 인도에 의하여 소유권의 이전이 일어난다는 점에 대하여도 당사자 사이에 의사의 합치가 존재하고, 이는 당사자가 인도에 의하여 바로 소유권이 이전된다는 것을 인식하면서 그러한 효과를 의욕하여 인도의 합의를 하는 것이므로, 물권행위의 개념에 들어맞는 것이다. 물권행위론의 비조(鼻祖)인 사비니도 일찍이 이와 같이 주장하였다.

이와 같이 보는 경우에는 186조의 "법률행위"는 물권행위 아닌 채권행위를 가리키는 것이 된다. 또 물권행위 그 자체는 물권변동의 원인이 될 수 없고, 다만 물권변동 과정에서 물권변동의 진정성을 담보하는 의미만을 가지므로, 물권행위 자체가 물권변동의 원인이 된다는 것을 전제로 하는 물권행위의 무인성은 처음부터 문제되지 않는다.

5. 판례에 대하여

이와 같이 본다면 대상판결에서 매수인 명의의 등기가 유효한가 하는 점은 등기신청이 매도인의 의사에 기한 것이라고 볼 수 있는가 하는 점에 달려 있다. 등기신청이 매도인의 의사와는 관계없이 이루어졌다면 이는 매수인이 서류를 위조하여 등기한 것과 마찬가지로서 물권적 합의는 없는 것이므로 소유권이전등기는 무효가 될 것이고, 반면 매도인이나 그 대리인인 법무사가 매수인으로부터 기망을 당하여 등기신청을 하였다면 물권적 합의는 존재하지만 하자가 있는 것이므로 그 합의가 취소되지 않는 한 등기가 될 당시에는 유효하였다고 보아야 할 것이다.

대상판결은 매도인이 법무사에게 등기서류를 맡겨 놓기는 했지만 자신이 전화연락을 해야만 비로소 소유권이전등기신청을 하도록 했다는 점에서, 등기서류를 맡긴 것만으로는 아직 대리권을 수여한 것은 아니고 매도인이 전화를 할 때 비로소 대리권을 수여하려는 것이었다고 해석하여, 법무사의 등기신청은 무권대리행위이므로 당사자 사이에는 물권적 합의가 없었다고 본 것으로 이해된다.

그런데 대판 1996.6.11, 96도233은 비슷한 사안에서 매수인과 매도인 사이에 물권적 합의가 존재하였다고 하여 매수인 명의의 등기가 유효하다고 보았다. 이 사건에서는 매도인은 피고인인 매수인으로부터 매매대금 일부를 지급받고, 매수인 앞으로의 부동산소유권이전등기에 필요한 서류 일체를 법무사에게 맡겨 놓은 다음, 잔금을 지급한 후에 매수인이 위 서류들을 찾아서 피고인 앞으로 소유권이전등기를 마치도록 약정하였다. 그런데 피고인은 그 다음날 법무사에게 자신이 매도인에게 잔금을 모두 지급하였다고 거짓말하여, 법무사로 하여금 매수인 앞으로 소유권이전등기를 경료하게 하였다. 원심은 피고인에 대한 공정증서원본불실기재, 동행사죄를 유죄로 인정하였다. 그러나 대법원은, 법무사의 등기신청행위에 하자가 있지만, 위 신청이 무효라고는 할 수 없고, 위 소유권이전등기의 원인이 되는 법률관계인 매매 내지는 물권적 합의가 객관적으로 존재하지 않는 것이라고는 할 수 없다고 하여 공정증서원본불실기재죄의 성립을 부정하였다. 즉 이 판결은 물권적 합의는 있었고, 다만 그 등기신청에는 하자가 있지만 취소할 수 있을 뿐 무효는 아니라고 보았다.

그런데 등기신청 자체를 물권행위라고 본다면, 위 두 개의 판결을 모두 쉽게 설명할 수 있다. 즉 96도233 판결에서는 법무사에게 매도인을 대리하여 등기신청을 할 권한이 있었으므로, 법무사가 매수인에게 기망당하여 등기신청을 하였더라도 등기신청이라는 물권행위가 무권대리로서 무효라고는 할 수 없고, 다만 기망이 있었음을 이유로 하여 등기신청행위를 취소할 수 있을 뿐이다. 실제로 등기신청 외에는 취소할 수 있는 물권적 합의를 특정하기도 어렵다. 반면 대상판결에서는 매도인의 승낙을 받기 전에는 법무사에게 등기신청을 할 대리권이 없었기 때문에, 법무사의 매도인을 대리한 등기행위는 무권대리행위이고 따라서 물권적 합의 자체가 없으므로, 그 등기는 무효라고 보아야 하는 것이다.

참고문헌

김기창, 물권행위무용론, 민사법학 52호, 2010.

김제완, 느린 동작 화면으로 본 물권행위, 김기창 외, 아듀 물권행위, 2006.

명순구, 물권행위와의 작별을 준비하다, 고려법학 49호, 2007.

오영근, 2006년도 형사판례회고, 형사판례연구 15호, 2007.

윤진수, 물권행위 개념에 대한 새로운 접근, 민법논고 2권, 2008.

윤진수, 황적인 교수의 물권행위론, 민법논고 8권, 박영사, 2021.

홍성재, 물권행위 무용론의 검토, 고상룡교수 고희기념논문집 한국민법의 새로운 전개, 2012.

[판례 27]

진정한 등기명의 회복을 위한 소유권이전등기

대법원 2001.9.20. 선고 99다37894 전원합의체 판결

사 실

A 조합은 조합의 자금으로 부동산을 매수하여 1980.4.28. 당시 조합장이었던 X 명의로 소유권이전등기를 경료하였고, 위 부동산에 대하여는 그 후 1980.8.20. Y 명의로 1980.7.16.자 증여를 원인으로 한 소유권이전등기가 경료되었다가, B 명의로, 다시 Y 명의로 순차 소유권이전등기가 경료되었다. X는 1980.7.16.자 증여의 의사표시는 비상계엄 하에서 계엄사령부 합동수사본부 수사관들에 의한 극심한 강박상태에서 이루어진 것이어서 무효이고, 따라서 Y 명의의 소유권이전등기나 이에 터잡아 이루어진 나머지 이전등기도 모두 원인무효라고 주장하면서, Y, B를 상대로 소유권이전등기의 말소를 구하는 소송을 제기하였으나 청구 기각의 확정판결을 받았다. 그러자 X는 이번에는 Y를 상대로 하여 진정명의회복을 원인으로 한 소유권이전등기를 청구하였다. 원심은 X의 청구를 받아들였으나, 대법원은 원심판결을 파기하였다. 이 판결에는 별개의견 및 반대의견이 있었다.

이 유

진정한 등기명의의 회복을 위한 소유권이전등기청구는 이미 자기 앞으로 소유권을 표상하는 등기가 되어 있었거나 법률에 의하여 소유권을 취득한 자가 진정한 등기명의를 회복하기 위한 방법으로 현재의 등기명의인을 상대로 그 등기의 말소를 구하는 것에 갈음하여 허용되는 것인데, 말소등기에 갈음하여 허용되는 진정명의회복을 원인으로 한 소유권이전등기청구권과 무효등기의 말소청구권은 어느 것이나 진정한 소유자의 등기명의를 회복하기 위한 것으로서 실질적으로 그 목적이 동일하고, 두 청구권 모두 소유권에 기한 방해배제청구권으로서 그 법적 근

거와 성질이 동일하므로, 비록 전자는 이전등기, 후자는 말소등기의 형식을 취하고 있다고 하더라도 그 소송물은 실질상 동일한 것으로 보아야 하고, 따라서 소유권이전등기말소청구소송에서 패소확정판결을 받았다면 그 기판력은 그 후 제기된 진정명의회복을 원인으로 한 소유권이전등기청구소송에도 미친다고 보아야 할 것이다. 이와 달리 소유권이전등기말소청구소송에서 패소확정판결을 받은 당사자도 그 확정판결의 기판력이 진정명의회복을 원인으로 한 소유권이전등기청구소송에는 미치지 아니하므로 다시 진정명의회복을 위한 소유권이전등기청구소송을 제기할 수 있다고 본 대법원 1990.11.27. 선고 89다카12398 전원합의체 판결 등의 견해는 이와 저촉되는 한도 내에서 변경하기로 한다.

해 설

1. 진정명의회복을 위한 소유권이전등기의 허용 여부

어떤 자 명의로 이루어진 소유권이전등기가 무효인 경우에는 진정한 소유자가 그 등기명의인을 상대로 이전등기의 말소를 청구하여 말소등기를 함으로써 잘못된 등기를 바로잡을 수 있다. 그런데 판례{대판(전) 1990.11.27, 89다카12398 등}는 이미 자기 앞으로 소유권을 표상하는 등기가 되어 있었거나 법률에 의하여 소유권을 취득한 자는 현재의 등기명의인을 상대로 그 등기의 말소를 구하는 외에 "진정한 등기명의의 회복"을 원인으로 한 소유권이전등기절차의 이행을 직접 구하는 것도 허용된다고 하였다. 그 근거로는 현재의 부진정한 등기명의인은 진정한 소유자의 공시에 협력할 의무를 지는데, 진정한 등기명의의 회복에 협력하기 위하여는 자기의 등기를 말소하는 방법에 의하거나 등기부상의 진정한 권리자에게 직접 이전등기를 이행하는 방법에 의하거나 간에 그 본질적인 면에서 아무런 차이가 없을 뿐만 아니라, 그 어느 방법에 의하더라도 자기의 등기를 잃는 점에 있어서는 그 이해를 달리하지 않기 때문이라는 것이다.

한편 판례는 이러한 진정명의회복을 위한 소유권이전등기청구는 이미 자기 또는 자기의 피상속인 앞으로 소유권을 표상하는 등기가 되어 있었거나 법률에 의하여 소유권을 취득한 자만이 할 수 있다고 보고 있다. 그리하여 분배농지의 상환을 완료한 수분배자나 그 상속인은 진정명의회복을 위한 소유권이전등기청구를 할 수 있지만(대판 2009.7.9, 2008다56019, 56026), 명의신탁자는 제3자에 대하여 그러한 청구를 할 수 없다(대판 2001.8.21, 2000다36484). 다른 한편 판례(대판 2000.2.25, 99다53704)는 이러한 법리는 사해행위 취소소송에서도 적용될 수 있으므로, 채권자는 사해행위의 취소로 인한 원상회복 방법으로 수익자 명의의 등기의 말소를 구하는 대신 수익자를 상대로 채무자 앞으로 직접 소유권이전등기절차를 이행할 것을 구할 수도 있다고 하였다.

2. 학 설

학설 가운데에는 이러한 등기를 허용하는 것은 당해 부동산에 관한 물권변동의 과정을 그대로 공시하지 못하는 것이므로 허용되어서는 안 된다는 부정설도 있다. 그러나 다수의 학설은 대체로 진정명의회복을 위한 소유권이전등기청구를 허용하여야 한다고 보고 있다. 그 주된 근거는, 부동산등기제도의 목적은 부동산에 관한 현재의 진실한 권리상태를 공시함으로써 부동산거래의 안전을 기함에 있으므로, 물권변동의 태양 및 과정을 반드시 그대로 반영할 필요는 없다는 것이다.

그런데 긍정설도 이러한 등기는 다음의 두 경우에 한하여 허용될 수 있다고 한다. 즉 등기의 무효를 제3자에게 대항할 수 없는 경우, 예컨대 소유권이전등기가 통정허위표시에 의하여 이루어진 후 선의의 제3자가 저당권을 취득한 경우에는 소유자가 등기명의인에 대하여 말소를 청구하는 대신 진정명의회복을 위한 소유권이전등기청구를 하여야 한다고 한다. 또 무효인 등기가 여러 차례에 걸쳐 이루어진 경우에 모든 등기명의자를 상대로 하여 말소를 청구하는 것보다는 현재의 최종 등기명의자만을 상대로 하여 이전등기를 청구할 수 있다는 것이다.

3. 말소등기청구가 기판력에 저촉되는 경우

그런데 종래 많이 문제되었던 것은, 원래의 소유자가 현재의 등기명의자를 상대로 하여 말소등기청구를 하였으나 패소한 후 다시 진정명의회복을 위한 소유권이전등기청구를 하는 경우와 같이, 말소등기청구는 종전 판결의 기판력에 저촉되어 허용될 수 없더라도 진정명의회복을 위한 이전등기청구를 할 수 있는가 하는 점이었다. 진정명의회복을 위한 이전등기청구가 가능하다고 명시적으로 밝힌 대판(전) 1990.11.27, 89다카12398을 비롯한 많은 판례는, 이러한 경우 진정명의회복을 위한 이전등기청구는 기판력에 저촉되지 않는다고 보았다. 즉 확정판결의 기판력은 소송물로 주장된 법률관계의 존부에 관한 판단의 결론 그 자체에만 미치는 것이고 그 전제가 되는 법률관계의 존부에까지 미치는 것이 아니므로, 부동산에 관한 소유권이전등기의 말소를 인용한 판결이 확정되었다 하더라도 그 확정판결의 기판력은 부동산의 소유권 자체의 존부에는 미치는 것이 아니어서, 위 소송에서 패소한 당사자도 그 후 소유권확인소송을 제기하여 승소판결을 받고 그 확정판결에 기하여 진정한 소유자명의의 회복을 위한 소유권이전등기를 청구할 수 있다는 것이다(대판 1990.12.21, 88다카26482 등).

그러나 이러한 판례에 대하여는 비판이 많았고, 결국 대상판결은 말소등기에 갈음하여 허용되는 진정명의회복을 원인으로 한 소유권이전등기청구권과 무효등기의 말소청구권의 소송물은 실질상 동일한 것이므로, 소유권이전등기말소청구소송에서 패소확정판결을 받았다면 그 기판력은 그 후 제기된 진정명의회복을 원인으로 한 소유권이전등기청구소송에도 미친다고 하여, 종래의 반대되는 판례를 변경하였다.

그러나 반대의견은, 소유권이전등기말소등기청구소송과 진정명의회복을 위한 소유권이전등기청구소송은 그 청구취지가 다르므로, 소송물이 다르다고 하였다. 그리고 별개의견은 양자의 소송물은 다르지만, 전소의 소송과정에서 이미 후소에서와 실질적으로 같은 청구나 주장을 하였거나 그렇게 하는 데 아무런 장애가 없었으며, 후소를 허용함으로써 분쟁이 이미 종결되었다는 상대방의 신뢰를 해치고 상대방의 법적 지위를 불안정하게 하는 경우에는 후소는 신의칙에 반하여 허용되지 않는다고 하였다.

4. 검 토

이처럼 전소와 후소의 소송물이 다른가 하는 점을 판단하기 위하여는 우선 말소등기청구권과 진정명의회복을 위한 이전등기청구권의 성질이 서로 다른가 아니면 같은 것인가를 살펴보아야 한다. 이 점에 관하여 1설은 말소등기청구권은 그 전 등기로의 회복을 목적으로 하는 소극적인 것임에 반하여, 진정명의회복을 원인으로 하는 소유권이전등기는 새로운 등기의 생성을 목적으로 하는 적극적인 것이고, 진정명의회복을 원인으로 하는 소유권이전등기청구권은 말소등기청구권과는 별도의, 절차법적인 이전등기청구권이므로 양자는 실질적으로나 형식적으로 별개의 청구권, 별개의 소송물이 될 수 있다고 한다.

그러나 말소등기청구권과 진정명의회복을 위한 이전등기청구권은 모두 소유권에 기한 방해배제청구권이고, 두 개의 청구는 실제에 있어서는 동일한 것이며, 진정명의회복을 위한 이전등기청구는 말소등기와 다를 바가 없다. 그러므로 말소등기청구가 기판력에 저촉되어 허용될 수 없다면 진정한 등기명의의 회복을 위한 소유권이전등기청구도 기판력에 저촉된다고 보아야 할 것이다. 종래에는 소송물의 동일성을 청구취지와 청구원인 두 가지에 따라 결정하였으므로 청구취지가 다르면 청구원인이 같더라도 다른 소송물이라고 보았는데, 이는 청구취지가 다르면 소에 의하여 달성하려는 목적 자체가 다르기 때문이다. 그런데 이 사건과 같은 경우에는 말소청구나 이전등기청구의 목적이 다르다고 하기 어렵고, 따라서 청구취지 자체를 실질에 있어서 다른 것으로 취급하여야 할 것은 아니라고 생각된다.

5. 관련 판례

대판 2002.12.6, 2002다44014는, 제소전 화해조서는 확정판결과 같은 효력이 있어 당사자 사이에 기판력이 생기는 것이므로, 원고가 피고에게 토지에 관하여 신탁해지를 원인으로 한 소유권이전등기절차를 이행하기로 한 제소전 화해가 준재심에 의하여 취소되지 않은 이상, 그 제소전 화해에 기하여 마쳐진 소유권이전등기의 말소등기절차의 이행을 청구하는 것은 제소전 화해의 기판력에 저촉되고, 제소전 화해의 기판력은 진정명의회복을 원인으로 한 소유권이전등기청구에도 역시 미친다고 하였다.

참고문헌

김명수, 전소인 소유권이전등기말소청구소송의 확정판결의 기판력이 후소인 진정명의회복을 원인으로 한 소유권이전등기청구소송에 미치는지 여부, 대법원판례해설 38호, 2002.

김상수, 말소등기청구소송과 진정명의회복을 원인으로 한 이전등기청구소송의 소송물, Jurist 377호, 2002.

김홍엽, 소유권이전등기의 말소등기청구소송과 진정명의회복을 위한 이전등기청구소송에 있어서 기판력의 문제에 관하여, 민사재판의 제문제 11권, 2002.

김황식, 진정명의 회복을 위한 소유권 이전등기청구, 윤관대법원장퇴임기념 국민과 사법, 1999.

송명호, 기판력의 문제를 중심으로 한 진정명의회복을 위한 소유권이전등기청구에 관한 고찰, 법조 566호, 2003.

원유석, 말소등기청구와 진정명의회복을 원인으로 한 소유권이전등기청구의 소송물과 기판력, 민사판례연구 26권, 2004.

유병현, 기판력과 진정명의회복을 위한 소유권이전등기청구소송, 고려법학 39호, 2002.

윤진수, 무효인 제2양수인 명의의 소유권이전등기가 확정판결에 의하여 이루어진 경우 제1양수인 내지 그 승계인의 구제방법, 민법논고 2권, 2008.

이충상, 진정명의회복을 위한 소유권이전등기청구와 기판력, 저스티스 66호, 2002.

최창렬, 진정명의회복을 위한 소유권이전등기청구, 비교사법 13권 1호, 2006.

[판례 28]

중간생략등기의 합의

대법원 2005.4.29. 선고 2003다66431 판결

사 실

A는 Y들을 비롯한 토지 소유자들을 대리하여 B 회사와 토지매매 계약을 체결하였다. 그리고 A는 B 회사가 소유권이전등기를 경료하지 아니한 상태에서 이를 제3자에게 분양하는 것을 용인하고, 토지소유자들로부터 받은 위임장을 B 회사의 대표이사인 C에게 교부함과 동시에 토지에 관한 매매계약의 체결 등 일체의 권한을 C에게 위임한다는 취지의 위임장을 작성하여 C에게 교부하였고, Y들도 B 회사에게 자신의 인감증명서 등을 수분양자에게 교부하도록 주었다. B 회사는 위 토지 중 일부를 X에게 분양하였고, X는 B 회사에게 분양대금을 모두 지급하였다. 그런데 Y들은 B 회사에게 당초 계약가격인 평당 356,010원보다 매매대금을 인상하여 달라고 요구하여, B 회사는 매매대금을 평당 550,000원으로 인상하기로 하였으나, 그 인상된 대금을 지급하지 않았다. X는 중간생략 등기합의가 존재함을 이유로 Y들을 상대로 소유권이전등기를 청구하는 소송을 제기하였다가, 위 토지가 수용되어 그 수용대금이 변제공탁되자, Y들에게 위 공탁금출급청구권의 양도를 청구하는 것으로 소를 변경하였다.

원심은, Y들은 B 회사에게는 위와 같이 인상된 매매대금의 지급을 청구할 수 있을지언정 X에게는 당초의 매매계약 및 중간생략등기 합의 이후에 Y들과 B 회사 사이에서 이루어진 매매대금 인상의 합의를 가지고 X에게 대항할 수 없다는 이유로, 위와 같이 인상된 매매대금을 기초로 한 Y들의 동시이행의 항변을 배척하고 X의 청구를 일부 받아들였다. 그러나 대법원은 원심판결을 파기하였다.

이 유

중간생략등기의 합의란 부동산이 전전 매도된 경우 각 매매계약이 유효하게 성립함을 전제로 그 이행의 편의상 최초의 매도인으로부터 최종의 매수인 앞으로 소유권이전등기를 경료하

기로 한다는 당사자 사이의 합의에 불과할 뿐이므로, 이러한 합의가 있다고 하여 최초의 매도인이 자신이 당사자가 된 매매계약상의 매수인인 중간자에 대하여 갖고 있는 매매대금청구권의 행사가 제한되는 것은 아니라고 할 것인바, 이러한 법리에 비추어 보면, 이 사건 토지에 관하여 자신들 소유 명의로 등기가 되어 있는 Y들로서는 매수인인 B 회사 명의로 소유권이전등기를 경료해 줄 의무의 이행과 동시에 소외 회사에 대하여 위와 같이 인상된 매매대금의 지급을 구하는 내용의 동시이행의 항변권을 보유하고 있다고 보아야 할 것이므로, Y들은 위와 같이 인상된 매매대금이 지급되지 아니하였음을 이유로 X 명의로의 소유권이전등기의무의 이행을 거절할 수 있다.

해 설

1. 중간생략등기의 유효성과 중간생략등기청구권에 관한 학설

A(최초 매도인)가 B(중간 매수인)에게 자신의 부동산을 매도하였는데, B가 다시 C(최종 매수인)에게 매도하였고, 등기는 A로부터 C에게 직접 넘어간 경우에 C 명의의 등기를 중간생략등기라고 한다. 이러한 경우에 C 명의의 등기가 유효한가, 나아가 C가 A에 대하여 중간생략등기를 해줄 것을 청구할 수 있는가가 문제된다.

우선 일단 이루어진 중간생략등기의 효력이 있는가에 관하여도 의견이 갈린다. 이를 무효라고 보는 학설은, 물권변동에 관한 형식주의 하에서는 등기 없이 부동산물권은 이전되지 않기 때문에 중간생략등기는 무효의 등기라고 하거나, 부동산등기특별조치법이 중간생략등기를 금지하고 있고 이에 위반한 자를 처벌하는 규정(2조 2항 · 3항, 8조 1호)을 두고 있음에 비추어 볼 때 중간생략등기는 무효라고 한다. 그러나 다수의 학설은 그 유효성을 인정한다. 뒤에서 보는 것처럼 C의 A에 대한 중간생략등기청구권 자체를 인정하는 학설은 당연히 중간생략등기의 효력을 인정한다. 그리고 중간생략등기청구권을 부정하는 학설도, 이미 이루어진 중간생략등기를 무효라고 하는 것은 거래의 안전을 해치게 되고, 부동산등기특별조치법의 규정은 효력규정 아닌 단속규정에 불과하다고 한다.

다른 한편 중간생략등기청구권에 관하여는 이를 인정하는 견해가 비교적 다수이다. 다만 그 인정 범위나 이론적인 근거에 대하여는 여러 가지가 주장된다. 물권적 기대권설은 아직 자기 앞으로 소유권이전등기를 마치지 않은 B가 소유권은 취득하지 못하였어도 물권적 기대권을 가지는데, 이를 C에게 양도함으로써 C가 등기청구권을 가지며, 채권양도의 대항요건을 갖출 필요는 없다고 한다. 채권양도설은 B는 A에 대한 등기청구권을 채권으로서 C에게 양도할 수 있고, 그 대항요건을 갖추면 C는 A에게 중간생략등기청구를 할 수 있다고 한다. 3자합의설은 A, B, C가 A로부터 C에게로 중간생략등기를 하는 것에 대한 합의가 있으면 C의 중간생략등기청구권이 인정된다고 한다. 그리고 처분수권설은 A와 B 사이의 매매계약에 포함되어 있는 물권행위는 B가 A의 부동산을 처분하는 데 대한 동의로서의 의미를 가지므로 C가 A에 대하여 청구할 수 있다고 한다.

반면 부정설은 중간생략등기청구권을 인정하는 것은 중간생략등기를 금지하는 법에 정면으로 배치되고, A와 C 사이에는 법률행위가 없었던 점 등을 이유로 하여 중간생략등기청구권은 인정되어서는 안 된다고 한다.

2. 판 례

판례는 중간생략등기를 청구하기 위하여는 관계당사자 전원의 의사합치, 즉 중간생략등기에 대한 최초 양도인과 중간자의 동의가 있는 외에 최초 매도인과 최종 매수인 사이에도 그 중간등기생략의 합의가 있었음이 요구된다고 보고 있다(대판 1991.4.23, 91다5761 등). 그리하여 매도인이 소유권이전등기 소요 서류 등에 매수인란을 백지로 하여 교부한 경우에는 소유권이전등기에 있어 묵시적 그리고 순차적으로 중간등기 생략의 합의가 있었다고 봄이 상당하다고 한다(대판 1982.7.13, 81다254 등).

반면 이미 이루어진 중간생략등기의 경우에는 당사자 전원의 합의가 없었더라도 매매당사자들 사이에 매매계약이 적법하게 성립되어 이행된 이상 그 등기부상의 명의자가 그 중간생략등기의 합의가 없었다는 사유만으로는 그 소유권이전등기의 말소등기 절차이행을 청구할 수 없다고 한다(대판 1967.5.30, 67다588; 2005.9.29, 2003다40651 등).

그리고 중간생략등기의 합의가 있는 경우에도 이는 중간등기를 생략하여도 당사자 간에 이의가 없고 또 그 등기의 효력에 영향을 미치기 않게 하였다는 의미가 있을 뿐이지, 이런 합의가 있었다 하여 매도인이 매수인에 대하여 소유권이전등기를 하여 줄 의무가 소멸하는 것은 아니라고 한다(대판 1979.2.27, 78다2446).

3. 검 토

우선 최종 매수인의 최초 매도인에 대한 중간생략등기의 청구는 인정되어서는 안 될 것이다. 부동산등기법은 소유권이전등기를 하는 경우에 등기부에 등기원인을 기재하도록 규정하고 있고(48조 1항 4호), 등기신청시에도 등기원인을 신청정보의 내용으로 등기소에 제공하여야 한다(부동산등기규칙 43조 1항 5호). 이처럼 부동산등기법이 등기의 원인을 기재하도록 하고 있는 것은 등기부에 현재의 권리관계뿐만 아니라 권리변동이 일어나는 과정 자체를 공시하기 위한 것이라고 할 수 있다. 이러한 등기원인은 매매의 경우에는 매매계약이 된다.

그런데 부동산이 전전매매된 경우에, 최초 매도인과 중간 매수인, 중간 매수인과 최종 매수인 사이에는 각각 등기원인이 될 수 있는 매매계약이 존재하지만, 최초 매도인과 최종 매수인 사이에는 등기원인이 존재하지 않는다. 따라서 최초 매도인으로부터 직접 최종 매수인에게 등기할 수 있는 등기원인은 없다. 이는 당사자들 사이에 중간생략등기의 합의가 있는 경우에도 마찬가지이다. 대판 1996.6.28, 96다3982는 중간생략등기의 합의가 있다고 하여 최초의 매도인과 최종의 매수인 사이에 매매계약이 체결되었다는 것을 의미하는 것은 아니라고 하였고, 대판 1999.2.26, 98다50999는 중간생략등기의 합의는 등기원인이 될 수 없다고 하였다. 당사자들 사이에 채권이나 물권적 기대권이 양도되었다고 보거나, 처분수권이 있었다고 보더라도 등기원인은 존재하지 않는다. 만일 매수인의 지위를 제3자가 계약에 의하여 인수하였다면 매도인과 제3자 사이에 등기원인이 존재하지만, 그렇지 않으면 등기원인은 인정될 수 없다. 다른 한편 부동산등기특별조치법은 중간생략등기를 금지하고 있는데, 그럼에도 불구하고 법원이 중간생략등기를 명할 수 있다고 보는 것은 법질서의 통일성에 어긋난다.

그러나 일단 이루어진 중간생략등기는 그것이 중간 매수인의 이익을 해친다는 등 특별한 사정이 없는 한 실체적 권리관계에 부합하여 유효하다고 보아야 할 것이다. 판례는 등기절차에 하자가 있더라도 등기의무자가 의무의 이행을 거절할 정당한 사유가 없는 경우에는 그 등기는 실체적 권리관계에 부합하여 유효하다고 보고 있다(대판 1978.8.22, 76다343 등). 이러한 경우에 그 등기가 무효라고 하여 그 말소를 명하는 것은, 다시 등기권리자가 등기의무자를 상대로 하여 소유권이전등기를 청구하면 이전등기를 하여 주어야 할 것이므로 불필요한 절차를 거치게 하는 것이 되고, 로마법 이래로 인정되는 "반환하여야 할 것을 소구하는 것은 허용되지 않는다"는 법리에도 어긋난다. 이러한 법리는 중간생략등기의 경우에도 마찬가지로 적용될 수 있다. 즉 중간 매수인을 거치지 않고 최초 매도인으로부터 최종 매수인에게로 직접 이루어진 중간생략등기는 최초 매도인과 최종 매수인 사이에 등기원인이 존재하지 않기 때문에 부동산등기법에 위배되는 하자가 있는 것이기는 하지만, 그것이 무효라고 하여 말소를 명한다고 하여도 어차피 소유권은 최종 매수인에게로 이전될 것이기 때문이다.

4. 중간생략등기 합의의 법적 성질

이처럼 본다면 이 사건에서 X의 Y에 대한 중간생략등기 청구는 Y의 중간생략등기에 대한 동의가 있었다고 하여도 인정될 수는 없을 것이다. 그러나 판례는 3자 합의가 있을 때에는 중간생략등기의 청구를 인정하고 있기 때문에, 판례를 전제로 하여 Y가 B와의 사이에 대금 인상 합의가 있음을 이유로 X의 청구에 대하여 동시이행의 항변을 할 수 있는지 살펴본다.

이에 관하여 1설은 위와 같은 중간생략등기의 합의는 제3자를 위한 계약에 해당한다고 한다. 즉 이 경우에 최초 매도인(Y)은 낙약자, 중간 매수인(B)은 요약자, 최종 매수인(X)은 수익자로 하는 제3자를 위한 계약이 성립하고, 수익자인 Y의 권리가 확정되면 541조에 의하여 낙약자인 X는 그 후에 있은 요약자 B와의 대금인상 합의를 이유로 X에 대하여 동시이행의 항변권을 행사할 수 없다고 본다.

그러나 이렇게 볼 때에는 판례(대판 1979.2.27, 78다2446)와는 달리 중간생략등기의 합의가 있으면 제3자가 매도인에 대한 소유권이전등기청구권을 취득함과 아울러 최초 매수인의 매도인에 대한 소유권이전등기청구권은 소멸하는 것이 되는데, 당사자가 이를 의욕한 것이라고 볼 수 있는지는 의문이다. 최초 매도인의 입장에서는 중간생략등기에 동의하였다고 하더라도 이는 중간 매수인과 최종 매수인의 편의를 봐 주기 위한 것일 뿐, 그 합의에 구속되어 중간 매수인과의 사이에 계약 내용을 변경하는 자유까지 제약되는 것을 감수할 의사가 있었다고 보기는 어렵다. 따라서 3자 합의가 있으면 최종 매수인의 중간생략등기청구가 인정된다고 보더라도, Y들이 인상된 매매대금이 지급되지 아니하였음을 이유로 X 명의로의 소유권이전등기의무의 이행을 거절할 수 있다고 본 대상판결의 결론은 수긍할 수 있다.

5. 관련 판례

대판 1996.2.27, 95다38875는 복수의 당사자 사이에 중간생략등기의 합의를 한 경우 그 합의는 전체로서 일체성을 가지는 것이므로, 그 중 한 당사자의 의사표시가 무효인 것으로 판명된 경우 나머지 당사자 사이의 합의가 유효한지의 여부는 일부무효에 관한 민법 137조에 정한 바에 따라 결정되어야 한다고 보았다.

그리고 대판 1996.6.28, 96다3982는 토지거래허가구역 내의 토지가 관할 관청의 허가 없이 전전매매되고 당사자들 사이에 중간생략등기의 합의가 있더라도 최종 매수인은 최초 매도인에 대하여 직접 그 토지에 관한 토지거래허가 신청절차의 협력의무이행청구권을 가지고 있다고 할 수 없고, 설사 최종 매수인이 자신과 최초 매도인을 매매 당사자로 하는 토지거래허가를 받아 최종 매수인 앞으로 소유권이전등기를 경료하더라도 그러한 소유권이전등기는 적법한 토지거래허가 없이 경료된 등기로서 무효라고 하였다.

참고문헌

김천수, 중간생략등기와 부동산등기특별조치법, 고시연구 2000.3.

김상환, 최초 매도인과 중간 매수인, 중간 매수인과 최종 매수인 사이에 순차로 매매계약이 체결되고 이들 간에 중간생략 등기의 합의가 있은 후에 최초 매도인과 중간 매수인 간에 매매대금을 인상하는 약정이 체결된 경우, 최초 매도인은 인상된 매매대금이 지급되지 않았음을 이유로 최종 매수인 명의로의 소유권이전등기의무의 이행을 거절할 수 있는지 여부(적극), 대법원판례해설 54호, 2005.

엄동섭, 중간생략등기합의의 법적 성질, 민사판례연구 28권, 2006.

정병호, 중간생략등기청구권과 중간생략등기의 효력에 관한 일고찰, 재산법연구 31권 1호, 2014.

[판례 29]

집합동산 양도담보, 점유개정에 의한 이중양도담보

대법원 2004.10.28. 선고 2003다30463 판결

사 실

A는 양돈업을 하는 B 회사에 대한 사료대금 채권을 담보하기 위하여, 1996.7.25. B 회사와, B 회사의 농장 소재 모돈(母豚) 1,000두를 포함하여 합계 3,087두의 돼지를 4억 원에 매수하되 B 회사는 1996.7.31.까지 위 돼지들의 소유권을 A에게 이전한다는 내용의 매매계약(양도담보계약)을 체결하였다. 다른 한편 C도 B 회사에 대한 채권을 담보하기 위하여 1996.7.27. B 회사와의 사이에 B 회사가 농장 소재 돼지 중 모돈 800두를 점유개정의 방법으로 C에게 양도한다는 내용의 양도담보계약을 체결하였고, 1997.9.19. 다시 B 회사와의 사이에 비육돈 2,000두에 관하여 같은 내용의 양도담보약정을 체결하였다.

X는 1997.3.25. B 회사에게 10억 원을 대여하고, 그 담보로 B 회사의 농장에서 사육 중인 돼지 10,000두를 점유개정의 방법으로 양도받기로 하는 양도담보계약을 체결하였다. Y는 B 회사의 대표이사인 D에 대하여 가지게 된 동업금 반환채권을 담보하기 위하여 1997.11.6. B 회사와 위 농장에서 사육 중이던 돼지 약 8,000 내지 9,000두 중 5,000두를 5억 원에 매수한다는 양도담보계약을 체결하였다.

B 회사는 1997.11.14. Y가 위 농장에 있는 돼지 전부를 사육하여 그 수익으로 피고에 대한 채무를 정산하기로 하여 1997.11.16. Y에게 농장에 있는 돼지 전부인 7,219두를 인도하였다. 그 후 Y는 위 돼지 전부를 처분하였다.

그 후 A 및 C와 D, Y 사이에는 합의가 이루어져, A와 C의 피담보채권은 소멸하였다.

X는 자신의 양도담보권이 침해되었음을 이유로 Y에 대하여 손해배상을 청구하였다. 원심은 모돈 847마리에 대하여는 X의 양도담보권이 침해되었다고 하여 그에 대한 손해배상을 명하였다. 그러나 대법원은 원심판결을 파기하였다.

이 유

금전채무를 담보하기 위하여 채무자가 그 소유의 동산을 채권자에게 양도하되 점유개정에 의하여 채무자가 이를 계속 점유하기로 한 경우, 특별한 사정이 없는 한 동산의 소유권은 신탁적으로 이전됨에 불과하여, 채권자와 채무자 사이의 대내적 관계에서 채무자는 의연히 소유권을 보유하나 대외적인 관계에 있어서 채무자는 동산의 소유권을 이미 채권자에게 양도한 무권리자가 되는 것이어서, 다시 다른 채권자와의 사이에 양도담보 설정계약을 체결하고 점유개정의 방법으로 인도를 하더라도 선의취득이 인정되지 않는 한 나중에 설정계약을 체결한 채권자는 양도담보권을 취득할 수 없는데, 현실의 인도가 아닌 점유개정으로는 선의취득이 인정되지 아니하므로, 결국 뒤의 채권자는 양도담보권을 취득할 수 없다.

그런데 A 또는 C가 모돈 847마리 전부 또는 각 일부씩에 관한 양도담보권을 취득하였을 개연성이 충분한 반면, X가 모돈 847마리에 관한 양도담보권을 선의취득하였음을 인정할 아무런 자료도 없으므로, X가 이 사건 공정증서 작성 당시에 위 모돈 847마리에 관한 양도담보권을 취득하였다고 보기 어렵고, 나아가 그 후 A 또는 C의 위 모돈 847마리에 관한 양도담보권이 소멸하였다고 하여 그로써 양도담보권을 취득하지 못하였던 X가 위 모돈 847마리에 관한 양도담보권을 당연히 새로 취득한다고 볼 수도 없다.

해 설

1. 동산양도담보의 법적 성질

종래 판례는 가등기담보 등에 관한 법률(가등기담보법)이 시행되기 전에는 양도담보의 법적 성격을 동산이건 부동산이건 가리지 않고 모두 신탁적 양도로 보아서, 양도담보 목적물의 소유권이 일단 채권자에게 신탁적으로 이전되지만, 내부적으로는 사용수익권은 양도담보설정자에게 남아 있고, 채권자가 변제기 전에 채무자의 승낙 없이 양도담보의 목적물을 제3자에게 처분하면 불법행위가 된다고 보았다(대판 1966.9.27, 66다1330; 1968.11.19, 68다1570; 1978.3.14, 77다2341 등). 그 후 1984년 가등기담보법이 시행된 후에는 가등기담보법이 적용되는 부동산에 관하여는 반드시 명확하지는 않으나, 대체로 양도담보권자 앞으로 소유권이전등기가 되었더라도 양도담보권자는 소유권 아닌 담보권만을 취득한다고 보고 있는 것으로 이해되고 있다(대판 1991.11.8, 91다21770 등). 그러나 동산의 경우에는 양도담보권자가 점유개정의 방법으로 인도를 받았다면, 담보목적물에 대한 사용수익권은 없지만 제3자에 대한 관계에 있어서는 그 물건의 소유자임을 주장하고 그 권리를 행사할 수 있다고 하여(대판 1994.8.26, 93다44739), 종래와 같이 신탁적 소유권설을 그대로 유지하고 있고, 대상판결도 같은 태도를 보이고 있다.

가등기담보법 시행 후의 학설로서는 부동산과 동산을 가리지 않고 양도담보권자는 담보권만을 취득한다는 담보권설이 많이 주장되고 있으나, 가등기담보법이 적용되는 부동산의 경우에는 양도담보권자가 담보권을 취득하지만 그렇지 않은 부동산이나 동산의 경우에는 여전히 소유권이 양도담보권자에게 신탁적으로 이전된다는 이원설도 유력하고, 나아가 가등기담보법이 적용되는 부동산의 경우에도 여전히 종래의 신탁적 소유권설이 타당하다고 하는 견해도 있다.

생각건대 가등기담보법은 양도담보의 경우에도 채권자는 담보권만을 가지고, 그 담보권을 실행함으로써 담보목적 부동산의 소유권을 취득하는 것으로 규정하고 있으므로(3조 1항 등), 가등기담보법이 적용되는 부동산의 경우에는 채권자는 소유권자가 아니고 담보권자에 불과하다고 보아야 한다. 그러나 부동산이라도 가등기담보법이 적용되지 않으면 소유권자로 등기되어 있는 사람을 단순한 담보권자로 취급할 수는 없다. 그리고 동산의 경우에는 가등기담보법은 처음부터 적용되지 않으므로, 이때에는 신탁적 소유권설로 설명할 수밖에 없다.

한편 대판 1994.5.13, 93다21910은, 동산을 목적으로 하는 양도담보설정계약을 체결함과 동시에 채무불이행시 강제집행을 수락하는 공정증서를 작성한 경우, 채무자가 채무를 불이행한 때에는 채권자로서는 양도담보 목적물을 공정증서에 기하여 압류하고 강제경매를 실시하는 방법으로 환가할 수도 있다고 하면서, 그 이유로 양도담보권이 실행단계에 이르게 되면 소유권의 기능은 목적물을 환가한 대금으로부터 피담보채권을 우선변제 받는 데 필요한 범위에서만 작용하게 되는 것이어서 이 단계에서의 담보권자의 소유권은 실질적으로 우선변제수령권한만을 갖게 되는 것이므로, 실질적으로는 양도담보권자의 담보목적물에 대한 환가를 위한 강제경매는 자기 소유물에 대한 강제집행이라고 볼 수 없다고 하였다. 그리고 이러한 경매절차의 실질은 일반 채권자의 강제집행절차가 아니라 동산양도담보권 실행을 위한 환가절차이므로 위 환가를 위한 압류절차에 압류를 경합한 양도담보설정자의 다른 채권자는 양도담보권자에 대한 관계에서는 압류경합권자나 배당요구권자로 인정될 수 없고, 따라서 위 환가로 인한 매득금에서 환가비용을 공제한 잔액은 양도담보권자의 채권변제에 전액 충당함이 당연하고 양도담보권자와 압류경합자 사이에 각 채권액에 따라 안분비례로 배당할 것이 아니라고 하였다.

2. 유동집합동산양도담보

이 사건에서 문제된 돼지의 양도담보계약은 특정한 돼지에 관한 것이 아니라 여러 마리의 돼지 집합에 관한 것이다. 이를 집합동산양도담보라고 부른다. 그 중에서도 양도담보의 목적물이 처분되거나 새로 생겨나는 등 그 수량이나 대상이 변화하는 경우에는 이를 유동집합동산양도담보라고 한다. 대판 2003.3.14, 2002다72385는, 유동집합물에 대한 양도담보설정계약의 경우에는 담보목적물이 담보설정자의 다른 물건과 구별될 수 있도록 그 종류, 소재하는 장소 또는 수량의 지정 등의 방법에 의하여 외부적 · 객관적으로 특정되어 있어야 한다고 판시하였다.

이러한 집합동산양도담보를 어떻게 파악할 것인가에 관하여, 일반적으로는 집합물을 그 구성요소인 개별 동산과는 별개의 독립된 하나의 권리객체로 보아 집합물 자체를 양도담보의 객체로 보아야 한다는 집합물설이 통설이다. 판례도, 집합물에 대하여 양도담보권설정계약이 이루어지면, 그 집합물을 구성하는 개개의 물건이 변동되고 양도담보권자가 그때마다 양도담보권설정자와 별도의 양도담보권설정계약을 맺거나 점유개정의 표시를 하지 아니하였더라도, 집합물은 한 개의 물건으로서의 동일성을 잃지 아니하여 양도담보권의 효력은 항상 현재의 집합물에 미친다고 보고 있다(대판 1999.9.7, 98다47283 등).

그러나 이에 대하여는 이러한 집합물설은 일물일권주의에 반한다고 하면서, 집합동산양도담보는 그 구성되는 개개 동산의 수에 따른 다수의 양도담보가 성립된다고 하는 학설(분석론이라고도 한다)도 유력하다. 이 설에서는 애초의 담보계약에서 장래 채무자가 취득하게 될 동산도 미리 점유개정의 방법으로 양도담보의 목적으로 하기로 하는 포괄적인 사전의 점유개정 약정이 있다고 설명한다.

양자는 채권자취소권이나 도산법상의 부인권 적용 등에서 차이가 있다. 채무자가 무자력이 되기 전에 집합동산 양도담보의 약정을 하였는데 그 후 무자력이 된 후 개개의 동산이 집합물에 유입되었을 때에는, 분석론에서는 이는 채권자취소권의 대상이 될 수 있다고 보지만, 집합물설에서는 그와 같이 보지 않는다.

집합동산양도담보의 경우에는 그 목적물을 특정하는 것이 중요하다. 대판 1996.9.10, 96다25463은 양도담보 목적물인 돼지가 출산한 새끼 돼지에 대하여는 양도담보의 효력이 미치지 않는다고 보았으나, 이는 집합동산양도담보라는 특성을 간과한 것이라는 비판이 많다. 그 후의 판례(대판 2004.11.12, 2004다22858 등)는 이러한 새끼돼지도 당연히 양도담보의 목적물이 된다고 보고 있다.

위 대판 2004.11.12, 2004다22858은, 돈사에서 대량으로 사육되는 돼지를 집합물에 대한 양도담보의 목적물로 삼은 경우 위 양도담보권의 효력은 양수인이 별도의 자금을 투입하여 반입한 돼지에까지는 미치지 않지만, 양수인이 그 양도담보의 효력이 미치는 목적물에다 자기 소유인 동종의 물건을 섞어 관리함으로써 당초의 양도담보의 효력이 미치는 목적물의 범위를 불명확하게 한 경우에는 양수인으로 하여금 그 양도담보의 효력이 미치지 아니하는 물건의 존재와 범위를 입증하도록 하는 것이 공평의 원칙에 부합한다고 하였다.

3. 점유개정과 선의취득

대상판결은, 채무자가 동산을 양도담보를 위하여 채권자에게 양도하되 점유개정에 의하여 채무자가 이를 계속 점유하기로 한 경우에, 채무자가 다시 다른 채권자와의 사이에 양도담보 설정계약을 체결하고 점유개정의 방법으로 인도를 하더라도 선의취득이 인정되지 않는 한 나중에 설정계약을 체결한 채권자는 양도담보권을 취득할 수 없는데, 현실의 인도가 아닌 점유개정으로는 선의취득이 인정되지 않으므로, 결국 뒤의 채권자는 양도담보권을 취득할 수 없다고 하였다. 이는 대판 1964.5.5, 63다775 이래 대법원의 일관된 판례이다. 학설상으로도 부정설이 통설인데, 그 근거로는 대체로 점유개정은 관념적 인도방법 중 가장 관념적인 것이어서 외부에서 거래행위의 존재를 전혀 인식할 수 없고, 이러한 정확하지 못한 행위로 원소유자의 권리를 상실케 하는 것은 가혹하다는 점을 든다.

생각건대 현실의 인도나 간이인도의 경우에는 양수인이 직접점유를 취득하여, 기껏해야 간접점유밖에 가지지 못한 원소유자보다 외관의 면에서 우월한 지위에 있음에 반하여, 점유개정의 경우에는 양수인이 원소유자보다 외관상 우월한 지위에 있다고는 할 수 없다. 따라서 부정설이 타당하다.

이처럼 2중으로 점유개정에 의하여 양도담보권을 취득한 사람은 점유개정만으로는 소유권을 취득하지 못하지만, 나중에 현실의 인도를 받은 때에는 선의취득에 의하여 소유권을 취득할 수 있다고 보아야 한다. 그리고 이 경우에 선의취득의 요건인 선의, 무과실 등은 현실의 인도를 받은 시점을 기준으로 판단하여야 한다. 그런데 대판 1975.1.28, 74다1564; 1989.10.24, 88다카26802 등은, 동산의 소유자가 이를 이중으로 양도하고 각 점유개정의 방법으로 양도인이 점유를 계속하는 경우, 양수인들 사이에 있어서는 먼저 현실의 인도를 받아 점유를 해온 자가 소유권을 취득한다고 보았다. 그러나 두 번째 양수인은 무권리자로부터 양도받은 것이므로 먼저 현실의 인도를 받아 점유를 취득하였다고 하여도 그것만으로는 소유권을 취득할 수 없고, 별도로 선의취득의 요건을 갖추어야 할 것이다. 대상판결이나 대판 2004.6.25, 2004도1751; 2005.2.18, 2004다37430 등은 이러한 경우에 나중에 설정계약을 체결한 채권자는 선의취득이 인정되어야만 양도담보권을 취득할 수 있다고 하고 있어서, 사실상 앞의 판례를 변경한 것이라고 보인다.

다른 한편 목적물반환청구권 양도의 방법(190조)에 의하여 동산의 점유를 이전받은 양수인도 선의취득을 할 수 있는가? 대판 1999.1.26, 97다48906; 2000.9.8, 99다58471 등은 이를 긍정하고 있으며, 학설상으로도 이를 긍정하는 것이 다수설이다. 그러나 목적물반환청구권의 양수만으로는 현실의 점유를 하는 것이 아니므로, 점유개정의 경우와 달리 볼 필요가 있는지 의문이다.

4. 선행 양도담보권자의 양도담보권이 소멸한 경우

그런데 대상판결에서는 X가 B와 양도담보계약을 체결하고 점유개정의 방법에 의하여 점유를 취득한 후 선행 양도담보권자인 A 또는 C의 양도담보권이 소멸하였다. 대상판결은 이 경우에도 X는 여전히 양도담보권을 취득하지 못한다고 보았다. 그러나 이에 대하여는 주로 담보권설의 입장에서, 나중에 양도담보계약을 체결한 사람은 이미 양도담보권을 취득한 사람이 채권의 만족을 받으면 후순위로 만족을 받을 수 있도록 하여야 한다는 비판이 있고, 이 점은 담보권설의 근거로서 주장되고 있다.

생각건대 신탁적 소유권설에 의하더라도 선행 양도담보권자의 양도담보권이 소멸된 경우 나중에 양도담보계약을 체결한 사람이 보호받지 못한다고 볼 필요는 없다. 이중양도담보의 경우에 나중에 양도담보계약을 체결한 사람이 점유개정에 의하여 양도담보권을 취득하지 못한다고 보는 것은 기존의 양도담보권자를 보호하기 위함인데, 기존의 양도담보권이 소멸되면 나중에 양도담보계약을 체결한 사람을 보호하더라도 기존 양도담보권자를 해치는 것은 아니다. 이러한 경우에는 기존의 양도담보권이 소멸하면 소유권은 담보설정자에게 복귀하고, 따라서 담보설정자는 유효하게 다른 사람에게 양도담보권을 설정해 줄 수 있다. 그러므로 뒤의 양도담보설정계약은 기존의 양도담보권이 소멸하는 것을 정지조건으로 하여 체결된 것으로 해석할 수 있고, 따라서 기존의 양도담보권이 소멸하면 나중에 양도담보계약을 체결한 사람은 유효한 양도담보권을 취득할 수 있다고 해석하여야 할 것이다. 이와 같이 보는 것이 독일의 통설이자 판례이고, 우리나라에도 그와 같이 주장하는 견해가 있다.

그러나 선행 양도담보권이 경매에 의하여 소멸하는 경우에까지 이러한 이론을 관철할 수 있다고 보기는 어렵다. 이때에는 경매절차상의 매수인이 경매목적물의 소유권을 취득하는 때에 선행 양도담보권이 소멸하는 것이므로, 양도담보설정자에게 다시 소유권이 복귀한다고 볼 여지가 없다. 대판 2004.12.24, 2004다45943은 동일한 돼지의 집합물에 대하여 3차례 양도담보계약이 체결되었고, 이 돼지들이 경매절차에서 매각된 경우에 관한 것이다. 원심은 집행법원이 매각대금을 양도담보를 취득한 순서에 따라 차례로 배당하여야 한다고 보았다. 그러나 대법원은 대상판결과 마찬가지로 판시하면서, 두 번째와 세 번째 양도담보계약을 체결한 사람은 양도담보설정자에 대한 일반채권자로서 같은 순위로 배당받을 수 있을 뿐이라고 하였다.

5. 동산채권담보법

이와 같이 현재의 동산양도담보제도는 여러 가지 문제점이 있다. 2012.6.11.부터 시행되고 있는 동산·채권 등의 담보에 관한 법률은 동산담보권을 등기할 수 있게 함으로써 이러한 문제를 해결하려고 한다. 이 법에 따르면 하나의 동산에 대하여 여러 개의 담보권이 성립할 수 있다(7조 2항).

참고문헌

강동욱, 집합적 동산의 담보, 민사판례연구 26권, 2004.

김진우, 동산의 선의취득을 위한 양수인의 점유취득, 비교사법 11권 4호(상), 2004.

김진우, 목적물반환청구권의 양도에 의한 선의취득?, 민사법학 제39호, 2007.

김천수, 양도담보 법리의 기본적 고찰, 민사판례연구 28권, 2006.

신봉근, 유동집합동산양도담보의 법리, 인권과 정의 제353호, 2006.

이채문, 동산에 관한 이중 양도담보의 효력, 판례연구 17집, 부산판례연구회, 2006.

최경진, 유동집합동산 양도담보의 구성물을 둘러싼 법률관계에 관한 기존 논의의 재검토, 비교사법 22권 4호, 2015.

홍성주, 점유개정에 의한 이중양도에 있어서 동산물권의 취득, 판례연구 11집, 부산판례연구회, 2000.

[판례 30]

양도담보와 부합으로 인한 부당이득 반환의무자

대법원 2016.4.2. 선고 2012다19659 판결

사 실

A 조선회사는 2007.7.25. B 회사와 선박 2척에 관한 선박건조계약을 체결하였다. A 회사는 B 회사로부터 선수금 2,000만 달러를 선박 인도 전에 분할지급받기로 되어 있었는데, 계약해제 등 사유 발생시 선수금을 반환하여야 할 경우에 대비하여, 2007.10.31. 및 2008.3.12. Y 은행과 사이에 선수금반환채무 지급보증약정을 체결하였다. A 회사는 위 지급보증약정 체결 무렵 Y 은행과 사이에 지급보증채무 이행에 따른 구상금채무를 담보하기 위하여 'A 회사의 목포시 사업장 내에 있는 선박과 원자재'에 관하여 선박별로 양도담보계약을 체결하고 점유개정의 방법으로 점유를 이전하였다.

한편 X 은행은 2008.4.28. 및 2008.7.21. A 회사가 수입하는 카고펌프 4기의 대금지급을 위하여 A 회사에게 2기씩 각 신용장을 개설하여 주었고, A 회사는 2008.4.28. X 은행과의 사이에 위 신용장거래로 인한 채무를 담보하기 위하여 카고펌프 4기에 관한 양도담보계약을 체결하고, X 은행에게 그 선하증권을 양도하였다. X 은행은 신용장대금을 지급하였는데, 그 중 일부를 회수하지 못하였다.

위 카고펌프는 X 은행의 선하증권 취득 후에 A 회사의 사업장에 반입되어 선박에 2기씩 부착되었다. 선박 중 한 척은 건조가 완료되어 2009.6.28. 선주사에 인도되었으나, 다른 한 척은 A 회사의 부도로 80% 정도 공정이 이루어진 상태에서 건조가 중단되었다.

X 은행은 자신이 카고펌프의 양도담보권자인데 카고펌프가 선박에 부합됨으로써 양도담보권을 상실하는 손해를 입고, Y 은행이 카고펌프 가격 상당의 이익을 얻었다고 주장하면서, Y 은행에게 261조에 따른 부당이득의 반환을 구하는 소를 제기하였다.

1심은 X의 청구를 기각하였으나, 원심은 X의 청구를 일부 받아들였다. 그러나 대법원은 원심판결을 파기하였다.

이 유

가. 집합물에 대한 양도담보권설정계약에 있어서는 양도담보권자가 점유개정의 방법으로 양도담보권설정계약 당시 존재하는 집합물의 점유를 취득하면 그 후 양도담보권설정자가 집합물을 이루는 개개의 물건을 반입하였다 하더라도 별도의 양도담보권설정계약을 맺거나 점유개정의 표시를 하지 않더라도 양도담보권의 효력이 나중에 반입된 물건에도 미친다. 다만 양도담보권설정자가 양도담보권설정계약에서 정한 종류·수량에 포함되는 물건을 그 계약에서 정한 장소에 반입하였다고 하더라도 그 물건이 제3자의 소유라면 담보목적인 집합물의 구성부분이 될 수 없고 따라서 그 물건에는 양도담보권의 효력이 미치지 않는다고 보아야 한다.

나. 부당이득반환청구에 있어 이득이라 함은 실질적인 이익을 의미하는바, 동산에 대하여 양도담보권을 설정하면서 양도담보권설정자가 양도담보권자에게 담보목적인 동산의 소유권을 이전하는 이유는 양도담보권자가 양도담보권을 실행할 때까지 스스로 담보물의 가치를 보존할 수 있게 함으로써 만약 채무자가 채무를 이행하지 않더라도 채권자인 양도담보권자가 양도받은 담보물을 환가하여 우선변제받는 데에 지장이 없도록 하기 위한 것이고, 동산양도담보권은 담보물의 교환가치 취득을 그 목적으로 하는 것이다. 이러한 양도담보권의 성격에 비추어 보면, 양도담보권의 목적인 주된 동산에 다른 동산이 부합되어 부합된 동산에 관한 권리자가 그 권리를 상실하는 손해를 입은 경우 주된 동산이 담보물로서 가치가 증가된 데 따른 실질적 이익은 주된 동산에 관한 양도담보권설정자에게 귀속되는 것이므로, 이 경우 부합으로 인하여 그 권리를 상실하는 자는 그 양도담보권설정자를 상대로 민법 261조의 규정에 따라 보상을 청구할 수 있을 뿐 양도담보권자를 상대로 그와 같은 보상을 청구할 수는 없다.

해 설

1. 집합동산양도담보계약 체결 후 제3자 소유물이 반입된 경우 양도담보권이 미치는지 여부

이 사건에서는 우선 X가 카고펌프에 대한 양도담보권자인가 하는 점이 문제된다. 왜냐하면 X와 A 회사 사이의 양도담보설정계약은 A 회사와 Y와의 양도담보설정계약보다 나중에 체결되었기 때문이다. 구체적으로는 A 회사와 Y와의 양도담보설정계약 중 원자재에 대한 것은 집합동산양도담보에 관한 것으로 보아야 하는데, 집합동산양도담보에서는 양도담보설정계약 체결 후 집합동산에 반입된 것도 양도담보에 포함된다. 그런데 이때 양도담보설정자의 것 아닌 제3자(이 사건에서는 X) 소유인 것도 양도담보에 포함되어 양도담보권자(이 사건에서는 Y)가 양도담보권을 가지는가 하는 점이다.

학설상으로는 집합동산양도담보에 관한 집합물론을 전제로 하여, 제3자 소유물이 반입되어도 집합물의 동일성 유지에 적합하다고 보는 경우에는 당연히 집합동산양도담보의 효력이 미치게 된다는 견해도 있다. 그러나 양도담보의 효력이 미치기 위하여는 양도담보설정자가 그 대상에 대한 처분권이 있어야 하는데, 양도담보설정자 아닌 제3자의 소유라면, 설령 그에 대하여 양도담보설정이 있었다 하더라도 양도담보의 효력은 미치지 않는다고 보아야 할 것이다. 다만 선의취득의 요건을 갖추었다면 별개의 문제이다.

2. 부당이득반환의무자에 관한 학설

그러므로 이 사건 카고펌프에 대하여는 X가 양도담보권자이지만, 이 카고펌프가 선박에 부합됨으로 인하여 X는 양도담보권을 상실하게 되었다. 이 경우에 X는 261조에 의하여 부당이득반환청구권을 가지는데, 그 부당이득의 반환의무자가 양도담보권자인 Y인가, 아니면 양도담보 설정자인 A 회사인가가 문제된다. 대상판결은 부당이득반환청구에 있어 이득이라 함은 실질적인 이익을 의미하는데, 주된 동산이 담보물로서 가치가 증가된 데 따른 실질적 이익은 주된 동산에 관한 양도담보권설정자에게 귀속되는 것이므로, 반환의무자는 양도담보설정자이고 양도담보권자가 아니라고 하였다.

학설상으로는 이에 대하여 여러 가지 견해가 있다. 우선 양도담보권자설은, 양도담보에 관한 신탁적 소유권 이전설을 근거로 하여 양도담보권자가 부당이득반환의무자라고 한다.

반면 양도담보 설정자설은 양도담보의 실질은 담보권이고, 부합 등에 의하여 담보목적물의 가치가 증대되었더라도 담보권자에게 어떠한 재산가치의 증가도 있다고 할 수 없다고 한다. 담보목적물의 가치가 증대되었다고 하더라도, 담보권자가 담보목적물로부터 채권의 만족을 얻을지, 담보권자는 채무자의 임의변제로 채권의 만족을 얻고 증대된 담보목적물의 가치는 오롯이 담보목적물의 소유자에게 귀속될지는 알 수 없으며, 담보목적물의 가치가 아무리 증가하더라도 자신의 채권을 변제받고 남은 부분은 어차피 설정자에게 돌려주어야 하므로 일반 소유자의 이익상황과 동일하게 평가할 수 없다는 것이다. 다만 양도담보 설정자설 가운데에는 양도담보권자가 실제로 양도담보물을 환가하여 부합으로 인하여 증가된 가치 상당액만큼 피담보채권을 추가로 변제받은 경우에는 그만큼 부당이득을 반환하여야 한다는 견해도 있고, 반면 이러한 경우에도 양도담보권자는 자신의 채권 범위 내에서 유효하게 변제를 받은 것이므로 법률상 원인이 없는 것이 아니라는 견해도 있다.

또 다른 설은, 이 경우에는 경매와 담보책임에 관한 578조를 유추하여, 양도담보 설정자가 1차적인 반환의무를 부담하되, 양도담보 설정자가 무자력인 경우 현실적·실질적 의미에서 이익 귀속자라고 할 수 있는 양도담보권자가 2차적으로 책임을 부담하여야 한다고 주장한다.

3. 검 토

이 문제는 양도담보의 성질을 신탁적 소유권 이전으로 볼 것인가, 아니면 담보권으로 볼 것인가에 따라서만 결정될 수 있는 문제는 아니다. 그보다는 누가 부합에 의하여 부당이득의 요건인 이득을 얻었다고 볼 수 있는가 하는 점이 중요하다. 판례가 사용하는 "실질적 이득"이라는 개념은 그 의미가 모호하다는 점에서 비판을 받기는 하지만, 이득의 유무를 판단하는 것은 필요하다. 대판 2018.5.30, 2018다201429은, 반대의 특약이 없는 한 동산의 양도담보 설정자가 그 동산에 대한 사용·수익권을 가지므로, 그 동산이 일정한 토지 위에 설치되어 있는 때에는 양도담보 설정자가 그 토지를 점유·사용하고 있는 것으로 보아야 하고, 따라서 토지 소유자에 대한 차임 상당 부당이득의 반환의무자는 양도담보설정자라고 하였는데, 이는 타당한 것으로 보인다. 다만 대판 1991.6.25, 91다10329은 양도담보 목적물이 건물인 경우에 차임 상당 부당이득의 반환의무자는 양도담보권자라고 하였는데, 그 타당성은 의문이다.

그런데 부합에 의하여 양도담보 목적물의 가치가 증가한 경우에 그로 인한 부당이득반환의무자는 양도담보권자로 보아야 한다. 첫째, 이 경우에 양도담보 설정자가 어떤 지위에서 부당이득반환의무를 부담하는 것인지가 불분명하다. 그를 실질적 소유자라고 하여야 하는가? 둘째, 양도담보권자는 부합으로 인하여 양도담보 목적물의 가치가 증가한 만큼 이익을 얻었다고 보아야 한다. 이는 실제로 양도담보권자가 담보권을 실행하여 채권의 만족을 얻은 경우에는 분명하다. 이때 양도담보권자가 자신의 채권 범위 내에서 만족을 얻었다고 하여 법률상 원인이 있다고는 할 수 없고, 원래는 양도담보에 속하지 않았던 부분까지 채권의 만족에 이용되었다는 점에서 법률상 원인 없이 이득을 얻었다고 하지 않을 수 없다. 그리고 이는 아직 양도담보권자가 채권의 만족을 얻기 전이라도 마찬가지이다.

다른 한편 당사자들 사이의 이익 형량이라는 점에 비추어 보아도 이러한 결과는 타당하다. 만일 양도담보 설정자가 무자력이 아니라면 양도담보 설정자를 부당이득반환의무자로 본다고 하여 크게 부당하지는 않을 것이다. 그러나 실제로 문제가 되는 것은 양도담보 설정자가 무자력인 경우가 대부분이다. 그런데 이 사건에서 X는 바로 양도담보 설정자가 무자력이 되는 것에 대비하여 카고펌프에 대하여 양도담보권을 취득하였다. 그런데 이 카고펌프가 선박에 부합되었다는 우연한 사정에 의하여 자신의 양도담보권을 전혀 상실하고 그에 대한 보상도 받을 수 없는 반면, Y는 원래는 양도담보의 대상이 아니었던 카고펌프에 대하여도 우선변제권을 행사할 수 있을 뿐만 아니라 그에 대하여 부당이득반환의무도 부담하지 않는다는 것은 형평에 부합하지 않는다.

참고문헌

권영준, 양도담보, 부합, 부당이득, 민법판례연구 Ⅰ, 2019.

권준범, 집합물 양도담보의 효력과 부합이 발생하는 경우 민법 제261조에 따른 부당이득반환 의무자, 재판과 판례 26집, 2017.

권태상, 양도담보와 부합, 부당이득, 이화여대 법학논집 제24권 1호, 2019.
김형석, 양도담보 목적물 사이의 부합과 부당이득, 서울대학교 법학 60권 3호, 2019.
손호영, 서로 다른 동산양도담보권의 각 담보목적물이 부합된 경우 부당이득반환 의무자, 저스티스 제157호, 2016.
윤진호 · 김제완, 양도담보 목적물에 부합이 발생한 경우 부당이득의 주체, 저스티스 172호, 2019.
이새롬, 집합양도담보물에 제3자 소유물이 반입, 부합된 경우 부당이득의 문제, 민사판례연구 40, 2018.
이원석, 집합물 양도담보와 타인 소유 물건의 반입, 대법원판례해설 107호, 2016.
이진기, 부합과 양도담보권의 효력, 법조 최신판례분석 2016.8.

[판례 31]

점유의 상호 침탈

대법원 2023.8.18. 선고 2022다269675 판결

사 실

건물 시공업자인 Y는 오피스텔 건물의 신축공사대금 29억 5천만 원을 지급받지 못하자 2012.10. 경부터 위 건물을 점유하며 유치권을 행사하고 있었다. X의 대표이사인 A는 2019. 5.23. 18:30경 이 사건 건물에서 Y를 만나 유치권 문제로 말다툼을 하던 중 Y의 얼굴을 폭행하여 상해를 가하였다. A는 2019.5.24. 23:40경 다시 피고를 찾아갔고, 이에 위협을 느낀 Y는 2019.5.25. 04:00경 이 사건 건물에서 퇴거하였다. A는 그때부터 이 사건 건물을 단독 점유하기 시작하였다. Y는 2019.5.29. 04:30경 약 30명의 용역직원들을 동원하여 이 사건 건물의 출입문을 개방하고 내부로 진입한 다음 같은 날 05:07경 이 사건 건물에 있던 X의 직원들을 내보내고 경비용역업체를 통해 출입을 통제하는 등 다시 이 사건 건물을 점유하기 시작하였다. 이에 대하여 X는 Y를 상대로 이 사건 건물의 점유회수를 청구하는 소를 제기하였다.

1심과 원심은 X의 청구를 기각하였고, 대법원도 X의 상고를 기각하였다.

이 유

상대방으로부터 점유를 위법하게 침탈당한 점유자가 상대방으로부터 점유를 탈환하였을 경우(이른바 '점유의 상호침탈'), 상대방의 점유회수청구가 받아들여지더라도 점유자가 상대방의 점유침탈을 문제 삼아 점유회수청구권을 행사함으로써 다시 자신의 점유를 회복할 수 있다면 상대방의 점유회수청구를 인정하는 것이 무용할 수 있다. 따라서 이러한 경우 점유자의 점유탈환행위가 민법 209조 2항의 자력구제에 해당하지 않는다고 하더라도 특별한 사정이 없는 한 상대방은 자신의 점유가 침탈당하였음을 이유로 점유자를 상대로 민법 204조 1항에 따른 점유의 회수를 청구할 수 없다고 보는 것이 타당하다.

해 설

1. 점유의 상호 침탈이 있는 경우 처음 침탈자가 점유회수를 청구할 수 있는지 여부

대상판결에서는 먼저 X가 Y의 점유를 침탈하자, Y가 다시 X의 점유를 침탈하였다. 이러한 점유의 상호 침탈이 있는 경우에 처음 침탈자(이 사건에서는 X)가 나중 침탈자(이 사건에서는 Y)에 대하여 점유회수를 청구할 수 있는가? 이 문제에 대하여는 종래 학설 대립이 있었다.

다수설인 부정설은, 최초 침탈자에게 회수청구를 인정하더라도 다시 나중 침탈자가 회수를 청구할 수 있게 되어 소송상 경제적이지 못하다는 점을 이유로 들고 있다. 양자의 점유회수가 상호 계속해서 되풀이하는 것을 허용한다면 소송상 매우 비경제적이라는 것이다. 다만 상호침탈 시 최초 침탈자의 회수청구권을 인정하지 않기 위해서는 204조 3항이 규정하는 나중 침탈자가 점유물의 회수를 청구할 수 있는 기간, 즉 침탈당한 날부터 1년 내에 도로 빼앗은 경우에 한한다고 본다.

반면 부정설은, 다수설이 내세우는 소송의 비경제성은 모든 점유제도가 현상유지를 위하여 이미 희생하고 있는 것이므로 이를 내세워 처음 침탈자의 점유회수청구를 부정하는 것은 타당성이 없다고 비판한다. 또한 나중 침탈자가 처음 침탈자의 점유회수청구에 대하여 반소로써 소유물반환청구의 소를 제기하면 나중 침탈자의 보호 내지 소송경제에 별로 미흡한 바도 없다고 한다.

2. 외국의 입법례와 민법개정안

독일민법은 861조 1항에서 점유회수청구권을 규정하면서, 2항에서 "침탈된 점유가 현재의 점유자 또는 그 피승계인(Rechtsvorgänger)에 대하여 하자 있는 것이고 또한 침탈 전 1년 이내에 취득된 것인 경우에는, 1항의 청구권은 배제된다."고 규정하여 점유의 상호 침탈의 경우에 점유회수청구권을 배제한다. 여기서 하자 있는 것이란 금지된 자력구제에 의하여 취득한 점유를 말한다(독일 민법 858조 2항 1문).

스위스 민법은 927조 1항에서 점유회수청구권을 규정하면서, 2항에서 "피고가 즉시 자신의 우월한 권리를 증명하고 이에 기초하여 원고에게 다시 그 물건의 인도를 청구할 수 있는 때에는, 그 반환을 거절할 수 있다"고 규정하고 있다. 독일 민법과 비교하면 나중 침탈자가 반환을 거절할 수 있는 것은 자신의 우월한 권리를 증명하고 이에 기초하여 원고에게 다시 그 물건의 인도를 청구할 수 있는 때라는 요건이 추가되어 있다.

2014년 법무부 민법개정위원회의 민법 개정안 204조 1항은 "점유자가 점유를 침탈당한 때에는 그 물건의 반환 및 손해의 배상을 청구할 수 있다. 그러나 점유를 침탈당한 자가 점유를 침탈당한 날부터 과거 1년 이내에 침탈자의 점유를 침탈하였고, 침탈자에게 점유할 권리가 있는 경우에는 그렇지 않다"고 규정한다.

3. 대상판결

대상판결은 부정설을 따름을 명백히 하였다. 다만 종래의 부정설에서 말하는 1년 내의 기간 제한에 대하여는 언급이 없고, 또 나중 침탈자가 점유할 권리를 가지고 있는지 여부도 묻지 않고 있다.

참고문헌

권오상, 점유의 상호침탈 관계에서 점유회수청구권 검토, 경상국립대 법학연구 31권 4호, 2023.
정병호, 점유보호청구권에 관한 민법개정안, 서울법학 26권 2호, 2018.

[판례 32]

악의 점유자의 이자가산의무

대법원 2003.11.14. 선고 2001다61869 판결

사 실

Y(한국전력공사)는 X 소유 토지 상공에 X의 동의나 승낙을 받지 않고 특별고압가공 송전선을 통과하도록 설치하여 X의 토지를 점유·사용하고 있었다. 그리하여 X는 Y에게 위 토지의 차임 상당액 및 그 차임액에 대한 748조 2항에 의한 연 5푼의 이자를 청구하였다. 그런데 원심은 차임 상당액의 부당이득반환의무는 인정하였으나, 그에 대한 이자부분의 청구는 748조 2항에 우선하여 201조 2항이 적용되므로, 악의의 점유자인 피고는 수취한 과실 외에 이자를 가산하여 지급할 필요는 없다고 하여 기각하였다. 그러나 대법원은 원심판결을 파기하였다.

이 유

타인 소유물을 권원 없이 점유함으로써 얻은 사용이익을 반환하는 경우, 민법은 선의 점유자를 보호하기 위하여 민법 201조 1항을 두어 선의 점유자에게 과실수취권을 인정함에 대하여, 이러한 보호의 필요성이 없는 악의 점유자에 관하여는 민법 201조 2항을 두어 과실수취권이 인정되지 않는다는 취지를 규정하는 것으로 해석되는바, 따라서 악의 수익자가 반환하여야 할 범위는 민법 748조 2항에 따라 정하여지는 결과 그는 받은 이익에 이자를 붙여 반환하여야 한다.

즉, 악의 점유자는 과실을 반환하여야 한다고만 규정한 민법 201조 2항이, 민법 748조 2항에 의한 악의 수익자의 이자지급의무까지 배제하는 취지는 아니기 때문에, 악의 수익자의 부당이득금 반환범위에 있어서 민법 201조 2항이 민법 748조 2항의 특칙이라거나 우선적으로 적용되는 관계를 이루는 것은 아니다.

그리고 위 조문에서 규정하는 이자는 당해 침해행위가 없었더라면 원고가 위 임료로부터 통상 얻었을 법정이자상당액을 말하는 것이므로 악의 수익자는 위 이자의 이행지체로 인한 지연손해금도 지급하여야 할 것이다.

해 설

1. 점유자의 과실수취권과 부당이득의 관계

점유자의 과실수취권에 관한 201조는 1항에서 선의의 점유자는 점유물의 과실을 취득한다고 규정하고, 2항에서는 악의의 점유자는 수취한 과실을 반환하여야 하며, 소비하거나 과실로 인하여 훼손 또는 수취하지 못한 경우에는 그 과실의 대가를 보상하여야 한다고 규정하고 있다. 그리고 3항은 2항을 폭력 또는 은비에 의한 점유자에 준용하고 있다. 그런데 부당이득에 관한 748조는 1항에서 선의의 수익자는 그 받은 이익이 현존한 한도에서 반환할 책임이 있다고 규정하고, 2항에서는 악의의 수익자는 그 받은 이익에 이자를 붙여 반환하고 손해가 있으면 이를 배상하여야 한다고 규정한다.

이 두 규정을 비교하면 201조가 748조에 비하여 점유자에게 유리하다. 즉 점유자가 선의인 때에는 201조에 의하면 점유자는 과실을 취득하지만, 748조에 의하면 수취한 과실이 현존한 때에는 이를 반환하여야 한다. 그리고 점유자가 악의인 때에는 748조에 의하면 받은 이익에 이자를 붙여서 반환하고, 손해가 있으면 손해도 배상하여야 하지만, 201조에 의하면 수취한 과실만을 반환하면 되는 것처럼 읽힌다.

이 점에 관하여 종래의 통설은 이른바 점유의 부당이득이라는 개념을 인정하여, 점유자와 회복자와의 관계에 관한 201조 내지 203조를 748조의 특칙으로 파악한다. 그리하여 손실자가 물권적 청구권의 부수적 효과로서 과실의 반환을 청구할 때에는 언제나 201조가 적용된다고 한다. 그리고 748조는 부당이득을 가액으로 반환할 때에 적용되는 규정으로 이해한다.

그런데 근래의 다수설은 경우를 나누어, 어떤 자가 다른 자에게 급여(급부)를 하였는데 그 급여의 원인이 처음부터 존재하지 않거나 무효인 경우, 또는 나중에 효력을 상실하여 그 급여를 반환하여야 하는 경우에 급여를 한 자가 가지는 이른바 급여부당이득(급부부당이득)의 경우에는 201조 내지 203조가 적용되지 않고 언제나 부당이득에 관한 규정이 적용되며, 침해부당이득의 경우에만 201조 이하의 규정이 적용된다고 보는 것이 다수설이다. 그러나 대판 1993.5.14, 92다45025는 쌍무계약이 취소된 경우 선의의 매수인에게 201조가 적용되어 과실취득권이 인정된다고 하여 급여부당이득의 경우에도 201조가 적용되는 것으로 보았다.

생각건대 급여부당이득에 있어서는 당사자들이 상대방에 대하여 가지는 동시이행의 항변을 주장할 수 있어야 하는 등 무효·취소에 따르는 특수한 법률적 효과를 인정할 필요가 있으므로, 급여부당이득의 경우에는 201조 이하의 규정이 적용되지 않아야 한다고 보아야 할 것이다. 연혁적으로도 201조 이하의 규정은 소유자 아닌 자로부터 점유를 취득한 경우에 적용되어 왔고 급여부당이득의 경우에는 적용되지 않았다.

2. 악의 점유자의 사용이익 반환에 대한 이자가산의무

이 사건에서 문제되는 사용이익의 경우가 과실에 준하여 취급된다는 것에는 별다른 이견이 없다. 그런데 악의 점유자가 201조 2항에 의하여 사용이익을 반환하여야 하는 경우에도 748조 2항과 같이 그에 이자를 붙여서 반환하여야 하는가? 종래 이 점에 관하여는 별다른 논의가 없었다. 다만 201조가 748조에 대한 특칙이라고 본다면 악의 점유자는 이자지급의무가 없다는 결론이 나올 수 있다. 그런데 이 판결을 계기로 하여 활발한 논의가 이루어졌는데, 대부분 이자지급의무를 인정하여야 한다고 보고 있으나, 그 근거에 관하여는 통일되어 있지 않다.

먼저 이자지급의무를 부정하는 견해는, 748조에 비하여 201조가 선의점유자를 매우 우대하고 있고, 또한 748조에서 원물이 훼손된 때에는 수익자에게 과실이 없는 경우에도 가액반환의 책임이 발생하지만, 201조 2항에서는 과실로 인하여 훼손한 경우에 과실의 대가를 보상하도록 하고 있어 악의의 점유자도 우대하고 있으므로, 748조 2항의 적용도 배제되어 악의점유자라도 과실반환에 덧붙여 이자를 지급하지 않아도 된다고 한다.

이자지급의무를 긍정하는 견해 가운데 1설은 대상판결과 같이, 201조 2항은 악의 점유자의 과실반환의무를 인정하는 것이고, 748조 2항에 의한 악의 수익자의 이자지급의무까지 배제하는 취지는 아니기 때문에, 악의 수익자의 부당이득금 반환범위에 관하여 201조 2항이 748조 2항의 특칙이라거나 우선적으로 적용되는 것은 아니며, 악의수익자의 구체적인 반환범위는 일반원칙으로서 748조 2항에 의한다고 한다. 또한 이 설은 악의의 무단점유는 불법행위가 되는데, 불법행위의 경우에는 불법행위일부터 지연이자를 붙이고 있다고 한다.

다른 설은 748조가 아니라 201조 2항의 해석에 의하여 이자지급의무를 인정할 수 있다고 한다. 즉 악의의 점유자는 자신에게 물건을 점유할 권리가 없다는 사실을 인식하고 있으므로, 민법은 소유자에게 물건을 반환할 때까지 물건과 관련하여 선량한 관리자의 주의의무에 상응하는 객관적 주의의무로 물건을 관리할 것을 점유자에게 명하고 있고, 악의점유자는 반환해야 할 과실에 대해서도 원물과 마찬가지로 적절한 관리를 행할 의무가 있으므로, 사용이익의 대가에 관하여 법정과실을 수취한 것과 마찬가지로 그 금액을 적절하게 관리하였다면 그로부터 통상 객관적으로 발생하였을 이익인 법정이자 상당의 이자도 함께 지급할 의무를 부담하여야 한다고 주장한다.

3. 검 토

생각건대 악의점유자의 이자가산의무는 인정될 필요가 있으나, 그 근거로서 판례와 마찬가지로 악의점유자의 반환의무에 748조가 직접 적용된다고 볼 수는 없다. 그렇게 된다면 선의점유자에 대하여만 201조가 특칙이 될 것이지만, 201조의 규정에 비추어 볼 때 그 특칙 여부를 선의점유자인지 악의점유자인지에 따라 달리 볼 근거는 박약하다. 그렇지만 201조 2항의 해석에서 악의점유자의 이자가산의무가 바로 도출되기도 어렵다. 이 주장도 기본적으로는 748조 2항의 존재를 고려하고 있다고 보인다.

그러므로 악의점유자의 경우에는 이자가산의무를 규정하는 748조 2항이 유추적용된다고 보는 것이 간명하다고 생각된다. 우선 201조 2항은 적극적으로 악의점유자의 이자가산의무를 배제하고 있지는 않다. 그리고 201조 2항의 악의점유자와 748조 2항의 악의수익자는 악의를 가진다는 면에서는 차이가 없다. 그런데도 악의점유자를 악의수익자에 비하여 특별히 우대할 이유는 없다. 또한 악의점유자는 거의 불법행위자가 될 것인데, 불법행위채무의 경우에는 불법행위 성립 당시부터 지연손해금을 지급하여야 한다는 것(대판 1993.3.9, 92다48413; 2004.5.14, 2003다32162 등)도 유추의 근거가 될 수 있다. 물론 201조 1항은 선의점유자를 선의수익자에 비하여 우대하고 있기는 하지만, 그것만으로 악의점유자도 악의수익자에 비하여 우대하여야 한다고 말할 수는 없다.

4. 법정이자에 대한 지연손해금

대상판결은 악의수익자는 법정이자의 이행지체로 인한 지연손해금도 지급하여야 한다고 보았다. 이미 대판 1996.9.20, 96다25302는 이미 발생한 약정이자에 대한 지연손해금을 청구할 수 있다고 하였고, 대판 2004.7.9, 2004다11582; 2010.12.9, 2009다59237은 채무자는 확정된 금전채무의 지연손해금채무에 대하여 채권자로부터 이행청구를 받은 때로부터 지체책임을 부담하게 된다고 보았다.

참고문헌

김상용, 부당이득으로서의 과실의 반환범위에 관한 민법 제201조와 제748조와의 관계, 민사판례연구 27권, 2005.
김재형, 점유자의 소유자에 대한 부당이득반환범위: 민법 제201조와 제748조의 관계를 중심으로, 법조 2003.6.
김형석, 점유자와 회복자의 법률관계와 부당이득의 경합, 서울대학교 법학 49권 1호, 2008.
민유숙, 부당이득반환청구권과 점유자에 대한 회복자의 과실반환청구권의 관계, 대법원판례해설 46호, 2004.
배병일, 점유자의 과실취득과 부당이득반환청구, 토지법학 19호, 2003.

[판례 33]

계약명의신탁에서 부당이득 반환의 방법

대법원 2005.1.28. 선고 2002다66922 판결

사 실

A는 2000.3.1. 그의 아들인 Y를 대리하여 B와의 사이에 이 사건 주택을 대금 3억 9,000만 원에 매수하기로 하는 매매계약을 체결하였고, 이에 따라 2000.4.4. Y 앞으로 소유권이전등기가 경료되었다. 그런데 실제로 A와 Y 사이에는 A가 위 주택에 관한 소유명의를 Y에게 신탁하기로 하는 약정이 있었다. 한편 X는 A에 대한 채권자로서 A를 상대로 소송을 제기하여, 2000.10.20. A가 X에게 2억 5,000만 원을 지급하라는 확정판결을 받았다. 그리하여 X는 A가 Y에 대하여 가지는 위 매매대금 상당의 부당이득반환채권을 대위행사하여 Y에게 그 지급을 청구하였다.

원심은 A가 부담한 매매대금은 1억 4,000만 원이라고 인정하여 위 돈의 지급을 명하였다. 대법원은 지연이자 부분에 대하여만 원심판결을 파기하였다.

이 유

명의신탁자와 명의수탁자가 이른바 계약명의신탁약정을 맺고 명의수탁자가 당사자가 되어 명의신탁약정이 있다는 사실을 알지 못하는 소유자와의 사이에 부동산에 관한 매매계약을 체결한 후 그 매매계약에 따라 당해 부동산의 소유권이전등기를 수탁자 명의로 마친 경우에는, 명의신탁자와 명의수탁자 사이의 명의신탁약정의 무효에도 불구하고 그 명의수탁자는 당해 부동산의 완전한 소유권을 취득하게 되고, 다만 명의수탁자는 명의신탁자에 대하여 부당이득반환의무를 부담하게 되며, 그 계약명의신탁약정이 부동산실명법 시행 후인 경우에는 명의신탁자는 애초부터 당해 부동산의 소유권을 취득할 수 없었으므로, 위 명의신탁약정의 무효로 인하여 명

의신탁자가 입은 손해는 당해 부동산 자체가 아니라 명의수탁자에게 제공한 매수자금이고, 따라서 명의수탁자는 당해 부동산 자체가 아니라 명의신탁자로부터 제공받은 매수자금을 부당이득하였다.

해 설

1. 계약명의신탁의 의의

1995.7.1. 시행된 부동산 실권리자명의 등기에 관한 법률(부동산실명법) 4조 2항 단서의 명의신탁, 즉 수탁자가 계약당사자로서 전 소유자(매도인)로부터 부동산을 매수하여 수탁자 앞으로 곧바로 등기를 마치는 명의신탁을 계약명의신탁이라고 한다. 반면 등기명의신탁의 경우에는 신탁부동산의 등기명의만을 수탁자에게 이전할 뿐, 수탁자가 부동산 취득을 위한 원인계약에는 관여하지 않는다. 이는 다시 신탁자가 소유권을 취득한 부동산을 수탁자 앞으로 등기를 이전하는 양자간 명의신탁과, 신탁자가 매도인으로부터 부동산을 매수하여 수탁자 앞으로 곧바로 등기를 마치는 3자간 명의신탁으로 구분할 수 있다.

대판 2010.10.28, 2010다52799는 계약명의자가 명의수탁자로 되어 있어도 계약당사자를 명의신탁자로 볼 수 있다면 이는 3자간 등기명의신탁이라고 하였다.

2. 부당이득반환청구의 가부

부동산실명법은 일반적으로 명의신탁약정이나 그에 기한 등기를 무효라고 규정하고 있다. 이 경우에 명의신탁자가 수탁자를 상대로 명의신탁의 대상인 부동산을 부당이득으로 반환청구할 수 있는가에 관하여 학설이 대립한다.

반환청구를 할 수 없다는 설은 부동산실명법에서 명의신탁약정을 무효로 규정한 것은 103조의 반사회질서의 법률행위를 구체화한 예 또는 동조의 특별규정이므로, 무효인 명의신탁약정에 기한 급여는 악의의 비채변제 내지 불법원인급여에 해당하여 반환을 청구할 수 없다고 한다. 그러나 다수의 학설은 부동산실명법이 명의신탁을 무효로 규정하고 있는 것은 거래유형으로서의 부동산명의신탁약정의 효력을 일반적으로 부인하고자 하는 정책적 취지에서 마련된 강행적 효력규정일 뿐이므로, 선량한 풍속 기타 사회질서에 위반하는 경우에는 해당하지 않는다고 보고 있다.

대판 2003.11.27, 2003다41722도, 명의신탁약정은 그 자체로 선량한 풍속 기타 사회질서에 위반하는 경우에 해당한다고 단정할 수 없을 뿐만 아니라, 부동산실명법이 반사회적 행위를 방지하는 것 등을 목적으로 제정되었다고 하더라도, 무효인 명의신탁약정에 기하여 타인 명의의 등기가 마쳐진 것이 당연히 불법원인급여에 해당한다고 볼 수는 없다고 하였다. 대판(전)

2019.6.20, 2013다218156도 이를 재확인하였으나, 여기에는 이러한 등기는 불법원인급여에 해당된다는 반대의견이 있었다.

3. 계약명의신탁에 의한 부당이득 반환의 방법

부동산실명법 4조 2항 단서는 계약명의신탁에서 상대방 당사자가 명의신탁약정이 있다는 사실을 알지 못한 경우에는 물권변동, 즉 수탁자 명의의 등기를 유효로 규정하고 있다. 이처럼 수탁자 명의의 등기가 유효한 경우에 명의신탁자가 수탁자를 상대로 부당이득을 이유로 부동산 자체의 반환청구를 할 수 있는가, 아니면 금전의 반환청구만이 가능한가에 대하여 학설이 대립한다.

부동산 자체의 반환청구가 가능하다는 설은 그 근거로서, 부동산실명법이 신탁부동산의 소유권을 수탁자에게 귀속시키거나 신탁자의 반환청구를 막는 취지는 아니고, 수탁자 앞으로 경료된 등기는 무효인 명의신탁 약정에 기한 것이므로 그 등기는 신탁자에 대한 관계에서는 부당이득이 되며, 이를 허용하지 않으면 사적 자치의 원칙에 반하고 과잉금지에 해당한다는 점을 든다. 반면 금전청구만이 가능하다는 설은, 수탁자 명의의 소유권이전등기는 매도인과의 매매계약을 원인으로 이루어진 것이므로 법률상 원인이 없다고 할 수 없고, 소유권이전등기청구를 허용하면 결국 과거와 달리진 점이 없어 부동산실명법의 실효성을 떨어뜨리고 범법행위를 한 신탁자를 보호한 것이 된다고 한다.

이 점에 관하여 판례는 그 계약명의신탁약정이 부동산실명법 시행 전인가 후인가에 따라 달리 보고 있다. 앞의 경우에는 계약명의신탁약정은 원래 유효하였지만, 부동산실명법 시행 후 11조가 정하는 1년의 유예기간이 경과하면 그때부터는 무효로 된다(12조). 대판 2002.12.26, 2000다21123은 이에 대하여, 유예기간이 경과하기 전까지는 명의신탁자는 언제라도 명의신탁약정을 해지하고 당해 부동산에 관한 소유권을 취득할 수 있었으므로, 명의수탁자는 부동산실명법 시행에 따라 당해 부동산에 관한 완전한 소유권을 취득함으로써 당해 부동산 자체를 부당이득하였고, 부동산실명법 3조 및 4조가 명의신탁자에게 소유권이 귀속되는 것을 막는 취지의 규정은 아니므로, 명의수탁자는 명의신탁자에게 자신이 취득한 당해 부동산을 부당이득으로 반환할 의무가 있다고 하였다.

그리고 뒤의 경우에 관하여는, 대상판결은 명의수탁자는 당해 부동산 자체가 아니라 명의신탁자로부터 제공받은 매수자금을 부당이득하였다고 보아 그 반환청구를 인정하였다.

4. 검 토

계약명의신탁에 의하여 수탁자가 유효하게 소유권을 취득하는 경우에는 명의신탁 약정이 부동산실명법 시행 전인지 후인지를 불문하고 신탁자는 수탁자에게 부동산 자체의 반환을 청구할 수는 없고, 금전반환청구만을 할 수 있다고 보아야 할 것이다. 다만 그 반환청구할 수 있는 범위는 다르게 보아야 한다.

우선 원물반환 긍정설은 명의신탁 약정이 무효인 이상 부동산 자체를 부당이득한 것이라고 주장하는 반면, 원물반환 부정설은 수탁자 명의의 소유권이전등기는 매도인과의 매매계약을 원인으로 이루어진 것이므로 법률상 원인이 있다고 한다. 이 문제는 부동산실명법이 계약명의신탁의 경우에 상대방 당사자가 명의신탁약정이 있다는 사실을 알지 못한 때에는 수탁자 명의의 등기를 유효로 규정하고 있는 취지가 무엇인지에 따라 결정하여야 한다. 만일 원물반환 청구가 가능하다면 이는 수탁자 명의의 등기가 무효인 경우와 아무런 차이가 없게 된다. 부동산실명법 4조 2항 단서가 수탁자 명의의 등기를 유효로 하고 있는 것은 이러한 경우 당해 부동산을 수탁자가 확정적·종국적으로 보유하여야 한다는 취지라고 보아야 하고, 따라서 신탁자가 부동산 자체의 반환을 청구할 수 있다면 이러한 부동산실명법의 입법취지에 어긋나게 된다. 그리고 부동산실명법 시행 전에 이루어진 명의신탁이라 하여도, 명의신탁자는 소유권 그 자체를 취득한 것은 아니고, 다만 명의수탁자에게 소유권을 넘겨줄 것을 청구할 수 있는 지위에 있을 뿐이므로, 명의신탁자가 부동산 그 자체의 손해를 입은 것이라고는 할 수 없다. 따라서 부동산실명법 전후를 불문하고 명의신탁자는 명의수탁자에게 금전에 의한 부당이득 반환청구만을 할 수 있다고 보아야 한다.

그런데 명의신탁 약정이 부동산실명법 시행 후에 있었다면 반환 청구할 수 있는 금액은 대상판결과 같이 부동산의 매수자금이 될 것이다. 반면 명의신탁 약정이 부동산실명법 시행 전이었다면, 그 명의신탁 약정은 원래 유효한 것이었고, 부동산실명법 시행 후에도 유예기간이 경과하기 전까지는 신탁자가 명의신탁 약정을 해지하고 부동산 자체의 반환청구를 할 수 있었는데 유예기간이 경과함으로써 반환청구를 할 수 없게 되었으므로, 이때 명의신탁자가 입게 되는 손해는 그 유예기간 경과 당시의 부동산의 가액이고, 따라서 명의신탁자는 그 가액 상당을 반환청구할 수 있다고 보아야 하며, 단순히 매수자금만의 반환청구를 할 수 있는 것으로 보아서는 안 될 것이다.

5. 관련 판례

가. 부동산실명법 시행 전에 이루어진 계약명의신탁 대판 2009.7.9, 2009다23313은 부동산실명법 시행 전에 이루어진 계약명의신탁에 관하여, 명의신탁자가 당해 부동산의 회복을 위해 명의수탁자에 대해 가지는 소유권이전등기청구권은 부당이득반환청구권으로서 민법 162조 1항에 따라 10년의 기간이 경과함으로써 시효로 소멸하고, 명의신탁자가 그 부동산을 점유·사용하여 왔어도 명의신탁자의 명의수탁자에 대한 부당이득반환청구권에 기한 등기청구권의 소멸시효가 진행되지 않는 것은 아니라고 하였다.

그리고 대판 2008.5.15, 2007다74690은, 부동산실명법 시행 전의 계약명의신탁 약정에 기하여 이루어진 수탁자 명의의 등기가 유효하지만, 명의신탁자가 위 법 11조에서 정한 유예기간이 경과하기까지 농지에 대한 농지매매증명이나 농지자격취득자격증명을 받을 수 없어 그 명의로 당해 부동산을 등기이전하는 데 법률상 장애가 있었던 경우에는 명의수탁자는 당해 부동산 자체가 아니라 명의신탁자로부터 제공받은 매수자금을 부당이득하였다고 하였다.

나. 부동산실명법 시행 후에 이루어진 계약명의신탁 대판 2006.11.9, 2006다35117은, 계약명의신탁약정이 무효이면 명의신탁자는 명의수탁자에게 부동산 자체나 그 처분대금의 반환을 청구할 수는 없고, 명의신탁자의 지시에 따라 부동산의 소유명의를 이전하거나 그 처분대금을 반환하기로 한 약정도 명의신탁약정이 유효함을 전제로 명의신탁 부동산 자체 또는 그 처분대금의 반환을 구하는 범주에 속하는 것에 해당하여 무효라고 하였다. 대판 2015.2.26, 2014다63315도 같은 취지이다.

반면 대판 2014.8.20, 2014다30483은, 명의수탁자가 명의수탁자의 완전한 소유권 취득을 전제로 하여 사후적으로 명의신탁자와의 사이에 위에서 본 매수자금반환의무의 이행에 갈음하여 명의신탁된 부동산 자체를 양도하기로 합의하고 그에 기하여 명의신탁자 앞으로 소유권이전등기를 마쳐준 경우에는 그 소유권이전등기는 새로운 소유권 이전의 원인인 대물급부의 약정에 기한 것이므로 다른 특별한 사정이 없는 한 유효하다고 하였다.

또한 대판 2009.3.26, 2008다34828은, 명의신탁자가 명의수탁자에 대하여 가지는 매매대금 상당의 부당이득반환청구권은 부동산 자체로부터 발생한 채권이 아닐 뿐만 아니라 소유권 등에 기한 부동산의 반환청구권과 동일한 법률관계나 사실관계로부터 발생한 채권이라고 보기도 어려우므로, 결국 320조 1항에서 정한 유치권 성립요건으로서의 목적물과 채권 사이의 견련관계를 인정할 수 없다고 하였다.

참고문헌

김상용, 무효인 명의신탁에 있어서의 부당이득반환청구권의 인정여부, 고시계 2006.12.

박동진, 부동산명의신탁과 불법원인급여, 연세대 법학연구 30권 1호, 2020.

배병일, 계약명의신탁과 부당이득, 민사법연구 13집 2호, 2005.

서정, 명의신탁자가 명의수탁자를 상대로 부동산 자체를 부당이득반환으로 구하는 청구의 가부, 민사판례연구 26권, 2004.

신원일, 계약명의신탁에 있어서의 부당이득반환청구권과 소멸시효, 민사판례연구 33권(상), 2011.

송오식, 3자간 등기명의신탁과 불법원인급여 해당 여부, 재산법연구 36권 1호, 2019.

[판례 34]

구분소유의 성립

대법원 2013.1.17. 선고 2010다71578 전원합의체 판결

사 실

Y는 2002.4.26. A 회사와 사이에 자신의 소유인 이 사건 토지 지상에 이 사건 아파트를 신축하기로 하는 공사도급계약을 체결하였다. A 회사는 2002.5.1.부터 이 사건 아파트의 신축공사를 착공하였고, Y는 2002.5.13.경부터 이 사건 아파트 19세대에 관하여 분양계약을 체결하고 분양대금을 지급받기 시작하였다. Y는 2003.9.4. B 신탁회사와의 사이에 이 사건 토지에 관하여 우선수익자 주식회사 C 은행으로 한 부동산담보신탁계약을 체결하고, 같은 날 B 신탁회사에게 이 사건 토지에 관하여 신탁을 원인으로 한 소유권이전등기를 마쳐주었다.

C 은행은 2003.9.5. Y에게 25억 원을 대출하였는데, 2004.7.8. 이 사건 아파트에 대한 가압류를 신청하여, 2004.7.26. 이 사건 아파트의 19세대에 관하여 Y 명의의 소유권보존등기와 C 은행의 가압류등기가 마쳐졌고, 같은 날 C 은행은 채권최고액 32억 5,000만 원의 근저당권설정등기를 마쳤다. C 은행은 2004.11.30. 위 근저당권에 기하여 이 사건 아파트에 관하여 부동산임의경매를 신청하였고, X는 그 경매절차에서 이 사건 아파트 중 801호의 전유부분을 낙찰받아 2006.6.28. 801호의 전유부분에 관하여 소유권이전등기를 마쳤다.

X는 이 사건 아파트 801호의 전유부분을 낙찰받음으로써 그 대지사용권도 함께 취득하였고, 이 사건 신탁계약은 전유부분과 대지사용권의 일체성에 반하여 무효이므로, Y는 X에게 이 사건 토지 중 이 사건 아파트 801호의 전유부분에 따른 대지지분권에 해당하는 각 지분에 관하여 소유권이전등기절차를 이행할 의무가 있다고 주장하여 그 이행을 청구하였다.

1심은 X의 청구를 기각하였다. 그러나 2심은 2003.8.25.경에는 이 사건 아파트 내부의 각 구분건물은 구조상 · 이용상 독립성의 요건을 갖추었고, Y가 이 사건 아파트를 신축하면서 각각의 구분건물에 관하여 2002.5.13.경부터 분양계약을 체결하였으므로 그 무렵부터는 구분행위가 있었으므로, 이 사건 신탁등기가 마쳐진 2003.9.4.경 이 사건 아파트의 각 구분건물에 관하여 이미 구분소유권이 성립한 이상, 이 사건 부동산담보신탁계약은 무효라고 하여 X의 청구를 받아들였다. 대법원 전원합의체도 Y의 상고를 기각하였다. 그러나 여기에는 반대의견이 있었다.

이 유

1. 1동의 건물에 대하여 구분소유가 성립하기 위해서는 객관적 · 물리적인 측면에서 1동의 건물이 존재하고 구분된 건물부분이 구조상 · 이용상 독립성을 갖추어야 할 뿐 아니라 1동의 건물 중 물리적으로 구획된 건물부분을 각각 구분소유권의 객체로 하려는 구분행위가 있어야 한다. 여기서 구분행위는 건물의 물리적 형질에 변경을 가함이 없이 법률관념상 그 건물의 특정 부분을 구분하여 별개의 소유권의 객체로 하려는 일종의 법률행위로서, 그 시기나 방식에 특별한 제한이 있는 것은 아니고 처분권자의 구분의사가 객관적으로 외부에 표시되면 인정된다. 따라서 구분건물이 물리적으로 완성되기 전에도 건축허가신청이나 분양계약 등을 통하여 장래 신축되는 건물을 구분건물로 하겠다는 구분의사가 객관적으로 표시되면 구분행위의 존재를 인정할 수 있고, 이후 1동의 건물 및 그 구분행위에 상응하는 구분건물이 객관적 · 물리적으로 완성되면 아직 그 건물이 집합건축물대장에 등록되거나 구분건물로서 등기부에 등기되지 않았더라도 그 시점에서 구분소유가 성립한다(판례변경).

2. 집합건물법 20조 3항의 분리처분금지로 대항할 수 없는 '선의'의 제3자라 함은 원칙적으로 집합건물의 대지로 되어 있는 사정을 모른 채 대지사용권의 목적이 되는 토지를 취득한 제3자를 의미한다.

해 설

1. 전유부분과 대지사용권의 일체성

집합건물의 소유 및 관리에 관한 법률(집합건물법)에서 대지사용권이란 구분소유자가 전유부분(구분소유권의 목적인 건물부분)을 소유하기 위하여 건물의 대지에 대하여 가지는 권리를 말한다. 집합건물법 20조는, 구분소유자의 대지사용권은 그가 가지는 전유부분의 처분에 따르고, 구분소유자는 그가 가지는 전유부분과 분리하여 대지사용권을 처분할 수 없으며(다만, 규약으로써 달리 정한 경우에는 그러하지 아니하다), 이 분리처분금지는 그 취지를 등기하지 아니하면 선의로 물권을 취득한 제3자에게 대항하지 못한다고 규정한다. 위 규정의 취지는 집합건물의 전유부분과 대지사용권이 분리되는 것을 최대한 억제하여 대지사용권 없는 구분소유권의 발생을 방지함으로써 집합건물에 관한 법률관계의 안정과 합리적 규율을 도모하려는 데 있다(대판 2006.3.10, 2004다742 등).

대지사용권은 대지소유권에 한정되지 않고, 용익권(가령 지상권이나 임차권)도 대지사용권으로 될 수 있다. 매수인의 지위에서 가지는 점유 · 사용권도 대지사용권이 될 수 있다{대판(전)

2000.11.16, 98다45652, 45669}.

위 규정의 취지에 관하여는 이른바 종속적 일체불가분설과, 처분금지적 일체불가분설이 주장되고 있다. 전설은, 대지사용권이 전유부분의 처분에 따르고, 대지사용권을 전유부분과 분리처분하는 것은 무효라고 한다. 반면 후설은, 집합건물법 20조 2항이 원칙규정으로서, 전유부분과 대지사용권의 일체불가분성을 선언한 것이고, 1항은 무용한 규정이라는 견해로서 대지사용권의 전유부분에 대한 종속성을 부인하는 견해이다. 이 설에 따르면 전유부분을 대지사용권과 분리처분하는 경우에도 무효로 되나, 무효로 되는 범위가 너무 넓어진다는 비판을 받는다. 판례는 전설로 보인다(대판 2006.10.26, 2006다29020 등).

대지소유권을 가진 집합건물의 건축자로부터 전유부분을 매수하여 그에 관한 소유권이전등기를 마친 매수인은 전유부분의 대지사용권에 해당하는 토지공유지분(대지지분)에 관한 이전등기를 마치지 아니한 때에도 대지지분에 대한 소유권을 취득하고, 동일인의 소유에 속하는 전유부분과 대지지분 중 전유부분만에 관하여 설정된 저당권의 효력은 규약이나 공정증서로써 달리 정하는 등의 특별한 사정이 없는 한 종물 내지 종된 권리인 대지지분에까지 미치므로, 전유부분에 관하여 설정된 저당권에 기한 경매절차에서 전유부분을 매수한 매수인은 대지지분에 대한 소유권을 함께 취득한다(대판 2013.11.28, 2012다103325).

2. 구분소유의 성립

1동의 건물에 대하여 구분소유가 성립하기 위해서는 1동의 건물의 부분으로서 구조상 구분되어 있어야 하고(구조상의 독립성), 또 독립하여 건물로서 사용될 수 있어야 한다(이용상의 독립성). 다만 상가건물에 대하여는 구조상의 독립성이 완화되어 있다(집합건물법 1조의2). 나아가 1동의 건물 중 물리적으로 구획된 건물부분을 각각 구분소유권의 객체로 하려는 구분행위가 있어야 한다. 이 점은 대상판결의 다수의견과 반대의견 사이에 차이가 없다.

이러한 구분행위의 성질에 관하여는 법률행위라는 설과 준법률행위설 내지 사실행위설이 대립하지만, 법률행위설이 다수설이다. 대상판결도 구분행위는 건물의 물리적 형질에 변경을 가함이 없이 법률관념상 그 건물의 특정 부분을 구분하여 별개의 소유권의 객체로 하려는 일종의 법률행위라고 하였다. 반대의견은 구분행위를 부동산 소유권의 내용을 변경시키는 법적 행위라고 하였다.

3. 구분소유의 성립시기에 관한 종래의 판례와 학설

종전의 판례는, 구분소유가 성립하기 위하여는 건물이 건축물대장에 등록되어야 하는지에 관하여 나누어져 있었다. 대판 1999.9.17, 99다1345; 2006.11.9, 2004다67691 등은, 구분소유가 성립한 시점은 건물 전체가 완성되어 당해 건물에 관한 건축물대장에 구분건물로 등록된 시점이라고 하였다.

반면 대판 2006.3.10, 2004다742는, 건축주의 부도 당시 당해 건물은 구조상 · 이용상의 독립성을 갖추었고, 건축주가 주택건설사업계획을 승인받아 원고 등에게 분양할 무렵 이 사건 건물을 구분소유권의 객체로 하려는 의사표시 즉 구분행위가 있었으므로, 건축주는 채권자들이 건축주의 건물 대지에 대한 소유권이전등기청구권 가압류 이전에 건물의 소유를 위한 대지사용권을 취득하였다고 하여, 건축물대장 등록과는 관계없이 구분소유가 성립하였다고 보았다. 이 문제에 대한 학설은 나누어져 있다. 1설은 구분행위는 물권행위이므로 186조에 따라 등기한 때에 구분소유가 성립한다고 주장한다. 다른 설은 건축물대장에 등록된 때에 구분소유가 성립한다고 한다. 이 설은 그 근거로서, 집합건물법 1조가 1동의 건물 중 구조상·이용상의 독립성을 갖춘 건물 부분을 '이 법이 정하는 바에 따라' 각각 소유권의 목적으로 할 수 있다고 규정하고 있으므로, 집합건물에 관하여서는 집합건물법이 정한 건축물대장에의 등록으로써 구분소유권의 목적이 되는 건물부분의 개수가 결정된다고 한다.

세 번째 설은, 구분행위는 등기를 하여야 하는 물권행위가 아니고, 건축물대장에 등록하여야 한다고 볼 근거도 없으므로, 구분행위만 있으면 된다고 한다.

4. 대상판결의 다수의견과 반대의견

대상판결의 다수의견은, 건축허가신청이나 분양계약 등을 통하여 장래 신축되는 건물을 구분건물로 하겠다는 구분의사가 객관적으로 표시되면 구분행위의 존재를 인정할 수 있고, 이후 1동의 건물 및 그 구분행위에 상응하는 구분건물이 객관적·물리적으로 완성되면 아직 그 건물이 집합건축물대장에 등록되거나 구분건물로서 등기부에 등기되지 않았더라도 그 시점에서 구분소유가 성립한다고 하였다. 다수의견은 그 근거로 구분행위의 시기나 방식에 특별한 제한이 있는 것은 아니고 처분권자의 구분의사가 객관적으로 외부에 표시되면 인정된다는 점을 들었다.

반면 반대의견은, 구분소유권은 원칙적으로 건물 전체가 완성되어 당해 건물에 관한 건축물대장에 구분건물로 등록된 시점에 성립하고, 예외적으로 건축물대장에 등록되기 전에 등기관이 집행법원의 등기촉탁에 의하여 미등기건물에 관하여 소유권 처분제한의 등기를 하면서 구분건물의 표시에 관한 등기를 할 경우에는 그 등기된 시점에 구분소유권이 성립한다고 하였다. 반대의견은 구분행위는 부동산 물권변동에 있어서 요구되는 공시방법인 등기에 준할 정도로 명료한 공시기능을 갖추는 것이 반드시 필요하다는 점을 강조하였다.

5. 검 토

우선 구분행위는 등기를 요하는 물권행위라고는 할 수 없다. 186조에 의한 등기는 권리의 보존·설정·이전·변경·소멸 등 부동산의 권리관계에 관한 등기(권리의 등기)를 말하고, 부동산의 위치·면적 등 부동산의 표시에 관한 등기(사실의 등기)를 말하는 것은 아니므로 하나의 건물을 구분하는 구분행위는 186조에 의하여 등기를 필요로 하는 법률행위라고는 할 수 없다. 또한 일반적으로 건축물대장에의 등록은 창설적 효력을 가지는 것이 아니며, 이러한 등록을 요한다고 볼 법적인 근거도 없다. 그러므로 구분소유가 성립하기 위해서는 1동의 건물의 부분이 구조상 및 이용상의 독립성을 갖추고 있고, 처분권자의 구분의사를 객관적으로 외부에 표시하는 구분행위가 있으면 된다.

각 견해의 실질적인 차이는, 건축물대장이나 등기가 있기 전에 구분소유의 목적물을 분양받은 수분양자를 어느 정도로 보호할 것인가 하는 점이다. 가령 이 사건처럼 집합건물이 완성되기 전에 집합건물을 분양받은 수분양자가 있고, 그 후 구조 및 이용상의 독립성을 갖춘 집합건물이 완성되었으나 아직 건축물대장의 등록이나 등기부상 등기가 되기 전에 집합건물의 대지를 취득한 자가 있는 경우에, 건축물대장의 등록 등이 있기 전에는 구분소유가 성립하지 않는다고 보게 되면, 대지취득자는 유효하게 권리를 취득하고, 수분양자는 보호를 받지 못한다. 반면 집합건물의 분양을 구분행위로 보게 되면, 수분양자는 보호를 받을 수 있다.

결국 수분양자와 대지에 관하여 이해관계를 가지는 제3자의 이익을 어떻게 형량할 것인가가 중요한데, 수분양자를 보호하더라도 제3자의 이익이 부당하게 침해된다고는 할 수 없을 것이다. 이 제3자가 권리 취득 당시에 선의였다면, 집합건물법 20조 3항에 의하여 보호될 것이기 때문이다. 많은 경우에는 이러한 제3자는 권리 취득 당시에 그 대지에 이미 구분건물이 존재한다는 사실을 알 수 있었을 것이다. 대상판결의 다수의견에 대한 보충의견도, 수분양자 등이 거주하고 있다는 사실을 알면서도 투자 등의 목적으로 대지소유권을 취득하는 경우가 적지 않다고 하였는데, 위와 같은 경우 대지소유자에 비하여 구분건물 수분양자를 보호할 필요성이 더 크고, 집합건물법 20조가 정한 대지사용권의 분리처분금지 원칙의 적용을 긍정한다고 하여 거래의 안전을 해할 우려는 그다지 크지 않아 보인다. 이 사건에서 대상판결의 다수의견도 이 사건 부동산담보신탁계약을 체결할 당시 이 사건 아파트가 집합건물로서의 모습을 갖춘 점 등의 사정에 비추어 보면, B 신탁회사는 이 사건 토지가 집합건물의 대지로 되어 있는 사정을 알고 있었다고 봄이 상당하므로 선의의 제3자에 해당하지 않는다고 판단하였다.

대상판결의 반대의견은, 집합건물법 20조의 분리처분금지 원칙 외에도 수분양자들이 보호될 수 있는 다른 법적 장치들이 있다고 하면서, 건축물대장 등록 전에 대지소유권만이 제3자에게 양도되더라도 건물 소유를 위한 법정지상권이 성립할 수 있고, 수분양자는 분양계약상의 권리를 피보전권리로 하여 대지에 대하여 보전처분을 할 수 있으며, 주택법에는 일정 규모 이상의 주택건설사업의 경우에는 수분양자 보호를 위하여 주택과 대지의 분리처분을 예방하는 규정을 두고 있다고 한다는 점 등을 들고 있다. 그러나 반대의견도 이러한 점만으로는 보호되지 않는 영역이 있다고 시인하고 있다.

결국 다수의견이 타당하다고 보인다.

6. 그 후의 판례

대판 2016.6.28, 2016다1854, 1861은 대상판결을 전제로 하면서도, 단독주택 등을 주용도로 하여 일반건물로 등록·등기된 기존의 건물에 관하여 건축물대장의 전환등록절차나 구분건물로의 변경등기가 마쳐지지 아니한 상태에서 구분행위의 존재를 인정하는 데에는 매우 신중하여야 한다고 보았다. 위 판결은 그 근거로서, 처분권자의 구분의사는 객관적으로 외부에 표시되어야 할 뿐만 아니라, 건축법 등은 구분소유의 대상이 되는 것을 전제로 하는 공동주택과 그 대상이 되지 않는 것을 전제로 하는 다가구주택을 비롯한 단독주택을 엄격히 구분하여 규율하고 있고, 이에 따라 등록 · 등기되어 공시된 내용과 다른 법률관계를 인정할 경우 거래의 안전을 해칠 우려가 크다는 점 등을 들었다.

그리고 대판 2018.2.13, 2016다245289은, 집합건물 중에서 전유부분 소유자들이 함께 사용하는 것이 일반적인 건물부분의 경우에는 구분소유권의 성립 여부가 전유부분 소유자들의 권리관계나 거래의 안전에 미치는 영향을 고려하여 구분의사의 표시행위가 있었는지 여부를 신중하게 판단하여야 하는데, 다세대주택의 지하층은 구분소유자들이 공동으로 사용하는 경우가 적지 않고, 다세대주택인 1동의 건물을 신축하면서 건축허가를 받지 않고 위법하게 지하층을 건축하였다면 처분권자의 구분의사가 명확하게 표시되지 않은 이상 공용부분으로 추정하는 것이 사회관념이나 거래관행에 부합한다고 하였다.

참고문헌

강혁신, 구분소유권 성립에 관한 연구, 조선대 법학논총 22권 2호, 2015.
김규완, 구분소유 관념과 구분소유권 개념, 민사법학 72호, 2015.
김성욱, 구분소유권의 성립요건과 관련한 법적 문제, 집합건물법학 18집, 2016.
김창모, 구분소유의 성립요건, 민사판례연구 36집, 2014.
김판기, 집합건물에 있어 구분소유권의 성립, 인권과 정의 2013.6.
이현종, 집합건물의 구분소유 성립시점, 민사판례연구 23권, 2001.

[판례 35]

배타적 사용수익권의 포기

대법원 2019.1.24. 선고 2016다264556 전원합의체 판결

사 실

X는 1995.5.29. 아버지인 A(1994년경 사망)의 소유이던 이 사건 토지를 상속재산 협의분할에 의하여 취득하였다. 이 사건 토지 지하에는 인근에 위치한 주택들에서 나오는 오수가 유입되는 우수관이 매설되어 있는데, Y(용인시)는 위 우수관을 관리하고 있다. X는 Y를 상대로 이 사건 우수관 철거와 함께 그 부분 토지 사용에 따른 차임 상당의 부당이득반환을 구하였다. 1심은 X의 청구를 받아들였으나, 항소심은 A가 우수관 매설 당시 이 사건 계쟁토지 부분에 대한 독점적이고 배타적인 사용 · 수익권을 포기하였고, 상속인인 X도 그러한 제한이 있는 토지를 상속하였다는 이유로 X의 청구를 기각하였다. 대법원 전원합의체는 X의 상고를 기각하였으나, 반대의견이 있었다.

이 유

1. 대법원 판례를 통하여 토지 소유자 스스로 그 소유의 토지를 일반 공중을 위한 용도로 제공한 경우에 그 토지에 대한 소유자의 독점적이고 배타적인 사용 · 수익권의 행사가 제한되는 법리가 확립되었다. 이러한 법리는 현재에도 여전히 그 타당성을 인정할 수 있다. 토지 소유자가 그 소유의 토지를 도로, 수도시설의 매설 부지 등 일반 공중을 위한 용도로 제공한 경우에, 소유자가 그 토지에 대한 독점적 · 배타적인 사용 · 수익권을 포기한 것으로 볼 수 있다면, 타인이 그 토지를 점유 · 사용하고 있다 하더라도 특별한 사정이 없는 한 그로 인해 토지 소유자에게 어떤 손해가 생긴다고 볼 수 없으므로, 토지 소유자는 그 타인을 상대로 부당이득반환을 청구할 수 없고, 토지의 인도 등을 구할 수도 없다. 다만 토지 소유자는 일반 공중의 통행 등 이용을 방해하지 않는 범위 내에서는 그 토지를 처분하거나 사용 · 수익할 권능을 상실하지 않는다. 위와 같은 법리는 토지 소유자가 그 소유의 토지를 도로 이외의 다른 용도로 제공한 경우

에도 적용된다.

2. 상속인은 피상속인의 재산에 관한 포괄적 권리 · 의무를 승계하므로, 피상속인의 사망 후 그 토지에 대한 상속인의 독점적 · 배타적인 사용 · 수익권의 행사 역시 제한된다고 보아야 한다.

토지의 소유권을 특정승계한 자는, 특별한 사정이 없는 한 그와 같은 사용 · 수익의 제한이라는 부담이 있다는 사정을 용인하거나 적어도 그러한 사정이 있음을 알고서 그 토지의 소유권을 취득하였다고 봄이 타당하므로, 그러한 특정승계인은 그 토지 부분에 대하여 독점적이고 배타적인 사용 · 수익권을 행사할 수 없다. 그러한 특별한 사정이 있는지 여부는 특정승계인이 토지를 취득한 경위, 목적과 함께, 그 토지가 일반 공중의 이용에 제공되어 사용 · 수익에 제한이 있다는 사정이 이용현황과 지목 등을 통하여 외관에 어느 정도로 표시되어 있었는지, 해당 토지의 취득가액에 사용 · 수익권 행사의 제한으로 인한 재산적 가치 하락이 반영되어 있었는지, 원소유자가 그 토지를 일반 공중의 이용에 무상 제공한 것이 해당 토지를 이용하는 사람들과의 특별한 인적 관계 또는 그 토지 사용 등을 위한 관련 법령상의 허가 · 등록 등과 관계가 있었다고 한다면, 그와 같은 관련성이 특정승계인에게 어떠한 영향을 미치는지 등의 여러 사정을 종합적으로 고려하여 판단하여야 한다.

3. 토지 소유자의 독점적 · 배타적인 사용 · 수익권 행사의 제한은 토지 소유자가 공공의 목적을 위해 그 토지를 제공할 당시의 객관적인 토지이용현황이 유지되는 한도 내에서만 존속한다고 보아야 한다. 따라서 토지이용상태에 중대한 변화가 생기는 등으로 독점적 · 배타적인 사용 · 수익권의 행사를 제한하는 기초가 된 객관적인 사정이 현저히 변경되고, 소유자가 일반 공중의 사용을 위하여 그 토지를 제공할 당시 이러한 변화를 예견할 수 없었으며, 사용 · 수익권 행사가 계속하여 제한된다고 보는 것이 당사자의 이해에 중대한 불균형을 초래하는 경우에는, 토지 소유자는 그와 같은 사정변경이 있은 때부터는 다시 사용 · 수익 권능을 포함한 완전한 소유권에 기한 권리를 주장할 수 있다고 보아야 한다.

해 설

1. 종래의 판례

대판 1973.8.21, 73다401; 1974.5.28, 74다399은, 토지 소유자가 택지를 분양하면서 그 소유의 토지를 택지와 공로 사이의 통행로로 제공한 경우에 토지 소유자는 택지의 매수인, 그 밖에 주택지 안에 거주하게 될 모든 사람에게 그 토지를 무상으로 통행할 수 있는 권한을 부여하여 그들의 통행을 인용할 의무를 부담하기 때문에 그 토지에 대한 독점적이고 배타적인 사용 · 수익권을 행사할 수 없다고 판단하였다. 이후 판례(대판 1989.7.11, 88다카16997 등)는, 토지

소유자 스스로 그 소유의 토지를 일반 공중을 위한 용도로 제공한 경우에 그 토지에 대한 소유자의 독점적이고 배타적인 사용 · 수익권의 행사가 제한된다고 하면서, 이를 '사용 · 수익권의 포기', '배타적 사용 · 수익권의 포기', '독점적 · 배타적인 사용 · 수익권의 포기', '무상으로 통행할 권한의 부여'와 같이 표현하여 왔다. 그리하여 판례는 이러한 토지 소유자는 점유자인 지방자치단체 등에 대하여 부당이득반환을 청구할 수도 없고, 물권적 청구권을 행사할 수도 없다고 보았다. 다만 판례 가운데에는 비슷한 사실관계임에도 불구하고, 배타적 사용수익권의 포기를 인정하지 않은 것도 많아서, 그 구별이 반드시 명확하지는 않았다.

다른 한편 판례는 처음에는 원래의 토지소유자로부터의 특정승계인에 대하여도 이러한 법리가 적용되는가에 대하여 부정하였으나(대판 1991.4.9, 90다카26317 등), 그 후 태도를 바꾸어 특정승계인도 이러한 제한을 받는다고 하였다. 판례는 그 이유로서, 일반적으로 토지의 소유권을 취득하려는 자는 당해 토지의 위치, 현황과 부근토지의 상황 등을 미리 점검해 볼 것이라는 점은 경험칙상 당연히 예상되고, 따라서 토지의 원소유자가 독점적이고 배타적인 사용수익권을 포기하고 이에 따라 인근주민들이 그 토지를 무상으로 통행하게 된 이후에 그 토지의 소유권을 특정승계한 자는 그 토지상에 위와 같은 사용수익의 제한이라는 부담이 있다는 사정을 용인하거나 적어도 그러한 사정이 있음을 알고서 그 토지의 소유권을 취득하였다고 봄이 상당하다고 판시하였다(대판 1994.9.30, 94다20013 등).

그런데 그 후에는 이러한 배타적 사용수익권의 포기에 대하여 비판적인 태도를 보인 판례가 나왔다. 우선 대판 2009.3.26, 2009다228, 235는, 소유권의 핵심적 권능에 속하는 사용 · 수익의 권능이 소유자에 의하여 대세적으로 유효하게 포기될 수 있다고 하면, 이는 결국 처분권능만이 남는 민법이 알지 못하는 새로운 유형의 소유권을 창출하는 것으로서, 물권법의 체계를 현저히 교란하게 된다고 하면서, 종전의 판례는 소유권의 보호를 위한 원초적 구제수단인 소유물반환청구권 등의 물권적 청구권과는 무관한 것으로 이해되어야 하고, 소유자가 그 사용수익권을 채권적으로 '포기'하였다고 하여도, 그것이 점유자의 사용 · 수익을 일시적으로 인정하는 취지라면, 이는 사용대차의 계약관계에 다름아니라고 하였다. 이 판결 자체는 사실상 도로에 관한 것은 아니었으나, 대판 2012.6.28, 2010다81049는 사실상 도로에 관하여 위 판결을 인용하면서, 일반적으로 토지소유자에 대하여 '배타적 사용 · 수익권이 존재하지 않는다'는 취지의 확인을 구하는 것은 확인을 구할 소의 이익이 없다고 하였다.

그리고 대판 2013.8.22, 2012다54133은, 토지소유자가 그 소유 토지를 일반 공중의 통행로로 무상제공하거나 그에 대한 통행을 용인하는 등으로 자신의 의사에 부합하는 토지이용상태가 형성되어 그에 대한 독점적 · 배타적 사용 · 수익권이 인정되지 않는다고 보는 것은 금반언이나 신뢰보호 등 신의성실의 원칙상 기존의 이용상태가 유지되는 한 토지소유자는 이를 수인하여야 하므로 배타적 점유 · 사용을 하지 못하는 것으로 인한 손해를 주장할 수 없기 때문에 부당이득반환을 청구할 수 없는 것일 뿐이라고 하여, 사용수익권이 인정되지 않는 근거를 신의성실의 원칙에서 찾았다. 그러면서 그 후 토지이용상태에 중대한 변화가 생기는 등으로 배타적 사용 · 수익권을 배제하는 기초가 된 객관적인 사정이 현저히 변경된 경우에는, 토지소유자는 그와 같은 사정변경이 있은 때부터는 다시 사용 · 수익권능을 포함한 완전한 소유권에 기한 권리주장을 할 수 있다고 보아야 한다고 판시하였다.

2. 대상판결의 다수의견과 반대의견

대상판결의 다수의견은 이처럼 혼란스러운 상태에 있던 종래의 판례를 정리하였다. 그리하여 종전의 판례는 현재에도 여전히 그 타당성을 인정할 수 있고, 위와 같은 법리는 토지 소유자가 그 소유의 토지를 도로 이외의 다른 용도로 제공한 경우에도 적용되며, 토지의 지하 부분에 대한 독점적이고 배타적인 사용 · 수익권의 행사 역시 제한되는 것으로 해석함이 타당하다고 하였다. 또한 다수의견은 특정승계인도 독점적이고 배타적인 사용 · 수익권을 행사할 수 없으나, 특별한 사정이 있는 경우에는 이를 행사할 수 있다고 하였다. 그리고 중대한 사정변경이 있으면 토지 소유자는 그와 같은 사정변경이 있은 때부터는 다시 사용 · 수익 권능을 포함한 완전한 소유권에 기한 권리를 주장할 수 있다고 판시하였다.

다수의견에 대한 3인의 대법관의 보충의견은, 종전의 판례 법리는 토지 소유자가 해당 토지를 일반 공중의 사용에 제공함으로써 자신의 사용 · 수익권에 대한 제한을 수인하고 그에 대한 이익을 누린 것으로 평가되는 사안에서 관계자들 사이의 이해관계를 적절히 형량하는 법리로서 기능하여 온 것이고, 이는 사적 자치의 원칙을 전제로 하는 것이며, 판례는 특정승계인의 소유자로서의 권리행사를 제한하는 근거로서 사용 · 수익의 제한에 대한 '특정승계인의 용인 또는 인식'을 제시하고 있는데, 이 역시 대법원 판례가 사적 자치의 원칙을 전제로 하고 있음을 보여준다고 하였다. 그리고 토지 소유자의 독점적 · 배타적인 사용 · 수익권 행사가 제한되는 것이 그의 의사에 기초한 것이라고 볼 때에 법원으로서는 그 법적 성질이 계약인지 단독행위인지, 상대방 있는 법률행위인지 아니면 상대방 없는 단독행위인지 등 강학상 법률행위의 유형 중 어느 것에 해당하는지를 심리하여 반드시 특정하여야 하는 것은 아니라고 하였다.

이에 대하여 조희대 대법관의 반대의견은, 종래의 판례가 기본적으로 잘못되었으므로 판례를 변경하여야 한다고 하면서, 주위토지통행권이나 지상권과 같은 물권 또는 임대차, 사용대차와 같은 채권적 토지이용계약이 성립하였거나, 토지 소유자의 권리행사가 신의칙에 어긋나거나 권리남용에 해당하는 경우와 같이, 민법 등 법률의 명문 규정과 그에 기초한 법리가 적용될 수 있는 경우에만 토지 소유자의 사용 · 수익권을 포함한 소유권 행사가 제한될 수 있다고 주장하였다.

그리고 김재형 대법관의 반대의견은, 토지 소유자가 자발적인 의사로 자신의 토지를 무상사용하도록 하였더라도 토지의 사용 · 수익권 자체를 '포기'한 것으로 볼 수 없고, 이 경우 토지 소유자는 토지를 무상으로 이용하는 자에 대한 관계에서 소유권을 행사하지 않겠다는 의사표시를 한 것으로 보는 것이 합리적이며, 이러한 의사표시는 상대방 있는 의사표시로서 사용대차와 유사한 채권적인 효력을 가지는 법률행위이고, 원소유자가 소유권 불행사의 의사표시를 한 경우에 그 의사표시의 효력은 특별한 사정이 없는 한 특정승계인에게 미치지 않는다고 하였다.

3. 검 토

종래의 판례를 물권적인 효력이 있는 사용수익권의 영구적 포기라고 설명할 수 없다는 것은 위 대판 2009.3.26, 2009다228, 235 등이 지적하는 바와 같고, 학설도 일반적으로 이를 받아들이고 있다. 이외에 종래 판례를 정당화하는 근거로서 제시된 것은 묵시적인 통행지역권을 설정하였다는 주장, 또는 220조에 의한 무상통행권에 관한 논의를 유추적용할 수 있다는 주장이 있다. 그러나 등기 없이는 통행지역권이 성립할 수는 없고, 또 220조는 분할로 인하여 공로에 통하지 못하는 토지가 있거나 토지소유자가 그 토지의 일부를 양도한 경우에 토지소유자에게 무상통행권이 있다는 것으로서, 종래 판례가 적용되는 경우와 유사하다고 하기 어렵다.

또 이를 사용대차와 같은 법리에 의하여 설명하는 것에도 문제가 있다. 토지 소유자가 특정 상대방에게 토지를 무상으로 제공한 경우에는 사용대차가 성립할 수 있겠으나, 사유지가 인근 주민이나 일반 공중의 통행을 위하여 도로로 사용되거나 수도시설 등이 매설된 부지로 사용되고 있는 경우에는 일반적으로 토지의 무상 사용자가 특정되지 않아 사용대차 계약이 성립하기 어렵다.

현재 학설상으로는 토지 소유자의 부당이득 반환청구나 물권적 청구권의 행사가 제한되는 근거를 신의성실의 원칙에서 찾는 견해가 유력하다. 즉 토지 소유자가 자신의 토지를 지방자치단체나 일반 공중이 무상으로 사용할 수 있도록 제공하였다면, 그 후에 토지 소유권을 주장하여 부당이득이나 물권적 청구권을 행사하는 것은 금반언이나 신뢰보호의 원칙에 어긋난다는 것이다.

토지 소유자의 권리 행사를 제한하여야 한다고 본다면, 이처럼 신의성실의 원칙에서 근거를 찾는 것이 난점이 적다. 대상판결의 다수의견에 대한 보충의견은 이러한 경우에 신의칙이나 권리남용의 법리를 적용하는 것은 일반 조항으로의 도피 현상이 초래되고 법률관계의 불확실성이 가중될 우려가 있다고 비판한다. 그러나 그 근거를 사적 자치에서 찾는 보충의견도 신의칙을 적용하는 것과 별다른 차이가 없다. 또 이를 토지를 무상으로 이용하는 불특정 다수인에 대한 관계에서 소유권을 행사하지 않겠다는 토지 소유자의 의사표시라고 하는 김재형 대법관의 반대의견에 대하여도, 과연 그러한 의사표시를 인정할 수 있는 것인가 하는 의문이 있고, 이 또한 결과적으로 신의칙을 적용하는 것과 마찬가지로 보인다.

그러나 과연 이러한 법리를 인정할 필요가 있는가, 또한 원래의 토지 소유자의 특정승계인에 대하여도 이러한 법리가 적용될 수 있는가에 대한 근본적인 의문은 남는다. 종래 판례의 바탕에는, 해당 토지의 소유자가 토지를 무상으로 타인의 사용에 제공함으로써 이익을 얻은 경우에 토지 소유자가 배타적 사용수익권을 주장하는 것은 부당하다는 생각이 깔려 있는 것으로 보인다. 그러나 이러한 문제는 기본적으로 공법상 손실보상의 법리에 의하여 해결되어야 한다. 비록 토지 소유자가 자발적으로 토지를 무상으로 제공하였다고 하더라도, 이러한 손실보상이 부정될 이유는 없다. 또한 신의칙에 근거하여 토지소유자의 특정승계인의 권리를 제한할 수 있는가 하는 점도 쉽지 않은 문제이다.

참고문헌

권순호, 일반 공중의 통행에 제공된 토지에 관한 배타적 사용수익권 행사 제한과 신의성실의 원칙, 대법원 판례해설 97호 하, 2014.

권영준, 배타적 사용수익권 포기 법리에 관한 비판적 검토, 서울대학교 법학 47권 4호, 2006.

권영준, 2019년 민법 판례 동향, 서울대학교 법학 61권 1호, 2020.

김영훈, 배타적 사용수익권 포기 법리의 법적 성격과 그 적용범위, 민사판례연구 36, 2014.

배병일, 사실상 도로에 관한 배타적 사용수익권의 포기, 사법 34호, 2015.

배성호, 사실상 도로에 대한 대법원의 배타적 사용수익권 포기 법리의 비판적 고찰, 한국부패학회보 19권 3호, 2014.

손홍락, 독점적 · 배타적인 사용 · 수익권 행사 제한 법리에 관한 대법원 전원합의체 판결에 대한 소고, 민사법의 이론과 실무 23권 1호, 2019.

송재일, 대법원 판례법리(배타적 사용 · 수익권 포기의 법리), 그 유지와 변경, 민사재판의 제문제 29, 2022.

양형우, 토지소유자의 독점적 · 배타적인 사용 · 수익권 행사의 제한, 홍익법학 20권 2호, 2019.

윤동현, 배타적 사용수익권 포기 법리에 관한 검토, 사법논집 69집, 2019.

윤용석, 토지소유자의 독점적 · 배타적인 사용수익권 행사의 포기에 관한 법리, 부산대 법학연구 60권 3호, 2019.

허민, 사실상 도로에 관한 소유권의 원만한 실현, 민사판례연구 41, 2019.

[판례 36]

항공기 소음으로 인한 비행금지청구와 손해배상청구

대법원 2016.11.10. 선고 2013다71098 판결

사 실

Y 소유의 토지 지상에는 1985.9.16. 설치된 충남지방경찰청 항공대가 위치하고 있는데, 위 항공대에는 헬기가 이·착륙하는 헬기장이 있었다. 위 헬기장에 이착륙하는 헬기는 이 사건 토지의 상공을 통과하였다. X는 2008. 이 사건 토지의 소유권을 취득하여, 여러 차례에 걸쳐 장례식장 건물 건축허가, 소매점, 일반음식점, 사무소 건축허가 등을 신청하였으나, 헬기 운항 시 하강풍으로 인하여 장례식장을 이용하는 사람들의 인명 피해 등이 우려된다는 등의 이유로 모두 불허되었고, 그에 대한 행정소송에서도 X가 모두 패소하였다. 그러자 X는 Y는 위 헬기장에 헬기를 이·착륙함에 있어서 이 사건 토지의 상공을 통과하여서는 아니 된다는 비행금지청구 및 이 사건 토지의 임료 상당과, 장례식장 설계비 상당 및 이 사건 토지의 공중 부분 사용료 상당의 손해배상을 청구하였다.

1심은 X의 청구를 모두 기각하였으나, 원심은 비행금지청구는 받아들이고, 손해배상 및 사용료 청구는 기각하였다. 그러나 대법원은 X와 Y의 상고가 모두 이유있다고 하여 원심판결을 전부 파기하였다.

이 유

1. 비행금지청구에 대하여

토지의 소유권은 정당한 이익이 있는 범위 내에서 토지의 상하에 미치고(민법 212조), 토지의 상공으로 어느 정도까지 정당한 이익이 있는지는 구체적 사안에서 거래관념에 따라 판단하여야 한다. 항공기가 토지의 상공을 통과하여 비행하는 등으로 토지의 사용·수익에 대한 방해

가 있음을 이유로 비행 금지 등 방해의 제거 및 예방을 청구하거나 손해배상을 청구하려면, 토지소유권이 미치는 범위 내의 상공에서 방해가 있어야 할 뿐 아니라 그 방해가 사회통념상 일반적으로 참을 한도를 넘는 것이어야 한다. 이때 방해가 참을 한도를 넘는지 여부는 피해의 성질 및 정도, 피해이익의 내용, 항공기 운항의 공공성과 사회적 가치, 항공기의 비행고도와 비행시간 및 비행빈도 등 비행의 태양, 그 토지 상공을 피해서 비행하거나 피해를 줄일 수 있는 방지조치의 가능성, 공법적 규제기준의 위반 여부, 토지가 위치한 지역의 용도 및 이용 상황 등 관련 사정을 종합적으로 고려하여 판단하여야 한다.

한편 항공기의 비행으로 토지 소유자의 정당한 이익이 침해된다는 이유로 그 토지 상공을 통과하는 비행의 금지 등을 구하는 방지청구와 금전배상을 구하는 손해배상청구는 그 내용과 요건이 다르다고 할 것이므로, 참을 한도를 판단하는 데 고려할 요소와 중요도에도 차이가 있을 수 있다. 그중 특히 방지청구는 그것이 허용될 경우 소송당사자뿐 아니라 제3자의 이해관계에도 중대한 영향을 미칠 수 있으므로, 방해의 위법 여부를 판단할 때는 그 청구가 허용될 경우 토지 소유자가 받을 이익과 상대방 및 제3자가 받게 될 불이익 등을 비교 · 형량해 보아야 한다.

원심으로서는 이 사건 헬기장에서 헬기가 이 · 착륙할 때 이 사건 토지 상공을 통과하는 것이 금지될 경우 소송당사자뿐 아니라 지역 주민 등 일반 국민이 받게 될 이익과 불이익을 비교 · 형량하고, 공공업무 수행에 초래되는 지장의 내용과 대체 방안의 존부 등을 함께 고려하여 헬기가 이 사건 토지 상공을 통과하는 것의 금지를 청구할 수 있는지를 판단하였어야 한다.

2. 손해배상 및 사용료 청구에 대하여

항공기가 토지의 상공을 통과하여 비행하는 등으로 토지의 사용 · 수익에 방해가 되어 손해배상책임이 인정되면, 그 소유자는 항공기의 비행 등으로 토지를 더 이상 본래의 용법대로 사용할 수 없게 됨으로 인하여 발생하게 된 재산적 손해와 공중 부분의 사용료 상당 손해의 배상을 청구할 수 있다. 그리고 불법행위로 인하여 손해가 발생한 사실이 인정되는 경우에는, 법원은 손해액에 관한 당사자의 주장과 증명이 미흡하더라도 적극적으로 석명권을 행사하여 증명을 촉구하여야 하고, 경우에 따라서는 직권으로라도 손해액을 심리 · 판단하여야 한다.

해 설

1. 항공기 소음으로 인한 손해배상

판례는 항공기의 비행으로 인하여 발생하는 소음에 대하여 공항 인근 주민들이 입는 손해에 대한 배상책임을 인정하고 있다. 공항은 민간공항이라고 하여도 항공법에 따라 원칙적으로 대한민국이 설치·관리하므로, 이는 국가배상법 5조에서 말하는 영조물에 해당하고, 항공기 운항과 관련하여 배출하는 소음 등의 침해가 인근 주민인 선정자들에게 통상의 수인한도(受忍限度)를 넘는 피해를 발생하게 하였다면 영조물인 공항의 설치·관리상에 하자가 있으므로, 대한민국은 국가배상법 5조에 따른 국가배상책임을 부담한다(대판 2005.1.27, 2003다49566 등).

여기서 수인한도란 피해자가 참아야 하는 정도를 말하는 것으로서, 수인한도의 기준을 결정함에 있어서는 일반적으로 침해되는 권리나 이익의 성질과 침해의 정도뿐만 아니라 침해행위가 갖는 공공성의 내용과 정도, 그 지역환경의 특수성, 공법적인 규제에 의하여 확보하려는 환경기준, 침해를 방지 또는 경감시키거나 손해를 회피할 방안의 유무 및 그 난이 정도 등 여러 사정을 종합적으로 고려하여 구체적 사건에 따라 개별적으로 결정하여야 한다(위 2003다49566 등). 근래 대법원의 판례는 수인한도라는 말 대신 '참을 한도'라는 표현을 사용하고 있다(대판 2015.9.24, 2011다91784). 대상판결도 마찬가지이다.

이 사건에서는 공항 아닌 헬기장이 문제되었지만 기본적인 법리는 마찬가지이다. 그런데 종래의 손해배상청구와 비교하여 보면, 종래에는 공항 인근 주민들의 정신적 고통으로 인한 위자료 청구가 대부분이었고, 재산상의 손해배상을 청구하는 경우는 거의 없었다. 그런데 대상판결에서는 X가 헬기 소음으로 인한 재산상 손해배상을 청구하였다.

원심은 X의 이 사건 토지의 임료 상당 손해배상청구에 대하여는 X가 Y의 이 사건 헬기장의 설치 및 운영으로 인하여 이 사건 토지를 전적으로 사용할 수 없다고 볼 만한 증거가 없다는 이유로 이를 배척하였고, X의 이 사건 토지의 공중 부분 사용료 상당 손해배상청구에 대하여는 그 사용료 상당액을 인정할 아무런 증거가 없다고 하여 이를 배척하였다. 그리고 X가 건축허가신청과 용도변경허가신청을 하면서 지출한 설계비 상당 손해배상청구에 대하여는 이 사건 토지의 이용이 제한되는 것과 상당인과관계가 인정되는 손해라고 볼 수 없다고 하였다.

그러나 대상판결은, X가 재산적 손해와 공중 부분의 사용료 상당 손해의 배상을 청구할 수 있고, 불법행위로 인하여 손해가 발생한 사실이 인정되는 경우에는, 법원은 손해액에 관한 당사자의 주장과 증명이 미흡하더라도 적극적으로 석명권을 행사하여 증명을 촉구하여야 하고, 경우에 따라서는 직권으로라도 손해액을 심리·판단하여야 한다는 이유로 원심판결을 파기하였다. 대상판결이 손해배상의 내용으로서 공중 부분 사용료에 대하여 언급한 것도 의미가 있다.

실제로 사건을 환송받은 대전고법판 2019.1.31, 2016나1364은, 이 사건 토지 상공으로 헬기가 운항하는 데 사용되는 공중 부분에 대한 구분지상권 지료 상당의 손해배상을 명하였으나, 이 사건 토지를 본래 용법대로 사용하지 못하여 발생한 재산적 손해 부분에 대하여는 X가 이 사건 건축물을 장례식장 용도로 사용하여 영업을 하여 왔음을 이유로 이를 기각하였고, 설계비 상당 손해는 상당인과관계가 없다고 하여 이를 기각하였으며, 대법원은 2019.6.27. 심리불속행 판결로 상고를 기각하였다.

2. 항공기 소음으로 인한 비행금지청구

이제까지 항공기 소음으로 인하여 비행을 금지할 것을 청구하는 예는 별로 없었는데, 이 사건에서 본격적으로 문제되었다. 대상판결은, 비행의 금지 등을 구하는 방지청구와 금전배상을 구하는 손해배상청구는, 참을 한도를 판단하는 데 고려할 요소와 중요도에도 차이가 있을 수 있고, 방지청구는 그것이 허용될 경우 소송당사자뿐 아니라 제3자의 이해관계에도 중대한 영향을 미칠 수 있으므로, 방해의 위법 여부를 판단할 때는 그 청구가 허용될 경우 토지 소유자가 받을 이익과 상대방 및 제3자가 받게 될 불이익 등을 비교·형량해 보아야 한다고 하였다.

종래 손해배상청구와 방지청구(금지청구나 유지청구라고도 한다) 사이에 요건상 차이가 있는가에 대하여, 판례는 명확하지 않았다. 다만 대판(전) 2008.4.17, 2006다35865의 다수의견에서는 일조방해(日照妨害)로 인한 손해배상청구권의 소멸시효 기산점이 문제된 사례에서, 일조방해로 인하여 건물 등의 소유자 내지 실질적 처분권자가 피해자에 대하여 손해배상 외에 건물 등의 전부 또는 일부에 대한 철거의무를 부담하는 경우는 지극히 예외적이라고 하였다. 그런데 대판 2015.9.24, 2011다91784는, 도로소음으로 인한 생활방해를 원인으로 소음의 예방 또는 배제를 구하는 방지청구는 금전배상을 구하는 손해배상청구와는 내용과 요건을 서로 달리하는 것이어서 같은 사정이라도 청구의 내용에 따라 고려요소의 중요도에 차이가 생길 수 있고, 방지청구는 그것이 허용될 경우 소송당사자뿐 아니라 제3자의 이해관계에도 중대한 영향을 미칠 수 있어, 방지청구의 당부를 판단하는 법원으로서는 해당 청구가 허용될 경우에 방지청구를 구하는 당사자가 받게 될 이익과 상대방 및 제3자가 받게 될 불이익 등을 비교·교량하여야 한다고 판시하였다. 대상판결도 위 2011다91784 판결을 인용하면서, 같은 취지로 판시하였다.

이제까지 이 문제는 손해배상청구와 방지청구의 위법성에 차이가 있는가 하는 형태로 논의되었다. 1설은 손해배상청구와 유지청구의 위법성은 그 정도가 같다고 한다. 즉 같은 환경침해에 대하여 손해배상청구에서 위법한 침해가 인정된다면 방지청구에서도 위법한 침해가 인정되어야 한다는 것이다. 그러나 이를 달리 보아야 한다는 설이 유력하다. 그 중 한 가지 견해는 위법성 단계설로서, 환경 침해가 어느 일정 한도를 넘어서면 손해배상책임이 인정되고, 그 침해정도가 더욱 커져서 어떻게 하든지 침해행위를 중지시키지 않으면 곤란한 경우에 한하여 방지청구를 인정하여야 한다고 주장한다. 다른 견해는 위법성 상대화설로서, 손해배상청구와 유지청구의 위법성 판단은 달라질 수 있으나, 양자의 차이는 양적인 차이는 아니고, 손해배상청구와 유지청구는 각 청구의 목적이 상이하므로 그 당부 판단에 있어서 수인한도의 여러 요소들을 고려할 때 고려요소들 간의 중요도에 차이가 있을 수 있으므로 양자의 수인한도는 달라질 수 있다는 견해이다. 유지청구는 손해배상청구에 비하여 가해자 측에 주는 피해가 크기 때문에 신중을 기해야 한다는 것이다.

한편 위법성단계설을 부정하면서, 이러한 경우에는 217조 2항이 규정하는 "이웃 토지의 통상의 용도에 적당한 것인 때"에 해당하는지 여부를 따져서 결정하면 된다고 하는 주장도 있다. 그러나 이 견해도 이웃 토지의 통상의 용도에 적당한 것인 때에는 유지청구(방지청구)는 인정되지 않지만, 조정적 보상청구는 인정될 수 있다고 한다.

대상판결은 방지청구가 허용될 경우 토지 소유자가 받을 이익과 상대방 및 제3자가 받게 될 불이익 등을 비교·형량해 보아야 한다고 강조하면서, 이 사건 헬기장에서 헬기가 이·착륙할 때 이 사건 토지 상공을 통과하는 것이 금지될 경우 소송당사자뿐 아니라 지역 주민 등 일반 국민이 받게 될 이익과 불이익을 비교·형량하고, 공공업무 수행에 초래되는 지장의 내용과 대체 방안의 존부 등을 함께 고려하여 헬기가 이 사건 토지 상공을 통과하는 것의 금지를 청구할 수 있는지를 판단하였어야 한다고 판시하였다. 이는 위법상 상대화설과 비슷한 입장으로 보인다.

3. 검 토

판례가 손해배상청구와 방지청구의 요건을 달리 판단하는 것은 수긍할 수 있다. 소음 등을 이유로 하여 손해배상을 명하는 것은 1차적으로는 가해자와 피해자 사이의 문제이다. 그러나 이 사건에서처럼 비행금지를 명하는 것은 그 파급효가 제3자에게도 미친다. 대상판결은 충남지방경찰청장이 X가 이 사건 토지를 매수하기 23년 전부터 이 사건 헬기장에서 헬기를 운영하여 공익업무를 수행하여 오는 등 그 공공성과 사회적 가치가 크다는 점을 강조하고 있다. 따라서 손해배상에 의하여 피해자의 손해가 전보될 수 있다면, 방지청구를 명하는 것은 제3자의 이익을 해칠 수 있으므로 신중하여야 할 것이다. 판례가 공공성을 강조하는 것도 이러한 취지이다. 이 사건에서 피해자의 손해보다 비행을 금지함으로 인하여 일반 공중이나 제3자가 입는 손해가 더 크다면 비행 금지를 명하는 것이 바람직하지 않을 것이다.

그리고 이처럼 손해배상청구와 방지청구의 요건을 달리 보는 것은 방지청구에 대하여는 217조 2항이 적용될 수 있기 때문이라고 설명할 수 있다.

이러한 결과는 미국, 독일, 일본 등 다른 나라에서도 일반적으로 지지되고 있는 것으로 보인다. 예컨대 미국 뉴욕 주 대법원의 Boomer v. Atlantic Cement Co., Inc. 판결(26 N.Y. 2d. 219, 309N.Y.S. 2d. 312, 257 N.E. 2d 870, 1970)에서는 원고들이 피고가 경영하는 시멘트 공장에서 발생하는 소음, 먼지 등으로 피해를 입었다고 하여 공장 가동 중지명령과 손해배상을 청구하였는데, 뉴욕 주 대법원은 중지명령을 발하여 공장을 폐쇄하게 되면 발생할 사회적 비용이 공해피해비용보다 크다는 이유로 중지명령은 기각하고, 손해배상만을 명하였다.

법경제학에서는 이를 동의규칙(property rule)과 보상규칙(liability rule)으로 설명한다. 동의규칙이란 그 권리를 권리자로부터 취득하고자 하는 자는 권리자의 동의를 받아야 하고, 동의를 받지 않았을 때에는 권리자는 그 침해행위 자체를 막을 수 있는 것을 말한다. 반면 보상규칙이란, 권리자 아닌 타인이 그 권리에 대하여 객관적으로 결정되는 가격만을 지급하면 그 권리를 침해할 수 있는 권리의 보호방법을 말한다. 이 사건과 같은 경우에 토지 소유자의 방지청구를 허용하지 않고, 손해배상만을 인정하는 것은 동의규칙 아닌 보상규칙에 의하여 토지 소유자를 보호하는 것이다.

2013년도 민법개정위원회의 217조 개정안은, 2항을 "제1항의 방해 또는 고통이 토지의 통상 용도에 따른 사용에 의하여 발생하고, 그 방지에 과다한 비용을 요하는 경우에는 이웃 토지소유자나 거주자는 이를 인용하여야 한다"라고 고치고, 3항을 신설하여 "제2항의 경우에 손해를 입은 이웃 토지소유자나 거주자는 상당한 보상을 청구할 수 있다"라고 규정한다. 이러한 개정안이 입법된다면 해석상의 논란은 해소될 수 있을 것이다.

참고문헌

강종선, 항공기소음 관련 민사소송의 제 논점, 사법논집 47집, 2007.
권영준, 토지 소유권이 토지 상공에 미치는 범위, 민법판례연구 Ⅰ, 2019.
김차동, 금지청구권의 요건사실에 관한 법경제학적 검토, 법경제학연구 7권 1호, 2010.
박정제, 토지소유권이 토지 상공에 미치는 범위, 대법원판례해설 109호, 2017.
배성호, 항공기소음에 대한 유지청구의 인용여부, 재산법연구 29권 1호, 2012.
이영창, 민사소송을 통한 환경오염피해 구제의 현실과 한계, 환경법연구 36권 1호, 2014.
전경운, 고속도로소음에 대한 유지청구에서의 위법성판단, 법조 2017.4.
조재헌, 도로소음으로 인한 생활방해의 방지청구, 민사판례연구 39권, 2017.
최창렬, 도로소음으로 인한 환경침해의 방지청구권, 환경법연구 38권 3호, 2016.
한승수, 항공기 비행에 의한 피해와 민사적 쟁점, 중앙법학 22집 1호, 2020.

[판례 37]

물권적 청구권의 이행불능으로 인한 손해배상의 가부

대법원 2012.5.17. 선고 2010다28604 전원합의체 판결

사 실

X의 선대가 사정받은 것으로 추정되는 이 사건 미등기 토지에 관하여, 1974.6.26. Y(대한민국) 앞으로 소유권보존등기가 되었다가 1988.1.22. B, C 앞으로 각 소유권이전등기가 경료되었다. X는 Y를 상대로 소유권보존등기의 말소를, B, C를 상대로 위 소유권이전등기의 말소를 청구하였는데, 법원은 2009.4.2.에 Y에 대한 청구는 인용하고, B, C에 대한 청구는 2008.1.22. 등기부취득시효가 완성되었다는 이유로 이를 기각하였다. 그러자 X는 다시 Y를 상대로 손해배상을 청구하는 이 사건 소송을 제기하였다.

원심은, Y의 말소등기절차 이행의무는 이행불능이 되었으므로 그 이행불능으로 인한 손해를 배상할 의무가 있고, Y는 X의 B, C에 대한 소송에서 X의 패소판결이 최종 확정된 때인 2009.4.30. 당시의 이 사건 토지의 시가 상당액을 지급할 것을 명하였다. 그러나 대법원 전원합의체는 종래의 판례를 변경하면서 원심판결을 파기하였다. 이 판결에는 종전 판례를 변경할 이유가 없다는 별개의견 및 다수의견에 대한 보충의견이 있었다.

판결이유

소유자가 소유권을 상실함으로써 물권적 청구권으로서의 방해배제청구권의 성질을 가지는 등기말소 등을 청구할 수 없게 되었다면, 위와 같은 청구권의 실현이 객관적으로 불능이 되었다고 파악하여 등기말소 등 의무자에 대하여 그 권리의 이행불능을 이유로 민법 390조상의 손해배상청구권을 가진다고 말할 수 없으며, X가 불법행위를 이유로 소유권 상실로 인한 손해배상을 청구할 수 있음은 별론으로 하고, 애초 피고의 등기말소의무의 이행불능으로 인한 채무불

이행책임을 논할 여지는 없다. 대법원 2008.8.21. 선고 2007다17161 판결; 대법원 2009.6. 11. 선고 2008다53638 판결 등은 이 판결의 견해와 저촉되는 한도에서 변경한다.

해 설

1. 종래의 판례

여기서 문제되고 있는 "말소등기의무의 이행불능으로 인한 전보배상청구"에 관하여는 크게 두 가지 유형의 판례가 있었다. 그 하나는 증여계약의 취소에 관한 것이었고, 다른 하나는 이 사건과 같이 당사자 사이에 특별한 계약관계가 없었는데 법률상 무효인 등기가 경료된 경우였다.

앞의 판결들(대판 2005.9.15, 2005다29474 등)의 사실관계는 대체로 유사하다. 원고가 1980년 무렵 계엄사령부 산하 합동수사본부의 강박으로 인하여 국가에 부동산을 증여하였다가 나중에 그 증여계약을 취소하였는데, 증여된 부동산이 이미 제3자에게 이전되었고, 원고의 제3자에 대한 등기말소청구는 제3자의 등기부취득시효 완성 또는 제3자가 선의라는 이유로 기각되자, 원고가 국가를 상대로 손해배상청구를 한 것이다. 대법원은, 소유권이전등기 말소등기의무의 이행불능으로 인한 전보배상청구권의 소멸시효는 말소등기의무가 이행불능 상태에 돌아간 때로부터 진행되고, 그 손해액은 원칙적으로 그 이행불능이 될 당시의 목적물의 시가 상당액이며, 그 이행불능의 시기는 원고의 제3자에 대한 청구의 패소판결 확정시라고 보았다.

뒤의 판결들은 대상판결에 의하여 변경된 것들로서, 무권리자가 아무런 근거 없이 원고 소유의 부동산에 관하여 자신 명의로 등기를 마치고 이를 제3자에게 양도하였으며, 원고의 제3자에 대한 등기말소청구는 제3자의 등기부취득시효 완성을 이유로 기각된 경우였다. 이 판결들은 앞의 판결들을 인용하면서 같은 취지로 판시하였다. 대상판결은 뒤의 판결들은 변경하였으나, 앞의 판결들은 변경하지 않았다.

2. 학 설

종래 이 문제는 학설상 그다지 많이 논의되지는 않았다. 교과서 가운데에는 물권적 청구권에는 채무불이행 등에 관한 채권법규정이 유추적용된다고 설명하는 것이 있다. 그런데 대상판결의 주심이었던 양창수 대법관은 이행지체나 이행불능으로 인한 손해배상은 부인되어야 한다고 주장하였다(민법주해 5, 188-189면). 그리고 김제완 교수는 2005다29474 판결에 대한 판례평석에서, 소유권에 기한 등기말소청구권이 불능으로 되는 경우가 있을 수 있지만, 이를 채무불이행으로서의 이행불능과 같은 것으로 볼 수는 없다고 하였다.

3. 방해제거와 소유물반환

우선 종래의 판례가 인정하고 있는 "말소등기의무의 이행불능으로 인한 전보배상청구"라는 개념은 문제가 있다. 이 사건에서 X의 손해는 소유권 상실로 인한 것인데, X의 소유권 상실은 제3자가 등기부취득시효에 의하여 소유권을 취득한 반사적 효과이고, 말소등기의무가 이행불능된 때문은 아니다. 오히려 말소등기의무의 이행불능이 X의 소유권 상실 때문이라고 하여야 한다. 즉 제3자가 소유권을 취득하여 X가 소유권을 상실하였기 때문에 X로서는 제3자뿐만 아니라 Y에 대하여도 말소등기를 청구할 수 없게 된 것이다.

또한 X의 말소등기청구는 소유권에 기한 방해배제청구인데, 방해배제를 갈음하는 전보배상이라는 것도 이상하다. 방해배제로서의 등기말소가 이루어진다고 하여 그것만으로 소유자가 바로 소유권 상당의 이익을 얻는 것은 아니다. 그러므로 문제의 핵심은 제3자의 소유권 취득으로 인하여 Y의 소유물 반환의무가 불능으로 된 경우에 이를 법률적으로 어떻게 파악할 것인가 하는 점이다. 별개의견은 소유물반환의무와 방해제거의무에 대하여 다같이 언급하고 있으나, 양자를 명확히 구별하여 사용하고 있지는 않다.

4. 소유물반환의무의 법적 성질

다수의견은 이 사건에서 X가 Y에 대하여 불법행위를 이유로 소유권 상실로 인한 손해배상을 청구할 수는 있지만, Y의 등기말소의무의 이행불능으로 인한 채무불이행책임은 성립하지 않는다고 하였다. 반면 별개의견은 소유권 상실이라는 불법행위로 인한 손해배상 외에도 물권적 청구권의 이행불능으로 인한 전보배상도 인정될 수 있다고 하였다.

독일 민법은 소송계속 후의 점유자나 악의의 점유자는 자신에게 책임 있는 사유로 물건이 손상되거나 멸실하거나 다른 이유로 물권을 반환할 수 없게 됨으로써 발생하는 손해에 관하여 책임을 지며, 악의의 점유자의 경우에는 지체로 인한 책임도 물을 수 있다고 규정하고 있다(989조, 990조). 이러한 점유자의 책임에 관하여 입법자의 의도나 대다수의 학설은 이를 일종의 법정채권관계로 파악하고 있다. 즉 소송계속 후의 점유자 또는 악의의 점유자는 소유자에 대하여 보호의무와 가치유지의무를 부담한다는 것이다. 그리하여 이 경우에는 면책가능성이 없는 채무불이행에 관한 법정대리인 및 이행보조자의 행위에 대한 책임 규정(278조)이 적용된다고 한다.

그러나 우리 민법의 해석으로서는 이러한 채무불이행 내지 채무불이행에 준하는 관계는 인정할 필요는 없다. 특별한 관계가 없는 타인의 소유권을 침해하였다는 이유만으로 그 타인에 대하여 불법행위책임이 아닌 채무불이행책임을 인정할 필요는 없고, 불법점유로 소유권을 침해당한 피해자를 다른 불법행위의 피해자보다 더 우대할 특별한 이유가 없다. 이러한 책임을 인정한다면, 예컨대 타인의 물건을 점유하고 그 반환을 거부하는 자의 차임 상당 지급의무는 불법행위책임이나 부당이득반환의무를 넘어서 반환의무 불이행으로 인한 채무불이행책임이 될 것이지만, 이와 같이 주장하는 견해는 찾아볼 수 없다. 또한 202조가 규정하는 점유자의 소유자에 대한 손해배상책임도 불법행위책임으로 해석되고 있다. 참고로 202조 1항은 선의 점유자에 대하여 현존이익의 배상책임만을 인정하고 있는데, 이 사건에서 Y가 선의라면 손해 전부의 배상책임은 인정되지 않는다고 볼 여지도 있으나, 유력한 학설은 위 규정이 적용되기 위하여는 점유자는 선의일 뿐만 아니라 과실도 없어야 한다고 보고 있다.

5. 소유물반환의무 불이행으로 인한 손해배상책임

대상판결과 같은 사안에서 손해배상책임의 성질을 불법행위책임으로 볼 것인가, 아니면 채무불이행 유사의 책임으로 볼 것인가는 결과적으로 어떤 점에서 차이가 있을까? 별개의견은 소유권의 상실과 소유물반환의무의 이행불능을 달리 볼 경우에는 소유권 상실 시점과 그 이행불능 시점이 달라질 수 있어 소멸시효의 기산점 내지는 손해배상액 산정기준이 달라지게 된다고 설명한다. 그러나 소유물반환의무의 이행불능이라는 개념을 인정한다고 하여도, 그것만으로 손해배상청구권의 소멸시효 기산점을 제3자에 대한 패소판결 확정시로 보아야 할 이유는 충분하지 않다.

이 점에 관하여는 대상판결이 변경하고 있지 않은, 증여계약이 취소된 경우에 관한 일련의 판례를 살펴본다. 보충의견은 위 판례들을 변경하지 않는 이유로서, 계약 등이 강박 등으로 취소된 경우에는 법률상 원인의 소멸로 인하여 그 '반환'을 구하는 채권적 성질의 원상회복청구권도 인정되고, 위 판례가 물권적 등기말소청구권에 관한 것인지 단정할 수 없다고 한다. 보충의견이 지적하는 것처럼 이러한 경우에는 당사자는 소유권에 기한 물권적 청구권뿐만 아니라 소유물 반환과 같은 원상회복을 위한 급여부당이득의 반환청구권이라는 채권적 청구권을 아울러 가진다고 보아야 할 것이다 따라서 이러한 경우에는 소유물반환의무 위반으로 인한 전보배상이라는 채무불이행책임도 인정될 수 있다.

그렇지만 위 변경되지 않은 판례들도 "말소등기의무의 이행불능으로 인한 전보배상청구"라는 법적 구성을 따르고 있다는 점에서는 변경된 판례들과 같은 문제점을 가지고 있다. 그리고 수증자가 부담하는 소유물반환의무가 채권적인 의무라고 하더라도, 그 이행불능 시점 내지 손해배상청구권의 소멸시효 기산점은 제3자가 소유권을 취득한 시점이지 제3자에 대한 패소판결 확정시로 볼 수는 없다. 위 2005다29474 판결은 대판 2001.1.30, 2000다18196을 인용하고 있고, 위 판결은 타인의 권리매매에 관한 대판 1973.3.13, 72다2207을 인용하고 있다. 그런데 타인의 권리매매의 경우에는 민법 570조에 의한 손해배상청구권의 발생시점인 "매도인이 그 권리를 취득하여 매수인에게 이전할 수 없는 때"를 일의적으로 확정할 수 없기 때문에, 구체적인 사실관계에 따라 매도인의 진정한 소유자에 대한 패소판결 확정시를 기산점으로 삼는 것도 합리성이 있다. 그러나 계약 취소의 경우에는 제3자가 소유권을 취득하는 때에 소유물반환의무가 불능인 것으로 확정되는 것이고, 제3자가 소유권을 취득한 것인지를 판단하는 데 어려움이 있다고 하여 그 소멸시효의 기산점이 달라지는 것은 아니다. 다만 제3자의 소유권 취득 후 계약이 취소된 때에는 계약취소시부터 소멸시효가 진행한다고 볼 여지도 있다.

참고문헌

김병선, 물권적 청구권의 이행불능의 효과, 일감법학 33호, 2016.

김상곤, 물권적 청구권의 이행불능으로 인한 전보배상청구권에 대한 검토, 전북판례연구 창간호, 2017.

김웅재, 무권리자가 마친 부실등기를 기초로 등기부취득시효가 완성되어 소유권을 상실한 경우 불법행위책임의 성립 여부 및 그 손해배상채권의 소멸시효 기산점, 사법논집 58집, 2015.

김제완, 계약취소시 소유권이전등기 말소의무의 이행불능으로 인한 전보배상청구권의 소멸시효 기산점, 민사재판의 제문제 15권, 2006.

박근웅, 물권적 청구권의 이행불능과 손해배상청구권, 재산법연구 31권 3호, 2014.

변우주, 물권적 청구권의 이행불능으로 인한 전보배상청구권의 인정여부, 전북대 법학연구 37집, 2012.

송민화, 물권적 청구권의 이행불능으로 인한 전보배상청구권의 인정 여부, 재판과 판례 23집, 2015.

엄동섭, 점유물의 양도로 인한 반환불능과 점유자의 책임, 저스티스 144호, 2014.

윤진수, 소유물반환의무 위반 인한 손해배상책임의 법적 성질, 법률신문 2012.8.13. 자(제4055호).

임경섭, 물권적 청구권의 이행불능으로 인한 전보배상청구권이 인정되는지 여부, 부산판례연구회 판례연구 25집, 2014.

정문경, 물권적 청구권의 이행불능으로 인한 전보배상청구권, 민사판례연구 35권, 2013.

조용현, 물권적 청구권의 이행불능으로 인한 전보배상, 민사재판의 제문제 22권, 2012.

지원림, 물권적 방해배제청구의 이행불능과 전보배상, 법률신문 2012.6.11.(제4038호).

황태윤, 등기말소청구권 이행불능에 대한 채무불이행책임 인정여부, 인하대 법학연구 22권 2호, 2019.

[판례 38]
생활방해

대법원 1997.7.22. 선고 96다56153 판결

사 실

Y 등은 X 사찰에 인접한 토지 위에 높이 87.5m인 19층 빌딩의 건축허가를 받고 건축을 하고 있었는데, X 사찰은 위 빌딩의 공사를 금하는 이 사건 공사금지가처분을 신청하였다.

원심은 위 빌딩 중 지상 15층 최고 높이 72.3m를 초과하는 건물 부분을 건축할 수 없다는 가처분을 선고하였고, 대법원도 X와 Y의 상고를 기각하였다.

이 유

1. X의 상고에 대하여

인접 대지에 건물이 건축됨으로 인하여 입는 환경 등 생활이익의 침해를 이유로 건축공사의 금지를 청구하는 경우에, 그 침해가 사회통념상 일반적으로 수인할 정도를 넘어서는지의 여부는 피해의 성질 및 정도, 피해이익의 공공성, 가해행위의 태양, 가해행위의 공공성, 가해자의 방지조치 또는 손해회피의 가능성, 인·허가 관계 등 공법상 기준에의 적합 여부, 지역성, 토지이용의 선후관계 등 모든 사정을 종합적으로 고려하여 판단하여야 한다.

원심은 … 신축예정인 위 빌딩 건물 중 지상 15층(옥탑 2층 제외), 높이 72.3m를 초과하는 부분에 대한 일체의 공사를 금지시켰는바, 기록에 의하여 살펴보면 원심의 위와 같은 인정 및 판단은 수긍이 간다.

2. Y의 상고에 대하여

환경권은 명문의 법률규정이나 관계 법령의 규정 취지 및 조리에 비추어 권리의 주체, 대상, 내용, 행사 방법 등이 구체적으로 정립될 수 있어야만 인정되므로, 사법상의 권리로서의 환경권을 인정하는 명문의 규정이 없는데도 환경권에 기하여 직접 방해배제청구권을 인정할 수 없다. 그러나 어느 토지나 건물의 소유자가 종전부터 향유하고 있던 경관이나 조망, 조용하고 쾌적한 종교적 환경 등이 그에게 하나의 생활이익으로서의 가치를 가지고 있다고 객관적으로 인정된다면 법적인 보호의 대상이 될 수 있으므로, 인접 대지에 어떤 건물을 신축함으로써 그와 같은 생활이익이 침해되고 그 침해가 사회통념상 일반적으로 수인할 정도를 넘어선다고 인정되는 경우에는 위 토지 등의 소유자는 그 소유권에 기하여 그 방해의 제거나 예방을 위하여 필요한 청구를 할 수 있다.

원심이 위 빌딩이 X 사찰과 불과 6m의 거리를 둔 채 X 사찰 경내 전체를 내려볼 수 있도록 높이 87.5m의 고층으로 신축하게 되면 X 사찰의 일조, 경관 및 조망이 침해되고, 위 사찰에서 수행하는 승려나 불공 등을 위하여 출입하는 신도들에게도 그들의 일상생활이나 종교활동 등이 감시되는 듯한 불쾌감과 위압감을 불러일으킴으로써 결국 X 사찰이 종래 유지하여 온 조용하고 쾌적한 종교적 환경이 크게 침해될 우려가 있고, 그 침해의 정도가 사회통념상 일반적으로 수인할 정도를 넘어서므로, X가 그 건축공사의 금지를 청구할 수 있다고 판단한 조처는 정당하다.

해 설

1. 환경권과 일조, 경관, 조망, 종교적 환경 등의 생활이익

이 사건에서 X는 Y의 건축공사로 인하여 환경권이 침해된다고 주장하였고, 제1심은 이 주장을 받아들였다. 그러나 대결 1995.5.23, 94마2218은, 헌법 35조 1항의 환경권 규정만으로는 사법상 권리로서의 환경권이 인정될 수 없고, 사법상의 권리로서의 환경권이 인정되려면 그에 관한 명문의 법률규정이 있거나 관계법령의 규정취지나 조리에 비추어 권리의 주체, 대상, 내용, 행사방법 등이 구체적으로 정립될 수 있어야 한다고 보았고, 대상판결도 이러한 선례를 따랐다. 일반적인 학설도 이를 지지하고 있다.

대상판결은 그 대신 Y의 빌딩 신축으로 인하여 X의 일조, 경관, 조망, 종교적 환경 등의 생활이익이 침해된다고 보았다. 우선 판례는 일조의 이익에 관하여는 비교적 넓게 그 보호를 인정하고 있다. 즉 일조방해의 정도가 사회통념상 일반적으로 인용하는 수인한도를 넘으면 사법상 위법한 가해행위가 된다고 한다. 아래 **[판례 128]** 참조. 근래의 판례는 수인한도 대신 참을 한도라는 말을 쓰고 있다. 판례는 이러한 이익을 일조권이라고 부르기도 한다.

반면 조망이익에 대하여는 예외적으로만 보호된다고 보고 있다. 즉 어느 토지나 건물의 소유자가 종전부터 향유하고 있던 경관이나 조망이 그에게 하나의 생활이익으로서의 가치를 가지고 있다고 객관적으로 인정된다면 법적인 보호의 대상이 될 수 있지만, 이는 당해 건물의 소유자나 점유자가 그 건물로부터 향유하는 조망이익이 사회통념상 독자의 이익으로 승인되어야 할 정도로 중요성을 갖는다고 인정되는 경우에 비로소 법적인 보호의 대상이 되는 것이라고 할 것이고, 그와 같은 정도에 이르지 못하는 조망이익의 경우에는 특별한 사정이 없는 한 법적인 보호의 대상이 될 수 없다고 보고 있다(대판 2004.9.13, 2003다64602 등).

그리고 종교적 환경 자체를 보호법익으로 보고 있는 판례는 이 사건 외에는 찾아볼 수 없다. 다만 대판 1995.9.15, 95다23378은 국립대학교의 교육환경 저해 등을 이유로 그 인접 대지 위의 24층 아파트 건축공사 금지청구를 인용하였다.

2. 유지청구의 법적 근거

X가 Y를 상대로 건축공사의 금지를 청구하는 것과 같이 환경상의 이익을 침해하는 행위의 중지 또는 예방을 위하여 그 침해를 유발한 상대방에게 일정한 작위 또는 부작위를 청구하는 것을 유지청구(留止請求) 또는 금지청구라고 부른다. 이러한 유지청구의 법적 근거는 일조권 등의 법적 성질을 어떻게 볼 것인가 하는 점과 관련이 있다. 일조권 등의 법적 성격에 관하여는 이를 물권에서 나오는 권리로 보는 견해, 인격권에서 파생되는 권리로 보는 견해 등이 주장되고 있다. 그리고 인격권 침해로 인한 유지청구를 인정하는 명문 규정은 없지만, 대판 1996.4.12, 93다40614, 40621 등 일련의 판례는 인격권 침해의 경우에는 금지청구(유지청구)를 인정하고 있다. 다른 한편 환경이익의 침해는 불법행위이므로 불법행위의 효과로서 유지청구를 인정할 수 있다는 견해도 있다.

대상판결 외에도 대판 1995.9.15, 95다23378; 2007.6.15, 2004다37904, 37911 등 현재의 판례는 대체로 유지청구의 근거를 소유권 또는 점유권에 기한 물권적 청구권으로 보고 있다. 그러나 인격권도 마찬가지로 근거가 될 수 있을 것이다. 대판(전) 2008.4.17, 2006다35865([**판례 128**])의 반대의견은, 위법한 일조방해는 단순한 재산권의 침해에 그치는 것이 아니라 개인의 인격권을 침해하는 성격도 지니고 있다고 하였다.

유지청구의 근거를 물권적 청구권이라고 볼 때 214조와 217조를 근거조문으로 고려해 볼 수 있다. 그런데 217조는 매연, 열기체, 액체, 음향, 진동 등의 물질이 피해자의 토지에 유입되는 경우(적극적 침해)에 관한 것이므로 이 사건과 같이 자신의 토지 사용이 피해자의 토지 사용을 방해하는 이른바 소극적 침해에 관하여는 직접 적용될 수는 없다.

그러므로 이 사건에서의 유지청구의 법적 근거는 소유권방해제거청구권을 인정하고 있는 214조에서 찾아야 할 것이다. 그런데 자기 토지의 경계를 넘지 않고서 자신의 토지를 이용하는 것은 소유자의 권능에 속하는 소유권의 행사이므로, 소극적 침해는 소유권의 방해에는 해당하지 않는다는 견해도 있다. 그러나 이는 결국 이익형량의 문제로서, 소극적 침해라고 하여 방해가 아니라고 단정할 수는 없다.

3. 수인한도론

대상판결은 Y의 건축행위가 위법한 것인지에 관하여 그 침해가 사회통념상 일반적으로 수인할 정도를 넘어서는지의 여부에 따라 판단하는 수인한도론(참을 한도론)을 적용하고 있다. 그리하여 그 고려사유로서 피해의 성질 및 정도, 피해이익의 공공성, 가해행위의 태양, 가해행위의 공공성, 가해자의 방지조치 또는 손해회피의 가능성, 인·허가 관계 등 공법상 기준에의 적합 여부, 지역성, 토지이용의 선후관계 등을 들고 있다. 수인한도론은 현재 확립된 판례라고 할 수 있다.

이러한 수인한도론은 피침해이익의 성질과 침해행위의 태양 사이의 상관관계로부터 위법성을 판정하여야 한다고 하는 상관관계설과 맥을 같이하는 것이다. 뿐만 아니라 "이웃거주자는 전항의 사태가 이웃 토지의 통상의 용도에 적당한 것인 때에는 이를 인용할 의무가 있다"고 규정하는 217조 2항은 이러한 수인한도론의 실정법적 근거라고 할 수 있다.

다만 대상판결은 Y의 건물 신축을 완전히 불허한 것은 아니고, 19층 예정의 건물 중 15층까지의 건축만을 허용하였다. 이는 Y의 건물이 한 층 높아질 때마다 Y가 얻을 수 있는 이익과 X가 입게 되는 피해를 비교하는 이른바 한계효용을 분석한 것이라고 할 수 있다.

4. 대상판결의 평가

이제까지 발표된 문헌은 대체로 대상판결을 긍정적으로 평가하고 있다. 그러나 사견으로는 대상판결의 결론에는 문제가 있다고 생각된다. 대상판결은 X의 피침해 법익으로서 일조, 경관, 조망, 종교적 환경 등을 들고 있다. 그러나 일조, 경관, 조망 등에 관하여는 구체적으로 X와 Y의 이익을 형량하지 않고 있어서, 일조이익 침해나 조망이익 침해에 관한 다른 판례들과는 차이를 보이고 있다. 실제로 대상판결이 중요하게 본 것은 승려나 신도들에게 그들의 일상생활이나 종교활동 등이 감시되는 듯한 불쾌감과 위압감을 불러일으킨다는 점으로 보인다. 그런데 신도들의 이익을 고려한 것은 단순히 소유권의 침해로는 설명하기 어렵고, 신도들의 인격권을 보호하려는 것이다. 그러나 인격권의 침해를 인정하기 위하여는 그 침해가 단순하고 경미한 것이어서는 안 되고 중대한 것이어야 하는데, 과연 위와 같은 정도의 불쾌감이나 위압감을 중대한 침해로 볼 수 있을지 의문이다.

다른 한편 Y는 적법한 건축허가를 받았는데, 건축허가가 있다고 하여 항상 위법성이 없다고는 할 수 없지만, 일조권 침해 등을 건축법상 건축허가를 거부할 수 있는 사유로 규정하지 않고 있다면 법원이 침해를 인정하는 데에는 신중할 필요가 있다고 생각된다. 그러나 대판 1999.1.26, 98다23850은, 건물신축이 건축 당시의 공법적 규제에 형식적으로 적합하다고 하더라도 현실적인 일조방해의 정도가 현저하게 커 사회통념상 수인한도를 넘은 경우에는 위법행위로 평가될 수 있다고 하였다.

참고문헌

김재형, 소유권과 환경보호, 민법론 1권, 2004.
오현규, 위법성 판단기준으로서의 수인한도, 민사판례연구 25권, 2003.

윤진수, 환경권 침해를 이유로 하는 유지청구의 허용 여부, 민법논고 2권.
윤철홍, 환경권의 본질과 유지청구권, 민사법학 17호, 1999.
조홍식, 유지청구 허용 여부에 관한 소고, 민사판례연구 22권, 2000.
전경운, 소유권의 소극적 침해, 민사법학 제49-1호, 2010.

[판례 39]

점유자의 소유인 물건에 대한 시효취득의 가부

대법원 2016.10.27. 선고 2016다224596 판결

사 실

Y는 1993.10.28. A 소유의 이 사건 부동산에 대하여 가압류결정을 받았고, 1993.11.2. 그에 따른 가압류등기가 마쳐졌다. X는 1992.2.29. A로부터 이 사건 부동산을 매수한 다음 1993.11.22. 소유권이전등기를 마쳤다. Y는 2014.5.27. 집행력 있는 판결 정본에 기초하여 이 사건 부동산에 대하여 강제경매를 신청하였고, 이에 따라 2014.5.28. 이 사건 부동산에 관하여 위 가압류를 바탕으로 한 강제경매개시결정의 등기가 마쳐졌다. X는 Y를 상대로 1993.11.22.부터 20년간 이 사건 부동산을 소유의 의사로 평온, 공연하게 점유하여 그에 대한 점유취득시효가 완성되어 이 사건 부동산을 원시취득하였다고 주장하면서, 이 사건 부동산에 대한 강제집행의 불허를 구하는 제3자이의의 소를 제기하였다. 1심과 원심은 X의 청구를 기각하였고, 대법원도 X의 상고를 기각하였다.

이 유

부동산에 대한 취득시효 제도의 존재이유는 해당 부동산을 점유하는 상태가 오랫동안 계속된 경우 권리자로서의 외형을 지닌 그 사실상태를 존중하여 이를 진실한 권리관계로 높여 보호함으로써 법질서의 안정을 기하고, 장기간 지속된 사실상태는 진실한 권리관계와 일치될 개연성이 높다는 점을 고려하여 권리관계에 관한 분쟁이 생긴 경우 점유자의 증명곤란을 구제하려는 데에 있다.

그런데 부동산에 관하여 적법·유효한 등기를 마치고 그 소유권을 취득한 사람이 자기 소유의 부동산을 점유하는 경우에는 특별한 사정이 없는 한 사실상태를 권리관계로 높여 보호할

필요가 없고, 부동산의 소유명의자는 그 부동산에 대한 소유권을 적법하게 보유하는 것으로 추정되어 소유권에 대한 증명의 곤란을 구제할 필요 역시 없으므로, 그러한 점유는 취득시효의 기초가 되는 점유라고 할 수 없다. 다만 그 상태에서 다른 사람 명의로 소유권이전등기가 되는 등으로 소유권의 변동이 있는 때에 비로소 취득시효의 요건인 점유가 개시된다고 볼 수 있을 뿐이다.

X는 이 사건 부동산에 관하여 소유권이전등기를 마치고 그 소유권을 취득하여 그동안 소유자로서 이를 점유하였다고 할 것이고, 뿐만 아니라 원고의 점유취득시효 주장은 자기가 소유하는 이 사건 부동산에 대하여 소유권 취득 이전부터 존재하던 가압류의 부담에서 벗어나기 위한 것에 지나지 아니하여 사실상태를 권리관계로 높여 보호하거나 소유권에 대한 증명의 곤란을 구제할 필요가 있다고 할 수 없으므로, X의 이 사건 부동산에 대한 점유를 가리켜 취득시효의 기초가 되는 점유라고 할 수 없다.

해 설

1. 학 설

자기 소유 물건에 대하여 시효취득이 가능한가에 대하여는 견해가 대립하고 있다. 종래의 통설인 긍정설은, 시효취득은 원시취득이어서 타인의 소유권을 바탕으로 해서 그것을 승계하는 것이 아니고, 원래 취득시효는 누구의 소유이냐를 묻지 않고서 사실관계를 권리관계로 높이려는 제도이며, 자기의 소유임을 증명하기 어려운 때에는 자기의 물건에 대한 취득시효의 주장이 필요하고, 의용 민법은 취득시효의 목적물을 타인의 물건으로 규정하였으나, 현행 민법에는 그러한 규정이 없다는 점을 근거로 든다.

반면 근래에는 부정설이 유력하게 주장된다. 그 근거는 자기의 물건이라는 것이 확정된 경우에는 취득시효를 인정할 필요가 없고, 취득시효의 취지가 증거곤란의 구제에도 있는 점에 비추어 보면 자기 소유라는 증명이 곤란할 때 취득시효를 주장할 수 있음은 당연하지만, 자기의 소유임을 증명하지 못한 경우에는 자기 소유의 물건을 시효취득하였다고는 할 수 없다는 점이다. 그리고 의용 민법 당시의 제3자에게 대항하지 못하는 소유권은 위 제3자에 대하여는 소유권이라고 할 수 없으므로, 이러한 자의 시효취득을 인정하는 것이 자기 소유물의 시효취득을 인정하는 것은 아니라고 한다.

2. 판 례

일부의 판례는 자기 소유의 물건이라도 취득시효의 대상이 될 수 있다고 한다. 즉 대판 1973.8.31, 73다387, 388은 “시효취득은 남의 소유권을 계승하는 것이 아닌 원시취득이요 취득시효가 누구의 소유이냐는 덮어놓고 사실상태를 권리상태로 높이려는 데 그 존재이유가 있는 점에서 보면 물건의 타인성은 별 문제가 되지 못함을 알 수 있으며 점유로 인한 부동산의 취득기간을 규정한 민법 245조가 「타인의 물건의 점」을 규정에서 빼놓은 법의도 같은 취지라고 이해할 수 있다"고 한다. 그 외에도 대판 1973.7.24, 73다559, 560; 1992.2.25, 91다9312; 2001.7.13, 2001다17572 등도 같은 취지이다.

그러나 이러한 판례들은 의용 민법상 대항할 수 없는 소유권에 기하여 점유한 사안에서 취득시효를 인정한 것(위 73다387, 388 판결), 명의신탁자의 취득시효를 인정한 것(위 2001다17572 판결) 등으로서, 제3자에게 대항할 수 없는, 성립요건주의를 택하는 현행법상으로는 소유자라고 할 수 없는 자에 대하여 취득시효를 인정한 것이므로, 자기 소유의 물건에 대하여 시효취득을 인정한 것이라고 하기는 어렵다. 1설은 대판 1993.9.14, 92다49140이, 농지를 분배받아 상환을 완료함으로써 그 소유권을 취득한 경우에 취득시효를 인정한 것이라고 한다. 원래 농지개혁법에 의하여 농지를 분배받아 상환을 완료한 자는 법률의 규정에 의한 물권변동으로서 등기 없이도 소유권을 취득한다(대판 1966.9.20, 66다1277 등). 그렇지만 위 92다49140 판결문 상으로는 당사자가 1950.3.25.경 토지를 국가로부터 분배받아 점유경작하여 왔다는 사실만을 인정하였을 뿐 상환을 완료하였다는 점까지 판시하지는 않았다. 실제로 상환까지 완료하였다면 문제가 있다.

반면 일부 판례들은 자기 소유 부동산을 점유하는 것은 취득시효의 기초로서의 점유라고 할 수는 없으므로, 자기 소유의 부동산을 점유하고 있는 상태에서 다른 사람 명의로 소유권이 전등기가 된 경우라면 그 취득시효의 기산점은 소유권의 변동일(소유권이전등기일)이 되어야 한다고 하였다(대판 1989.9.26, 88다카26574; 1997.3.14, 96다5586 등). 대판 2001.4.13, 99다62036, 62043; 2002.9.4, 2002다22083, 22090 등도 자기 소유의 토지에 대한 점유는 취득시효의 기초로서의 점유라고 볼 수 없다고 하였다.

3. 검 토

점유자 소유의 물건에 대하여는 점유자의 시효취득을 인정할 이유가 없고, 점유자가 소유하고 있던 기간의 점유는 취득시효기간에 산입될 수 없다고 보아야 한다. 긍정설은 그 근거로서 시효취득은 원시취득이라는 점, 취득시효는 누구의 소유이냐를 묻지 않고서 사실관계를 권리관계로 높이려는 제도라는 점을 들고 있으나, 그것이 자기 소유 물건에 대하여 시효취득을 인정할 근거는 되지 못한다. 자기 소유 물건에 대한 시효취득을 인정하지 않는다고 하여 그러한 점과 모순되는 것은 아니기 때문이다. 그리고 취득시효제도의 취지가 증거곤란의 구제에도 있는 점에 비추어 보면 자기 소유라는 증명이 곤란하면 취득시효를 주장할 수 있음은 당연하지만, 그렇다고 하여 그것이 자기 소유의 물건에 대한 시효취득을 인정하는 것이라고는 할 수 없다.

긍정설은 의사주의를 택하고 있던 의용민법상 제3자에게 대항할 수 없는 소유권자의 시효취득을 인정하고 있던 일본의 통설과 판례의 영향을 받은 것으로 추측되지만, 성립요건주의하에서는 이러한 이론이 필요하지 않다. 그리고 긍정설은 의용 민법은 취득시효의 목적물을 타인의 물건으로 규정하였으나, 현행 민법에는 그러한 규정이 없다는 점을 근거로 들지만, 그것이 자기의 물건을 시효취득할 수 있는 충분한 근거가 될 수는 없을 것이다.

대상판결은 부동산에 관하여 적법·유효한 등기를 마치고 그 소유권을 취득한 사람이 자기 소유의 부동산을 점유하는 경우에는 그러한 점유는 취득시효의 기초가 되는 점유라고 할 수 없다고 하였다. 이는 선례로서 인용하고 있는 대판 1989.9.26, 88다카26574 판결과는 약간 차이가 있다. 위 판결은 자기소유 부동산을 점유하는 것은 취득시효의 기초로서의 점유라고 할 수는 없는 것이라고 하여, 반드시 자기 소유로 등기된 경우에 한정하는 것은 아니기 때문이다.

그리고 대상판결은 일반론으로서 자기 소유물도 시효취득할 수 있다는 판례와의 관계를 명확하게 하지 않았다. 다만 대판 2001.7.13, 2001다17572는 부동산에 관하여 이른바 계약명의신탁을 하고 명의신탁자가 그 부동산을 점유하면서 명의수탁자에 대하여 점유취득시효를 주장한 사안에 관한 것으로서, 이 사건에 원용할 수 있는 적절한 선례가 아니라고 하였을 뿐이다.

4. 관련 판례

대판 2016.11.25, 2013다206313은, 부동산에 관한 소유권이전의 원인행위가 사해행위로 인정되어 취소된 경우에, 수익자가 취소되기 전의 등기를 근거로 하여 등기부취득시효를 주장한 사안에 대한 것이다. 위 판결은 사해행위취소의 효과는 채권자와 수익자 사이에서 상대적으로 생길 뿐이므로, 사해행위가 취소되더라도 그 부동산은 여전히 수익자의 소유라고 하면서, 대상판결을 인용하여 수익자의 주장을 배척하였다.

그리고 대판 2022.7.28, 2017다204629는, 대체로 이 판결과 같은 취지이나, 소유권에 기초하여 부동산을 점유하는 사람이더라도 그 등기를 하고 있지 않아 자신의 소유권을 증명하기 어렵거나 소유권을 제3자에게 대항할 수 없는 등으로 점유의 사실 상태를 권리관계로 높여 보호하고 증명곤란을 구제할 필요가 있는 예외적인 경우에는, 자기 소유 부동산에 대한 점유도 취득시효를 인정하기 위해 기초가 되는 점유로 볼 수 있다는 판시를 덧붙였다.

참고문헌

박동규, 자기 소유 부동산에 대한 점유를 취득시효의 기초되는 점유로 인정할 수 있는지 여부, 대법원판례해설 133호, 2023.

방응환, 자기 소유의 부동산에 대한 취득시효, 대법원판례해설 109호, 2017.

서종희, 자기 소유 부동산의 시효취득 인정여부. 일감부동산법학 14호, 2017.

윤진수, 민법주해 3, 1992.

윤진호, 최은석, 김제완, 무효인 가등기의 유용으로 취득한 자기 소유 부동산에 대한 등기부 시효취득과 등기부상 이해관계 있는 제3자의 지위, 고려법학 109호, 2023.

이동진, 양도담보설정자의 담보목적물에 대한 시효취득 허부 및 그 소급효 제한, 민사법학 77호, 2016.

정병호, 부동산 등기명의를 갖춘 소유자의 점유시효취득 가부, 법조 최신판례분석 66권 1호, 2017.

[판례 40]

악의의 무단점유자가 자주점유자인지 여부

대법원 1997.8.21. 선고 95다28625 전원합의체 판결

사 실

A는 1965.11.18. 대지를 매수하여 소유하던 중, 1971.8.12.경 위 대지 위에 주택을 신축하면서 위 대지에 인접한 Y 소유의 대지 사이에 설치되어 있던 철조망을 임의로 제거하고 Y 소유의 대지를 점유하여 왔다. X는 1991.3.18. A의 토지와 주택을 매수하고, A가 점유하고 있던 Y의 토지도 계속 점유하다가, Y를 상대로 취득시효 완성을 원인으로 하는 소유권이전등기를 청구하였다.

원심은 A의 자주점유를 인정하여 X의 청구를 인용하였으나, 대법원 전원합의체는 종래의 판례를 변경하고 원심판결을 파기환송하였다. 여기에는 다수의견 외에 다수의견에 대한 보충의견, 별개의견 및 반대의견이 있었다.

이 유

민법 197조 1항에 의하면 물건의 점유자는 소유의 의사로 점유한 것으로 추정되지만, 점유자가 성질상 소유의 의사가 없는 것으로 보이는 권원에 바탕을 두고 점유를 취득한 사실이 증명되었거나, 점유자가 타인의 소유권을 배제하여 자기의 소유물처럼 배타적 지배를 행사하는 의사를 가지고 점유하는 것으로 볼 수 없는 객관적 사정, 즉 점유자가 진정한 소유자라면 통상 취하지 아니할 태도를 나타내거나 소유자라면 당연히 취했을 것으로 보이는 행동을 취하지 아니한 경우 등 외형적·객관적으로 보아 점유자가 타인의 소유권을 배척하고 점유할 의사를 갖고 있지 아니하였던 것이라고 볼 만한 사정이 증명된 경우에는 그 추정은 깨어진다.

그러므로 점유자가 점유 개시 당시에 소유권 취득의 원인이 될 수 있는 법률행위 기타 법

률요건이 없이 그와 같은 법률요건이 없다는 사실을 잘 알면서 타인 소유의 부동산을 무단점유한 것임이 입증된 경우에도, 특별한 사정이 없는 한 점유자는 타인의 소유권을 배척하고 점유할 의사를 갖고 있지 않다고 보아야 할 것이므로, 이로써 소유의 의사가 있는 점유라는 추정은 깨어졌다(판례변경).

검 토

1. 자주점유의 개념과 자주점유의 추정

소유의 의사로 하는 점유(자주점유)는 취득시효의 요건 가운데 하나이다. 자주점유는 타인의 소유권을 배제하여 자기의 소유물처럼 배타적 지배를 행사하는 의사를 말하고(대판 1990.11.13, 90다카21381, 21398 등), 그러한 지배를 할 수 있는 법률상의 권원을 가지거나 소유권이 있다고 믿고서 하는 점유만을 의미하는 것이 아니다(대판 1992.6.23, 92다12698, 92다12704 등). 판례는 취득시효의 요건인 소유의 의사는 점유의 권원의 성질에 의하여 결정되거나, 또는 점유자가 소유자에 대하여 소유의 의사가 있다는 것을 표시한 경우에 한하여 인정할 수 있다고 보고 있다(대판 1985.3.26, 84다카2317 등 다수). 예컨대 매매나 증여 등의 법률행위에 의하여 부동산을 양수한 자의 점유는 다른 사정으로 인하여 소유권을 취득하지 못하더라도 원칙적으로 자주점유이다. 반면 토지임차인, 토지의 관리인, 소작계약에 의한 토지점유자 등은 자주점유 아닌 타주점유를 하는 것으로 볼 수 있다.

점유자는 197조 1항에 의하여 소유의 의사로 점유하는 것으로 추정되며, 점유자가 스스로 매매 또는 증여와 같은 자주점유의 권원을 주장하였으나 이것이 인정되지 않는 경우에도 자주점유의 추정이 번복된다거나 또는 점유권원의 성질상 타주점유라고는 볼 수 없다{대판(전) 1983.7.12, 82다708 등}. 그러나 점유자가 외형적·객관적으로 보아 타인의 소유권을 배척하고 점유할 의사를 갖고 있지 아니하였던 것이라고 볼 만한 사정이 증명된 경우에는 그러한 추정은 깨어진다(대판 1990.11.13, 90다카21381, 21398 등).

2. 악의의 무단점유

그렇다면 악의의 무단점유자, 즉 점유 개시 당시에 소유권 취득의 원인이 될 수 있는 법률행위 기타 법률요건이 없이 그와 같은 법률요건이 없다는 사실을 잘 알면서 타인 소유의 부동산을 무단점유한 자도 자주점유한 것으로 추정되는가? 종래의 판례는 이를 긍정하였다. 예컨대 매수한 건물이 타인 소유인 대지 위에 무단히 건립된 것임을 알면서도 이를 매수한 후 증축하여 그 대지부분을 점유·사용하여 왔다고 하더라도 이는 권원의 성질상 자주점유에 해당한다는 것이다(대판 1994.4.29, 93다18327, 18334 등).

그런데 대상판결은 이를 변경하여, 악의의 무단점유자는 타인의 소유권을 배척하고 점유할 의사를 갖고 있지 않다고 보아야 하므로 이로써 소유의 의사가 있는 점유라는 추정은 깨어졌다고 하였다. 이용훈 대법관의 보충의견은, 자주점유 추정의 판단에 있어서는 평균인의 보편적 도의관념을 고려하여야 하는데, 악의의 무단점유자가 평균인이라면, 진정한 소유자가 그 반환을 구하는 경우에 이를 반환할 것이지만 그 동안 일시적으로 사용하겠다는 의사나 장차 그 소유권자로부터 본권을 취득할 의사로 점유를 개시하였다고 보는 것이 평균인의 보편적 도의관념이라고 하였다. 그리고 대법관 김형선의 보충의견은, 점유 취득의 원인이 된 사실관계가 없는 이른바 무단점유는 권원 그 자체가 없는 점유이므로 자주점유의 추정은 깨어진다고 보았다. 다른 한편 박준서 대법관의 별개의견은 타인 소유 지상의 주택만이 매도되는 경우에는 특별한 사정이 없는 한 매수인은 그 주택의 부지에 대하여 점용권만을 매수하는 것으로 보아야 할 것이므로 타주점유라고 하였다.

반면 천경송 대법관의 반대의견은, 악의의 무단점유라고 하더라도 소유의 의사가 있는 경우도 있고, 없는 경우도 있으므로 악의의 무단점유라는 이유만으로 자주점유의 추정이 깨어진다고는 볼 수 없다고 하였다.

3. 학 설

대상판결에 대하여는 많은 논평이 있었다. 우선 대상판결의 다수의견은 자주점유와 선의점유를 혼동한 것으로서, 악의의 무단점유자도 자주점유자일 수도 있다고 하는 주장이 있다. 반면 악의의 무단점유자는 권원 자체가 없는 것이므로, 성질상 타주점유라고 하는 견해도 있다. 그러나 많은 논자들은 악의의 무단점유 자체가 타주점유라고는 할 수 없지만, 악의의 무단점유 사실이 증명되면 자주점유의 추정은 깨어진다고 하는 판례를 지지하고 있다.

생각건대 악의의 무단점유자 가운데에는 자주점유자도 있을 수 있고, 타주점유자도 있을 수 있으므로 어느 한쪽으로 단정할 수는 없을 것이다. 그러나 그 개연성 면에서 볼 때 악의의 무단점유자가 토지 소유자에게 적극적으로 권리를 주장하거나 하는 일이 없었다면, 진정한 소유자라면 통상 취하지 아니할 태도를 나타내거나 소유자라면 당연히 취했을 것으로 보이는 행동을 취하지 아니한 경우 등 점유자가 타인의 소유권을 배척하고 점유할 의사를 갖고 있지 아니하였던 것이라고 볼 만한 사정이 증명된 때에 해당하여 자주점유의 추정은 깨어졌다고 봄이 타당할 것이다. 다른 관점에서 본다면, 어느 목적물을 취득하려고 하는 자는 그 목적물이 타인의 소유임을 안 때에는 그 소유자로부터 취득하려는 노력을 하여야 하고, 그러한 노력을 하지 않은 채로 무단으로 점유하는 자는 취득시효에 의하여 보호할 가치가 없다. 필자는 이 점에서 다수의견을 지지한다.

4. 관련 판례

대판(전) 2000.3.16, 97다37661은, 토지의 매매가 타인의 토지의 매매에 해당하더라도 매수인이 매도인에게 처분권한이 없다는 것을 잘 알면서 이를 매수하였다는 등의 다른 특별한 사정이 입증되지 않는 한, 그 사실만으로 바로 그 매수인의 점유가 소유의 의사가 있는 점유라는 추정이 깨어지는 것이라고 할 수 없고, 등기를 수반하지 아니한 점유임이 밝혀졌다고 하여 이 사실만 가지고 바로 점유권원의 성질상 소유의 의사가 결여된 타주점유라고 할 수도 없다고 하였다. 그러나 이에 대하여는 부동산 점유의 권원이 등기를 수반하지 아니한 매매 등 소유권이전 목적의 법률행위로 밝혀졌다면, 그 점유에 대하여는 자주점유의 추정은 더 이상 유지될 수 없고, 형식주의를 취하고 있는 현행 민법에서는 그러한 점유는 권원의 성질상 타주점유라고 하는 반대의견이 있었다.

또한 대판 2007.12.27, 2007다42112는, 국가나 지방자치단체가 취득시효의 완성을 주장하는 토지의 취득절차에 관한 서류를 제출하지 못하고 있다고 하더라도, 그 토지에 관한 지적공부 등이 6 · 25 전란으로 소실되었거나 기타의 사유로 존재하지 아니함으로 인하여 국가나 지방자치단체가 지적공부 등에 소유자로 등재된 자가 따로 있음을 알면서 그 토지를 점유하여 온 것이라고 단정할 수 없고, 그 점유의 경위와 용도 등을 감안할 때 국가나 지방자치단체가 점유개시 당시 공공용 재산의 취득절차를 거쳐서 소유권을 적법하게 취득하였을 가능성도 배제할 수 없다고 보이는 경우에는 그 토지에 관한 국가나 지방자치단체의 자주점유의 추정이 번복된다고 할 수는 없다고 하였다.

위 판결은 지적공부 등이 소실된 경우에 관한 것이었는데, 대판 2010.8.19, 2010다33866 등은 지적공부 등이 소실되지 않은 경우에도 그 점유의 경위와 용도 등을 감안할 때 국가나 지방자치단체가 점유개시 당시 공공용 재산의 취득절차를 거쳐서 소유권을 적법하게 취득하였을 가능성도 배제할 수 없다고 보이는 경우에는 자주점유의 추정은 깨어지지 않는다고 하였다. 그리고 대판 2014.3.27, 2010다94731, 94748은 좀더 구체적으로, 그 점유의 경위와 용도, 국가 등이 점유를 개시한 후에 지적공부 등에 그 토지의 소유자로 등재된 자가 소유권을 행사하려고 노력하였는지 여부, 함께 분할된 다른 토지의 이용 또는 처분관계 등 여러 가지 사정을 감안할 때 국가 등이 점유 개시 당시 공공용 재산의 취득절차를 거쳐서 소유권을 적법하게 취득하였을 가능성을 배제할 수 없는 경우에는, 국가의 자주점유의 추정을 부정하여 무단점유로 인정할 것이 아니라고 하였다.

참고문헌

김형석, 법에서의 사실적 지배, 민사법학 36호, 2007.
송덕수, 부동산 점유취득시효의 요건으로서의 자주점유와 악의의 무단점유, 민사법학 16호, 1998.
유남석, 부동산점유취득시효에 있어서 '소유의 의사'의 추정과 그 번복, 판례실무연구 2권, 1998.
윤진수, '악의의 무단점유와 자주점유'에 대한 소견, 판례실무연구 1권, 1997.
이계정, 권원 중심의 취득시효 법리와 자주점유 판단, 저스티스 183호, 2021.
이기용, 타인의 토지의 매매와 자주점유의 추정, 저스티스 제68호, 2002.
이도행, 국가나 지방자치단체의 도로점유와 자주점유 추정, 재판과 판례 19집, 2010.
한기택, 부동산 점유의 권원이 매매 등 소유권이전 목적의 법률행위로서 등기를 수반하지 아니한 것임이 밝혀진 경우 그 점유는 타주점유인가?, 민사판례연구 23권, 2001.

[판례 41]

점유취득시효 완성 후 취득시효의 재진행

대법원 2009.7.16. 선고 2007다15172, 151899 전원합의체 판결

사 실

Y는 1961.1.경 토지를 다른 사람으로부터 매수하면서 그 토지와 연접한 이 사건 대지의 일부인 이 사건 계쟁토지의 점유를 승계하여 텃밭으로 점유 사용하여 왔다. 이 사건 대지에 관하여는 1982.2.15. A 명의로, 1988.3.25. B 명의로, 1988.9.10. X 명의로 각 소유권이전등기가 순차로 마쳐졌다. X가 Y를 상대로 이 사건 계쟁토지의 인도를 구하는 소송을 제기하자, Y는 위 토지에 관하여 A 명의로 소유권이전등기가 경료된 때부터 20년이 지난 2002.2.15. 취득시효 완성을 원인으로 하는 소유권이전등기청구의 반소를 제기하였다. 원심은, 이 사건 대지에 관하여 A 명의로 소유권이전등기가 마쳐진 이후에 B 및 X 명의로 소유권이전등기가 순차로 마쳐졌으므로 A 명의로 소유권이전등기가 마쳐진 시점을 새로운 취득시효의 기산점으로 삼을 수는 없다고 하여 Y의 반소청구를 기각하였다. 그러나 대법원은 원심판결을 파기환송하였다. 이 판결에는 반대의견 및 다수의견에 대한 2개의 보충의견이 있었다.

이 유

부동산에 대한 점유취득시효가 완성된 후 취득시효완성을 원인으로 한 소유권이전등기를 하지 않고 있는 사이에 그 부동산에 관하여 제3자 명의의 소유권이전등기가 경료된 경우라 하더라도, 당초의 점유자가 계속 점유하고 있고 소유자가 변동된 시점을 기산점으로 삼아도 다시 취득시효의 점유기간이 경과한 경우에는, 점유자로서는 제3자 앞으로의 소유권 변동시를 새로운 점유취득시효의 기산점으로 삼아 2차의 취득시효의 완성을 주장할 수 있다.

그리고 취득시효기간이 경과하기 전에 등기부상의 소유명의자가 변경된다고 하더라도 그

사유만으로는 점유자의 종래의 사실상태의 계속을 파괴한 것이라고 볼 수 없어 취득시효를 중단할 사유가 되지 못하므로, 새로운 소유명의자는 취득시효완성 당시 권리의무 변동의 당사자로서 취득시효완성으로 인한 불이익을 받게 된다 할 것이어서 시효완성자는 그 소유명의자에게 시효취득을 주장할 수 있는바, 이러한 법리는 위와 같이 새로이 2차의 취득시효가 개시되어 그 취득시효기간이 경과하기 전에 등기부상의 소유명의자가 다시 변경된 경우에도 마찬가지로 적용된다.

종전의 판결들(대법원 1994.3.22. 선고 93다46360 전원합의체 판결 등)은 이를 변경하기로 한다.

해 설

1. 점유취득시효에 관한 5개의 원칙

부동산 점유취득시효에 관하여는 판례가 정립한 5개의 원칙이 있다.

제1원칙: 부동산에 대한 점유취득시효기간이 완성된 경우에 점유자는 원소유자에 대하여 등기 없이도 그 부동산의 시효취득을 주장하여 대항할 수 있고, 소유자는 점유자에게 부동산의 인도를 청구하거나, 부당이득 또는 불법행위를 이유로 부당이득 반환이나 손해배상을 청구할 수 없다(대판 1977.3.22, 76다242; 1993.5.25, 92다51280 등).

제2원칙: 점유취득시효기간이 진행되던 중에 등기부상의 소유자가 변경된 경우에는 이는 시효중단사유가 될 수 없으므로, 점유자는 점유취득시효완성 당시의 등기부상의 소유자에 대하여도 취득시효완성의 효과를 주장할 수 있다(대판 1989.4.11, 88다카5843, 5850 등).

제3원칙: 점유취득시효가 완성되었다고 하더라도 그에 따른 등기를 하지 않고 있는 사이에 제3자가 그 부동산에 관한 소유권이전등기를 경료한 경우에는 점유자는 그 제3자에 대하여 취득시효완성의 효과를 주장하여 대항할 수 없다(대판 1993.9.28, 93다22883 등).

제4원칙: 점유자는 실제로 점유를 개시한 때를 점유취득시효의 기산점으로 삼아야 하고, 그 기산점을 임의로 선택할 수 없다(대판 1965.4.6, 65다170 등).

제5원칙: 점유취득시효 완성 후 소유자의 변동이 있은 경우에도 소유자가 변동된 시점을 기산점으로 다시 취득시효기간이 완성되는 경우에는 점유자는 소유자에 대하여 취득시효의 완성을 주장할 수 있다{대판(전) 1994.3.22, 93다46360 등).

2. 제3원칙의 합리성

위와 같은 5개의 원칙 가운데 특히 제3원칙에 대하여는 종래부터 논란이 많았다. 제4원칙과 제5원칙도 제3원칙을 전제로 하고 있다. 판례가 제3원칙과 제4원칙의 근거로서 들고 있는 것은, 그렇게 보지 않으면 시효의 완성을 주장하는 당사자는 등기 없이 언제나 제3취득자에 대하여 시효의 완성을 주장하고 그에 관해서 등기를 청구하는 등 그에 상응하는 권리관계를 주장할 수 있게 되어 등기제도의 기능을 몹시 약화시키고 부동산에 관한 거래의 안전을 해할 우려가 있다는 점이다(대판 1976.6.22, 76다487, 488 등).

그러나 그에 대하여 비판하는 견해는, 점유취득시효기간 완성 전의 부동산 취득자와 완성 후의 취득자를 달리 취급할 합리적인 이유가 없고, 더 오랫동안 점유한 자에게 시효취득을 인정하지 않는 것은 취득시효제도의 취지와도 맞지 않는다고 주장한다. 이에 대하여 판례를 지지하는 견해는, 그러한 결과는 점유자가 등기를 하지 않아도 누구에게나 대항할 수 있는 결과가 되어 등기제도가 무의미하게 된다고 주장한다.

생각건대 반대설과 같이 점유취득시효기간 완성 후의 취득자에게도 점유자가 취득시효 완성을 주장할 수 있다고 하면 시효취득의 요건으로서 등기를 요구하는 것이 무의미하게 된다. 뿐만 아니라 점유취득시효기간 진행 중에 소유권을 취득한 자와 취득시효 완성 후에 소유권을 취득한 자를 달리 취급하는 데에는 합리적인 근거가 있다. 시효기간 진행 중에 소유권을 취득한 자는 점유자에 대하여 시효중단을 위한 조치를 취할 수 있는 반면, 취득시효 완성 후에 소유권을 취득한 자는 취득시효를 중단시킬 수 없기 때문이다. 소유자가 취득시효를 중단시킬 수 있는 지위에 있지 않음에도 불구하고 취득시효의 완성을 인정한다면, 이는 소유자에게 방어수단이 없는 상태에서 점유취득시효를 인정하는 것이 되어 점유자와 소유자를 공평하게 다루는 것이라고 할 수 없다.

종래 제3원칙을 전제로 하는 제4원칙에 대하여는 점유자가 그 기산점을 임의로 주장할 수 있도록 하여야 한다는 이른바 역산설이 주장되었다. 그러나 이처럼 점유자가 그 기산점을 임의로 주장할 수 있게 하면, 시효 완성 후에 소유권을 취득한 사람의 취득시효 중단 주장은 원천적으로 불가능하게 된다. 점유기간이 20년을 넘기만 한다면 새로운 소유자가 취득시효 중단을 주장하더라도 그 시점에 앞서서 취득시효가 완성되었다고 주장할 수 있기 때문이다.

한편, 점유취득시효가 완성되었다는 것이 당해 토지에 대한 물적 부담에 해당하여 새로운 소유자에게 대항할 수 있는 것도 아니다. 취득시효 완성을 물적 내지 물권적 부담으로 해석할 수 있는 법적 근거를 찾을 수 없는 것이다. 취득시효 완성을 제3자에게도 주장할 수 있는 물권적인 것으로서 인정한다면, 제3자는 전혀 공시되지 않은 부담을 승계하게 되는 것이다. 종래의 판례가 제3원칙이나 제4원칙의 근거로서 등기제도의 기능을 몹시 약화시키고 부동산에 관한 거래의 안전을 해할 우려가 있다고 하는 점을 들고 있는 것도 이러한 의미로 이해할 수 있다.

3. 제5원칙에 관한 판례변경

제5원칙은 대판(전) 1994.3.22, 93다46360에 의하여 비로소 인정되었다. 종전의 대판 1982.11.9, 82다565는 점유취득시효 완성 후 소유자의 변동이 있은 경우 점유자는 소유자가 변동된 시점을 기산점으로 삼아 다시 취득시효 완성을 주장할 수 없다고 보았으나, 위 전원합의체 판결이 판례를 변경하였다. 그런데 위 전원합의체 판결은 점유자가 점유취득시효 완성 후

소유권을 취득한 자에 대하여 새로이 취득시효를 주장할 수 있는 요건으로서, 그 소유권 취득 후 현재까지 소유자의 변동이 없을 것을 요구하고 있었다. 대상판결은 제5원칙을 다시 한 번 재확인하면서도, 점유취득시효 완성 후의 새로운 소유자에 대한 2차의 취득시효가 개시되어 그 취득시효기간이 경과하기 전에 등기부상의 소유명의자가 다시 변경된 경우에도 마찬가지로 취득시효를 주장할 수 있다고 하여, 그 한도 안에서는 위 전원합의체 판결 및 그 이후의 몇 개의 판결을 변경하였다. 그런데 변경된 판결들 중 대판 1994.4.12, 92다41054; 1995.2.28, 94다18577 등은 소유자의 변동이 없어야만 한다는 점에 대하여는 직접 언급하지 않고 있으며, 대판 1999.2.12, 98다40688만이 대상판결과 직접 저촉된다.

그런데 대상판결의 반대의견은 종전 전원합의체 판결을 유지하여야 한다고 주장하면서, 등기를 경료한 제3자는 그 등기일 이후 20년 이상 그 소유권을 행사하지 아니하였다는 의미에서 권리 위에 잠자는 자라는 점을 들어, 등기 경료 후 현재까지 소유자의 변동이 없었던 경우에 한하여 점유자를 더 보호하여야 한다고 하였다. 그리고 당초의 점유자가 그와 같은 등기부상 소유자의 변경 사실을 잘 알면서도 감히 점유를 개시한 것이라면 이는 타주점유에 해당하는 것으로 보아야 할 것이라고 주장하였다.

4. 대상판결의 타당성

종전 전원합의체 판결이 선언한 제5원칙의 타당성은 일반적으로 받아들여지고 있다. 당초의 점유자가 제3취득자의 등기 후에도 계속 점유함으로써 다시 취득기간이 완성되었는데도 시효취득할 수 없다고 한다면, 일단 취득시효기간이 경과한 후 제3자 명의로 이전등기된 부동산은 새로운 권원에 의한 점유가 없는 한 영구히 시효취득의 대상이 아니게 되는 불합리한 점이 생기게 된다. 그런데 이 경우에 새로운 소유자가 소유권을 취득한 때로부터 새로 시효기간을 진행하게 한다면, 새로운 소유자로서도 그 취득시효를 중단시킬 수 있기 때문에 반드시 불합리하다고는 할 수 없다.

이러한 생각을 밀고 나간다면, 대상판결의 사안, 즉 새로운 소유자가 소유권을 취득한 후 다시 시효기간이 진행되고 있는 동안에 소유자가 바뀐 경우라고 하여 취득시효의 완성을 부정할 이유는 없다. 이 경우에도 다시 소유권을 취득한 사람은 역시 취득시효를 중단시킬 수 있기 때문이다. 그러므로 1994년의 전원합의체 판결과 같이 새로운 소유자의 소유권 취득 후 취득시효기간이 완성되기 전까지 소유자의 변동이 없을 것을 요구할 필요는 없다. 그러므로 대상판결이 이 점에 관하여 판례를 변경한 것은 타당하다.

한편 반대의견은 당초의 점유자가 그와 같은 등기부상 소유자의 변경 사실을 잘 알면서도 감히 점유를 개시한 것이라면 이는 타주점유에 해당하는 것으로 보아야 할 것이라고 주장한다. 그러나 최초의 점유취득시효기간 중에 소유자가 바뀐 사실을 알았다고 하여 타주점유로 바뀌는 것은 아닌데, 2차 점유취득시효기간 중에 소유자가 바뀌었다고 하여 타주점유로 바뀐다고 할 수는 없을 것이다.

참고문헌

배성호, 점유취득시효 완성자와 제3자, 영남법학 31호, 2010.

송오식, 점유취득시효의 완성 후 소유명의가 변동한 경우 취득시효 가능여부, 법학논고 32집, 경북대학교, 2010, 469 이하.

송재일, 점유취득시효와 등기의 조화, 홍익법학 11권 1호, 2010.

양진수, 부동산점유취득시효 완성 후 부동산의 소유권을 취득한 제3자와 시효완성점유자의 관계, 민사판례연구 32권, 2010.

오영두, 취득시효완성 이후 새로이 개시되는 2차취득시효의 기산점과 요건에 관한 검토, 판례연구 22집, 부산판례연구회, 2011.

윤진수, 점유취득시효 완성 후 재진행의 요건, 법률신문 2009.8.10.(3767호).

이종구, 시효취득자와 제3자와의 법률관계에 관하여, 숭실대 법학논총 23집, 2010.

정구태, 2차 점유취득시효기간 중 소유권이 변동된 경우 시효완성자의 법적 지위, 서강법학 12권 1호, 2010.

진상범, 2차 점유취득시효기간 중 등기부상 소유명의자가 변경된 경우, 2차 시효완성자의 법적 지위, 사법 10호, 2009.

[판례 42]

중복등기와 등기부취득시효

대법원 1996.10.17. 선고 96다12511 전원합의체 판결

사 실

이 사건 토지에 관하여 1956.10.15. X의 피상속인 A 명의로 소유권이전등기의 회복등기가 경료되었다. 그 후 1983.4.4. 위 토지에 관하여 Y(대한민국) 명의의 소유권보존등기가 중복하여 경료되었다.

X는 Y 명의의 소유권 이전등기의 말소를 청구하였는데, Y는 위 토지를 등기부취득시효에 의하여 소유권을 취득하였다고 주장하였다. 원심은 X의 청구를 인용하였다. 대법원도 Y의 상고를 기각하였다.

판결이유

동일 부동산에 관하여 등기명의인을 달리하여 중복된 소유권보존등기가 경료된 경우에는, 먼저 이루어진 소유권보존등기가 원인무효가 되지 아니하는 한, 뒤에 된 소유권보존등기는 실체권리관계에 부합되는지의 여부를 따질 필요도 없이 무효인데, A 명의로 경료된 소유권보존등기가 무효라고 볼 수 없으므로 그 후 Y 명의로 경료된 소유권보존등기는 무효이다.

민법 245조 2항의 '등기'는 부동산등기법 15조가 규정한 1부동산 1용지주의에 위배되지 아니한 등기를 말하므로, 어느 부동산에 관하여 등기명의인을 달리하여 소유권보존등기가 2중으로 경료된 경우, 먼저 이루어진 소유권보존등기가 원인무효가 아니어서 뒤에 된 소유권보존등기가 무효로 되는 때에는 뒤에 된 소유권보존등기나 이에 터잡은 소유권이전등기를 근거로 하여서는 등기부취득시효의 완성을 주장할 수 없다.

이와 다른 견해를 취한 당원 1988.4.12. 선고 87다카1810 판결 및 1994.4.26. 선고 93다16765 판결은 이를 변경하기로 한다.

해 설

1. 중복등기의 효력

부동산등기법 15조 1항은 1필의 토지 또는 1개의 건물에 대하여 1개의 등기기록을 둔다고 규정하고 있다. 2011년 부동산등기제도가 전면 전산화되기 전에는 등기기록이라는 말 대신 용지라는 말이 사용되고 있었으므로, 보통 이를 1부동산 1용지주의라고 부르고 있었다. 현재의 법대로라면 1부동산 1등기기록주의라고 하여야 할 것이다.

1부동산 1용지주의를 위반하여 소유권보존등기가 중복하여 이루어진 경우에, 과거의 판례는 중복으로 뒤에 된 소유권보존등기는 실체관계에 부합되는 여부와 선등기명의자의 소유권 유무를 가릴 것 없이 당연무효로서 말소되어야 한다고 보고 있었다(대판 1977.11.22, 76다1473 등). 이를 절차법설이라고 한다. 그런데 대판(전) 1978.12.26, 77다2427은, 동일부동산에 관하여 등기명의인을 달리하여 중복된 보존등기가 이루어진 경우에 법원은 그 실체적 관계에 들어가서 어느 것이 진실한 소유권에 기하여 이루어진 것인가를 확정함으로써 그 유·무효를 결정하여야 한다고 하여 종래의 판례를 변경하였다. 이를 실체법설이라고 한다.

그 후 다시 대판(전) 1990.11.27, 87다카2961, 87다453은, 등기명의인을 달리하여 중복된 소유권보존등기가 경료된 경우에는 먼저 이루어진 소유권보존등기가 원인무효가 되지 아니하는 한 뒤에 된 소유권보존등기는 무효라고 하였다. 이는 실체법설과 절차법설의 절충설이지만, 절차법설에 가깝다. 그러므로 현재의 판례대로라면 등기명의인이 같은 중복등기의 경우에는 후의 등기는 언제나 무효이고, 등기명의인이 다른 경우에는 원칙적으로 뒤의 등기가 무효이며, 다만 앞의 등기가 원인무효인 경우에만 뒤의 등기는 무효가 아니다.

현재의 판례에 따를 때에는 뒤의 등기가 정당한 매수인에 의한 것이거나, 뒤의 등기명의자가 소유권을 원시취득한 경우에도 앞의 등기가 무효가 아닌 한 뒤의 등기는 여전히 무효로 된다(대판 1990.12.11, 89다카34688 등). 그러나 이러한 경우에는 예외적으로 뒤의 등기를 유효한 것으로 취급하여야 한다는 비판도 많다.

다만 현재의 부동산등기규칙은 위 판례와 반드시 일치하지는 않는다(33조 이하). 예컨대 뒤의 등기명의인이 앞의 등기명의인으로부터 소유권을 이전받은 경우에, 선 등기기록에 소유권 외의 권리 등에 관한 등기가 없으면 후 등기기록 아닌 선 등기기록을 폐쇄하도록 규정하고 있다.

2. 무효인 뒤의 등기에 기한 등기부시효취득에 관한 판례

이처럼 뒤의 등기가 무효인 경우에 그 등기명의인이 245조 2항의 다른 등기부취득시효의 요건을 갖추었으면 그 명의인은 소유권을 취득하는가? 이 점에 관하여는 종래 판례가 엇갈리고 있었다.

대판 1978.1.10, 77다1795은, 부동산에 대한 등기부취득시효에 있어서의 "등기"라고 함은 1부동산 1용지주의에 위배되지 아니한 등기를 말한다고 하여 등기부취득시효의 성립을 부정하였다. 반면 대판 1988.4.12, 87다카1810은, 소유자로 적법 유효한 등기를 마친 자는 부동산에 대하여 취득시효를 주장할 필요조차 없으므로, 등기부취득시효의 요건으로서 소유자로 등기한 자라 함은 적법 유효한 등기를 마친 자일 필요가 없다고 하였고, 대판 1994.4.26, 93다16765도 같다.

대상판결은 이처럼 상반되는 종전 판례 중에 등기부취득시효의 성립을 부정한 77다1795 판결을 따랐다. 그 이유는 위 77다1795 판결과 마찬가지로 245조 2항의 '등기'는 부동산등기법 15조가 규정한 1부동산 1용지주의에 위배되지 아니한 등기를 말한다고 하는 점에 있다.

3. 학 설

학설 가운데 판례를 지지하는 견해는 그 근거로서, 이중등기는 1부동산 1용지주의의 원칙에 위반된 일종의 비합법 등기로서 별도의 합법적인 선차 등기가 있어 권리추정력이 없거나 극히 적다고 보아야 하므로, 이중등기가 아닌 경우와 동일하게 취급하기는 이론적으로 문제가 있고, 우리 판례가 절차법설에 가까운 절충설로 확립되어 후차 등기부에 적힌 등기는 법률적 효력이 없는 등기인 것으로 보는 입장이 정착되어 가는 단계에 있는데, 무효인 후차 등기를 근거로 한 등기부취득시효를 인정하는 것은 새삼스럽게 예외를 인정하는 것이 되어 등기부의 공시기능에 혼란을 초래할 우려가 있다는 점을 든다.

반면 판례에 반대하는 견해는, 뒤의 등기가 반드시 추정력이 없다고 볼 수도 없을 뿐만 아니라, 추정력이 없다는 것이 등기부취득시효를 부정할 근거는 되지 못하고, 등기명의인에 불과할 뿐 실제로 부동산을 점유하고 있지도 아니한 자보다 비록 중복등기나마 등기도 되어 있고 실제로 10년간 소유의 의사로 평온 · 공연하게 선의 · 무과실로 부동산을 점유하여 온 자를 보호할 필요가 더 크다고 주장한다.

그리고 경우를 나누어, 선차보존등기명의인과 무효인 후차보존등기명의인 사이에 점유취득의 권원이 있는 경우에는 등기부취득시효가 인정되고, 양자 사이에 점유취득의 권원이 없는 경우에는 그렇지 않다고 보는 견해도 있다.

4. 검 토

우선 중복등기 중 뒤의 등기가 무효라고 하여 그것만으로 그 등기에 기초한 등기부취득시효가 인정되지 않는다는 결론이 도출되는 것은 아니다. 문제는 진정한 소유자와 점유자 사이의 이익형량인데, 점유자 측을 보호하여야 할 필요성은 중복등기인지 아닌지에 따라 차이가 있는 것은 아니다. 다른 한편 진정한 소유자인 앞의 등기상 명의인이 실제로 점유를 하고 있지 않았던 이상 등기 명의인이라 하여 특별히 보호 필요성이 높다고 할 수는 없다. 그러므로 1부동산 1용지주의에 위반되었다는 이유만으로 등기부취득시효의 성립을 부정할 근거는 충분하지 않다고 생각된다.

다른 한편 선차보존등기명의인과 무효인 후차보존등기명의인 사이에 점유취득의 권원이 있는 경우와 없는 경우를 나누어 보는 견해에 대하여는, 일반적인 등기부취득시효의 요건으로서는 그러한 점유취득의 권원 여부가 문제되지 않는데, 중복등기의 경우에만 이를 구별할 근거가 없다는 비판이 가능하다.

5. 관련 판례

중복등기의 후등기 명의인의 점유취득시효가 완성되었다 하더라도 후등기가 실체적 권리관계에 부합하여 유효하게 되는 것은 아니다(대판 1996.9.20, 93다20177, 20184; 2008.2.14, 2007다63690; 2011.7.14, 2010다107064).

그러나 이 경우에는 후등기 명의인이 선등기 명의인을 상대로 점유취득시효 완성을 원인으로 하는 소유권이전등기를 청구하여 등기를 마침으로써 소유권을 취득할 수 있을 것이다(대판 2009.6.25, 2009다16186, 16193 참조).

그런데 위 2007다63690; 2010다107064 판결 등은, 이러한 경우에 소유자가 뒤에 된 소유권보존등기의 말소를 구하는 것이 실체적 권리 없는 말소청구에 해당한다고 볼 수 없고, 신의칙 위반이나 권리남용에 해당한다고 할 수 없다고 하였다. 그러나 판례(대판 1995.6.9, 94다13480; 2008.5.15, 2008다13432 등)가 국가에게 취득시효 완성을 원인으로 하여 소유권이전등기절차를 이행하여 줄 의무를 부담하는 미등기 토지의 소유자가 국가를 상대로 그 토지에 대한 소유권의 확인을 구할 법률상 이익이 없다고 보고 있는 점에 비추어 보면, 위의 판례들에는 의문이 있다.

참고문헌

고상룡, 중복등기에 있어서의 후등기를 근거로 한 등기부시효취득의 여부, 저스티스 29권 3호, 1996.

김병운, 중복등기의 후등기에 기한 등기부취득시효의 성부, 대법원판례해설 27호 (96년 하반기).

김문석, 중복등기와 등기부취득시효, 민사재판의 제문제 10권, 2000.

김상용, 중복등기의 법적 처리 및 등기부취득시효의 기초가 되는 등기의 인정범위, 민사판례연구 20권, 1998.

김상현, 등기부취득시효의 요건 재고, 법학연구 29집, 2008.

윤용석, 등기부취득시효의 요건, 토지법학 21호, 2005.

이기용, 무효인 등기에 의한 등기부취득시효의 성립 여부, 인권과 정의 203호(2001.1.).

이충훈, 중복등기의 효력과 등기부취득시효, 중앙법학 9집 3호, 2007.

[판례 43]

소유권유보부 매매, 부합과 부당이득 및 선의취득

대법원 2009.9.24. 선고 2009다15602 판결

사 실

X는 2006.12. A와 철강제품 공급계약을 체결하고, 소유권을 유보한 상태에서 철강제품을 공급하였으나 그 대금을 받지 못하였다. A는 2006.12. Y와 사이에 공장건물을 증축 및 신축하는 공사를 도급받고 공사를 진행하던 중, 기성고가 80%인 상태에서 공사를 중단하였다. Y는 직접 잔여공사를 진행하여 2007.7.경 공사를 완료하고, 신축된 건물에 관하여 Y 명의로 소유권보존등기를 경료하였다. A가 X로부터 공급받은 이 사건 철강제품은 모두 위 공장건물의 골조공사 자재로 투입되었다. X는 Y에 대하여 위 철강제품 매매대금 상당의 부당이득반환 청구를 하였다.

원심은 이 사건 철강제품이 공장건물들에 부합되었으므로, 부합 당시의 소유자인 Y는 X에게 이 사건 철강제품 대금 상당액을 부당이득으로서 반환할 의무가 있다는 이유로 X의 청구를 인용하였다. 그러나 대법원은 원심판결을 파기환송하였다.

이 유

민법 261조에서 첨부로 법률규정에 의한 소유권 취득(민법 256조 내지 260조)이 인정된 경우에 "손해를 받은 자는 부당이득에 관한 규정에 의하여 보상을 청구할 수 있다"라고 규정하고 있는바, 이러한 보상청구가 인정되기 위해서는 민법 261조 자체의 요건만이 아니라, 부당이득 법리에 따른 판단에 의하여 부당이득의 요건이 모두 충족되었음이 인정되어야 한다.

계약 당사자 사이에 계약관계가 연결되어 있어서 각각의 급부로 순차로 소유권이 이전된 경우 계약관계에 기한 급부가 법률상의 원인이 되므로 최초의 급부자는 최후의 급부수령자에게

법률상 원인 없이 급부를 수령하였다는 이유로 부당이득반환청구를 할 수 없다(대법원 2003.12. 26. 선고 2001다46730 판결). 이와 달리, 매매 목적물에 대한 소유권이 유보된 상태에서 매매가 이루어진 경우에는 대금이 모두 지급될 때까지는 매매 목적물에 대한 소유권이 이전되지 않고 점유의 이전만 있어 매수인이 이를 다시 매도하여 인도하더라도 제3자는 유효하게 소유권을 취득하지 못하므로, 제3자는 소유자의 반환 청구를 거부할 수 없고, 부합 등의 사유로 제3자가 소유권을 유효하게 취득하였다면 그 가액을 소유자에게 부당이득으로 반환함이 원칙이다. 다만, 이를 다시 매수한 제3자의 선의취득이 인정되는 때에는, 그 선의취득이 이익을 보유할 수 있는 법률상 원인이 되므로 제3자는 그러한 반환의무를 부담하지 않는다.

그리고 매도인에 의하여 소유권이 유보된 자재를 매수인이 제3자와 사이의 도급계약에 의하여 제3자 소유의 건물 건축에 사용하여 부합됨에 따라 매도인이 소유권을 상실하는 경우에, 비록 그 자재가 직접 매수인으로부터 제3자에게 교부된 것은 아니지만 도급계약에 따른 이행에 의하여 제3자에게 제공된 것으로서 거래에 의한 동산 양도와 유사한 실질을 가지므로, 그 부합에 의한 보상청구에 대하여도 위에서 본 선의취득에서의 이익보유에 관한 법리가 유추적용된다.

따라서 매도인에게 소유권이 유보된 자재가 제3자와 매수인과 사이에 이루어진 도급계약의 이행에 의하여 부합된 경우 보상청구를 거부할 법률상 원인이 있다고 할 수 없지만, 제3자가 도급계약에 의하여 제공된 자재의 소유권이 유보된 사실에 관하여 과실 없이 알지 못한 경우라면, 선의취득의 경우와 마찬가지로 제3자가 그 자재의 귀속으로 인한 이익을 보유할 수 있는 법률상 원인이 있다고 봄이 상당하므로, 매도인으로서는 그에 관한 보상청구를 할 수 없다.

해 설

1. 소유권유보부 매매의 의의

매도인이 동산을 매도하고 대금을 모두 지급받기 전에 목적물을 매수인에게 인도하면서, 대금이 모두 지급될 때까지는 목적물의 소유권은 매도인에게 유보되고 대금이 모두 지급된 때에 그 소유권이 매수인에게 이전된다는 내용의 소유권유보부 매매계약이 체결되는 경우가 많다. 이러한 소유권유보부 매매계약은 매도인의 매수인에 대한 매매대금채권을 담보하기 위하여 행해진다. 판례는 소유권유보부 매매에 대하여, 목적물의 소유권을 이전한다는 당사자 사이의 물권적 합의는 매매계약을 체결하고 목적물을 인도한 때 이미 성립하지만, 매도인은 대금이 모두 지급될 때까지 매수인뿐만 아니라 제3자에 대하여도 유보된 목적물의 소유권을 주장할 수 있고, 다만 대금이 모두 지급되었을 때에는 그 정지조건이 완성되어 별도의 의사표시 없이 목적물의 소유권이 매수인에게 이전된다고 보고 있다(대판 1996.6.28, 96다14807 등). 다만 이 경우 제3자가 그 목적물이 자신에게 매도한 사람의 소유라고 믿었고, 그와 같이 믿은 데 과실이 없다면, 제3자는 목적물을 선의취득하여 소유자인 매도인의 반환청구를 거부할 수 있다(대판 2004.10.15, 2004다4638 등). 이 판결도 이러한 종전의 선례를 재확인하고 있다.

2. 부합과 부당이득

그런데 이 사건에서는 X가 A에게 판매한 철강제품이 모두 Y가 소유권을 취득한 공장건물에 부합되었으므로, X는 Y에게 철강제품의 반환청구를 할 수는 없고, 다만 부합에 따른 부당이득에 관한 규정인 261조에 따라 보상을 청구할 수 있는지가 문제된다. 대상판결은 이 보상청구는 일반적인 부당이득 법리에 따라 부당이득의 요건이 모두 충족되었음이 인정되어야 한다고 보았다.

그런데 이 사건에서는 Y가 철강제품의 소유권을 취득한 것은 A와의 도급계약에 근거한 것이었으므로, Y가 이를 이유로 X의 보상청구 내지 부당이득반환청구를 거부할 수 있는지를 따져 보아야 한다. 대상판결이 인용하고 있는 대판 2003.12.26, 2001다46730(아래 **[판례 106]**)은, 계약의 일방 당사자가 계약 상대방의 지시 등으로 급부과정을 단축하여 계약 상대방과 또 다른 계약관계를 맺고 있는 제3자에게 직접 급부한 경우, 계약의 일방 당사자는 제3자를 상대로 법률상 원인 없이 급부를 수령하였다는 이유로 부당이득반환청구를 할 수 없다고 하였다. 판례는 그 이유를, 계약의 일방 당사자가 제3자에 대하여 직접 부당이득반환청구를 할 수 있다면, 자기 책임 하에 체결된 계약에 따른 위험부담을 제3자에게 전가시키는 것이 되어 계약법의 기본원리에 반하는 결과를 초래할 뿐만 아니라, 수익자인 제3자가 계약 상대방에 대하여 가지는 항변권 등을 침해하게 되어 부당하기 때문이라고 설명한다. 그리고 전용물소권을 부정한 대판 2002.8.23, 99다66564, 66571도 같은 취지이다.

이러한 판례가 이 사건에도 적용된다면, X는 A에게 철강제품을 판매하였으므로 A 아닌 Y에게는 부당이득반환청구를 할 수 없다고 볼 여지도 있다. 실제로 대상판결에 대하여도 이러한 이유로 비판하는 견해가 있다. 그러나 대상판결이 판시하고 있는 것처럼, 이러한 판례는 이 사건에는 적용될 수 없다. 단축급여(급부)의 경우에는 급여를 한 사람이 계약 상대방에 대하여 권리를 이전하려는 의사를 가지고 있었고, 따라서 제3자도 계약 상대방을 통하여 일단 권리를 취득하게 된다. 이 경우에는 급여를 한 사람으로 하여금 자신의 상대방으로부터 반대 급여를 받지 못하게 될 위험은 급여를 할 당시에 예견할 수 있었다고 할 수 있으므로, 급여를 한 사람이 그러한 위험을 방지할 조치를 취하지 않았다면 급여를 한 사람이 위험을 부담하는 것이 합리적이다. 그러나 소유권유보부 매매의 경우에는 매도인이 매수인에게 매매목적물을 인도하기는 하였지만 아직 소유권을 이전하지는 않았으므로, 매수인도 제3자에게 소유권을 이전하여 줄 지위에 있지 않다. 따라서 제3자도 매수인과의 계약만을 근거로 하여 소유권을 취득할 수는 없다. 오히려 매도인이 소유권을 유보한 것은 제3자가 소유권을 취득하는 것을 방지하기 위한 것이었고, 매수인이 제3자에게 매매목적물을 넘겨주더라도 매수인으로부터 매매 대금을 지급받지 못하면 제3자에 대하여 소유물반환청구권을 행사할 수 있으므로, 매도인은 위험을 면할 수 있게 된다.

그런데 이 사건에서는 철강제품이 Y의 공장건물에 부합되어 Y가 그 소유권을 취득하게 되었고, 따라서 X는 Y에게 철강제품의 반환청구를 할 수는 없게 되었다. 그러나 원래라면 제3자인 Y에 대하여도 소유권을 주장할 수 있었던 X가 철강제품이 부합되었다는 이유만으로 부당이득반환청구권까지 행사할 수 없다는 것은 합리적이지 못하다. 따라서 원칙적으로는 X는 Y에게 261조에 따른 부당이득반환청구권을 행사할 수 있다고 보아야 한다.

3. 부합과 선의취득

그런데 대상판결은 Y가 선의 · 무과실이라면 선의취득의 법리가 유추적용될 수 있으므로, X에 대한 부당이득반환의무를 부담하지 않는다고 하였다. 가령 대상판결의 사례에서 Y가 A로부터 매매목적물인 철강제품을 다시 매수하였고, 그 당시에 A가 적법한 소유자라고 믿었으며, 그와 같이 믿은 데 과실이 없다면 Y는 선의취득의 법리에 의하여 소유권을 취득한다. 그리고 Y가 선의취득에 의하여 소유권을 취득하였다면, 원래의 소유자에 대하여 부당이득반환의무를 부담하지 않는다. 선의취득에 의한 소유권취득은 이익을 정당화할 수 있는 법률상 원인에 해당하기 때문이다. 학설상으로는 소유권을 무상으로 선의취득한 자는 원래의 소유자에 대하여 부당이득반환의무를 부담한다고 하는 주장도 있으나, 일반적으로 받아들여지고 있지는 않다.

그런데 여기서 매매 목적물인 철강 자재가 직접 A로부터 Y에게 인도, 교부된 것은 아니므로 선의취득의 법리가 직접 적용될 수는 없다. 그러나 이 경우를 Y가 A로부터 매수한 경우와 달리 취급하는 것은 문제가 있다. Y가 A가 철강제품의 소유자가 아니라는 사실을 몰랐고, 이를 모른 데 과실이 없었다면, Y가 보호받아야 할 필요성은 Y가 철강자재를 A로부터 직접 인도받은 경우와 마찬가지이기 때문이다. 대상판결은 이 점을, 도급계약에 따른 이행에 의하여 제3자에게 제공된 것은 거래에 의한 동산 양도와 유사한 실질을 가지는 것이라고 설명하고 있다.

4. 관련 판례

대판 2018.3.15, 2017다282391은, 원고가 피고의 대리인과 엘리베이터 제작 · 판매 · 설치계약을 체결하고 피고의 건물에 엘리베이터를 설치하여 주었으나, 그 대리인에게 대리권이 없었던 경우에 관하여, 대상판결을 인용하면서, 대상판결의 법리는 매도인에게 소유권이 유보된 자재가 본인에게 효력이 없는 계약에 기초하여 매도인으로부터 무권대리인에게 이전되고, 무권대리인과 본인 사이에 이루어진 도급계약의 이행으로 본인 소유 건물의 건축에 사용되어 부합된 경우에도 마찬가지로 적용된다고 하였다. 이 판결에 대하여는, 이는 급여자의 착오가 있는 경우로서, 수령자의 관점에서는 급여자로부터 급여를 받은 것이 아니므로 수령자에게는 급여부당이득이 존재하지 않고, 다만 침해부당이득의 존재는 따져볼 수 있을 것이라는 주장이 있다.

참고문헌

김수정, 오상채무자의 변제와 부당이득, 선의취득, 서울대학교 법학 60권 4호, 2019.
김우진, 소유권유보부매매 목적물의 부합과 부당이득, 민사판례연구 33권(상), 2011.
김재형, 2009년 민법 판례 동향, 민법론 4, 2011.
박영규, 제3자에 의한 부합과 부당이득 반환의무자, 서울법학 18권 1호, 2010.
이병준, 소유권이 유보된 재료의 부합과 부당이득 삼각관계, 대법원판례해설 81호, 2010.
안병하, 부합과 부당이득, 연세대학교 법학연구 25권 1호, 2015.
장지웅, '급여자에 관한 착오'가 있는 경우의 부당이득, 민사판례연구 42, 2020.
홍성주, 삼각관계에서의 부합과 부당이득, 부산판례연구회 판례연구 23집, 2012.

[판례 44]

공유자 상호간의 인도청구

대법원 2020.5.21. 선고 2018다287522 전원합의체 판결

사 실

X는 이 사건 토지(전 7,732㎡)의 1/2 지분을 소유하고 있는 공유자이고, Y는 이 사건 토지의 나머지 1/2 지분을 소유하고 있던 A의 공동상속인 중 1인이다. Y는 이 사건 토지 중 일부인 6,342㎡ 지상에 소나무를 식재하고 이를 점유하고 있다.

X는 Y를 상대로 위 소나무 기타 일체의 시설물을 수거하고, 위 점유부분을 인도하며, 인도 완료일까지의 점유로 인한 부당이득반환을 청구하였다. 1심과 원심은 X의 청구를 받아들였으나, 대법원 전원합의체는 원심판결 중 토지 인도 및 인도완료일까지의 부당이득반환을 명한 부분을 파기환송하였다. 여기에는 반대의견이 있었다.

판결이유

1. 인도청구에 대한 부분

공유물의 소수지분권자인 Y가 다른 공유자와 협의하지 않고 공유물의 전부 또는 일부를 독점적으로 점유하는 경우 소수지분권자인 X가 Y를 상대로 공유물의 인도를 청구할 수는 없다고 보아야 한다. 그 이유는 다음과 같다.

가. 공유자 중 1인인 Y가 공유물을 독점적으로 점유하고 있어 다른 공유자인 X가 피고를 상대로 공유물의 인도를 청구하는 경우, 그러한 행위는 공유물을 점유하는 피고의 이해와 충돌한다. 애초에 보존행위를 공유자 중 1인이 단독으로 할 수 있도록 한 것은 보존행위가 다른 공유자에게도 이익이 되기 때문이라는 점을 고려하면, 이러한 행위는 민법 265조 단서에서 정한 보존행위라고 보기 어렵다.

나. Y가 다른 공유자를 배제하고 단독 소유자인 것처럼 공유물을 독점하는 것은 위법하지만, Y는 적어도 자신의 지분 범위에서는 공유물 전부를 점유하여 사용·수익할 권한이 있으므

로 Y의 점유는 그 지분 비율을 초과하는 한도에서만 위법하다고 보아야 한다. 따라서 Y가 공유물을 독점적으로 점유하는 위법한 상태를 시정한다는 명목으로 X의 인도 청구를 허용한다면, Y의 점유를 전면적으로 배제함으로써 위에서 본 바와 같이 Y가 적법하게 보유하는 '지분비율에 따른 사용 · 수익권'까지 근거 없이 박탈하는 부당한 결과를 가져온다.

다. X의 Y에 대한 물건 인도 청구가 인정되려면 먼저 X에게 인도를 청구할 수 있는 권원이 인정되어야 한다. 그런데 이 사건과 같이 X 역시 Y와 마찬가지로 소수지분권자에 지나지 않으므로 X가 공유자인 Y를 전면적으로 배제하고 자신만이 단독으로 공유물을 점유하도록 인도해 달라고 청구할 권원은 없다.

라. 공유물에 대한 인도 판결과 그에 따른 집행의 결과는 X가 공유물을 단독으로 점유하며 사용 · 수익할 수 있는 상태가 되어 '일부 소수지분권자가 다른 공유자를 배제하고 공유물을 독점적으로 점유'하는 인도 전의 위법한 상태와 다르지 않다. 위법 상태를 시정하기 위하여 또 다른 위법 상태를 만들어내는 결과를 가져오는 것이다.

마. Y의 독점적 점유를 시정하기 위해 종래와 같이 Y로부터 공유물에 대한 점유를 빼앗아 X에게 인도하는 방법, 즉 Y의 점유를 X의 점유로 대체하는 방법을 사용하지 않더라도, X는 Y의 위법한 독점적 점유와 방해 상태를 제거하고 공유물이 그 본래의 취지에 맞게 공유자 전원의 공동 사용 · 수익에 제공되도록 할 수 있다(판례변경).

2. 방해배제청구에 대한 부분

공유자들 사이에 공유물 관리에 관한 결정이 없는 경우 공유자가 다른 공유자를 배제하고 공유물을 독점적으로 점유 · 사용하는 것은 위법하여 허용되지 않지만, 다른 공유자의 사용 · 수익권을 침해하지 않는 방법으로, 즉 비독점적인 형태로 공유물 전부를 다른 공유자와 함께 점유 · 사용하는 것은 자신의 지분권에 기초한 것으로 적법하다.

일부 공유자가 공유물의 전부나 일부를 독점적으로 점유한다면 이는 다른 공유자의 지분권에 기초한 사용 · 수익권을 침해하는 것이다. 공유자는 자신의 지분권 행사를 방해하는 행위에 대해서 민법 214조에 따른 방해배제청구권을 행사할 수 있고, 공유물에 대한 지분권은 공유자 개개인에게 귀속되는 것이므로 공유자 각자가 행사할 수 있다.

Y의 독점적 점유 상태를 제거하기 위해서 종래와 같이 Y로부터 공유물을 빼앗아 X에게 인도하는 방법을 사용하지 않더라도, 공유지분권에 기한 방해배제 청구를 인정함으로써 X는 Y의 위법한 독점적 점유와 방해 상태를 제거하고 공유물이 그 본래의 취지에 맞게 공유자 전원의 사용 · 수익에 제공되도록 하는 적법한 상태를 달성할 수 있다.

해 설

1. 공유자 일부의 제3자에 대한 인도청구

판례(대판 1968.1.23, 67다2033 등)와 학설은 모두 공유물을 공유자 아닌 제3자가 점유하고 있는 경우에는 공유자 중 일부가 제3자에 대하여 공유자 전원에게가 아니라 자신들에게만 인도를 할 것을 청구할 수 있다고 보고 있다. 판례는 그 근거를 인도청구는 보존행위에 해당하므로 단독으로 할 수 있다고 설명하는데, 학설 가운데에는 그 밖에도 공유자의 공유물명도청구권은 불가분채권이라는 설, 공유물 전부의 명도청구는 지분권 자체의 본질에서 당연히 우러나오는 것이라는 설 등이 있다.

2. 공유자 상호간의 인도청구

종래의 판례는 이러한 이론을 공유자 상호간에도 적용하여, 공유자 중 1인이 공유물을 단독으로 점유하고 있으면, 다른 공유자는 자신이 소유하고 있는 지분이 과반수에 미달되더라도 공유물을 점유하고 있는 자에 대하여 공유물의 보존행위로서 공유물의 인도나 명도를 청구할 수 있다고 보고 있었고(대판 1966.4.19, 65다2033 등), 대판(전) 1994.3.22., 93다9392, 9408에서 대법관 7인의 다수의견도 이를 다시 한 번 확인하였다.

그런데 원칙적으로 그러한 청구는 허용되지 않는다는 견해도 있다. 즉 일부 공유자가 공유물을 독점적 · 배타적으로 사용수익하는 것은 다른 공유자의 지분권의 침해일 뿐이고, 따라서 다른 공유자에게 공유물의 인도청구를 허용하면, 이를 인도하여야 하는 공유자로서는 자기 지분에 해당하는 권리마저 내어주는 결과가 되며, 이를 인도받는 공유자로서는 그 지분권의 침해배제를 넘어서 새로이 독점적·배타적 사용 · 수익을 허용받는 것과 같은 결과에 이르게 되어 결국 위법상태의 재편성에 불과한 것이 된다는 것이다. 또한 공유자 1인의 보존행위는 다른 공유자에게도 이익이 되어야 하는데, 공유자 1인의 다른 공유자에 대한 인도청구는 다른 공유자에게 이익이 되지 않으므로 이를 보존행위라고는 할 수 없다는 지적도 있다.

위 93다9392 판결에서 대법관 6인의 반대의견도 그와 같은 견해에 입각하여 다수의견을 비판하였다. 아울러 소수지분권자가 공유물을 명도받아 자신이 단독으로 점유하게 되면 이와 같은 결과는 소수지분권자가 공유물을 배타적으로 점유하는 점에서는 명도를 청구하기 전의 상태와 다를 바가 없고, 전 소송에서 패소하여 공유물을 명도하여 준 소수지분권자가 명도를 받은 소수지분권자를 상대로 다시 명도청구소송을 제기할 수 있게 되어 무의미한 소송의 반복을 피할 수 없게 된다는 점을 지적하였다. 그리하여 다른 공유자는 지분의 과반수를 소유하거나 265조의 규정에 따른 공유물의 관리방법에 관한 결정에 의하지 아니하는 한 공유물을 배타적으로 점유 · 사용하고 있는 소수지분권자에 대하여 공유물의 명도를 청구할 수는 없고, 자신도 공유물을 공동으로 점유하여 사용 · 수익할 수 있도록 허용할 것을 청구하거나, 손해의 배상 또는 그 부당이득의 반환을 청구할 수 있을 뿐이라고 하였다.

그 후에도 판례는 같은 태도를 유지하고 있었다(대판 1996.12.23, 95다48308; 2013.6.27, 2012다112169; 2014.5.16, 2012다43324 등. 마지막 판결의 원심은 위 93다9392 판결과 반대로 판결하였으나, 대법원은 원심을 파기하였다).

다른 한편 대판 1995.4.7, 93다54736은, 어느 공유자가 보존권을 행사하는 때에 그 행사의 결과가 다른 공유자의 이해와 충돌될 때에는 그 행사는 보존행위로 될 수 없다고 판시하였는데, 이 판결은 대상판결과는 조화되지 않는다는 비판이 있다.

3. 대상판결 중 인도청구부분

그런데 대상판결의 다수의견은 종래의 판례를 변경하여, 공유물의 소수지분권자가 다른 공유자와 협의하지 않고 공유물의 전부 또는 일부를 독점적으로 점유하는 경우 다른 소수지분권자도 점유자를 상대로 공유물의 인도를 청구할 수는 없다고 보아야 한다고 판시하였다. 그 논거는 종래 판례의 비판론이 들고 있는 것과 대체로 같다. 즉 소수지분권자의 다른 소수지분권자에 대한 인도청구는 보존행위라고 할 수 없다는 것, 소수지분권자의 다른 소수지분권자에 대한 인도 청구를 허용한다면, 다른 소수지분권자가 적법하게 보유하는 '지분 비율에 따른 사용·수익권'까지 근거 없이 박탈하는 결과를 가져온다는 점, 소수지분권자는 공유물을 단독으로 점유할 권원이 없다는 점, 소수지분권자가 다른 소수지분권자로부터 공유물을 인도받으면 이는 일부 소수지분권자가 다른 공유자를 배제하고 공유물을 독점적으로 점유하는 인도 전의 위법한 상태와 다르지 않다는 점 등이다. 이외에 인도청구를 인정하지 않더라도 방해배제청구를 행사함으로써 위법 상태를 시정할 수 있다는 논거도 추가되었다.

반면 대법관 5인의 반대의견은 다음과 같은 이유로 종래 판례를 유지하여야 한다고 주장하였다. 첫째, 다수의견과 같이 Y의 점유가 그의 지분 범위에서는 적법하고 이를 초과하는 한도에서만 위법하다고 나누어 볼 수 없다. 둘째, 공유물을 공유자 한 명이 독점적으로 점유하는 위법 상태를 시정하여 공유물을 회수하는 것은 공유물의 보존을 위한 행위에 해당하고, 어느 공유자가 보존권을 행사하는 때에 그 행사의 결과가 다른 공유자의 이해와 충돌할 때에는 그 행사는 보존행위로 볼 수 없다고 하지만, 다른 공유자의 이해에는 청구의 상대방이자 위법행위를 저지른 당사자인 피고가 위법한 상태를 유지하면서 누리는 이익이 포함된다고 할 수 없다. 셋째, X가 공유물을 인도받아 취득하게 되는 점유는 모든 공유자들을 위한 것으로 보아야 하고, 이러한 점유가 공유물을 위법하게 독점하던 Y의 종전 점유와 같은 것이라고 할 수 없다. 만약 X가 다른 공유자와 협의 없이 공유물을 독점적으로 점유·사용한다면 Y를 포함한 다른 공유자들은 그 뒤에 X를 상대로 다시 방해배제와 인도 등을 청구할 수 있다. 넷째, 이론적으로는 Y의 독점적 점유만을 해제하고 이를 곧바로 X와 Y를 포함한 공유자 전원이 점유할 수 있도록 만드는 것이 보다 간명할 수는 있지만, 그러한 강제집행은 우리 소송, 집행 실무상 전례가 없을 뿐 아니라 법률상 근거도 없어 허용될 수 없다. 다섯째, 다수의견은 X의 Y에 대한 지상물 철거나 공동 점유 · 사용에 대한 방해금지 청구에 의하여 위법 상태를 충분히 시정할 수 있다고 하지만, 위와 같은 방해금지 청구가 소수지분권자의 권리를 구제하기 위한 새로운 수단으로 자리잡을 것이라는 전망은 다수의견이 기대하는 것만큼 밝아 보이지 않는다. 여섯째, 다수의견에 의하면 Y가 공유물을 독점적으로 점유할 경우에는 X가 인도를 구할 수 없고, Y가 제3자에게 임대하는 등과 같이 간접점유자의 지위를 유지하는 경우에는 제3자를 상대로는 인도를 구할 수 있다는 식의 상반된 결과가 도출된다. 일곱째, 다수의견이 인도 청구에 관하여는 X의 보존권 행사를 불허하면서도 방해배제 청구에 관하여는 어떻게 Y의 '지분 비율에 따른 사용 · 수익권'을 침해하지 않으면서 방해배제 청구를 인용할 수 있다는 것인지 그 논지가 명확하지 않다.

4. 대상판결 중 방해배제 부분

인도청구를 불허하여야 한다고 본 다수의견에 가담한 대법관 중 1인(이기택 대법관)은 방해배제청구도 불허해야 한다고 보았다. 그 이유는 공유자들 사이에 공유물의 사용 · 수익 방법에 관한 결정이 이루어지지 않은 상태에서 공유자들이 가지는 '지분 비율에 따른 사용 · 수익권'이란 일반적 · 추상적 권리에 불과하고 이를 소로써 청구할 수 있는 구체적인 권리라고 할 수 없으며, 그러한 결정이 없는 상태에서 공유자들이 단순히 법에서 정한 '지분 비율에 따른 사용 · 수익권'을 실현한다는 명목으로 특정한 형태의 방해배제나 인도를 청구하는 것은 허용될 수 없고, 공유물의 사용 · 수익 방법에 관한 결정이 없더라도 공유자들이 다른 공유자의 사용 · 수익권을 침해하지 않는 방법으로 공동으로 사용 · 수익할 수 있다는 것은 불가능하며, 토지소유자가 지상물 철거를 청구하는 것은 지상물이 존재하는 토지의 점유를 실효적으로 회복하기 위한 것이므로, 토지 소유자에게 토지의 인도청구권이 없다면 이를 실현하기 위한 지상물의 철거 청구도 불가능하다는 것 등이다.

5. 검 토

사견으로서는 일부 공유자가 자기의 지분침해를 이유로 하여 다른 공유자를 상대로 그 공유물 전부의 인도를 청구하는 것은 원칙적으로는 허용되어서는 안 될 것이라고 하는 대상판결의 다수의견이 타당하다고 생각한다. 우선 각 공유자는 공유물을 독점적으로 점유할 권리를 가지는 것은 아니지만, 263조에 따라 공유물 전부를 지분의 비율로 사용 · 수익할 권리는 가지는 것이므로, 한 공유자가 공유물을 독점적으로 점유한다고 하더라도 그 점유 전부가 불법점유라고는 할 수 없다. 그런데 다른 공유자가 그 공유물 전부의 인도를 청구할 수 있다고 한다면 현재 점유하고 있는 공유자의 권리가 침해되는 결과를 가져오게 된다. 그러므로 이론적으로는 한 공유자가 공유물 전부를 독점적으로 점유하고 있을 때에는 다른 공유자는 점유공유자에 대하여 그 전부의 인도를 청구하지는 못하고, 그 공유물을 공동으로 점유할 수 있도록 하는 것 내지 자신의 점유사용을 방해하지 말 것을 청구할 수 있어야 할 것이다. 참고로 대판 2010.2.25,

2008다73809는, 집합건물의 공용부분에 한 구분소유자가 시설물을 별도로 설치하여 그 장소를 배타적으로 점유·사용한 경우에, 다른 구분소유자가 공유물에 대한 보존행위로 배타적 사용의 배제 및 각 시설물의 철거를 구할 수 있다고 하였다.

다른 한편 공유자의 지분에 기한 인도청구를 허용하여 공유물을 인도받은 공유자가 이를 단독으로 점유하게 되면 이는 인도청구 전의 상태와 다를 바가 없고, 전 소송에서 패소하여 점유를 넘겨주었던 공유자가 다시 인도청구소송을 제기한다면 이 또한 인용하지 않을 수 없으며 이는 소송의 순환을 불러오는 것에 다름 아니다. 그렇다고 하여 공유자 사이의 협의가 없으면 아무도 사용하지 못한다는 것도 실제적이 되지 못한다. 그보다는 일부의 공유자라도 사용하게 하고 그로 인한 이해관계의 조정은 부당이득이나 손해배상 등의 방법에 의하는 것이 경제적으로 보더라도 더 나은 방법이다. 그러므로 원칙적으로는 한 공유자는 다른 공유자에 대하여 공유물 전부의 인도를 청구하지는 못한다고 하여야 할 것이다.

한편 인도청구에 대한 반대의견은, 다수의견에 의하면 Y가 공유물을 독점적으로 점유할 경우에는 X가 인도를 구할 수 없고, Y가 제3자에게 임대하는 등과 같이 간접점유자의 지위를 유지하는 경우에는 제3자를 상대로는 인도를 구할 수 있다는 식의 상반된 결과가 도출된다고 비판한다. 그러나 이에 대하여 다수의견에 대한 김재형, 안철상 대법관의 보충의견은, 소수지분권자의 임대행위가 공유자들에게 공유물의 관리행위로서 효력을 갖는 것은 아니지만, 그렇다고 해서 다른 공유자들이 소수지분권자로부터 공유물을 임차한 제3자에 대해 공유물 인도를 청구할 수 있다는 결론이 당연히 도출되는 것은 아니라고 하였으며, 이 의견이 타당하다고 생각된다.

그러나 항상 다른 공유자의 인도청구를 배척하게 한다면 거기에도 문제가 없는 것은 아니다. 이는 결과에 있어 현재 점유하고 있는 공유자의 이익은 보호받지만 점유하고 있지 않은 공유자의 이익은 보호받지 못하는 것이 되기 때문이다. 그러므로 이러한 불합리를 최소화하기 위하여는, 인도를 청구하는 공유자의 지분 합계가 과반수를 초과하는 경우에는 이러한 과반수 공유자의 인도청구는 265조에 의한 관리방법에 의한 것으로서 인용되어야 한다고 보아야 한다. 판례(대판 1991.4.12, 90다20220 등)는, 부동산에 관하여 과반수 공유지분을 가진 자는 관리방법에 관하여 미리 협의가 없더라도 공유물의 관리에 관한 사항을 단독으로 결정할 수 있다고 하므로, 과반수 공유지분을 가진 자는 다른 공유자에 대하여 명도를 청구할 수 있다고 보아야 할 것이다. 대판 1968.11.26, 68다1675는 그와 같이 판시하였다.

현재 이 판결이 선고되기 전부터 이 문제를 다룬 논문들은 대체로 인도청구에 관하여는 다수의견을 지지하고 있었다. 다만 기본적으로는 다수의견을 지지하면서도, 과반수지분권자는 소수지분권자에 대하여 명도를 청구할 수 있다는 점에 대하여는, 265조가 공유물의 관리에 관한 사항은 공유자의 지분과 과반수로써 결정한다고 규정하고 있는 것은 공유자 사이의 협의를 통한 결정을 말하는 것이고, 이러한 절차를 전혀 생략한 채 과반수지분권자가 하는 일방적인 결정을 말하는 것은 아니므로, 이러한 경우에도 명도청구를 할 수 없다고 하는 견해도 있다.

한편 소수지분권자가 다른 소수지분권자를 상대로 공유물 인도가 아니라 방해배제를 청구할 수 있는가 하는 문제는 종전까지 별로 논의되지 않았다. 그렇지만 공유물 인도와 방해배제는 이익 상황이 같지 않으므로, 양자를 달리 취급한다고 하여 특별히 모순이라고 할 수는 없을 것이다.

참고문헌

권영준, 2020년 민법 판례 동향, 서울대 법학 62권 1호, 2021.

김수민, 공유물의 독점적 점유에 대한 소수지분권자간의 공유물인도청구, 인권과 정의 2021.8.

박근웅, 공유자의 지분권과 공유물의 보존행위, 토지법학 37권 1호, 2021.

박준봉, 소수지분권자의 위법한 공유물 점유에 관한 판결 유감(遺憾), 법조 72권 6호, 2023.

배성호, 공유물의 소수지분권자간의 인도 및 방해배제 청구의 가부, 민사법의 이론과 실무 25권 3호, 2022.

손흥락, 공유자 사이의 인도 및 방해배제 청구에 관한 소고, 재산법연구 39권 3호, 2022.

이준현, 공유물을 점유하지 못한 공유자를 위한 구제수단으로서 방해배제와 인도청구, 재산법연구 38권 2호, 2021.

이지영, 공유물의 소수지분권자의 다른 공유자에 대한 인도 및 방해배제 청구, 대법원판례 해설 125호, 2021.

이진기, '대법원 전원합의체 판결'과 법이론의 부조화, 민사법학 92호, 2020.

장병주, 공유자 1인의 독점적 공유물 점유와 소수지분권자의 권리, 민사법의 이론과 실무 23권 3호, 2020.

장보은, 공유자간 이해의 충돌, 해결방안과 그 한계, 법조 69권 4호, 2020.

정병호, 소수지분권자에 의해 공유토지 점유로부터 배제된 다른 소수지분권자의 점유회복 방법과 로마법, 법조 69권 5호, 2020.

최민수, 공유물의 소수지분권자의 다른 소수지분권을 가진 공유자에 대한 공유물인도청구와 방해배제청구, 토지법학 38권 1호, 2022.

[판례 45]

담보지상권의 효력

대법원 2018.3.15. 선고 2015다69907 판결

사 실

A 농업협동조합은 2005.8.11. 이 사건 토지의 공유자 중 1인인 B와 이 사건 토지 중 그의 지분에 관하여 근저당권 설정계약을 체결하고 그 등기를 마치면서, 같은 날 이 사건 토지의 공유자들인 B, C와 이 사건 토지 전부에 관하여 견고한 건물 및 공작물 또는 수목의 소유를 위한 지상권 설정계약을 체결하고 같은 달 18. 지상권 설정등기를 마쳤다. X는 B, C와 이 사건 토지에 관하여 수목의 소유를 위한 사용대차계약을 체결한 다음 2007.10.경부터 같은 해 11월경까지 이 사건 토지 지상에 약 300주의 단풍나무를 식재하였다. 그 후 이 사건 토지 중 B의 지분에 관하여 개시된 임의경매절차에서 Y가 위 지분을 매수하고 2011.7.15. 그 매각대금을 납부하였다. X는 Y가 X의 소유인 위 단풍나무 중 일부를 임의로 수거하여 제3자에게 매도하였음을 이유로 손해배상을 청구하는 이 사건 소송을 제기하였다.

1심과 원심은 X의 위 사용대차계약은 256조 단서에서 정한 '권원'에 해당하지 않고, 이 사건 단풍나무는 이 사건 토지에 부합하여 이 사건 토지의 소유자인 B 등의 소유로 되었다고 하여, X의 청구를 기각하였다. 그러나 대상판결은 원심 판결을 파기환송하였다.

이 유

민법 256조는 "부동산의 소유자는 그 부동산에 부합한 물건의 소유권을 취득한다. 그러나 타인의 권원에 의하여 부속된 것은 그러하지 아니하다"라고 규정하고 있다. 지상권설정등기가 경료되면 그 토지의 사용 · 수익권은 지상권자에게 있고, 지상권을 설정한 토지소유자는 지상권이 존속하는 한 그 토지를 사용 · 수익할 수 없다. 따라서 지상권을 설정한 토지소유자로부터 그 토지를 이용할 수 있는 권리를 취득하였다고 하더라도 지상권이 존속하는 한 이와 같은 권리는 원칙적으로 민법 256조 단서가 정한 '권원'에 해당하지 아니한다.

그런데 금융기관이 대출금 채권의 담보를 위하여 토지에 저당권과 함께 지료 없는 지상권을 설정하면서 채무자 등의 사용·수익권을 배제하지 않은 경우, 토지소유자는 저당 부동산의 담보가치를 하락시킬 우려가 있는 등의 특별한 사정이 없는 한 그 토지를 사용·수익할 수 있다고 보아야 한다. 따라서 그러한 토지소유자로부터 그 토지를 사용·수익할 수 있는 권리를 취득하였다면 이러한 권리는 민법 256조 단서가 정한 '권원'에 해당한다고 볼 수 있다.

해 설

1. 권원에 의하여 부동산에 부합된 물권의 소유권 귀속

부동산에 부합된 물건은 부동산의 소유자가 취득하는 것이 원칙이지만, 256조 단서는 타인의 권원에 의하여 부속된 것은 그러하지 아니하다고 규정하고 있다. 여기서 말하는 권원이란, 지상권, 전세권, 임차권 등과 같이 타인의 부동산에 자기의 동산을 부속시켜서 그 부동산을 이용할 수 있는 권리를 뜻한다. 그러므로 토지의 사용대차권에 기하여 그 토지상에 식재된 수목은 그 토지에 부합되지 않으므로, 그 수목이 식재된 후에 경매에 의하여 그 토지를 경락받았다고 하더라도 경락인은 그 경매에 의하여 그 수목까지 경락취득하는 것은 아니다(대결 1990.1.23, 89다카21095). 반면 그와 같은 권원이 없는 자가 토지소유자의 승낙을 받음이 없이 그 임차인의 승낙만을 받아 그 부동산 위에 나무를 심었다면 특별한 사정이 없는 한 토지소유자에 대하여 그 나무의 소유권을 주장할 수 없다(대판 1989.7.11, 88다카9067).

그런데 토지에 지상권이 설정되면 토지 소유자라도 그 소유권행사에 제한을 받아 그 토지를 사용·수익할 수 없다(대판 1974.11.12, 74다1150). 따라서 지상권을 설정한 토지소유자로부터 그 토지를 이용할 수 있는 권리를 취득하였다고 하더라도 지상권이 존속하는 한 이와 같은 권리는 원칙적으로 256조 단서가 정한 '권원'에 해당하지 아니한다. 대상판결도 이 점을 인정하면서도, 이른바 담보지상권일 때에는 그러하지 않다고 보고 있다.

2. 담보지상권에 관한 판례의 태도

종래 특히 금융기관이 토지에 관하여 저당권을 취득하는 경우에, 그 저당 목적물에 관하여 제3자가 용익권을 취득하거나 목적 토지의 담보가치를 하락시키는 침해행위를 하는 것을 배제함으로써 저당목적물의 가치를 유지하기 위하여 저당목적물인 토지에 대하여 지상권을 아울러 취득하는 것이 거래상 많이 행하여지고 있다. 이를 보통 담보지상권이라고 부른다. 이러한 담보지상권은 유효한가, 유효하다면 그에 대하여 어떤 효력을 인정할 수 있는가가 문제된다.

종래의 판례는 담보지상권을 유효한 것으로 인정하면서도, 실제로는 보통의 지상권과는 그 효력 면에서 달리 취급한다. 우선 판례는 저당권 외에 담보지상권에 기한 방해배제청구권의 행사를 인정하고 있다. 즉 토지 위에 건물을 신축중인 토지소유자가 토지에 관한 근저당권 및 지상권설정등기를 경료한 후 제3자에게 위 건물에 대한 건축주 명의를 변경하여 준 경우, 담보지상권자는 제3자에 대하여 방해배제청구로서 목적 토지 위에 건물을 축조하는 것을 중지하도록 요구할 수 있다(대결 2004.3.29, 2003마1753; 대판 2008.2.15, 2005다47205).

그러나 담보지상권자는 지상권의 목적 토지를 점유, 사용함으로써 임료 상당의 이익이나 기타 소득을 얻을 수 있었다고 보기 어려우므로, 그 목적 토지의 소유자 또는 제3자가 저당권 및 지상권의 목적 토지를 점유, 사용한다는 사정만으로는 금융기관에게 어떠한 손해가 발생하였다고 볼 수 없다(대판 2008.1.17, 2006다586). 다른 한편, 담보지상권의 피담보채권이 변제나 시효로 인하여 소멸하면 담보지상권은 피담보채권에 부종하여 소멸한다(대판 2011.4.14, 2011다6342). 또한 담보지상권과 함께 설정된 근저당권설정등기가 말소되고 그 대신 다른 근저당권이 설정되었다가 그 실행에 의하여 토지와 건물의 소유자가 달라진 경우에는 담보지상권은 나중에 설정된 근저당권의 실행으로 소멸되므로 건물을 위한 법정지상권이 성립한다(대판 2014.7.24, 2012다97871, 97888). 그리고 대상판결은 담보지상권의 경우에는 보통의 지상권자와는 달리 토지소유자가 토지의 사용 · 수익권을 가지므로, 그러한 토지소유자로부터 토지를 사용 · 수익할 수 있는 권리를 취득하였다면 이러한 권리는 256조 단서가 정한 '권원'에 해당한다고 볼 수 있다고 하였다.

3. 학 설

이러한 담보지상권의 효력에 관하여는 무효설과 유효설이 대립한다. 무효설은 다음과 같이 주장한다. 지상권은 타인의 토지에 건물 기타 공작물이나 수목을 소유하기 위하여 그 토지를 사용하는 것을 내용으로 하는 권리인데, 지상물을 소유할 것을 목적으로 하지 않고, 토지상의 저당권에 대한 침해배제만을 보전하기 위하여 지상권을 설정한다는 것은 지상권의 내용과는 전혀 부합하지 않으므로 물권법정주의에 어긋난다. 나아가 담보지상권은 타인의 토지를 사용하는 것을 내용으로 하지도 않는다. 그리고 지상권설정등기를 신청하는 경우에는 신청서에 지상권 설정의 목적인 공작물 또는 수목을 기재하여야 하고, 등기부에도 그러한 목적이 기재된다. 그런데 실제로는 전혀 공작물이나 수목을 소유할 생각도 없으면서도, 지상권설정계약서나 등기신청서에만 등기를 위하여 공작물 또는 수목의 소유를 목적으로 하는 것이라고 기재하는 것은 허위표시에 해당한다. 나아가 저당목적 토지의 담보가치를 하락시키는 침해를 배제하기 위하여는 저당권에 기한 방해배제청구권을 행사하면 그것으로 충분하므로 별도로 담보지상권을 인정할 필요가 없다. 다만 무효설 가운데에도 당사자 사이에서는 분명히 지상권을 설정하고자 하는 진의와 표시의 합치가 있으므로 허위표시는 아니라고 하는 주장도 있다.

반면 유효설은, 지상권에서 공작물 등의 소유는 토지를 사용하는 전형적인 내용에 지나지 않고, 공작물 등의 소유 자체가 지상권의 본질적인 요소는 아니며, 지상권은 지상권자에게 현재 또는 장래에 목적토지의 법적 사용가능성을 대세적으로 확보해 주는 제도이므로, 담보지상권을 무효라고는 할 수 없다고 한다. 또한 당사자 사이에서는 분명히 지상권을 설정하고자 하는 진의와 표시의 합치가 있으므로 허위표시라고 할 수도 없다고 본다. 그리고 저당권에 기한 방해배제청구보다 담보지상권에 기한 방해배제청구가 더 쉽게 인정될 수 있으므로 담보지상권을 인정할 현실적인 필요성도 있다고 한다. 다만 유효설도 담보지상권의 부종성을 인정하는 것은 새로운 유형의 담보물권을 창설하는 것으로 법해석의 한계를 넘는다고 보고 있다.

4. 검 토

담보지상권은 무효라고 보지 않을 수 없다. 첫째, 유효설은 민법이 "지상권자는 타인의 토지에 건물 기타 공작물이나 수목을 소유하기 위하여 그 토지를 사용하는 권리가 있다"라고 규정하고 있는 것(279조)을 전혀 무시하고 있다. 공작물 등을 소유하지 않는 지상권이란 있을 수 없는 것이다. 그런데 유효설은 독일 민법에서는 공작물의 소유는 지상권의 본질적인 징표이지만, 우리 민법에서는 공작물 등의 소유는 토지를 사용하는 전형적인 내용에 지나지 않으며, 공작물 등의 소유 자체가 지상권의 본질적인 요소는 아니라고 주장한다. 대판 1996.3.22, 95다49318도, 지상권은 타인의 토지에서 건물 기타의 공작물이나 수목을 소유하는 것을 본질적 내용으로 하는 것이 아니라 타인의 토지를 사용하는 것을 본질적 내용으로 하고 있다고 하여, 지상권설정자인 원고 소유의 건물들을 사용할 목적으로 한 지상권도 유효하다고 보았다.

그러나 이러한 주장은 받아들일 수 없다. 독일에서는 건물 등 지상물은 토지와 별개의 부동산이 아니므로, 타인의 토지 위에 지상물을 소유하려면 지상권을 취득할 수밖에 없다. 반면 우리나라에서는 타인의 토지 위에 공작물 등을 소유하기 위하여 지상권 외에 토지임차권을 취득하여도 된다. 그렇지만 이 때문에 우리나라에서 공작물 등의 소유 자체가 지상권의 본질적인 요소는 아니라고 말할 수는 없다. 위 주장은 민법의 지상권 개념 규정을 하나의 예시로 받아들이고 있다고밖에 말할 수 없다. 다른 한편 지상권의 설정에서 건물 등의 소유를 위한다는 목적은 가능한 한 유연하게 파악되어도 좋다고 하여 담보지상권의 효력을 인정할 수 있다는 주장도 있다. 그러나 지상물 등의 소유를 위한다는 목적 자체가 존재하지 않는데, 이를 유연하게 파악한다고 하여 없던 목적이 있는 것으로 될 수는 없다. 이 사건과 같이 채권자가 금융기관인 경우에는 금융기관의 업무용 부동산이 아닌 부동산의 소유 자체가 원칙적으로 금지되는데(은행법 38조 2호, 상호저축은행법 18조 1항 2호), 어떻게 금융기관이 지상권의 목적인 토지상의 공작물 등을 소유하는 의사를 가진다고 말할 수 있을까? 기본적으로 담보지상권에서는 지상권자가 토지를 사용할 의사 자체가 존재한다고 말할 수 없다.

또한 유효설은 당사자 사이에서는 분명히 지상권을 설정하고자 하는 진의와 표시의 합치가 있으므로 허위표시라고 할 수도 없다고 하지만, 공작물 등을 소유하겠다는 의사가 없음에도 불구하고 지상권설정계약서에 공작물 등의 소유를 목적으로 하겠다고 기재하였다면 허위표시가 아니라고 할 수 없다. 이 사건에서도 당사자들은 지상권설정계약에서 견고한 건물 및 공작물 또는 수목의 소유를 위한 것이라고 하였다. 지상권 설정의 목적은 등기사항으로서(부동산등기법 69조 1호), 지상권의 최단존속기간을 정하는 기준이 되고, 이러한 목적의 기재가 없는 지상권 설정등기 신청은 각하사유이다.

그리고 현실적으로 저당권에 대한 방해배제를 위하여 담보지상권을 설정할 필요성도 없다. 유효설은 저당권에 기한 방해배제를 인정하려면 저당권의 실행을 방해할 목적이 있어야 하는데, 지상권에 기한 방해배제는 그러하지 않다는 취지이다. 그러나 물권적 청구권의 행사에 있어서는 행사 상대방의 주관적 요건은 문제되지 않으므로, 저당권에 기한 방해배제의 경우에만 다른 물권적 청구권의 경우에는 요구되지 않는 이러한 주관적 요건을 요구할 근거가 없다. 대판 2006.1.27, 2003다58454(**[판례 54]**)은, 저당목적물의 소유자 또는 제3자가 저당목적물을 물리적으로 멸실·훼손하는 경우는 물론 그 밖의 행위로 저당부동산의 교환가치가 하락할 우려가 있는 등 저당권자의 우선변제청구권의 행사가 방해되는 결과가 발생한다면 저당권자는 저당권에 기한 방해배제청구권을 행사하여 방해행위의 제거를 청구할 수 있다고 하여, 저당권이 실행을 방해할 목적으로 요구하고 있지 않다.

그리고 담보지상권은 결국 저당권에 대한 방해를 배제하는 것 외의 다른 내용은 없는데, 저당권에 대한 방해가 인정되지 않음에도 불구하고 따로 담보지상권에 대한 방해가 성립한다는 것도 이해하기 어렵다.

기본적으로 담보지상권이 인정된다면 실제로 그 효력은 사용수익권은 없고, 물권적 청구권을 행사할 수 있다는 것뿐인데, 이처럼 본권이 인정되지 않으면서 물권적 청구권만이 인정되는 물권이란 있을 수 없다.

대만의 판례도 담보지상권을 무효라고 보고 있는데, 그 이유는 물권법정주의 위반과 허위표시 두 가지이다.

현실적으로 담보지상권을 무효라고 보아야 하는 이유는 그 설정과 말소에 드는 비용이 낭비이기 때문이다. 한 통계에 의하면 2013년도 저축은행이 담보지상권을 설정하는 데 든 비용이 78억 원으로 대출 한 건당 평균 163만 원이었다고 한다. 여기에는 저축은행 아닌 다른 금융기관은 제외되었고, 또 담보지상권 말소비용은 포함되어 있지 않다. 담보지상권을 무효라고 선언함으로써 금융기관이 담보지상권을 설정하는 관행을 없앤다면, 이러한 비용을 절감할 수 있다.

종래의 판례가 담보지상권의 유효성을 인정하고 있기는 하지만, 실제로 그 결론은 담보지상권을 무효라고 하는 것과 별 차이가 없다. 이 사건도 마찬가지이다. 그리하여 대법원도 굳이 판례를 변경하면서까지 담보지상권을 무효라고 할 필요를 느끼지는 못하는 것으로 보인다. 그러나 형용모순(oxymoron)이라고밖에 할 수 없는 담보지상권이라는 것을 폐기하는 것이 국민경제적으로도 바람직할 것이다.

참고문헌

김재남, 담보지상권의 효력, 민사판례연구 42권, 2020.

김중길, 담보지상권과 저당권의 병존에서의 제문제 고찰, 토지법학 35권 1호, 2019.

김현선, 나대지에 저당권을 설정한 후 저당목적물의 담보가치를 확보하기 위한 지상권의 효력, 중앙법학 14집 3호, 2012.

박진영, 한국의 담보지상권에 관한 연구, 동북아법연구 13권 2호, 2019.

배병일, 담보지상권, 경북대 법학논고 43집, 2013.

배성호, 저당권의 교환가치의 보호를 위한 담보지상권의 유효성 여부, 토지법학 32권 2호, 2016.

오시정, 저당권과 지상권의 관련성 및 저당권자의 실무적 대응방안, 은행법연구 6권 1호, 2013.

윤진수, 저당권에 대한 침해를 배제하기 위한 담보지상권의 효력, 고상룡교수 고희기념 논문집, 2012.

윤진수, 담보지상권은 유효한가? 법률신문 2019.4.13.

이성진, 담보지상권에 관한 고찰, 부산대 법학연구 64권 3호, 2023.

이진기, 물권법정주의, 소유권과 제한물권의 범위와 한계, 비교사법 19권 4호, 2012.

이천교, 담보지상권 실무와 부동산 경매, 민사집행법연구 18권, 2022.

최수정, 담보를 위한 지상권의 효력, 민사법학 56호, 2011.

최창렬, 담보목적의 지상권과 부동산에의 부합, 경희법학 54권 4호, 2019.

[판례 46]

관습법상 법정지상권의 인정 여부

대법원 2022.7.21. 선고 2017다236749 전원합의체 판결

사 실

A는 자기 소유의 이 사건 토지 위에 이 사건 각 건물을 신축하였는데, 이 사건 각 건물은 현재까지 미등기 상태이다. A가 1994.9.30. 사망하자, 처인 B와 자녀인 Y_1, Y_2가 A를 공동 상속하였고, 이들은 이 사건 토지를 B의 단독소유로 한다는 내용의 상속재산 분할협의를 하였고, B는 2010.7.1. 이 사건 토지에 관하여 위 협의분할을 원인으로 소유권이전등기를 마쳤다. B는 2010.8.23. Y_1에게 이 사건 토지를 증여하고 그 소유권이전등기를 마쳐 주었으며, 2012.3.12. 사망하였다. X는 2014.1.21. 부동산 임의경매 절차에서 이 사건 토지를 매수하였다. X는 Y_1, Y_2에 대하여 이 사건 각 건물의 철거와 이 사건 토지의 인도 및 부당이득반환으로서 이 사건 토지의 차임 상당액의 지급을 구하는 소를 제기하였다.

Y들은, B는 이 사건 토지에 대하여 위 건물의 소유를 위한 관습법상 법정지상권을 취득하였고, B가 사망함에 따라 상속인들인 Y들이 그 상속지분에 따라 이 사건 각 건물의 소유권과 관습법상 법정지상권을 상속하였다고 주장하였는데, 원심 법원은, B는 위 2010.8.23. 당시 이 사건 토지의 소유자이기는 하였으나, 이 사건 각 건물 전부의 소유자는 아니고 단지 상속지분에 따른 공유자에 불과하므로, B가 2010.8.23. Y_1에게 이 사건 토지를 증여할 당시 이 사건 토지와 각 건물의 소유권이 동일인에게 속하였다고 볼 수 없다고 하여 위 주장을 받아들이지 않았다.

대법원 전원합의체는 원심판결을 파기하였다.

이 유

대법원은 오래전부터 '동일인 소유이던 토지와 그 지상 건물이 매매, 증여, 강제경매, 국세징수법에 의한 공매 등 기타 적법한 원인(이하 '매매 등'이라 한다)으로 인하여 양자의 소유자가

다르게 된 때 그 건물을 철거한다는 특약이 없는 한 건물 소유자는 토지 소유자에 대하여 그 건물의 소유를 위한 관습법상 법정지상권을 취득한다.'고 판시해 왔다

동일인 소유이던 토지와 그 지상 건물이 매매 등으로 인하여 각각 소유자를 달리하게 되었을 때 그 건물 철거 특약이 없는 한 건물 소유자가 법정지상권을 취득한다는 관습법은 현재에도 그 법적 규범으로서의 효력을 여전히 유지하고 있다고 보아야 한다.

대지 소유자가 그 지상 건물을 다른 사람과 공유하면서 대지만을 타인에게 매도한 경우 건물 공유자들은 대지에 관하여 관습법상 법정지상권을 취득한다. 따라서 이 사건 토지의 소유자인 소외 2가 그 지상의 이 사건 각 건물을 피고들과 공유하면서 이 사건 토지만 타인에게 증여한 경우에도 건물 공유자들인 피고들은 특별한 사정이 없는 한 이 사건 토지에 관하여 관습법상 법정지상권을 취득하였다고 볼 여지가 있다.

그러나 이러한 다수의견에 대하여는, 관습법상 법정지상권을 광범위하게 인정하고 있는 종래 판례는 폐기해야 한다는 김재형 대법관의 반대의견이 있었고, 다수의견에 대한 노태악, 이흥구 대법관의 보충의견이 있었다.

해 설

1. 관습상 법정지상권의 의의

저당물의 경매로 인하여 토지와 그 지상 건물이 다른 소유자에 속한 경우에는 건물소유자는 366조에 의하여 법정지상권을 취득한다. 그런데 종래 판례는, 저당물의 경매 외에도 일반적으로 동일인의 소유에 속하고 있던 토지와 그 지상 건물의 소유자가 달라지게 된 경우에는 그 건물을 철거한다는 특약이 없는 한, 건물소유자는 토지소유자에 대하여 그 건물의 소유를 위한 관습상 법정지상권을 취득한다고 보고 있다.

우리나라에서 처음으로 관습법상 법정지상권이 인정된 것은 조선고등법원 1916.9.29. 판결인데, 대법원이 1960.9.29, 4292민상944에서 이를 받아들였으며, 이러한 판례가 현재까지 유지되고 있다.

2. 관습법상 법정지상권에 대한 비판

그런데 과연 1916년 당시에 그와 같은 관습은 존재하지 않았다는 비판이 있다. 또한 1916년에는 그러한 관습이 있었다고 하여도 현재 그러한 관습에 대하여 법적 확신이 존재하는지에 대하여도 강한 의문이 제기되고 있다. 현재 학설상으로는 건물과 토지의 소유자가 달라진 원인이 매매와 같은 사법상의 법률행위가 아니라 강제경매나 국세징수법에 의한 공매와 같이 당사자들이 건물의 사용을 위하여 약정할 수 있는 기회가 없었을 때에만 366조를 유추하여 법정지

상권을 인정하고, 그 외에는 관습상 법정지상권을 인정할 필요가 없다는 견해가 매우 많다.

일본의 민사집행법 81조, 국세징수법 127조는 토지와 그 지상 건물이 모두 채무자의 소유였는데, 강제경매나 공매에 의하여 소유자가 달라진 경우에, 건물에 관하여 법정지상권을 인정하고 있고 그 외에는 우리나라와 같은 관습상의 법정지상권은 인정하지 않고 있다.

2013년 확정된 법무부 민법개정위원회의 민법개정안은 강제경매와 공매의 경우에만 법정지상권을 인정하고, 그 외의 경우에는 법정지상권이 아니라 법정임차권을 인정하는 것으로 하였다.

3. 대상판결의 반대의견과 다수의견 및 다수의견에 대한 보충의견

대상판결의 반대의견은 이러한 판례가 합리적이 아니라는 근거로서 다음과 같은 점을 들고 있다. **첫째,** 동일인 소유이던 토지와 그 지상 건물이 매매나 증여 등과 같이 법률행위에 의하여 소유자가 달라진 경우에는 당사자가 토지의 사용관계에 관하여 교섭할 수 있으므로, 민법은 이에 관한 아무런 규정을 두지 않은 것인데도 당사자의 의사를 매개로 하여 법정지상권과 같은 효력을 관습법으로 인정하는 것은 타당하지 않다. **둘째,** 건물 소유자가 대지에 아무런 권리가 없다는 이유로 건물을 철거하도록 한다면 사회경제상의 불이익이 많다는 공익상의 필요는 관습법이 성립되기 위한 요건이 아니다. **셋째,** 관습법상 법정지상권은 토지 소유자에게 지나친 부담을 부과함에 따라 토지의 효율적 이용을 저해한다. **넷째,** 관습법상 법정지상권을 인정하는 것은 거래의 안전과 법적 안정성을 해칠 뿐만 아니라 거래비용을 증가시켜 사회 전체의 효율을 떨어뜨린다. 관습법상 법정지상권은 부동산등기부에 공시가 되지 않으므로 거래의 안전과 법적 안정성을 해친다.

반면 다수의견은 종래 판례를 유지하여야 한다는 근거로서 다음과 같은 점을 들고 있다. **첫째,** 관습법상 법정지상권은 건물의 철거로 인한 사회경제적 손실을 방지할 공익상의 필요에 의해 인정된다. **둘째,** 관습법상 법정지상권은 당사자 사이에 아무런 약정이 없을 때 보충적으로 인정되므로, 관습법상 법정지상권을 인정하는 것이 헌법을 최상위 규범으로 하는 전체 법질서에 부합하지 아니하거나 그 정당성과 합리성을 인정할 수 없다고 보기 어렵다. **셋째,** 관습법상 법정지상권을 인정하는 것에 대응하여 토지 소유자를 보호하고 배려하는 장치도 함께 마련되어 있다.

그리고 다수의견에 대한 보충의견은 다수의견이 들고 있는 이유 외에도 다음과 같이 설시하고 있다. **첫째,** 관습법상 법정지상권을 인정하는 것은 오히려 토지 소유자와 건물 소유자의 이익을 조화시키기 위한 것이라고 보아야 하는데, 토지 소유자가 건물 소유자와 토지의 사용관계에 관하여 아무런 교섭을 하지 않았다면 그로 인한 불이익을 감수해야 하고, 기본적으로 토지 소유자는 건물 소유자보다 협상력에서 우위에 있다고 볼 수 있으므로, 토지와 그 지상 건물의 소유자가 달라졌는데도 토지의 사용관계에 관하여 아무런 약정을 하지 않아 발생한 불이익은 건물 소유자보다는 토지 소유자에게로 돌리는 것이 더 균형에 맞는다고 볼 수 있다. **둘째,**

토지의 효율적 이용 못지않게 건물을 계속 존속시켜야 할 필요성도 고려해야 한다.

4. 검 토

관습법상 법정지상권에 관한 판례는 더 이상 유지되어서는 안 된다.

첫째, 1916년 당시에 관습법상 법정지상권의 근거가 될 만한 관습은 존재하였다고 볼 근거가 박약하다. 우선 위 조선고등법원 판결은 그러한 관습이 존재한다고 하면서도 그 근거를 제시하지 않고 있다. 나아가 그러한 관습이 존재한다고 볼 만한 자료가 없다.

둘째, 관습법상 법정지상권에 관한 법적 확신은 설령 그것이 존재하였다고 하더라도 이미 소멸되었다고 보아야 할 것이다. 이 점은 이 문제에 관하여 견해를 피력한 법률가와 법학자의 압도적인 다수가 관습법상 법정지상권을 인정하는 판례는 타당하지 않다고 보고 있다는 점에서 알 수 있다.

셋째, 관습법상의 법정지상권을 인정하는 판례는 합리적이라고 할 수 없다. 토지와 건물의 소유자가 달라지게 된 원인이 저당권의 실행이나 강제경매 또는 국세징수법상의 공매와 같이 당사자의 의사에 기한 것이 아닌 경우에는 법정지상권을 인정하는 것이 합리적이다. 이때에는 당사자들이 건물의 토지 사용을 위하여 협상하는 것이 어렵거나 불가능하므로, 거래비용이 크다고 할 수 있다. 그러므로 이 경우에는 법이 개입하여 건물의 토지 사용을 위한 권리를 인정하는 것이 합리적이다. 반면 토지와 그 지상 건물의 소유자가 달라지게 된 원인이 매매나 증여와 같이 당사자의 의사에 기한 경우는 이와 달리 보아야 한다. 이때에는 당사자들이 건물의 유지를 위한 토지의 사용에 관하여 쉽게 교섭할 수 있으므로, 굳이 법이 개입하여 법정지상권의 사용을 인정할 필요가 없다.

다만 토지 및 그 지상 건물의 소유자가 그 지상 건물을 양도한 경우에, 이는 건물 양수인이 그 건물을 보유하는 것을 전제로 하는 것이고, 따라서 토지 소유자가 건물 양수인에 대하여 건물의 보유를 위한 토지 사용을 묵시적으로 허락한 것이고, 따라서 토지 소유자와 건물 양수인 사이에 사용대차(609조 이하)계약이 체결된 것으로 보아야 한다.

그러나 토지 및 그 지상 건물을 소유하던 자가 그 토지만을 타인에게 양도한 경우에는 반드시 그 지상 건물을 소유자가 계속 보유하는 것이 전제로 되어 있다고 말할 수 없다. 이때에는 그 지상 건물을 소유자가 계속 보유하는 것을 당사자들이 양해 내지 합의하였다고 볼 수 있는 특별한 사정이 없는 한 지상권은 물론이고 임대차나 사용대차관계도 인정될 수 없을 것이다.

한편 대상판결 중 다수의견에 대한 보충의견은, 종래의 판례를 유지하여야 하는 이유로서 다음과 같이 주장하고 있다. 즉 설령 반대의견이 지적하는 바와 같이 관습법상 법정지상권을 인정하는 것이 일부 불합리한 측면이 있다고 보더라도, 그러한 이유만으로 관습법상 법정지상권 자체를 인정하지 않는 것은 지난 약 100년간 관습법상 법정지상권이 인정됨을 전제로 형성되어 온 법률관계에 큰 혼란을 불러일으키게 된다는 것이다. 또한 판례 변경은 신중해야 하고, 관습법에 관한 판례 변경은 더욱 그러하다고 한다.

그러나 관습법상 법정지상권에 관한 판례를 변경하더라도 그와 같은 혼란이 있을 것으로는 보이지 않는다.

참고문헌

강신웅, "관습법상 법정지상권에 관한 연구", 한국법학회 법학연구 31집, 2008.
권영준, 법률행위로 인한 관습법상 법정지상권 폐지와 법정임대차 도입, 민사법학 68호, 2014.
권영준, 2022년 민법 판례 동향, 서울대학교 법학 64권 1호, 2023.
권재문, 관습법상 법정지상권의 인정근거와 필요성에 관한 비판적 고찰, 법사학연구 37호, 2008.
심희기 · 박동진, 조선 시대의 건물(家舍)과 그 대지(垈地)의 일체, 토지법학 37권 2호, 2021.
윤진수, 관습법상 법정지상권을 인정하는 판례에 대한 비판적 고찰, 사법 65호, 2023.
이계정, 관습법상 법정지상권 법리의 재검토와 대안으로서 의사해석에 기한 임대차의 추정, 민사법학 97호, 2021.
이철우 · 박덕영 · 심영 · 심희기, 관습조사보고서의 지상권 부분 기록에 대한 비판적 고찰, 토지법학 38권 2호, 2022.

[판례 47]

취득시효에 의한 분묘기지권의 지료지급의무

대법원 2021.4.29. 선고 2017다228007 전원합의체 판결

사 실

이 사건 임야 중 400㎡ 지상에는 1940.7.경 사망한 Y의 조부와 1961.4.경 사망한 Y의 부(父)의 각 분묘가 설치되어 있고, Y는 현재까지 이 사건 분묘를 수호·관리해 왔다. X들은 2014년경 이 사건 임야의 지분 일부를 경매로 취득한 다음, Y를 상대로 이 사건 분묘의 기지(基地) 점유에 따른 X들의 소유권 취득일 이후의 지료 지급을 구하는 이 사건 소를 제기하였다. 이에 대해 Y는 20년 이상 평온·공연하게 이 사건 분묘의 기지를 점유하여 분묘기지권을 시효로 취득하였으므로 지료를 지급할 의무가 없다고 주장하였다.

원심은 분묘기지권을 시효로 취득한 경우에도 토지소유자가 지료를 청구한 때부터는 지료를 지급할 의무가 있다고 보아, X들의 청구를 일부 받아들였다. 이에 대해 Y가 상고하였다.

대법원 전원합의체는 원심 판단을 수긍하여 상고를 기각하였다.

이 유

「장사 등에 관한 법률」이 시행된 2001.1.13. 후에 토지소유자의 승낙 없이 설치한 분묘에 대해서는 분묘기지권의 시효취득을 주장할 수 없게 되었다. 다만 대법원은 장사법 시행일 이전에 설치한 분묘에 관하여는 분묘기지권의 시효취득이 오랜 기간 지속되어 온 관행 또는 관습으로서 여전히 법적 규범으로 유지되고 있음을 확인하였다(대법원 2017.1.19. 선고 2013다17292 전원합의체 판결 참조).

장사법 시행일 이전에 타인의 토지에 분묘를 설치한 다음 20년간 평온·공연하게 그 분묘의 기지를 점유함으로써 분묘기지권을 시효로 취득하였더라도, 분묘기지권자는 토지소유자가 분

묘기지에 관한 지료를 청구하면 그 청구한 날부터의 지료를 지급할 의무가 있다고 보아야 한다.

분묘 설치 당시 토지소유자가 무상으로 토지 사용을 승낙하였다는 사실을 증명할 수 없다고 하여 시효로 분묘기지권을 취득한 사람으로 하여금 오래전 분묘를 설치한 시점까지 소급하여 그 이후의 지료를 모두 지급하도록 한다면, 분묘기지권자는 토지소유자의 지료결정 청구에 따라 위 시점 이후의 지료를 일시에 지급해야 하고, 분묘기지권자가 상당한 기간 내에 이를 지급하지 않는 경우 토지소유자의 소멸청구에 의해 분묘기지권 자체가 소멸하게 된다. 이러한 결과는 앞서 본 역사적 · 사회적 배경하에 분묘에 관하여 오랫동안 지속된 과거의 사실관계를 존중하고 법적 안정성을 도모하기 위하여 관습법으로써 분묘기지권의 시효취득을 인정하고, 2017년 전원합의체 판결에서 다시 분묘기지권의 시효취득이 여전히 법적 규범으로 유지되고 있음을 확인한 취지에 부합한다고 보기 어렵다.

그러나 이러한 다수의견에 대하여는 분묘기지권을 시효취득한 경우 분묘기지권자는 토지소유자에게 분묘를 설치하여 토지를 점유하는 기간 동안 지료를 지급할 의무가 있다고 하는 별개의견과, 장사법 시행일인 2001.1.13. 이전에 분묘를 설치하여 20년간 평온 · 공연하게 그 분묘의 기지를 점유하여 분묘기지권을 시효로 취득하였다면, 특별한 사정이 없는 한 분묘기지권자는 토지소유자에게 지료를 지급할 의무가 없다고 보아야 한다는 반대의견이 있었다.

해 설

1. 분묘기지권에 관한 종래의 판례

해방 전 조선고등법원은 분묘와 그 기지는 별개로 소유권의 목적으로 할 수 있다고 하여 타인의 토지 위에 소재한 분묘를 수호하고 봉제사하는 목적을 달성하는 데 필요한 범위 내에서 타인의 토지를 사용할 수 있는, 지상권과 유사한 관습상 물권으로서의 분묘기지권을 인정하였고, 대법원의 판례도 이를 받아들였다.

판례는 다음과 같은 3가지 경우에 분묘기지권을 인정한다. 첫째, 타인의 토지에 그 소유자의 승낙을 얻어 분묘를 설치한 경우(대판 2000.9.26, 99다14006 등). 이를 승낙형이라고 한다. 둘째, 자기 소유의 토지에 분묘를 설치하였는데 후에 그 분묘기지에 대한 소유권을 유보하거나 또는 분묘를 이전한다는 특약없이 그 토지를 처분한 경우(대판 1967.10.12, 67다1920 등). 이를 양도형이라고 한다. 셋째, 타인 소유의 토지에 그의 승낙 없이 분묘를 설치한 경우 20년간 평온, 공연하게 그 분묘의 기지를 점유한 경우(대판 1969.1.28, 68다1927, 1928 등). 이를 취득시효형이라고 한다.

2. 분묘기지권에 대한 비판론과 2017년 전원합의체 판결

그러나 이러한 분묘기지권을 인정하는 것에 대하여는 여러 가지 비판이 있다. 우선 그러한 관습이 있었는가 하는 점에 관하여도 견해가 대립한다. 그러한 관습 자체가 존재하지 않았다는 주장, 양도형이나 취득시효형의 분묘기지권은 존재하지 않았다는 주장 등이 있다. 다음으로 설령 과거에 그러한 관습이 존재하였다고 하더라도, 현재에는 그러한 관습이 존재하지 않는다는 주장도 있다. 즉 현재 자신의 토지에 이웃 사람이 분묘를 설치하는 것을 관용하는 경우는 거의 생각할 수 없다는 것이다. 마지막으로 2000.1.12. 개정된 장사법은 분묘의 설치기간을 15년으로 제한하고 15년씩 3회에 한하여 설치기간의 연장을 허용하며(17조 1항, 2항), 토지 소유자의 승낙 없이 설치된 분묘에 대하여 토지 소유자가 이를 개장하는 경우에 분묘의 연고자는 당해 토지 소유자에게 토지 사용권 기타 분묘의 보존을 위한 권리를 주장할 수 없다고 규정하고 있으므로(23조 3항), 적어도 취득시효형 분묘기지권은 더 이상 인정될 수 없다는 주장이 있다.

그러나 대상판결이 인용하고 있는 대판(전) 2017.1.19, 2013다17292의 다수의견은, 장사법 시행일인 2001.1.13. 이전에 설치된 분묘에 관하여는 종래의 취득시효형 분묘기지권에 관한 관습이 여전히 적용된다고 보았다. 위 장사법 부칙 규정들에 의하면, 분묘의 설치기간을 제한하고 토지 소유자의 승낙 없이 설치된 분묘에 대하여 토지 소유자가 이를 개장하는 경우에 분묘의 연고자는 당해 토지 소유자에 대항할 수 없다는 내용의 규정들은 장사법 시행 후 설치된 분묘에 관하여만 적용한다고 명시하고 있다는 것이다. 또한 분묘기지권을 둘러싼 전체적인 법질서 체계에 중대한 변화가 생겨 분묘기지권의 시효취득에 관한 종래의 관습법이 헌법을 최상위 규범으로 하는 전체 법질서에 부합하지 아니하거나 그 정당성과 합리성을 인정할 수 없게 된 것도 아니라고 하였다.

반면 위 전합판결의 반대의견은, 장사법 시행일 이전에 설치된 분묘에 대하여도 취득시효형 분묘기지권을 인정할 수는 없다고 주장하였다.

장사법 시행일인 2001.1.13. 이후 설치된 분묘에 관하여는 위 판결의 다수의견과 반대의견 모두 취득시효형 분묘기지권은 더 이상 인정될 수 없다고 보았다.

한편 헌재결 2020.10.29, 2017헌바208은, 취득시효형 분묘기지권을 인정하는 관습법은 헌법에 위반되지 않는다고 하였다.

3. 분묘기지권의 지료

승낙형 분묘기지권의 경우, 학설상으로는 당사자 사이에 지료에 관한 약정이 있으면 그에 따르고, 그러한 약정이 없을 때에는 무상이라고 하는 설명이 유력하다. 양도형 분묘기지권의 경우, 판례는 지료의 지급을 청구할 수 있고, 2년분 이상의 지료 연체시 지상권에 관한 287조를 유추하여 소멸청구에 의하여 분묘기지권이 소멸될 수 있다고 본다(대판 2015.7.23, 2015다206850).

취득시효형의 경우에는 토지소유자에게 지료를 지급할 의무가 있는가에 관하여, 종래에는 상반되는 두 개의 판례가 있었다. 즉 대판 1992.6.26, 92다13936는, 분묘기지권자의 지료지급의무가 분묘기지권이 성립됨과 동시에 발생한다고 하였다. 반면 대판 1995.2.28, 94다37912는 분묘기지권자가 지료를 지급할 필요가 없다고 하였다. 위 92다13936 판결은 공간되지 아니하여 대상판결 전까지는 그 존재가 알려지지 않았다.

4. 대상판결

대상판결의 다수의견은, 취득시효형 분묘기지권의 지료에 관하여 위와 같은 두 개의 판례를 모두 변경하고, 분묘기지권자는 토지소유자가 토지 사용의 대가를 청구하면 그때부터 지료 지급의무를 부담한다고 하였다.

다수의견은, 취득시효형 분묘기지권은 당사자의 합의에 의하지 않고 성립하는 지상권 유사의 권리이고, 그로 인하여 토지 소유권이 사실상 영구적으로 제한될 수 있으므로, 시효로 분묘기지권을 취득한 사람은 일정한 범위에서 토지소유자에게 토지 사용의 대가를 지급할 의무를 부담한다고 보는 것이 형평에 부합한다고 하였다. 그렇지만 분묘 설치 당시 토지소유자가 무상으로 토지 사용을 승낙하였다는 사실을 증명할 수 없다고 하여 시효로 분묘기지권을 취득한 사람으로 하여금 오래전 분묘를 설치한 시점까지 소급하여 그 이후의 지료를 모두 지급하도록 한다면, 분묘에 관하여 오랫동안 지속된 과거의 사실관계를 존중하고 법적 안정성을 도모하기 위하여 관습법으로써 분묘기지권의 시효취득을 인정하고, 2017년 전원합의체 판결에서 다시 분묘기지권의 시효취득이 여전히 법적 규범으로 유지되고 있음을 확인한 취지에 부합한다고 보기 어렵다고 하였다.

그리하여 1조가 규정하는 조리(條理)를 원용하면서, 286조, 312조의2, 628조가 지료나 전세금 또는 차임이 조세 기타 부담의 증감이나 지가 등의 변동으로 인하여 상당하지 아니하게 된 때에는 당사자가 그 증감을 청구할 수 있다고 하는데, 위 규정들에 의하면 당사자의 청구 없이 사정이 변동된 때에 바로 지료증감의 효과가 발생하는 것이 아니며, 당사자가 사정이 변동된 시점부터의 지료를 소급하여 청구할 수 있는 것도 아니라고 하면서, 분묘기지권의 특수성에 조리와 신의성실의 원칙 및 위 각 법률 규정의 근본적인 취지 등을 더하여 보면, 분묘기지권자가 토지소유자의 이의 없이 대가를 지급하지 않고 장기간 분묘기지를 평온·공연하게 점유하여 분묘기지권을 시효로 취득한 경우 분묘기지권자는 토지소유자가 토지 사용의 대가를 청구하면 그때부터 지료 지급의무를 부담한다고 보아야 한다고 판시하였다.

반면 별개의견은, 헌법상 재산권 보장의 원칙, 민법상 소유권의 내용과 효력, 통상적인 거래 관념에 비추어 보면, 점유자가 스스로를 위하여 타인의 토지를 사용하는 경우 당사자 사이에 무상이라는 합의가 존재하는 등의 특별한 사정이 없는 한, 토지 사용의 대가를 지급해야 하는 유상의 사용관계라고 보아야 한다고 주장하였다. 그리고 관습법상 권리의 내용에 관습법으로 정해지지 않은 부분을 보충하기 위해서 법원은 우선 유사한 사안에 적용할 성문법 규정을 찾아 그 유추적용을 통해 문제의 해결을 모색할 필요가 있는데, 취득시효형 분묘기지권의 지료에 관하여 관습법으로 정해진 내용이 없다면 유사한 사안에 관한 법규범인 법정지상권에 관한 규정을 유추적용하여야 한다고 하여, 분묘기지권자는 분묘를 설치한 때부터 지료 지급의무가 있다고 보아야 한다고 하였다.

그리고 반대의견은, 지금까지 분묘기지권에 관하여 유상성을 내용으로 하는 관습이 확인된 적이 없었다는 사실은 분묘기지권이 관습상 무상이었음을 반증한다고 하면서, 지상권에 관한 일반 법리나 분묘기지권과 법정지상권의 차이점, 분묘기지권의 시효취득을 관습법으로 인정하여 온 취지에 비추어 보더라도 분묘기지권자에게 지료 지급의무가 있다고 볼 수 없다고 주장하였다.

5. 취득시효형 분묘기지권에 대하여

생각건대 분묘기지권의 취득시효는 근대적 법체계와는 잘 맞지 않는 이질적인 것임에 틀림없다. 우선 과연 그러한 관습이 존재하였는지 자체가 불확실하다. 다만 이 점에 대하여는 취득시효형 분묘기지권을 인정한 조선고등법원 1927.3.8. 판결은 토지상에 만들어진 분묘의 이장[掘移]을 청구할 소권도 1905년 형법대전 16조가 규정하는 20년의 청송기한(聽訟期限)에 걸린다고 한 조선고등법원 1921.12.16. 판결을 근거로 한 것이라는 주장이 있다.

그리고 타인의 토지 위에 분묘를 쓴다면 이는 토지 소유권의 침해로서 위법한 것이다. 그런데 20년이 경과하였다는 이유만으로 취득시효에 의하여 보호받는다는 것은 합리적이라고 할 수 없다. 분묘의 가치 자체는 그다지 크다고 할 수 없는 반면, 분묘의 존재로 인하여 토지의 사용이 제한되기 때문이다. 물론 취득시효 제도 자체에 그러한 문제점이 있는 것은 사실이다. 그러나 위 대판(전) 2017.1.19, 2013다17292의 반대의견이 지적하듯이 악의의 무단점유자는 취득시효의 요건인 자주점유자에 해당하지 않는다는 대판(전) 1997.8.21, 95다28625([**판례 40**])이 선고된 후로는 분묘기지권의 취득시효를 인정할 합리성은 상실된 것이라고 하지 않을 수 없다. 위 대판(전) 2017.1.19, 2013다17292이 선고된 후 발표된 평석들도 대부분 다수의견에 대해 비판적이다.

그리고 장사법이 시행된 후에는 승낙형과 양도형 분묘기지권에 대하여도 다시 검토할 필요가 있다. 장사법은 분묘의 존속기간을 제한하고 있으므로, 적어도 종전과 같이 존속기간의 제한을 받지 않는 분묘기지권은 더 이상 인정되기 어려울 것이다.

6. 분묘기지권자의 지료지급의무

대상판결의 다수의견은 조리를 근거로 하여, 분묘기지권자는 토지소유자가 분묘기지에 관한 지료를 청구하면 그 청구한 날부터의 지료를 지급할 의무가 있다고 보아야 한다고 판시하였다. 그러나 여기에는 찬성하기 어렵다. 다수의견은 그러한 조리의 근거로서 286조, 312조의2, 628조가 지료나 전세금 또는 차임이 조세 기타 부담의 증감이나 지가 등의 변동으로 인하여 상당하지 아니하게 된 때에는 당사자가 그 증감을 청구할 수 있다고 하는 점을 들고 있으나,

위 규정들은 지료나 전세금 또는 차임의 지급의무가 있는 경우에 그 증감을 청구할 수 있다는 것이므로, 토지소유자가 분묘기지에 관한 지료를 청구하면 그 청구한 날부터의 지료를 지급할 의무가 있다는 근거가 되기 어렵다.

별개의견이 설시하는 것처럼, 이러한 경우에는 유상이 원칙이고, 법정지상권에 관한 규정을 유추적용하여 분묘기지권자는 분묘를 설치한 때부터 지료 지급의무가 있다고 보아야 한다고 하였다.

그리고 반대의견은 지금까지 분묘기지권에 관하여 유상성을 내용으로 하는 관습이 확인된 적이 없었다는 사실은 분묘기지권이 관습상 무상이었음을 반증한다고 한다. 그러나 분묘기지권이 관습상 무상이었다고 말할 근거가 부족할 뿐만 아니라, 이처럼 관습법이 불명확한 경우에는 법원이 성문법의 규정을 유추하여 관습법을 보충할 수 있다고 보아야 할 것이다.

참고문헌

권 철, 분묘기지권의 시효취득에 관한 관습법 인정 여부, 성균관법학 30권 3호, 2018.

권태상, 분묘기지권에 관한 비판적 고찰, 이화여대 법학논집 22권 3호, 2018.손경찬, 분묘기지권에 관한 관습, 경북대 법학논고 61호, 2018.

김상헌, 취득시효형 분묘기지권의 지료 지급 여부에 관한 고찰, 외법논집 45권 3호, 2021.

김재형, 분묘기지권, 특히 그 시효취득에 관한 재검토, 저스티스 193호, 2022.

손경찬, 일제강점기 분묘기지권 관습, 토지법학 37권 2호, 2021.

오시영, 관습상의 분묘기지권 인정 대법원 판례 검토, 동북아법연구 11권 1호, 2017.

이지영, 취득시효형 분묘기지권과 지료 지급의무, 대법원판례해설 127호, 2021.

이진기, 분묘기지권의 근거와 효력, 비교사법 23권 4호, 2016.

최민수, 취득시효형 분묘기지권자의 지료 지급의무 및 지료 지급, 토지법학 39권 1호, 2023.

[판례 48]

전세권의 법적 성격과 채권담보를 위한 전세권의 효력

대법원 1995.2.10. 선고 94다18508 판결

사 실

A는 B로부터 다세대주택 건축공사를 도급받아 건물을 완공하였으나 그 공사대금을 완제받지 못하자, 위 다세대주택 중 하나로서 B 명의로 소유권보존등기가 마쳐진 이 사건 부동산에 관하여 Y 앞으로 명의를 신탁하여 전세권자 Y, 전세금을 금 25,000,000원으로 하는 전세권설정등기를 마쳤으나, 부동산을 인도받지는 않았다. 그 후 X가 이 사건 부동산에 대한 임의경매절차에서 부동산을 경락받아 소유자가 되었다.

X가 Y를 상대로 전세권설정등기 말소청구소송을 제기하자, 원심은 위 등기가 무효라고 하여 X의 청구를 인용하였으나, 대법원은 원심판결을 파기하였다.

판결이유

전세권이 용익물권적 성격과 담보물권적 성격을 겸비하고 있다는 점 및 목적물의 인도는 전세권의 성립요건이 아닌 점 등에 비추어 볼 때, 당사자가 주로 채권담보의 목적으로 전세권을 설정하였고, 그 설정과 동시에 목적물을 인도하지 아니한 경우라 하더라도, 장차 전세권자가 목적물을 사용·수익하는 것을 완전히 배제하는 것이 아니라면, 그 전세권의 효력을 부인할 수는 없고, 한편 전세금의 지급은 전세권 성립의 요소가 되는 것이지만 그렇다고 하여 전세금의 지급이 반드시 현실적으로 수수되어야만 하는 것은 아니고 기존의 채권으로 전세금의 지급에 갈음할 수도 있다.

그리고 전세권이 담보물권적 성격도 가지는 이상 부종성과 수반성이 있는 것이기는 하지만, 채권담보를 위하여 담보권을 설정하는 경우 채권자와 채무자 및 제3자 사이에 합의가 있으면 채권자가 그 담보권의 명의를 제3자로 하는 것도 가능하고, 이와 같은 경우에는 채무자와 담보권명의자인 제3자 사이에 담보계약관계가 성립하는 것으로 그 담보권명의자는 그 피담보채권을 수령하고 그 담보권을 실행하는 등의 담보계약상의 권한을 가진다.

A는 Y에 대하여 채무를 부담하고 있었던 관계로 자신이 B로부터 받지 못한 공사잔대금 채권을 담보하기 위하여 그 공사잔대금 상당을 전세금으로 삼아 자신 앞으로 전세권설정등기를 경료하는 대신 바로 Y 앞으로 이 사건 전세권설정등기를 경료하게 된 것으로, B나 Y 또한 이를 양해한 것이라고 할 수 있어, B와 A 및 Y 사이에 A의 B에 대한 공사잔대금 채권을 담보하기 위하여 Y 명의로 전세권을 설정하는 데 대한 합의가 있었다고 볼 여지가 충분히 있다.

해 설

1. 전세권의 법적 성질

민법 제정 후 1984년 303조가 개정되어 전세권자의 전세금에 대한 우선변제권을 인정하는 내용이 추가될 때까지는, 전세권의 법적 성격에 관하여 용익물권설, 담보물권설 및 용익물권이지만 담보권의 성질도 가진다는 특수용익물권설이 주장되고 있었다. 그러나 1984년 303조가 개정된 후에는 용익물권과 담보물권의 성질을 다같이 가진다는 겸유설이 통설이 되었다. 그러나 아직도 매우 소수설이지만 순수용익물권설과 담보물권설이 주장되고는 있다.

겸유설은 대체로 종전의 특수용익물권설과 마찬가지로 전세권은 기본적으로 용익물권이라고 보면서, 전세권의 담보물권성은 전세권의 존속기간 중에는 내재하고 있다가 전세권이 소멸하는 경우에 전세금반환채권의 확보를 위하여 필요한 범위 내에서만 제한적으로 인정된다고 보고 있다. 다만 겸유설에서도 용익물권성이 주된 것이고 담보물권성은 부수적인 특수용익물권으로 볼 것인가, 아니면 양자가 동등한 지위를 가지는 것인가에 대하여는 견해가 나누어지고 있다. 대상판결은 전세권이 용익물권적 성격과 담보물권적 성격을 겸비하고 있다고 보고 있으나, 양자의 관계에 대하여는 명확하게 언급하지 않고 있다.

그리고 판례는 전세권의 담보물권적 성격을 전제로 하여, 전세권은 부종성과 수반성이 있으므로 전세권을 그 담보하는 전세금반환채권과 분리하여 양도하는 것은 허용되지 않지만, 전세권이 존속기간의 만료로 소멸한 경우이거나 전세계약의 합의해지 또는 당사자 간의 특약에 의하여 전세권반환채권의 처분에도 불구하고, 전세권의 처분이 따르지 않는 경우 등의 특별한 사정이 있는 때에는 채권양수인은 담보물권이 없는 무담보의 채권을 양수한 것이 되고, 채권의 처분에 따르지 않은 담보물권은 소멸하며, 다만 전세권 존속 중에는 장래에 그 전세권이 소멸하는 경우에 전세금반환채권이 발생하는 것을 조건으로 그 장래의 조건부 채권을 양도할 수 있을 뿐이라고 보고 있다(대판 1997.11.25, 97다29790; 1999.2.5, 97다33997; 2002.8.23, 2001다69122).

생각건대 연혁적으로 볼 때 전세권은 용익물권의 성질을 가지는 것으로 인정되었지만, 전세금반환채권의 담보를 위하여 경매청구권이나 우선변제권이 인정된 것이므로 이론적으로는 담보물권적 성질은 부수적인 것으로 봄이 타당하다. 그러나 이러한 논의가 실제상 어떠한 차이를 가져오는 것은 아니다. 다만 종래의 학설은 전세권의 담보물권성은 전세권의 존속기간 중에는 내재하고 있을 뿐이고, 전세권이 소멸하는 경우에 전세금반환채권의 확보를 위하여 필요한 범위 내에서만 제한적으로 인정되는 것이라고 설명하기도 하지만, 그와 같이 전세권 존속기간과 소멸 후를 달리 볼 이유는 없다. 판례가 전세권 존속기간 중에는 전세금반환채권을 전세권과 분리하여 양도하는 것을 허용하지 않는 것은, 전세권 존속기간 중에도 담보물권성이 인정되기 때문이다.

2. 전세금의 지급이 전세권의 성립요건인지 여부

전세금은 전세권의 중요한 요소이다. 그런데 전세금의 지급이 전세권의 성립요건인지에 관하여는 다툼이 있다. 대상판결은 전세금의 지급은 전세권 성립의 요소라고 보고 있고, 학설상 이를 지지하는 견해도 있다. 반면 부정설은, 전세금의 지급을 전세권 성립요소라고 보게 되면, 전세권 설정계약이 요물계약이 되는데, 그와 같이 볼 수 있는 명문규정이 없고, 전세권의 지급을 전세권 성립의 요소가 아니라고 보더라도, 전세금의 지급이 있을 때까지 동시이행의 항변에 의하여 전세물의 인도를 거절할 수 있으므로, 전세권설정자에게 불리하지 않다고 한다.

생각건대 구태여 전세금의 지급을 전세권 성립요건으로 볼 필요는 없다. 만일 그와 같이 본다면, 전세금의 지급이 없는 상태에서 전세권설정등기가 이루어졌지만 전세금의 지급은 나중에 하기로 약정한 경우에도 전세금의 지급이 없는 동안은 그 전세권설정등기는 무효라고 보아야 하겠지만, 그와 같이 볼 이유가 없다. 전세금의 지급이 없으면 전세금반환청구권은 발생하지 않지만, 이는 전세금 지급이 전세권의 성립요건이기 때문은 아니다. 소비대차계약에서도 목적물이 차주에게 인도되기 전에는 대주가 반환청구권을 취득하지 못한다.

다른 한편 전세금의 지급을 전세권의 성립요건으로 보더라도, 그 지급이 반드시 현실적으로 이루어져야 하는 것은 아니고, 대상판결이 말하는 것처럼 기존의 채권으로 전세금의 지급에 갈음할 수도 있다.

3. 전세목적물의 사용수익권과의 관계

대상판결은 전세 목적물의 인도는 전세권의 성립요건이 아니므로, 당사자가 주로 채권담보의 목적으로 전세권을 설정하였고 그 설정과 동시에 목적물을 인도하지 아니하였어도, 장차 전세권자가 목적물을 사용 · 수익하는 것을 완전히 배제하는 것이 아니라면, 그 전세권의 효력을 부인할 수는 없다고 보고 있다. 그러나 이러한 판시에는 문제가 있다. 전세권자가 목적물을 사용 · 수익한다는 것은 전세권의 기본적인 내용이고, 전세권자가 목적물을 사용 · 수익하는 것을 배제하는 전세권은 무효이다. 그런데 채권을 담보하기 위하여 전세권을 설정하면서, 적극적으로 목적물을 사용 · 수익하는 것을 의욕하지 않는다면 이는 허위표시로서 무효라고 보지 않을 수 없다. 판례는 임대차계약의 주된 목적이 주택을 사용 · 수익하려는 데 있는 것이 아니고 소액임차인으로 보호받아 기존채권을 회수하려는 데에 있는 경우, 주택임대차보호법상의 소액임차인으로 보호받을 수 없고(대판 2001.5.8, 2001다14733), 채권자가 기존 채권을 우선변제 받을 목적으로 주택임대차계약의 형식을 빌려 기존 채권을 임대차보증금으로 하기로 하고 주택의 인도와 주민등록을 마침으로써 주택임대차로서의 대항력을 취득한 것처럼 외관을 만들었을 뿐 실제 주택을 주거용으로 사용 · 수익할 목적을 갖지 아니 한 계약은 주택임대차계약으로서는 통정허위표시에 해당되어 무효라고 하였다(대판 2002.3.12, 2000다24184, 24191).

판례는 소극적으로 사용 · 수익을 완전히 배제하는 것이 아니면 전세권이 유효하다고 하지만, 그와 같이 본다면 당사자가 명시적으로 사용 · 수익을 배제한다는 특약을 하는 경우는 없을 것이므로, 채권담보를 목적으로 하는 전세권의 설정은 전세권자가 사용 · 수익하지 않더라도 항상 유효한 것이 되지만, 이는 전세권의 본질에 어긋난다. 실제로 대상판결과 같은 경우에는 당사자들에게 사용 · 수익의 의사는 없었을 것이라고 보인다. 이는 결국 전세권을 일종의 변칙적인 채권담보수단으로 인정하는 것이 된다. 학설 가운데는 이러한 전세권은 일종의 변칙담보이며, 양도담보나 가등기담보와 같이 관습법상 인정되는 물권이라고 주장하는 견해가 있으나, 과연 그러한 관습에 대한 법적 확신이나 관행이 있는지 의문이다.

채권담보를 위하여 부동산에 물권을 설정한다면 저당권을 설정하면 되고, 굳이 전세권을 설정할 필요가 없다. 당사자들이 전세권을 설정하는 이유는 다른 사람이 전세목적물을 점유하게 되면 전세권을 주장하여 그 점유를 배제하고자 하는 데 있는 것으로 추측되지만, 사용 · 수익하지 않고 있는 전세권자를 그처럼 보호할 필요가 없다. 현실적으로 점유를 배제할 필요가 있는 경우에는 저당권에 기한 방해배제청구권을 행사하면 된다.

그러므로 이 사건에서 당사자들이 채권을 담보하기 위하여 전세권을 설정한 것은, 적극적으로 목적물을 사용 · 수익할 의사가 있었다고 인정되지 않는 한 무효라고 보아야 한다.

다른 한편 판례(대판 2008.3.13, 2006다58912; 2010.3.25, 2009다35743 등)는, 전세 아닌 임대차계약에 기한 임차보증금반환채권을 담보할 목적 등을 위하여 임차인과 임대인 사이의 합의에 따라 임차인 명의로 전세권설정등기를 경료한 경우, 위 전세권설정계약이 통정허위표시에 해당하여 무효라 하더라도 위 전세권설정계약에 의하여 형성된 법률관계에 기초하여 새로이 법률상 이해관계를 갖게 된 제3자에 대하여는 그 제3자가 그와 같은 사정을 알고 있었던 경우에만 그 무효를 주장할 수 있다고 보고 있다. 대판 2021.12.30, 2018다268538도 비슷한 취지이다.

4. 전세권자를 제3자 명의로 한 경우 전세권의 효력

대상판결은 전세권도 부종성과 수반성이 있지만, 채권담보를 위하여 담보권을 설정하는 경우에 채권자와 채무자 및 제3자 사이에 합의가 있으면 채권자가 그 담보권의 명의를 제3자로 하는 것도 가능하고, 그 담보권명의자는 그 피담보채권을 수령하고 그 담보권을 실행하는 등의 담보계약상의 권한을 가진다고 보고 있다. 대판 1998.9.4, 98다20981; 2005.5.26, 2003다12311도 같은 취지이다.

그러나 이러한 판시에도 찬성하기 어렵다. 전세권이 전세금반환채권에 부종한다는 것을 인정한다면, 전세권자는 전세금반환채권자와 일치하여야 한다. 판례는 전세금반환채권자 아닌 제3자가 전세금반환채권을 변제받기 위하여 전세목적물에 대하여 경매를 청구하는 것도 인정한다는 취지이지만, 그와 같이 인정할 수 있는 근거를 찾기 어렵다. 그와 같이 본다면 전세권의 효력 가운데 사용수익권의 주체와 전세금반환채권의 주체가 달라지게 되나, 이러한 형태의 전세권은 민법상 인정될 수 없다.

참고문헌

김제완, 전세권을 목적으로 한 저당권자의 우선변제권과 상계적상, 고려법학 76호, 2015.

남효순, 전세금과 전세권의 관계, 서울대학교 법학 제49권 3호, 2008.

박순성, 전세권에 관한 판례의 동향과 전망, 심당송상현선생화갑기념 21세기 한국민사법학의 과제와 전망, 2002.

오경미, 채권담보전세권과 그 저당권의 법률관계, 민사재판의 제문제 19권, 2010.

이봉민, 임대차보증금반환채권 담보 목적의 전세권에 저당권이 설정된 경우 전세권의 효력과 전세권설정자와 전세권저당권자 사이의 법률관계, 대법원판례해설 129호, 2022.

조경임, 허위표시 제3자의 신뢰 보호 범위, 서울법학 21권 3호, 2014.

최준규, 전세권과 허위표시, 민사법학 63-1호, 2013.

[판례 49]

유치권의 피담보채권

대법원 2012.1.26. 선고 2011다96208 판결

사 실

A 회사는 B 회사에게 주상복합건물 신축공사를 도급주었다. Y는 B 회사에게 2003.4.1.부터 2004.7.경까지 위 공사현장에 시멘트, 모래 등 건축자재를 공급하였으나, 그 대금 중 일부를 지급받지 못하였다. A 회사는 위 건물에 관하여 2004.7.5. 소유권보존등기를 마쳤고, X는 위 건물에 관한 강제경매절차에서 이 사건 아파트 1세대를 매수하여 2010.5.6. 대금을 납부하고 소유권을 취득하였다. 다른 한편 Y는 A 회사와 B 회사의 승낙을 받아 2004년 말부터 이 사건 아파트에 거주하면서 2005.1.20. 전입신고를 하였고, 위 건물에 대한 경매절차에서 2005.3.10. 경매법원에 다른 공사업자들과 함께 이 사건 아파트를 비롯한 위 건물의 각 호실에 대하여 유치권 신고를 하였다.

X는 Y를 상대로 이 사건 아파트의 명도를 청구하였다. 원심은 Y의 유치권을 인정하였으나, 대법원은 원심판결을 파기하였다.

이 유

민법 320조 1항은 “타인의 물건 또는 유가증권을 점유한 자는 그 물건이나 유가증권에 관하여 생긴 채권이 변제기에 있는 경우에는 변제를 받을 때까지 그 물건 또는 유가증권을 유치할 권리가 있다”고 규정하고 있으므로, 유치권의 피담보채권은 ‘그 물건에 관하여 생긴 채권’이어야 한다. 그런데 원심판결 이유에 의하면, Y는 위 건물 신축공사의 수급인인 B 회사와의 약정에 따라 그 공사현장에 시멘트와 모래 등의 건축자재를 공급하였을 뿐이라는 것인바, 그렇다면 이러한 Y의 건축자재대금채권은 그 건축자재를 공급받은 B 회사와의 매매계약에 따른 매매대금채권에 불과한 것이고, Y가 공급한 건축자재가 수급인 등에 의해 위 건물의 신축공사에 사용됨으로써 결과적으로 위 건물에 부합되었다고 하여도 건축자재의 공급으로 인한 매매대금채

권이 위 건물 자체에 관하여 생긴 채권이라고 할 수는 없다.

해 설

1. 채권과 물건의 견련관계에 관한 학설

유치권이 성립하기 위하여는 피담보채권이 물건 또는 유가증권(이하 '물건'이라고만 한다)에 관하여 생긴 채권이라야 한다. 이를 보통 채권과 물건의 견련관계라고 표현한다. 종래의 통설은 물건 또는 유가증권에 관하여 생긴 채권을 채권이 물건 자체에서 생긴 경우와 채권이 물건의 반환청구권과 동일한 법률관계 또는 동일한 사실관계에서 발생한 경우의 두 가지로 나누어 설명하고 있다(이른바 2원설). 여기서 채권이 물건 자체에서 생긴 경우란, 주로 물건에 대한 필요비 또는 유익비를 지출한 점유자의 비용상환청구권을 의미한다. 이외에 목적물로부터 받은 손해의 배상청구권도 물건과 견련관계에 있다고 본다. 그리고 채권이 물건의 반환청구권과 동일한 법률관계 또는 동일한 사실관계에서 발생한 경우의 예로서는 도급계약에서의 공사대금채권과 공사목적물 반환채권, 가등기담보설정자의 청산금지급청구권과 가등기담보물의 반환채권, 매매계약이 무효 또는 취소된 경우 매매대금반환청구권과 목적물반환채권 등을 든다.

그런데 근래에는 이러한 2원설에 대한 비판이 많아지고 있다. 특히 채권이 물건의 반환청구권과 동일한 법률관계 또는 동일한 사실관계에서 발생한 경우에 유치권을 인정한다는 점이 문제라는 지적이 많다. 즉 이러한 경우는 물건에 관하여 생긴 것이라는 명문 규정에 포섭되기 어렵고, 2원설은 독일민법 273조의 그것과 일치하는데, 유치권을 채권적 반환거절권능으로 인정하고 있는 독일민법의 해석론을 우리 민법에 도입하는 것은 문제가 있으며, 2원설이 제시하는 두 번째 기준이 구체적인 사안에서 실질적인 판단기준으로 작용할 수 있는지에 의문이 있다는 것이다. 그리하여 유치권의 피담보채권을 채권이 물건 그 자체에서 생긴 경우로 한정하고, 그 외의 경우에는 특별히 이와 동일시할 수 있는 경우에만 피담보채권으로 인정하여야 한다고 본다. 나아가 피담보채권이 물건 그 자체에서 생긴 경우에만 유치권을 인정하여야 한다는 견해도 주장되고 있다.

2. 판 례

판례상으로는 목적물에 지출한 비용을 유치권의 피담보채권으로 인정한 경우가 많다. 즉 건물에 대한 유익비상환청구권(대판 1963.7.11, 63다235), 점유자가 토지상에 식재한 수목이 토지소유자에게 귀속됨으로써 취득하게 되는 부당이득반환청구권(대판 1979.3.27, 77다2217) 등이 있다. 또한 대판 2007.9.21, 2005다41740은 토지임차인의 지상물매수청구권이나 부속물매수청구권도 유치권의 피담보채권이 될 수 있다고 보는 것 같다. 그리고 대판 1969.11.25, 69다1592는 말이 채권자의 농작물을 먹은 경우 그로 인한 손해배상채권을 피담보채권으로 하는 말에 대한 유치권을 인정하였다.

또한 대판 1976.9.28, 76다582는, 수급인의 공사잔금채권이나 그 지연손해금청구권과 도급인의 건물인도청구권은 모두 건물신축도급계약이라고 하는 동일한 법률관계로부터 생긴 것이므로, 수급인은 공사잔금채권을 피담보채권으로 하여 건물에 대하여 유치권을 행사할 수 있다고 하였다.

그리고 대판 2014.12.24, 2011다62618은, 재건축조합이 조합원과의 협약에 따라 조합원을 위하여 소유권보존등기를 마친 경우, 재건축조합이 조합원에게 가지는 등기수수료채권은 보존등기의 등기필증에 관하여 생긴 채권이므로, 재건축조합은 등기수수료채권을 변제받을 때까지 등기필증을 유치할 수 있다고 하였다.

다른 한편 판례는 다음과 같은 경우에는 채권과 목적물 사이에 견련성이 없다는 이유로 유치권의 성립을 부정하였다. **첫째**, 임차인의 임차보증금반환청구권이나 손해배상청구권은 민법 320조 소정 그 건물에 관하여 생긴 채권이 아니다(대판 1976.5.11, 75다1305). 한편 임차인은 부속물매수청구권(646조)을 담보하기 위하여 임차물인 토지에 대한 유치권을 행사할 수 없다고 보고 있어서(대판 1977.12.13, 77다115), 토지임차인의 지상물매수청구권이나 부속물매수청구권에 관한 위 2005다41740 판결과의 관계가 문제된다. **둘째**, 부동산 매도인이 매수인에게 소유권이전등기를 마쳐주었으나 부동산을 계속 점유하고 있는 경우, 매매대금채권을 피담보채권으로 하여 매수인이나 그에게서 부동산소유권을 취득한 제3자에게 부동산에 대한 유치권을 주장할 수는 없다(대결 2012.1.12, 2011마2380). **셋째**, 계약명의신탁에서 명의수탁자가 명의신탁약정이 있다는 사실을 알지 못하는 소유자와 사이에 부동산에 관한 매매계약을 체결한 뒤 수탁자 명의로 소유권이전등기를 마쳐서, 명의수탁자가 당해 부동산의 완전한 소유권을 취득하게 되는 경우에 명의신탁자가 가지는 명의수탁자에 대한 부동산 매수자금 상당의 부당이득반환청구권을 담보하기 위하여 당해 부동산에 대하여 유치권을 행사할 수는 없다(대판 2009.3.26, 2008다34828).

3. 검 토

종래의 2원설은 그대로 받아들이기 어렵다. 특히 채권이 물건의 반환청구권과 동일한 법률관계 또는 동일한 사실관계에서 발생한 경우에 유치권이 인정된다는 것은 왜 그래야 하는지가 명확하지 않을 뿐만 아니라, 실제로 그러한 경우에 유치권이 인정되는 경우를 찾기 어렵다. 2원설에 따를 경우 문제될 수 있는 것으로는 부동산 이중매매에서 소유권을 취득한 제2매수인이 제1매수인을 상대로 당해 부동산의 인도청구를 하는 경우에 제1매수인이 매도인의 채무불이행을 이유로 가지는 손해배상청구권, 부동산 임대인으로부터 목적물을 양수받은 양수인이 임차인을 상대로 당해 부동산의 인도청구를 하는 경우에 임차인이 임대인의 채무불이행을 이유로 그에 대해 가지는 손해배상청구권 등이 있으나, 실제로는 이러한 경우에 견련성이 인정되지 않는다. 학설상으로는 매매계약이 무효이거나 취소 및 해제된 경우에는 매수인의 매매대금반환채권이 매매목적물과 견련관계가 있다는 주장이 있으나, 이러한 경우에는 동시이행의 항변권을 인정하는 것으로 충분하다. 이중매매의 경우에 제1매수인은 매도인에 대한 채권을 피담보채권으로 하여 유치권을 행사할 수 없다고 보는 것이 일반적인데, 매매계약의 무효 · 취소 · 해제의 경우와 이중매매의 경우를 달리 취급할 이유가 없다고 보인다.

그러므로 실제로 유치권을 인정할 필요가 있는 것은 우선 필요비나 유익비와 같이 목적물의 가치를 증가시키거나 유지한 경우이다. 이때에는 그로 인하여 목적물의 가치가 증가되거나 적어도 유지되었으므로, 그 목적물에 관하여 이해관계를 가지게 된 제3자에 대하여도 유치권을 주장할 수 있도록 하는 것이 제3자에게 반드시 불리하다고만은 할 수 없다. 그처럼 증가되거나 유지된 목적물의 가치를 제3자 역시 향유하기 때문이다. 또 판례는 수급인의 공사잔금채권이나 그 지연손해금청구권과 도급인의 건물인도청구권은 모두 건물신축도급계약이라고 하는 동일한 법률관계로부터 생긴 것이라고 보지만, 수급인의 채권 또한 목적물의 가치를 증가시킨 것이라고 할 수 있다. 그리고 공작물책임이나 동물점유자의 책임 등에 기한 손해배상채권과 같이 목적물로 인하여 손해를 배상받아야 할 채권도 목적물과의 견련관계를 인정할 수 있을 것이다.

대상판결의 경우에는 종래의 2원설에 따르더라도 유치권의 성립을 인정하기는 어렵다. 우선 매도인의 채권은 물건의 반환청구권과 동일한 법률관계 또는 동일한 사실관계에서 발생한 경우에는 해당하지 않는다. 나아가 매도인의 채권이 목적물 그 자체에서 생긴 경우라고도 할 수 없다. 다른 말로 한다면, 이 경우에는 매도인이 건축자재를 공급한 것 자체가 건물의 가치를 증가시키거나 유지한 것이 아니고, 이는 매도인으로부터 건축자재를 공급받은 수급인의 행위에 의한 것이다.

4. 민법개정안

2013년 정부가 제19대 국회에 제출하였던 민법개정안 320조 1항은 동산 또는 유가증권에 대한 비용지출로 인한 채권이나 그 동산 또는 유가증권으로 인한 손해배상채권만을 유치권의 피담보채권으로 인정하였다. 민법개정위원회에서는 동산의 가치를 증가시키거나 유지함으로써 가지게 된 채권과 동산으로 인하여 입게 된 손해를 배상받을 채권만을 피담보채권으로 하자는 제안이 있었으나, 논의 결과 위와 같이 결정되었다. 그러나 위 개정안은 제19대 국회의 임기만료로 폐기되었다.

참고문헌

신국미, 유치권의 견련관계에 관한 연구, 재산법연구 21권 1호, 2004.

양창수, 유치권의 발생요건으로서의 채권과 물건간의 견련관계, 민법연구 1권, 1991.

윤진수, 유치권 및 저당권설정청구권에 관한 민법개정안, 민법논고 6권, 2015.

차문호, 유치권의 성립과 경매, 사법논집 42집, 2006.

[판례 50]

유치권과 압류

대법원 2005.8.19. 선고 2005다22688 판결

사 실

Y_1은 2001.4.12. A 회사로부터 이 사건 공장건물 신축공사를 도급받아, 그 중 일부 공사에 관하여는 Y_2에게 하도급을 주었다. Y_1과 Y_2는 2001.7. 말경 공사를 완료하였다. Y_3은 A 회사로부터 신축공사 일부를 도급받은 다른 회사로부터 다시 하도급을 받아 2001.7. 말경 공사를 완료하였다. A 회사는 2002.3.9. Y_1, Y_2, Y_3에게 공사대금을 지급하기로 하고 약속어음 공정증서를 작성하여 주었다. 한편 A 회사의 채권자인 B는 A 회사의 소유이던 이 사건 대지 및 공장건물 등의 부동산에 관하여 부동산강제경매를 신청하여 이에 따라 경매법원이 2002.5.6. 강제경매개시결정을 하였으며, 2002.5.13. 강제경매개시결정의 기입등기를 경료하였다.

Y_1 등은 2002.12.5. 이 사건 대지의 출입구 등에 유치권자가 이 사건 공장건물들을 유치 · 점유한다는 안내문을 게시하면서 위 공장건물을 점유하였고, 2003.1.14. 위 부동산강제경매절차에서 위 경매법원에 유치권신고를 하는 한편, 이 사건 대지의 출입구 부분에 이 사건 컨테이너 등을 설치하였으며, 2003.5.23.부터 2004.2.18.까지 경비원을 고용하여 출입을 통제하여 왔다. A 회사는 2003.4.25. Y_1 등에게 이 사건 공장건물들을 사용하도록 승낙하면서 Y_1 등이 이를 제3자에게 임대하는 데에도 동의하였고, 이에 따라 Y_1 등은 A 회사로부터 이 사건 건물을 임차하여 사용하고 있던 Y_4에게 자신들과 임대차계약을 체결할 것을 요구하여, 2003.4.30. 임대차계약을 체결하였다.

X는 2003.8.21. 위 경매법원으로부터 이 사건 각 부동산에 관하여 매각허가결정을 선고받은 다음 매각대금을 완납하고, 같은 날 이 사건 각 부동산에 관하여 소유권이전등기를 마친 후, 2003.12.5. Y_4가 점유하고 있던 이 사건 건물 및 그 부지를 제외한 나머지 부분에 관하여 인도집행을 받은 다음, Y_4가 점유하고 있던 건물 및 부지의 인도와, Y_1 등이 설치한 컨테이너의 철거 및 Y들의 점유에 따른 차임 상당의 손해배상을 청구하였다. Y들은 Y_2를 선정당사자로 선정하였으나, 이하에서는 Y들이 여전히 피고인 것으로 설명한다.

제1심은 Y들의 동시이행항변을 받아들여 유치권의 피담보채권의 이행과 동시이행을 명하

였다. 그러나 원심은 Y들의 동시이행 항변을 배척하고 무조건 이행을 명하였다. 대법원은 Y들의 상고를 기각하였다.

이 유

채무자 소유의 건물 등 부동산에 강제경매개시결정의 기입등기가 경료되어 압류의 효력이 발생한 이후에 채무자가 위 부동산에 관한 공사대금 채권자에게 그 점유를 이전함으로써 그로 하여금 유치권을 취득하게 한 경우, 그와 같은 점유의 이전은 목적물의 교환가치를 감소시킬 우려가 있는 처분행위에 해당하여 민사집행법 92조 1항, 83조 4항에 따른 압류의 처분금지효에 저촉되므로 점유자로서는 위 유치권을 내세워 그 부동산에 관한 경매절차의 매수인에게 대항할 수 없다.

해 설

1. 대상판결의 의의

종래 부동산 유치권 제도에 대하여는 주로 다음의 두 가지 점에서 많은 비판이 있었다. **첫째**, 부동산 유치권은 등기부에 공시되지 아니함에도 불구하고 경매절차에서 매각되더라도 소멸하지 않으며, 오히려 매수인이 유치권자에게 피담보채권을 변제하여야 하므로(민사집행법 91조 5항), 그 성립시기가 앞서는 저당권자나 다른 이해관계인보다도 우선하여 변제받는 결과가 되고, 제3자에게 예측할 수 없었던 손해를 주는 것이 된다는 것이다. **둘째**, 부동산 유치권이 성립하여 존속하려면 채권자의 점유가 필요하기 때문에, 다른 자가 부동산을 사용수익하지 못하고 유치권자 자신도 채무자의 승낙 없이는 유치물을 사용하지 못하므로(324조 2항), 부동산의 사용가치가 사장되게 된다.

이 사건에서는 경매가 개시되어 경매개시결정의 기입등기가 마쳐짐으로써 압류의 효력이 발생한 후(민사집행법 83조 4항, 94조) 유치권이 성립한 경우에도 유치권자가 압류채권자나 매수인에게 유치권을 주장할 수 있는가 하는 점이 문제되었다. 이를 인정한다면 경매절차에서 부동산을 매수한 매수인이 결국 유치권의 피담보채권을 변제하여야 하는 것이 되므로, 그만큼 매수가격이 낮아지게 되어 압류채권자가 손해를 입게 된다.

대상판결은, 부동산의 압류가 효력을 발생하면 채무자는 부동산을 처분할 수 없다는 압류의 처분금지효가 이 사건과 같이 압류의 효력이 발생한 후 채무자가 위 부동산에 관한 공사대금 채권자에게 그 점유를 이전함으로써 그로 하여금 유치권을 취득하게 한 경우에도 적용된다고 보아, 그러한 유치권자는 경매절차의 매수인에게는 대항할 수 없다고 하였다. 다만 대상판결은 그와 같은 처분금지효의 근거를 "제3자는 권리를 취득할 때에 경매신청 또는 압류가 있다는 것을 알았을 경우에는 압류에 대항하지 못한다"는 민사집행법 92조 1항에서 찾고 있으나, 이 규정은 채무자에 대한 경매개시결정의 송달 후 그 기입등기 전에 제3자가 목적부동산에 대한 권리를 취득한 경우에 적용되고, 경매개시결정의 등기 후에는 제3자의 선의, 악의를 불문하고 채무자의 처분권 제한을 주장할 수 있으므로, 대상판결의 위와 같은 판시는 부정확하다.

대상판결은 경매개시결정 전에 채권을 가지고 있던 자가 경매개시결정 후에 점유를 취득한 경우였는데, 대판 2006.8.25, 2006다22050은, 채무자 소유의 부동산에 경매개시결정의 기입등기가 경료되어 압류의 효력이 발생한 이후에 채권자가 채무자로부터 위 부동산의 점유를 이전받고 이에 관한 공사 등을 시행함으로써 채무자에 대한 공사대금채권 및 이를 피담보채권으로 한 유치권을 취득한 경우에도 그 유치권으로 경매절차의 매수인에게 대항할 수 없다고 하였다.

2. 대상판결에 대한 논의

대상판결이 있기 전에는 경매개시결정의 효력이 발생한 후에 유치권을 취득한 유치권자라도 여전히 압류채권자나 경매절차에서의 매수인에 대하여 유치권을 주장할 수 있다는 견해가 일반적이었다. 그런데 근래 채무자가 압류된 부동산의 점유를 임대차나 사용대차 등의 형식에 의하여 타에 이전하는 것은 압류의 처분금지효에 저촉되는 처분행위이므로, 압류의 효력 발생 후에 채무자가 부동산의 점유를 제3자에게 이전하여 줌으로써 제3자가 유치권을 취득하게 하는 것도 처분금지효에 저촉되고, 따라서 이러한 유치권자는 압류채권자나 매수인에게 유치권의 취득을 대항할 수 없다는 견해가 주장되었고, 대상판결은 이러한 주장을 따랐다.

대상판결 후에 주로 실무가들 사이에서 대상판결을 지지하는 견해가 보인다. 반면 압류에 의하여 금지되는 처분행위는 당해 부동산을 양도하거나 이에 대해 용익물권, 담보물권 등을 설정하는 행위를 말하고, 점유의 이전과 같은 사실행위는 이에 해당하지 않는다는 점에서 대상판결을 비판하는 견해도 주장되고 있다.

실제로 대판 2011.11.24, 2009다19246는, 부동산에 가압류등기가 경료된 후에 채무자의 점유이전으로 제3자가 유치권을 취득하는 경우, 가압류의 처분금지효에 저촉되는 것이 아니라고 판단하였다. 이 판결은 대상판결에 대하여, 이는 경매개시결정의 기입등기가 경료되어 압류의 효력이 발생한 후에 채무자가 당해 부동산의 점유를 이전함으로써 제3자가 취득한 유치권으로 압류채권자에게 대항할 수 있다고 한다면 경매절차에서의 매수인이 현황조사보고서나 매각물건명세서 등에서 드러나지 않는 유치권의 부담을 그대로 인수하게 되어 경매절차의 공정성과 신뢰를 현저히 훼손하게 되고, 매수신청인이 유치권의 존재를 알게 되는 경우에는 매수가격의 즉각적인 하락이 초래되어 책임재산을 신속하고 적정하게 환가하여 채권자의 만족을 얻게 하려는 민사집행제도의 운영에 심각한 지장을 줄 수 있으므로, 위와 같은 상황 하에서는 채무자의 제3자에 대한 점유이전을 압류의 처분금지효에 저촉되는 처분행위로 봄이 상당하다는 취지라고 설명하였다.

다른 한편 대판 2011.10.13, 2011다55214는, 채무자 소유의 건물에 관하여 증·개축 등 공사를 도급받은 수급인이 경매개시결정의 기입등기가 마쳐지기 전에 채무자에게서 건물의 점유를 이전받았다 하더라도, 경매개시결정의 기입등기가 마쳐져 압류의 효력이 발생한 후에 공사를 완공하여 공사대금채권을 취득함으로써 그때 비로소 유치권이 성립한 경우에는 수급인은 유치권을 내세워 경매절차의 매수인에게 대항할 수 없다고 하였는데, 여기서 수급인이 공사를 완공한 것 역시 처분행위로 볼 수는 없다.

3. 검 토

대상판결이 압류의 처분금지효를 근거로 하여 압류의 효력 발생 후에 성립한 유치권의 대항력을 부정한 것은 반드시 설득력이 있다고 할 수 없다. 대법원은 압류와 가압류를 달리 취급하고 있는데, 처분금지효의 문제에서는 압류와 가압류를 달리 취급할 이유가 없으므로 양자의 경우에 모두 대항력을 부정하든지, 아니면 모두 대항력을 인정하는 것이 논리적으로 일관된 것이라고 할 수 있다. 또 압류 전에 목적물을 점유하고 있던 사람이 압류 후 채권을 취득함으로써 유치권이 성립하게 된 경우에는 처분금지효를 근거로 하여 유치권의 대항력을 부정할 수는 없다.

이와 같은 경우에 압류의 처분금지효가 아니라 점유가 불법행위로 인한 것인 경우에는 유치권의 성립을 부정하는 320조 2항을 유추하여 유치권을 인정하지 않아야 한다는 견해도 주장되고 있으나, 압류 후에 점유를 취득한 것 자체가 위법하다고는 할 수 없다.

결국 대상판결은 유치권의 대항력을 폭넓게 인정하게 되면 부동산 경매절차와 같은 경우에 이해관계인의 이익을 해치게 된다는 판단 하에 정책적으로 유치권의 대항력을 부정한 것으로 보아야 할 것이다. 학설상으로는 환가가 임박한 시점에 유치권을 취득하는 행위는 경매절차의 법적 안정성을 중대하게 침해하는 행위로 유치권의 남용에 해당되므로 경매절차에서의 매수인에게 대항할 수 없다고 해석하여야 한다는 주장이 있다.

4. 관련 판례

이후에도 판례는 유치권의 효력을 되도록 제한적으로만 인정하려는 경향을 보이고 있다. 대판 2011.12.22, 2011다84298은, 채무자가 채무초과의 상태에 이미 빠졌거나 그러한 상태가 임박함으로써 채권자가 원래라면 자기 채권의 충분한 만족을 얻을 가능성이 현저히 낮아진 상태에서, 이미 채무자 소유의 목적물에 저당권 기타 담보물권이 설정되어 있어서 유치권의 성립에 의하여 저당권자 등이 그 채권 만족상의 불이익을 입을 것을 잘 알면서 자기 채권의 우선적 만족을 위하여 위와 같이 취약한 재정적 지위에 있는 채무자와의 사이에 의도적으로 유치권의 성립요건을 충족하는 내용의 거래를 일으키고 그에 기하여 목적물을 점유하게 됨으로써 유치권이 성립하였다면, 유치권자가 그 유치권을 저당권자 등에 대하여 주장하는 것은 신의칙에 반하는 권리행사 또는 권리남용으로서 허용되지 않는다고 보았다.

또한 대판 2013.2.28, 2010다57350은, 상사유치권이 채무자 소유의 물건에 대해서만 성립한다는 것은 상사유치권은 그 성립 당시 채무자가 목적물에 대하여 보유하고 있는 담보가치만을 대상으로 하는 제한물권이라는 의미를 담고 있으므로, 유치권 성립 당시에 이미 그 목적물에 대하여 제3자가 권리자인 제한물권이 설정되어 있다면 상사유치권은 그와 같이 제한된 채무자의 소유권에 기초하여 성립할 뿐이고, 기존의 제한물권이 확보하고 있는 담보가치를 사후적으로 침탈하지는 못한다고 판시하였다. 그러나 상사유치권이 채무자 소유의 물건에 대해서만 성립한다는 것으로부터 상사유치권이 기존의 제한물권보다 우선하지는 못한다는 결론이 도출된다고 보기는 어렵다. 상사유치권의 경우에 유치권의 대상이 채무자 소유의 물건에 한정되는 것은, 상사유치권은 피담보채권과 물건과의 견련관계가 그 성립요건이 아니므로, 그와 같이 대상을 한정하지 않으면 유치권의 인정 범위를 제한할 수 없게 되기 때문이다.

반면 대판 2009.1.15, 2008다70763은, 대상판결과 같은 법리는 경매로 인한 압류의 효력이 발생하기 전에 유치권을 취득한 경우에는 적용되지 않고, 유치권 취득시기가 근저당권 설정 이후라거나 유치권 취득 전에 설정된 근저당권에 기하여 경매절차가 개시되었다고 하여 달리 볼 것은 아니라고 하였다. 그러나 이 경우에도 유치권자가 매수인에게 대항할 수 없는 것으로 보아야 한다는 견해도 있다.

그리고 대판(전) 2014.3.20, 2009다60336의 다수의견은, 국세징수법에 의한 체납처분압류가 되어 있는 부동산이라고 하더라도 그러한 사정만으로 경매절차가 개시되어 경매개시결정등기가 되기 전에 그 부동산에 관하여 민사유치권을 취득한 유치권자가 경매절차의 매수인에게 그 유치권을 행사할 수 없다고 볼 것은 아니라고 하였다. 이 판결은 그러한 결론을 뒷받침하는 근거로서 가압류 후 유치권을 취득한 경우에 관한 위 대판 2011.11.24, 2009다19246과 같은 이유를 들고 있고, 압류의 처분금지효에 대하여는 따로 언급하고 있지 않다.

참고문헌

강민성, 민사집행과 유치권, 사법논집 36집, 2003.

김원수, 압류(가압류)의 효력이 발생한 이후에 유치권을 취득한 자가 매수인(경락인)에게 대항할 수 있는지 여부, 판례연구 18집, 부산판례연구회, 2007.

박상언, 저당권 설정후 성립한 유치권의 효력, 민사판례연구 32권, 2010.

이계정, 체납처분압류와 유치권의 효력, 서울대학교 법학 56권 1호, 2015.

이승규, 유치권자와 경매절차에서의 매수인 사이의 대항관계, 민사판례연구 36권, 2014.

하상혁, 가압류 후에 성립한 유치권으로 가압류채권자에게 대항할 수 있는지 가부, 대법원판례해설 89호, 2012.

황진구, 체납처분압류가 되어 있는 부동산에 유치권을 취득한 경우 경매절차의 매수인에게 유치권을 행사할 수 있는지 여부, 사법 29호, 2014.

[판례 51]

근저당권의 부종성

대법원 2001.3.15. 선고 99다48948 전원합의체 판결

사 실

A와 B는 1996.11.29. C 회사에게 그들 소유의 이 사건 대지를 합계 4억 5000만 원에 매도하면서, C 회사와의 사이에 중도금 및 잔금 각 2억 원은 C 회사가 이 사건 대지에 관하여 C 명의로 소유권이전등기를 마치기 전에 이를 금융기관에 담보로 제공하여 대출받은 돈으로 지급하되, 잔대금의 지급을 담보하기 위하여 액면 2억 원의 당좌수표를 발행·교부함과 아울러 이 사건 대지에 A·B가 지정하는 사람 명의로 채권최고액 2억 원의 근저당권설정등기를 마치기로 약정하였다. 이에 따라 A·B는 1996.12.5. 그들과 A의 처인 Y 사이에 형식상 그들이 Y로부터 2억 원을 이율 연 2할 5푼으로 정하여 차용한다는 내용의 차용금증서를 작성하고, 같은 날 이 사건 대지에 관하여 이를 피담보채권으로 하여 채무자 A·B, 근저당권자 Y, 채권최고액 2억 원인 1순위 근저당권 설정등기를 마친 후, C 회사에 이 사건 대지를 담보로 융자받을 수 있도록 근저당권설정등기에 필요한 서류를 교부하였다. C 회사는 위 서류를 이용하여 X로부터 자금을 대출받으면서, 이 사건 대지에 관하여 X를 근저당권자로 하는 2순위 및 3순위의 근저당권설정등기를 마쳐 주고, X로부터 합계 4억 원을 대출받았다. 그러나 C 회사는 A·B에게 매매잔금 2억 원을 지급하지 아니하였고, 위 당좌수표도 지급거절되었다. 한편 C 회사가 X에 대한 대출원리금채무의 이행을 지체하자, X는 제2, 3순위 근저당권에 기하여 이 사건 대지에 관하여 임의경매신청을 하여 이 사건 대지는 1997.10.30. 소외 D에게 낙찰되었다. 그 배당절차에서 경매법원은 Y를 1순위로 하여 배당하고 X는 그보다 후순위로 배당하기로 하는 배당표를 작성하였고, X는 Y에 대한 배당액 전액에 관하여 이의를 제기하였다.

원심은 Y 명의의 등기는 무효라고 하여 X의 청구를 받아들였지만, 대법원 전원합의체는 원심판결을 파기환송하였다. 그러나 이에는 반대의견이 있었다.

이 유

근저당권은 채권담보를 위한 것이므로 원칙적으로 채권자와 근저당권자는 동일인이 되어야 하고, 다만 제3자를 근저당권 명의인으로 하는 근저당권을 설정하는 경우 그 점에 대하여 채권자와 채무자 및 제3자 사이에 합의가 있고, 채권양도, 제3자를 위한 계약, 불가분적 채권관계의 형성 등 방법으로 채권이 그 제3자에게 실질적으로 귀속되었다고 볼 수 있는 특별한 사정이 있는 경우에는 제3자 명의의 근저당권설정등기도 유효하고, 부동산을 매수한 자가 소유권이전등기를 마치지 아니한 상태에서 매도인인 소유자의 승낙 아래 매수 부동산을 타에 담보로 제공하면서 당사자 사이의 합의로 편의상 매수인 대신 등기부상 소유자인 매도인을 채무자로 하여 마친 근저당권설정등기는 실제 채무자인 매수인의 근저당권자에 대한 채무를 담보하는 것으로서 유효하다고 함이 이 법원의 견해이다. 그리고 이러한 견해를 취하는 이상, 그 양자의 형태가 결합된 근저당권이라 하여도, 그 자체만으로는 부종성의 관점에서 근저당권이 무효라고 보아야 할 어떤 질적인 차이를 가져오는 것은 아니다.

원심이 인정한 사실 등에 의하면 A 등에게 2억 원의 매매잔대금 채무를 지고 있는 C가 그 매매잔대금의 지급을 담보하기 위하여 이 사건 대지에 제1순위 근저당권을 설정하되, 그 구체적 방안으로서 채권자인 A 등과 채무자인 C 및 Y 등 3자 사이의 합의 아래 근저당권자를 Y로, 채무자를 A 등으로 하기로 하였는데, 이를 위하여서는 Y에게 채권을 이전할 필요가 있었으므로, A 등이 Y로부터 2억 원을 차용하는 내용의 차용금증서를 작성 · 교부하는 방법으로 Y에게 매매잔대금 채권을 귀속시키고 채무자인 C가 이를 승낙함으로써 그 매매잔대금 채권이 Y에게 이전되었다고 풀이함이 상당하다.

따라서 이 사건 제1순위 근저당권이 담보하는 채무는 C 회사의 Y에 대한 2억 원의 매매잔대금 채무라고 보아야 할 것인바, C 회사가 Y에게 매매잔대금을 지급하지 아니한 이상, Y 명의의 제1순위 근저당권설정등기는 그 피담보채무가 엄연히 존재하고 있어 그 원인이 없거나 부종성에 반하는 무효의 등기라고 볼 수 없다.

해 설

1. 종래의 판례와 대상판결의 다수의견

저당권은 피담보채무에 부종하는 성질을 가지므로, 저당권자는 피담보채권의 채권자와 동일하여야 하고, 저당권등기의 채무자 표시는 실제 채무자와 동일하여야 한다. 그런데 이 사건에서는 피담보채권인 매매대금채권의 채권자는 A와 B이고 채무자는 C 회사인데, 등기부상으로는 근저당권자는 A의 처인 Y로, 채무자는 실제로는 채권자인 A로 등기되었다. 그러므로 이러한 근저당권설정등기가 유효한가가 문제된다.

이 점에 관하여 종래의 판례는, 저당권자를 실제의 채권자 아닌 제3자로 등기한 것도 유효하고, 등기부상 채무자를 실제의 채무자 아닌 제3자로 등기한 것도 유효하다고 보고 있다.

우선 저당권자를 제3자로 등기한 경우에 관하여, 대판 1995.9.26, 94다33583은, 제3자 명의로 저당권등기를 하는 데 대하여 채권자와 채무자 및 제3자 사이에 합의가 있었고, 나아가 제3자에게 그 채권이 실질적으로 귀속되었다고 볼 수 있는 특별한 사정이 있는 경우에는 제3자 명의의 저당권등기도 유효하다고 보았고, 대판 2000.1.14, 99다51265, 51272; 2000.12.12, 2000다49879도 같은 취지이다.

그리고 제3자를 채무자로 한 경우에 관하여는, 대판 1980.4.22, 79다1822는 갑이 자기 소유 부동산을 을에게 명의신탁한 후, 피고와의 거래관계에서 발생하는 차용금 채무를 담보하기 위하여 위 부동산에 피고 명의로 근저당권을 설정함에 있어서 당사자 간의 편의에 따라 을을 채무자로 등재한 경우, 위 부동산의 근저당권이 담보하는 채무는 소외 갑의 피고에 대한 채무로 보아야 한다고 판시하였고, 대판 1997.11.14, 97다32055; 2010.6.24, 2010다17840; 대결 1999.7.22, 99마2870도 마찬가지이다.

대법원의 다수의견은 이러한 두 가지의 판례를 인용하면서, 채권자를 제3자로 하고 채무자도 또 다른 제3자로 한 근저당권이라 하여도 유효하다고 보았다.

2. 대상판결의 반대의견

그런데 반대의견은 우선, A 등이 C 회사에 이 사건 부동산을 매도하면서, 그 잔대금 채권의 지급확보를 위하여 A 등과 그 처인 Y 사이에 아무런 금전 대차관계가 없음에도 불구하고 형식상 피고로부터 2억 원을 차용한다는 내용의 차용금증서를 작성하고 원심 판시와 같은 근저당권을 설정한 이상, 아무리 당사자들의 일련의 행위를 종합적으로 파악하더라도 이를 가리켜 'A 등이 매매잔대금 채권을 Y에게 양도하고 채무자인 C는 그 양도를 승낙함으로써 그 매매잔대금 채권이 Y에게 이전'되었다고 해석할 수는 없고, 다수의견이 부종성이론과의 충돌을 피하기 위하여 의도적으로 당사자들의 의사를 왜곡하여 의제하려는 것이라고 하였다. 그리고 이 사건의 경우에는 종전의 판례와는 달리 채권자와 채무자 쌍방을 모두 제3자로 한 경우이고, 소유자인 채권자가 채무자로 된 이례적인 경우이어서 다수의견이 인용한 판례의 사안과는 현격히 다르며, 종전 판례들의 경우에는 직접적으로 이해관계를 갖는 제3자가 있는 경우로는 보이지 않지만, 이 사건의 경우에는 직접적인 이해관계를 가진 제3자가 있어서 종전 판례와 같은 결론에 이를 수는 없다고 보았다. 그리고 근저당권설정등기에 본래 채권자라고 되어야 할 소유자인 자가 채무자로 되는 것을 허용하게 되면, 이는 우리 민법이 채택하지 않은 독일 민법의 유통저당권이나 토지채무제도를 승인하는 것과 같은 결과로 물권법정주의에 반하게 된다고 하였다. 마지막으로 다수의견은 명의신탁을 금지하는 부동산 실권리자 명의 등기에 관한 법률에도 저촉된다고 보았다.

3. 제3자를 채권자로 하는 저당권등기의 효력

다수의견은 제3자를 근저당권 명의인으로 하는 근저당권을 설정하는 경우에도 채권양도, 제3자를 위한 계약, 불가분적 채권관계의 형성 등의 방법으로 채권이 그 제3자에게 실질적으로 귀속되었다고 볼 수 있는 특별한 사정이 있는 경우에는 제3자 명의의 근저당권설정등기도 유효하다고 보았다.

그런데 이 판결이 채권이 제3자에게 실질적으로 귀속되었다고 하는 것의 의미가 무엇인지는 명확하지 않다. 채권이 실질적으로는 귀속되었지만 형식적으로는 귀속되지 않는 경우가 있는지 확실하지 않고, 만일 그러한 경우에도 저당권이 유효하다면 이는 의문이다. 반대의견은 채권이 그 제3자에게 이전 또는 실질적으로 귀속되었다고 볼 수 있는 특별한 사정의 실체가 무엇인지, 그러한 애매한 표현을 통하여 부동산실권리자명의 등기에 관한 법률에서 규정한 명의신탁금지를 잠탈하는 것이 아닌지 살펴보아야 한다고 지적하였다.

그리고 이 사건에서 과연 A 등이 Y에게 채권을 양도하기로 하였는지도 의문이다. 다수의견은 어떤 목적을 위하여 한 당사자의 일련의 행위가 법률적으로 다듬어지지 아니한 탓으로 그것이 가지는 법률적 의미가 명확하지 아니한 경우에는 그것을 법률적인 관점에서 음미, 평가하여 그 법률적 의미가 무엇인가를 밝히는 것 역시 의사표시의 해석에 속한다고 하면서, A 등이 Y로부터 매매잔대금과 같은 금액을 차용하는 내용의 차용금증서를 작성·교부하는 방법으로 Y에게 매매잔대금 채권을 귀속시키고 채무자인 C가 이를 승낙함으로써 그 매매잔대금 채권이 피고에게 이전되었다고 풀이함이 상당하다고 하였다. 그러나 차용금증서를 교부하는 것이 그 차용금증서에 전혀 표시되지 않은 C 회사에 대한 채권을 양도하는 것으로 볼 수 있는지 명확하지 않다. 뿐만 아니라 채권양도가 있었다고 한다면 왜 양도인인 A 등이 근저당권설정등기에서 채무자로 표시되었는지도 알 수 없다. 이 점에 관하여 반대의견은 다수의견이 부종성이론과의 충돌을 피하기 위하여 의도적으로 당사자들의 의사를 왜곡하여 의제하려는 것이라고 비판하였다.

4. 제3자를 채무자로 하는 저당권등기의 효력

판례는 당사자의 편의에 따라 실제 채무자 아닌 제3자를 채무자로 등재하여 근저당권설정등기를 한 경우에도 근저당권이 담보하는 채무는 실제 채무자에 대한 채무로 보아야 한다고 판시하고 있으나, 그와 같이 볼 수 있는 근거는 따로 명시하지 않고 있다. 반대의견은 다수의견이 이 사건에서 채무자가 바뀐 데 대하여는 아무런 설명도 못하고 있다고 비판하였다.

학설상으로는 근저당권설정계약상의 채무자와 등기상 채무자가 상이한 경우는 부종성의 문제가 아니고, 저당권의 다른 기재사항이 잘못 등재된 경우와 마찬가지로 등기와 실체의 부합이라는 관점에서 파악하여, 등기와 실체관계가 불일치하는 경우에도 그 불일치가 비교적 경미하여 경정등기에 의하여 양자를 일치시키더라도 경정 전후에 등기로서의 동일성이 유지된다고 인정되는 경우에는 경정 전이라도 그 등기는 유효하다고 설명하는 견해가 있다. 그러나 근저당권 실행을 위하여 경매를 신청하는 경우에는 그 신청서에 채무자를 표시하여야 하는데(민사집행규칙 192조 1호), 근저당권설정등기에서 채무자로 기재되지 않은 자를 채무자로 표시하는 신청이 적법한 것이라고 보기는 어려우므로, 그러한 채무자의 불일치가 등기의 효력에 영향을 미치지 않는 경미한 것이라고 볼 수는 없다. 대결 1999.7.22, 99마2870은 근저당권설정등기상 채무자 아닌 제3자를 채무자로 한 경매개시결정에 잘못이 없다고 하였으나, 그 근거를 알 수 없다. 설령 그러한 등기가 경정등기의 대상이 될 수 있다고 하더라도, 실제로 경정등기가 되지 않았거나, 경정등기가 있기 전에 다른 이해관계인이 생겼다면, 그러한 등기의 효력을 이해관계인에 대하여 주장할 수는 없다고 하여야 할 것이다.

5. 거래 실제상의 필요성

다수의견을 지지하는 입장에서는 이 사건과 같은 경우에 매도인이 매수인에게 소유권이전등기를 마치기 전에 매수인에 대한 매매잔대금채권을 담보하기 위하여 매도인 소유의 부동산에 대하여 저당권을 취득할 실제상의 필요성이 있으므로, 이처럼 매도인 아닌 제3자를 채권자로 하는 근저당권설정등기의 효력을 인정할 필요가 있다고도 주장한다. 그러나 매도인이 매수인에게 부동산 소유권이전등기를 넘겨주고 바로 그 부동산에 대하여 저당권을 취득하는 것이 얼마든지 가능하므로, 굳이 이와 같은 편법을 인정할 필요가 없다. 반대의견이 비판하는 것처럼, 다수의견에 따르게 되면 결국 독일의 소유자저당권이나 소유자토지채무와 같이 자기 소유의 부동산에 대하여 근저당권을 취득하는 것을 인정하는 것이 되지만, 물권법정주의에 비추어 이는 법률의 개정 없이는 불가능하다.

참고문헌

김미리, 제3자 명의 저당권등기의 효력, 법조 2002.2.
남영찬, 근저당권의 피담보채권과 부종성, 민사재판의 제문제 11권, 2002.
변환철, 저당권과 부종성, 중앙대학교 법학논문집 제32집 제2호, 2008.
윤홍근, 근저당권의 부종성의 한계, 민사판례연구 24권, 2002.
최동식, 근저당권의 부종성, 강의중교수정년기념논문집, 2002.

[판례 52]

피담보채권의 양도와 저당권의 귀속

대법원 2003.10.10. 선고 2001다77888 판결

사 실

X 은행은 A와 어음할인거래, 신용카드거래를 하였는데, B는 1997.12.16. A의 X에 대한 채무를 담보하기 위하여 자신 소유의 이 사건 부동산에 관하여 채권최고액 2억 5천만 원, 채무자 A, 근저당권자 X로 된 근저당권설정등기를 마쳤다. X는 1999.9.17. C(원고보조참가인)에게 A에 대한 채권 전액을 양도하였고, 1999.9.29. A 및 B(연대보증인)에게 확정일자 있는 증서로 채권양도통지를 하였으나, 근저당권이전등기는 하지 않았다. 그런데 D 은행이 2000.2.24. 자신의 근저당권에 기하여 이 사건 부동산에 관하여 담보권실행을 위한 경매신청을 하였는데, X는 이 사건 근저당권에 의하여 담보되는 A에 대한 채권액이 322,707,608원이라는 채권계산서를 제출하였고, Y는 이 사건 부동산에 대한 주택임차인으로서 배당요구를 하였다. 집행법원은 2000.8.25. 배당기일에서 Y에게는 배당을 하였으나 X에게는 배당을 하지 않았다.

X는 Y가 가장임차인이라고 주장하며 배당이의를 제기하였고, 원심은 이를 인정하였다. 그러나 대법원은 원심판결을 파기하였다.

이 유

피담보채권과 저당권을 함께 양도하는 경우에 채권양도는 당사자 사이의 의사표시만으로 양도의 효력이 발생하지만 저당권이전은 이전등기를 하여야 하므로 채권양도와 저당권이전등기 사이에 어느 정도 시차가 불가피한 이상 피담보채권이 먼저 양도되어 일시적으로 피담보채권과 저당권의 귀속이 달라진다고 하여 저당권이 무효로 된다고 볼 수는 없다. 그러나 X 명의의 이 사건 근저당권은 그 피담보채권의 양수인인 C에게 이전되어야 할 것에 불과하고, X는 피담보채권을 양도하여 결국 피담보채권을 상실한 셈이므로, 집행채무자로부터 변제를 받기 위하여 배당표에 자신에게 배당하는 것으로 배당표의 경정을 구할 수 있는 지위에 있다고 볼 수 없고,

또한 C가 이 사건 저당권을 이전받지 못할 아무런 장애도 없는데도 피담보채권을 양수하고도 단지 등록세 등의 비용을 절약하기 위하여 장기간 저당권의 이전등기를 해태한 끝에 결국 저당권이 말소된 이 사건에서 양도인인 X가 양수인인 C를 대신하여 변제를 수령할 수 있다고 볼 아무런 근거도 없다.

해 설

1. 채권이 양도되면 이를 담보하기 위한 저당권도 양도되는가?

채권을 양도할 때 이를 담보하기 위한 저당권도 같이 양도할 수 있음은 당연하다. 반대로 저당권은 그 담보한 채권과 분리하여 타인에게 양도하거나 다른 채권의 담보로 하지 못한다(361조). 문제는 양도 당사자들 사이에 채권만을 양도하였으나 저당권도 같이 양도하였는지가 분명하지 않을 때이다. 이때에는 저당권의 부종성과 수반성에 따라 다른 특별한 사정이 없는 한 저당권도 양도되는 것으로 봄이 상당하다. 대상판결도 X와 C 사이에 이 사건 근저당권의 양도를 배제하는 특약이 있었다고 인정할 증거가 없는 이 사건에서는 피담보채권과 저당권을 함께 양도하기로 하였다고 봄이 상당하다고 하였다.

다만 양도 당사자들 사이에 채권만을 양도하고 저당권은 양도하지 않기로 약정할 수도 있다. 이 경우에는 채권의 처분에 따르지 않은 담보권은 소멸한다고 볼 수밖에 없다(대판 2004.4.28, 2003다61542). 당사자들이 이와 같은 약정을 하였다는 점은 이를 주장하는 사람에게 증명책임이 있다(대판 2017.9.21, 2017다17207).

2. 채권양도의 대항요건과 저당권 이전등기의 시간적 간격이 있는 경우

그런데 채권양도의 대항요건은 채무자에 대한 통지 또는 승낙인 반면, 물권인 저당권 이전의 공시방법은 등기이므로, 양자 사이에는 시간적 간격이 있게 된다. 이러한 경우에 저당권 이전의 효력은 언제 발생하는가? 이에 대하여는 학설상 3가지 견해가 있다.

통설은, 저당권부채권의 양도에는 채권양도에 관한 규정과 물권의 양도에 관한 규정이 모두 적용되어, 채권양도는 당사자 사이에 의사표시만으로 양도의 효력이 생기지만 채무자 기타 제3자에게 대항하기 위해서는 양도인이 채무자에게 통지하거나 또는 채무자가 승낙하여야 하고, 저당권은 물권이므로 186조에 의하여 등기(부기등기)하여야 이전된다고 한다. 근래에는 "저당권으로 담보한 채권을 질권의 목적으로 한 때에는 그 저당권등기에 질권의 부기등기를 하여야 그 효력이 저당권에 미친다"고 규정하고 있는 348조를 근거로 하여, 통설을 지지하는 견해가 있다.

반면 저당권부채권의 경우에는 저당권 이전의 등기를 갖춘 때에 비로소 피담보채권의 양도도 함께 효력이 생긴다고 하는 견해도 있다. 제3설은, 담보물권의 수반성에 따라 피담보채권이 양도되면 저당권도 그 등기 없이도 당연히 이전되며, 이는 법률의 규정에 의한 물권변동(187조)에 해당한다고 본다.

대상판결은 통설과 마찬가지로 채권양도는 당사자 사이의 의사표시만으로 양도의 효력이 발생하지만 저당권이전은 이전등기를 하여야 한다고 보았다. 그리하여 피담보채권이 먼저 양도되어 일시적으로 피담보채권과 저당권의 귀속이 달라졌어도 저당권이 무효로 되는 것은 아니지만, 양도인은 피담보채권을 상실하여 변제를 받을 수는 없다고 보았다.

한편 대판 2020.4.29, 2016다235411은, 저당권부 채권에 질권을 설정한 경우에 관하여, 저당권에 의하여 담보된 채권에 질권을 설정하였을 때 저당권의 부종성으로 인하여 등기 없이 성립하는 권리질권이 당연히 저당권에도 효력이 미친다고 한다면, 공시의 원칙에 어긋나고 그 저당권에 의하여 담보된 채권을 양수하거나 압류한 사람, 저당부동산을 취득한 제3자 등에게 예측할 수 없는 질권의 부담을 줄 수 있어 거래의 안전을 해할 수 있으므로 348조는 저당권설정등기에 질권의 부기등기를 한 때에만 질권의 효력이 저당권에 미치도록 한 것이고, 이는 186조에서 정하는 물권변동에 해당한다고 하였다.

3. 검 토

통설이나 대상판결과 같이 보게 되면 채권양도는 이루어졌으나, 저당권의 이전등기는 아직 이루어지지 않은 경우에는, 양도인은 채권을 상실하였으므로 채권이나 저당권을 행사할 수 없고, 양수인도 채권자이기는 하지만 저당권은 행사할 수 없게 되는 결과가 되는데, 이는 바람직하지 않다. 그러므로 입법론적으로는 제3설과 마찬가지로 피담보채권이 양도되면 저당권도 그에 따라 당연히 저당권 이전의 부기등기 없이도 양수인에게 이전되는 것으로 봄이 타당하다. 이론적으로는 이 경우의 저당권 이전은 법률행위에 의한 것이 아니라, 담보물권의 수반성에 기하여 법률상 당연히 이전되는 것이고, 이는 187조에 의한 물권변동으로서 등기를 필요로 하지 않는다고 설명하여야 할 것이다. 그러나 현행법의 해석론으로서는 저당권부 채권에 질권을 설정하는 경우에 그 저당권등기에 질권의 부기등기를 하여야 그 효력이 저당권에 미치는 것으로 규정하고 있는 348조를 고려하면 통설을 따르지 않을 수 없다. 이 점에서 제3설을 지지하였던 제2판까지의 주장을 바꾼다.

그리고 저당권 이전의 부기등기가 있어야만 채권양도의 효력이 발생한다는 것은 아무런 실정법상 근거를 찾을 수 없다.

4. 저당권 이전의 등기가 채권양도의 통지보다 먼저 이루어진 경우

대판 2005.6.23, 2004다29279에서는 피담보채권을 저당권과 함께 양수한 자가 저당권이전의 부기등기를 마쳤으나 채권양도의 대항요건을 갖추고 있지 않은 경우에 저당권에 기한 경매신청을 할 수 있는가가 문제되었다. 위 판결은 그러한 양수인은 채권양도의 대항요건을 갖추고 있지 아니하더라도 경매신청을 할 수 있고, 채무자는 경매절차의 이해관계인으로서 채권양도의 대항요건을 갖추지 못하였다는 사유를 들어 경매개시결정에 대한 이의나 즉시항고절차에서 다툴 수 있지만, 이러한 절차를 통하여 채권 및 근저당권의 양수인의 신청에 의하여 개시된 경매절차가 실효되지 아니한 이상 그 경매절차는 적법한 것이고, 또한 그 경매신청인은 양수채권의 변제를 받을 수도 있다고 하였다. 이에 대하여는 아래 **[판례 81]**의 해설 참조.

참고문헌

강태성, 저당권부 채권의 양도, Jurist 410호, 2006.

노만경, 근저당권부 채권이 양도되었으나 근저당권의 이전등기가 경료되지 않은 상태에서 실시된 배당절차에서 근저당권의 명의인이 배당이의를 할 수 있는지 여부, 대법원판례해설 46호, 2004.

박형준, 피담보채권을 양도한 저당권등기명의인의 배당이의, 부산지법 판례연구 16집, 2005.

배성호, 저당권부 채권양도 일별, 영남법학 30호, 2010.

위계찬, 저당권부채권의 양도, 한양법학 25권 3호, 2014.

이동진, 담보의 부종성에 관한 소고(小考), 자율과 정의의 민법학: 양창수 교수 고희기념 논문집, 박영사, 2021.

이무룡, 저당권부채권질권 설정에 관한 연구, 저스티스 188호, 2022.

정병호, 저당권부 채권의 양도에 관한 하나의 시론, 민사법학 36호, 2007.

최수정, 피담보채권의 양도와 저당권이전, 민사법학 48호, 2010.

[판례 53]

저당권의 물상대위

대법원 2009.5.14. 선고 2008다17656 판결

사 실

X는 A(원심 공동피고)에게 2002.10.15. 3,500만 원을 대여하였고, A는 이를 담보하기 위하여 자신의 소유이던 이 사건 토지에 관하여 X를 근저당권자로 하는 근저당권을 설정해 주었다. 그 후 A는 자신의 처인 Y에게 위 토지를 증여하고, 위 토지에 관하여 2004.6.8. Y 앞으로 소유권이전등기를 마쳤다. B는 2006.3.14. 위 토지를 수용하면서 Y 앞으로 수용보상금 82,537,800원을 공탁하였고, Y가 2006.3.20. 위 공탁금 전액을 출금하였다. X는 Y에 대하여 X의 피담보채권 원리금인 39,789,726원 상당의 부당이득반환을 청구하였다.

원심은, X가 물상대위권의 행사에 나아가지 아니하여 우선변제권을 상실한 이상 Y가 공탁금을 전액 수령하여 근저당권의 부담을 면하는 이득을 얻었다고 하더라도 X는 부당이득반환을 청구할 수 없다고 판단하여 X의 청구를 기각하였다. 그러나 대법원은 원심판결을 파기환송하였다.

이 유

저당권자는 저당권의 목적이 된 물건의 멸실, 훼손 또는 공용징수로 인하여 저당목적물의 소유자가 받을 저당목적물에 갈음하는 금전 기타 물건에 대하여 물상대위권을 행사할 수 있으나, 다만 그 지급 또는 인도 전에 이를 압류하여야 하며, 저당권자가 위 금전 또는 물건의 인도청구권을 압류하기 전에 저당물의 소유자가 그 인도청구권에 기하여 금전 등을 수령한 경우에는 저당권자는 더 이상 물상대위권을 행사할 수 없게 된다. 이 경우 저당권자는 저당권을 상실하는 손해를 입게 되는 반면에, 저당목적물의 소유자는 저당권의 채권최고액 범위 내에서 저당권자에게 저당목적물의 교환가치를 양보하여야 할 지위에 있다가 마치 그러한 저당권의 부담이 없었던 것과 같은 상태에서의 대가를 취득하게 되는 것이므로, 그 수령한 금액 가운데 저당

권의 채권최고액을 한도로 하는 피담보채권액의 범위 내에서는 이득을 얻게 된다. 저당목적물 소유자가 얻은 위와 같은 이익은 저당권자의 손실로 인한 것으로서 인과관계가 있을 뿐 아니라, 공평 관념에 위배되는 재산적 가치의 이동이 있는 경우 수익자로부터 그 이득을 되돌려받아 손실자와의 사이에 재산상태의 조정을 꾀하는 부당이득제도의 목적에 비추어 보면, 위와 같은 이익을 소유권자에게 종국적으로 귀속시키는 것은 저당권자에 대한 관계에서 공평의 관념에 위배되어 법률상 원인이 없다고 봄이 상당하므로, 저당목적물 소유자는 저당권자에게 이를 부당이득으로서 반환할 의무가 있다.

해 설

1. 물상대위의 행사요건으로서의 압류

342조는 질권은 질물의 멸실, 훼손 또는 공용징수로 인하여 질권설정자가 받을 금전 기타 물건에 대하여도 이를 행사할 수 있지만, 그 지급 또는 인도전에 압류하여야 한다고 규정하고, 이는 370조에 의하여 저당권에도 적용된다. 이처럼 물상대위를 행사하려면 압류를 하여야 하는 이유에 대하여는 우선권보전설, 특정성유지설, 제3채무자보호설 등 여러 가지의 견해가 주장되어 왔다.

우선권보전설의 입장에서는 질권이나 저당권과 같은 담보물권의 효력이 담보물의 멸실, 훼손 등으로 인하여 담보권자가 받을 금전 기타 물건에 대하여 당연히 미치는 것은 아니고, 법률이 담보물권자를 보호하기 위하여 대위의 객체에 대한 압류를 요건으로 하여 특별히 인정한 특권적 효력이므로, 담보권자의 압류는 우선권 있는 물상대위권을 제3자에게 공시하여 제3자의 불측의 피해를 방지하기 위하여 필요하다고 한다. 우선권보전설에 따를 때에는 압류는 반드시 담보권자 자신이 하여야 하고, 저당권자의 압류가 있기 전에 설정자의 다른 채권자가 당해 채권을 압류하여 전부받거나 양도받은 경우에는 저당권자는 더 이상 물상대위를 행사할 수 없다.

반면 특정성유지설의 입장에서는 담보물의 가치변형물이 담보물의 소유자에게 지급됨으로써 담보물 소유자의 일반재산에 혼입되면 그 특정성을 잃게 되고, 특정성을 잃은 후에도 물상대위를 허용한다면 이는 다른 채권자를 해하고 법률관계의 분규를 초래하게 되므로, 압류에 의하여 목적채권을 지급 전의 상태로 남게 하여 그 특정성을 보전하기 위한 것이라고 한다. 이 설에서는 압류 자체는 반드시 저당권자가 할 필요가 없고, 다른 채권자 등에 의해서 이루어지면 충분하며, 권리의 특정성이 유지되고 있는 이상 대위목적채권이 양도되거나 전부되더라도 저당권자는 양수인이나 전부권자에게 물상대위권을 주장할 수 있다고 본다.

그리고 제3채무자보호설은, 제3채무자는 저당권자에 대하여 지급의무를 부담하지만, 저당권자의 존재를 알지 못하는 제3채무자는 이중변제의 위험을 부담하게 되므로, 민법은 저당권자로 하여금 압류에 의하여 자신의 존재를 제3채무자에게 알림으로써 제3채무자의 이중변제위험을 방지하려고 한다고 설명한다. 이에 따른다면 물상대위권을 행사하는 담보권자 자신에 의한 압류가 반드시 요구되고, 우선권의 순위는 담보권 등의 본래의 순위에 따르며, 양도 또는 전부된 후에도 지급 전까지는 압류 등의 방법으로 제3채무자에게 물상대위권의 존재를 알림으로써 물상대위권을 행사할 수 있다.

최근에는 제3채무자보호설의 입장에 서면서도, 저당권의 물상대위는 등기부의 존재에 의하여 공시되므로 압류는 제3채무자에 대한 공시를 위하여 요구되는 것이 아니고, 제3채무자는 저당권자가 물상대위권을 행사할지 알 수 없는 불안정한 상황에 있으므로, 변제를 금지하는 압류가 있기 전까지는 제3채무자가 설정자에게 변제할 수 있는 가능성을 인정함으로써 물상대위권의 행사 여부에 따른 제3채무자의 법적 불안정을 회피하기 위하여 필요한 것이라는 주장도 제기되었다.

2. 판 례

현재의 주류적인 판례는 특정성 유지와 제3채무자 보호라는 두 가지 근거를 동시에 들고 있다. 즉 민법이 물상대위권을 행사하기 위하여 압류하여야 한다고 규정한 것은 물상대위의 목적인 채권의 특정성을 유지하여 그 효력을 보전함과 동시에 제3자에게 불측의 손해를 입히지 않으려는 데 있다고 한다(대판 1990.12.26, 90다카24816 등).

구체적으로는 저당물의 변형물인 금전 기타 물건에 대하여 이미 제3자가 압류하여 그 금전 또는 물건이 특정된 이상 저당권자가 스스로 이를 압류하지 않고서도 물상대위권을 행사하여 일반 채권자보다 우선변제를 받을 수 있으나, 그 행사방법으로는 당시의 민사소송법 733조에 의하여 담보권의 존재를 증명하는 서류를 집행법원에 제출하여 채권압류 및 전부명령을 신청하는 것이거나 민사소송법 580조 1항에 의하여 배당요구를 하여야 한다고 보았다(대판 1998.9.22, 98다12812 등). 그리고 이러한 물상대위권의 권리실행은 늦어도 과거의 민사소송법 580조(현재의 민사집행법 247조)에서 규정하고 있는 배당요구의 종기까지 하여야만 물상대위권자의 우선변제권이 확보되고, 그 이후에는 그런 권리가 없다고 하였다(대판 1994.11.22, 94다25728).

그렇지만 물상대위권자의 압류 전에 양도 또는 전부명령 등에 의하여 토지수용보상금 채권이 타인에게 이전된 경우라도 보상금이 직접 지급되거나 보상금지급청구권에 관한 강제집행절차에 있어서 배당요구의 종기에 이르기 전에는 여전히 그 청구권에 대하여 물상대위권을 행사할 수 있다고 보았다(대판 2000.6.23, 98다31899 등).

즉 판례는 압류는 저당권자 자신이 하지 않아도 되지만, 저당권자는 저당물의 소유자가 지급을 받기 전까지, 또는 채권이 다른 사람에 의하여 압류된 경우에는 그 배당절차의 종기에 이르기까지 압류 및 전부명령을 신청하거나 배당요구를 하여야 한다고 보고 있다.

3. 저당권자의 부당이득반환청구

저당권자가 아직 물상대위권을 행사하기 전에 저당권설정자나 제3취득자 등 저당물의 소유자가 제3자로부터 대위의 목적인 채권의 변제를 받은 경우, 또는 저당물의 소유자의 채권을 압류한 자가 변제를 받은 경우에는 저당권자가 변제를 받은 자에 대하여 부당이득반환청구권을 행사할 수 있는가가 문제된다.

대판 1975.4.8, 73다29는, 근저당권의 목적인 선박을 제3자가 취득하였는데 타인의 불법행위로 인하여 선박이 침몰되자 소유자가 그 타인으로부터 손해배상을 받은 경우에, 근저당권자가 소유자에 대하여 부당이득반환을 청구할 수 있다고 하였다. 이 판결은 370조에 의한 물상대위는 저당권자가 저당권의 효력으로서의 우선변제를 받기 위한 규정이므로, 이 규정 때문에 부당이득의 성립에 무슨 지장을 주는 것이 아니라고 하였다.

그런데 대판 2002.10.11, 2002다33137은, 저당목적물 소유자 아닌 제3자가 실제로 물상대위의 대상이 되는 보상금을 지급받은 경우에는 제3자에 대하여 부당이득반환을 청구할 수 없다고 보았다. 즉 저당권자가 담보권의 존재를 증명하는 서류를 집행법원에 제출하여 채권압류 및 전부명령을 신청하거나 배당요구를 하는 방법에 의하여 물상대위권을 행사하지 않았으면 우선변제권을 상실하고, 다른 채권자가 그 보상금 또는 이에 관한 변제공탁금으로부터 이득을 얻었다고 하더라도 저당권자는 이를 부당이득으로서 반환청구할 수 없다고 하였다.

그러므로 위 2002다33137 판결과 73다29 판결의 관계가 문제되는데, 대상판결의 원심은 2002다33137판결을 인용하면서 제3취득자에 대한 부당이득반환청구권을 부정하였다. 그러나 대상판결은 원심판결을 파기하면서, 2002다33137 판결은 배당절차에서 배당을 받은 다른 채권자에 대하여 부당이득반환청구를 할 수 없다는 것으로서, 이 사건과는 사안을 달리한다고 보았다.

결국 대법원은 물상보증인이나 제3취득자 등 저당물의 소유자가 변제받은 경우에는 부당이득반환청구를 할 수 있지만, 그 외의 제3자가 변제받은 경우에는 부당이득반환청구를 할 수 없다고 보고 있다. 대판 2010.10.28, 2010다46756은 세무서장이 국세징수법에 의하여 저당물에 대한 수용보상금을 압류하여 변제받은 경우에도 2002년 판결과 같이 판시하였다.

4. 검 토

우선 물상대위권 행사를 위하여 왜 압류가 요구되는가 하는 점은 반드시 명확하지 않다. 우선권보전설에 대하여는, 질권의 경우에는 점유가, 저당권의 경우에는 등기가 공시방법이므로, 그 외에 특별히 압류라는 공시방법이 필요하지 않다는 반론이 있다. 제3채무자보호설에 대하여도 같은 반론이 가능하다. 그리고 특정성유지설에 대하여는 특정성의 유지가 과연 그렇게 중요한가, 특정성이 유지되지 않아도 별다른 문제는 없지 않은가 하는 점을 지적할 수 있다. 저당권자가 물상대위를 할 것인지 여부에 관한 제3채무자의 불안정성을 해소하기 위하여 압류가 필요하다는 새로운 제3채무자보호설에 대하여도, 이러한 불안정성은 저당권자가 물상대위를 할 것이라는 사실을 제3채무자가 통지를 받았다는 등의 사유로 알게 되었다면 해소되는 것이지, 구태여 압류까지 요구할 이유는 없을 것이다. 어쨌든 현재의 판례는 기본적으로 특정성유지설을 택하고 있고, 이러한 특정성유지설에 의하여 판례의 결론은 설명할 수 있다.

다른 한편 저당물의 소유자나 제3자가 변제를 받은 경우에 저당권자가 변제를 받은 자에 대하여 부당이득반환을 청구할 수 있는가는 경우를 나누어 보아야 한다. 우선 변제를 받은 자가 제3자인 경우에는, 물상대위권을 행사하지 않았던 저당권자는 부당이득반환을 청구할 수 없다고 보아야 한다. 이에 대하여는, 설정자가 보유하던 채권은 물상대위권의 부담을 안고 있는 채권이므로, 설정자로부터 채권을 전부받은 채권자나 양수인은 그러한 물상대위권의 부담을 안고 있는 채권을 취득한 것이고, 따라서 저당권자는 그러한 자에게 부당이득반환을 청구할 수 있다는 주장이 있다. 그러나 물상대위를 인정하는 민법 규정이 없다면 저당권자가 제3채무자에게 변제를 청구할 수 있는 권리가 당연히 인정되는 것은 아니며, 저당권자로서는 저당물 소유자에게 그러한 제3자에 대한 권리를 양도할 것을 청구할 수 있는 데 그칠 수밖에 없다. 따라서 저당권자가 물상대위를 할 수 있는 것은 민법이 인정하는 물상대위의 요건에 부합하는 때에 한하는 것인데, 민법이 물상대위권을 행사하기 위하여는 지급 또는 인도 전에 압류하여야 한다고 규정하고 있는 이상, 저당물소유자 아닌 제3자가 변제를 받은 후에는 더 이상 압류할 수 없어서 물상대위를 행사할 수 없고, 따라서 부당이득반환을 청구할 수 없다고 보아야 한다. 저당권자는 위와 같은 제3자에 대하여는 물상대위를 근거로 하지 않고는 자신의 권리를 주장할 수 있는 지위에 있지 않는 것이다.

그러나 저당물 소유자가 제3채무자로부터 변제를 받은 경우는 이와 다르다. 우선 저당물 소유자가 동시에 채무자인 경우에는 어차피 채무를 변제하여야 하므로 따로 부당이득을 문제삼을 필요가 없고, 부당이득이 문제되는 것은 저당물 소유자가 물상보증인이나 제3취득자인 경우이다. 그런데 원래 저당권자는 저당권의 실행에 의하여 저당물의 매각대금 중에서 우선적으로 변제를 받을 수 있는 권리가 있고, 따라서 저당물 소유자는 그만큼의 부담을 안고 있는 상태로 그 저당물을 소유하고 있는데, 저당권이 소멸하면서 그 대가로 저당물 소유자가 이익을 얻었다면 그러한 이익은 저당권자에게 부당이득으로서 반환되어야 한다. 이는 대상청구권의 문제와 그 구조가 비슷하다. 즉 판례는 채무가 이행불능이 되었는데 채무자가 그로 인하여 이익을 얻은 경우에는 채권자는 그 이익의 상환을 청구할 수 있다는 이른바 대상청구권을 인정하고 있다(대법원 1992.5.12. 선고 92다4581, 92다4598 판결, **[판례 62]** 등). 그런데 저당권이 소멸하였지만 저당물 소유자는 그로 인한 보상을 받았다면, 저당물 소유자가 그러한 이익을 그대로 보유할 수는 없고, 대상청구권이 인정되는 경우와 마찬가지로 보아 그러한 이익은 저당권자에게 상환하여야 한다고 보아야 할 것이다. 이는 무권리자가 타인의 권리를 제3자에게 처분하였으나 선의 제3자의 보호규정에 의하여 원래의 권리자가 권리를 상실하는 경우, 그 권리자는 무권리자를 상대로 제3자로부터 그 처분의 대가로 수령한 것을 이른바 침해부당이득으로 보아 반환청구할 수 있는 것(대판 2011.6.10, 2010다40239)과 다르지 않다. 다른 말로 한다면, 이러한 경우에는 민법이 물상대위제도를 인정하고 있는지 여부와는 무관하게 저당권자가 저당물 소유자에게 부당이득반환을 청구할 수 있다고 보아야 한다.

5. 민법개정안

법무부 민법개정위원회는 2009년에 압류를 물상대위의 요건에서 제외하는 개정안을 만들었다. 이 개정안은 기본적으로 제3채무자보호설의 태도를 관철하려는 것이다.

현 행	개정안
제342조(물상대위) 질권은 질물의 멸실, 훼손 또는 공용징수로 인하여 질권설정자가 받을 금전 기타 물건에 대하여도 이를 행사할 수 있다. 이 경우에는 그 지급 또는 인도전에 압류하여야 한다.	제342조(물상대위) ① 질권자는 목적물의 멸실, 훼손 또는 공용징수로 인하여 질권설정자가 받을 보험금 그 밖의 금전이나 물건에 대하여도 질권을 행사할 수 있다. ② 질권설정자에 대한 1항의 의무자는 질권자가 그 권리있음을 통지하기까지는 질권설정자에게 보험금 그 밖의 금전을 지급하거나 물건을 인도할 수 있다. 그러나 의무자가 질권자에게 권리있음을 안 때에는 그러하지 아니하다. ③ 2항에 의한 지급 또는 인도는 질권자의 질권설정자 및 다른 제3자에 대한 지위에 영향을 미치지 아니한다.

참고문헌

곽병수, 저당권자의 물상대위와 부당이득반환청구권, 재판과 판례 20집, 2011.

김형석, 저당권자의 물상대위와 부당이득, 서울대학교 법학 50권 2호, 2009.

유승정, 물상대위권의 행사, 민사재판의 제문제 10권, 2000.

이환승, 물상대위권의 소멸과 부당이득반환의무, 대법원판례해설 79, 2009.

조원경, 물상대위권 행사 전에 지급이 이루어진 경우 물상대위권자의 부당이득반환청구권 성립 여부, 민사판례연구 33권(상), 2011.

[판례 54]

저당권에 기한 방해배제청구권

대법원 2006.1.27. 선고 2003다58454 판결

사 실

A 회사는 1996.9.6. 이 사건 토지 위에 지하 6층, 지상 20층 규모의 오피스텔을 건축하여 분양하기로 하고 건축공사에 착수하였으며, 1996.5.1. 분양을 개시하여 총 468세대 중 371세대를 분양하였다. A 회사는 1996.12.7. 당시 소유자이던 서울시로부터 이 사건 토지를 매수한 뒤, 같은 달 9. B 은행으로부터 위 건물 건축자금 180억 원을 차용하면서, 이 사건 토지에 관하여 채권최고액 143억 원의 근저당권을 B 은행 앞으로 설정하여 주었다. A 회사가 1998.1.14. 위 건물을 지하 1층까지 완성한 상태에서 부도를 내자, A 회사로부터 위 건물을 개별 분양받은 수분양자들이 중심이 되어 결성된 Y 조합은 1998.2.24. A 회사로부터 위 건물 건축사업의 시행권을 양수한 뒤, 공사를 재개하여 지하층 공사를 마쳤다. X 회사는 2000.12.22. B 은행으로부터 위 대여금채권과 위 근저당권을 양수한 뒤, 2001.3.20. 서울지방법원에 위 근저당권의 실행을 위한 임의경매신청을 하였다. X 회사는 위 근저당권에 기한 방해배제청구권을 피보전권리로 하여 서울지방법원에 피고 조합을 상대로 공사중지가처분을 신청하여 2002.4.9. 그 신청을 인용하는 가처분결정을 받고, 2002.5.24. Y 조합을 상대로 이 사건 건축공사중지청구소송을 제기하였다. X'는 2003.4.11. X로부터 위 대여금채권과 위 근저당권을 양수하고, 2003.5.6. 근저당권이전등기를 마친 다음 X를 승계참가하였다.

원심은 X'의 청구를 받아들였고, 대법원은 Y의 상고를 기각하였다.

이 유

저당권은 저당부동산의 소유자 또는 그로부터 점유권원을 설정받은 제3자에 의한 점유가 전제되어 있으므로, 소유자 또는 제3자가 저당부동산을 점유하고 통상의 용법에 따라 사용·수익하는 한 저당권을 침해한다고 할 수 없지만, 저당권자는 저당권 설정 이후 환가에 이르기까

지 저당물의 교환가치에 대한 지배권능을 보유하고 있으므로, 저당목적물의 소유자 또는 제3자가 저당목적물을 물리적으로 멸실 · 훼손하는 경우는 물론 그 밖의 행위로 저당부동산의 교환가치가 하락할 우려가 있는 등 저당권자의 우선변제청구권의 행사가 방해되는 결과가 발생한다면, 저당권자는 저당권에 기한 방해배제청구권을 행사하여 방해행위의 제거를 청구할 수 있다.

대지의 소유자가 나대지 상태에서 저당권을 설정한 다음 대지상에 건물을 신축하기 시작하였으나 피담보채무를 변제하지 못함으로써 저당권이 실행에 이르렀거나 실행이 예상되는 상황인데도 소유자 또는 제3자가 신축공사를 계속한다면, 신축건물을 위한 법정지상권이 성립하지 않는다고 할지라도 경매절차에 의한 매수인으로서는 신축건물의 소유자로 하여금 이를 철거하게 하고 대지를 인도받기까지 별도의 비용과 시간을 들여야 하므로, 저당목적 대지상에 건물신축공사가 진행되고 있다면 이는 경매절차에서 매수희망자를 감소시키거나 매각가격을 저감시켜 결국 저당권자가 지배하는 교환가치의 실현을 방해하거나 방해할 염려가 있는 사정에 해당한다.

해 설

1. 판례의 동향

종래 저당권에 기한 방해배제청구권은 이를 인정하는 명문의 규정(370조에 의한 214조의 준용)에도 불구하고 별다른 관심의 대상이 되지 못하였고, 판례상으로도 별로 다루어지지 않았다. 다만 대판 1996.3.22, 95다55184는, 공장저당권의 목적 동산이 저당권자의 동의를 얻지 아니하고 설치된 공장으로부터 반출된 경우에는 저당목적물이 제3자에게 선의취득되지 않는 한 원래의 설치 장소에 원상회복할 것을 청구하는 것은 저당권자가 가지는 방해배제권의 당연한 행사에 해당한다고 판시하였다.

그런데 대판 2005.4.29, 2005다3243은, 저당부동산에 대한 점유가 저당부동산의 본래의 용법에 따른 사용 · 수익의 범위를 초과하여 그 교환가치를 감소시키거나, 점유자에게 저당권의 실현을 방해하기 위하여 점유를 개시하였다는 점이 인정되는 등, 그 점유로 인하여 정상적인 점유가 있는 경우의 경락가격과 비교하여 그 가격이 하락하거나 경매절차가 진행되지 않는 등 저당권의 실현이 곤란하게 될 사정이 있는 경우에는 저당권의 침해가 인정될 수 있다고 하였다. 다만 당해 사건에서는 방해배제청구를 받아들이지 않았다.

대상판결은 저당권자의 방해배제청구를 인용하면서, 저당목적물의 소유자 또는 제3자가 저당목적물을 물리적으로 멸실 · 훼손하는 경우는 물론 그 밖의 행위로 저당부동산의 교환가치가 하락할 우려가 있는 등 저당권자의 우선변제청구권의 행사가 방해되는 결과가 발생할 것을 그 요건으로 들었다.

그리고 대판 2007.10.25, 2007다47896은, 담보로 제공된 부동산 소유자로부터 점유권원을 설정받은 제3자가 통상의 용법에 따라 부동산을 사용 · 수익하는 한 저당권을 침해한다고 볼 수 없지만, 점유권원을 설정받은 제3자의 점유가 저당권의 실현을 방해하기 위한 것이고, 그 점유에 의해서 저당권자의 교환가치의 실현 또는 우선변제청구권의 행사와 같은 저당권의 실현을 방해하는 특별한 사정이 있는 경우에는 저당권의 침해로 인정될 수 있을 것이라고 하였다.

위 2005년 판결과 대상판결 그리고 2007년 판결을 비교하여 본다면, 2005년 판결에서는 점유자에 대한 방해배제가 인용될 수 있는 요건으로서 저당부동산에 대한 점유가 저당부동산의 본래의 용법에 따른 사용 · 수익의 범위를 초과하여 그 교환가치를 감소시키거나, 그 점유로 인하여 저당권의 실현이 곤란하게 될 사정이 있을 것을 들면서, 점유자가 저당권의 실현을 방해하기 위하여 점유를 개시한 경우를 점유로 인하여 저당권의 실현이 곤란하게 될 사정의 한 예로 들고 있다. 그리고 대상판결은 저당목적물의 소유자 또는 제3자가 저당목적물을 물리적으로 멸실 · 훼손하는 경우뿐만 아니라 그 밖의 행위로 저당부동산의 교환가치가 하락할 우려가 있는 등 저당권자의 우선변제청구권의 행사가 방해되는 결과가 발생한다면 방해배제청구권을 행사할 수 있다고 하였으나, 점유자가 저당권의 실현을 방해하기 위하여 점유를 개시한 경우를 따로 들고 있지는 않다. 반면 2007년 판결은, 점유권원을 설정받은 제3자의 점유가 저당권의 실현을 방해하기 위한 것인 때에만 방해배제청구가 인정될 수 있는 것처럼 표현하고 있다.

2. 학 설

종래의 학설은 저당권을 이른바 가치권으로 파악하여, 저당권은 실체권으로부터 완전히 독립하여 목적물에 대한 지배권을 갖지 않고 단순히 목적물에 대한 교환가치만을 파악하는 재산권이므로, 저당권설정자가 저당목적물을 제3자에게 용익하게 하거나 부합물을 저당부동산으로부터 분리하더라도 이에 의하여 저당권이 침해되는 것은 아니라고 보고 있었다. 그러나 이에 대하여는, 소유자가 저당목적물을 이용할 수 있다고 하더라도 저당권자가 파악하고 있는 담보가치를 침해해서는 안 되고, 저당목적물의 사용으로 담보가치 자체가 손상된다면, 저당권을 침해하는 것이라고 볼 수 있다는 주장이 제기되었다. 대상판결이 저당목적물의 소유자 또는 제3자의 행위로 저당부동산의 교환가치가 하락할 우려가 있는 등 저당권자의 우선변제청구권의 행사가 방해되는 결과가 발생하는 경우에는 저당권의 침해가 있는 것으로 보아 방해배제청구권을 행사할 수 있다고 한 것은 이러한 주장에 영향을 받은 것으로 보인다.

그런데 판례에 대하여는 다음과 같은 비판이 있다. 즉 저당권이 설정되었더라도 그 저당목적물을 사용 · 수익할 권능은 저당권설정자에게 귀속되므로, 저당목적물이 나대지인 경우에 저당권설정자, 즉 토지소유자가 스스로 그 위에 건물을 신축하거나 또는 제3자에게 이를 허용하는 것은 특별한 사정이 없는 한 적법하고, 채무자의 채무불이행 상황이 되더라도 그것이 위법하게 되지는 않는다고 한다. 그리하여 대상판결과 같은 경우에는 방해배제청구의 상대방에게 저당권의 실행을 방해할 목적이 있어야만 방해배제청구가 인용될 수 있다는 것이다. 다만 이러한 입장에서도 대상판결의 경우에 그러한 방해목적을 인정할 수 있는가에 관하여는 의견이 갈리고 있다.

3. 검 토

이 문제는 결국 저당권설정자와 저당권자의 이익을 어떻게 조화시킬 것인가 하는 문제이다. 일반론으로는 저당권설정자 내지 토지소유자로서는 저당권을 설정하였다는 것만으로 그 토지의 사용·수익권을 상실하는 것은 아니므로, 그가 그 토지상에 건물을 신축하거나, 제3자로 하여금 건물을 신축하게 하는 것이 당연히 저당권의 침해가 되는 것은 아니다. 그러나 다른 한편 저당권설정자로서는 담보목적물의 가치를 유지하여야 할 의무가 있고, 다른 제3자로서도 물권인 저당권의 가치를 손상시켜서는 안 될 의무가 있다. 그런데 저당권이 설정된 토지상에 건물을 신축하게 되면 그 토지의 담보로서의 가치는 떨어지게 된다. 그러므로 저당권이 아직 실행되고 있지 않은 경우에는 토지소유자의 건물의 신축을 포함한 토지의 사용·수익이나 그로부터 건물신축권한을 인수한 사람이 건물을 신축하는 것은 원칙적으로 적법하고 저당권의 침해가 되지 않지만, 저당권이 실행되거나 그 실행이 예상되는 상황이라면 건물의 신축행위는 저당권을 침해하는 것이라고 보아 그 방해배제를 청구할 수 있다고 보아야 하고, 판례에 대한 비판론이 주장하는 것처럼 반드시 건물의 신축이 경매를 방해할 목적이라고 인정될 때에 한하여 이를 인정할 것은 아니다. 일반적으로 물권적 청구권의 행사에 있어서 상대방의 고의나 과실 등 귀책사유는 요건이 아니므로, 이러한 주관적 요건을 도입하는 것은 이론적으로 문제가 있다.

위 대상판결과 같은 경우에는 저당권자가 저당토지상의 건물을 신축하는 것을 허용하였다고 할 수 있으나, 이는 그 신축 건물도 토지와 함께 공동담보가 되는 것을 전제로 한 것으로 보아야 할 것이다(대판 2008.2.15, 2005다47205 참조). 따라서 신축 건물이 공동담보가 될 가능성이 없게 되었음에도 불구하고 저당권자가 건물의 신축을 계속 용인하여야 한다고는 볼 수 없다. 이러한 경우에 건물 신축을 허용하더라도 나중에 건물이 경매절차에서 매각되면 그 건물은 매수인에 의하여 철거될 수밖에 없다. 그러므로 철거될 수밖에 없는 건물의 건축공사를 허용하고, 나중에 건물의 철거를 명하는 것이 합리적이라고 하기는 어렵다.

참고문헌

김미경, 저당권에 기한 방해배제청구, 재판과 판례 15집, 2007.

김재형, 저당권에 기한 방해배제청구권의 인정범위, 저스티스 85호, 2005.

민유숙, 대지의 저당권자가 방해배제청구권의 행사로서 대지상의 건축행위의 중지를 구할 수 있는지 여부, 판례실무연구 8, 2006.

양창수, 토지저당권에 기한 방해배제와 건물신축의 중지청구, 민법연구 10권, 2019.

오현규, 저당권에 기한 방해배제청구권과 건물신축행위의 중지청구, 민사판례연구 29권, 2007.

윤진수, 저당권에 대한 침해를 배제하기 위한 담보지상권의 효력, 민법논고 6권, 2015.

[판례 55]

공동저당의 목적인 건물의 재건축과 법정지상권

대법원 2003.12.18. 선고 98다43601 판결

사 실

Y_1은 이 사건 대지 및 그 지상의 단층주택을 소유하고 있었는데, 1989.2.11. 위 대지 및 단층주택을 A에게 공동담보로 제공하여, A 앞으로 근저당권설정등기를 마쳐주었다. 그런데 Y_1은 1991.9.30.경 Y_2에게 위 단층주택의 철거와 이 사건 3층 주택의 신축공사를 도급주었고, Y_2는 1991.10.경 위 단층주택을 철거하고 3층 주택의 신축공사를 시행하여 1992.3.경 완공하였으나 준공검사를 받지는 못하고 있었고, 이 사건 신축건물은 Y들이 일부씩 나누어 점유하고 있다. 한편 1991.12.5. A의 근저당권 실행에 의하여 이 사건 대지와 단층주택에 대한 임의경매절차가 개시되었는데, 위 임의경매절차에서는 위 단층주택이 이미 철거되었다는 이유로 그에 대한 경매절차는 취소되고, 이 사건 대지에 대한 경매절차만이 속행되어 1992.4.23. B가 이 사건 대지를 경락받았다. 대지의 소유권은 B로부터 다른 사람을 거쳐 1994.10.11. X에게 이전되었다. X는 Y_1에 대하여 주위적인 청구로서 건물철거 및 대지인도를 구하였다. 원래의 사실관계는 아래의 논의를 위하여 필요한 범위 내에서 단순화하였다.

원심은 Y_1은 366조에 따라 법정지상권을 취득하였다는 이유로 원고의 주위적 청구를 배척하였다. 그러나 대법원 전원합의체는 종래의 판례를 변경하면서 원심판결을 파기하였다. 여기에는 반대의견이 있었다.

이 유

동일인의 소유에 속하는 토지 및 그 지상건물에 관하여 공동저당권이 설정된 후 그 지상건물이 철거되고 새로 건물이 신축된 경우에는, 특별한 사정이 없는 한, 저당물의 경매로 인하

여 토지와 그 신축건물이 다른 소유자에 속하게 되더라도 그 신축건물을 위한 법정지상권은 성립하지 않는다. 왜냐하면, 동일인의 소유에 속하는 토지 및 그 지상건물에 관하여 공동저당권이 설정된 경우에는, 처음부터 지상건물로 인하여 토지의 이용이 제한 받는 것을 용인하고 토지에 대하여만 저당권을 설정하여 법정지상권의 가치만큼 감소된 토지의 교환가치를 담보로 취득한 경우와는 달리, 공동저당권자는 토지 및 건물 각각의 교환가치 전부를 담보로 취득한 것으로서, 저당권의 목적이 된 건물이 그대로 존속하는 이상은 건물을 위한 법정지상권이 성립해도 그로 인하여 토지의 교환가치에서 제외된 법정지상권의 가액상당가치는 법정지상권이 성립하는 건물의 교환가치에서 되찾을 수 있어 궁극적으로 토지에 관하여 아무런 제한이 없는 나대지로서의 교환가치 전체를 실현시킬 수 있다고 기대하지만, 건물이 철거된 후 신축된 건물에 토지와 동순위의 공동저당권이 설정되지 아니하였는데도 그 신축건물을 위한 법정지상권이 성립한다고 해석하게 되면, 공동저당권자가 법정지상권이 성립하는 신축건물의 교환가치를 취득할 수 없게 되는 결과 법정지상권의 가액상당가치를 되찾을 길이 막혀 위와 같이 당초 나대지로서의 토지의 교환가치 전체를 기대하여 담보를 취득한 공동저당권자에게 불측의 손해를 입게 하기 때문이다. 이와 달리 이러한 경우에 법정지상권이 성립된다는 대법원 1990.7.10. 선고 90다카6399 판결 등의 판례는 위와 저촉되는 한도 내에서 이를 변경하기로 한다.

해 설

1. 대상판결에 의한 판례변경의 의의

종래의 판례는, 저당권이 설정될 당시에 저당권의 목적인 토지 위에 토지 소유자와 동일인 소유의 건물이 존재하는 경우에는 그 후 건물을 개축, 증축하는 경우는 물론이고 건물이 멸실되거나 철거된 후 재축, 신축하는 경우에도 법정지상권이 성립하고, 다만 법정지상권의 내용인 존속기간, 범위 등은 구 건물을 기준으로 하여 그 이용에 일반적으로 필요한 범위 내로 제한된다고 보고 있었다. 이는 토지에만 저당권이 설정된 경우는 물론이고(대판 1991.4.26, 90다19985), 토지와 건물에 공동저당권이 설정된 경우에도 마찬가지로 적용되었다(대판 1990.7.10, 90다카6399; 2001.3.13, 2000다48517, 48524, 48531 등).

그런데 대상판결은 토지에만 저당권이 설정된 경우에 관하여는 종래의 판례를 변경하지 않았지만, 토지와 건물에 공동저당권이 설정되었던 경우에 관하여는 종래의 판례를 변경하였다.

대상판결이 들고 있는 이유는 기본적으로 저당권자의 기대를 보호하여야 한다는 점이다. 즉 동일인의 소유에 속하는 토지 및 그 지상건물에 관하여 공동저당권이 설정된 경우에는, 저당권자는 궁극적으로 토지에 관하여 아무런 제한이 없는 나대지로서의 교환가치 전체를 실현시킬 수 있다고 기대하지만, 건물이 철거된 후 그 신축건물을 위한 법정지상권이 성립한다면, 공동저당권자가 법정지상권이 성립하는 신축건물의 교환가치를 취득할 수 없게 되어 당초 나대지로서의 토지의 교환가치 전체를 기대하여 담보를 취득한 공동저당권자에게 불측의 손해를 입게 한다는 것이다.

이에 반하여 반대의견은 다수의견을 비판하면서, 종래의 판례를 유지하여야 한다고 주장하고 있는데, 그 비판의 주된 근거는 대체로 다음과 같다. 첫째, 저당권자가 그 설정 당시 가졌던 '기대'가 어떤 것이었느냐에 의하여 법정지상권의 성립 여부를 달리 판단하는 것은 법정지상권 성립요건의 객관성 및 강제성과 조화되기 어렵다. 둘째, 토지와 건물 양자에 대하여 공동으로 저당권이 설정된 경우, 원칙적으로 그 공동저당권자가 토지에 관하여 파악하는 담보가치는 법정지상권의 가치가 제외된 토지의 가치일 뿐이다. 셋째, 공동저당권자는 구건물의 멸실 · 철거 및 신건물의 재축으로 인하여 건물저당권을 통하여 파악하였던 법정지상권의 담보가치도 상실하는 손해를 입게 되지만, 이러한 손해는 손해배상제도의 적용을 통하여 해결하는 것이 옳다.

다른 한편 다수의견에 대한 배기원 대법관의 보충의견은 다음과 같이 설명한다. 즉 366조의 엄격한 해석에 의하면 경매로 인하여 건물과 토지 소유권이 분리될 때까지 당초의 건물이 그대로 존재할 경우에만 그 건물을 위한 법정지상권이 성립될 수 있고, 구건물이 헐린 후 신건물이 신축되더라도 원칙적으로 그 신 건물을 위한 법정지상권이 성립될 수 없는데, 그럼에도 불구하고 건물이 멸실 내지 철거된 후 신축된 건물에 대하여도 구건물의 범위에서 법정지상권의 성립을 인정하는 것은, 신 건물을 보호하고자 하는 공익적 요청에 부합할 뿐 아니라 그렇게 확장 해석해도 애당초 건물 있는 토지의 교환가치를 파악하여 저당권설정을 한 저당권자의 기대 내지 의사에 반하지 않기 때문이다. 이에 반하여 공동저당의 경우에는 신 건물을 위한 법정지상권의 성립을 인정하게 되면 궁극적으로 나대지로서의 토지교환가치 전체를 파악하고 저당권설정을 한 공동저당권자의 기대 내지 의사에 반하기 때문에 재축된 신 건물에까지 법정지상권이 성립하는 것으로 확장해석할 수는 없다.

2. 학설상의 논의

종래의 학설은 대체로 단독저당과 공동저당을 구별하지 않은 채로, 저당권 설정 당시 존재하던 건물이 철거된 후 신축된 경우에도 법정지상권의 성립을 인정하는 판례에 찬성하고 있었다. 다만 법정지상권의 존속기간, 범위 등에 관하여는 판례와 마찬가지로 구 건물을 기준으로 하여야 한다는 견해와, 신 건물을 기준으로 하여야 한다는 견해가 대립하였다. 그런데 대상판결이 선고되기 얼마 전부터, 일본의 판례와 학설의 영향을 받아서, 토지와 건물에 공동저당이 설정된 경우에는 건물이 철거된 후 신축된 건물을 위하여는 법정지상권이 성립하지 않는다는 견해가 주장되었는데, 그 근거는 대상판결의 다수의견과 같았다. 이 견해는 저당권자가 저당권 취득 당시에 토지와 건물의 담보가치를 함께 고려한다고 본다는 점에서 전체가치고려설이라고 한다. 반면 반대의견과 같은 견해는 저당권자가 토지와 건물의 가치를 각각 별개로 파악한 것으로 본다는 점에서 개별가치고려설이라고 부른다.

대상판결 후에는 대상판결의 다수의견과 마찬가지로 법정지상권의 성립을 부정하는 견해가 늘어났다. 그런데 대상판결의 반대의견과 마찬가지로 법정지상권의 성립을 인정하면서, 다만 그러한 경우에도 토지저당권자가 건물에 대하여도 일괄경매(365조)를 신청할 수 있으므로, 토지저당권자의 이익을 침해하지 않는다는 견해도 주장되고 있다.

3. 검 토

대상판결과 같은 경우에는 법정지상권의 성립을 인정하지 않는 다수의견이 타당하다. 그 근거에 관하여는 다수의견에 대한 보충의견이 설득력 있게 설명하고 있다. 이를 다른 말로 설명한다면 다음과 같다. 원래 366조는 저당권 설정 당시에 존재하던 건물이 저당물이 경매될 때에도 존재하는 것을 전제로 하여 건물을 위한 법정지상권을 인정하는 것이고, 따라서 토지에 대한 저당권 설정 당시 존재하던 건물이 멸실되고 다른 건물이 신축되었다면 그 건물에 대하여는 법정지상권이 성립하지 않는다고 보게 될 것이다. 그렇지만 토지상에 건물이 존재하는 것을 알면서 토지저당권을 취득한 채권자는, 토지가 경매되면 건물을 위한 법정지상권이 성립하고, 따라서 그만큼 토지의 담보로서의 가치가 떨어진다는 것을 알고 있었을 것이므로, 건물이 철거되고 그 대신 새로운 건물이 신축된 경우에도 법정지상권을 인정한다고 하여 토지저당권자에게 예측하지 못했던 손해를 입히는 것은 아니고, 법정지상권을 인정함으로써 건물을 존속시키는 것이 공익을 위하여도 바람직하다고 볼 수 있다.

그런데 토지와 건물에 공동저당권을 취득한 경우에는, 저당권자는 건물이 경매되었다고 하더라도 토지가 법정지상권의 부담을 받으리라고는 생각하지 않았을 것인데, 저당권의 목적이었던 건물이 철거되고 그 대신 건물이 신축되었으나 그 건물에 대하여는 저당권이 설정되지 않은 때에도 토지를 위한 법정지상권이 성립한다면, 저당권자로서는 건물에 대한 저당권을 상실하는 손해를 입을 뿐만 아니라, 토지가 경매되면 그 토지는 법정지상권의 부담을 안게 되므로 매각대금이 저당권자가 예상했던 것보다 낮아지게 되는 손해를 입는다. 따라서 저당권자를 보호하기 위하여는 신축된 건물에 대한 법정지상권을 인정하여서는 안 된다.

그리고 법정지상권의 성립을 인정하더라도 저당권자가 토지와 건물에 대하여 일괄경매를 청구할 수 있다고 보는 견해에 대하여는, 법정지상권이 인정되면 건물 소유자는 그 건물을 보유할 수 있는 권리가 인정되는 것인데, 그럼에도 불구하고 토지 저당권자가 건물도 일괄하여 경매할 수 있다고 보는 것은 모순이므로 허용될 수 없다고 비판할 수 있다. 반면 법정지상권이 인정되지 않는 경우에는 토지 저당권자가 토지와 그 지상의 신축건물에 대하여 365조에 의한 일괄경매를 청구할 수 있다(대판 2012.3.15, 2011다54587).

4. 민법개정안

2013년 법무부 민법개정위원회에서 확정한 289조의3은 대상판결을 반영하여, 동일인이 소유하는 토지와 그 지상건물에 동일한 채권의 담보로 저당권이 설정되고 그 지상건물을 갈음하여 새 건물이 건축된 경우에는 법정지상권을 인정하지 않는 것으로 규정하였다.

참고문헌

김제완, 공동저당의 목적인 건물의 재건축과 법정지상권, 민사법학 32호, 2006.

박순성, 공동저당권의 실행과 법정지상권의 성립, 대법원판례해설 제47호, 2004.

박홍래, 공동저당권의 목적인 건물을 신축 한 경우 법정 지상권의 성립, 인권과 정의 2005.12.

배성호, 공동저당에 있어서 법정지상권과 일괄경매, 비교사법 제12권 1호, 2005.

이균용, 공동저당권의 목적인 건물을 재건축한 경우에 법정지상권의 성부와 일괄경매의 가부, 법조 50권 2호, 2001.

이현수, 공동저당권의 목적인 건물을 재건축한 경우 법정지상권의 성부, 민사판례연구 27권, 2005.

[판례 56]

공동저당과 변제자대위

대법원 1994.5.10. 선고 93다25417 판결

사 실

Y는 A 회사에게 돈을 대여하면서, A 회사 소유의 3 부동산과 물상보증인인 X, B, C, D 소유의 1, 2, 4, 5 부동산에 대하여 각각 1, 2, 3번 공동근저당권설정등기를 경료하고, 그 후 추가로 D 소유의 5 부동산에 대하여 5번 근저당권설정등기까지 경료하였다. 한편 E는 A 회사에게 돈을 대여하면서, 1~5 부동산에 대하여 각 4번 공동근저당권설정등기를 경료하였고, F는 C에게 돈을 대여하면서 그 소유의 4 부동산 및 각각 B, A 소유의 2, 3 부동산에 대하여 각 5번 공동근저당권설정등기를 경료하였으며, G는 H에게 돈을 대여하면서 D 소유의 5 부동산에 대하여 6번 근저당권설정등기를 경료하였다. 이를 도표로 표시하면 다음과 같다.

부동산	1번 저당권	2번 저당권	3번 저당권	4번 저당권	5번 저당권	6번 저당권
1(X 소유)	저 Y, 채 A	저 Y, 채 A	저 Y, 채 A	저 E, 채 A		
2(B 소유)	저 Y, 채 A	저 Y, 채 A	저 Y, 채 A	저 E, 채 A	저 F, 채 C	
3(A 소유)	저 Y, 채 A	저 Y, 채 A	저 Y, 채 A	저 E, 채 A	저 F, 채 C	
4(C 소유)	저 Y, 채 A	저 Y, 채 A	저 Y, 채 A	저 E, 채 A	저 F, 채 C	
5(D 소유)	저 Y, 채 A	저 Y, 채 A	저 Y, 채 A	저 E, 채 A	저 Y, 채 A	저 G, 채 H

▶ **저: 저당권자 채: 채무자**

그 후 A 회사가 대출금 상환을 연체하자, Y는 1 내지 5 부동산에 대하여 따로 따로 임의경매 신청을 하였고 이로 인해 경매절차가 각 부동산별로 별도로 진행된 결과, 이 사건 2 내지 5 부동산에 대한 경매절차가 먼저 종료되어 Y는 각 그 배당절차에서 피담보채권을 전부 변제받고, 이 사건 1 부동산에 대한 경매는 이를 취하하였다. 한편 E는 5 부동산에 대한 경매절차에서 그 피담보채권 전액을 변제받았으나, 후순위근저당권자인 F는 2, 3, 4 부동산에 대한 경매절차에서 전혀 배당을 받지 못하였고, 후순위근저당권자인 G는 5 부동산에 대한 경매절차에서 일부만을 배당받았다.

X는 1 부동산에 대한 피담보채권은 전부 소멸되었으므로 그 근저당권설정등기들은 모두 원인무효로서 말소되어야 한다고 주장하여 Y를 상대로 말소를 청구하였다. 원심은 X의 청구를 기각하였고, 대법원도 X의 상고를 기각하였다.

이 유

공동저당의 목적인 채무자 소유의 부동산과 물상보증인 소유의 부동산에 각각 채권자를 달리하는 후순위저당권이 설정되어 있는 경우에 있어서, 물상보증인 소유의 부동산에 대하여 먼저 경매가 이루어져 그 경매대금의 교부에 의하여 1번 저당권자가 변제를 받은 때에는 물상보증인은 채무자에 대하여 구상권을 취득함과 동시에, 민법 481조, 482조의 규정에 의한 변제자대위에 의하여 채무자 소유의 부동산에 대한 1번 저당권을 취득한다고 봄이 상당하다. 또한 이러한 경우 물상보증인 소유의 부동산에 대한 후순위저당권자는 물상보증인에게 이전한 위 1번 저당권으로부터 우선하여 변제를 받을 수 있다고 봄이 상당한바, 물상보증인 소유의 부동산이 먼저 경매된 경우에 있어서는 민법 368조 2항 후단이 후순위저당권자의 보호를 기하고 있는 취지를 고려하여 물상보증인에게 이전한 1번 저당권은 위 후순위저당권자의 피담보채권을 담보하는 것으로 되어, 위 후순위저당권자는 마치 위 1번 저당권상에 민법 370조, 342조의 규정에 의하여 물상대위를 하는 것과 같이 그 순위에 따라 물상보증인이 취득한 1번 저당권으로부터 우선하여 변제를 받을 수 있다고 보아야 하기 때문이다.

그리고 이러한 법리는 물상보증인이 수인인 경우에도 마찬가지이므로, 자기 소유의 부동산이 먼저 경매되어 1번 저당권자에게 대위변제를 한 물상보증인은 위 1번 저당권을 대위취득하였고, 그 물상보증인 소유의 부동산의 후순위저당권자는 위 1번 저당권에 대하여 물상대위를 할 수 있다 할 것이므로, 그 1번 저당권설정등기는 말소등기가 경료될 것이 아니라 위 물상보증인 앞으로 대위에 의한 저당권이전의 부기등기가 경료되어야 할 성질의 것이며, 따라서 아직 경매되지 아니한 공동저당물의 소유자로서는 위 1번 저당권자에 대한 피담보채무가 소멸하였다는 사정만으로는 그 말소등기를 청구할 수 없다.

해 설

1. 학설의 대립과 대상판결

위 사건의 사실관계를 다음과 같이 단순화해 본다. 즉 부동산은 1, 2, 3 부동산만 있고, 소유자는 각 X, B, A이며, 각 부동산에 대한 1번 저당권자는 모두 Y, 채무자는 A이고, 2번 저당권은 3부동산에만 설정되어 있는데, 저당권자는 F, 채무자는 C이다. 그리고 A, B 소유인 2, 3 부동산이 경매되어, 저당권자 Y는 변제를 받았으나, 저당권자 F는 변제를 받지 못했다.

부동산	1번 저당권	2번 저당권
1(X 소유)	저 Y, 채 A	
2(B 소유)	저 Y, 채 A	
3(A 소유)	저 Y, 채 A	저 F, 채 C

이 경우에 368조 2항이 적용된다면, F는 1 부동산에 대하여, 그것이 3 부동산과 같이 경매되었더라면 Y가 변제받았을 금액의 한도에서 선순위자 Y를 대위하여 Y가 가지고 있던 저당권을 행사할 수 있다. 그런데 다른 한편으로 B는 자기 소유의 부동산이 경매되었으므로, 482조 2항 4호, 3호에 의하여 1부동산에 대하여 Y가 가지고 있던 저당권을 대위행사할 수 있다. 그렇다면 1 부동산에 대한 Y의 저당권은 B와 F 중 누가 대위행사할 수 있는가?

이처럼 공동저당의 목적물이 동일인의 소유가 아니라 소유자가 다른 경우, 즉 일부는 채무자의 소유이고 다른 일부는 물상보증인의 소유이거나 서로 다른 물상보증인의 소유인 경우에, 후순위저당권자와 물상보증인 사이의 관계에 대하여는 368조 2항이 482조에 우선하여 적용되므로, 3 부동산에 대한 후순위저당권자인 F가 대위행사할 수 있다는 후순위저당권자 대위 우선설과, 368조 2항은 이러한 경우에는 적용되지 않고 482조에 의하여 물상보증인이 우선한다는 변제자대위 우선설이 대립한다. 이 사건의 원심은 후순위저당권자대위 우선설에 따라, F가 저당권을 대위행사할 수 있다고 본 것이라고 할 수 있다. 그러나 대상판결은 변제자대위 우선설을 채택하였다. 그러므로 일단은 F가 아니라 B가 Y의 저당권을 대위행사할 수 있게 된다.

그런데 실제 사례에서는 B 소유의 부동산에 대하여도 F가 후순위저당권을 가지고 있었다. 대상판결은 이러한 경우에는, 일단 B가 Y의 저당권을 대위행사할 수 있지만, B에게 이전된 Y의 저당권에 대하여는 다시 F가 370조, 342조의 규정에 의하여 마치 물상대위를 하는 것과 같이 그 순위에 따라 B가 취득한 1번 저당권으로부터 우선하여 변제를 받을 수 있다고 하였다. 그리하여 결과적으로는 원심판결과 같은 결론에 이르렀다.

2. 각 학설의 근거

후순위저당권자 대위 우선설은 다음과 같이 주장한다. 즉 타인의 채무를 담보하기 위하여 물상보증인이 된 자나 공동저당의 목적인 부동산을 취득한 제3자는 적어도 각 담보물의 가액에 비례한 범위 내에서는 책임질 것을 각오한 자이므로, 368조 2항의 규정을 무시하면서까지 보호할 필요가 없고, 각 부동산의 담보가치를 최대한 활용시키고자 하는 368조의 취지를 살리기 위하여 후순위저당권자를 우선시켜야 한다는 것이다. 또한 변제자대위 우선설을 취할 경우 공동저당 목적물중 일부가 제3자에게 양도되는 경우에도 그 자가 후순위저당권자 보다 우선하게 되는데, 이처럼 일부 부동산이 제3자에게 양도되었다는 우연한 사정으로 후순위저당권자의 지위가 불안하게 되는 것은 부당하다고 한다.

반면 변제자대위 우선설은, 368조 2항의 규정에 의한 후순위저당권자의 대위는 공동저당의 목적물이 모두 채무자의 소유에 속하는 경우에만 인정되고, 물상보증인은 변제자대위에 관한 규정에 의하여 최종적인 책임을 채무자에게 귀속시킬 수 있는 권리를 기대하고 담보를 제공하는 것이므로, 그 후에 채무자 소유의 부동산에 후순위저당권이 설정되었다 하여 그 기대이익을 박탈할 수 없다고 한다. 또 채무자 소유의 부동산에 후순위저당권이 설정된 후에 물상보증인 소유의 부동산이 추가로 공동저당의 목적으로 된 경우에는, 채무자 소유의 부동산에 설정된 후순위저당권은 원래 368조 2항의 규정에 의한 보호를 기대하지 아니하고 설정된 것이므로, 나중에 물상보증인 소유의 부동산이 공동저당의 목적으로 추가되었다 하여 새삼스럽게 368조 2항의 규정에 의한 보호를 할 필요가 없다고 주장한다. 그리고 변제자대위 우선설은 후순위저당권이 설정될 때까지는 공동저당 부동산이 모두 채무자의 소유였으나, 그 후 일부의 소유권이 제3자에게 이전된 경우에는 후순위저당권자의 대위를 우선시켜야 한다고 본다. 이를 선등기자 우선설이라고 하여 별도로 분류하기도 하지만, 변제자대위 우선설과 구별할 필요는 없다.

그런데 변제자대위 우선설도 채무자 소유의 부동산과 물상보증인 소유의 부동산에 모두 동일인을 위한 후순위저당권이 설정되어 있는 경우에는, 물상대위의 법리에 의하여 물상보증인이 대위할 수 있는 선순위저당권도 결국 후순위저당권자가 행사할 수 있다고 보고 있다. 대상판결도 이와 같이 보아, 결국 후순위저당권자인 F가 우선하여 변제를 받을 수 있게 되었다.

3. 검 토

변제자대위 우선설이 타당하다고 본다. 즉 물상보증인은 채무자나 다른 물상보증인의 부동산과 자신의 부동산에 공동으로 저당권이 설정되었을 때에는, 자신의 부동산이 먼저 경매되면 변제자대위에 의하여 채무자나 다른 물상보증인 소유의 부동산에 대한 저당권자의 저당권을 대위행사할 수 있다. 그런데 그 후 채무자나 다른 물상보증인 소유의 부동산에 후순위저당권이 설정되었다고 하여 이러한 물상보증인의 지위가 영향을 받을 이유는 없다.

그리고 채무자 소유의 부동산에 후순위저당권이 설정된 후에 물상보증인 소유의 부동산이 공동저당으로 추가된 경우에도, 후순위저당권은 원래 368조 2항의 규정에 의한 보호를 기대하지 않고 설정된 것이므로, 새삼스럽게 368조 2항의 규정에 의한 보호를 할 필요가 없다(대판 2014.1.23, 2013다207996).

그러므로 공동저당의 목적인 채무자 소유의 부동산과 물상보증인 소유의 부동산 중 채무자 소유의 부동산에 대하여만 후순위저당권이 설정되어 있었는데, 채무자 소유의 부동산에 먼저 경매가 이루어져 그 경매대금의 교부에 의하여 1번 공동저당권자가 변제를 받더라도, 채무자 소유의 부동산에 대한 후순위저당권자는 1번 공동저당권자를 대위하여 물상보증인 소유의 부동산에 대하여 저당권을 행사할 수는 없다(대결 1995.6.13, 95마500).

그리고 공동저당의 목적물이 모두 동일한 물상보증인의 소유였던 경우에는 368조 2항이 그대로 적용되는 것으로 보아야 한다. 즉 동일한 물상보증인 소유의 1 부동산과 2 부동산에 대하여 1번 저당권이 공동으로 설정되고, 이어서 1 부동산에 대하여만 제3자가 후순위저당권을 취득하였는데 2 부동산만이 경매되었다면, 이때에는 2 부동산에 대한 후순위저당권자가 1 부동산에 대한 1번 저당권자의 저당권을 대위행사하게 되고, 물상보증인이 변제자대위를 주장할 여지는 없다. 이 문제를 다룬 대법원 판례는 아직 없다.

이와 같이 본다면, 368조 2항이 적용되는 것은 후순위저당권 성립 당시에 공동저당의 목적물이 모두 동일한 자의 소유인 경우에 국한되고, 서로 다른 사람일 때에는 적용되지 않으며, 이때에는 일반적인 변제자대위의 법리에 의하여 규율되어야 한다.

다른 한편 이처럼 이미 성립한 당사자의 지위가 사후의 다른 이해관계인의 출현에 의하여 영향을 받아서는 안 된다는 것은 제3취득자가 있는 경우에도 마찬가지이다. 즉 공동저당권이 성립할 당시에는 목적물이 모두 동일인의 소유였는데, 후순위저당권이 성립하기 전에 제3자가 그 중 일부를 취득한 경우에는, 이러한 제3자는 물상보증인과 마찬가지로 취급하여야 한다. 반면 후순위저당권이 성립한 후 제3취득자가 생긴 경우에는, 다른 목적물에 대하여 선순위 저당권을 대위행사할 수 있는 후순위저당권자의 지위는 나중에 제3취득자가 생겼다고 하여 영향을 받아서는 안 된다. 그런데 이러한 경우에 후순위저당권자는 제3취득자와 유사한 지위에 있다고 하여, 변제자대위에 관한 482조 2항 3호를 유추하여 제3취득자와 후순위저당권자의 시기 선후에 관계없이 가액에 비례하여 대위할 수 있다는 주장도 있다. 그러나 후순위저당권자는 구상권을 가지지 않으므로 구상권을 전제로 하는 변제자대위 규정을 유추할 근거가 박약하다. 뿐만 아니라 368조 2항은 선순위저당권자가 변제를 받을 수 있는 금액의 한도에서 대위를 인정하고 있는데, 가액에 비례하여 대위할 수 있다는 것은 이와 맞지 않는다.

이를 다른 말로 바꾼다면, 부동산의 소유자는 그가 채무자가 아닌 한 다른 부동산의 다른 소유자가 한 저당권 설정에 의하여 영향을 받지 않아야 하고, 반면 일단 후순위저당권자가 생긴 후에 부동산의 소유자가 달라졌다는 사정은 후순위저당권자에게 영향을 주어서는 안 된다는 것이다.

그리고 채무자 소유의 부동산과 물상보증인 소유의 부동산에 모두 동일인을 위한 후순위저당권이 설정되어 있는 경우에는, 물상대위의 법리에 의하여 물상보증인이 대위할 수 있는 선순위 저당권을 후순위 저당권자가 행사할 수 있다고 보아야 한다. 원래 저당권자가 물상대위를 하기 위하여는 압류를 해야 하지만, 이 경우에는 부동산등기부의 기재에 의하여 후순위저당권자가 있음을 다른 사람도 알 수 있기 때문에, 후순위저당권자가 별도로 압류를 하여야 할 필요는 없다.

4. 관련 판례

대판 2010.4.15, 2008다41475는, 공동저당권이 설정되어 있는 수개의 부동산 중 일부는 채무자 소유이고 일부는 물상보증인의 소유인 경우 위 각 부동산의 경매대가를 동시에 배당하는 때에는, "동일한 채권의 담보로 수개의 부동산에 저당권을 설정한 경우에 그 부동산의 경매대가를 동시에 배당하는 때에는 각 부동산의 경매대가에 비례하여 그 채권의 분담을 정한다"고 규정하고 있는 368조 1항은 적용되지 않고, 이러한 경우 경매법원으로서는 채무자 소유 부동산의 경매대가에서 공동저당권자에게 우선적으로 배당을 하고, 부족분이 있는 경우에 한하여 물상보증인 소유 부동산의 경매대가에서 추가로 배당을 하여야 한다고 보았다. 판례는 그 근거로서, 물상보증인이 변제자대위에 의하여 채무자 소유 부동산에 대하여 담보권을 행사할 수 있는 지위에 있는 점을 들고 있다. 그 사건은 채무자 소유의 부동산에는 후순위저당권자가 있었으나, 물상보증인 소유의 부동산에는 후순위저당권자가 없었던 경우였다.

위와 같은 경우에 채무자 소유의 부동산이 먼저 경매되었는데, 선순위저당권자는 모두 변제를 받았다면, 후순위저당권자는 모두 변제를 받지 못하였더라도 물상보증인 소유의 부동산에 대하여는 선순위저당권자의 저당권을 대위행사하지 못한다. 따라서 결과적으로 물상보증인은 손실을 입지 않게 된다. 그런데 채무자 소유의 부동산과 물상보증인 소유의 부동산이 같이 경매되는 경우에, 368조 1항이 적용된다면 물상보증인도 손실을 보게 되는데, 이처럼 같이 경매되는가 따로 경매되는가에 따라 결과가 달라지는 것은 불합리하다.

한편 대판(전) 2013.7.18, 2012다5643은, 채무자와 물상보증인의 공유인 부동산에 관하여 저당권이 설정된 후 채무자가 자신의 지분을 양도한 경우, 그 양도가 사해행위에 해당하는지를 판단할 때 채무자 소유의 지분이 부담하는 피담보채권액은 공동저당권의 피담보채권액 전액으로 보아야 한다고 판시하였는데, 위 2008다41475 판결이 이 판결을 뒷받침하는 근거가 된다.

참고문헌

김규완, 공동저당과 후순위권리자들의 이익교량, 고려법학 제49호, 2007.

김제식, 공동저당에 있어서 후순위저당권자의 대위와 물상보증인의 변제자대위와의 관계 및 물상보증인 소유부동산의 후순위저당권자의 지위, 재판과 판례 4집, 1995.

김형석, 민법 제368조에 대한 단상, 서울대학교 법학 51권 1호, 2010.

김형석, 공동저당의 실행과 이해관계의 조정-민법 제368조 재론-, 서울대 법학 57권 4호, 2016.

서기석, 공동저당에 있어서 후순위근저당권자의 대위와 물상보증인의 변제자대위의 충돌, 법조 44권 1호, 1995.

이동준, 공동저당에 있어서 물상보증인 제공 부동산의 후순위저당권자의 법적 지위, 판례연구 6집, 부산판례연구회, 1996.

양창수, 후순위저당권자 있는 공동저당부동산에 대한 경매와 물상보증인의 지위, 민사판례연구 18권, 1996.

[판례 57]

법정지상권 있는 건물의 이전

대법원 1985.4.9. 선고 84다카1131, 1132 전원합의체 판결

사 실

이 사건 대지는 원래 A 소유였는데, A는 1967.12.9.경 위 대지상에 이 사건 건물을 신축하고 보존등기는 하지 않은 채로 1970.3.30. 대지에 관하여만 B 앞으로 근저당권설정등기를 마쳐주었다. 한편 Y는 1970.9.경 A로부터 이 사건 대지와 건물을 아울러 매수하여 같은 해 10.1. 대지에 관하여만 이전등기를 마쳤다. 그 후 위 대지에 관한 근저당권의 실행으로 대지가 B에게 경락되어 B는 1973.3.13. 소유권이전등기를 마쳤고, 다시 X가 1978.6.26. B로부터 소유권이전등기를 넘겨받았다. 한편 위 건물에 관하여는 Y가 1978.3.20. 소유자인 A를 대위하여 보존등기를 하고, 같은 날 자기 앞으로 소유권이전등기를 마쳤다. X는 Y에 대하여 위 건물의 철거 및 대지의 인도를 청구하는 소송을 제기하였다. 이에 대하여 Y는 X를 상대로 A를 대위하여 A에게 1972.3.23.자 경락허가결정을 원인으로 한 지상권설정등기 절차를 이행하라는 반소를 제기하였다.

원심은 X의 본소 청구는 기각하고 Y의 반소청구는 받아들였으며, 대법원 전원합의체도 X의 상고를 기각하였다. 여기에는 반대의견이 있었다.

이 유

법정지상권자는 물권으로서의 효력에 의하여 이를 취득할 당시의 대지소유자나 이로부터 소유권을 전득한 제3자에 대하여도 등기 없이 위 지상권을 주장할 수 있으므로, A는 위 대지의 전득자인 X에 대하여 지상권설정등기청구권이 있으며, 법정지상권을 양도받기로 한 Y는 채권자대위의 법리에 의하여 X 및 A에 대하여 차례로 지상권설정등기 및 이전등기절차의 이행을 구할 수 있다. 이와 같이 이 사건 대지에 대한 법정지상권을 취득할 지위에 있는 Y에 대하여 X가 대지소유권에 기하여 건물철거를 구함은 지상권의 부담을 용인하고 또한 그 설정등기절차

를 이행할 의무있는 자가 그 권리자를 상대로 한 청구로서 신의성실의 원칙상 허용될 수 없다. 위의 견해에 저촉되는 당원 1982.10.12. 선고 80다2667 판결 등 종전의 견해는 이를 변경하기로 한다.

해 설

1. 종래의 판례와 학설

종래의 판례는 대상판결 이전까지는 일관하여 법정지상권 성립 후 법정지상권자로부터 건물을 양도받은 자는 그 지상권의 등기가 없는 한 대지소유자에 대하여 지상권 취득을 주장할 수 없고, 따라서 대지소유자의 건물철거청구에 응하여야 한다고 보고 있었다(대판 1965.1.26, 64다1211 등 다수).

다른 한편 판례(대판 1967.11.28, 67다1831 등)는 법정지상권이 붙어 있는 건물을 양수한 양수인은 양도인인 지상권자를 대위하여 대지 소유자에게 지상권 설정등기를 청구하고, 지상권 설정등기가 되면 양도인에게 지상권 이전등기를 청구할 수 있다고 보고 있었다. 이러한 두 가지 판례가 모순되는 것은 아닌가 하는 논의가 있었는데, 대판 1982.10.12, 80다2667은, 건물양수인이 법정지상권설정등기청구권을 대위행사할 수 있다는 사정은 대지에 대한 점유를 정당화할 만한 적법한 권원이 되지 못한다고 하여 대지 소유자가 건물의 철거를 청구할 수 있다고 하였다.

또한 대판 1985.2.26, 84다카1578, 1579 등 몇 개의 판결은, 건물소유를 위하여 법정지상권을 취득한 자로부터 경매에 의하여 그 건물의 소유권을 이전받은 경락인은 경락 후 건물을 철거한다는 등의 매각조건하에서 경매되는 경우 등 특별한 사정이 없는 한 건물의 경락취득과 함께 위 지상권도 당연히 취득한다고 보고 있었다. 그러므로 이러한 경우에는 대지 소유자는 건물을 경락받은 자나 경락인으로부터 다시 건물을 양수받은 자에 대하여 철거를 청구할 수 없다. 이러한 판례는 경매에 의한 법정지상권 취득은 187조가 규정하는 법률에 의한 물권변동으로서 등기 없이도 이루어진 것으로 보았다고 이해된다.

학설상으로는 대지소유자가 건물 양수인에게 건물 철거를 청구할 수 있다는 판례를 지지하는 견해도 있었지만, 판례에 반대하는 견해가 더 많았고, 그 근거에 대하여는 다음과 같은 여러 가지 주장이 있었다. **첫째,** 지역권이 요역지의 소유권에 부종하여 이전한다는 292조 1항을 법정지상권에도 유추적용하여, 건물의 소유권이 이전되면 지상권은 등기 없이도 건물소유권에 따라서 이전된다고 보아야 한다. **둘째,** 법정지상권의 설정등기절차를 이행하여야 할 지위에 있는 대지소유자가 그 이행을 청구할 수 있는 지위에 있는 건물취득자에게 건물의 철거를 청구하는 것은 의무 있는 자가 권리자를 상대로 청구하는 것이므로 인용될 수 없다. 이러한 토지소유자가 건물의 양수인에게 건물의 철거를 청구하는 것은 신의칙에 반하는 권리행사로서 배척되어야 한다는 주장도 같은 취지라고 보인다. **셋째,** 지상권자의 동의하에 토지를 점유하는 자는 토지소유자에 대한 관계에서도 적법한 점유를 하는 것이라고 보아야 한다. **넷째,** 지상권의 부담을 갖는 대지소유자로서는 지상권자의 교체는 당연히 예상해야 되는 일이고, 지상권 존속기간 동안은 마땅히 그 건물을 용인하여야 되며 그 소유자가 바뀌었다 하여 새삼 무슨 방해를 당하였다고 볼 수 없다.

2. 대상판결의 다수의견과 반대의견

대상판결의 다수의견이 법정지상권을 취득할 지위에 있는 Y에 대하여 X가 대지소유권에 기하여 건물철거를 구함은 지상권의 부담을 용인하고 또한 그 설정등기절차를 이행할 의무있는 자가 그 권리자를 상대로 한 청구로서 신의성실의 원칙상 허용될 수 없다고 한 것은 대체로 위 둘째의 주장과 같다. 그러나 다수의견이 적극적으로 건물양수인의 점유가 점유할 권리에 근거한 적법한 점유라고 본 것인지는 명확하지 않다.

반면 대상판결의 반대의견은, 토지소유자가 부담하고 있는 설정등기의무는 이미 유효하게 존속하는 법정지상권의 공시방법을 갖추어 준다는 의미가 있을 뿐이고, 설정등기가 됨으로써 바로 상대방인 건물양수인에게 토지소유자에 대항할 수 있는 어떤 권원이 발생하는 것도 아니므로 신의칙 위반의 근거가 될 수 없다고 하였다. 그리고 건물양수인의 법정지상권 승계취득에 협력할 의무가 없는 토지소유자에게 그 승계취득에 관한 건물양수인의 이익을 배려하라고 요구할 수는 없으며, 건물양수인이 장차 배타적 효력있는 법정지상권을 취득할 지위에 있다는 이유만으로 그 이전등기의무자도 아닌 토지소유자의 권리행사를 획일적으로 신의칙 위반이라 하여 배척한다면, 채권적 청구권에 불과한 이전등기청구권에 신의칙의 이름을 빌어 사실상 배타적 대항권을 부여하는 결과가 된다고 비판하였다.

3. 검 토

이 문제는 법정지상권자로부터 건물을 양수한 자는, 아직 지상권이전등기를 마치지 않았더라도 대지소유자에 대하여 대지를 점유할 권리(213조 단서)가 있다고 보면 간단히 해결될 수 있다. 즉 법정지상권자는 대지소유자에 대하여 대지를 점유할 권리를 가지는데, 법정지상권자의 동의를 받고 대지를 점유하는 자도 마찬가지로 대지소유자에 대하여 대지를 점유할 권리를 가지는 것이다. 그러므로 법정지상권자로부터 법정지상권을 양수하였으나 아직 지상권 이전등기를 마치지 않은 자에 대하여도 대지소유자는 건물의 철거를 청구할 수 없다. 그런데 종래의 판례가 대지소유자의 건물철거청구를 인정하고 있었던 것은, 대지소유자와 건물양수인 사이에는 직접적인 권리의무관계가 없으므로 건물 양수인은 양도인인 법정지상권자에게만 점유할 권리를 주장할 수 있을 뿐, 대지소유자에게는 점유할 권리를 주장할 수 없다고 보았기 때문이다. 그러나 점유자의 점유할 권리란 반드시 점유자가 소유자에게 직접 주장할 수 있는 물권이나 채권

등의 권리를 가지고 있는 때에만 인정되는 것이 아니라, 그러한 권리를 가지고 있는 적법한 점유자로부터 점유를 이전받은 경우에도 인정될 수 있다. 다만 전의 점유자에게 소유자에 대한 관계에서도 점유를 타인에게 이전할 수 있는 권한이 있었어야 한다.

이는 다음과 같은 경우와 비교하여 본다면 쉽게 이해할 수 있다. 즉 부동산 매도인이 아직 매수인 명의로 소유권 이전등기를 마치지 않은 상태에서 매수인에게 부동산을 인도하여 주었다면, 그 매도인은 매수인에 대하여 부동산 반환을 청구할 수 없을 뿐만 아니라, 그 매수인으로부터 다시 부동산을 매수하여 점유하고 있는 전전매수인에 대하여도 마찬가지로 반환청구를 할 수 없는 것이다(대판 1988.4.25, 87다카1682; 1998.6.26, 97다42823 등). 또한 대판 2020.5.28, 2020다211085는, 소유자에 대하여 반환을 거부할 수 있는 점유할 권리에는 임차권, 임치, 도급 등과 같이 점유를 수반하는 채권도 포함되고, 이러한 채권을 갖는 자가 소유자의 승낙이나 소유자와의 약정 등에 기초하여 제3자에게 점유할 권리를 수여할 수 있는 경우에는 그로부터 점유 내지 보관을 위탁받거나 그 밖에 점유할 권리를 취득한 제3자는 특별한 사정이 없는 한 자신에게도 점유할 권리가 있음을 들어 소유자의 소유물반환청구를 거부할 수 있다고 하였다.

그러므로 대상판결이 대지소유자의 건물철거청구를 배척하는 근거로서 건물 양수인의 점유할 권리를 들지 않고 신의칙을 들고 있는 것은 다소 문제가 있다. 실제로 대판 1988.9.27, 87다카279; 1991.9.24, 91다21701 등은 대상판결과 마찬가지로 신의칙을 근거로 하여 대지소유자의 관습상 법정지상권 양수인의 건물철거 청구를 부정하였으나, 대판 1995.4.11, 94다39925는 그러한 경우에 대상판결과 위 87다카279 판결 및 91다21701 판결을 인용하면서도, 관습상 법정지상권이 붙은 건물의 양수인은 법정지상권에 대한 등기를 하지 않았다 하더라도 토지소유자에 대한 관계에서 적법하게 토지를 점유사용하고 있다고 하였고, 별도로 신의칙을 근거로 들지는 않았다.

학설은 대체로 대상판결의 태도를 지지하고 있다. 다만 그 근거에 대하여는 건물 양수인의 점유할 권리를 드는 견해 외에도, 292조 1항을 유추하여 법정지상권은 건물에 부종하므로 건물 소유권이 이전되면 법정지상권은 등기 없이도 건물 양수인에게 이전된다고 보는 견해도 있다. 그러나 부동산에 관한 법률행위로 인한 물권의 득실변경은 등기를 요한다는 것(186조)은 물권법의 기본 원칙이므로, 위와 같은 유추를 인정하기는 어려울 것이다.

4. 계약의 보충적 해석

이 사건에서 Y가 건물을 매수한 것은 A가 법정지상권을 취득하기 전이었으므로, A가 나중에 취득한 법정지상권을 Y에게 이전하여 주어야 하는가가 문제된다. A가 법정지상권을 취득한 후 Y가 건물을 매수하였다면, A의 이전의무는 "종물은 주물의 처분에 따른다"고만 규정하고 있는 100조 2항이 주된 권리(건물 소유권)와 종된 권리(법정지상권) 상호간에 유추적용된다는 점에서 근거를 찾을 수 있다(대판 1992.7.14, 92다527 등). 그러나 Y가 건물을 매수한 후 A가 법정지상권을 취득한 경우에는 이와 같이 설명할 수는 없다. 이러한 결과는 법률행위의 보충적 해석에 의하여 얻을 수 있다(보충적 해석에 대하여는 위 **[판례 13]** 참조). 즉 A가 대지와 건물을 Y에게 매도하였는데 대지에 설정된 저당권이 실행되어 대지가 제3자에게 경락되었으면 A는 Y에 대하여 담보책임을 부담하여야 하는 지위에 놓이게 된다. 그런데 A는 위 대지의 경매로 인하여 법정지상권을 취득하게 되었으므로, 그 법정지상권이라도 Y에게 이전하여 줌으로써 Y가 건물을 계속 보유할 수 있게 된다면 두 사람 사이에 있어서는 공평한 해결방법이 될 것이고 이는 당사자들의 의사에도 부합할 것이다. 그러므로 대상판결이 A가 Y에게 위 법정지상권을 양도하기로 하는 채권계약이 있는 것으로 인정한 것은 위와 같은 법률행위의 보충적 해석의 이론에 비추어 볼 때 타당성을 인정할 수 있을 것이다.

참고문헌

고상룡, 미등기건물양수인의 법정지상권취득과 법정지상권의 양도, 고시연구 16권 3호, 1989.
김시승, 법정지상권을 취득할 지위에 있는 건물양수인에 대한 토지소유자의 건물철거청구, 대법원판례해설 제4호, 1988.
명순구, 법정지상권과 지상물소유권의 관계, 안암법학 5권, 1997.
서민, 법정지상권 양수인의 법적 지위, 민사판례연구 11권, 1984.
오창수, 관습법상의 법정지상권에 관한 판례이론의 검토, 변호사 21집, 1991.
윤진수, 법정지상권 성립후 건물을 취득한 자의 지위, 민법논고 2권, 2008.
이재성, 법정지상권에 대하여, 변호사 16집, 1986.

[판례 58]

공동근저당의 이시배당에서 공동근저당권의 우선변제의 범위

대법원 2017.12.21. 선고 2013다16992 전원합의체 판결

사 실

Y는 2005.6.13. 채무자 A 회사에 대한 채권의 담보로 제1부동산(물상보증인 소유 → 채무자 소유)과 제2부동산(물상보증인 소유) 등에 채권최고액 71억 5,000만 원의 1순위 공동근저당권을 설정하였고, B 회사는 2005.6.13. 채무자에 대한 채권의 담보로 제1부동산과 제2부동산 등에 채권최고액 300억 원의 2순위 공동근저당권을 설정하였다. 2007.9.7. A 회사에 대한 회생개시 결정이 있었고, Y는 위 회생절차에서 회생계획에 따라 회생담보권자로서 제1부동산의 환가대금(약 42억 9,000만 원)으로부터 그 대부분인 4,109,272,480원을 우선변제받았다. X는 제2부동산 등에 관한 B 회사의 2순위 근저당권을 이전받아 2010.6.15. 근저당권이전의 부기등기를 마쳤다. 한국자산관리공사는 2011.6.20. 제2부동산에 관하여 세금체납으로 인한 공매를 시행하였고, 위 공매절차에서, Y는 1순위 근저당권자로서 2011.7.20. 3,472,784,780원을 배당받았고, X는 2순위 근저당권자로서 12,398,771,050원의 채권을 신고하였으나 전혀 배당받지 못하였다.

X는, Y가 제1부동산의 환가대금으로부터 변제받은 액수만큼 제2부동산의 채권최고액에서 공제되어야 하고 따라서 Y의 배당받을 수 있는 액은 3,040,727,520원(채권최고액 71억 5,000만 원-4,109,272,480원)이 되어야 하는데, 이를 초과하여 배당받았으므로 그 차액 432,057,260원은 X가 배당받아야 된다고 주장하여 부당이득반환청구의 소를 제기하였다.

1심과 2심은 모두 X의 청구를 받아들였고, 대법원 전원합의체도 Y의 상고를 기각하였다.

이 유

공동근저당권이 설정된 목적 부동산에 대하여 동시배당이 이루어지는 경우에 공동근저당

권자는 채권최고액 범위 내에서 피담보채권을 민법 368조 1항에 따라 부동산별로 나누어 각 환가대금에 비례한 액수로 배당받으며, 공동근저당권의 각 목적 부동산에 대하여 채권최고액만큼 반복하여, 이른바 누적적으로 배당받지 아니한다.

그렇다면 공동근저당권이 설정된 목적 부동산에 대하여 이시배당이 이루어지는 경우에도 동시배당의 경우와 마찬가지로 공동근저당권자가 공동근저당권 목적 부동산의 각 환가대금으로부터 채권최고액만큼 반복하여 배당받을 수는 없다고 해석하는 것이 민법 368조 1항 및 2항의 취지에 부합한다.

이와 달리, 공동근저당권의 목적 부동산이 일부씩 나누어 순차로 경매가 실행되는 경우에 공동근저당권자가 선행 경매절차에서 배당받은 원본 및 이자 · 지연손해금의 합산액이 결과적으로 채권최고액으로 되어 있는 금액을 넘더라도 나머지 목적 부동산에 관한 경매 등의 환가절차에서 다시 우선변제권을 행사할 수 있다는 취지로 판단한 대법원 2009.12.10. 선고 2008다72318 판결은 이 판결의 견해에 배치되는 범위 내에서 이를 변경하기로 한다.

해 설

1. 공동근저당권의 의의

동일한 채무의 담보를 위하여 여러 개의 부동산에 저당권이 설정되어 있는 것이 공동저당이다(368조). 그런데 이때 저당권이 근저당권인 경우가 공동근저당권이다. 대상판결은 공동근저당권에 관하여도 368조가 적용된다고 하였다.

일본 민법에는 근저당권의 설정과 동시에 동일한 채권의 담보로서 수개의 부동산에 관하여 근저당권이 설정된다는 취지의 등기를 한 경우에 한하여 공동저당에 관한 규정을 적용한다고 하는 규정이 있다(398조의16). 그리하여 이러한 등기가 없는 공동근저당의 경우에는 각각의 근저당권의 채권최고액의 한도까지 우선변제를 받을 수 있다(누적근저당). 그러나 우리 민법에는 이러한 규정이 없으므로, 근저당권설정자와 근저당권자 사이에서 동일한 기본계약에 기하여 발생한 채권을 중첩적으로 담보하기 위하여 수 개의 근저당권을 설정하기로 합의하고 이에 따라 수 개의 근저당권설정등기를 마친 때에는 공동근저당관계의 등기를 마쳤는지 여부와 관계없이 그 수 개의 근저당권 사이에는 각 채권최고액이 동일한 범위 내에서 공동근저당관계가 성립한다(대판 2010.12.23, 2008다57746).

그런데 대판 2020.4.9, 2014다51756, 51763은, 당사자 사이에 하나의 기본계약에서 발생하는 동일한 채권을 담보하기 위하여 여러 개의 부동산에 근저당권을 설정하면서 각각의 근저당권 채권최고액을 합한 금액을 우선변제받기 위하여 공동근저당권의 형식이 아닌 개별 근저당권의 형식을 취한 경우, 이러한 근저당권은 368조가 적용되는 공동근저당권이 아니라 피담보채권을 누적적으로 담보하는 근저당권에 해당한다고 하였다. 그 사건에서는 채권최고액이 어느 것도 피담보채무액에 미치지 못하여, 모두 합쳐 피담보채무를 담보하고자 하는 것이라고 인정되었다.

2. 공동근저당권의 확정시기

만일 공동근저당권자 자신이 저당권의 목적물 중 하나에 대하여 경매를 신청하여 근저당권이 실행되었다면, 이때에는 근저당권자의 경매신청시에 근저당권이 확정된다(대판 1996.3.8, 95다36596). 이 경우에는 공동근저당권자가 채무자와 더 이상 거래하지 않겠다는 의사를 표시한 것으로 볼 수 있기 때문이다. 따라서 이때에는 공동근저당권이 일반 저당권과 같은 것으로 되므로, 더 이상 채권최고액은 의미가 없게 되고, 공동근저당권자는 한 목적물에 관하여 배당을 받은 때에는 다른 공동저당권의 목적물에 대하여는 당연히 채권최고액에서 배당을 받은 나머지에 대하여만 우선변제권을 행사할 수 있다.

문제는 공동근저당권자가 아닌 다른 채권자가 경매를 신청한 경우이다. 이때에는 경매신청시에 공동근저당권이 확정되는 것은 아니고, 경매목적물에 관하여는 매수인이 매각대금을 지급한 때 근저당권이 확정된다(대판 1999.9.21, 99다26085; 2017.9.21, 2015다50637 등). 만일 이 경우에 공동근저당권이 다른 공동근저당권의 목적물에 관하여도 확정된다고 본다면, 당연히 채권최고액에서 이미 배당받은 금액을 공제하여야 한다. 반면 이 경우에 공동근저당권이 다른 공동근저당권의 목적물에 관하여는 확정되지 않는다고 본다면, 채권최고액에서 이미 배당받은 금액을 공제하여야 하는가 아닌가에 관하여는 견해가 갈리고 있다.

공동근저당권의 확정시기에 관하여는 동시확정설과 개별확정설이 대립한다. 동시확정설은, 개별확정설은 공동근저당권 중 일부만이 확정되고 일부는 확정되지 않는다는 이론이어서 그 자체로 자연스럽지 못할 뿐만 아니라, 개별확정설에 의하게 되면 368조 2항 후문의 '다른 부동산의 경매대가에서 변제받을 수 있는 금액'을 확정할 수 없다는 점을 근거로 든다. 일본 민법 398조의17 2항은 동시확정설을 택하였다.

반면 개별확정설은 다음과 같이 주장한다. 공동근저당권자가 스스로 경매신청을 하지 아니한 경우에는 공동근저당권자와 채무자 사이의 기본거래가 당연히 종료된다고 볼 수 없어 기본거래가 계속되는 동안 공동근저당권자로 하여금 나머지 목적물에 관한 근저당권의 담보가치를 활용할 수 있도록 할 필요성이 있고, 368조 2항에 따라 후순위 저당권자가 대위할 수 있는 한도는 나머지 목적물이 경매될 때를 기준으로 산정할 수 있다고 한다.

대판 2017.9.21, 2015다50637은 개별확정설을 택하였다. 이 판결은 그 근거로서, 공동근저당권자가 제3자가 신청한 경매절차에 소극적으로 참가하여 우선배당을 받았다는 사정만으로는 당연히 채권자와 채무자 사이의 기본거래가 종료된다고 볼 수 없고, 기본거래가 계속되는 동안에는 공동근저당권자가 나머지 목적 부동산에 관한 근저당권의 담보가치를 최대한 활용할 수 있도록 피담보채권의 증감·교체를 허용할 필요가 있다는 점 등을 들었다.

그런데 대상판결에서는 다른 채권자가 제1부동산에 관하여 경매를 신청한 경우가 아니고, 공동근저당권자가 회생절차에서 회생계획에 따라 회생담보권자로서 제1부동산의 환가대금으로부터 우선변제를 받았다. 이 사건 원심은, 공동근저당권자가 적극적으로 경매를 신청하였는지, 아니면 제3자의 경매신청에 소극적으로 참가하였는지의 여부에 의하여 공동근저당권의 피담보채권의 범위가 달라진다면 물상보증인 등 제3자가 예측하지 못하는 손해를 입을 수도 있을 뿐만 아니라 이 사건의 경우는 회생절차가 개시된 이상 채무자의 신용상태에 관한 중대한 변경이 있는 경우에 해당하여, 제1부동산뿐만 아니라 제2부동산 등에 관한 이 사건 공동근저당권의 피담보채권도 모두 확정된다고 해석하는 것이 거래 당사자의 의사에 더 부합한다고 하였다.

그러나 대법원은 A 회사에 대한 회생절차개시결정으로 인하여 제2부동산에 관한 이 사건 공동근저당권의 피담보채권이 확정되는지의 여부는 위와 같은 원심의 결론에 영향이 없으므로, 그 당부에 관하여 판단할 필요가 없다고 하였다.

3. 채권최고액 감액 여부에 관한 학설

개별확정설을 전제로 할 때, 저당권의 목적물 중 하나에 대하여 공동저당권자 아닌 다른 채권자가 경매를 신청하여 그 결과 공동저당권자가 일부 변제를 받았으면, 나머지 목적물에 대하여 공동저당권자가 채권최고액에서 이미 변제받은 금액을 공제한 나머지만을 우선변제를 받을 수 있는가 하는 점에 대하여 종래 견해 대립이 있었다.

선행 경매절차에서 배당받았다고 하더라도 나머지 공동담보물에 대한 채권최고액이 감액되지 않는다는 감액부정설은 다음과 같은 근거를 제시한다. 첫째, 거래관계가 계속되는 이상 근저당관계를 유지시킬 필요가 있고, 채권자의 신청에 의한 경매절차가 아니므로 채무자로부터 임의의 변제를 받은 것과 마찬가지로 보아도 무방하다. 둘째, 공동근저당권은 보통의 공동저당의 경우에 비하여 부종성이 완화되어 있으므로 그 피담보채권이 확정되어야 비로소 피담보채권의 양적 범위가 결정되고 이를 기초로 우선변제될 범위가 결정되는데, 피담보채권이 확정되지 않은 근저당에서 '감액긍정설'과 같이 다른 근저당의 일부배당에 의해 채권최고액이 감액된다고 볼 법적 근거가 없다.

반면 감액긍정설은 다음과 같이 주장한다. 첫째, 감액부정설을 취할 경우 공동근저당권자에게는 아무런 이유 없이 부당한 이익을 주고, 다른 한편으로 다른 일반채권자 및 후순위저당권자에게 근거 없는 불이익을 가하는 것이다. 둘째, 「거래관계가 계속되는 이상 근저당관계를 유지시킬 필요가 있다」고 하는 부분은 채권최고액의 감액 여부와는 별개의 문제이다. 감액긍정설은 채권최고액이 감액된다는 것이지 근저당권의 피담보채무가 확정된다거나 거래관계가 종료된다는 의미가 아니다. '감액된 채권최고액의 범위 내에서' 거래관계를 계속하며 피담보채권이 증감변동하도록 유지할 수 있는 것이다.

4. 종래의 판례와 대상판결

종래의 주류적인 판례는 감액을 긍정하고 있었다. 이를 긍정한 최초의 대법원 판례는 대판 2006.10.27, 2005다14502이다. 이 사건에서는 일부 부동산에 대하여 수용이 이루어져 공동근저당권자가 물상대위를 실현하기 위하여 압류하여 배당을 받은 경우였는데, 대법원은 감액을 부정한다면 공동근저당권자는 자신이 스스로 경매실행을 하지 않는 경우 공동근저당권 목적물의 각 환가대금으로부터 채권최고액만큼 반복하여 배당받을 수 있게 되고, 이로써 선순위 공동근저당권이 설정되어 있는 부동산에 대하여 후순위로 근저당권을 취득한 자에게 예측하지 못한 손해를 입히는 부당한 결과가 발생하게 된다고 하면서, 368조의 취지도 몰각된다고 하였다. 대판 2012.1.12, 2011다68012; 2017.9.21, 2015다50637도 같은 취지이다.

그런데 대판 2009.12.10, 2008다72318은 "공동근저당 목적 부동산이 일부씩 나누어 순차로 경매 실행됨으로써 근저당권자가 배당받은 원본 및 지연이자의 합산액이 결과적으로 채권최고액으로 되어 있는 금액을 초과하였더라도 그것만으로 책임한도 범위 내의 피담보채권이 모두 소멸하였다고 볼 수는 없다"고 하여 결과적으로 감액부정설을 따른 것으로 보인다.

대상판결은 감액긍정설을 택하고, 반대 취지인 위 2008다72318 판결을 변경하였다. 대상판결은 감액부정설을 택하게 되면 다음과 같은 불합리한 결과가 발생한다고 하였다. 첫째, 선순위 공동근저당권자가 공동근저당권의 각 목적물마다 최초의 채권최고액만큼 반복하여 배당받을 수 있다면, 후순위로 근저당권을 취득한 사람에게 예측하지 못한 손해를 입힐 수 있고, 이시배당의 경우에 선순위 공동저당권자의 실행선택권 행사로 불이익을 입은 후순위 저당권자를 보호하려는 368조 2항의 취지에 어긋난다.

둘째, 채무자 소유의 부동산과 물상보증인 소유의 부동산에 공동근저당권이 설정되었고, 그 중 물상보증인 소유의 부동산에 대하여 공동근저당권자가 피담보채권의 일부에 대하여 배당받은 때에, 일부 배당에도 불구하고 공동근저당권자가 채무자 소유의 부동산에 대하여 감액되지 아니한 최초의 채권최고액 범위 내에서 다시 우선변제권을 행사할 수 있다면, 물상보증인의 변제자대위가 불가능하게 되거나 대위의 범위가 축소되어 채무자 소유의 부동산에 관한 담보력을 기대하고 자기의 부동산을 담보로 제공한 물상보증인의 기대이익을 박탈하게 된다.

셋째, 공동근저당권의 목적 부동산이 동일한 물상보증인의 소유인 경우에, 그 물상보증인으로서는 자신이 부담하게 될 책임이 위 근저당권의 채권최고액을 넘지 아니한다고 믿기 마련인데, 만일 이시배당이 이루어졌다는 이유만으로 공동근저당권자가 공동근저당권 목적물의 각 환가대금으로부터 채권최고액만큼 반복하여 배당받을 수 있게 된다면, 물상보증인의 책임 범위가 그 담보제공 의사와 무관하게 확장되는 결과를 낳는다.

5. 검 토

공동근저당권의 목적물 중 일부에 대하여 근저당권이 확정되면 나머지에 대하여도 공동근저당권 전체가 확정된다고 본다면, 나머지 목적물에 대한 공동근저당권 실행시에 이미 배당받은 부분을 공제하여야 하는 것은 당연하다. 이와 달리, 나머지 목적물에 대하여는 공동근저당권이 확정되지 않는다고 보더라도, 나머지 목적물에 대하여 공동근저당권이 실행되면 채권최고액에서 이미 배당받은 부분은 공제하여야 한다. 그와 같이 보지 않는다면, 공동근저당권의 목적물 전체에 대하여 동시에 근저당권이 실행되어 배당받은 경우와, 그렇지 않은 경우에 차이가 생기게 되고, 이는 이해관계인에게 중대한 영향을 미치게 된다. 368조가 이러한 결과를 방지하기 위한 규정인데, 공동근저당권이라고 하여 이러한 차이를 용인할 이유가 없는 것이다. 대상판결은 이 점을 구체적인 예를 들어 설명하고 있다.

참고문헌

김병두, 공동근저당에 있어서의 채권최고액의 감액, 민사법학 33호, 2006.

김병두, 다수의 부동산위에 설정된 근저당권의 법률관계, 재산법연구 25권 1호, 2008.

김지웅, 이시배당에 있어서 선순위 공동근저당권자의 우선변제권 범위, 성균관법학 30권 4호, 2018.

양진수, 공동근저당권자가 채무자에 대한 회생절차에서 채무자 소유 부동산의 환가대금으로부터 우선변제받은 경우에 공동담보물인 물상보증인 소유의 다른 목적 부동산의 채권최고액 감액 여부, 사법 44호, 2018.

양창수, 공동근저당권에 있어서 선행경매절차에서의 일부배당이 후행절차 상의 우선변제권에 미치는 영향, 민법연구 8권, 2007.

유혜주, 공동근저당권의 이시배당에 관한 연구, 민사판례연구 41권, 2019.

윤진수, 2006년도 주요 민법 관련 판례 회고, 서울대학교 법학 48권 1호, 2007.

이동진, 공동근저당의 법리, 민사법학 93호, 2020.

임병석, 공동(근)저당권과 누적적 근저당권의 구별 기준 및 입법적 검토, 민사법학 96호, 2021.

이준현, 공동근저당권자에 대한 일부 담보목적 부동산의 우선배당과 나머지 담보목적 부동산에 대한 효력, 법조 2018.2.

조준현, 공동근저당의 이시배당에서 공동근저당권자의 우선변제권의 범위, 외법논집 42권 3호, 2018.

[판례 59]

채권담보권의 설정과 채권양도와의 관계

대법원 2016.7.14. 선고 2015다71856, 2015다71863 판결

사 실

X는 2013.8.13. A 회사와의 사이에 X의 A 회사에 대한 채권을 담보하기 위하여 A 회사의 B 회사에 대한 이 사건 채권에 관하여 동산채권담보법에 의하여 채권최고액 3억 원인 이 사건 담보권을 설정하기로 하는 계약을 체결하였고, 다음날 그 설정등기를 마쳤다. A 회사는 2013.8.28. Y에게 이 사건 채권을 양도하고, 2013.10.1. B 회사에 내용증명우편으로 채권양도 사실을 통지하였으며, 그 통지는 2013.10.2. 도달하였다. X는 2013.10.14. B 회사에 설정계약서 사본과 등기사항증명서 사본을 첨부하여 이 사건 담보권의 설정사실을 통지하였고, 그 통지는 2013.10.15. B 회사에 도달하였다. 그런데 B 회사는 2013.10.31. Y에게 이 사건 채권의 변제로 181,347,097원을 지급하였다.

이에 X는 Y 및 B 회사를 상대로 소송을 제기하여, Y를 상대로는 B 회사로부터 변제받은 것에 대한 부당이득반환청구를 하는 한편 B 회사를 상대로는 이 사건 담보권의 실행으로써 이 사건 채권의 지급청구를 하였는데, 제1심 계속 중이던 2014.12.18. 'X는 B 회사에 대한 청구를 포기하고, X와 B 회사는 이 사건 채권에 관하여 일체의 민 · 형사상 청구를 하지 아니한다'는 등의 내용으로 조정을 갈음하는 결정이 내려졌고, 위 결정은 X와 B 회사 사이에서 그 무렵 확정되었다.

원심은 X의 청구를 기각하였으나, 대법원은 원심판결을 파기하였다.

이 유

가. 동산채권담보법에 의한 채권담보권자가 담보등기를 마친 후에서야 동일한 채권에 관한

채권양도가 이루어지고 확정일자 있는 증서에 의한 채권양도의 통지가 제3채무자에게 도달하였으나, 동산채권담보법 35조 2항에 따른 담보권설정의 통지는 제3채무자에게 도달하지 않은 상태에서는, 제3채무자에 대한 관계에서 채권양수인만이 대항요건을 갖추었으므로 제3채무자로서는 채권양수인에게 유효하게 채무를 변제할 수 있고, 이로써 채권담보권자에 대하여도 면책된다. 다만 채권양수인은 채권담보권자에 대한 관계에서는 후순위로서, 채권담보권자의 우선변제적 지위를 침해하여 이익을 받은 것이 되므로, 채권담보권자는 채권양수인에게 부당이득으로서 그 변제받은 것의 반환을 청구할 수 있다. 그러나 그 후 동산채권담보법 35조 2항에 따른 담보권설정의 통지가 제3채무자에게 도달한 경우에는, 그 통지가 채권양도의 통지보다 늦게 제3채무자에게 도달하였더라도, 채권양수인에게 우선하는 채권담보권자가 제3채무자에 대한 대항요건까지 갖추었으므로 제3채무자로서는 채권담보권자에게 채무를 변제하여야 하고, 채권양수인에게 변제하였다면 특별한 사정이 없는 한 이로써 채권담보권자에게 대항할 수 없다.

나. 민법 472조는 변제받을 권한 없는 자에 대한 변제의 경우에도 채권자가 이익을 받은 한도에서 효력이 있다고 규정하고 있는데, 여기에서 말하는 '채권자가 이익을 받은' 경우에는 변제의 수령자가 진정한 채권자에게 채무자의 변제로 받은 급부를 전달한 경우는 물론이고, 그렇지 않더라도 무권한자의 변제수령을 채권자가 사후에 추인한 때와 같이 무권한자의 변제수령을 채권자의 이익으로 돌릴 만한 실질적 관련성이 인정되는 경우도 포함된다. 그리고 이와 같이 무권한자의 변제수령을 채권자가 추인한 경우에 채권자는 무권한자에게 부당이득으로서 그 변제받은 것의 반환을 청구할 수 있다.

따라서 채권담보권자가 채권양수인보다 우선하고 담보권설정의 통지가 제3채무자에게 도달하였음에도, 그 통지보다 채권양도의 통지가 먼저 도달하였다는 등의 이유로 제3채무자가 채권양수인에게 채무를 변제한 경우에 채권담보권자가 무권한자인 채권양수인의 변제수령을 추인하였다면, 이러한 추인에 의하여 제3채무자의 채권양수인에 대한 변제는 유효하게 되는 한편 채권담보권자는 채권양수인에게 부당이득으로서 그 변제받은 것의 반환을 청구할 수 있다.

해 설

1. 동산채권담보법에 의한 채권담보권 등기의 대항요건

동산채권담보법(정식 명칭은 "동산 · 채권 등의 담보에 관한 법률")은 채권담보권의 등기제도를 창설하였는데, 그 법 35조는 담보등기의 대항력에 관하여 제3채무자(담보권의 목적인 지명채권의 채무자)와 그 외의 제3자에 대한 대항력을 나누어 규정하고 있다. 즉 1항에 의하면 담보등기부에 등기하면 약정에 따른 채권담보권의 득실변경은 제3채무자 외의 제3자에게 대항할 수 있지만, 2항에 의하면 제3채무자에 대하여는 담보권자 또는 담보권설정자가 52조의 등기사항증명서를 건네주는 방법으로 통지를 하거나 제3채무자가 이를 승낙해야만 대항할 수 있다. 그리고 3항은 동일한 채권에 관하여 담보권자와 담보권의 목적인 채권을 양도받거나 질권을 취득한 자 사이의 우열관계에 관하여 규정한다. 즉 이때에는 담보권 등기와 그 통지의 도달 또는 승낙 가운데 빠른 것이 우선하게 된다.

그러므로 등기를 마친 채권담보권자는 제3채무자에 대하여는 2항에 의한 통지나 승낙이 있어야만 채권을 행사할 수 있지만, 그 외의 자, 예컨대 담보의 목적인 채권을 채무자로부터 양도받은 자에 대하여는 그 등기 일자가 채권양도의 통지나 승낙보다 빠르다면 2항에 의한 통지가 없어도 담보권을 주장할 수 있다. 그러므로 채권담보권의 등기가 있었고, 그 후 채무자가 담보의 목적인 채권을 제3자에게 양도하고 통지 또는 승낙이 있었으나, 아직 채권담보권 등기의 통지나 승낙은 없었던 동안에는 제3채무자는 채권양수인에게 변제를 하면 채무를 면한다. 왜냐하면 담보권자는 제3채무자에게는 대항할 수 없기 때문이다. 그러나 변제를 받은 채권양수인에 대하여는 담보권자가 우선하므로, 담보권자는 채권양수인에 대하여 부당이득반환을 청구할 수 있다. 대상판결도 그와 같이 판시하였다.

2. 담보권의 등기가 먼저 이루어졌으나 그 통지는 채권양도의 통지보다 늦게 있었던 경우

그런데 대상판결에서는 담보권 등기가 있은 후 그 채권이 다시 양도되고 통지된 다음, 담보권 등기의 통지가 이루어졌다. 그 후 제3채무자가 담보권자 아닌 채권양수인에게 변제를 하면 제3채무자는 담보권자에 대한 관계에서 면책되는가? 이 문제에 대하여는 동산채권담보법에 명문의 규정이 없다. 35조 3항은 담보권자와 채권양수인 등 제3자 사이의 우열을 정하고 있을 뿐, 이러한 경우까지는 규정하고 있지 않기 때문이다.

이와 비교할 수 있는 것은 채권양도가 이중으로 이루어진 경우이다. 대판(전) 1994.4.26, 93다24223([**판례** 81])은, 채권이 이중으로 양도된 경우의 양수인 상호간의 우열은 통지 또는 승낙에 붙여진 확정일자의 선후에 의하여 결정할 것이 아니라, 확정일자 있는 양도통지가 채무자에게 도달한 일시 또는 확정일자 있는 승낙의 일시의 선후에 의하여 결정하여야 한다고 하였다. 그러므로 이 판례가 이 사건에도 적용된다면, 담보권 설정의 등기는 채권양도 및 그 통지보다 먼저 이루어졌지만, 그 등기의 통지는 채권양도의 통지보다 나중이므로 제3채무자는 면책될 수 있을 것이다. 그러나 위 판례에서는 양수인 상호간의 우열 자체를 통지 또는 승낙의 선후에 의하여 결정하고 있는데, 동산채권담보법에서는 담보권자와 양수인 사이의 우선관계를 35조 3항에 의하여 등기와 채권양도의 통지 또는 승낙의 선후에 의하여 정하고 있으므로 위 판례가 그대로 적용될 수는 없다.

3. 면책설과 비면책설

이에 관하여는 면책설과 비면책설의 두 가지 견해가 있다. 면책설은, 제3채무자는 통지 도

달 일자가 빠른 자에게 변제해야만 면책된다는 견해로서, 그 근거로는 현행법의 해석상 이해관계인 제3자에게 등기일자 선후를 확인할 의무가 있다는 근거가 없고, 비면책설에 의하면 채권양수인이 무자력일 경우 채무자는 이중으로 변제할 위험을 부담하게 되는데, 이는 채무자에 대한 대항요건 규정의 입법취지에 반한다는 점을 든다.

반면 비면책설은 제3채무자는 채권양수인보다 우선하는 담보권자에게 변제하여야 하고, 채권양수인에 대한 변제로는 담보권자에 대한 채무를 면하지 못한다는 견해이다. 그 근거로는 담보권자와 채권양수인이 모두 채무자에 대한 대항요건을 갖춘 이상 둘 중 우선권이 있는 담보권자에게 변제해야 면책된다고 보는 것이 기존의 판례 입장에 더 부합하고, 제3채무자는 채권양도통지가 도달한 일시 또는 승낙일시와 통지서에 첨부된 등기사항증명서의 등기일자만 비교하면 쉽게 우선순위를 판단할 수 있으며, 채권양도에 관한 민법 450조에서도 제3자에 대한 대항요건인 2항이 원칙적인 규정이고, 1항의 채무자에 대한 대항요건은 예외적으로 이해관계인이 없는 경우에만 적용된다고 보아야 하므로, 마찬가지로 채무자에 대한 대항요건을 규정한 동산채권담보법 35조 2항보다 이해관계인 사이의 관계를 규정한 같은 조 3항이 우선적으로 고려되어야 한다는 점 등이다. 이외에도 면책설에 의할 경우 '담보등기'라는 객관적이고 새로운 공시제도를 도입함으로써 채권담보제도를 활성화시키고자 한 동산채권담보법의 취지가 후퇴된다는 점도 들고 있다.

대상판결은 비면책설을 따랐다.

4. 검 토

법률상 명문 규정이 없기 때문에 두 가지 견해가 다 성립할 수 있지만, 비면책설이 좀더 타당한 것으로 보인다. 기본적으로 담보권자의 등기가 경합하는 채권양도의 통지나 승낙보다 먼저 이루어졌다면, 설령 등기의 통지가 채권양도의 통지나 승낙보다 늦었더라도 동산채권담보법 35조 3항에 의하여 담보권자가 채권양수인보다 우선한다. 그러므로 제3채무자가 누구에게 변제하여야 하는가를 결정함에 있어서도 이러한 우선관계에 따르는 것이 합리적이다. 위 93다24223 판결도 그와 같은 취지로 볼 수 있다.

실제로도 그와 같이 보지 않는다면, 제3채무자가 면책된다고 할 때에는 담보권자는 채권양수인에 대하여 부당이득반환을 청구하여야 하지만, 제3채무자가 면책되지 않는다고 본다면, 제3채무자는 채권양수인 아닌 담보권자에게 변제하게 될 것이므로, 그와 같은 부당이득반환청구를 하게 하는 번잡함을 회피할 수 있어 경제적으로도 합리적이다.

5. 채권양수인의 변제수령을 담보권자가 추인한 경우

이처럼 제3채무자가 면책되지 않는다면, 담보권자는 제3채무자에게 채무의 이행을 청구하면 되고, 채권양수인의 변제 수령은 무효이므로 그에 대하여 부당이득반환을 청구할 수는 없다. 대상판결의 원심판결은 그러한 이유로 X의 B 회사에 대한 부당이득반환청구를 기각하였다.

그런데 대상판결에서는 X와 B 회사 사이에 X가 B 회사에 대한 청구를 포기한다는 내용의 조정에 갈음하는 결정이 이루어졌다. 대상판결은 이를 X가 무권한자인 B 회사의 변제수령을 추인한 것으로 보고, B 회사의 Y에 대한 변제는 유효하게 되는 한편 X는 Y에게 부당이득으로서 그 변제받은 것의 반환을 청구할 수 있다고 보았다. 그리고 이처럼 무권한자의 변제수령을 채권자가 사후에 추인하는 것도 472조에서 말하는 '채권자가 이익을 받은' 경우에 해당한다고 하였다.

종래에도 판례는 무권한자가 변제를 수령하여도 채권자가 이를 추인하면 유효한 변제가 된다고 하였고(대판 2011.11.24, 2010다88644 등), 또 이를 472조에 근거하여 설명한 것도 있다(대상판결이 인용하고 있는 대판 2012.10.25, 2010다32214).

생각건대 이러한 경우에 채권자로서는 무권한자가 변제를 수령한 것을 추인할 수 있고, 이때에는 그 변제가 유효한 것이 되며, 채권자는 변제를 수령한 무권한자를 상대로 부당이득반환을 청구할 수 있다고 봄이 타당하다. 무권리자가 타인의 재산을 처분한 경우의 추인에 관하여도 대상판결이 인용하고 있는 대판 1992.9.8, 92다15550; 2001.11.9, 2001다44291도 그와 같이 보고 있다. 그러나 대상판결이 이를 위하여 472조를 원용하고 있는 것은 의문이다. 이처럼 채권자가 무권한자의 변제 수령을 추인한 것만으로 472조에서 말하는 이익을 얻었다고 하기는 어렵기 때문이다.

대상판결에 대한 평석들도 대체로 대상판결을 지지하지만, 472조를 원용한 부분에 대하여는 비판적이다.

참고문헌

김판기, 동산채권담보법에 의한 채권담보권자의 제3채무자에 대한 대항요건과 제3채무자의 면책기준, 법조 2017.6.

김현선, 동산 · 채권 등의 담보에 관한 법률상 채권담보권의 제문제, 법률실무연구 창간호, 2013.

김현진, 동산채권담보법상 채권담보권과 채권양도의 법률관계, 한양대 법학논총 34권 3호, 2017.

이지영, 동산채권담보법상 채권담보권자와 채권양수인간의 우열관계, 무권한자 변제수령행위 추인 법리를 통한 부당이득 관계의 해결, 민사판례연구 40, 2018.

정소민, 「동산 · 채권 등의 담보에 관한 법률」상 채권담보권자, 채권양수인, 제3채무자의 법률관계, 사법 47호, 2019.

Ⅲ 채권총칙

[판례 60]

보호의무 위반으로 인한 채무불이행책임

대법원 1994.1.28. 선고 93다43590 판결

사 실

A는 1990.3.18. Y가 경영하는 여관 2층 객실에 투숙하였다가, 다음날 아침 위 여관 2층 복도에서 발생한 화재로 인한 연기를 발견하고 창문으로 탈출하기 위하여 창문 유리를 깨려 하였으나 여의치 못하여, 이불을 뒤집어쓰고 방문을 열고 탈출하다가 복도에서 화염 및 가스등으로 전신화상을 입고 질식 사망하였다. 그런데 위 화재의 원인은 밝혀지지 않았다. A의 상속인인 X들은 Y를 상대로 A의 사망으로 인한 손해배상을 청구하였다. 환송전 원심은 Y에게 중과실이 있다고 하여 당시의 실화책임에 관한 법률(실화책임법)에 의한 손해배상책임을 인정하였다. 당시의 실화책임법은 실화의 경우에는 중대한 과실이 있을 때에 한하여 750조의 책임을 인정하고 있었다. 그러나 대법원은 Y에게 중과실이 있었다고 보기 어렵다고 하여 원심판결을 파기하였다. 환송후 원심은 불법행위책임을 묻는 주위적 청구에 대하여는, 피고에게 중과실이 있었다고 볼 수 없다고 하여 이를 기각하였으나, 계약상 의무 위반을 이유로 하는 예비적 청구는 받아들였다. 대법원도 Y의 상고를 기각하였다.

이 유

가. 공중접객업인 숙박업을 경영하는 자가 투숙객과 체결하는 숙박계약은 숙박업자가 고객에게 숙박을 할 수 있는 객실을 제공하여 고객으로 하여금 이를 사용할 수 있도록 하고 고객으로부터 그 대가를 받는 일종의 일시사용을 위한 임대차계약으로서, 여관의 객실 및 관련시설, 공간은 오로지 숙박업자의 지배아래 놓여 있는 것이므로, 숙박업자는 통상의 임대차와 같이 단순히 여관의 객실 및 관련시설을 제공하여 고객으로 하여금 이를 사용수익하게 할 의무를 부담

하는 것에서 한 걸음 더 나아가 고객에게 위험이 없는 안전하고 편안한 객실 및 관련시설을 제공함으로써 고객의 안전을 배려하여야 할 보호의무를 부담하며, 이러한 의무는 앞서 본 숙박계약의 특수성을 고려하여 신의칙상 인정되는 부수적인 의무로서 숙박업자가 이를 위반하여 고객의 생명, 신체를 침해하여 동인에게 손해를 입힌 경우 불완전이행으로 인한 채무불이행책임을 부담한다.

나. 숙박업자가 객실의 고객에 대하여 부담하는 보호의무를 위반하여 고객이 사망하였음을 원인으로 하는 채무불이행에 기한 손해배상청구소송에 있어 통상의 채무불이행과 같이 채무자가 그 채무불이행에 대하여 자기에게 과실이 없음을 주장, 입증하지 않는 한 그 책임을 면할 수 없는 것이기는 하나, 채권자로서도 그 급부의 불완전에 관한 주장, 입증책임을 부담하는 것이므로 원고로서는 구체적 보호의무의 존재와 그 위반사실을 주장, 입증하여야 한다.

X들은 숙박업자인 Y로서는 투숙자가 퇴실하기 전까지 그 안전을 보호하여야 할 의무가 있다고만 주장하고 있어 그 주장내용이 다소 구체적이지 못한 점이 없지 아니하나, 이를 X들이 제출한 여러 증거들과 대비하여 보면 X들이 화재발생 후 Y가 여관의 고객에 대하여 화재발생 사실을 제대로 통보하지 아니하였다는 구체적인 보호의무위반을 주장한 것으로도 볼 수 있다.

해 설

1. 보호의무의 개념

학설과 판례상 채권자와 채무자 사이의 보호의무 위반 또는 안전배려의무 위반이 논의되고 있다. 보호의무란 채권관계의 이행과정에서 채무자가 채권자의 이행이익과는 무관한 생명, 신체 또는 재산과 같은 다른 법익(완전성이익)을 침해하지 않을 의무를 말한다.

이와 유사한 개념으로 안전배려의무가 있다. 안전배려의무는 원래 근로계약에서 사용자가 근로자의 생명이나 신체의 안전을 위험으로부터 보호해야 할 의무를 의미하였다. 예컨대 근로자가 건물신축공사 현장에서 전기드릴을 콘센트에 연결시켜 사용하다가 전기누전에 의한 감전으로 사망한 경우에, 사용자에게는 그러한 감전사고를 사전에 예방하여야 할 안전배려의무가 있다(대판 1997.4.25, 96다53086 참조). 나아가 판례는 여행계약에 관하여도 이를 인정하고 있다. 즉 기획여행계약을 실시하는 여행업자는 여행자의 생명 · 신체 · 재산 등의 안전을 확보하기 위하여, 적절한 조치를 강구할 안전배려의무를 진다고 본다(대판 1998.11.24, 98다25061 등).

보호의무와 안전배려의무의 관계에 대하여는, 안전배려의무는 보호의무에 근거하는 것이라고 보는 견해, 보호의무는 채무자가 본래의 급여(급부)의무를 실현하는 과정에서 상대방의 생명이나 신체, 재산에의 침해를 회피해야 할 의무인 반면 안전배려의무는 채권자가 채무자의 생명, 신체의 안전을 적극적으로 배려해야 할 의무라고 하는 견해 등이 있으나, 양자를 엄밀하게 구별할 실익은 별로 없다. 판례도 근로계약상 사용자의 안전배려의무와 보호의무라는 용어를 특별히 구별하지 않고 혼용하고 있다(대판 1997.4.25, 96다53086; 1999.2.23, 97다12082 등).

2. 채무불이행으로서의 보호의무 위반

보호의무 위반을 이유로 하여 불법행위책임을 묻는 것과 채무불이행책임을 묻는 것에는 여러 가지 차이가 있다. 우선 대상판결의 사안에서는 Y에게 중과실이 없다면 당시의 실화책임법에 의하여 불법행위 자체가 성립하지 않았다. 또한 실화책임법이 적용되지 않는 경우에도 불법행위책임과 채무불이행책임은 주장·증명책임에서 차이가 있다. 불법행위의 경우에는 피해자가 가해자의 고의나 과실을 주장·증명하여야 하지만, 채무불이행책임의 경우에는 채무자가 자신에게 고의나 과실이 없음을 주장·증명하여야 한다. 대상판결에서는 X가 Y의 중과실을 증명하지 못하여 불법행위책임인 실화책임은 묻지 못하였으나, 채무불이행책임에 관하여는 Y가 자기에게 과실이 없음을 증명하지 못하여 책임을 지게 되었다.

또한 소멸시효에 관하여도 불법행위책임의 경우에는 손해 및 가해자를 안 날부터 3년이 경과하면 손해배상청구를 하지 못하지만(766조 1항), 채무불이행책임을 묻는 경우에는 권리를 행사할 수 있는 때부터 10년이 경과하여야 소멸시효가 완성한다(162조, 166조). 대판 2013.11.28, 2011다60247은, 근로자파견관계에서 사용사업주가 파견근로자에 대한 보호의무나 안전배려의무를 부담한다는 묵시적인 약정이 있고, 위 의무 위반으로 손해를 입은 파견근로자는 사용사업주에 대하여 채무불이행책임을 원인으로 하는 손해배상을 청구할 수 있으며, 이 손해배상청구권에 대하여 766조 1항의 소멸시효 규정이 적용되지 않는다고 하였다.

채무불이행책임 부정설은, 보호의무 위반을 채무불이행책임으로 구성하는 것은 불법행위의 성립을 제한하고 있는 독일에서 생겨난 것으로서, 우리나라에서는 이를 불법행위법에 의하여 해결하면 충분하고 구태여 채무불이행책임으로 볼 필요가 없다고 한다. 이 설 가운데에는 보호의무와 안전배려의무를 구별하여, 채권자가 채무자로부터 장소를 제공받고 그 안에 들어가 채무자가 제공하는 일정한 설비를 이용하는 경우에는 채무자는 채권자의 생명이나 신체에 대한 위해가 발생하지 않도록 하여야 하는 안전배려의무를 부담하는데, 그 위반은 채무불이행에 해당하지만, 그 외의 보호의무는 불법행위법상의 의무에 그친다고 보는 견해도 있다. 반면 채무불이행책임 긍정설은, 채무자의 급여의무(급부의무) 외에 보호의무도 신의칙에 기하여 채무자의 의무에 포함될 수 있다고 한다. 판례는 보호의무 위반으로 인한 채무불이행책임을 인정하고 있는데, 대판 2003.4.11, 2002다63275는 보호의무의 근거로서 신의칙을 들고 있다.

생각건대 이 문제는 채무자가 기본적인 채무를 부담하는 계약을 체결할 때, 주된 급여의 이행 외에도 채권자의 다른 생명, 신체 등을 침해하지 않아야 한다는 점에 대하여 불법행위법상의 의무보다 더 정도가 높은 의무를 부담하려는 의사가 있다고 볼 수 있을 것인지에 달려 있다. 채무자가 명시적으로 이러한 의사를 표시하였다면 이는 당연히 계약상 의무에 포함될 것이다. 그런데 실제로 채무자가 이러한 의사를 표시하지 않았더라도, 합리적인 채무자라면 그러한 의무를 부담할 의사가 있을 것이라고 한다면, 당사자 사이의 계약에는 그러한 보호의무도 포함되어 있다고 볼 수 있다. 가령 채무자가 채권자의 집에 물건을 운반하다가 그 물건뿐만 아니라 채권자의 다른 물건도 같이 손상한 경우에, 채무자는 단순히 물건을 운반할 의무를 부담하겠다는 의사뿐만 아니라 채권자의 다른 물건도 손상하지 않을 의무도 부담하겠다는 의사를 가진 것으로 보아야 할 것이다. 이때 채무자가 원래 운반하여야 할 물건의 손상에 대하여만 채무불이행책임을 지고, 다른 물건의 손상에 대하여는 불법행위책임만을 진다고 보는 것은 자연스럽지 못하다.

어느 경우에 채무자가 그러한 계약상 보호의무를 부담하는 의사를 가진 것으로 볼 것인지는 구체적인 상황에 따라 판단하여야 할 것이다. 근로관계에서 사용자가 근로자에 대하여 계약상 안전배려의무 내지 보호의무를 부담한다는 것에 대해서는 현재 다툼이 없다. 또한 숙박업자는 숙박계약에 따라 숙박객에 대하여 보호의무를 부담한다(대상판결 외에도 대판 1997.10.10, 96다47302; 2000.11.24, 2000다38718, 38725). 그리고 병원은 입원계약에 따라 입원환자들의 휴대품 도난방지를 위하여 적절한 조치를 취하여야 할 신의칙상 보호의무가 있다(대판 2003.4.11, 2002다63275). 반면 통상의 임대차관계에서는 임대인이 임차인에 대하여 안전배려 또는 도난방지 등의 보호의무를 지지 않는다(대판 1999.7.9, 99다10004).

다른 한편 계약을 체결하려는 단계나 계약관계가 종료된 후에도 이른바 계약체결상의 과실 이론에 의하여 보호의무 위반이 채무불이행책임을 구성한다고 하는 주장도 있다.

그렇지만 보호의무가 계약상 의무에 포함될 수 있는 것은 어디까지나 유효한 계약관계가 존속하고 있는 경우에 한하고, 그렇지 않으면 보호의무 위반이 있다고 하여도 불법행위밖에 될 수 없다. 예컨대 대규모 할인점에서 물품을 구매한 고객이 할인점 주차장에서 강도 피해를 당한 경우에, 할인점에게 주차장에서의 강도를 당하는 위험으로부터 보호할 주의의무가 있다고 하더라도 이러한 의무 위반은 불법행위책임만을 구성한다(부산지법 동부지원판 2005.6.2, 2004가단23419).

3. 주된 의무인지 여부

채무자의 채무에 보호의무가 포함되는 경우에 이것이 채무자의 주된 의무인지, 아니면 부수적인 의무인지에 관하여는 견해가 갈린다. 학설상은 이를 부수적 의무로 보는 견해가 많으나, 계약의 유형에 따라 주된 의무도 될 수 있고 부수적 의무도 될 수 있다는 이분설도 있다. 대상판결은 숙박업자의 보호의무를 부수적 의무로 보았다.

그러나 이 문제는 별다른 논의의 실익이 없다. 종래 주된 의무와 부수적 의무(종된 의무)를 구별하는 이유로서, 주된 의무 위반의 경우에는 계약을 해제할 수 있지만, 부수적 의무 위반의 경우에는 계약을 해제할 수는 없고 손해배상만을 청구할 수 있다는 점을 들고 있었다(대판 1994.12.22, 93다2766 등 참조). 그러나 현재에는 채무자의 의무를 이와 같이 획일적으로 구분하기보다는 채무자의 의무 위반이 얼마나 중대한 것인가에 따라 해제할 수 있는지 여부를 판단하여야 한다는 주장도 제기되고 있다. 한편 보호의무 위반의 경우에는 대체로 손해배상이 문제되겠지만, 사정에 따라서는 계약의 해제를 인정할 필요도 있을 수 있다.

이 사건에서는 주된 채무인가 부수적 채무인가에 따라 차이가 생길 여지가 별로 없다고 보인다.

4. 보호의무 위반에서의 주장증명책임

채무자의 객관적인 보호의무 위반이 인정되는 경우에는 채권자가 채무자에게 과실이 있었다는 점을 주장·증명할 필요는 없고, 채무자가 과실이 없었음을 주장·증명하여야 한다. 그러나 채무자가 채권자에 대하여 구체적으로 특정한 사항에 대하여 구체적인 보호의무를 부담한다는 점 및 객관적으로 그 의무를 위반하여 손해가 발생하였다는 점은 채권자가 주장·증명하여야 한다. 대상판결도 이 점을 밝히고 있다.

참고문헌

김대정, 채무불이행체계의 재점검, 민사법학 36호, 2007.
김덕중, 민법상 안전배려의무의 법리에 관한 고찰, 원광법학 24권 3호, 2008.
김상중, 채무불이행법 체계의 새로운 이해를 위한 시도, 비교사법 16권 2호, 2009.
이충훈, 판례가 인정하는 보호의무에 대한 비판적 고찰, 민사법학 90호, 2020.
이순동, 안전배려의무, 재판과 판례 4집, 1995.
최창렬, 안전배려의무의 체계, 성균관법학 16권 3호, 2004.

[판례 61]

불매운동과 제3자의 채권침해

대법원 2001.7.13. 선고 98다51091 판결

사 실

X는 공연기획사로서 1996.10.에 미국인 팝 가수 마이클 잭슨 내한공연을 개최하기로 하였다. 이에 대하여 50개의 시민단체들이 위 공연반대운동을 펼치기로 하여, 1996.7.12. Y_1, Y_2, Y_3 등 6인을 공동대표로 한 '마이클 잭슨 내한공연반대 공동대책위원회'를 결성하고 반대운동을 펼쳤다. X는 위 공연의 입장권을 판매하기 위하여 1996.8.21.경 A 은행 및 B 은행과 입장권판매대행계약을 체결하였는데, Y들은 위 은행들에 대하여 입장권 판매를 즉각 취하할 것을 요청하고, 그럼에도 불구하고 입장권을 계속 예매할 경우에는 '전 국민적 차원에서 은행의 전 상품 불매운동에 들어갈 예정'임을 밝히는 서한을 위 공동대책위원회의 명의로 보냈다. 이러한 서한을 받은 은행들은 X와 체결한 입장권판매대행계약을 취소하였다. 이에 따라 X는 부득이 임시 직원을 고용하여 직접 입장권을 판매하는 등 다른 방법으로 입장권을 판매하여 예정대로 1996.10.11.과 같은 달 13일 위 공연을 개최하였다. X는 Y의 활동으로 입장권판매를 위하여 추가로 비용을 지출케 하는 재산적 손해 및 정신적 고통을 입게 되었다고 하여 손해배상을 청구하였다.

원심은, Y의 행위는 불법성이 있다고 보기 어렵고, 은행들이 X와의 위 계약을 취소하기로 한 것은 스스로 독자적인 영업판단에 따라 선택한 결과이므로, Y들의 공연반대행위와 위 각 은행의 입장권판매대행 중단으로 인하여 X가 입은 손해 사이에 직접적 인과관계가 있다고 할 수도 없다고 하여 X의 청구를 모두 배척하였다. 그러나 대법원은 원심판결을 파기하였다.

이 유

Y들이 일반시민들을 상대로 공연관람을 하지 말도록 하거나 위 각 은행 등 공연협력업체에게 공연협력을 하지 말도록 하기 위하여 그들의 주장을 홍보하고 각종 방법에 의한 호소로

설득활동을 벌이는 것은 관람이나 협력 여부의 결정을 상대방의 자유로운 판단에 맡기는 한 허용되지만, Y들이 은행에게 X와 이미 체결한 입장권판매대행계약의 즉각적인 불이행을 요구하고, 이에 응하지 아니할 경우에는 위 각 은행의 전 상품에 대한 불매운동을 벌이겠다는 경제적 압박수단을 고지하여, 이로 말미암아 위 각 은행으로 하여금 불매운동으로 인한 경제적 손실을 우려하여 부득이 본의 아니게 원고와 체결한 입장권판매대행계약을 파기케 하는 결과를 가져왔다면, 이는 원고가 위 각 은행과 체결한 입장권판매대행계약에 기한 원고의 채권 등을 침해하는 것으로서 위법하다.

해 설

1. 종래의 학설

오늘날 대부분의 학설은 제3자의 채권침해로 인하여 불법행위가 성립할 수 있다고 보고 있으나, 그 근거에 대하여는 견해가 대립한다. **제1설**은, 권리의 불가침해성은 모든 권리의 통유성이라고 하여 채권침해는 당연히 불법행위가 될 수 있다고 하고, **제2설**은 절대권 아닌 상대권인 채권의 침해가 논리필연적으로 불법행위가 되지는 않으나, 채권의 성질상 예외적으로 침해될 수 있는 경우에는 불법행위가 성립하고, 이 경우에도 위법성의 요건을 갖추어야 한다고 한다. **제3설**은, 제3자의 채권침해로부터 채권자를 보호하는 것은 단순한 입법정책의 문제가 아니라 법질서의 당연한 요청이지만, 물권에 있어서처럼 제3자에 의한 침해가 어느 경우에나 위법한 침해가 되는 것은 아니므로 채권침해는 그 채권이 제3자에 의하여 침해 가능한 경우에만 인정될 수 있다고 한다. 반면 채권은 상대권이므로 제3자가 채권의 실현을 방해하였다고 하더라도 위법성이 없어서 불법행위가 성립하지 않는다는 견해를 주장하는 논자도 있으나, 이를 지지하는 사람은 별로 없다.

종래의 학설은 제3자에 의한 채권침해의 유형으로서 채권자 아닌 자가 채권자인 것처럼 행동하여 채권 자체를 소멸시킨 귀속침해와, 채권의 목적인 급여를 침해한 경우 및 채무자의 책임재산을 감소시킨 경우로 나누고 있다. 이러한 구별의 실익은, 주로 귀속침해의 유형, 예컨대 정당한 채권자가 아니면서도 채권의 준점유자(470조) 또는 영수증소지자(471조)로서 채무자로부터 채권을 변제받아 결국 채권이 소멸한 경우에는 고의뿐만 아니라 과실만이 있는 경우에도 불법행위가 성립하지만, 다른 경우에는 원칙적으로 고의가 있어야 한다는 점에 있다.

2. 종래의 판례

종래의 판례는 제3자의 채권침해를 이유로 하는 불법행위가 성립할 수 있다는 점은 인정하고 있었으나, 대상판결 전에는 실제로 인정한 예를 찾기 어려웠다. 예컨대 대판 2001.5.8, 99

다38699 판결은 종래의 판례(대판 1975.5.13, 73다1244)와 마찬가지로, 제3자에 의한 채권침해가 불법행위를 구성할 수는 있으나, 제3자의 채권침해가 반드시 언제나 불법행위가 되는 것은 아니고 채권침해의 태양에 따라 그 성립 여부를 구체적으로 검토하여 정하여야 한다고 하면서, 독립한 경제주체간의 경쟁적 계약관계에 있어서는 단순히 제3자가 채무자와 채권자간의 계약내용을 알면서 채무자와 채권자간에 체결된 계약에 위반되는 내용의 계약을 체결한 것만으로는 제3자의 고의 · 과실 및 위법성을 인정하기에 부족하고, 제3자가 채무자와 적극 공모하였다거나 또는 제3자가 기망 · 협박 등 사회상규에 반하는 수단을 사용하거나 채권자를 해할 의사로 채무자와 계약을 체결하였다는 등의 특별한 사정이 있는 경우에 한하여 제3자의 고의 · 과실 및 위법성을 인정하여야 한다고 보았다.

그런데 대상판결은 처음으로 제3자의 채권침해로 인한 불법행위책임을 인정하였다. 그리고 그 이유에서도 불법행위의 다른 요건에 관하여는 언급하지 않고 Y의 행위의 위법성에만 초점을 맞추어, 불매운동(보이콧)을 벌이겠다는 경제적 압박수단을 고지하여 이로 말미암아 위 각 은행으로 하여금 X와 체결한 입장권판매대행계약을 파기하게 하는 결과를 가져왔다면 이는 X의 채권 등을 침해하는 것으로서 위법하고, 그 목적에 공익성이 있다 하여 이러한 행위까지 정당화될 수는 없다고 판시하였다.

3. 이후의 판례

대상판결 이후에는 제3자의 채권침해로 인한 불법행위의 성립을 인정한 판례들이 여러 개 나왔다. 그 중 대판 2003.3.14, 2000다32437은 이로 인한 불법행위가 언제 성립하는지에 관하여 비교적 상세하게 판시하였다. 즉 일반적으로 채권에 대하여는 배타적 효력이 부인되고 채권자 상호간 및 채권자와 제3자 사이에 자유경쟁이 허용되는 것이어서 제3자에 의하여 채권이 침해되었다는 사실만으로 바로 불법행위로 되지는 않지만, 자유경쟁의 원칙은 법질서가 허용하는 범위 내에서의 공정하고 건전한 경쟁을 전제로 하는 것이므로, 제3자가 채권자를 해한다는 사정을 알면서도 법규에 위반하거나 선량한 풍속 또는 사회질서에 위반하는 등 위법한 행위를 함으로써 채권자의 이익을 침해하였다면 이로써 불법행위가 성립하고, 여기에서 채권침해의 위법성은 침해되는 채권의 내용, 침해행위의 태양, 침해자의 고의 내지 해의의 유무 등을 참작하여 구체적, 개별적으로 판단하되, 거래자유 보장의 필요성, 경제 · 사회정책적 요인을 포함한 공공의 이익, 당사자 사이의 이익균형 등을 종합적으로 고려하여야 한다는 것이다. 이 사건에서는 특정기업으로부터 특정물품의 제작을 주문받아 그 특정물품을 그 특정기업에게만 공급하기로 약정한 자가, 그 특정기업이 공급받은 물품에 대하여 제3자에게 독점판매권을 부여함으로써 제3자가 그 물품에 대한 독점판매자의 지위에 있음을 알면서도 위 약정에 위반하여 그 물품을 다른 곳에 유출하여 제3자의 독점판매권을 침해하였다면, 그 행위는 그 특정기업에 대하여 채무불이행 또는 불법행위가 됨과는 별도로 그 제3자에 대한 관계에서 불법행위로 된다고 하였다.

이 판결은 그 후의 여러 판례에서 인용되고 있다. 가령 대판 2007.5.11, 2004다11162는,

원고가 창원시 지역에서 유일하게 종합유선방송사업 및 중계유선방송사업 허가를 받고 창원시 소재 아파트의 입주자대표회의와 유선방송위탁계약을 체결하였다가 이를 갱신하려고 하였는데, 중계유선방송사업 허가를 받지 아니한 피고가 적법한 방송사업자인 것처럼 가장하여 입주자대표회의와 계약을 체결함으로써 원고의 계약 갱신을 방해한 경우에 제3자의 채권침해로 인한 피고의 불법행위책임을 인정하였다. 다만 엄밀히 말한다면 이 사건에서 원고가 입주자대표회의와 계약을 갱신하지는 못하였으므로 입주자대표회의에 대하여 채권을 가지고 있었던 것은 아니고, 따라서 이를 제3자의 채권침해라고 표현하는 것은 다소 문제가 있다.

대판 2021.6.30, 2016다10827에서는, 상가 분양사업의 시행사인 갑 주식회사가 분양수입금 관리계좌에 입금된 수입금을 인출하기 위하여는 시공사인 을 주식회사(피고)의 동의서를 첨부하여야 한다는 사업약정에 따라 수분양자인 원고와의 분양계약 해제에 따른 해약금 인출에 대한 동의를 을 회사에 요청하였으나, 피고 회사가 인출에 동의하지 않은 채 관리계좌에서 자신의 공사대금을 변제받고자 우선적으로 금원을 인출함으로써 관리계좌의 잔고가 부족하게 되어 원고가 해약금을 반환받지 못한 사안에서, 피고 회사는 원고에게 제3자의 채권침해로 인한 불법행위를 원인으로 해약금 상당의 손해를 배상할 책임이 있다고 하였다. 이 사건에서는 시공사인 피고와 수분양자인 원고는 직접적인 계약을 통해 맺어진 관계는 아니지만, 밀접한 관계를 형성하고 있었고, 피고가 원고에 대하여 우월적 지위에 있다는 점이 중요하게 고려된 것으로 보인다.

4. 검 토

종래 채권침해가 불법행위가 될 수 있는가 하는 점은 과거의 일본민법 709조가 불법행위의 요건으로서 "권리침해"를 요구하고 있었으므로(현재는 권리 또는 법률상 보호되는 이익을 침해한 경우에 불법행위가 성립한다고 개정되었다), 상대권인 채권의 침해는 불법행위가 되지 않는 것이 아닌가 하는 점에서 문제되었다. 그러나 우리 민법 750조는 불법행위의 성립요건으로서 "위법성"만을 요구하고 있을 뿐 권리침해를 요건으로 하고 있지는 않으므로, 이러한 논의는 불필요하다. 뿐만 아니라 예컨대 다른 사람과 계약을 체결할 기회를 방해한 경우에도, 엄격한 의미에서 권리침해가 있다고는 할 수 없지만 불법행위는 성립할 수 있으므로(위 대판 2007.5.11, 2004다11162 참조), 채권이 상대권이라고 하여 불법행위가 성립하지 않는 것은 아니다. 다만 채권은 원칙적으로 채무자에 대하여만 주장할 수 있다는 점에서, 제3자에 의한 채권침해는 예외적으로만 인정될 수 있을 뿐이다. 그러므로 채권의 귀속침해 외의 경우에는 고의가 있어야만 불법행위가 성립한다. 그리고 그 위법성은 판례가 들고 있는 여러 가지 사항을 종합하여 판단할 수밖에 없다. 다만 판례가 선량한 풍속 또는 사회질서에 위반하는 경우에 불법행위가 성립한다고 한 것은, 상대권의 침해에 대하여는 원칙적으로 불법행위를 인정하지 않고 다만 선량한 풍속 위반의 경우에만 이를 예외적으로 인정하는 독일 민법의 영향 때문으로 보이지만, 우리나라에서는 굳이 이러한 경우로 한정할 필요는 없다.

이 사건의 경우에는 Y가 은행들에 대하여 불매운동을 벌이겠다고 한 것이 위법한가가 문제되었다. 즉 Y의 불매운동이 헌법 124조에서 보장하고 있는 소비자보호운동에 포함되거나, 21조가 보장하는 표현의 자유의 행사로서 적법하다고 볼 수 있는가 하는 점이다. 대법원은, 일반 시민들을 상대로 공연관람을 하지 말라고 하거나 공연협력업체에게 공연협력을 하지 말도록 하는 것(제1차 불매운동)은 관람이나 협력 여부의 결정을 상대방의 자유로운 판단에 맡기는 한 원칙적으로 허용되지만, 공연협력업체에게 이미 체결한 입장권판매대행계약의 즉각적인 불이행을 요구하고, 이에 응하지 아니할 경우에는 위 각 은행의 전 상품에 대한 불매운동(제2차 불매운동)을 벌이겠다는 경제적 압박수단을 고지하는 것은 위법하다고 보았다. 이는 말하자면 제1차 불매운동은 원칙적으로 허용되지만, 계약을 파기하지 않으면 제2차 불매운동을 벌이겠다고 하는 것은 원칙적으로 허용되지 않는다는 취지로 이해된다.

참고로 형법상 업무방해죄에 관한 대판 2013.3.14, 2010도410을 살펴본다. 이 사건에서는 2008년 정부가 미국산 쇠고기 수입을 확대한다는 조치를 발표하자, 미국산 쇠고기 수입을 반대하는 사람들이 몇 개 언론사가 정부의 입장을 옹호하는 보도만을 한다고 판단하여, 언론사들에 대한 광고주들에게 광고를 중단하지 않으면 불매운동을 벌이겠다고 한 것이 적법한가가 문제되었는데, 위 판결은 소비자불매운동이 헌법상 보장되는 정치적 표현의 자유나 일반적 행동의 자유 등의 관점에서도 전체 법질서상 용인될 수 없을 정도로 사회적 상당성을 갖추지 못한 때에는 그 행위 자체가 업무방해죄에서 말하는 위력의 개념에 포섭될 수 있다고 하였다.

그러나 이에 대하여는 표현의 자유를 보장하여야 한다는 취지에서, 1차적 불매운동과 2차적 불매운동을 구별할 근거가 없다는 비판도 있다.

참고문헌

김선화, 채권의 실현을 방해하는 제3자 채권침해의 위법성 판단 기준, 사법 60호, 2022.
김재형, 제3자에 의한 계약방해, 민법론 4, 2011.
김태선 · 유충호, 소비자불매운동과 채권침해의 위법성, 중앙법학 16권 1호, 2014.
박경신, 소비자불매운동 규제의 헌법적 한계에 대한 비교법적 고찰, 헌법실무연구 13권, 2012.
박영규, '제3자의 채권침해' 이론 비판, 법률행정논집 13호, 2006.
윤근수, 제3자에 의한 채권침해, 판례연구 20집, 부산판례연구회, 2009.
윤진수, 제삼자의 채권침해와 부동산의 이중양도, 민법논고 3권, 2008.
이경춘, 시민단체 불매운동의 한계, 판례실무연구 5권, 2001.
정소민, 제3자에 의한 채권침해와 권리행사의 한계, 민사법학 101호, 2022.
한위수, 소비자불매운동의 허용범위와 한계, 민사재판의 제문제 19권, 2010.

[판례 62]

이행불능으로 인한 대상청구권

대법원 1992.5.12. 선고 92다4581, 92다4598 판결

사 실

X는 1986.12.11. Y로부터 이 사건 토지를 포함한 Y 소유의 토지를 매수하기로 하는 계약을 체결하였는데, 당시 이 사건 토지의 평방미터당 가격은 36,800원으로 정하여졌다. 그 후 X와 Y 사이에 분쟁이 계속되던 중, 1990년에 이르러 이 사건 토지가 수용되기로 결정되었는데, 그 손실보상금은 평방미터당 70,000원으로 정하여졌고, Y는 그 손실보상금을 수령하였다. X는 이 사건 소송에서 예비적 청구로서 Y를 상대로 그 손실보상금의 지급을 청구하였다.

원심은 X의 예비적 청구를 인용하였고, 대법원도 Y의 상고를 기각하였다.

이 유

X의 예비적 청구는 Y가 이 사건 토지에 대한 소유권이전등기의무의 이행불능을 발생케 한 원인인 토지수용으로 인하여 이 사건 토지의 대상인 보상금을 취득하였음을 이유로 그 보상금의 지급을 구하는 것으로서 이른바 대상청구권을 행사하는 취지라고 볼 수 있다. 우리 민법에는 이행불능의 효과로서 채권자의 전보배상청구권과 계약해제권 외에 별도로 대상청구권을 규정하고 있지 않으나 해석상 대상청구권을 부정할 이유가 없다.

해 설

1. 대상청구권의 인정 여부

채무가 이행불능이 되었는데, 채무자가 이행불능으로 인하여 채권의 목적인 물건이나 권리를 갈음하는 이익을 얻은 경우에 채권자가 채무자에게 그 이익의 상환을 청구할 수 있는 권리

를 대상청구권이라고 한다. 독일 민법 285조는 명문으로 이를 인정하고 있으나, 민법에는 이에 관한 규정이 없다. 그러나 우리나라의 학설은 일반적으로 이를 인정한다. 그 근거에 대하여는, 우리 민법에는 일정한 사람에게 귀속된 재산가치가 그 기초에 존재하는 경제적 관계에 비추어 보면 그에게 속할 것이 아니고 실제로는 다른 권리자에게 속하여야 할 경우에 그 재산가치는 후자에게 이전되어야 한다는 이른바 대위법리 내지 대상법리에 근거한 규정(유증에 관한 1083조, 손해배상자의 대위에 관한 399조, 변제자대위에 관한 480조, 물상대위에 관한 342, 370조)들이 있는데, 이러한 규정을 유추하여 인정할 수 있다고 설명하는 것이 일반적이다. 이 이외에 대상청구권과 부당이득제도의 기능적 유사성을 지적하는 견해도 있다.

반면 이러한 경우에는 제3자의 채권침해, 채권자대위권, 위험부담 등의 법리에 의하여 해결하여야 하며, 그렇게 하여 해결되지 않는 경우에만 예외적으로 이를 인정할 수 있다는 견해도 있고, 우리 민법은 채무자 위험부담주의를 채택하였으므로 굳이 번잡스러운 대상청구권을 인정할 필요가 없다는 견해도 있다. 근래에는 다음과 같은 이유로 대상청구권을 인정하여서는 안 된다는 견해가 주장되었다. 즉 매매계약에서 매매의 목적물 가격이 상승한 경우에는 매수인에게 대상청구권을 인정하고, 매매의 목적물 가격이 하락한 경우에는 매도인에게 대상인수청구권을, 인정하는 것이 합리적이지만, 현실적으로 대상인수청구권을 인정하는 것이 어렵다면, 차선책은 대상청구권도 인정하지 않는 것이라는 것이다.

대상판결은 해석상 대상청구권을 부정할 이유가 없다고 하여 이를 인정하였으나, 구체적인 근거는 제시하지 않고 있다.

다른 한편 대상청구권을 인정하는 경우에 이행불능으로 인하여 채무자가 얻게 된 이익이 채권자가 입는 손해보다 클 때에는, 채권자가 그 손해의 한도 내에서만 반환을 청구할 수 있는지에 관하여는 견해가 갈리고 있다. 다수설은 부당이득의 경우와 마찬가지로 채권자는 자신이 입은 손해를 한도로 하여서만 반환을 청구할 수 있다고 본다. 반면 이와 같이 제한하는 것은 위법행위를 한 자에게 그 위법행위로 인한 이익을 보유하게 하는 불합리가 있다고 하여 제한할 필요가 없다는 설이 있고, 이행불능이 채무자의 고의로 인한 것일 때에는 제한 없이 반환해야 한다는 견해도 있다. 대상판결의 원심은 Y가 반환하여야 할 금액은 X가 이행불능으로 입은 손해라고 보았으나 X가 입은 손해가 수용 당시의 시가인 평방미터당 7만 원이라고 인정하였으므로, 결과적으로 어느 설에 의하건 차이가 없다. 대상판결은 이 점에 대하여는 명백한 태도를 밝히고 있지 않다.

학설 가운데는 대판 2008.6.12, 2005두5956가 채무자의 반환범위가 채권자의 손해를 한도로 하는 것이 아닌 것으로 보았다고 주장하는 견해가 있다. 그러나 이 판결은 채무자가 목적물 소유자로서 수령하게 되는 보상금에 대하여 채권자는 특별한 사정이 없는 한 그 보상금 전부에 대하여 대상청구권을 행사할 수 있고, 채권자가 그 목적물의 소유권을 취득하기 위하여 지출한 매수대금 상당액 등의 한도 내로 그 범위가 제한된다고 할 수 없다고 한 것으로서 채권자가 입게 되는 손해가 지출한 매수대금 상당액과 같은 것은 아니므로, 이 판결만으로 그와 같이 말하기는 어렵다.

2. 이후의 판례

판례는 점유취득시효가 완성된 토지가 수용됨으로써 취득시효 완성을 원인으로 하는 소유권이전등기의무가 이행불능이 된 경우에는 그 소유권이전등기청구권자가 토지의 소유자가 토지의 대가로서 지급받은 수용보상금의 반환을 대상청구권의 행사에 의하여 청구할 수 있지만(대판 1995.7.28, 95다2074 등), 대상청구권을 행사하기 위하여는 그 이행불능 전에 등기명의자에 대하여 점유로 인한 부동산 소유권 취득기간이 만료되었음을 이유로 그 권리를 주장하였거나 그 취득기간 만료를 원인으로 한 등기청구권을 행사하였어야 한다(대판 1996.12.10, 94다43825 등)고 보았다. 또한 경매목적물인 토지가 경락허가결정 이후 하천구역에 편입됨으로써 소유자의 경락자에 대한 소유권이전등기의무가 이행불능이 된 경우에 경락자는 소유자가 지급받게 되는 손실보상금에 대한 대상청구권을 행사할 수 있다고 하였다(대판 2002.2.8, 99다23901).

반면 쌍무계약의 당사자 쌍방의 채무가 모두 이행불능이 된 때에는 당사자 일방은 상대방에 대하여 대상청구권을 행사할 수 없다고 하였다(대판 1996.6.25, 95다6601).

그리고 채무자가 제3자에 대하여 수용보상금청구권과 같은 채권을 취득하는 경우에, 채권자는 채무자에 대하여 지급받은 채권의 반환을 구하거나 또는 그 채권의 양도를 구할 수 있을 뿐, 그 채권 자체가 채권자에게 귀속되는 것은 아니다(대판 1996.10.29, 95다56910). 대상청구권은 채무자에 대한 채권적 청구권이기 때문이다.

대판 2016.10.27, 2013다7769은, 매매의 목적물이 화재로 인하여 소실됨으로써 채무자인 매도인의 매매목적물에 대한 인도의무가 이행불능이 되었다면, 채권자인 매수인은 위 화재사고로 인하여 매도인이 지급받게 되는 화재보험금, 화재공제금에 대하여 대상청구권을 행사할 수 있고, 매수인은 특별한 사정이 없는 한 그 목적물에 대하여 지급되는 화재보험금, 화재공제금 전부에 대하여 대상청구권을 행사할 수 있고, 인도의무의 이행불능 당시 매수인이 지급하였거나 지급하기로 약정한 매매대금 상당액의 한도 내로 그 범위가 제한된다고 할 수 없다고 하였다.

3. 검 토

우리 민법의 해석상으로도 대상청구권은 인정할 필요가 있다. 그 근거로는 우리 민법이 대위법리 내지 대상법리를 인정하고 있다는 점 외에도, 계약에 의하여 발생하는 채무의 이행불능에 관한 한, 계약의 보충적 해석이 그 근거가 될 수 있다고 생각한다. 즉 계약 당사자들로서는 계약 체결 당시에, 채무가 이행불능이 되면 채무자로서는 채권자에게 자기가 그 이행불능으로 말미암아 얻게 되는 이익을 양도할 추정적인 의사 내지 가정적인 의사를 가지고 있었다고 볼 수 있다. 그리고 채무자에게 책임 없는 사유로 이행불능이 된 경우뿐만 아니라, 책임 있는 사유로 이행불능이 되어 채권자에게 손해배상을 청구할 수 있는 경우에도 대상청구권을 인정할 필요가 있다. 통설도 이와 같다.

반대설은 매매의 목적물 가격이 하락한 경우에는 매도인에게 대상인수청구권을, 인정하는 것이 합리적이지만, 현실적으로 대상인수청구권을 인정하는 것이 어렵다면, 차선책은 대상청구권도 인정하지 않아야 한다고 주장한다. 그러나 계약의 보충적 해석이라는 관점에서 볼 때에는 대상청구권은 당사자의 가정적 의사에서 근거를 찾을 수 있지만, 대상인수청구권도 그러하다고 하기는 어렵다.

그런데 판례가 쌍무계약의 당사자 쌍방의 채무가 모두 이행불능이 된 때에는 당사자 일방은 상대방에 대하여 대상청구권을 행사할 수 없다고 보는 것(대판 1996.6.25, 95다6601)에는 찬성하기 어렵다. 이 경우에 대상청구권의 행사를 허용한다고 하여 특별한 불합리가 생기지는 않는다.

그리고 반환의 범위 문제에 관하여는, 일반적으로는 채무자가 얻은 이익이 채권자의 손해를 초과하는 경우는 거의 없을 것이다. 그러나 채무자가 자신의 특별한 노력에 의하여 채권자가 입는 손해보다 큰 이익을 얻게 된 경우 그러한 이익까지 전부 채권자에게 반환하여야 한다면, 채권자는 자신으로서는 얻을 수 없었던 이익을 채무자의 노력에 의하여 얻는 것이 되어 부당하다.

4. 민법개정안

2013년 확정된 민법개정위원회의 개정안은 대상청구권에 관하여 다음과 같은 규정을 두기로 하였다.

제399조의2 [대상청구권(代償請求權)] ① 채무의 이행을 불가능하게 한 사유로 채무자가 채권의 목적인 물건이나 권리를 갈음하는 이익을 얻은 경우에는 채권자는 그 이익의 상환을 청구할 수 있다.
② 채권자가 채무불이행을 이유로 손해배상을 청구하는 경우에, 제1항에 따라 이익의 상환을 받는 때에는 손해배상액은 그 이익의 가액만큼 감액된다.

이 개정안에서는 특히 이익의 상환 범위가 채권자의 손해로 제한되는가에 대하여는 규정을 두지 않고, 해석에 맡기기로 하였다.

참고문헌

김상중, 대상청구권의 반환내용, 법조 2017.10.
김형석, 대상청구권, 서울대학교 법학 55권 4호, 2014.
배성호, 초과이익에 대한 대상청구의 반환, 동아법학 79호, 2018.
송덕수, 대상청구권, 민사판례연구 16권, 1994.
송덕수, 대상청구권에 관한 입법론, 법조 2011.9.

심준보, 취득시효와 대상청구권, 민사판례연구 20권, 1998.
양창수, 매매목적토지의 수용과 보상금에 대한 대상청구권, 민법연구 3권, 1994.
정상현, 대상청구권의 인정여부에 관한 법리 재검토, 성균관법학 제19권 3호, 2007.
정태윤, 대상청구권과 채무자위험부담주의, 민사법학 103호, 2023.

[판례 63]

채무불이행으로 인한 특별손해

대법원 1997.11.11. 선고 97다26982, 26999 판결

사 실

무역회사인 X는 Y와 Y가 제조할 판지를 X가 홍콩으로 수출하기 위하여 매수하기로 합의하고, 16,601톤의 판지에 관하여 매매계약을 체결하였다. 한편 X는 1993.12.15.부터 1994.3.18.까지 홍콩 법인인 A와 사이에 X가 Y로부터 공급받을 판지를 A에게 매도하기로 하는 매매계약을 체결하였고, A는 다시 홍콩 소재 7개의 구매자들과 판지 매매계약을 체결한 후 X로 하여금 위 판지를 7개의 구매자들에게 직접 인도하도록 하였다, 그런데 Y는 X에게 판지 중 일부만 공급하고 나머지 10,800톤에 대한 공급을 일방적으로 중단하였다. 그러자 A는 7개 구매자들과 손해배상의 합의를 한 후 홍콩법원에 X를 상대로 그 합의된 금액의 지급을 구하는 소송을 제기하여 X가 패소판결을 받았다. X는 Y에 대하여 (1) A와의 매매계약에서 얻을 수 있었던 영업이익 미화 114,867달러 상당 손해, (2) A의 영업이익 상실로 인한 손해배상으로 A에게 지급하여야 하는 미화 319,750달러를 배상하여야 하는 손해, (3) X가 패소판결을 받은, A가 7개 구매자들과 합의한 미화 1,993,620달러 상당의 손해의 배상을 청구하였다.

원심은 (1)과 (2)의 청구는 인정하였으나 (3)의 청구는 인정하지 않았고, 대법원도 X의 상고를 기각하였다.

이 유

Y로서는 Y가 X에게 물품을 공급하지 아니하면 X 역시 홍콩의 수입업자에게 물품을 제때 공급하지 못하게 되어 그로부터 손해배상 청구를 당할 수 있다는 사실을 예견할 수 있으므로, 이러한 경우 X가 수입업자에게 통상 배상하게 될 손해배상액 상당의 금원, 예컨대 합리적인 범위 안에서의 약정 위약금이나, 또는 홍콩의 수입업자가 시장에서 다른 제지회사로부터 같은 종류와 수량의 판지를 적정한 가액으로 구입하였다면, '그 구입가격과 원고와의 매매대금과의 차

액과 그 구입에 소요된 합리적인 범위 안에서의 부대비용을 합산한 금액'에 관하여는 Y가 원고에게 배상할 책임이 있으나, Y가 X 이후의 계약 내용을 알고서 그 계약 내용과 관련시켜 X와 매매계약을 체결하였다고 볼 수 없는 이 사건에서 홍콩의 수입업자가 다시 제3자와 매매계약을 체결함으로써 그 제3자에게 손해배상책임을 지게 되고 그 손해배상채무를 X가 다시 수입업자에게 상환하게 되어 같은 금액의 손해를 입게 될 것이라는 점에 대하여는 Y가 이를 알 수 있었다고 보기 어려우므로, X 주장의 손해를 Y가 알 수 없었던 특별손해로 보아 손해배상책임을 부정한 원심판결은 정당하다.

해 설

1. 393조의 취지

393조는 채무불이행으로 인한 손해배상의 범위는 통상의 손해를 그 한도로 하고, 특별한 사정으로 인한 손해는 채무자가 그 사정을 알았거나 알 수 있었을 때에 한하여 배상의 책임이 있다고 규정하고 있다. 종래의 학설은 이 규정이 독일의 상당인과관계 이론을 받아들인 것으로 이해하고 있었다. 그러나 근래에는 이 규정은 영국의 Hadley v. Baxendale 판결(1854년)의 영향을 받은 것으로 보는 견해가 늘어나고 있다. 이 판결은, 계약위반으로 인한 손해배상의 범위는 계약위반으로부터 자연적으로, 즉 사물의 통상의 경과에 따라 발생했다고 공정하고 합리적으로 생각될 수 있는 손해, 또는 계약시에 계약위반의 개연적인 결과로서 양당사자가 예기했다고 합리적으로 생각될 수 있는 손해에 한정된다고 하였다. 한편 대판 2008.12.24, 2006다25745는, 통상손해는 특별한 사정이 없는 한 그 종류의 채무불이행이 있으면 사회일반의 거래관념 또는 경험칙에 비추어 통상 발생하는 것으로 생각되는 범위의 손해를 말하고, 특별한 사정으로 인한 손해는 당사자들의 개별적, 구체적 사정에 따른 손해를 말한다고 판시하였다.

어쨌든 393조에 의하면 통상의 손해는 채무자가 그 손해를 알았거나 알 수 있었는지를 불문하고 배상하여야 하지만, 특별한 사정으로 인한 손해는 채무자가 이를 알았거나 알 수 있었어야만 배상 범위에 포함된다. 결국 이 규정에 의한 손해배상 범위의 결정 기준은 예견가능성이라고 할 수 있다. 우리나라도 가입한 국제물품 매매계약에 관한 국제연합협약(CISG) 74조도, 당사자 일방의 계약위반으로 인한 손해배상액은 위반 당사자가 계약 체결시에 알았거나 알 수 있었던 사실과 사정에 비추어, 계약위반의 가능한 결과로서 발생할 것을 예견하였거나 예견할 수 있었던 손실을 초과할 수 없다고 규정하고 있다.

2. 통상손해와 특별손해의 구분에 관한 판례

우선 이 사건에서 문제되었던 매수인이 입은 손해 가운데 매도인의 채무불이행으로 인하여 매수인이 목적물을 다시 전매하여 얻을 수 있었던 이익을 얻지 못하게 된 손해에 관하여는, 판례는 매수인이 상인으로서 이를 전매하려고 한다는 사실을 매도인이 알았던 경우에는 매수인이 이러한 손해를 알았거나 알 수 있었다고 보고 있다(대판 1967.5.30, 67다466; 1992.4.28, 91다29972). 그리고 매수인이 매매 목적물을 다시 제3자에게 매도하였으나 매도인이 채무를 이행하지 않아서 매수인이 제3자에게 손해배상책임을 부담하게 된 것은 특별한 사정으로 인한 손해이지만(대판 1980.5.13, 80다130; 1991.10.11, 91다25369), 매도인이 그 이행기까지 매수인의 전매사실을 알고 있었던 경우에는 매수인의 그러한 손해도 배상할 의무가 있다(대판 1985.9.10, 84다카1532).

그 외에 이 사건과 관련하여 참고가 될 수 있는 것으로는 다음과 같은 것들이 있다. 우선 매수인이 부동산 매매계약 체결 후 매매 부동산의 현상을 변경한 때에는 그 변경된 상태에 따른 매매 부동산의 시가는 특별한 사정으로 인한 손해이지만(대판 1973.3.13, 72다2207), 매매계약 체결 당시 매수인이 그와 같이 현상을 변경하리라는 것을 매도인이 알았다면 이 또한 배상하여야 한다(대판 1992.8.14, 92다2028; 2004.12.9, 2002다33557).

또한 대판 1996.2.13, 95다47619는, 아직 매매대금을 완불하지 아니한 토지의 매수인이 그 토지상에 건물을 신축하기 위하여 설계비 또는 공사계약금을 지출하였다가 계약이 해제됨으로 말미암아 이를 회수하지 못하는 손해를 입게 되었다 하더라도, 이는 이례적인 사정에 속하는 것으로서 토지의 매도인이 매수인의 취득 목적을 알았다 하더라도 마찬가지이므로, 토지의 매도인으로서는 소유권이전의무의 이행기까지 최소한 매수인이 설계계약 또는 공사도급계약을 체결하였다는 점을 알았거나 알 수 있었을 때에 한하여 그 배상책임을 부담한다고 하였다.

다른 한편 대판 1980.8.26, 80다1171은, 피고가 원고에게 성능 미비의 기계를 공급하고도 원고의 공장에서 위 기계를 수거하지 아니함으로써 원고가 그 대신하는 기계를 설치하여 외국수입상과의 계약에 따른 수출품 제조를 위한 원자재를 가공할 수 없게 되어 부득이 다른 공장에서 가공함으로써 발생한 손해는 특별한 사정으로 인한 손해로서, 원고는 피고가 위와 같은 불완전이행시 이러한 손해가 발생한다는 사정을 알았거나 알 수 있었을 때에 한하여 그 배상을 청구할 수 있다고 보았다.

3. 검 토

매도인의 채무불이행으로 인하여 매수인이 제3자에 대하여 배상책임을 부담함으로 말미암아 입게 되는 손해(책임손해, Haftungsschaden)는 특별손해이기는 하지만, 매수인이 상인으로서 전매를 목적으로 하여 계약을 체결한다는 것을 매도인이 알았다면 이를 배상하여야 한다는 것은 종래의 판례가 인정하고 있었다(대판 1985.9.10, 84다카1532). 대상판결은 X가 수입업자에게 통상 배상하게 될 손해배상액 상당의 금원은 Y가 부담하여야 하지만, X와 계약을 체결한 A가 다시 제3자와 매매계약을 체결함으로써 그 제3자에게 손해배상책임을 지게 되고, 그 손해배상채무를 X가 다시 수입업자에게 상환하게 되어 같은 금액의 손해를 입게 될 것이라는 점에 대하여는 Y가 이를 알 수 있었다고 보기 어렵다고 하여 Y의 배상책임을 인정하지 않았다.

그런데 대상판결이 매수인이 제3자에 대하여 배상책임을 부담함으로 말미암아 입게 되는 손해의 내용을 매도인이 구체적으로 알아야만 매도인에게 그에 대한 배상책임을 부담한다고 본 것이라면 다소 문제가 있다. 판례(대판 1994.11.11, 94다22446; 2002.10.25, 2002다23598; 2007.6. 28, 2007다12173)는, 채무불이행자가 특별한 사정의 존재를 알았거나 알 수 있었으면 그러한 특별사정으로 인한 손해를 배상하여야 할 의무가 있고, 그러한 특별한 사정에 의하여 발생한 손해의 액수까지 알았거나 알 수 있었어야 하는 것은 아니라고 보고 있기 때문이다. 다만 매수인이 제3자에 대하여 부담하게 되는 책임이 통상적이 아닌 과다한 것일 때에는 매도인의 책임이 통상적인 범위로 제한되어야 할 뿐이다(대판 1992.4.28, 91다29972). 이 판결도 그러한 취지로 이해될 수 있다.

4. 예견가능성 판단의 기준 시기

채무자가 특별한 사정을 알았어야 하는 시점이 계약 체결시인지, 아니면 이행기인지에 관하여 논란이 있다. 판례(대판 1985.9.10, 84다카1532; 1996.2.13, 95다47619)는 채무자가 이행기까지 특별한 사정이 있음을 알았으면 그로 인한 손해도 배상하여야 한다고 보고 있다. 그러나 영미법에서는 당사자가 계약 체결 당시에 특별한 사정을 알거나 알 수 있었을 때에 한하여 그로 인한 손해에 대한 배상책임을 진다고 본다. 국제물품매매계약에 관한 국제연합 협약 74조도 계약체결시를 기준으로 하고 있다. 우리나라의 학설상으로는 두 가지 설이 모두 주장되고 있다.

참고문헌

박동진, 채무불이행에 의한 손해배상의 범위결정구조, 연세법학연구 8집 1권, 2001.
박영복, 손해배상범위의 획정기준으로서의 예견가능성, 비교사법 10권 1호, 2003.
배대헌, 영미법상 Hadley 판결 형성배경과 예견가능성론, 법조 44권 9호, 1995.
양삼승, 손해배상의 범위, 민사판례연구 5권, 1983.
양창수, 민법 제393조 제2항이 정하는 "특별한 사정"의 예견시기, 민법연구 2권, 1991.
윤진수, 채무불이행으로 인한 특별손해, 동시이행의 항변권과 권리남용, 민법논고 3권, 2008.

[판례 64]

채무불이행으로 인한 지출비용의 배상

대법원 2002.6.11. 선고 2002다2539 판결

사 실

X들은 1996.12.경 Y로부터 Y가 신축하는 아파트의 1세대씩을 일반 분양받았다. 그러나 Y가 건축한 아파트의 일조방해, 조망방해, 사생활침해 및 시야차단 등으로 인한 생활이익침해가 수인한도를 넘은 것이었으므로, X들은 채무불이행을 이유로 적법하게 이를 해제하였다. X들은 매매대금반환청구와 아파트 시가 하락을 이유로 하는 손해배상청구와 함께, 이 사건 아파트를 분양받기 위하여 국민주택채권을 매입하였다가 액면금액의 34%에 매각함으로써 액면가액의 66%에 상당하는 손해를 입었다고 주장하여 그 배상을 청구하였다. 원심은 매매대금반환 및 시가 하락을 이유로 하는 손해배상청구는 인용하였으나, 국민주택채권 매입으로 인한 손해배상청구에 대하여는 그러한 손해는 특별한 사정으로 인한 손해인데 Y가 그 사정을 알았거나 알 수 있었다고 인정할 증거가 없다고 판단하여 X들의 위 청구를 모두 기각하였다. 그러나 대법원은 원심판결을 파기하였다.

판결이유

채무불이행을 이유로 계약해제와 아울러 손해배상을 청구하는 경우에 그 계약이행으로 인하여 채권자가 얻을 이익 즉 이행이익의 배상을 구하는 것이 원칙이지만, 그에 갈음하여 그 계약이 이행되리라고 믿고 채권자가 지출한 비용 즉 신뢰이익의 배상을 구할 수도 있고, 그 신뢰이익 중 계약의 체결과 이행을 위하여 통상적으로 지출되는 비용은 통상의 손해로서 상대방이 알았거나 알 수 있었는지의 여부와는 관계없이 그 배상을 구할 수 있고, 이를 초과하여 지출되는 비용은 특별한 사정으로 인한 손해로서 상대방이 이를 알았거나 알 수 있었던 경우에 한하여 그 배상을 구할 수 있으며, 다만 그 신뢰이익은 과잉배상금지의 원칙에 비추어 이행이익의 범위를 초과할 수 없다.

이 사건 분양계약 당시 채권입찰제 분양아파트를 당첨취득한 경우 그 주택채권의 매입비용은 아파트를 당첨받는 데 있어 필수적으로 필요한 부대비용이므로, X들이 이 사건 아파트를 채권입찰제의 방식으로 분양받아 그 매입예정 주택채권을 액면가로 매입하였다가 그 액면가에 미달하는 금액으로 매각한 후 Y의 채무불이행으로 인하여 아파트분양계약이 해제된 이상, X들로서는 주택채권의 매입가와 그 시세에 상당하는 매각대금의 차액을 신뢰이익으로서의 통상의 손해로서 그 배상을 청구할 수 있다.

해 설

1. 지출비용의 배상 가부

채무불이행으로 인한 손해배상은 원칙적으로 채무가 이행되었더라면 채권자가 얻었을 것인데 채무불이행으로 인하여 얻지 못하게 된 이익(이행이익)의 배상을 의미한다. 예컨대 배추상인이 배추를 산지에서 매수하였으나 매도인이 매매계약을 이행하지 않은 경우에는 배추상인은 이를 소비자에서 전매하였더라면 얻을 수 있었던 이익의 배상을 청구할 수 있고(대판 1967.5.30, 67다466), 매도인이 매매계약상 소유권이전등기의무를 이행하지 아니하여 매수인이 매도인에게 청구할 수 있는 손해배상은 원칙적으로 이행불능이 된 매매의 목적인 권리의 시가이다(대판 1993.1.19, 92다37727). 이는 계약이 해제된 경우도 마찬가지이다(대판 1983.5.24, 82다카1667).

그런데 이 사건에서 X가 지출한 소유권이전등기비용은 계약이 이행되었으리라고 믿고 지출한 것으로서 계약이 제대로 이행되더라도 어차피 지출될 것이었으므로, X가 Y의 채무불이행으로 인하여 입은 손해는 아니고, 따라서 그 배상을 청구할 수는 없는 것이 아닌가 하는 문제가 제기된다. 다른 한편 대상판결은 지출비용의 배상과 관련하여 신뢰이익이라는 용어를 사용하고 있다. 원래 신뢰이익의 배상이란, 계약이 무효인 경우에 계약의 유효를 믿었기 때문에 입은 손해를 배상하는 것을 말한다(535조 참조). 그러므로 계약의 유효를 믿었기 때문에 지출한 비용도 신뢰이익에 포함될 수 있다. 그러나 신뢰이익의 배상이 지출비용의 배상과 동일한 것은 아니다. 신뢰이익에는 그러한 계약을 체결하지 않았더라면 얻을 수 있었는데 그러한 계약으로 말미암아 얻지 못하게 된 이익도 포함되기 때문이다.

학설로서는 이를 인정하여야 한다는 것이 다수설이다. 그 근거로는 이행이익을 증명하기 어려운 경우에는 지출한 비용이라도 배상하게 할 필요가 있고, 통상 채권자가 비용을 지출하는 것은 그 지출비용이 계약 이행에 얻을 이익보다는 적다고 볼 수 있으므로(수익성 추정), 지출비용을 배상하게 하는 것이 불합리하지 않다는 점을 든다. 반면 이행이익을 배상하게 함으로써 충분하고, 비용배상을 따로 인정할 필요가 없다는 주장도 있는데, 이행이익의 증명이 어렵다고 하여도 법원은 그 손해액에 관하여 적극적으로 석명권을 행사하고 증명을 촉구하여 이를 밝혀야 하며, 장래 얻을 수 있었을 이익에 관한 증명에 관해서는 합리성과 객관성을 잃지 않는 범위 내에서의 상당한 개연성이 있는 이익의 증명으로서 족하다고 본다.

2. 판 례

이전의 판례는, 채무자가 채무를 이행하였더라도 채권자는 이러한 비용을 지출하였을 것이므로 그 배상은 인정되지 않는다고 보았다(대판 1962.2.22, 4294민상667; 1962.10.18, 62다550; 1983.5.24, 82다카1667).

그러나 대판 1992.4.28, 91다29972는, 계약의 일방 당사자가 상대방 당사자의 이행을 믿고 지출한 비용도 그러한 지출사실을 상대방이 알았거나 알 수 있었고 또 그것이 통상적인 지출비용의 범위 내에 속한다면 그에 대하여도 이행이익의 한도 내에서는 배상을 청구할 수 있다고 보았다. 여기서는 캐나다의 원고가 한국의 피고로부터 면제품을 수입하였다가, 제품의 하자로 인하여 계약을 해제하고 캐나다에서 제품을 판매하기 위하여 고용한 판매사원의 월급 등을 청구하였는데, 대법원은 이를 인정하면서, 다만 이러한 비용 상당의 손해를 일실이익 상당의 손해와 같이 청구하는 경우에는 중복배상을 방지하기 위하여 일실이익은 제반 비용을 공제한 순이익에 한정된다고 판시하였다. 이어서 대판 1999.2.9, 98다49104는, 채권자가 지출비용의 배상만을 청구한 경우에도 위 1992년 판결을 인용하여 그 배상을 인정하였다. 대판 1999.7.27, 99다13621도 마찬가지이지만, 여기서는 계약의 일방 당사자가 상대방의 이행을 믿고 지출한 비용을 이른바 신뢰이익의 손해라고 보았다.

대상판결은 채권자가 지출한 비용 즉 신뢰이익의 배상을 구할 수 있는데, 그 신뢰이익 중 계약의 체결과 이행을 위하여 통상적으로 지출되는 비용은 통상의 손해로서 상대방이 알았거나 알 수 있었는지의 여부와는 관계없이 그 배상을 구할 수 있지만, 이를 초과하여 지출되는 비용은 특별한 사정으로 인한 손해로서 상대방이 이를 알았거나 알 수 있었던 경우에 한하여 그 배상을 구할 수 있고, 다만 그 신뢰이익은 과잉배상금지의 원칙에 비추어 이행이익의 범위를 초과할 수 없다고 판시하였다. 종전의 판결은 통상적인 지출비용도 상대방이 그러한 지출사실을 알았거나 알 수 있었어야 배상이 되는 것처럼 표현하였는데, 대상판결은 통상적으로 지출하는 비용은 그와 관계없이 배상을 구할 수 있다고 하였다.

이후의 판례도 대체로 대상판결을 인용하면서 그와 같이 판시하고 있다(대판 2003.10.23, 2001다75295; 2006.2.10, 2003다15501). 대판 2007.1.25, 2004다51825는, 채권자가 지출한 비용 즉 신뢰이익의 배상도 구할 수 있지만, 중복배상 및 과잉배상 금지원칙에 비추어 그 신뢰이익은 이행이익에 갈음하여서만 구할 수 있고, 그 범위도 이행이익을 초과할 수 없다고 하면서, 이행이익과 지출비용의 배상을 동시에 명한 원심판결을 파기하였다. 대판 2017.2.15, 2015다235766은, 채권자가 계약의 이행으로 얻을 수 있는 이익이 인정되지 않는 경우라면, 채권자에게 배상해야 할 손해가 발생하였다고 볼 수 없으므로, 당연히 지출비용의 배상을 청구할 수 없다고 하였다.

3. 검 토

채권자가 채무자의 이행을 믿고 지출한 비용도 채무불이행으로 인한 손해배상으로 인정될 수 있다. 이는 특히 채권자가 이행이익을 증명할 수 없는 경우에 그러하다. 그런데 이러한 비용의 지출은 채무불이행과는 인과관계가 없으므로 배상될 수 없다는 주장이 있으나, 통상 이러한 비용 지출은 채권자가 계약 이행에 의하여 얻을 수 있는 이행이익보다는 작을 것이므로, 이행이익 대신 지출비용의 배상을 명하는 것이 불합리하다고는 할 수 없다. 영국이나 미국에서는 모두 이를 인정하고 있고, 독일에서도 판례가 이를 인정하여 오다가, 2002년 민법 개정 당시에 284조에서 이를 인정하는 규정을 두었다. 이행이익을 배상하게 함으로써 충분하고, 이행이익의 증명이 어려운 경우에는 증명도를 낮추면 된다고 하는 견해에 대하여는, 그러한 방법으로는 어느 경우에 얼마만큼의 이행이익이 인정될 것인지가 불분명하므로, 보다 직접적으로 지출비용의 배상을 인정하는 것이 더 나은 방법이라고 반박할 수 있다.

그 손해배상을 인정하는 범위에 관하여는 예견가능성을 기준으로 하는 393조가 적용되어야 한다. 그러므로 통상적인 지출비용은 통상의 손해로서 상대방이 알았거나 알 수 있었는지의 여부와는 관계없이 그 배상을 구할 수 있지만, 이를 초과하여 지출되는 비용은 특별한 사정으로 인한 손해로서 상대방이 이를 알았거나 알 수 있었던 경우에 한하여 그 배상을 구할 수 있다고 보아야 한다.

지출비용의 배상이 이행이익을 초과할 수 없는가에 관하여는, 이는 393조의 적용에 의하여 해결되면 충분하고, 이행이익을 초과하는지는 문제삼을 필요가 없다는 주장도 있으나, 다수의 견해는 이행이익의 범위에 한정되어야 한다고 본다.

4. 민법개정안

법무부 민법개정위원회의 개정안은 다음과 같이 392조의2를 신설하여 지출비용의 배상에 관한 근거규정을 마련하였다.

제392조의2 (지출비용의 배상) 채무불이행의 경우에 채권자는 채무가 이행될 것을 믿고 지출한 비용의 배상을 청구할 수 있다. 그러나 그 배상액은 채무가 이행되었더라면 받았을 이익액을 넘지 못한다.

참고문헌

권영준, 이행이익, 신뢰이익, 중복배상-지출비용과 일실이익의 배상청구와 관련하여, 인권과 정의 제491호, 2020.
김영두, 채무불이행과 지출비용배상에 관한 민법개정안 검토, 강원법학 43권, 2014.
김재형, 계약의 해제와 손해배상의 범위, 민법론 2권, 2004.
박영목, 계약채무의 불이행으로 인한 비용배상, 비교사법 15권 3호, 2008.
윤진수, 채무불이행으로 인한 특별손해, 동시이행의 항변권과 권리남용, 민법논고 3권, 2008.
정진명, 헛되이 지출한 비용의 배상, 민사법학 70호, 2015.

조인영, 채무불이행으로 인한 손해배상액 산정에 있어서 신뢰이익과 지출비용에 관하여, 선진상사법률연구 101호, 2023.

[판례 65]

손해배상예정액 감액 규정이 위약벌에 유추적용되는지 여부

대법원 2022.7.21. 선고 2018다248855, 248662 전원합의체 판결

사 실

X와 Y는 X가 스포츠센터를 무상으로 제공하면 Y가 그곳에 골프 연습시설물을 설치하여 10년간 운영하되, 그 수익을 1/2씩 나누어 갖기로 하는 내용의 계약을 체결하였다. X는 이 사건 계약에 따른 공사 진행 중 Y에게 운영주체 및 운영기간 등에 관한 계약 내용의 변경을 요청하였고, Y가 이를 거절하자 Y의 공사 진행을 방해하였다. Y는 이를 이유로 이 사건 계약을 해지한다고 통지하였다. 한편 이 사건 계약에서는 "본계약상의 의무를 이행하지 아니한 회사가 계약해지를 당한 경우에는 손해액을 손해배상금으로 상대방 회사에 현금으로만 지급하여야 한다"라고 정하는 한편 "손해배상금과는 별도로 의무사항에 대하여 불이행 시 별도의 1,000,000,000원을 의무 불이행한 쪽에서 지불하여야 한다"라고 정하고 있었다.

X는 본소로서 이 사건 계약을 해지하고 위약금 10억 원 중 일부 및 그 지연손해금의 지급을 구한다고 주장하였고, 피고는 반소로서 이 사건 계약을 해지하고 원고에게 위약금 10억 원 및 그 지연손해금의 지급을 구한다고 주장하였다. 1심과 2심은 Y의 주장을 받아들여 X에게 손해배상 및 위약금의 지급을 명하였고, 위약금이 과다하므로 감액하여야 한다는 X의 주장은 받아들이지 않았다.

대법원 전원합의체의 다수의견(7인)은 손해배상액의 예정의 감액에 관한 398조 2항은 위약벌에는 유추적용될 수 없다고 하여 X의 상고를 기각하였으나, 여기에는 6인의 반대의견이 있었다.

이 유

대법원은, 위약벌의 약정은 채무의 이행을 확보하기 위하여 정하는 것으로서 손해배상액의 예정과 그 내용이 다르므로 손해배상액의 예정에 관한 민법 398조 2항을 유추적용하여 그 액을 감액할 수 없다고 하였다. 위와 같은 현재의 판례는 타당하고 그 법리에 따라 거래계의 현실이 정착되었다고 할 수 있으므로 그대로 유지되어야 한다.

민법은 위약금의 약정 중 손해배상액의 예정에 대해서만 법관의 재량에 의한 감액을 인정하고 있다고 보아야 한다. 위약벌 약정은 손해배상과 관계없이 의무 위반에 대한 제재벌로서 위반자가 그 상대방에게 지급하기로 자율적으로 약정한 것이므로 사적 자치의 원칙에 따라 계약당사자의 의사가 최대한 존중되어야 하고, 이에 대한 법원의 개입을 쉽게 허용할 것은 아니다.

민법 398조 2항은 손해배상액의 예정 외에 그와 구별되는 다른 위약금 약정이 존재함 을 전제로 하면서도 손해배상액의 예정에 대해서만 법관의 재량에 의한 감액을 인정하고 있는 바, 이는 입법자의 결단으로 볼 수 있으므로 위약벌에 대하여 같은 취지의 규정이 없다고 하여 법률의 흠결이 있다고 할 수 없다.

설사 이를 법률의 흠결로 보더라도 위약벌의 독자적 기능과 사적 자치의 원칙, 대법원이 위약벌로 정한 금액이 공정하지 않은 경우 계약의 전부 또는 일부 무효 법리에 따라 위약벌을 통제하는 법리를 확립하여 공평을 기하고 있는 점 등에 비추어 보면, 위약벌 약정이 손해배상액의 예정과 일부 유사한 점이 있다고 하여 위약벌에 민법 398조 2항을 유추적용하지 않으면 과다한 위약벌에 대한 현실적인 법적 분쟁을 해결할 수 없다거나 사회적 정의관념에 현저히 반하게 되는 결과가 초래된다고 볼 수 없어, 유추적용이 정당하다고 평가하기 어렵다.

그러나 이에 대하여는 위약벌도 398조 2항을 유추적용하여 감액할 수 있다는 반대의견이 있었다.

해 설

1. 종래의 판례와 감액 긍정설

398조 2항은 "손해배상의 예정액이 부당히 과다한 경우에는 법원은 적당히 감액할 수 있다."고 규정한다. 그런데 이 사건에서 문제된 위약금은 손해배상금과는 별도로 청구할 수 있는 것이었으므로 398조가 규정하는 손해배상액의 예정과는 다른 위약벌임이 명백하다.

대상판결이 설시하고 있는 것처럼, 손해배상액의 예정은 채무불이행의 경우에 채무자가 지급하여야 할 손해배상액을 미리 정해두는 것으로서, 손해의 발생사실과 손해액에 대한 증명곤란을 배제하고 분쟁을 사전에 방지하여 법률관계를 간이하게 해결함과 함께 채무자에게 심리적으로 경고를 함으로써 채무이행을 확보하려는 데에 그 기능이나 목적이 있다. 반면 위약벌은 채무의 이행을 확보하기 위해서 정해지는 것으로서, 손해배상액의 예정과는 그 기능이 다르고, 위약벌 약정에 해당한다면 위약벌과 별도로 채무불이행으로 인하여 실제 발생한 손해에 대하여 배상을 청구할 수 있다.

이러한 위약벌도 398조 2항을 유추하여 부당히 과다한 경우에 법원이 감액할 수 있는가에 관하여 종래의 판례는 이를 부정하면서, 다만 그 의무의 강제에 의하여 얻어지는 채권자의 이익에 비하여 약정된 벌이 과도하게 무거울 때에는 그 일부 또는 전부가 공서양속에 반하여 무효로 된다고 하였다(대판 1993.3.23, 92다46905; 대판 2015.12.10, 2014다14511). 그리고 위약벌 약정이 공서양속에 반하는지를 판단할 때에는, 당사자 일방이 독점적 지위 내지 우월한 지위를 이용하여 체결한 것인지 등 당사자의 지위, 계약의 체결 경위와 내용, 위약벌 약정을 하게 된 동기와 경위, 계약 위반 과정 등을 고려하는 등 신중을 기하여야 하고, 단순히 위약벌 액수가 많다는 이유만으로 섣불리 무효라고 판단할 일은 아니라고 한다(대판 2016.1.28, 2015다239324).

그런데 근래에 위약벌에도 손해배상액의 예정에 관한 398조 2항을 유추적용하여 감액할 수 있다는 주장이 제기되었다. 대상판결의 반대의견에 가담한 김재형 대법관도 이와 같이 주장하였다.

2. 대상판결의 다수의견과 반대의견

대상판결의 다수의견은 손해배상액의 예정에 대해서만 법관의 재량에 의한 감액을 인정하고 있는 것은 입법자의 결단으로 볼 수 있으므로 위약벌에 대하여 398조 2항을 유추적용할 수는 없다고 하였다.

이에 대하여 반대의견은 다음과 같은 이유로 위약벌에 대하여 398조 2항을 유추하여 감액할 수 있다고 한다. **첫째,** 손해배상액의 예정과 위약벌 약정은 모두 채무이행을 확보하는 이행강제 기능을 한다는 점에서 기능적으로 유사하므로 위약벌의 감액에 관하여 손해배상액의 예정 규정을 유추할 수 있다.

둘째, 공서양속 위반을 이유로 위약벌 약정 자체를 무효로 하는 것은 위약벌 약정의 유효성을 전제로 그 감액을 인정하는 것과는 논의의 평면이 다르다. 위약벌의 일부 무효를 인정하여 감액하는 것과 같은 결과가 된다고 해서 감액을 인정할 필요가 없는 것은 아니며, 요건에서도 103조는 398조 2항에 비하여 훨씬 엄격하다.

셋째, 손해배상액의 예정과 위약벌을 구별하는 것이 쉽지 않은데다가, 이를 이분법적으로 구별하는 것은 구체적 타당성을 실현하는 결론에 이르지 못한다. 손해배상액의 예정과 위약벌의 성질을 함께 가지는 위약금 약정을 인정하고 위약금 전체 금액을 기준으로 감액할 수 있다는 판례는 논리적으로 위약벌의 감액을 부정하는 기존 판례의 태도와 배치된다고 볼 수 있다.

넷째, 현재 판례의 태도에 따르면 위약금 약정이 위약벌인지 손해배상액의 예정인지에 따라 심한 불균형과 평가모순이 발생한다.

다섯째, 위약금 약정이 위약벌에 해당하거나 위약벌의 성격이 매우 큰 경우에 감액을 인정하기 위해서 손해배상액의 예정으로 해석하거나 공서양속 위반으로 무효라고 보는 것은 이중의 우회로에 불과하다.

여섯째, 민법 제정 당시의 입법자료를 살펴보면 입법자는 손해배상액 예정의 증감을 명문으로 부정하였던 의용민법 420조 1항 후문의 입법태도를 바꾸는 데에 관심이 있었던 것으로 보일 뿐 위약벌에 대한 논의는 발견하기 어려우므로 입법자의 의도가 감액의 대상을 손해배상액의 예정만으로 한정하고자 했던 것이라고 단정하기 어렵다.

여섯째, 위약벌에 대한 감액을 인정하지 않는 것은 비교법적 고립을 자처하는 셈이다.

이에 대하여 다수의견에 대한 보충의견은 다음과 같이 반대의견을 반박한다.

첫째, 대법원은 종래 손해배상액의 예정과 위약벌의 구별에 관한 객관적이고 명확한 기준을 제시하지 못한 채 위약금 약정의 해석을 두고 다소 혼선이 있었으나, 현재 판례가 발전적으로 정립되면서 종래 위와 같은 문제점이 많은 부분 해소되었고, 거래실무 또한 판례에 맞추어 변화되어 왔다.

둘째, 398조 2항에 의한 손해배상 예정액의 감액은 법원에 당사자 사이의 유효한 계약에 개입하여 재량으로 그 내용을 수정하는 권한을 부여한다는 점에서 이례적이라고 할 수 있고, 이러한 예외적 조항은 그 문언에 따라 신중하게 해석되어야 한다. 민법의 일반조항이나 약관법 등을 적용하여 위약벌 약정의 효력을 판단하는 것은 별론으로 하고, 곧바로 398조 2항을 유추하여 문제를 해결하려는 것은 바람직하지 아니하다.

셋째, 손해배상액의 예정에 대해서만 직권감액을 규정한 것은 입법자의 결단으로 볼 수 있다. 의용민법하에서도 손해배상액의 예정과 구별되는 위약벌의 존재가 인정되었는데, 입법자는 손해배상액의 예정을 증감할 수 없다는 의용민법 420조 1항 후문의 내용을 삭제하는 대신 '손해배상의 예정액에 대해서 감액할 수 있다.'고만 규정하였고, 입법자의 의사는 손해배상액의 예정이 아닌 위약벌 약정에 대해서는 법원의 직권감액을 허용하지 않는 것이라고 볼 수 있다.

넷째, 손해배상액의 예정에도 손해 발생사실이나 손해액에 대한 증명 곤란을 배제하기 위한 기능과 아울러 이행확보적 기능이 있을 수 있지만, 손해배상액 예정의 주된 목적은 손해배상의 간이화에 있고, 민법 398조 2항에서 손해배상의 예정액에 대해서 명문으로 그 감액을 인정하는 것은 손해의 공평분담이라는 손해배상제도의 근본취지를 관철하기 위한 것이라고 이해할 수도 있다. 한편 채무자가 계약을 이행하지 않을 때 손해배상과 별도로 몰수하기로 한 위약금, 즉 일종의 제재나 벌(罰)로서의 위약금은 이행확보적 기능을 본질로 한다. 따라서 손해의 공평분담 차원에서의 조정이 필요하지 아니하고, 다만 민법의 공서양속에 관한 일반규정이나 약관법 등으로 규율하는 것이 그 취지에 보다 부합한다.

3. 검 토

위약벌 약정에 대하여도 손해배상액의 예정에 관한 398조 2항을 유추하여 감액할 수 있다는 반대의견이 타당하다.

첫째, 손해배상액의 예정과 위약벌 사이에 실제로 큰 차이가 있다고는 볼 수 없다. 물론 손해배상액의 예정은 손해의 발생사실과 손해액에 대한 증명곤란을 배제하고 분쟁을 사전에 방지하여 법률관계를 간이하게 해결함과 함께 채무자에게 심리적으로 경고를 함으로써 채무이행을 확보하려는 데에 그 기능이나 목적이 있는 것으로서, 채무이행의 확보는 그 기능 중 한 가지에 불과한 반면, 위약벌은 주된 기능이 채무의 이행을 확보하기 위한 것이라는 점에서 차이가 있다. 그러나 양자에 본질적인 차이가 있다고까지 말할 수는 없을 것이다. 뿐만 아니라 거래의 실제에서 당사자들이 양자를 그와 같이 준별하는 의식이 있는지도 알 수 없고, 위약금의 약정이 있는 경우에 위약벌인지 손해배상액의 예정인지를 구별하는 것도 쉽지 않다.

둘째, 손해배상액의 예정을 감액하는 것은 실제로 손해가 있기는 하였지만, 그 예정이 과다하기 때문에 이를 감액하는 것이다. 그런데 위약벌의 경우에는 손해의 다과를 묻지 않고 지급하여야 하기 때문에 감액의 필요성은 오히려 손해배상액의 예정보다 더 클 수 있다. 그러므로 398조 2항의 유추적용이 요청된다.

셋째, 위약벌의 감액을 인정하지 않는 것이 입법자의 결단이라는 점도 근거가 명확하지 않다. 민법 제정 당시 논의되었던 부분은 주로 손해배상액 예정의 감액을 인정할 것인가 하는 점이었고, 위약벌에 대하여 구체적으로 논의되었던 흔적을 찾기 어렵다.

넷째, 비교법적으로 보더라도 손해배상액의 예정뿐만 아니라 위약벌의 감액도 인정하는 입법례가 많다.

4. 법무부 민법개정안

2014년 법무부 민법개정안은 위약벌도 감액할 수 있는 것으로 규정하였다.

민법개정안 제398조 (위약금) ① 당사자는 채무불이행에 관하여 위약금을 약정할 수 있다.
② 위약금의 약정은 당사자들이 채무불이행으로 인한 손해배상액을 예정한 것으로 추정한다.
③ 위약금이 부당히 과다한 경우에는 법원은 적당히 감액할 수 있다.
④ 위약금의 약정은 이행의 청구나 계약의 해제에 영향을 미치지 아니한다.
⑤ 당사자가 금전이 아닌 것으로써 손해배상에 충당하기로 예정한 경우에도 제1항 내지 제4항의 규정을 준용한다.

참고문헌

권영준, 위약벌과 손해배상액 예정, 저스티스 155호, 2016.
권영준, 2022년 민법 판례 동향, 서울대학교 법학 64권 1호, 2013.
김나래, 위약벌에 관한 민법 제398조 제2항의 유추적용 가능성, 전남대 법학논총 43권 2호, 2023.
김재형, 「손해배상액의 예정」에서 「위약금 약정」으로, 비교사법 21권 2호, 2014.

유제민, 위약금의 감액가능성과 그 기준, 민사재판의 제문제 30권, 2023.
지원림, 위약금에 관한 약간의 고찰, 인권과 정의 2012.12.

[판례 66]

채권자지체와 해제

대법원 2021.10.28. 선고 2019다293036 판결

사 실

X는 2018.8.1. Y로부터 이 사건 토지를 300만 원에 매수하기로 하는 매매계약을 체결하고, 피고에게 매매대금을 모두 지급하였다. Y는 법무사 사무소의 담당자에게 소유권이전등기에 필요한 서류를 교부하였다. 그런데 법무사 사무소의 담당자는 2018.8.20. Y에게 'X가 이 사건 토지에 관하여 Y가 직접 농지전용과 농지보전부담금 전부를 처리하여 신청해 달라고 한다.'는 문자메시지를 보냈다. Y는 2018.8.22. X에게 'X가 Y에게 이 사건 토지에 관한 농지보전부담금을 부담하라고 하니 이를 계약 해제로 간주하겠다.'는 부동산 매매계약 해지통보서를 보냈다. 이후 Y는 2018.8.27. X로부터 지급받은 매매대금 등을 공탁하였다.

X는 2018.11.2. Y를 상대로 이 사건 토지에 관하여 소유권이전등기절차의 이행을 구하는 이 사건 소를 제기하였다

1심과 원심은 채권자가 확정적으로 수령거절의 의사를 표시한 경우 채무자는 이를 이유로 자신의 이행제공 없이 상대방의 채무불이행을 이유로 계약을 해제할 수 있다고 하는 대판 1993.6.25, 93다11821을 인용하면서 Y의 계약 해제가 적법하다는 이유로 X의 청구를 기각하였다. 그러나 대법원은 원심판결을 파기하였다.

이 유

민법은 채권자지체의 효과로서 채권자지체 중에는 채무자는 고의 또는 중대한 과실이 없으면 불이행으로 인한 모든 책임이 없고(401조), 이자 있는 채권이라도 채무자는 이자를 지급할 의무가 없으며(402조), 채권자지체로 인하여 그 목적물의 보관 또는 변제의 비용이 증가 된 때에는 그 증가액은 채권자가 부담하는 것으로 정한다(403조). 나아가 채권자의 수령지체 중에 당사자 쌍방의 책임 없는 사유로 채무를 이행할 수 없게 된 때에는 채무자는 상대방의 이행을 청

구할 수 있다(538조 1항).

이와 같은 규정 내용과 체계에 비추어 보면, 채권자지체가 성립하는 경우 그 효과로서 원칙적으로 채권자에게 민법 규정에 따른 일정한 책임이 인정되는 것 외에, 채무자가 채권자에 대하여 일반적인 채무불이행책임과 마찬가지로 손해배상이나 계약 해제를 주장할 수는 없다.

그러나 계약 당사자가 명시적 · 묵시적으로 채권자에게 급부를 수령할 의무 또는 채무자의 급부 이행에 협력할 의무가 있다고 약정한 경우, 또는 구체적 사안에서 신의칙상 채권자에게 위와 같은 수령의무나 협력의무가 있다고 볼 특별한 사정이 있다고 인정되는 경우에는 그러한 의무 위반에 대한 책임이 발생할 수 있다. 그중 신의칙상 채권자에게 급부를 수령할 의무나 급부 이행에 협력할 의무가 있다고 볼 특별한 사정이 있는지는 추상적 · 일반적으로 판단할 것이 아니라 구체적 사안에서 계약의 목적과 내용, 급부의 성질, 거래 관행, 객관적 · 외부적으로 표명된 계약 당사자의 의사, 계약 체결의 경위와 이행 상황, 급부의 이행 과정에서 채권자의 수령이나 협력이 차지하는 비중 등을 종합적으로 고려해서 개별적으로 판단해야 한다.

이와 같이 채권자에게 계약상 의무로서 수령의무나 협력의무가 인정되는 경우, 그 수령의무나 협력의무가 이행되지 않으면 계약 목적을 달성할 수 없거나 채무자에게 계약의 유지를 더 이상 기대할 수 없다고 볼 수 있는 때에는 채무자는 수령의무나 협력의무 위반을 이유로 계약을 해제할 수 있다.

원심은 이 사건 매매계약의 해석상 명시적·묵시적 약정 등을 통해 원고에게 계약상 주된 의무로서 수령의무나 협력의무가 인정되는지 여부에 관해서 충분히 심리·판단하지 않은 채, 원고가 피고의 소유권이전등기의무의 이행제공에도 불구하고 피고에게 농지전용부담금을 부담하라고 요구한 것은 수령거절에 따른 채권자지체에 해당하고, 피고는 이러한 원고의 채권자지체만을 이유로 이 사건 매매계약을 해제할 수 있다고 판단하였다. 원심판결에는 채권자지체의 효과에 관한 법리를 오해하여 필요한 심리를 다하지 않음으로써 판결에 영향을 미친 잘못이 있다.

해 설

1. 채권자지체의 법적 성질

민법은 채권자지체의 효과로서 채무자 책임경감(401조), 이자의 정지(402조), 증가비용부담(403조)만을 규정하고 있을 뿐, 일반적인 채무불이행과 같이 계약을 해제할 수 있다거나 손해배상을 청구할 수 있다고는 규정하고 있지 않다. 그리하여 채권자지체의 경우에도 계약을 해제할 수 있거나 손해배상을 청구할 수 있는가 하는 문제에 관하여 견해의 대립이 있다. 이는 채권자지체를 채무불이행의 일종으로 볼 것인가, 아니면 채무불이행은 아니고 법이 특별히 인정한 법정책임이라고 볼 것인가 하는 형태로 논의된다.

전통적인 견해인 법정책임설은 채권자지체에 따른 채권자의 불이익은 채무자와 채권자 사이의 이익조정을 위하여 공평의 관념에서 법률이 특별히 정한 법정책임이고 채무불이행책임이 아니라고 본다. 채권자의 수령의무(협력의무)는 일반적으로 채무자의 급여의무와 같은 진정한 의미의 채무가 아니라, 채권자 자신의 이익을 도모하기 위해서 지켜야 하는 일정한 행위요건으로서의 간접의무 또는 책무(Obliegenheit)에 불과하고, 채권자지체의 효과로서 일반 채무불이행책임으로서의 손해배상책임이나 계약해제권은 인정되지 않는다'고 한다.

채무불이행책임설은 채권관계에서 채권자는 일반적으로 수령의무를 지고, 채권자지체는 그 수령의무의 위반에 따른 채무불이행책임의 일종으로 이해하는 견해이다. 따라서 채권자의 귀책사유가 있으면 일반적 채무불이행책임에서와 같이 채권자의 손해배상의무와 채무자의 계약해제권이 인정된다.

절충설로서는 원칙적으로 법정책임설과 같은 입장이나, 매매 · 도급 · 임치 등과 같은 계약유형에서 부수적 의무로서 채권자에게 신의칙상 인수의무를 인정해야 한다는 견해가 있다. 이외에 채권자의 수령의무를 법적 의무로 파악하면서도, 채권자에게 귀책사유가 없는 경우에는 민법 401조 내지 403조의 효과만 인정하고, 채권자에게 귀책사유가 있는 경우에는 위의 효과 이외에 채무자에게 계약해제권과 손해배상청구권이 인정될 수 있다는 견해가 있으나, 채무불이행책임설과 별로 차이가 없다.

2. 종래의 판례

이 사건 1심과 원심은 대판 1993.6.25, 93다11821을 인용하면서 Y의 계약 해제가 적법하다고 하였다. 그러나 위 대판 1993.6.25, 93다11821은 부동산 매도인이 중도금의 수령을 거절하였을 뿐만 아니라 계약을 이행하지 아니할 의사를 명백히 표시한 경우 매수인은 신의성실의 원칙상 소유권이전등기의무 이행기일까지 기다릴 필요 없이 이를 이유로 매매계약을 해제할 수 있다고 한 것인 반면, 대상판결에서는 X는 자신의 의무는 모두 이행하였으므로 X가 계약을 이행하지 아니할 의사를 표시하였다고는 할 수 없다. 이 점에서 양자는 차이가 있다. 다만 위 대판 1993.6.25, 93다11821도 채권자지체가 있으면 채무자가 계약을 해제한 것이라고 볼 여지는 있다. 그 사건에 관한 재판연구관의 해설은 그와 같이 보았다. 그러나 대상판결은 위 판결을 그와 같이 이해한 것으로는 보이지 않는다. 일반적으로 위 93다11821 판결은 채무자의 이행기전 이행거절이 있으면 계약을 해제할 수 있다는 점과 관련하여 많이 인용되고 있다(아래 **[판례 95]** 및 그 해설 참조).

3. 대상판결

대상판결에서 X가 Y가 직접 농지전용과 농지보전부담금 전부를 처리하여 신청해 달라고 요구하면서 바로 등기절차를 밟지 않은 것은 채권자지체에 해당한다고 할 수 있다.

대상판결은 민법의 규정 내용과 체계에 비추어 보면, 채권자지체가 성립하는 경우 그 효과로서 원칙적으로 채권자에게 민법 규정에 따른 일정한 책임이 인정되는 것 외에, 채무자가 채권자에 대하여 일반적인 채무불이행책임과 마찬가지로 손해배상이나 계약 해제를 주장할 수는 없다고 하였다. 이는 채권자지체의 성질을 법정책임으로 파악한 것이다.

우리 민법의 입법자는 채권자지체를 채무불이행이 아니라 법정책임으로 파악한 것으로 이해된다. 우리 민법의 채권자지체 규정이 독일 민법의 영향을 받았고, 독일 민법에서도 입법자는 채권자지체를 법정책임으로 파악하였기 때문이다.

다만 대상판결은 일정한 경우에는 채권자의 수령의무나 협력의무 위반을 이유로 계약을 해제할 수 있다고 하였다. 그 하나는 계약 당사자가 명시적·묵시적으로 채권자에게 급부를 수령할 의무 또는 채무자의 급부 이행에 협력할 의무가 있다고 약정한 경우이고, 다른 하나는 구체적 사안에서 신의칙상 채권자에게 위와 같은 수령의무나 협력의무가 있다고 볼 특별한 사정이 있다고 인정되는 경우이다.

계약 당사자가 명시적 또는 묵시적으로 채권자에게 급여를 수령할 의무 또는 급여 이행에 협력할 의무가 있다고 약정할 수 있음은 당연하고, 이 경우에는 그 의무 위반을 이유로 계약을 해제할 수 있다.

그렇지만 대상판결이 신의칙상 채권자에게 위와 같은 수령의무나 협력의무가 있다고 볼 특별한 사정이 있는 경우에는 의무 위반을 이유로 계약을 해제할 수 있다고 본 것은 새로운 판시이며, 이 점에서 대상판결도 일종의 절충설을 택하였다고 할 수 있다. 앞으로는 어떤 경우에 이러한 신의칙상 수령의무나 협력의무가 있다고 볼 수 있는지가 문제될 것이다.

참고로 대상판결에서 파기환송받은 법원에서는 X에게 급부 수령의무나 협력의무가 인정된다고 보기 어렵다고 하여 Y의 해제 주장을 받아들이지 않았다.

참고문헌

강혜림, 채권자의 협력의무에 관한 소고, 비교사법 29권 3호, 2022.
권영준, 2021년 민법 판례 동향, 서울대학교 법학 63권 1호, 2022.
김찬미, 채권자지체를 이유로 한 계약 해제가 가능한지 여부, 대법원판례해설 129호, 2022.

[판례 67]

채권자대위권과 무자력 요건

대법원 2022.8.25. 선고 2019다229202 전원합의체 판결

사 실

X는 다수의 보험계약자들과 실손의료보험계약을 체결한 보험자이다. 위 실손의료보험계약의 피보험자들은 Y가 운영하는 병원에서 트리암시놀른 주사 치료를 받고 진료계약에 따라 피고에게 진료비를 지급하였다. X는 실손의료보험계약의 보험계약자 또는 피보험자의 청구에 따라 피보험자에게 진료비 전액이나 일부에 해당하는 보험금을 지급하였다. 그런데 위 주사 치료는 「국민건강보험 요양급여의 기준에 관한 규칙」 9조 [별표 2]에 규정된 비급여대상에 해당하지 않는 이른바 임의 비급여 진료행위에 해당한다.

X는, Y가 수진자인 피보험자들에게 행한 임의 비급여 진료행위가 무효이므로 피보험자들이 수령한 보험금은 법률상 원인 없이 지급된 것이라고 주장하면서, 피보험자들에 대한 보험금 상당의 부당이득반환채권을 피보전채권으로 피보험자들을 대위하여 Y를 상대로 진료비 상당의 부당이득반환을 구하는 채권자대위소송을 제기하였다.

제1심 및 원심은, 이 사건 채권자대위소송의 경우에 피보전채권이 금전채권이지만 채무자의 무자력 요건을 엄격히 적용할 수 없다고 보아 이를 심리하지 않은 채 채권자대위권 행사의 요건을 충족하였다고 판단하여 원고의 청구를 일부 인용하였다.

그러나 대법원 전원합의체는 원심판결을 파기하고 제1심판결을 취소한 다음 X의 소를 각하하였다. 이에 대하여는 대법관 5인의 반대의견이 있었다.

이 유

채권자대위권에서 보전의 필요성이 인정되기 위하여는 우선 적극적 요건으로서 채권자가 채권자대위권을 행사하지 않으면 피보전채권의 완전한 만족을 얻을 수 없게 될 위험의 존재가 인정되어야 하고, 나아가 채권자대위권을 행사하는 것이 그러한 위험을 제거하여 피보전채권의

현실적 이행을 유효 · 적절하게 확보하여 주어야 하며, 다음으로 소극적 요건으로서 채권자 대위권의 행사가 채무자의 자유로운 재산관리행위에 대한 부당한 간섭이 된다는 사정이 없어 야 한다.

피보험자가 임의 비급여 진료행위에 따라 요양기관에 진료비를 지급한 다음 실손의료보험 계약상의 보험자에게 청구하여 그 진료비와 관련한 보험금을 지급받았는데, 그 진료행위가 위법한 임의 비급여 진료행위로서 무효이고, 동시에 보험자와 피보험자가 체결한 실손의료보험계약상 그 진료행위가 보험금 지급사유에 해당하지 아니하여 보험자가 피보험자에 대하여 보험금 상당의 부당이득반환채권을 갖게 된 경우, 채권자인 보험자가 금전채권인 부당이득반환채권을 보전하기 위하여 채무자인 피보험자를 대위하여 제3채무자인 요양기관을 상대로 진료비 상당의 부당이득반환채권을 행사하는 형태의 채권자대위소송에서 채무자가 자력이 있는 때에는 보전의 필요성이 인정된다고 볼 수 없다.

채무자인 피보험자가 자력이 있는 경우라면, 특별한 사정이 없는 한 채권자인 보험자가 채무자의 요양기관에 대한 부당이득반환채권을 대위하여 행사하지 않으면 자신의 채무자에 대한 부당이득반환채권의 완전한 만족을 얻을 수 없게 될 위험이 있다고 할 수 없다. 나아가 이 사건에서 피보전채권인 보험자의 피보험자에 대한 부당이득반환채권과 대위채권인 피보험자의 요양기관에 대한 부당이득반환채권 사이에는 피보전채권의 실현 또는 만족을 위하여 대위권리의 행사가 긴밀하게 필요하다는 등의 밀접한 관련성을 인정할 수도 없다. 만약 채무자인 피보험자의 자력이 있는데도 보전의 필요성을 인정한다면, 이는 채권자인 보험자에게 사실상의 담보를 취득하게 하는 특권을 부여하고, 법적 근거 없이 직접청구권을 인정하는 위험을 야기하며, 다른 채권자보다 우선하여 보험자의 채권만족이 실현되어 채권자평등주의에 기반한 민사집행법 체계와 조화를 이루지 못할 우려가 있다.

채권자대위권 행사에서 보전의 필요성을 위한 적극적 요건을 인정하기 위해서는 단순히 채권자가 보전하려는 채권과 대위하여 행사하려는 권리 사이에 사실상의 관련성이 있다는 사정만으로는 부족하고 두 권리의 내용이나 특성상 보전하려는 권리의 실현 또는 만족을 위하여 대위하려는 권리의 행사가 긴밀하게 필요하다는 등의 밀접한 관련성이 요구된다. 이와 달리 채권자가 보전하려는 채권과 대위하여 행사하려는 권리의 종류, 발생원인, 목적 등에 동일성 또는 유사성이 있다는 사정은 사실상의 관련성일 뿐이므로 그 자체만으로는 채권자대위권의 보전의 필요성을 인정하기 위한 근거가 될 수 없다.

그리고 보험자가 요양기관의 위법한 임의 비급여 진료행위가 무효라는 이유로 자력이 있는 피보험자의 요양기관에 대한 권리를 대위하여 행사하는 것은 피보험자의 자유로운 재산관리행위에 대한 부당한 간섭이 될 수 있다.

그러나 이에 대하여는 보전의 필요성을 인정할 수 있다는 대법관 5인의 반대의견이 있었다.

해 설

1. 채권자대위권의 피보전채권이 금전채권인 경우 채무자의 무자력 요건

종래 판례는 채권자대위권의 요건인 보전의 필요성에 관하여 피보전채권이 금전채권인 경우와 금전채권 아닌 이른바 특정채권인 경우를 구별하여, 전자의 경우에는 채무자가 무자력일 것을 요구하는 반면(대판 1963.4.25, 63다122 등 다수), 후자(이른바 전용형)의 경우에는 채무자가 무자력일 것으로 요구하지는 않고 있었다(대판 1964.12.29, 64다804 등 다수).

그런데 근래의 판례는 피보전채권이 금전채권인 경우에도 예외적으로 채무자가 무자력이 아닌 때에도 채권자대위권의 행사를 인정하였다. 즉 대판 1968.6.18, 68다663는 보상금의 반액을 청구할 수 있는 유실물의 실제 습득자(주점 종업원)가 법률상의 습득자(주점 경영자)를 대위하여 보상금을 청구하는 것을 인정하였고, 대판 1989.4.25, 88다카4253, 4260는 임대차보증금반환채권을 양수한 채권자가 채무자인 임대인을 대위하여 임차인에 대하여 명도청구를 할 수 있다고 하였으며, 대판 2002.1.25, 2001다52506는 수임인의 위임인에 대한 대변제청구권을 보전하기 위하여 위임인의 상계권을 대위행사할 수 있다고 하였다.

또한 대판 2006.1.27, 2005다39013은 명의수탁자가 명의신탁자에 대하여 부담하는 소유권이전등기의무가 이행불능이 되어 그에 따른 손해배상을 하여야 하는 상황에서, 채권자인 명의신탁자가 채무자인 명의수탁자의 손해배상에 갈음하여 위 이행불능에 책임이 있는 제3채무자에 대한 채무자의 손해배상채권을 대위행사하여 지급받는 것이 채무자의 의사에도 부합한다고 보았고, 대판 2014.12.11, 2013다71784은 채권자(수분양자)의 분양계약 해제로 채무자(분양자)나 제3채무자(신탁회사)는 분양 목적물인 부동산을 제3자에게 다시 분양하거나 처분하여 그 대금으로 사업비나 채무의 변제 등에 충당할 수 있으므로, 분양계약을 해제한 수분양자인 채권자가 분양자인 채무자의 신탁회사에 대한 사업비 지출 요청권과 같은 대리사무 약정상의 권리를 대위하여 행사하는 것이 채무자의 경제적 이익에 반하지 않는다고 하였다.

그러나 이들 판례는 이러한 경우에 왜 채무자가 무자력이 아닌데도 채권자대위권을 행사할 수 있는지에 관하여는 명확하게 설명하고 있지 않았다.

다른 한편 판례는 채권자대위권의 행사요건인 채권보전의 필요성을 인정하기 위한 일반적인 판단 기준으로서, 채권자가 보전하려는 권리와 대위하여 행사하려는 채무자의 권리가 밀접하게 관련되어 있고 채권자가 채무자의 권리를 대위하여 행사하지 않으면 자기 채권의 완전한 만족을 얻을 수 없게 될 위험이 있어 채무자의 권리를 대위하여 행사하는 것이 자기 채권의 현실적 이행을 유효·적절하게 확보하기 위하여 필요한 경우에는 채권자대위권의 행사가 채무자의 자유로운 재산관리행위에 대한 부당한 간섭이 된다는 등의 특별한 사정이 없는 한 채권자는 채무자의 권리를 대위하여 행사할 수 있다고 하였다(대판 2001.5.8, 99다38699).

그리고 대판(전) 2020.5.21, 2018다879([판례 69])는, 보전의 필요성은 채권자가 보전하려는 권리의 내용, 채권자가 보전하려는 권리가 금전채권인 경우 채무자의 자력 유무, 채권자가 보전하려는 권리와 대위하여 행사하려는 권리의 관련성 등을 종합적으로 고려하여 채권자가 채무자의 권리를 대위하여 행사하지 않으면 자기 채권의 완전한 만족을 얻을 수 없게 될 위험이 있어 채무자의 권리를 대위하여 행사하는 것이 자기 채권의 현실적 이행을 유효·적절하게 확보하기 위하여 필요한지 여부를 기준으로 판단하여야 하고, 채권자대위권의 행사가 채무자의 자유로운 재산관리행위에 대한 부당한 간섭이 되는 등 특별한 사정이 있는 경우에는 보전의 필요성을 인정할 수 없다고 하였다.

그러나 99다38699 판결은 피보전채권이 금전채권 아닌 특정채권인 경우였고, 2018다879 판결은 피보전채권이 금전채권으로서 채무자가 무자력이었지만, 채권자가 채무자의 공유물분할청구권을 대위행사하는 것은 보전의 필요성이 없다고 한 것으로서, 대상판결과는 사안이 다르다.

2. 대상판결

가. 적극적 요건에 관하여 대상판결의 다수의견과 반대의견은 보전의 필요성에 관하여 적극적 요건과 소극적 요건이 요구된다는 점에 대하여는 견해가 일치한다. 그러나 이 사건에서 그러한 요건이 갖추어졌는가에 대하여는 의견을 달리하였다.

다수의견은 적극적 요건 가운데 피보전채권과 피대위권리 사이의 밀접한 관련성이 인정되지 않는다고 하였다. 즉 채권자가 보전하려는 채권과 대위하여 행사하려는 권리가 사실상 목적과 수단의 관계를 가지고 있거나 서로 담보적 기능을 하고 있을 때, 또는 대위하여 행사하려는 권리나 그 목적물이 궁극적으로 대위채권자에게 귀속될 성질의 것이라고 볼 수 있는 특수한 관계가 있는 경우에는 밀접한 관련성이 있지만, 이 사건에서 채권자와 채무자가 가지는 각각의 부당이득반환채권 사이에 존재하는 관련성은 사실상의 것일 뿐이고 피보전채권인 보험자의 부당이득반환채권의 실현 또는 만족을 위하여 대위채권인 피보험자의 부당이득반환채권의 행사가 긴밀하게 필요하다는 등의 밀접한 관련성이 인정된다고 볼 수 없다고 하였다.

반면 반대의견은, 보험자의 피보험자에 대한 보험금 상당의 부당이득반환채권과 피보험자의 요양기관에 대한 진료비 상당의 부당이득반환채권은 모두 진료행위가 무효임을 원인으로 하여 발생하였으므로 피보험자가 요양기관으로부터 부당이득으로 반환받을 진료비 중 보험금에 해당하는 부분은 결국 보험자에게 귀속되어야 하고, 두 채권은 발생과 그 원인, 채권의 내용과 목적에서 밀접한 관련성이 있다고 하였다.

그리고 이 사건에서 보험자의 채권자대위권 행사는 피보전채권의 현실적 이행을 유효·적절하게 확보하기 위하여 필요하다고 하였다. 즉 만일 채권자대위권의 행사를 허용하지 않으면 보험자는 채무자인 피보험자를 상대로 개별적으로 부당이득반환을 청구해야 하고, 피보험자는 다시 요양기관을 상대로 부당이득반환을 청구해야 하는데, 동일한 분쟁에 관련된 피보험자가 수백 명에 이르고, 수많은 피보험자를 상대로 직접 소액인 보험금의 부당이득반환을 구하는 데에는 시간적·금전적으로 많은 비용이 소요될 뿐만 아니라 이는 사법자원의 낭비로도 이어지고, 특히 보전하고자 하는 채권액이 소액인 경우에 보험자로서는 각각의 피보험자를 상대로 채권의 이행을 위하여 소를 제기하는 것이 현실적으로 어려울 수 있다는 것이다.

나. 소극적 요건에 대하여 다수의견은 보험자가 요양기관의 위법한 임의 비급여 진료행위가 무효라는 이유로 자력이 있는 피보험자의 요양기관에 대한 권리를 대위하여 행사하는 것은 피보험자의 자유로운 재산관리행위에 대한 부당한 간섭이 될 수 있다고 하였다. 즉 진료계약의 특수성을 고려하여 볼 때 수진자인 피보험자가 실제로 요양기관을 상대로 진료계약이 무효임을 이유로 부당이득반환 채권을 행사할 것인지 여부는 피보험자와 요양기관과의 관계, 진료의 목적이나 경위 및 결과 등 개인별 사정에 따라 달라질 수 있는 것이어서 피보험자가 당연히 요양기관에 대해 부당이 득반환채권을 행사할 것이라고 단정할 수 없다는 것이다.

반면 반대의견은, 보험자의 채권자대위권의 행사가 피보험자의 재산관리에 부당한 간섭이 된다고 보기 어렵다고 한다. 피보험자는 보험자의 채권자대위권 행사가 인정되지 않을 경우 보험자에게 받은 보험금을 부당이득으로 반환해야 하는 상황이라면, 사회통념상 자신이 직접 요양기관을 상대로 부당이득반환청구를 할 의사는 아니더라도 적어도 보험자의 채권자대위권 행사를 거절할 의사는 아니라고 충분히 짐작할 수 있다는 것이다. 오히려 피보험자는 보험자가 진료행위의 당사자인 요양기관을 상대로 부당한 이익의 반환을 구하도록 하여 자신은 분쟁으로부터 벗어나기를 원한다고 보는 것이 피보험자의 의사나 거래관념에 부합하고 바람직하다는 것이다.

3. 검 토

반대의견에 찬성한다. 우선 다수의견은 피보전채권과 피대위권리 사이의 밀접한 관련성을 지나치게 좁게 해석하고 있다. 종래 판례가 피보전채권이 금전채권인 경우에 채무자가 무자력이 아니었어도 채권자대위권의 행사를 허용한 경우는 **첫째,** 대위채권자의 행위로 인하여 피대위권리가 성립하게 된 경우(68다663 판결), **둘째,** 피대위권리의 목적물이 궁극적으로 대위채권자에게 귀속되어야 할 성질의 것인 경우(2005다39013 판결), **셋째,** 피대위권리의 목적물이 대위채권자의 출연으로부터 비롯된 것인 경우(2013다71784 판결) 등으로 분류할 수 있다.

대상판결의 사안은 피대위권리의 목적물이 궁극적으로 대위채권자에게 귀속되어야 할 성질의 것일 뿐만 아니라 그것이 대위채권자의 출연으로부터 비롯된 것이므로 채권자의 대위행사를 허용하더라도 특별히 부당하다고 볼 수 없다.

뿐만 아니라 반대의견이 지적하듯이 이 사건에서 채권자의 채권자대위권 행사를 허용하지 않는다면, 보험자는 채무자인 피보험자를 상대로 개별적으로 부당이득반환을 청구해야 하고, 피보험자는 다시 요양기관을 상대로 부당이득반환을 청구해야 하는데, 시간적·금전적으로 많은 비용이 소요될 뿐만 아니라 사법자원의 낭비라고 할 수 있다. 그런데 구태여 이러한 길을 가도록 강요할 이유가 없다.

또한 다수의견은 이 사건에서 채권자대위권의 행사를 허용한다면 채권자평등주의에 기반한 민사집행법 체계와 조화를 이루지 못할 우려가 있다고 한다. 그러나 입법론적으로 채권자평등주의는 많은 비판의 대상이 되고 있을 뿐만 아니라, 현행법에서도 채권자평등주의의 예외는 많이 관찰되고 있으므로, 채권자평등주의를 내세워 채권자대위권을 허용하지 않는 것은 설득력이 부족하다.

마지막으로 이 사건에서 채권자대위권의 행사를 허용하면 피보험자의 자유로운 재산관리 행위에 대한 부당한 간섭이 될 수 있다는 것도 수긍하기 어렵다. 피보험자로서는 스스로 요양기관을 상대로 부당이득반환청구를 하려고 하지는 않을 수 있어도, 보험자의 채권자대위권 행사를 거부할 것으로는 생각되지 않는다.

대상판결에 대하여 발표된 평석들도 거의 대부분 반대의견을 지지한다.

참고문헌

강윤희, 채권자대위권에 기한 채권회수 기능에 관하여, 민사법학 104호, 2023.

권영준, 2022년 민법 판례 동향, 서울대학교 법학 64권 1호, 2023.

박세민, 국민건강보험법상 임의비급여 진료비 부당이득반환채권에 대한 보험회사의 채권자 대위 가능성, 보험법연구 17권 2호, 2023.

신윤주, 채권자대위권의 행사요건인 '보전의 필요성'을 인정하기 위한 요건 및 이를 판단하는 기준, 대법원판례해설 133호, 2023.

여하윤, 채권자대위권에 있어서 '채권보전의 필요성'의 의미, 법조 72권 6호, 2022.

오경미, 채권자대위권에서 '보전의 필요성'과 채권자평등주의의 문제, 사법 55호, 2020.

이소은, 금전채권자의 채권자대위권 행사와 보전의 필요성, 저스티스 195호, 2023.

임수민, 보험소송에의 채권자대위법리 적용에 대한 소고, 선진상사법률연구 101호, 2023.

정다운, 채권자대위권 행사에 있어 보전의 필요성, 비교사법 30권 2호, 2023.

[판례 68]

물권적 청구권을 피보전권리로 하는 채권자대위권 행사의 가부

대법원 2007.5.10. 선고 2006다82700, 82717 판결

사 실

A(제1심 공동피고) 소유이던 토지들과 그 지상 건물에 관하여 임의경매절차가 진행되어 2001.11.21.경 B가 그 소유권을 취득하게 되었는데, 지상 건물 중 이 사건 건물은 미등기상태여서 경매에서 제외되어 B가 소유권을 취득하지 못하였다. 그 후 다시 위 토지들과 이 사건 건물을 제외한 지상 건물에 관하여 임의경매절차가 진행되어, 2004.7.26.경 X가 그 소유권을 취득하게 되었다. Y_1은 1998.9.1.부터, Y_2는 1999.1.31.부터 기간을 각 12개월로 정하여, A로부터 이 사건 건물의 일부씩을 임차한 이래 그 일부씩을 점유하고 있었다. X는 A를 상대로 하여서는 이 사건 건물 철거를, Y들을 상대로 하여서는 A를 대위하여 A의 Y들에 대한 임대차계약을 해지하고 이 사건 건물의 명도를 청구하였다.

A는 제1심에서 X의 주장을 다투지 않아서 자백간주에 의하여 X의 승소판결이 내려졌고, 이는 확정되었다. 원심은 Y들에 대한 청구를 기각하였으나, 대법원은 원심판결을 파기하였다.

이 유

채권자가 보전하려는 권리와 대위하여 행사하려는 채무자의 권리가 밀접하게 관련되어 있고, 채권자가 채무자의 권리를 대위하여 행사하지 않으면 자기 채권의 완전한 만족을 얻을 수 없게 될 위험이 있어 채무자의 권리를 대위하여 행사하는 것이 자기 채권의 현실적 이행을 유효·적절하게 확보하기 위하여 필요한 경우에는, 채권자대위권의 행사가 채무자의 자유로운 재산관리행위에 대한 부당한 간섭이 된다는 등의 특별한 사정이 없는 한 채권자는 채무자의 권리를 대위하여 행사할 수 있어야 하고, X가 A에 대하여 가지는 이 사건 건물에 관한 철거청구권은

이 사건 토지들의 소유권에 기한 방해배제청구권으로서 물권적 청구권에 해당하는데, 물권적 청구권에 대하여도 채권자대위권에 관한 민법 404조의 규정과 위와 같은 법리가 적용될 수 있다.

또한, 임대인의 임대차계약에 대한 해지권을 오로지 임대인의 의사에 행사의 자유가 맡겨져 있는 행사상의 일신전속권에 해당하는 것으로 보기 어렵다.

그리고 채권자가 채무자를 상대로 하여 그 보전되는 청구권에 기한 이행청구의 소를 제기하여 승소판결을 선고받고 그 판결이 확정되면 제3채무자는 그 청구권의 존재를 다툴 수 없는데, X가 A를 상대로 하여 이 사건 채권자대위권 행사의 피보전채권인 철거청구권에 기한 소를 제기하여 승소판결을 선고받았고 그 판결이 이미 확정되었으므로 Y들이 채권자대위권을 행사하는 X를 상대로 그 피보전채권인 철거청구권의 존재를 다툴 수 없다.

해 설

1. 특정채권을 보전하기 위한 채권자대위권

채권자대위권은 원래 피보전채권이 금전채권인데 채무자가 무자력인 경우에, 채권자가 채무자의 책임재산을 확보하기 위하여 채무자의 제3자에 대한 권리를 대신 행사할 수 있는 제도였다. 따라서 채무자가 무자력이 아니면 채권자가 채권자대위권을 행사할 보전의 필요가 없으므로, 채권자대위권을 행사할 수 없다(대판 1963.2.14, 62다884 등). 그런데 판례는 금전채권이 아닌 특정채권의 경우에도 채권자대위권의 피보전채권이 될 수 있고(이른바 전용형), 이러한 경우에는 채무자가 무자력임을 요하지 않는다고 보고 있으며(대판 1992.10.27, 91다483 등), 현재 채권자대위권이 주로 활용되는 것은 주로 전용형의 경우이다.

판례상 특정채권의 보전을 위한 채권자대위권의 행사가 인정된 것으로는 소유권이전등기청구권을 보전하기 위하여 채무자의 제3자에 대한 소유권이전등기청구권이나 말소등기청구권을 대위행사하는 것(대판 1969.10.28, 69다1351; 1970.7.24, 70다805 등), 부동산임차인이 임대인을 대위하여 임대차목적물에 대한 물권적 청구권을 대위행사하는 것(대판 1955.10.13, 4288민상364 등), 토지거래규제구역 내의 토지 매수인이 매도인에 대한 허가신청절차협력의무의 이행청구권을 보전하기 위하여 채권자대위권을 행사하는 경우(대판 1995.9.5, 95다22917) 등이 있다.

대판 2001.5.8, 99다38699은, 특정채권을 피보전채권으로 하는 채권자대위권의 보전의 필요성에 관하여, 채권자가 보전하려는 권리와 대위하여 행사하려는 채무자의 권리가 밀접하게 관련되어 있고, 채권자가 채무자의 권리를 대위하여 행사하지 않으면 자기 채권의 완전한 만족을 얻을 수 없게 될 위험이 있어 채무자의 권리를 대위하여 행사하는 것이 자기 채권의 현실적 이행을 유효·적절하게 확보하기 위하여 필요한 경우에는 채권자대위권의 행사가 채무자의 자유로운 재산관리행위에 대한 부당한 간섭이 된다는 등의 특별한 사정이 없는 한 채권자대위권을 행사할 수 있으며, 반드시 순차매도 또는 임대차에 있어 소유권이전등기청구권이나 명도청구권 등의 보전을 위한 경우에만 한하여 채권자대위권이 인정되는 것은 아니라고 하였다. 그 사건에서 대법원은 정유회사인 원고가 도로공사와 체결한 석유제품공급협약에 의하여 가지는, 주유소에 원고의 상표를 표시하고 원고의 석유제품을 공급할 권리를 보전하기 위하여, 도로공사가 피고와의 계약에 의하여 가지는 주유소에 원고의 상표를 표시하고 원고의 제품 외에 다른 제품을 공급받지 않을 것을 청구할 권리를 대위행사할 수 있다고 하였다.

학설상으로는 특정채권을 위한 채권자대위권의 행사는 인정되어서는 안 된다는 견해도 있으나, 다수의 견해는 특정채권의 보전을 위한 채권자대위권의 행사도 인정될 수 있고, 금전채권의 보전을 위하여는 채무자가 무자력이라야 하지만, 특정채권의 보전을 위한 경우에는 그렇지 않다고 보고 있다.

2. 물권적 청구권이 채권자대위권의 피보전권리가 될 수 있는지 여부

대상판결은 물권적 청구권도 채권자대위권의 피보전권리가 될 수 있다고 보았다. 종래 학설상도 이와 같이 보는 견해가 많았다.

그러나 이에는 찬성하기 어렵다. 물권은 성질상 제3자에게도 주장할 수 있는 것이므로, 제3자가 물권의 행사를 방해하고 있으면 그 제3자에 대하여 직접 물권적 청구권을 행사하면 되고, 굳이 물권적 청구권의 상대방을 대위한다는 이론 구성을 필요로 하지 않는다. 물권적 청구권을 제3자에게 직접 행사하는 것에 의하여 항상 만족을 얻을 수 있다면, 따로 물권적 청구권을 피보전채권으로 하는 채권자대위권을 인정할 필요성이 없음은 당연하다. 대상판결은 선례로서 원고가 매매계약의 해제로 인한 소유권회복청구권을 피보전권리로 하여 매수인의 제3자에 대한 명의신탁해제권을 대위행사할 수 있다고 한 대판 1963.1.24, 62다825를 인용하고 있다. 그러나 매매계약이 해제되면 매도인은 매수인에 대하여 채권계약의 소급적 실효로 인한 물권적 청구권뿐만 아니라, 그 계약의 해제로 인한 채권적인 원상회복청구권도 행사할 수 있으므로{대판(전) 1994.1.25, 93다16338 참조}, 굳이 물권적 청구권을 피보전권리로 하는 채권자대위권을 인정할 필요는 없다.

뿐만 아니라 X는 A에 대하여도 물권적 청구권을 가지지 않는다. 이 사건 제1심 법원은 A가 이 사건 건물에 관하여 366조에서 정한 법정지상권을 취득하였다고 하였는데, 이는 타당하다고 보이고, 따라서 X는 A에 대하여 건물철거청구권을 행사할 수 없다. 그런데도 X가 A에 대하여 승소할 수 있었던 것은 A가 X의 주장을 다투지 않아서 자백한 것으로 되었기 때문이지만(민사소송법 150조), X는 Y들에 대하여는 자신의 건물철거청구권이 있음을 증명하여야 한다. 따라서 X는 법정지상권자인 A에 대하여 건물철거청구권을 가지지 않으므로, A로부터 이 사건 건물을 임대받아 이 사건 건물 및 그 부지를 점유할 권리(213조 단서)를 가지는 Y들에 대하여도 물권적 청구권을 행사할 수 없다. 그리고 A를 대위하여서 Y들에게 명도청구권을 행사할 수 있는 피보전권리도 없는 것이다. 제1심법원은 이처럼 판단하여 X의 Y들에 대한 소가 부적법하다고 하였다.

그런데 대상판결은, 채권자가 채무자를 상대로 하여 그 보전되는 청구권에 기한 이행청구의 소를 제기하여 승소판결을 선고받고 그 판결이 확정되면 제3채무자는 그 청구권의 존재를 다툴 수 없다고 하는 종래의 판례(대판 1988.2.23, 87다카961 등)를 인용하여, X의 건물청구권 주장을 받아들였다. 그러나 X가 A에 대하여 승소하였다고 하여 Y들이 그 판결에 구속될 이유가 없다. 이 점에 대하여는, 채권자와 채무자 사이의 확정판결의 반사적 효력이 채권자대위권의 피보전권리의 존부에 관하여 제3채무자에게 불리하게도, 유리하게도 미치는 것을 긍정해도 무방하다고 하여 판례를 지지하는 견해도 있다. 그러나 판결의 반사적 효력이란 판결을 받은 당사자와 실체법상 특별한 의존관계에 있는 제3자에게 판결의 효력이 영향을 미치는 경우를 말하는데, 제3채무자가 전소송의 당사자인 채무자에 대하여 실체법상 특수한 의존관계에 있는 것이라고는 할 수 없다.

근래의 대판 2015.9.24, 2014다74919; 2019.1.31, 2017다228618은, 채권자의 채무자에 대한 청구권의 존재가 판결 등에 의하여 확정되었더라도, 그 청구권의 취득이 강행법규에 위반되어 무효라고 볼 수 있는 경우 등에는 채권자대위소송의 제3채무자에 대한 관계에서는 피보전권리가 존재하지 아니한다고 보아야 한다고 판시하였다.

결국 대상판결은 물권적 청구권 자체를 가지지 않았고, Y들에 대하여 물권적 청구권을 행사할 수도 없어 Y들에 대하여는 패소할 수밖에 없는 X에게 물권적 청구권을 피보전권리로 하는 채권자대위권을 인정함으로써, 져야 할 자가 이긴 결과가 되었다.

3. 관련 문제

대상판결은 임대인의 임차인에 대한 임대차계약 해지권은 행사상의 일신전속권에 해당하지 않는다고 하여 채권자대위권의 객체가 될 수 있는 것으로 보았다. 이 점에 대하여는 종전에도 이를 지지하는 견해가 있었고, 이는 타당하다고 보인다.

그리고 판례는 채권자대위소송에서 채권자의 피보전채권이 없거나 보전의 필요성이 없을 때에는 소를 각하한다(대판 1988.6.14, 87다카2753; 1993.2.12, 92다25151 등). 일반적인 학설은 채권자대위소송을 제3자의 소송담당(민사소송법 218조 3항)에 해당하는 것으로 보아, 판례를 지지한다. 그러나 채권자대위권은 채권자의 실체법상 권리이므로 채권자대위소송은 제3자의 소송담당이 아니고, 따라서 위와 같은 경우에는 소를 각하할 것이 아니라 청구를 기각하여야 한다는 견해도 있다.

참고문헌

송평근, 물권적 청구권인 철거청구권을 피보전권리로 하는 채권자대위권이 인정되는지 여부 및 임대인의 임대차계약 해지권이 채권자대위권 행사의 대상이 될 수 있는지 여부 등, 대법원판례해설 67호(2007상반기), 2007.

윤진수, 2007년도 주요 民法 관련 판례 회고, 민법논고 7권, 2015.

이재찬, 물권적 청구권이 채권자대위권의 피보전권리가 될 수 있는지 여부, 저스티스 113호, 2009.

정병호, 물권적 청구권이 채권자대위권의 피보전권리가 될 수 있는지 여부, 법조 2008.10.

[판례 69]

공유물분할청구권에 대한 채권자대위권 행사의 가부

대법원 2020.5.21. 선고 2018다879 전원합의체 판결

사 실

X는 한국자산관리공사로부터 A에 대한 양수금채권을 양수한 채권자이다. 본래 B의 소유이던 이 사건 아파트에 관하여 2013.5.23. Y 앞으로 '2011.12.7. 협의분할에 의한 상속'을 원인으로 한 소유권이전등기가 되었다. 그러나 위 소유권이전등기에 관하여 2016.11.15. '2015.8.17. 사해행위 취소'를 원인으로 이 사건 아파트의 7분의 1 지분은 A의, 7분의 6 지분은 Y의 공유로 경정하는 내용의 등기가 이루어졌다. 이 사건 아파트에는 위 소유권이전등기가 되기 전부터 채권최고액 2억 4,000만 원인 근저당권과 채권최고액 1억 800만 원인 근저당권이 각 설정되어 있었다.

신용보증기금이 이 사건 공유지분에 대한 강제경매를 신청하여 경매절차가 개시되었지만, 경매법원은 2017.2.8. 신용보증기금에 '이 사건 공유지분의 최저매각가격 59,000,000원이 압류채권자의 채권에 우선하는 부동산의 부담 296,297,784원에 미치지 못한다'고 통지한 다음 2017.2.17. 경매신청을 기각하였다.

A는 원심 변론종결 당시 채무초과로 무자력 상태에 있었다. 이에 X는 A를 대위하여 Y를 상대로 이 사건 아파트를 경매에 부쳐 그 대금에서 경매비용을 공제한 나머지 돈을 원고에게 1/7, 피고에게 6/7의 비율로 분배하라는 채권자대위소송을 제기하였다.

1심 법원은 X의 소를 각하하였으나, 원심은 X의 청구를 받아들였다. 그러나 대법원 전원합의체는 원심판결을 파기환송하였다. 여기에는 대법관 4인의 반대의견이 있었다.

이 유

공유물분할청구권의 행사가 오로지 공유자의 자유로운 의사에 맡겨져 있어 공유자 본인만 행사할 수 있는 권리라고 볼 수는 없다. 따라서 공유물분할청구권도 채권자대위권의 목적이 될 수 있다.

보전의 필요성은 채권자가 보전하려는 권리의 내용, 채권자가 보전하려는 권리가 금전채권인 경우 채무자의 자력 유무, 채권자가 보전하려는 권리와 대위하여 행사하려는 권리의 관련성 등을 종합적으로 고려하여 채권자가 채무자의 권리를 대위하여 행사하지 않으면 자기 채권의 완전한 만족을 얻을 수 없게 될 위험이 있어 채무자의 권리를 대위하여 행사하는 것이 자기 채권의 현실적 이행을 유효·적절하게 확보하기 위하여 필요한지 여부를 기준으로 판단하여야 하고, 채권자대위권의 행사가 채무자의 자유로운 재산관리행위에 대한 부당한 간섭이 되는 등 특별한 사정이 있는 경우에는 보전의 필요성을 인정할 수 없다.

채권자가 자신의 금전채권을 보전하기 위하여 채무자를 대위하여 부동산에 관한 공유물분할 청구권을 행사하는 것은, 책임재산의 보전과 직접적인 관련이 없어 채권의 현실적 이행을 유효·적절하게 확보하기 위하여 필요하다고 보기 어렵고 채무자의 자유로운 재산관리행위에 대한 부당한 간섭이 되므로 보전의 필요성을 인정할 수 없다. 또한 특정 분할 방법을 전제하고 있지 않은 공유물분할청구권의 성격 등에 비추어 볼 때 그 대위행사를 허용하면 여러 법적 문제들이 발생한다. 따라서 극히 예외적인 경우가 아니라면 금전채권자는 부동산에 관한 공유물분할청구권을 대위행사할 수 없다고 보아야 한다.

이는 채무자의 공유지분이 다른 공유자들의 공유지분과 함께 근저당권을 공동으로 담보하고 있고, 근저당권의 피담보채권이 채무자의 공유지분 가치를 초과하여 채무자의 공유지분만을 경매하면 남을 가망이 없어 민사집행법 102조에 따라 경매절차가 취소될 수밖에 없는 반면, 공유물분할의 방법으로 공유부동산 전부를 경매하면 민법 368조 1항에 따라 각 공유지분의 경매대가에 비례해서 공동근저당권의 피담보채권을 분담하게 되어 채무자의 공유지분 경매 대가에서 근저당권의 피담보채권 분담액을 변제하고 남을 가망이 있는 경우에도 마찬가지이다.

이와 달리 공유물에 근저당권 등 선순위 권리가 있어 남을 가망이 없다는 이유로 민사집행법 102조에 따라 공유지분에 대한 경매절차가 취소된 경우에는 공유자의 금전채권자는 자신의 채권을 보전하기 위하여 공유자의 공유물분할청구권을 대위행사할 수 있다는 취지로 판단한 대법원 2015.12.10. 선고 2013다56297 판결은 이 판결의 견해에 배치되는 범위에서 이를 변경하기로 한다.

검 토

1. 공유물분할청구권이 채권자대위권의 목적이 될 수 있는지 여부

공유물분할청구권도 채권자대위권의 목적이 될 수 있다는 것이 종래 일반적인 견해였다. 대판 2015.12.10, 2013다56297도 이를 인정하였다.

이에 대하여는 공유물분할청구권이 행사상의 일신전속권이라거나, 공유물분할청구권은 그 내용이 구체화되지 않은 권리이므로 채권자대위권의 목적이 될 수 없다는 주장이 있다. 그러나 공유물분할청구권이 행사상의 일신전속권이라고 할 수는 없고, 그 내용이 구체화되지 않았다는 것이 채권자대위권의 목적이 될 수 없는 근거가 될 수는 없다. 프랑스 민법 815-17조는 공유자의 채권자들이 채무자의 이름으로 분할을 청구할 수 있다고 명문으로 규정하고 있다.

공유물분할청구권의 대위행사가 문제되는 것은 대상판결의 경우처럼 채권자가 채무자의 공유지분을 경매하는 경우에는 그 채권자의 채권에 우선하는 부동산의 모든 부담과 절차비용을 변제하면 남을 것이 없어 경매절차가 취소되지만(민사집행법 102조), 공유물 전체를 경매하면 민법 368조 1항에 따라 각 지분 가액에 비례하여 피담보채무액이 분담됨으로써 채무자가 배당받을 가능성이 높은 경우이다. 위 2013다56297 판결도 그러한 경우였다.

대상판결은 공유물분할청구권도 채권자대위권의 목적이 될 수 있다고 하여 이 한도에서는 위 2013다56927 판결의 태도를 유지하였으나, 실제로는 극히 예외적인 경우가 아니라면 금전채권자는 부동산에 관한 공유물분할청구권을 대위행사할 수 없다고 보아야 한다고 하였다. 그러나 어느 경우가 그러한 예외적인 경우인지 알기 어렵다.

2. 보전의 필요성을 인정하기 위한 기준

대상판결의 다수의견은, 채권자대위권에서 보전의 필요성은 채권자가 보전하려는 권리의 내용, 채권자가 보전하려는 권리가 금전채권인 경우 채무자의 자력 유무, 채권자가 보전하려는 권리와 대위하여 행사하려는 권리의 관련성 등을 종합적으로 고려하여 채권자가 채무자의 권리를 대위하여 행사하지 않으면 자기 채권의 완전한 만족을 얻을 수 없게 될 위험이 있어 채무자의 권리를 대위하여 행사하는 것이 자기 채권의 현실적 이행을 유효·적절하게 확보하기 위하여 필요한지 여부를 기준으로 판단하여야 하고, 채권자대위권의 행사가 채무자의 자유로운 재산관리행위에 대한 부당한 간섭이 되는 등 특별한 사정이 있는 경우에는 보전의 필요성을 인정할 수 없다고 하였다. 대상판결의 반대의견도 이 점에 관하여는 같은 취지이다.

이 점에 대하여는 **[판례 67]**의 해설 참조.

3. 채무자의 권리를 대위하여 행사하는 것이 자기 채권의 현실적 이행을 유효·적절하게 확보하기 위하여 필요한지 여부

대상판결의 다수의견은 이 사건에서 X가 자신의 금전채권을 보전하기 위하여 A를 대위하여 부동산에 관한 공유물분할청구권을 행사하는 것은, 책임재산의 보전과 직접적인 관련이 없어 채권의 현실적 이행을 유효·적절하게 확보하기 위하여 필요하다고 보기 어렵다고 하였다. 구체적으로는 공유물분할청구권 행사가 강제집행의 대상이 되는 채무자의 책임재산 감소를 방지한다거나 공유물분할청구권 행사로 책임재산이 늘어난다고 일반적으로 말할 수 없고, 공유부동산 전체를 매각하면 공유지분만을 매각할 때보다 공유지분의 매각대금이 더 커질 수 있다는 사실상의 가능성만으로 채무자의 책임재산이 늘어난다고 평가할 수도 없다는 것이다.

반면 반대의견은, 채권자가 채무자의 재산권에 속하는 공유물분할청구권을 대위행사하는 것은 금전채권의 현실적 이행을 확보할 수 있는 유효·적절한 수단이 된다고 하였다. 즉 이채무자의 공유지분만을 경매하면 민법 368조 2항에 따라 채무자의 공유지분 경매대가에서 공동근저당권의 피담보채권 '전액'을 변제해야 하므로 남을 가망이 없지만, 이 사건 아파트의 경우 현물분할이 불가능하거나 현물분할로 인하여 현저히 가격이 감손될 염려가 있으므로, 공유물 전부의 경매를 명하여 대금을 분할하는 것이 가장 합리적인 분할 방법이고, 이러한 경우에 채권자가 공유자인 채무자를 대위하여 공유물분할청구권을 행사하면, 법원이 공유부동산 전부의 경매를 명하여 민법 368조 1항에 따라 각 공유지분의 경매대가에 비례하여 공동근저당권의 피담보채권을 분담하게 되므로, 채무자의 공유지분 경매대가에서 공동근저당권의 피담보채권 분담액을 변제하고도 공유자인 채무자에게 배분될 몫이 남을 수 있고, 채권자는 이를 통해 비로소 금전채권의 만족을 얻을 수 있게 된다는 것이다.

생각건대 채권자대위권의 행사가 채무자의 책임재산 감소를 방지한다거나 책임재산이 늘어나야만 인정된다고 할 이유는 없다. 그보다는 채권자대위권의 행사를 인정하지 않으면 채권자가 자신의 채권 만족을 얻기 어려울 때 보전의 필요성이 인정될 수 있을 것이다. 이 사건에서는 공유물분할청구권의 대위행사를 인정하지 않으면 X의 채권 만족은 얻기 어려운 것이 명백하다. 다수의견에 대한 보충의견도, 채권자가 공유물분할청구권을 대위행사할 수 없도록 하면, 채무자가 장래의 강제집행을 피하기 위하여 단독 소유하는 부동산의 일부 지분을 처분하는 경우에 채권자의 채권회수 기회가 제한되는 불가피한 사례도 있을 것이라고 하는 점을 시인하고 있다.

한편 다수의견은 공유물분할청구권은 오로지 대금분할만을 요구할 수 있는 '대금분할청구권'이 아니라고 하지만, 이 사건과 같이 공유물이 아파트인 경우에는 현물분할은 생각하기 어렵고, 대금분할만이 현실적으로 가능하다.

4. 채권자대위권의 행사가 채무자의 자유로운 재산관리행위에 대한 부당한 간섭이 되는지 여부

대상판결의 다수의견은, 금전채권의 보전을 위한 공유물분할청구권 대위행사는 채무자의 자유로운 재산관리행위에 대한 부당한 간섭이 된다고 하였다. 공유물분할청구권 대위행사로 공유물 전부가 경매되는 결과는 채무자뿐만 아니라 공유지분을 보유한 다수 당사자들로부터 공유물을 사용·수익할 권리를 근본적으로 박탈하게 되고, 공유자 중 어느 누구도 공유물의 분할을 희망하지 않는데도 단순히 금전채권자의 채권 보전을 위하여 채무자의 재산뿐만 아니라 다른 공유자의 공유지분 전부가 경매되는 것은 채무자를 포함한 공유자들에게 지나치게 가혹하다는 것이다.

반면 반대의견은, 공유지분에 대한 강제집행의 경우와 비교해서 공유물분할 경매가 채무자에게 특별히 더 불리하다고 할 수 없고, 공유물은 언제든지 분할될 수 있고, 채권자는 채무자가 공유자 중 한 사람으로서 일방적으로 행사할 수 있는 권리를 채무자를 대위하여 행사하는 것이므로, 공유자들이 원하지 않는 시기에 공유물분할이 이루어진다는 결과가 공유자들에게 부당하다고 말하기 어렵다고 한다.

생각건대 다수의견의 이러한 주장은 공유물분할청구권이 일반적으로 채권자대위권의 목적이 될 수 없다고 하는 것과 다르지 않다. 뿐만 아니라 채무자의 지위에서 본다면 반대의견이 지적하듯이 공유지분이 강제집행이 되는 것과 경매에 의한 공유물분할이 이루어지는 것 사이에 별 차이가 없다. 또한 채무자 아닌 다른 공유자의 이해관계를 특별히 고려할 필요도 없다.

참고문헌

권영준, 2020년 민법 판례 동향, 서울대학교 법학 62권 1호, 2021.

김덕중, 채권자대위권에서 보전의 필요성에 관한 판례상 판단기준, 경상국립대 법학연구 30권 2호, 2022.

김해마루, 금전채권자가 채무자를 대위해서 부동산에 관한 공유물분할청구권을 행사할 수 있는지, 사법 55호, 2020.

목혜원, 공유물분할청구권을 대위행사하는 경우 '보전의 필요성' 유무의 판단기준, 민사판례연구 44권, 2022.

박태신, 채권자대위권에 관한 이해의 변화 모색, 저스티스 186호, 2021.

서동욱, 공유물분할청구권이 채권자대위권의 목적이 되는지 여부, 동아법학 93호, 2021.

신봉근, 금전채권자가 채무자의 공유물분할청구권을 대위행사할 수 있는지의 여부, 한국법학회 법학연구 21권 1호, 2021.

양형우, 금전채권자의 공유물분할청구권 대위행사 허용 여부, 홍익법학 22권 1호, 2021.

여하윤, 공유물분할청구권의 대위행사 허용 여부, 비교사법 26권 1호, 2019.

오경미, 채권자대위권에서 '보전의 필요성'과 채권자평등주의의 문제, 사법 55호, 2020.

오태환, 금전채권자가 채무자의 공유물분할청구권을 대위행사할 보전의 필요성이 있는 경우, 대법원판례해설 105호, 2016.

이내경·이용현, 공유물분할청구권의 대위행사 가부: 보전의 필요성과 대위의 객체, 서울대 법학평론 11권, 2021.

이성범, 금전채권을 보전하기 위하여 채무자의 공유물분할청구권을 대위행사할 수 있는지에 대하여, 전북대 법학연구 66집, 2021.

이소은, 금전채권자의 공유물분할청구권 대위행사와 보전의 필요성, 법조 69권 5호, 2020.

[판례 70]

채권자대위권 행사 후 채무자의 계약불이행으로 인한 해제로써 채권자에게 대항할 수 있는지 여부

대법원 2012.5.17. 선고 2011다87235 전원합의체 판결

사 실

X는 2007.12.10. A에게 4억 원을 대여하였는데, B는 A의 X에 대한 채무를 연대보증하고, 그 차용에 대한 이익금 명목으로 A 또는 B가 Y로부터 매입 예정인 이 사건 토지 중 X가 지정하는 토지를 X 또는 X가 지정하는 자에게 이전하여 주기로 약정하였다. B는 2007.12.12. Y로부터 이 사건 토지를 매수하는 계약을 체결하였는데, 특약으로 양도소득세는 매수인인 B가 부담하기로 하였다. B는 2009.2.25. 피고에게 매매대금 잔금을 모두 지급하였으나, 양도소득세 상당액은 지급하지 못하였다. 이에 B는 Y로부터 다시 양도소득세 상당액의 지급기일을 2009. 8.31.까지로 연장받으면서, 그때까지 양도소득세 상당액을 지급하지 아니하면 이 사건 매매계약과 관련된 B의 모든 권리를 포기하고, 원고가 입은 모든 손해에 대하여도 보상하기로 약정하였다. X는 2009.4.14. B를 상대로 X 지정 토지 중 5,911㎡에 대한 소유권이전등기를 구하고, Y를 상대로 B를 대위하여 B로부터 양도소득세 상당액을 수령함과 동시에 B에게 X 지정 토지 중 5,911㎡에 대한 2007.12.12. 매매를 원인으로 한 소유권이전등기절차의 이행을 구하는 소송을 제기하였다.

원심은, 적어도 위 각서가 작성된 때에는 B가 Y에게 최종적으로 2009.8.31.까지 이 사건 토지에 관한 양도소득세 상당액을 지급하지 아니하면 그 채무불이행 자체로써 이 사건 토지에 관한 매매계약을 실효시키는 것으로 하는 특약을 맺은 것이고, B가 2009.8.31.까지 Y에게 양도소득세 상당액을 지급하지 못함으로써 이 사건 매매계약은 실효되었으며, B의 채무불이행으로 위 특약에 의하여 이 사건 매매계약이 실효된 것을 B가 채권자대위권 행사의 통지를 받은 후 제3채무자인 Y에 대한 소유권이전등기청구권을 처분한 것으로 평가할 수 없다고 판단하여

X의 Y에 대한 청구를 기각하였고, 대법원 전원합의체도 X의 상고를 기각하였다.

이 유

민법 405조 2항의 취지는 채권자가 채무자에게 대위권 행사사실을 통지하거나 채무자가 채권자의 대위권 행사사실을 안 후에 채무자에게 대위의 목적인 권리의 양도나 포기 등 처분행위를 허용할 경우 채권자에 의한 대위권 행사를 방해하는 것이 되므로 이를 금지하는 데에 있다. 그런데 채무자의 채무불이행 사실 자체만으로는 권리변동의 효력이 발생하지 않아 이를 채무자가 제3채무자에 대하여 가지는 채권을 소멸시키는 적극적인 행위로 파악할 수 없는 점, 더구나 법정해제는 채무자의 객관적 채무불이행에 대한 제3채무자의 정당한 법적 대응인 점, 채권이 압류·가압류된 경우에도 압류 또는 가압류된 채권의 발생원인이 된 기본계약의 해제가 인정되는 것과 균형을 이룰 필요가 있는 점 등을 고려할 때 채무자가 자신의 채무불이행을 이유로 매매계약이 해제되도록 한 것을 두고 민법 405조 2항에서 말하는 '처분'에 해당한다고 할 수 없다. 따라서 채무자가 채권자대위권 행사의 통지를 받은 후에 채무를 불이행함으로써 통지 전에 체결된 약정에 따라 매매계약이 자동적으로 해제되거나, 채권자대위권 행사의 통지를 받은 후에 채무자의 채무불이행을 이유로 제3채무자가 매매계약을 해제한 경우 제3채무자는 계약해제로써 대위권을 행사하는 채권자에게 대항할 수 있다. 다만 형식적으로는 채무자의 채무불이행을 이유로 한 계약해제인 것처럼 보이지만 실질적으로는 채무자와 제3채무자 사이의 합의에 따라 계약을 해제한 것으로 볼 수 있거나, 채무자와 제3채무자가 단지 대위채권자에게 대항할 수 있도록 채무자의 채무불이행을 이유로 하는 계약해제인 것처럼 외관을 갖춘 것이라는 등의 특별한 사정이 있는 경우에는 채무자가 피대위채권을 처분한 것으로 보아 제3채무자는 계약해제로써 대위권을 행사하는 채권자에게 대항할 수 없다.

이와 다른 대법원 2003.1.10. 선고 2000다27343 판결은 이 판결의 견해와 저촉되는 한도에서 변경하기로 한다.

해 설

1. 405조 2항에 의한 대항불능

405조 2항은 채무자가 채권자대위권 행사의 통지를 받은 후에는 그 권리를 처분하여도 이로써 채권자에게 대항하지 못한다고 규정하고 있다. 대판 1990.4.27, 88다카25274, 25281은, 이 규정의 취지는 채권자가 대위권에 기하여 일단 채무자의 권리를 행사하기 시작하였을 때 채무자에게 대위의 목적인 권리의 양도나 포기 등 처분행위를 허용하는 것은 채권자에 의한 대위권 행사를 방해하는 것이 되므로 이를 금지하는 데 있다고 하였다. 대상판결도 그와 같이 보았다.

그리고 채무자의 처분권이 제한되는 효력은 제3채무자에게도 미치는데, 채무자가 한 처분행위의 효력을 제3채무자가 주장할 수 있다고 하면, 채무자의 처분권을 제한한 405조 2항이 유명무실하게 되기 때문이다.

위 조항은 채무자가 채권자대위권행사의 통지를 받아야만 채권자에게 대항할 수 없는 것으로 규정하고 있으나, 판례는 채무자가 자기의 채권이 채권자에 의하여 대위행사되고 있는 사실을 알고 있는 경우에도 채권자에게 대항할 수 없다고 보고 있고(대판 1962.12.27, 62사17 등), 학설도 일반적으로 이를 지지한다.

2. 처분의 구체적인 예

종래 판례가 대항할 수 없는 처분에 해당한다고 본 예로는 다음과 같은 것들이 있다.

첫째, 채무자의 재산을 무권리자가 처분하여, 채권자가 채무자를 대위하여 그 말소등기를 청구하고 있는데 채무자가 무권리자의 처분을 추인하여도 채권자에게 대항하지 못한다(대판 1977.3.22, 77다118; 1989.3.14, 88다카112).

둘째, 채권자가 채무자와 제3채무자 사이의 부동산매매계약에 기한 소유권이전등기청구권을 보전하기 위해 채무자를 대위하여 제3채무자의 부동산에 대한 처분금지가처분결정을 받은 경우, 채무자가 그러한 채권자대위권 행사 사실을 알게 된 후에 그 매매계약을 합의해제한 것으로 채무자나 제3채무자가 채권자에게 대항할 수 없다(대판 1996.4.12, 95다54167; 2007.6.28, 2006다85921).

셋째, 채권자가 채무자를 대위하여 제3채무자가 채무자로부터 채무담보를 위하여 넘겨받은 소유권이전등기를 그 피담보채무 소멸을 이유로 말소를 구하는 경우에, 채무자가 소송 계속 중 피담보채무의 변제를 위하여 일부 부동산을 제3채무자에게 양도하기로 합의하였더라도 제3채무자는 이를 가지고 채권자에게 대항할 수 없다(대판 1988.1.19, 85다카1792).

반면 채무자의 변제 수령은 처분행위가 아니고(대판 1991.4.12, 90다9407), 채권자가 채무자를 대위하여 제3자 앞으로 마쳐진 근저당권설정등기의 말소를 청구하였는데, 그 후 채무자가 제3자가 신청한 지급명령에 이의를 제기하지 않아 강제경매절차에서 부동산이 매각됨으로써 위 근저당권설정등기가 말소된 경우에, 채무자가 지급명령에 이의를 제기하지 않은 것이 대위채권자가 행사하고 있는 권리의 처분이라고 할 수는 없다(대판 2007.9.6, 2007다34135).

3. 제3채무자에 의한 법정해제

대상판결이 변경한 대판 2003.1.10, 2000다27343은, 채무자가 제3채무자로부터 매수한 부동산을 채무자로부터 다시 매수한 채권자가 채무자 및 제3채무자에 대하여 순차 소유권이전등기절차의 이행을 구하는 소를 제기하여, 그 중 제3채무자에 대한 소송이 상고심에 계속되어 있었는데, 채무자가 제3채무자의 매매잔대금 지급 최고에 응하지 아니하여 제3채무자로 하여금 매매계약을 해제할 수 있도록 한 경우, 이는 채무자가 채권자에 대한 소유권이전등기청구권을 처분하는 것에 해당하므로 채무자와 제3채무자는 채권자에게 그 계약해제로써 대항할 수 없다고 하였다. 그런데 대상판결은, 채무자가 자신의 채무불이행을 이유로 매매계약이 해제되도록 한 것이 405조 2항에서 말하는 '처분'에 해당한다고 할 수 없다고 하면서 위 판결을 변경하였다. 이러한 대상판결은 타당하다고 보인다.

우선 채무자의 채무불이행 자체가 채무자의 처분이라고는 할 수 없다. '처분'이란 '재산을 손상 · 멸실하게 하거나 그 성질을 변경하는 사실적 행위'(사실적 처분행위) 또는 '직접 재산권의 변동이라는 법률효과를 생기게 하는 법률행위'(법률적 처분행위)를 말하는데, 채무자의 채무불이행 자체만으로는 그러한 변경 또는 변동이 생기는 것은 아니므로 이를 가리켜 처분이라고 볼 수는 없다. 그리고 채권자대위권 행사의 상대방인 제3자는 채무자 자신이 권리를 행사하는 경우보다 더 불리한 지위에 놓일 이유가 없으므로, 제3자는 채무자에 대하여 주장할 수 있는 모든 사유를 채권자에 대하여도 주장할 수 있다(대판 2009.5.28, 2009다4787). 그런데 채무자의 채무불이행이 있음에도 불구하고 제3채무자가 계약을 해제할 수 없다고 본다면, 제3채무자를 채무자가 직접 권리를 행사하는 경우보다 더 불리한 위치에 놓이게 하는 것이다. 대상판결도 법정해제는 채무자의 객관적 채무불이행에 대한 제3채무자의 정당한 법적 대응이라고 판시하고 있다.

그리고 대상판결은 채권이 압류 · 가압류된 경우에도 압류 또는 가압류된 채권의 발생원인이 된 기본계약의 해제가 인정되는 것과 균형을 이룰 필요가 있는 점을 근거의 하나로 들고 있다. 대판 2000.4.11, 99다51685는, 소유권이전등기청구권의 가압류나 압류가 행하여지면 제3채무자로서는 채무자에게 등기이전행위를 하여서는 아니 되지만, 가압류나 압류에 의하여 그 채권의 발생원인인 법률관계에 대한 채무자와 제3채무자의 처분까지도 구속되는 것은 아니므로 그 채권의 발생원인인 매매계약 자체를 해제할 수 있다고 보았다. 다만 판례(대판 1991.11.12, 91다29736 등)는 채권이 압류 또는 가압류되어도 채무자와 제3채무자는 그 채권의 발생원인인 계약을 합의해제할 수 있다고 보았으나, 이에 대하여는 비판이 있다.

이외에 채권이 양도된 경우, 채무자는 그 채권양도로 인해 양수인에 대한 관계에 있어서 양도인에 대한 관계에 있어서보다 불리한 지위에 처할 이유는 없으므로 채권양도 통지 당시까지 양도인에 대하여 가지고 있던 항변사유로써 양수인에게 대항할 수 있는데, 채무자가 채권양도 통지가 이루어진 이후 양도인의 반대채무 불이행을 이유로 계약을 해제하는 것은 그 통지 전의 사유와 마찬가지로 그로써 양수인에 대하여 대항할 수 있다(대판 2003.1.24, 2000다22850, **[판례 97]** 등 참조). 마찬가지로 채권자대위권 행사의 상대방인 제3채무자도 채무자에 대한 계약해제로써 채권자에게 대항할 수 있다고 보아야 할 것이다.

다만 채무자가 제3채무자와 합의하여 합의해제를 하는 것은 채무자의 처분에 해당하므로 이로써 채권자에게 대항할 수는 없다. 대상판결도 이 점에서는 대판 1996.4.12, 95다54167의 태도를 유지하고 있다. 나아가 대상판결은 형식적으로는 채무자의 채무불이행을 이유로 한 계약해제인 것처럼 보이지만, 실질적으로는 채무자와 제3채무자 사이의 합의에 따라 계약을 해제한 것으로 볼 수 있거나, 채무자와 제3채무자가 단지 대위채권자에게 대항할 수 있도록 채무자의 채무불이행을 이유로 하는 계약해제인 것처럼 외관을 갖춘 경우에는 채무자가 그 피대위채권을 처분한 것으로 보아 제3채무자는 그 계약해제로써 대위권을 행사하는 채권자에게 대항할 수 없다는 판시를 덧붙이고 있다.

한 가지 더 생각해 볼 필요가 있는 것은, 채무자가 채권자대위권 행사를 알게 된 후 제3채무자의 채무불이행을 이유로 제3채무자와의 계약을 해제한 경우에 채무자가 이로써 채권자에게 대항할 수 있는가 하는 점이다. 이는 얼핏 보기에는 전형적인 채무자의 처분에 해당하므로 채권자에게 대항할 수 없는 것처럼 보이지만, 이러한 경우 채무자로서는 제3채무자와의 계약을 해제하는 데 정당한 이익을 가지는데, 채권자가 채권자대위권을 행사한다고 하여 이러한 이익이 보호받지 못할 이유는 없다. 뿐만 아니라 제3채무자로서는 채권자가 채권자대위권을 행사한다는 우연한 이유로 계약의 해제를 당하는 것을 피할 수 있게 되어 불합리하다. 따라서 이러한 경우에는 제3채무자는 채무자의 해제로써 채권자에게 대항할 수 있다고 보아야 할 것이다.

참고문헌

김상훈, 채권자대위권의 행사와 해제의 제한, 양승태 대법원장 재임 3년 주요판례평석, 2014.

심승우, 채권자대위권 행사로 제한되는 채무자의 처분행위, 민사판례연구 36권, 2014.

양창수, 채권자대위에 의한 처분금지효가 제3채무자가 채무자의 채무불이행을 이유로 매매계약을 해제하는 것에도 미치는가?, 민법연구 7권, 2005.

이은영, 채권자대위권행사에 의한 처분금지효에서 '처분'의 의미, 경북대학교 법학논고 제40집, 2012.

정구태, 채권자대위권 행사의 처분금지효와 제3채무자의 법정해제, 단국대학교 법학논총 38권 1호, 2014.

최단비, 제한되는 채권 처분의 범위 및 판단기준에 대한 검토, 원광법학 29권 2호, 2013.

[판례 71]

채권자취소권에 의한 편파행위의 취소, 수익자의 악의 추정

대법원 2006.4.14. 선고 2006다5710 판결

사 실

X는 1999.12.29.와 2001.10.12. 두 차례에 걸쳐 제1심 공동피고 A 주식회사가 B 은행으로부터 대출을 받는 것에 관하여 신용보증약정을 체결하였고, 제1심 공동피고 C는 A 회사의 대표이사로 취임한 뒤인 2003.11.13. A 회사가 위 약정에 따라 X에게 부담하게 될 구상금채무를 연대보증하였다. A 회사는 B 은행에게 채무를 변제하지 못하여 2004.5.25. 신용보증사고가 발생하였고, B 은행이 2004.6.29. X에게 변제를 요구함에 따라 X는 2004.11.30. B 은행에게 채무를 변제하였다. 한편 C는 Y로부터 돈을 차용하고, 2004.6.14. 자기 소유 부동산에 관하여 Y를 채권자로 하는 근저당권설정등기를 마쳐주었다. X는 Y를 상대로 근저당권설정이 사해행위임을 이유로 그 취소 및 근저당권설정등기의 말소를 청구하였다.

원심은 위 근저당권설정이 사해행위에 해당하지만, Y가 선의의 수익자라는 이유로 X의 청구를 기각하였다. 그러나 대법원은 원심판결을 파기하였다.

이 유

이미 채무초과 상태에 빠져 있는 채무자가 그의 유일한 재산인 부동산을 채권자들 중 1인에게 채권담보로 제공하는 행위는 다른 특별한 사정이 없는 한 다른 채권자들에 대한 관계에서 채권자취소권의 대상이 되는 사해행위가 되고, 채무자의 제3자에 대한 담보제공행위가 객관적으로 사해행위에 해당하는 경우 수익자의 악의는 추정되는 것이므로 수익자가 그 법률행위 당시 선의였다는 입증을 하지 못하는 한 채권자는 그 법률행위를 취소하고 그에 따른 원상회복을 청구할 수 있는 것인데, 위와 같이 채무자의 제3자에 대한 담보제공 등의 재산처분행위가 사해

행위에 해당할 경우에, 그 사해행위 당시 수익자가 선의였음을 인정함에 있어서는 객관적이고도 납득할 만한 증거자료 등이 뒷받침되어야 할 것이고, 채무자의 일방적인 진술이나 제3자의 추측에 불과한 진술 등에만 터잡아 그 사해행위 당시 수익자가 선의였다고 선뜻 단정하여서는 안 된다.

해 설

1. 채권자 중 1인에 대한 담보제공이 사해행위가 될 수 있는지 여부

406조 1항은 채무자가 채권자를 해함을 알고 한 법률행위를 취소할 수 있다고 규정한다. 실제로 채권자를 해하는 법률행위에는 3가지 유형이 있다.

첫째, 채무자의 책임재산을 감소시키는 행위. 판례는 채권자를 해하는 행위라는 것은 그 행위에 의하여 채권의 공동담보에 부족이 생기거나 이미 부족상태에 있는 공동담보가 한층 더 부족하게 되어 채권을 완전하게 만족시킬 수 없게 된다는 것을 의미한다고 보고 있다(대판 2000.2.25, 99다53704 등). 예컨대 채무자가 자신의 재산을 무상으로 증여하는 행위(대판 1997.10.28, 97다34334 등) 또는 재산을 상당한 가격이 아닌 저가로 처분하는 행위와 같다. 외국의 입법례 가운데에는 무상행위인 경우에는 채무자의 사해의 의사나 수익자가 채무자를 해함을 알았을 것도 요건으로 하지 않는 것이 많다.

둘째, 채무자가 그 재산을 금전으로 바꾸는 행위. 이때에는 재산의 감소가 있다고 할 수 없으므로 사해행위에 해당하지 않을 것처럼 보이기도 하지만, 판례는 채무자가 자기의 유일한 재산인 부동산을 매각하여 소비하기 쉬운 금전으로 바꾸는 행위는 그 매각이 일부 채권자에 대한 정당한 변제에 충당하기 위하여 상당한 매각으로 이루어졌다든가 하는 특별한 사정이 없는 한 항상 채권자에 대하여 사해행위가 된다고 보고 있다(대판 1966.10.4, 66다1535; 1997.5.9, 96다2606, 2613; 2005.7.22, 2004다43909 등). 판례가 이와 같이 보는 것은 부동산을 매각하여 현금으로 바꾸는 것은 채권자의 집행을 어렵게 한다는 측면을 중시한 때문이다.

셋째, 채무자가 채권자 중 일부에게만 변제하거나 담보를 제공하는 이른바 편파행위. 이러한 경우에는 채무자의 적극재산도 감소하지만 소극재산도 감소하므로 결과적으로는 책임재산의 감소는 없을 수 있다. 그러나 이러한 경우에도 판례는 사해행위가 될 수 있다고 본다. 우선 담보의 제공에 관하여 대판 1986.9.23, 86다카83 등 많은 판례는, 이미 채무초과의 상태에 빠져 있는 채무자가 그의 유일한 재산인 부동산을 채권자 중 어느 한 사람에게 채권담보로 제공하는 행위는 다른 특별한 사정이 없는 한 다른 채권자들에 대한 관계에서 사해행위가 된다고 보고 있다. 다만 자금난으로 사업을 계속 추진하기 어려운 상황에 처한 채무자가 자금을 융통하기 위하여 부득이 부동산을 특정 채권자에게 담보로 제공하고 그로부터 신규자금을 추가로 융통받은 경우에는 담보권 설정행위가 사해행위에 해당하지 않는다고 하였다(대판 2001.5.8, 2000다50015; 2014.3.27, 2013다93746, 93753 등).

그리고 판례는 채무가 초과된 채무자가 특정 부동산을 일부 채권자에게 대물변제로 넘겨주는 것도 사해행위가 될 수 있다고 보고 있는데(대판 1990.11.23, 90다카27198 등), 그 이유는 대물변제를 받은 채권자는 다른 채권자에 우선하여 채권의 만족을 얻는 반면, 그 범위 내에서 공동담보가 감소됨에 따라 다른 채권자는 종전보다 더 불리한 지위에 놓이게 되므로 이는 다른 채권자의 이익을 해하는 것이라고 설명하였다(대판 1996.10.29, 96다23207). 대물변제로 제공된 재산이 채무자의 유일한 재산이 아니거나 그 가치가 채권액에 미달하는 경우에도 마찬가지이다(대판 2007.7.12, 2007다18218 등). 다만 과거의 판례 가운데에는 대물변제가 상당한 가격으로 된 것이라면 채권자취소권의 대상이 될 수 없다고 한 것도 있었다(대판 1962.11.15, 62다634; 1967.4.25, 67다75).

그리고 채무자가 채권자 중 일부에게 채무의 본지에 따라 변제를 한 것은 원칙적으로 사해행위가 되지 않지만(대판 2003.6.24, 2003다1205), 채무자가 특히 일부의 채권자와 통모하여 다른 채권자를 해할 의사를 가지고 변제를 하였다면 사해행위가 될 수 있다고 하였다(대판 2005.3.25, 2004다10985, 10992).

이처럼 기존 채권자 중 일부에게 변제나 대물변제 또는 담보를 제공하는 행위는 엄밀히 말하여 채무자의 책임재산을 감소시키는 본래 의미의 사해행위와는 구별되는데, 이러한 편파행위도 사해행위에 포함시키는 것은 이른바 채권자 평등의 원칙을 구현하기 위한 것이다. 다만 편파행위 가운데 채무의 본지에 따른 것이 아닌 행위(비본지행위)가 사해행위가 된다고 하는 것은 큰 문제가 없으나, 채무의 본지에 따른 본지행위도 채권자와 통모한 경우에는 사해행위가 된다고 하는 것에 대하여는 논란이 있다.

대상판결의 사안은 비본지행위에 해당하는데, 대상판결은 종래의 판례에 따라 C의 Y에 대한 담보제공이 사해행위가 될 수 있다고 판단하였다.

2. 수익자 및 전득자의 악의 추정

종래의 판례는 사해행위취소소송에 있어서 채무자의 악의의 점에 대하여는 그 취소를 주장하는 채권자에게 증명책임이 있으나, 수익자 또는 전득자가 악의라는 점에 관하여는 입증책임이 채권자에게 있는 것이 아니고, 수익자 또는 전득자의 악의는 추정되므로, 수익자 또는 전득자 자신에게 선의라는 사실을 증명할 책임이 있다고 보고 있다(대판 1997.5.23, 95다51908 등). 통설도 이를 지지한다. 즉 증명책임의 분배에 관한 통설인 법률요건분류설에 따르면 증명책임의 분배는 법규의 구조에서 찾아야 하는데, 406조는 본문에서 채무자가 채권자를 해함을 알고 재산권을 목적으로 한 법률행위를 한 때에는 채권자는 그 취소 및 원상회복을 법원에 청구할 수 있다고 규정하면서, 단서에서 수익자나 전득자가 채권자를 해함을 알지 못한 경우에는 그러하지 아니하다라고 규정하고 있으므로, 단서에 해당하는 사실은 수익자나 전득자가 증명하여야 한다는 것이다. 헌재결 2007.10.25, 2005헌바96은 406조가 위헌이 아니라고 하면서, 이처럼 수익자에게 증명책임을 돌리는 것은 직접 거래의 당사자가 아닌 채권자가 수익자의 악의를 입증하게 하는 것보다는 직접적인 거래의 당사자인 수익자가 스스로의 선의를 입증하는 것이 훨씬 용이한 위치에 있다는 점을 고려한 것으로서 그 합리성을 인정할 수 있다고 하였다. 반면 반대설은 수익자 등의 악의는 채권자취소권의 요건이므로 그 권리를 행사하는 자가 입증하는 것이 증명책임의 기본원칙에도 부합할 뿐만 아니라, 이들의 악의를 추정하는 것은 거래안전을 해치게 되어 부당하다는 이유로, 채권자가 수익자나 전득자의 악의를 증명하여야 한다고 주장한다.

생각건대 현행법의 해석상 채권자가 수익자나 전득자의 악의를 증명하여야 한다고 해석하기는 어렵고, 수익자나 전득자가 자신의 선의를 증명하여야 한다고 볼 수밖에 없다. 그러나 입법론적으로 이것이 타당한 것인지는 의심스럽다. 수익자가 특별히 의심을 가질 여지가 없는 정상적인 거래의 경우에도 수익자가 자신의 선의를 증명하여야 한다는 것은 부당하다. 수익자로서는 특별한 사정이 없는 한 자기 채권의 실행과는 관계없는 채무자의 자산상태 등에 관하여 특별히 관심을 가질 이유가 없기 때문이다. 또한 채권자취소권의 행사를 쉽게 인정하면, 정상적으로 권리를 취득한 사람이 보호받지 못하게 되어, 거래의 안전을 위협하게 된다. 누가 더 용이하게 증명을 할 수 있는가는 증명책임을 정함에 있어서 하나의 고려사항은 될 수 있어도, 그것이 제1차적인 기준은 될 수 없고, 수익자가 채무자의 사해 의사를 알았을 개연성이 얼마나 큰지 여부가 더 중요한데, 채무자에게 사해 의사가 있으면 수익자도 이를 알았을 것이라는 개연성이 반드시 크다고는 하기 어려울 것이다. 뿐만 아니라 수익자가 그러한 증명을 하는 것이 꼭 용이한지도 의문이다. 이처럼 수익자나 전득자가 자신의 선의를 증명하여야 한다는 것은, 채권자는 자기와 거래한 채무자의 무자력 위험을 스스로 부담하여야 하고 특별한 사정이 없는 한 이를 제3자에게 전가해서는 안 된다는 법 원리에도 부합하지 않는다{부당이득에 관한 대판 2002.8.23, 99다66564, 66571; 2003.12.26, 2001다46730(아래 **[판례 106]**) 등 참조}.

외국의 예를 살펴보더라도 유상행위에 관하여는 수익자와 전득자의 악의는 채권자취소권을 행사하는 채권자가 증명하도록 하는 것이 대부분이다(독일, 오스트리아, 스위스, 프랑스, 중국, 대만 등). 다만 채무자와 수익자 또는 전득자 사이에 특수한 관계가 있는 경우에는 수익자 또는 전득자의 악의를 추정하기도 한다.

3. 악의 추정의 번복

대상판결은 종래의 판례와 마찬가지로 수익자의 악의는 추정된다는 것을 전제로 하여, 수익자가 선의였음을 인정함에 있어서는 객관적이고도 납득할 만한 증거자료 등이 뒷받침되어야 하고, 채무자의 일방적인 진술이나 제3자의 추측에 불과한 진술 등에만 터잡아 그 사해행위 당시 수익자가 선의였다고 선뜻 단정하여서는 안 된다고 보았다. 이 사건 원심은 악의의 추정이 번복되어야 하는 사유로서, Y는 C와 계속적 거래관계가 있었다거나, 친·인척관계 및 친우관계가 있었다고 볼 수 없는 점, Y로서는 특별히 C의 신용상태를 의심할 여지가 없었던 점 등을 들었다. 그러나 대법원은, Y는 자신이 A 주식회사의 주주일 뿐만 아니라 C로부터 위 회사 주식 8만 주를 담보로 취득한 바 있었기 때문에 A 주식회사의 재무상태에 관하여 상당한 경제적 이해관계와 이에 따른 각별한 관심을 가지고 있었을 것으로 보이고, Y와 친분이 있는 D가 A 회사의 감사로 재직하고 있었기 때문에 Y로서는 D에게 위 회사의 형편에 관하여 자주 문의하였을 것으로 보이며, 그를 통해 A 주식회사가 이 사건 근저당권을 설정하기 약 20일 전인 2004.5.25. B 은행에 대한 대출금채무를 연체하기 시작한 사실과 그 대표이사인 C의 연대보증 사실을 알게 되었을 가능성이 농후하다는 점을 들어, 원심이 들고 있는 사유만으로는 C의 선의를 인정할 근거가 되지 못한다고 보았다.

그러나 해석론상 수익자나 전득자의 악의가 추정된다고 하더라도, 현행 법규정의 타당성에 의문이 있으므로, 그 악의 추정의 번복은 비교적 쉽게 인정할 필요가 있다. 대법원이 악의 추정의 유지를 인정하는 근거로서 들고 있는 사유도 정황상의 사유를 들어 추측하는 것이므로, 악의 추정의 번복을 인정한 원심판결이 반드시 부당하다고 단정할 수는 없다. 대판 2010.2.11, 2009다80484는, 수익자나 전득자가 채무자 등과의 사이에 친인척관계나 거래관계가 없어서 채무자의 채권채무관계나 재산상태 등에 관하여 알기 어려운 상태에 있었던 점, 수익자가 사해행위임을 알면서도 부동산을 매수할 만한 동기나 이유를 찾기도 어려운 점 등을 이유로 악의의 추정을 번복하였다.

그러나 주류적인 판례는 대상판결과 마찬가지로 사해행위 당시 수익자가 선의였음을 인정함에 있어서는 객관적이고도 납득할 만한 증거자료 등에 의하여야 하고, 채무자의 일방적인 진술이나 제3자의 추측에 불과한 진술 등에만 터 잡아 그 사해행위 당시 수익자카 선의였다고 선뜻 단정하여서는 안 된다고 보고 있다(대판 2006.7.4, 2004다61280; 2010.7.22, 2009다60466 등).

4. 민법개정안

2013년 민법개정위원회의 개정안은 406조를, 수익자의 악의를 채권자가 증명하여야 하고, 다만 수익자가 채무자와 친족이나 그 밖의 특별한 관계에 있는 자인 때에는 수익자가 그 행위 당시에 채권자를 해함을 안 것으로 추정하는 것으로 수정하였다. 그리고 406조의2를 신설하여, 채무자의 무상행위 또는 이와 동일시할 수 있는 유상행위의 경우에는 채무자나 수익자가 채권자를 해함을 알지 못한 경우에도 이를 취소할 수 있도록 하였으며, 407조의6에서는 전득자에 관하여 수익자에 대한 규정을 준용하도록 하였다.

참고문헌

박광선, 채권자취소권 행사 시 수익자 · 전득자의 인식상태에 관한 증명책임의 분배에 대한 소고, 저스티스 177호, 2020.

윤진수, 미국법상 사해행위의 취소와 부인에서 수익자의 선의 항변, 저스티스 189호, 2022.

윤진수 · 권영준, 채권자취소권에 관한 민법 개정안 연구, 민사법학 제66호, 2014.

임채웅, 사해행위와 편파행위에 관한 연구, 저스티스 94호, 2006.
지창구, 채권자취소권이라는 틀을 통하여 본 부인권, 저스티스 통권 제135호, 2013.
최문기, 채권자취소권의 요건론, 사회과학연구, 경성대학교, 27권 2호, 2011.

[판례 72]

채권자취소권의 피보전채권의 성립시기, 재산분할의 사해행위성

대법원 2000.9.29. 선고 2000다25569 판결

사 실

A는 B 은행으로부터 어음할인을 받음에 따라 부담할 채무를 보증하기 위하여, X(기술신용보증기금)와 1998.2.23. 신용보증원금 5,000만 원에 대하여 보증기간 1998.2.23.부터 1999.2.23.까지로 하는 신용보증계약을 체결하면서, B 은행으로부터 신용보증사고의 통지 또는 보증채무 이행청구가 있으면, X가 B 은행에게 보증채무를 이행하기 전에 A가 X에게 어음할인으로 발생한 채무를 상환하기로 약정하였다. A는 1998.5.18. 부도를 내었고, B 은행은 같은 달 25. X에게 신용보증사고 통지를 하였다. 다른 한편 Y는 1982.6.17. A와 혼인하였다가 1998.3.5. 협의이혼 약정서를 작성하면서, A로부터 아파트 1채를 위자료조로 증여받기로 하여 같은 달 12. 증여를 원인으로 한 소유권이전등기를 경료하였다. X는 A의 Y에 대한 증여가 사해행위에 해당한다고 하여 그 취소 및 취소에 따른 원상회복으로서 Y 명의의 소유권이전등기의 말소등기절차를 청구하였다.

원심은 X의 청구를 받아들였으나, 대법원은 원심판결을 파기하였다.

이 유

이혼에 따른 재산분할은 혼인 중 쌍방의 협력으로 형성된 공동재산의 청산이라는 성격에 상대방에 대한 부양적 성격이 가미된 제도임에 비추어, 이미 채무초과 상태에 있는 채무자가 이혼을 하면서 배우자에게 재산분할로 일정한 재산을 양도함으로써 결과적으로 일반 채권자에 대한 공동담보를 감소시키는 결과로 되어도, 그 재산분할이 민법 839조의2 2항의 규정 취지에 따른 상당한 정도를 벗어나는 과대한 것이라고 인정할 만한 특별한 사정이 없는 한, 사해행위

로서 취소되어야 할 것은 아니다. 다만 상당한 정도를 벗어나는 초과부분에 대하여는 적법한 재산분할이라고 할 수 없기 때문에 이는 사해행위에 해당하여 취소의 대상으로 될 수 있을 것이나, 이 경우에도 취소되는 범위는 그 상당한 정도를 초과하는 부분에 한정하여야 하고, 위와 같이 상당한 정도를 벗어나는 과대한 재산분할이라고 볼 만한 특별한 사정이 있다는 점에 관한 입증책임은 채권자에게 있다. Y가 이 사건 부동산을 취득한 것은 협의이혼에 따른 재산분할로 볼 것이므로, 사해행위 취소의 대상이 아니다.

다만 기록에 의하여 인정되는 혼인에서 이혼에 이르기까지의 경위 등 모든 사정을 참작하면, A가 Y에게 이 사건 아파트 전체를 재산분할로서 양도하는 것은 그 상당성을 넘는 것으로 보이므로, 원심법원으로서는 Y와 A의 이혼으로 인한 재산분할과 관련된 사정을 좀 더 심리하여 협의이혼에 따른 위자료 상당액을 제외한 재산분할의 액수를 확정한 다음 그 초과 부분에 한하여 사해행위로서 취소를 명하였어야 할 것이다.

해 설

1. 피보전채권의 성립시기

이 사건에서는 X가 주장하는 A에 대한 피보전채권은 B 은행이 X에게 신용보증사고 통지를 한 1998.5.25. 성립하였고, X가 사해행위라고 주장하는 A의 Y에 대한 증여는 그 전인 같은 해 3.12. 있었으므로, X가 사해행위 후에 성립한 채권을 피보전채권으로 하여 채권자취소권을 행사할 수 있는지가 문제된다. 채권자취소권의 피보전채권은 원칙적으로 채무자의 사해행위가 있기 이전에 성립한 것이어야 한다(대판 2002.4.12, 2000다43352 등). 그 이유는 일반적으로 사해행위 당시에 존재하지 않았던 채권은 사해행위에 의하여 침해될 수 없기 때문이라고 설명한다.

그런데 판례는 이러한 원칙에 대한 예외를 인정하여, 사해행위 당시에 이미 채권 성립의 기초가 되는 법률관계가 발생되어 있고, 가까운 장래에 그 법률관계에 기하여 채권이 성립되리라는 고도의 개연성이 있으며, 실제로 가까운 장래에 그 개연성이 현실화되어 채권이 성립된 경우에는 그 채권도 채권자취소권의 피보전채권이 될 수 있다는 이른바 기초적 법률관계론을 따르고 있다(대판 1995.11.28, 95다2790 등 다수). 예컨대 보증인이 보증채무를 이행하여야 하는데, 아직 보증채무를 이행하기 전에 주채무자가 행한 법률행위로 인하여 책임재산이 감소한 경우에는 보증인이 보증채무의 이행으로 인하여 가지게 되는 주채무자에 대한 구상권을 보전하기 위하여 그 법률행위를 취소할 수 있다.

이를 설명하기 위하여, 사해행위 당시에 성립되어 있지 않은 채권에 대하여는 일반적으로 채무자의 사해의사를 인정할 수 없기 때문에 채권자취소권의 피보전채권이 될 수 없지만, 그러한 채권이라도 채무자의 사해의사를 인정할 수 있으면 피보전채권이 될 수 있다고 하는 주장이 있다.

2. 재산분할이 사해행위가 될 수 있는지 여부

406조 1항은 "재산권을 목적으로 한 법률행위"라야만 사해행위가 될 수 있는 것으로 규정하고 있다. 그러므로 이혼에 따르는 재산분할도 재산권을 목적으로 한 법률행위인가가 문제된다. 이 점에 관하여 대판 2000.7.28, 2000다14101은, 채무자가 이혼을 하면서 자신의 배우자에게 재산분할로 일정한 재산을 양도함으로써 결과적으로 일반 채권자에 대한 공동담보를 감소시키는 결과로 되어도, 위 재산분할이 839조의2 2항 규정의 취지에 따른 상당한 정도를 벗어나는 과대한 것이라고 인정할 만한 특별한 사정이 없는 한 사해행위로서 채권자에 의한 취소의 대상으로 되는 것은 아니고, 다만 위와 같은 상당한 정도를 벗어나는 초과부분에 관한 한 취소의 대상으로 될 수 있다고 하였다. 대상판결도 같은 취지이지만, 그 근거로서 이혼에 따른 재산분할은 혼인 중 쌍방의 협력으로 형성된 공동재산의 청산이라는 성격에 상대방에 대한 부양적 성격이 가미된 제도라는 점을 들고 있다. 학설상으로도 이처럼 재산분할은 원칙적으로 사해행위가 되지 않지만, 상당한 정도를 벗어나는 초과부분은 사해행위가 된다고 하는 판례를 지지하는 견해(상당성기준설)가 일반적이다. 이미 대판 1984.7.24, 84다카68이 같은 취지로 판시한 바 있으나, 이는 재산분할제도가 민법에 도입되어 시행된 1991.1.1. 전의 것이었으므로 선례로서 가지는 의미는 크지 않았다.

재산분할은 이처럼 상당한 정도를 초과한 부분만 사해행위가 될 수 있다는 이유는 다음과 같이 설명할 수 있다. 즉 재산분할은 혼인 중에 부부 쌍방의 협력에 의하여 형성된 재산을 각자의 지분에 따라 분할함으로써 청산하는 것이라는 청산적 요소와, 부부간의 부양의무는 이혼에 의하여 혼인이 해소된 경우에도 인정된다고 하는 부양적 요소의 두 가지를 포함하고 있다. 그런데 청산적 요소는 자신의 몫을 되찾아가는 것이므로 특별히 상대방에게 이익을 주는 것이라고는 할 수 없고, 부양적 요소의 경우에는 민사집행법 246조 1항 1호가 부양료를 압류금지채권으로 규정하고 있는 점 등 부양채권자를 우대하고 있기 때문이라는 것이다.

3. 위자료의 포함 여부, 상당범위 초과에 관한 증명책임

대상판결은 재산분할 가운데 협의이혼에 따른 위자료 상당액을 제외한 나머지 부분만 사해행위가 될 수 있는 것처럼 판시하고 있다. 그런데 일반적으로 재산분할은 위자료를 포함하고 있지는 않으므로, 이 점에서 대상판결에 대하여 의문을 제기하는 견해도 있다. 그러나 당사자들이 협의에 의하여 재산분할을 하는 경우에는 그 재산분할에 위자료를 포함시켜 분할할 수 있음은 당연하고, 실제로 어느 것이 재산분할에 해당하고, 어느 것이 위자료인지 구분하기도 어렵다. 그러므로 이러한 경우에는 재산분할과 위자료를 합하여 과연 상당한 부분을 초과하는지 아닌지를 따져야 한다. 대판 2005.1.28, 2004다58963; 2006.6.29, 2005다73105는, 당사자들이 재산분할을 할 때 분할자의 유책행위에 의하여 이혼함으로 인하여 입게 되는 정신적 손해(위자료)를 배상하기 위한 급부로서의 성질까지 포함하여 분할할 수도 있다고 하면서, 재산분할이 상당한 범위를 초과하는지 여부를 판단함에 있어서는 위자료까지 포함시켜야 한다고 보고 있다.

협의에 의한 재산분할이 위자료까지 포함하는가 하는 점은 기본적으로 재산분할협의라는 계약의 해석 문제이다.

그러나 이는 어디까지나 당사자들이 협의에 의하여 재산분할을 하는 경우이고, 법원이 재판에 의하여 재산분할을 명하는 경우에는 그 재산분할에 위자료를 포함시킬 수는 없으며, 위자료는 별도로 정하여야 한다. 그런데 대판 2021.6.24, 2018다243089는, 이혼에 따른 재산분할을 할 때에는 혼인 중 형성한 재산의 청산적 요소와 이혼 후의 부양적 요소 외에 정신적 손해(위자료)를 배상하기 위한 급부로서의 성질까지 포함하여 분할할 수 있다고 판시하였다. 그러나 이는 명백한 오류이다. 대법원은 위와 같이 판시하면서 위 2005다73105 판결 등의 선례를 인용하였다. 그러나 위 2005다73105 판결 등 종전 판례들은 당사자들이 재판이 아니라 협의에 의하여 재산분할을 하는 경우에 혼인 중 형성한 재산의 청산적 요소와 이혼 후의 부양적 요소 외에 정신적 손해(위자료)를 배상하기 위한 급부로서의 성질까지 포함하여 분할할 수 있다고 한 것으로, 재판상 재산분할에서 위자료까지 포함하여 분할할 수 있다고 한 것은 아니다. 뿐만 아니라 재판상 재산분할에서 법원이 위자료적 요소를 포함시켜 분할을 명할 수 있다고 볼 수 있는 이론적, 법적 근거가 부족하다. 나아가 위 판결의 위와 같은 판시 부분은 위 판결의 결론을 이끌어내기 위하여 필요한 주론(主論, ratio decidendi)이 아니라 단순한 방론(傍論, obiter dictum)에 불과하여, 판례로서의 의미를 부여하기 어렵다.

그리고 대상판결은 대판 2000.7.28, 2000다14101과 마찬가지로 재산분할이 상당한 정도를 벗어나는 과대한 것이라는 점에 대하여여는 채권자가 입증책임을 진다고 보았다. 이 점에 대하여는 재산분할이 상당한 정도를 벗어난 것인가 여부는 채무자와 부부관계에 있던, 취소의 상대방인 수익자가 더 잘 증명할 수 있으므로 수익자에게 증명책임을 부담시켜야 한다는 견해도 있다. 그러나 판례가 채권자에게 증명책임을 지우고 있는 것은, 재산분할은 원칙적으로 사해행위가 될 수 없다고 본다면, 그 예외에 해당하는, 재산분할이 상당한 정도를 벗어난 것인지 여부는 채권자가 증명하여야 한다고 본 때문이라고 이해할 수 있다.

4. 그 밖의 문제

첫째, 재산분할청구권이 채권자취소권의 피보전채권이 될 수 있는가에 관하여는, 대법원 판례가 없었다. 다만 대판 1999.4.9, 98다58016이, 이혼으로 인한 재산분할청구권은 협의 또는 심판에 의하여 그 구체적 내용이 형성되기까지는 그 범위 및 내용이 불명확 · 불확정하기 때문에 구체적으로 권리가 발생하였다고 할 수 없으므로, 이를 보전하기 위하여 채권자대위권을 행사할 수 없다고 판시한 점에 비추어 보면 채권자취소권의 피보전채권으로 인정되기는 어려울 것이라고 추측되고 있었다. 그런데 2007.12.21. 신설된 839조의3은 명문으로 재산분할청구권의 보전을 위한 채권자취소권의 행사를 인정하였으므로 이 문제에 대한 논란은 해소되게 되었다. 다만 이 규정은 아직 이혼이 성립하지 않아서 피보전채권인 재산분할청구권이 발생하지 않은 경우에도 채권자취소권의 행사를 인정하고 있으므로, 채권이 성립되어야만 비로소 채권자취소권의 행사를 인정하는, 대상판결과 같은 기초적 법률관계론과는 차이가 있다.

둘째, 대판 2013.10.11, 2013다7936은, 이혼으로 인한 재산분할청구권은 이혼이 성립한 때에 그 법적 효과로서 비로소 발생하는 것일 뿐만 아니라, 협의 또는 심판에 의하여 그 구체적 내용이 형성되기까지는 그 범위 및 내용이 불명확·불확정하기 때문에 구체적으로 권리가 발생하였다고 할 수 없으므로, 협의 또는 심판에 의하여 구체화되지 않은 재산분할청구권을 포기하는 행위는 채권자취소권의 대상이 될 수 없다고 하였다. 그러나 민법이 재산분할청구권을 피보전채권으로 하는 채권자취소권을 인정하고 있는 이상, 협의 또는 심판에 의하여 구체적 내용이 형성되기까지는 구체적으로 권리가 발생하지 않았다고 말하기는 어렵다. 다만 재산분할청구권의 포기가 취소된다면 채권자가 재산분할청구권을 대위행사하여야 할 것인데, 이를 인정하기는 어려울 것이므로 결국 재산분할청구권을 포기하는 행위가 사해행위가 될 수는 없다.

참고문헌

이상민, 재산분할이 사해행위취소의 대상이 되는지 여부, 민사판례연구 24권, 2002.
장창민, 재산분할청구권과 채권자취소권에 관한 연구, 민사법학 37호, 2007.
한애라, 협의재산분할과 사해행위취소, 인권과 정의 1999.3.

[판례 73]

상속 포기가 사해행위가 되는지 여부

대법원 2011.6.9. 선고 2011다29307 판결

사 실

X는 A를 상대로 법원에 2억 8천만 원 및 그에 대한 지연손해금의 지급을 구하는 약정금 청구소송을 제기하여 2007.10.23. 위 법원으로부터 승소판결을 받았고, 위 판결은 그 무렵 확정되었다. 이 사건 부동산은 A 및 Y들의 아버지인 B 소유였는데, B가 2008.8.2. 사망하여 B의 처인 C, 자녀들인 A 및 Y들이 법정상속비율에 따라 공동상속하였다. 이 사건 부동산 중 A가 상속한 2/13 지분에 관하여 A의 채권자인 D와 X가 각 강제경매신청을 하였고, D의 신청으로 개시된 강제경매절차에서 A의 형제인 Y_1이 경락받았다. 그 후 C가 2009.12.4. 사망하자, A는 상속포기기간 동안인 2010.1.28. 상속포기의 신고를 하였고, 위 신고는 2010.3.15. 위 법원에 의하여 수리되었다. 한편 A를 제외한 나머지 공동상속인인 Y들은 위 상속포기의 신고와 같은 날인 2010.1.28. A를 제외한 채 이 사건 부동산의 C 소유 지분에 관하여 그들의 법정상속분 비율에 따라 이를 분할하는 내용으로 상속재산분할협의를 한 다음, 2009.12.4.자 협의분할로 인한 재산상속을 원인으로 하여 각 지분소유권이전등기를 마쳤다.

X는 A가 공동상속인들인 Y들과 사이에 이 사건 상속재산 중 자신의 상속분에 관한 권리를 포기하는 내용으로 행한 상속재산분할협의는 채권자인 X를 해하는 사해행위에 해당하므로 취소되어야 하고, 그 원상회복으로 Y들은 위 각 지분소유권이전등기의 말소등기절차를 이행할 의무가 있다고 주장하였다.

원심은 X의 청구를 기각하였고, 대법원도 X의 상고를 기각하였다.

이 유

상속의 포기는 비록 포기자의 재산에 영향을 미치는 바가 없지 아니하나 상속인으로서의 지위 자체를 소멸하게 하는 행위로서 이를 순전한 재산법적 행위와 같이 볼 것이 아니다. 오히

려 상속의 포기는 1차적으로 피상속인 또는 후순위상속인을 포함하여 다른 상속인 등과의 인격적 관계를 전체적으로 판단하여 행하여지는 '인적 결단'으로서의 성질을 가지는데, 그러한 행위에 대하여 비록 상속인인 채무자가 무자력상태에 있다고 하여서 그로 하여금 상속포기를 하지 못하게 하는 결과가 될 수 있는 채권자의 사해행위 취소를 쉽사리 인정할 것이 아니다. 그리고 상속은 피상속인이 사망 당시에 가지던 모든 재산적 권리 및 의무·부담을 포함하는 총체재산이 한꺼번에 포괄적으로 승계되는 것으로서 다수의 관련자가 이해관계를 가지는 바인데, 위와 같이 상속인으로서의 자격 자체를 좌우하는 상속포기의 의사표시에 사해행위에 해당하는 법률행위에 대하여 채권자 자신과 수익자 또는 전득자 사이에서만 상대적으로 그 효력이 없는 것으로 하는 채권자취소권의 적용이 있다고 하면, 상속을 둘러싼 법률관계는 그 법적 처리의 출발점이 되는 상속인 확정의 단계에서부터 복잡하게 얽히게 되는 것을 면할 수 없다. 또한 이 사건에서의 X와 같이 상속인의 채권자의 입장에서는 상속의 포기가 그의 기대를 저버리는 측면이 있다고 하더라도 채무자인 상속인의 재산을 현재의 상태보다 악화시키지 아니한다. 이러한 점들을 종합적으로 고려하여 보면, 상속의 포기는 민법 406조 1항에서 정하는 "재산권에 관한 법률행위"에 해당하지 아니하여 사해행위 취소의 대상이 되지 못한다고 함이 상당하다.

해 설

1. 종래의 학설

상속 포기가 채권자취소권의 대상이 되는 사해행위가 되는가에 관하여는 종래부터 학설이 대립하였다. 처음에는 긍정설이 소수였고, 부정설이 많았으나, 대상판결 선고 후에는 오히려 긍정설을 취하는 견해가 늘어났다.

부정설의 근거는 다음과 같다. 상속의 포기는 직접 재산권 자체를 목적으로 하는 것이 아니거나 신분상의 행위라는 점, 상속의 승인·포기는 상속인의 자유의사에 기초하여 이루어져야 하므로 이를 강제하거나 제한하거나 또는 금지할 수 없고, 상속의 승인 여부는 피상속인과 상속인 간의 인격적 관계를 전체적으로 판단하여 정하여지는 인적 결단으로 파악되어야 한다는 점, 상속의 포기는 단순히 재산을 증가시키지 않는 소극적 행위에 해당한다는 점, 상속의 포기를 할 수 있는 동안은 상속재산은 유동적인 상태에 있다는 점 등이다.

반면 긍정설은 상속의 포기는 명백하게 재산권을 목적으로 한 법률행위에 해당한다는 점, 상속의 포기가 책임재산을 적극적으로 감소시키는 행위에 해당하지 않는다고 할 수 없다는 점, 상속인의 포기의 자유보다는 채권자에 대한 변제 의무가 우선한다고 보아야 한다는 점, 채무자 회생 및 파산에 관한 법률(채무자회생법) 386조 1항이 파산선고 전에 파산자를 위하여 상속개시가 있은 경우에 파산자가 파산선고 후에 상속의 포기를 한 때라도 파산재단에 대하여는 한정승인의 효력을 가진다고 규정하고 있는 점 등을 근거로 든다. 또한 판례가 아래에서 보는 것처럼 상속재산의 협의분할은 사해행위가 될 수 있다는 점과의 일관성을 유지할 필요가 있다는 점도 근거로 주장된다.

다만 긍정설에서도 상속의 포기를 취소할 수 있는 것은 상속인의 채권자에 한하고, 피상속인의 채권자가 상속인의 상속 포기를 취소할 수 있다고 한다면, 이는 상속인이 상속채무를 승계하는 것을 강요하는 것이 되어 상속 포기 제도의 목적에 반하므로 허용될 수 없다고 한다.

그리고 절충적인 견해로서 원칙적으로는 상속포기의 사해행위성을 부정하되, 자신의 채권자에 의한 강제집행을 면할 목적으로 다른 상속인들과 통모하여 상속포기를 하고 실질적으로 상속으로 인한 이익을 향유하는 등의 사정이 존재하는 경우에는 예외적으로 사해성을 인정하여야 한다는 견해가 있다. 상속포기에서 '사해의사'를 확인 또는 추단할 수 있는 사정이 있는 경우에는 사해행위로 다루어야 한다는 견해도 비슷한 취지라고 할 수 있다. 또 상속포기는 사해행위가 될 수 없지만, 그것이 권리남용 내지 신의칙 위반으로 평가되면 그 효력이 부인될 수 있다는 견해도 주장된다.

2. 판 례

상속 포기가 채권자취소권 행사의 대상이 되는 사해행위가 될 수 있는가에 관하여는 종래 대법원 판례가 없었는데, 대상 판결이 이를 정면으로 부정하였다. 그 근거는 대체로 종래의 부정설이 주장하는 것과 같다. 그런데 대상 판결이 선고되기 전에 나온 대판 2001.2.9, 2000다51797은, 상속재산의 분할협의는 상속이 개시되어 공동상속인 사이에 잠정적 공유가 된 상속재산에 대하여 그 전부 또는 일부를 각 상속인의 단독소유로 하거나 새로운 공유관계로 이행시킴으로써 상속재산의 귀속을 확정시키는 것으로 그 성질상 재산권을 목적으로 하는 법률행위이므로 사해행위취소권 행사의 대상이 될 수 있다고 하였다.

또한 대결 2012.1.12, 2010마1551은 상속을 포기한 채무자가 파산신청을 할 수 있는가 하는 점에 관하여 대상판결을 인용하면서, 상속의 포기는 406조 1항에서 정하는 '재산권을 목적으로 한 법률행위'에 해당하지 아니하여 사해행위 취소의 대상이 되지 못하고, 또한 채무자회생법 650조 1호에서 사기파산죄로 규정하고 있는 '파산재단에 속하는 재산을 은닉 또는 손괴하거나 채권자에게 불이익하게 처분을 하는 행위'에도 해당하지 않는다고 명시적으로 판시하면서, 파산신청이 파산절차 남용임을 이유로 파산신청을 기각한 원심결정을 파기환송하였다.

그리고 대판 2019.1.17, 2018다260855는, 채무자의 유증 포기가 직접적으로 채무자의 일반재산을 감소시켜 채무자의 재산을 유증 이전의 상태보다 악화시킨다고 볼 수도 없으므로 유증을 받을 자가 이를 포기하는 것은 사해행위 취소의 대상이 되지 않는다고 하였다.

3. 검 토

대상판결의 결론에는 찬성하기 어렵다. 대상판결은 우선 상속의 포기는 채무자인 상속인의 재산을 현재의 상태보다 악화시키지 아니한다고 하였다. 이는 상속의 포기는 상속개시된 때에 소급하여 그 효력이 있다(1042조)는 점을 근거로 하여, 상속인인 채무자가 상속을 포기하더라도 상속개시 전과 비교할 때 채권자를 더 불리하게 하는 것은 아니라는 의미로 이해된다. 그러나 이는 상속의 포기와 마찬가지로 소급효가 있는 상속재산 분할(1015조)의 경우에는 사해행위가 된다는 것(위 대판 2001.2.9, 2000다51797)과는 조화되지 않는다. 채권자를 더 불리하게 하는지 여부는 상속개시 당시를 기준으로 하여야 하지, 상속개시 전과 비교할 이유는 없다. 그리고 상속포기의 의사표시에는 상대적 효력만이 있으므로 채권자취소권의 적용이 있다고 하면 상속을 둘러싼 법률관계는 복잡하게 얽히게 된다고 하지만, 채권자취소권 행사의 상대적 효력은 다른 법률행위에 대하여도 일반적으로 인정되는 것으로서, 상속 포기의 경우에만 특별히 문제되는 것은 아니다. 오히려 그처럼 상대적 효력을 인정하는 것이 법적 안정성에 도움이 된다. 그리고 상속 포기는 단순히 재산증가를 하지 않는 소극적 행위에 해당한다고 하지만, 상속 포기는 일단 취득하였던 재산을 포기한다는 점에서 재산을 감소시키는 적극적 행위이다.

부정설은 상속 개시에 의하여 상속인이 상속재산을 취득하더라도 이는 상속을 포기할 수 있는 동안은 확정적이라고 할 수 없으므로 유동적이라고 하는 점을 강조한다. 그러나 상속이 개시됨으로써 상속인은 상속재산을 취득하여 그 재산으로 채권자에게 채권을 변제할 수 있었다는 점이 중요하고, 상속인이 상속 개시 후에 상속 포기에 의하여 소급적으로 상속재산을 취득하지 않는 것으로 되었다는 것은 그다지 의미를 가지지 못한다.

대상판결은 상속의 포기가 인적 결단이라는 점을 강조한다. 그러나 그러한 인적 결단을 법이 존중하여야 하는가는 또 다른 문제이다. 대상판결은 상속의 포기는 다른 상속안 등과의 인격적 관계를 전체적으로 판단하여 행하여진다고 설명한다. 그러나 대상판결의 사실관계에서 나타나듯이, A는 이미 X로부터 1차로 강제집행을 당한 바 있는데도 상속을 포기하여 다른 상속인들이 재산을 취득하게 하였다. 이 점에서 A의 상속 포기는 오히려 X를 해하고 다른 상속인들을 이롭게 하려는 의도에서 행해진 것이라고 보인다. 반대로 다른 상속인들이 X의 상속재산을 받아야만 할 절실한 필요가 있었다는 사정은 보이지 않는다. 다액의 채무를 지고 있는 상속인이 상속을 포기하는 것은 일반적으로 자신의 채권자에 의한 강제집행을 면할 목적이라고 보는 것이 상식에 부합한다.

상속의 포기가 사해행위가 될 수 있다고 보아야 하는 실정법적 근거로서는, 채무자회생법 386조 1항이 파산선고 전에 파산자를 위하여 상속개시가 있은 경우에 파산자가 파산선고 후에 상속의 포기를 한 때라도 파산재단에 대하여는 한정승인의 효력을 가진다고 규정하고 있는 점이 될 수 있다. 즉 파산선고가 있으면 파산자의 상속 포기는 한정승인의 효력만을 가지고, 따라서 상속재산은 상속인의 채권자에 의한 집행의 대상이 될 수 있는데, 부정설에 의하면 파산선고가 있기 전에 상속을 포기하면 상속재산은 상속인의 채권자에 의한 집행의 대상이 될 수 없다는 불균형이 생긴다.

이에 대하여 부정설에서는 파산의 경우에 채권자취소권과 비교하여야 할 것은 부인권인데,

상속 포기는 부인권의 대상이 되지 않고, 파산의 경우는 채권자취소권을 행사하여야 하는 경우보다 채무자의 재산상태가 더 악화된 상태일 가능성이 높다고 설명한다. 그러나 상속의 포기가 부인권의 대상이 되는가 하는 점은 상속 포기가 채권자취소권의 대상이 되는가 하는 점과 기본적으로 같은 문제이고, 후자가 긍정된다면 전자도 긍정되어야 한다. 그리고 파산절차가 진행되는가 아닌가는 채무자의 재산상태가 어느 정도 악화되었는가 하는 점과는 관계가 없고, 파산절차를 진행할 실익이 있는가 하는 점에 따라 결정된다.

참고문헌

김가을, 상속포기와 채권자취소권, 비교사법 21권 3호, 2014.
류일현, 상속포기와 채권자취소권, 가족법연구 28권 3호, 2014.
박수곤, 상속포기와 채권자취소권, 경희법학 48권 4호, 2013.
양창수, 「가족법」상의 법률행위의 특성, 민법연구 8권, 2005.
오시영, 상속포기의 한계와 채권자취소권과의 관계, 전북대 법학연구 49호, 2016.
윤진수, 상속법상의 법률행위와 채권자취소권, 민법논고 5, 2011.
윤진수, 상속포기의 사해행위 취소와 부인, 가족법연구 30권 3호, 2016.
이미정, 가족법상 법률행위와 채권자취소권, 부산판례연구회 판례연구 32집, 2021.
이학승, 상속포기가 채권자취소권의 대상이 되는지 여부, 재판과 판례 21집, 2012.
정구태, 상속재산 협의분할을 사해행위로서 취소할 수 있는 채권자의 범위, 법학논총, 조선대학교, 21권 1호, 2014.
조인영, 상속포기와 채권자취소권, 민사판례연구 35권, 2013.
최성경, 상속의 승인 및 포기와 채권자취소권, 외법논집 제26집, 2007.

[판례 74]

사해행위 취소로 인한 가액반환

대법원 1996.10.29. 선고 96다23207 판결

사 실

A 소유이던 이 사건 부동산에 관하여 1994.6.16.자로 채무자 A, 근저당권자 B 은행, 채권최고액 3억 5천만 원으로 된 근저당권설정등기가 각 경료되어 있었다. 그리고 X는 A에 대하여 약속어음 5장 액면 합계 금 108,650,000원의 어음금 채권을 가지고 있었다. A는, Y가 B 은행 및 다른 제3자들에 대한 A의 채무를 인수하는 대신 위 부동산을 Y에게 양도하기로 하여, 1994.7.22. 매도인 A, 매수인 Y, 매매대금 2억 원으로 된 매매계약을 체결하고, 같은 날 이 사건 부동산에 관하여 위 매매를 원인으로 Y 명의의 소유권이전등기를 마쳐 주었다. 그 후 Y는 위 부동산에 설정된 B 은행 명의의 근저당권설정등기의 피담보채무를 변제하여 1995.9.5.자로 위 근저당권설정등기가 말소되었다. X는 A와 Y와의 매매가 사해행위라고 하여 그 취소 및 소유권이전등기의 말소를 청구하였다.

원심은 X의 청구를 받아들였으나, 대법원은 원심판결을 파기환송하였다.

이 유

어느 부동산의 매매계약이 사해행위에 해당하는 경우에는 원칙적으로 위 매매계약을 취소하고 그 소유권이전등기의 말소 등 부동산 자체의 회복을 명하여야 하는 것이지만, 위 사해행위가 저당권이 설정되어 있는 부동산에 관하여 당해 저당권자 이외의 자와의 사이에 이루어지고 그 후 변제 등에 의하여 저당권설정등기가 말소된 때에는 위 부동산 자체의 회복을 명하는 것은 당초 담보로 되어 있지 아니하던 부분까지 회복시키는 것이 되어 공평에 반하는 결과가 되므로 위 부동산의 가액에서 저당권의 피담보채권액을 공제한 잔액의 한도에서 위 매매계약을 취소하고 위 가액의 배상을 명할 수 있을 뿐이다.

그런데, B 은행 명의의 위 각 근저당권설정등기는 위 사해행위 후에 피담보채무가 변제되

어 1995.9.5.자로 모두 말소되었으므로, 원심으로서는 이 사건 매매계약을 취소하여 이 사건 부동산의 반환을 명할 것이 아니라 이 사건 각 부동산의 가액에서 위 피담보채권액을 공제한 잔액의 한도에서 매매계약의 일부를 취소하고 피고에 대하여 그 가액의 배상을 명하였어야 한다.

해 설

1. 사해행위 취소로 인한 원물반환과 가액반환

채무자의 행위가 사해행위로서 취소되는 경우에 수익자는 사해행위의 목적물을 원물 그대로 반환하여야 하는 것이 원칙이다. 그러나 예외적으로 원물반환이 아니라 가액반환 또는 가액배상만이 인정되는 경우가 있다. 판례는 원물반환이 불가능하거나 현저히 곤란한 경우에는 원상회복의무의 이행으로서 사해행위 목적물의 가액 상당을 배상하여야 하는데, 여기서 원물반환이 불가능하거나 현저히 곤란한 경우란 원물반환이 단순히 절대적, 물리적으로 불능인 경우가 아니라, 사회생활상의 경험법칙 또는 거래상의 관념에 비추어 채권자가 수익자나 전득자로부터 이행의 실현을 기대할 수 없는 경우를 말한다고 보고 있다(대판 1998.5.15, 97다58316 등).

예컨대 수익자가 목적물을 제3자에게 처분한 경우에는 수익자로부터 원물반환을 받을 수는 없다. 이 경우에 전득자인 제3자가 악의라면 제3자를 상대로 원물반환을 청구할 수도 있겠지만, 위 97다58316 판결은, 채권자가 전득자를 상대로 소송을 통하여 구제받을 수 있는지 여부에 관계없이, 수익자가 전득자로부터 목적물의 소유권을 회복하여 이를 다시 채권자에게 이전하여 줄 수 있는 특별한 사정이 있는 경우가 아니면 채권자에 대한 목적물의 원상회복의무는 법률상 이행불능의 상태에 있다고 봄이 상당하다고 보았다. 그 외에 판례는 사해행위 후 그 목적물에 관하여 제3자가 저당권이나 지상권 등의 권리를 취득한 경우에는 채권자는 수익자를 상대로 원물반환 대신 그 가액 상당의 배상을 구할 수도 있다고 본다(대판 2001.2.9, 2000다57139). 또한 사해행위에 해당하는 채권양도가 채권자에 의하여 취소되기 전에 이미 채권양수인인 수익자 등이 제3채무자로부터 그 채권을 변제받는 등으로 양도채권이 소멸된 경우에는, 채권자는 원상회복의 방법으로 수익자 등을 상대로 그 채권양도의 취소와 함께 변제로 수령한 금전의 지급을 가액배상의 방법으로 청구할 수 있다(대판 2003.11.28, 2003다50061 판결).

이러한 가액반환을 청구할 수 있는 근거에 관하여는 부당이득에 의한 악의의 수익자의 반환의무에 준하는 것이라는 견해, 점유자의 회수자에 대한 손해배상채무에 준한다는 견해, 대상청구권의 일종이라는 견해 등이 있으나, 일반적으로는 법률에 의한 원상회복의무의 일종으로 본다. 그런데 대판 2012.6.2, 2010다71431은, 부동산에 대한 근저당권설정등기가 사해행위라고 하여 그 말소를 명하는 확정판결이 있었는데, 그 후 임의경매절차에서 부동산이 제3자에게 낙찰됨으로써 근저당권설정등기의 말소등기절차의무가 이행불능이 된 경우, 채권자는 피고가 근저당권자로서 지급받은 배당금의 반환을 청구할 수도 있다고 하면서 그 근거를 대상청구권이 인정된다는 점에서 찾고 있다. 그러나 이 판결이 가액반환을 일반적으로 대상청구권으로 이해하는 것인지는 분명하지 않다. 이러한 경우에는 굳이 대상청구권의 이론을 끌어들일 필요 없이 가액반환이 허용된다고 하면 되었을 것이다.

그리고 판례는 가액배상 의무가 성립하기 위하여 목적물의 반환이 불가능하게 된 데 상대방인 수익자 등의 고의나 과실을 요하는 것은 아니라고 하고(대판 1998.5.15, 97다58316), 배상하여야 할 가액은 사해행위 취소시인 사실심 변론종결시를 기준으로 하여 산정하여야 한다고 보았다(대판 1998.2.13, 97다6711).

2. 대상판결

그런데 대상판결은, 사해행위가 저당권이 설정되어 있는 부동산에 관하여 당해 저당권자 이외의 자와의 사이에 이루어지고 그 후 변제 등에 의하여 저당권설정등기가 말소된 때에는, 반드시 원물반환이 불가능한 것은 아닌데도 원물반환이 아니라 가액반환을 명하여야 한다고 보았다. 판례는 그와 같이 보아야 하는 근거로서, 부동산 자체의 회복을 명하는 것은 당초 담보로 되어 있지 아니하던 부분까지 회복시키는 것이 되어 공평에 반하는 결과가 된다는 점을 들었다. 다른 말로 한다면, 수익자가 비용을 들여 저당권을 말소시킴으로써 부동산의 가액을 증가시켰는데, 부동산 자체를 원물로 반환하게 한다면 그 이익을 취소채권자가 얻게 되는 것이 되어 부당하다는 것이다. 대상판결은 이러한 경우에는 부동산의 가액에서 저당권의 피담보채권액을 공제한 잔액의 한도에서 위 매매계약을 취소하고 위 가액의 배상을 명하여야 한다고 보았다. 이 이후에도 이러한 취지의 판례는 여러 차례 거듭되고 있다(대판 2001.6.12, 99다20612; 2009.6.11, 2007다4004 등).

그런데 대상판결은 그 적용 범위를 사해행위가 당해 부동산에 대한 저당권자 이외의 사이에 이루어진 경우로 한정하고 있다. 사해행위가 기존의 저당권자에 대하여 부동산 소유권을 이전하는 것이라면, 저당권은 일단 혼동의 법리에 의하여 소멸되는데, 그 사해행위가 취소된다면 어떻게 될 것인가? 이에 대하여는 원물반환으로서 부동산 자체를 반환하고 그 대신 소멸하였던 저당권이 부활한다는 견해와, 원상회복이 현저하게 곤란한 경우로 보아 가액반환에 의하여야 한다는 견해가 주장되고 있다. 이 점에 관하여는 아직 대법원 판례가 없으나, 소멸하였던 저당권이 부활한다는 것도 실제로 어려운 문제를 생기게 하므로 가액반환을 명하는 것이 타당할 것이다.

판례는 당초 담보로 되어 있지 아니하던 부분까지 회복시키는 것이 되어 공평에 반하므로 가액반환이 인정되어야 한다는 법리를, 제3자에 대한 채무 담보의 목적으로 신탁법에 의하여 신탁되어 있는 부동산을 매도한 것이 사해행위에 해당하는데, 매수인이 제3자에 대한 채무를 변제하고 신탁계약을 해지하여 그 부동산의 소유권을 이전받은 경우(대판 1999.11.9, 99다50101), 수익자가 추가공사비를 투입하여 건물을 완공함으로써 그의 비용으로 건물의 객관적 가치를 증대시킨 경우(대판 2010.2.25, 2007다28819, 28826), 주택임대차보호법이 정한 대항요건 및 확정일자를 갖춘 임차인 또는 소액임차인이 있는 부동산에 관하여 사해행위가 이루어진 후 수익자가 우선변제권 있는 임대차보증금반환채무를 이행한 경우(대판 2013.4.11, 2012다107198)에도 적용한다.

3. 원물반환청구와 가액반환청구의 관계

실제로 원물반환을 인정할 것인가, 가액반환을 인정할 것인가는 당사자들의 이해관계에 큰 차이를 가져온다. 즉 원물반환을 명하는 경우에는 이는 모든 채권자의 이익을 위하여 그 효력이 있으므로(407조), 취소채권자만이 독점적으로 채권의 변제를 받을 수 없지만, 가액반환을 받는 경우에는 취소채권자가 상계의 방법에 의하여 사실상 독점적인 만족을 받을 수 있기 때문이다(대판 2008.6.12, 2007다37837 참조). 따라서 소송상 당사자가 가액반환을 청구할 수 있는가는 중요한 문제이다.

일반적으로 원물반환을 청구할 수 있는 경우에는 가액반환을 청구할 수는 없다고 본다. 그런데 판례는 사해행위 후 그 목적물에 관하여 제3자가 저당권이나 지상권 등의 권리를 취득한 경우에는 채권자는 수익자를 상대로 원물반환 대신 그 가액 상당의 배상을 구할 수도 있지만, 채권자가 스스로 위험이나 불이익을 감수하면서 원물반환을 구하는 것까지 허용되지 아니하는 것으로 볼 것은 아니라고 하고(대판 2001.2.9, 2000다57139), 가액배상의 방법으로 원상회복이 이루어져야 한다고 하더라도 채권자와 수익자 모두 원물반환을 원하고 있고, 원물반환에 의하더라도 일반 채권자들을 위한 책임재산의 보전이라는 채권자취소권의 목적 달성에 별다른 지장이 없는 경우라면 굳이 가액배상을 고집하기보다는 사해행위취소에 따른 본래적 의미의 원상회복 방법인 원물반환에 의하는 것이 오히려 공평의 관념에 부합한다고 하였다(대판 2013.4.11, 2012다107198).

또한 판례는, 사해행위인 계약 전부의 취소와 부동산 자체의 반환을 구하는 청구취지 속에는 그 일부취소와 가액배상을 구하는 취지도 포함되어 있다고 볼 수 있으므로 청구취지의 변경이 없더라도 바로 가액반환을 명할 수 있다고 하는데(대판 2001.6.12, 99다20612 등), 원물반환과 가액반환은 소송물을 달리하는 것으로 보아야 하므로, 원물반환을 청구하는데도 가액반환을 명하는 것은 민사소송법상의 처분권주의에 어긋나는 것으로 보아야 할 것이다.

참고문헌

송홍섭, "저당권이 설정된 부동산을 채무자가 제3자에게 양도한 행위가 사해행위가 되는 경우 사해행위취소의 범위와 방법," 민사판례연구 20권, 1998.

윤경, 사해행위취소와 가액배상, 저스티스 34권 5호, 2001.

지원림, 사해행위취소에 따른 원상회복의 방법, 안암법학 25호 하, 2007.

[판례 75]

채권자취소권 행사의 상대적 효력

대법원 2017.3.9. 선고 2015다217980 판결

사 실

X는 2006.2.17. A에 대하여 금전채권을 취득하여, 2012.9.10. A에 대하여 134억 원 및 이에 대한 지연손해금을 지급하라는 지급명령을 신청하여 그와 같은 지급명령이 확정되었다. 한편 A는 2008.2.14. B에게 자신의 유일한 부동산인 이 사건 부동산을 매도하고 소유권이전등기를 마쳐 주었다. 이에 A의 다른 채권자들(X는 포함되지 않았다)이 B를 상대로 "위 매매계약을 취소하고, B는 A에게 이 사건 부동산에 관한 소유권이전등기의 말소등기절차를 이행하라"라는 내용으로 사해행위취소소송을 제기하여 2009.9.17. 승소판결을 받았고, 이 판결은 확정되었다. 이 판결 확정 후 2010.7.28. 위 판결에 기초하여 이 사건 부동산에 관한 수익자 B 명의의 소유권이전등기가 말소되었다. 그런데 A는 소유권이전등기가 말소된 당일, Y_1에게 이 사건 부동산을 매도하고 같은 날 소유권이전등기를 마쳐 주었다. Y_1은 2010.9.2. Y_2에게, Y_2는 2012.7.5. Y_3에게 각 소유권이전등기를 마쳐 주었다.

X는 Y들을 상대로 각 그들 앞으로 마쳐진 소유권이전등기의 말소를 청구하였다. 1심과 2심은 모두 X의 청구를 기각하였으나, 대법원은 원심판결을 파기환송하였다.

이 유

사해행위의 취소는 채권자와 수익자의 관계에서 상대적으로 채무자와 수익자 사이의 법률행위를 무효로 하는 데에 그치고 채무자와 수익자 사이의 법률관계에는 영향을 미치지 아니하므로, 채무자와 수익자 사이의 부동산매매계약이 사해행위로 취소되고 그에 따른 원상회복으로 수익자 명의의 소유권이전등기가 말소되어 채무자의 등기명의가 회복되더라도, 그 부동산은 취소채권자나 민법 407조에 따라 사해행위 취소와 원상회복의 효력을 받는 채권자와 수익자 사이에서 채무자의 책임재산으로 취급될 뿐, 채무자가 직접 그 부동산을 취득하여 권리자가 되는

것은 아니다.

따라서 채무자가 사해행위 취소로 그 등기명의를 회복한 부동산을 제3자에게 처분하더라도 이는 무권리자의 처분에 불과하여 효력이 없으므로, 채무자로부터 제3자에게 마쳐진 소유권이전등기나 이에 기초하여 순차로 마쳐진 소유권이전등기 등은 모두 원인무효의 등기로서 말소되어야 한다. 이 경우 취소채권자나 민법 407조에 따라 사해행위 취소와 원상회복의 효력을 받는 채권자는 채무자의 책임재산으로 취급되는 그 부동산에 대한 강제집행을 위하여 위와 같은 원인무효 등기의 명의인을 상대로 그 등기의 말소를 청구할 수 있다고 보아야 한다.

해 설

1. 채권자취소권 행사의 상대적 효력과 소유권의 귀속

채무자가 수익자에게 부동산의 소유권을 이전하여 주었는데, 그 소유권 이전의 원인행위가 사해행위에 해당한다고 하여, 채무자의 채권자가 채권자취소소송을 제기하여 승소판결을 받고, 그에 기하여 수익자 명의의 등기가 말소된 경우, 그 부동산의 소유권은 누구에게 귀속되는가?

종래 통설과 판례(대판 1988.2.23. 87다카1989; 2015.11.17, 2012다2743 등)는, 사해행위의 취소는 채권자와 수익자의 관계에서 상대적으로 채무자와 수익자 사이의 법률행위를 무효로 하는 데에 그치고, 채무자와 수익자 사이의 법률관계에는 영향을 미치지 아니한다고 하는 상대적 효력설(상대적 무효설)을 따르고 있다. 따라서 이에 따를 때에는 사해행위 취소에 따라 이 사건 부동산에 관한 수익자인 B 명의의 등기가 말소되어 등기부상으로는 소유권이 채무자인 A에게 복귀하더라도, A가 소유권 그 자체를 취득하는 것은 아니고, 따라서 A에게는 위 부동산에 대한 처분권이 없으므로, A가 Y_1에게 넘겨준 소유권이전등기는 무효라고 보아야 한다.

그런데 종래 판례 가운데에는 다소 이와 다른 취지로 보이는 것도 있다. 대판 1990.10.30, 89다카35421에서는 채무자가 수익자에게 부동산을 매매한 후 수익자의 채권자가 당해 부동산을 가압류하였다. 그 후 채무자의 일반채권자가 사해행위취소의 소를 제기하여 승소하여, 수익자의 소유권이전등기가 말소되었으나, 가압류등기는 말소되지 않았다. 위 부동산은 채무자 및 채무자의 일반채권자를 거쳐 원고에게 전전 양도되었는데, 수익자의 채권자가 위 가압류에 기하여 강제경매를 신청하자, 원고가 제3자 이의의 소를 제기하였다. 위 사안에서 대법원은 원고가 가압류의 부담이 있는 부동산을 전전 양수한 것임을 이유로 원고의 청구를 기각하였다. 그런데 상대적 효력설을 관철한다면, 원고가 소유권 자체를 취득할 수 없게 된다. 그런데도 위 사건에서 대법원은 원고가 가압류의 부담이 있는 소유권을 취득한다고 판시하였다.

그러나 대상판결은 채무자와 수익자 사이의 부동산매매계약이 사해행위로 취소되고 그에 따른 원상회복으로 수익자 명의의 소유권이전등기가 말소되어 채무자의 등기명의가 회복되더라도, 그 부동산은 취소채권자나 민법 407조에 따라 사해행위 취소와 원상회복의 효력을 받는 채권자와 수익자 사이에서 채무자의 책임재산으로 취급될 뿐, 채무자가 직접 그 부동산을 취득하여 권리자가 되는 것은 아니므로, Y들 명의의 소유권이전등기 등은 모두 원인무효의 등기로서 말소되어야 한다고 판시하였다.

2. X가 말소를 청구할 수 있는 권원

그런데 Y들 명의의 등기가 실체법상 무효라고 하더라도, X가 그 말소를 청구할 수 있는 권원은 무엇인가? 이 점에 대하여는 두 가지 견해가 주장되고 있다. 그 하나는, X가 채무자 A가 가지는 말소등기청구권을 채권자대위권에 기하여 대위행사할 수 있다는 것이다. 그러나 대상판결이 따르고 있는 상대적 효력설에 의한다면 A는 소유자라고 할 수 없으므로, 소유권에 기한 말소등기청구권도 가질 수 없고, 따라서 이를 대위행사하는 것은 불가능하다. 다만 채권자취소권의 법적 성질에 관하여 이른바 책임설(책임법적 무효설)을 따르는 견해에서는, 채무자는 사해행위에도 불구하고 책임법적으로는 여전히 소유자이고, 적어도 책임기능 달성에 필요한 범위에서는 무효인 제3자 명의의 등기의 말소 등을 구할 권리를 가지며, 취소채권자 등이 이를 대위할 수 있다고 하는 주장도 있다.

다른 견해는 취소채권자뿐만 아니라 사해행위취소의 효력이 미치는 일반 채권자도 그 부동산에 대한 강제집행을 위하여 직접 말소를 청구할 수 있다는 견해이다. 대상판결은 그러한 취지로 보인다. 그러나 그러한 말소청구권이 어디에서 나오는 것인지는 명확하지 않다.

이 외에 A가 Y_1에게 이 사건 부동산을 매도한 것이 또 다른 사해행위이므로 이를 취소한다는 것도 생각해 볼 수 있으나, A에게 소유권이 없다면 A의 매매가 사해행위가 되는지도 명확하지 않다. 적어도 이 사건에서 X는 그와 같이 청구하지도 않았다.

대상판결에서 검토할 필요가 있는 것은 채권침해를 이유로 하는 방해배제청구권이다. 이 경우에는 그 요건이 갖추어져 있는가를 따져 볼 필요가 있는데, 주로 Y_1 등의 방해의 의사가 인정될 수 있는가가 문제될 것이다. 그런데 실제로 수익자로부터 채무자로 등기가 말소되는 경우에는 그 등기 원인은 "사해행위취소"로, 그 연월일은 "판결확정일"로 기재하기 때문에, Y_1 등으로서도 A가 처분권이 없다는 사실을 쉽게 알 수 있을 것이고, 따라서 방해의 의사도 인정될 수 있을 것이다. 다만 대상판결이 그러한 취지인지는 불명확하다.

3. 상대적 효력설의 문제점

이처럼 문제의 해결이 어려운 것은 상대적 효력설 때문이다. 현재 채권자취소권이 행사되면 사해행위의 대상재산은 수익자 명의로부터 채무자에게로 복귀되고, 이 상태에서 채권자들이 강제집행을 하게 된다. 그런데 상대적 무효설에 따르면 사해행위의 대상재산이 수익자 명의로부터 채무자에게로 복귀되는 근거가 불명확하다. 다른 나라에서는 채권자취소권이 인정되더라도 대상재산을 수익자 명의로 놓아둔 채로 채무자에 대한 집행권원이 기하여 강제집행을 하는 예가 많다.

뿐만 아니라 판례는 상대적 효력설을 지나치게 중시하고 있는 것으로 보인다. 예컨대 대판 2014.6.12, 2012다47548, 2012다47555는, 사해행위취소의 상대적 효력에 의하면, 원고의 피고에 대한 청구의 원인행위가 사해행위라는 이유로 원고에 대하여 사해행위취소를 청구하면서 독립당사자참가신청을 하는 경우, 독립당사자참가인의 청구가 그대로 받아들여진다 하더라도 원고와 피고 사이의 법률관계에는 아무런 영향이 없고, 따라서 그러한 참가신청은 사해방지참가의 목적을 달성할 수 없으므로 부적법하다고 하였다. 그러나 그렇게 된다면 채권자인 독립당사자참가인으로서는 수익자가 사해행위에 기하여 채무자에 대하여 권리를 행사하는 것을 저지할 수 있는 방법이 없고, 수익자가 재산을 자신 명의로 돌린 후에 그에 대하여 다시 채권자취소소송을 제기하여야 하는 것이 되어, 소송경제상 낭비가 있다. 또 대판 2018.6.28, 2018다214319에서는 저당권이 설정되어 있는 부동산이 사해행위로 양도된 경우, 그 저당권설정행위 등이 따로 사해행위로 인정되어 취소된 때에도 양도행위를 취소할 때에는 그 저당권 설정을 유효한 것으로 보아 부동산의 가액에서 저당권의 피담보채무액을 공제한 잔액의 한도에서 그 양도행위를 사해행위로 취소하고 가액의 배상을 구할 수 있다고 하였다. 그러나 그렇게 되면 채권자가 저당권 설정행위를 취소한 것이 의미가 없게 된다.

그러므로 채권자취소권 행사의 상대적 효력을 그 정도로 중요시할 필요는 없고, 적어도 이러한 상대적 효력을 이유로 하여 취소채권자가 불이익을 입게 되는 것은 피하여야 할 것이다.

참고문헌

강윤희, 사해행위소송의 채무자가 복귀재산을 처분한 경우 취소채권자 등의 구제책, 저스티스 170-2호, 2019.

권영준, 사해행위 취소로 원상회복된 부동산 소유권의 법률관계, 민법판례연구 Ⅰ, 2019.

김수정, 사해행위취소로 원상회복된 부동산에 대한 처분행위와 등기의 말소, 재판과 판례 26집, 2017.

양형우, 사해행위취소로 원상회복된 부동산 처분행위의 효력, 홍익법학 18권 3호, 2017.

여하윤, 사해행위 취소로 원상회복된 부동산을 채무자가 처분한 행위의 효력, 입법과 정책 9권 3호, 2017.

이동진, 채권자취소권의 법적 성질과 그 구성, 저스티스 174호, 2019.

이순동, 사해행위취소로 환원된 부동산을 채무자가 처분한 경우 채권자의 구제방법, 사법 45호, 2018.

이승일, 사해행위 취소로 원상회복된 부동산에 대한 채무자의 처분행위와 채권자의 말소등기청구권, 민사판례연구 40, 2018.

임소연, 사해행위 취소의 상대적 효력과 민법 제407조에 관한 연구, 인하대 법학연구 21권 3호, 2018.

전원열, 사해행위취소 후 복귀한 재산에 대한 채무자의 처분권, 법조 2017.12.

정다영, 채권자취소권 행사의 효과에 관한 연구, 법조 2017.6.

황태윤, 사해행위취소소송 결과 원상회복된 채무자의 부동산소유권과 취소채권자의 소유권이전등기말소청구에 대한 고찰, 동아법학 81호, 2018.

[판례 76]

부진정연대채무 일부 변제의 효과

대법원 2018.3.22. 선고 2012다74236 전원합의체 판결

사 실

X는 개업공인중개사인 Y의 중개로 이 사건 아파트를 A에게 임대하기로 하는 임대차계약을 체결하면서, A로부터 임대차보증금 잔금을 수령할 권한을 Y의 중개보조원인 B에게 위임하였다. 이에 따라 B는 A로부터 임대차보증금 잔금 198,000,000원을 수령하였고, 한편 X로부터 위 임대차보증금 잔금으로 자신의 대출금을 변제하여 달라는 부탁을 받고 대출금상환수수료로 5,406,000원을 지급받았다. 그러나 B는 위 임대차보증금 잔금과 대출금상환수수료를 횡령하였다. 그 후 B는 X에게 임대차보증금 잔금 중 97,222,343원을 변제하였다. X의 승계참가인은 X의 위 손해배상채권 부분을 양수하여 승계참가를 하였으나, 이하에서는 X라고만 한다.

1심은 X의 손해를 B가 횡령한 돈과, 제때에 대출금이 변제되지 않음으로써 그 후 X가 추가로 지출한 대출금 이자를 합한 전체 손해액 218,432,332원으로 보고, Y는 공인중개사법에 따라 B의 불법행위로 인한 손해배상책임을 부담하나, 다만 X측에게도 과실이 있으므로, 과실상계에 의하여 그 중 50%인 109,216,166원에 대하여만 손해배상책임을 부담한다고 하여 그 지연손해금과 함께 지급을 명하면서, B가 변제한 97,222,343원은 B가 단독으로 채무를 부담하는 부분에서 변제된다고 보아, Y의 손해배상책임은 그로 인하여 소멸하지 아니하였다고 판단하였다.

그러나 원심은 X의 손해액을 213,543,628원으로 보고, 1심과 같이 50%의 과실상계를 하여 Y가 부담하여야 할 손해액은 106,771,814원인데, B가 변제한 97,222,343원 중 Y의 과실비율에 상응하는 48,611,171원(= 97,222,343원×0.5)은 피고가 배상하여야 할 손해액의 일부로 변제된 것으로서 피고의 손해배상책임은 그 범위에서 소멸하였다고 판단하여, 58,160,643원(106,771,814원−48,611,171원) 및 그 지연손해금만의 지급을 명하였다.

대법원 전원합의체는 종래의 판례를 변경하면서 원심판결을 파기환송하였다. 여기에는 반대의견이 없었고, 다수의견에 대한 2개의 보충의견이 있었다.

이 유

1. 종래 대법원은 사용자책임과 공동불법행위책임이 문제되는 사안에서는 이른바 '과실비율설'에 입각하여, 금액이 다른 채무가 서로 부진정연대관계에 있을 때 다액채무자가 일부 변제를 하는 경우 다액채무자가 단독으로 채무를 부담하는 부분부터 먼저 소멸하는 것이 아니라 소액채무자와 공동으로 채무를 부담하는 부분도 소액채무자의 과실비율에 상응하는 만큼 소멸한다고 판단하였다. 그러나 이러한 입장은 타당하다고 할 수 없다. 그 이유는 다음과 같다.

가. 과실상계는 손해배상책임의 범위를 정할 때 적용되는 법리이므로, 피해자의 손해액 중 자신의 과실비율에 상응하는 액수를 책임지게 함으로써 과실상계를 인정하는 취지는 달성된다. 그럼에도 불구하고 과실상계의 법리가 손해배상책임을 부담하는 다액채무자의 무자력으로 인한 손해의 분담에까지 적용된다고 보는 것은 과실상계를 중복 적용하는 결과가 되어 옳지 않다.

나. 부진정연대채무자에게 생긴 사유 중 채권의 목적을 달성시키는 변제 등과 같은 사유 이외에는 다른 채무자에게 그 효력을 미치지 않는다. 이로 인하여 채권자는 채무 전액의 지급을 확실히 확보할 수 있게 되고, 이러한 점에서 부진정연대채무는 연대채무와 비교하여 채권자의 지위를 강화하는 의미를 가진다. 다액채무자의 무자력에 대한 위험의 일부를 채권자인 피해자에게 전가한다면 이는 채권자의 지위를 약화시키는 것으로 부진정연대채무의 성질에 반하기 때문이다.

다. 당사자의 의사라는 측면에서 보더라도 종래 대법원이 과실비율설을 적용한 유형과 그 밖의 다른 유형의 부진정연대채무가 다르지 아니하므로 동일한 효과를 인정하는 것이 타당하다. 일반적으로 다액채무자의 의사 또한 명시되지 않는 한 그 의사가 단독 부담부분이 소멸되기를 원할 것인지, 공동 부담부분이 소멸되기를 원할 것인지는 부진정연대채무의 유형에 따라 달라진다고 보기 어렵다. 오히려 사용자책임 사안을 살펴보면, 단독 부담부분이 소멸된다고 보는 것이 다액채무자의 의사에 부합한다.

라. 과실비율설에 의하면 다액채무자가 일부 변제 후 무자력이 되는 경우에는 피해자로서는 채권 전액을 변제받을 수 없다. 그런데 피해자가 이와 달리 소액채무자로부터 먼저 변제를 받는다면 소액채무자가 부담하는 채무 전액을 변제받을 수 있다. 이와 같이 피해자가 누구로부터 먼저 변제를 받느냐에 따라 변제를 받을 수 있는 금액이 달라지는 납득하기 어려운 결과가 발생한다.

마. 구체적인 사안이 과실비율설을 적용하여야 하는 경우에 해당하는지 여부를 판단할 구별기준이 명확하지 않다. 나아가 이미 대법원 판례에 의하여 판시된 경우 이외의 사안에 대하여는 예견가능성이 없게 되어 법적 안정성을 해치게 된다. 따라서 모든 부진정연대채무에 대하여 적용할 수 있는 기준을 정립할 필요가 있다.

바. 대법원은 일부보증과 관련하여 주채무자가 일부 변제한 경우 보증인은 보증한도 내에

서 일부 변제되고 남은 채무를 변제할 의무가 있다고 판시하였고, 채무액이 다른 연대채무의 경우에도 다액채무자가 일부 변제한 경우 그 변제자가 부담하는 채무 중 공동으로 부담하지 않는 부분의 채무 변제에 우선 충당되고 그 다음 공동 부담부분의 채무 변제에 충당된다고 판시하였다. 과실비율설은 이러한 판결들의 취지에 배치된다.

사. 사용자책임 유형과 관련해서는 다음과 같은 이유도 들 수 있다. 즉 사용자책임은 피해자가 충분한 보상을 받을 수 있도록 하려는 목적에서 인정된 것인데, 다액채무자인 피용자의 무자력으로 인한 손해까지 피해자에게 분담을 요구하는 것은 사용자책임의 제도적 취지와 부합하지 않는다.

아. 공동불법행위책임 유형과 관련하여, 공동불법행위자들 사이에서는 구상권이 인정되는 경우가 있는데, 일부 공동불법행위자의 무자력에 대한 위험은 그들 내부관계의 문제로 해결되어야 한다고 보는 것이 타당하다. 이를 피해자에게 전가할 수는 없다.

2. 그러므로 금액이 다른 채무가 서로 부진정연대관계에 있을 때 다액채무자가 일부 변제를 하는 경우 그 변제로 인하여 먼저 소멸하는 부분은 당사자의 의사와 채무 전액의 지급을 확실히 확보하려는 부진정연대채무 제도의 취지에 비추어 볼 때 다액채무자가 단독으로 채무를 부담하는 부분으로 보아야 한다.

이와 달리 사용자책임 또는 공동불법행위책임이 문제되는 사안에서 다액채무자가 손해배상액의 일부를 변제하는 경우 소액채무자의 과실비율에 상응하는 만큼 소액채무자와 공동으로 채무를 부담하는 부분에서도 변제된 것으로 보아야 한다고 판시한 종래의 판례는 이 판결의 견해에 배치되는 범위 내에서 이를 변경하기로 한다.

해 설

1. 문제의 소재

판례는, 피해자의 부주의를 이용하여 횡령이나 사기와 같은 고의의 불법행위를 저질러서 이득을 얻은 자가 바로 그 피해자의 부주의를 이유로 자신의 책임을 감하여 달라고 주장하는 것은 허용될 수 없다고 보고 있다(대판 1976.5.11, 75다11 등 다수). 판례는 그 이유를 그와 같은 영득행위에 대하여 과실상계와 같은 책임의 제한을 인정하게 되면 가해자로 하여금 불법행위로 인한 이익을 최종적으로 보유하게 하여 공평의 이념이나 신의칙에 반하는 결과를 가져오기 때문이라고 설명하면서, 고의에 의한 불법행위의 경우에도 위와 같은 결과가 초래되지 않는 경우에는 과실상계나 공평의 원칙에 기한 책임의 제한은 가능하다고 하였다(대판 2007.10.25, 2006다16758, 16765 등). 그러나 그러한 영득행위로 인한 피해자가 고의의 불법행위를 저지른 직접적인 가해자의 사용자에 대하여 사용자책임을 묻는 경우에는 과실상계가 가능하므로(대판 2002.

12.26, 2000다56952 등), 이러한 경우에는 피용자의 손해배상의무와 사용자의 손해배상의무의 범위가 과실상계의 결과 각기 달라질 수 있다.

이 사건에서는 고의에 의한 불법행위를 저지른 B는 X의 손해액인 213,543,628원 전부에 대하여 손해배상책임을 지지만, B의 사용자인 Y는 그 1/2인 106,771,814원에 한하여 손해배상책임이 있다. 그런데 이 사건에서 B가 X에게 97,222,343원을 변제한 경우에, 원심은 97,222,343원을 X와 Y의 과실 비율(5:5)으로 나누어, Y의 과실 비율에 해당하는 만큼은 Y 회사가 배상하여야 할 손해액의 일부로 변제된 것으로 보아, Y 회사는 결국 58,160,643원(106,771,814원-48,611,171원)만큼을 배상하면 된다고 보았다.

이처럼 부진정연대채무에서 각 연대채무자가 부담하는 채무액이 다른 경우에, 그 중 다액의 채무를 부담하는 자가 일부변제를 하면, 다른 채무자의 채무액이 얼마만큼 소멸하는가가 문제된다.

2. 종래의 판례

대상판결이 설시하고 있는 것처럼, 종래의 판례는 부진정연대채무 가운데 그 유형에 따라 취급을 달리하고 있었다.

우선 사용자책임이나 공동불법행위의 경우에는 다액채무자가 일부변제를 하면 그 변제금 중 소액채무자의 과실비율에 상응하는 만큼 소액채무자가 배상하여야 할 손해액의 일부로 변제된 것으로 보았다. 리딩 케이스라고 할 수 있는 대판 1994.2.22, 93다53696은, 불법행위로 인한 손해의 발생에 관한 피해자의 과실을 참작하여 과실상계를 한 결과 피용자와 사용자가 피해자에게 배상하여야 할 손해액의 범위가 달라질 수 있는데, 이와 같이 과실상계를 허용하는 취지는 궁극적으로 피용자 본인이 손해를 배상할 자력이 없는 경우 피해자와 사용자 사이에 그로 인한 손해를 공평 타당하게 분담하도록 하려는 데 있다는 이유로, 피용자 본인이 손해액의 일부를 변제한 경우에는 그 변제금 중 사용자의 과실비율에 상응하는 만큼 사용자가 배상하여야 할 손해액의 일부로 변제된 것으로 보아야 한다고 판시하였다.

나아가 대판 1995.3.10, 94다5731은 사용자책임뿐만 아니라 공동불법행위책임의 경우에도 같은 법리가 적용된다고 판시하였다.

반면 대판 1999.11.23, 99다50521; 2007.10.25, 2007다49748 등은 대출금채무 또는 약정금채무와 같은 계약상의 채무와 사용자책임의 부진정연대관계가 인정되는 경우에는 다액채무자가 단독으로 채무를 부담하는 부분에 먼저 변제된 것으로 보아야 한다고 판시하였다.

3. 학설상의 논의

학설상 종래의 판례가 취하고 있던, 다액채무자가 손해배상액의 일부를 변제하는 경우 소액채무자의 과실비율에 상응하는 만큼 소액채무자와 공동으로 채무를 부담하는 부분에서도 변제된 것으로 보아야 한다는 견해를 과실비율설이라고 부르고, 반면 대상판결이 변경한 견해를 외측설(外側說)이라고 부른다. 원래 이러한 논의는 손해배상청구권 중 일부만이 소송상 청구된 일부청구의 경우에 과실상계를 어떠한 방법으로 하는 것이 옳은지에 관한 문제를 둘러싸고 생기게 되었다. 대판 1976.6.22, 75다819는, 이러한 경우에는 손해의 전액에서 과실비율에 의한 감액을 하고 그 잔액이 청구액을 초과하지 않을 경우에는 그 잔액을 인용할 것이고 잔액이 청구액을 초과할 경우에는 청구의 전액을 인용한다고 하면서, 이를 외측설이라고 불렀다. 반면 안분설은, 원고의 청구액을 기준으로 하여 원고와 피고의 과실 비율에 따라 안분하여 피고의 배상액을 정하여야 한다고 본다. 가령 원고의 손해액이 1억 원인데, 원고의 과실 비율은 30%이고 청구액은 5,000만 원이라면, 외측설은 과실상계를 한 손해액 7,000만 원 중 청구액 5,000만 원을 인정하는 반면, 안분설은 청구액 5,000만 원 중 70%에 해당하는 3,500만 원만을 인정한다. 일부청구에 관하여는 판례가 택하고 있는 외측설이 통설이다.

일부변제에 관하여는 외측설과 안분설 및 판례가 취하고 있는 과실비율설이 주장되고 있다. 일부변제의 경우에는 과실비율설과 안분설은 실질적으로는 거의 차이가 없고, 다만 그 근거를 어디에서 찾는가에 따라 차이가 있을 뿐이다. 이외에 변제액을 모두 변제하지 않은 소액의 채무를 부담하는 자의 채무에서 공제하여야 한다는 내측설(內側說)도 생각할 수 있으나, 실제로 이러한 설을 주장하는 사람은 없다.

종전의 판례가 취하고 있는 과실비율설은 그 근거를 과실상계제도의 취지에서 찾고 있는데, 결국 피해자의 과실에 상당하는 부분만큼은 사용자에 대한 관계에서도 피해자가 부담하여야 한다는 취지로 이해된다. 다른 한편 안분설은 변제충당에 관한 477조 4호를 유추적용할 수 있다고 하면서, 위 사건에서 A와 같은 지위에 있는 자의 변제는 양 채무액에 비례하여 자기만이 부담하는 채무와 다른 부진정연대채무자와 공통하여 부담하는 부분에 각각 충당된다고 한다. 이는 결과에 있어서 과실비율설과 같게 된다. 반면 외측설은, 외측설이 채무전액의 지급확보를 통한 채권자의 보호라는 부진정연대채무의 제도적 취지 및 비교법적 측면에서도 더 부합하다고 할 수 있다고 보고 있다.

4. 검 토

이러한 경우에는 외측설에 의하여 피용자가 변제한 금액은 일단 자신만이 부담하는 부분에 먼저 충당되고, 그 금액이 피용자만이 부담하는 금액을 넘을 때 비로소 사용자가 부담하는 부분에도 같이 충당되는 것으로 보는 것이 합리적이다.

과실비율설의 기본적인 출발점은, 피용자가 변제한 금액이 피용자가 단독으로 부담하는 부분에 먼저 충당된다면 결과적으로 피해자는 자신의 과실에 해당하는 부분을 전혀 부담하지 않게 되므로 부당하다는 것이다. 그러나 이것이 별달리 부당하다고는 할 수 없다. 사용자는 피용자가 손해배상책임을 지는 것과는 독립적으로 사용자책임을 지는데, 피해자에게도 과실이 있으면 사용자의 책임은 그에 따라 줄어들게 되지만, 사용자는 줄어든 금액만큼은 변제하여야 한다. 그런데 피용자가 일부 변제를 하였다고 하더라도, 그 일부 변제한 금액과 사용자가 부담하여야 할 금액을 합한 것이 피해자의 전체 손해액을 초과하지 않는다면, 피용자의 일부 변제로 인하여 사용자가 부담하여야 할 금액이 줄어들 이유가 없다. 사용자는 원래 자기가 책임져야 할 금액만큼은 책임져야 하기 때문이다. 피해자는 자신에게 과실이 있기 때문에 사용자에게 자신이 입은 손해의 전액을 배상청구할 수는 없게 되지만, 피해자는 이로써 자신의 과실에 해당하는 부분을 부담하는 것이고, 사용자가 배상하여야 할 부분에서 자신의 과실에 해당하는 부분만큼을 또다시 부담할 필요는 없다. 과실비율설에 따른다면 과실상계가 피해자의 손해액 중 부진정연대채무자 중 1인의 손해액을 정함에 있어 적용되고, 다시 다액채무자가 일부를 변제한 경우에 그 공제액에 대하여도 적용되는 것이 되어 과실상계를 중복적용하는 결과가 되어 옳지 않다.

구체적으로 이 사건에서는 고의에 의한 불법행위를 저지른 B는 X의 손해액인 213,543,628원 전부에 대하여 손해배상책임을 지지만, B의 사용자인 Y는 그 1/2인 106,771,814원에 한하여 손해배상책임이 있다. 그런데 이 사건에서 B가 X에게 97,222,343원을 변제한 경우에, 원심은 97,222,343원을 X와 Y의 과실 비율(5:5)으로 나누어, Y의 과실 비율에 해당하는 만큼은 Y 회사가 배상하여야 할 손해액의 일부로 변제된 것으로 보아, Y 회사는 결국 58,160,643원(106,771,814원-48,611,171원)만큼을 배상하면 된다고 보았다.

예컨대 대상판결의 사안에서 X의 전체 손해액을 2억 원, X의 과실비율을 50%라고 할 때, B가 X에게 전체 손해액 2억 원 중 X의 과실 비율인 50%에 해당하는 1억 원을 변제하였다고 하면, 종전 판례에 의하면 X는 사용자에 대하여는 원래 사용자의 부담부분인 1억 원 전액을 청구할 수 없고, B가 변제한 1억 원 중 50%에 해당하는 5,000만 원을 공제한 5,000만 원만을 청구할 수 있게 되어 결국 Y와 B로부터 합계 1억 5,000만 원(1억 원+5,000만 원)만을 받을 수 있게 된다. 그러므로 종전 판례와 같이 보는 경우에는, B에게 더 이상 자력이 없다면 X는 5,000만 원만큼 B의 무자력 위험을 부담하여야 하고, 사용자는 그만큼의 부담을 덜게 되는데, 사용자책임의 취지가 피용자의 무자력을 사용자가 부담하여야 한다는 데 있으므로, 피해자로 하여금 위와 같은 피용자의 무자력 위험을 부담하여야 할 이유가 없다. 오히려 그렇게 되면 사용자로서는 원래 자기가 책임져야 할 금액을 모두 책임질 필요는 없게 되어 부당한 결과가 생긴다.

그리고 이러한 경우에 피해자가 먼저 사용자에 대하여 배상청구를 하면 1억 원을 배상받을 수 있다. 그 후 피용자가 나머지 1억 원을 배상한다면, 피해자의 손해는 모두 전보될 수 있다. 그런데 피용자가 먼저 배상한 경우에는 피해자가 손해를 모두 전보받지 못한다는 것은 명백히 불합리하다. 대상판결에서 이기택 대법관의 보충의견은 이 점을 강조하고 있다.

그리고 안분설은 변제충당에 대한 규정을 유추적용하려고 하지만, 이러한 유추적용은 타당하지 않다. 안분설에서는 사용자가 피해자에게 배상할 금액이 줄어들게 되므로, 결과적으로 일부 변제를 한 피용자에게 사용자가 구상할 수 있는 금액이 줄어든다는 점을 중시하여 그것이 다액채무자에게 변제이익이 많다는 것으로 보는 것으로 이해된다. 그러나 기본적으로 변제의 충당은 여러 개의 채무 중 일부를 변제하는 경우에 관한 것으로서, 하나의 채무 중 일부를 변제하는 경우와는 같지 않다. 뿐만 아니라 사용자가 피해자에 대하여 어느 범위에서 책임을 질 것인가가 사용자가 피해자에 대하여 얼마나 구상할 수 있는가에 의하여 영향을 받을 수는 없다. 사용자의 구상권은 신의칙에 의하여 제한될 수 있다(대판 1987.9.8, 86다카1045; 1996.4.9, 95다52611 등 참조). 그런데 이러한 신의칙에 의한 제한을 넘어서서 구상의 범위를 제한하려는 것은 합리적이라고 할 수 없다. 실제로 대상판결과 같은 사안에서는 피용자가 고의의 불법행위를 저지른 것이므로 신의칙에 의한 구상권 제한 법리가 적용될 여지도 없다. 대상판결에서 김재형 대법관의 보충의견은 부진정연대의 관계에 있는 채무자가 채무를 일부 변제한 경우 위 조항을 유추적용하여 공동 부담부분과 단독 부담부분이 그 금액에 비례하여 소멸한다면, 채권자를 보호하기 위해서 부진정연대채무를 인정하는 취지가 몰각된다고 지적한다.

다른 한편 이러한 법리는 공동불법행위와 같은 부진정연대채무 일반에도 적용될 수 있다. 부진정연대채무제도 자체가 한 부진정연대채무자의 무자력 위험을 다른 부진정연대채무자가 부담하는 담보적인 기능을 가지고 있는데, 일부 변제를 한 채무자의 무자력 위험을 다른 부진정연대채무자가 부담하는 것이 아니라, 채권자가 부담할 이유는 없는 것이다.

5. 대상판결에 대하여

대상판결은 종래의 다수 학설이 주장하는 바에 따라 과실비율설에서 외측설로 판례를 변경하였다. 그 논거는 여러 가지이지만, 주된 것은 과실비율설은 과실상계를 중복 적용하는 결과가 되어 옳지 않다는 것과, 다액채무자의 무자력에 대한 위험의 일부를 채권자인 피해자에게 전가한다면 이는 채권자의 지위를 약화시키는 것으로 부진정연대채무의 성질에 반한다는 점, 그리고 피해자가 누구로부터 먼저 변제를 받느냐에 따라 변제를 받을 수 있는 금액이 달라지는 납득하기 어려운 결과가 발생한다는 점이라고 할 수 있다.

그런데 대상판결이 단독 부담부분이 소멸된다고 보는 것이 다액채무자의 의사에 부합한다고 하는 점은 다소 의문이다. 대상판결은 신의칙에 의한 사용자의 피용자에 대한 구상권 제한의 법리를 들어 전체 채무액에서 사용자가 변제하는 금액의 비율이 높을수록 피용자가 최종적으로 부담하는 금액이 줄어들게 되어 피용자에게 유리하게 된다고 한다. 그러나 대상판결과 같은 사안에서는 기본적으로 신의칙에 의한 구상권 제한이 적용될 수 없을 뿐만 아니라, 사용자가 변제하는 금액의 비율이 높을수록 피용자가 최종적으로 부담하는 금액이 줄어든다고 하기도 어렵다.

참고문헌

고유강, 부진정연대채무자들 중 다액채무자가 한 일부변제의 효과, 민사판례연구 41권, 2019.

권영준, 금액이 다른 채무가 서로 부진정연대관계에 있을 때 다액채무자가 일부 변제를 하는 경우의 법률관계, 민법판례연구 Ⅰ, 2019.

김덕중, 부진정연대채무에서 다액채무자의 일부변제의 효과, 경상대 법학연구 27권 2호, 2019.

김영태, 가. 사용자책임과 피용자 본인의 책임과의 관계 나. 피용자 본인이 손해의 일부를 변제한 경우 사용자의 손해배상의 범위, 대법원판례해설 21호, 1994.

김현진, 금액이 다른 부진정연대관계에서 다액채무자의 일부변제의 효력, 인하대 법학연구 21권 3호, 2018.

박영목, 부진정연대채무에서 다액채무자의 일부변제의 효력, 중앙대 법학논문집 44집 3호, 2020.

서종희, 부진정연대채무에서 다액채무자의 일부변제의 효과, 저스티스 136호, 2013

서희석, 일부연대에서 일부변제의 효력의 문제, 판례실무연구 11권(하), 2014

손철우, 다액의 채무를 부담하는 부진정연대채무자가 일부 변제한 경우 그 변제의 효력, 민사판례연구 25권, 2003.

신형철, 서로 다른 금액의 채무가 부진정연대의 관계에 있을 때 다액채무자가 일부 변제한 경우 소멸되는 부분에 관한 연구, 부산판례연구회 판례연구 30집, 2019.

이병준, 부진정연대채무에 있어서 과실상계와 일부변제의 효력, 판례실무연구 11권(하), 2014.

이준민, 부진정연대채무에서의 일부 변제시 채무 소멸에 관한 통일적 기준의 제시, 전남대 법학논총 38권 2호, 2018.

이진관, 금액이 다른 채무가 서로 부진정연대 관계에 있을 때 다액채무자가 일부 변제를 하는 경우, 변제로 먼저 소멸하는 부분, 대법원판례해설 115호, 2018.

정다영, 부진정연대채무에서 다액채무자의 일부변제, 저스티스 169호, 2018.

제철웅, 부진정연대채무 및 일부보증에서 채무자의 일부변제와 변제충당, 법조 2006.6.

한종현, 부진정연대채무에서 다액채무자의 일부변제 효과에 대한 독일 및 일본과의 비교법적 검토, 고려법학 92호, 2019.

[판례 77]

독립적 은행보증에서의 권리남용

대법원 2014.8.26. 선고 2013다53700 판결

사 실

이란에 소재하는 자동차부품 생산회사인 X는 2007.12.31. 국내에 있는 A 주식회사로부터 자동차용 플레이트형 CNG 실린더 5,000개를 1,075,000유로에 수입하는 계약을 체결하였다. Y 은행은 2008.3.18. A 회사의 요청에 따라 수익자를 X로 하여 위 수입계약에 관한 이행보증서를 발행하였는데, 위 보증서에는 '보증의뢰인인 소외 회사가 이 사건 수입계약을 불이행하였다고 X가 판단하고 그 불이행 부분을 적시하여 서면으로 청구한 때에는 보증인인 피고가 조건 없이 107,500유로를 초과하지 않는 범위 내에서 원고가 청구하는 보증금을 지급하겠다'고 기재되어 있다. A 회사는 2008.5. X에게 이 사건 실린더 1차 공급분 2,400개를 선적하여 발송하였다. 그런데 2008.5.4. A 회사가 이란의 다른 업체에게 공급한 파이프형 CNG 실린더가 폭발하는 사고가 발생하였다. 이에 A 회사와 X 사이에 2008.6.15. 소외 회사가 이 사건 실린더의 품질을 보장하고, 원고가 위 실린더를 사용할 수 없게 되는 경우 그와 관련된 모든 비용을 소외 회사가 책임지기로 하는 내용의 합의가 이루어졌다. 한편 이란 국영업체인 B 회사는 2008.7.27.경 위 사고의 원인이 규명될 때까지 A 회사가 제작한 실린더의 수입을 승인하지 않을 것이며, 위 실린더가 관련기준에 부합한다는 것이 확인될 때까지 위 실린더의 이란 내 사용 및 판매를 금지한다는 취지의 공문을 발송하였다.

이에 X는 2008.11.25. Y에게, 이 사건 사고로 소외 회사가 제작한 실린더의 이란 내 사용·판매가 금지되어 손해를 입었다는 취지의 확인서를 제출하면서 이 사건 보증서에 기한 보증금(이하 '이 사건 보증금'이라 한다)의 지급을 청구하였다.

1심은 X의 청구를 받아들였으나, 원심은 X의 이 사건 청구는 실제 보증의뢰인에게 아무런 권리를 가지고 있지 않음에도 이 사건 보증서의 추상성·무인성을 악용한 청구임이 객관적으로 명백하다고 하여 이를 기각하였다. 그러나 대법원은 원심판결을 파기환송하였다.

이 유

은행이 보증을 함에 있어서, 보증금 지급조건과 일치하는 청구서 및 보증서에서 명시적으로 요구하고 있는 서류가 제시되는 경우에는 그 보증이 기초하고 있는 계약이나 그 이행제공의 조건과 상관없이 그에 의하여 어떠한 구속도 받지 않고 즉시 수익자가 청구하는 보증금을 지급하겠다고 약정하였다면, 이는 주채무에 대한 관계에서 부종성을 지니는 통상의 보증이 아니라, 주채무자인 보증의뢰인과 채권자인 수익자 사이의 원인관계와는 독립되어 그 원인관계에 기한 사유로는 수익자에게 대항하지 못하고 수익자의 청구가 있기만 하면 은행의 무조건적인 지급의무가 발생하게 되는 이른바 독립적 은행보증(first demand bank guarantee)이다. 이러한 독립적 은행보증의 보증인으로서는 수익자의 청구가 있기만 하면 보증의뢰인이 수익자에 대한 관계에서 채무불이행책임을 부담하게 되는지 여부를 불문하고 그 보증서에 기재된 금액을 지급할 의무가 있으며, 이 점에서 독립적 은행보증에서는 수익자와 보증의뢰인 사이의 원인관계와는 단절되는 추상성 및 무인성이 있다.

다만 독립적 은행보증의 경우에도 신의성실의 원칙이나 권리남용금지의 원칙의 적용까지 완전히 배제되는 것은 아니라고 할 것이므로, 수익자가 실제로는 보증의뢰인에게 아무런 권리를 가지고 있지 못함에도 불구하고 위와 같은 은행보증의 추상성과 무인성을 악용하여 보증인에게 청구를 하는 것임이 객관적으로 명백할 때에는 권리남용에 해당하여 허용될 수 없고, 이와 같은 경우에는 보증인으로서도 수익자의 청구에 따른 보증금의 지급을 거절할 수 있다고 할 것이나, 앞서 본 원인관계와 단절된 추상성 및 무인성이라는 독립적 은행보증의 본질적 특성을 고려하면, 수익자가 보증금을 청구할 당시 보증의뢰인에게 아무런 권리가 없음이 객관적으로 명백하여 수익자의 형식적인 법적 지위의 남용이 별다른 의심 없이 인정될 수 있는 경우가 아닌 한 권리남용을 쉽게 인정하여서는 아니 될 것이다.

그런데 원심이 들고 있는 사정을 모두 고려하더라도 원고가 소외 회사에 대하여 아무런 권리가 없음을 잘 알면서 독립적 은행보증의 추상성과 무인성을 악용하여 보증금을 청구하였음이 객관적으로 명백하다고 보기는 어렵다.

해 설

1. 독립적 은행보증의 의의

독립적 은행보증 또는 독립적 보증이란, 주채무에 대한 관계에서 부종성을 지니는 통상의 보증과는 달리, 주채무자와 수익자(채권자) 사이의 원인관계와는 독립되어, 그 원인관계에 기한 사유로서는 채권자에게 대항하지 못하고, 수익자의 청구가 있기만 하면 보증인의 무조건적인 지급의무가 발생하게 되는 것을 말한다. 이를 가리켜 독립 · 추상성 또는 무인성이라고 한다. 따라서 보증인으로서는 수익자의 청구가 있기만 하면, 실제로 보증의뢰인(채무자)이 수익자에 대한 관계에 있어서 채무불이행책임을 부담하게 되는지의 여부를 불문하고 그 보증서에 기재된 금액을 지급할 의무가 있다.

이러한 독립적 은행보증에서는 채권자가 주채무자에 대한 관계에서 실제로 권리가 없음에도 불구하고 독립 · 추상성을 악용하여 보증은행에 청구를 하여 보증금을 수령할 위험성이 있으므로, 보증의뢰인으로서는 그러한 위험을 부담하는 셈이 된다. 그러나 국제거래에서는 이러한 독립적 은행보증이 많이 이용되고 있고, 이를 이용하지 않으면 거래가 이루어질 수 없는 경우가 적지 않다. 영국의 한 판결은 은행보증은 거래에서 생명의 피(lifeblood)와 같은 역할을 한다고 표현하였다.

2. 독립 · 추상성의 한계와 대상판결

그러나 이러한 독립적 은행보증의 독립 · 추상성을 악용하는 것은 통제될 필요가 있다. 그리하여 각국에서는 독립 · 추상성의 적용을 제한하는 법리를 발전시켰다. 대체로 영국이나 미국, 프랑스에서는 사기(fraud)의 이론에 의하여 실제로 권리가 없는 채권자가 보증금 청구를 하는 것을 막고 있다. 반면 독일이나 오스트리아에서는 권리남용의 법리에 의존하고 있다.

대판 1994.12.9, 93다43873도 권리남용의 법리를 인정하였다. 즉 독립적 은행보증의 경우에도 신의성실의 원칙 내지 권리남용금지의 원칙의 적용까지 배제되는 것은 아니므로, 수익자가 실제에 있어서는 보증의뢰인에게 아무런 권리를 가지고 있지 못함에도 불구하고 위와 같은 은행보증의 추상성 내지 무인성을 악용하여 보증인에게 청구를 하는 것임이 객관적으로 명백할 때에는 이는 권리남용의 경우에 해당하여 허용될 수 없는 것이고, 이와 같은 경우에는 보증인으로서도 수익자의 청구에 따른 보증금의 지급을 거절할 수 있다고 판시하였다.

대상판결은 이러한 법리를 좀더 구체화하여, 권리남용임이 명백한 것의 판단 시기를 보증금 청구 당시라고 하였다. 권리남용 여부가 문제되는 것은 1차적으로는 보증은행이 보증금을 지급할 것인지 여부를 판단할 때이다. 보증은행으로서는 권리남용이 명백하여야만 보증금의 지급을 거부할 수 있고, 그렇지 않으면 수익자로부터 책임을 추궁당하게 될 우려가 있다. 따라서 보증은행이 보증금청구를 받았을 때 권리남용 여부가 명백하지 않으면, 보증은행으로서는 보증금을 지급하여야 하고, 나중에 권리남용이라는 사실이 밝혀졌다고 하여 보증금의 지급 거부가 정당화될 수는 없다고 보아야 한다.

이 사건에서는 X가 이 사건 소제기 후에 A 회사를 상대로 이 사건 수입계약상의 채무불이행을 원인으로 손해배상청구소송을 제기한 이래 3년여에 걸친 치열한 공방 끝에 패소확정판결을 받았는데, 이는 원심판결 선고 후였다. 그럼에도 불구하고 대법원은 X의 청구 당시에 권리남용임이 명백한 것은 아니라고 하였다.

여기서 권리남용의 명백성 여부를 판단하기 위한 증거는 즉시 입수할 수 있는, 명백한 것이라야 한다. 다시 말하여 보증금 청구 당시에 보증의뢰인이 제출한 자료나 그 밖에 보증은행이 입수할 수 있었던 자료에 국한될 것이다. 뿐만 아니라 그러한 자료는 누가 보더라도 수익자에게 권리가 없다는 사실을 명확하게 밝혀 줄 수 있는 것이어야 한다.

그러므로 이러한 증거는 원칙적으로 결정적인 내용을 담은 서증이라야 하고, 증인의 증언이라든지, 시간이 소요되는 감정 등은 이용될 수 없다.

대상판결에 대한 평석들도 대부분 대상판결을 지지하고 있다.

3. 그 후의 판례

대판 2015.2.12, 2014다228228도 같은 취지로 판시하였다. 한편 대법원 2015.7.9. 선고 2014다6442 판결은 대상판결을 인용하면서, 수익자의 청구가 권리남용이라고 한 원심판결을 파기하였다. 그런데 이 판결은 권리남용임이 명백한지 여부의 판단 시기를 수익자가 소 제기를 통하여 보증금을 청구할 당시라고 보았는데, 이는 의문이다. 수익자가 보증인에게 소 제기 전에 보증금을 청구하였으므로, 그때가 기준시가 되어야 하고, 나중에 소를 제기한 시점이 기준시기라고는 할 수 없다.

참고문헌

김세연 · 우재형, 독립적 은행보증의 독립성과 권리남용의 관계, 율촌판례연구, 2016.
김인현, 독립적 보증으로서의 선수금 환급보증과 권리남용, 국제거래법연구 제24집 2호, 2016.
김재두, 독립적 은행보증에서의 권리남용에 의한 보증금지급거절의 한계, 무역보험연구 18권 2호, 2017.
김진오, 독립적 은행보증에 있어 권리남용 법리의 적용 범위와 한계, 사법 33호, 2015.
윤진수, 독립적 은행보증의 경제적 합리성과 권리남용의 법리, 법조 2014.5.
조민석, 선박건조계약에서 선수금환급보증의 성격과 권리남용, 해사법의 제문제, 부산판례연구회, 2018.
정대, 선수금환급보증과 권리남용의 판단기준, 국제거래와 법 15호, 2016.
채동현, 독립적 은행보증에서 권리남용에 대한 기준, 국제거래법연구 26권 2호, 2017.

[판례 78]

계속적 보증계약의 해지

대법원 1992.11.24. 선고 92다10890 판결

사 실

X(신용보증기금)은 1984.6.22. A 회사(제1심 공동피고)의 부탁으로 B 은행에 대하여 A 회사가 그날부터 1985.6.21.까지 B 은행으로부터 수출지원금융을 받는 계속적 거래상의 채무를 원금 10억 원과 이에 대한 이자 채무를 한도로 하여 신용보증을 하였고, 위 회사의 이사이던 Y_1, Y_2는 X가 그 신용보증책임을 이행함으로 인하여 A 회사가 X에 대하여 부담하게 될 구상의무에 관하여 A 회사의 연대보증인이 되었으며, Y들은 B 은행에 대하여도 X와 공동으로 A 회사의 연대보증인이 되었다. 그 후 Y_1, Y_2는 A 회사의 이사직을 사임하고 퇴사하여 1985.4.4. B 은행 및 X에게 이를 이유로 하여 보증계약을 해지한다는 의사표시를 하였다. 다른 한편 X는 1985.7.12.에도 위 회사를 위하여 위 은행에 대하여 기간만 그날부터 1986.7.11.까지로 변경된 동일한 내용의 신용보증을 하였으나, 이때에는 Y들이 X에 대하여 따로 보증을 하지는 않았고, Y들의 후임 이사들이 보증을 하였다.

그 후 A 회사가 1985.6.11.부터 같은 달 18.까지 사이에 B 은행으로부터 대여받은 수출지원금융채무를 이행하지 아니하자, X는 B 은행에게 1984.6.22. 보증에 따라 금 963,053,087원을 변제하였고, 1985.7.12. 보증에 따라 소외 은행에 대하여 원금 및 이자 55,053,202원을 변제하였다. X는 Y들에 대하여 1984.6.22.자 보증에 따른 구상의무를 이행하고, 1985.7.12.자 보증에 대하여는 공동보증인으로서의 부담부분에 따른 구상의무를 이행할 것을 청구하였다. 그러나 원심은 X의 청구를 기각하였고, 대법원도 X의 상고를 기각하였다.

이 유

계속적 거래관계로 인하여 발생하는 불확정한 채무를 보증하기 위한 이른바 계속적 보증에 있어서 보증계약 성립 당시의 사정에 현저한 변경이 생긴 경우에는 보증인은 보증계약을 해

지할 수 있다고 보아야 할 것인바, 회사의 이사라는 지위에 있기 때문에 채권자인 은행 등의 내부규정에 따라 부득이 그 보증인이 된 자가 그 후 그 회사로부터 퇴사하여 이사라는 지위를 떠난 때에는 보증계약 성립 당시의 사정에 현저한 변경이 생긴 경우에 해당하므로 이를 이유로 위 보증계약을 해지할 수 있다고 보아야 하며, 위 보증계약상 보증한도액과 보증기간이 제한되어 있다고 하더라도 그러한 보증한도액 및 보증기간의 제한만으로는 사정변경이 있는 경우의 보증인의 보호를 위하여 불충분하고, 또 그러한 보증기간의 제한이 특히 퇴사 후에도 보증채무를 부담한 것이라고 특약한 취지로 인정되지 않는 한 위와 같은 해지권의 발생에 영향이 없다.

X나 Y들이 B 은행과 맺은 각 보증계약은 A 회사가 B 은행으로부터 수출지원금융을 받는 계속적 거래관계로 인하여 발생하는 불확정한 채무를 보증한 계속적 보증에 해당하고, 또 Y들이 X와 맺은 보증계약도 X가 위와 같은 계속적 보증계약을 이행함에 따른 A 회사의 불확정한 구상의무를 보증하는 것이어서 계속적 보증계약으로 취급함이 상당하므로, Y들이 A 회사로부터 퇴사하여 이사의 지위를 떠난 때에는, 비록 Y들이 B 은행과 체결한 보증계약에 보증한도액이 75억 원으로 정하여져 있고 보증일로부터 3년 경과시에 보증채무의 원본확정을 청구할 수 있도록 약정되어 있으며, 또 X가 위 은행과 체결한 신용보증계약에 원금의 보증한도액이 10억 원으로 정하여져 있고 그 보증기간이 1년으로 제한되어 있어 X가 그 보증계약을 이행함으로써 위 회사나 그 연대보증인에 대하여 가지는 구상권의 범위가 한정된다고 하더라도, 특별한 사정이 없는 한 피고들로서는 위 은행 및 원고와 맺은 위 각 보증계약을 해지할 수 있다.

해 설

1. 계속적 보증에서의 보증인의 보호 필요성

계속적 보증이란 채권자와 주채무자 사이의 계속적 거래관계로 현재 및 장래에 발생하는 불확정적 채무에 관하여 보증책임을 부담하기로 하는 보증을 말한다(대판 1984.10.10, 84다카453 등). 계속적 보증이라는 용어 외에도 근보증이라는 용어도 쓰이지만, 양자는 별 차이가 없고, 근래에는 대체로 계속적 보증이라는 용어가 주로 쓰이고 있다. 그런데 계속적 보증에 있어서는 보증채무가 발생할 것인지, 발생한다면 그 범위가 얼마나 될 것인지가 불확정하므로 보증인의 책임 유무 내지 그 범위가 불확정하다는 특성이 있고, 경우에 따라서는 보증인이 전혀 예상하지 못했던 범위의 책임을 지게 되는 경우도 있을 수 있다. 그리하여 학설과 판례는 계속적 보증을 한 보증인의 보호를 위하여 노력하고 있다.

그 중 하나는 주채무자의 채무가 발생하여 보증인이 보증책임을 져야 하는 경우에도 그 책임범위를 제한하려는 것이다. 책임제한의 근거로서는 신원보증법 6조를 유추적용한다는 설과, 신의칙을 근거로 한다는 설이 있다. 판례는 보증책임의 근거로서 신의칙을 들고 있다. 즉 보증인의 부담으로 돌아갈 주채무의 액수가 보증인이 보증당시에 예상하였거나 예상할 수 있었던 범위를 훨씬 상회하고, 주채무 과다발생의 원인이 채권자가 주채무자의 자산상태가 현저히 악화된 사실을 익히 알면서 또는 중대한 과실로 알지 못하고, 자산상태 악화 사실을 알지 못하는 보증인에게 아무런 통보나 의사타진도 없이, 고의로 거래규모를 확대함에 연유하는 등 신의칙에 반하는 사정이 인정되는 경우에는 보증인의 책임을 합리적인 범위내로 제한할 수 있다고 보고 있다(대판 1984.10.10, 84다카453 등). 그러나 실제로 보증인의 책임을 제한한 사례는 대판 1998.6.12, 98다8776 판결 정도를 찾아 볼 수 있을 뿐 그 외에는 눈에 뜨이지 않는다. 오히려 판례는, 일단 유효하게 성립된 보증계약에 따른 책임을 신의칙과 같은 일반원칙에 의하여 제한하는 것은 자칫 잘못하면 사적 자치의 원칙이나 법적 안정성에 대한 중대한 위협이 될 수 있으므로, 신중을 기하여 극히 예외적으로 인정하여야 할 것이라고 하였다(대판 2004.1.27, 2003다45410 판결 등).

2. 계속적 보증인인 이사 등이 퇴직한 경우의 해지권에 관한 판례

다른 한편 판례는 계속적 보증의 경우에는 상당한 이유가 있으면 보증인이 보증계약을 해지할 수 있다고 보고 있다. 대판 1978.3.28, 77다2298은, 장래의 입원치료비와 같은 계속적 보증의 경우 사회통념상 그 보증계약을 유지시킬 이유가 없다면 그 계약해지로 인하여 상대방에게 신의칙상 묵과할 수 없는 손해를 입게 하는 등 특단의 사정이 있는 경우를 제외하고는 보증인은 이를 일방적으로 해지할 수 있다고 하면서, 연대보증인이 자신의 형이 다른 사람을 때려서 상처를 입힌 줄 알고 그 치료비 채무를 연대보증하였으나, 나중에 연대보증인의 형은 다른 사람의 부상과는 아무런 관련이 없다는 사실이 밝혀진 경우에는, 채권자에게 신의칙상 묵과 할 수 없는 손해를 입게 하는 등 특단의 사정이 있는 경우를 제외하고 연대보증인은 일방적으로 이를 해지할 수 있다고 하였다. 그리고 대판 1986.9.9, 86다카792는, 기간의 정함이 없는 계속적 보증계약은 보증인의 주채무자에 대한 신뢰가 깨어지는 등 보증인으로서 보증계약을 해지할 만한 상당한 이유가 있는 경우에는 보증인은 일방적으로 이를 해지할 수 있다고 하였다.

판례상 계속적 보증인의 해지권이 인정된 사례는 이 사건과 같이 주로 보증인이 주채무자인 회사의 이사나 직원과 같이 특정한 지위에 있기 때문에 보증을 하게 되었으나 그 지위를 벗어나게 된 경우가 많다. 대판 1990.2.27, 89다카1381은, 회사의 임원이나 직원의 지위에 있기 때문에 회사의 요구로 부득이 회사와 제3자 사이의 계속적 거래로 인한 회사의 채무에 대하여 보증인이 된 자가 그 후 회사로부터 퇴사하여 임원이나 직원의 지위를 떠난 때에는 보증계약 성립 당시의 사정에 현저한 변경이 생긴 경우에 해당하므로 사정변경을 이유로 보증계약을 해지할 수 있다고 보아야 하고, 계속적 보증계약에서 보증기간을 정하였다고 하더라도 그것이 특히 퇴사 후에도 보증채무를 부담키로 특약한 취지라고 인정되지 않는 한 위와 같은 해지권의 발생에 영향이 없다고 하였고, 이후에 같은 취지의 판례가 거듭됨으로써(대판 1992.5.26, 92다2332; 1994.3.22, 92다42934 등), 확립된 판례가 되었다. 그리고 보증인이 주채무자 회사의 대주주나 주주 또는 대표이사였던 경우에도, 보증인이 주식을 양도하고 대표이사직을 사임한 후에는 보증계약을 해지할 수 있다고 하였다(대판 1996.12.10, 96다27858).

판례는 계속적 보증계약 후 당초 예기하지 못한 사정변경이 생겨 보증인에게 계속하여 보증책임을 지우는 것이 당사자의 의사해석 내지 신의칙에 비추어 상당하지 못하다고 인정되는 경우에는 보증계약을 해지할 수 있다고 보고 있어서(대판 1996.12.10, 96다27858; 2000.3.10, 99다61750 등), 해지권의 근거를 당사자의 의사해석 또는 신의칙에서 찾고 있다.

그러나 대주주이자 이사였던 보증인이 이사직을 사임하였으나 감사로 취임하여 재직하면서 주주의 지위는 계속 보유하고 있었다면 이사를 사임하였다는 이유로 해지할 수는 없다고 하였다(대판 1995.4.25, 94다37073).

다른 한편 판례는 계속적 보증이 아닌, 보증 당시 그 채무가 특정되어 있는 확정채무에 대하여 보증을 한 후 이사직 등을 사임한 경우에는 해지할 수 없다고 보았다(대판 1991.7.9, 90다15501; 1994.12.27, 94다46008 등). 그리고 보증계약을 해지할 수 있었다고 하더라도 해지하기 전에 피보증채무가 확정되었다면 더 이상 해지할 수는 없다고 하였다(대판 2002.5.31, 2002다1673).

대상판결은 기본적으로 그 이전의 선례를 따른 것이다. 다만 여기서 문제된 것은 Y들이 X와 맺은 보증계약이 X가 위와 같은 계속적 보증계약을 이행함에 따른 A 회사의 불확정한 구상의무를 보증하는 것인데 이 또한 계속적 보증으로 볼 수 있는가 하는 점이었고, 대상판결은 이를 긍정하였다(같은 취지, 대판 1996.12.10, 96다27858; 2002.5.31, 2002다1673). 그리고 대상판결은 Y들이 체결한 보증계약에 보증한도액이 정하여져 있고 보증일로부터 3년 경과시에 보증채무의 원본확정을 청구할 수 있도록 약정되어 있다거나, 보증한도액이 10억 원으로 정하여져 있고 그 보증기간이 1년으로 제한되어 있더라도 Y들은 보증계약을 해지할 수 있다고 보았다.

3. 해지권의 근거

학설상으로는 계속적 보증의 경우에 해지가 인정되는 경우를 임의해지와 특별해지로 나누기도 한다. 임의해지는 보증기간의 정함이 없고 또한 보증책임액의 한도를 정하지 아니하였으며, 보증계약성립 후 상당한 기간이 경과한 경우에 할 수 있는데, 그 해지의 효력은 해지한 때부터 상당한 기간이 경과하여야 발생하고, 특별해지는 보증계약성립 후 현저한 사정변경이 있는 경우에 인정되는데, 그 해지의 효력은 해지의 의사표시가 있으면 즉시 발생한다고 설명한다는 것이다. 그러나 근래에는 이처럼 임의해지와 특별해지로 나눌 필요 없이, 일원적으로 신의칙에 따라 해지할 수 있는가를 판단하면 된다는 견해가 유력하다.

그리고 이 사건과 같이 이사 등의 지위에서 계속적 보증인이 되었던 사람이 이사를 사임하는 등의 사정변경이 있었던 경우에는 해지할 수 있다는 판례는 일반적으로 지지를 받고 있다. 그런데 이러한 판례를 사정변경의 원칙을 적용한 것으로 이해하는 견해가 많지만, 이는 타당하지 않다. 사정변경의 원칙이 적용되려면 현저한 사정의 변경이 있고, 당사자가 이를 예견할 수 없었으며, 사정변경을 주장하는 당사자에게 책임없는 사유로 생겼어야 하고, 계약내용대로의 구속력을 인정한다면 신의칙에 현저히 반하는 결과가 생겨야 한다([**판례 2**] 참조). 그런데 보증인인 회사의 임직원이 사임하는 것은 보증계약 체결 당시에 충분히 예견할 수 있는 일일 뿐만 아니라, 사임이 사임하는 임직원에게 책임 없는 사유로 생긴 것이라고도 할 수 없다. 그리고 원래의 보증계약대로 보증인이 책임을 져야 한다는 것만으로는 반드시 신의칙에 현저히 반한다고도 할 수 없다.

그러므로 이와 같은 경우에 사임한 임직원의 해지권이 인정되는 것은, 그가 보증인이 된 것이 임직원이었기 때문이라는 사정에 기한 것이고, 채권자도 이를 충분히 알고 있었으며, 보증인이 사임한 후의 거래에 관하여는 보증인이 관여할 수 없는데도 사임한 후에 발생한 채무에 대하여 책임을 지게 한다는 것은 가혹하다는 판단에 기한 것이라고 보인다. 이는 어떤 의미에서는 당사자의 보증계약 체결 당시에 예정되어 있었던 것이라고 할 수도 있다. 판례가 보증인의 해지권 발생 근거를 당사자의 의사해석 내지 신의칙에 비추어 상당하지 못하다고 인정되는 경우에는 보증계약을 해지할 수 있다고 판시한 것도 이런 의미로 이해할 수 있다.

참고문헌

김광년, 계속적 보증계약과 보증인의 해지권, 민사판례연구 4권, 1982.

양창수, 계속적 보증에서 보증인의 해지권과 책임제한, 민법연구 6권, 2001.

정상현, 계속적 보증계약에 있어서 보증인의 해지권 인정근거, 성균관법학 20권 2호, 2008.

[판례 79]

채권양도 금지특약의 효력

대법원 2019.12.19. 선고 2016다24284 전원합의체 판결

사 실

Y는 2009.5.27. A 회사에게 총 계약금액 23,245,600,000원의 건축공사를 도급주었는데, 이 사건 도급계약에는 A 회사는 이 공사의 이행을 위한 목적 이외의 목적을 위하여 이 계약에 의하여 발생한 공사대금청구권을 제3자에게 양도하지 못한다는 채권양도금지특약이 포함되어 있었다. A 회사는 2010.10.21. 이 사건 공사를 완료하지 못한 상태에서 부도처리되었고, Y는 2010.11.25. A 회사를 상대로 이 사건 도급계약을 해제하였다. A 회사에 대하여 2010.12.10. 회생절차가 개시되었다가, 2017.3.17. 회생절차폐지결정이 확정되면서 파산선고가 내려지고 X가 파산관재인으로 선임되었다. 한편 B, C, D 등은 위 도급계약 해제 전에 A 회사로부터 공사대금 채권 일부씩을 양도받았다. X는 Y에 대하여 기성공사대금 등을 청구하였고, Y는 위와 같이 채권양도된 부분에 대하여는 이행을 거절하였다.

1심과 원심은 Y의 주장을 배척하고 X의 청구를 받아들였고, 대법원 전원합의체도 X의 상고를 기각하였으나, 반대의견이 있었다. 그 밖에 쟁점과 관계없는 부분은 생략하였다.

이 유

당사자가 양도를 반대하는 의사를 표시한 경우 채권은 양도성을 상실한다. 양도금지특약에 위반하여 채권을 제3자에게 양도한 경우에 채권양수인이 양도금지특약이 있음을 알았거나 중대한 과실로 알지 못하였다면 채권 이전의 효과가 생기지 아니한다. 양도금지특약을 위반하여 이루어진 채권양도는 원칙적으로 그 효력이 없다는 것이 통설이고 이와 견해를 같이하는 상당수의 대법원판결이 선고되어 재판실무가 안정적으로 운영되고 있다. 이러한 판례의 법리는 다음과 같은 이유에서 그대로 유지되어야 한다.

가. 민법 449조 2항 본문이 당사자가 양도를 반대하는 의사를 표시한 경우 채권을 양도하

지 못한다고 규정한 것은 양도금지특약을 위반한 채권양도의 효력을 부정하는 의미라고 해석하여야 한다.

나. 이처럼 해석하는 것이 지명채권의 본질과 특성을 보다 잘 반영할 수 있다.

다. 채권자와 채무자가 그들 사이에 발생한 채권의 양도를 금지하는 특약을 하였다면 이는 그 채권의 내용을 형성할 뿐만 아니라 그 속성을 이루는 것이어서 존중되어야 한다.

라. 민법에서 별도의 규정까지 두어 양도금지특약에 관하여 규율하는 것은 이러한 특약의 효력이 당사자 사이뿐만 아니라 제3자에게까지 미치도록 하는 데 그 취지가 있다고 보아야 한다.

마. 채권은 이전되더라도 본래 계약에서 정한 내용을 그대로 유지함이 원칙이고 양도금지특약도 이러한 계약의 내용 중 하나에 속하므로, 원칙적으로 채무자는 지명채권의 양수인을 비롯하여 누구에게도 양도금지특약이 있음을 주장할 수 있다고 보아야 하고, 민법 449조 2항 본문은 명문으로 이를 다시 확인한 규정이다.

바. 양도금지특약이 있는 경우 채권의 양도성이 상실되어 원칙적으로 채권양도가 일어나지 않는다고 보는 것이 악의의 양수인과의 관계에서 법률관계를 보다 간명하게 처리하는 길이다.

사. 양도금지특약이 있는 채권에 대한 압류나 전부가 허용되는 것은 양도금지특약의 법적 성질과 상관없이 민사집행법에서 압류금지재산을 열거적으로 규정한 데에 따른 반사적 결과에 불과하다.

아. 채권의 재산적 성격과 양도성을 제고하는 것이 국제적 흐름이라 하더라도 이는 대부분 제한적 범위 내에서 해석이 아닌 법규정을 통해 달성되고 있음에 유의하여야 한다.

해 설

1. 채권양도 금지특약의 효력에 관한 물권적 효력설과 채권적 효력설

449조 2항은 "채권은 당사자가 반대의 의사를 표시한 경우에는 양도하지 못한다. 그러나 그 의사표시로써 선의의 제삼자에게 대항하지 못한다"고 규정한다. 그런데 채권을 양도할 수 없다는 채권자와 채무자 사이의 양도금지특약이 있음에도 불구하고 채권자가 채권을 양도한 경우의 법적 효과에 관하여는 크게 보아 물권적 효력설과 채권적 효력설이 대립한다. 물권적 효력설은 양도금지의 합의에 의하여 채권의 양도성 자체가 상실된다고 하는 것이고, 채권적 효력설은 채권자와 채무자 사이에 상대적으로 채권을 양도할 수 없는 권리의무관계를 발생시키고, 양도금지특약에 위반하여 채권이 양도되면 그 채권양도는 원칙적으로 유효하지만, 채권자는 채무자에 대하여 특약 위반으로 인한 책임을 지며, 채무자는 악의의 양수인에 대하여만 양도의 무효를 주장할 수 있다고 한다.

물권적 효력설의 근거는 대상판결의 다수의견이 설명하는 것과 같다. 반면 대상판결의 반대의견은 채권적 효력설을 따랐는데, 그 1차적인 근거는 양도금지특약의 당사자는 채권자와 채무자로서, 계약은 그 당사자만을 구속하는 것이 원칙이기 때문에, 단순히 채권관계의 당사자가 반대의 의사를 표시한 경우에는 양도하지 못한다는 모호한 규정만으로는 채권의 양도성 자체를 박탈하는 근거가 될 수 없고, 채권적 효력설이 계약법의 기본원리에 부합한다는 것이다.

이 반대의견에 따르면 양도금지특약을 위반하여 채권양도가 이루어진 경우 채무자는 양도금지특약의 존재를 알고 있는 양수인에게 채무 이행을 거절할 수 있으나, 채무자는 악의의 양수인을 상대로 채권양도의 효력을 그대로 인정할 수도 있고, 양도금지특약을 위반하여 채권을 양도한 채권자는 양수인이 특약의 존재를 알고 있다는 이유로 채권양도의 효력을 부정할 수는 없다고 한다.

종래의 다수설은 물권적 효력설이었으나, 근래에는 채권적 효력설을 주장하는 견해가 늘어나고 있다.

2. 종래의 판례

대판 2000.4.7, 99다52817; 2009.10.29, 2009다47685은, 당사자의 양도금지의 의사표시로써 채권은 양도성을 상실하며 양도금지의 특약에 위반해서 채권을 제3자에게 양도한 경우에 악의 또는 중과실의 채권양수인에 대하여는 채권 이전의 효과가 생기지 아니하나, 악의 또는 중과실로 채권양수를 받은 후 채무자가 그 양도에 대하여 승낙을 한 때에는 채무자의 사후승낙에 의하여 무효인 채권양도행위가 추인되어 유효하게 되며 이 경우 다른 약정이 없는 한 소급효가 인정되지 않고 양도의 효과는 승낙시부터 발생한다고 하였다. 이러한 종래의 판례는 물권적 효력설을 취하는 것으로 이해되어 왔다. 다만 간척농지 분배 기대권에 관한 대판 1981.6.23, 80다2664과 골프장회원권의 양도에 관한 대판 1989.11.10, 88다카19606; 2000.3.10, 99다70884은 채권적 효력설을 취하였다고 보는 견해가 있으나, 그런 취지가 아니라고 하는 주장도 있다.

한편 양도금지특약이 있더라도 압류 · 전부명령에 따라 해당 채권은 이전이 가능하고, 압류채권자의 선의 여부는 그 효력에 영향을 미치지 못한다(대판 1976.10.29, 76다1623; 2003.12.11, 2001다3771 등). 그리고 대판 2015.4.9, 2012다118020은, 449조 2항 단서가 채권양도금지특약으로써 대항할 수 없는 자를 '선의의 제3자'라고만 규정하고 있어 채권자로부터 직접 양수한 자만을 가리키는 것으로 해석할 이유는 없으므로, 악의의 양수인으로부터 다시 선의로 양수한 전득자도 위 조항에서 말하는 선의의 제3자에 해당한다고 하였다.

3. 검 토

물권적 효력설은 이론적으로는 간명하다. 양도금지특약이 있으면 채권은 양도성을 상실한다고 보는 것이 449조 2항이 "양도하지 못한다"고 하는 문언에 부합하고, 다만 거래의 안전을 위하여 선의의 제3자에게는 양도금지특약으로써 대항하지 못한다고 설명할 수 있다. 그러나 채권적 효력설이 강조하는 것처럼, 왜 채권자와 채무자 사이의 특약이 제3자인 양수인에게까지 효력이 미치는지가 불분명하다. 그렇지만 채권양도금지특약이 채권적 효력만 가진다면 악의의 양수인에 대하여도 효력을 미치는지도 설명하기 어렵다.

다른 한편 물권적 효력설과 채권적 효력설이 실제에 있어 큰 차이가 있는지도 명확하지 않다. 물권적 효력설을 관철한다면, 양도금지특약이 있음을 안 악의의 양수인은 채권을 취득하지 못하므로, 그로부터 다시 선의로 양수한 전득자라 하여도 보호받을 수 없을 것처럼 보이지만, 물권적 효력설도 그렇게 보지는 않는다. 또 물권적 효력설에서도 채무자가 채권양도를 승낙하면 그때부터는 양도가 유효하게 된다고 보므로, 채권적 효력설과 별 차이가 없다.

그렇지만 경제적인 관점에서는 채권적 효력설이 바람직하다고 여겨진다. 채권을 포함한 재산은 그 양도를 널리 인정하는 것이 경제적으로 효율적이다. 채권양도가 널리 인정되는 것이 채권자에게 채권양도를 통한 자금조달을 용이하게 하는 결과를 가져오게 되기 때문이다. 반대의견도 이 점을 강조하고 있다. 반대의견이 언급하는 것처럼, 근래의 외국의 입법례도 채권양도 금지특약의 효력이 미치는 범위를 제한하는 추세이다.

다수의견 및 다수의견에 대한 보충의견은 449조 2항의 문언과 입법자의 의사를 근거로 들고 있으나, 이것들도 물권적 효력설에 대한 결정적인 근거는 되지 못한다.

4. 대상판결에 대하여

그런데 이 사건에서 과연 물권적 효력설인가 채권적 효력설인가에 따라 결론이 달라지는가? 대법원은 채권양수인인 B, C, D가 양도금지특약을 알지 못한 데에 중대한 과실이 있다고 보았으므로, 물권적 효력설에 따를 때에는 채권양도는 무효가 될 것이다. 그런데 Y가 채권양도된 부분에 대하여는 이행을 거절한 것은 채권양도금지특약에도 불구하고 양도를 승낙한 것이라고 볼 수 있다. 앞에서 본 것처럼 종래의 판례는 양수인이 악의 또는 중과실로 채권양수를 받은 후 채무자가 그 양도에 대하여 승낙을 한 때에는 채무자의 사후승낙에 의하여 무효인 채권양도행위가 추인되어 유효하게 된다고 보고 있다. 그러므로 이 사건에서도 특별한 사정이 없는 한 물권적 효력설에 따르더라도 채권양도는 유효하게 될 것이다.

이에 대하여는 다음과 같은 주장들이 있다. **첫째,** 파산관재인은 채권양도의 대항요건에 관하여는 대항요건을 갖추어야 하는 제3자로 취급되어야 하므로 채무자의 사후승낙이 있었더라도 파산관재인에 대하여는 대항하지 못한다는 것이다. 그러나 파산관재인을 채권양도에 관하여 제3자로 보아야 하는지는 의문이다(위 **[판례 16]**의 해설 참조).

둘째, 채무자 회생 및 파산에 관한 법률 330조 1항은 파산선고 후에 파산재단에 속하는 재산에 관하여 채무자의 법률행위에 의하지 아니하고 권리를 취득한 경우에도 그 취득은 파산채권자에게 대항할 수 없다고 규정하고 있으므로, 이러한 채무자의 승낙은 파산관재인에 대하여 대항할 수 없다고 하는 주장이 있다. 이 주장에 대하여는, 물권적 효력설을 따르는 경우에는 그렇게 볼 수 있지만, 채권적 효력설을 따르는 경우에는 채무자회생법 330조가 적용되지 않는다는 반론이 있다.

참고문헌

권영준, 2019년 민법 판례 동향, 서울대학교 법학 제61권 1호, 2020.

김동훈, 채권양도금지특약의 효력과 채무자의 보호, 국민대 법학논총 34권 1호, 2021.

김윤종, 양도금지특약을 위반한 채권양도의 효력, 자율과 공정 1: 김재형 대법관 재임기념 논문, 사법발전재단, 2022.

김형석, 양도금지특약의 효력에 관한 논의, 새봄을 여는 민법학, 정태윤 · 지원림 교수 논문집, 홍문사, 2023.

여미숙, 양도금지특약을 위반한 채권양도의 효력, 법조 72권 4호, 2022.

오수원, 채권양도금지특약의 법적 성질과 양도금지채권양도의 사후승낙의 소급효, 인권과 정의 2017.5.

윤철홍, 채권양도의 금지특약에 관한 소고, 법조 2010.12.

전우정, 채권양도금지 특약에 대한 비교법적 연구 및 법경제학적 분석, 비교사법 26권 2호, 2019.

전원열, 채권양도금지 특약의 효력, 민사법학 75호, 2016.

지선경, 채권양도금지특약과 이를 위반한 채권양도의 효력, 민사판례연구 43권, 2021.

최수정, 지명채권의 양도금지특약 재고, 민사법학 38호, 2007.

최준규, 상계금지특약의 효력과 관리인의 제3자성, 서울대학교 법학 64권 4호, 2023.

[판례 80]

채권양도 대항요건의 우열 판단기준

대법원 1994.4.26. 선고 93다24223 전원합의체 판결

사 실

A는 1992.8.2. Y에 대한 금 7,779,750원의 물품대금채권을 X에게 양도하고 같은 달 3. 확정일자 있는 내용증명우편으로 위 양도사실을 통지하여, 그 통지가 같은 달 4. Y에게 도달되었다. 한편 A의 Y에 대한 위 채권 중 금 6,290,000원에 대하여는 채권자 B, 채무자 A, 제3채무자 Y로 된 채권가압류결정의 결정정본이 같은 달 4. Y에게 송달되었다. 그런데 위 채권양도 통지와 가압류결정 정본 중 어느 것이 먼저 도달되었는지는 밝혀지지 않았다.

원심은 Y가 X의 청구액인 7,779,750원에서 가압류채권액 금 6,290,000원을 공제한 나머지 금 1,489,750원 및 그 지연손해금만을 지급할 의무가 있다고 보았다. 그러나 대법원 전원합의체는 원심판결을 파기하고 자판하여, Y에게 위 6,290,000원 및 그 지연손해금을 지급할 것을 명하였다.

이 유

채권이 이중으로 양도된 경우의 양수인 상호간의 우열은 통지 또는 승낙에 붙여진 확정일자의 선후에 의하여 결정할 것이 아니라, 채권양도에 대한 채무자의 인식, 즉 확정일자 있는 양도통지가 채무자에게 도달한 일시 또는 확정일자 있는 승낙의 일시의 선후에 의하여 결정하여야 하고, 이러한 법리는 채권양수인과 동일 채권에 대하여 가압류명령을 집행한 자 사이의 우열을 결정하는 경우에 있어서도 마찬가지이므로, 확정일자 있는 채권양도통지와 가압류결정 정본의 제3채무자(채권양도의 경우는 채무자)에 대한 도달의 선후에 의하여 그 우열을 결정하여야 한다.

채권양도통지, 가압류 또는 압류명령 등이 제3채무자에 동시에 송달되어 그들 상호간에 우열이 없는 경우에도 그 채권양수인, 가압류 또는 압류채권자는 모두 제3채무자에 대하여 완전

한 대항력을 갖추었으므로, 그 전액에 대하여 채권양수금, 압류전부금 또는 추심금의 이행청구를 하고 적법하게 이를 변제받을 수 있고, 제3채무자로서는 이들 중 누구에게라도 그 채무 전액을 변제하면 다른 채권자에 대한 관계에서도 유효하게 면책되는 것이며, 만약 양수채권액과 가압류 또는 압류된 채권액의 합계액이 제3채무자에 대한 채권액을 초과할 때에는 그들 상호간에는 법률상의 지위가 대등하므로 공평의 원칙상 각 채권액에 안분하여 이를 내부적으로 다시 정산할 의무가 있다.

다만 채권양도의 통지와 가압류 또는 압류명령이 제3채무자에게 동시에 송달되었다고 인정되어 채무자가 채권양수인 및 추심명령이나 전부명령을 얻은 가압류 또는 압류채권자 중 한 사람이 제기한 급부소송에서 전액패소한 이후에도 다른 채권자가 그 송달의 선후에 관하여 다시 문제를 제기하는 경우, 제3채무자는 이중지급의 위험이 있을 수 있으므로, 동시에 송달된 경우에도 제3채무자는 송달의 선후가 불명한 경우에 준하여 채권자를 알 수 없다는 이유로 변제공탁을 함으로써 법률관계의 불안으로부터 벗어날 수 있다.

당원의 판례 중 채권양도통지와 채권가압류결정 정본이 동시에 제3채무자에게 도달된 경우에 양수인의 양수금청구에 대하여 채무자가 채권양도통지와 채권가압류결정 정본을 동시에 송달받은 사실로써 대항할 수 있다는 취지의 판례(당원 1987.8.18. 선고 87다카553 판결)는 이를 폐기하기로 한다.

따라서 양수인인 X는 가압류채권자인 B와 동시에 채권양도의 대항요건을 갖추었으므로 X는 채무자인 Y에 대하여 양수채권인 물품대금 7,779,750원 전액의 지급을 청구할 수 있고, 채무자인 Y는 X와 동시에 대항력을 갖춘 가압류채권자가 있음을 들어 X에게 대항할 수 없다.

해 설

1. 채권의 이중양도에 있어서 우열판단의 기준

채권양도는 그 통지나 승낙이 확정일자 있는 증서에 의하여야만 제3자에게 대항할 수 있다(450조 2항). 그런데 채권이 2중으로 양도되고, 그 양도통지가 모두 확정일자 있는 증서에 의하여 이루어진 경우에는 두 양수인 중 누가 우선하는가가 문제된다. 이러한 문제는 대상판결에 있어서처럼 채권양도와 압류 또는 가압류가 경합하는 경우에도 생긴다.

이에 관하여는 확정일자설과 도달시설이 주장되고 있다. 확정일자설은, 채권양도의 통지를 확정일자 있는 증서로써 하게 하는 것은 채권자와 채무자가 통모하여 양도의 일자를 소급하여 제3자의 권리를 해하는 것을 방지하려는 데 그 목적이 있고, 확정일자는 사후에 변경할 수 없기 때문에 양립할 수 없는 법률적 지위를 가지는 자 상호간의 우열관계를 결정하는 기준으로 적합하다고 한다. 반면 도달시설은, 450조의 대항요건제도는 채무자의 채권양도의 유무에 대한 인식을 통하여 채무자에 의하여 그 채권양도가 제3자에게 표시될 수 있다는 것을 바탕으로 하고 있으므로, 그 우열기준은 채무자가 채권양도가 있음을 알게 된 때인 확정일자 있는 통지가 채무자에게 도달한 시점의 선후에 의해야 한다고 주장한다.

대상판결이 변경대상으로 삼은 대판 1987.8.18, 87다카553도, 확정일자 있는 채권양도통지서와 그 채권에 대한 가압류결정이 채무자에게 언제 도달하였는지를 판단기준으로 삼고 있어서 도달시설을 따랐다.

국내의 학설로서는 과거에는 확정일자설도 주장되었으나, 현재는 도달시설의 지지자가 많다. 즉 도달시설은 도달의 증명을 일반의 증명방법에 의존한다는 점에서 약점을 갖고 있지만, 대항요건제도의 구조를 채무자의 채권양도의 유무에 관한 인식을 중심으로 설명하고 있다는 점에서 입법취지나 제도의 연혁에 부합할 뿐만 아니라, 확정일자설에 의할 경우 양도통지서의 발송 및 도달이 지연되어 채무자가 그 양도사실을 모르고 있는 사이에 제2의 확정일자 있는 양도통지서가 채무자에게 도달된 경우 거래안전을 해할 우려가 있다는 점에서 도달시설이 타당하다는 것이다.

대상판결도 이 점에 관하여는 도달시설을 따른 위 87다카553 판결의 태도를 유지하였다. 그리하여 확정일자 있는 채권양도통지와 채권의 가압류 또는 압류명령이 경합하여 송달된 경우에도 도달시를 기준으로 하여야 한다고 보았다.

2. 확정일자 있는 채권양도통지가 동시에 도달한 경우 채무자의 지급의무

대상판결이 변경한 87다카553 판결은, 확정일자 있는 채권양도통지서와 그 채권에 대한 가압류결정이 채무자에게 동시에 도달된 경우에는 채무자가 가압류결정의 통지를 채권양도 통지서와 동시에 송달받은 사실로써 채권양수인에게 대항할 수 있다고 하여, 채무자가 채권양수인에게 이행할 필요가 없다고 보았다. 그러나 그렇게 되면 가령 확정일자 있는 2개의 양도통지가 채무자에게 동시에 도달된 경우에는 채무자는 어느 양수인에 대하여도 지급할 필요가 없게 되나, 이와 같은 우연한 사정에 의하여 채무자가 의무를 면한다는 것은 불합리함이 명백하다. 이에 대한 대안으로서는 각 양수인이 양수받은 채권액의 비율에 따라 분할하여 채무자에게 청구할 수 있도록 하는 것을 생각할 수 있다. 그러나 그렇게 되면 채무자가 각 채권자의 채권액을 확정한 후 각각 변제하여야 하고, 그 판단에 잘못이 있으면 이중변제를 하여야 할 위험을 부담하게 되는데, 아무런 잘못이 없는 채무자에게 그와 같은 부담을 지게 하는 것은 부당하다.

그리하여 대상판결은, 채권양도통지, 가압류 또는 압류명령 등이 제3채무자에 동시에 송달되어 그들 상호간에 우열이 없는 경우에는 그 채권양수인, 가압류 또는 압류채권자는 모두 제3채무자에 대하여 완전한 대항력을 갖추었으므로 그 전액에 대하여 채무자에게 청구를 하고 적법하게 이를 변제받을 수 있고, 제3채무자로서는 이들 중 누구에게라도 그 채무 전액을 변제하면 다른 채권자에 대한 관계에서도 유효하게 면책된다고 보았다.

이 사건에서는 실제로는 채권양도통지와 가압류명령이 채무자에게 같은 날 도달되었지만,

어느 것이 먼저 도달하였는지는 밝혀지지 않았는데, 대상판결은 이러한 경우에는 동시에 도달된 것으로 추정하여야 한다고 보았다. 그러므로 확정일자 있는 2개의 양도통지 중 어느 것이 먼저 도달되었는지가 분명하지 않은 경우에도 동시에 도달된 것과 마찬가지로 취급하여야 한다.

3. 채무자의 공탁 가능 여부

대상판결은 채권양도의 통지와 가압류 또는 압류명령이 채무자에게 동시에 송달된 경우에도 채무자는 송달의 선후가 불명한 경우에 준하여 채권자를 알 수 없다는 이유로 변제공탁을 할 수 있다고 하였다. 우선 송달의 선후가 불명한 경우에는 채무자는 과실 없이 누가 진정한 양수인인지 알 수 없으므로, 487조에 의하여 변제공탁을 할 수 있다고 보아야 한다.

그런데 동시도달이 명백한 경우에는 채무자는 양수인 중 누구에게라도 변제하면 되므로, 구태여 변제공탁을 할 수 있게 할 필요가 없지 않은가 하는 의문이 있을 수 있다. 일본에서는 이 경우에는 변제공탁을 허용하지 않는다.

그러나 대상판결이 판시하고 있는 것처럼 채무자는 동시에 도달하였다고 판단하여 양수인 중 하나에게 전액을 지급하였으나, 다른 양수인은 자신의 통지가 먼저 도달하였다고 주장하여 채무자를 상대로 소송을 제기할 우려가 있을 수 있으므로, 동시도달의 경우에도 채무자의 공탁권을 인정할 필요가 있다. 실제로 선후불명의 경우도 동시도달과 같이 취급하는 이상, 공탁에 관하여는 양자를 다르게 취급하는 것도 합리적이 아니다.

4. 이중양수인 사이의 관계

이처럼 채무자가 양수인 중 누구에게라도 변제할 수 있다고 한다면, 먼저 변제를 받은 양수인은 종국적으로 변제받은 것을 보유할 수 있고, 다른 양수인은 아무런 권리도 없는 것인가가 문제된다. 이 점에 관하여 대상판결은, 그들 상호간에는 그들 상호간에는 법률상의 지위가 대등하므로 공평의 원칙상 각 채권액에 안분하여 이를 내부적으로 다시 정산할 의무가 있다고 하였다.

학설상으로는 이들 사이의 관계를 부진정연대채권으로 파악하는 견해가 있다. 그리고 양수인들 사이에서 정산하여야 하는 근거가 명확하지는 않으나, 대상판결은 공평의 원칙에서 근거를 찾고 있다.

참고문헌

강용현, 채권양도통지와 가압류결정이 동시에 도달된 경우에 양수인이 채무자에 대하여 양수금을 청구할 수 있는가, 대법원판례해설 21호, 1994.

박용수, 확정일자 있는 지명채권 양도통지의 동시도달과 변제청구, 부산판례연구회 판례연구 5집, 1995.

배병일, 채권양도의 대항요건의 동시도달, 사법행정 1994. 8.

[판례 81]

채권양도 후 대항요건을 갖추지 못한 양수인의 지위

대법원 2005.11.10. 선고 2005다41818 판결

사 실

A는 B 소유의 부동산에 대하여 근저당권을 가지고 있었는데, B가 1998.12.18. 위 근저당권을 불법하게 말소하였고, 법무사 Y_1, 그 사무원인 Y_2는 제대로 확인하지 않은 채 B의 말소신청을 대리하여 주었다. 그 후 C는 1998.12.30 B에 대하여 가지고 있던 약 20억 원의 채권에 대하여 B로부터 1번 근저당권을 설정받았다. 그런데 A는 B와 C를 상대로 하여 말소된 근저당권설정등기의 회복등기를 구하는 소를 제기하여, 2000.12.22. 승소판결을 받아 위 판결에 기하여 2001.7.13. 근저당권설정등기의 회복등기절차를 마쳤다. C는 A의 근저당권이 말소되지 않았더라면 B에게 대출하여 주지 않았을 것이므로 Y들에 대하여 손해배상채권을 가지고 있다고 하면서 2000.10.13. D에게 위 손해배상채권을 양도하였다. D는 2001.5.23. Y들을 피고로 하여 손해배상청구 소송을 제기하였으나, 그 채권양도는 2004.5.17.에야 Y들에게 통지되었다. 그 후 D는 다시 E에게, E는 F에게, F는 X에게 순차로 채권을 양도하였고, 이는 Y들에게 각 통지되었다. D는 그 소송에서 탈퇴하여, X가 최종적으로 원고가 되었다.

원심은, C는 2000.12.22. 이 사건 손해배상채권이 발생하였음을 알았고, C의 D에 대한 양도통지는 그 때부터 3년의 소멸시효 기간이 경과한 후에 되었으며, 이 사건 소는 2001.5.23. 제기되었으나 당시에는 채권양도 통지가 이루어지기 전이었으므로 Y들에게 대항할 수 없는 양수인인 D가 소를 제기하였다고 하여 위 손해배상채권에 관한 소멸시효가 중단되는 것은 아니라는 이유로 X의 청구를 기각하였다. 그러나 대법원은 원심판결을 파기하였다.

이 유

채권양도는 구 채권자인 양도인과 신 채권자인 양수인 사이에 채권을 그 동일성을 유지하면서 전자로부터 후자에게로 이전시킬 것을 목적으로 하는 계약을 말하고, 채권양도에 의하여 채권은 그 동일성을 잃지 않고 양도인으로부터 양수인에게 이전되며, 이러한 법리는 채권양도의 대항요건을 갖추지 못하였다고 하더라도 마찬가지인 점, 민법 149조의 "조건의 성취가 미정한 권리의무는 일반규정에 의하여 처분, 상속, 보존 또는 담보로 할 수 있다"는 규정은 대항요건을 갖추지 못하여 채무자에게 대항하지 못한다고 하더라도 채권양도에 의하여 채권을 이전받은 양수인의 경우에도 그대로 준용될 수 있는 점, 채무자를 상대로 재판상의 청구를 한 채권의 양수인을 '권리 위에 잠자는 자'라고 할 수 없는 점 등에 비추어 보면, 비록 대항요건을 갖추지 못하여 채무자에게 대항하지 못한다고 하더라도 채권의 양수인이 채무자를 상대로 재판상의 청구를 하였다면 이는 소멸시효 중단사유인 재판상의 청구에 해당한다.

해 설

1. 대항요건을 갖추기 전의 양수인과 채무자의 관계

450조 1항은 "지명채권의 양도는 양도인이 채무자에게 통지하거나 채무자가 승낙하지 아니하면 채무자 기타 제삼자에게 대항하지 못한다"고 규정한다. 여기서 "대항하지 못한다"는 의미가 무엇인지 문제된다.

종래의 통설은, 채권이 양도인과 양수인의 합의로 양도되었지만 아직 채무자에 대한 대항요건을 갖추지 못한 때에는, 양도인과 양수인 사이에서는 채권이 양수인에게 이전되지만 채무자에 대한 관계에서는 여전히 양도인이 채권자이고, 양수인은 채권자가 아니라고 한다(상대적 이전설). 다만 채무자가 스스로 양수인이 채권자임을 인정하고 그에게 변제를 하면 이는 유효하다. 채무자가 채권양도를 승낙한 것으로 볼 수 있기 때문이다.

반면 양도인과 양수인의 합의가 있으면 채권은 양도인에 대하여서뿐만 아니라 채무자에 대한 관계에서도 양수인에게 이전되지만, 대항요건을 갖추지 못하면 양수인은 채무자에게 채권을 행사할 수 없다는 주장도 있다. 다만 이 설에서도 대항요건을 갖추었다는 점에 대하여 누가 주장책임과 증명책임을 지는가에 대하여는 의견이 갈린다. 1설은 대항요건을 갖추었다는 것은 양수인이 채무자에 대하여 권리를 행사하기 위한 요건이므로, 양수인이 주장책임과 증명책임을 부담한다고 본다(권리행사요건설). 이에 대하여 다른 설은, 양수인은 대항요건을 갖추기 전에도 채무자에 대하여 채권을 행사할 수 있고, 채무자는 그에 대한 항변으로 양수인이 대항요건을 갖추지 못하였음을 주장하여 양수인에 대한 변제를 거절할 수 있으며, 다시 양수인은 재항변으로서 대항요건을 갖추었다는 것을 증명하여야 한다고 본다(항변설 또는 부인권설). 일본의 통설과 판례는 항변설을 지지하고 있다.

이와는 달리 양도인의 채권양도 통지나 채무자의 승낙은 지명채권양도의 효력발생요건이라는 설도 있다.

2. 판 례

종전의 판례는 대항요건을 갖추지 못한 채권양수인의 권리행사를 인정하지 않았다. 대결 1964.4.28, 63마216은, 경매신청인이 근저당권과 함께 채권을 양수하여 근저당권 이전등기까지 끝냈어도, 그 채권 및 근저당권 양도에 관하여 채무자의 승낙을 얻은 사실이 없으면 채무자에게 대하여 채권 및 근저당권 양수를 주장할 수 없으며, 따라서 그 채권 및 근저당권 양수를 원인으로 하여 저당권 실행을 할 수 없다고 하였다. 또한 대판 1988.3.22, 86다카622, 623은, 채권양수인이 저당권설정청구권보전을 위한 가등기가처분에 의하여 가등기를 경료하였더라도, 그 양도의 통지가 나중에야 되었다면, 가등기 경료 당시 채권양수인은 채무자에게 위 채권의 양수를 주장하지 못하므로 결국 위 가등기는 피보전권리도 존재하지 아니하여 무효이고, 설사 그 이후에 채권양도 통지가 있어 채권양수인이 그 채권양수를 채무자에게 대항할 수 있게 되었다고 하여 무효인 위 가등기가 유효하게 된다고 볼 수도 없다고 하였다. 그리고 대판 1990.11.27, 90다카27662는, 양수인으로서는 양도인이 채무자에게 채권양도통지를 하거나 채무자가 이를 승낙하여야 피고에게 채권양수를 주장(대항)할 수 있는 것이며, 그 입증은 양수인이 사실심에서 하여야 할 책임이 있다고 하였다. 나아가 대판 1992.8.18, 90다9452, 9469는, 채권을 양수하기는 하였으나 아직 양도인에 의한 통지 또는 채무자의 승낙이라는 대항요건을 갖추지 못하였다면, 채권양수인은 현재는 채무자와 사이에 아무런 법률관계가 없어 채무자에 대하여 아무런 권리주장을 할 수 없기 때문에, 채무자에 대하여 채권양도인으로부터 양도통지를 받은 다음 채무를 이행하라는 청구는 장래이행의 소로서의 요건을 갖추지 못하여 부적법하다고 판시하였다.

그러나 근래의 판례는 대항요건을 갖추지 않은 양수인도 채무자에 대한 관계에서 보호하려는 태도를 보이고 있다. 우선 대판 2000.12.12, 2000다1006은, 대항요건을 갖추지 아니한 양수인은 채무자에게 채권을 주장할 수 없게 되지만, 그렇다고 하여 그러한 양수인이 채무자를 상대로 소제기 자체를 못한다거나 소제기가 무효라고는 볼 수 없고, 소가 제기된 이후에 변론종결시까지 대항요건을 구비하지 못하면 청구가 이유 없는 것으로 될 뿐이므로, 양수인은 바르샤바 협약(국제항공운송에 있어서 일부 규칙의 통일에 관한 협약)상의 2년의 제소기간(제척기간) 내에 채무자를 상대로 제소만 하면 제척기간을 준수한 것으로 보아야 하고, 채무자에 대한 대항요건까지 갖출 필요는 없다고 하였다. 또한 대판 2005.6.23, 2004다29279는, 피담보채권을 저당권과 함께 양수한 자는 저당권 이전의 부기등기를 마치고 저당권 실행의 요건을 갖추고 있는 한 채권양도의 대항요건을 갖추고 있지 않더라도 경매신청을 할 수 있으며, 채무자는 경매절차의 이해관계인으로서 채권양도의 대항요건을 갖추지 못하였다는 사유를 들어 경매개시결정에 대한 이의나 즉시항고절차에서 다툴 수 있고, 이 경우는 신청채권자가 대항요건을 갖추었다는 사실을 증명하여야 할 것이라고 하였다. 이 판결은 그 근거로서, 당시의 민사소송법 724조(현행 민사집행법 264조)가 부동산에 대한 담보권실행을 위한 경매의 개시요건으로서 담보권의 존재를 증명하는 서류와 담보권에 관하여 승계가 있는 경우에는 승계를 증명하는 서류를 제출하도록 하였지만, 피담보채권의 존재를 증명하도록 요구하고 있지는 않았다는 점을 들고 있다.

그리고 대판 2009.2.12, 2008두20109는, 채권양도 후 대항요건이 구비되기 전의 양도인은 채무자에 대한 관계에서는 여전히 채권자의 지위에 있으므로 채무자를 상대로 시효중단의 효력이 있는 재판상의 청구를 할 수 있고, 이 경우 채무자가 채권양도의 효력을 인정하는 등의 사정으로 인하여 양도인의 청구가 기각됨으로써 170조 1항에 의하여 시효중단의 효과가 소멸되더라도 양도인의 청구가 당초부터 무권리자에 의한 청구로 되는 것은 아니므로, 양수인이 그로부터 6월 내에 채무자를 상대로 재판상의 청구 등을 하였다면 169조 및 170조 2항에 의하여 양도인의 최초의 재판상의 청구로 인하여 시효가 중단된다고 하였다.

3. 검 토

우선 채무자에 대한 통지나 승낙이 양도인과 양수인 사이의 관계에서도 효력발생요건에 해당한다고 보아, 그러한 요건을 갖추지 못한 때에는 양도인이 여전히 채권자라고 볼 수는 없다. 민법은 채권양도의 통지나 승낙을 효력발생요건 아닌 대항요건으로 규정하고 있기 때문이다. 그리고 이를 갖추지 않았더라도 채권이 채무자에 대한 관계에서도 양수인에게 이전되었다고 볼 수도 없다. 채무자는 통지나 승낙이 이루어지기 전에는 양도인에게 유효하게 변제를 할 수 있는데, 채권이 채무자에 대한 관계에서도 양수인에게 이전되었다고 본다면 이를 설명할 수 없다. 또한 양도인의 재판상 청구도 소멸시효 중단의 효력을 가지지 못하게 된다.

항변설은 양수인의 청구에 대하여 채무자는 양수인이 대항요건을 갖추지 못하였음을 주장하여 양수인에 대한 변제를 거절할 수 있고, 다시 양수인은 재항변으로서 대항요건을 갖추었다는 것을 증명하여야 한다고 보고 있으나, 451조는 동시이행의 항변권과 같은, 채무자가 주장하여야만 하는 실체법상의 항변권을 규정하고 있는 것은 아니므로, 대항요건의 구비에 관하여 주장책임과 증명책임을 구별할 근거는 없다.

그러므로 통설과 마찬가지로, 채권양도가 있으면 채무자에 대한 대항요건을 갖추기 전에도 양수인은 양도인에 대한 관계에서는 채권자가 되지만, 채무자에 대하여는 양수인은 자신이 채권자라고 주장하여 이행을 청구할 수 없다고 보아야 한다. 판례도 그러한 취지로 보인다. 위 대판 2009.2.12, 2008두20109은 채권양도 후 대항요건이 구비되기 전의 양도인은 채무자에 대한 관계에서는 여전히 채권자의 지위에 있다고 하였다.

위 대판 2005.6.23, 2004다29279는 항변설을 따른 것과 마찬가지의 결과가 되었지만, 이는 당시의 민사소송법 724조(현행 민사집행법 264조)를, 부동산을 목적으로 하는 담보권을 실행하기 위한 경매신청을 할 때 저당권이전등기가 있으면 따로 대항요건을 갖춘 것까지 증명할 필요는 없다고 해석한 결과이다.

4. 구체적인 적용

그러나 대항요건을 갖추기 전이라 하여도 양수인을 보호할 필요성을 부정할 수는 없다. 그러므로 이를 위한 해석론을 모색할 필요가 있다. 이를 위하여는 채무자에 대한 통지나 채무자의 승낙에 소급효를 인정하여야 한다. 즉 채권양도가 있은 후 채무자에 대한 통지나 승낙이 있으면 양수인은 채권양도가 있은 때부터 채무자에 대한 관계에서 채권자가 된 것으로 취급하여야 한다. 그것이 당사자들의 의사에 부합할 뿐만 아니라, 그와 같이 보지 않으면 양도인이 부당하게 이익을 얻는 반면, 양수인이 손해를 볼 우려가 있기 때문이다. 다만 이러한 소급효는 채무자와의 사이에서만 인정될 수 있고, 제3자에 대하여도 인정되어야 하는 것은 아니다. 그렇지 않으면 제3자의 이익을 해칠 우려가 있기 때문이다.

그러므로 대상판결과 같은 경우에는 양수인이 소를 제기할 때에는 채무자에 대한 통지나 승낙이 없었다고 하더라도, 나중에 채무자에 대하여 통지가 이루어졌다면 소 제기시에 소급하여 소멸시효 중단의 효과를 인정할 수 있게 된다. 제척기간의 준수에 관하여도 마찬가지이다(위 대판 2000.12.12, 2000다1006).

이러한 관점에서 본다면, 대판 1988.3.22, 86다카622, 623 판결이, 채권을 양수하였으나 양수인을 위한 양도통지가 되기 전에 경료된 양수인을 위한 저당권설정청구권보전의 가등기는 나중에 양도통지가 되었더라도 무효라고 본 것은 문제가 있고, 양도통지가 되었으면 가등기는 소급하여 유효하게 되었다고 보아야 할 것이다. 또한 대판 1992.8.18, 90다9452, 9469가 채무자에 대하여 채권양도인으로부터 양도통지를 받은 다음 채무를 이행하라는 장래이행의 소를 제기하지 못한다고 한 것도 의문이다. 이러한 경우에는 장래이행의 소를 허용할 필요가 있다(공동명의 예금의 반환청구에 관한 대판 1994.4.26, 93다31825 참조).

그리고 채권을 양도하였으나 대항요건을 갖추기 전에 양도인이 채무자를 상대로 소를 제기한 것은 권리자에 의한 적법한 재판상 청구로서 소멸시효를 중단시킬 수 있다. 다만 그 후 채권양도에 의한 대항요건이 갖추어지면 양도인의 청구는 기각되게 되는데, 만일 양도인의 청구가 기각되기 전에 양수인이 양도인을 승계하여 소송에 참가하였다면, 그 참가는 소송이 법원에 처음 계속된 때에 소급하여 시효의 중단의 효력이 생긴다(민사소송법 80조). 이 규정에 비추어 본다면, 양수인이 소송참가를 하지 않았어도, 양도인의 청구가 기각된 후 6개월 내에 양수인이 소를 제기하면 170조 2항에 의하여 양도인의 소 제기시에 발생한 소멸시효 중단의 효력이 유지되는 것으로 볼 수 있을 것이다.

참고문헌

김병선, 채권양도의 대항요건과 소멸시효의 중단, 저스티스 통권 104호, 2008.

남효순, 대항요건을 갖추지 못한 동안 채권양도의 채무자에 대한 효력, 민사판례연구 31권, 2009.

오수원, 통지 · 승낙이 없는 지명채권양도의 채무자에 대한 효력, 민사법학 47호, 2009.

이동진, 대항요건을 갖추지 아니한 지명채권양도의 효력, 민사법학 90, 2020.

이상주, 채권의 양수인이 채권양도의 대항요건을 갖추지 못한 상태에서 채무자를 상대로 재판상의 청구를 한 경우, 소멸시효 중단사유인 재판상의 청구에 해당하는지 여부(적극), 대법원판례해설 제57호, 2006.

[판례 82]

채권양도의 철회와 채권의 준점유자에 대한 변제

대법원 1997.3.11. 선고 96다44747 판결

사 실

A는 Y에 대하여 금 65,000,000원의 임대보증금반환채권을 가지고 있었는데, 1990.12.4. B에게 위 채권을 양도하고 1993.3.15. Y에게 채권양도의 통지를 하였다가, 같은 해 4.6. 자신이 B에 대한 채무를 모두 변제하였다는 이유로 B의 승낙 없이 임의로 Y에게 위 채권양도를 철회하는 통지를 하였다. A의 채권자인 C는 1993.4.8. A의 위 임대보증금반환채권에 대하여 채권압류 및 전부명령을 받은 후, 1994.9.12. 이를 D에게 양도하였고, D는 같은 날 다시 이를 E에게 양도하였으며, 각 양도통지가 이루어졌다. E는 1994.7. Y를 상대로 전부금청구의 소를 제기하였는데, Y는 A의 B에 대한 채권양도가 적법하게 철회된 것으로 믿은 나머지, 위 채권양도의 철회가 무효라는 주장을 하지 않아서 1994.11.16. 패소판결을 받고, 같은 해 12.10.경 E에게 금 65,000,000원을 모두 지급하였다. 다른 한편 X는 B의 Y에 대한 임대보증금반환채권에 관하여 1994.4.8.자로 채권가압류결정을 받았다가 1995.6.12. 가압류에서 본압류로 전이하는 채권압류 및 전부명령을 받은 다음, Y에 대하여 그 피전부채권의 지급을 구하는 소송을 제기하였다. 원심은 X의 청구를 기각하였고, 대법원도 X의 상고를 기각하였다.

이 유

C의 채권압류 및 전부명령은 이미 대항력 있는 채권양도가 이루어진 후에 발하여진 것이어서 무효이지만, 그러한 무효인 전부명령을 받은 자에 대한 변제라도 그가 피전부채권에 관하여 무권리자라는 사실을 알지 못하거나 과실 없이 그러한 사실을 알지 못하고 변제한 때에는 그 변제는 채권의 준점유자에 대한 변제로서 유효한데, 법률전문가가 아닌 Y로서는 A의 채권

양도철회통지로 인하여 채권양도가 없었던 것과 같이 되었다고 믿을 수밖에 없었을 것이고, 더욱이 E가 전부금의 지급을 구하는 소를 제기하여 오자 그 전부명령의 효력을 적극 다투었다가 패소판결을 선고받기까지 하였으므로, Y가 E가 유효하게 임대보증금반환채권을 전부받은 채권자인 것으로 오인한 데 대하여 과실이 있다고 볼 수 없고, 따라서 Y의 E에 대한 변제는 유효하다고 본 원심판결에 법리오해의 위법이 있다고 할 수 없다.

해 설

1. 채권양도의 해제와 양수인의 동의 없는 채권양도의 철회

452조는 1항에서 양도인이 채무자에게 채권양도를 통지한 때에는 아직 양도하지 아니하였거나 그 양도가 무효인 경우에도 선의인 채무자는 양수인에게 대항할 수 있는 사유로 양도인에게 대항할 수 있다고 규정하고, 2항에서는 전항의 통지는 양수인의 동의가 없으면 철회하지 못한다고 규정하고 있다. 그러면 채권양도가 해제되어 양도인이 양도통지를 철회하였는데, 양수인의 동의는 받은 바 없다면 어떻게 되는가? 판례는, 양도인이 채무자에게 채권양도통지를 취소한다는 통지를 하였더라도 양수인이 양도인의 위 채권양도통지철회에 동의하였다고 볼 증거가 없다면 위 채권양도통지철회는 효력이 없으므로 양도인은 채무자에게 청구할 수 없다고 하였다 (대판 1993.7.13, 92다4178).

또한 대판 1978.6.13, 78다468은, 452조 2항을 근거로 하여, 채권양도계약이 해제되었고 양도인이 채무자에게 양도철회 통지를 하였더라도 양수인의 동의가 없었다면 이를 채권양수인에게는 대항할 수 없고, 채무자는 양수인의 지급청구에 응하여야 한다고 보았다.

나아가 대판 2012.11.29, 2011다17953은, 채권양도가 해제 또는 합의해제되어 소급적으로 무효가 되는 경우에는 452조 1항과 2항이 유추적용된다고 보았다. 그리하여 양도계약이 해제 또는 합의해제된 경우에, 채권양도인이 해제 등을 이유로 다시 원래의 채무자에 대하여 양도채권으로 대항하려면 채권양도인이 채권양수인의 동의를 받거나 채권양수인이 채무자에게 위와 같은 해제 등의 사실을 통지하여야 하고, 위와 같은 대항요건이 갖추어질 때까지 양도계약의 해제 등을 알지 못한 선의인 채무자는 해제 등의 통지가 있은 다음에도 채권양수인에 대한 반대채권에 의한 상계로써 채권양도인에게 대항할 수 있다고 하였다. 대판 2014.4.10, 2013다76192은, 452조 1항은 지명채권을 목적으로 한 질권 설정의 경우에 유추적용된다고 하였다.

다른 한편 대판 1962.4.26, 62다10은, 지명채권의 양도계약이 해제된 경우에 채권양도인이 그 해제의 사유를 채무자에게 대항하려면 채권 양수인이 채무자에게 통지하여야 한다고 보았다(같은 취지, 대판 1993.8.27, 93다17379). 그 이유는 양도계약의 해제로 말미암아 채권 양수인이었던 사람은 지명채권을 새로 양도하는 사람의 지위에 놓이기 때문이라고 한다.

학설로서는 우선 452조 2항은 채권을 양도받은 양수인을 보호하려는 것이 아니라 양도통지를 받은 채무자를 보호하기 위한 것이고, 양수인이 실제로 권리를 가지지 않았다면 채무자에게 청구하는 것이 허용되어서는 안 된다는 주장이 있다. 또한 채권양도의 해제와 취소는 이미 행하여진 채권양도를 무효로 만드는 것일 뿐 새로운 채권양도가 아니기 때문에, 거기에 대항요건을 갖출 필요는 없다고 하는 견해도 있다.

2. 무효인 전부명령을 받은 채권자가 채권의 준점유자에 해당하는지 여부

판례(대판 1980.9.30, 78다1292; 1987.12.22, 87다카2015; 1995.4.7, 94다59868 등)는, 전부명령이 무효이더라도 그 전부명령을 받은 채권자는 470조가 규정하는 채권의 준점유자에 해당하므로, 제3채무자가 그 전부채권자에게 전부금을 변제하였다면 제3채무자가 선의 · 무과실인 때에는 민법 470조에 의하여 그 변제는 유효하다고 보고 있다. 대상판결도 마찬가지이다.

이러한 판례에 대하여는, 전부채권자에 대한 변제는 그를 채권자로 믿어서가 아니라 법원에 의하여 전부채권자에게 변제할 것을 강제당하는 것이므로 그러한 전부채권자가 채권의 준점유자에는 해당하지 않으며, 제3채무자의 전부채권자에 대한 변제는 언제나 유효하다는 견해도 있으나, 일반적인 학설은 전부채권자도 채권의 준점유자에 해당할 수 있다고 본다.

다만 위 판례들 가운데 대상판결 이외의 것들은 모두 압류 또는 가압류가 경합되어 있는 상태에서 전부명령이 발령되어 무효인 경우에 관하여, 제3채무자가 그 전부채권자에게 변제한 때에는 제3채무자에게 과실이 있다고 보아 그 변제가 무효라고 하였다.

3. 452조 1항과 2항의 의미

452조 1항은 양도인이 채무자에게 채권양도를 통지하였지만 아직 양도하지 아니하였거나 그 양도가 무효인 경우에 적용된다. 그런데 일단 유효하게 양도되었지만 양도가 취소되거나 또는 해제된 경우에도 이 조항이 적용되는가에 대하여는 의견 대립이 있다. 다수설은 양도가 후발적으로 효력을 잃게 되는 경우에도 이 조항이 적용된다고 본다. 그러나 양도가 후발적으로 효력을 잃는 경우에는 452조 1항은 직접 적용될 수 없고, 다만 유추적용될 수 있을 뿐이라는 견해도 있다. 위 대판 2012.11.29, 2011다17953은 452조 1항과 2항이 직접 적용되는 것이 아니라 유추적용된다고 하였다. 그러나 직접 적용되든 유추적용되든 결과적으로 차이가 있는 것은 아니다.

그런데 판례는 양도가 무효 또는 해제된 경우에도 양수인의 동의를 받은 철회가 없으면 여전히 양수인이 채권자인 것으로 취급하고 있다. 그러나 이는 문제가 있다. 우선 1항은 아직 양도하지 아니하였거나 그 양도가 무효인 경우에도 선의인 채무자는 양수인에게 대항할 수 있는 사유로 양도인에게 대항할 수 있다고 규정하고 있으므로, 반대해석상 채무자가 악의이면 양수인에게 변제하였더라도 양도인에게는 대항할 수 없는 것으로 보아야 한다. 따라서 이 규정은 선의인 채무자를 보호하기 위한 것이고, 양수인을 여전히 채권자로 취급하여야 한다는 의미는 아니다. 그러므로 양도인은 그는 양수인의 동의를 받은 철회가 없더라도 양도하지 않았거나 양도가 무효임을 증명하여 채무자에게 청구할 수 있다고 보아야 한다.

그렇다면 2항이 양도의 통지는 양수인의 동의가 없으면 철회하지 못한다고 규정하고 있는 것은 무슨 의미를 가지는가? 이는 채무자가 선의인 때에는 양도인이 양수인의 동의를 얻어 철회한 경우에만 1항의 효과가 더 이상 생기지 않고, 양도인이 일방적으로 철회하는 것만으로는 채무자가 악의로 되는 것은 아니라는 의미로 이해해야 할 것이다. 그러므로 양도인이 철회통지가 아니라 다른 방법에 의하여 채무자에게 양도가 없었거나 무효임을 증명하여 이행을 청구하는 것이 배제된다고 볼 수는 없다.

그리고 양도계약이 해제된 경우에 판례는 이를 새로운 양도가 있는 것과 마찬가지로 보고 있으나, 채권양도계약의 해제는 양도의 효력을 소급적으로 소멸시키는 것이고, 새로운 채권양도라고 볼 수는 없다. 판례는 그 근거를 452조 2항에서 찾고 있으나, 앞에서 설명한 것에 따르면 452조 2항은 그러한 근거가 될 수 없다. 따라서 이 경우에 원래의 채권양도인은 양수인의 통지 없이도, 채무자에게 채권양도계약이 해제되었음을 증명하여 채무의 이행을 청구할 수 있다고 보아야 할 것이다. 실제로 양도계약이 해제된 경우에 채권양수인이 자발적으로 채무자에게 채권양도계약 해제의 통지를 할 것을 기대하기는 어려우므로, 양수인의 통지가 필요하다면 양도인은 양수인을 상대로 그와 같은 통지를 할 것을 재판상 청구하여야 하지만, 구태여 그와 같은 번잡한 절차를 거치게 할 필요는 없다.

다만 채권양도계약이 합의에 의하여 해제 또는 해지된 경우에는, 이는 양도되었던 채권이 다시 양도인에게 양도된 것과 마찬가지이므로, 이때에는 450조에 의한 통지 또는 승낙이라는 대항요건을 갖추어야 할 것이다.

4. 이 사건의 경우

우선 판례와 같이 이 사건에서 A의 Y에 대한 채권양도 통지의 철회가 B의 동의가 없었으므로 무효라고 본다면, B는 여전히 채권자이고, A의 Y에 대한 채권을 압류전부받은 C나 그로부터 다시 채권을 양도받은 D, E는 채권의 준점유자에 불과하게 된다. 그러면 Y가 C에게 변제한 데 과실이 있는가를 따져 보아야 하는데, 판례는 과실이 없다고 하였다. 그러나 이는 압류 또는 가압류가 경합되어 전부명령이 무효인 경우에 그 전부채권자에 대한 제3채무자의 변제는 과실이 있다고 보는 것과는 상충된다. 법률의 부지는 변명이 되지 못하는 것이다. 대판 2000.10.27, 2000다23006은, 채권가압류나 압류가 경합되어 전부명령이 무효인데, 제3채무자가 고문변호사에게 전화로 법률관계를 문의하면서 그 압류의 경합상태 등에 관하여 제대로 설명하지 못한 채 제3채권자들의 압류금액 등을 제외하고도 지급할 채권액이 있다는 취지로 질의를 하고, 이를 기초로 한 고문변호사의 답변을 들은 후 전부채권자에게 전부금을 변제한 경우, 제3채무자에게 과실이 있다는 이유로 그 변제의 효력을 부인하였다.

그러므로 이 사건에서는 과연 A의 주장대로 A가 B에 대한 채무를 모두 변제하여 실질적으로 B가 Y에 대한 채권을 행사할 수 없게 되었는지를 따져 볼 필요가 있다. A의 주장이 맞다면 Y의 E에 대한 변제는 정당한 채권자에 대한 유효한 변제가 될 것이다. 반대로 A가 B에 대한 채무를 변제하지 않았고, B가 여전히 채권자라면 Y의 E에 대한 변제는 과실이 있는 것으로 되어 유효한 준점유자에 대한 변제가 될 수 없다.

참고문헌

김학동, 무효인 전부채권자에 대한 변제의 효력, 저스티스 제31권 1호, 1998.
서민, 지명채권양도계약의 해제와 양수인의 지위, 민사판례연구 2권, 1980.
송덕수, 채권양도가 해제된 경우에 있어서 채무자의 보호, 민사판례연구 27권, 2005.
송덕수, 채권양도가 해제 또는 합의해제된 경우의 민법 제452조의 유추적용, 법학논집 17권 3호, 이화여대, 2013.
최준규, 채권양도계약의 해제와 채무자 보호, 저스티스 156호, 2016.

[판례 83]

채권양도에서 이의를 보류하지 않은 승낙

대법원 2019.6.27. 선고 2017다222962 판결

사 실

X는 2014.1.20. 의사인 A에게 합계 9억 원을 대여하였고, A는 위 대출금채무를 담보하기 위하여 2014.1.17. X에게 자신이 Y(국민건강보험공단)에 대하여 가지는, 이미 발생하거나 장래 발생할 국민건강보험법에 근거한 요양급여비용 채권과 의료급여법에 근거한 의료급여비용 채권 중 210억 원에 달할 때까지의 금액을 양도하였다. A는 2014.1.17. Y에게 내용증명우편으로 채권양도사실을 통지하였고 이는 그 무렵 Y에게 도달하였다. Y는 2014.1.20. A에게 '압류진료비 채권압류확인서'를 발급하여 원고에게 팩스로 송부하였다. 2015.11.19.까지 발생한 이 사건 양수채권 중 Y가 소외인에게 지급을 보류하고 있는 요양급여비용은 681,324,890원이다.

한편 A는 2008.9.5. '2007.11.1.부터 의료기관을 개설할 수 없는 비의료인과 동업으로 병원을 운영하기로 하고, 의사인 자신의 명의를 빌려주어 비의료인이 의료기관을 개설하도록 하였다'는 범죄사실로 벌금 700만 원의 약식명령을 받았고, 이후 약식명령이 확정되었다. Y는 2007.11.1.부터 위 약식명령 발령일인 2008.9.5.까지 소외인에게 요양급여비용으로 합계 914,284,680원을 지급하였다. X가 Y에 대하여 위 양수채권의 지급을 청구한 데 대하여, Y는 A가 의료법 위반행위로 Y로부터 지급의무 없는 요양급여비용을 받은 것은 민사상 불법행위에 해당하므로, 피고는 소외인에 대하여 914,284,680원의 손해배상채권을 가진다고 하여 상계를 주장하였다.

제1심은 Y의 상계 주장을 받아들였으나, 원심은 Y가 이 사건 채권양도에 대하여 명시적 또는 묵시적으로 이의를 보류하지 않은 승낙을 하였으므로 이 사건 손해배상채권을 가지고 X에게 상계로써 대항할 수 없다고 판시하였다. 그러나 대법원은 원심판결을 파기하였다.

이 유

가. 민법 451조 1항 본문은 "채무자가 이의를 보류하지 아니하고 전조의 승낙을 한 때에는 양도인에게 대항할 수 있는 사유로써 양수인에게 대항하지 못한다"라고 정하고 있다. 이 조항은 채무자의 이의를 보류하지 않은 승낙이라는 사실에 공신력을 주어 양수인을 보호하고 거래의 안전을 꾀하기 위한 것이다. 채무자가 이 조항에 따른 이의를 보류하지 않은 승낙을 할 때에 명시적으로 항변사유를 포기한다거나 양도되는 채권에 대하여 이의가 없다는 뜻을 표시할 것까지 요구하지는 않는다. 그러나 이의를 보류하지 않은 승낙으로 말미암아 채무자가 양도인에 대하여 갖는 대항사유가 단절되는 점을 감안하면, 채무자가 이 조항에 따라 이의를 보류하지 않은 승낙을 했는지 여부는 문제되는 행위의 내용, 채무자가 그 행위에 이른 동기와 경위, 채무자가 그 행위로 달성하려고 하는 목적과 진정한 의도, 그 행위를 전후로 채무자가 보인 태도 등을 종합적으로 고려하여 양수인으로 하여금 양도된 채권에 대하여 대항사유가 없을 것을 신뢰하게 할 정도에 이르렀는지를 감안하여 판단해야 한다.

나. (1) 확인서는 주된 용도가 소외인의 요양급여 등 채권에 대하여 Y에게 접수된 확정일자 있는 채권양도 통지나 압류 등 내역을 확인하는 데 있다. 확인서는 Y의 민원업무를 신속하고 획일적으로 처리하기 위해서 발급목적과 용도가 채권압류 확인으로 제한되어 있고, 발급목적 외 다른 용도로 사용하는 것이 엄격히 금지되어 있다.

(2) 이 사건 채권양도의 대상이 된 채권은 장래 발생할 채권이 다수 포함된 집합채권으로서 확인서 발급 당시에는 210억 원이라는 한도만 정해져 있었을 뿐 대부분의 채권이 발생 시기나 금액이 불확실하였다. 그와 같은 상황에서 Y가 양도인에 대한 모든 대항사유를 포기한 채 채권양도를 승낙하였으리라고는 통상적으로 기대하기 어렵다.

(3) Y는 이 사건 채권양도 통지를 받은 다음 2015.4.경 다른 사건의 소송 수행 과정에서 소외인의 의료법 위반 사실을 비로소 알게 된 것으로 보이고, 이후 X에 대한 지급행위를 중단하였다. Y가 2007.11.1.부터 2008년까지 있었던 A의 의료법 위반 사실을 미리 알았더라면 의료법 위반에 따른 손해배상채권을 이유로 그 즉시 지급을 중단하거나 상계권을 행사하였을 것으로 보는 것이 자연스럽다. 이에 비추어 보면, Y는 이 사건 채권양도 통지를 받고 양수인인 X에게 변제한 것일 뿐, 이를 이유로 Y가 이 사건 채권양도에 대하여 이의를 보류하지 않은 승낙을 한 것으로 보기는 어렵다.

(4) Y가 위와 같이 A에 대한 손해배상채권이나 그에 따른 상계 가능성을 알지 못하였던 것으로 보이는 상황에서 확인서 발급 당시 A에 대한 대항사유를 구체적으로 보류할 것을 기대하기는 어렵다. 확인서에는 진료비채권에 대한 압류확인 외의 목적으로 확인서를 사용하는 것을 금지하고 확인서의 발급으로 인해서 어떠한 책임도 피고에게 물을 수 없다는 내용이 기재되어 있다. Y는 위와 같은 기재내용을 통하여 대항사유의 단절이라는 법적 책임이나 불이익을 지

지 않음을 포괄적으로 표시하였다고 볼 수도 있다.

위와 같은 사정을 종합하면, Y가 이 사건 채권양도에 대하여 이의를 보류하지 않은 승낙을 한 것으로 보기는 어렵다.

해 설

1. 이의를 보류하지 않은 승낙의 의의

450조는 지명채권 양도의 대항요건으로서 채무자에 대한 통지와 채무자의 승낙 두 가지를 규정한다. 여기서 채무자의 승낙의 법적 성질에 관하여는 이를 의사표시가 아닌 관념의 통지로 보는 것이 통설이지만, 이를 의사표시라고 하는 소수설도 있다. 대판 2013.6.28, 2011다83110은, 여기서의 승낙은 채무자가 채권양도 사실에 관한 인식을 표명하는 것으로서 이른바 관념의 통지에 해당한다고 하였다.

그런데 451조 1항은 채무자가 이의를 보류하지 아니하고 승낙을 한 때에는 양도인에게 대항할 수 있는 사유로써 양수인에게 대항하지 못한다고 규정한다. 이처럼 이의를 보류하지 않은 승낙에 대하여 항변 절단의 효과를 인정하는 근거에 대하여, 통설과 판례(대판 1997.5.30, 96다22648; 2013.6.28, 2011다83110)는 이 규정은 채무자의 승낙이라는 사실에 공신력을 주어 양수인을 보호하고 거래의 안전을 꾀하기 위한 것이라고 하는 공신력설을 따르고 있다.

2. 항변 절단의 적용 범위

판례(대판 1997.5.30, 96다22648)는 여기서 양수인에게 대항하지 못하는 사유는 협의의 항변권에 한하지 아니하고 넓게 채권의 성립, 존속, 행사를 저지하거나 배척하는 사유를 포함한다고 본다. 대상판결도 같은 취지이다. 다만 대판 1994.4.29, 93다35551은, 채권이 이미 타인에게 양도되었다는 사실은 여기에 해당하지 아니하고, 채무자는 이를 양수인에게 주장할 수 있다고 보았다.

그리고 판례(대판 1999.8.20, 99다18039; 2002.3.29, 2000다13887; 2018.7.24, 2016다205687)는 채무자가 채권양도에 대하여 이의의 보류 없이 승낙하였다 하더라도 양수인에게 악의 또는 중과실이 있는 경우, 양도인에 대하여 생긴 사유로 양수인에게 대항할 수 있다고 하였다.

그런데 채무자가 단순히 이의를 보류하지 않은 승낙을 하였다는 이유만으로 양도인에게 대항할 수 있는 사유로써 양수인에게 대항할 수 없다고 하는 것은 별로 합리적이지 않다. 그리하여 학설상으로는 451조 1항의 적용범위를 제한하려는 주장이 있다. 그 하나는 양수인에게 대항할 수 없는 항변은, 채권이 무효 등으로 부존재하거나 소멸 등으로 채권이 존재하지 않는 항변에 한정된다고 하는 견해이다. 다른 하나는, 채무자가 양수인에게 대항하지 못하기 위하여는 양수인이 선의일 뿐만 아니라 과실도 없어야 한다는 것이다.

3. 대상판결에 대하여

대상판결은 "이의를 보류하지 않은 승낙"을 엄격하게 해석함으로써 결과적으로 채무자의 상계 항변을 허용하였다. 즉 채무자가 이의를 보류하지 않은 승낙을 할 때에 명시적으로 항변 사유를 포기한다거나 양도되는 채권에 대하여 이의가 없다는 뜻을 표시할 것까지 요구하지는 않지만, 채무자가 이 조항에 따라 이의를 보류하지 않은 승낙을 했는지 여부는 문제되는 행위의 내용, 채무자가 그 행위에 이른 동기와 경위, 채무자가 그 행위로 달성하려고 하는 목적과 진정한 의도, 그 행위를 전후로 채무자가 보인 태도 등을 종합적으로 고려하여 양수인으로 하여금 양도된 채권에 대하여 대항사유가 없을 것을 신뢰하게 할 정도에 이르렀는지를 감안하여 판단해야 한다는 것이다.

대상판결의 경우에는 Y가 채권양도의 승낙을 할 당시에 A에 대하여 상계를 할 수 있는 반대채권이 있었다는 사실 자체를 몰랐다. 이처럼 상계를 할 수 있다는 사실 자체를 몰랐던 경우에는 이의를 보류하지 않은 승낙을 하였다는 것만으로 Y가 A에게 상계로 대항할 수 없다고 하는 것은 가혹하다.

나아가 대상판결이 채무자가 이 조항에 따라 이의를 보류하지 않은 승낙을 했는지 여부는 양수인으로 하여금 양도된 채권에 대하여 대항사유가 없을 것을 신뢰하게 할 정도에 이르렀는지를 감안하여 판단해야 한다고 하는 것도 수긍할 수 있다. 이처럼 항변 절단의 효과를 인정하는 근거가 채무자의 승낙이라는 사실에 공신력을 주기 때문이라면, 채무자의 승낙이 그러한 공신력을 주는 데 충분한 것이라야 한다. 그런데 특별한 부가적 설명 없이 단순히 승낙을 하였다는 것만으로는 양수인이 그와 같이 신뢰하게 되는 것은 아니다.

그러므로 대상판결보다 한 걸음 더 나아가서, 항변 절단의 효과가 인정되는 이의를 보류하지 않은 승낙이라고 하기 위하여는 단순히 아무런 이의를 하지 않았다는 것만으로는 부족하고, 명시적으로 또는 적어도 묵시적으로라도 항변사유를 포기한다거나 양도되는 채권에 대하여 이의가 없다는 뜻을 표시하여야 한다고 봄이 타당하다. 그와 같은 해석이 "이의를 보류하지 않은 승낙"이라는 법의 문언에 어긋난다고 할 수도 없다.

참고로 2017년 개정 전의 일본 민법 468조 1항은 우리 민법 451조 1항과 같은 취지였는데, 개정된 위 조항은 "채무자는 대항요건 구비시까지 양도인에 대해서 발생한 사유로써 양수인에게 대항할 수 있다"고 규정하여 이의를 보류하지 않은 승낙에 의한 항변 절단 자체를 없애 버렸다.

참고문헌

권영준, 2019년 민법 판례 동향, 서울대학교 법학 61권 1호, 2020.

박설아, 채권양도에 대한 채무자의 이의를 보류하지 않은 승낙, 대법원판례해설 119호, 2019.

여미숙, 채권양도에서 이의를 보류하지 않은 승낙 및 상계, 법조 70권 5호, 2021.

오수원, 채무자의 이의를 보류하지 아니한 채권양도승낙의 법적 성질과 그 채권양도의 포섭범위, 저스티스 166호, 2018.

오수원, 채무자의 이의를 보류하지 아니한 채권양도 승낙에 의한 대항불능의 취지와 양수인의 선의 · 무중과실, 충북대학교 법학연구 29권 1호, 2018.

이동진, 지명채권양도에서 채무자의 이의보류 없는 승낙에 의한 항변차단, 재산법연구 36권 3호, 2019.

전원열, 채권양도에 대한 이의보류 없는 승낙에 있어서 대항사유의 단절, 재산법연구 33권 3호, 2016.

조지희, 채권양도에 대한 이의를 보류하지 않은 승낙의 판단기준, 부산판례연구회 판례연구 32집, 2021.

최수정, 채권양도에 있어서 채무자의 승낙, 서강법률논총 10권 1호, 2021.

홍준호, 지명채권양도에 대한 이의보류 없는 승낙의 효과와 상계항변의 단절 여부, 민사판례연구 23권, 2001.

[판례 84]

이행인수에 있어서 해제권 발생의 요건

대법원 2007.9.21. 선고 2006다69479, 69486 판결

사 실

X는 2003.11.20. Y에게 자기의 토지를 9,000만 원에 매도하는 계약을 체결하면서, 잔금 5,000만 원은 2004.2.28. 지급받고, 명의이전 서류를 받는 날로부터 잔금에 대한 이자를 Y가 지급하며, 위 토지에 관하여 2003.3.31. 설정된 A 명의의 근저당권의 피담보채무 5,000만 원은 Y가 승계하기로 약정하였다. X는 Y로부터 계약금과 중도금을 지급받고, 2003.12.9. 이 사건 토지의 소유권이전등기에 필요한 법무사에게 맡겨 두었다. 그런데 Y가 A에게 5,000만 원을 변제하지 아니하자, X는 Y에게 그 변제를 촉구하다가, A가 위 토지에 대하여 임의경매신청을 하여 2004.7.15. 임의경매개시결정이 내려지자, 같은 해 10.26. A에게 근저당권의 피담보채무 원리금과 집행비용을 지급하여 위 임의경매신청이 취하되었다. X는 2004.10.22. Y의 채무불이행을 이유로 계약을 해제하였다고 주장하면서 위 매매계약에 기한 소유권이전등기의무가 부존재한다는 확인청구의 소를 제기하였다.

원심은 Y가 인수채무의 이행을 지체하였다는 것만으로는 X가 계약을 해제할 수 없고, Y가 A에 대한 채무 이행을 게을리하여 위 토지에 대한 임의경매절차가 개시되고, X가 채무원리금을 소외 1에게 변제한 것은 계약해제사유가 되지만, X가 법무사에게 맡겨둔 인감증명서의 유효기간은 2004.6.9.에 끝났다는 등의 이유로 X가 자신의 소유권이전등기의무의 이행제공을 하지 않았다고 하여 X의 청구를 기각하였다. 그러나 대법원은 원심판결을 파기하였다.

이 유

부동산의 매수인이 매매목적물에 관한 채무를 인수하는 한편 그 채무액을 매매대금에서

공제하기로 약정한 경우, 그 인수는 특별한 사정이 없는 한 매도인을 면책시키는 채무인수가 아니라 이행인수로 보아야 하고, 매수인은 매매계약시 인수한 채무를 현실적으로 변제할 의무를 부담하는 것은 아니며, 특별한 사정이 없는 한 매수인이 매매대금에서 그 채무액을 공제한 나머지를 지급함으로써 잔금 지급의 의무를 다하였다 할 것이므로, 설사 매수인이 위 채무를 현실적으로 변제하지 아니하였다 하더라도 그와 같은 사정만으로는 매도인은 매매계약을 해제할 수 없는 것이지만, 매수인이 인수채무를 이행하지 아니함으로써 매매대금의 일부를 지급하지 아니한 것과 동일하다고 평가할 수 있는 특별한 사유가 있을 때에는 계약해제권이 발생한다.

Y가 인수한 X의 A에 대한 차용금 채무는 위 매매계약의 체결일 이전에 이미 변제기가 도래하여 이자 등이 연체되고 있었고, 한편 위 차용금 채무에 대한 담보로 이 사건 토지위에 설정된 근저당권설정등기는 그 채권최고액이 위 차용금 채무의 원금과 동액인 5,000만 원에 불과하여 계속 발생하는 연체이자 부분을 담보하지 못하므로, 위 차용금 채무가 변제되기까지 발생하는 연체이자 부분은 X가 그대로 부담하여야 한다는 특별한 사정이 있음을 알 수 있고, 따라서 X가 Y에게 소유권이전등기에 필요한 서류를 교부한 날로부터 Y가 위 차용금 채무를 변제하는 날까지 발생하는 위 차용금의 연체이자는 피고가 부담하기로 특약을 한 것이라고 보아야 할 것이다.

한편, X는 2003.12.9. 자기채무의 이행제공을 하였고, 나아가 위 잔금지급기일이 경과한 무렵부터 수차에 걸쳐 피고에게 인수채무의 변제를 최고하였으며, 그로부터 상당한 기간이 경과한 2004.6.7.경까지도 자기채무의 이행제공 상태를 그대로 유지하고 있었으므로, 늦어도 X가 자신의 채무 이행을 제공하면서 피고에게 수차 인수채무의 변제를 최고하던 무렵에는 Y의 이행지체로 인한 계약해제권을 취득하였으며, 일단 채무자의 이행지체로 인하여 채권자에게 계약해제권이 발생하면, 그 이후로는 채권자는 특별한 사정이 없는 한 자기채무의 이행제공을 하지 않은 상태에서도 그 해제권을 행사할 수 있다.

해 설

1. 면책적 채무인수와 중첩적 채무인수

채무자의 채무를 제3자가 인수하는 채무인수에는 면책적 채무인수와, 중첩적(병존적) 채무인수 두 가지가 있다. 453조~459조가 규정하는 것은 이른바 면책적 채무인수, 즉 종전의 채무자의 채무는 소멸되고, 새로운 채무자만이 채무를 부담하게 되는 것이다. 이 경우에는 채권자의 이익을 침해할 우려가 있기 때문에 채권자의 승낙이 있어야 한다. 이러한 채권자의 승낙은 채무인수의 효력발생요건이다(대판 1998.11.24, 98다33765 등). 대판 2012.5.24, 2009다88303 판결은, 지방자치단체가 지방공사를 설립한 후 채권자들의 동의 없이 조례에 의하여 지방자치단체의 채무를 지방공사에게 면책적으로 인수시킬 수는 없다고 하였다.

반면 중첩적 채무인수의 경우에는 채무인수가 있어도 채권자의 종전 채무자에 대한 채권은 여전히 존속하고 소멸되지 않는다. 중첩적 채무인수는 면책적 채무인수와는 달리 채무자의 의사에 반하여서도 이루어질 수 있다(대판 1988.11.22, 87다카1836). 대판 2009.8.20, 2009다32409는, 중첩적 채무인수에서 채무자와 인수인은 원칙적으로 주관적 공동관계가 있는 연대채무관계에 있고, 인수인이 채무자의 부탁을 받지 아니하여 주관적 공동관계가 없는 경우에는 부진정연대관계에 있는 것으로 보아야 한다고 판시하였다. 중첩적 채무인수는 일종의 제3자를 위한 계약에 해당하므로, 채권자인 원고는 인수인에 대하여 채무이행을 청구하거나 기타 채권자로서의 권리를 행사하는 방법으로 수익의 의사표시를 함으로써 인수인에 대하여 직접 청구할 권리를 갖게 된다. 그러나 채권자의 수익의 의사표시는 그 계약의 성립요건이나 효력발생요건이 아니라 채권자가 인수인에 대하여 채권을 취득하기 위한 요건이다(대판 2013.9.13, 2011다56033). 면책적 채무인수인지 중첩적 채무인수인지가 불분명할 때에는 채권자에게 유리한 중첩적 채무인수로 추정하여야 한다(대판 1962.4.4, 4294민상1087 등).

면책적 채무인수에 있어서 채권자가 승낙을 거절한 경우 그 후 다시 채권자가 승낙하여도 채무인수로서의 효력이 생기지 않는다(대판 1998.11.24, 98다33765 판결). 중첩적 채무인수의 경우에도 채권자가 수익을 받지 않겠다는 의사표시를 하였다면 특별한 사정이 없는 한 사후에 이를 번복하고 다시 수익의 의사표시를 할 수는 없지만, 인수인이 채권자에게 중첩적 채무인수라는 취지를 알리지 아니한 채 채무인수에 대한 승낙 여부만을 최고하여 채권자가 인수인으로부터 최고받은 채무인수가 채무자에 대한 채권을 상실하게 하는 면책적 채무인 것으로 잘못 알고 면책적 채무인수를 승낙하지 아니한다는 취지의 의사표시를 한 경우에는, 이는 중첩적 채무인수에 대하여 수익 거절의 의사표시를 한 것이라고 볼 수 없으므로, 채권자는 그 후 중첩적 채무인수 계약이 유효하게 존속하고 있는 한 수익의 의사표시를 하여 인수인에 대한 채권을 취득할 수 있다(대판 2013.9.13, 2011다56033).

2. 채무인수와 이행인수의 구별

이행인수란 인수인이 채권자에 대하여 직접 의무를 부담하지는 않고, 다만 채무자에 대하여 그 채무를 이행할 것을 약정하는 채무자와 인수인 사이의 계약이다. 이 때 채권자는 직접 인수인에 대하여 채무를 이행할 것을 청구할 수 없으나, 채무자는 인수인이 그 채무를 이행하지 아니하는 경우 인수인에 대하여 채권자에게 이행할 것을 청구할 수 있다(대판 2009.6.11, 2008다75072).

채무자와 인수인 사이의 계약이 채무인수인지 아니면 이행인수인지는 계약의 해석에 의하여 결정된다. 판례는 제3자를 위한 계약과 이행인수의 판별 기준은 계약 당사자에게 제3자 또는 채권자가 계약 당사자 일방 또는 인수인에 대하여 직접 채권을 취득케 할 의사가 있는지 여부에 달려 있는데, 구체적으로는 계약 체결의 동기, 경위 및 목적, 계약에 있어서의 당사자의 지위, 당사자 사이 및 당사자와 제3자 사이의 이해관계, 거래 관행 등을 종합적으로 고려하여 그 의사를 해석하여야 한다고 보고 있다(대판 1997.10.24, 97다28698 등).

그리하여 부동산의 매수인이 매매목적물에 관한 채무를 인수하는 한편 그 채무액을 매매대금에서 공제하기로 약정한 경우에 판례는 대체로 이를 채무인수가 아니라 이행인수라고 보고 있다(대판 1993.2.12, 92다23193 등). 다만 이러한 경우에도 중첩적 채무인수라고 본 것도 없지 않다(대판 1997.10.24, 97다28698 등). 그러나 학설상으로는 이러한 경우도 중첩적 채무인수로 보아야 한다는 견해도 있다. 대판 2009.6.11, 2008다75072는, 채무자는 인수인이 그 채무를 이행하지 아니하는 경우 인수인에 대하여 채권자에게 이행할 것을 청구할 수 있는데, 채권자는 채권자대위권에 의하여 채무자의 인수인에 대한 청구권을 대위행사할 수 있다고 하였다. 이 점에 비추어 보면, 이러한 경우를 이행인수라고 보더라도 채무인수로 보는 것과 실제로 큰 차이는 없다.

면책적 채무인수에서 채권자의 승낙이 없거나 채권자가 승낙을 거절한 경우에는 채무자와 인수인 사이의 채무인수계약에는 원칙적으로 이행인수가 포함되어 있으므로, 당사자 사이에 이행인수로서의 효과는 생긴다고 보는 것이 일반적인 견해이다(독일 민법 415조 3항, 329조 참조).

3. 이행인수인의 인수채무 불이행으로 인한 계약 해제의 가부

이 사건과 같이 부동산의 매수인이 매매목적물에 관한 채무를 인수하는 한편 그 채무액을 매매대금에서 공제하기로 약정한 경우, 판례는 특별한 사정이 없는 한 매수인이 매매대금에서 그 채무액을 공제한 나머지를 지급함으로써 잔금 지급의 의무를 다하였고, 설사 매수인이 위 채무를 현실적으로 변제하지 아니하였다는 사정만으로는 매도인은 매매계약을 해제할 수 없지만, 매수인이 인수채무를 이행하지 아니함으로써 매매대금의 일부를 지급하지 아니한 것과 동일하다고 평가할 수 있는 특별한 사유가 있을 때에는 계약해제권이 발생한다고 보고 있다(대판 1995.8.11, 94다58599 등). 대상판결은 위와 같은 '특별한 사정'이 있는지의 여부는, 매매계약의 당사자들이 그러한 내용의 매매계약에 이르게 된 경위, 매수인의 인수채무 불이행으로 인하여 매도인이 입게 되는 구체적인 불이익의 내용과 그 정도 등 제반 사정을 종합적으로 고려하여 '매매대금의 일부를 지급하지 아니한 것과 동일하다고 평가할 수 있는 경우'에 해당하는지 여부를 판단하여야 할 것이라고 보았다.

대판 1993.2.12, 92다23193은, 인수인이 인수채무의 일부인 근저당권의 피담보채무의 변제를 게을리함으로써 매매목적물에 관하여 근저당권의 실행으로 임의경매절차가 개시되고 매도인이 경매절차의 진행을 막기 위하여 피담보채무를 변제하였다면 매도인은 매매계약을 해제할 수 있다고 하였다. 반면 대판 1998.10.27, 98다25184는, 매수인이 인수한 피담보채무의 이자를 납부하지 아니하였다고 하더라도, 그로 인하여 매매목적물인 부동산이나 공동담보로 제공된 다른 부동산에 설정된 담보권의 실행으로 임의경매절차가 개시되었다거나 개시될 염려가 있고, 또한 매도인 측이 이를 막기 위하여 부득이 피담보채무를 변제할 필요성이 있는 경우가 아니라면, 그를 이유로 매매계약을 해제할 수는 없다고 하였다.

대상판결의 원심은 위와 같은 판례에 따라, Y가 인수채무의 이행을 지체하였다는 것만으로는 X가 계약을 해제할 수 없고, Y가 A에 대한 채무이행을 게을리하여 위 토지에 대한 임의경매절차가 개시되고, X가 채무원리금을 소외 1에게 변제하였으면 이는 계약 해제 사유가 되지만, 이때에는 X의 인감증명의 유효기간이 경과하였으므로 적법한 이행제공이 없었다고 하여 X의 해제는 부적법하다고 보았다. 그러나 대법원은, 원고가 피고에게 소유권이전등기에 필요한 서류를 교부한 날로부터 피고가 위 차용금채무를 변제하는 날까지 발생하는 위 차용금의 연체이자는 피고가 부담하기로 특약을 한 것이라고 보고, 이때에는 Y가 위 인수채무를 변제하지 않음으로써 '매매대금의 일부를 지급하지 않은 것과 동일하다고 평가할 수 있는 특별한 사유'가 발생하였다고 하여 X는 Y의 이행지체로 인한 계약해제권을 취득하였다고 판시하였다.

4. 검 토

이처럼 판례가 매수인이 매매목적물에 관한 채무를 인수하기로 한 경우에, 매수인이 피담보채무를 변제하지 않은 것만으로는 계약 해제 사유가 되지 않는다고 본 것은 다음과 같은 이유 때문으로 보인다. 즉 매수인이 피담보채무를 변제하지 않았다는 것만으로 바로 매도인에게 현실적인 불이익이 생기는 것은 아니므로, 계약의 해제를 인정할 필요는 없고, 현실적인 불이익이 생겨야만 계약을 해제할 수 있다는 것이다. 이론적으로는 이러한 경우에 매수인의 피담보채무 변제의무는 주된 의무 아닌 부수적 의무이므로 부수적 의무 위반만으로는 계약을 해제할 수 없다고 설명할 수도 있을 것이다.

그러나 매매목적물에 관하여 근저당권의 실행으로 임의경매절차가 개시되어 매도인이 경매절차의 진행을 막기 위하여 피담보채무를 변제하여야 하게 되어야만 현실적인 불이익이 발생하였다고 볼 수는 없다. 대상판결도 연체이자를 매수인이 부담하기로 하였는데 그 변제를 지체하였다면 계약을 해제할 수 있다고 보았다. 뿐만 아니라 매수인이 피담보채무를 변제하지 않는다면 매도인은 채권자에 대한 관계에서는 채무불이행자가 되는데, 이 자체가 불이익이라고 볼 수 있다. 가령 채권자가 금융기관이라면 매도인은 금융거래연체자가 되어 금융거래가 제한되게 된다. 그리고 매수인이 매매목적물에 관한 근저당권의 피담보채무를 인수하는 것은 매매대금의 지급을 갈음하는 것인데, 매매대금의 지급의무가 주된 의무인 이상 피담보채무의 지급의무도 주된 의무라고 보아야 한다. 그리고 주된 의무인가 종된 의무인가는 계약 당시를 기준으로 하여 판단하여야 할 것인데, 피담보채무 지급의무 자체는 종된 의무이지만 사후의 사정 변경으로 인하여 주된 의무가 된다는 것도 앞뒤가 맞지 않는다.

그러므로 매수인이 피담보채무를 변제하지 않으면 이는 특별한 사정이 없는 한 계약 해제 사유가 되는 채무불이행에 해당한다고 하여야 하고, 다만 현실적으로 매도인에게 아무런 불이익이 발생하지 않는다고 볼 수 있는 특별한 사정이 있는 경우에 한하여 매도인의 계약해제권을 부정하는 것이 타당할 것이다.

참고문헌

김창종, 이행인수의 법률관계, 재판과 판례 제7집, 대구판례연구회, 1998.

김학동, 이행인수와 중첩적 채무인수, 법학논총 31권 1호, 한양대학교, 2014.

이준현, 이행인수의 법률관계, 재산법연구 22권 2호, 2005.

정태학, 인수 채무 불이행을 이유로 계약해제권이 발생하기 위한 요건과 그 판단 기준, 대법원판례해설 71호, 2008.

[판례 85]

물상보증인과 물상보증인으로부터의 제3취득자에 대한 변제자대위

대법원 1990.11.9. 선고 90다카10305 판결

사 실

X를 포함한 8인은 Y의 A에 대한 금 3억 원의 대여금채권을 담보하기 위하여 그 각 소유의 부동산 위에 피고 앞으로 근저당권을 설정함으로써, 모두 물상보증인이 되었다. 그 후 이들 공동근저당권의 피담보채권은 주채무자와 물상보증인들 중 5인에 의하여 1987년 12월부터 1989년 3월까지 사이에 모두 변제되어 소멸하였다. 그러나 X는 변제자에 포함되어 있지 않았다. 그 후 X'는 X로부터 X가 Y에게 담보로 제공하였던 부동산을 매수하여 1989년 11월에 소유권이전등기를 마쳤다. X는 Y에 대하여 위 부동산에 설정된 근저당권등기의 말소를 청구하였다가, 소송에서 탈퇴하고 X'가 승계참가하였다. Y는 이 사건 부동산에 관한 근저당권은 위 채무를 대위변제한 물상보증인들의 대위의 목적이 되었고, Y로서는 대위변제자들의 청구가 있으면 즉시 위 담보권을 이전하여 줄 의무가 있으므로 X에게 위 근저당권설정등기의 말소등기절차를 이행할 의무가 없다고 주장하였다.

원심은 X의 청구를 기각하였으나, 대법원은 원심판결을 파기하였다.

이 유

타인의 채무를 변제하고 채권자를 대위하는 대위자 상호간의 관계를 규정한 민법 482조 2항은 1호에서 “보증인은 미리 전세권이나 저당권의 등기에 그 대위를 부기하지 아니하면 전세물이나 저당물에 권리를 취득한 제3자에 대하여 채권자를 대위하지 못한다”고 규정하고, 5호에서는 “자기의 재산을 타인의 채무의 담보로 제공한 자와 보증인간에는 그 인원수에 비례하여 채권자를 대위한다. 그러나 자기의 재산을 타인의 채무의 담보로 제공한 자가 수인인 때

에는 보증인의 부담부분을 제외하고 그 잔액에 대하여 각 재산의 가액에 비례하여 대위한다. 이 경우에 그 재산이 부동산인 때에는 제1호의 규정을 준용한다"고 규정하고 있는바, 5호 단서에서 대위의 부기등기에 관한 1호의 규정을 준용하도록 규정한 취지는 자기의 재산을 타인의 채무의 담보로 제공한 물상보증인이 수인일 때 그중 일부의 물상보증인이 채무의 변제로 다른 물상보증인에 대하여 채권자를 대위하게 될 경우에 미리 대위의 부기등기를 하여 두지 아니하면 채무를 변제한 뒤에 그 저당물을 취득한 제3취득자에 대하여 채권자를 대위할 수 없도록 하려는 것이라고 해석된다. 만약 그렇게 해석하지 아니하고 원심이 판단한 바와 같이 보증인이 물상보증인에 대하여 채권자를 대위할 경우에만 5호 단서에 의하며 1호의 규정이 준용되는 것으로 해석한다면, 5호가 1호에 규정된 똑같은 경우에 관하여 다시 1호의 규정을 준용하도록 규정한 셈이 되어 같은 내용을 되풀이하여 규정한 이외에 아무런 의미도 가질 수 없는 것으로 되기 때문이다.

해 설

1. 제3취득자에 대한 변제자대위를 위한 대위의 부기등기

482조 2항 1호는 "보증인은 미리 전세권이나 저당권의 등기에 그 대위를 부기하지 아니하면 전세물이나 저당물에 권리를 취득한 제삼자에 대하여 채권자를 대위하지 못한다"고 규정한다. 이처럼 대위의 부기등기를 요구하는 이유는 일반적으로 보증인의 변제에 의하여 저당권이 소멸하였다고 믿고서 부동산을 취득한 제3자가 예상하지 못한 손해를 입게 되는 것을 방지하기 위한 것이라고 설명한다.

그런데 여기서 "미리"가 무엇을 말하는가에 관하여, 통설은 보증인이 변제를 한 후 제3취득자가 권리를 취득하기 전에 부기등기를 하면 된다고 한다. 반대설은 변제를 하기 전에 제3취득자가 생긴 때에는 그 전에 부기등기를 하여야만 대위할 수 있다고 하는데, 통설은 보증인이 변제를 하기 전에 목적부동산을 취득한 제3자는 등기부에 의하여 저당권의 존재를 확인할 수 있으므로 예상하지 못한 손해를 입을 가능성이 없다고 하여 반대설을 비판한다.

그런데 과연 대위의 부기등기를 대위의 요건으로 할 필요가 있는가 하는 의문도 제기할 수 있다. 즉 제3취득자로서는 보증인이 변제한 후에 대위의 부기등기가 되어 있지 않은 상태에서 취득한다 하여도 전세권이나 저당권의 등기가 그대로 남아 있는 한 전세권이나 저당권의 부담이 있다는 것을 알면서 취득하는 셈이며, 또한 채무가 변제되었다는 것을 확인하는 경우에는 보증인이 변제자로서 채권자를 대위한다는 사정도 알 수 있으므로 제3취득자에게 불측의 손해가 발생한다고 인정하기 어렵다고 비판한다. 이 점에 대하여 다른 설은, 부기등기를 요구하는 것은 보증인에게 대위의 의사가 없다고 생각하고 담보물을 취득하는 제3취득자의 신뢰를 보호하기 위한 것이라고 주장한다. 그러나 변제를 한 보증인으로서는 대위를 주장하는 것이 통상적일 것이므로, 대위의 의사가 없다고 생각하는 제3취득자의 신뢰를 보호한다는 것도 별다른 의미를 가지지 못한다. 2017년 개정된 일본 민법은 변제자대위의 요건으로서의 등기를 없애 버렸다.

2. 물상보증인의 제3취득자에 대한 대위 요건으로서의 부기등기

482조에는 물상보증인이 제3취득자에 대위하기 위하여는 미리 부기등기를 하여야 한다는 직접적인 규정이 없다. 그런데 대상판결은 2항 5호 3문(대상판결은 3문을 단서라고 한다)을 그 근거로 들었다. 즉 위 3문에서 1호의 규정을 준용하도록 규정한 취지는, 일부의 물상보증인이 채무의 변제로 다른 물상보증인에 대하여 채권자를 대위하게 될 경우에 미리 대위의 부기등기를 하여 두지 아니하면 채무를 변제한 뒤에 그 저당물을 취득한 제3취득자에 대하여 채권자를 대위할 수 없도록 하려는 것이라고 하였다. 그 근거로서, 만약 보증인이 물상보증인에 대하여 채권자를 대위할 경우에만 5호 단서에 의하여 1호의 규정이 준용되는 것으로 해석한다면, 1호에 규정된 같은 내용을 되풀이하여 규정한 이외에 아무런 의미도 가질 수 없는 것이라는 설명을 덧붙였다.

이에 대하여는, 5호는 보증인과 물상보증인 간의 관계, 또는 보증인과 물상보증인으로부터의 제3취득자와의 사이의 관계를 정하는 것이고, 물상보증인과 다른 물상보증인으로부터의 제3취득자와의 사이를 정하는 것은 아니며, 5호 3문은 보증인이 물상보증인으로부터의 제3취득자에 대하여 채권자를 대위하기 위하여는 대위의 등기를 하여야 한다는 의미로 해석되어야 한다고 하여 위 판결을 비판하는 견해가 있다. 다만 이 견해도 482조 2항 1호가 물상보증인의 구상권을 규정한 341조, 370조를 거쳐서 물상보증인에게도 적용된다고 하거나, 동일한 것은 동일하게 취급되어야 한다는 법해석상의 원리에 기하여 1호가 물상보증인에게도 유추적용된다고 보아야 하므로, 위 판결의 결론은 타당하다고 한다.

다른 한편 보증인이 제3취득자에 대하여 대위할 때에만 부기등기가 요구되고, 물상보증인이 제3취득자에 대하여 대위할 때에는 부기등기가 필요하지 않다는 견해도 있다. 이 견해는 그 근거로서, 물상보증인이 변제한 경우에는 법정대위를 할 가능성이 있는 자가 이미 공시되어 있었던 상황이므로 변제한 물상보증인이 제3취득자에 대하여 채권자를 대위한다고 하더라도 변제를 하지 아니한 제3취득자 또는 물상보증인에게 불측의 손해를 주는 것이 아니라는 점을 들고 있다.

생각건대 5호의 문언상으로는 3문이 보증인이 물상보증인으로부터의 제3취득자에 대하여 채권자를 대위하기 위하여는 대위의 등기를 하여야 한다는 의미로 해석되어야 할 이유는 없고, 물상보증인이 제3취득자에 대하여 대위하려면 미리 부기등기를 하여야 한다고 읽는 것이 불가능한 것은 아니다. 만일 앞의 의미로 해석하여야 한다면, 대상판결이 말하는 것처럼 이는 1호가 규정하는 것을 되풀이하는 것에 지나지 않기 때문이다.

그리고 물상보증인이 대위하는 경우에는 미리 대위의 변제등기를 할 필요가 없다는 설도 문제가 있다. 즉 물상보증인이 있다는 것이 등기부에 나타나 있다고 하더라도, 그 물상보증인이 변제하였다는 것은 등기부의 기재만으로는 알 수 없기 때문이다.

이 사건에서는 물상보증인들이 채무를 변제한 뒤 X의 소유인 이 사건 부동산에 설정된 근저당권설정등기에 관하여 대위의 부기등기를 하여 두지 아니하고 있는 동안에 X'가 이 사건 부동산을 취득하였으므로, 물상보증인들은 X'에 대하여 대위를 할 수 없고, 따라서 Y로서는 물상보증인들에게 근저당권을 이전하여 줄 의무가 있다고 할 수 없으므로, Y의 주장은 받아들여질 수 없다.

그리고 대판 2015.3.20, 2012다99341은, 먼저 경매된 부동산의 후순위저당권자가 다른 부동산에 공동저당의 대위등기를 하지 아니하고 있는 사이에 선순위저당권자 등에 의해 그 부동산에 관한 저당권등기가 말소되고, 그와 같이 저당권등기가 말소되어 등기부상 저당권의 존재를 확인할 수 없는 상태에서 그 부동산에 관하여 소유권이나 저당권 등 새로 이해관계를 취득한 사람이 있는 경우에 후순위저당권자가 제3취득자에 대하여 368조 2항에 의한 대위를 주장할 수 있는지에 관하여 대상판결을 인용하면서, 법률상 당연히 이전되는 저당권과 관련하여 그 후에 해당 부동산에 대하여 권리를 취득한 제3취득자를 보호할 필요성은 후순위저당권자의 대위의 경우에도 마찬가지로 존재한다고 하여, 후순위저당권자는 제3취득자에게 대위를 주장할 수 없다고 하였다.

3. 채무자로부터의 제3취득자에 대한 대위의 부기등기 요부

1설은 482조 2항 1호에 의하여 대위의 부기등기가 필요한 것은 물상보증인으로부터의 제3취득자에 한하고, 채무자로부터의 제3취득자에 대하여 대위하기 위하여는 대위의 부기등기를 필요로 하지 않는다고 주장한다. 그 이유로는 채무자로부터 저당부동산을 양수하는 제3자로서는 그 전소유자가 종국적인 구상채무자로서 그 목적물에 설정된 저당권이 구상권의 확보를 위하여 변제자인 보증인에게 이전된다는 것을 각오하여야 하므로, 보증인의 변제로 저당권이 소멸되었다고 믿은 제3취득자의 신뢰는 보호할 만한 가치가 없고, 482조 2항 2호가 "제3취득자는 보증인에 대하여 채권자를 대위하지 못한다"라고 규정하고 있는 것은 제3취득자는 전소유자인 채무자가 변제하지 않는 한 담보권이 실행되는 것을 각오하여야 하고 보증인이 있다고 하여 안심할 것은 아니라는 데 있으므로, 보증인 쪽에서도 위와 같은 입법취지를 관철시켜서 대위의 부기등기가 없더라도 대위를 인정하여야 한다는 점 등을 들고 있다.

그러나 이에 대하여는 채무자로부터의 제3취득자도 저당권이 채무자에 의한 변제로 소멸하였다고 믿을 수도 있어 언제나 보증인의 대위를 각오하여야 하는 것은 아니라는 점 및 채무자로부터의 제3취득자뿐만 아니라 물상보증인으로부터의 제3취득자도 저당권이 변제자대위에 의하여 보증인에게 이전된다는 것을 각오하고 있어야 하므로, 채무자로부터의 제3취득자와 물상보증인으로부터의 제3취득자를 구별할 이유는 없다는 비판이 있다.

4. 일본 개정 민법

민법 482조 2항 1호가 보증인의 대위를 위하여는 대위의 부기등기를 요구하고 있는 것은 과거의 일본 민법 501조와 같다. 그런데 2017년 일본 민법이 개정되면서 이러한 부기등기의 요건을 삭제하여 버렸다. 그 이유는 부기등기가 되지 않아도 저당권이 말소되지 않는 한 제3취득자에게는 저당권부채권이 소멸했다는 신뢰는 생기지 않기 때문이라는 점에 있다. 이에 비추어 보면 입법론으로서는 이러한 부기등기의 요건을 삭제하는 것이 바람직하다.

참고문헌

명순구, "물상보증인의 변제자대위 요건으로서의 부기등기", 김용준 헌법재판소장 화갑기념 재판의 한 길, 1998.

박석일, 변제자대위에 관한 일본민법의 개정과 우리 민법의 시사점, 연세대 법학연구 제30권 2호, 2020.

양창수, 물상보증인의 변제자대위와 부기등기의 요부, 민법연구 2권, 1991.

이진만, 변제자대위에 있어서 대위자 상호간의 관계, 사법논집 27집, 1996.

정상현, 보증인의 변제자대위를 위한 부기등기 필요성 검토와 민법개정 제안, 저스티스 197호, 2023.

[판례 86]

지급금지명령을 받기 전에 취득한 채권에 의한 상계의 허용범위

대법원 2012.2.16. 선고 2011다45521 전원합의체 판결

사 실

Y는 2007.4.12. A에게 건물신축공사를 도급주었고, A는 2008.6.10. 공장을 완공한 다음 Y에게 인도하여, Y에 대하여 같은 날 변제기가 도래한 95,852,515원 상당의 공사대금채권을 가지게 되었다. 다른 한편 Y는 2008.4.22.경 A로부터 A가 배서한 액면금 1억 원, 지급기일 2008.7.25.인 약속어음을 할인하여 교부받으면서 A에게 8,300만 원을 지급하였다. 그런데 X는 2008.6.23. A가 Y에 대하여 가지는 공사대금 지급채권을 가압류하였고, 위 결정은 2008.6.30. Y에게 송달되었다. X는 2008.8.6. 위 가압류를 본압류로 이전하고, 이 사건 공사대금 중 215,758,495원을 추심하기로 하는 채권압류 및 추심명령을 받았고, 위 추심명령은 2008.8.11. Y에게 송달되었다. X는 Y를 상대로 하여 위 추심금의 지급을 청구하였다. 이에 대하여 Y는 A에 대한 약속어음 할인금 채권을 반대채권으로 하여 상계한다고 주장하였다.

원심은 Y의 상계 항변을 받아들여 공사대금에서 위 대여금을 공제한 금액만의 지급을 명하였으나, 대법원 전원합의체는 원심판결을 파기하였다. 이 판결에는 반대의견과 다수의견에 대한 보충의견 및 반대의견에 대한 보충의견이 있었다.

이 유

498조는 "지급을 금지하는 명령을 받은 제3채무자는 그 후에 취득한 채권에 의한 상계로 그 명령을 신청한 채권자에게 대항하지 못한다"라고 규정하고 있다. 위 규정의 취지, 상계제도의 목적 및 기능, 채무자의 채권이 압류된 경우 관련 당사자들의 이익상황 등에 비추어 보면, 채권압류명령 또는 채권가압류명령을 받은 제3채무자가 압류채무자에 대한 반대채권을 가지고

있는 경우에 상계로써 압류채권자에게 대항하기 위하여는, 압류의 효력 발생 당시에 대립하는 양 채권이 상계적상에 있거나, 그 당시 반대채권(자동채권)의 변제기가 도래하지 아니한 경우에는 그것이 피압류채권(수동채권)의 변제기와 동시에 또는 그보다 먼저 도래하여야 한다.

이 사건에서 가압류의 효력이 발생할 당시 피압류채권인 공사대금채권은 이미 변제기가 도래하였으나 이 사건 반대채권은 변제기가 도래하지 아니하였기 때문에 그 당시 양 채권이 상계적상에 있었다고 할 수 없고, 나아가 이 사건 반대채권의 변제기가 공사대금채권의 변제기보다 나중에 도래하므로, Y는 이 사건 반대채권에 의한 상계로써 압류채권자인 원고에게 대항할 수 없다고 보아야 한다.

해 설

1. 종래의 판례와 학설

498조는 "지급을 금지하는 명령을 받은 제삼채무자는 그 후에 취득한 채권에 의한 상계로 그 명령을 신청한 채권자에게 대항하지 못한다"고 규정하고 있다. 여기서 지급을 금지하는 명령이란 민사집행법상의 압류(223조)와 가압류(276조), 국세징수법상의 체납처분에 의한 압류(41조) 등을 말한다. 위 규정만을 본다면 제3채무자가 지급금지명령을 받기 전에 취득한 채권이 있으면 이를 자동채권으로 하는 상계는 제한 없이 허용되는 것으로 보인다. 그러나 이 문제에 관하여는 판례도 변화를 겪었고, 학설도 대립하고 있다.

대판 1972.12.26, 72다2117은, 채권압류 및 전부명령에 있어 제3채무자에게 전부명령이 송달된 후에는 그 제3채무자는 그 명령을 송달받기 전에 채무자에 대하여 상계적상에 있던 반대채권을 가지고 있었어도 그 반대채권으로써 전부되는 채무자의 채권과 상계할 수 없다고 하였다. 그러나 대판(전) 1973.11.13, 73다518은, 채권압류 및 전부명령을 받은 제3채무자는 그 명령이 송달되기 이전에 채무자에 대하여 상계적상에 있었던 반대채권을 가지고 있었다면, 그 명령이 송달된 이후에 상계로써 전부채권자에게 대항할 수 있다고 하는 이른바 상계적상설을 따르면서, 위 72다2117 판결을 변경하였다.

이어서 대판 1979.6.12, 79다662는, 국세징수법에 의한 채권압류의 제3채무자는 그 압류명령이 송달되기 이전에 채무자에 대하여 상계적상에 있었던 반대채권을 가지고 있었다면 그 명령이 송달된 이후에도 상계로써 압류채권자에 대항할 수 있고, 이 경우에 채권압류통지 이전에 자동채권의 이행기가 도래한 이상 수동채권의 이행기가 도래하지 아니하였더라도 수동채권에 관한 기한의 이익을 포기하고 대등액에서 상계함으로써 압류채권자에 대항할 수 있다고 하였다. 이를 완화된 상계적상설이라고 한다.

나아가 대판 1982.6.22, 82다카200은, 가압류명령을 받은 제3채무자가 상계로써 가압류채권자에게 대항하기 위하여는, 가압류의 효력발생 당시에 양 채권이 상계적상에 있거나, 반대채권이 압류 당시 변제기에 이르지 않는 경우에는 피압류채권인 수동채권의 변제기와 동시에 또는 보다 먼저 변제기에 도달하는 경우이어야 된다고 하는 변제기 기준설(제한설)을 채택하였고, 대상판결도 이 판결을 재확인하였다.

그러나 대상판결의 반대의견은, 지급금지명령 당시에 반대채권과 피압류채권 모두 또는 그 중 어느 하나의 이행기가 아직 도래하지 아니하여 상계적상에 놓이지 아니하였더라도, 그 이후 제3채무자가 피압류채권을 채무자에게 지급하지 아니하고 있는 동안에 반대채권과 피압류채권 모두의 이행기가 도래한 때에도 제3채무자는 반대채권으로써 상계할 수 있고, 이로써 지급을 금지하는 명령을 신청한 채권자에게 대항할 수 있다고 하는 무제한설이 타당하다고 주장하였다.

학설상으로도 다수의견과 같은 변제기 기준설(제한설)과, 반대의견과 같은 무제한설이 대립하고 있다.

2. 다수의견과 반대의견의 논거

반대의견은 우선, 498조의 반대해석상 제3채무자가 지급금지명령을 받기 전에 이미 취득하여 보유하고 있던 채권을 자동채권으로 한 상계는 이 규정에 의하여 금지되지 않고, 그 채권이 제3채무자가 지급을 금지하는 명령을 받을 당시에 이미 이행기가 도래하였는지 여부는 문제될 여지가 없다고 하였다. 그리고 지급을 금지하는 명령을 신청한 채권자의 지위는 원래부터 불확실하고 불안정한 것임에 비하여, 제3채무자는 담보권자와 유사한 지위를 가지는 것이므로 제3채무자의 상계권의 행사가 보장되어야 한다는 점도 근거로 들었다.

그리고 반대의견에 대한 보충의견은 비교법적으로 보아도 반대의견의 해석론이 타당하고, 제3채무자가 은행 등 금융기관인 경우에는 통상 반대채권인 대출금 등 채권과 관련하여 채권가압류나 채권압류 등 채무자의 변제자력에 의심이 가는 상황이 발생한 때에는 기한의 이익을 상실하면서 피압류채권인 예금 등의 채권과 상계를 할 수 있다는 특약을 하고 있는데, 대법원은 이러한 기한의 이익 상실 등 특약의 유효성을 인정하고 있고, 이는 반대의견과 궤를 같이하는 것이라고도 주장하였다.

반면 다수의견에 대한 보충의견은, 상계의 담보적 기능이라는 것이 채무자가 지급불능상태에 빠진 경우에는 현저하게 제한되고, 대법원의 종래의 판례는 제3채무자의 자동채권의 변제기가 수동채권의 변제기보다 늦게 도래하는 경우에는 제3채무자가 그 채권의 변제기가 도래하였음에도 불구하고 그 채무를 이행하지 아니하여 채무불이행을 범하고 있어야만 비로소 상계적상에 이를 수 있는 제3채무자를 아직 그러한 상계적상이 도래하기 전에 압류에 착수한 채권자에 우선하여 보호할 가치가 없다는 고려에서 나온 것으로 이해된다고 하였다. 그리고 독일민법 392조 후단은 대법원의 판례와 같은 태도를 취하고 있고, 반대의견과 같은 태도를 취한다면, 오히려 498조가 압류 이후에 취득한 채권을 자동채권으로 하는 제3채무자의 상계를 허용하지 아니하는 입법 취지를 설명할 수 없으며, 이 규정은 압류채권자의 채권 만족의 이익 등에도 배려하지 않으면 안 된다는 태도를 입법적으로 취하였고, 이러한 취지는 "지급을 금지하는 명령 후에 취득한 채권"이라는 것의 해석에서도 당연히 고려되어야 하며, 그러한 의미에서 판례의 태도는 498조의 입법 취지를 밀고나가 이를 적절하게 실현하였다고 주장하였다.

3. 반대해석과 목적론적 확장

반대의견은 498조의 반대해석에 입각하고 있다. 반면 다수의견의 논증은 498조의 목적론적 확장(teleologische Extension)이라고 할 수 있다. 목적론적 확장이란, 법의 문언을 법의 목적에 부합하게 확장하여 원래의 문언에는 포함될 수 없는 사례에까지 적용하는 것을 말한다. 예컨대 대판 1999.12.10, 98다9038은, 약관의 규제에 관한 법률 15조는 "국제적으로 통용되는 약관 기타 특별한 사정이 있는 약관으로서 대통령령이 정하는 경우에는 제7조 내지 제14조의 규정의 적용을 조항별, 업종별로 제한할 수 있다"고 규정하고 있는데, 위 15조의 문리해석상으로는 위 법률 6조의 적용은 배제되지 않는다고 볼 수 있으나, 약관이 구체적으로 무효가 되는 경우들을 규정한 위 법률 7조 내지 14조에 대하여 약관이 일반적으로 무효가 되는 경우를 포괄적으로 규정하고 있는 6조가 적용되게 되면 구체적 무효조항들의 적용을 배제하는 15조의 규정 취지가 거의 완전히 몰각되는 불합리한 결과를 가져오게 되므로, 6조 역시 대통령령으로 정하는 특정 업종들의 약관에는 적용이 없다고 판시하였다.

이러한 목적론적 확장을 유추와 구별할 필요가 없다거나, 유추의 특별한 경우라고 보는 주장도 있다. 그러나 이를 구별하는 견해는, 목적론적 확장은 유추와는 달리 법이 규율하고 있는 경우와 규율하지 않고 있는 경우 사이에 유사성이 존재하지 않지만, 법의 목적에 비추어 볼 때 후자도 법에 포섭되어야 하는 경우라고 설명한다. 다른 말로 한다면, 목적론적 확장이란 일단 어느 조문의 반대해석에 의하면 그 조문에서 규정하고 있지 않은 사항에 대하여는 그 조문이 적용될 수 없지만, 그 조문의 목적에 비추어 반대해석에 의하여 적용되지 않는 범위를 제한하는 것이라고 할 수 있고, 이 점에서 반대해석의 목적론적 축소(teleologische Reduktion)에 해당한다고 할 수 있다. 중요한 점은 목적론적 확장은 법규정 문언의 범위를 벗어나는 것이기 때문에, 목적론적 확장이 타당하다는 점에 대하여는 이를 주장하는 측에서 논증책임을 부담하여야 한다는 점이다.

따라서 이 사건에서는 반대해석을 근거로 하는 반대의견이 아니라, 목적론적 확장을 주장하는 다수의견이 논증책임을 부담한다.

4. 다수의견의 타당성 여부

다수의견과 반대의견은 지급금지명령을 받은 제3채무자와 압류채권자 중 누구의 이익을 더 보호하여야 하는가에 관하여 차이가 있다. 그런데 대립하는 당사자 중 누구의 이익을 더 보호하여야 하는가는 제1차적으로는 입법자가 결정하여야 할 사항이다. 다수의견이 원용하고 있는 독일 민법 392조는 변제기 기준설을 채택하였지만, 오스트리아나 일본의 판례는 무제한설을 따르고 있다. 2017년 개정된 일본 민법 511조 1항은 "압류를 받은 채권의 제3채무자는, 압류 후에 취득한 채권에 의한 상계로써 압류채권자에게 대항할 수 없지만, 압류 전에 취득한 채권에 의한 상계로써 대항할 수 있다"고 하여 판례의 법리를 명문화하였다.

그런데 498조는 제3채무자가 지급금지명령을 받기 전에 취득한 채권이라면 그 변제기가 언제 도래하는지를 막론하고 채무자의 채권과 상계할 수 있다는 결정을 내린 것으로 봄이 자연스럽다. 그리고 498조의 입법 취지로부터 변제기 기준설의 정당화 근거를 도출할 수도 없다. 498조가 지급금지명령을 받은 제3채무자가 그 후에 취득한 채권에 의한 상계로 채권자에게 대항하지 못한다고 규정한 것은, 일단 지급금지명령이 있으면 채권자는 제3채무자로부터 채권을 추심하여 자기 채권의 만족을 얻을 수 있게 되는데, 그 후 제3채무자의 반대채권 취득에 의하여 그러한 권리 내지 기대가 좌절되는 것은 허용되어서는 안 되기 때문이다. 지급금지명령 후에 제3채무자가 취득한 채권은 실제로는 그 명목액수보다 낮은 가치를 가지고 있으므로 수동채권과 등가성을 가진다고 보기 어렵고, 그러한 채권에 의한 상계를 허용한다면 제3채무자가 채무자에 대한 채권을 헐값에 취득하여 상계를 하는 것을 방지할 수 없다. 그런데 제3채무자가 지급금지명령을 받기 전에 채권을 취득하였다면 그러한 문제는 생기지 않는다. 지급금지명령이 없었다면, 제3채무자는 자신의 채권의 변제기가 채무자의 채권의 변제기보다 나중에 도래하더라도 자신의 채권의 변제기가 도래하기를 기다려 상계할 수 있다. 그리고 지급금지명령이 있다고 하여 제3채무자의 지위가 지급금지명령이 있기 전보다 불리하여져서는 안 되므로, 제3채무자는 그때까지 채무자에 대하여 주장할 수 있었던 항변 사유를 채권자에 대하여도 그대로 주장할 수 있다(대판 1968.7.24, 68다895등). 변제기 기준설이 근거로 드는 것은, 자동채권의 변제기가 수동채권의 변제기보다 나중에 도래한 경우에도 상계를 허용한다면 제3채무자가 자신의 채권의 변제기가 도래할 때까지 채무를 이행하지 않는 것을 조장한다는 점이지만, 이는 498조의 입법취지와는 차원을 달리하는 것이고, 그 입법취지에 당연히 포함되는 것은 아니다. 이러한 경우에까지 제3채무자의 상계를 불허할 것인가는 입법자가 정할 문제인데, 입법자가 그와 같이 정하지 않은 이상 해석에 의하여 상계 불허라는 결론을 이끌어낼 수는 없다.

뿐만 아니라 채무자 회생 및 파산에 관한 법률 417조 1문은 파산채권자의 채권이 파산선고시에 기한부 또는 해제조건부인 때에도 파산절차가 개시되면 바로 상계를 할 수 있도록 허용하여 상계권을 확장하고 있는데, 이는 변제기 기준설과는 상충된다. 그리고 반대의견이 지적하고 있는 것처럼, 은행 등 금융기관의 경우에는 통상 반대채권인 대출금 등 채권과 관련하여 여신거래약정에 압류 등 채무자의 변제자력에 의심이 가는 상황이 발생한 때에는, 채무자가 기한의 이익을 상실하고 금융기관이 피압류채권인 예금 등의 채권과 상계할 수 있다는 상계예약의 특약을 두고 있는데, 대법원은 위와 같은 상계예약의 유효성을 인정하여 상계를 허용하고 있다(대판 2003.6.27, 2003다7623 등). 변제기 기준설에 따른다면 이러한 상계예약이 있는 경우에는 제3채무자의 이익이 압류채권자의 이익에 우선한다는 것이 되지만, 상계예약이 있는 경우에 한하여 제3채무자가 압류채권자보다 더 보호되어야 한다는 것도 합리적이 아니다.

그리고 제3채무자가 지급금지명령을 받은 후 자신의 채권의 변제기가 도래할 때까지 이행을 지체한다는 것도 반드시 부정적으로 평가하여야 할 일인지도 분명하지 않다. 536조 2항은 쌍무계약의 당사자 일방이 상대방에게 먼저 이행하여야 할 경우에 상대방의 이행이 곤란할 현저한 사유가 있는 때에는 자기의 채무이행을 거절할 수 있다고 하는 이른바 불안의 항변권을 규정하고 있는데, 지급금지명령을 받은 제3채무자의 채권의 변제기가 채무자의 채권의 변제기보다 나중에 도래하는 경우도 이와 크게 다르다고 할 수 없다.

마지막으로 민사집행법 227조 1항이 금전채권을 압류할 때에는 법원은 제3채무자에게 채무자에 대한 지급을 금지하도록 규정하고 있으므로, 제3채무자의 상계도 원칙적으로 금지된다고 하는 주장이 있으나, 위 규정은 금지되는 것으로 제3채무자의 지급만을 들고 있고, 제3채무자의 상계가 어느 범위에서 허용되는가에 대하여는 직접 규정하고 있지 않다. 상계는 상계권자의 이익을 보호하는 기능을 하고 있으므로, 상계를 하려는 제3채무자의 이익을 어느 정도 보호하여야 하는가는 227조 1항으로부터 바로 이끌어낼 수는 없고, 이는 498조의 해석에 의하여 결정되어야 한다.

5. 이후의 판례

대판 2014.10.27, 2013다91672는, 전세권을 목적으로 한 저당권이 설정된 경우, 전세권의 존속기간이 만료되면 저당권자는 전세금반환채권에 대하여 물상대위권을 행사하여 전세금의 지급을 구하여야 하는데, 물상대위권의 행사에 의하여 전세금반환채권이 압류된 때에 전세권설정자가 전세권자에 대하여 반대채권을 가지고 있고 그 반대채권과 전세금반환채권이 상계적상에 있다고 하더라도 그러한 사정만으로 전세권설정자가 전세권저당권자에게 상계로써 대항할 수는 없지만, 전세권저당권이 설정된 때에 이미 전세권설정자가 전세권자에 대하여 반대채권을 가지고 있고 그 반대채권의 변제기가 장래 발생할 전세금반환채권의 변제기와 동시에 또는 그보다 먼저 도래하는 경우와 같이 전세권설정자에게 합리적 기대 이익을 인정할 수 있는 경우에는 특별한 사정이 없는 한 전세권설정자는 그 반대채권을 자동채권으로 하여 전세금반환채권과 상계함으로써 전세권저당권자에게 대항할 수 있다고 하였다. 이는 대상판결의 법리를 전세권저당권에 기한 물상대위의 경우로 확장한 것이라고 할 수 있다.

6. 채권양도의 경우

이와 비슷한 문제는 채권이 양도된 경우 채무자가 양도인에 대하여 가지고 있던 채권을 자동채권으로 하여 양수인에 대하여 상계를 주장할 수 있는가 하는 점이다. 이 문제에 대하여도 지급금지명령의 경우와 마찬가지로 변제기 기준설과 무제한설이 대립하고 있다. 판례(대판 1999.8.20, 99다18039)는 무제한설을 따르는 것으로 보인다.

참고문헌

강구욱, 금전채권의 압류와 상계, 외법논집 38권 2호, 2014.
권태상, 채권의 압류와 상계, 이화여대 법학논집, 20권 1호, 2015.
김상수, 압류와 상계, 민사법학 60호, 2012.
김영진, 지급이 금지된 채권을 수동채권으로 하는 상계, 민사판례연구 35권, 2013.
김우성, 양도채권 · 피압류채권 채무자의 상계주장, 서울대학교 법학 57권 4호, 2016.
김진환, 지급금지채권을 수동채권으로 하는 상계의 금지, 광주지방법원 재판실무연구 2012, 2013.
윤진수, 지급금지명령을 받은 제3채무자의 상계, 서울대 법학평론 11권, 2021.
이상주, 압류된 채권에 대한 상계의 허용요건, 안대희 대법관 재임기념 자유와 책임 그리고 동행, 2012.
임상민, 상계와 채권압류의 우열, 판례연구 제24집, 부산판례연구회, 2013.
정구태, 피압류채권을 수동채권으로 한 제3채무자의 상계권 행사의 허용범위, 고려법학 제66호, 2012.

[판례 87]

혼동에 의한 채권소멸과 그 예외

대법원 2005.1.14. 선고 2003다38573, 38580 판결

사 실

X(보험회사)는 2001.9.4.경 A와, A가 승용차의 운행으로 인하여 남을 죽게 하거나 다치게 하여 손해배상책임을 짐으로써 입은 손해를 보상하기로 하는 내용의 책임보험계약을 체결하였다. A는 2002.2.12. 그 소유 승용차를 운전하다가 교통사고를 일으켰고, 그로 인하여 위 승용차에 동승하고 있던 A의 아들인 B가 사망하였다. A는 2002.3.29. B에 대한 상속을 포기하여, A의 남편이자 B의 아버지인 Y가 B를 단독으로 상속하게 되었다. X는 Y에 대하여 원래 B로부터 상속받은 1/2지분 범위를 넘어서는 보험금 지급채무는 없음을 확인하는 채무부존재확인소송을 제기하였고, Y는 반소로서 보험금 전액의 지급을 청구하였다.

원심은 B의 A에 대한 손해배상청구권 중 A가 상속받은 부분은 혼동으로 이미 소멸하였으므로 A의 상속포기는 효력이 없고, 그렇지 않더라도 위 상속포기는 신의칙에도 반하여 역시 효력이 없다고 판단하여, Y의 반소청구 중 A의 상속포기로 인하여 A의 상속지분이 귀속된 1/2지분에 관한 부분을 배척하였다. 그러나 대법원은 원심판결을 파기하였다.

이 유

자동차손해배상보장법 9조 1항에 의한 피해자의 보험자에 대한 직접청구권이 수반되는 경우에는 그 직접청구권의 전제가 되는 피해자의 운행자에 대한 손해배상청구권은 비록 위 손해배상청구권과 손해배상의무가 상속에 의하여 동일인에게 귀속되더라도 혼동에 의하여 소멸되지 않고, 이러한 법리는 손해배상의무자가 피해자를 상속한 경우에도 동일하지만, 예외적으로 가해자가 피해자의 상속인이 되는 등 특별한 경우에 한하여 손해배상청구권과 손해배상의무가 혼동으로 소멸하고 그 결과 피해자의 보험자에 대한 직접청구권도 소멸한다. 그런데 피해자의 사망으로 상속이 개시되어 가해자가 피해자의 자신에 대한 손해배상청구권을 상속함으로써 그 손해

배상청구권과 이를 전제로 하는 직접청구권이 소멸하였다고 할지라도, 가해자가 적법하게 상속을 포기하면 그 소급효로 인하여 위 손해배상청구권과 직접청구권은 소급하여 소멸하지 않았던 것으로 되어 다른 상속인에게 귀속되고, 그 결과 위에서 본 '가해자가 피해자의 상속인이 되는 등 특별한 경우'에 해당하지 않게 되므로 위 손해배상청구권과 이를 전제로 하는 직접청구권은 소멸하지 않는다.

그리고 상속포기를 하지 아니하였더라면 혼동으로 소멸하였을 개별적인 권리가 소멸하지 않는 효과가 발생하였더라도, 이는 상속포기로 인한 부수적 결과에 불과하여 이를 이유로 신의칙 등 일반조항을 들어 전체적인 상속포기의 효력을 부정하는 것은 상당하지 않고, Y는 원래의 공동상속인 중 하나로서 피해자의 아버지이기 때문에 Y에게 책임보험에 의한 혜택을 부여하여 보호할 사회적 필요성을 부정하기 어렵다는 점 등에 비추어 볼 때 이 사건에서 상속포기가 신의칙에 반하여 무효라고 할 수도 없다.

해 설

1. 혼동에 의한 채권 소멸과 그 예외

507조는 채권과 채무가 동일한 주체에 귀속한 때에는 채권은 소멸하는 것으로 규정하고 있다. 이처럼 혼동에 의한 채권 · 채무의 소멸을 인정하는 이유는, 그 존속을 인정하여서는 안 될 필연적인 이유가 있어서라기보다는 그 존속을 인정하는 것이 무의미하기 때문이므로, 종전의 채권 · 채무의 존속을 인정할 필요성이 있을 때에는 채권과 채무가 동일인에게 귀속되더라도 그 존속을 인정할 수 있다. 법률상 인정된 예외로는 채권이 제3자의 권리의 목적인 때(507조 단서), 채권 · 채무가 귀속하는 재산이 각각 분리 · 독립된 때(예컨대 상속의 한정승인과 상속재산분리, 1031조), 어음 · 수표 등과 같이 채권이 증권화한 때 등이다. 학설상으로도 민법이 규정하고 있는 예외는 너무 범위가 좁아서 부당하므로, 그 취지를 유추하여 채권이 소멸하지 않는 경우를 인정하여야 한다고 보는 것이 일반적이다.

2. 손해배상의무자가 책임보험에 가입한 경우 혼동에 의한 소멸의 예외를 인정할 수 있는지 여부

이 사건과 같이 손해배상의무자가 책임보험에 가입하여 손해배상청구권자가 보험회사에 대하여 손해배상을 위한 책임보험금을 청구할 수 있었는데, 상속으로 인하여 손해배상청구권자와 손해배상의무자가 동일인이 된 경우에, 그 손해배상청구권은 혼동으로 소멸하고, 따라서 그 손해배상청구권의 존재를 전제로 하는 보험회사의 보험금 지급의무도 소멸하는가가 문제된다. 이러한 경우는 법률이 정하고 있는 혼동의 예외에는 속하지 않으므로, 손해배상청구권은 혼동에 의하여 소멸하고, 따라서 보험금 지급의무도 소멸하는 것이라고 생각될 수도 있다.

그러나 대판 1995.5.12, 93다48373은 다음과 같은 이유로 원칙적으로 이를 부정하였다. 즉 채권과 채무가 동일한 주체에 귀속하게 되더라도 그 채권의 존속을 인정하여야 할 특별한 이유가 있는 때에는 그 채권은 혼동에 의하여 소멸되지 않고 그대로 존속하는데, 그 채권의 존재가 채권자 겸 채무자로 된 사람의 제3자에 대한 권리행사의 전제가 되는 관계로 채권의 존속을 인정하여야 할 정당한 이익이 있을 때에는 그 채권은 혼동에 의하여 소멸하는 것이 아니라고 봄이 상당하다는 것이다. 그런데 자동차 운행 중 교통사고가 일어나 자동차의 운행자나 동승한 그의 친족이 사망하여 손해배상채권과 채무가 상속으로 동일인에게 귀속하게 되는 때에, 교통사고를 일으킨 차량의 운행자가 자동차 손해배상 책임보험에 가입한 경우에는, 가해자가 피해자의 상속인이 되는 등의 특별한 경우를 제외하고는 생존한 교통사고 피해자나 사망자의 상속인에게 책임보험에 의한 보험의 혜택을 부여하여 이들을 보호할 사회적 필요성이 있는 점은 다른 교통사고와 다를 바 없고, 원래 자동차 손해배상 책임보험의 보험자는 상속에 의한 채권, 채무의 혼동 그 자체와는 무관한 제3자일뿐 아니라 이미 자신의 보상의무에 대한 대가인 보험료까지 받고 있는 처지여서 교통사고의 가해자와 피해자 사이에 상속에 의한 혼동이 생긴다는 우연한 사정에 의하여 자기의 보상책임을 면할 만한 합리적인 이유가 없으므로, 피해자가 보험회사에 대하여 직접 보험금의 지급청구를 할 수 있는 이른바 직접청구권이 수반되는 경우에는 그 직접청구권의 전제가 되는 피해자의 운행자에 대한 손해배상청구권은 상속에 의한 혼동에 의하여 소멸되지 않는다는 것이다. 대판 1995.7.14, 94다36698도 같은 취지이다.

그런데 위 판결은 가해자가 피해자의 상속인이 되는 경우에는 원칙으로 돌아가 혼동에 의하여 손해배상채권이 소멸할 수 있다고 보았다. 그리하여 대판 2003.1.10, 2000다41653, 41660은, 자동차책임보험에 있어서 보험회사에 대한 직접청구권의 전제가 되는 피해자의 손해배상청구권이 운행자와 직접운전자인 가해자에게 상속된 경우에 가해자의 그 상속분에 상응하는 직접청구권의 행사를 부정하고, 운행자의 직접청구권의 행사범위가 책임보험의 한도액 중 그 상속지분에 상응하는 금액으로 한정된다고 보았다.

3. 학설상의 논의

학설도 대체로 이러한 경우에 혼동의 예외를 인정하여, 보험자의 보험금 지급의무가 존속한다고 보면서 판례의 설시를 지지하고 있다. 다만 가해자가 피해자의 상속인인 경우에는 혼동의 예외를 인정하지 않을 것인가에 대하여는 의견이 갈린다. 이 경우에도 혼동의 예외를 인정하여야 한다는 설은, 가해자와 피해자가 근친가족 사이이므로 피해자측이라고 할 수 있는데, 이러한 피해자측에게 보험보호를 줄 사회적 필요는 가해자가 피해자를 상속한 경우에 덜하다고 할 수 없다고 주장한다.

반면 이러한 경우에는 혼동을 인정하여야 한다는 견해는 가해자의 보험금청구권을 인정하는 것은 신의칙에 반하거나 권리남용에 해당한다고 본다.

4. 검 토

책임보험의 경우에는 보험자의 피해자에 대한 손해배상채무는 피보험자의 손해배상채무를 전제로 하므로, 피보험자의 채무가 소멸하면 보험자의 손해배상채무도 소멸하는 것으로 보아야 한다. 그런데 손해배상의무자가 책임보험에 가입하여, 손해배상청구권자가 보험회사에 대하여 손해배상을 위한 책임보험금을 청구할 수 있었는데, 상속으로 인하여 손해배상청구권자와 손해배상의무자가 동일인이 된 경우에는 이와 달리 볼 필요가 있다. 즉 이러한 경우에는 생존한 교통사고 피해자나 사망자의 상속인에게 책임보험에 의하여 이들을 보호할 사회적 필요성이 있는 점은 다른 교통사고와 다를 바 없고, 원래 책임보험의 보험자는 상속에 의한 채권·채무의 혼동 그 자체와는 무관한 제3자일뿐 아니라 이미 자신의 보상의무에 대한 대가인 보험료까지 받고 있는 처지여서 교통사고의 가해자와 피해자 사이에 상속에 의한 혼동이 생긴다는 우연한 사정에 의하여 자기의 보상책임을 면할 만한 합리적인 이유가 없는 것이다.

이를 좀더 이론적으로 설명한다면, 채권이 제3자의 권리의 목적인 때에는 혼동에 의하여 채권이 소멸하지 않는다는 507조 단서의 목적론적 확장(teleologische Extension)이라고 할 수 있다(목적론적 확장에 대하여는 **[판례 86]**의 해설 참조).

만일 제3자가 다시 종전의 채무자에 대하여 구상권을 행사할 수 있다는 등의 특별한 사정이 있는 경우에는 구태여 종래의 채권의 존속을 인정할 필요가 없을 것이다. 그러나 책임보험의 경우에는 보험자가 피보험자에 대하여 구상하는 것이 인정되지 않으므로(대판 1991.11.26, 90다10063 등), 이러한 경우에는 종래의 채권의 존속을 인정하여 피해자 내지 그 승계인의 직접청구권 행사를 인정하여야 할 것이다.

문제는 가해자가 피해자를 상속한 경우(가해자상속형)의 경우에는 다시 원칙으로 돌아가 혼동을 인정할 것인가 하는 점이다. 이 점에 대하여는 피해자측 보호라는 관점에서 마찬가지로 혼동을 인정할 필요가 없다는 견해도 있으나, 혼동을 인정하는 것이 타당하다. 사고를 일으킨 가해자 자신이 피해자가 가졌던 손해배상청구권을 행사한다는 것은 합리적이라고 할 수 없고, 이는 신의칙 위반 내지 권리남용이라고 할 수도 있기 때문이다. 따라서 이 사건에서는 A가 상속을 포기하지 않았다면, B의 손해배상청구권 중 상속에 의하여 A에게 귀속될 1/2은 혼동에 의하여 소멸하고, A는 X에 대하여 보험금을 청구할 수 없으며, Y만이 1/2만큼의 보험금을 청구할 수 있다.

그런데 A가 상속을 포기하였다면, 상속 포기의 소급효(1042조)에 의하여 B의 손해배상청구권은 처음부터 A에게 귀속되지 않은 것으로 되고, 이는 Y에게만 상속되므로 혼동이 일어나지 않게 된다. 이러한 경우에 Y의 상속 포기가 신의칙에 반한다고 할 수는 없다. 상속의 포기는 포기자의 자유일 뿐만 아니라, 원래 X는 보험금 지급의무를 부담하고 있었으므로, A 아닌 Y에 대하여 보험금 전액을 지급하여야 한다고 하더라도 그것이 부당하다고는 할 수 없다. 가령 이 사건에서 A도 B와 함께 사망하였다면, X는 Y에게 보험금 전액을 지급하여야 한다. 그러므로 A가 사망하지 않고 상속을 포기하였다고 하여, 그것이 신의칙에 반한다는 이유로 X의 보험금 지급의무를 면하게 하는 것이 합리적이라고는 할 수 없다.

참고문헌

구민승, 가해자가 피해자의 자동차손해배상보장법상 손해배상청구권을 상속한 후 상속포기한 경우의 법률관계, 재판과 판례 16집, 대구판례연구회, 2007.

민유숙, 보험회사에 대한 책임보험 직접청구권과 상속에 의한 혼동 여부, 대법원판례해설 44호, 2004.

오시영, 손해배상청구권을 중심으로 한 혼동과 상속포기의 우열, 서울지방변호사회 판례연구 19집, 2005.

윤장원, 교통사고로 인한 자동차손해배상보장법 제3조의 손해배상청구권의 혼동과 상속포기, 판례연구 18집, 부산판례연구회, 2007.

윤진수, 자동차손해배상보장법 제3조의 손해배상채권과 채무가 동일인에게 귀속되는 경우 혼동에 의한 직접청구권의 소멸 여부, 민법논고 3권, 2008.

/ 민법기본판례 /

Ⅳ 채권각칙

[판례 88]

토지거래 허가 없는 토지거래계약의 효력

대법원 1991.12.24. 선고 90다12243 전원합의체 판결

사 실

X는 1989.3.16. Y로부터 이 사건 토지를 매수하였는데, 위 토지는 당시의 국토이용관리법(현재 국토의 계획 및 이용에 관한 법률)상 토지 등의 거래계약에 대하여 허가를 받아야 하는 규제지역에 속하여 있었으나, X와 Y는 그 허가를 받지 않았다. X는 Y에 대하여 주위적 청구로서 위 매매계약에 기하여 이 사건 토지에 대한 소유권이전등기절차이행을 구하고, 예비적 청구로서 Y는 허가권자에 대한 토지거래허가신청절차를 이행하고, 허가를 받게 되면 소유권이전등기절차를 이행할 것을 청구하였다.

원심은 주위적 청구는 기각하고 예비적 청구는 받아들였다. 그러나 대법원은 예비적 청구 중 소유권이전등기절차 이행을 명한 부분을 파기하였다. 여기에는 보충의견과 별개 및 반대의견이 있었다.

이 유

토지의 소유권 등 권리를 이전 또는 설정하는 내용의 거래계약은 관할 관청의 허가를 받아야만 그 효력이 발생하고, 허가를 받기 전에는 물권적 효력은 물론 채권적 효력도 발생하지 아니하여 무효라고 보아야 할 것이다. 다만 허가를 받기 전의 거래계약이 처음부터 허가를 배제하거나 잠탈하는 내용의 계약일 경우에는 확정적으로 무효로서 유효화될 여지가 없으나, 이와 달리 허가받을 것을 전제로 한 거래계약일 경우에는 허가를 받을 때까지는 법률상 미완성의 법률행위로서 소유권 등 권리의 이전 또는 설정에 관한 거래의 효력이 전혀 발생하지 않음은 위의 확정적 무효의 경우와 다를 바 없지만, 일단 허가를 받으면 그 계약은 소급하여 유효한

계약이 되고 이와 달리 불허가가 된 때에는 무효로 확정되므로 허가를 받기까지는 유동적 무효의 상태에 있다고 보는 것이 타당하다. 그러므로 허가받을 것을 전제로 한 거래계약은 허가받기 전의 상태에서는 거래계약의 채권적 효력도 전혀 발생하지 않으므로 권리의 이전 또는 설정에 관한 어떠한 내용의 이행청구도 할 수 없으나, 일단 허가를 받으면 그 계약은 소급해서 유효화되므로 허가 후에 새로이 거래계약을 체결할 필요가 없다.

이러한 계약을 체결한 당사자 사이에 있어서는 그 계약이 효력있는 것으로 완성될 수 있도록 서로 협력할 의무가 있으므로, 규제지역 내의 토지에 대하여 거래계약이 체결된 경우에 계약의 쌍방 당사자는 공동으로 관할 관청의 허가를 신청할 의무가 있고, 이러한 의무에 위배하여 허가신청절차에 협력하지 않는 당사자에 대하여 상대방은 협력의무의 이행을 소송으로써 구할 이익이 있다.

그러나 비록 매매계약이 허가받을 것을 전제로 한 계약이라고 할지라도 허가받기 전의 상태에서는 아무런 효력이 없어 권리의 이전 또는 설정에 관한 어떠한 이행청구도 할 수 없으므로, 허가가 있을 것을 조건으로 하여 소유권이전등기절차의 이행을 구할 수는 없다.

이 사건 매매계약은 관할 관청으로부터 토지거래허가를 아직 받지 못하였으므로 그 계약내용대로의 효력이 있을 수 없는 것이어서 X로서도 아직 그 계약내용에 따른 대금지급의무가 있다고 할 수 없으므로, Y로서는 그 대금 지급이 없었음을 이유로 계약을 해제할 수는 없다.

해 설

1. 농지매매증명 및 농지취득자격증명에 관한 판례

법은 많은 경우에 토지에 관하여 매매 등의 거래를 할 때 관청의 허가나 인가를 받도록 요구하고 있다. 대표적으로 과거의 농지개혁법 19조 3호는 농지는 소재지 관서의 증명을 얻어 당사자가 직접 매매할 수 있다고 규정하고 있었다. 판례는 소재지관서의 농지매매증명이 없는 경우에는 매매에 의한 물권변동의 효과 즉 소유권 이전의 효과를 발생할 수 없다는 취지에 지나지 않으며, 농지 매매 당사자 사이의 채권계약인 농지 매매계약 자체는 유효하게 성립될 수 있다고 보았다{대판(전) 1964.10.1, 64다563}. 그리하여 매도인이 채무를 불이행하면 매수인은 손해배상청구를 할 수 있다. 그렇지만 매수인이 농지매매증명이 없는 상태에서 재판상 소유권이전등기를 청구할 수는 없고, 소유권이전등기를 청구하려면 사실심 변론종결시까지 농지매매증명을 구비하여야 하였다(대판 1968.6.18, 68다646). 그러나 이처럼 판례가 농지매매증명이 없는 매매가 채권계약으로서는 유효하게 성립할 수 있다고 본 데 대하여는 비판이 많았다.

그런데 1996년 농지개혁법을 대신하여 제정된 농지법 8조는 농지매매증명을 농지취득자격증명으로 바꾸었다. 이 농지취득자격증명의 성질에 관하여 판례는, 농지취득자격증명은 농지를 취득하는 자가 그 소유권에 관한 등기를 신청할 때에 첨부하여야 할 서류로서, 농지를 취득하는 자에게 농지취득의 자격이 있다는 것을 증명하는 것일 뿐 농지취득의 원인이 되는 법률행위(매매 등)의 효력을 발생시키는 요건은 아니고, 농지에 대한 소유권이전등기절차이행의 소송에서 비록 원고가 사실심 변론종결시까지 농지취득자격증명을 발급받지 못하였다고 하더라도 민사소송절차의 종료 후 얼마든지 농지취득자격증명을 발급받아 농지의 소유권을 취득할 수 있으므로, 원고가 농지취득자격증명을 발급받은 바 없다는 이유로 그 청구가 배척되지는 않는다고 하였다(대판 1998.2.27, 97다49251 등).

2. 토지거래허가를 받지 않은 토지거래의 효력

그런데 대상판결은, 토지거래허가를 받을 것을 전제로 한 거래계약은 허가를 받을 때까지는 소유권 등 권리의 이전 또는 설정에 관한 거래의 효력이 전혀 발생하지 않지만, 일단 허가를 받으면 그 계약은 소급하여 유효한 계약이 되고, 불허가가 된 때에는 무효로 확정되므로, 허가를 받기까지는 유동적 무효의 상태에 있다고 보았다.

유동적 무효란 확정적 무효와 대비되는 개념으로서, 확정적 무효는 장차 유효하게 될 가능성이 없는데 반하여, 유동적 무효는 장차 일정한 요건이 갖추어지면 유효하게 될 수 있는 것이다. 가령 대리권 없는 자가 타인의 대리인으로 한 계약은 본인의 추인이 없을 때까지는 무효이지만, 본인의 추인이 있으면 소급하여 유효하게 되는데(무권대표에 관한 대판 1991.5.24, 90도2190; 1995.6.16, 94다53563 등), 이것이 유동적 무효의 한 예이다. 대상판결은 허가 없는 토지거래계약도 일단 허가를 받으면 그 계약은 소급해서 유효하게 된다고 보았다.

대상판결은 토지거래허가를 허가 전의 유동적 무효상태에 있는 법률행위의 효력을 완성시켜 주는 인가적 성질을 띤 것이라고 보면서, 허가 없는 토지거래를 유동적 무효라고 본 이유를 다음과 같이 설명하였다. 즉 허가를 전제로 한 계약까지도 절대무효라고 본다면, 당사자는 허가를 받은 후에 매매계약을 체결하여야 하는데, 이는 불합리하다는 것이다. 다시 말하여 매도인과 매수인 사이에 매매의사의 합치가 있은 후에야 관할 관청의 허가신청을 할 수 있게 되는데, 매매의사의 합치가 있기도 전에 허가부터 받고 매매의 의사가 합치될 상대방을 물색하라고 요구하는 것은 현실적으로 불가능한 일을 강요하는 것밖에 되지 않는다는 것이다. 그리하여 대상판결은 일단 허가를 받으면 허가 후에 새로이 거래계약을 체결할 필요는 없다고 하였다.

학설상으로도 이러한 판례를 지지하는 견해가 다수이다. 다만 토지거래허가 전의 거래계약은 절대적으로 무효라는 주장(대상판결의 반대의견)과, 채권행위는 원칙적으로 무효이지만 그 중 특정한 부분은 유효하다는 제한적 무효설 및 일종의 법정조건이 붙은 것으로서 유효한 계약이라는 설 등도 주장되고 있다.

3. 유동적 무효의 법률관계

유동적 무효 상태에서 나오는 법률효과는 크게 두 가지이다. 하나는 계약이 유효함을 전제로 하여 이행을 청구하거나 그 불이행책임을 묻지 못한다는 것이고, 다른 하나는 당사자 사이에는 그 계약이 효력 있는 것으로 완성될 수 있도록 서로 협력할 의무가 있다는 것이다.

우선 대상판결이 설시하는 것처럼 권리의 이전 또는 설정에 관한 어떠한 내용의 이행청구도 할 수 없고, 상대방의 거래계약상 채무불이행을 이유로 거래계약을 해제하거나, 그로 인한 손해배상을 청구할 수도 없다(대판 1997.7.25, 97다4357, 4358 등). 또 토지거래허가가 없으면 매도인에게 매수인에 대한 소유권이전등기에 협력할 의무가 생겼다고 볼 수 없으므로, 매도인을 배임죄의 주체인 타인의 사무를 처리하는 자에 해당한다고 할 수 없다(대판 1994.6.14, 94도612 판결). 그러나 판례는 유동적 무효 상태인 매매계약에서도 당사자 사이의 매매계약은 매도인이 계약금의 배액을 상환하고 계약을 해제함으로써 적법하게 해제된다고 하였다(대판 1997.6.27, 97다9369).

다른 한편 토지거래허가가 없었더라도 거래 당사자 사이에는 그 계약이 효력이 있는 것으로 완성될 수 있도록 서로 협력할 의무(협력의무)가 있고, 따라서 일방은 상대방에 대하여 그 협력의무의 이행을 청구할 수 있다. 대상판결은 이 점을 명확히 하였다. 그러므로 당사자 일방이 토지거래허가를 받기 위한 협력 자체를 이행하지 아니하거나 허가신청에 이르기 전에 매매계약을 철회하는 경우에는 상대방에 대한 손해배상의무가 있고, 따라서 상대방에게 일정한 손해액을 배상하기로 하는 손해배상의 예정도 유효하게 할 수 있다(대판 1994.4.15, 93다39782). 다만 이러한 경우에 이행이익을 배상하여야 하는가, 아니면 신뢰이익만 배상하면 되는가에 대하여는 논란이 있다.

또한 확정적 무효로 되기 전에는 일방이 상대방에게 지급한 계약금을 부당이득으로서 반환청구할 수도 없다(대판 1993.7.27, 91다33766 등). 그리고 매수인은 매도인에 대하여 가지는 토지거래허가신청절차의 협력의무의 이행청구권을 보전하기 위하여 채권자대위권도 행사할 수 있다(대판 1993.3.9, 92다56575 판결). 그러나 보전의 필요성을 판단할 때에는, 매도인의 권리 행사를 강제하는 것이 매도인의 재산권행사에 커다란 불이익을 가져오거나 자유로운 재산관리행위에 대한 부당한 간섭이 될 수 있는지 등의 여러 사정을 종합적으로 고려하여야 한다(대판 2013.5.23, 2010다50014).

다른 한편 매수인은 매도인에 대한 토지거래허가신청절차청구권을 피보전권리로 하여 매매목적 토지의 처분을 금하는 가처분을 구할 수 있다(대판 1998.12.22, 98다44376). 그러나 매매계약에 기한 소유권이전등기청구권 자체를 피보전권리로 하는 부동산처분금지가처분신청은 허용되지 않는다(대결 2010.8.26, 2010마818).

그리고 허가를 받기 전의 거래계약이 처음부터 허가를 배제하거나 잠탈하는 내용의 계약일 경우에는 처음부터 확정적으로 무효이고, 유효화될 여지가 없다. 또한 유동적 무효상태의 계약은 관할 도지사에 의한 불허가처분이 있을 때뿐만 아니라, 당사자 쌍방이 허가신청을 하지 아니하기로 하는 의사표시를 명백히 한 경우에도 확정적으로 무효로 된다(대판 1993.7.27, 91다33766 등). 그리고 유동적 무효 상태의 매매계약이 매매목적물의 수용으로 인하여 객관적으로 허가가 날 수 없음이 분명해져 확정적으로 무효가 되면, 수용으로 인한 대상청구권도 발생하지 않는다(대판 2008.10.23, 2008다54877).

그렇지만 거래계약이 유동적 무효인 상태에서 그 토지에 대한 토지거래허가구역 지정이 해제되거나 허가구역 지정기간이 만료되었음에도 허가구역 재지정을 하지 아니한 경우에는, 그 토지거래계약은 확정적으로 유효로 된다{대판(전) 1999.6.17, 98다40459}.

4. 허가조건부 소유권이전등기청구의 가부

대상판결은 토지거래계약이 유동적 무효인 상태에서는 권리의 이전 또는 설정에 관한 어떠한 이행청구도 할 수 없으므로, 허가가 있을 것을 조건으로 하여 소유권이전등기절차의 이행을 구할 수는 없다고 하였다. 이러한 청구는 이른바 장래이행의 소(민사소송법 251조)에 해당하는데, 학설상으로는 이러한 청구도 허용하여야 한다는 주장이 있다. 즉 허가신청에 협력하지 않는 매도인에 대한 매수인의 허가신청절차의 협력의무이행의 청구는 허용하면서, 허가를 받을 것으로 조건으로 한 소유권이전등기청구를 인용해 주지 않으면, 결국 매수인으로서는 또 한 차례 매도인을 상대로 하여 소유권이전등기청구를 하여야 하는 번거로움과 불경제를 감수하여야 하므로 판례의 입장은 분쟁해결의 1회적 요청에 반한다는 것이다.

실제로 대상판결 후의 대판 1998.7.24, 96다27988은, 학교법인이 감독청의 허가 없이 기본재산에 관한 매매계약을 체결한 경우, 매수인이 감독청의 허가를 조건으로 소유권이전등기를 청구할 수 있다고 보았다. 이러한 경우에도 매매계약이 유동적 무효라고 보아야 할 것인데, 두 가지 경우를 달리 취급할 필요는 없고, 두 경우 모두 허가가 있을 것을 조건으로 하는 장래이행의 소를 허용하여야 할 것이다.

참고문헌

김민중, 유동적 무효, 법조 2000. 4.

김상용, 토지거래허가의 법리구성, 민사판례연구 15권, 1993.

이시윤, 토지거래에 관한 규제를 어긴 경우의 효력과 장래이행의 소, 민사재판의 제문제 7권, 1993.

이주흥, 토지거래허가에 있어서 이른바 유동적 무효에 기한 법률관계, 민사재판의 제문제 8권, 1994.

정상현, 허가 없는 토지거래계약의 효력에 관한 법리 소고, 성균관법학 16권 1호, 2004.

[판례 89]

보험계약 중 재해사망특약에서 자살면책 제한조항의 해석

대법원 2016.5.12. 선고 2015다243347 판결

사 실

A는 보험회사인 Y와 사이에 피보험자를 A로, 사망시 수익자를 A의 상속인으로 하는 생명보험계약(주계약)을 체결하면서, 별도로 추가보험료를 납입하고 재해사망특약에도 함께 가입하였다. 재해사망특약 약관 9조에는 피보험자가 보험기간 중 재해 분류표에서 정하는 재해를 직접적인 원인으로 사망하거나 장해분류표 중 제1급의 장해상태가 되었을 때에는 추가로 5,000만원의 재해사망보험금을 지급하는 것으로 규정되어 있었다. 그리고 재해 분류표에는 "재해라 함은 우발적인 외래의 사고로서 다음 분류표에 따른 사고를 말한다"라는 설명과 함께, 1호부터 32호까지 재해의 유형이 열거되어 있었다. 여기에 자살은 포함되어 있지 않았다. 한편 재해사망특약 약관 11조 1항에는 "회사는 다음 중 어느 한 가지의 경우에 의하여 보험금 지급사유가 발생한 때에는 보험금을 드리지 아니하거나 보험료의 납입을 면제하지 아니함과 동시에 이 계약을 해지할 수 있습니다"라고 규정되어 있었다. 위 조항 1호 본문은 "피보험자가 고의로 자신을 해친 경우"를 보험금을 지급하지 않는다고 규정하고, 1호 단서는 "그러나 피보험자가 정신질환상태에서 자신을 해친 경우와 계약의 책임개시일부터 2년이 경과된 후에 자살하거나 자신을 해침으로써 장해등급분류표 중 제1급의 장해상태가 되었을 경우에는 그러하지 아니합니다"라고 규정하였다. 이러한 내용은 주계약 약관 23조 1항에도 동일하게 규정되어 있었다.

A는 계약 책임개시일로부터 2년이 지난 시점에 고의에 의한 자살로 보이는 화물열차 사고로 사망하였다. A의 부모인 X들은 Y에게 주계약에 따른 보험금과 재해사망특약에 따른 보험금을 모두 청구하였으나, Y는 X들에게 주계약에 따른 보험금만을 지급하였다. X들은 Y를 상대로 재해사망특약에 따른 보험금 지급을 청구하는 소를 제기하였다. 1심 법원은 X들의 청구를 인용하였으나, 원심은 청구를 기각하였다. 그러나 대법원은 원심판결을 파기환송하였다.

이 유

보험약관은 신의성실의 원칙에 따라 해당 약관의 목적과 취지를 고려하여 공정하고 합리적으로 해석하되, 개개 계약 당사자가 기도한 목적이나 의사를 참작하지 않고 평균적 고객의 이해가능성을 기준으로 보험단체 전체의 이해관계를 고려하여 객관적·획일적으로 해석하여야 하며, 위와 같은 해석을 거친 후에도 약관조항이 객관적으로 다의적으로 해석되고 그 각각의 해석이 합리성이 있는 등 해당 약관의 뜻이 명백하지 아니한 경우에는 고객에게 유리하게 해석하여야 한다.

이 사건 특약 약관 9조는 재해를 직접적인 원인으로 사망하거나 제1급의 장해상태가 되었을 때를 보험금 지급사유로 규정하고 있고, 고의에 의한 자살 또는 자해는 우발성이 결여되어 재해에 해당하지 않으므로, 이 사건 특약 약관 11조 1항 1호를 이 사건 특약 약관 9조에 정한 보험금 지급사유가 발생한 경우에 한정하여 적용되는 면책 및 면책제한 조항으로 해석한다면, 이 사건 특약 약관 11조 1항 1호는 처음부터 그 적용대상이 존재하지 아니하는 무의미한 규정이 된다. 그러나 엄연히 존재하는 특정 약관조항에 대하여 약관의 규제에 관한 법률에 의하여 그 효력을 부인하는 것이 아니라 단순히 약관해석에 의하여 이를 적용대상이 없는 무의미한 규정이라고 하기 위하여는 평균적인 고객의 이해가능성을 기준으로 할 때에도 그 조항이 적용대상이 없는 무의미한 조항임이 명백하여야 할 것인데, 이 사건 특약 약관 11조 1항 1호를 그와 같이 볼 수는 없다.

오히려 평균적인 고객의 이해가능성을 기준으로 살펴보면, 위 조항은 고의에 의한 자살 또는 자해는 원칙적으로 우발성이 결여되어 이 사건 특약 약관 9조가 정한 보험사고인 재해에 해당하지 않지만, 예외적으로 단서에서 정하는 요건, 즉 피보험자가 정신질환상태에서 자신을 해친 경우와 책임개시일부터 2년이 경과된 후에 자살하거나 자신을 해침으로써 제1급의 장해상태가 되었을 경우에 해당하면 이를 보험사고에 포함시켜 보험금 지급사유로 본다는 취지로 이해할 여지가 충분하며, 위와 같은 해석이 이것이 약관 해석에 관한 작성자 불이익의 원칙에도 부합한다.

해 설

1. 문제의 소재와 견해의 대립

재해는 우발적인 외래의 사고 발생을 전제한다. 그러므로 고의에 의한 자살은 우발성이 결여되어 재해에 해당하지 않는다. 대상판결에서의 재해사망특약 9조에서도 자살은 재해에 해당하는 것으로 규정하고 있지 않았다. 그런데 위 특약 약관 11조에서는 피보험자가 자살한 경우에도 2년이 경과한 경우에는 재해사망특약에 따른 보험금을 지급하는 것으로 규정하고 있어서, 9조와 11조의 관계가 문제된다. 이 문제는 원래 2001년 어느 생명보험회사가 일반사망보험금보다 2-3배 더 많은 보험금을 지급하는 재해사망특약부 생명보험상품을 출시하면서 일반생명보험약관에만 들어가야 할 조항을 재해사망보험약관에 잘못 포함시켰고, 그 뒤 많은 보험사들이 유사 상품에 이를 베끼고 금융당국도 그 문제를 장기간 인지하지 못하면서 벌어진 일이라고 한다. 이로 인하여 많은 소송이 제기되었고, 하급심 판례들도 엇갈리고 있었으며, 학자들도 치열한 의견 대립을 보이고 있었다.

보험금지급의무 긍정설은, 면책기간 경과 후의 자살에 대하여 재해사망보험금을 지급하는 것은 자살한 피보험자의 유족 보호 등 여러 가지 정책적인 고려에 의한 것이므로, 재해사망특약이라고 하여 면책기간 경과 후의 자살에 대하여 보험금을 지급해서는 안 될 절대적 이유는 없고, 면책제한조항이 존재함에도 불구하고 보험회사의 주장과 같이 잘못 삽입되었다고 해석하는 것은 해당 조항을 무의미하게 만들 수 있다고 한다.

반면 보험금 지급의무 부정설은, 평균적인 고객의 입장에서 보더라도 고의 자살의 경우에는 재해사망보험금이 지급되지 않는다는 것을 전제로 특약을 체결하였다고 보는 것이 합리적이고, 재해사망특약의 면책제한조항에 의미를 부여하기 위하여 인위적으로 보험사고의 범위를 확장해석하는 것은 보험법리에 반하고 약관해석의 범위를 넘어선 것이라고 한다.

2. 보험금 지급의무 부정설의 문제점

이 설에 따른다면 기본적으로 특약 약관 11조 1항 1호는 처음부터 적용될 여지가 없는 무의미한 조항이라고 할 수밖에 없다. 그런데 이는 계약 해석의 기본 원칙에 어긋난다. 계약 해석의 기본적인 원칙 중 하나는, 계약의 일부라도 이를 의미있는 것으로 해석하여야 하고, 이를 무효인 것으로 해석하거나 의미없는 것으로 해석하여서는 안 된다는 것이다. 그런데 부정설에 따른다면 위 조항은 처음부터 들어갈 필요가 없는 것이 되어, 위 조항을 무의미하게 만드는 것이 된다.

이에 대하여 부정설에서는 위 조항이 평균적인 보험 고객의 입장에서 보더라도 무의미한 것임이 명백하다고 주장하지만, 과연 평균적인 고객이 위 조항이 무의미한 것이라고 판단할 수 있었을까? 이 문제에 관하여 학자들의 의견도 갈리고, 하급심 판례들도 상반되었던 점이 비추어 보면, 적어도 위 조항이 무의미한 것임이 평균적인 보험 고객에게 명백하였다고 말할 수는 없을 것이다.

기본적으로 이 문제는 보험회사가 보험 약관을 잘못 만든 데서 비롯된 것인데, 이러한 보험회사의 과오를 일반 보험 고객에게 전가하려는 것은 타당하다고 할 수 없다.

3. 작성자 불이익의 원칙 적용 여부

대상판결도 기본적으로 이러한 취지에서 보험회사의 보험금 지급의무를 긍정하였다. 그런데 대상판결은 보험금지급의무를 긍정하는 것이 약관 해석에 관한 작성자 불이익의 원칙에도 부합한다고도 서술하였으나, 이는 다소 의문이다. 작성자 불이익의 원칙(contra proferentem rule)은 약관의 뜻이 명백하지 아니한 경우에는 고객에게 유리하게 해석되어야 한다는 것인데(약관의 규제에 관한 법률 5조 1항), 위 약관 조항은 그 의미가 분명하기 때문이다. 다만 이러한 취지를, 보험회사가 자신이 잘못 작성한 약관으로 인한 불이익한 결과를 고객에게 전가해서는 안 된다는 의미로 이해할 여지는 있다.

4. 소멸시효 남용 여부

대판 2016.9.30, 2016다218713, 218720에서는 이러한 경우에 당사자가 2년의 소멸시효기간이 경과한 후 보험금을 청구한 경우에 보험회사가 소멸시효 완성을 주장하는 것이 신의성실의 원칙에 반하여 권리남용으로서 허용될 수 없는가가 문제되었다. 위 판결은, 보험회사가 재해사망보험금 지급의무가 있음에도 불구하고 그 지급을 거절하였다는 사정만으로는 소멸시효 항변이 권리남용에 해당한다고 보기 어렵다고 판단하였다. 이러한 사건들에서 다른 많은 당사자가 소멸시효 기간 내에 소송을 제기하여 보험금을 청구하였던 점에 비추어 보면, 보험회사가 소멸시효 완성을 주장하여 보험금 지급을 거절하는 것이 신의칙에 어긋나거나 권리남용이라고 할 수는 없을 것이다.

그런데 이러한 대법원 판례에도 불구하고, 금융감독원은 소멸시효 기간이 경과한 후에도 보험회사가 보험금을 지급할 것을 강권하여 결국 보험회사들인 소멸시효 기간이 경과한 경우에도 모두 보험금을 지급하였다.

참고문헌

권영준, 자살과 재해사망보험금 지급에 관한 보험약관의 해석, 재산법연구 32권 2호, 2015.
김은경, 보험약관 내용구성과 그 적용에 대한 일고, 상사판례연구 29권 3집, 2016.
박성준, 재해사망특약의 고의 자살에 대한 면책제한조항의 해석, 부산판례연구회 판례연구 29집, 2018.
박세민, 자살에 대한 재해사망보험금 지급에 관한 문제, 고려법학 80호, 2016.
박웅, 재해사망특약상의 자살면책제한조항의 해석에 관하여, 사법 37호, 2016.
서완석, 보험약관내용 설계과실에 대한 책임, 기업법연구 30권 3호, 2016.
서종희, 모순 있는 보험약관조항에 대한 해석, 외법논집 40권 4호, 2016.
윤용섭 · 김수진, 보험자의 착오에 의해 잘못 표시된 보험약관 조항의 해석, 율촌판례연구, 박영사, 2017.
이원석, 재해사망특약 약관에 독립적으로 규정된 자살면책 · 부책조항의 해석, 사법 37호, 2016.
장덕조, 재해사망보험금지급약관의 유효성, 금융법연구 제13권 2호, 2016.
최승재, 자살면책특약의 해석에 대한 연구, 인권과 정의 2016.11.

[판례 90]

약관의 효력유지적 축소

대법원 1996.5.14. 선고 94다2169 판결

사 실

금은보석상을 경영하는 X는 1988.10.5. 용역경비업자인 Y와 용역경비계약을 체결하였다. 위 용역경비계약에 따른 협정사항 12항은, X는 현금 및 귀중품을 되도록 금융기관에 예치하고 경비 대상물 내의 보관을 피하여야 하고, 부득이한 경우에는 고정금고 또는 옮기기 힘든 대형금고 속에 보관하고 시정하여야 하며, 피고는 원고가 위 사항을 준수하지 아니하여 발생한 사고에 대하여는 책임을 지지 아니한다고 규정하고 있었다. 그런데 성명불상자가 1991.7.4. 22:40경부터 다음날 09:40경 사이에 X의 가게에 침입하여 진열장에 진열되어 있던 시계, 귀금속 등을 절취하여 간 도난사고가 발생하였으나, Y는 위 도난사고 당시 피고가 위 영보당의 출입문 바로 위에 설치한 열선감지기로부터 아무런 이상 신호를 접수하지 못하여 위 도난사고에 대처하지 못하였다. X는 Y에 대하여 용역경비계약상의 배상약정에 따른 손해배상을 청구하였다.

원심은, X가 위 협정사항 12항을 준수하지 않았으므로 Y에게는 책임이 없다고 판단하였다. 그러나 대법원은 원심판결을 파기하였다.

이 유

위 협정사항 12항 및 특약사항은 그 규정 형식 및 내용 등에 비추어 보아 면책약관의 성질을 가지는 것으로 봄이 상당하므로, 위 면책조항이 피고의 고의, 중과실로 인한 경우까지 적용된다고 본다면 약관규제법 7조 1호에 위반되어 무효라고 볼 수밖에 없기 때문에 그 외의 경우에 한하여 피고의 면책을 정한 규정이라고 해석하는 한도 내에서만 유효하다고 수정 해석하여야 한다.

그런데 X는, 자기가 이 사건 계약 당시부터 범인이 침입한 유리창 문쪽과 진열대 위에도 감지기를 설치해 줄 것을 요청한 바 있으나, Y는 현 시설로도 충분하다고 했었다고 주장하면서

도난방지의 안전시설을 책임진 Y 회사가 안전조치를 제대로 취하지 않은 것이라고 주장하고 있으며, 나아가 Y 회사 직원이 열감지기에 스카치테이프를 붙여 감도를 떨어뜨린 점 또는 실내 감지기가 비뚤어져 있어서 범인이 침입한 부분과는 사각지대가 생긴 점 등도 아울러 지적하고 있는바, 위와 같은 주장들은 결국 위 면책약관이 피고의 고의, 중과실에 의한 경우까지는 적용될 수 없다는 취지의 주장이라고 보여진다.

사정이 이와 같다면 원심으로서는 먼저 Y의 이 사건 용역경비계약상의 손해배상책임이 Y의 고의, 중과실로 인한 것인지의 여부에 관하여 심리한 다음, 그 결과에 따라 Y의 고의, 중과실로 인한 것인 경우에는 위 면책조항을 무효로 보아 그 적용을 배제하고, 그 외의 경우에 한하여 비로소 위 면책조항을 유효로 보아 그 적용을 허용하여야 한다.

해 설

1. 효력유지적 축소의 의의

약관의 규제에 관한 법률(약관규제법) 16조는 약관의 조항이 계약의 내용이 되지 못하거나 무효인 경우에도 계약은 나머지 부분만으로 유효하게 존속한다는 것을 원칙으로 선언하고 있어서, 법률행위의 일부분이 무효인 때에는 그 전부가 무효인 것을 원칙으로 하는 137조와는 다르다. 그런데 이러한 전부무효/일부무효의 문제와 구별되는 것이, 약관의 조항 중 일부만이 약관규제법에 저촉되고 나머지 부분은 그렇지 않은 경우에, 그 조항 전부가 무효로 되는 것인가, 아니면 약관규제법에 저촉되지 않는 부분은 유효하게 존속한다고 볼 수 있는가 하는 점이다. 이처럼 약관규제법에 저촉되지 않는 부분의 효력은 유지되는 것을 효력유지적 축소(Geltungserhaltende Reduktion)라고 부른다.

가령 약관규제법 7조 1호는 사업자, 이행보조자 또는 피고용자의 고의 또는 중대한 과실로 인한 법률상의 책임을 배제하는 조항을 무효로 하고 있는데, 그 반대해석상 사업자 등의 경과실로 인한 법률상의 책임을 배제하는 조항은 유효하다. 그런데 이 사건 약관조항은 고객의 협정사항 위반이 있기만 하면 사업자에게 중과실이 있었는지 여부를 따지지 않고 무조건 사업자를 면책시키는 것으로 해석된다. 따라서 이 조항은 약관규제법에 저촉되는 내용을 포함하고 있는데, 그럼에도 불구하고 위 조항에 따라 경과실이 있는 경우에는 면책될 수 있는가 하는 점이다.

2. 판 례

판례는 대상판결 전부터 이른바 수정해석이라는 이름으로 효력유지적 축소를 허용하였다. 예컨대 대판(전) 1991.12.24, 90다카23899의 다수의견은, 자동차 책임보험의 약관에 "자동차의 운전자가 무면허운전을 하였을 때에 생긴 사고로 인한 손해를 보상하지 않는다고 한 규정"은 보험계약자나 피보험자의 지배 또는 관리가능성이 없는 무면허운전의 경우에까지 적용된다고 본다면 약관규제법의 각 규정에 비추어 무효이고, 위 무면허운전면책조항은 위와 같은 무효의 경우를 제외하고 무면허운전이 보험계약자나 피보험자의 지배 또는 관리가능한 상황에서 이루어진 경우에 한하여 적용되는 조항으로 수정해석을 하여야 한다고 하였다. 또한 대상판결이 선례로서 인용하고 있는 대판 1995.12.12, 95다11344 판결도, 한국전력공사의 전기공작물에 고장이 발생하거나 발생할 우려가 있는 때 한국전력공사는 부득이 전기공급을 중지하거나 그 사용을 제한할 수 있는데, 이 경우 수용가가 받은 손해에 대하여 그 배상책임을 지지 않는다는 내용의 전기공급규정은 한국전력공사의 고의, 중대한 과실로 인한 경우까지 적용된다고 보는 경우에는 무효이지만, 그 외의 경우에 한하여 한국전력공사의 면책을 정한 규정이라고 해석하는 한도 내에서는 유효하다고 보았다.

그리고 대상판결 후의 대판 2000.10.10, 99다35379는, 보험약관이 보험계약자 또는 피보험자가 개인용 자동차보험 보통약관에 따라 주소변경을 통보하지 않는 한 보험증권에 기재된 보험계약자 또는 기명피보험자의 주소를 보험회사의 의사표시를 수령할 지정장소로 한다고 규정하고 있는 것은 보험회사가 보험계약자 또는 피보험자의 변경된 주소 등 소재를 알았거나 알 수 있었음에도 불구하고 이를 게을리 한 과실이 있어 알지 못한 경우에도 적용된다면 무효이고, 따라서 위 약관조항은 위와 같은 무효의 경우를 제외하고 보험회사가 과실 없이 보험계약자 또는 피보험자의 변경된 주소 등 소재를 알지 못하는 경우에 한하여 적용되는 것이라고 해석하여야 한다고 하였다.

그런데 대판 1994.5.10, 93다30082는, 한국토지개발공사가 공급하는 분양용지의 당첨자가 계약을 체결하지 않은 경우 분양용지의 공급가액의 10%에 상당하는 분양신청금을 한국토지개발공사에 귀속시키는 약관조항은 고객에게 부당하게 과중한 지연손해금 등의 손해배상 의무를 부담시키는 약관 조항은 무효로 한다는 약관규제법 8조에 어긋나고, 이러한 경우에는 398조 2항을 적용하여 그 손해배상의 예정액을 감액할 수도 없다고 하여, 위 조항은 전부 무효가 된다고 보았다. 이는 약관규제법 8조에 관하여는 효력유지적 축소를 부정한 것이다.

3. 학 설

학설상으로는 이 문제에 관하여 견해의 대립이 있다. 효력유지적 축소를 부정하는 견해는, 효력유지적 축소를 허용하면 사업자로 하여금 처음부터 상당한 내용의 약관조항을 작성하도록 주의를 기울이게 할 수 없어 예방의 목적을 달성할 수 없다고 주장한다. 반면 우리나라의 약관규제법은 거의 전부가 「별도의 평가를 요하는 요건」을 정하고 있어서 어떠한 약관조항이 무효로 되는지 여부를 처음부터 분명하게 알 수 없는 것이 통상이며, 이는 평가가능성 없는 금지조항이 훨씬 더 많은 독일과는 다르다고 하여 효력유지적 축소를 긍정하는 견해도 있다.

그리고 효력유지적 축소를 원칙적으로 부정하면서도, 사업자에게 공정한 내용의 약관작성이 기대되기 어려운 경우에까지 예방목적을 관철하는 것은 사업자에게 지나치게 가혹한 것이 된다고 하여, 약관내용의 공정성의 한계에 관하여 학설이나 판례상 다툼이 있다든지, 명확한 기준이 당해 거래관행상 확립되어 있지 않다든지 하는 특별한 사정이 있는 경우에는 축소를 허용해야 한다는 절충설도 있다.

다른 한편 판례가 효력유지적 축소를 부정하는 과중한 손해배상 예정 약관에 관하여도 효력유지적 축소를 허용하여, 손해배상 예정이 과다하면 398조에 의하여 법원이 감액할 수 있다는 견해도 있다.

4. 검 토

효력유지적 축소를 부정하는 견해는 이에 의하여 사업자가 부당한 약관을 사용하려는 것을 방지하려는 일반예방적 효과 내지 억제적 효과를 중시하고 있다. 그러나 효력유지적 축소를 긍정한다고 하여, 사업자가 부당한 약관을 사용하게 될 유혹을 느끼게 될 경우가 그와 같이 많으리라고는 생각되지 않는다. 많은 경우에는 사업자도 자신이 사용하는 약관이 무효가 되지는 않으리라고 생각하였기 때문에 그러한 약관을 사용할 것이다. 반면 효력유지적 축소를 부정한다면, 사업자에게 법률상 허용되는 것까지 허용하지 않게 되는 부당함을 가져올 우려가 있다. 결국 효력유지적 축소를 인정하는 것은 약관규제법에 어긋나지 않는 범위 내에서 당사자의 의도 내지 사적 자치를 최대한 보장하려고 하는 것이므로 이를 일률적으로 부정할 필요는 없고, 따라서 효력유지적 축소가 원칙적으로 금지된다고 볼 필요는 없다. 다만 이를 허용함으로써 사업자가 부당한 약관을 사용하게 될 위험성이 많은 경우에만 효력유지적 축소를 금지하여야 할 것이다. 즉 객관적으로 약관규제법을 명백히 위반하거나 사업자가 그 위반을 명확하게 인식할 수 있었던 경우에는 불공정약관조항은 그 전부가 무효이지만, 선의의 사업자가 그 조항의 유효성을 믿거나 법적 상황에 대하여 합리적으로 의문을 가질 수 있었던 때에는 효력유지적 축소가 허용되어야 한다.

그리고 약관규제법 8조에 어긋나는 손해배상액 예정의 경우에는 그 전부가 무효라고 보아야 하고, 과중한 부분만이 무효라고 하여 효력유지적 축소를 인정하거나, 398조에 의하여 손해배상 예정액의 감액을 인정하여서는 안 될 것이다. 만일 이 경우에도 효력유지적 축소를 인정한다면, 약관규제법 8조가 398조와는 달리 그러한 약관을 무효라고 규정하고 있는 것이 의미가 없게 될 뿐만 아니라, 사업자의 입장에서는 과다한 손해배상액의 예정을 약관으로 규정하여도 최악의 경우에 법원에 의하여 감액되는 데 그칠 것이므로, 적정한 약관을 사용할 동기가 미약해질 것이기 때문이다.

참고문헌

김영갑, 약관규제의 법리와 수정해석의 문제, 법조 1997.1.

김진우, 약관의 해석에 관한 일고찰, 재산법연구 28권 3호, 2011.

손지열, 약관에 대한 내용통제, 민사재판의 제문제 10권, 2000.

윤진수, 한국법상 약관규제법에 의한 소비자 보호, 민법논고 6권, 2015.

최봉경, 효력유지적 축소에 관한 소고, 민사재판의 제문제 21권, 2012.

[판례 91]

계약체결 교섭의 부당파기

대법원 2003.4.11. 선고 2001다53059 판결

사 실

Y(한국무역협회)는 무역센터 부지 내에 수출 1,000억 불 달성을 기념하기 위한 영구조형물을 건립하기로 하고, 1996.3.경 X 등 4인에게 이 사건 조형물 시안제작을 의뢰하면서, 최종 선정된 작가와 이 사건 조형물의 제작·납품 및 설치계약을 체결하게 될 것임을 알렸다. 그 후 Y는 1996.6.24. X가 제출한 시안을 최종 시안으로 선정하고, 같은 해 8.16. X에게 이를 통보하였다. 그러나 Y는 1998년 이후에는 위 사업에 관한 예산도 배정하지 않다가, 결국 1999.5. 하순경 조형물 건립사업을 취소하고, 같은 해 6.8. X에게 이를 통지하였다. 한편 Y는 이 사건 조형물 건립과정과 같은 방식으로 해상왕 장보고 상징조형물 건립사업을 추진하여 2000.5.경 그 제작·설치를 완료하였다.

X는 Y를 상대로 손해배상을 청구하였는데, 원심은 X의 위자료 청구는 인정하였으나, 총 제작비의 20% 상당에 이르는 작가의 정신적·예술적 노력에 대한 대가인 창작비 및 조형물의 제작을 준비하기 위한 비용의 청구는 받아들이지 않았다. 대법원은 X의 상고를 기각하였다.

이 유

어느 일방이 교섭단계에서 계약이 확실하게 체결되리라는 정당한 기대 내지 신뢰를 부여하여 상대방이 그 신뢰에 따라 행동하였음에도 상당한 이유 없이 계약의 체결을 거부하여 손해를 입혔다면 이는 신의성실의 원칙에 비추어 볼 때 계약자유 원칙의 한계를 넘는 위법한 행위로서 불법행위를 구성한다. 그리고 그러한 불법행위로 인한 손해는 계약체결을 신뢰한 상대방이 입게 된 상당인과관계 있는 손해로서 계약이 유효하게 체결된다고 믿었던 것에 의하여 입었던 손해 즉 신뢰손해에 한정되는데, 이러한 신뢰손해란 예컨대, 그 계약의 성립을 기대하고 지출한 계약준비비용과 같이 그러한 신뢰가 없었더라면 통상 지출하지 아니하였을 비용 상당의

손해이며, 아직 계약체결에 관한 확고한 신뢰가 부여되기 이전 상태에서 계약교섭의 당사자가 계약체결이 좌절되더라도 어쩔 수 없다고 생각하고 지출한 비용은 여기에 포함되지 아니한다. 한편 계약교섭의 파기로 인한 불법행위가 인격적 법익을 침해함으로써 상대방에게 정신적 고통을 초래하였다고 인정되는 경우라면 그러한 정신적 고통에 대한 손해에 대하여는 별도로 배상을 구할 수 있다.

Y의 계약교섭의 부당파기는 X의 명예감정 및 사회적 신용과 명성에 대한 직간접적인 침해를 가한 불법행위에 해당되므로 Y는 그로 인하여 X가 입은 정신적 고통에 대하여 이를 금전으로 위자할 책임이 있지만, X가 주장하는 추정 총 제작비 20% 상당의 손해는 결과적으로 이 사건 계약이 정당하게 체결되어 그 이행의 결과에 따라 원고가 얻게 될 이익을 상실한 손해와 같은 성질의 것이어서 이와 같은 손해의 배상을 구할 수는 없고, 또한 이 사건 조형물의 제작을 준비하기 위하여 지출하였다는 비용 중 Y의 공모에 응하여 시안을 제작하는 데 소요된 비용은 아직 피고로부터 계약체결에 관한 확고한 신뢰가 부여되기 이전 상황에서 지출된 것으로서 이 사건에서 용인될 수 있는 신뢰손해의 범위에 속한다고 볼 수도 없다.

해 설

1. 판례의 동향

계약교섭 당사자들은 계약체결의 자유를 가지므로, 계약 교섭의 결과 계약의 체결이 자신의 이익에 부합하지 않는다고 판단되면 계약 체결을 거부할 수 있고, 이것이 위법하다고 하여 손해배상을 청구할 수는 없는 것이 원칙이다. 그러나 판례는 일방이 상대방에게 틀림없이 계약을 체결할 것이라는 신뢰를 부여한 다음 정당한 이유 없이 계약 체결을 거부할 때에는, 상황에 따라 손해배상책임을 질 수 있다고 보고 있다.

이를 처음으로 인정한 것은 대판 1993.9.10, 92다42897이다. 이 사건에서는 학교법인이 원고를 사무직원 채용시험의 최종합격자로 결정하고, 1989.5.10.자로 발령하겠다고 통지한 후 여러 번 채용 발령을 미루다가, 1990.5.28. 원고를 직원으로 채용할 수 없다고 통지하였다. 대법원은, 위 학교법인은 불법행위자로서 원고가 위 최종합격자 통지와 계속된 발령 약속을 신뢰하여 직원으로 채용되기를 기대하면서 다른 취직의 기회를 포기함으로써 입은 손해를 배상할 책임이 있다고 판시하였으나, 일반적으로 어떠한 경우에 손해배상책임이 발생하는가에 대하여는 언급하지 않았다.

그런데 대판 2001.6.15, 99다40418은 일반론으로서, 어느 일방이 교섭단계에서 계약이 확실하게 체결되리라는 정당한 기대 내지 신뢰를 부여하여 상대방이 그 신뢰에 따라 행동하였음에도 상당한 이유 없이 계약의 체결을 거부하여 손해를 입혔다면 이는 신의성실의 원칙에 비추어 볼 때 계약자유 원칙의 한계를 넘는 위법한 행위로서 불법행위를 구성한다고 판시하였다. 그러나 당해 사건에서는 불법행위가 성립하지 않는다고 보았다.

대상판결은 위 99다40418 판결의 판시를 원용하면서, Y의 불법행위책임을 인정하였다. 뿐만 아니라 대상판결은 이러한 경우에 상대방이 어떤 손해의 배상을 청구할 수 있는가에 대하여도 명확히 판시하였다.

그리고 대판 2004.5.28, 2002다32301은, 일단 계약이 체결된 후 공사비를 증액할 것인가에 관하여 교섭이 이루어지다가 교섭이 결렬된 경우에도 위와 같은 이론을 적용하여 손해배상을 인정하였다.

2. 학설상의 논의

학설도 대체로 이러한 경우에 손해배상책임이 인정될 수 있다고 보고 있다. 그러나 그 책임의 성질에 관하여는 의견이 갈린다. 1설은 계약 체결을 위한 교섭의 단계에서 교섭이 파기된 경우에는 아직 계약이 성립하지 않았으므로, 판례와 마찬가지로 부당파기자의 손해배상책임의 근거는 불법행위책임이 될 수밖에 없다고 한다. 다른 설은 계약상의 의무는 주된 이행의무 외에 신의칙상의 여러 의무를 포함하는데, 이러한 의무는 계약의 성립 과정에서 이미 존재하므로 일종의 계약책임이고, 계약교섭이 부당하게 중도파기된 경우에 이는 교섭당사자의 특별한 인적 관계와 밀접하게 연결되어 있는 것이므로, 이를 단순히 불법행위의 영역으로 다루는 것은 적절하지 않다고 주장한다. 또 다른 설은 계약체결을 목적으로 사회적 접촉을 시작한 경우에는 그 순간 이미 인적 신뢰관계가 성립하고 이를 기초로 보호의무·배려의무·충실의무·설명의무·통지의무 등이 발생하는데, 이는 법률행위에 의한 것이 아니고 535조, 559조 1항 등의 법률규정에 의하여 직접 발생하므로, 계약체결상 과실책임은 법정채권관계를 전제로 하는, 제3의 독자적인 책임유형에 속한다고 본다.

위와 같은 학설 중 계약체결을 위한 교섭의 부당파기를 계약책임 또는 제3의 법정책임으로 보려는 설은 독일의 계약체결상의 과실(culpa in contrahendo) 이론의 영향을 받은 것으로 평가된다.

3. 손해배상의 범위

대상판결은, 계약체결 교섭의 부당파기라는 불법행위로 인한 손해는 계약체결을 신뢰한 상대방이 입게 된 상당인과관계 있는 손해로서 계약이 유효하게 체결된다고 믿었던 것에 의하여 입었던 손해 즉 신뢰손해에 한정된다고 하였다. 그리하여 원고가 재산적 손해라고 주장하는 총제작비 20% 상당의 창작비 3억 원의 손해는 이행이익 상당의 손해와 같은 것으로 보아 인정하지 않았다. 또 피고의 공모에 응하여 시안을 제작하는 데 소요된 비용은 아직 피고로부터 계약체결에 관한 확고한 신뢰가 부여되기 이전 상황에서 지출된 것으로서, 원고로서는 그 공모에 응하여 당선되지 않더라도 무방하다고 생각하고 지출한 비용이어서 신뢰손해의 범위에 속하지 않는다고 하였다. 다만 Y의 계약교섭의 부당파기는 원고의 명예감정 및 사회적 신용과 명성에 대한 직간접적인 침해를 가한 불법행위에 해당된다고 하여 위자료 지급의무는 있다고 하였다.

학설상으로는 이 문제에 관하여 판례와 같이 신뢰손해의 배상만을 인정하여야 한다는 견해가 많다. 그러나 이행착수자에게 계약이 체결되었더라면 얻을 수 있었던 이익, 즉 이행이익의 지급을 청구할 수 있도록 하여야 한다는 견해와, 원칙적으로 신뢰이익의 배상에 한정하는 것이 타당하나 구체적인 사례의 당사자 관계와 책임발생요건을 고려하여 이행이익의 배상도 인정하여야 한다는 견해도 있다.

4. 검 토

계약 체결을 위한 교섭 중에 이를 이유 없이 중단하더라도 그 자체만으로 위법한 것은 아니다. 당사자들은 계약을 체결하지 않을 자유가 있기 때문이다. 그러나 다른 한편으로는 예외적으로 계약 체결을 위한 교섭을 중단하는 것이 위법한 경우가 있을 수 있다. 그 이유는, 계약이 아직 확정적으로 체결되기 전에도 당사자들이 미리 투자를 하는 것이 효율적인 경우가 있는데, 일방 당사자가 계약이 체결될 것이라고 믿고 미리 투자를 하였고, 그와 같이 믿은 데 합리적인 이유가 있다면, 교섭을 일방적으로 중단하는 것은 일방 당사자의 합리적인 신뢰를 침해하는 것이고, 그럼에도 불구하고 손해배상책임을 지지 않는다면 당사자로 하여금 효율적인 투자를 하는 것을 위축시키는 결과가 될 수 있기 때문이다. 그러므로 일방 당사자가 계약이 체결될 것을 믿고 비용을 지출한 경우뿐만 아니라, 계약이 체결되기를 기다렸기 때문에 다른 계약을 체결할 기회를 상실한 것도 보상을 받을 필요가 있다.

이러한 경우 책임의 성질은 불법행위책임으로 보아야 한다. 아직 계약은 성립하지 않았으므로, 계약위반의 문제는 생기지 않고, 또 계약책임이나 불법행위책임이 아닌 제3의 책임유형을 인정할 특별한 실익도 없다.

그런데 문제는 구체적으로 어느 경우에 위법성을 인정할 수 있는가 하는 점이다. 이에 대하여는 계약교섭 파기의 유형을 오신야기형과 신뢰배반적 계약교섭파기형으로 나누어 설명하는 견해가 있다. 전자는 계약교섭의 당사자가 상대방에게 잘못된 정보를 제공하거나, 계약체결장애사유를 상대방에게 알리지 않아 상대방으로 하여금 계약이 체결될 것이라는 그릇된 생각을 갖게 하고 계약교섭을 계속 진행시킨 경우를 말하고, 후자는 계약교섭을 파기함에 있어서 상당한 이유가 존재하지 않는 경우를 말한다고 한다.

그러나 특히 후자의 경우에는 구체적인 사정에 따라 판단할 수밖에 없고, 이 문제는 판례의 집적을 기다려 볼 필요가 있다. 대판 2013.6.13, 2010다65757은, 피고는 기술공동개발협약의 체결을 포함한 일련의 행태를 통하여 원고에게 시설공사계약이 체결되리라는 정당한 기대 내지 신뢰를 부여하였고, 원고가 그러한 기대 내지 신뢰를 바탕으로 피고의 요구에 따라 기계장비를 수입하는 등으로 본계약인 시설공사계약의 이행을 위한 준비를 하였음에도, 시설공사계약 자체에 내재한 문제와 직접 관련이 없고 원고에게 그 책임을 물을 수도 없는 사유를 들어

본계약의 체결을 거부하거나 계약체결을 위한 교섭을 일방적으로 중단한 경우에, 피고는 원고에게 기계장비 수입 등으로 인한 손해에 대하여 불법행위로 인한 손해배상책임을 부담한다고 하였다. 이 사건은 기술공동개발협약에서 피고 측의 사정으로 시설공사계약이 체결되지 아니한 때에는 피고가 미리 발주한 기계장비의 대금 등 원고의 손해를 배상하기로 하는 약정이 있었으나, 그 협약이 관련 법령에서 정한 절차적 요건을 구비하지 못하여 무효가 된 경우였다.

손해배상의 범위는 원칙적으로 신뢰이익에 한정되어야 한다. 만일 이행이익의 배상도 청구할 수 있다면, 이는 결과적으로 당사자에게 계약의 체결을 강제하는 것과 다를 바가 없다. 다만 예외적으로 당사자에게 계약을 체결하여야 할 의무가 인정될 수 있는 때에는, 이행이익의 배상도 허용될 수 있다. 대판 2011.11.10, 2011다41659는, 공사도급계약의 도급인이 될 자가 수급인 선정을 위한 입찰절차에서 낙찰자를 결정하였으나 정당한 이유 없이 본계약 체결을 거절한 경우, 낙찰자에게 배상할 손해의 범위에 이행이익 상실의 손해가 포함된다고 하였다.

5. 대상판결에 대하여

대상판결에서는 Y가 시안이 최종적으로 선정된 작가와 조형물의 제작 · 납품 및 설치계약을 체결할 것이라고 알렸고, 그 후 X가 제출한 시안을 최종 시안으로 선정하고, X에게 이를 통보하였으나, 결국 실제로 계약을 체결하지는 않았다. 이 경우에 우선 X와 Y 사이에 계약이 체결되었다고 볼 수 있는지를 따져볼 필요가 있다. 대상판결은 이 점에 관하여, Y가 시안이 당선된 작가와 사이에 이 사건 계약을 체결할 의사를 표명하였더라도 이 사건 조형물의 제작 · 납품 및 설치에 필요한 제작대금, 제작시기, 설치장소를 구체적으로 명시하지 아니하였다는 이유로 계약의 청약과 승낙이 있었다고 볼 수 없다고 하였다.

이에 대하여는, 제작대금이 결정되지 않았으므로 계약의 본질적 구성부분이 확정되지 않았고, 따라서 대상판결이 계약의 성립을 부정한 것은 타당하지만, 제작시기와 설치장소는 부수적 구성부분이므로 그것이 결정되지 않았다는 것을 계약 성립 부정사유로 들고 있는 것은 문제라는 비판이 있다.

또한 Y는 조형물 시안이 최종적으로 선정된 작가와 계약을 체결할 것이라고 알렸으므로, Y에 의하여 시안이 선정된 X는 계약이 확실하게 체결되리라는 정당한 기대를 가지게 되었고, Y로서는 계약의 체결을 거부할 정당한 사유가 없었으므로 Y는 손해배상책임을 져야 한다. 그리고 대상판결이 그 손해배상의 범위를 계약이 유효하게 체결된다고 믿었던 것에 의하여 입었던 신뢰손해에 한정된다고 보아, 아직 계약체결에 관한 확고한 신뢰가 부여되기 이전 상태에서 지출한 비용을 손해배상의 범위에 포함시키지 않은 것도 타당하다. 그런데 이러한 경우에 X가 위자료를 청구할 수 있다고 본 것은 타당한가? 판례(대판 1988.3.22, 87다카1096 등)는 타인의 불법행위에 의하여 재산권이 침해된 경우에는 그 재산적 손해의 배상에 의하여 정신적 고통도 회복된다고 보아야 하므로, 재산적 손해의 배상에 의하여 회복할 수 없는 정신적 손해가 발생하였다면 이는 특별한 사정으로 인한 손해라고 보고 있다. 그럼에도 불구하고 대상판결이 X가 위자료를 청구할 수 있다고 본 것은, Y의 불법행위책임은 인정되지만, X가 입은 손해를 구체적으로 확정하기 어렵기 때문으로 추측된다. 판례(대판 1984.11.13, 84다카722; 2007.6.1, 2005다5843)는 재산상 손해의 발생이 인정되는데도 입증곤란 등의 이유로 그 손해액의 확정이 불가능하여 배상을 받을 수 없는 경우, 법원이 위자료액을 산정함에 있어서 이러한 사정을 위자료의 증액사유로 참작할 수 있다고 보고 있다.

참고문헌

김동훈, 계약교섭단계에서 이행의 착수와 손해배상, 저스티스 82호, 2004.

김상환, 계약 체결을 위한 교섭 중 당사자 중 일방이 상대방의 적극적인 요구에 따라 이행에 착수하였으나 그 계약이 부당하게 파기된 경우에 상대방이 부담하여야 할 손해배상책임의 범위, 대법원판례해설 49호, 2004.

박정제, 계약교섭파기책임의 유형적 고찰, 사법논집 46집, 2008.

이병준, 계약의 합의로 인한 구속력과 계약협상의 부당파기의 한계, 민사법학 25호, 2004.

이은영, 계약교섭의 일방파기와 손해배상책임, 중앙대학교 법학논문집 30권 2호, 2006.

함윤식, 계약교섭의 부당파기로 인한 책임, 민사판례연구 27권, 2005.

[판례 92]

아파트 분양광고의 법적 의의

대법원 2007.6.1. 선고 2005다5812, 5829, 5836 판결

사 실

A 회사는 자신이 시공하여 분양할 아파트의 분양을 위하여 다음과 같이 광고하였다. 즉 이 사건 아파트 단지 내에서 게르마늄 성분을 포함한 온천이 개발되고, 위 아파트의 거실바닥재를 단풍나무 원목 바닥재로 시공하며, 아파트 단지 내에 풍성한 유실수를 식재하고, 테마공원을 설치하여 쾌적한 생활환경을 조성하며, 일산에서 금촌을 연결하는 4차선 도로가 2001년까지 8차선으로 확장되고, 이 사건 아파트에 인접하여 서울대학교가 이전할 예정이며, 전국 유명 콘도 및 휴양시설과 제휴하여 입주자들이 누구나 콘도 회원으로서 이를 이용할 수 있고, 문산 ↔ 용산을 연결하는 경의선 전철의 복선화가 이루어져 편리한 교통환경이 조성된다는 것이다. Y 회사는 그 후 A 회사의 지위를 승계하였다. X들은 위 회사로부터 아파트를 공급받기로 하는 분양계약을 체결한 사람들인데, 위 분양광고의 내용이 사실과 다르다고 하여 손해배상을 청구하였다.

원심은 위 광고내용이 바로 분양계약의 내용으로 되는 것은 아니라고 하여 A의 채무불이행책임은 부정하고, 불법행위를 이유로 하는 손해배상책임을 인정하였다. 그러나 대법원은 원심판결을 파기환송하였다.

이 유

상가나 아파트의 분양광고의 내용은 청약의 유인으로서의 성질을 갖는데 불과한 것이 일반적이다. 그런데 선분양·후시공의 방식으로 분양되는 대규모 아파트단지의 거래사례에 있어서 분양계약의 목적물인 아파트에 관한 외형·재질 등이 제대로 특정되지 아니한 상태에서 체결된 분양계약은 그 자체로서 완결된 것이라고 보기 어려우므로, 비록 분양광고의 내용, 모델하우스의 조건 등이 청약의 유인에 불과하다 할지라도 그러한 광고 내용이나 조건 또는 설명 중

구체적 거래조건, 즉 아파트의 외형 · 재질 등에 관한 것으로서 사회통념에 비추어 수분양자가 분양자에게 계약 내용으로서 이행을 청구할 수 있다고 보여지는 사항에 관한 한 수분양자들은 이를 신뢰하고 분양계약을 체결하는 것이고 분양자들도 이를 알고 있었다고 보아야 할 것이므로, 분양계약시에 달리 이의를 유보하였다는 등의 특단의 사정이 없는 한, 분양자와 수분양자 사이에 이를 분양계약의 내용으로 하기로 하는 묵시적 합의가 있었다고 봄이 상당하다.

X들과 A 회사 사이에 체결된 이 사건 분양계약서에는 X들이 주장하는 온천, 바닥재(원목마루) 등에 관련하여 아무런 내용이나 조건이 기재되어 있지 않지만, 위와 같은 내용 이외에는 아파트의 외형 · 재질에 대하여 별다른 내용이 없어 위 분양계약서는 그 자체로서 완결된 것으로 보기 어려우므로, 이 사건 분양계약은 목적물의 외형 · 재질 등이 견본주택(모델하우스) 및 각종 인쇄물에 의하여 구체화될 것을 전제로 하는 것으로 보아야 한다.

구체적으로 살펴보면 이 사건 광고 내용 중 도로확장 및 서울대 이전 광고, 전철복선화에 관한 광고는 이 사건 아파트의 외형 · 재질과 관계가 없을 뿐만 아니라 사회통념에 비추어 보더라도 수분양자들 입장에서 분양자인 소외 회사가 그 광고 내용을 이행한다고 기대할 수 없는 것들이므로 허위 · 과장 광고라는 점에서 그 광고로 인하여 불법행위가 성립됨은 별론으로 하고 그 광고 내용이 그대로 분양계약의 내용을 이룬다고 보기는 어렵지만, 이와 달리 온천 광고, 바닥재(원목마루) 광고, 유실수단지 광고 및 테마공원 광고는 이 사건 아파트의 외형 · 재질 등에 관한 것으로서, 그리고 콘도회원권 광고는 아파트에 관한 것은 아니지만 부대시설에 준하는 것이고 또한 이행 가능하다는 점에서, 각 분양계약의 내용이 된다고 할 수 있다.

해 설

1. 청약의 유인

청약이란 이에 대응하는 승낙이 있으면 계약을 성립시키는 의사표시를 말하므로, 승낙이 있기만 하면 계약이 성립할 수 있을 정도로 그 내용이 구체적이고 확정적이어야 한다(대판 1998.11.27, 97누14132 등). 반면 청약의 유인이란 다른 사람으로 하여금 자신에게 청약을 하게 하는 행위로서, 그 유인에 따라 상대방이 의사표시를 하였다고 하더라도 그것만으로 계약이 성립하는 것은 아니고, 청약의 유인을 한 자가 다시 승낙의 의사표시를 하여야 한다. 예컨대 입찰의 경우에는 입찰공고는 청약의 유인이고, 입찰은 청약이며 낙찰선고는 계약의 승낙에 해당한다(대판 1978.4.11, 78다317). 그러나 청약의 유인과 청약의 구별은 반드시 쉽지 않다. 가령 자동판매기의 설치는 청약이라고 하지만, 가게의 쇼윈도우에 옷에 가격표를 붙여 전시하는 행위나, 수퍼마켓에서 물건에 가격표를 붙여 전시하는 행위는 청약의 유인으로 볼 수도 있고, 청약으로 볼 여지도 있다.

광고는 청약이 아니라 청약의 유인이라고 보는 것이 일반적이다. 그러나 광고라고 하여도 당사자가 광고를 통하여 일정한 제안을 하면서 법적으로 구속되려는 의도를 표시하였고, 그 내용이 명확하면 청약이 될 수 있다는 견해가 있다.

대상판결과 같은 아파트 분양광고의 경우에는 그 자체는 청약의 유인으로 보아야 한다는 데 이견이 없다. 그 광고에서는 분양될 아파트의 동·호수가 특정되어 있지 않고, 분양자는 분양신청을 하는 신청자들의 분양자격이나 자금지급능력과 분양자 자신의 공급능력 등을 고려하여 향후 궁극적으로 계약체결의 의사를 결정하려고 할 것이므로 분양자의 의사가 확정적이라고 볼 수는 없기 때문이다.

2. 분양광고가 계약의 내용이 될 수 있는지 여부

이처럼 분양광고는 청약의 유인에 불과하다면, 분양광고에 있는 내용이 바로 계약의 내용으로 될 수는 없다. 그렇지만 수분양자가 광고를 신뢰하고 계약을 체결하였다면, 그러한 신뢰는 보호할 필요가 있다. 그러므로 청약의 유인에 포함되어 있는 내용이라도 일정한 범위에서는 계약의 내용이 될 수 있다고 보아야 할 것이다. 대상판결도 사회통념에 비추어 수분양자가 분양자에게 계약 내용으로서 이행을 청구할 수 있다고 보여지는 사항에 관한 한 수분양자들은 이를 신뢰하고 분양계약을 체결하는 것이고 분양자도 이를 알고 있었다면 이는 계약의 내용이 된다고 하였다.

대상판결은 이처럼 광고된 내용이 계약의 내용으로 될 수 있는 근거를 광고된 사항을 분양계약의 내용으로 하기로 하는 묵시적 합의가 있었다고 봄이 상당하다고 설명한다. 그러나 수분양자가 어떤 사항이 계약의 내용으로 될 것이라고 믿었고, 분양자도 이를 알고 있었다면 그것만으로 계약의 내용이 될 수 있는 것이고, 분양자에게 이를 적극적으로 이를 계약의 내용으로 받아들이겠다는 의사가 있어야 하는 것은 아니므로, 이를 구태여 묵시적 합의라고까지 설명할 필요는 없다. 이러한 광고가 있었던 것은 계약 체결의 경위 내지 계약 체결에 이르게 된 사정으로서, 계약의 해석에 관하여 참고가 될 수 있다고 보면 충분하다.

3. 대상판결에 대하여

대상판결은 이 사건 분양광고에서 광고된 내용 전부가 계약의 내용으로 된다고 하지 않고, 그 중 일부만이 계약의 내용이 된다고 하였다. 대상판결은 그 구별 기준으로서 광고된 내용이 아파트의 외형·재질과 같이 계약상 그것이 누락되면 완결된 계약이라고 볼 수 없을 정도로 중요한 의미를 가지는가 하는 점과, 사회 통념상 수분양자가 분양자에게 이행을 청구할 수 있는 사항인가 아닌가 하는 두 가지를 고려하고 있는 것으로 보인다.

그리하여 온천 광고, 바닥재(원목마루) 광고, 유실수단지 광고 및 테마공원 광고는 이 사건 아파트의 외형·재질 등에 관한 것으로서, 그리고 콘도회원권 광고는 아파트에 관한 것은 아니지만 부대시설에 준하는 것이고 또한 이행 가능하다는 점에서 분양계약의 내용이 된다고 본 반면, 도로확장 및 서울대 이전 광고, 전철 복선화에 관한 광고는 이 사건 아파트의 외형 · 재질과 관계가 없을 뿐만 아니라 사회통념에 비추어 보더라도 수분양자들 입장에서 분양자인 소외 회사가 그 광고 내용을 이행한다고 기대할 수 없는 것들이므로, 그 광고 내용이 그대로 분양계약의 내용을 이룬다고 보기는 어렵다고 하였다. 다만 온천광고 부분은 분양자의 이행이 가능하지 않기 때문에, 이를 계약의 내용으로 본 것은 문제가 있다는 비판도 있다.

대판 2015.5.28, 2014다24327 외; 2015.7.23, 2012다15336 외도 아파트 분양광고의 내용 중 사회통념에 비추어 수분양자가 분양자에게 계약의 내용으로 이행을 청구할 수 있다고 보이는 사항에 관한 것은 분양자와 수분양자 사이의 묵시적 합의에 의하여 분양계약의 내용으로 되지만, 이러한 사항이 아닌 아파트 분양광고의 내용은 일반적으로 청약의 유인으로서의 성질을 가지는 데 불과하므로 이를 이행하지 아니하였다고 하여 분양자에게 계약불이행의 책임을 물을 수는 없다고 하였다.

이 사건 외에도 광고가 계약의 내용이 되는가에 관하여 문제된 사례들이 있다. 대판 1996.12.10, 94다56098은 아파트의 공유대지면적에 관하여는 분양공고의 내용을 계약내용의 일부로 흡수시키기로 하는 묵시적인 합의가 있었다고 보아야 할 것이라고 판시하였다. 반면 대판 2001.5.29, 99다55601, 55618은, 상가를 분양하면서 그 곳에 첨단 오락타운을 조성 · 운영하고 전문경영인에 의한 위탁경영을 통하여 분양계약자들에게 일정액 이상의 수익을 보장한다는 광고를 하였더라도, 이는 상가 분양계약의 내용으로 되었다고 볼 수 없다고 하였다.

4. 광고가 계약의 내용으로 되지 않는 경우의 법률관계

다른 한편 광고 내용이 계약의 내용으로 되지 않는다고 하여 전혀 의미가 없는 것은 아니다. 즉 허위 · 과장광고에 해당한다면 불법행위를 이유로 하는 손해배상책임이 성립할 수 있다. 나아가 광고에서 일정한 사항을 알려야 함에도 불구하고 알리지 않았다면 고지의무 위반으로 인한 불법행위 책임도 문제될 수 있다. 그리고 착오 또는 사기를 이유로 하는 계약의 취소도 가능하다. 대상판결은 도로확장 및 서울대 이전 광고, 전철 복선화에 관한 광고는 계약의 내용은 아니지만 그 광고로 인하여 불법행위가 성립될 수 있다고 하였다. 또한 위 이유에서는 생략하였으나, 아파트 근처에 공동묘지가 존재한다는 것을 알리지 않은 것은 고지의무 위반으로 인한 부작위에 의한 기망이라고 보았다.

판례상 허위 · 과장광고에 해당한다고 한 것으로는 인천국제공항 국제업무센터에 위치한 오피스텔을 분양하면서 '모노레일 2005년 완공 예정'이라는 취지의 광고를 하였으나, 그 설치가 국제공항 건설 기본계획에 포함되어 있지 않았고 착공조차 되지 않았던 경우(대판 2009.8.20, 2008다51120 등 판결), 지방자치단체의 추상적 · 일방적 개발계획에 근거하여 그 시행이 확정되지 않았음에도, 아파트 단지 맞은편에 경의선 복선 전철화와 관련하여 역사가 신설될 예정이라는 취지의 아파트 분양광고를 한 경우(대판 2010.7.22, 2007다59066) 등이 있다.

참고문헌

김상중, 상품의 표시 · 광고와 계약의 내용, 서강법학 8호, 2006.

김재형, 분양광고와 청약, 민사판례연구 31호, 2009.

윤진수, 2007년도 주요 민법 관련 판례 회고, 민법논고 7, 2015.

천종호, 아파트분양광고의 법적 성질과 분양계약에의 편입, 판례연구 20집, 부산판례연구회, 2009.

[판례 93]

동시이행의 항변권

대법원 1995.3.14. 선고 94다26646 판결

사 실

X 회사는 1991.1.9. Y와 Y 소유의 토지를 매수하는 매매계약을 체결하면서, Y가 이 사건 토지의 양도로 인하여 Y가 장차 부담할 양도소득세 등 세액 상당액을 적어도 잔금지급시기까지 Y에게 제공하거나, 또는 그 세액 상당액을 Y에게 제공하지 아니하는 경우 그 세액 상당액에 관하여 즉시 강제집행이 가능하다는 내용의 공정증서를 작성하여 잔급지급시까지 Y에게 교부하기로 특약을 하였다. X의 대표이사 A는 잔대금지급기일 경과 후인 같은 해 8.6. 위와 같은 취지의 공정증서를 작성 교부하기 위하여 Y에게 공증사무소에 함께 갈 것을 제의하였으나, Y가 이를 거절하였다. X는 그 이후에도 수차례 Y에게 잔대금을 제공하였으나 Y가 이를 수령하지 아니하였다.

X는 Y를 상대로 소유권이전등기청구의 소를 제기하였는데, 이 소송에서 대법원은 당사자 일방이 상대방을 수령지체에 빠지게 하였더라도 그 이행제공이 계속되지 않는 경우에는 상대방이 가지는 동시이행의 항변권이 소멸하는 것은 아니므로, X의 이행제공이 있었다 하여 Y가 동시이행의 항변권을 상실하는 것은 아니라고 하였다(대판 1993.8.24, 92다56490). 그러자 X는 다시 Y의 소유권이전등기의무의 이행지체를 이유로, 잔대금의 공탁일 이후의 잔대금에 대한 시중은행금리에 의한 이자 상당의 손해배상청구를 하였다. 원심은 Y의 손해배상의무가 있다고 하면서도, X의 손해에 관한 입증이 없다는 이유로 X의 청구를 기각하였다. 대법원은 X의 상고를 기각하였다.

이 유

쌍무계약의 당사자 일방이 먼저 한 번 현실의 제공을 하고, 상대방을 수령지체에 빠지게 하였다고 하더라도 그 이행의 제공이 계속되지 않는 경우는 과거에 이행의 제공이 있었다는 사실만으로 상대방이 가지는 동시이행의 항변권이 소멸하는 것은 아니므로, 일시적으로 당사자 일방의 의무의 이행 제공이 있었으나 곧 그 이행의 제공이 중지되어 더 이상 그 제공이 계속되지 아니하는 기간 동안에는 상대방의 의무가 이행지체 상태에 빠졌다고 할 수는 없다고 할 것이고, 따라서 그 이행의 제공이 중지된 이후에 상대방의 의무가 이행지체되었음을 전제로 하는 손해배상청구도 할 수 없다.

해 설

1. 동시이행의 항변권이 인정되는 견련관계

동시이행의 항변권이 인정되기 위하여는 원칙적으로 동일한 쌍무계약에 기하여 생긴 채무가 서로 대가적 의미에 있어야 한다. 그런데 판례는 일정한 경우에는 고유의 의미에서 동시이행관계에 있지 않은 채무 사이에도 동시이행관계를 인정한다. 즉 당사자가 부담하는 각 채무가 쌍무계약에 있어 고유의 대가관계에 있는 채무가 아니라고 하더라도, 구체적인 계약관계에서 각 당사자가 부담하는 채무에 관한 약정 내용에 따라 그것이 대가적 의미가 있어 이행상의 견련관계를 인정하여야 할 사정이 있는 경우에는 동시이행의 항변권을 인정할 수 있다는 것이다(대판 1992.8.18, 91다30927). 그리하여 명의수탁 재산이 상속재산에 포함됨으로써 명의수탁자의 상속인이 추가로 부담한 상속세 상당액에 대하여 명의신탁자가 상환의무를 부담하는 경우에, 명의신탁자가 상속인에 대하여 부담하는 위 상환의무와 상속인이 명의신탁자에 대하여 부담하는 소유권이전등기의무는 동시이행의 관계에 있고(대판 1999.10.12, 98다6176 판결), 신탁계약에서 위탁자 또는 수익자가 부담하는 신탁비용 및 신탁보수 지급의무와 신탁종료시에 수탁자가 신탁재산의 귀속권리자인 수익자나 위탁자 등에 대하여 부담하는 신탁재산을 이전할 의무는 이행상 견련관계에 있다고 인정되고, 따라서 양자는 동시이행의 관계에 있다(대판 2006.6.9, 2004다24557).

이 사건과 같이 매수인이 원래 매도인이 부담하여야 할 양도소득세를 부담하기로 약정한 경우에는, 양도소득세 납부의무는 매도인이 매수인에게 양도를 하여야만 비로소 발생하는 것이므로, 원래는 매수인의 양도소득세 부담의무와 매도인의 소유권이전등기의무가 동시이행관계에 있다고는 볼 수 없다. 그러나 판례는 매수인이 양도소득세를 부담하기 위한 이행제공의 형태, 방법, 시기 등이 매도인의 소유권이전등기의무와 견련관계에 있는 경우에는 매도인의 소유권이전등기의무와 매수인의 양도소득세액 제공의무는 동시이행의 관계에 있다고 보았다(대판 1992.8.18, 91다30927). 그리하여 이 사건에서 매수인인 X가 Y가 부담할 양도소득세 등 세액 상당액을 잔금지급시까지 Y에게 제공하여 Y로 하여금 그 돈으로 양도소득세 등을 납부하게 하든가, 아니면 그 세액 상당액에 관하여 즉시 강제집행이 가능하다는 내용의 공정증서를 작성하여 잔금지급시까지 Y에게 교부하기로 하였다면 X의 위와 같은 의무와 Y의 매매로 인한 소유권이전 등기의무는 동시이행관계에 있다(이 사건의 선행 관련 판결인 대판 1993.8.24, 92다56490).

이외에도 판례는, 비쌍무계약에서의 양 채무가 동일한 법률요건으로부터 생겨서 공평의 관점에서 보아 견련적으로 이행시킴이 마땅한 경우에는 쌍무계약에서 인정되는 동시이행의 항변권을 비쌍무계약에 확장할 수 있다고 하였다(대판 1992.10.9, 92다25656 등).

2. 동시이행의 항변권의 효력

동시이행의 항변권의 본질적 효력은 채권자의 이행청구에 대하여 이를 거부하는 권능이다. 채무자가 이와 같이 동시이행의 항변권을 행사한 때에는, 채권자가 이를 부정하기 위하여는 채무자의 의무가 선이행의무라거나, 또는 자신이 적법하게 이행이나 이행의 제공을 하였다는 점을 증명하여야 한다. 소송에서 피고의 동시이행의 항변권의 주장이 받아들여지면, 원고의 청구를 기각할 것이 아니라, 원고의 의무 이행과 동시에 피고가 의무를 이행하라는 이른바 상환이행의 판결을 하여야 한다. 이처럼 상환이행의 판결을 하는 것은 채무자가 동시이행의 항변권을 행사하여 이행을 거절하는 경우이고, 동시이행의 관계에 있음에도 불구하고 채무자가 동시이행의 항변권을 행사하지 않으면, 법원으로서는 무조건 이행의 판결을 선고하여야 한다.

그런데 채무자가 동시이행의 항변권을 행사하지 않더라도, 그러한 동시이행의 관계에 있다는 사실로부터 일정한 효과가 인정되는 것이 있다. 그 하나는 이행지체의 책임을 지지 않는다는 점이다(대판 1997.7.25, 97다5541; 1999.7.9, 98다13754, 13761 등). 따라서 매도인이 매수인에 대하여 매매대금을 청구할 때에는, 상대방이 동시이행의 항변권을 행사하지 않으면 매매대금 원금은 수령할 수 있지만, 그에 대한 지연손해금은 자신이 이행 내지 이행의 제공을 하여 매수인을 이행지체에 빠뜨렸다는 사실을 증명하지 않는 한, 청구하지 못한다. 이러한 이행지체의 당연 배제는 536조 2항이 규정하는 불안의 항변권에도 인정된다(대판 1997.7.25, 97다5541 등).

다른 하나는 동시이행의 항변권이 붙어 있는 채권을 자동채권으로 하여 상계하지 못한다는 것이다. 만일 이를 허용하면, 상대방이 가진 동시이행의 항변권을 잃게 하는 것이 되기 때문이다(대판 2014.4.30, 2010다11323). 다만 이러한 상계금지의 원칙에 대하여는 예외가 인정되는데, 동시이행관계에 있는 채무 상호간에 상계적상이 있는 경우에는 상계가 인정될 수 있다. 예컨대 도급인의 공사대금채무와 수급인의 담보책임으로 인한 손해배상채무 사이에 동시이행관계가 인정되는 경우이다(대판 1989.12.12, 88다카18788 등).

3. 이행의 제공이 있으면 채무자는 동시이행의 항변권을 상실하는지 여부

채권자가 자신의 채무 이행을 제공하면, 채무자는 더 이상 동시이행의 항변권을 행사하지 못하고, 이행지체에 빠지게 된다. 그런데 이처럼 일단 이행지체에 빠진 채무자는 더 이상 동시이행의 항변권을 행사하지 못하는가? 이 점에 관하여는 두 경우를 나누어 보아야 한다.

첫째, 채권자가 다시 이행을 청구한 때에는 채무자는 여전히 동시이행의 항변권을 행사할 수 있다고 보아야 한다. 그렇지 않으면, 한 번 이행지체에 빠진 채무자는 자신의 채무는 이행하여야 하는 반면, 상대방이 채무를 이행할지 여부가 불확실한 불안정한 상태에 빠지게 될 것이므로, 동시이행의 항변권을 인정하는 취지에 어긋난다. 판례도 그와 같다(대판 1966.9.20, 66다1174; 1993.8.24, 92다56490 등).

둘째, 채권자가 일단 이행의 제공을 함으로써 채무자가 이행지체에 빠졌다면, 그 후 채권자가 이행의 제공을 계속 하고 있지 않더라도 채무자의 이행지체책임은 여전히 존속하고, 채권자가 이행지체책임을 묻기 위하여 또 다시 이행제공을 할 필요는 없다. 판례는 이행기에 한번 이행의 제공을 하여 상대방을 이행지체에 빠지게 하였다면 채권자는 그 채무이행의 제공을 계속할 필요 없이 계약을 해제할 수 있다고 하였다(대판 1982.6.22, 81다카1283, 1284; 1996.11.26, 96다35590, 35606).

4. 검 토

대상판결은 당사자 일방의 의무의 이행제공이 있었으나 곧 그 이행의 제공이 중지되어 더 이상 그 제공이 계속되지 아니하는 기간 동안에는 상대방의 의무가 이행지체상태에 빠졌다고 할 수는 없으므로, 그 이행의 제공이 중지된 이후에 상대방의 의무가 이행지체되었음을 전제로 하는 손해배상청구도 할 수 없다고 하였다. 대판 1999.7.9, 98다13754, 13761도 같은 취지이다. 그러나 이러한 판결은 문제가 있다.

일단 채권자가 자신의 채무의 이행을 제공하여 채무자가 이행지체에 빠졌다면, 그 후 채권자가 이행의 제공을 계속하지 않고 있다고 하더라도, 이미 발생한 이행지체책임이 소멸한다고 볼 이유는 없고, 채권자는 다시 이행의 제공을 하지 않더라도 계약을 해제할 수 있다. 판례도 그와 같이 보고 있다. 그렇다면 일단 이행지체에 빠진 채무자에 대하여는 다시 이행의 제공을 하지 않고서도 마찬가지로 손해배상책임을 물을 수 있다고 보아야 한다. 대상판결은 이행지체에 빠진 채무자가 채권자의 이행청구에 대하여 여전히 동시이행의 항변권을 행사할 수 있다는 것으로부터 채권자가 이행지체책임을 묻기 위하여도 이행의 제공이 계속되어야 한다는 결론을 이끌어내고 있다. 그러나 양자는 구별되어야 한다. 대상판결이 선례로서 인용하는 것도 모두 앞의 경우에 관한 것이다.

참고문헌

강일원, 동시이행의 항변과 이행지체로 인한 손해배상, 민사재판의 제문제 9권, 1997.

김상용, 쌍무계약에서 변제의 제공을 한 후 이를 중지한 당사자의 상대방에 대한 이행지체를 원인으로 한 손배청구의 가부, 상. 법률신문 2419호, 1995.

남효순, 동시이행관계와 지체책임, 민사판례연구 18권, 1996.

[판례 94]

자동해제 약정과 이행제공

대법원 1992.10.27. 선고 91다32022 판결

사 실

교회의 목사인 Y는 1988.5.13. 교회의 대지 및 건물을 X에게 매도하였는데, X는 매수자금이 부족하여 계약금도 여러 차례 나누어 지급하였고, 중도금기일도 같은 해 6.13.에서 6.15.로 연기받았으나, 위 연기된 날짜에 중도금을 지급하지 못하여 Y로부터 같은 해 6.21. 이 사건 매매계약을 해제하겠다는 통고를 받자, 같은 해 6.23. 중도금을 지급하면서 잔금은 당초 약정된 같은 해 8.12.까지 틀림없이 지급할 것이며, 위 기일을 넘길 경우 위 매매계약은 자동적으로 해제되고 이미 지급된 계약금과 중도금도 포기할 것을 약속하였다. X는 위 잔금지급기일을 넘기게 되자 같은 해 8.31. 잔금지급기일을 같은 해 9.2.까지 한 번만 더 연장해 줄 것을 호소하면서, 이번에도 위약하면 위 매매계약을 해제하여도 이의가 없을 것을 다짐하고서도 같은 해 9.2. Y에게 잔금 중 일부만을 지급하였다. Y는 같은 해 9.13. 원고에게 같은 해 9.17.까지 나머지 잔금을 지급하지 않으면 위 매매계약이 해제된다는 뜻을 통지하였으나 X가 위 기일까지 나머지 잔금을 지급하지 않자, 같은 해 11.23. 그 동안 수령하였던 중도금과 일부 잔금을 변제공탁하였다.

X는 Y를 상대로 소유권이전등기의 소를 제기하였으나, 원심은 X의 청구를 기각하였고, 대법원도 X의 상고를 기각하였다.

이 유

부동산 매매계약에 있어서 매수인이 잔대금지급기일까지 그 대금을 지급하지 못하면 그 계약이 자동적으로 해제된다는 취지의 약정이 있더라도 특별한 사정이 없는 한 매수인의 잔대금지급의무와 매도인의 소유권이전등기의무는 동시이행의 관계에 있으므로, 매도인이 잔대금지급기일에 소유권이전등기에 필요한 서류를 준비하여 매수인에게 알리는 등 이행의 제공을 하여

매수인으로 하여금 이행지체에 빠지게 하였을 때에 비로소 자동적으로 매매계약이 해제된다고 보아야 하고, 매수인이 그 약정기한을 도과하였더라도 이행지체에 빠진 것이 아니라면 대금 미지급으로 계약이 자동해제된다고는 볼 수 없다.

그러나 이 사건의 사실관계가 원심이 확정한 바와 같다면, 원심이 이 사건에 있어서는 Y가 이전등기 소요서류를 갖추었는지 여부를 묻지 않고 X의 지급기한 도과사실 자체만으로 계약을 실효시키기로 특약을 하였다고 볼 특별한 사정이 있다는 취지에서 이 사건 매매계약의 실효를 인정한 것은 수긍할 수 있다.

해 설

1. 자동해제 약정의 의의

쌍무계약인 부동산 매매계약에서 매수인이 매도인의 소유권이전등기의무와 동시이행관계에 있는 잔금의 지급기일이 도래하였는데도 대금을 지급하지 않고 있으면, 매도인은 자신의 소유권이전등기의무의 이행제공을 하여 상대방을 이행지체에 빠뜨림과 아울러, 상당한 기간을 정하여 잔금을 지급할 것을 최고하고, 그 기간 내에 대금을 지급하지 않을 때 비로소 계약을 해제할 수 있다.

그런데 실제로는 매수인이 잔대금 지급기일까지 그 대금을 지급하지 못하면 그 계약이 자동적으로 해제된다고 약정함으로써 이러한 해제의 요건을 완화하는 경우가 많다. 이를 자동해제 약정 또는 실권약정이라고 한다. 만일 약관에서 이러한 조항을 둔다면 이는 약관의 규제에 관한 법률 9조 3호에 의하여 무효가 될 가능성이 있다. 그러나 약관 아닌 개별약정에 의하여 이와 같이 약정하는 것은 원칙적으로 유효하다.

2. 자동해제 약정의 해석

그런데 이러한 자동해제 약정을 어떻게 해석할 것인가 대하여는 다소 논란이 있다. 일부 판례는 이러한 약정이 있는 경우에도 이를 단순히 해제권을 유보한 것으로 보아, 이행의 최고 및 해제의 의사표시가 있어야 한다고 보고 있다(대판 1979.12.26, 79다1595; 1982.4.2, 80다851 등). 그러나 이는 "자동으로 해제된다"는 문언에 어긋나는 것으로서 타당하지 않다는 비판이 있다.

또 다른 해석으로는 매수인이 대금을 지급하지 않으면 이행지체에 빠졌는지 여부를 묻지 않고 바로 계약의 효력이 소멸한다고 볼 수도 있다. 이는 매매계약이 해제조건부로 체결되었고, 그 해제조건이 성취된 것과 비슷하다.

그러나 대다수의 판례는 매수인이 이행지체에 빠져야만 자동해제 약정에 의하여 별도의 최고나 해제의 의사표시 없이 계약이 해제된다고 보고 있다. 즉 자동해제 약정이 있더라도, 매수인의 잔대금지급의무와 매도인의 소유권이전등기의무는 동시이행의 관계에 있으므로, 매도인이 이행의 제공을 하여 매수인으로 하여금 이행지체에 빠지게 하였을 때에 비로소 자동적으로 매매계약이 해제된다고 보아야 하고, 매수인이 그 약정기한을 초과하였더라도 이행지체에 빠진 것이 아니라면 대금 미지급으로 계약이 자동 해제된다고는 볼 수 없다는 것이다(대판 1989.7.25, 88다카28891; 1992.7.24, 91다15614 등).

다만 매수인이 선이행의무인 중도금 지급의무를 이행하지 않으면 그 불이행 자체로 해제의 의사표시를 요하지 않고 계약은 그 일자에 자동적으로 해제된 것이라고 하였다(대판 1991.8.13, 91다13717; 1992.8.18, 92다5928 등).

3. 매도인이 이행의 제공을 하지 않아도 되는 경우

그런데 대상판결은 특별한 사정이 있는 경우에는 매도인이 이행의 제공을 하지 않았어도 자동해제 약정에 의하여 계약이 해제될 수 있다고 보았다. 즉 Y가 이전등기 소요서류를 갖추었는지 여부를 묻지 않고 X의 지급기한 도과사실 자체만으로 계약을 실효시키기로 특약을 하였다고 볼 수 있다는 것이다. 그런데 이 판결은 어떤 점에서 그와 같은 특약이 있었다고 볼 수 있는가는 구체적으로 밝히지 않았다.

그러나 이 이후의 판례들은, 부동산 매매계약에서 매수인이 잔대금 지급기일까지 그 대금을 지급하지 못하면 그 계약이 자동적으로 해제된다는 취지의 약정이 있더라도 매도인이 이행의 제공을 하여 매수인을 이행지체에 빠뜨리지 않는 한 그 약정기일의 도과 사실만으로는 매매계약이 자동해제된 것으로 볼 수 없지만, 매수인이 수회에 걸친 채무불이행에 대하여 책임을 느끼고 잔금 지급기일의 연기를 요청하면서 새로운 약정기일까지는 반드시 계약을 이행할 것을 확약하고 불이행시에는 매매계약이 자동적으로 해제되는 것을 감수하겠다는 내용의 약정을 한 특별한 사정이 있다면, 매수인이 잔금 지급기일까지 잔금을 지급하지 아니함으로써 그 매매계약은 자동적으로 실효된다고 밝히고 있다(대판 1994.9.9, 94다8600; 1996.3.8, 95다55467; 2007.12.27, 2007도5030 등). 위 판결들은 대상판결도 같은 취지의 선례로 인용하고 있다.

다만 대판 2007.11.29, 2007다576은, 매매계약을 체결할 때 매수인이 중도금 없이 계약금을 제외한 나머지 매매대금 전부를 2005.8.31.까지 반드시 지급할 것을 약속하면서, 매수인이 잔금지급일을 경과할 경우 매도인은 일방적으로 계약을 해제할 수 있다는 특약을 넣었다면, 이는 매도인이 소유권이전등기 등 소요서류를 갖추었는지 여부를 묻지 않고 매수인의 지급기한 도과 및 매도인의 해제통지만으로 계약을 해제시키기로 하는 특약이라고 보았으나, 이전의 판례와는 다소 다른 취지로 보인다.

4. 이행제공의 정도

다른 한편 판례는 이처럼 자동해제 약정에 의하여 해제를 하기 위하여는 매도인의 이행의 제공이 있어야 한다고 보면서도, 실제로는 매수인이 대금을 지급하지 않고 있을 때에는 이행의 제공이 요구되는 기준을 완화하여 해석하고 있다. 즉 대판 1992.7.14, 92다5713은, 매수인이 매매대금을 준비하지 아니하고 대금지급기일을 넘기는 등 계약을 이행함과 동시에 소유권이전등기를 수령할 준비를 하지 아니한 경우에는, 매도인으로서는 부동산매도용 인감증명서를 발급받아 놓고, 인감도장이나 등기권리증 등을 준비하여 놓아, 잔대금 수령과 동시에 법무사 등에게 위임하여 이전등기신청행위에 필요한 서류를 작성할 수 있도록 준비함으로써 이행의 제공을 하고 잔대금 지급의 최고를 할 수 있고, 위의 서류 등은 자신의 집에 소지하고 있음으로써 족하다고 하였다.

대판 2001.12.11, 2001다36511은 이와 같이 이행의 제공이 요구되는 정도를 낮추는 이유를, 쌍무계약에 있어서 일방 당사자의 자기 채무에 관한 이행의 제공을 엄격하게 요구하면 오히려 불성실한 상대 당사자에게 구실을 주는 것이 될 수도 있으므로, 일방 당사자가 하여야 할 제공의 정도는 그 시기와 구체적인 상황에 따라 신의성실의 원칙에 어긋나지 않게 합리적으로 정하여야 한다고 설시하였다.

이처럼 판례가 매수인이 대금을 지급하지 않고 있는 상황에서 매도인의 이행제공이 요구되는 기준을 완화하여 해석하고 있는 이유는, 매수인이 대금을 지급하기 위하여는 그만한 돈을 마련하여야 한다는 점에서 그 실현 여부가 불확실한 반면, 매도인으로서는 그가 목적물을 소유하고 있을 때에는 소유권 이전에 필요한 서류를 준비하는 것이 용이하다는 점에서, 매수인이 불성실한 경우에는 매도인은 단지 매매계약을 성실하게 이행할 의사가 있음을 객관적으로 보여주는 정도로 준비하면 충분하다고 본 것으로 여겨진다.

참고문헌

윤재식, 부동산매매계약상 자동해제특약의 효력, 판례연구 7집, 서울지방변호사회, 1994.

이종구, 부동산매매계약의 자동해제약정과 매도인의 이행제공의 정도에 관한 연구, 법학논총 37권 1호, 단국대학교 법학연구소, 2013.

정갑주, 매매잔대금에 대한 실권특약의 해석, 판례월보 1993.1.(268호).

정길용, 계약의 자동해제조항의 효력, 중앙법학 9집 2호, 2007.

[판례 95]

이행기 전의 이행거절을 이유로 하는 해제

대법원 1993.6.25. 선고 93다11821 판결

사 실

X는 1991.7.7. Y_1, Y_2로부터 그들 소유의 이 사건 토지를 금 180,000,000원에 매수하는 계약을 체결하면서, 계약금 20,000,000원은 계약일에, 중도금 80,000,000원은 7.30.에 각 지급하고, 잔대금 80,000,000원은 8.25. 소유권이전등기 소요서류의 교부와 상환으로 지급하기로 약정하고, 위 계약일에 계약금을 지급하였다. 그런데 이 사건 토지에 대하여 매매하려면 토지거래허가를 받아야 하였다. X는 위 중도금 지급기일에 Y_1에게 중도금을 지급하려 하였으나, Y_1은 X가 주민등록등본을 가져오면 중도금을 받겠다고 하면서, 중도금지급기일을 같은 해 8.1.까지 연기하였다. 이에 X는 주민등록등본을 발급받아 1991.8.1. Y_1을 만나 중도금을 지급하려 하였으나, Y_1은 X의 주민등록을 이 사건 토지 소재지로 옮겨야 한다는 등의 이유로 중도금 수령을 거절하였다. 그 후 X는 Y_1과 연락하려 하였으나 연락이 되지 않자, 1991.8.3.자 내용증명우편으로 Y_1의 중도금 수령거절을 이유로 이 사건 매매계약을 해제한다고 통고하였다. X는 Y들을 상대로 계약금 반환 및 계약금 상당의 위약금 지급청구를 하였다.

원심은 X의 계약 해제가 적법하다고 보아 계약금 반환청구는 인용하였으나, 위약금청구는 위약금 약정이 있었다고 볼 수 없다는 이유로 기각하였다. 대법원은 계약 해제가 적법하다고 한 원심판결은 받아들였으나, 위약금 청구에 관하여는 원심판결을 파기하였다. 이하에서는 계약 해제에 관한 부분만을 살펴본다.

이 유

권리의 행사와 의무의 이행은 신의에 좇아 성실히 하여야 하는바, 민법은 채권자가 목적물의 수령을 지체하는 경우 채무자가 이를 공탁하거나 자조매각할 수 있는 제도를 마련하고 있지만, 이 제도들만으로는 채무자의 보호에 불충실하므로, 채권자에게 계약을 이행할 의사가 전혀 없고 채무자로서도 그 계약관계에서 완전히 벗어나기를 원한다면 특별한 사정이 없는 한 채무자의 이러한 의사를 존중함이 신의성실의 원칙에 비추어 타당하다.

이 사건을 보면 Y들은 중도금의 수령을 거절한데다가 이 사건 매매계약을 이행할 의사가 없음이 분명한데, 만약 X가 Y들의 중도금 수령거절과 계약이행의 의사가 없음을 이유로 이 사건 매매계약을 해제할 수 없다고 해석한다면, X로서는 중도금을 공탁한 후 잔대금 지급기일까지 기다렸다가 잔대금의 이행제공을 하고 피고들이 자기들 의무인 소유권이전등기의무의 이행제공을 하지 아니한 때에야 비로소 위 계약을 해제할 수 있다는 결론에 이르게 되는바, 어차피 Y들이 위 소유권이전등기의무의 이행을 제공하지 아니할 것이 분명한 이 사건에서, X에게 위와 같은 방법을 취하라고 요구하는 것은 불필요한 절차를 밟고 또 다른 손해를 입도록 강요하는 게 되어 오히려 신의성실에 어긋나는 결과를 초래할 뿐이므로, X로서도 위와 같은 사유를 내세워 이 사건 매매계약을 해제할 수 있다.

해 설

1. 이행기 전의 이행거절

채무자가 채무의 이행기가 도래한 후 적극적으로 채무의 이행을 거절한다면, 이는 계약 해제 사유로서 이행지체에 해당한다. 그리고 일반적인 이행지체의 경우에는 채권자가 상당한 기간을 정하여 그 이행을 최고하고 그 기간 내에 이행하지 아니한 때에 비로소 계약을 해제할 수 있지만, 채무자가 미리 이행을 거절하면 최고 없이 계약을 해제할 수 있다(544조 단서).

그러나 채무의 이행기가 아직 도래하지 않은 때에 채무자가 이행기가 도래하더라도 채무를 이행하지 않을 의사를 명확히 밝힌 경우에는, 아직 이행기가 도래하지 않았으므로 이행지체에 해당한다고 볼 수는 없다. 이 경우에 채권자가 이행지체를 이유로 해제하려면 이행기가 도래하는 것을 기다려야 할 것처럼 보인다. 그러나 채무자의 이행거절 의사가 명백하다면, 굳이 채권자로 하여금 이행기가 도래할 때까지 기다리게 할 이유는 없지 않는가 하는 의문이 생긴다. 다만 대상판결은 X가 Y들의 채무의 이행기가 도래하기 전에는 해제할 수 없다면, X로서는 잔대금 지급기일까지 기다렸다가 잔대금의 이행제공을 하여야 비로소 위 계약을 해제할 수 있을 것이라고 하였으나, 판례는 당사자의 일방이 자기채무의 이행제공을 하여도 상대방이 그 채무를 이행하지 않을 의사를 명백히 한 경우에는 그 일방은 자기채무의 이행제공 없이도 상대방의 이행지체를 이유로 하여 계약을 해제할 수 있다고 보고 있으므로(대판 1984.7.24, 82다340, 82다카796 등), 이행제공에 관한 부분의 설시는 정확하지 않다.

2. 채권자지체를 이유로 하는 해제

이 사건에서는 Y들이 X의 중도금 수령을 거절하였는데, 대상판결은 민법은 채권자가 목적물의 수령을 지체하는 경우 채권자에게 계약을 이행할 의사가 전혀 없고 채무자로서도 그 계약관계에서 완전히 벗어나기를 원한다면 특별한 사정이 없는 한 채무자의 이러한 의사를 존중하여야 한다고 보았다. 이 점에서 대상판결은 X의 계약해제권을 Y가 채권자지체에 빠졌다는 점을 근거로 하여 인정한 것으로 보인다. 실제 대상판결에 관한 대법원 재판연구관의 해설은 대상판결이 그러한 취지라고 설명하고 있다.

그런데 민법은 채권자지체의 효과로서 채무자의 주의의무 경감(401조), 이자지급의무의 면제(402조), 증가된 보관 및 변제비용의 채권자 부담(403조), 위험부담의 이전(538조 1항 후단)만을 규정하고 있을 뿐, 채무자의 계약해제권이나 손해배상청구권을 규정하고 있지는 않다. 학설상으로는 채권자지체도 채무불이행의 한 유형으로 보아 채무자의 계약해제권과 손해배상청구권을 인정하여야 한다는 견해와, 채권자지체는 채무불이행책임이 아닌 법정책임이므로 채무자의 계약해제권이나 손해배상청구권은 인정되지 않는다는 주장이 대립한다.

이 점에 대하여 대판 2021.10.28, 2019다293036([**판례 66**])은, 채권자지체가 성립하는 경우 그 효과로서 채무자가 채권자에 대하여 일반적인 채무불이행책임과 마찬가지로 손해배상이나 계약 해제를 주장할 수는 없다고 하였다.

3. 이행기 전의 이행거절을 이유로 하는 계약 해제권

근래에는 이행기 전의 이행거절은 이행지체와 구별되는 독자적인 채무불이행에 해당하므로 이를 이유로 하는 계약 해제권을 인정하여야 한다는 학설이 유력하게 주장되고 있다. 종래에는 채무불이행을 이행지체, 이행불능 및 불완전이행(적극적 채권침해)의 3가지 유형으로 분류하는 것이 일반적이었다. 그러나 이는 독일민법의 해석론의 영향을 받은 것으로서, 채무불이행에 관하여 "채무자가 채무의 내용에 좇은 이행을 하지 아니한 때에는 채권자는 손해배상을 청구할 수 있다"라고 포괄적으로 규정하고 있는 390조 본문과는 맞지 않는다는 견해가 현재 유력하게 대두되고 있다. 이러한 견해 중 이행거절을 채무불이행의 독자적인 유형으로 인정하는 견해는 채무불이행의 유형을 이행지체, 이행불능, 불완전급부(급여), 이행거절 및 부수의무 위반의 5가지를 들고 있다. 반면 채무불이행의 유형을 이행지체, 이행불능, 불완전급부, 기타의 행위의무 위반의 4가지로 파악하면서, 이행기 전의 이행거절은 독자적인 채무불이행의 유형이 아니라 이행지체의 특수한 경우로 파악하는 견해도 있다.

대판 2005.8.19, 2004다53173은 일반론으로서, "계약상 채무자가 계약을 이행하지 아니할 의사를 명백히 표시한 경우에 채권자는 신의성실의 원칙상 이행기 전이라도 이행의 최고 없이 채무자의 이행거절을 이유로 계약을 해제하거나 채무자를 상대로 손해배상을 청구할 수 있고, 채무자가 계약을 이행하지 아니할 의사를 명백히 표시하였는지 여부는 계약 이행에 관한 당사자의 행동과 계약 전후의 구체적인 사정 등을 종합적으로 살펴서 판단하여야 한다"고 판시하였다. 이 사건에서는 피고가 원고 소유의 부동산에 관하여 원고와의 통정허위표시에 의하여 자기 명의로 근저당권 설정등기를 마친 것을 제3자에게 이전하여 주어, 결국 원고가 소유권을 상실하게 된 데 대한 보상을 위하여 위 토지를 2006년까지 원고에게 매입하여 주기로 하는 이행각서를 작성하고서도, 위 각서가 무효라고 주장하면서 피고 소유의 유일한 부동산을 제3자에게 처분하였다. 대법원은 피고는 이 사건 각서상의 채무를 이행할 의사가 없음을 명백하고도 종국적으로 밝혔다고 봄이 상당하므로, 원고는 그 이행기 전이라도 피고를 상대로 채무불이행을 원인으로 한 손해배상청구를 할 수 있다고 하였다. 이 사건에서는 채무자의 수령지체 내지 채권자지체는 처음부터 문제되지 않았으므로, 이 판결이 이행기 전의 이행거절을 독자적인 채무불이행의 유형이라고 명시적으로 밝힌 최초의 판결례라고 할 수 있다.

대판 2007.9.20, 2005다63337은 위 2004다53173 판결의 태도를 재확인하면서, 채무자의 이행거절로 인한 채무불이행에서의 손해액 산정은, 채무자가 이행거절의 의사를 명백히 표시하여 최고 없이 계약의 해제나 손해배상을 청구할 수 있는 경우에는, 이행거절 당시의 급부목적물의 시가를 표준으로 해야 할 것이라고 하였다.

4. 유동적 무효인 상태에서의 계약의 해제 및 손해배상 청구 가부

이 사건에서는 이 사건 토지를 매매하려면 토지거래허가를 받아야 하였는데, 그러한 토지거래허가가 없었으므로, 이 사건 매매계약은 유동적 무효인 상태였다. 그리고 유동적 무효인 경우에는 채무불이행을 이유로 거래계약을 해제하거나, 그로 인한 손해배상을 청구할 수도 없다([**판례** 88] 참조). 그런데 대상판결은 이 점은 전혀 고려하지 않고 계약의 해제를 인정하였고, 위약금의 청구도 인정될 수 있다고 보았는데, 이 점은 의문이다.

판례는 유동적 무효상태의 매매계약을 체결하고 매도인이 이에 기하여 임의로 지급한 계약금은 그 계약이 유동적 무효상태로 있는 한 이를 부당이득으로 반환을 구할 수는 없지만, 당사자 쌍방이 허가신청을 하지 아니하기로 의사표시를 명백히 함으로써 유동적 무효상태의 계약이 확정적으로 무효로 되면 부당이득으로 그 반환을 구할 수 있다고 하고(대판 1993.7.27, 91다33766 등), 당사자 일방이 토지거래허가를 받기 위한 협력 자체를 이행하지 아니하거나 허가신청에 이르기 전에 매매계약을 철회하는 경우에는 상대방에 대한 손해배상의무가 있고, 따라서 상대방에게 일정한 손해액을 배상하기로 하는 손해배상의 예정도 유효하게 할 수 있다고 보고 있으므로(대판 1994.4.15, 93다39782 등), 이 사건에서 X의 계약 해제권을 인정하지 않더라도 대상판결과 동일한 결론을 이끌어낼 수 있었을 것이다.

5. 민법개정안

2014년 민법개정위원회의 민법개정안은 544조 1항에서 “당사자 일방이 채무의 내용에 좇은 이행을 하지 아니한 때에는 상대방은 계약을 해제할 수 있다”고 포괄적으로 규정하고, 3항에서는 “채무의 이행이 불능한 경우 또는 채무자가 미리 이행하지 아니할 의사를 표시하거나 이행기가 도래하더라도 채무가 이행되지 아니할 것이 명백한 경우에는 채권자는 이행기 전에도 계약을 해제할 수 있다"라고 규정하여, 이행기 전에도 이행거절을 이유로 계약을 해제할 수 있음을 명확히 하였다. 그리고 395조 2항에서는 "채무자가 미리 이행하지 아니할 의사를 표시한 경우에는 채권자는 이행기 전에도 이행에 갈음하는 손해배상을 청구할 수 있다"라고 규정하였다.

참고문헌

성승현, 이행기 전의 이행거절과 민법 제544조 단서, 법조 2004.4.

송덕수, 채무불이행의 요건, 민사법학 제65호, 2013.

양창수, 독자적인 채무불이행유형으로서의 이행거절, 민법연구 제4권, 1997.

양창수, 독자적인 채무불이행유형으로서의 이행거절 재론, 법조 64권 1호, 2015.

위계찬, 채무불이행의 독자적 유형으로서 이행거절, 한양법학 24권 1집, 2013.

이성룡, 부동산의 매도인이 중도금의 수령을 거절할 뿐더러 계약을 이행하지 아니할 의사가 명백한 경우, 매수인의 해제권의 유무, 인권과 정의 206호, 1993.

이주원, 이행기 전의 이행거절과 채무불이행, 대법원판례해설 57호, 2006.

[판례 96]

계약 해제의 효과

대법원 1982.11.23. 선고 81다카1110 판결

사 실

Y는 1979.2.1. A에게 자신이 소유하던 이 사건 부동산을 매도하고, 같은 해 3.21. 매매잔대금 일부가 미지급된 상태에서 위 부동산에 관하여 A 명의로 소유권이전등기를 넘겨주는 한편, 자신을 가등기권리자로 하는 매매예약에 의한 소유권이전등기청구권 보전의 가등기를 마쳤다. 위 가등기는 A가 잔대금채무를 지체하여 위 매매계약이 해제되는 경우 Y가 소유권을 회복하기 위한 목적으로 이루어진 것이었다. 그 후 같은 해 8.9.자로 위 부동산에 관하여 A로부터 X 명의로 소유권이전등기가 이루어졌는데, Y는 위 매매계약은 A의 채무불이행을 이유로 해제되었다고 주장하면서 같은 해 9.28. 위 가등기에 기하여 자신 명의로 소유권이전의 본등기를 마쳤고, 그에 따라 위 가등기 이후에 경료된 X 명의의 소유권이전등기는 직권으로 말소되었다. 그러자 X는 위 가등기에 기한 본등기는 무효라고 하여 Y를 상대로 본등기의 말소를 청구하였다.

원심은, 계약 해제의 효과로 Y가 A에게 소유권이전등기의 말소등기 또는 이전등기를 청구하는 근거는 소유권에 기한 물권적 청구권이고, 물권적 청구권을 보전하기 위한 가등기제도는 마련하고 있지 않으므로 위 가등기는 무효이고, 무효가 아니라도 X는 548조 1항 단서에 규정되어 있는 제3자라고 하여 X의 청구를 인용하였다. 그러나 대법원은 원심판결을 파기하였다.

이 유

부동산등기법상 가등기는 물권 또는 부동산 임차권의 변동을 목적으로 하는 청구권을 보전하기 위하여서만 할 수 있는 것이고, 이와 같은 청구권이 아닌 물권적 청구권을 보전하기 위하여는 이를 할 수 없으므로, 이 점에 관한 원심의 견해는 정당하다.

매매계약이 해제되면 그 계약의 이행으로 변동이 생겼던 물권은 당연히 그 계약이 없었던

원상태로 복귀하지만, 이와 같은 계약해제의 소급효는 제3자의 권리를 해할 수 없으므로, 매매계약해제 이전에 매매목적물에 관하여 제3자에게 소유권이전등기가 경료된 뒤에 계약이 해제된 경우에는 매도인은 소유권에 기하여 매수인 명의의 소유권이전등기의 말소를 청구할 수 없지만, 그 매매계약 당시 계약당사자 사이에 계약이 해제되면 매수인은 매도인에게 소유권이전등기를 하여 주기로 하는 약정이 있었다면 매도인은 그 약정에 기하여 매수인에 대하여 소유권이전등기절차의 이행을 청구할 수 있고, 이러한 경우의 매도인의 소유권이전등기청구권은 물권변동을 목적으로 하는 청구권이므로 이러한 청구권은 가등기에 의하여 보전될 수 있다.

또 가등기는 본등기의 순위를 보전하는 효력이 있어, 후일 가등기에 기한 본등기가 마쳐진 때에는 본등기의 순위가 가등기한 때로 소급함으로써 가등기 후 본등기 전에 이루어진 중간처분은 실효되므로, 계약 해제시 원상회복 방법으로 매도인에게 소유권이전등기를 하기로 하는 약정에 따른 청구권을 보전하기 위한 가등기가 된 경우에도 그 가등기 후 본등기 전에 된 제3자 명의의 소유권이전등기는 후일 가등기에 기한 본등기가 마쳐지면 말소를 면할 수 없다.

위와 같은 가등기가 된 뒤에 계약당사자가 아닌 제3자가 취득한 권리는 이미 이루어진 가등기에 의하여 보전된 청구권에 기한 본등기가 마쳐지면 실효될 가능성을 띤 상태에서 취득한 권리이고, 그 제3자의 지위는 가등기에 의하여 순위가 보전된 매도인의 권리보다 앞설 수는 없으며, 위와 같이 매매계약 당사자 사이의 약정에 의하여 생긴 매도인의 소유권이전등기청구권은 계약해제의 소급효 그 자체에 의하여 생긴 것이 아니므로 그 등기청구권의 실현과 계약해제의 소급효 제한에 관한 민법 548조 1항 단서의 규정은 직접적으로 관련이 없다.

해 설

1. 계약 해제의 효과에 관한 학설

계약이 해제되면 대체로 다음과 같은 효과가 발생한다. **첫째**, 아직 이행되지 않은 계약상의 의무는 소멸한다(해방효). **둘째**, 이미 이행된 부분에 관하여는 계약이 이행되기 전의 상태로 회복시켜야 한다(원상회복). **셋째**, 계약이 해제되더라도 이미 발생한 채무불이행으로 인한 손해배상의무는 영향을 받지 않는다. 그런데 이러한 계약 해제의 효과를 어떻게 이론구성하는가에 관하여 몇 가지의 견해가 대립한다.

독일 민법 제정 당시에는 해제에 소급효를 인정하는 직접효과설, 소급효를 부정하는 간접효과설 및 해제에 소급효는 없지만 미이행채무는 장래에 대하여 소멸하고, 이미 이행된 채무에 대하여는 원상회복의무가 발생한다고 하는 절충설이 주장되었다. 그러나 종래 우리나라에서는 소급효를 인정하는 직접효과설이 통설이었다.

그런데 직접효과설을 따르는 경우에도, 계약의 이행에 의하여 물권변동이 이루어진 후에 계약이 해제되면 이미 발생한 물권변동에 어떠한 영향을 미치는가에 관하여는, 물권행위의 무인성을 인정하는가의 여부에 따라 물권적 효과설과 채권적 효과설로 나누어진다. 물권행위의 무인성을 부정하는 물권적 효과설에 따르면, 계약의 해제는 물권행위의 효력 자체를 소급적으로 소멸시키는 물권적 효과를 가지므로, 물권변동의 효과도 처음부터 없었던 것으로 되어 물권이 원래의 소유자에게 등기 없이도 당연히 복귀한다고 한다. 반면 물권행위의 무인성을 긍정하는 채권적 효과설에 따르면, 물권행위 그 자체는 그대로 효력을 보유하고, 다만 당사자는 급여를 반환하여 원상회복을 할 채권적인 의무를 부담하는 것에 지나지 않는다고 한다.

그리고 근래에는 직접효과설과는 다른 독일의 청산관계설이 우리나라에 도입되어 유력하게 주장되고 있다. 이에 의하면 해제에 의하여 계약이 소급적으로 소멸되는 것은 아니고, 해제시까지 이행되지 않은 채무는 장래에 대하여 소멸되지만, 그때까지 존속하였던 채권관계는 원상회복을 위한 청산단계로 변형된다고 한다. 따라서 계약해제의 결과 발생하는 권리의무관계는 법정채권관계가 아니라 당사자의 법률행위에 의한 것이라는 것이다.

2. 판 례

판례는 직접효과설 중에서도 물권적 효과설을 따르고 있다. 즉 채권계약이 해제됨으로써 원상회복된다고 할 때 그 이론 구성에 관하여 채권적 효과설과 물권적 효과설이 대립되어 있는데, 우리의 법제가 물권행위의 독자성과 무인성을 인정하고 있지 않는 점과 548조 1항 단서가 거래안정을 위한 특별규정이란 점을 생각할 때, 계약이 해제되면 그 계약의 이행으로 변동이 생겼던 물권은 당연히 그 계약이 없었던 원상태로 복귀한다고 봄이 타당하다는 것이다(대판 1977.5.24, 75다1394). 대상판결도 이러한 물권적 효과설을 전제로 하고 있다.

3. 학설의 검토

입법론적으로는 계약의 해제에 소급효를 부정하는 청산관계설도 고려할 수 있다. 계약의 해제는 계약 체결 당시의 사유를 이유로 하는 것이 아니고, 계약 체결 이후의 채무불이행과 같은 사유에 기한 것인데, 해제를 이유로 하여 계약 그 자체를 처음부터 전혀 없었던 것과 같은 것으로 한다는 것은 다소 문제가 있다고 볼 수 있다. 그리고 계약의 소급적 소멸에도 불구하고 손해배상은 청구할 수 있다든지, 계약이 해제되어도 채무자의 보증인은 채권자에 대하여 책임을 진다는 것(대판 1972.5.9, 71다1474 등) 등은 계약의 소급효를 전제로 하여서는 자연스럽게 설명되기 어렵다.

그러나 우리 민법은 해제와 해지를 구별하여 해지에 대하여는 소급효를 부정하면서(550조 1항), 해제에 대하여는 소급효가 있음을 전제로 하여, 제3자의 권리를 해하지 못한다는 규정을 두고 있다는 점(548조 1항 단서)에 비추어 보면, 우리 민법의 해석상으로는 소급효를 인정하는 직접효과설을 따를 수밖에 없다. 또한 손해배상과의 관계에서는, 계약관계의 소급적인 소멸은 이미 발생한 손해배상청구권을 해하지 않는 범위 내에서의 소멸이라고 설명하여야 할 것이다.

그리고 우리 민법상 물권행위의 무인성은 인정될 수 없으므로([판례 26]의 해설 참조), 현행 법의 해석론으로는 물권적 효과설이 타당하다.

4. 대상판결에 대하여

가등기는 부동산에 관한 물권이나 채권담보권 또는 임차권의 설정, 이전, 변경 또는 소멸의 청구권을 보전하기 위한 것인데(부동산등기법 88조), 물권적 청구권은 이러한 청구권에는 해당하지 않는다. 또 물권적 청구권은 원칙적으로 누구에게나 대항할 수 있는 것이기 때문에, 가등기에 의하여 따로 순위를 보전할 필요성도 존재하지 않는다. 그러므로 이 사건에서 Y 명의의 가등기가 해제로 인하여 발생할 물권적 청구권을 보전하기 위한 것이라면, 그러한 가등기는 무효이다.

그러나 이 사건 당사자들은 부동산이 A로부터 제3자에게 이전될 가능성에 대비하여 Y 명의로 가등기를 한 것이므로, 이를 무효라고 보는 것은 당사자의 의사에는 부합하지 않는다. 대상판결은 계약 당사자 사이에 계약이 해제되면 매수인은 매도인에게 소유권이전등기를 하여 주기로 하는 약정이 있었다면, 그 약정에 기하여 매도인이 매수인에 대하여 소유권이전등기절차의 이행을 청구할 수 있고, 이러한 청구권은 물권변동을 목적으로 하는 청구권이므로 가등기에 의하여 보전될 수 있다고 하였다. 대판 2007.6.28, 2007다25599도 같은 취지로 판시하였다.

그런데 대상판결은 직접효과설과는 조화되지 않는다는 비판이 있다. 즉 대상판결은 계약해제로서 계약상 소멸하는 부분과 소멸하지 않는 부분이 있음을 구분하고 있으나, 직접효과설에 의하면 계약해제로서 계약에 기한 전 채권관계는 소급적으로 소멸하는 것이고, 계약해제로 인한 원상회복의무는 법률행위에 의한 채무관계일 수도 있음을 전제로 하지만, 직접효과설에 의하면, 해제로 인한 원상회복의무는 언제나 법정채무관계라는 것이다.

그러나 대상판결은 계약해제의 일반적인 효과에 따라 소유권 이전을 청구할 수 있다고 한 것이 아니라, 계약이 해제되면 매수인은 매도인에게 소유권이전등기를 하여 주기로 하는 약정이 있었다면, 그 약정에 기하여 소유권이전등기절차의 이행을 청구할 수 있다고 한 것이므로, 이것이 직접효과설 내지 물권적 효과설과 모순되는 것이라고는 할 수 없다.

뿐만 아니라, 설령 당사자 사이에 그와 같은 별도의 약정이 없었다고 하더라도, 548조 1항이 규정하는 원상회복청구권 자체는 특수한 부당이득반환청구권이므로(대판 1997.12.9, 96다47586 등), 이러한 청구권을 보전하기 위한 가등기는 허용될 수 있다. 다시 말하여, 계약이 해제되어 원상회복이 필요한 경우에는 당사자는 언제나 채권적 청구권인 원상회복청구권을 가지고, 다만 계약 해제로 인하여 물권행위가 실효되면 그 반사적인 효과로서 물권이 복귀되는 결과 그에 따른 물권적 청구권도 아울러 행사할 수 있다고 보아야 하는 것이다. 대판 1993.9.14, 92다1353은, 부동산의 명의신탁자가 소유권에 기한 방해배제청구권의 행사로서 부동산에 대한 가등기 및 근저당권설정등기의 말소를 청구하였다가 패소한 확정판결의 기판력은, 명의수탁자가 채권담보를 위한 약정의 계약 당사자로서 그 계약해제에 따른 계약상의 권리에 기하여 원상회복으로 담보물의 반환을 받기 위하여 직접 가등기 및 근저당등기의 말소청구를 하는 데에는 미치지 않는다고 하였다. 그리고 대판(전) 2012.5.17, 2010다28604([**판례 37**]) 가운데 양창수 대법관의 다수의견에 대한 보충의견은, 등기의 원인이 된 계약 등이 강박 등으로 취소된 경우에 말소등기청구는, 종전의 소유자가 그 계약 등을 원인으로 소유권이전등기를 행하였다면 이제 그 소유권의 복귀로 말미암아 소유권에 기하여 이를 하는 것도 가능하나, 그와는 별도로 계약 등에 기하여 행하여진 소유권이전등기 등의 급부에 관하여 그 취소와 같은 법률상 원인의 소멸로 인하여 그 '반환'을 구하는 채권적 성질의 원상회복청구권이 발생한다고 하면서, 위 92다1353 판결을 인용하고 있다.

참고문헌

김상용, 해제의 효과에 관한 법리의 재구성, 법조 2000.2.

김용담, 계약의 해제, 민사판례연구 6권, 1984.

김욱곤, 해제의 효과에 관한 법리 소고, 성헌 황적인박사 화갑기념 손해배상법의 제문제, 1990.

김대정, 계약해제의 본질 및 효과, 법학논문집 31집 1호, 중앙대학교 법학연구소, 2007.

김형배, 해제의 효과에 관한 법리구성, 고시연구 1978. 10.

김효종, 제3자 명의로 소유권이전등기가 된 후의 매매계약 해제의 소급효, 대법원판례해설 2호, 1988.

[판례 97]

채권양수인이 제548조 제1항의 제3자에 해당하는지 여부

대법원 2003.1.24. 선고 2000다22850 판결

사 실

A는 X에게 이 사건 건물을 분양하기로 하는 계약을 체결하였고, X는 분양대금의 일부를 A에게 지급하였다. 그 후 A는 X에 대한 분양잔대금채권을 Y에게 양도하였고, X는 Y에게 잔대금을 지급하였다. 그러나 위 건물에는 근저당설정등기, 여러 개의 가압류등기 그리고 압류등기가 마쳐져 있었고, A가 무자력상태에 빠지게 되자, X가 A의 소유권이전등기의무는 이행불능이 되었다고 하여 분양계약을 해제하고 Y를 상대로 그에게 지급한 분양대금의 반환을 청구하였다.

원심은 X의 청구를 받아들였고, 대법원도 Y의 상고를 기각하였다.

이 유

민법 548조 1항 단서에서 규정하고 있는 제3자란 일반적으로 계약이 해제되는 경우 그 해제된 계약으로부터 생긴 법률효과를 기초로 하여 해제 전에 새로운 이해관계를 가졌을 뿐 아니라 등기 · 인도 등으로 완전한 권리를 취득한 자를 말하고, 계약상의 채권을 양수한 자는 여기서 말하는 제3자에 해당하지 않는다고 할 것인바, 계약이 해제된 경우 계약해제 이전에 해제로 인하여 소멸되는 채권을 양수한 자는 계약해제의 효과에 반하여 자신의 권리를 주장할 수 없음은 물론이고, 나아가 특단의 사정이 없는 한 채무자로부터 이행받은 급부를 원상회복하여야 할 의무가 있다.

해 설

1. 종래의 판례와 학설

종래의 판례는 대상판결과 마찬가지로, 지명채권을 양수받은 양수인은 548조 1항 단서의 제3자에 해당하지 않는다고 보고 있었다. 즉 이러한 제3자는 해제된 계약으로부터 생긴 법률적 효과를 기초로 하여 해제 전에 새로운 이해관계를 가졌을 뿐 아니라 등기인도 등으로 완전한 권리를 취득한 자를 지칭하는 것이므로, 계약상의 채권을 양도 받은 양수인은 특별한 사정이 없는 이상 이에 포함되지 않는다는 것이다(대판 1964.9.22, 64다596; 1996.4.12, 95다49882; 2000.4.11, 99다51685 판결 등).

종래의 학설도 이 점에 대하여 큰 의문을 제기하지 않고 있었다. 다만 451조 2항은 양도인이 양도통지만을 한 때에는 채무자는 그 통지를 받은 때까지 양도인에 대하여 생긴 사유로써 양수인에게 대항할 수 있다고 규정하고 있는데, 양도통지를 받은 후 해제권이 발생하여 해제된 때에는 이로써 양수인에게 대항할 수 없는 것이 아닌가 하는 의문이 있을 수 있다. 이 점에 대하여 학설은, 통지를 받기까지 양도인에 대하여 생긴 사유란 항변사유 그 자체뿐만 아니라, 항변사유발생의 기초가 되는 법률관계도 포함된다고 해석하여야 하는데, 왜냐하면 채권양도에 관여하지 않은 채무자가 채권양도에 의하여 불이익을 받게 해서는 안 되기 때문이라고 설명한다.

2. 양수인에 대하여는 반환을 청구할 수 없다는 견해

그런데 근래에는 채무자는 양수인에 대하여는 반환을 청구할 수 없고, 양도인에 대하여만 반환을 청구할 수 있다는 견해도 주장되고 있다. 그 근거에 관하여는 두 가지 설이 있다.

첫째, 지명채권의 양수인도 대항요건을 갖춘 뒤에는 548조 1항 단서의 제3자에 해당한다고 보아야 한다는 견해가 있다. 이 설은 채권의 양수인은 제3자가 아니지만, 일단 변제를 받으면 그 이후에 양도인과 채무자 사이의 문제가 발생하였다고 하더라도 그것은 그들 사이에 해결하여야 할 문제라고 생각하는 것이 거래통념이고, 이행받은 후에도 이미 변제받은 것을 반환하게 될지도 모른다고 하는 불안한 지위에 두는 것은 거래의 안전을 해하는 것이라는 점을 주된 근거로 들고 있다.

둘째, 계약해제의 경우뿐만 아니라, 일반적으로 채권 발생의 원인이 된 법률관계가 무효이거나 취소되는 등 효력이 없게 된 경우에도, 양수인에게 변제를 한 채무자는 양수인 아닌 양도인에게만 부당이득의 반환청구를 할 수 있다고 하는 견해가 있다. 즉 양수인에 대한 반환청구는 양수인이 무자력이 되거나 이득의 소멸로 반환의무를 면하게 되는 위험을 채무자에게 돌리는데, 이는 계약의 일방당사자의 무자력위험은 그를 계약 상대방으로 선택한 타방당사자가 부담하여야 하고 제3자에게 전가해서는 안 된다고 하는 계약법 일반 원칙에 반하고, 채무자보호라고 하는 채권양도법의 원칙에도 반하며, 원계약의 해소로 인한 반환은 당해 계약의 당사자들인 양도인과 채무자 간에 이루어져야 한다는 것이다. 이 설은 이른바 지시사례에서 피지시자의 수익자에 대한 부당이득반환청구를 부정한 대판 2003.12.26, 2001다46730(아래 [**판례** 106])을 원용하고 있다. 독일에서는 판례는 위와 같은 견해를 따르고 있지만, 학설상으로는 매우 다투어지고 있다.

3. 검 토

채무자의 양수인에 대한 반환청구는 인정되어야 한다. 우선 채무자가 계약해제로써 양수인에게 대항할 수 있는지가 문제되는데 이 점은 긍정될 수 있다. 즉 채무자에게 양도통지가 되었으나 아직 채무자가 양수인에게 변제를 하지 않고 있던 중 양도인과 채무자 사이의 계약이 해제된 때에는, 양수인이 채무자에게 채무의 이행을 청구하더라도, 채무자는 계약 해제로 인하여 이행의무가 소멸하였음을 이유로 이행을 거절할 수 있다. 만일 이를 양도통지를 받은 후의 사유로서 451조 2항에 의하여 양수인에게 대항할 수 없다고 본다면, 채무자는 자기의 의사와 관계없이 이루어진 채권양도로 인하여 계약 해제 사실을 양수인에게는 주장할 수 없게 되는 불이익을 입게 되는데, 이는 채권양도로 인하여 채무자가 불리하게 되어서는 안 된다는 원칙에 어긋나기 때문이다. 451조 2항은 예컨대 양도통지를 받은 채무자가 양수인 아닌 양도인에게 변제하고 이를 이유로 양수인의 이행청구를 거절하는 것을 막기 위한 것이다.

그리고 채무자가 양수인에게 일단 변제를 한 후 채무자가 양도인과의 계약이 해제되었음을 이유로 양수인에게 변제한 것의 반환청구를 하는 경우에는 양수인은 자신이 548조 1항 단서의 제3자라고 주장할 수도 없다고 보아야 한다. 그런데 판례는 그 근거로서, 채권양수인은 등기·인도 등으로 완전한 권리를 취득한 자에 해당하지 않는다고 하는 점을 들고 있으나, 이는 그다지 설득력이 없다. 대항요건을 갖춘 채권양수인을 등기 등에 의하여 완전한 권리를 취득한 자와 구별할 이유는 없다.

그러므로 양수인이 제3자에 해당하지 않는다고 한다면, 그 근거는 양수인으로서는 양수 당시에 계약이 해제될 수도 있다는 사실을 충분히 예상할 수 있었고, 따라서 양수인을 제3자로서 보호하지 않고, 그에게 계약 해제로 인한 위험을 부담시킨다고 하여 불합리한 것은 아니라는 점에서 찾아야 할 것이다. 이처럼 양수인이 계약 해제로 인한 위험을 예상할 수 있었다는 점에서, 통정허위표시에 의하여 발생한 것과 같은 외관을 가지게 된 채권을 양수받은 제3자와는 구별될 수 있다. 후자의 양수인이 선의인 한 허위표시의 무효로 대항하지 못하는 108조 2항의 제3자라는 점은 학설이나 판례상 다툼이 없다(대판 2011.4.28, 2010다100315 참조). 이때에는 선의의 양수인은 양수한 채권이 허위표시에 기한 것이라는 사실은 예상하지 못하였고, 따라서 양수인에게 그에 대한 위험을 부담시킬 수는 없다. 반면 계약 해제의 경우에는 양수인은 양도인과 채무자 사이의 계약이 해제될 수도 있다는 위험을 부담하면서 채권을 양수하였다고 볼 수 있다. 허위표시의 경우에는 채무가 이행되지 않았으면 양수인은 채무자에게 이행을 청구할 수 있지만, 계약 해제의 경우에는 양수인은 채무자에게 이행을 청구할 수 없다는 점에서도 양자는 차이가 있다.

그리고 일반적으로 채권 발생의 원인이 된 법률관계가 무효이거나 취소되는 등 효력이 없게 되면 양수인에게 변제를 한 채무자는 양수인에게는 반환을 청구할 수 없고, 양도인에게만 반환청구를 할 수 있다고 하는 견해는 이른바 지시사례에 있어서의 부당이득에 관한 논의(아래 [**판례 106**])에 비추어 본다면 반드시 설득력이 없다고 할 수는 없다. 그러나 이러한 경우에 양도인이 부당이득 반환의무를 부담하려면 양도인에게 부당이익이 있어야 할 것인데, 과연 양도인이 부당이득을 얻었는가 하는 점을 설명하기 어렵다. 특히 계약 해제의 경우에는 양수인이 해제의 위험을 부담하므로, 채무자에게 이행되지 않은 채무의 이행을 청구할 수 없을 뿐만 아니라, 변제를 받았으면 이를 채무자에게 반환하여야 한다는 것도 반드시 부당하다고 할 수는 없다.

4. 이후의 판례

대판 2017.7.11, 2013다55447은 A 주식회사가 B 등과 상가 분양계약을 체결할 당시 C 주식회사와 체결한 분양관리신탁계약 및 대리사무계약에 따라 분양대금채권을 C 회사에 양도하였고, B 등이 이를 승낙하여 분양대금을 전부 C 회사의 계좌로 납입하였는데, 그 후 B 등이 A 회사와 C 회사를 상대로 분양계약 해제로 인한 원상회복 또는 분양계약 취소로 인한 부당이득반환으로 납부한 분양대금 등의 지급을 구한 사안에서, B 등이 C 회사를 상대로 원상회복청구나 부당이득반환청구를 할 수 없다고 하였다. 이 판결은 선례로서 이른바 지시사례에서 피지시자의 수익자에 대한 부당이득반환청구를 부정한 대판 2003.12.26, 2001다46730(아래 [**판례 106**])을 들면서, 원심이 인용한 대상판결은 이 사건과 사안을 달리하므로 이 사건에 원용할 수 있는 것이 아니라고 하였다. 그러나 대상판결과 위 사건 사이에 어떤 차이가 있는지는 밝히지 않았다.

참고문헌

김동훈, 채권양도와 계약해제, 고시연구 2003.6.

김창희, 지명채권양도 후 기본관계가 해제된 경우 부당이득반환, 원광법학 27권 3호, 2011.

배성호, 채권이 양도된 후 보상관계가 해제된 경우 부당이득반환청구의 상대방, 전북대학교 법학연구 37집, 2012.

윤지영, 채권양도와 부당이득, 민사판례연구 41권, 2019.

윤진수, 부당이득법의 경제적 분석, 서울대학교 법학 55권 3호, 2014.

이동진, 채권양도, 부당이득, 동시이행, 비교사법 22권 1호, 2015.

이상훈, 계약법의 기본원리에 따른 3각관계 부당이득 사안 해결 - DCFR과의 비교를 중심으로 -, 재산법연구 34권 1호, 2017.

장보은, 계약의 해소와 부당이득반환의 문제, 저스티스 171호, 2019.

정태윤, 민법 제548조 1항 단서의 제3자의 범위, 민사판례연구 31권, 2009.

최수정, 지명채권양도에 있어서 다수인 사이의 부당이득반환, 민사법학 30호, 2005.

[판례 98]

하자의 개념과 하자확대손해의 배상

대법원 1997.5.7. 선고 96다39455 판결

사 실

농업용 난로 등의 제조 · 판매업자인 X는 산업용 실리콘, 산업용 고무, 열기기 부품 등을 제조 · 판매하는 Y에게서 1988년도부터 농업용 난로의 버너에 사용되는 부품인 커플링을 공급받아 오던 중, 1994.9.2. Y로부터 플라스틱을 주된 재료로 하여 제작된 'D/K 커플링' 800개를 개당 금 1,000원에 공급받아 농업용 난로를 제작 · 판매하였다. A와 B는 X로부터 농업용 난로를 구입하여 비닐하우스에서 사용하였는데, 농업용 난로가 작동하지 아니하여 농작물이 냉해피해를 입었다. 위 냉해사고를 발생케 한 난로의 버너 부분을 분해한 결과, Y가 X에게 공급한 D/K 커플링의 사프트 중 마구리 부분이 마모되어 농업용 난로가 가동되지 않았음이 밝혀졌다.

X는 A와 B에게 손해배상을 한 다음, Y를 상대로 A와 B에게 지급한 손해배상금 상당의 배상을 청구하였다. 원심은 이를 인정하였으나, 대법원은 원심판결을 파기하였다.

이 유

커플링의 샤프트 부분의 탄성체에 사용되는 재료로는 크게 플라스틱과 고무의 두 가지가 있는데, 플라스틱은 강인성과 내구성이 뛰어난 대신 내한성(耐寒性)이 약하고, 고무는 플라스틱보다 강인성과 내구성은 떨어지지만 내한성이 뛰어난 사실, 사용목적에 따라서는 플라스틱이 고무보다 더 나은 경우도 있는 등, 커플링의 용도를 떠나서는 하자의 유무를 판단하기 어렵고, Y는 개당 1,000원짜리 'D/K 커플링' 외에, 특수고무로 제작한 개당 2,000원 내지 3,500원 짜리 커플링도 판매하고 있었으며, 1994년도에 약 18,000개 정도의 'D/K 커플링'을 제작 · 판매하였으나 내한성이 문제된 경우로는 이 사건 농업용 난로에 사용된 2개뿐이었으며, 이 사건 농작물 냉해 피해가 발생한 날의 기온이 다른 날에 비하여 유난히 낮았던 사실 등을 인정할 수 있는바, 이러한 사실들과 함께 위 농작물 피해가 발생할 때까지 원고가 제작하여 판매한 농업용 난로가 상당 기간 동안 아무 이상 없이 잘 가동되다가 갑자기 날씨가 추워진 날에 비로소 가동이 중단된 점 등에 비추어 보면, 이 사건 'D/K 커플링' 2개가 플라스틱을 주된 재료로 하여 제작한 커플링의 샤프트가 통상 갖추어야 할 품질이나 성능조차 갖추지 못한 것이었다고는 볼 수 없다.

그러므로 Y가 X에게 하자 있는 커플링을 공급하였다고 인정할 수 있기 위하여는, X가 Y에게 농업용 난로가 사용될 환경을 설명하면서 그 환경에 충분히 견딜 수 있는 내한성 있는 커플링의 공급을 요구한 데 대하여, Y가 이 사건 'D/K 커플링'이 그러한 품질과 성능을 갖춘 제품이라는 점을 명시적으로나 묵시적으로 보증하고 공급하였다는 사실이 인정되어야만 할 것이고, 특히 이 사건과 같이 매매목적물의 하자로 인하여 확대손해 내지 2차 손해가 발생하였다는 이유로 매도인에게 그 확대손해에 대한 배상책임을 지우기 위하여는 채무의 내용으로 된 하자 없는 목적물을 인도하지 못한 의무위반사실 외에 그러한 의무위반에 대하여 매도인에게 귀책사유가 인정될 수 있어야만 한다.

해 설

1. 하자의 개념

매도인의 하자담보책임의 요건인 하자가 무엇을 의미하는가에 대하여는 객관적 하자설과 주관적으로 파악하여야 한다는 주관적 하자설 및 주관적 · 객관적 하자설이 주장되고 있다. 객관적 하자설은 목적물이 당해 종류의 물건으로서 통상 가져야 할 품질이나 성능을 갖추지 못한 때에 하자가 있는 것으로 본다. 이에 반하여 주관적 하자설은 계약 체결시에 당사자가 합의한 품질이나 성능에 미치지 못한 때에 하자가 있다고 본다. 그리고 주관적 · 객관적 하자설은 1차적으로 당사자가 합의했던 품질이나 성능을 표준으로 하고, 그러한 합의가 있었는지가 명백하지 않으면 객관적인 하자가 있었는지 여부를 판단하여야 한다고 하여 주관적 하자를 우선시킨다. 다만 학설 가운데에는 주관적 하자와 객관적 하자 사이의 우선순위에 관하여는 명확히 밝히지 않은 채로 두 가지 하자 개념을 모두 사용하는 예도 있다.

대상판결은 이 사건 커플링이 플라스틱을 주된 재료로 하여 제작한 커플링의 샤프트가 통상 갖추어야 할 품질이나 성능조차 갖추지 못한 것이었다고는 볼 수 없으므로, 커플링의 하자를 인정하려면 X가 Y에게 내한성 있는 커플링의 공급을 요구한 데 대하여, Y가 커플링이 그러한 품질과 성능을 갖춘 제품이라는 점을 명시적으로나 묵시적으로 보증하고 공급하였다는 사실이 인정되어야만 한다고 판시하여, 우선 객관적 하자의 존재 여부를 따져 보고, 객관적 하자가 존재하지 않으면 주관적 하자가 존재하는지 여부를 따져 보아야 한다고 보는 것으로 생각된다. 대판 2000.10.27, 2000다30554, 30561; 2002.4.12, 2000다17834도 같은 취지이다.

2. 담보책임의 성질과 손해배상의 범위

대상판결은 하자로 인한 손해를 목적물 그 자체에 관하여 생긴 하자손해와 하자로 인하여 매수인의 다른 법익에 관하여 생긴 하자확대손해를 구별하면서, 하자확대손해에 관하여 매도인에게 배상책임을 지우기 위하여는 하자 없는 목적물을 인도하지 못한 의무위반사실 외에 그러한 의무위반에 대하여 매도인에게 귀책사유가 인정될 수 있어야만 한다고 보았다.

하자담보책임으로 인한 손해배상의 범위는 일반적으로 하자담보책임의 성질을 어떻게 보아야 하는가와 관련하여 논의된다. 하자담보책임은 채무불이행책임이 아니라 법률이 인정한 특별한 책임이라고 보는 법정책임설은 이행이익의 배상은 인정하지 않고, 신뢰이익의 배상만을 인정한다. 반면 하자담보책임을 채무불이행책임의 일종으로 보는 채무불이행책임설에서는 견해가 여러 가지로 갈린다. 담보책임은 무과실책임이므로 통상의 채무불이행책임과 동일하게 인정할 수 없다고 하는 견해가 많지만, 담보책임은 채무불이행책임이므로 채무불이행책임의 일반원칙에 따라 손해배상은 이행이익의 배상이어야 한다고 하는 견해도 있고, 매도인에게 귀책사유가 있는 경우에는 이행이익의 배상을 인정하고, 귀책사유가 없는 경우에는 신뢰이익의 배상만을 인정하여야 한다는 견해도 있다. 그리고 물건의 하자로 인한 손해배상책임(580, 581조)의 경우에는 이는 원래의 의미의 손해배상이 아니라 대금감액을 의미한다는 설도 주장된다.

판례는 타인의 권리매매의 경우에는 매도인이 계약이 완전히 이행된 것과 동일한 경제적 이익을 배상하여야 한다는 이유로 이행이익의 배상, 즉 매도인의 권리취득과 이전이 불가능하게 된 것이 확정된 때의 시가의 배상을 인정하였다(대판 1967.5.18, 66다2618). 그러나 대판 1992.10.27, 92다21784는, 매매목적물에 제3자를 위한 가등기가 경료되었다가 그 가등기에 기한 본등기가 경료됨으로 인하여 매수인이 입은 손해배상의 범위에 관하여는 570조에 의한 책임이 아니라 576조에 의한 책임을 진다고 함으로써, 결과적으로 신뢰이익의 배상만을 인정한 원심판결을 시인하였다. 다른 한편 대판 1989.11.14, 89다카15298은, 매수인이 매도인으로부터 병에 감염된 감자종자를 매수하여 이를 식재한 결과 감자의 수확량이 예년에 비하여 현저하게 줄은 경우 매수인이 입은 손해는 감자를 식재·경작하여 정상적으로 얻을 수 있었던 평균수입금에서 실제로 소득한 금액을 제한 나머지가 되어야 할 것이라고 하였다.

그리고 하자손해 아닌 하자확대손해의 경우에는 대체로 무과실책임인 하자담보책임에 기하여는 손해배상을 청구할 수 없고, 매도인의 귀책사유가 있으면 채무불이행(불완전이행)을 이유로 하는 손해배상을 청구할 수 있다고 본다.

3. 검 토

우선 하자의 개념에 관하여는 주관적·객관적 하자설이 타당하다. 매매계약은 당사자의 의사를 실현하는 수단이므로, 하자 유무의 판단에 있어서도 당사자의 의사를 고려하지 않을 수 없다. 예컨대 객관적으로는 하자가 있는 물건이라도 매수인이 이를 알면서도 그 물건을 원하여 매수하였다면, 매도인에게 하자담보책임을 물을 수는 없다. 반면 통상적인 품질이나 성능은 갖추었더라도 당사자가 합의한 품질이나 성능에 미치지 못하였다면, 하자가 있는 것으로 보아야 한다. 그러므로 하자 유무의 판단은 제1차적으로 당사자가 합의한 바에 따르고(주관적 하자개념), 그러한 합의가 있었는지 여부가 명백하지 않으면 통상적인 품질이나 성능을 갖추었는지 여부에 따라 판단하여야 한다(객관적 하자개념). 다만 주관적 하자개념설에서는 당사자들이 목적물의 성질에 관하여 아무런 언급도 하지 않는 경우에는, 이는 당사자가 그 물건이 통상적인 품질이나 성능을 가진다고 생각하였기 때문이므로 주관적 하자개념에 의하여 설명할 수 있다고 본다. 어느 견해에 의하건 결과에 차이가 없기는 하지만, 이와 같이 객관적 하자도 주관적 하자 개념에 포함시키는 것은 다소 의제적이다. 대상판결은 당해 커플링에 객관적 하자뿐만 아니라 주관적 하자도 없다고 하여 매도인의 하자담보책임을 부정하였다. 이는 1차적으로 객관적 하자가 있는지를 살펴보고, 객관적 하자가 없는 경우에 주관적 하자의 유무를 판단하여야 한다는 것으로 이해된다.

그리고 담보책임의 성질은 채무불이행책임으로 보아야 한다. 우선 권리의 하자로 인한 담보책임(570~579조)의 경우에는 매도인은 매수인에게 완전한 권리를 이전하여 주어야 할 의무를 부담하므로, 이전한 권리에 하자가 있을 때에는 매도인으로서의 채무를 제대로 이행하지 않은 것이 된다. 또한 물건의 하자로 인한 담보책임도 특수한 채무불이행책임으로 보아야 한다. 매수인으로서는 매매의 목적물이 완전하고 하자 없는 것임을 전제로 하여 계약을 체결하는 것이고, 이러한 사정이 매매대금의 결정에 반영되어 있는 것이다. 따라서 매수인의 이와 같은 기대는 합리적인 것으로서 보호를 받아야 하고, 매도인의 담보책임은 이러한 당사자의 의사를 구체화한 것이라고 보아야 한다. 하자 있는 물건을 인도하더라도 매도인은 그 채무를 이행하는 것이 된다는 이른바 특정물 도그마는 당사자의 의사에 부합한다고 볼 수 없고, 매도인의 담보책임은 무과실책임이라는 점에서 일반적인 채무불이행책임과는 구별되는 특수한 채무불이행책임이라고 보아야 한다. 그러므로 가령 매수인이 처음부터 담보책임 규정에 의하여는 손해배상을 받을 수 없거나(타인의 권리의 악의의 매수인 등), 담보책임 규정에 의하여 받을 수 있는 배상이 제한되는 경우에는 채무불이행책임을 물을 수 있다. 대판 2004.7.22, 2002다51586은 채무불이행책임과 580조 소정의 하자담보책임이 경합적으로 인정된다고 하였다. 또한 대판 2004.8.20, 2001다70337은 도급계약의 수급인의 담보책임과 채무불이행책임에 관하여도 같은 취지로 판시하였다.

손해배상의 범위에 관하여는, 매수인으로서는 담보책임에 의하여 완전한 권리나 하자 없는 물건을 취득한 것과 마찬가지의 보호를 받아야 하므로, 원칙적으로 이행이익의 배상을 받을 권리가 있다고 보아야 한다. 채무불이행으로 인한 손해배상은 이행이익의 배상이 원칙이고, 535조와 같이 법이 특별히 규정하고 있지 않는 한 신뢰이익의 배상을 명할 근거는 없다. 담보책임이 무과실책임이라고 하여 과실책임의 경우와 달리 취급하여야 할 이론적인 근거는 없다. 그러나 그러한 담보책임은 매도인의 의무가 매수인의 대금지급의무와 견련관계에 있기 때문에 인정되는 것이므로, 그 손해배상의 범위는 매매목적물의 가치 내지 이행이익을 초과할 수는 없다. 이행이익을 초과하는 확대손해의 배상은 불완전이행 또는 적극적 채권침해의 법리에 의하여 해결하여야 하고, 담보책임에 의하여 구제를 받을 수는 없다. 그리고 불완전이행 또는 적극적 채권침해가 성립하려면 채무자인 매도인에게 귀책사유가 인정되어야 한다. 대상판결도 그와 같이 보았다.

참고문헌

김대정, 하자담보책임과 채무불이행책임의 경합, 민사법학 28호, 2005.
남효순, 하자담보책임상 귀책사유 있는 매도인의 손해배상책임, 판례실무연구 7권, 2004.
문용선, 매매목적물의 하자로 인한 확대손해에 대한 책임추급, 민사판례연구 21권, 1999.
이재근, 하자담보책임과 채무불이행책임의 경합 및 그 손해배상의 범위, 민사판례연구 28권, 2006.

[판례 99]

완전물급여청구권

대법원 2014.5.16. 선고 2012다72582 판결

사 실

X는 2010.10.1. Y로부터 2010년형 BMW 520d 자동차 1대를 6,240만 원에 매수하는 계약을 체결하고, 2010.10.10. 이 사건 자동차를 인도받았다. X는 이 사건 자동차를 인도받아 운행하던 중, 인도받은 지 5일 만인 2010.10.15. 이 사건 자동차 계기판의 속도계가 전혀 작동하지 않는 것을 발견하고 두 차례에 걸쳐 Y의 긴급출동서비스센터로 연락하여, 그 직원이 출동하여 차량에 대한 확인을 하였으나 속도계가 작동하지는 아니하였다. X가 이 사건 자동차를 긴급출동서비스센터에 입고한 결과, 계기판 자체에 기계적 고장이 발생하여 계기판 전체를 교체해야 하는 것으로 확인되었다. Y는 X에게 계기판을 교체하는 보증수리를 제의하였으나, X는 이를 거절하고 2010.10.19. 에게 이 사건 자동차를 새로운 자동차로 교환하여 줄 것을 요구하는 소를 제기하였다. 그 후 Y′가 Y로부터 소송절차를 수계하였다.

이 사건 자동차의 계기판 교체는 몇 분 만에 가능하고, 교체비용도 1,407,720원 정도일 뿐 아니라, 정비 후에는 계기판 전체가 정상적인 상태로 회복된다. 반면 이 사건 자동차와 유사한 차종의 경우 신차의 주행거리가 짧더라도 가격 하락분이 약 990만 원이나 1,000만 원이 된다.

1심과 원심은 X의 청구를 받아들였다. 그러나 대법원은 Y′의 상고를 받아들여 원심판결을 파기환송하였다.

이 유

민법의 하자담보책임에 관한 규정은 매매라는 유상 · 쌍무계약에 의한 급부와 반대급부 사이의 등가관계를 유지하기 위하여 민법의 지도이념인 공평의 원칙에 입각하여 마련된 것인데, 종류매매에서 매수인이 가지는 완전물급부청구권을 제한 없이 인정하는 경우에는 오히려 매도인에게 지나친 불이익이나 부당한 손해를 주어 등가관계를 파괴하는 결과를 낳을 수 있다. 따

라서 매매목적물의 하자가 경미하여 수선 등의 방법으로도 계약의 목적을 달성하는 데 별다른 지장이 없는 반면, 매도인에게 하자 없는 물건의 급부의무를 지우면 다른 구제방법에 비하여 지나치게 큰 불이익이 매도인에게 발생되는 경우와 같이 하자담보의무의 이행이 오히려 공평의 원칙에 반하는 경우에는 완전물급부청구권의 행사를 제한함이 타당하다.

이 사건 하자는 계기판 모듈의 교체로 큰 비용을 들이지 않고서도 손쉽게 치유될 수 있는 하자로서 위 하자수리에 의하더라도 신차구입이라는 이 사건 매매계약의 목적을 달성하는 데에 별다른 지장이 없고, 자동차를 계속 보유하는 경우에도 하자보수로 인하여 자동차의 가치하락에 영향을 줄 가능성이 희박한 반면, 매도인인 Y에게 하자 없는 신차의 급부의무를 부담하게 하면 다른 구제방법에 비하여 Y에게 지나치게 큰 불이익이 발생된다. 따라서 이 사건에서는 매도인의 완전물 급부의무의 이행으로 인하여 오히려 쌍무계약의 등가관계에 기초한 공평의 원칙에 반하게 되어 매수인의 완전물급부청구권의 행사를 제한함이 타당하므로, 원고의 이 사건 완전물급부청구권의 행사는 허용되지 않는다고 보아야 할 것이다.

해 설

1. 완전물급여청구권과 하자보수청구권, 추완청구권

581조 2항은 종류물매매의 경우에 매수인의 구제수단으로서 계약의 해제 또는 손해배상의 청구 외에 하자 없는 물건을 청구할 수 있는 권리를 인정하고 있다. 이러한 권리를 완전물급여(부)청구권 또는 완전물청구권이라고 한다. 그런데 이외에 도급계약과 같은 하자보수청구권(667조 1항)도 담보책임의 내용으로서 인정되는가에 관하여 논의가 있다. 법정책임설에 선다면 이를 인정하기 어려울 것이지만, 완전물급여청구권의 일종으로서 하자보수청구권도 인정하여야 한다는 견해가 유력하다.

대상판결은 이 사건에서 완전물급부(여)청구권은 인정될 수 없지만, 하자보수청구권은 인정될 수 있다고 보았다. 다만 통상 자동차 매매의 경우에는 매매계약상 매수인의 권리로서 하자보수청구권을 인정하고 있고, 이 사건에서도 그러한 것으로 보이므로, 대법원이 일반적으로 하자보수청구권을 매수인의 권리로 인정한 것인지는 반드시 명백하지 않다. 원심은 하자보수청구권은 민법의 법문상으로는 인정되지 않는다고 보았다.

다른 한편 학설상으로는 불완전이행의 경우에 이른바 추완청구권을 인정할 수 있다는 주장이 있다. 이러한 견해에 따른다면 완전물급여청구권이나 하자보수청구권은 추완청구권에 포함될 수 있을 것이다. 2013년 법무부 민법개정위원회가 만든 민법개정안은 388조의2에서 채무자가 채무를 불완전하게 이행한 때에는 채권자는 채무이행의 추완을 청구할 수 있지만, 추완에 과다한 비용을 요하거나 그 밖에 추완을 합리적으로 기대할 수 없는 경우에는 그러하지 아니하다고 규정하였다.

2. 완전물급여청구권의 제한 여부

이 사건의 원심판결은, 완전물급부(여)청구권 행사에 대한 제약은 목적물의 하자가 경미하여 계약의 목적을 달성하는 데 별반 지장이 없고, 손해배상이나 하자보수를 통하여 능히 적은 비용으로 매수인에 대한 권리구제의 수단이 마련될 수 있을 것임에도 완전물급부(여)의무의 부담을 매도인에게 부과한 결과 매도인이 입게 될 불이익이 지나치게 크고 가혹하여 이러한 완전물급부(여)청구권의 행사가 신의칙에 반하여 권리남용에 이르게 될 특별한 사정이 있는 경우에 한하여 이를 인정할 수 있는데, 이 사건은 그러한 경우에 해당하지 않는다고 하여, 원고의 완전물급여청구권을 인정하였다.

학설상으로는 하자가 경미하여 쉽게 보수될 수 있고 매도인에게 지나친 불이익이 발생하지 않는 경우에는 하자보수가 우선적으로 인정되어야 한다는 견해와, 민법은 완전물급여청구의 성립에 대하여 아무런 제한을 두고 있지 않으므로 제한 없이 인정되어야 한다는 견해가 대립한다.

대상판결은 매매목적물의 하자가 경미하여 수선 등의 방법으로도 계약의 목적을 달성하는 데 별다른 지장이 없는 반면 매도인에게 하자 없는 물건의 급부의무를 지우면 다른 구제방법에 비하여 지나치게 큰 불이익이 매도인에게 발생되는 경우에는 공평의 원칙에 비추어 완전물급부(여)청구권의 행사를 제한하여야 한다고 보았다. 그에 대하여는 공평의 원칙보다는 신의칙이나 권리남용 금지에 의하여 완전물급여청구권을 제한할 수 있다는 견해가 있다.

3. 검 토

민법은 매수인의 완전물급여청구권에 관하여 특별히 제한 사유를 들고 있지 않다. 그러나 완전물을 급여하지 않더라도, 다른 구제방법에 의하여 매수인이 계약의 목적을 달성할 수 있는 반면, 완전물을 급여하게 되면 매도인에게 지나치게 큰 불이익이 발생하는 경우에는 완전물급여청구권을 행사할 수는 없고, 다른 구제방법에 의하여 구제를 받을 수밖에 없다고 봄이 타당하다. 667조 1항은 도급계약의 경우에 도급인의 하자보수청구권을 인정하면서도, 하자가 중요하지 아니한 경우에 그 보수에 과다한 비용을 요할 때에는 이를 배제하고 있는데, 완전물급여청구권의 경우에도 이 조문을 유추하여야 할 것이다.

이 사건에서는 계기판 모듈의 교체로 큰 비용을 들이지 않고서도 신차 구입이라는 매매계약의 목적을 달성하는 데에 별다른 지장이 없는 반면, 매도인에게 하자 없는 신차의 급여의무를 부담하게 하면 하자보수라는 구제방법에 비하여 피고에게 지나치게 큰 불이익이 발생된다. 따라서 X의 완전물급여청구권을 인정하는 것은 허용되어서는 안 될 것이다.

참고문헌

김봉수, 특정물매수인의 하자보수청구권, 비교사법 17권 1호, 2010.

김영두, 추완청구권에 관한 민법개정시안의 검토, 연세대학교 법학연구 24권 1호, 2014.

김재형, 종류매매에서 완전물급부청구권의 제한, 비교사법 22권 4호, 2015.

김진오, 민법상 완전물급부청구권의 공평의 원칙에 의한 제한의 가부(可否) 및 품질보증서 교부행위의 법적 성격, 대법원판례해설 99호, 2014.

김화, 매수인의 추완이행청구권의 제한원칙에 관한 고찰, 민사법학 70호, 2015.

안병하, 매수인의 사후이행청구권, 한양법학 24권 3호, 2013.

장지용, 완전물급부청구권 행사의 제한, 민사판례연구 37권, 2015.

[판례 100]

무단 전대에 대한 임대인의 해지권 제한

대법원 2007.11.29. 선고 2005다64255 판결

사 실

X는 1995.7.14. A회사로부터 경남 고성군에 소재한 이 사건 아파트를 임대차보증금 1,260만 원, 월 임차료 21,000원, 임대차기간 2년으로 정하여 임대차계약을 체결하고, 이 사건 아파트를 인도받아 1994.11.19. 주민등록 전입신고를 마쳤다. 위 임대차계약에는 임차권 양도·전대금지 특약이 있었고, 또한 이 사건 아파트는 임대주택법에 의한 건설임대주택으로서 원칙적으로 임차권 양도·전대가 금지되었다. 그런데 A 회사는 X와의 약정 임대차기간이 종료할 무렵인 1997년경 이미 부도가 난 이래 그 임직원들의 소재파악이나 연락이 전혀 불가능한 상태에 있었고, 이 때문에 X는 임차보증금을 돌려받지 못한 채 수년 간 이 사건 아파트에 계속 거주할 수밖에 없었는데, 2000년 초경 진주시에서 음식점을 운영하기 위하여 이사를 가야할 사정이 생겼다. 그리하여 X는 2000.2.8. A회사에게 임대차기간 만료를 이유로 임대차보증금을 반환하여 줄 것을 요구하는 내용증명우편을 발송한 후, 2000.3.11. B와의 사이에 이 사건 아파트에 관하여 보증금을 1,000만 원으로 정하여 전대차계약을 체결하였고, 2000.3.29. A회사와의 임대차계약서에 확정일자를 받은 다음, 2000.4.17. 진주시로 주민등록을 변경하였다. B는 2000.4.10. 그 아들을 세대주로 하여 전입신고를 하였다가 2002.1.10. 자신을 세대주로 하여 이 사건 아파트로 주민등록 전입신고를 마쳤다. Y는 이 사건 아파트를 포함한 아파트 전체에 대하여 1994.7.25. 근저당권을 취득하였는데, Y의 신청에 따라 개시된 부동산임의경매절차에서 X는 이 사건 아파트 임대차보증금 1.260만 원에 관하여 권리신고 및 배당요구서를 제출하였으나 배당에서 제외되었다. 이에 X가 이 사건 배당이의의 소를 제기하였다.

제1심은 X의 청구를 받아들였으나, 원심은 원고의 청구를 기각하였다. 그러나 대법원은 원심판결을 파기환송하였다.

이 유

주택임대차보호법 3조 1항에 정한 대항요건은 임차인이 당해 주택에 거주하면서 이를 직접 점유하는 경우뿐만 아니라 타인의 점유를 매개로 하여 이를 간접점유하는 경우에도 인정될 수 있는바, 주택임차인이 임차주택을 직접 점유하여 거주하지 않고 그곳에 주민등록을 하지 아니한 경우라 하더라도, 임대인의 승낙을 받아 적법하게 임차주택을 전대하고 그 전차인이 주택을 인도받아 자신의 주민등록을 마친 때에는, 이로써 당해 주택이 임대차의 목적이 되어 있다는 사실이 충분히 공시될 수 있으므로, 임차인은 위 법에 정한 대항요건을 적법하게 갖추었다.

한편 임차인이 비록 임대인으로부터 별도의 승낙을 얻지 아니하고 제3자에게 임차물을 사용·수익하도록 한 경우에 있어서도, 임차인의 당해 행위가 임대인에 대한 배신적 행위라고 할 수 없는 특별한 사정이 인정되는 경우에는, 임대인은 자신의 동의 없이 전대차가 이루어졌다는 것만을 이유로 임대차계약을 해지할 수 없으며, 전차인은 그 전대차나 그에 따른 사용·수익을 임대인에게 주장할 수 있다.

그리고 주택의 전대차가 그 당사자 사이뿐만 아니라 임대인에 대하여도 주장할 수 있는 적법 유효한 것이라고 평가되는 경우에는, 전차인이 임차인으로부터 주택을 인도받아 자신의 주민등록을 마치고 있다면 이로써 주택이 임대차의 목적이 되어 있다는 사실은 충분히 공시될 수 있고 또 이러한 경우 다른 공시방법도 있을 수 없으므로, 결국 임차인의 대항요건은 전차인의 직접 점유 및 주민등록으로써 적법 유효하게 유지 존속한다고 보아야 한다.

X의 이 사건 전대는 실질적으로 임대인인 A 회사의 인적 신뢰나 경제적 이익을 침해한다거나 그와의 신뢰관계를 파괴하는 배신적 행위라고는 할 수 없는 특별한 사정이 있는 경우에 해당한다고 볼 소지가 충분히 있는바, 만약 그렇다면 임대인인 A 회사는 자신의 동의 없이 전대가 행해졌음을 이유로 임대차계약을 해지할 수 없고, 오히려 전차인인 B는 위 전대차나 그에 터잡은 사용·수익을 임대인인 A 회사에게 주장할 수 있는 것이어서, 이 사건 전대차는 그 당사자 사이는 물론이고 임대인에 대한 관계에서도 적법 유효하다고 할 것이며, 이 경우에는 전차인 B가 이 사건 아파트를 인도받아 주민등록을 마침으로써 소액임차인인 X의 대항요건도 적법 유효하게 유지 존속한다고 보게 될 것이다.

해 설

1. 임차권의 무단양도·임차물 무단전대로 인한 해지권의 제한

629조 2항은 임차인이 임대인의 동의 없이 그 권리를 양도하거나 임차물을 전대한 때에는 임대인은 계약을 해지할 수 있다고 규정하고 있다. 이 규정은 물건을 사용·수익하는 방법은 사람마다 다르므로, 임차인이 자유롭게 임차권을 양도하거나 임차물을 전대할 수 있으면 임대인이 손해를 받을 우려가 있기 때문에 이를 방지하기 위한 것이다. 그러나 이는 임차인의 임차물에 대한 투하자본의 회수를 곤란하게 하고 임차권의 강화 내지 물권화에 역행한다는 비판을 받고 있으며, 특히 건물 소유를 위한 토지임대차의 경우에는 임차인이 누구이냐에 따라 사용·수익이 크게 달라질 것도 없기 때문에 일률적으로 동의를 받도록 하는 것은 온당치 못하다는 지적이 있어 왔다. 그리하여 학설상 임차인의 무단양도·전대행위가 있더라도 그러한 행위가 임대인에 대한 배신행위라고 볼 수 없는 특별한 사정이 인정되는 경우에는, 임대인이 임대차계약을 해지할 수 없도록 제한해야 한다는 이른바 배신행위이론이 주장되었다.

그런데 대판 1972.1.31, 71다2400은, 원심이 채택한 배신행위이론은 629조의 법리를 오해한 것이라고 하여 이를 받아들이지 않았다. 그러나 대판 1993.4.13, 92다24950은, 임차인의 변경이 당사자의 개인적인 신뢰를 기초로 하는 계속적 법률관계인 임대차를 더 이상 지속시키기 어려울 정도로 당사자 간의 신뢰관계를 파괴하는 임대인에 대한 배신행위가 아니라고 인정되는 특별한 사정이 있는 때에는, 임대인은 자신의 동의 없이 임차권이 이전되었다는 것만을 이유로 629조 2항에 따라서 임대차계약을 해지할 수 없다고 하였다. 다만 그 사건에서는 그러한 특별한 사정이 있는 점은 새 임차인이 주장·입증하여야 하는데, 그러한 점에 대하여 주장 자체가 없었다고 하여 임대인의 해지 주장을 받아들였다.

이어서 대판 1993.4.27, 92다45308은 이 이론을 정면으로 받아들여, 임대인의 해지권 행사를 인정한 원심판결을 파기하였다. 즉 629조는 민법상의 임대차계약은 원래 당사자의 개인적 신뢰를 기초로 하는 계속적 법률관계임을 고려하여 임대인의 인적 신뢰나 경제적 이익을 보호하여 이를 해치지 않게 하고자 함에 있으며, 임차인이 임대인의 승낙 없이 제3자에게 임차물을 사용 수익시키는 것은 임대인에게 임대차관계를 계속 시키기 어려운 배신적 행위가 될 수 있는 것이기 때문에 임대인에게 일방적으로 임대차관계를 종지(終止)시킬 수 있도록 하고자 함에 있고, 따라서 임차인이 제3자에게 임차물을 사용·수익하도록 한 행위가 임대인에 대한 배신적 행위라고 인정할 수 없는 특별한 사정이 있는 경우에는 임대인의 해지권은 발생하지 않는다고 하였다. 이 사건에서는 원래의 임차인의 처인 피고가 임차인과 임차 건물에서 동거하면서 함께 가구점을 경영해 오다가 협의이혼을 하면서 그 위자료 명목으로 임차 건물을 양도받아 가구점을 경영하였으며, 그 후 다시 원래의 임차인과 다시 혼인하고 임차 건물에서 동거하고 있었다.

대상판결도 위와 같은 선례를 인용하면서, 임차인의 전대가 임대인에 대한 배신적 행위라고 할 수 없는 특별한 사정이 인정되는 경우에는, 임대인은 임대차계약을 해지할 수 없다고 하였다. 그리고 이 사건 아파트는 임대주택법에 의한 임대주택이지만, 위 법 및 그 시행령은 임차인이 근무·생업 등의 사유로 다른 시·군으로 퇴거하고자 하는 경우에는 임대사업자의 동의를 받아 임차권양도·전대가 허용되고, 임대인인 A 회사는 X와의 약정 임대차기간이 종료할 무렵 이미 부도가 난 이래 그 임직원들의 소재파악이나 연락이 전혀 불가능한 상태여서 X는 임차보증금을 돌려받지 못한 채 수년간 이 사건 아파트에 계속 거주할 수밖에 없었던 점, 그러다가 X는 2000년 초경 진주시에서 음식점을 운영하기 위하여 이사를 가야할 사정이 생겼다는 점, A 회사는 그 소재가 명확하지 않을 뿐만 아니라 X의 전대를 문제삼아 임대차계약을 해지한다는 등의 사정은 전혀 찾아볼 수 없는 점 등을 들어, X의 전대는 배신적 행위라고는 할 수 없는 특별한 사정이 있는 경우에 해당한다고 볼 소지가 충분히 있다고 하였다.

2. 소액임차인의 우선변제권의 요건으로서의 주민등록

주택임대차보호법 8조에 의하면 주택의 임차인은 주택에 대한 경매신청의 등기 전에 주택의 인도와 주민등록(3조 1항)을 마친 때에는 보증금 중 대통령령이 정하는 일정액을 다른 담보물권자보다 우선하여 변제받을 권리를 가진다. 이를 소액임차인의 우선변제권이라고 한다. 이 사건에서는 X의 보증금은 대통령령이 정하는 금액에 미달하였으므로, X는 그 주민등록을 유지하고 있었다면 그 주민등록 이전에 저당권을 취득한 Y에 우선하여 경매대금에서 변제받을 수 있다. 그런데 X는 임차 주택을 B에게 전대하고 다른 곳으로 주민등록을 옮겼으며, 대신 B가 임차 주택에 주민등록을 마쳤다. 이 경우에도 X가 우선변제권을 유지하는가가 문제된다.

판례는 임차인의 배우자나 자녀 등 가족의 주민등록을 대항요건으로 인정하고 있다(대판 1987.10.26, 87다카14 등). 그리고 대항력을 갖춘 주택임차인이 임대인의 동의를 얻어 적법하게 임차권을 양도하거나 전대한 경우에, 양수인이나 전차인이 임차인의 주민등록퇴거일로부터 주민등록법상의 전입신고기간 내에 전입신고를 마치고 주택을 인도받아 점유를 계속하고 있다면, 원래의 임차인이 갖는 임차권의 대항력은 소멸되지 아니하고 동일성을 유지한 채로 존속한다고 하였다(대판 1988.4.25, 87다카2509).

3. 이 사건에 대하여

대상판결은 임대인의 해지권 제한에 관한 배신행위 이론과, 전차인이나 그 가족의 주민등록이 있으면 임차인의 임차권 대항력이 유지된다고 하는 두 가지의 판례상 인정된 법리를 결합하여, X의 우선변제권을 인정하였다. 이 판결에 대한 평석들도 모두 이 판결을 지지한다.

다른 한편 대판 2010.6.10, 2009다101275도 이 사건과 비슷한 사실관계에서 대상판결을 인용하면서 같은 취지로 판시하였다. 다만 그 사건 원고들 중 임대주택법상의 임차권 양도·전대가 허용되는 경우인 '근무·생업 또는 질병치료 등의 사유로 다른 시·군·구로 퇴거'하는 요건을 갖추지 못한 원고들에 대하여는 우선변제권을 부정하였다.

참고문헌

문광섭, 임대인의 동의 없는 주택의 전대차와 주택임대차보호법상의 대항요건, 대법원판례해설 71호, 2008.

박종훈, 임차권의 무단양도·전대와 우선변제권, 판례연구 20집, 부산판례연구, 2009.

조건주, 임차권의 무단양도·전대시 주택임대차보호법상의 대항력 인정여부, 민사판례연구 31권, 2009.

[판례 101]

임차 목적물의 화재로 인한 임차인의 손해배상책임

대법원 2017.5.18. 선고 2012다86895, 86901 전원합의체 판결

사 실

X는 2008.5.27. Y_1에게 X 소유 2층 건물 중 1층 일부인 150평 부분을 임대하였다. Y_1은 그 후 Y_2 보험회사와 임차 건물 부분에 대하여 Y_1을 피보험자로 하여 임차자 배상책임 특약과 시설소유자 배상책임 특약이 포함된 화재보험계약을 체결하였다. 그런데 임대차 기간 중인 2009.10.9. 임차 건물 부분에서 화재가 발생하였고, 임차 건물 부분 외의 부분에도 불이 옮겨 붙어 임차 건물 전체가 소훼되었는데, 화재 발생 원인은 밝혀지지 않았다.

X는 Y_1에게 임차목적물 반환의무 불이행 및 불법행위를 원인으로 한 손해배상청구를, Y_2에게 책임보험금 청구를 하였다. X가 Y_1에게 배상을 구한 손해에는 임차 건물 부분뿐만 아니라 임차 외 건물부분에 대한 손해도 포함되어 있었다. 한편 Y_1은 반소를 제기하여, X가 임차목적물을 사용·수익에 필요한 상태로 유지할 채무를 불이행하였다는 이유로 손해배상청구를, 임대차가 종료되었다는 이유로 임차보증금 반환청구를 하였다.

1심은 Y_1의 임차보증금 반환청구만을 인용하고, 나머지 본소와 반소청구는 모두 기각하였다. 그러나 원심은 X의 본소 청구를 책임 범위를 70%로 제한하여 인용하고, 나머지 본소 청구와 반소 청구는 모두 기각하였다.

대법원 전원합의체는 Y들의 패소부분을 파기환송하였다. 이 판결에는 별개의견 2개와 반대의견이 있다.

이 유

가. 임대차 목적물이 화재 등으로 인하여 소멸됨으로써 임차인의 목적물 반환의무가 이행

불능이 된 경우에, 임차인은 그 이행불능이 자기가 책임질 수 없는 사유로 인한 것이라는 증명을 다하지 못하면 그 목적물 반환의무의 이행불능으로 인한 손해를 배상할 책임을 지며, 그 화재 등의 구체적인 발생 원인이 밝혀지지 아니한 때에도 마찬가지이다. 또한 이러한 법리는 임대차 종료 당시 임대차 목적물 반환의무가 이행불능 상태는 아니지만 반환된 임차 건물이 화재로 인하여 훼손되었음을 이유로 손해배상을 구하는 경우에도 동일하게 적용된다. 한편 임대인은 목적물을 임차인에게 인도하고 임대차계약 존속 중에 그 사용·수익에 필요한 상태를 유지하게 할 의무를 부담하므로(민법 623조), 임대차계약 존속 중에 발생한 화재가 임대인이 지배·관리하는 영역에 존재하는 하자로 인하여 발생한 것으로 추단된다면, 그 하자를 보수·제거하는 것은 임대차 목적물을 사용·수익하기에 필요한 상태로 유지하여야 하는 임대인의 의무에 속하며, 임차인이 그 하자를 미리 알았거나 알 수 있었다는 등의 특별한 사정이 없는 한, 임대인은 그 화재로 인한 목적물 반환의무의 이행불능 등에 관한 손해배상책임을 임차인에게 물을 수 없다

나. (1) 임차인이 임대인 소유 건물의 일부를 임차하여 사용·수익하던 중 임차 건물 부분에서 화재가 발생하여 임차 건물 부분이 아닌 건물 부분까지 불에 타 그로 인해 임대인에게 재산상 손해가 발생한 경우에, 임차인이 보존·관리의무를 위반하여 화재가 발생한 원인을 제공하는 등 화재 발생과 관련된 임차인의 계약상 의무 위반이 있었음이 증명되고, 그러한 의무 위반과 임차 외 건물 부분의 손해 사이에 상당인과관계가 있으며, 임차 외 건물 부분의 손해가 그러한 의무 위반에 따른 통상의 손해에 해당하거나, 임차인이 그 사정을 알았거나 알 수 있었을 특별한 사정으로 인한 손해에 해당한다고 볼 수 있는 경우라면, 임차인은 임차 외 건물 부분의 손해에 대해서도 민법 390조, 393조에 따라 임대인에게 손해배상책임을 부담하게 된다.

(2) 종래 대법원은 임차인이 임대인 소유 건물의 일부를 임차하여 사용·수익하던 중 임차 건물 부분에서 화재가 발생하여 임차 외 건물 부분까지 불에 타 그로 인해 임대인에게 재산상 손해가 발생한 경우에, 임차인은 임차 건물의 보존에 관하여 선량한 관리자의 주의의무를 다하였음을 증명하지 못하는 이상 임차 건물 부분에 한하지 아니하고 그 건물의 유지·존립과 불가분의 일체 관계에 있는 임차 외 건물 부분이 소훼되어 임대인이 입게 된 손해도 채무불이행으로 인한 손해로 배상할 의무가 있다고 판단하여 왔다.

그러나 임차 외 건물 부분이 구조상 불가분의 일체를 이루는 관계에 있는 부분이라 하더라도, 그 부분에 발생한 손해에 대하여 임대인이 임차인을 상대로 채무불이행을 원인으로 하는 배상을 구하려면, 임차인이 보존·관리의무를 위반하여 화재가 발생한 원인을 제공하는 등 화재 발생과 관련된 임차인의 계약상 의무 위반이 있었고, 그러한 의무 위반과 임차 외 건물 부분의 손해 사이에 상당인과관계가 있으며, 임차 외 건물 부분의 손해가 그 의무 위반에 따라 민법 393조에 의하여 배상하여야 할 손해의 범위 내에 있다는 점에 대하여 임대인이 주장·증명하여야 한다.

이와 달리 위와 같은 임대인의 주장·증명이 없는 경우에도 임차인이 임차 건물의 보존에

관하여 선량한 관리자의 주의의무를 다하였음을 증명하지 못하는 이상 임차 외 건물 부분에 대해서까지 채무불이행에 따른 손해배상책임을 지게 된다고 판단한 종래의 대법원판결들은 이 판결의 견해에 배치되는 범위 내에서 이를 모두 변경하기로 한다.

해 설

1. 임차인의 목적물 반환의무와 임대인의 사용 · 수익하게 할 의무

임대차가 종료하면 임차인은 임대차 목적물을 임대인에게 반환하여야 한다. 만일 임차인이 임대차 목적물을 원래의 상태대로 반환할 수 없게 되면 임차인은 그에 대하여 손해배상의무를 부담하여야 하고, 다만 임차인이 그 이행불능이 자신의 귀책사유로 인한 것이 아님을 증명한 때에 한하여 손해배상책임을 면한다(390조). 그러므로 이 사건과 같이 임차물이 화재로 인하여 멸실되거나 훼손된 경우에, 임차인이 그 임차건물의 보존에 관하여 선량한 관리자의 주의의무를 다하였음을 증명하지 못하는 한 임대인에게 손해를 배상하여야 한다고 볼 수 있다.

그러나 다른 한편 임대인은 임대차 존속 중 임차인의 사용 · 수익에 필요한 상태를 유지하게 할 의무를 부담한다(623조). 그런데 임대차 존속 중 임차물에 화재가 발생하여 임차인이 임차물을 사용 · 수익하지 못하게 되었다면 이는 임대인이 그 의무를 다하지 못한 것이라고 할 수 있고, 따라서 임대인이 그 의무 불이행에 귀책사유가 없음을 증명하지 못하는 한 오히려 임대인이 임차인에게 손해배상의무를 부담한다고 볼 수도 있다.

그러므로 이와 같은 두 개의 상반되는 관점을 어떻게 조화시킬 것인지가 문제된다.

2. 종전 판례

판례는 기본적으로는 이 사건과 같이 임차물이 화재로 인하여 멸실되거나 훼손된 경우에 임차인이 그 임차건물의 보존에 관하여 선량한 관리자의 주의의무를 다하였음을 입증하지 못하는 한 임대인에게 손해를 배상하여야 한다고 보고 있다(대판 1969.3.18, 69다56; 2010.4.29, 2009다96984 등 다수).

그런데 대판 2000.7.4, 99다64384는, 이 사건과 같이 임차물의 화재가 현관 천장 부분 비닐전선의 합선으로 인하여 발생한 경우에 대하여, 건물의 벽과 천장의 내부를 통과하고 있는 전기배선은 건물구조의 일부를 이루고 있어, 거기에 어떤 하자가 있다 하더라도 이를 수리 유지할 책임은 임대인에게 있으므로, 건물의 일부가 소훼됨으로 인하여 임차인이 이 사건 임대차계약상의 임차목적물의 일부를 반환할 수 없게 되었다고 하더라도 이는 임대인의 의무를 다하지 못한 결과이고, 임차인이 선량한 관리자로서의 통상 필요한 주의의무를 다하지 아니한 결과가 아니어서 임차인은 그로 인한 손해배상책임이 없다고 하였다.

대판 2009.5.28, 2009다13170도 그와 같은 취지에서, 임차인의 목적물 반환의무가 이행불능이 된 것이 임대인의 의무 위반에 원인이 있음이 밝혀진 경우에는 임차인이 별도로 목적물보존의무를 다하였음을 주장 · 입증하여야만 그 책임을 면할 수 있는 것은 아니라고 하였다.

그렇다면 화재 원인이 임대인과 임차인 중 누구의 의무 위반 때문인지가 밝혀지지 않은 경우에는 어떻게 될 것인가? 판례(대판 1982.8.24, 82다카254; 2010.4.29, 2009다96984 등)는, 임차건물이 화재로 소실된 경우에 그 화재의 발생원인이 불명인 때에도 임차인이 그 책임을 면하려면 그 임차건물의 보존에 관하여 선량한 관리자의 주의의무를 다하였음을 입증하여야 한다고 보고 있다.

한편 대법원은, 임차인이 임대인 소유 건물의 일부를 임차하여 사용 · 수익하던 중 임차건물 부분에서 화재가 발생하여 임차 외 건물 부분까지 불에 타서 그로 인해 임대인에게 재산상 손해가 발생한 경우에, 건물의 규모와 구조로 볼 때 그 건물 중 임차건물 부분과 그 밖의 부분이 상호 유지 · 존립함에 있어서 구조상 불가분의 일체를 이루는 관계에 있다면, 임차인은 임차건물의 보존에 관하여 선량한 관리자의 주의의무를 다하였음을 증명하지 못하는 이상, 임차건물 부분은 물론이고 그 건물의 유지 · 존립과 불가분의 일체 관계에 있는 임차 외 건물 부분의 소훼로 임대인이 입게 된 손해도 채무불이행으로 인한 손해로 배상할 의무가 있다고 판단하여 왔다(대판 1986.10.28, 86다카1066; 2010.4.29, 2009다96984 등).

3. 학설상의 논의

학설상으로는 이러한 대법원의 판례를 독일에서 발전된 이른바 위험영역설에 의하여 설명하려는 견해가 있다. 위험영역설은 모든 당사자가 그의 위험영역 내지 책임영역에서 발생한 사정에 대해 증명책임을 부담해야 한다는 이론이다. 대판 2006.1.13, 2005다51013, 51020은, 임차건물이 건물구조의 일부인 전기배선의 이상으로 인한 화재로 소훼되어 임차인의 임차목적물 반환채무가 이행불능이 되었다고 하더라도, 당해 임대차가 장기간 계속되었고 화재의 원인이 된 전기배선을 임차인이 직접 하였으며 임차인이 전기배선의 이상을 미리 알았거나 알 수 있었던 경우에는, 당해 전기배선에 대한 관리는 임차인의 지배관리 영역 내에 있었으므로, 위와 같은 전기배선의 하자로 인한 화재는 특별한 사정이 없는 한 임차인이 임차목적물의 보존에 관한 선량한 관리자의 주의의무를 다하지 아니한 결과 발생한 것으로 보아야 한다고 판시하였고, 대상판결은 화재가 임대인이 지배 · 관리하는 영역에 존재하는 하자로 인하여 발생한 것으로 추단된다면, 그 화재로 인한 목적물반환의무의 이행불능 등에 관한 손해배상책임을 임차인에게 물을 수 없다고 판시하였다. 이는 위험영역설과 흐름을 같이 하는 것이라고 할 수 있다.

그러나 위험영역설만으로 문제가 해결되는 것은 아니다. 우선 위험영역이 누구에게 있느냐를 구분하는 것도 반드시 쉽지 않을 뿐만 아니라, 이 사건에서처럼 화재가 임대인의 위험영역 또는 임차인의 위험영역 중 어디에서 발생하였는지 불분명할 때에는 누가 자신에게 귀책사유 없음을 증명해야 하는가가 명확하지 않다. 학설로서는 이러한 경우에는 임차인이 증명책임을 부담하여야 한다는 견해와 임대인이 증명책임을 부담하여야 한다는 견해가 있다. 앞에서 본 대판 1982.8.24, 82다카254는 앞의 견해를 따르고 있는 것으로 보인다. 또 다른 견해는, 화재원인 자체가 전문가에 의해 추정조차 될 수 없는 경우에는 멸실재산의 소유자가 손해위험을 부담하고, 임대차계약관계의 종료에 관련된 계약 당사자 사이의 계약책임의 문제는 발생하지 않는다고 주장한다.

근래에는 이처럼 위험영역설에 의한 해결방법보다는 임차인에게 실체법상 어떤 위험을 부담시키는 것이 타당한가 하는 관점에서 해결하여야 한다는 주장이 제기되고 있다. 즉 임차인이 계약이나 점유 사용을 통하여 통상적으로 인수하거나 지배하는 부분에서 발생하는 위험은 임차인이 부담하여야 하고, 또 임차인이 하자에 대하여 알았거나 알 수 있었던 부분도 임차인이 위험을 부담하여야 하지만, 그 외의 경우에는 임대인이 위험을 부담하여 자신에게 귀책사유가 없었음을 증명하여야 한다는 것이다.

4. 대상판결

그런데 대상판결의 다수의견은 임차 건물 부분에서 화재가 발생하여 임차 건물 부분이 아닌 건물 부분까지 불에 탄 경우에, 종래와는 달리 임차 건물 부분과 그 외의 부분을 구분하였다. 그리하여 임차 건물 부분에 관하여는 종래와 마찬가지로 임차인이 목적물 반환의무가 이행불능으로 된 것이 자기가 책임질 수 없는 사유로 인한 것이라는 증명을 다하지 못하면 그 목적물 반환의무의 이행불능으로 인한 손해를 배상할 책임을 진다고 하였다. 그러나 그 외의 부분에 관하여는 임차인의 의무 위반을 임대인이 증명하여야 한다고 보았다. 즉 임차인이 보존 · 관리의무를 위반하여 화재가 발생한 원인을 제공하는 등 화재 발생과 관련된 임차인의 계약상 의무 위반이 있었고, 그러한 의무 위반과 임차 외 건물 부분의 손해 사이에 상당인과관계가 있으며, 임차 외 건물 부분의 손해가 그 의무 위반에 따라 민법 393조에 의하여 배상하여야 할 손해의 범위 내에 있다는 점에 대하여 임대인이 주장 · 증명하여야 한다는 것이다.

반면 제1별개의견은, 임차 외 건물 부분에 발생한 재산상 손해에 관하여는 불법행위책임만이 성립한다고 주장하였다.

그리고 반대의견은 다수의견이 임차 건물 부분인가 그 외의 부분인가에 따라 증명책임을 달리하는 것을 비판하면서, 임차인이 임대인 소유 건물의 일부를 임차하여 사용 · 수익하던 중 임차한 부분에서 화재가 발생한 경우에 민법 390조에 따라 임차인의 손해배상책임이 성립하는지 여부를 판단한 다음, 임차물이든 그 밖의 부분이든 불에 탄 부분이 민법 393조에 따라 손해배상의 범위에 포함되는지 여부를 판단하는 것으로 충분하고, 화재로 불에 탄 부분이 임차물 자체인지 임차물 이외의 부분인지에 따라 손해배상책임의 성립요건이나 그 증명책임을 달리 보아야 할 이유가 없다고 하였다.

마지막으로 제2별개의견은 기본적으로는 반대의견과 같은 취지이지만, 임차 외 건물 부분의 손해에 대하여는 법원은 임차인의 배상책임을 긍정하되, 그 책임에 대한 제한을 통하여 임대인과 임차인이 임차 외 건물 부분의 손해를 합리적으로 분담하도록 하여야 한다고 주장하였다.

대상판결에 대하여는 여러 개의 평석이 발표되었는데, 다수의견을 지지하는 것이 많으나, 반대하는 것도 적지 않다.

5. 임차 부분과 그 외의 부분을 구별하여 취급할 수 있는가?

우선 다수의견과 같이 임차 건물 부분과 임차 외 부분을 구분하여 증명책임의 소재를 달리 취급하는 것은 근거가 박약하다. 임차 건물 부분에서 발생한 화재에 대하여 임차인이 채무불이행책임을 진다면, 그 화재가 임차 외 부분으로 연소한 경우에 그에 대하여도 임차인이 손해배상책임을 지는지 여부는 손해배상책임의 범위 문제일 뿐이다. 그런데 임차 건물 부분에서 발생한 화재가 그 외의 부분으로 연소되는 것은 통상적인 일이고, 특별한 사정으로 인한 손해라고는 할 수 없다. 그러므로 어느 부분인가에 따라 귀책사유에 대한 증명책임이 달라져야 할 이유가 없다. 다수의견도 왜 달라져야 하는지에 대하여 명확한 근거를 대지 않고 있다.

이에 대하여 다수의견을 지지하는 견해에서는, 임차 외 부분에 대하여 임차인이 부담하는 의무는 주된 급부의무가 아닌 부수의무이고, 부수의무 위반을 이유로 손해배상책임을 묻는 경우에는 의무위반이라는 개념 자체에 귀책사유가 포함될 수 있다거나, 이는 일종의 수단채무라고 주장한다. 그러나 어떤 점에서 이렇게 볼 수 있는지 의문이다. 또 규범목적설(아래 **[판례 117]** 참조)에 의하여 다수의견의 결론이 정당화될 수 있다는 주장도 있으나, 규범목적설이 이런 경우에 적용될 수는 없다.

이와 비교할 수 있는 것은, 매매목적물에 하자가 있어서 매도인이 과실이 없어도 그 하자에 대하여 손해배상책임이 있는 경우에, 하자로 인한 확대손해에 대하여도 마찬가지로 무과실책임을 져야 하는가 하는 문제이다. 판례(대판 1997.5.7, 96다39455, **[판례 98]**; 2003.7.22, 2002다35676)는 매매목적물의 하자로 인하여 확대손해 내지 2차 손해가 발생하였다는 이유로 매도인에게 그 확대손해에 대한 배상책임을 지우기 위하여는 채무의 내용으로 된 하자 없는 목적물을 인도하지 못한 의무위반사실 외에 그러한 의무위반에 대하여 매도인에게 귀책사유가 인정될 수 있어야만 한다고 보고 있다. 이는 매도인의 하자담보책임이 무과실책임이므로 확대손해에 대하여까지 책임을 지우려면 매도인에게 귀책사유가 있어야 한다는 것이다. 그러나 임차인이 임차 부분에 대하여 반환 불능으로 인한 손해배상책임을 지는 것은 무과실책임이라고는 할 수 없으므로, 임차 외 부분에 대하여는 귀책사유의 증명책임의 소재가 달라져야 할 이유는 없다.

그리고 제1별개의견은 임차 외 건물 부분에 발생한 재산상 손해에 관하여는 불법행위책임만이 성립한다고 주장하지만, 이는 위에서 본 것처럼 매도인의 하자담보책임에서 매도인이 확대손해에 대하여도 채무불이행책임을 진다는 것과도 맞지 않으며, 기본적으로 판례, 학설상 인정하고 있는 적극적 채권침해 개념을 부정하는 것이다. 제1별개의견은 임차 외 건물 부분이 제3자의 소유인 경우에는 채무불이행책임이 성립하지 않고 불법행위책임만이 성립하므로, 이 부분이 임대인 소유인 경우에도 마찬가지로 보아야 한다는 취지이지만, 이는 임차 외 건물 부분이 임대인

소유인 경우에 임대인의 채무불이행책임을 부정하기 위한 충분한 논거가 될 수 없다.

제2별개의견은 말하자면 불법행위책임에 관하여 법원이 배상액을 경감할 수 있는 765조와 같은 결과를 채무불이행책임에서도 인정하자는 것이다. 그러나 불법행위 아닌 채무불이행책임에서도 그러한 결과를 인정할 수 있는 근거는 명확하지 않다.

6. 임차 부분에 대한 증명책임의 소재

그런데 문제는 기본적으로 화재가 임차 부분에서 발생하였고 그 원인이 밝혀지지 않았으면, 임차 부분에 대하여는 임차인이 자기에게 귀책사유가 없음을 증명하여야 하는가 하는 점이다. 판례는 임차 부분은 임차인이 점유하고 있다는 점을 중시하여, 화재 발생에 임차인의 귀책사유가 없었다고 증명되어야만 한다고 보는 것으로 여겨진다. 이는 말하자면 임차 목적물이 임차인이 지배하는 영역에 귀속된다는, 이른바 위험영역설적 생각에서 나온 것이다. 그러나 원래 임대차의 목적물은 임대인이 지배 · 관리하는 것이었다. 그런데 임대차 계약이 체결되어 임차인이 이를 점유한다고 하더라도, 임차 목적물이 전적으로 임차인만이 지배하는 영역에 귀속되는 것은 아니다. 대판 2000.7.4, 99다64384에서 나타나는 것처럼, 임차 목적물의 전기 배선과 같은 것은 임차인이 알거나 대처할 수 있는 것이 아니다. 그러므로 임대인이 임차인에게 임대차 목적물을 인도하였다고 하여 모든 위험이 임차인에게 이전되는 것은 아니다.

가령 임대차 계약을 체결할 때 임대차 계약에 임차 목적물에 원인이 밝혀지지 않은 화재가 나면 임차인이 손해배상책임을 부담한다는 조항이 포함되어 있다면 임차인이 선뜻 그러한 계약을 체결할 것인가? 이는 의심스럽다.

그러므로 이처럼 화재 원인이 밝혀지지 않은 경우에는 임대인이 임차인의 귀책사유를 증명하지 못하는 이상, 임차인은 손해배상책임을 지지 않는 것으로 보아야 할 것이다. 미국이나 독일의 판례는 이러한 경우에는 임차인의 손해배상책임을 인정하지 않는다.

참고문헌

권영준, 임대인 소유 건물 중 임차 부분 화재로 나머지 건물 부분이 불에 탄 경우의 법률관계, 민법판례연구 I, 2019.

김상헌, 임차건물 부분의 화재가 임차 외 건물부분에 재산상 손해를 발생시킨 경우, 임차인의 손해배상책임에 관하여, 국민대 법학논총 30권 2호, 2017.

김원수, 임대차 목적물에서 화재가 발생하여 임대차 목적물과 임차 외 건물 부분이 소훼된 경우 임차인이 귀책사유에 관한 증명책임의 소재, 부산판례연구회 판례연구 30, 2019.

박보영, 원인불명의 화재로 임차 외 건물 부분에 발생한 손해에 대한 임차인의 채무불이행책임, 법조 2019.4.

박영목, 임차목적물의 화재와 손해배상책임, 국민대 법학논총 31권 2호, 2018.

신봉근, 임차 건물의 화재로 인한 임차인의 손해배상책임, 고려법학 88호, 2018.

양진수, 화재로 인한 임차 외 건물 부분의 손해배상책임과 채무불이행책임, 김신 대법관 재임기념논문집, 2018.

오창수, 임차건물 화재로 인한 임차 외 건물 소실과 임차인의 손해배상책임, 경희법학 52권 3호, 2017.

이동진, 위험영역설과 증거법적 보증책임, 저스티스 138호, 2013.10.

이선희, 임차목적물의 화재로 인한 임차인의 채무불이행책임, 한양대 법학논총 35집 2호, 2018.

이종구, 임차인의 보존의무 위반과 임차 외 건물 부분의 손해에 대한 채무불이행책임, 원광법학 34권 4호, 2018.

이현수, 임차건물에 화재가 발생한 경우 임대차 목적물이 아닌 부분에 관한 손해배상의 법리, 민사판례연구 40, 2018.

전우정, 임차건물 화재발생시 임대차계약상 의무의 종류에 따른 손해배상의 범위와 증명책임, 서울대 법학 60권 4호, 2019.

최준규, 임차목적물에 발생한 원인불명의 화재로 인한 임차인의 책임, 일감법학 17호, 2018.

하경효, 임대차계약에서의 급부장애, 고려법학 49호, 2007.

황원재, 위험영역에 따른 증명책임의 분배, 하경효교수 정년기념 계약과 책임, 2017.

[판례 102]

타인의 토지상에 있는 목적물에 대한 임차인의 매수청구권

대법원 1996.3.21. 선고 93다42634 전원합의체 판결

사 실

Y는 A로부터 X 소유인 이 사건 대지와 타인 소유인 인접 대지상에 있는 이 사건 제1건물과 제2건물을 매수하고, 위 건물부분들을 소유하기 위하여, 1986.5.23. X로부터 이 사건 대지를 기간의 정함이 없이 임차하였다. X는 위 임대차계약의 해지를 통고하고, Y에 대하여 이 사건 대지상의 위 건물부분들의 철거 및 대지인도를 청구하였으며, 이에 대하여 Y는 이 사건 건물들에 대하여 매수청구권을 행사하였다.

원심은 Y의 매수청구권 행사의 항변을 받아들여, X와 Y 사이에 이 사건 각 건물 중 이 사건 대지 지상부분의 건평비율에 따른 지분(이 사건 제1건물 중 47/74.6 지분, 제2건물 중 12.5/40.1 지분)에 관하여 매매계약이 성립한 것과 같은 효력이 발생하였다고 판단한 다음, X에게 이 사건 대지상 건물부분의 매매대금과 상환으로 Y에게 위 지분에 대한 이전등기절차를 이행할 것을 명하면서, X의 명도청구에 대하여는, 이 사건 제1건물에 대하여는 X가 공유지분의 과반수를 가지고 있어 공유물의 사용·수익방법을 정할 수 있다는 이유로 위 대금 지급과 상환으로 그 전부의 명도청구를 인용하고, 제2건물에 대하여는 과반수 지분권자인 Y의 사용·수익방법을 변경할 수 없다는 이유로 그 명도청구를 기각하였다.

그러나 대법원 전원합의체는 원심판결을 파기하였다. 여기에는 반대의견이 있었다.

이 유

건물 소유를 목적으로 하는 토지임대차에 있어서 이 사건에서와 같이 임차인 소유건물이 임대인이 임대한 토지 외에 임차인 또는 제3자 소유의 토지 위에 걸쳐서 건립되어 있는 경우에

는 임차지상에 서 있는 건물 부분 중 구분소유의 객체가 될 수 있는 부분에 한하여 임차인에게 매수청구가 허용된다고 봄이 상당하다.

지상물매수청구권의 대상은 말 그대로 계약 목적 대지상에 설치된 지상물에 한정해야 할 것이고, 계약 목적도 아닌 타인의 토지 위에 존재하는 시설물까지 매입을 강요할 수는 없다고 보아야 할 것이다. 임차인 소유 건물이 임대인 소유의 임차토지 외에 임차인 또는 제3자 소유의 토지 위에 걸쳐 건립되어 있는 경우 매수청구권 행사의 효력이 건물 전체에 미친다고 보게 되면 임대인으로서는 타인의 토지 위에 존재하는 건물 부분에 대해서는 토지 소유자에 대하여 이를 철거해야 할 의무를 부담하게 될 뿐 아니라 손해배상의무까지 발생하는 결과가 되므로, 그 매수를 원하지 않는 임대인에 대하여 임차목적물을 벗어나 타인의 토지 위에 존재하는 건물 부분까지 매수하도록 강요하는 것은 허용될 수 없다.

따라서 매수청구권 행사의 대상이 된 임차인 소유의 건물이 임차토지 외에 임차인 또는 제3자의 소유 토지에 걸쳐 건립되어 있다면 임차인으로서는 임차지 상에 있는 건물 부분이 구분소유권의 객체이거나 아니면 객체임에 적합한 상태로 만든 후 비로소 매수청구를 할 수 있다고 봄이 상당하다. 따라서 이와 견해를 달리한 당원 1972.5.23. 선고 72다341 판결과 1991.3.27. 선고 90다카20357 판결은 이를 변경하기로 한다.

해 설

1. 학 설

대상판결이 선고되기 전까지는 이 문제에 대하여 학설상 언급하고 있는 예는 많지 않았고, 대상판결 선고 후에 이에 대한 논의가 본격적으로 이루어졌다.

학설상으로는 임차인은 지상물 전체에 대하여 매수청구권을 행사할 수 있고, 그 결과 임대인과 임차인은 지상물에 대하여 공유관계에 있게 되는데, 그 공유지분의 비율은 임대인의 토지상에 있는 건물부분과 그 외의 건물부분의 가액 비율에 따라 정해져야 한다는 공유설과, 이와 같은 경우에는 임차인이 매수청구권을 행사할 수 없다는 부정설이 주장되고 있다. 이외에 일본에서는 임대인 소유 토지에 있는 부분이 주요한 것인가 아닌가에 따라, 주요한 것인 때에는 매수청구권을 행사할 수 있고, 그렇지 않으면 행사할 수 없다는 주요부분설도 주장되고 있다.

부정설에 대하여는 이는 임차인의 보호에 불충분하고, 건물이 철거됨으로 인하여 입게 되는 국민경제적 손실을 외면한다는 비판이 있다. 반면 공유설에 대하여는, 공유관계를 인정하면 임대인이 과반수 지분을 취득하지 못하게 될 때에는 임대인은 자신의 토지를 마음대로 사용하지 못하게 되는 불합리가 있다는 비판이 있다. 그리고 주요부분설에 대하여는 주요부분인지 아닌지의 판단이 애매하다는 등의 비판이 있다.

다만 위의 각 설은 모두 임대인의 토지 위에 있는 부분이 구분소유의 객체가 될 수 있을 때에는 이 부분에 대하여 매수청구권을 행사할 수 있다고 보고 있다.

이외에 새로운 설은, 임대차계약 당시 당사자들이 임대차토지 이외의 인접토지 지상에까지 걸쳐서 임차인 소유의 건물이 건립되어 있거나 건립될 것이라는 점을 알고 있거나 알 수 있었다면 그 건물 전체에 대하여 매수청구권을 행사할 수 있고, 그렇지 않으면 매수청구권을 행사할 수 없다고 주장한다.

2. 종래의 판례와 대상판결

대상판결이 변경한 판례 중 대판 1972.5.23, 72다341은, 임차인 소유의 건물이 임대인의 토지와 임차인의 토지에 걸쳐서 건립되어 있는 경우에, 임차인은 임대인의 토지상에 존재하는 부분에 대하여 매수청구권을 행사할 수 있다고 하였다. 그러나 이 판결에 대하여는, 임대인의 토지상에 존재하는 부분이 구분 소유의 객체가 될 수 없다면 이 부분만이 독립하여 매수청구권의 대상이 될 수 없다는 비판이 있다.

그리고 대판 1991.3.27, 90다카20357에서도 임차인 소유의 건물이 임대인의 토지와 임차인의 토지에 걸쳐서 건립되어 있었는데, 대법원은 임대인 소유 대지와 인접된 임차인 소유 대지 위에 건립된 건물부분은 그것만으로서의 효용가치는 극히 적으므로 건물 전체에 대하여 매수청구권을 행사할 수 있다고 하였다. 이는 주요부분설을 따른 것으로 보인다.

대상판결의 다수의견은 부정설을 채택하였다. 그 주된 근거는, 매수청구권 행사의 효력이 건물 전체에 미친다고 보면, 임대인으로서는 타인의 토지 위에 존재하는 건물 부분에 대해서는 토지 소유자에 대하여 이를 철거해야 할 의무를 부담하게 될 뿐 아니라, 손해배상 의무까지 발생하는 결과가 되므로 부당하다는 것이다.

반면 반대의견은 공유설을 따랐다. 그 근거는 매수청구권 행사를 부정하게 되면 건물이 철거되어야 하므로 국민경제상 손실이 생긴다는 데 있다.

4. 검 토

우선 임대인이 자신의 토지와 그 외의 토지에 걸쳐 세워진 건물 전체에 대하여 매수의무를 부담하는데, 그 결과 자신의 토지 이외의 토지에 세워진 부분은 철거하여야 한다면 이는 부당함이 명백하다. 그렇다고 하여 공유설이 타당하다고 할 수도 없다. 공유관계를 인정하게 되면 임대인이 그 공유관계에 따른 구속을 받게 되어, 임대인의 자유를 지나치게 제한하고, 법률관계를 복잡하게 만든다.

그러므로 이 문제에 대한 가장 좋은 해결책은, 원칙적으로 임차인이 건물 전부에 대하여 매수청구권을 행사할 수 있고, 다만 건물 일부가 철거될 수도 있다는 사정은 건물의 매매대금 결정에서 고려하는 방법이다. 지상물매수청구권의 목적물은 원칙적으로는 임대인 소유의 토지상에 있는 것이어야 하겠지만, 그 목적물이 다른 사람의 토지상에도 걸쳐 있다는 이유만으로 임차인의 매수청구권을 전혀 인정하지 않아야 할 필연적인 이유는 없고, 그러한 경우에도 매수청구권을 인정하더라도 임대인의 이익을 크게 해치지 않을 수 있는 방법이 있다면 그러한 방법이 더 나을 것이다.

판례는 임차인이 건물매수청구권을 행사한 경우에 그 건물의 매수가격은 건물 자체의 가격 외에 건물의 위치, 주변토지의 여러 사정 등을 종합적으로 고려하여 매매청구권의 행사 당시 건물이 현재하는 대로의 상태에서 평가된 시가를 말한다고 보고 있다(대판 1987.6.23, 87다카390; 2008.5.29, 2007다4356 등). 따라서 그 건물의 대지사용권이 있는가 아닌가 하는 점은 건물의 매수가격을 결정함에 있어서 매우 중요하게 고려되어야 할 사항이다. 만일 건물 중 임대인 아닌 제3자의 토지에 세워진 부분이 철거되어야 한다면, 이러한 사정을 감안하여 매수가격을 결정하여야 한다. 그리고 위 부분이 철거되면 나머지 부분도 존속할 수 없게 된다면, 건물의 가격은 0이 되므로 매매가 성립할 수 없게 될 것이다. 그렇지만 건물 중 임대인의 토지 이외의 토지에 세워진 부분이 철거될 필요가 없다면, 매수청구권을 부정할 이유는 없다.

가령 위 대판 1972.5.23, 72다341과 1991.3.27, 90다카20357은 모두 건물이 임대인 소유 토지와 임차인 소유 토지상에 걸쳐져 있었는데, 이러한 경우에 건물 전체에 대하여 매수청구권을 행사하여 매매계약이 성립한다면, 임차인은 자신의 소유 토지상에 세워진 부분에 대하여는 철거를 청구할 수 없다고 보아야 할 것이다. 판례는 이러한 경우에 관습상 법정지상권의 성립을 인정하고 있을 뿐만 아니라, 그렇지 않더라도 이러한 임차인의 철거청구는 신의칙에 어긋나서 허용될 수 없다고 보아야 한다.

참고문헌

김수학, 타인의 토지에 걸쳐 있는 건물에 대한 임차인의 건물매수청구권, 재판과 판례 6집, 대구판례연구회, 1997.

부구욱, 임차토지를 벗어난 임차인 소유 건물부분에 대한 매수청구권 행사의 효과, 법조 1999.9.

전원열, 토지임차인 소유건물이 그 임차토지 외에 임차인 또는 제3자 소유의 토지 위에도 걸쳐 있는 경우, 임차인의 건물매수청구권, 민사판례연구 19권, 1997.

[판례 103]

상가건물 임대차에서 임차인이 계약갱신을 요구할 수 없는 경우에도 임대인이 권리금 회수기회 보호의무를 부담하는지 여부

대법원 2019.5.16. 선고 2017다225312, 225329 판결

사 실

X는 2010.10.1. Y와 사이에 이 사건 상가를 보증금 7,000만 원, 차임 월 235만 원, 임대차기간 2010.10.8.부터 2012.10.7.로 정하여 임차하는 임대차계약을 체결한 다음 위 상가를 인도받아 음식점을 운영하였는데, X는 2012.10.7. Y와 계약기간을 2014.10.7.까지로 임대차계약을 갱신하였고, 2014.10.경 다시 동일한 조건으로 1년간 위 임대차계약을 갱신하였다. X는 임대차기간이 만료되기 전인 2015.7.16. A에게 이 사건 상가의 영업시설, 비품, 거래처 등 유·무형의 재산적 가치를 권리금 1억 4,500만 원에 양도하기로 하는 권리금 계약을 체결하고, Y에게 A와 새로운 임대차계약을 체결하여 줄 것을 요청하였다. 그러나 Y는 노후화된 건물을 재건축하거나 대수선할 계획을 가지고 있다는 등의 이유로 A와의 임대차계약 체결에 응하지 않았다.

X는 Y를 상대로 권리금 회수 방해로 인한 손해배상을 청구하였다. 원심은, 임차인이 임대인에게 계약갱신요구권을 행사할 수 없는 경우에는 구 상가임대차법 10조의4 1항 본문이 적용되지 않는다는 전제하에, X가 2010.10.8. 이 사건 임대차계약을 체결하고 2회의 갱신을 거쳐 2015.10.7. 임대차계약기간의 만료를 앞두고 있어 Y와 권리금계약을 체결한 2015.7.16.에는 계약갱신을 요구할 수 없었던 상황이므로, 피고는 권리금 회수기회 보호의무를 부담하지 않는다는 이유로 X의 청구를 기각하였다.

그러나 대법원은 원심판결을 파기환송하였다.

이 유

이 사건의 쟁점은 구 상가임대차법 10조 2항에 따라 최초의 임대차기간을 포함한 전체 임대차기간이 5년을 초과하여 임차인이 계약갱신요구권을 행사할 수 없는 경우에도 임대인이 같은 법 10조의4에서 정한 권리금 회수기회 보호의무를 부담하는지 여부이다.

구 상가임대차법 10조의4의 문언과 내용, 입법 취지에 비추어 보면, 구 상가임대차법 10조 2항에 따라 최초의 임대차기간을 포함한 전체 임대차기간이 5년을 초과하여 임차인이 계약갱신요구권을 행사할 수 없는 경우에도 임대인은 같은 법 10조의4 1항에 따른 권리금 회수기회 보호의무를 부담한다고 보아야 한다. 그 이유는 다음과 같다.

(1) 구 상가임대차법 10조의4는 임차인의 계약갱신요구권 행사기간의 만료를 권리금 회수기회 보호의무의 예외사유로 정하고 있지 않다. 따라서 전체 임대차기간이 5년을 초과하는지 여부와 무관하게 10조의4에서 정한 요건을 충족하면 임대인이 권리금 회수기회 보호의무를 부담한다고 보는 것이 법 문언에 충실한 해석이다.

(2) 구 상가임대차법은 2015.5.13. 개정되어 권리금 관련 조항(10조의3 내지 10조의7)이 신설되었다.

신설 조항의 입법과정에서 임대인의 권리금 회수기회 보호의무를 계약갱신요구권의 행사기간 범위로 제한하고자 하였다고 볼 만한 사정이 없는 점, 오히려 상가임차인이 같은 법 10조 2항에 따라 상가임대차계약의 갱신을 요구하지 못하더라도 권리금 회수를 보장할 필요가 있는 점 등에 비추어 보더라도 이러한 경우를 권리금 회수기회 보호의무의 예외사유로 인정할 필요성을 찾기 어렵다.

(3) 구 상가임대차법 10조 1항에서 정한 임차인의 계약갱신요구권은 상가임차인에게 최소한의 영업기간을 보장하기 위해서 임차인의 주도로 임대차계약의 갱신을 달성하려는 것이다. 반면, 같은 법 10조의4는 임대차계약이 종료된 경우에도 상가임차인이 일정한 범위 내에서 영업상 유·무형의 재산적 가치를 회수할 수 있도록 보장하기 위해 임대인에게 권리금 회수기회 보호의무를 부과하는 것으로서, 두 조항의 입법 취지와 내용이 다르다.

(4) 구 상가임대차법 10조 1항 단서 각호에서 정한 갱신거절사유는, 전형적인 임차인의 채무불이행 또는 신뢰파괴 사유에 관한 것이거나 임대인이 임차인에게 상당한 보상을 제공하여 권리금 회수를 보장할 필요가 없는 경우이다. 그 외에는 임차건물의 멸실로 임대차 목적 달성이 불가능하거나(6호), 임대인이 임대차계약 시 미리 임차인에게 철거·재건축계획을 고지하였거나 안전사고의 우려나 법령에 의하여 상가건물의 철거·재건축이 이루어지는 경우(7호)로서 상가건물의 멸실 등으로 임차인이 형성한 영업의 재산적 가치가 사라지게 되어 임차인이 권리금 회수를 기대하기 어려운 경우 등이다.

위와 같은 갱신거절사유의 내용을 살펴볼 때 상가건물의 전체 임대차기간이 5년이 지난 경우를 그와 같이 보기는 어렵다. 전체 임대차기간이 5년이 지나도 임차인이 형성한 고객, 거래처, 신용 등 재산적 가치는 여전히 유지되어 임차인의 권리금 회수를 보장할 필요성이 있기 때문이다.

(5) 이러한 해석이 임대인의 상가건물에 대한 사용수익권을 과도하게 제한한다고 볼 수도 없다.

해 설

1. 헌법상 기본권으로서의 초상권 및 사생활의 비밀과 자유

상가건물임대차보호법은 10조 1항에서 임대인은 임차인이 임대차기간이 만료되기 6개월 전부터 1개월 전까지 사이에 계약갱신을 요구할 경우 정당한 사유 없이 거절하지 못한다고 규정하고 있다. 그런데 10조 2항은 임차인의 계약갱신요구권은 최초의 임대차기간을 포함한 전체 임대차기간이 10년을 초과하지 아니하는 범위에서만 행사할 수 있다고 하여 계약갱신요구권에 시간적 제한을 두고 있다. 2018.10.16. 상가임대차법이 개정되기 전에는 임대차기간이 5년을 초과하지 않는 범위에서만 계약갱신요구권이 인정되었다. 이 사건에서는 개정 전 규정이 적용되었다.

한편 위 법 10조의4는 임차인의 권리금 회수기회를 임대인이 방해하여서는 안 된다고 규정하고 있다. 다만 계약갱신거절에 관한 10조 1항 각호 또는 10조의4 2항 각호에서 정한 '정당한 사유'가 있는 경우에는 권리금 회수기회 보호의무의 예외사유로 규정하고 있으나, 10조 2항은 권리금 회수기회 보호의무의 예외사유로 정하고 있지 않다.

그리하여 전체 임대차기간이 10년(당시는 5년)을 초과하여 임차인이 계약갱신요구권을 행사할 수 없는 경우에도 임대인이 같은 법 10조의4에서 정한 권리금 회수기회 보호의무를 부담하는지 여부가 쟁점이 되었다.

2. 학설과 하급심 판례

대상판결이 선고되기 전에 이 문제에 관하여는 학설과 하급심 판례상 부정설과 긍정설이 대립하였다.

부정설은 다음과 같이 주장한다. **첫째,** 구 상가임대차법 10조의4 1항 단서가 임대인이 계약갱신요구를 거절할 수 있는 사유 전부를 권리금 회수기회 보호의무의 예외사유로 규정하는 점에 비추어 보면 임대인의 보호의무는 임차인이 계약갱신요구권을 행사할 수 있을 것을 전제로 한 것이다.

둘째, 상가임대차법이 예정한 임차인의 영업이익의 보호를 위한 최대한의 기간은 10년(당시 5년)이라고 보아야 한다. 전체 임대차기간이 5년을 경과하여 임대인에게 계약갱신의무가 없음에도 임대인이 임차인이 주선한 신규임차인과의 계약체결을 거절할 수 없다면, 임대인으로서는 계약갱신의무를 면할 수 있는 자유를 사실상 행사할 수 없게 되어 계약갱신요구권 기간을 제한한 10조 2항의 취지가 몰각된다.

셋째, 권리금 보호조항은 권리금 개념의 불명확성, 부진정소급입법 등의 여러 문제점이 있으므로, 되도록 이를 제한적으로 해석할 필요가 있다. 또한 권리금 자체가 제도적으로 장려할 가치가 있거나 제도화에 적합한 성질의 권리가 아니라는 점에서도 권리금 보호의 범위를 확대하는 것은 타당하지 않다.

반면 긍정설은 다음과 같이 주장한다. **첫째,** 상가임대차법 10조의4는 임차인의 계약갱신요구권 행사기간의 만료를 권리금 회수기회 보호의무의 예외사유로 정하고 있지 않다. 따라서 전체 임대차기간이 5년을 초과하는지 여부와 무관하게 10조의4에서 정한 요건을 충족하면 임대인이 권리금 회수기회 보호의무를 부담한다고 보는 것이 법 문언에 충실한 해석이다.

둘째, 상가임대차법의 개정 경위를 살펴보면 무제한설을 전제로 입법되었음이 분명하다. 개정 상가임대차법의 권리금 보호 조항은 김진태의원안을 기초로 한 것인데, 김진태 안의 제안이유에서는 개정안이 5년의 갱신요구기간이 경과한 뒤 갱신거절로 인해 침해되는 임차인의 이익을 보호하기 위함임을 명시하고 있다.

셋째, 계약갱신요구권 조항은 상가임차인에게 최소한의 영업기간을 보장하기 위해서 임차인의 주도로 임대차계약의 갱신을 달성하려는 것인 반면, 권리금 회수의무 보호규정은 임대차계약이 종료된 경우에도 상가임차인이 일정한 범위 내에서 영업상 유·무형의 재산적 가치를 회수할 수 있도록 보장하기 위해 임대인에게 권리금 회수기회 보호의무를 부과하는 것으로서, 두 조항의 입법 취지와 내용이 다르다.

넷째, 임차인 영업보호의 필요성은 영업기간이 장기간일수록 더 커진다.

대상판결은 긍정설과 같은 이유에서 긍정설을 따랐다.

3. 검 토

현행법의 해석론으로서는 긍정설을 따를 수밖에 없다. 우선 문언상으로는 상가임대차법이 임차인의 계약갱신요구권 행사기간의 만료를 권리금 회수기회 보호의무의 예외사유로 정하고 있지 않다. 이러한 문언에도 불구하고 계약갱신요구권 행사기간의 만료를 권리금 회수기회 보호의무의 예외사유로 보기 위하여는 입법자가 이 점을 생각하지 못하였다는 점이 논증되어야 할 것인데, 입법자의 의사는 오히려 그 반대였던 것으로 보인다.

그러나 현행법의 권리금 회수기회 보호의무 규정은 입법론적으로는 문제가 많다. 임차인의 보호를 위하여는 장기간 임대차를 할 수 있는 것으로 하는 것이 올바른 방법이다. 임차인이 권리금을 회수할 수 있게 하는 것은 또 다른 문제점을 낳는다. 가령 법령에 따라 철거나 재건축이 이루어지는 경우에는 권리금을 회수하는 것이 불가능한데, 권리금 회수를 보장하는 것은 일종의 폭탄 돌리기나 마찬가지이다. 그러므로 적어도 계약갱신요구권을 행사할 수 없는 임차인에 대하여는 권리금 회수기회를 보장할 필요가 없다.

참고문헌

김영두, 권리금 회수기회 보호와 영업보상 및 임대차기간보장의 관계, 법조 66권 5호, 2017.

김용우, 상가건물 임대차보호법 제10조의4의 적용 범위 및 동조 제2항 제3호 해석론, 서울지방변호사회 판례연구 36집 1, 2022.

박규용, 상가건물 임차인의 권리금 회수기회 보호, 법과 정책 25권 3호, 2019.

박동규, 상가건물 임대차보호법상 권리금 회수방해에 의한 손해배상에 관한 소고, 법조 66권 5호, 2017.

배성호, 상가건물 임차인의 계약갱신요구 기간의 경과 이후에도 임대인의 권리금 회수기회 보호의무가 존속하는지 여부, 영남법학 54호, 2022.

이지영, 상가건물 임차인의 계약갱신요구권 행사기간이 지난 경우에도 임대인이 권리금 회수기회 보호의무를 부담하는지 여부, 대법원판례해설 119, 2019.

장민, 상가임대차의 갱신요구기간 경과 후 권리금 회수기회의 보호, 원광법학 35권 3호, 2019.

최준규, 상가건물임대차보호법상 권리금 회수기회 보호규정 비판, 민사법학 96호, 2021.

황용남, 상가건물 임대차에 있어 계약갱신 요구권과 권리금 회수기회 보호규정 사이의 관계, 민사판례연구 43, 2021.

[판례 104]

조합의 업무집행

대법원 2000.10.10. 선고 2000다28506, 28513 판결

사 실

Y를 포함한 36명은 1994년 초경 A로부터 토지를 분양받고, 그 지상에 건물을 신축하여 분양 또는 임대할 목적으로 1994.3.26. 창립총회를 열어 B 조합을 결성하고 정관을 제정하였다. 위 정관에 의하면 조합의 임원을 두되, 임원의 선출과 변경, 조합원의 제명, 정관의 제정과 변경, 조합원의 비용부담과 징수방법, 사업시행계획의 수립 및 변경, 상가건축 및 분배처분계획과 방법, 조합의 해산에 관한 사항 등은 반드시 총회의 의결을 거쳐야만 하되, 그 외의 사항은 임원회가 총회의 권한을 대행할 수 있도록 되어 있었다.

B 조합은 위 공사를 완공하여 1996.12.17. 이 사건 상가건물에 대한 사용검사를 받았다. Y는 1995.12.16. B 조합과 사이에 이 사건 상가건물의 상가 중 2개를 분양받았으나, 분양대금 85,900,441원을 납부하지 않았다. B 조합의 조합장 A는 B 조합 명의로 1997.5.26. X에게 Y에 대한 위 분양잔대금채권을 양도하였고, 그 양도를 Y에게 통지하였다. 그 후 위 채권의 양도가 다른 조합원의 동의 내지 조합총회의 결의나 임원회의 결의도 없이 이루어졌으므로 무효라는 주장이 제기되자, B 조합은 1999.11.12. 임원회를 개최하여 Y에 대한 위 채권을 같은 날짜로 원고에게 다시 양도하기로 결의하였고, 2000.3.20. Y에게 위 양도사실이 담겨진 채권양도통지서를 내용증명우편으로 발송하여 그 통지서가 그 무렵 Y에게 도달하였다.

X는 Y에 대하여 위 양도받은 채권의 지급을 구하는 소를 제기하였으나, 원심은 위 채권양도는 조합원 전원의 동의나 조합원총회의 결의가 없었으므로 무효라고 하여 X의 청구를 기각하였다. 그러나 대법원은 원심판결을 파기환송하였다.

이 유

조합재산의 처분 · 변경에 관한 행위는 다른 특별한 사정이 없는 한 조합의 특별사무에 해

당하는 업무집행이며, 업무집행조합원이 수인 있는 경우에는 조합의 통상사무의 범위에 속하지 아니하는 특별사무에 관한 업무집행은 민법 706조 2항에 따라 원칙적으로 업무집행조합원의 과반수로써 결정하는 것이므로, 위와 같이 이 사건 조합의 업무집행조합원들의 의사결정기관인 임원회의 과반수 결의로 이루어진 이 사건 채권의 양도는 다른 특별한 사정이 없는 한 유효한 업무집행이다.

해 설

1. 문제의 소재

272조는 "합유물을 처분 또는 변경함에는 합유자 전원의 동의가 있어야 한다"고 규정한다. 그런데 706조 2항은 "조합의 업무집행은 조합원의 과반수로써 결정한다. 업무집행자 수인인 때에는 그 과반수로써 결정한다"고 규정한다. 그러므로 합유인 조합재산을 처분 또는 변경할 때에는 272조가 적용되는가, 아니면 706조 2항이 적용되는가가 문제된다. 원래 의용민법에는 706조 2항에 해당하는 규정만이 있었고(670조), 합유에 관한 규정은 없었으며, 민법 초안도 합유에 관하여는 규정하지 않고 있었다. 그런데 국회에서의 민법 제정 과정에서 합유와 총유도 규정하여야 한다는 주장이 제기되어, 합유에 관한 272조가 추가되었는데, 706조와의 관계는 따로 조율하지 않아서 두 조문이 상충되지 않는가 하는 문제가 생기게 되었다.

2. 학 설

이 문제에 관하여는 종래 여러 가지의 학설이 주장되고 있었다.

첫째, 조합재산의 처분이 조합의 업무집행인 경우에는 706조 2항이 적용되고, 그렇지 않은 경우에는 272조 본문을 적용한다는 견해.

둘째, 업무집행조합원이 없는 경우에는 272조 본문에 의하고, 업무집행조합원이 있는 경우에는 706조 2항 후단에 의한다는 견해.

셋째, 272조가 정하는 전원의 동의는 합유물 처분의 법률행위를 합유자 전원이 제3자에 대하여 하여야 한다는 의미라는 견해.

넷째, 조합재산의 처분·변경에 대하여는 706조 2항만 적용된다는 견해.

다섯째, 706조 2항은 조합의 특별사무에 관한 일반규정이고 조합재산의 처분은 특별사무이지만, 조합재산의 처분은 조합의 존속 및 그 목적달성과 밀접 불가분의 관계에 있기 때문에 272조가 그 특별규정으로서 조합원 전원의 동의를 요구한다는 견해.

3. 판 례

대결 1991.5.15, 91마186은, 조합원 1인이 다른 조합원의 동업 없이 조합재산을 양도한 것은 합유물을 합유자 전원의 동의 없이 처분한 것이 되어 무효라고 하여 272조가 적용된다고 보았다. 대판 1975.9.9, 74다1893; 1990.2.27, 88다카11534도 같은 취지이다. 그러나 이 사건들에서는 모두 조합원이 2인인 경우였으므로, 272조를 적용하든 706조를 적용하든 결과에 있어서는 차이가 없었다.

그런데 대판 1998.3.13, 95다30345는 조합원 4인으로 구성된 조합의 업무집행조합원이 없는 경우에 관하여, 조합의 업무집행에 조합원 전원의 동의는 필요하지 않고, 조합재산의 처분·변경도 조합의 업무집행의 범위에 포함되므로, 결국 업무집행자가 없는 경우에는 조합의 통상사무의 범위에 속하지 아니하는 특별사무에 관한 업무집행은 원칙적으로 조합원의 과반수로써 결정하는 것이라고 판시하였다. 다만 대법원은 조합의 업무집행 방법에 관한 민법규정은 임의규정이므로, 당사자 사이의 약정에 의하여 조합의 업무집행에 관하여 조합원 전원의 동의를 요하도록 하는 등 그 내용을 달리 정할 수 있다고 하였다.

이어서 대상판결은 업무집행조합원이 수인 있는 경우에는 조합의 업무집행조합원들의 의사결정기관인 임원회의 과반수 결의로 이루어진 채권의 양도는 유효하다고 하였다.

나아가 대판 2010.4.29, 2007다18911은 272조와 706조의 관계에 관하여 다음과 같이 명백하게 밝혔다. 즉 272조에 따르면 합유물을 처분 또는 변경함에는 합유자 전원의 동의가 있어야 하나, 합유물 가운데서도 조합재산의 경우 그 처분·변경에 관한 행위는 조합의 특별사무에 해당하는 업무집행으로서, 이에 대하여는 특별한 사정이 없는 한 706조 2항이 272조에 우선하여 적용되므로, 조합재산의 처분·변경은 업무집행자가 없는 경우에는 조합원의 과반수로 결정하고, 업무집행자가 수인 있는 경우에는 그 업무집행자의 과반수로써 결정하며, 업무집행자가 1인만 있는 경우에는 그 업무집행자가 단독으로 결정한다는 것이다.

4. 검 토

272조와 706조는 상호간의 관계를 생각하지 않고 입법화되었기 때문에, 양자를 조화 있게 해석하는 것은 쉽지 않다. 앞에서 살펴본 여러 학설도 모두 문제점이 있다. **첫째 설**은, 조합재산의 처분은 조합의 가장 중요한 업무집행에 해당하므로 업무집행에 해당하지 않는 경우를 생각하기 어렵다는 비판을 받는다. **둘째 설**에 대하여는 업무집행조합원이 있는 경우와 없는 경우를 달리 취급할 근거가 없다는 지적이 있다. **셋째 설**은 272조는 처분 자체에 대한 동의를 요구하고 있고, 제3자에 대하여만 규정하고 있는 것은 아니라는 문제점이 있다. **넷째 설**은 272조를 사문화시키는 문제점이 있다. **다섯째 설**은 조합재산의 처분·변경을 다른 특별사무와 달리 취급하는 것이 합리적인지 의문이 있다.

그런데 판례는 넷째 설과 같이 706조 2항이 272조에 우선하여 적용된다고 보았다. 이는 조합재산의 처분에 조합원 전원의 동의가 필요하다고 한다면 조합의 업무가 제대로 수행될 수 없기 때문이라는 점을 고려한 것으로 보인다. 가령 이 사건에서 Y도 조합원이었으므로, Y가 자신에 대한 조합의 채권을 양도하는 데 반대한다면 채권의 양도는 이루어질 수 없게 된다.

다만 706조는 강행규정 아닌 임의규정이므로, 조합원 사이의 약정에 의하여 조합의 업무집행에 관하여 조합원 전원의 동의를 요하도록 하는 것은 얼마든지 가능하다. 위 대판 1998.3. 13, 95다30345도 그와 같이 판시하였다.

5. 민법개정안

2014년에 민법개정위원회에서 확정한 706조 2항 개정안은 조합의 업무집행은 조합원이 공동으로 결정하여야 하지만, 조합계약으로 조합원의 과반수로써 결정하도록 정할 수 있고, 업무집행자가 여러 명인 때에도 그와 같다고 규정함으로써 272조와 706조 2항 사이의 모순을 해결하였다.

참고문헌

김기정, 조합재산의 처분 · 변경과 조합의 업무집행, 대법원판례해설 35호, 2001.
김재형, 조합에 대한 법적 규율, 민사판례연구 19권, 1997.
김학동, 조합재산의 처분방법, 한국민법이론의 발전 2, 1999.
윤진수, 공동소유에 관한 민법 개정안, 민사법학 68호, 2014.

[판례 105]

사무관리의 성립요건

대법원 2010.1.14. 선고 2007다55477 판결

사 실

A는 2003.3.10. Y에게 이 사건 아파트 신축공사를 도급주면서, 이와는 별도로 같은 해 4.24. X에게 이 사건 공사 현장에서 발생하는 건설폐기물을 처리할 용역을 계약금액 5,764만 원으로 정하여 도급주었다. X는 이 사건 공사 현장에서 발생하는 건설폐기물을 처리하던 중 Y의 폐기물 관리 잘못으로 인하여 당초의 계약금액에 따른 물량을 초과하는 건설폐기물이 발생할 것이 예상되자, A와 Y에게 이에 대한 대책을 요구하였다. Y는 A와 협의하여 초과물량에 대한 용역대금을 지급받을 수 있도록 하여 주겠다고만 하였다. X는 2004.9.경 이 사건 공사 현장에서 건설폐기물을 반출하는 것을 중단하였다가, Y의 요청으로 건설폐기물처리업무를 재개하여 2005.2.10.까지 당초의 계약금액을 초과하는 건설폐기물을 처리하였다. X의 건설폐기물처리비용은 합계 184,064,202원인데, X는 A로부터 위 계약금액 중 52,202,200원만 지급받았다.

X는 Y를 상대로 자신이 지출한 처리비용에서 A로부터 받은 금액을 공제한 잔액의 지급을 청구하였다. 원심은 사무관리를 원인으로 하여 X의 청구를 받아들였고, 대법원도 Y의 상고를 기각하였다.

이 유

1. 이 사건 공사의 시행 과정에서 당초 이 사건 계약에서 예정하였던 양을 훨씬 초과한 건설폐기물이 발생하였고, 이는 Y가 이 사건 공사를 시행하는 과정에서 폐기물 관리를 잘못하여 폐콘크리트, 마감자재의 포장지, 생활쓰레기 등이 분리되지 않은 채 혼합폐기물과 섞여 배출되도록 방치한 데 기인하였으므로, 위 초과 발생한 건설폐기물의 처리에 관한 종국적인 의무는 Y와 대한주택공사 사이의 위 도급계약에 따라 이 사건 공사현장에서 발생하는 건설폐기물에 관한 전반적인 관리책임을 맡고 있는 Y가 부담한다고 봄이 타당하고, 위 초과 발생한 건설폐기물

을 처리할 업무는 Y의 사무이다.

2. 사무관리가 성립하기 위해서는 관리자가 법적인 의무 없이 타인의 사무를 관리해야 하는바, 관리자가 처리한 사무의 내용이 관리자와 제3자 사이에 체결된 계약상의 급부와 그 성질이 동일하다고 하더라도, 관리자가 위 계약상 약정된 급부를 모두 이행한 후 본인과의 사이에 별도의 계약이 체결될 것을 기대하고 사무를 처리하였다면 그 사무는 위 약정된 의무의 범위를 벗어나 이루어진 것으로서 법률상 의무 없이 사무를 처리한 것이며, 이 경우 특별한 사정이 없는 한 그 사무처리로 인한 사실상의 이익을 본인에게 귀속시키려는 의사, 즉 타인을 위하여 사무를 처리하는 의사가 있다고 봄이 상당하다.

3. 민법은 사무관리자가 사무관리 본인에 대하여 보수를 청구할 수 있는지 여부에 관하여는 명시적으로 규정하고 있지 않다. 그러나 직업 또는 영업에 의하여 유상으로 타인을 위하여 일하는 사람이 향후 계약이 체결될 것을 예정하여 그 직업 또는 영업의 범위 내에서 타인을 위한 행위를 하였으나 그 후 계약이 체결되지 아니함에 따라 타인을 위한 사무를 관리한 것으로 인정되는 경우에, 다른 사람을 고용하지 않고 자신이 직접 사무를 처리한 것도 통상의 보수 상당의 재산적 가치를 가지는 관리자의 용역이 제공된 것으로서 사무관리 의사에 기한 자율적 재산희생으로서의 비용이 지출된 것이라 할 수 있으므로 그 통상의 보수에 상응하는 금액을 필요비 내지 유익비로 청구할 수 있다.

해 설

1. 사무관리의 성립요건

사무관리의 성립요건은 (1) 그 사무가 타인의 사무이고, (2) 사무를 관리할 의무가 없이 관리하였을 것, (3) 타인을 위하여 사무를 처리하는 의사가 있을 것, (4) 사무의 처리가 본인에게 불리하거나 본인의 의사에 반한다는 것이 명백하지 아니할 것이다. 우선 사무관리의 대상이 타인의 사무여야 한다는 것은 민법의 규정에 의하여 명백하다. 타인의 사무임과 동시에 관리자 자신의 사무에 해당하는 경우(이른바 병존적 타인사무)에도 사무관리는 성립할 수 있다.

그리고 타인의 사무를 관리할 의무가 있었던 경우에도 사무관리는 성립하지 않는다(대판 2011.6.10, 2011다18482; 2014.5.29, 2011다95847). 대판 2013.9.26, 2012다43539는, 제3자와의 약정에 따라 타인의 사무를 처리한 경우에는 의무 없이 그 타인의 사무를 처리한 것이 아니므로, 이는 원칙적으로 그 타인과의 관계에서는 사무관리가 된다고 볼 수 없다고 하였다. 그러나 이러한 경우에도 사무관리가 성립할 수 있고, 다만 제3자와의 계약이 사무관리자의 대가문제 등을 상세하게 규율하고 있는 경우에는 사무처리가 성립하지 않는다는 반대견해도 있다.

타인을 위하여 사무를 처리하는 의사가 있어야 하는가에 대하여는 통설과 판례(대판 1994.

12.22, 94다41072, 41089 등)는 이를 인정한다. 그러므로 오로지 자신의 이익을 도모하기 위한 행위는 사무관리가 될 수 없다. 그러나 병존적 타인사무에서와 같이 타인의 사무를 처리하는 의사와 관리자 자신의 이익을 도모하는 의사가 병존하는 경우에는 사무관리가 인정될 수 있다(대판 2013.8.22, 2013다30882).

또한 사무의 처리가 본인에게 불리하거나 본인의 의사에 반한다는 것이 명백한 경우에는 사무관리가 성립하지 않는다(대판 1981.10.24, 81다563).

2. 대상판결에서의 사무관리의 성립 여부

이 사건에서는 초과폐기물 처리업무가 A의 사무라고 볼 여지도 있다. 그러나 대상판결은 건설폐기물에 관한 전반적인 관리책임을 맡고 있는 Y의 사무라고 보았다.

그리고 대상판결에서는 X가 Y와의 사이에 별도의 계약이 체결될 것을 기대하고 사무를 처리하였으므로 X에게는 본인의 이익을 도모할 의사만 있었을 뿐, Y를 위하여 사무를 처리할 의사는 없었던 것이 아닌가 하는 의문이 제기될 수 있다. 그러나 대상판결은 X에게 타인을 위하여 사무를 처리하는 의사가 있다고 봄이 상당하다고 하였다. 이는 일단 타인의 사무임이 확정되면 타인을 위하여 사무를 처리하는 의사의 존재를 추정한 것이라고도 할 수 있다.

3. 사무관리자의 보수청구권 유무

민법은 사무관리자의 본인에 대한 비용상환청구권을 인정하고 있으나(739조), 보수청구권은 규정하고 있지 않다. 그러나 다수설은 관리자가 행한 타인의 사무가 그의 직업 또는 영업에 속하는 경우에는 관리자는 자신의 노무에 대한 보수를 청구할 수 있다고 보고 있다. 그 근거로는 일반인의 사회적 관념이 유상성의 원칙을 모든 생활영역에 있어서 두루 인정하게 되었다는 점 및 전문 직업인이 그의 노동력을 제공한다는 것은 의도적으로 그의 재산을 지출하는 것과 같게 되고, 노동력의 대가를 비용과 같이 처리하지 않는다면, 예컨대 관리자가 의사와 계약을 체결하여 본인을 구조한 경우에는 의사의 보수가 비용으로 처리되는 데 반하여, 의사 자신이 스스로 본인을 구조한 때에는 보수를 받을 수 없게 되는 모순을 가져오기 때문이라고 하는 점을 든다. 그리하여 노동력을 통하여 누릴 수 있는 이윤의 희생(기회비용)도 자발적인 재산희생으로서 비용으로 평가할 수 있다고 주장한다.

대상판결도 관리자가 직업 또는 영업에 의하여 유상으로 타인을 위하여 일하는 사람인 경우에는 보수청구권을 인정하였다. 그 근거로서는 대체로 다수설이 들고 있는 점뿐만 아니라, 상인이 그 영업범위 내에서 타인을 위하여 행위를 한 때에는 이에 대하여 상당한 보수를 청구할 수 있다는 상법 61조도 원용하고 있다. 다만 관리자가 본인의 사무를 관리하게 된 주된 의도나 목적이 자신의 경제적 이익을 추구하고자 하는 데 있는 것으로 볼 수 있는 경우에는, 이러한 동기 때문에 관리자가 타인의 생활관계에 지나치게 개입함으로써 사적 자치의 원칙을 훼손시키고 오히려 사회적 상호부조의 이상에도 반할 우려가 있으므로, 그 사무의 처리가 본인의 이익과 의사에 부합하는지 여부 등 사무관리 성립요건의 충족 여부에 관하여 보다 엄격하고도 신중한 판단이 이루어져야 한다는 판시를 덧붙였다.

4. 검 토

대상판결에 대하여는 학설상 찬성하는 견해와 반대하는 견해가 있다. 반대하는 견해는 **첫째,** 초과폐기물 처리업무는 Y의 사무가 아니라 A의 사무라고 보아야 한다는 점, **둘째,** X가 본인과의 사이에 별도의 계약이 체결될 것을 기대하고 사무를 처리하였다면 이는 타인을 위하여 사무를 처리하는 의사가 있었다고 볼 수는 없다는 점을 근거로 든다. 그리고 대상판결은 사실상 타인의 사무라는 것으로부터 타인을 위하여 사무를 처리하는 의사의 존재를 추정한 것인데, 관리자의 이익과 본인의 이익이 섞여 있는 경우에는 이와 같은 추정은 부적절하다고 한다.

이에 반하여 찬성하는 견해는 초과 발생한 폐기물이 Y의 잘못으로 인하여 발생하였고, Y의 초과폐기물 처리 요청이 있었으므로 그 처리는 Y의 사무로 볼 수 있고, 사무관리를 장려하여야 한다는 차원에서는 보수를 지급받을 목적을 가지고 관리한 자에게도 사무관리를 인정할 수 있다고 주장한다.

생각건대 이 사건에서 초과폐기물이 발생한 것은 Y의 잘못으로 인한 것이므로, 그 처리를 할 책임은 Y에게 있고, 따라서 초과폐기물의 처리가 Y의 사무라고 한 것은 수긍할 수 있다. 그러나 X가 초과폐기물을 처리한 것이 보수를 지급받을 목적이었다는 점에서, Y를 위하여 사무를 처리할 의사가 있었는지는 의문이 제기될 여지가 있다.

대상판결 이후의 최근 판례는 사무처리를 비교적 쉽게 인정하는 경향을 보이고 있다. 대판 2013.8.22, 2013다30882는, 채권자가 자신의 채권을 보전하기 위하여 채무자가 다른 상속인과 공동으로 상속받은 부동산에 관하여 공동상속등기를 대위신청하여 그 등기가 행하여진 경우에는, 채권자는 자신의 채무자가 아닌 다른 상속인에 대하여도 다른 특별한 사정이 없는 한 사무관리에 기하여 그 등기에 소요된 비용의 상환을 청구할 수 있다고 하였다. 이 경우에 채권자가 채권자대위권에 자기의 채권을 보전하기 위하여 채무자의 권리를 행사한다는 점은 공동상속등기에 의한 이익을 공동상속인들에게 귀속시킨다는 채권자의 통상적 · 일반적 의사를 부인할 만한 사정이 되지 못한다고 하였다.

5. 다른 제도와의 관계

대상판결을 비판하는 학자들은 대상판결에서 사무관리 대신 부당이득을 인정하였어야 한다고 주장한다. 대상판결에서도 X는 부당이득과 사무관리를 선택적으로 주장하였으나, 원심은 그 중 사무관리 주장을 받아들였다.

일반적으로는 사무관리가 성립하면 이는 법률상 원인에 해당하므로 부당이득은 성립하지 않는다고 본다. 다만 양자의 경합을 인정하는 견해도 있다. 이 사건에서는 사무관리가 성립하지 않는다면 부당이득의 성립을 인정하는 데에는 별다른 문제가 없다. 부당이득의 경우에는 사무관리와는 달리 선의의 수익자는 현존이익만을 반환할 의무가 있지만, Y는 악의의 수익자이므로 그 받은 이익의 현존 여부를 묻지 않고 반환하여야 한다. 이때에는 X가 얻을 수 있었던 통상의 보수 상당은 X의 손실에 포함된다고 볼 수 있다.

이외에 대상판결의 경우에는 Y가 X에게 폐기물 처리를 요청하였다는 점에서 X와 Y 사이에 폐기물 처리에 관한 약정이 성립하였다고 볼 수 있고, 그렇지 않더라도 Y가 계약 체결을 부당하게 거부하였으므로 계약체결상의 과실을 근거로 하여 손해배상을 청구할 수 있다고 주장하는 견해도 있다. 그러나 Y가 X에게 폐기물 처리를 요청하였다는 점만으로 약정의 성립을 인정하거나 Y가 계약 체결을 부당하게 거부하였다고 말하기는 어려울 것이다.

참고문헌

박영규, 사무관리에 있어서 관리의사와 보수청구권, 경희법학 47권 2호, 2012.
박영목, 부탁에 의한 사무처리와 보수청구권, 안암법학 39호, 2012.
박운삼, 사무관리에 있어서 사무관리의사와 보수청구에 관하여, 판례연구 23호, 부산판례연구회, 2012.
이병준, 사무관리의 성립과 노무 제공에 따른 보수청구권, 안암법학 34호, 2011.
이준현, 제3자와의 약정에 따른 타인 사무의 처리는 사무관리가 될 수 없는가, 민사법학 66호, 2014.
장병일, 사무관리제도의 확장과 계약책임의 적용, 법학연구 43호, 한국법학회, 2011.
진도왕, 사무관리법의 적용범위 확장과 그 제한, 민사법이론과 실무 17호, 2014.

[판례 106]

3각관계에서의 부당이득

대법원 2003.12.26. 선고 2001다46730 판결

사 실

재개발조합인 Y는 아파트 및 이 사건 상가를 신축하였다. A는 1994.1.5. Y로부터 이 사건 상가를 매수하기로 하는 계약을 체결한 후 이 사건 상가를 호수별로 분할하여 분양업무를 개시하였다. X들은 A로부터 이 사건 상가의 점포를 분양받고, A의 지시에 따라 그 분양대금의 일부를 Y의 계좌로 송금하였다. 그런데 X들은 결국 상가를 분양받지 못하였다. X들은 Y에 대하여 자신들이 송금한 돈은 부당이득에 해당한다고 하여 그 반환을 청구하였다.

원심은 X들의 청구를 받아들였으나, 대법원은 원심판결을 파기하였다.

이 유

계약의 일방 당사자가 계약상대방의 지시 등으로 급부과정을 단축하여 계약상대방과 또 다른 계약관계를 맺고 있는 제3자에게 직접 급부한 경우, 그 급부로써 급부를 한 계약당사자의 상대방에 대한 급부가 이루어질 뿐 아니라 그 상대방의 제3자에 대한 급부로도 이루어지는 것이므로, 계약의 일방 당사자는 제3자를 상대로 법률상 원인 없이 급부를 수령하였다는 이유로 부당이득반환청구를 할 수 없다.

이 사건에서 사실상의 급부관계는 X들과 Y 사이에 발생하였지만, 그것은 위의 법리에 따라 X들의 A에 대한 급부와 A의 Y에 대한 급부가 아울러 이루어진 것으로 볼 수 있으므로, Y가 X들로부터 분양대금을 수령한 것은 A와의 계약관계에 의한 것으로서 정당하게 수령한 것이 되고, 따라서 X들은 Y에게 부당이득반환청구를 할 수 없다.

X들이 위 분양계약을 적법하게 해제하였다고 하더라도 그 계약관계의 청산은 계약의 상대방인 A와 사이에 이루어져야 하고, Y를 상대로 분양대금을 지급한 것이 부당이득이라는 이유로 그 반환을 구할 수 없다. 왜냐하면, X들이 제3자인 Y에 대하여 직접 부당이득반환청구를

할 수 있다고 보면, 자기 책임 하에 체결된 계약에 따른 위험부담을 제3자에게 전가 시키는 것이 되어 계약법의 기본원리에 반하는 결과를 초래할 뿐만 아니라 수익자인 제3자가 계약 상대방에 대하여 가지는 항변권 등을 침해하게 되어 부당하기 때문이다.

해 설

1. 급여 개념에 의한 3각관계의 해결 방법

재화의 이동에 3인이 관여한 경우에 누가 누구에게 부당이득의 반환을 청구할 수 있는가 하는 점이 이른바 3각관계에서의 부당이득 문제이다. 즉 A(피지시자)와 B(지시자) 사이에 계약관계가 있고, B와 C 사이에 계약관계가 있는데, A가 B에 대한 채무를 이행하기 위하여 B의 지시로 C에게 이행하였으나, 그 후 A와 B 사이의 계약이 무효이거나 취소 또는 해제된 경우에 A는 누구를 상대로 하여 부당이득반환을 청구할 수 있는가 하는 점이다. 위와 같은 경우를 지시에 의한 단축급여(단축급부)라고 부른다. 같은 상황에서 A와 B 사이의 계약이 아니라 B와 C 사이의 계약에 문제가 있는 경우나, A와 B, B와 C 사이의 계약에 모두 문제가 있는 경우에도 부당이득반환의 당사자가 누구인가가 문제된다.

종래의 학설은 이러한 경우에 A의 출연과 C의 이득 사이에 인과관계가 있다고 하여 A가 C에 대하여 부당이득반환을 청구할 수 있다고 보았다. 그러나 근래에는 부당이득을 이른바 급여부당이득(급부부당이득)과 그 이외의 부당이득으로 나누는 유형론이 대두됨에 따라, 급여부당이득의 경우에는 인과관계의 요건은 필요하지 않고, 누구와 누구 사이에 급여관계가 있는가를 따져 보면 된다는 주장이 유력하여졌다. 대판 2010.3.11, 2009다98706도, 계약상 채무의 이행으로 당사자가 상대방에게 급부를 행하였는데 그 계약이 무효이거나 취소되는 등으로 효력을 가지지 못하는 경우에, 당사자들은 각기 상대방에 대하여 계약이 없었던 상태의 회복으로 자신이 행한 급부의 반환을 청구할 수 있고, 상대방이 얻은 계약상 급부는 다른 특별한 사정이 없는 한 당연히 부당이득으로 반환되어야 하며, 741조가 정하는 '이익' 또는 '그로 인한 손해'의 요건은 계약상 급부의 실행이라는 하나의 사실에 해소된다고 하였다.

대상판결도 이 사건에서 제1차적으로는 급여(급부)관계가 누구와 누구 사이에 있는가를 따지고 있다. 즉 X들과 Y 사이의 사실상의 급부관계는 X들의 A에 대한 급부와 A의 Y에 대한 급부가 아울러 이루어진 것으로 볼 수 있으므로, 그렇다면 Y가 X들로부터 분양대금을 수령한 것은 A와의 계약관계에 의한 것으로서 정당하게 수령한 것이 된다는 것이다.

그러나 이처럼 급여개념만을 가지고 부당이득반환의 당사자를 결정하는 것에는 한계가 있다. **첫째,** 이 사건과 같은 경우에 왜 X와 A, A와 Y 사이에만 급여관계가 존재하고, X와 Y 사이에는 급여관계가 존재한다고 볼 수 없는가 하는 점이 우선 설명되어야 한다. **둘째,** 이러한 근거로는 이른바 제3자를 위한 계약의 경우를 설명하기 어렵다. 대판 2005.7.22, 2005다7566, 7573은, 제3자를 위한 계약관계에서 낙약자와 요약자 사이의 법률관계(이른바 기본관계)를 이루는 계약이 해제된 경우, 그 계약관계의 청산은 계약의 당사자인 낙약자와 요약자 사이에 이루어져야 하므로, 특별한 사정이 없는 한 낙약자가 이미 제3자에게 급부한 것이 있더라도 낙약자는 계약해제에 기한 원상회복 또는 부당이득을 원인으로 제3자를 상대로 그 반환을 구할 수 없다고 하였다. 그런데 이 경우에는 제3자가 낙약자에 대하여 이행을 청구할 수 있고, 낙약자는 그 이행을 위하여 제3자에게 급여를 한 것이므로 낙약자와 제3자 사이의 급여관계를 부정할 수는 없음에도 불구하고 대법원은 낙약자의 제3자에 대한 부당이득반환청구를 부정하였다.

2. 대상판결

이 사건에서 X와 A 사이의 계약이 해제되지 않았다면, X가 Y에 대하여 부당이득반환을 청구할 수 없는 것은 당연하다. 그런데 대상판결은 X와 A 사이의 계약이 해제되었다고 하더라도 부당이득반환을 청구할 수 없다고 하면서, 그 근거로서 부당이득반환청구를 할 수 있다면 자기 책임하에 체결된 계약에 따른 위험부담을 제3자에게 전가시키는 것이 되어 계약법의 기본원리에 반하는 결과를 초래할 뿐만 아니라, 수익자인 제3자가 계약 상대방에 대하여 가지는 항변권 등을 침해하게 되어 부당하기 때문이라는 점을 들고 있다.

이러한 설명은 독일의 학설, 특히 카나리스(Canaris)의 영향을 받은 것이다. 카나리스는 다음과 같이 주장한다. **첫째,** 하자 있는 원인관계에서의 당사자들이 취득하는 대항사유를 상대방 당사자에게 주장할 수 있어야 하고, 제3자가 부당이득관계의 상대방이 됨으로써 그것을 주장할 수 있는 기회를 박탈하여서는 안 된다. **둘째,** 원인관계의 각 당사자는 상대방 당사자가 제3자의 관계에서 취득하는 대항사유로부터 보호받아야 한다. **셋째,** 계약 당사자는 스스로 상대방을 선택하였고, 그에 있어서 상대방의 자력을 신뢰한 것이므로, 상대방의 무자력 위험을 부담하여야 하며, 이를 제3자에게 전가하여서는 안 된다.

3. 검 토

이러한 대상판결의 설시는 타당하다고 생각된다. 3각관계에서의 부당이득에 관하여는 위험을 누가 가장 적은 비용으로 부담할 수 있는가(the cheapest cost avoider) 하는 점이 판단 기준이 되어야 한다. 그런데 지시에 의한 단축된 급여 사례에서는 일반적으로 지시에 따라 제3자에게 급여를 한 피지시자가 현실적으로 급여를 받은 제3자보다 중간자인 지시자의 무자력 위험에 더 잘 대비할 수 있다. 이러한 경우에 피지시자가 결과적으로 손실을 보게 되는 것은, 대개 자신의 채무를 상대방의 채무와 동시에 이행하지 않고, 먼저 이행하였기 때문이다. 피지시자는 상대방이 채무를 이행하지 않을 경우에 대비하여 담보를 요구하거나 그 밖의 다른 방법으로 손실을 예방할 수 있는 조치를 취하는 것이 충분히 가능하다. 반면 제3자로서는 피지시자보다 더 용이하게 그러한 예방조치를 취할 수 있다고 보기는 어렵다. 따라서 이러한 경우에는 특별한 사정이 없는 한 지시에 따라 제3자에게 급여를 한 사람은 지시자에 대하여 청구를 하여야 하고, 제3자에 대하여 부당이득반환청구를 하도록 인정하여서는 안 된다.

대상판결 이후에도 판례는 대상판결과 같은 태도를 유지하고 있다(대판 2008.9.11, 2006다46278; 2010.3.11, 2009다98706; 2011.11.10, 2011다48568; 2013.6.28, 2013다13733; 2015.4.23, 2014다77956 등). 그런데 그 중 2006다46278 판결의 타당성에는 의문이 있다. 이 판결은 3각관계에 관하여 대상판결의 판시를 반복하면서, 수익자인 제3자가 출연자로부터 급부를 수령함에 있어, 출연자가 그 상대방에게 출연한 법률상 원인이 된 행위(재건축조합 총회의 결의)가 부존재하거나 무효인 사실을 알고 있었다 할지라도 출연자는 제3자를 상대로 부당이득반환청구를 할 수 없다고 하였다. 그러나 이처럼 제3자가 출연의 원인인 행위가 부존재하거나 무효임을 알았다면, 그러한 제3자가 그 결의가 무효임을 몰랐던 조합원들보다는 그 결의가 무효이기 때문에 생기는 위험을 더 쉽게 대비할 수 있었을 것이기 때문에, 제3자를 특별히 보호할 필요가 없고, 따라서 제3자에 대한 부당이득반환청구를 인정하여야 한다.

한편 대판 2015.5.29, 2012다92258은, 금전채권의 질권자가 민법 353조 1항, 2항에 의하여 자기채권의 범위 내에서 직접청구권을 행사하는 경우 입질채권의 발생원인인 계약관계에 무효 등의 흠이 있어 입질채권이 부존재한다고 하더라도 제3채무자는 특별한 사정이 없는 한 상대방 계약당사자인 질권설정자에 대하여 부당이득반환을 구할 수 있을 뿐이고 질권자를 상대로 직접 부당이득반환을 구할 수 없다고 하면서 대상판결 등을 원용하였다. 그리고 이 경우에 질권자가 제3채무자로부터 자기채권을 초과하여 금전을 지급받은 경우 제3채무자는 특별한 사정이 없는 한 질권자를 상대로 초과 지급 부분에 관하여 부당이득반환을 구할 수 있지만, 질권자가 초과 지급 부분을 질권설정자에게 그대로 반환한 경우에는 초과 지급 부분에 관하여 질권설정자가 실질적 이익을 받은 것이지 질권자로서는 실질적 이익이 없으므로, 제3채무자는 질권자를 상대로 초과 지급 부분에 관하여 부당이득반환을 구할 수 없다고 하였다.

그리고 대판 2017.7.11, 2013다55447은 A 주식회사가 B 등과 상가 분양계약을 체결할 당시 C 주식회사와 체결한 분양관리신탁계약 및 대리사무계약에 따라 분양대금채권을 C 회사에 양도하였고, B 등이 이를 승낙하여 분양대금을 전부 C 회사의 계좌로 납입하였는데, 그 후 B 등이 A 회사와 B 회사를 상대로 분양계약 해제로 인한 원상회복 또는 분양계약 취소로 인한 부당이득반환으로 납부한 분양대금 등의 지급을 구한 사안에서, B 등이 C 회사를 상대로 원상회복청구나 부당이득반환청구를 할 수 없다고 하였다. 이 판결은 선례로서 대상판결을 들면서, 원심이 인용한 대법원 2003.1.24. 선고 2000다22850 판결([**판례 97**])은 이 사건과 사안을 달리하므로 이 사건에 원용할 수 있는 것이 아니라고 하였다. 그러나 위 판결과 위 사건 사이에 어떤 차이가 있는지는 밝히지 않았다.

4. 전용물소권(轉用物訴權)에 관한 판례

3각관계에서의 부당이득의 또 다른 사례로서 이른바 전용물소권을 인정할 수 있는가가 논의되고 있다. 전용물소권이란 계약상의 급여가 계약상대방에 대해서뿐만 아니라 제3자의 이익이 된 경우에, 급여를 행한 계약 당사자가 그 제3자에 대해서 부당이득의 반환을 청구하는 권리를 말한다. 예컨대 어떤 물건의 소유자 아닌 사람이 다른 사람에게 그 물건의 수리를 맡겨 그 물건의 가액이 증가한 경우에, 수리한 수급인이 도급인 아닌 소유자에게 부당이득반환을 청구할 수 있는가 하는 점이다.

대판 2002.8.23, 99다66564, 66571은 이를 부정하였다. 이 사건에서는 건물 공유자의 1인이 다른 공유자인 원고의 동의를 받지 않고서 피고에게 건물의 수리를 맡겼는데, 피고가 건물 소유자인 원고에게 건물의 가치가 증가한 부분 중 원고 지분에 상응하는 만큼의 부당이득을 청구할 수 있는가 하는 것이 문제되었다. 대법원은 급부를 한 계약 당사자가 계약 상대방이 아니라 이익을 얻은 제3자에 대하여 직접 부당이득반환청구를 할 수 있다면, 자기 책임하에 체결된 계약에 따른 위험부담을 제3자에게 전가시키는 것이 되어 계약법의 기본원리에 반하는 결과를 초래할 뿐만 아니라, 채권자인 계약 당사자가 채무자인 계약 상대방의 일반 채권자에 비하여 우대받는 결과가 되어 일반 채권자의 이익을 해치게 되고, 수익자인 제3자가 계약 상대방에 대하여 가지는 항변권 등을 침해하게 되어 부당하므로, 부당이득반환을 청구할 수 없다고 하였다. 이는 기본적으로 대상판결과 같은 생각에 기초한 것이고, 다만 채권자인 계약 당사자가 채무자인 계약 상대방의 일반 채권자에 비하여 우대받는 결과가 된다는 점을 근거로 들고 있는 점에서만 차이가 있다.

이러한 전용물소권을 인정할 수 있는가에 대하여는 학설상 대립이 있지만, 3각관계에서의 부당이득과 마찬가지로 기본적으로는 전용물소권을 인정할 필요는 없다. 그러나 제3자가 무상으로 이익을 얻은 경우에는 이러한 원칙에 대하여 예외를 인정할 필요가 있다. 수익자가 중간자로부터 무상으로 이익을 얻는 경우에는 판례나 학설이 전용물소권을 인정할 때 생기는 문제점인, 채권자인 계약당사자가 채무자인 계약 상대방의 일반채권자에 비하여 우대받는 결과가 되어 일반채권자의 이익을 해치게 되고, 수익자인 제3자가 계약 상대방에 대하여 가지는 항변권 등을 침해하게 되어 부당하다는 등의 사태는 발생하지 않는다(**[판례 134]**의 해설 참조).

참고문헌

김대원, 재개발조합으로부터 상가건물을 매수한 자로부터 상가를 분양받고 그의 지시에 따라 상가분양대금을 재개발조합에 납부한 자가 재개발조합을 상대로 직접 분양대금의 반환을 부당이득반환청구로 할 수 있는지 여부(소극), 대법원판례해설 47호, 2004.

윤진수, 부당이득법의 경제적 분석, 서울대학교 법학 55권 3호, 2014.

안춘수, 부당이득관계의 당사자확정의 구조, 연세대학교 법학연구 21권 3호, 2011.

정태윤, 전용물소권에 관한 일고찰, 비교사법 9권 1호, 2002.

정태윤, 다수당사자 사이의 부당이득에 관한 최근의 판례의 검토, 민사법학 52호, 2010.

제철웅, 3자관계에서의 부당이득: 특히 전용물소권의 사안을 중심으로, 저스티스 67호, 2002.

[판례 107]

불법원인급여에서의 불법성 비교론

대법원 1999.9.17. 선고 98도2036 판결

사 실

이 사건 피고인인 Y는 A와 공모하여, 1994.5.1.경 피해자인 B와 사이에 B가 앞으로 윤락행위를 하여 받는 화대 중 절반은 Y와 A가 갖고 나머지 절반은 B가 갖기로 약정한 다음, 그 무렵부터 같은 해 9.30.경까지 B가 피고인이 경영하는 윤락업소를 찾은 성명불상의 손님을 상대로 윤락행위를 하고 받은 화대 합계 금 27,000,000원을 보관하다가, 그중 B의 몫인 금 13,500,000원을 B에게 반환하지 않고 임의 소비하였다. 검사는 Y를 횡령죄로 기소하였다.

원심은, Y와 B 사이의 이득분배약정은 공서양속에 위반한 법률행위에 해당하여 무효이므로 B는 Y에 대하여 약정한 돈의 지급을 청구할 수 없을 뿐만 아니라, 이는 불법원인급여에 해당하여 부당이득금으로도 반환을 청구할 수 없으므로 위 돈은 Y의 소유에 속한다고 하여 무죄를 선고하였다. 그러나 대법원은 원심판결을 파기하였다.

이 유

민법 746조에 의하면, 불법의 원인으로 인한 급여가 있고, 그 불법원인이 급여자에게 있는 경우에는 수익자에게 불법원인이 있는지 여부, 수익자의 불법원인의 정도, 그 불법성이 급여자의 그것보다 큰지 여부를 막론하고 급여자는 불법원인급여의 반환을 구할 수 없는 것이 원칙이나, 수익자의 불법성이 급여자의 그것보다 현저히 큰 데 반하여 급여자의 불법성은 미약한 경우에도 급여자의 반환청구가 허용되지 않는다면 공평에 반하고 신의성실의 원칙에도 어긋나므로, 이러한 경우에는 민법 746조 본문의 적용이 배제되어 급여자의 반환청구는 허용된다.

이 사건에서 포주인 Y가 B가 손님을 상대로 윤락행위를 할 수 있도록 업소를 제공하고, 윤락녀인 B가 윤락행위의 상대방으로부터 받은 화대를 Y에게 보관하도록 하였다가 이를 분배하기로 한 약정은 선량한 풍속 기타 사회질서에 위반되는 것이고, 따라서 B가 그 약정에 기하여 Y에게 화대를 교부한 것은 불법의 원인으로 인하여 급여를 한 경우로 보아야 하지만, Y는 다방 종업원으로 근무하고 있던 B를 수차 찾아가 자신의 업소에서 윤락행위를 해 줄 것을 적극적으로 권유함으로써 B가 Y과 사이에 위와 같은 약정을 맺고서 윤락행위를 하게 되었고, Y는 전직 경찰관으로서 행정사 업무에 종사하면서도 자신의 업소에 B 등 5명의 윤락녀를 두고 그들이 받은 화대에서 상당한 이득을 취하는 것을 영업으로 해 왔음에 반하여, B는 혼인하여 남편과 두 아들이 있음에도 남편이 알코올중독으로 생활능력이 없어 가족의 생계를 위하여 Y의 권유에 따라 윤락행위에 이르게 되었는바, 위와 같은 점을 종합해 볼 때, Y측의 불법성이 B측의 그것보다 현저하게 크다고 봄이 상당하므로, 민법 746조 본문의 적용은 배제되어 B가 Y에게 보관한 화대의 소유권은 여전히 B에게 속하는 것이어서, B는 그 전부의 반환을 청구할 수 있고, Y가 이를 임의로 소비한 행위는 횡령죄를 구성한다.

해 설

1. 불법원인급여의 존재 이유와 불법원인의 개념

746조 본문은 "불법의 원인으로 인하여 재산을 급여하거나 노무를 제공한 때에는 그 이익의 반환을 청구하지 못한다"라고 규정한다. 이 규정의 존재 이유에 관하여는, 불법한 행위를 하고도 이것을 이유로 법률의 구제를 구하는 급여자의 비난받을 심정과 성격에 대하여 제재 내지 민사적 형벌을 가하는 것이라고 하는 제재설 또는 형벌설, 사회적 타당성이 없는 행위를 한 자가 그 행위로 인한 결과를 복구하려고 꾀하는 자에 대해서 협력을 거절하는 것이라고 하는 법적 보호거절설, 양 당사자가 비난받을 행동을 한 경우에는 기존의 점유상태가 그대로 유지되어야 한다는 균형사상설 등이 있다.

그러나 불법원인급여제도의 존재이유에 관하여는 일반예방 또는 억지(抑止) 이론이 가장 설득력을 가진다고 보인다. 가령 도지사에게 청탁하여 택시운송사업면허를 받아줄 것을 부탁하면서 도지사에 대한 청탁교제비조로 돈을 주었다가, 그 면허를 받지 못하게 되었다고 하여 준 돈의 반환을 청구할 수 있다고 한다면, 돈을 주었던 사람은 별로 손해를 보지 않은 것이 되므로, 돈을 주는 데 큰 위험을 부담하지 않게 되고, 따라서 반환을 청구할 수 없는 경우와 비교한다면 더 쉽게 돈을 주는 불법적인 행위를 하게 될 것이다. 그러므로 이러한 경우에 돈의 반환을 청구하지 못하게 하는 것이 그러한 행위를 하는 것을 억지하는 데 도움이 된다. 종래 판례와 학설상 746조의 "불법원인"의 의미에 관하여 판례(대판 1983.11.22, 83다430 등)는 이를 103조가 규정하는 선량한 풍속 기타 사회질서에 위반하는 경우를 말하는 것이라고 보고 있고, 다수설도 이를 지지한다. 반면 강행법규 위반도 포함한다는 설도 있고, 선량한 풍속 위반만을 말하고, 사회질서 위반은 제외된다는 견해도 있다.

그러나 이러한 추상적인 기준은 실제 문제의 해결에는 별로 도움이 되지 않고, 부당이득 반환을 허용하지 않는 것이 그러한 행위를 금지하는 목적에 부합하는가 아닌가 하는 기준에 따라 불법원인 해당 여부를 정하면 된다. 예컨대 대판 1988.11.22, 88다카7306은, 건설업면허의 대여를 금지하는 구 건설업법의 규정을 위반하는 건설업면허 대여계약이나 건설업면허 대여의 방편으로 체결되는 건설업양도양수계약은 무효이지만, 건설업양도양수계약의 형식으로 이루어진 건설업면허의 대여가 불법원인급여에 해당하는 것은 아니므로 위와 같은 형식으로 대여된 건설업면허의 반환에 대한 약정까지 그 효력이 부인될 수는 없다고 하였다. 만일 이와 같은 경우에 건설업면허의 양도가 불법원인급여에 해당한다고 하여 반환을 청구할 수 없다고 본다면, 이는 결과적으로 법에 어긋나는 건설업면허의 대여를 인정하는 것이 되므로, 건설업면허의 대여를 금지하는 법의 목적에 어긋나게 된다.

다른 한편 행위를 금지하는 목적이 일방 당사자를 보호하려는 데 있다면, 그러한 일방 당사자가 한 급여의 반환청구를 금지하는 것은 금지의 목적에 어긋난다.

대상판결에서와 같이 성매매의 대가로 지급한 돈이 선량한 풍속에 위반되어 불법원인급여에 해당한다는 점은 판례나 학설상 다툼이 없다. 나아가 성매매의 유인·강요의 수단으로 이용되는 선불금 등 명목으로 제공한 금품이나 그 밖의 재산상 이익도 불법원인급여에 해당한다(대판 2004.9.3, 2004다27488, 27495; 2013.6.14, 2011다65174).

2. 불법원인급여와 횡령죄

대판(전) 1979.11.13, 79다483은, 746조에 따라 반환을 청구하지 못하는 급여한 물건의 소유권은 급여를 받은 상대방(수익자)에게 귀속한다고 하였다. 그 사건에서는 급여를 한 사람이 그 원인행위가 무효이기 때문에 급여한 물건의 소유권은 여전히 자기에게 있다고 하여 소유권에 기한 반환청구를 하였다. 그러나 대법원은, 급여를 한 사람은 그 원인행위가 법률상 무효라 하여 상대방에게 부당이득을 원인으로 한 반환청구를 할 수 없음은 물론, 그 원인행위가 무효이기 때문에 급여한 물건의 소유권은 여전히 자기에게 있다고 하여, 소유권에 기한 반환청구도 할 수 없다고 하면서, 그 반사적 효과로서 급여한 물건의 소유권은 급여를 받은 상대방에게 귀속하게 된다고 하였다. 이러한 판례는 일반적으로 지지를 받고 있다.

그런데 불법의 원인으로 물건을 위탁받은 자가 자신의 이익을 위하여 이를 소비한 경우에는 횡령죄가 성립하는가가 문제되는데, 판례는 횡령죄의 성립을 부정하고 있다. 즉 급여한 물건의 소유권은 급여를 받은 상대방에게 귀속되므로, 피고인이 타인으로부터 공무원에게 뇌물로 전달하여 달라고 금원을 교부받은 것은 불법원인으로 인하여 지급받은 것이어서, 이를 뇌물로 전달하지 않고 타에 소비하였다고 해서 타인의 재물을 횡령한 것은 아니라는 것이다(대판 1988.9.20, 86도628 등).

원심이 Y에 대하여 무죄를 선고한 것은 이러한 종전의 판례를 바탕으로 한 것이다.

3. 불법성 비교론

그런데 746조 단서는 불법원인이 수익자에게만 있는 때에는 불법원인의 반환을 청구할 수 있는 것으로 규정하고 있다. 그러므로 불법원인급여라 하더라도 단서에 해당할 때에는 급여자의 횡령죄가 성립할 수 있다. 이 단서를 문언 그대로 해석한다면, 불법원인이 급여자와 수익자 쌍방에게 있는 때에는, 급여자의 불법원인이 수익자와 비교할 때 매우 작다고 하더라도 급여자가 부당이득의 반환을 청구하지 못하는 것이 된다. 그러나 이는 불법성이 더 큰 수익자를 오히려 보호하는 결과가 되고, 이는 부당하다는 비판이 있을 수 있다. 그리하여 이를 시정하기 위한 이론으로서 이른바 불법성 비교론이 주장되었다. 즉 급여자의 불법성이 수익자의 불법성보다 작은 때에는 746조 본문이 적용되지 않고, 급여자가 수익자에 대하여 급여의 반환을 청구할 수 있다는 것이다.

그러나 이 이론의 내용도 논자에 따라 다소 차이가 있다. 즉 수익자의 불법성이 급부자의 불법성에 비하여 '현저하게' 또는 '압도적으로' 커야 한다고 주장하는 견해가 많지만, 단순히 불법성이 약한 측에서 강한 측에 대하여 하는 반환청구는 인용함이 타당하다고 하여 불법성의 단순비교만을 기준으로 하는 것처럼 보이는 견해도 있고, 나아가 불법성의 비교·형량에 의한 차액만큼의 반환청구를 인정함이 타당하다는 견해도 있다.

반면 불법성 비교론을 부정하는 견해도 있다. 또한 한쪽의 불법성이 다른 쪽보다 매우 큰 경우에는 다른 쪽의 불법성이 없다고 하여도 무방하므로, 이러한 경우에는 곧바로 746조 단서가 적용될 수 있다고 하여 비판하는 견해도 있다.

4. 판 례

대판 1993.12.10, 93다12947은 처음으로 불법성 비교론을 채택하였다. 이 사건에서는 원고가 부동산을 종중으로부터 매수하려다가 매수하지 못하게 되자, 위 재산을 명의수탁받은 피고들에게 이를 매도하라고 권유하여 매수하였는데, 종중의 제소에 의하여 위 매매는 반사회적인 행위로서 무효라고 하여 원고 명의의 등기가 말소되었다. 그러자 원고는 피고들을 상대로 하여 피고들이 지급받았던 매매대금의 반환을 청구하였다. 대법원은, 수익자의 불법성이 급여자의 그것보다 현저히 크고, 그에 비하면 급여자의 불법성은 미약한 경우에도 급여자의 반환청구가 허용되지 않는다고 하는 것은 공평에 반하고 신의성실의 원칙에도 어긋나므로, 이러한 경우에는 746조 본문의 적용이 배제되어 급여자의 반환청구는 허용된다고 하면서, 이 사건의 경우에는 수익자인 피고들의 불법성이 급여자인 원고 측의 불법성보다 더욱 크다고 하여 원고의 청구를 받아들였다.

대판 1997.10.24, 95다49530, 49547도 이러한 판시를 따랐다. 이 사건에서는 원고가 다른 사람들과 내기바둑을 두다가 빚을 져서, 그 빚을 갚기 위하여 그 바둑의 상대방의 지시를 받고 그 처남인 피고에게 부동산의 소유권을 이전해 주었다가 그 말소를 청구하였다. 대법원은 바둑 상대방의 내기바둑에의 계획적인 유인, 내기바둑에서의 사기적 행태, 도박자금 대여 및 회수 과정에서의 폭리성과 갈취성 등에서 드러나는 수익자인 바둑 상대방의 불법성의 정도가 내기바둑에의 수동적인 가담, 도박채무의 누증으로 인한 도박의 지속, 도박채무 변제를 위한 유일한 재산인 주택의 양도 등으로 인한 원고의 불법성보다 훨씬 크다고 보아 원고로서는 위 주택의 반환을 구할 수 있다고 하였다. 대상판결도 같은 취지이다.

그리고 대판(전) 2007.2.15, 2004다50426은, 금전 소비대차의 이율이 현저하게 고율로 정해졌다면 이러한 이자 약정은 공서양속 위반으로서 무효이고, 공서양속 위반으로 무효인 부분의 이자 약정을 원인으로 차주가 대주에게 임의로 이자를 지급하는 것은 불법의 원인으로 인한 재산 급여라고 볼 수 있을 것이라고 하면서도 위와 같은 불법성 비교론을 적용하여, 대주가 고율의 이자를 약정하여 지급받은 것은 그의 우월한 지위를 이용하여 부당한 이득을 얻고 차주에게는 과도한 반대급부 또는 기타의 부당한 부담을 지우는 것으로서 그 불법의 원인이 수익자인 대주에게만 있거나 또는 적어도 대주의 불법성이 차주의 불법성에 비하여 현저히 커서 차주는 그 이자의 반환을 청구할 수 있다고 하였다.

5. 불법성 비교론의 타당성

불법원인급여제도의 존재이유를 일반예방 또는 억지에서 찾는다면, 불법성 비교론은 쉽게 설명할 수 있다. 만일 불법원인급여라고 하여 반환을 언제나 인정하지 않아서 수익자가 이익을 그대로 보유할 수 있도록 한다면, 경우에 따라서는 수익자가 급여자로 하여금 적극적으로 불법적인 행위를 하도록 유인하는 동기를 제공하여, 오히려 불법적인 행위를 하도록 하는 것을 조장할 우려가 있다. 이처럼 수익자가 적극적으로 불법원인급여를 하도록 유도한 경우에는, 불법원인급여의 반환을 인정하는 것이 수익자가 그처럼 행동하도록 하는 유인을 감소시키는 것이 된다.

다만 양 당사자의 불법성을 비교한다는 것이 반드시 쉬운 일은 아니므로, 수익자의 불법성이 급여자의 그것보다 현저히 큰 데 반하여 급여자의 불법성은 미약한 경우에만 급여자의 반환청구가 허용된다고 보아야 할 것이다.

6. 판례의 검토

이러한 관점에서 종래의 판례를 검토한다면, 대상판결이나 대판 1997.10.24, 95다49530, 49547이 불법성 비교론을 적용한 것은 타당하다. 그러나 이 이론을 처음으로 인정한 대판 1993.12.10, 93다12947이 불법성 비교론을 적용하여 반환청구를 인정한 것은 수긍하기 어렵다. 이 사건에서 매수인인 원고는 부동산을 명의신탁자로부터 매수하려다가 실패하자, 명의수탁자인 피고들에게 이를 매도하라고 권유하여 매수한 것으로서, 매수인의 불법성이 명의수탁자의 불법성보다 더 크다고 보아야 하는데도, 대법원은 반대로 판단하였다.

그리고 대판(전) 2007.2.15, 2004다50426의 경우에는 구태여 불법성 비교론을 끌어들일 필요는 없다. 고율의 이자 지급을 무효로 하는 것은 차주를 보호하기 위한 취지이므로, 그 차주의 반환청구를 불법원인급여라고 하여 거부하는 것은 그 보호의 목적에 어긋나고, 따라서 이 경우에는 불법원인이 수익자에게만 있다고 보아야 한다.

참고문헌

김문수, 민법 제746조 본문의 적용제한에 관하여, 판례연구 제6집, 부산판례연구회, 1996.
문홍수, 불법원인급여규정의 의의 및 적용범위, 법조 1996.12.
박병대, 불법원인급여의 판단기준에 관한 구조분석, 저스티스 76호, 2003.
송덕수, 민법 제746조의 적용에 있어서 불법성의 비교, 민사판례연구 18권, 1996.
윤진수, 부당이득법의 경제적 분석, 서울대학교 법학 제55권 3호, 2014.
최봉경, 불법원인급여, 비교사법 13권 3호, 2006.

[판례 108]

집합건물 공용부분의 무단점유로 인한 부당이득

대법원 2020.5.21. 선고 2017다220744 전원합의체 판결

사 실

이 사건 건물은 지하 4층, 지상 9층의 상가건물로서 18개의 점포로 구성된 집합건물이다. X는 집합건물의 소유 및 관리에 관한 법률('집합건물법')에 따라 이 사건 건물의 구분소유자 전원을 구성원으로 하는 관리단이고, Y는 이 사건 건물 1층의 전유부분인 상가 101, 102호를 경매절차에서 매수하여 2012.2.2. 그 명의로 소유권이전등기를 경료한 후 2012.7.31.부터 골프연습장을 운영하는 사람이다. Y는 2012.7.31.경 이 사건 건물 1층의 복도와 로비에 골프연습장의 부대시설을 설치하고 골프연습장 내부공간처럼 사용하였다. X는 Y에게 이 사건 복도와 로비는 이 사건 건물의 공용부분이므로 이 사건 복도와 로비를 X에게 인도할 것과 Y가 이 사건 복도와 로비를 배타적으로 점유·사용하고 있는 것에 대하여 2012.7.31.부터의 차임 상당에 해당하는 금액을 부당이득으로 반환할 것을 청구하였다.

1심은 무변론 판결로 원고 승소 판결을 선고하였으나, 원심은 구분소유자 중 일부가 아무런 권원 없이 이를 점유·사용하였다고 하더라도 이로 인하여 다른 구분소유자에게 임료 상당의 이익을 상실하는 손해가 발생하였다고 볼 수 없다고 하여 부당이득 반환청구는 기각하였다.

그러나 대법원 전원합의체는 원심판결을 파기환송하였다. 여기에는 반대의견과 다수의견에 대한 보충의견이 있었다.

이 유

구분소유자 중 일부가 정당한 권원 없이 집합건물의 복도, 계단 등과 같은 공용부분을 배타적으로 점유·사용함으로써 이익을 얻고, 그로 인하여 다른 구분소유자들이 해당 공용부분을

사용할 수 없게 되었다면, 공용부분을 무단점유한 구분소유자는 특별한 사정이 없는 한 해당 공용부분을 점유·사용함으로써 얻은 이익을 부당이득으로 반환할 의무가 있다. 해당 공용부분이 구조상 이를 별개 용도로 사용하거나 다른 목적으로 임대할 수 있는 대상이 아니더라도, 무단점유로 인하여 다른 구분소유자들이 해당 공용부분을 사용·수익할 권리가 침해되었고 이는 그 자체로 민법 741조에서 정한 손해로 볼 수 있다.

구분소유자 중 일부가 정당한 권원 없이 집합건물의 복도, 계단 등과 같은 공용부분을 배타적으로 사용하는 경우 다른 구분소유자들은 해당 공용부분을 사용할 수 없게 되는 불이익을 입게 된다. 이는 해당 공용부분을 구조상 별개 용도로 사용하는 것이 불가능하거나 다른 목적으로 임대할 수 없더라도 마찬가지이다.

침해부당이득에 관한 부당이득반환제도의 목적은 현실적으로 발생한 사실관계를 바탕으로 법률상 원인 없이 타인의 재산으로 인하여 이익을 얻고 타인에게 손해를 가한 자로부터 이득의 원천이 된 재산의 권리자에게 그 이익을 귀속시킴으로써 부당한 재산적 가치의 이동을 조정하는 데 있다. 공용부분을 정당한 권원 없이 배타적으로 점유·사용한 자가 그로 인한 이익을 누렸는데도, 해당 공용부분이 구조상 별개의 용도로 사용하거나 다른 목적으로 임대할 수 있는 대상이 아니라는 이유로 다른 구분소유자들에게 손해가 없다고 한다면, 이는 공용부분을 배타적으로 사용한 자로 하여금 점유·사용으로 인한 모든 이익을 보유하도록 하는 것으로서 부당이득반환제도의 취지인 공평의 이념에도 반한다.

이와 달리 판시한 대법원 1998.2.10. 선고 96다42277, 42284 판결 등을 비롯하여 같은 취지의 대법원판결들은 이 판결의 견해에 배치되는 범위에서 이를 모두 변경하기로 한다.

해 설

1. 종전의 판례

종전의 판례는, 집합건물의 복도, 계단 등과 같은 공용부분은 구조상 이를 점포로 사용하는 등 별개의 용도로 사용하거나 그와 같은 목적으로 임대할 수 있는 대상이 아니므로 특별한 사정이 없는 한 구분소유자 중 일부나 제3자가 정당한 권원 없이 이를 점유·사용하였더라도 이로 인하여 다른 구분소유자에게 차임 상당의 이익을 상실하는 손해가 발생하였다고 볼 수 없다고 하여 부당이득이 성립하지 않는다고 하였다(대판 1998.2.10, 96다42277, 42284 등).

2. 종전 판례의 문제점

그러나 이러한 선례는 잘못된 것이다. 공용부분을 일부 구분소유자가 권원 없이 이를 점유·사용하였다면, 다른 구분소유자는 원래의 공용부분을 그 용도에 따라 사용하지 못하게 되는 것이므로, 이 자체가 손해에 해당한다. 따라서 다른 특별한 사정이 없는 한, 다른 구분소유자는 손해를 입었다고 보아야 하는 것이다.

부당이득의 유형론에서는 부당이득을 우선 일단 급여가 이루어졌으나 급여를 정당화할 수 있는 법률상 원인이 처음부터 없었거나, 또는 나중에 소멸한 경우에 그 반환을 청구할 수 있는 급여부당이득(Leistungskondiktion)과 그 밖의 부당이득, 즉 비급여부당이득(Nichtleistungskondiktion)으로 나눈다. 여기서 문제되는 부당이득은 비급여부당이득 가운데 침해부당이득(Eingriffskondiktion)에 해당한다. 침해부당이득이란 다른 사람에게 배타적으로 귀속되는 재화 또는 이익을 권한 없이 사용, 수익 또는 처분함으로써 이익을 얻는 경우에 그 이익을 반환하게 하는 것이다.

이러한 침해부당이득에서는 "손실"이라는 부당이득의 요건은 누가 부당이득반환청구권자인가 하는 점을 판단하는 기준이 된다고 설명한다. 그리고 이익이 침해되었다면 그로써 손해는 발생하는 것이고, 그와는 별도로 손해가 발생하였을 것을 필요로 하지 않는다. 다시 말하여 침해가 있으면 손해가 있다고 할 수 있다. 그러므로 중요한 것은 이처럼 특정인에게 귀속되어야 할 이익이 다른 자에게 귀속되었는가 하는 점이다. 독일에서는 이를 이른바 할당이론(Zuweisungstheorie)에 의하여 설명한다. 즉 수익자에게 흘러간 이익이 원래 법질서가 채권자에게 할당한 것이었고, 따라서 결과적으로 채권자의 손실이 된 것인가 하는 점이다. 할당이론에 대하여는 아래 **[판례 109]** 참조.

그러므로 침해부당이득에서는 타인의 배타적인 권리 내지 이용이 침해되었다면 그 자체로 손해는 존재하는 것이고, 이를 따로 임대하는 등 영리적인 목적으로 사용할 수 없다고 하여 손해가 존재하지 않는다고는 할 수 없다. 가령 주인이 해외에 있는 관계로 현재 사용할 수 없어 비어 있는 별장에 누군가가 무단으로 들어가 숙박을 하였다면, 그 주인에게는 현실적 재산의 감소가 전혀 발생하지 않았다고 하더라도 그의 소유권에 내포되어 있는 독점적, 배타적 사용권능이 침해되었기 때문에 부당이득법상의 손실은 인정될 수 있다. 그 별장에서 숙박할 수 있는 이익은 그 주인에게만 독점적으로 귀속되어 있는 것이기 때문에 무단숙박자는 그러한 귀속질서에 어긋나는 이익을 취득한 것으로 되어 그 이익을 반환하여야 하기 때문이다.

따라서 이 사건에서는 피고가 집합건물의 공용부분인 복도와 로비를 점유하고 사용하고 있음으로 인하여 다른 구분소유자가 복도와 로비를 원래의 용도대로 사용하지 못하고 있다면, 이것만으로 손해는 존재한다고 보아야 한다.

3. 대상판결

대상판결은 이와 같은 취지에서 종전의 판례를 변경하였다. 이러한 판시는 앞에서 설명한 할당이론과 궤를 같이하는 것이다. 김재형 대법관의 다수의견에 대한 보충의견은, 침해부당이득에서는 권리자가 수익자의 침해행위로 재산을 이용할 가능성이 박탈되었다는 사실 자체로 손해가 있다고 보아야 한다고 주장하였다.

그런데 박상옥 대법관의 반대의견은, 공용부분의 무단사용으로 차임 상당의 부당이득이 성립하기 위해서는 구분소유자들이 차임 상당 이익 내지 소득을 얻을 수 있었는데도 이를 얻지 못한 손해를 입었다는 것을 전제로 하여야 한다고 주장한다. 그러나 일반론으로는 부당이득은 손해(손실)가 없으면 성립할 수 없는 것이기는 하지만, 침해부당이득에서는 타인의 배타적인 권리 내지 이용이 침해되었다면 그 자체로 손해는 존재하는 것으로 보아야 한다.

한편 위 반대의견은, 여기서 문제되는 공용부분은 이른바 필수적 공용부분으로서 필수적 공용부분을 특정인에게 임대하여 배타적으로 사용하게 하는 것은 허용될 수 없으므로 구분소유자는 물론 구분소유자 전원을 구성원으로 하는 관리단에도 해당 공용부분에 대한 차임 상당의 이익이나 소득이 발생할 수 있는 여지가 없다고 주장한다.

그러나 관리단이 특정인에게 공용부분을 배타적으로 사용하게 하거나 임대할 수 없는 경우가 있다고 단정할 수 있는지는 의문이다. 설령 관리단이 특정인에게 공용부분을 배타적으로 사용하게 하거나 임대할 수 없는 경우가 있을 수 있다고 하더라도, 이것이 집합건물에서 필수적인 공용부분을 특정인이 혼자만 사용 · 수익하였을 경우 부당이득을 부정하는 근거가 될 수는 없다.

4. 손해가 없다고 하여 부당이득반환청구나 불법행위로 인한 손해배상청구를 기각한 선례에 대하여

한편 종전에도 집합건물의 공용부분에 관한 것은 아니지만, 부당이득 및 불법행위에 관하여 손해가 없다고 하여 부당이득반환청구나 불법행위로 인한 손해배상청구를 기각한 선례가 있다.

예컨대 대판 1985.10.22, 85다카689는, 불법점거가 없었다고 하여도 부동산소유자에게 임료상당의 이익이나 기타 소득이 발생할 여지가 없는 특별한 사정이 있는 때에는 손해배상을 청구할 수 없다고 하였다. 이 사건의 사실관계는 피고가 피고 소유의 임야 지하에 있는 석회암 천연동굴에 대하여 관광개발허가를 받고 그곳에 철책과 전기시설 등 내부시설을 한 후 1978년부터 입장료를 받고 일반에게 관람케 하는 관광업을 하여 오면서 위 각 임야에 인접한 원고들 소유의 같은리 산 16 임야 지하에 있는 위 천연동굴과 연결된 동굴부분 55평까지 점유사용하고 있는 경우였다. 원심법원은 시설물철거 및 동굴인도뿐만 아니라 임료 상당 손해배상까지 명하였으나, 대법원은 손해배상 부분을 파기환송하였다. 그 외에도 대판 1988.4.25, 87다카1073; 2002.12.6, 2000다57375 등도 같은 취지이다.

그러나 이론적으로 이처럼 불법점유를 인정하면서도 불법점유가 없더라도 소유자가 사용할 수 없었다고 하여 손해가 없다고 하는 것은 문제가 있다. 이는 결국 구제를 부정하는 것과 크게 다르지 않다. 그러므로 이러한 경우에도 손해는 있다고 봄이 타당하다.

이에 관하여 참고할 것은 "철도의 건설 및 철도시설 유지관리에 관한 법률(철도건설법)" 및 도시철도법에 의한 지하부분 보상이다. 위 법률들은 철도나 도시철도를 건설하기 위하여 타인 토지의 지하부분을 사용하려는 경우에는 보상을 하도록 규정하고 있다. 그 세부적인 기준은 국토교통부 고시나 지방자치단체의 조례 등으로 정하고 있는데, 일정한 깊이(한계심도)를 초과하는 경우에도 보상을 전혀 부정하지는 않고, 일정한 비율의 보상을 하도록 규정하고 있다. 이를 고려한다면, 불법점유가 없었더라도 소유자가 사용할 수 없었다는 이유로 손해의 발생을 부정하는 것은 재검토되어야 한다.

논자에 따라서는 이 사건과 같은 경우에 불법행위법상의 손해는 인정될 수 있어도, 부당이득법상의 손해는 인정될 수 없다는 견해를 취할 수도 있다. 그러나 그러한 주장은 근거가 없다. 적어도 재산상 법익의 침해에 관한 한 불법행위법상의 손해가 인정됨에도 불구하고 부당이득법상의 손실은 인정되지 않는다고 하는 경우는 생각하기 어렵다. 이론적으로 보더라도 침해부당이득은 불법행위와 동질적이다.

5. 관리단이 부당이득반환청구를 할 수 있는지 여부

대상판결의 반대의견은, 특정 구분소유자의 공용부분 무단점유로 해당 공용부분에 대한 사용·수익권의 침해라는 손해 또는 차임 상당액의 손해가 발생하였다고 하더라도, 이러한 손해는 결국 다른 구분소유자들의 권리가 침해되어 발생하는 손해이므로 다른 구분소유자들이 무단점유자를 상대로 부당이득반환을 청구할 수 있을 뿐이고, 관리단이 부당이득반환을 청구할 수는 없다고 하였다.

그러나 다수의견은, 원고는 변론기일에 구분소유자들이 피고의 무단점유에 대하여 소 제기를 통하여 문제를 해결하기로 관리단집회에서 결의하였고 이에 따라 부당이득반환을 청구한다고 주장하였고, 원고의 규약 13조, 22조에 따라 관리단집회의 결의에 따라 피고에게 이 사건 복도와 로비에 대한 사용료 상당의 부당이득반환을 구한다고 주장하였으므로, 원고가 피고에게 부당이득의 반환을 구할 수 있는 근거에 관하여 주장하였음은 분명하다고 하였다.

한편 이기택 대법관의 다수의견에 대한 보충의견은, 구분소유자뿐만 아니라 관리단도 그 부당이득반환청구권을 행사할 수 있다고 하면서, 그 근거로서 종래의 대법원 판례 외에도 "관리단은 건물의 관리 및 사용에 관한 공동이익을 위하여 필요한 구분소유자의 권리와 의무를 선량한 관리자의 주의로 행사하거나 이행하여야 한다"고 규정한 집합건물법 23조의2, 관리인의 권한으로서 공용부분의 보존행위와 관리단의 사업 시행과 관련하여 관리단을 대표하여 하는 재판상 또는 재판 외의 행위를 규정한 집합건물법 25조를 들었다.

생각건대 집합건물의 구분소유자가 많은 경우 다수의 구분소유자들이 각각 부당이득반환청구권을 행사하도록 하는 것은 많은 사회·경제적 비용과 노력이 든다는 점에서 바람직하지 않고, 관리단이 부당이득반환청구권을 행사할 수 있도록 하는 것이 정책적으로 더 바람직하다. 이러한 관점에서 볼 때 집합건물법 23조의2가 관리단이 구분소유자의 부당이득반환청구권을 행사할 수 있는 근거가 될 수 있다고 해석할 수 있다. 그러나 위 보충의견이 집합건물법 25조를 언급한 것은 반드시 적절하지 않은 것으로 보인다. 위 조문은 직접적으로는 이 사건 원고와 같은 관리단이 아니라 관리단을 대표하는 관리인에 관한 것이다.

설령 이와 같이 해석하기 어렵다고 하더라도, 집합건물의 구분소유자가 규약이나 관리단의 결의에 의하여 관리단에게 부당이득반환청구권을 재판상 행사할 수 있도록 하였다면 이는 허용될 수 있는 이른바 임의적 소송담당(소송신탁)에 해당한다고 보아야 할 것이다(대판 2016.12.15, 2014다87885, 87892; 2017.3.16, 2015다3570 등 참조).

참고문헌

권영준, 2020년 민법 판례 동향, 서울대학교 법학 제62권 1호, 2021.

김종석, 집합건물 공용부분 무단사용에 대한 부당이득반환청구권의 주체, 대법원판례해설 131호, 2022.

문영화, 공용부분의 무단점유자에 대한 부당이득반환청구소송에서 집합건물 관리단의 지위, 저스티스 198호, 2023.

박설아, "집합건물 공용부분의 무단점유에 따른 부당이득의 성립 여부", 사법 53호, 2020.

윤정운, 공용부분 무단점유로 인한 부당이득반환청구권의 성립과 행사, 사법 56호, 2021.

윤진수, 집합건물 공용부분의 무단점유로 인한 부당이득, 양창수교수 고희기념 자율과 정의의 민법학, 박영사, 2021.

이계정, 집합건물 공용부분 무단사용자에 대한 관리단의 부당이득반환청구 가부, 법조 70권 1호, 2021.

[판례 109]

3자간 등기명의신탁과 부당이득

대법원 2021.9.9. 선고 2018다284233 전원합의체 판결

사 실

X는 Y의 아버지이다. X는 2010.3.31. A로부터 이 사건 부동산을 매수하고 매매대금 1억 원을 지급하였다. A는 2010.5.17. X와 Y의 명의신탁 약정에 따라 이 사건 부동산에 관하여 Y 명의로 소유권이전등기를 마쳐주었다. Y는 2014.12.11. 은행으로부터 5억 원을 대출 받고 이 사건 부동산에 채권최고액 6억 원의 이 사건 근저당권을 설정하였다. 이 사건 근저당권설정등기는 원심 변론종결 시까지 말소되지 않았다.

X는 명의수탁자인 Y가 이 사건 근저당권을 설정하고 대출을 받음으로써 피담보채무액 상당의 이익을 얻었고 그로 인하여 X에게 같은 금액의 손해를 가하였다고 주장하면서, Y를 상대로 부당이득반환을 구하였다.

원심은 X의 청구를 기각하였다. 그 이유는 Y의 이 사건 근저당권에 관한 말소의무이행이 불능에 이르렀다고 단정하기 어렵고, 이 사건 근저당권이 말소되기 전까지의 이 사건 부동산을 담보로 제공함으로써 Y가 얻은 이득의 손해는 소유자인 A에게 귀속되고, X가 주장하는 사유나 증거만으로 Y가 이 사건 부동산을 담보로 제공함으로 인한 손해가 A에게 귀속된다고 보기 어렵다는 것이었다.

그러나 대법원은 원심판결을 파기환송하였다. 여기에는 대법관 5인의 반대의견이 있었다.

이 유

3자간 등기명의신탁에서 명의수탁자의 임의처분 또는 강제수용이나 공공용지 협의취득 등을 원인으로 제3자 명의로 소유권이전등기가 마쳐진 경우, 특별한 사정이 없는 한 제3자는 유효하게 소유권을 취득한다. 그 결과 매도인의 명의신탁자에 대한 소유권이전등기의무는 이행불능이 되어 명의신탁자로서는 부동산의 소유권을 이전받을 수 없게 되는 한편, 명의수탁자는 부

동산의 처분대금이나 보상금 등을 취득하게 된다. 판례는, 명의수탁자가 그러한 처분대금이나 보상금 등의 이익을 명의신탁자에게 부당이득으로 반환할 의무를 부담한다고 보고 있다. 이러한 판례는 타당하므로 그대로 유지되어야 한다. 그 이유는 다음과 같다.

① 3자간 등기명의신탁에서 명의수탁자의 처분행위 등으로 부동산에 관하여 제3자 명의로 소유권이전등기가 마쳐진 경우에는, 명의수탁자는 부동산의 소유자가 아님에도 소유명의를 가지고 있었음을 이유로 제3자와의 관계에서 처분대금이나 보상금 등을 취득하게 된다. 그러나 그 이익은 명의수탁자가 부동산의 소유자가 아님에도 그 부동산의 교환가치로 취득한 것이므로 법률상 원인 없는 이익으로서 정당한 권리자에게 반환하여야 한다.

② 부동산의 소유권이 명의수탁자의 처분행위 등에 따라 제3자에게 유효하게 이전되면 매도인의 명의신탁자에 대한 소유권이전등기의무는 이행불능이 되므로, 명의신탁자는 매도인에게 매매대금을 지급하였으면서도 그에 대한 반대급부인 부동산의 소유권을 이전받을 권리를 상실하는 손해를 입게 된다.

③ 매도인은 명의수탁자의 처분행위 등으로 인하여 부동산실명법 4조 3항에 따라 부동산의 소유권을 상실하고 명의신탁자에 대하여 소유권이전등기의무와 그 이행불능으로 인한 손해배상책임도 부담하지 않게 되는 한편 명의신탁자로부터 받은 매매대금은 그대로 보유하게 되므로, 명의수탁자의 처분행위 등으로 인하여 매도인에게 경제적 손실이 발생한다고 할 수 없다.

④ 명의수탁자가 부동산의 처분행위 등에 대한 대가로 받은 이익은 제3자가 유효하게 소유권을 취득함에 따라 얻게 된 이익이고, 명의신탁자는 위와 같은 제3자의 유효한 소유권 취득으로 인하여 매도인을 매개로 하더라도 부동산 소유권을 취득할 수 없는 손해를 입은 한편, 매도인은 위와 같이 제3자의 유효한 소유권 취득에도 불구하고 그의 재산에 경제적 손실을 입었다고 할 수 없다. 이러한 사정을 고려하면, 명의수탁자가 부동산의 처분행위 등으로 법률상 원인 없이 얻은 이익은 사회통념상 명의신탁자가 입은 손해로 인한 것으로서 명의신탁자에게 반환되어야 한다.

⑤ 이와 같이 3자간 등기명의신탁에서 명의수탁자의 처분행위 등으로 제3자가 부동산의 소유권을 취득할 경우, 그로 인하여 법률상 원인 없이 이익을 얻은 명의수탁자가 명의신탁자에 대하여 직접 부당이득반환의무를 부담한다고 보더라도, 3자간 등기명의신탁관계의 한 당사자인 매도인으로부터 권리를 박탈하거나 의무를 추가적으로 부담하게 하는 것이 아니고, 명의수탁자도 원래 명의신탁자나 매도인에 대하여 독자적인 항변권 등을 가지지 않았기 때문에 명의수탁자로부터 권리를 박탈하거나 추가적인 의무를 부담하게 하는 것이 아니며, 명의신탁자에게 부당한 이익이나 권리를 부여하는 것도 아니다.

⑥ 명의수탁자가 부동산에 관하여 제3자에게 근저당권을 설정하여 준 경우에도 부동산의 소유권이 제3자에게 이전된 경우와 마찬가지로 보아야 한다.

해 설

1. 3자간 등기명의신탁의 법률관계에 관한 종래의 판례

3자간 등기명의신탁에서는, 제3자인 매도인으로부터 수탁자 명의로 마쳐진 소유권이전등기는 무효이므로, 명의신탁자는 매도인에 대하여 매매계약에 기한 소유권이전등기를 청구할 수 있고, 그 소유권이전등기청구권을 보전하기 위하여 매도인을 대위하여 명의수탁자에게 무효인 그 명의 등기의 말소를 구할 수도 있다(대판 2002.3.15, 2001다61654 등). 이 경우 명의신탁자는 매도인에 대하여 매매계약에 기한 소유권이전등기청구권을 보유하고 있어 그 등기 명의를 보유하지 못하는 손해를 입었다고 볼 수 없어서, 명의신탁자는 명의수탁자를 상대로 부당이득반환을 원인으로 한 소유권이전등기를 구할 수 없다(대판 2008.11.27, 2008다55290, 55306 등).

그런데 명의수탁자가 명의신탁된 부동산을 다른 곳에 처분하는 등의 사유로 매도인에게 부동산을 반환할 수 없다면 어떻게 되는가? 대판 2011.9.8, 2009다49193, 49209는, 특별한 사정이 없는 한 제3취득자는 유효하게 소유권을 취득하게 되므로, 그로 인하여 매도인의 명의신탁자에 대한 소유권이전등기의무는 이행불능으로 되고 그 결과 명의신탁자는 신탁부동산의 소유권을 이전받을 권리를 상실하는 손해를 입게 되는 반면, 명의수탁자는 신탁부동산의 처분대금이나 보상금을 취득하는 이익을 얻게 되므로, 명의수탁자는 명의신탁자에게 그 이익을 부당이득으로 반환할 의무가 있다고 하였다.

한편 판례(대판 2008.11.13, 2008다24081 등)는 3자간 등기명의신탁에서 명의수탁자가 신탁부동산을 타에 매도한 것은 명의신탁자에 대한 관계에서 불법행위에 해당하여 이로 인한 손해배상을 구할 수 있다고 하였다. 대판(전) 2016.5.19, 2014도6992는 이러한 3자간 등기명의신탁에서 명의수탁자가 신탁받은 부동산을 임의로 처분하면 명의신탁자에 대한 관계에서 횡령죄가 성립하지 않는다고 하여 종래의 판례를 변경하였으나, 이에 의하여 명의수탁자의 명의수탁자에 대한 불법행위책임도 인정되지 않는다고 바뀐 것은 아니다. 대상판결 후에 선고된 대판 2022.6.9, 2020다208997도 그와 같이 보았다.

2. 대상판결의 다수의견과 반대의견

대상판결의 다수의견은 앞에서 살펴본 것처럼 명의신탁자의 명의수탁자에 대한 부당이득반환청구권을 긍정하였다. 반면 반대의견은 다음과 같은 이유로 이를 부정하였다.

① 부동산실명법 시행 후에는 명의신탁자와 명의수탁자 사이에 직접적인 법률관계가 없다. 명의신탁자는 매도인에 대하여 매매계약에 따른 소유권이전등기청구권을 취득할 뿐, 명의수탁자와 어떠한 법률관계도 맺지 못한다. 따라서 명의신탁자가 명의수탁자에 대한 권리를 행사하기 위해서는 매도인을 대위하여야 한다.

② 이와 같은 법리는 명의수탁자의 처분행위 등이 있다고 하여 달라지지 않는다. 다수의견

에 따르면 명의신탁자는 명의수탁자가 처분행위 등을 하기 전까지는 매도인에 대한 소유권이전등기청구권을 보전하기 위하여 매도인을 대위해서만 명의수탁자에 대한 권리행사가 가능하였는데, 명의수탁자의 처분행위 등이 있다는 우연한 사정에 의하여 종전까지 존재하지 않았던 명의수탁자에 대한 청구권이 발생하여 직접 권리행사가 가능하게 된다.

③ 명의수탁자의 처분행위 등과 직접적인 원인관계가 있는 손해를 입은 사람은 소유자인 매도인이지 명의신탁자가 아니다.

④ 명의신탁자와 명의수탁자 사이에는 부당이득반환관계를 직접적으로 인정할 만한 법률상 원인 없는 급부나 비용지출, 배타적인 권리침해 등의 법률관계가 존재하지 않는다.

⑤ 명의수탁자의 처분행위 등으로 명의신탁자가 매도인에게 갖고 있는 소유권이전등기청구권이 이행불능에 이르게 되었다고 하더라도, 명의신탁자는 매도인에 대하여 여전히 손해배상청구권이나 계약해제 등의 권리를 보유한다. 명의수탁자의 처분행위 등으로 매도인이 명의신탁자로부터 받은 매매대금을 확정적으로 보유할 수 있게 되었다거나 매도인에게 손실이 발생하지 않는다고 단정할 수 없다. 매도인은 명의신탁자에게 민법 390조에 따라 채무불이행으로 인한 손해배상책임을 부담하고, 명의신탁자는 민법 546조에 따라 매매계약을 해제하고 매도인에게 원상회복을 청구할 수 있다. 명의신탁자는 매도인을 대위하여, 매도인의 명의수탁자에 대한 처분대금이나 보상금에 관한 대상청구권을 행사할 수도 있고 매도인의 부당이득반환청구권을 행사할 수도 있을 것이다.

⑥ 다수의견과 같이 명의신탁자가 명의수탁자를 상대로 직접 부당이득반환청구를 할 수 있다고 하면 마치 명의신탁자와 명의수탁자 사이에서 명의신탁약정이 유효한 것과 같은 효과를 일으켜 명의신탁자가 자신 앞으로의 등기이전이 불가능하게 되었을 때 투입한 매매대금을 쉽게 회수할 수 있게 된다. 이는 명의신탁약정과 그에 따른 물권변동을 무효로 하는 부동산실명법의 태도에 정면으로 반한다.

⑦ 단지 재산상 손해를 입은 자와 이득을 얻은 자 사이에 반환관계를 인정하는 것이 공평 · 정의의 이념에 부합하고 이해관계의 조정이 간명하다는 이유만으로 부당이득반환청구권을 인정할 수 있다고 보게 되면, 개별 사안에서 어느 경우에 부당이득반환청구권을 인정할 수 있을지 판단하기 어렵다. 단순히 추상적으로 공평 · 정의의 이념에 부합한다거나 이해조정이 간명하다는 이유만으로 직접적인 법률관계가 없는 명의신탁자와 명의수탁자 사이에서 부당이득반환관계를 인정할 수는 없다.

결국 다수의견과 반대의견은 명의수탁자에 대한 부당이득반환청구권을 가지는 자가 명의신탁자인가 아니면 매도인인가에 대하여 의견을 달리하고 있다. 또한 반대의견은 부당이득에 관한 유형론의 입장에 서서 매도인과 명의수탁자 사이에는 침해부당이득이 성립하고, 명의신탁자와 명의수탁자 사이에는 부당이득반환 관계를 직접적으로 인정할 만한 법률상 원인 없는 급부나 비용지출, 배타적인 권리침해 등의 법률관계가 존재하지 않는다고 보고 있다.

반면 다수의견에 대한 조재연 대법관의 보충의견은, 부당이득반환 제도는 이득자의 재산상이득이 법률상 원인을 결여하는 경우에 공평과 정의의 이념에 근거하여 이득자에게 그 반환의무를 부담시키는 것이고, 부당이득을 유형화하여 부당이득의 성립 여부를 판단하는 것은 부당이득에 관련된 법률관계를 구체적이고 명확하게 파악하는 데 유용한 도구가 될 수 있지만, 현실의 법률관계에서는 부당이득의 일정한 유형에 포함되지 않거나 부당이득의 유형에 관한 판단 기준을 그대로 적용하는 것이 적절하지 않은 경우도 있을 수 있으므로, 결국은 구체적 사안에서 정의와 공평의 이념에 따라 부당이득의 성립 여부와 부당이득반환의 권리관계를 판단하여야 할 것이지, 유형화된 부당이득의 틀 속에서만 부당이득에 관한 문제를 해결할 것은 아니라고 하였다.

3. 명의신탁자의 부당이득 부정설의 논거

학설상으로는 대상판결의 반대의견을 지지하는 견해가 많다. 즉 명의수탁자는 매도인 소유의 부동산을 처분한 것이므로 명의수탁자의 처분행위는 매도인에게 배타적으로 할당된 소유권을 침해한 행위로 매도인은 명의수탁자에게 침해부당이득을 주장할 수 있고, 명의신탁자는 명의수탁자에게 부당이득 반환을 청구할 수 있는 근거가 없다는 것이다.

이러한 부정설은 그 대안으로서 대상청구권을 주장한다. 즉 삼자간 등기명의신탁에서 명의수탁자 처분 시 매도인이 명의수탁자에 대하여 가지는 침해부당이득반환청구권은 이행불능으로 발생한 대체이익이고, 명의신탁자는 매도인에게 위 침해부당이득반환청구권의 양도를 구함으로써 대상청구권을 행사할 수 있다는 것이다. 대상판결의 반대의견도 이를 긍정하고 있다.

4. 명의신탁자의 부당이득 긍정설의 논거

부당이득 긍정설의 논거는 여러 가지이다. 1설은 명의수탁자는 명의신탁자에 대하여는 급부(급여)부당이득반환의무를 부담하고, 매도인에 대하여는 침해부당이득반환의무를 부담하는데, 급여부당이득이 침해부당이득에 우선하므로 결국 명의수탁자는 명의신탁자에게 부당이득반환의무를 부담한다고 한다. 다른 설은 명의신탁자가 전용물소권에 근거하여 명의수탁자에게 부당이득 반환을 청구할 수 있다고 본다. 세 번째 설은 명의신탁자가 명의수탁자를 상대로 불법행위로 인한 손해배상청구권을 행사할 수 있으므로 부당이득반환청구권도 행사할 수 있다고 한다.

이외에 명의신탁자의 부당이득반환청구권을 손해배상자의 대위를 규정하는 399조의 유추적용을 통해서 정당화될 수 있다는 견해도 있다. 즉 여기서의 채권자는 매도인으로, 채무자는 매수인으로 해석할 수 있고 매수인이 매매목적물의 가액을 전부 지급한 경우 채권자가 그 채권의 목적인 소유권을 상실하고 제3자=수탁자에 대해 손해배상청구권 또는 부당이득반환청구권을 보유한 경우 이것은 당연히 매수인=채무자에게 이전되는 것으로 해석할 수 있다는 것이다.

5. 검 토

사견으로는 명의신탁자가 명의수탁자를 상대로 불법행위로 인한 손해배상청구권을 행사할 수 있으므로 부당이득반환청구권도 행사할 수 있다고 하는 견해가 가장 타당하다고 본다.

앞에서 본 것처럼 판례는 3자간 등기명의신탁에서 타에 매도한 것은 명의신탁자인 원고에 대한 관계에서 불법행위에 해당하여 이로 인한 손해배상을 구할 수 있다고 하였다. 이론적으로는 이른바 제3자의 채권침해에 해당하는 것으로서, 명의수탁자가 명의신탁 사실을 알고 있었던 이상 불법행위의 성립을 인정하는 데 큰 어려움이 없다.

그런데 명의신탁자의 이러한 불법행위로 인한 손해배상청구권을 부정하는 견해도 있다. 즉 명의신탁자와 명의수탁자 간에 직접적인 불법행위에 기한 손해배상청구권을 인정하게 되면 사실상 명의신탁자를 소유자로 취급하는 것과 동일한 결론에 이르므로, 쉽게 제3자 채권침해의 위법성을 인정하여서는 안 된다는 것이다. 그러나 명의신탁자의 손해배상청구권을 인정하는 것이 사실상 명의신탁자를 소유자로 취급하는 것과 동일한 결론에 이른다고 할 수는 없을 것이다.

대상판결의 다수의견은 침해부당이득이 성립하는 근거에 관한 이른바 할당이론(Zuweisungstheorie)에 의하여 설명할 수 있다. 할당이론에 관하여는 물권적 청구권과 같은 금지청구권(Unterlassungsanspruch)을 기준으로 하는 설, 사용기능과 대가성을 기준으로 하는 설 및 불법행위법을 기준으로 하는 설 등이 주장되고 있다. 그런데 불법행위법을 기준으로 해야 한다고 주장하는 카나리스는, 할당의 내용은 불법행위법에 의한 보호에 의하여 결정되고, 불법행위법은 어떤 법익이 특정인에게 할당되는가 하는 점에 관하여 독립된 법적 규율 프로그램을 포함하고 있다고 한다. 가령 이미 다른 자에게 매도된 물건을 다시 사서 양도받는 것이 양속위반으로 독일 민법 826조에 어긋나는 경우와 같이 계약 위반의 유인(Verleitungzum Vertragsbruch)으로 인한 불법행위가 성립하는 경우에, 이 자는 사용의 대가와 경우에 따라서는 그 이익을 반환하여야 하는데, 이는 정당할 뿐만 아니라 체계적으로도 올바르다고 한다. 왜냐하면 826조에 의한 불법행위의 요건이 존재하면, 첫 번째 매수인의 채권은 계약 상대방에 대하여만 상대적으로 보호되는 것이 아니고, 제3자에 대하여도 보호되므로, 이미 할당 내용을 가진 법률적 지위가 존재한다는 것이다.

이러한 주장은 설득력이 있다고 보인다. 그러므로 3자간 등기명의신탁에서 명의수탁자의 처분행위가 명의신탁자에 대하여 불법행위에 해당한다면, 명의신탁자는 명의수탁자에 대하여 그 처분으로 인한 이득을 부당이득으로서 반환청구할 수 있다고 보아야 할 것이다. 위 전원합의체 판결은 이러한 경우에 명의신탁자가 명의수탁자에게 부당이득반환을 청구할 수 있는 근거를 직접 불법행위법에서 찾지는 않았으나, 적어도 양자를 같이 취급하려는 태도는 보여주고 있다.

참고문헌

권영준, 2021년 민법 판례 동향, 서울대 법학 63권 1호, 2022.

권오상, 등기명의신탁에서 명의수탁자의 처분행위시 명의신탁자의 법적 지위, 국민대 법학논총 34권 3호, 2022.

김송, 3자간 등기명의신탁에서 수탁자의 신탁부동산 처분에 대한 수탁자의 부당이득반환의무, 충남대 법학연구 33권 1호, 2022.

김종석, 3자간 등기명의신탁관계에서 부당이득반환관계, 사법 59호, 2022.

박석일, 3자간 명의신탁에서 명의신탁자의 명의수탁자에 대한 부당이득반환청구권 인정 여부, 재산법연구 37권 2호, 2020.

박신욱, 3자간 등기명의신탁에서 명의수탁자의 처분행위에 따른 부당이득반환청구권의 주체, 재산법연구 39권 2호, 2022.

반병동, 3자간 등기명의신탁에서 명의수탁자가 제3자에게 부동산을 처분한 경우, 명의신탁자가 명의수탁자를 상대로 직접 부당이득반환을 청구할 수 있는지 여부 및 명의신탁자의 권리 구제 방법에 관한 고찰, 부산판례연구회 판례연구 34집, 2023.

윤진수, 3자간 등기명의신탁에서 명의신탁자의 명의수탁자에 대한 부당이득 반환청구, 법률신문 4964호(2022.2.21.).

이계정, 삼자간 등기명의신탁에서 명의수탁자의 처분으로 인한 부당이득의 법률관계, 법조 71권 2호, 2022.

이병준, 2021년도 민법 [채권편] 관련 주요 대법원 판례에 대한 평석, 안암법학 64호, 2022.

이병준 · 김규완, 2022년도 민법『채권편』관련 주요 대법원 판례에 대한 평석, 안암법학 66호, 2023.

이성범, 3자간 등기명의신탁에서 명의수탁자가 신탁부동산을 임의로 처분한 경우의 법률관계, 법조 72권 1호, 2023.

이성진, 3자간 등기명의신탁과 부당이득반환청구, 민사법의 이론과 실무 25권 1호, 2022.

이혜리, 3자간 명의신탁에서 수탁자의 임의처분에 따른 책임, 일감부동산법학 26호, 2023.

장병주, 3자간 명의신탁에서 명의수탁자의 신탁재산 처분에 따른 법적 책임, 민사법의 이론과 실무 25권 2호, 25권 2호, 2022.

제철웅, 송덕수 교수의 "명의신탁된 부동산을 명의수탁자가 처분한 경우의 법률관계: 명의신탁 유형에 관한 논의를 포함하여"에 관한 평석, 이화여대 법학논집 25권 4호, 2021.

[판례 110]

집합건물의 구분소유자가 아닌 대지 공유자의 적정 대지지분을 가진 구분소유자에 대한 부당이득반환청구

대법원 2022.8.25. 선고 2017다257067 전원합의체 판결

사 실

X는 아버지인 A로부터 1978.7.10. 이 사건 토지 중 39.188/461.4 지분을 증여받고, 2011.5.10. 이 사건 토지 중 58.78/461.4 지분을 상속받아, 현재 이 사건 토지 중 97.968/461.4 지분을 소유하고 있다. 이 사건 집합건물(건물 연면적 1,118.88㎡)은 이 사건 토지 상에 1980. 12. 5. 건축되었는데, X나 A는 현재까지 이 사건 집합건물을 소유한 적이 없다. Y는 2003.8.29. 이 사건 집합건물 중 일부(면적 43.93㎡, 이하 '이 사건 전유부분'이라 한다)와 이 사건 토지 중 18.12/461.4 지분에 관하여 매매를 원인으로 한 소유권이전등기를 마쳤다. 한편 이 사건 토지에는 이 사건 집합건물 외에 다른 구분소유자가 소유한 가건물(면적 93.3㎡)도 소재하고 있다.

X는 Y를 상대로 대지의 사용·수익에 따른 차임 상당의 부당이득반환을 청구하였다.

1심과 원심은 X의 청구를 받아들였으나, 대법원 전원합의체는 일치된 의견으로 원심판결을 파기환송하였다.

이 유

공유자는 공유물 전부를 지분의 비율로 사용·수익할 수 있기 때문에(민법 263조 후단) 공유자 중 일부가 공유토지의 특정 부분을 배타적으로 사용·수익하는 경우에 비록 그 특정 부분이 자기의 지분비율에 상당하는 면적의 범위 내라 할지라도 다른 공유자들 중 지분은 있으나

사용 · 수익은 전혀 하지 않고 있는 자에 대하여는 배타적 사용 · 수익을 하고 있는 모든 공유자가 사용 · 수익을 하지 못하는 공유자의 지분에 상응하는 부당이득을 하고 있다는 것이 민법상 공유물에 관한 일반 법리이다. 집합건물 대지의 경우에도 위와 같은 공유물에 관한 일반 법리가 적용되는지 문제 된다.

공유자는 공유물 전부를 지분의 비율로 사용 · 수익할 수 있으므로 공유토지의 일부를 배타적으로 점유하면서 사용 · 수익하는 공유자는 그가 보유한 공유지분의 비율에 관계없이 다른 공유자에 대하여 부당이득반환의무를 부담한다. 그런데 일반 건물에서 대지를 사용 · 수익할 권원이 건물의 소유권과 별개로 존재하는 것과는 달리, 집합건물의 경우에는 대지사용권인 대지지분이 구분소유권의 목적인 전유부분에 종속되어 일체화되는 관계에 있으므로, 집합건물 대지의 공유관계에서는 이와 같은 민법상 공유물에 관한 일반 법리가 그대로 적용될 수 없고, 이는 대지 공유자들 중 구분소유자 아닌 사람이 있더라도 마찬가지이다.

집합건물에서 전유부분 면적 비율에 상응하는 적정 대지지분을 가진 구분소유자는 그 대지 전부를 용도에 따라 사용 · 수익할 수 있는 적법한 권원을 가지므로, 구분소유자 아닌 대지 공유자는 그 대지 공유지분권에 기초하여 적정 대지지분을 가진 구분소유자를 상대로는 대지의 사용 · 수익에 따른 부당이득반환을 청구할 수 없다고 봄이 타당하다.

이와 달리 판단한 대법원 2001.12.11. 선고 2000다13948 판결; 대법원 2011.7.14. 선고 2009다76522, 76539 판결 등은 이 판결의 견해와 배치되는 범위에서 변경하기로 한다.

해 설

1. 일반 공유자 사이의 부당이득 반환청구

일반적인 공유의 경우에 공유자들은 각자의 지분비율에 따라 그 토지를 사용수익할 수 있다. 따라서 공유자 중의 일부가 그 공유 토지의 특정된 한 부분을 배타적으로 사용 수익할 수 없다. 만일 공유자 중 일부가 공유토지의 특정 부분을 배타적으로 사용 · 수익하면, 비록 그 특정 부분이 자기의 지분비율에 상당하는 면적의 범위 내라 할지라도 다른 공유자들 중 지분은 있으나 사용 · 수익은 전혀 하지 않고 있는 자에 대하여는 배타적 사용 · 수익을 하고 있는 모든 공유자가 사용 · 수익을 하지 못하는 공유자의 지분에 상응하는 부당이득 반환의무가 있다(대판 1972.12.12, 72다1814; 1991.9.24, 88다카33855 등).

그리고 이러한 경우의 부당이득반환의무자가 여럿이면, 그들의 부당이득의 반환채무는 불가분채무이다(대판 1981.8.20, 80다2587; 1992.9.22, 92누2202 등).

2. 집합건물인 경우

종래 판례는, 집합건물의 소유자가 그 부지를 점유하고 있는 경우에도 이러한 일반적인 공유에 관한 판례를 그대로 적용하였다. 그리하여 대법원은 집합건물의 대지 공유자 중의 일부가 대지 전부를 배타적으로 점유 · 사용하고 있다면 다른 공유자들 중 지분은 있으나 사용 · 수익은 전혀 하지 않고 있는 자에 대하여는 그자의 지분에 상응하는 부당이득을 하고 있다고 보았다(대판 2001.12.11, 2000다13948; 2011.7.14, 2009다76522, 76539).

그러나 다른 판례는, 전유부분 면적 비율에 상응하는 적정 대지지분을 가진 구분소유자는 부당이득반환의무가 없다고 보았다. 즉 원고들은 구분소유자 아닌 대지 공유자들이고, 피고는 대지권 없는 아파트 3채의 소유자이며, 나머지 아파트 27채의 소유자들은 모두 대지권을 가지고 있는 사안에서, 대법원은 대지권이 없는 아파트 3채의 소유자인 피고는 원고에게 부당이득반환의무가 있지만, 나머지 아파트 27채의 소유자들은 어떠한 이득을 얻거나 손해를 입고 있다고는 할 수 없다고 하였다(대판 1992.6.23, 91다40177).

한편 판례는 구분소유자들 상호간의 관계에서는, 1동의 건물의 구분소유자들이 그 건물의 대지를 공유하고 있는 경우 각 구분소유자는 별도의 규약이 존재하는 등의 특별한 사정이 없는 한 그 대지에 대하여 가지는 공유지분의 비율에 관계없이 그 건물의 대지 전부를 용도에 따라 사용할 수 있는 적법한 권원을 가진다고 하여, 구분소유자들 상호간에는 부당이득반환청구를 할 수 없다고 하였다(대판 1995.3.14, 93다60144. 같은 취지, 대판 2012.5.24, 2010다108210; 2013.3.14, 2011다58701).

3. 대상판결

대상판결은 위 대판 2001.12.11, 2000다13948; 2011.7.14, 2009다76522, 76539를 변경하여, 구분소유자 아닌 대지 공유자는 그 대지 공유지분권에 기초하여 적정 대지지분을 가진 구분소유자를 상대로는 대지의 사용 · 수익에 따른 부당이득반환을 청구할 수 없다고 하였다.

대상판결이 이와 같이 본 이유는 대체로 다음과 같다. **첫째,** 구분소유자가 대지를 사용 · 수익할 권원으로 확보한 대지지분은 특별한 사정이 없는 한 구분소유권의 목적인 전유부분과 개별적으로 일체화되어 전유부분에 결합되는 관계에 있으므로, 대지지분에 대한 권리관계는 전유 부분과 분리해서 볼 수 없어서 집합건물 대지의 공유관계에는 일반적인 공유관계와 다른 특수성이 존재하므로 민법상 공유물에 관한 일반법리가 그대로 적용될 수 없다.

둘째, 적정 대지지분을 가진 구분소유자의 대지 사용 · 수익에 관하여는 부당이득의 성립요건이 충족되지 않는다. 구분소유자가 대지사용권으로 보유하여야 할 대지지분은 원칙적으로 전유부분의 면적 비율에 따라야 한다는 것이 집합건물법의 취지라고 할 수 있다. 구분소유자가 이러한 취지에 따라 대지사용권으로서 적정 대지지분을 확보한 경우에는 전유부분을 소유하기 위하여 대지 전부를 온전히 사용 · 수익할 권리를 가지므로, 법률상 원인 없는 이익을 얻는 것이 아니고, 적정 대지지분을 가진 구분소유자는 집합건물법에서 필요로 하는 대지사용권의 범위를 모두 충족하였으므로 다른 대지 공유자의 지분권을 침해한다고 볼 수도 없다.

셋째, 적정 대지지분을 가진 구분소유자는 구분소유자 아닌 대지 공유자에게 부당이득반환의무를 부담하지 않는다고 보아야 할 현실적인 필요성도 있다. 민법상 공유물에 관한 일반 법리에 따라 적정 대지지분을 가진 구분소유자도 대지지분의 비율과 관계없이 부당이득반환의무를 부담한다면, 구분소유자 아닌 대지 공유자는 대지를 사용·수익하지 못한 손해를 전보받기 위하여 모든 구분소유자들을 상대로 부당이득반환을 청구하여야만 하고, 적정 대지지분을 가짐에도 부당이득반환의무를 부담하게 된 구분소유자는 정의 관념상 다시 다른 구분소유자를 상대로 자신의 지분권 침해에 따른 부당이득반환을 청구할 수 있어야 하는데, 이는 연쇄적 소송으로 이어져 부당이득반환에 따른 법률관계가 지나치게 복잡해진다.

4. 검 토

집합건물의 구분소유자는 전유부분을 소유하기 위하여 건물의 대지에 대하여 대지사용권을 가져야 한다{집합건물의 소유 및 관리에 관한 법률(집합건물법) 2조 6호}. 대지사용권은 소유권과 소유권 이외의 용익권(지상권, 전세권, 임차권, 사용차권 등)이 있을 수 있으나, 실제로는 소유권이 압도적으로 많다.

모든 구분소유자가 그 구분건물의 전유면적 비율에 따른 대지에 관한 공유지분인 대지사용권을 가지는 상황이 가장 이상적이다. 대상판결은 전유부분 면적 비율에 상응하는 대지 공유지분을 적정 대지지분이라고 한다. 그러나 일부 구분소유자가 적정 대지지분에 미달하는 대지지분을 가지고, 다른 구분소유자는 적정 대지지분을 초과하는 대지지분을 가지거나, 구분소유권 없이 대지에 관한 공유지분만을 가지는 자가 있을 수 있다.

대상판결은 구분소유권 없이 대지에 관한 공유지분만을 가지는 X가 적정 대지지분을 보유하고 있는 Y를 상대로 부당이득 반환을 청구하는 사안이다. 이 경우에 일반 공유에 관한 법리를 그대로 적용한다면, Y는 X에 대하여 부당이득반환 의무가 있다고 보게 될 것이다. 그러나 집합건물의 대지에 관한 공유는 일반적인 공유와는 다르다.

우선 집합건물의 구분소유자는 전유부분에 대하여 단독의 소유권을 가지고, 집합건물 전체를 공유하는 것이 아니다. 그리고 집합건물의 대지사용권인 대지지분은 구분소유권의 목적인 전유부분에 종속되어 일체화되는 관계에 있다. 집합건물법 20조는 구분소유자의 대지사용권은 그가 가지는 전유부분의 처분에 따르고, 구분소유자는 그가 가지는 전유부분과 분리하여 대지사용권을 처분할 수 없다고 규정한다. 이에 대하여는 **[판례 34]** 참조.

또한 집합건물법 8조는 대지 위에 구분소유권의 목적인 건물이 속하는 1동의 건물이 있을 때에는 그 대지의 공유자는 그 건물 사용에 필요한 범위의 대지에 대하여는 분할을 청구하지 못한다고 정하고, 22조는 대지사용권에 대하여는 공유자가 그 지분을 포기하거나 상속인 없이 사망한 때에 그 지분이 다른 공유자에게 각 지분의 비율로 귀속하도록 한 민법 267조를 적용하지 않는다고 정하는 등 일반 공유와는 다른 특칙을 정하고 있다.

그리고 집합건물법은 각 공유자의 지분은 그가 가지는 전유부분의 면적 비율에 따르도록 규정하고 있으므로(12조 1항), 구분소유자가 대지사용권으로 보유하여야 할 적정 대지지분은 원칙적으로 전유부분의 면적 비율에 따라야 한다는 것이 집합건물법의 취지라고 할 수 있다.

구분소유자가 이와 같은 취지에 따라 대지사용권으로 취득해야 할 적정 대지지분을 모두 확보한 경우에는 전유부분을 소유하기 위하여 대지 전부를 온전히 사용·수익할 권리를 가진다고 볼 수 있다. 그러므로 적정 대지지분을 가진 구분소유자는 전유부분을 소유하기 위하여 집합건물법에서 필요로 하는 대지사용권의 범위를 모두 충족하였으므로 다른 대지 공유지분을 추가로 취득할 필요가 없고, 자신의 적정 대지지분에 기하여 대지를 전유부분 면적 비율로 사용·수익하는 것인 이상 다른 대지 공유자의 지분을 수익할 필요도 없다. 따라서 적정 대지지분을 가진 구분소유자는 전유부분을 소유하기 위하여 대지를 사용·수익하면서 다른 대지 공유자의 지분권을 침해한다고 볼 수 없다는 대상판결의 설시는 타당하다.

대상판결에서의 안철상 대법관의 보충의견은, 실질적으로는 각자 대지를 전유부분 면적 비율만큼 사용·수익하는 것으로 볼 수 있고, 또 구분소유자들이 대지 중 각 전유부분 면적 비율에 상응하는 특정 부분을 점유하면서 사용·수익하는 것과 법률적으로 동일하게 평가할 수 있다고 한다.

한편 대상판결은 그와 같이 보아야 할 현실적인 필요성도 있다고 하였다. 우선 구분소유자로서는 부당이득반환의무의 부담 없이 전유부분을 안정적으로 소유하기 위하여 적정 대지지분을 확보하고자 하는 동기를 가지게 된다는 것이다. 그리고 그와 같이 보지 않으면 구분소유자 아닌 대지 공유자로서는 대지를 사용·수익하지 못하는 손해를 전보받기 위하여 모든 구분소유자들을 상대로 부당이득반환을 청구하여야만 하고, 또 적정 대지지분을 가진 구분소유자가 다시 다른 구분소유자를 상대로 부당이득반환을 청구할 수 있다고 보게 되면, 부당이득반환에 따른 법률관계가 지나치게 복잡해진다고 한다. 이러한 판시도 설득력이 있다.

5. 대상판결의 실제적 적용

대상판결에 따를 때에는 적정 대지지분을 가지지 못한 구분소유자는 구분소유자 아닌 대지공유자에 대하여 구분소유자 아닌 대지 공유자의 지분에 해당하는 차임 상당액 중 적정 대지지분을 가지지 못한 구분소유자들의 부족 지분의 비율에 따라 산정한 금액 상당의 부당이득반환의무를 부담하게 된다. 안철상 대법관의 보충의견도 그와 같이 판시하고 있다.

예컨대 10인(101~502호)이 동일한 전유면적으로 구분소유하는 5층짜리 집합건물의 부지에 관하여 구분소유자 아닌 토지 4/10 공유자 甲이 있고, 해당 토지의 나대지로서의 차임이 100만원이며, 구분소유자 10인이 대지권으로서 토지 공유지분을 'A~E까지 5인이 각 1/10, F, G가 각 5/100, H, I, J가 각 0'만큼 가지고 있다고 할 때, A~E까지 5인은 적정 대지지분권자이므로 부당이득반환의무가 없고, 부족 대지지분권자인 F, G가 각 5/100, H, I, J가 각 1/10의 비율로 총 40만 원[=100만 원×4/10(甲의 지분)]을 분담하여, F, G 각 5만 원, H, I, J 각 10만 원을 부담함이 타당하다.

그리고 이러한 복수의 구분소유자들의 부당이득반환의무는 일반 공유와는 달리 불가분채무 아닌 분할채무로 보는 것이 실무례이다. 안철상 대법관의 보충의견도 이를 강조하고 있다.

한편 종래 판례는 구분소유자들 상호간의 관계에서는, 그 대지에 대하여 가지는 공유지분의 비율에 관계없이 구분소유자들 상호간에는 부당이득반환청구를 할 수 없다고 하였다. 그러나 대상판결에서의 안철상 대법관의 보충의견은, 구분소유자 중 1인이 적정 대지지분을 초과하는 대지지분을 가지고 있는 경우 그 초과하는 대지지분에 대하여는 실제로 구분소유자 아닌 사람이 그 지분을 가지고 있는 것과 차이가 없고, 이러한 경우 초과 대지지분을 가지는 구분소유자가 그 초과하는 대지지분권에 기하여 적정 대지지분을 가지지 못한 다른 구분소유자를 상대로 부당이득반환을 청구할 수 있는지 여부에 대해서는 향후 구체적인 사례를 통하여 이론을 정립할 필요가 있음을 언급해 둔다고 하였다.

이 문제에 대하여는 초과 대지지분권자도 부족 대지지분권자를 상대로 부당이득반환을 청구할 수 있는 것으로 해석하여야 한다는 학설이 있다.

참고문헌

권영준, 2022년 민법 판례 동향, 서울대학교 법학 64권 1호, 2023.

김동호, 적정 대지지분권자, 부족 대지지분권자, 구분소유자 아닌 대지 공유자 간 법률관계에 대한 고찰, 사법 66호, 2023.

김중길, 구분소유자 아닌 대지 공유자의 부당이득반환청구, 법조 72권 3호, 2023.

박동규, 집합건물의 구분소유자 아닌 대지 공유자가 전유부분 면적 비율에 상응하는 적정 대지지분을 가진 구분소유자를 상대로 대지의 사용·수익으로 인한 부당이득반환을 청구할 수 있는지 여부, 사법 62호, 2022.

정의진, 대지사용권이 부족한 구분소유자의 부당이득반환의무와 그 범위, 집합건물법학 44집, 2022.

[판례 111]

등기부취득시효 완성으로 인한 무권리 처분자의 원소유자에 대한 부당이득 반환의무

대법원 2022.12.29. 선고 2019다272275 판결

사 실

이 사건 토지는 A가 일제강점기인 1917.10.15. 사정받은 토지인데, 이후 지적공부가 멸실되었다가 1977.3.5. 소유자가 기재되지 않은 채로 임야대장이 복구되었다. Y(대한민국)는 1986. 12.19. 이 사건 토지에 관하여 소유권보존등기를 마친 후 1997.12.1. B에게 이를 5,499만 원에 매도하고 1998.1.5. 소유권이전등기를 마쳐주었다. A의 상속인들인 X들은 2017.4.21. Y와 B를 상대로 이 사건 토지에 관하여 소유권보존등기와 소유권이전등기의 말소를 구하는 등의 소를 제기하였다. 그러나 법원은 2017.12.8. X들의 Y에 대한 소유권보존등기말소청구는 인용하되 B에 대한 소유권이전등기말소청구는 민법 245조 2항에 따른 등기부취득시효가 완성되었음을 이유로 기각하는 판결을 선고하였고, 위 판결은 2018.1.4. 그대로 확정되었다.

X들은 2018.1.15. 다시금 Y를 상대로 이 사건 소를 제기하면서 국가배상청구를 하였다. 그러나 제1심은 2019.1.24. Y가 이 사건 토지에 관하여 소유권보존등기를 마친 다음 위 토지를 B에게 매도하고 그 소유권이전등기를 마쳐준 행위를 불법행위라고 보기는 어렵다고 하여 청구를 기각하였다. X는 항소하면서 2019.3.22. 추가로 Y가 B로부터 받은 매매대금에 대하여 부당이득반환을 청구하였다. 원심은 불법행위 청구에 대한 X의 항소는 기각하였으나, 부당이득반환청구를 일부 인용하였으나, 대법원은 원심판결을 파기하였다.

이 유

적법한 원인 없이 타인 소유 부동산에 관하여 소유권보존등기를 마친 무권리자가 그 부동산을 제3자에게 매도하고 소유권이전등기를 마쳐주었다고 하더라도, 그러한 소유권보존등기와 소유권이전등기는 실체관계에 부합한다는 등의 특별한 사정이 없는 한 모두 무효이다. 따라서 이 경우 원소유자가 소유권을 상실하지 아니하고, 또 무권리자가 제3자와 체결한 매매계약의 효력이 원소유자에게 미치는 것도 아니므로, 무권리자가 받은 매매대금이 부당이득에 해당하여 이를 원소유자에게 반환하여야 한다고 볼 수는 없다.

한편 무권리자로부터 부동산을 매수한 제3자나 그 후행 등기 명의인이 과실 없이 점유를 개시한 후 소유권이전등기가 말소되지 않은 상태에서 소유의 의사로 평온, 공연하게 선의로 점유를 계속하여 10년이 경과한 때에는 민법 245조 2항에 따라 바로 그 부동산에 대한 소유권을 취득하고, 이때 원소유자는 소급하여 소유권을 상실함으로써 손해를 입게 된다. 그러나 이는 민법 245조 2항에 따른 물권변동의 효과일 뿐 무권리자와 제3자가 체결한 매매계약의 효력과는 직접 관계가 없으므로, 무권리자가 제3자와의 매매계약에 따라 대금을 받음으로써 이익을 얻었다고 하더라도 이로 인하여 원소유자에게 손해를 가한 것이라고 볼 수도 없다.

해 설

1. 등기부시효취득자가 원소유자에 대하여 부당이득반환의무를 부담하는지 여부

대상판결의 선결문제로서, 등기부시효취득이 인정되는 경우에 시효취득자는 원소유자에 대하여 부당이득반환의무를 부담하는가를 따져 볼 필요가 있다. 이 문제는 독일에서 논쟁이 있었던 것인데, 과거의 독일 최고법원인 제국법원(Reichsgericht)은 1930.10.6. 판결(RGZ 130, 69)에서 동산의 취득시효 사안에서 시효취득자의 부당이득 반환의무를 인정하였다. 그러나 현재의 연방통상대법원(Bundesgerichtshof)은 2016.1.22. 판결(BGHZ 208, 316)에서 이를 부정하였다.

국내의 학설은 대체로 이와 같은 경우 시효취득자의 부당이득 반환의무를 부정하고 있다.

2. 선의취득과 양도인의 부당이득 반환의무

대상판결의 원심판결은 Y의 부당이득 반환의무를 인정하면서 선례로서 대판 2011.6.10, 2010다40239를 인용하였다. 이 사건에서는 피고의 조부가 취득한 토지가 친일반민족행위자 재산의 국가귀속에 관한 특별법 3조 1항 전문에 의하여 국가에 귀속되었으나, 피고로부터 위 토지를 매수취득한 제3자가 위 법 3조 1항 후문의 선의의 제3자에 해당하여 토지를 반환받을 수 없었던 사안에서, 피고는 부당이득한 매매대금을 반환할 의무가 있다고 하였다. 즉 “무권리자가 타인의 권리를 제3자에게 처분하였으나 선의 제3자의 보호규정에 의하여 원래의 권리자가 권리를 상실하는 경우, 그 권리자는 무권리자를 상대로 제3자로부터 그 처분의 대가로 수령한 것을 이른바 침해부당이득으로 보아 반환청구할 수 있다”는 것이다.

위와 같은 특별법에 의한 선의취득뿐만 아니라 민법상의 선의취득(249조)에서도 무권리자인 양도인이 원래의 소유자에 대하여 부당이득반환의무를 부담한다는 점에 대하여는 학설상으로 이견이 없다.

3. 대상판결 및 대상판결을 지지하는 견해

그러나 대상판결은 Y의 부당이득반환의무를 부정하였다. 그 이유는 원소유자가 소유권을 상실하여 손해를 입게 되는 것은 등기부취득시효를 규정한 245조 2항에 따른 물권변동의 효과일 뿐 무권리자와 제3자가 체결한 매매계약의 효력과는 직접 관계가 없으므로, 무권리자가 제3자와의 매매계약에 따라 대금을 받음으로써 이익을 얻었다고 하더라도 이로 인하여 원소유자에게 손해를 가한 것이라고 볼 수 없다는 것이다. 이는 무권리자의 처분과 X의 손해 사이에 인과관계가 없다는 것으로 이해된다.

대상판결을 지지하는 견해는, 시효취득자가 취득시효의 요건을 갖출 때까지 종전 소유자는 양수인에 대하여 자신의 소유권을 행사할 수 있는 지위에 있었으므로 양도인에 대해서 그가 수령하였던 매매대금에 대하여 이를 부당이득이라고 주장할 여지가 없었는데, 취득시효가 완성되었다고 해서, 돌연 같은 내용의 권리가 부당이득의 이름으로 종전 소유자에게 부여되어야 할 이유는 없다고 한다. 또한 양도인은 취득시효기간이 진행되는 10년 정도 어느 누구로부터도 매매대금의 반환을 청구받지 아니하여서, 만일 누구에게 그 반환을 청구할 권리가 성립하였다고 하더라도 그 소멸시효가 완성하였을 것인데, 양수인이 목적물을 시효취득하였다는 사정에 기하여 이를 종전 소유자에게 반환하여야 할 이유는 없다고 한다.

또한 취득시효의 완성에 따른 원소유자의 소유권 상실은 무권리자의 처분 자체 내지 그 거래의 안전과 필연적인 관계가 없고, 이러한 부당이득반환청구권을 승인하면 취득시효의 완성으로 차단되어야 할 소유권의 경제적·실질적 내용에 기반한 청구권을 부활시키게 되어, 그 부당이득반환청구권이 취득시효 완성자가 아닌 무권리자에 대한 것이라 해도 취득시효 제도가 목적으로 삼는 종국적인 법적 안정에 반한다고 볼 여지가 있다는 주장도 있다.

4. 대상판결에 반대하는 견해

대상판결에 반대하는 견해는 우선 이득과 손실이 동일사건의 양면에 해당하지 않는 사례에서도 부당이득법상의 인과관계를 인정할 수 있고, 이득과 손실이 동일사건의 양면이어야 한다는 것을 요구한다고 하더라도, 매수인의 등기부시효취득으로 인해서 무권리처분자는 ‘계약책임에서의 해방’이라는 이득을 얻고, 원권리자는 소유권 상실이라는 손실을 입었다고 할 수 있다고 한다.

그리고 원권리자가 소유권을 상실하고 있지 않은 경우에도 원권리자는 해당 처분행위를 추인하여 매매대금에 대해 부당이득반환을 청구할 수 있다는 점도 지적한다.

5. 검 토

이와 같은 경우 원칙적으로는 무권리 처분자의 부당이득반환의무가 인정되어야 한다고 본다. 대상판결은 원소유자가 소유권을 상실하여 손해를 입게 되는 것은 등기부취득시효 때문이고 무권리자와 제3자가 체결한 매매계약의 효력과는 직접 관계가 없다는 이유로 Y의 처분과 X의 손해 사이에 인과관계를 부정하였다. 그러나 원소유자가 소유권을 상실한 것이 등기부취득시효 때문이라고 하여 무권리자의 처분과 원소유자의 소유권 상실 사이에 인과관계가 없다고는 할 수 없다. 무권리자의 처분으로 인하여 양수인이 등기부시효취득할 수 있게 되었으므로, 무권리자의 처분과 양수인의 시효취득 사이에 인과관계를 부정할 수는 없다. 그렇다면 무권리자가 이 사건 토지를 처분함으로써 매매대금을 취득한 것과, X의 소유권 상실 사이에 인과관계를 부정할 수는 없다.

또 처분자인 무권리자에 대하여 부당이득반환의무를 인정하는 것이 취득시효 제도가 목적으로 삼는 종국적인 법적 안정에 반한다고 볼 여지가 있다는 주장에 대하여는, 법적 안정은 시효취득자에 대하여는 의미가 있지만, 무권리자인 처분자에 대하여도 법적 안정을 이유로 보호할 필요가 없다고 반박할 수 있다. 기본적으로 선의취득과 취득시효를 구별하여 전자의 경우에만 무권리자의 부당이득을 인정하려는 견해는 지나치게 기교적이고 쉽게 받아들이기 어렵다.

다른 한편 대상판결을 지지하는 견해에서는 시효취득자가 취득시효의 요건을 갖출 때까지 종전 소유자는 양수인에 대하여 자신의 소유권을 행사할 수 있는 지위에 있었으므로 양도인에 대해서 그가 수령하였던 매매대금에 대하여 이를 부당이득이라고 주장할 여지가 없었는데, 취득시효가 완성되었다고 해서, 같은 내용의 권리가 부당이득의 이름으로 종전 소유자에게 부여되어야 할 이유는 없다고 한다. 그러나 시효취득자가 취득시효의 요건을 갖출 때까지 종전 소유자는 양수인에 대하여 자신의 소유권을 행사할 수 있었으므로 양도인에 대하여 매매대금의 반환을 청구할 필요는 없지만, 취득시효가 완성되어 더 이상 종전 소유자가 양수인에 대하여 자신의 소유권을 행사할 수 없게 된 이상 그 대신 양도인에 대한 부당이득반환을 청구하는 것이 특별히 부당하다고 볼 이유가 없다.

또한 등기부취득시효가 완성되기 전이라도 종전 소유자는 무권리자의 처분행위를 추인하고 무권리자가 받은 대가를 부당이득으로 반환청구할 수 있다는 것은 일반적으로 인정되고 있다. 그러므로 취득시효가 완성된 후 종전 소유자가 무권리자인 양도인에게 부당이득 반환청구를 할 수 있다는 것이 문제될 수는 없다.

독일에서는 이처럼 무권리자의 처분으로 인하여 취득시효가 완성된 경우에 그것만으로 처분자가 원래의 권리자에 대하여 부당이득 반환의무를 부담하는가에 대하여는 견해가 나누어진다. 그러나 부당이득 반환의무를 부정하는 견해에서도, 원래의 권리자의 추인은 시효취득 완성 후에도 가능하다고 한다.

그러나 Y가 이 사건 토지에 대하여 소유권보존등기를 할 때 과실이 없었다면, Y는 소유권보존등기 후 10년이 지나면 등기부취득시효를 주장할 수 있었을 것이고, 10년이 지나기 전에 B에게 소유권이전등기를 마쳐 주었다 하더라도, 등기명의를 여전히 보유하고 있었더라면 Y의 등기부취득시효가 완성되었을 것이라고 주장하여 X의 부당이득반환청구를 거부할 수 있는 것으로 보아야 할 것이다. 다만 이 사건 선행소송에서는 Y가 등기부취득시효를 주장하였으나, 법원은 Y에게 과실이 있다는 이유로 이를 받아들이지 않았다.

그런데 이처럼 등기부취득시효에 관하여는 Y에게 과실이 있었다고 하면서(이는 대판 2014.10.30, 2010다92773을 따른 것이다), Y가 이 사건 토지를 B에게 매도하고 그 소유권이전등기를 마쳐준 행위를 불법행위라고 보기는 어렵다고 한 것(이는 대판 2014.12.11, 2011다38219를 따른 것이다)은 모순이라고 여겨진다.

참고문헌

박영목, 등기부시효취득시 무권리처분자의 원소유자에 대한 부당이득 반환, 안암법학 66호, 2023.

양창수, 매수인의 등기부취득시효 완성과 매도인에 대한 원소유자의 부당이득반환청구, 법률신문 5080호(2023.5.10.), 2023.

이병준 · 김규완, 2022년도 민법『채권편』관련 주요 대법원 판례에 대한 평석, 안암법학 66호, 2023.

이성범, 등기부취득시효의 완성에 따른 부당이득반환 문제, 재산법연구 40권 3호, 2023.

[판례 112]

의료행위에 있어서의 주의의무, 간접사실에 의한 과실의 추정

대법원 2004.10.28. 선고 2002다45185 판결

사 실

A는 1998.1.14. 심한 어지러움 증세 등으로 Y 법인 산하 의료원 응급실을 통하여 입원하였고, 위 병원 소속 신경과 의사 B는 뇌자기공명영상(MRI) 촬영 결과 우측 소뇌에 다발성 소강성 뇌경색이 나타나자, 같은 달 17. 지도교수와 상의하여 뇌혈관의 이상 여부를 확인하기 위하여 뇌혈관조영술 검사를 실시하기로 결정하였는데, 그 무렵 A의 어지러움증은 거의 호전되었다. 위 병원 소속 진단방사선과 의사인 C는 같은 달 21. A에 대하여 뇌혈관조영술을 하기 위하여 우측 서혜부 대퇴동맥에 카테터(도관)를 삽입한 다음 주사기를 사용하여 조영제를 투여하면서 4번 우측추골동맥을 촬영하던 중, A가 갑자기 두통을 호소하여 검사를 중단하였으나, A는 이미 의식을 상실하였다. 같은 날 추적 뇌단층 촬영을 시행한 결과 A의 뇌간과 소뇌의 경색이 확인되었으며, 그 후 A는 의식을 회복하지 못하고 같은 해 2.5. 사망하였다. A의 상속인인 X들은 Y에 대하여 손해배상을 청구하였다.

원심은, 뇌혈관조영술을 받다가 뇌경색이 발생할 원인으로 추정할 수 있는 것은 동맥 내에 형성된 혈전이나 동맥경화 덩어리가 떨어져 나가 뇌동맥을 막는 경우로 추단할 수 있고, 위 혈전이나 동맥경화 덩어리가 떨어지게 된 원인을 선뜻 단정할 수 없는 상태이지만, 이 사건 시술과 망인의 사망 사이에 다른 원인이 게재되었을 가능성은 전혀 찾아볼 수 없으며, A는 입원 후 치료를 받아 상태가 거의 호전되어 퇴원을 기다리던 중 발병 원인의 정확한 규명과 향후 치료방법을 위하여 뇌혈관조영술을 받던 중 혈전이 떨어져 기저동맥을 막음으로써 사망에 이르게 된 점 등 제반 정황에 비추어 보면, 결국 A의 사망은 C의 시술과정에서의 잘못으로 인한 것이라고 추정할 수 있다고 판단하고, C가 뇌혈관조영술 시술 당시 주의의무를 다하였음을 인정하기에 부족하다는 판단을 덧붙였다.

그러나 대법원은 원심판결을 파기환송하였다.

이 유

의사가 진찰 · 치료 등의 의료행위를 함에 있어서는 사람의 생명 · 신체 · 건강을 관리하는 업무의 성질에 비추어 환자의 구체적인 증상이나 상황에 따라 위험을 방지하기 위하여 요구되는 최선의 조치를 취하여야 할 주의의무가 있고, 의사의 이와 같은 주의의무는 의료행위를 할 당시 의료기관 등 임상의학 분야에서 실천되고 있는 의료행위의 수준을 기준으로 삼되 그 의료수준은 통상의 의사에게 의료행위 당시 일반적으로 알려져 있고 또 시인되고 있는 이른바 의학상식을 뜻하므로 진료환경 및 조건, 의료행위의 특수성 등을 고려하여 규범적인 수준으로 파악되어야 한다.

한편, 의료행위는 고도의 전문적 지식을 필요로 하는 분야로서 전문가가 아닌 일반인으로서는 의사의 의료행위의 과정에 주의의무 위반이 있는지의 여부나 그 주의의무 위반과 손해발생 사이에 인과관계가 있는지 여부를 밝혀내기가 극히 어려운 특수성이 있으므로, 수술 도중 환자에게 사망의 원인이 된 증상이 발생한 경우 그 증상 발생에 관하여 의료상의 과실 이외의 다른 원인이 있다고 보기 어려운 간접사실들을 입증함으로써 그와 같은 증상이 의료상의 과실에 기한 것이라고 추정하는 것도 가능하지만, 그 경우에도 의사의 과실로 인한 결과발생을 추정할 수 있을 정도의 개연성이 담보되지 않는 사정들을 가지고 막연하게 중한 결과에서 의사의 과실과 인과관계를 추정함으로써 결과적으로 의사에게 무과실의 입증책임을 지우는 것까지 허용되는 것은 아니다.

원심으로서는 막연히 C가 조영제를 투여하면서 최대한의 주의를 기울였다고 인정하기에 부족하다는 등의 이유로 시술상의 과실을 추정할 수는 없고, C의 시술상의 과실이 아니더라도 이미 중증의 뇌경색 증세를 가진 A의 체내에서 혈전 등이 떨어져 나와 혈류를 따라다니다가 기저동맥을 막을 가능성이 배제될 수 없는 이상 A가 입원치료받는 며칠 동안 증세가 호전되었다는 사정만으로 C의 시술과 사망 사이의 인과관계를 추정하기도 어렵다.

해 설

1. 과실의 개념

불법행위의 성립요건으로서의 과실이라 함은 일정한 결과가 발생한다는 것을 알고 있어야 함에도 불구하고 부주의, 즉 주의를 게을리 하였기 때문에 그것을 알지 못하고 어떤 행위를 하는 심리상태를 말한다는 것이 종래의 통설이다. 이를 예견가능성설이라고 한다. 반면 회피가능성설은 특정한 결과를 회피할 수 있었음에도 불구하고 회피하지 않은 것을 과실로 이해한다.

판례는 의료사고에 있어서 의료종사원의 과실을 인정하기 위하여서는 의료종사원이 결과발생을 예견할 수 있었음에도 불구하고 그 결과발생을 예견하지 못하였고, 그 결과발생을 회피할 수 있었음에도 불구하고 그 결과발생을 회피하지 못한 과실이 검토되어야 한다고 하여 양자를 다 같이 요구한다(대판 1987.1.20, 86다카1469 등).

다른 한편 불법행위법상의 과실을 객관적 과실로 파악할 것인가, 주관적 과실로 파악할 것인가에 관하여도 다소 견해의 대립이 있다. 객관적 과실설은 과실이 있다고 하기 위하여 요구되는 주의의 정도는 행위자 개인의 능력을 중심으로 하는 것이 아니라, 추상적으로 일반인, 보통인, 표준인에게 요구되는 주의의무의 정도라고 본다. 다만 여기서 말하는 일반인이란 그와 같은 업무와 직무에 종사하는 사람을 말한다. 반면 주관적 과실설은 행위자 개인에게 요구되는 주의를 태만히 하는 것을 과실이라고 본다. 통설은 객관적 과실설이고, 판례도 객관적 과실설이다. 즉 불법행위에 의한 손해배상의무의 전제가 되는 과실의 유무와 그 과실의 경중에 관한 표준은 그 개인에게 관한 구체적인 사정에 의하여 결정하는 것이 아니고, 일반적인 보통인으로서 할 수 있는 주의의 정도를 표준으로 하여야 하며, 위의 일반적 보통인이란 추상적인 일반인을 말함이 아니고 그와 같은 업무와 직무에 종사하는 보통인을 말하는 것이므로, 그와 같은 직업과 직무에 종사하는 사람으로서는 보통 누구나 할 수 있는 주의의 정도를 표준으로 한다고 본다(대판 1967.7.18, 66다1938).

2. 의료행위에서의 과실

판례는 의료행위에서 의료인의 과실 유무를 판단함에 있어서는 우선 위와 같은 객관적 과실설에 따른다는 것을 명언하고 있다(대판 1987.1.20, 86다카1469 등). 좀더 구체적으로는, "인간의 생명과 건강을 담당하는 의사에게는 그의 업무의 성질에 비추어 보아 위험방지를 위하여 필요한 최선의 주의의무가 요구되고, 따라서 의사로서는 환자의 상태에 충분히 주의하고 진료 당시의 의학적 지식에 입각하여 그 치료방법의 효과와 부작용 등 모든 사정을 고려하여 최선의 주의를 기울여 그 치료를 실시하지 않으면 안 되는데, 이러한 주의의무의 기준은 진료 당시의 이른바 임상의학의 실천에 의한 의료수준에 의하여 결정되어야 하나, 그 의료수준은 규범적으로 요구되는 수준으로 파악되어야 하고, 당해 의사나 의료기관의 구체적 상황에 따라 고려되어서는 안 된다"는 것이다(대판 1997.2.11, 96다5933). 여기서 말하는 의료수준이란 통상의 의사에게 의료행위 당시 일반적으로 알려져 있고 또 시인되고 있는 이른바 의학상식을 뜻한다(대판 2005.10.28, 2004다13045 등).

그리하여 치료를 담당한 의사가 전문의 아닌 전공의라 하더라도 주의의무의 정도가 달라지는 것은 아니고(위 96다5933 판결), 전문의가 자신의 전문분야가 아닌 분야의 치료행위를 하는 경우에도 당해 분야의 전문의와 같은 정도의 주의의무를 부담한다(대판 2005.3.10, 2004다65121 참조). 또한 의사가 당해 의료기관의 설비 및 지리적 요인 기타 여러 가지 사정으로 인하여 진단에 필요한 검사를 실시할 수 없는 경우에는 환자로 하여금 그 검사를 받을 수 있도록 해당의료기관에 전원을 권고할 의무가 있다(대판 1998.2.27, 97다38442).

그렇지만 의사의 질병 진단의 결과에 과실이 없는 이상, 그 요법으로서 생각할 수 있는 몇 가지의 조치가 의사로서 취할 조치로서 합리적인 것인 한 그 어떤 것을 선택할 것이냐는 당해 의사의 재량의 범위 내에 속하므로, 그 중 어느 하나만이 정당하고 이와 다른 조치를 취한 것은 모두 과실이 있는 것이라고는 할 수 없다(대판 1999.3.26, 98다45379, 45386).

3. 과실의 추정

이처럼 의료과실을 이유로 손해배상책임을 물을 때에는 일반 불법행위와 마찬가지로 피해자가 과실 및 과실과 손해발생 사이의 인과관계를 증명하여야 한다. 그런데 판례는 일정한 경우에는 과실을 추정하고 있다. 대상판결이 인용하고 있는 대판 2000.7.7, 99다66328이 이에 관한 선도적 판결이다.

이 사건에서는 5세인 환자가 심방중격결손증이라는 진단을 받고, 인공심폐기의 캐뉼라(작은 관)를 대동맥과 상대정맥, 하대정맥의 혈관에 삽입하는 수술을 받다가 대동맥박리증으로 사망하였다. 대법원은 대상판결과 같은 취지로 판시하면서, 대동맥박리는 이 사건 수술 이외에는 다른 원인이 개재하였을 가능성이 없고, 그 발생 부위 또한 캐뉼라 삽관과 연관하여 볼 수 있는 부위로 보이며, 환자에게 대동맥박리를 초래할 만한 특별한 질환이나 증상이 관찰되지 아니하였고, 대동맥에 캐뉼라를 삽입하는 과정에서 대동맥내막에 대한 직접적인 열상이나 기계적인 압박 등 부적절한 시술로도 대동맥박리가 나타날 수 있는데다가, 비록 심장수술 과정에서의 잘못 이외의 합병증으로 대동맥박리가 발생할 수 있는 확률도 0.16% 있지만 그와 같이 예외적으로 발생하는 경우도 주로 혈관질환을 보유하고 있는 환자들에게서 나타난 것이라는 사정 하에서라면, 위 대동맥박리는 결국 부적절한 캐뉼라 삽관에 의하여 초래된 것이라고 추정할 수밖에 없다고 하였다.

다른 한편 위 99다66328 판결 전에 선고된 대판 1995.2.10, 93다52402는, 환자가 어느 정도의 과실을 증명하면 일정한 경우에는 인과관계도 추정된다고 판시하였다. 즉 환자가 치료 도중에 사망한 경우에는, 피해자 측에서 일반인의 상식에 바탕을 둔 의료상의 과실 있는 행위를 입증하고 그 결과와 사이에 일련의 의료행위 외에 다른 원인이 개재될 수 없다는 점을 증명하면, 의료행위를 한 측이 그 결과가 의료상의 과실로 말미암은 것이 아니라 전혀 다른 원인으로 말미암은 것이라는 입증을 하지 아니하는 이상, 의료상 과실과 결과 사이의 인과관계를 추정하여 손해배상책임을 지울 수 있도록 입증책임을 완화하여야 한다고 보았다.

이러한 판례는 결국 간접사실에 의하여 과실과 인과관계의 존재를 추정한 것이다.

4. 대상판결 및 그 이후의 판례

대상판결은 위 99다66328 판결을 인용하면서도, 의사의 과실로 인한 결과발생을 추정할 수 있을 정도의 개연성이 담보되지 않는 사정들을 가지고 막연하게 중한 결과에서 의사의 과실과 인과관계를 추정할 수는 없다고 하였다. 다시 말하여 판례는 이러한 추정을 인정하기 위한 요건으로서 개연성을 요구함으로써 이러한 추정이 적용될 수 있는 범위를 제한하고 있다. 판례가 이와 같이 본 이유는 결국 의사의 시술상의 과실이 아니더라도 다른 이유로 환자가 사망할 가능성이 배제될 수 없기 때문이라는 것이다.

이후의 판례들은 이러한 추정의 법리에 따라서 과실 및 인과관계를 추정한 것(대판 2012.5.9, 2010다57787)과, 이를 부정한 것(대판 2007.5.31, 2005다5867; 2009.12.10, 2008다22030; 2010.8.19, 2007다41904)이 있다.

참고문헌

민유숙, 의료과오로 인한 손해배상소송에 있어서 인과관계 · 과실의 추정과 설명의무, 대법원판례해설 51호, 2005.
김만오, 의료과오에 관한 판례의 동향, 민사법학 27호, 2005.
김민규, 우리나라 의료과실과 인과관계의 증명책임에 관한 판례법리의 검토, 조선대학교 법학논총 21집 3호, 2014.
정기웅, 불법행위 성립요건으로서 과실의 개념과 불법행위 책임체계에서의 지위, 비교사법 18권 3호, 2011.

[판례 113]

초상권 침해의 위법성

대법원 2006.10.13. 선고 2004다16280 판결

사 실

X_1, X_2는 부부인데, 2000.10.3. 손해보험회사인 Y_1 회사의 자동차보험에 가입한 피보험차량이 X_1, X_2가 탄 차량을 추돌하여 X_1, X_2가 부상을 입었다. X_1, X_2는 2001.3.14. Y_1을 상대로 손해배상소송을 제기하였고, 2001.7.12. 병원으로부터 X_1, X_2의 신체장해율에 대한 감정결과가 회신되었다. Y_1의 직원인 Y_2, Y_3은 2001. 9.18.부터 25.까지 X_1, X_2가 운전하거나 보행하는 모습을 약 1주일의 기간에 걸쳐 사진촬영을 하였다. Y_1이 법원에 사진을 제출하면서 재감정을 신청하자, 법원은 이를 채택하였고, 2001.6.17. 다른 병원에서 장해율이 하향 조정된 재감정결과가 회신되었다. 그러자 X_1, X_2는 2002.8.27. 사진촬영으로 초상권과 사생활의 자유가 침해되었다고 하면서 Y들을 상대로 위자료를 청구하였다. 원심은 X_1, X_2의 청구를 기각하였으나, 대법원은 원심판결을 파기환송하였다.

이 유

초상권은 우리 헌법 10조 1문에 의하여 헌법적으로도 보장되고 있는 권리이다. 또한, 헌법 10조는 헌법 17조와 함께 사생활의 비밀과 자유를 보장하는데, 이에 따라 개인은 사생활 활동이 타인으로부터 침해되거나 사생활이 함부로 공개되지 아니할 소극적인 권리는 물론, 오늘날 고도로 정보화된 현대사회에서 자신에 대한 정보를 자율적으로 통제할 수 있는 적극적인 권리도 가진다. 그러므로 초상권 및 사생활의 비밀과 자유에 대한 부당한 침해는 불법행위를 구성하는데, 위 침해는 그것이 공개된 장소에서 이루어졌다거나 민사소송의 증거를 수집할 목적으로 이루어졌다는 사유만으로는 정당화되지 아니한다. Y들의 행위는 비록 그것이 공개된 장소에서 민사소송의 증거를 수집할 목적으로 이루어졌다고 하더라도, 초상권 및 사생활의 비밀과 자유의 보호영역을 침범한 것으로서 불법행위를 구성한다.

한편, 초상권이나 사생활의 비밀과 자유를 침해하는 행위를 둘러싸고 서로 다른 두 방향의 이익이 충돌하는 경우에는 구체적 사안에서의 사정을 종합적으로 고려한 이익형량을 통하여 위 침해행위의 최종적인 위법성이 가려진다. 이러한 이익형량과정에서, **첫째** 침해행위의 영역에 속하는 고려요소로는 침해법익의 내용 및 그 중대성, 침해행위의 필요성과 효과성, 침해행위의 보충성과 긴급성, 침해방법의 상당성 등이 있고, **둘째** 피해이익의 영역에 속하는 고려요소로는 피해법익의 내용과 중대성 및 침해행위로 인하여 피해자가 입는 피해의 정도, 피해이익의 보호가치 등이 있다. 그리고 일단 권리의 보호영역을 침범함으로써 불법행위를 구성한다고 평가된 행위가 위법하지 않다는 점은 이를 주장하는 사람이 증명하여야 한다.

이 사건에 관하여 판단하건대, 피고들의 침해법익이 원고들의 인격적 이익보다 더 우월하다고 단정할 수 없고, 원고들의 피해법익도 중대하고, 피해 정도도 작다고 할 수 없으며, 사진촬영을 할 필요성이나 효과성은 인정하기 어렵고, 피해이익의 보호가치도 인정된다. 더 나아가 소송절차 내에서 문제를 해결하지 아니하고 무단히 타인의 법영역을 침범하는 것은 보충성에 반할 뿐만 아니라, 위 사진촬영에 특별히 긴급한 사정이 있었다고도 보이지 아니하며 그 침해방법 역시 합리적이라고도 보여지지 않으므로, 피고 측이 원고들에 대하여 저지른 침해행위는 위법성이 조각된다고 보여지지는 아니한다.

해 설

1. 헌법상 기본권으로서의 초상권 및 사생활의 비밀과 자유

초상권의 침해가 헌법상 기본권으로서 그 침해가 불법행위가 된다고 명언한 대법원 판례는 대상판결이 처음이다. 그러나 종전에도 학설이나 하급심 판례는 모두 헌법 10조가 규정하는 행복추구권에서 도출되는 인격권에는 초상권도 포함된다는 점을 인정하고 있었다. 그리고 본인의 동의 없이 함부로 촬영 또는 작성되지 아니할 촬영 · 작성거절권도 초상권의 한 내용으로 인정된다.

또한 대상판결이 인용하고 있는 대판 1998.7.24, 96다42789는, 헌법 10조와 17조는 개인의 사생활 활동이 타인으로부터 침해되거나 사생활이 함부로 공개되지 아니할 소극적인 권리는 물론, 오늘날 고도로 정보화된 현대사회에서 자신에 대한 정보를 자율적으로 통제할 수 있는 적극적인 권리까지도 보장하려는 데에 그 취지가 있다고 하였다.

2. 위법성의 추정 여부

그러므로 이 사건에서 Y의 행위는 일단 불법행위의 구성요건에는 해당한다고 보인다. 원심판결도 Y들의 행위는 X들의 승낙 범위를 벗어난 것으로서, 일단 X들이 보장받아야 할 초상권 및 사생활의 비밀을 침해한 행위에 해당한다고 하였다. 따라서 이러한 행위의 위법성은 추정되고, Y들이 자신의 행위에 위법성조각사유가 있어서 위법하지 않다는 점은 Y에게 증명책임이 있게 된다. 대상판결도 이와 같이 보았다.

그런데 생명권이나 소유권과 같은 절대권을 침해하는 경우에는 위법성이 추정될 수 있지만, 초상권과 같은 인격권 침해의 경우에는 표현의 자유나 알 권리 등의 다른 인격적 법익과 대립하므로, 위법성이 당연히 추정되지는 않고, 위법성 판단의 처음부터 이익형량을 고려하여야 한다고 주장하는 견해도 있다. 그러나 일반적으로 다른 사람을 미행하거나 몰래 촬영하는 행위가 적법하다고 할 수는 없으므로, 대상판결의 위와 같은 판단은 수긍할 수 있다.

3. 대상판결의 위법성 판단

대상판결은 초상권이나 사생활의 비밀과 자유를 침해하는 행위를 둘러싸고 서로 다른 두 방향의 이익이 충돌하는 경우에는 이익형량을 통하여 침해행위의 최종적인 위법성이 가려진다고 하였다. 그리하여 이익형량과정에서는 침해행위에 관하여는 침해법익의 내용 및 그 중대성, 침해행위의 필요성과 효과성, 침해행위의 보충성과 긴급성, 침해방법의 상당성 등을 고려하여야 하고, 피해이익에 관하여는 피해법익의 내용과 중대성 및 침해행위로 인하여 피해자가 입는 피해의 정도, 피해이익의 보호가치 등을 고려하여야 한다고 보았다.

이 사건에 관하여는 Y들의 침해법익의 하나인 보험가입자들의 공동이익이나, 소송에서의 진실 발견이라는 이익도 구체적인 사실에 관하여서 허위주장을 하지 않는 경우에까지 X들의 인격적 이익보다 더 우월하다고 단정할 수 없고(양 법익 내용의 비교), X들의 피해영역 또한 일반적으로 공개가 허용되는 가장 바깥 테두리의 영역이라고만은 할 수 없는 그 중간의 영역에 속한다고 볼 수 있으며(피해법익의 중대성), 촬영한 사진의 내용 역시 타인에게 굳이 공개하고 싶지 않은 것으로 보여지고, 사진촬영과정에서 미행·감시당함으로써 자신들의 일상생활이 타인에게 노출되는 것은 결코 피해 정도가 작다고 할 수 없다(피해 정도)고 하였다. 그리고 장해 정도의 차이는 사진촬영으로 밝힐 수 있는 성질의 것이 아니어서 사진촬영을 할 필요성이나 효과성은 인정하기 어렵고, X들이 주장하는 장해 정도가 허위라거나 과장이라고 합리적으로 의심할 상당한 이유가 있다고 보기 어려워 피해이익의 보호가치는 인정된다고 하였다(침해행위의 필요성과 효과성, 피해이익의 보호가치). 나아가 소송당사자가 타인의 법영역을 무단으로 침범하여 증거를 수집하는 것은 허용되지 아니므로, 감정 결과에 불복이 있을 경우 소송절차 내에서 문제를 해결하지 아니하고 무단히 타인의 법영역을 침범하는 것은 보충성에 반할 뿐만 아니라, 위 사진촬영에 특별히 긴급한 사정이 있었다고도 보이지 않고(침해행위의 보충성, 긴급성), Y측에서 8일이라는 상당기간에 걸쳐 미행을 하거나 차량으로 추적을 하여 몰래 숨어서 촬영함으로써 원치 않는 사생활의 일면까지 침해함으로써 그 침해방법 역시 합리적이라고도 보여지지 아니한다(침해방법의 상당성)고 하여 결국 Y들의 행위는 위법하다고 하였다.

4. 학 설

이 판결에 대하여는 이를 지지하는 의견도 있으나, 비판하는 의견도 많다.

먼저 비판하는 의견은, 대상판결이 초상권 및 사생활의 비밀과 자유에 대한 침해행위의 위법성 판단을 위해 이익형량을 시도한 점 및 이익형량에 있어 고려하여야 할 요소들을 비교적 상세하게 설시하고 있는 점은 타당하다고 하면서도, 사진촬영행위가 공개적으로 접근이 가능한 장소에서 이루어졌고, 그로 인해 침해받은 정도가 은밀한 사생활영역이나 고도의 사적인 생활영역의 침해가 아니라 일반적인 사적 생활영역에 대한 침해로서 그 침해행위를 통해 실현하고자 했던 목적에 정당성이 있다고 인정되므로 위법성이 조각된다고 한다.

반면 판례를 지지하는 의견은 공개된 장소에서의 감시도 사생활의 침해를 구성할 수 있고, 원고들의 주장이 허위라거나, 허위라고 의심할 만한 상당한 이유가 있다고 판단하기는 어려우며, X들의 장해 정도는 대법원이 판시하고 있는 것처럼 소송절차 내에서 문제를 해결하여야 한다고 본다. 그리고 동의 없는 미행-추적-사진촬영은 상당성을 인정받지 못할 가능성이 크다고 한다.

5. 검 토

이 문제에 대하여는 국내에서 위와 같이 견해가 대립하고 있을 뿐만 아니라, 외국에서도 초상권을 보호하는 정도가 나라에 따라 차이가 있다. 예컨대 미국에서는 증거수집을 위한 사진촬영을 비교적 폭넓게 허용하고 있다. 이는 이익형량이라는 방법에 의하여 위법성 여부를 판단한다고 하더라도, 누구의 이익을 더 중요하다고 보아야 할 것인지에 관하여 의견이 다를 수 있기 때문이다.

생각건대 Y들의 행위의 위법성을 부정하기 위하여는 엄격한 기준에 따라야 할 것이다. 그렇지 않으면 보험회사의 보험금 청구소송 제기자에 대한 미행이나 추적 및 사진촬영이 방만하게 이루어질 우려가 있기 때문이다. 즉 보험회사 입장에서는 보험금 청구액이 많다고 여겨지면 일단 미행이나 사진 촬영을 한 다음, 그 결과가 자기에게 유리하면 법원에 증거로 제출하지만, 그렇지 않으면 이를 사용하지 않을 것이다. 이러한 사태를 방지하기 위하여는, 원고의 청구가 사기적일 가능성이 많다고 할 만한 충분한 근거가 있을 때에만 미행이나 사진 촬영의 위법성이 조각되고, 그렇지 않으면 그러한 행위는 위법한 것으로 보아야 한다.

대상판결도 구체적인 사실에 관하여서 허위주장을 하지 않는 경우에까지 Y들의 이익이 X들의 인격적 이익보다 더 우월하다고 단정할 수 없고, 원고들이 주장하는 장해 정도가 허위라거나 과장이라고 합리적으로 의심할 상당한 이유가 있다고 보기 어렵다고 판시하여 이러한 점을 고려하였음을 나타내고 있다. 그런데 대상판결을 비판하는 견해에서는 대상판결이 사진 촬영 등의 필요성을 침해 당시를 기준으로 판단하지 않고, Y들이 촬영한 사진이 법원에 제출된 다음 X들에 대하여 실시된 재감정 결과 등을 참고하여 사후적으로 판단한 것은 잘못이라고 한다. 그러나 대상판결이 재감정 결과를 언급하고 있는 것은, 사진 촬영 당시에도 X들이 주장하는 장해 정도가 허위라거나 과정이라고 의심할 만한 이유가 없었다는 점을 뒷받침하는 사정으로 든 것이라고 이해할 수 있다.

6. 위법수집 증거의 증거능력

이 사건에서는 Y들의 행위가 X들에 대하여 불법행위가 된다면, 그러한 행위에 의하여 취득한 사진의 소송상 증거능력도 부정되어야 하는 것이 아닌가 하는 점을 생각해 볼 수 있다. 형사소송뿐만 아니라 민사소송에서도 위법하게 수집된 증거라면 그 증거능력이 부정될 수 있지만, 증거수집 행위가 불법행위이더라도 그렇게 수집된 증거의 증거능력이 반드시 부정된다고는 할 수 없다. 아직까지 대법원 판례 가운데 민사소송에서 위법하게 수집된 증거라는 이유로 증거능력을 부정한 예는 없고, 대법원은 비교적 증거능력을 넓게 인정하려는 것으로 보인다(대판 1999.5.25, 99다1789; 2009.9.10, 2009다37138, 37145 등 참조).

7. 그 후의 판례

대판 2013.6.27, 2012다31628은, 대상판결을 인용하면서, 사생활의 비밀과 자유 또는 초상권에 대한 부당한 침해는 불법행위를 구성하고, 그 침해는 그것이 공개된 장소에서 이루어졌다거나 민사소송의 증거를 수집할 목적으로 이루어졌다는 사유만으로는 정당화되지 아니한다고 하였다.

반면 대판 2021.4.29, 2020다227455 판결은, 아파트 입주자 갑이 아파트 단지 내에 현수막을 게시하던 중 다른 입주자 을로부터 제지를 당하자 을에게 욕설을 하였는데, 위 아파트의 부녀회장 병이 말다툼을 하고 있는 갑의 동영상을 촬영하여 입주자대표회의 회장 정에게 전송하였고, 정이 다시 이를 아파트 관리소장과 동대표들에게 전송한 사안에서, 입주자 갑이 법령에 따른 관리주체의 갑은 그러한 동의를 받지 않고 무단으로 현수막을 게시하였던 점, 갑이 게시한 현수막의 내용은 관리주체의 아파트 관리방법에 관한 반대의 의사표시로서 자신의 주장을 입주자들에게 널리 알리기 위한 것이고, 이러한 공적 논의의 장에 나선 사람은 사진 촬영이나 공표에 묵시적으로 동의하였다고 볼 수 있는 점, 갑에 대한 동영상이 관리주체의 구성원에 해당하는 관리소장과 동대표들에게만 제한적으로 전송된 점을 고려하면 갑의 동영상을 촬영한 것은 초상권 침해행위이지만, 행위 목적의 정당성, 수단·방법의 보충성과 상당성 등을 참작할 때 갑이 수인하여야 하는 범위에 속하므로, 위법성이 조각된다고 하였다.

그리고 대판 2023.4.13, 2020다253423은, 갑 사단법인이 운영하는 어린이 다문화합창단이 평창 동계올림픽 개막식에 초대받고, 소속 단원의 학부모들에게 참가비를 요청하였는데, 일부 학부모들이 항의하면서 관련 서류의 열람 등을 요구하자, 갑 사단법인의 대표인 병과 직원들이 이를 거부하였고, 을 등이 위와 관련한 기사를 작성하여 방송하도록 하였는데 방송 중 병의 얼굴이 그대로 드러나자, 병이 을 등을 상대로 초상권 침해를 주장하며 손해배상을 구한 사안에서, 제반 사정들을 종합하면, 위 방송으로 병의 초상권이 침해되었다고 하더라도 을 등의 행위가 위법성이 조각되어 불법행위를 구성하지 않는다고 볼 여지가 충분한데도, 이와 달리 본 원심판단에 법리오해 등의 잘못이 있다고 하였다.

참고문헌

권영준, 초상권 및 사생활의 비밀과 자유, 그리고 이익형량을 통한 위법성 판단, 민사판례연구 31권, 2009.

권태상, 공적 인물의 사생활, 이화여대 법학논집 21권 4호, 2017.

권태상, 초상권의 보호법익과 보호범위, 양창수교수 고희기념 자율과 정의의 민법학, 박영사, 2021.

오지용, 무단사진촬영과 관련한 불법행위책임의 성부, 충북대학교 법학연구 17권 2호, 2006.

엄동섭, 초상권 보호의 한계, 민사법학 38호, 2007.

윤진수, 2006년도 주요 민법 관련 판례 회고, 민법논고 3, 2008.

이진수, 증거수집 목적의 초상권 및 사생활 비밀과 자유의 침해가 불법행위를 구성하는지 여부, 판례연구 19집, 부산판례연구회, 2008.

정영수, 민사소송에서 위법수집증거의 취급에 관한 이론적 고찰, 연세법학 42호, 2023.

황정근, 소송상 증거수집을 위한 초상권 침해와 위법성 조각, 민사재판의 제문제 16권, 2007.

[판례 114]

책임능력 있는 미성년자의 불법행위에 대한 감독자의 책임

대법원 1994.2.8. 선고 93다13605 전원합의체 판결

사 실

A는 1991.6.18. 길에서 친구 소유인 오토바이를 운전하다가 횡단보도상에서 X_1을 충격하여, 그에게 약 11개월의 치료를 요하는 상해를 입혔다. A는 당시 17년 9개월 남짓된 고등학교 3학년에 재학 중인 학생이었는데, 1990.10.8. 오토바이 운전면허를 취득한 바 있다. X_1과 그 부모인 X_2, X_3은 A의 부모인 Y_1, Y_2를 상대로 손해배상을 청구하였다.

원심은 X들의 청구를 기각하였고, 대법원 전원합의체도 X들의 상고를 기각하였다.

이 유

민법 750조에 대한 특별규정인 민법 755조 1항에 의하여 책임능력 없는 미성년자를 감독할 법정의 의무 있는 자가 지는 손해배상책임은 그 미성년자에게 책임이 없음을 전제로 하여 이를 보충하는 책임이고, 그 경우에 감독의무자 자신이 감독의무를 해태하지 아니하였음을 입증하지 아니하는 한 책임을 면할 수 없는 것이나, 반면에 미성년자가 책임능력이 있어 그 스스로 불법행위책임을 지는 경우에도 그 손해가 당해 미성년자의 감독의무자의 의무위반과 상당인과관계가 있으면 감독의무자는 일반불법행위자로서 손해배상책임이 있으므로, 이 경우에 그러한 감독의무위반사실 및 손해발생과의 상당인과관계의 존재는 이를 주장하는 자가 입증하여야 한다. 대법원 1984.7.10. 선고 84다카474 판결의 해석은 위와 같은 견해와 저촉되므로 이를 변경하기로 한다.

이 사건에서 A는 이 사건 교통사고 당시 만 17세 9개월 남짓된 고등학교 3학년생으로서 자기 행위에 대한 책임을 변식할 지능이 있었으므로 그 부모인 Y들은 X들에 대하여 민법 755

조 1항에 의한 손해배상책임이 없고, A는 이 사건 사고를 일으키기 8개월여 전에 원동기장치자전거운전면허를 취득하였는데, Y들이 A에 대한 감독을 게을리한 과실이 있고, 그로 말미암아 위 사고가 발생하였다고 인정하기에 부족하고, 달리 증거가 없으므로 Y들에게는 민법 750조에 의한 손해배상책임이 없다고 판시한 원심판단은 정당하다.

해 설

1. 책임능력 없는 미성년자의 불법행위책임

753조는 "미성년자가 타인에게 손해를 가한 경우에 그 행위의 책임을 변식할 지능이 없는 때에는 배상의 책임이 없다"고 규정하고 있고, 755조에 따르면 미성년자가 753조에 따라 책임이 없는 경우에는 그를 감독할 법정의무가 있는 자가 그 손해를 배상할 책임이 있다고 규정하고 있다. 그러므로 미성년자의 법정 감독의무자인 친권자가 755조에 의하여 책임을 지기 위하여는 미성년자에게 책임능력이 없어야 하고, 반대로 미성년자에게 책임능력이 있다면 친권자에게는 755조에 의한 책임을 물을 수 없다.

그런데 타인에게 손해를 가한 미성년자에게 책임능력이 있는 경우라면 대부분의 경우에는 피해자는 미성년자로부터는 구제를 받기 어렵다. 왜냐하면 그 미성년자는 자력이 없을 것이기 때문이다. 따라서 종래의 판례는 책임능력이 인정되는 연령을 끌어올림으로써 감독의무자의 책임을 인정하려고 하였다. 구체적으로는 대체로 중학교에 들어갈 나이인 13세 또는 14세 이상이면 책임능력의 유무가 문제된다.

그리하여 대판 1977.5.24, 77다354는 13년 5개월인 미성년자가 피해자를 뒤에서 불러서 돌아보는 순간 고무줄 총으로 밤알만한 돌을 발사하여 실명하게 하였다면 책임능력이 없다고 하였고, 대판 1978.11.28, 78다1805는, 14세 2개월 된 미성년자가 콘크리트로 된 다리 위에서 레슬링 놀이를 하다가, 얼굴을 지면으로 향하여 엎드려 있는 피해자를 아무런 예고 없이 발로 밀어버린 소위는 불법행위의 책임을 변식할 수 있는 지능을 가진 사람의 행위라고는 볼 수 없다고 하였다.

그러나 대판 1969.2.25, 68다1822는 14세 3개월의 미성년자에 대하여, 대판 1969.7.8, 68다2406은 13년 3개월의 미성년자에 대하여, 대판 1971.4.6, 71다187은 13년 6개월의 미성년자에 대하여 각 책임능력을 인정하였다.

그런데 이러한 방법으로는 어느 정도 되어야 미성년자에게 책임능력이 인정될 수 있는지 불확실할 뿐만 아니라, 가령 미성년자의 연령이 18세 정도 된다면 책임능력이 없다고 하기 어려우므로, 친권자에게 755조에 의한 책임을 물을 수 없다(대판 1989.1.24, 87다카2118). 대판 1989.5.9, 88다카2745도 만 16세 5개월 남짓 된 고등학교 2학년에 재학 중인 미성년자에게는 불법행위에 대한 책임을 변식할 지능이 있다고 하였다.

2. 친권자의 750조에 의한 책임

이러한 상황에서 판례는 미성년자에 대한 감독의무자의 감독의무 위반과 미성년자가 타인에게 입힌 손해 사이에 상당인과관계가 있으면, 감독의무자는 755조가 아니라 750조에 의한 일반불법행위로서 손해배상책임을 진다고 봄으로써 피해자를 구제하려고 하였다. 이를 처음으로 명언한 것은 대판 1989.5.9, 88다카2745이다. 이 판결은 "책임능력이 있는 미성년자의 불법행위로 인하여 손해가 발생한 경우에 그 발생된 손해가 당해 미성년자의 감독의무자의 의무위반과 상당인과관계가 있을 경우에는 감독의무자는 일반불법행위자로서 손해배상의무가 있"다고 하였다. 그러나 실제로 이 판결보다 앞서 선고된 대판 1975.1.14, 74다1795는, 15세의 미성년자가 산탄공기총을 장탄하다가 오발사고로 손해를 입힌 경우에, 미성년자는 총기취급사용이 금지되어 있어 미성년자가 총기를 취급함은 범죄행위인 불법행위이므로, 그 부친은 그 범죄행위를 안 이상 친권자 내지 세대주로서 당연히 총기사용을 제지하여야 할 의무가 있고, 그가 이러한 사실을 보고서도 제지감독하지 아니하였다면 사고를 미연에 방지할 주의의무를 다 하지 아니하였다고 보는 것이 상당하다고 하여 부친의 고유의 불법행위로 인한 손해배상책임을 인정하였다. 다만 이 판결은 그 미성년자에게 책임능력이 있는지 여부를 분명히 밝히지 않고 있으나, 미성년자에게 책임능력이 없다고 보았다면 구태여 그 부친의 고유의 불법행위 성립을 따져 볼 필요가 없었을 것이다.

그 후에도 친권자에게 750조에 의한 불법행위책임을 인정한 판례가 여러 개 나왔다(대판 1990.4.24, 87다카2184; 1991.4.9, 90다18500; 1991.11.8, 91다32473 등). 그러나 친권자에게 750조에 의한 불법행위책임을 묻기 위하여는 친권자의 감독의무 위반 및 그 위반과 손해 발생 사이의 인과관계를 피해자가 입증하여야 하므로, 항상 피해자가 구제를 받을 수 있는 것은 아니다.

3. 대판 1984.7.10, 84다카474

그런데 대상판결에 의하여 변경된 84다카474 판결은, 미성년자에게 책임능력이 있는 경우에도 그 감독의무자가 755조에 의한 손해배상책임을 진다고 하였다. 즉 755조에 의한 배상책임은 가족적 생활협동체의 단체주의적 책임을 근대적 개인책임형태로 수정한 것으로, 행위자 자신에 책임능력이 있었는지의 여부가 명백하지 않고 행위자에게 책임능력이 있는 경우라고 하더라도 자신의 재산을 가지고 있지 않은 때가 많아 소송상의 어려움과 그 실효를 기대하기 어렵다는 점에서, 피해자 보호를 위하여 불법행위자에게 그 행위당시에 책임능력이 있었느냐의 여부에 불구하고 감독책임자는 그 배상책임을 지는 것이며, 감독의무자의 책임은 피감독자의 책임을 보충하는 것이 아니라 감독의무자의 책임과 피감독자의 책임은 병존하는 것이라고 하였다.

4. 대상판결

대상판결은 755조 1항에 의한 법정 감독의무자가 지는 손해배상책임은 그 미성년자에게 책임이 없음을 전제로 하여 이를 보충하는 책임이라고 하여 위 84다카474 판결을 변경하였다.

다른 한편 대상판결은, 미성년자가 책임능력이 있는 경우에도 그 손해가 당해 미성년자의 감독의무자의 의무위반과 상당인과관계가 있으면 감독의무자는 일반불법행위자로서 손해배상책임이 있다고 하면서, 그러한 감독의무 위반사실 및 손해발생과의 상당인과관계의 존재는 이를 주장하는 자가 입증하여야 하는데, 이 사건에서는 그와 같은 입증이 없다고 하였다.

이 후에도 대상판결의 태도는 그대로 유지되었다. 그러므로 실제로는 어느 경우에 감독의무자의 감독의무 위반사실 및 손해발생 사이의 인과관계를 인정할 수 있는가가 문제된다. 가령 대판 1997.3.28, 96다15374는 사고 당시 17세 남짓한 미성년자가 운전면허가 없음에도 가끔 숙부 소유의 화물차를 운전하다가 사고를 낸 경우에 부모의 불법행위책임을 인정하였고, 대판 1999.7.13, 99다19957도 만 16세 남짓한 고등학교 1학년 학생이 무면허로 오토바이를 운전하다 사고를 낸 경우 부모의 손해배상책임을 인정하였다. 반면 대판 2003.3.28, 2003다5061은 재수생으로서 학원에 다니며 수학능력평가시험을 준비하던 책임능력 있는 미성년자가 타인을 폭행한 사안에서, 감독의무자인 부(父)에게 당해 미성년자에 대한 감독의무를 게을리 한 과실을 인정할 수 없다고 하였다.

그런데 판례는 대체로 감독의무자의 감독의무 위반 및 그와 손해발생 사이의 인과관계에 대하여 구체적인 증명을 요구하지는 않고, 미성년자가 무면허 운전과 같은 위법행위를 하거나, 폭력 등의 전과가 있는 미성년자가 다른 사람에게 상해를 입힌 경우(대판 1998.6.9, 97다49404)에는 감독의무자인 부모의 손해배상책임을 인정한다. 그러나 대상판결과 같이 운전면허 있는 미성년자가 운전하다가 사고를 낸 경우에는 부모의 손해배상책임을 인정하기 어려울 것이다.

5. 검 토

학설상으로는 대상판결을 지지하는 견해가 많다. 즉 책임능력 있는 미성년자가 불법행위를 저지른 경우에는 그 감독의무자인 부모에게 감독의무 위반이 있고, 그 위반과 손해발생 사이에 인과관계가 있으면 부모가 750조에 의한 불법행위책임을 지지만, 감독의무 위반 및 그 위반과 손해발생 사이의 인과관계는 피해자가 증명하여야 한다는 것이다.

반면 755조를 유추하여 친권자가 미성년자의 책임능력의 유무에 관계없이 미성년자에 대한 감독의무를 해태하지 않았다는 사실을 증명해야 한다는 견해, 친권자에게 일종의 신원보증책임을 인정하여 손해배상책임을 지워야 한다는 견해, 친권자가 750조에 의한 책임을 부담하지만 이는 독일에서 인정되고 있는 이른바 거래안전의무로서, 감독의무를 위반하지 아니하였다는 증명책임은 가해자인 법정감독의무자에게 있게 된다는 견해도 주장된다.

그러나 755조 유추적용설은 입법자의 의사에 어긋날 뿐만 아니라, 755조는 미성년자에게 책임능력이 없는 경우에 한하여 감독의무자에게 책임을 지우는 것이므로, 이를 책임능력이 있는 경우에 유추적용한다면 755조 자체가 무의미해진다. 또한 친권자에게 신원보증책임이 있다고 하지만, 친권자의 책임이 왜 신원보증책임인지 알기 어렵다. 그리고 거래안전의무 위반설에 대하여는 독일 법에서 발전된 거래안전의무를 우리나라에 끌어들여야 할 필요가 있는지 의문일 뿐만 아니라, 이를 거래안전의무로 본다고 하여 왜 증명책임이 바뀌는 것인지 알 수 없다는 비판이 가능하다.

따라서 현행법의 해석론으로서는 대상판결과 같이 책임능력 있는 미성년자의 불법행위에 대하여는 감독의무자의 감독의무 위반으로 인한 750조에 의한 손해배상책임을 인정하되, 감독의무 위반 및 그 위반과 손해 발생 사이의 인과관계는 피해자가 증명하여야 한다는 입장을 취할 수밖에 없다.

6. 민법개정안

이처럼 미성년자에게 책임능력이 인정되는 경우에는 그가 무자력인 한 피해자가 배상을 받기가 쉽지 않다. 그리하여 입법론으로는 미성년자에게 책임능력이 있는 경우에도 감독의무자의 배상책임을 인정하여야 한다는 주장이 많은 지지를 받고 있다. 그리하여 2004년 국회에 제출되었던 민법개정안 755조는 미성년자를 감독할 법정의무가 있는 자는 미성년자에게 책임능력이 있는 경우에도 손해배상의 책임이 있지만, 미성년자에게 변제자력이 있는 경우에는 그러하지 아니하다고 규정하고 있었다. 그러나 이 개정안은 국회의 회기 만료로 폐기되었다.

그런데 위 개정안에 대하여는 감독의무자의 책임근거가 감독의무 위반임에도 불구하고 다시 미성년자의 변제자력에 따라 면책된다는 것은 법리상 납득하기 힘들며 입법례상으로도 유례를 발견하기 힘들다는 비판이 있었다. 그리하여 2014년 민법개정위원회가 마련한 민법개정안 755조는 미성년자의 책임능력 유무를 묻지 않고 감독의무자의 배상책임을 인정하기로 하였다.

7. 그 후의 판례

대판 2022.4.14, 2020다240021는, 이혼으로 인하여 부모 중 1명이 친권자 및 양육자로 지정된 경우 그렇지 않은 부모가 미성년자의 부모라는 사정만으로 미성년 자녀에 대한 감독의무를 부담하는 것은 아니라고 하였다.

학설상으로는 이 판결을 지지하는 견해가 많으나, 비양육친의 면접교섭권과 양육비 지급의무를 근거로 하여 비양육친의 감독의무자 책임을 인정하여야 한다는 주장도 있다.

참고문헌

강봉석, 미성년자와 그 부모의 책임, 홍익법학 제13권 제1호, 2012.

김나래, 비양육친의 미성년자 불법행위에 대한 감독자책임, 전남대 법학논총 42권 3호, 2022.

박원근, 책임능력 있는 미성년자의 불법행위에 대한 비양육친의 감독의무 인정 여부, 부산판례연구회 판례연구 34집, 2023.

송오식, 책임능력 있는 未成年者의 감독자의 책임, 법학논총 25집, 전남대학교, 2005.

안병하, 미성년자 감독자의 책임구조, 법학연구 24권 1호, 연세대학교, 2014.

엄동섭, 불법행위법의 개정, 민사법학 60호, 2012.

이지영, 미성년자의 불법행위에 대한 비양육친의 감독의무자책임, 민사판례연구 45권, 2023.

한영표, 책임능력 있는 미성년자의 불법행위에 대한 부모의 책임, 판례연구 15집, 부산판례연구회, 2013.

한웅길, 책임능력 있는 미성년자의 불법행위와 감독의무자책임, 사법행정 1997.12.

홍윤선, 미성년자의 불법행위에 대한 부모의 감독의무자책임, 법과 정책연구 23집 3호, 2023.

[판례 115]

정신질환자의 불법행위에 대한 보호의무자의 손해배상책임

대법원 2021.7.29. 선고 2018다228486 판결

사 실

A(1심 공동피고)는 만 28세인 Y의 아들로서 양극성 정동장애를 앓고 있는 정신장애 3급의 정신질환자인데, Y와 같은 아파트에 살고 있었다. 그런데 A는 2016.7.4. Y의 사무실에서 Y와 다투고 집으로 돌아온 후, 16:00경 자신의 방 침대 위에 불을 붙였다. Y는 사무실에 설치된 CCTV를 통하여 이를 확인하고 아파트로 가서 불을 껐고 A를 안정시킨 다음 사무실로 돌아왔다. 그런데 Y가 귀가한 후 A와 다투었고, A는 자기의 방으로 들어가서 다시 불을 질렀다. Y는 불을 끄려고 하였으나 A가 톱과 망치를 들고 방해를 하여 스스로 불을 끄지 못하고 소방서에 신고를 하게 되었다. 그리하여 이웃 아파트에 거주하는 X들이 손해를 입었다. 1심은 A와 Y의 불법행위책임을 인정하였고, 2심도 Y의 불법행위책임을 인정하였으며, 대법원은 Y의 상고를 기각하였다.

이 유

구 정신보건법 21조 1항 본문은 "정신질환자의 민법상의 부양의무자 또는 후견인(이하 '부양의무자 등'이라 한다)은 정신질환자의 보호의무자가 된다."라고 정하고 있다. 또한 22조 2항은 "보호의무자는 보호하고 있는 정신질환자가 자신 또는 타인을 해치지 아니하도록 유의하여야 한다."라고 정하여 부양의무자 등에게 피보호자인 정신질환자에 대한 감독의무를 부과하고 있다.

정신질환자가 심신상실 중에 타인에게 손해를 가하여 배상의 책임이 없는 경우에는 민법 755조 1항에 따라 그를 감독할 법정의무 있는 자가 그 손해를 배상할 책임이 있다. 정신질환자가 책임능력이 있는 경우에도 그 손해가 감독의무자의 감독의무 위반과 인과관계가 있으면 감

독의무자는 일반불법행위자로서 민법 750조에 따라 그 손해를 배상할 책임이 있다.

위와 같은 법규정의 문언과 체계 등에 비추어 보면, 부양의무자 등은 피보호자인 정신질환자에 대한 법률상 감독의무를 부담하므로 그 의무 위반으로 타인에게 손해를 가하는 경우에 이를 배상할 책임이 있으나, 이러한 감독의무는 정신질환자의 행동을 전적으로 통제하고 그 행동으로 인한 모든 결과를 방지해야 하는 일반적인 의무가 아니라 구 정신보건법 등 관련 법령의 취지, 신의성실의 원칙, 형평의 원칙 등을 종합적으로 고려하여 합리적으로 제한된 범위에서의 의무라고 해석함이 타당하다.

구체적인 사안에서 부양의무자 등이 피보호자인 정신질환자에 관한 감독의무를 위반하였는지는 정신질환자의 생활이나 심신의 상태 등과 함께 친족 관계와 동거 여부, 일상적인 접촉 정도, 정신질환자의 재산관리 관여 상황 등 정신질환자와의 관계, 정신질환자가 과거에도 타인에게 위해를 가하는 행동을 한 적이 있는지 여부와 그 내용, 정신질환자의 상태에 대응하는 보호와 치료 상황 등 모든 사정을 종합적으로 고려하여, 피보호자인 정신질환자가 타인을 위해할 가능성이 있다는 구체적인 위험을 인지하였는데도 대비를 하지 않은 경우와 같이 부양의무자 등에게 정신질환자의 행위에 관해서 책임을 묻는 것이 타당한 객관적 상황이 인정되는지 여부에 따라 개별적으로 판단해야 한다.

해 설

1. 성년후견인의 755조에 의한 책임

755조 1항 본문은 "다른 자에게 손해를 가한 사람이 제753조 또는 제754조에 따라 책임이 없는 경우에는 그를 감독할 법정의무가 있는 자가 그 손해를 배상할 책임이 있다"고 규정한다. 그런데 2013년 성년후견제도가 실시된 후에는 책임능력 없는 피성년후견인이 불법행위를 저지른 경우에, 성년후견인은 755조 1항에 의한 법정감독의무자로서 손해배상책임을 지는가가 논의되기 시작하였다. 통설은 이를 긍정하지만, 성년후견인의 임무에는 피성년후견인을 요양감호하는 것은 포함되지 않으므로, 성년후견인은 그러한 책임을 지지 않는다는 견해도 유력하게 주장되고 있다. 이 견해는 성년후견인에게 과실이 있음이 증명되면 750조에 의한 불법행위 책임을 질 뿐이라고 한다.

2. 정신질환자의 보호의무자의 손해배상책임

그러면 성년후견인은 아니지만 법에 의하여 정신질환자의 보호의무를 부담하는 자는 정신질환자의 불법행위에 대하여 책임을 져야 하는가? 특히 정신질환자에게 책임능력이 있는 경우에는 어떠한가?

이 사건 당시 시행되던 정신보건법 21조 1항 본문은 정신질환자의 민법상의 부양의무자는 정신질환자의 보호의무자가 된다고 정하고 있는데, 이 사건에서 Y는 A의 부양의무자로서 그 보호의무자이다. 또한 위 법 22조 2항은 "보호의무자는 보호하고 있는 정신질환자가 자신 또는 타인을 해치지 아니하도록 유의하여야 한다"라고 규정하고 있다.

위 정신보건법은 2016.5.29. 「정신건강증진 및 정신질환자 복지서비스 지원에 관한 법률」(약칭: 정신건강복지법)으로 전부 개정되었으나, 정신건강복지법 39조, 40조도 같은 취지로 규정하고 있다.

대상판결은 위 정신보건법의 규정을 근거로 하여 Y의 손해배상책임을 인정하였다.

3. 검 토

우선 성년후견인의 책임에 대하여 살펴본다. 성년후견인에게 755조의 책임을 지게 하면 성년후견인은 피성년후견인의 활동을 제약할 우려가 있다. 그러나 다른 한편 성년후견인이 755조에 의한 책임이 아니라 750조에 의한 책임만을 진다면, 피해자는 성년후견인의 고의나 과실을 증명하기 어려워 구제를 받기 어려워진다. 그런데 947조의2는 성년후견인이 가정법원의 허가를 받아 피성년후견인을 치료 등의 목적으로 정신병원이나 그 밖의 다른 장소에 격리할 수 있다고 규정하고, 구 정신보건법이나 현행 정신건강복지법에 따르면 정신질환자의 부양의무자는 보호의무자로서 보호하고 있는 정신질환자가 자신이나 다른 사람을 해치지 아니하도록 유의하여야 하며, 보호의무자는 정신질환자를 본인의 의사와 관계 없이 입원시킬 수도 있다(정신건강복지법 43조). 이러한 규정들에 비추어 보면, 성년후견인도 755조에 의한 책임을 부담할 수 있지만, 그가 피성년후견인의 불법행위를 예견할 수 없었던 경우에는 755조 1항 단서에 의하여 면책을 허용하여야 할 것이다.

다른 한편 책임능력 있는 정신질환자의 보호의무자의 경우에는 755조가 적용될 수는 없다. 그렇지만 정신건강복지법이 규정하고 있는, 정신질환자가 자신이나 다른 사람을 해치지 아니하도록 할 의무를 위반한 경우에는 750조에 따른 손해배상책임을 부담하여야 한다. 대상판결도 그러한 취지이다.

문제는 어떠한 경우에 보호의무자의 의무 위반이 인정될 것인가 하는 점이다. 대상판결은, 정신질환자의 생활이나 심신의 상태 등과 함께 친족 관계와 동거 여부, 일상적인 접촉 정도, 정신질환자의 재산관리 관여 상황 등 정신질환자와의 관계, 정신질환자가 과거에도 타인에게 위해를 가하는 행동을 한 적이 있는지 여부와 그 내용, 정신질환자의 상태에 대응하는 보호와 치료 상황 등 모든 사정을 종합적으로 고려하여, 피보호자인 정신질환자가 타인을 위해할 가능성이 있다는 구체적인 위험을 인지하였는데도 대비를 하지 않은 경우와 같이 부양의무자 등에게 정신질환자의 행위에 관해서 책임을 묻는 것이 타당한 객관적 상황이 인정되는지 여부에 따라 개별적으로 판단해야 한다고 하였다. 그리하여 대상판결은 Y가 A가 타인을 위해할 가능성이 있다는 구체적인 위험을 인지하였는데도 대비를 하지 않아 A의 행위에 관해서 책임을 묻는 것이 타당한 객관적 상황이 인정된다고 하였다.

이러한 대상판결의 결론은 타당한 것으로 보인다.

참고문헌

고명식, 고령자의 불법행위에 대한 손해배상책임, 재산법연구 34권 2호, 2017.

고철웅, 치매고령자의 불법행위와 감독자책임 법리에 관한 소고, 민사법학 91호, 2020.

방재호, 정신질환자의 불법행위에 대한 감독자책임, 의생명과학과 법 20권, 2018.

윤진수, 전년도 핵심판결 해설 - 가족법②, 법조신문 851호, 2022.

이재경, 정신질환자의 불법행위에 대한 구 정신보건법상 보호의무자의 감독자책임, 전북대 법학연구 69집, 2022.

정다영, 정신질환자 보호의무자의 감독의무 위반으로 인한 손해배상책임, 의료법학 23권 4호, 2022.

제철웅, 성년후견인의 민법 제755조의 책임, 법조 61권 7호, 2012.

[판례 116]

교통사고와 의료사고가 경합하는 경우 상당인과관계의 판단기준

대법원 1997.8.29. 선고 96다46903 판결

사 실

A는 Y_1이 야기한 교통사고로 인하여 약 16주간의 치료를 요하는 좌경골 개방성 분쇄골절, 좌비골 분절골절 및 좌외과 견열골절상 등의 상해를 입고, Y_2가 경영하는 병원에 입원하여 그 상해 부위에 대한 수술을 위하여 전신마취를 시행하고 수술을 받던 중, 심한 관상동맥경화증 및 만성허혈성심질환에 속발된 급성심근경색증을 일으켜 사망하였다. A의 상속인인 X들은 Y_1과 Y_2를 상대로 손해배상을 청구하였다. 대상판결은 A가 사망한 것은 Y_2의 의료과실로 인한 것이라고 판단하였다. 이하에서는 Y_1에 대한 부분만 살펴본다.

원심은 X들의 Y_1에 대한 청구를 받아들였고, 대법원도 Y_1의 상고를 기각하였다.

이 유

교통사고로 인하여 상해를 입은 피해자가 치료를 받던 중 치료를 하던 의사의 과실 등으로 인한 의료사고로 증상이 악화되거나 새로운 증상이 생겨 손해가 확대된 경우에는, 다른 특별한 사정이 없는 한 그와 같은 손해와 교통사고 사이에도 상당인과관계가 있다고 보아야 할 것이므로, 교통사고와 의료사고가 각기 독립하여 불법행위의 요건을 갖추고 있으면서 객관적으로 관련되고 공동하여 위법하게 피해자에게 손해를 가한 것으로 인정된다면, 공동불법행위가 성립되어 공동불법행위자들이 연대하여 그와 같은 손해를 배상할 책임이 있다.

A가 Y_1이 야기한 교통사고로 인하여 상해를 입고 그 상해 부위에 대한 수술을 위하여 전신마취를 시행하고 수술을 받던 중 심한 관상동맥경화증 및 만성허혈성심질환에 속발된 급성심근경색증을 일으켜 사망하였다면, A의 사망이 수술을 담당한 의사들의 중대한 과실에 기인하는

것이라는 등 교통사고의 가해자인 Y_1에게 A의 사망의 결과에 대한 책임을 부담시키는 것이 상당하지 아니하다고 인정되는 특단의 사정을 찾아볼 수 없는 이 사건에 있어서, A의 사망과 Y_1이 야기한 교통사고 사이에도 상당인과관계가 있고, 한편 양 행위의 결과 발생을 구별할 수 있는 경우에 해당한다고 할 수도 없는 이상, 이 양 행위는 객관적 관련공동성이 있는 일련의 행위로서 공동불법행위의 요건을 충족하였으므로, Y_1은 공동불법행위자로서 Y_2와 연대하여 A의 사망으로 인한 손해를 배상할 책임이 있다.

해 설

1. 상당인과관계의 의미

불법행위가 성립하려면 가해자의 위법행위와 피해자의 손해 사이에 인과관계가 있어야 한다. 이 인과관계의 의미에 관하여 종래의 통설은 이는 이른바 상당인과관계를 의미한다고 보고 있다. 즉 민법은 393조에서 채무불이행으로 인한 손해배상은 통상의 손해를 그 한도로 하고, 특별한 사정으로 인한 손해는 채무자가 그 사정을 알았거나 알 수 있었을 때에 한하여 배상의 책임이 있다고 규정하고, 763조는 불법행위로 인한 손해배상에 관하여 393조를 준용하고 있는데, 393조가 이른바 상당인과관계설을 채택한 것으로 보고, 따라서 채무불이행뿐만 아니라 불법행위에 관하여도 상당인과관계설이 적용된다는 것이다.

여기서 상당인과관계란 이른바 법적 인과관계라는 개념을 전제로 하여, 어떤 행위와 원인 · 결과의 관계에 있는 모든 손해에 대하여 책임이 있는 것(조건적 인과관계)이 아니라, 일반적으로 또는 통상 일정한 결과를 일어나게 하는 조건만을 결과의 원인으로 보아야 하고, 그렇지 않고 아주 특수하고, 거의 가능성이 없으며, 사물의 정상적인 진행경과에 의하면 그러한 결과의 초래에 있어 고려할 필요가 없는 사정, 즉 우연하고 특수한 사정은 상당인과관계가 없다는 것이다. 이는 개연성을 기초로 하여, 결과 초래의 개연성이 높은 행위는 상당인과관계가 있고, 그렇지 않으면 상당인과관계가 없다는 것을 의미한다. 그리고 여기서 고려하여야 할 사정에 관하여는 채무자의 주관에 의하여 결정하여야 한다는 주관적 상당인과관계설, 제3자가 일반적으로 알 수 있는 모든 사정을 기초로 하여야 한다는 객관적 상당인과관계설, 그리고 보통인이 알 수 있었던 사정과, 채무자가 알고 있었던 사정을 함께 고려 대상으로 하여야 한다는 절충적 상당인과관계설이 있는데, 절충적 상당인과관계설이 통설이라고 한다.

판례도 상당인과관계설을 채택한 것으로 이해되고 있다. 우선 민사적 분쟁에 있어서의 인과관계는 과학적 인과관계가 아니라 법적 견지에서 본 인과관계를 말한다고 하여, 콜레라 예방접종과 그로 인한 사망의 치명율이 0.004%에 불과하더라도 인과관계가 있다고 하였다(대판 1977.8.23, 77다686). 또한 원고가 피고를 장물취득으로 고발한 데 대하여, 피고가 제3자로 하여

금 영수증을 조작하게 하고, 또 허위진술을 하게 하여, 원고가 무고죄 등으로 구속기소되어 유죄의 확정판결을 받았으나 그 후 사실이 밝혀져서 원고가 재심에서 무죄판결을 받은 경우, 원고의 구속기소나 유죄의 확정판결은 피고의 증거 조작과 상당인과관계가 있다고 보았다(대판 1983.12.13, 81다카1030). 대법원은 결과발생의 개연성을 상당인과관계 판단의 한 요소로 들고 있다(아래 [**판례** 117] 참조).

다른 한편 393조는 상당인과관계설을 받아들인 것이 아니라, 영국의 Hadley v. Baxendale 판결(1854년)의 영향을 받아 예견가능설을 손해배상의 범위를 정하는 기준으로 채택한 것으로 보는 견해가 늘어나고 있다([**판례** 63] 참조). 대법원 판례 가운데에도 불법행위의 성립 여부를 판단함에 있어서 예견가능성을 고려하고 있는 것이 있다(대판 2007.11.15, 2005다16034; 2009.7.23, 2006다87798).

이처럼 인과관계에 관하여는 이론상 다투어지고는 있으나, 실제 결과에 있어서는 상당인과관계설의 판단기준인 개연성과 예견가능성 사이에 큰 차이가 있다고는 보이지 않는다. 어쨌든 가해자의 불법행위로 인하여 손해가 발생할 개연성이 높은 행위는 불법행위가 인정될 수 있다. 다만 개연성만이 유일한 판단기준은 아니다(아래 [**판례** 117] 참조).

2. 교통사고와 의료사고가 경합된 경우

대판 1993.1.26, 92다4871은, 교통사고로 인하여 상해를 입은 피해자가 치료를 받던 중 의사의 과실 등으로 인한 의료사고로 증상이 악화되거나 새로운 증상이 생겨 손해가 확대된 경우, 특별한 다른 사정이 없는 한 그와 같은 손해와 교통사고 사이에도 상당인과관계가 있다고 하였다. 대상판결도 이를 재확인하고 있으며, 다만 교통사고를 일으킨 자가 책임을 지지 않는 특별한 사정의 예로서 치료를 담당한 의사들에게 중대한 과실이 있는 경우를 들고 있다. 이후의 판례도 대상판결과 같은 태도이다(대판 1998.11.24, 98다32045; 2000.9.8, 99다48245 등). 위 99다48245 판결은 상당인과관계를 부정할 수 있는 특별한 사정의 존재에 관한 입증책임은 최초의 사고를 야기한 자에게 있다고 하였다.

일반론으로서는 이러한 판례의 타당성은 인정될 수 있다. 환자가 치료를 받던 도중 의료과실로 인하여 손해를 입게 되는 것은 치료행위에 따르는 통상적인 위험으로서 개연성이 있는데, 교통사고를 일으킨 자는 피해자로 하여금 그러한 위험을 부담하게 하였기 때문이다. 다시 말하여 교통사고를 일으킨 1차 가해자는 피해자에게 자신의 행위로 인하여 손해(직접손해)를 입혔을 뿐만 아니라, 피해자가 직접손해로 인하여 치료를 받다가 의료과실로 인하여 추가적인 손해(확대손해)를 입게 할 위험성도 아울러 창출해 낸 것이고, 그러한 위험성이 실현되는 것, 즉 의료과실로 인하여 확대손해를 입게 되는 것도 충분한 개연성이 있는 행위이므로, 1차 가해자는 확대된 손해에 대하여도 책임을 져야 한다.

다만 판례는 치료를 담당한 의사에게 중과실이 있는 경우에는 1차 가해자가 확대된 손해에 대하여까지 책임을 지지 않는다고 보고 있다. 그러나 이 점은 다소 문제가 있다. 교통사고의 피해자가 의사의 중과실에 의하여 손해가 확대될 개연성도 충분히 인정될 수 있기 때문이다. 중과실로 인하여 손해가 확대될 개연성이 경과실로 인하여 손해가 확대될 개연성에 비하여 현저하게 낮다고 보기는 어려울 것이다. 외국에서도 이러한 경우에 치료를 담당한 의사에게 제3자의 완전히 특별하고 비합리적인 행위를 통해서 야기된 경우라든지, 특수한(extraordinary) 것으로서 치료로 인한 위험에 포함되는 것으로 통상 인정되기 어려운 경우에 한하여 최초의 가해자가 면책된다고 보고 있다. 그러므로 대상판결 등이 말하는 중대한 과실이란 통상적으로 경과실에 대비되는 그것이 아니라, 거의 생각하기 어려운 정도의 중대한 과실을 의미하는 것으로 이해해야 할 것이다.

그리고 대상판결을 포함한 일련의 판례는, 1차 가해자와 의료사고를 일으킨 의사는 공동불법행위자에 해당한다고 보아 연대책임을 인정하고 있다. 그러나 이러한 경우가 과연 공동불법행위에 해당하는지는 의문이 있다. 이 사건에서는 공동불법행위의 성립 여부를 떠나, Y_1의 행위와 확대된 손해 사이에 판례가 말하는 의미에서의 상당인과관계가 인정되기만 하면 Y_1이 확대된 손해에 대하여 책임을 져야 하고, Y_2가 Y_1과 공동불법행위자라고 할 수 있는지 여부는 결과에 차이가 없다. 가령 Y_2가 의료사고를 일으키기 전까지 Y_1의 행위로 인하여 발생한 손해에 대하여는 Y_1만이 책임을 져야 하고, Y_2가 의료사고를 일으킨 후의 손해에 대하여만 Y_2가 Y_1과 연대하여 책임을 져야 한다. 이 점에서 Y_1이 배상하여야 할 손해와 Y_2가 배상하여야 할 손해가 동일한 것이라고 할 수는 없다.

3. 확대손해에 대하여 1차 가해자에게 책임을 물을 수 없는 경우 1차 가해자의 책임범위

대상판결에서는 확대손해에 대하여도 1차 가해자에게 책임을 물을 수 있는 경우였다. 그런데 확대손해에 대하여는 1차 가해자에게 책임을 물을 수 없는 경우에는 1차 가해자가 어느 범위에서 책임을 져야 하는가가 문제될 수 있다.

이 점에 대하여 대판 1979.4.24, 79다156은 다음과 같이 판시하였다. 이 사건에서는 광부이던 피해자가 피고 경영 광업소에서 낙반사고(제1사고)로 인하여 부상을 입자 피고를 상대로 손해배상청구소송을 제기하였는데, 그 사건 계속 중 다른 교통사고(제2사고)로 인하여 사망하였다. 원심은 피고는 그 사망시까지의 손해만을 배상하면 된다는 피고의 주장에 대하여, 제3자의 다른 가해행위로 인하여 사망하게 된 경우에는 이로써 먼저 가해자의 손해배상책임이 경감될 수 없다고 하였다. 그러나 대법원은, 제1사고가 없었더라면 제2사고도 발생하지 않았을 것이라고 인정되는 경우와 같이 양자 사이에 조건관계가 존재할 경우에는 제2사고로 인한 사망을 참작할 것이 아니므로, 제1사고의 가해자는 제2사고로 인한 사망을 고려하지 아니하고 제1사고만에 입각하여 산정되는 손해액 전액을 배상하여야 하지만, 제1사고와 제2사고 사이에 조건적 관계가 존재하지 않는 경우에는 제1사고의 가해자는 제2사고로 인하여 피해자가 사망한 때까지의 손해만을 배상하면 되는 것이라고 하였다. 그 후에도 같은 취지의 판례들이 있다(대판 1990.10.

30, 90다카12790; 1995.2.10, 94다51895).

그런데 대판 1989.5.23, 87다카2723은 이와 다른 취지로 보인다. 이 사건에서는 피해자가 피고 1 소유 덤프트럭 운전수의 과실로 교통사고를 당하고, 피고 2 병원에 입원하였다가 병실을 빠져나와 비상계단 아래의 땅으로 추락하여 사망하였다. 원심은 피고 1과 피고 2의 공동불법행위책임을 인정하였으나, 대법원은 원심판결을 파기하였다. 이 사건에서 피고 1의 불법행위와 피고 2의 불법행위는 시간과 장소에 괴리가 있고, 결과발생에 있어서도 양 행위가 경합하여 단일한 결과를 발생시킨 것이 아니고 각 행위의 결과발생을 구별할 수 있으므로, 그러한 경우에는 공동불법행위가 성립한다고 하기 어렵다는 것이다. 그리고 피고 1의 배상책임을 정함에 있어서는 피해자의 추락사를 개의치 아니하고 그가 교통사고로 부상한 결과 입게 된 손해를 심리하여 그 배상을 명하여야 할 것이고, 피고 2의 배상책임을 정함에 있어서는 피해자가 병원에서 추락사함으로 인하여 발생된 손해를 산정(이때에 교통사고로 인한 손해액과 중첩되지 아니하도록 유의하여야 할 것이다)하여 각기 그 배상을 명하여야 할 것이라고 판시하였다.

학설상으로는 이 점에 관하여 계속설과 절단설의 대립이 있다. 계속설은 원칙적으로 사망이라는 사정을 고려하지 아니하고 통상의 가동기간 동안의 신체장해에 의한 일실이익을 손해로 평가하여야 한다고 본다. 그 논거로 손해배상청구권은 이미 가해행위의 시점에서 발생하였다는 점 및 1차 사고에 의한 신체장해에 의한 일실이익을 피해자의 실제 사망시까지만 계산하고, 2차 사고의 가해자는 1차 사고에 의한 신체장해율을 공제하고 남은 잔존가동능력 만큼만 그의 가동기간 동안 배상하면 족하다면, 1차 사고 당시 원래 인정되어야 할 피해자의 전 가동기간 동안의 전체 가동능력 가운데 1차 사고에 의하여 상실한 가동능력 부분은 사망 이후 가동기간까지 누구도 배상할 의무가 없는 것이 되어 결과적으로 피해자에게 불리하다는 점 등이다. 반면 절단설은 1차 사고의 가해자는 피해자의 사망시까지만 그의 신체장해에 의한 일실이익 상당의 손해를 배상하면 되고, 다만 위자료의 산정에 있어서 이를 참작할 수 있을 뿐이라고 한다. 그 논거는 피해자가 이미 1차 사고 후에 사망함으로써 가동기간에 관한 불확실성이 이미 제거되어 가동할 수 없게 되었음이 밝혀진 이상, 그러한 후발적 사정을 그대로 반영하여 실제의 사망시까지의 손해만 배상하면 되는 것이 오히려 공평에 부합한다는 점이다.

생각건대 이와 같은 경우에는 원칙적으로 1차 사고의 가해자는 2차 사고를 고려함이 없이 1차 사고로 인하여 피해자가 입은 일실이익 상당의 손해를 실제 사망 이후에도 원래의 가동여명기간까지 배상하여야 한다고 보는 계속설이 타당하다. 그렇게 보지 않으면, 피해자는 1차 사고로 인하여 입은 손해 중 실제로 사망한 날 이후 부분은 1차 사고 가해자뿐만 아니라 2차 사고 가해자로부터도 배상받지 못하게 되기 때문이다.

참고문헌

김기영, 교통사고와 의료과오 경합의 경우 인과관계의 귀속, 경희법학 48권 3호, 2013.

김천수, 사고의 경합과 진료과오책임, 의료법학 5권 2호, 2004.

박동진, 손해배상액의 산정, 민사법학 36호, 2007.
윤진수, 가정적 인과관계 및 후발적 손해확대에 대한 고찰, 비교사법 30권 4호, 2023.
이기중, 교통사고와 의료과오경합의 경우 공동불법행위의 성부, 판례연구 4권, 부산판례연구회, 1994.
전하은, 불법행위 후의 제2차 사고에 의한 사망과 신체장해 손해의 산정, 재판과 판례 7권, 1998.
홍춘의, 교통사고의 피해자가 사고 후 다른 원인으로 사망한 경우의 손해배상, 기업법연구 8집, 2001.

[판례 117]

규범목적설

대법원 1995.1.12. 선고 94다21320 판결

사 실

Y_1은 상호신용금고이고 Y_2는 Y_1의 대표이사였다. Y_1은 A 회사에게 1988.10.13.부터 1989.9.12.까지 4회에 걸쳐 합계 금 7억 8천만 원을 대출하여 주었고, 1990.12.14. A 회사에 대한 채권을 담보하기 위하여 A 회사의 부동산에 순위 1, 2, 3번의 근저당권설정등기를 마쳤다. 한편 X는 1991.4.경 A 회사의 채무현황 및 그 소유 부동산의 담보제공현황을 조사한 후, 담보여력이 있다고 보아 같은 해 4.25. A 회사에게 금 6억 원을 대여하고 A 회사 소유의 부동산에 근저당권설정등기를 마쳤다. 그런데 Y_1은 상호신용금고법 12조의 동일인 대출 제한 한도를 넘어서서 A 회사에게 1991.6.21. 액면 3억 원 상당의 약속어음을 추가로 할인하여 줌으로써, A 회사에 대한 총대출금이 10억 8천만 원이 되었다. 그 후 Y_1은 A 회사의 부동산에 대하여 근저당권에 기하여 임의경매신청을 하였고, 이에 따라 개시 진행된 임의경매절차의 배당절차에서 법원이 X보다 선순위인 Y_1 및 다른 채권자들에게 먼저 배당을 한 결과, X는 Y_1의 A 회사에 대한 추가대출 3억 원이 없었더라면 배당받을 수 있었을 296,445,860원에 미달하는 84,284,700원밖에 배당받지 못하였다.

X는 Y_2가 상호신용금고법에 위반하여 위와 같이 A 회사에게 추가대출을 하여 줌으로써 X에게 손해를 입혔다고 하여 Y_1 및 Y_2를 상대로 손해배상을 청구하였다.

원심은 X의 청구를 일부 받아들였으나, 대법원은 원심판결을 파기하였다.

이 유

Y_1의 대표이사인 Y_2가 상호신용금고법 및 그 시행령을 위배하여 소외 회사에게 추가대출을 한 것을 계기로 하여 X가 손해를 입었다고 하더라도, Y들이 X에게 손해배상책임을 지기 위하여는 위 법령에 위배된 행위와 X의 손해 사이에 상당인과관계가 있어야 할 것인바, 상당인과관계

의 유무를 판단함에 있어서는 결과 발생의 개연성은 물론 법 12조의 입법목적과 보호법익, 위 법령위배행위의 태양 및 피침해이익의 성질 등을 종합적으로 고려하여 판단하여야 한다.

그런데 동일인에 대한 일정액을 넘는 대출 등을 원칙적으로 금하고 있는 법 12조의 규정 취지는 특정인에 대한 과대한 편중여신을 규제함으로써 보다 많은 사람에게 여신의 기회를 주고자 함에 있는 것이지 상호신용금고로부터 대출 등을 받은 자와 거래를 하려는 제3자로 하여금 상호신용금고가 대출 등을 받은 자에 대하여 가지게 될 채권의 범위를 예측할 수 있게 하거나 상호신용금고가 위 법령에 규정된 여신한도 범위 내에서 대출 등을 할 것으로 신뢰한 자를 보호하고자 함에 있는 것은 아닌 바, 이러한 법 12조 규정의 목적과 보호법익 및 원고가 입은 손해의 성질 등을 고려하면, 피고들이 위 법규에 위반하여 소외 회사에게 대출 등을 하지 않을 것이라는 신뢰를 원고에게 부여하였다는 특별한 사정이 엿보이지 아니하는 이 사건에 있어서, Y_1 회사가 위 법령에 위배하여 A 회사에게 여신한도를 초과한 대출 등을 하지 않을 것이라고 신뢰한 X가 위의 추가어음할인대출로 손해를 입게 되었다고 하더라도, Y_2의 위와 같은 행위와 X의 손해 간에 상당인과관계가 있다고 볼 수 없다.

해 설

1. 규범목적설의 의의

판례는 불법행위에서 가해행위와 손해 발생 사이의 인과관계를 판단하는 기준으로 상당인과관계설을 채택하고 있다. 이러한 상당인과관계설은 기본적으로 어느 행위와 그로 인한 손해 발생의 개연성이 얼마나 높은가 하는 점을 기초로 한다. 그런데 대상판결을 비롯한 일련의 판례는, 법령에 위배된 행위와 손해의 상당인과관계 유무를 판단함에 있어서는 결과 발생의 개연성은 물론, 법령의 입법목적과 보호법익, 법령위배행위의 태양 및 피침해이익의 성질 등을 종합적으로 고려하여 판단하여야 한다고 보고 있다. 이처럼 인과관계의 판단에서 법령의 목적을 고려하는 견해를 규범목적설이라고 부른다. 즉 법령이 위반된 경우에 위반자는 그 위반으로 인하여 발생한 모든 손해가 아니라, 그 법령이 보호하고자 하는 특정한 법익의 침해로 인한 손해만을 배상하면 되고, 그 외의 법익침해는 배상할 필요가 없다는 것이다.

이에 관하여 보통 드는 예는 다음과 같은 것이 있다. 즉 자동차가 제한속도를 위반하여 달리다가 옆에 서 있던 나무가 쓰러지는 바람에 승객이 다친 경우에, 그 자동차가 제한속도를 위반하지 않았다면 나무가 쓰러질 때 그 지점에 이르지 않았을 것이므로 피해를 입지 않았을 것이지만, 제한속도 위반을 이유로 하여 나무가 쓰러짐으로 인하여 생긴 손해를 배상할 필요는 없다고 한다. 속도를 제한하는 것은 이를 위반하면 교통사고가 생길 위험이 증가되므로 이를 방지하기 위한 것이지만, 나무가 쓰러지는 것은 그러한 위험과는 관련이 없으므로, 손해배상책임을 물을 수 없다는 것이다.

대법원의 판례는 규범의 목적을 상당인과관계의 유무를 판단하는 고려요소 중 하나로 들고 있다. 그러나 원래 규범목적설은 독일에서 상당인과관계론과는 독립적으로 발전되어 왔다. 독일에서는 규범목적설과 상당인과관계론과의 관계에 대하여는 상당인과관계만으로 충분하고 규범목적설은 필요하지 않다는 견해, 반대로 규범목적설이 상당인과관계를 대체할 수 있다는 견해 등도 주장되지만, 어느 한 이론만으로 인과관계 내지 배상범위 제한의 문제를 해결할 수는 없고, 양자는 병존적으로 인정되어야 한다는 주장이 다수의 지지를 받고 있고, 국내에도 이와 같이 주장하는 견해가 많다.

위와 같은 규범목적설을 적용하려면 우선 위반된 규범이 어떤 목적을 가지는 것인지를 확정하여야 한다. 이는 공무원의 법령위반으로 인한 국가배상책임의 인정 여부에 관하여 문제된 경우가 많았다. 이 점에 관한 선도적인 판례로는 대판 1993.2.12, 91다43466이 있다. 이 판결은, "공무원에게 부과된 직무상 의무의 내용이 단순히 공공 일반의 이익을 위한 것이거나 행정기관 내부의 질서를 규율하기 위한 것이 아니고, 전적으로 또는 부수적으로 사회구성원 개인의 안전과 이익을 보호하기 위하여 설정된 것이라면, 공무원이 그와 같은 직무상 의무를 위반함으로 인하여 피해자가 입은 손해에 대하여는 상당인과관계가 인정되는 범위 내에서 국가가 배상책임을 지는 것이고, 이때 상당인과관계의 유무를 판단함에 있어서는 일반적인 결과발생의 개연성은 물론 직무상 의무를 부과하는 법령 기타 행동규범의 목적이나 가해행위의 태양 및 피해의 정도 등을 종합적으로 고려하여야 할 것이다"라고 판시하였다.

2. 규범목적을 고려한 손해배상책임의 부정

대상판결은 규범목적을 고려하여 불법행위로 인한 손해배상책임의 성립을 부정하였다. 이외에도 같은 이유로 불법행위로 인한 손해배상책임을 인정하지 않은 판례들이 있다. 그 중 대표적인 것으로는 다음과 같은 것을 들 수 있다.

대판 1994.6.10, 93다30877은, 재직 중의 노태우 대통령이, 지방자치법에서 규정된 자치단체장 선거를 실시하지 않자 유권자가 불법행위를 이유로 위자료를 청구한 데 대하여, 대통령에게 지방자치단체장 선거일을 공고하는 의무를 부과한 목적은 지방자치행정의 민주성을 도모하고 지방자치와 민주정치의 발전에 기여한다는 공공일반의 이익을 보호하기 위한 것이며 국민 개인의 인격권을 보호하기 위한 것이 아니므로 상당인과관계가 없다고 하였다.

또한 대판 2001.4.13, 2000다34891은, 학원의 설립 · 운영에 관한 법률 및 같은 법 시행령의 규정에 따라 경찰서장이 학원이 있는 건물 내에서는 노래연습장의 풍속영업신고서는 이를 수리할 수 없는 것임에도 불구하고 착오로 이를 수리하여 풍속영업신고필증을 발급하였다가 그 후 위 노래연습장을 양수한 원고가 영업주명의변경신고를 할 수 없게 된 경우에 대하여, 풍속영업을 영위하고자 하는 자가 경찰서장에게 신고하도록 한 규정의 취지는 선량한 풍속을 해하거나 청소년의 건전한 육성을 저해하는 행위 등을 규제하여 미풍양속의 보존과 청소년보호에 이바지하려는 데 있는 것이므로, 위 법률에서 요구되는 풍속영업의 신고 및 이에 대한 수리행위는 오로지 공공 일반의 이익을 위한 것으로 볼 것이고, 부수적으로라도 사회구성원의 개인의 안전과 이익 특히 사적인 거래의 안전을 보호하기 위한 것이라고 볼 수는 없다고 하여, 경찰서장의 직무상의 의무 위반행위와 원고가 주장하는 영업상의 손해 사이에는 상당인과관계가 존재한다고 볼 수 없다고 하였다.

그리고 대판 2010.7.22, 2010다13527에서는 토지의 개별공시지가가 공무원의 과실로 높게 산정되었는데, 원고가 토지의 개별공시지가를 신뢰한 나머지 이 사건 토지의 담보가치가 충분하다고 믿고 위 토지에 근저당권설정등기를 경료한 후 가전제품을 판매하는 위 토지의 소유자에게 가전제품을 과다하게 공급하였다가 결국 변제받지 못하게 된 경우에, 공무원의 과실과 원고의 손해 사이에 상당인과관계가 있는가가 문제되었다. 원심은, 개별토지의 지가를 산정하여 공시하는 이유가 부동산거래를 하는 일반 국민들에게 부동산 가격산정의 기준으로 제공하고자 하는 목적도 있는 것으로 보아, 담당공무원이 소속된 지방자치단체의 손해배상책임을 인정하였다. 그러나 대법원은, 개별공시지가가 당해 토지의 거래 또는 담보제공을 받음에 있어 그 실제 거래가액 또는 담보가치를 보장한다거나 어떠한 구속력을 미친다고 할 수는 없고, 개개 토지에 관한 개별공시지가를 기준으로 거래하거나 담보제공을 받았다가 당해 토지의 실제 거래가액 또는 담보가치가 개별공시지가에 미치지 못함으로 인해 발생할 수 있는 손해에 대해서까지 그 개별공시지가를 결정 · 공시하는 지방자치단체에 손해배상책임을 부담시키게 된다면, 개개 거래당사자들 사이에 이루어지는 다양한 거래관계와 관련하여 발생한 손해에 대하여 무차별적으로 책임을 추궁당하게 되고, 그 거래관계를 둘러싼 분쟁에 끌려들어가 많은 노력과 비용을 지출하는 결과가 초래되게 되는데, 이는 결과발생에 대한 예견가능성의 범위를 넘어서는 것임은 물론이고, 행정기관이 사용하는 지가를 일원화하여 일정한 행정목적을 위한 기준으로 삼음으로써 국토의 효율적인 이용과 국민경제의 발전에 기여하려는 이 법의 목적과 기능, 그 보호법익의 보호범위를 넘어서는 것이라고 하여 국가배상책임을 인정한 원심판결을 파기하였다.

3. 규범목적에 의한 손해배상책임의 인정

그러나 규범목적설이 손해배상책임을 부정하는 근거로만 이용되는 것은 아니며, 오히려 손해배상책임을 인정하는 근거로도 이용된다. 규범목적을 제일 처음 명시적으로 언급한 대판 1993.2.12, 91다43466은, 선박안전법이나 유선 및 도선업법의 각 규정은 공공의 안전 외에 일반인의 인명과 재화의 안전보장도 그 목적으로 하는 것이므로, 국가 소속 선박검사관이나 시 소속 공무원들이 직무상 의무를 위반하여 시설이 불량한 선박에 대하여 선박중간검사에 합격하였다 하여 선박검사증서를 발급하고, 해당 법규에 규정된 조치를 취함이 없이 계속 운항하게 함으로써 화재사고가 발생한 것이라면, 화재사고와 공무원들의 직무상 의무위반행위와의 사이에는 상당인과관계가 있다고 하였다.

또한 대판 1994.12.27, 94다36285는, 면사무소에 근무하는 공무원들이 면사무소 안에 보관된 제적부의 관리를 소홀히 하여, 제3자가 면사무소에 침입하여 제적부를 건물 밖으로 반출한 후, 제적부를 변조하고 그에 기하여 허위의 소유권이전등기를 경료한 다음, 원고로부터 돈을 차용하고 위 부동산에 관하여 근저당권 설정등기를 경료하여 준 경우에 관하여 다음과 같이 판시하였다. 즉 호적법이 제적부는 사변을 피하기 위하여 필요한 경우 이외에는 시, 읍, 면의 사무소 밖으로 옮기지 못한다고 규정하고 있고, 구 호적법 시행령은 호적부, 신고서류 기타 호적의 서류 및 부책은 엄중히 보존하여야 한다고 규정하고 있는데, 호적법과 그 시행령이 호적부와 제적부의 보관에 대하여 위와 같이 엄격한 관리의무를 부과하고 있는 이유는 호적부나 제적부가 외부로 반출되어 변조 또는 위조되는 사태가 발생하여 국민 개개인이 신분상, 재산상의 권리에 관하여 회복할 수 없는 손해를 입게 될 우려가 있기 때문에 그와 같은 사태의 발생을 예방하기 위함에 있다고 하여, 면사무소 공무원들의 직무상 과실과 원고가 입은 손해 사이에는 상당인과관계가 있다고 하였다.

그리고 대판 2008.4.10, 2005다48994는, 유흥주점에 감금된 채 윤락을 강요받으며 생활하던 여종업원들이 유흥주점에 화재가 났을 때 잠겨진 철제문 때문에 미처 피신하지 못하고 유독가스에 질식해 사망한 사안에서, 소방법상의 방염 규정 위반에 대한 시정조치를 명하지 않았고, 여종업원들에 대한 감시 · 감금 기타 통제를 위하여 마련된 철제문이나 그 잠금장치의 제거 등 시정조치를 명하지 않은 직무상 위반행위는 사망과의 사이에 상당인과관계가 있다고 하였다.

이러한 판례는 법령위반행위와 손해와의 상당인과관계를 긍정하면서도, 각 당해 사건에서 손해 발생의 개연성이 있는지는 특별히 따지고 있지 않다. 그 이유는 법령이 어떤 행위로 인한 손해 발생을 막기 위하여 그러한 행위를 금지하고 있다면, 법령 자체가 금지된 행위와 손해 발생과의 개연성이 있다는 것을 전제로 한 것으로 보아 따로 개연성 여부를 심사할 필요가 없다고 본 것으로 이해할 수 있다.

4. 대상판결에 대하여

그런데 규범목적설을 적용할 때 실제로 어느 법령의 목적이 특정한 이익을 보호하기 위한 것인지 여부가 반드시 명백한 것은 아니다. 예컨대 대통령의 지방자치단체장 선거 불실시가 문제된 위 대판 1994.6.10, 93다30877은, 대통령에게 지방자치단체장 선거일을 공고하는 의무를 부과한 목적은 국민 개인의 인격권을 보호하기 위한 것이 아니라고 하여 상당인과관계가 없다고 하였다. 그런데 이에 관한 헌재결 1994.8.31, 92헌마126은 대통령의 지방자치단체장 선거 연기가 국민의 지방자치단체장 직접선거권의 침해에 해당하는지에 관하여 의견의 대립이 있었다. 또 규범목적이 문제된 다수의 사례에서는 규범의 목적이 무엇인가에 대하여 하급심 법원과 대법원의 견해가 달랐다. 가령 공시지가의 과다 산정이 문제된 대법원 2010.7.22, 2010다13527 판결의 원심은 표준지 및 개별토지의 지가를 산정하여 공시하는 이유가 부동산거래를 하는 일반 국민들에게 부동산 가격산정의 기준으로 제공하고자 하는 목적도 있다고 보았으나, 대법원은 이를 부정하였다.

규범목적설에 이러한 문제점이 있기는 하지만, 그렇다고 하여 규범목적설의 유용성 자체를 부정할 수는 없다. 규범이 특정한 손해의 발생을 방지하기 위하여 어느 행위를 금지하였다면, 그 밖의 손해가 금지된 행위로 인하여 발생하였다고 하여 손해배상책임을 인정하는 것은 규범의 목적을 벗어나는 것이다.

대상판결은 동일인에 대한 일정액을 넘는 대출 등을 원칙적으로 금하고 있는 상호신용금고법의 규정취지는 특정인에 대한 과대한 편중여신을 규제함으로써 보다 많은 사람에게 여신의 기회를 주고자 함에 있는 것이지, 상호신용금고로부터 대출 등을 받은 자와 거래를 하려는 제3자로 하여금 상호신용금고가 대출 등을 받은 자에 대하여 가지게 될 채권의 범위를 예측할 수 있게 하거나, 상호신용금고가 위 법령에 규정된 여신한도 범위 내에서 대출 등을 할 것으로 신뢰한 자를 보호하고자 함에 있는 것은 아니라고 하여 Y의 행위와 X의 손해 사이의 상당인과관계를 부정하였다. 이러한 판례는 동일인에 대한 일정액을 넘는 대출 등을 원칙적으로 금하고 있는 상호신용금고법의 규정취지는 이른바 단속규정으로서 그 한도를 넘어 대출 등이 이루어졌다 하더라도 사법상의 효력에는 아무런 영향이 없다고 하는 판례(대판 1987.12.22, 87다카1458 등)와도 맥을 같이 한다.

참고문헌

박희호, 책임법에 있어서 인과관계의 구체적 척도에 관한 연구, 동아법학 56호, 2012.

손지열, 국가배상에 있어서의 위법성과 인과관계, 민사판례연구 16권, 1994.

이규진, 등기관의 과실과 국가배상책임, 특별법연구 10권, 2012.

이학수, 불법행위체계에 있어서의 인과관계의 위상과 그 인정기준에 대한 새로운 검토, 판례연구 6집, 부산판례연구회, 1996.

최윤성, 공무원의 직무상 의무위반으로 국가가 배상책임을 부담하게 되는 경우의 직무상 의무의 내용과 상당인과관계의 판단기준, 판례연구 16집, 부산판례연구회, 2005.

[판례 118]

사용자책임에 있어서의 사무집행 관련성

대법원 1985.8.13. 선고 84다카979 판결

사 실

A는 Y 회사 재경부 자금과의 자금집행 담당사원으로서, 어음 수표의 작성, 물품대금 지급 등의 사무를 취급하여 오다가, 1982.5.23부터 운전자금차용, 예금 및 차용금 관리 등의 사무를 취급하는 자금관리담당으로 직책이 변경된 후에도 종전에 담당하였던 약속어음의 작성업무에 자주 관여함을 기화로, 약속어음용지를 어음 발행을 담당하는 담장자 책상 위의 손금고 안에서 꺼내어 약속어음용지에 보관된 대표이사명판을 몰래 찍은 다음, 어음발행기로 액면 등 필요한 사항을 기재하고, 위조한 대표이사 인감도장을 압날하여 발행인이 Y 회사로 된 약속어음을 위조하여, B를 통하여 X로부터 지급기일까지의 선이자 상당을 공제하고 그 할인금을 지급받았다. 그 후 X는 지급기일에 위 어음을 지급제시하였으나 지급이 거절되자, Y 회사를 상대로 손해배상청구를 하였다. 원심은 Y 회사에게 A에 대한 사용자책임이 있다고 하여 X의 청구를 일부 받아들였다. 대법원은 Y 회사에게 사용자책임이 있음을 인정하면서, 다만 손해액 산정의 잘못을 이유로 원심판결 일부를 파기환송하였다.

이 유

민법이 불법행위로 인한 손해배상으로서 특히 사용자의 책임을 규정한 것은, 많은 사람을 고용하여 스스로의 활동영역을 확장하고 그에 상응하는 많은 이익을 추구하는 사람은 많은 사람을 하나의 조직으로 형성하고 각 피용자로 하여금 그 조직 내에서 자기의 담당하는 직무를 그 조직의 내부적 규율에 따라 집행하게 하는 것이나, 그 많은 피용자의 행위가 타인에게 손해를 가하게 하는 경우도 상대적으로 많아질 것이므로 이러한 손해를 이익귀속자인 사용자로 하여금 부담케 하는 것이 공평의 이상에 합치된다는 보상책임의 원리에 입각한 것이므로, 사용자의 책임과 그 면책 및 그 책임의 한도 등을 가리려면 이와 같은 원리에 따라 구체적 사안마다 그 구성요건을 따져 가려야 한다.

민법 756조의 사용자의 책임에 피용자가 그 사업의 집행에 관하여라는 뜻도 그 범위에 있어서 이 규정의 입법근거인 보상관계에 따라 해석하여야 할 것이므로 원칙적으로는 그것이 피용자의 직무범위에 속하는 행위이어야 할 것이나, 이와 같이 극단적으로 그 범위를 좁게 해석하면 사용자의 책임을 정한 민법의 규정을 그 존립의의마저 부정하고 거래의 안전을 도모하려는 입법취지마저 도외시하는 결과를 초래하게 될 것이므로, 이 사업의 범위는 피용자의 직무집행행위 그 자체는 아니나 그 행위의 외형으로 관찰하여 마치 직무의 범위 내에 속하는 것과 같이 보이는 행위도 포함하는 것이라고 새겨야 한다.

외형상 피용자의 당해 행위가 피용자의 직무범위 내에 속한다고 보여지는 본래의 직무와 상당한 관련성이 있는 것이라면 피용자의 권한 외의 행위에 대하여 사용자의 지배가 가능한 것임에도 불구하고 피용자가 사용자의 이름으로 당해 행위를 하는 것이 객관적으로 용이하다는 상태에 있었다면 피용자의 행위는 그 직무범위 내에 있다는 외관을 나타내는 것이 일반이라 할 것이다.

돌이켜 이 사건 피용자인 A의 행위는 그 본래의 책임을 일탈하고 그 지위를 남용하여 한 것임이 명백하지만, 그 행위는 그 본래의 직무와 밀접한 관련이 있어 외형상 본래의 직무의 집행이라고 볼 것이므로 Y 회사는 달리 특단의 사정이 없는 한 사용자로서의 책임을 면할 수 없다.

사용자인 Y 회사는 피용자인 A의 선임 감독에 상당한 주의를 다하고 A가 그 직무상 지위를 이용하여 원심확정 사실과 같이 이 사건 약속어음을 발행하는 등의 일이 없도록 항상 감시경계를 다하였어야 할 것이므로, Y 회사가 그 주의의무를 다하지 아니하여 이 사건 약속어음을 발행하여 X로 하여금 손해를 입게 하였다면 피고 회사는 이 손해를 배상할 책임을 면하지 못할 것이다.

해 설

1. 사용자책임의 근거

756조가 규정하는 사용자책임의 근거에 관하여는 몇 가지 견해가 주장된다. 보상책임설은 타인을 사용하여 이익을 얻고 있는 자는 그 피용자가 주는 손해에 대하여도 책임을 져야 한다고 설명한다. 반면 위험책임설은 사람을 사용하여 자기의 활동영역을 확대한 경우 사회에 대한 가해의 위험을 증대시키고, 이렇게 증대된 위험은 사용자가 책임져야 한다고 주장한다. 이외에 피용자는 자력이 없는 경우가 많으므로 자력이 있는 사용자가 배상하게 하는 것이 사회정책적으로 타당하다는 사회정책적 고려설이 있다. 다수설은 보상책임설을 사용자책임의 근거로 들고 있다.

그러나 이들 학설은 사용자책임의 어느 한 가지 면만을 지적하고 있으며, 또 반드시 서로 모순되는 것도 아니다. 사용자는 피용자를 통하여 이익을 얻지만, 그 반면 피용자가 타인에게 손해를 입힐 위험성도 높아진다. 그런데 사용자책임이 존재하지 않는다면, 사용자는 피용자가 타인에게 손해를 입힐 가능성은 고려하지 않은 채로 자신의 사업을 확대하게 되거나, 피용자에 대한 감독을 소홀히 하게 된다. 그러면 피용자가 타인에게 손해를 입히는 것은 사용자가 부담하지 않게 된다는 점에서 일종의 외부효과(externality) 내지 외부비용(external cost)을 발생시킨다. 그런데 사용자책임을 사용자에게 부담시키게 되면, 사용자는 이러한 사정도 고려하여 적정하게 사업의 규모를 정하거나 피용자를 감독하게 될 것이다. 이 점에서 사용자책임은 외부효과의 내부화(internalization of externality) 기능을 수행한다. 다른 한편 직접 손해를 입힌 피용자에게 자력이 있어서 실제로 손해를 배상할 수 있다면, 피용자는 손해를 입히지 않도록 충분히 주의를 하게 되고, 또 손해를 배상하면 사용자로부터 보상받을 수 있도록 계약을 할 수 있다면 마찬가지로 사용자는 자신의 사업 규모를 적정하게 정할 수 있을 것이다. 그러나 현실에서는 피용자는 자력이 없는 경우가 대부분이고, 또 피용자가 자신이 배상한 손해를 사용자로부터 보상받을 수 있도록 계약한다는 것은 현실적이지 않다.

대상판결은 일단 사용자책임의 근거를 보상책임의 원리에서 찾고 있으나, 다른 한편 많은 피용자의 행위가 타인에게 손해를 가하게 하는 경우도 상대적으로 많아질 것이므로, 이러한 손해를 이익귀속자인 사용자로 하여금 부담케 하는 것이 공평의 이상에 합치된다고 설명하고 있어서 위험책임적인 사고도 배제하지 않고 있다.

2. 거래적 불법행위에서의 외형이론

사용자책임이 인정되려면 피용자가 "그 사무집행에 관하여" 제3자에게 손해를 입혀야 한다. 판례는 피용자가 실제로 사용자의 직무를 집행하는 경우뿐만 아니라, 직무집행행위 그 자체는 아니나 그 행위의 외형으로 관찰하여 마치 직무의 범위 내에 속하는 것과 같이 보이는 행위도 포함한다고 하는 이른바 외형이론을 채택하고 있다(대판 1966.9.20, 66다1166 등). 대상판결도 마찬가지이다. 대판 1988.11.22, 86다카1923은, 외형상 객관적으로 사용자의 사무집행에 관련된 것인지의 여부는 피용자의 본래 직무와 불법행위와의 관련 정도 및 사용자에게 손해발생에 대한 위험창출과 방지조치 결여의 책임이 어느 정도 있는지를 고려하여 판단하여야 한다고 보았다.

원래 이러한 외형이론은 이른바 거래적 불법행위와 사실적 불법행위 가운데 거래적 불법행위에서 발전되었다. 거래적 불법행위란 가해행위가 계약과 같은 법률행위적 거래의 과정에서 행해진 것을 말하고, 사실적 불법행위란 가해행위가 교통사고나 폭행 등과 같은 순수한 사실행위로 이루어진 것을 말한다. 거래적 불법행위에서 외형이론은 피용자의 행위가 사용자의 사무집행의 일환으로 이루어진 것이라고 믿은 피해자의 신뢰를 보호하기 위한 것이다. 그리하여 판례는 피용자의 불법행위가 사용자의 사무집행행위에 해당되지 않음을 피해자 자신이 알았거나 또는 중대한 과실로 알지 못한 경우에는 피해자는 사용자에 대하여 사용자 책임을 물을 수 없다고 보고 있다(대판 1983.6.28, 83다카217 등). 피해자가 알았던 경우에는 보호하여야 할 신뢰가 존재하지 않고, 피해자가 중대한 과실로 알지 못했다면 피해자의 신뢰가 보호할 가치가 없다고 할 수 있기 때문이다.

판례는 여기서 말하는 중대한 과실이란, 거래의 상대방이 조금만 주의를 기울였더라면 피용자의 행위가 그 직무권한 내에서 적법하게 행하여진 것이 아니라는 사정을 알 수 있었음에도 만연히 이를 직무권한 내의 행위라고 믿음으로써 일반인에게 요구되는 주의의무에 현저히 위반하는 것으로, 거의 고의에 가까운 정도의 주의를 결여하고 공평의 관점에서 상대방을 구태여 보호할 필요가 없다고 봄이 상당하다고 인정되는 상태를 말한다고 보고 있다(대판 1983.6.28, 83다카217 등).

그러므로 피용자의 대리행위가 대리권 남용에 해당하는 경우에, 피해자가 대리권 남용 사실을 알지 못한 데 중대한 과실은 없었지만 이를 알 수는 있었다면, 대리행위의 유효를 주장할 수는 없지만, 사용자책임을 물을 수는 있다([**판례 19**] 참조).

판례가 거래행위에 대하여 외형이론을 적용한 사례는 매우 많다. 예컨대 피용자가 어음이나 수표를 위조한 사례에서, 피용자가 어음작성 사무나 그 준비사무를 담당하고 있었던 경우에는 사무집행관련성을 인정한다(대상판결 외에도 대판 1988.11.22, 86다카1923 등). 또한 피용자가 제3자로부터 사용자 명의로 돈을 차용하여 편취한 경우(대판 1991.10.11, 91다24038 등), 은행 직원이 대리권을 남용하여 예금 명목으로 돈을 받아 다른 곳에 빼돌린 행위(대판 1989.9.12, 89다카2285) 등이다.

3. 사실적 불법행위에서의 외형이론

그런데 근래의 판례는 사실적 불법행위에 대하여도 외형이론을 적용하고 있다. 예컨대 대판 2000.2.11, 99다47297은, 호텔 종업원이 호텔에 목욕을 하기 위하여 찾아온 손님과 다투다가 근무 교대 후에 칼로 손님을 찌른 경우에 관하여 다음과 같이 판시하여 호텔 측의 사용자책임을 인정하였다. 즉 피용자가 고의에 기하여 다른 사람에게 가해행위를 한 경우 그 행위가 사용자의 사업과 시간적, 장소적으로 근접하고, 피용자의 사무의 전부 또는 일부를 수행하는 과정에서 이루어지거나 가해행위의 동기가 업무처리와 관련된 것일 경우에는 외형적, 객관적으로 사용자의 사무집행행위와 관련된 것이라고 보아 사용자책임이 성립하고, 이 경우 사용자가 위험발생 및 방지조치를 결여하였는지 여부도 손해의 공평한 부담을 위하여 부가적으로 고려할 수 있다는 것이다.

이외에도 판례는 중기회사의 중기기사가 작업지시를 받고 피해자 회사의 작업현장에서 작업을 하다가 다른 사람과 시비가 되어 싸우던 중 주위에 있던 사람들이 다른 사람을 병원으로 데리고 가자 흥분하여 굴삭기로 그 부근에 있던 피해자 회사의 현장사무실 막사와 식당, 기물들을 부수어 버린 경우(대판 1992.9.22, 92다25939), 택시회사의 운전사가 택시를 운행하던 중 승객인 부녀를 강간한 경우(대판 1991.1.11, 90다8954), 방송사 촬영단의 일원으로서 방송극의 제작 촬영상의 편의를 위해 제작책임자의 지시에 따라 다른 단원들과 함께 여관에 합숙한 자가 실화로 여관건물을 소실케 한 경우(대판 1994.3.22, 93다45886)에도 사용자에게 사용자책임을 인정하였다.

반면 대판 1994.11.18, 94다34272는, 레스토랑 종업원이 지배인으로부터 욕설과 구타를 당한 후 레스토랑을 나가 약 8시간 동안 배회하다가 레스토랑에 들어왔는데 다시 지배인으로부터 욕설과 구타를 당하자 이에 대항하여 지배인을 과도로 찔러 사망에 이르게 한 경우, 종업원의 위 불법행위가 레스토랑의 영업시간 중에 사용자의 사업장소에서 이루어진 것이기는 하나, 그 종업원은 사용자에게 고용되어 담당하게 된 사무의 집행과는 관련이 없이 자기 개인의 인격과 신체에 대한 침해행위에 대항하여 살해행위를 저질렀다고 봄이 상당하고, 종업원의 위 불법행위를 외형적, 객관적으로 보아도 이를 사용자의 사무집행과 관련된 행위로 볼 수는 없다고 하여 사용자책임을 부정하였다.

판례는 사실적 불법행위에 관하여 외형이론을 적용할 때에도, 피해자가 사무집행행위에 해당하지 않음을 알았거나 또는 중대한 과실로 알지 못한 경우에는 사용자책임을 묻지 못한다고 하였다(대판 1992.7.28, 92다10531).

4. 외형이론의 평가

판례의 외형이론은 거래적 불법행위에 관하여는 학설상 일반적으로 지지를 받고 있다. 그런데 판례가 사실적 불법행위에 관하여 외형이론을 적용하는 데 대하여는 비판이 많다. 즉 외형이론은 거래적 불법행위에서 피용자의 행위가 사무집행이라고 신뢰한 상대방을 보호하는 기능을 하는데, 사실적 불법행위의 경우에는 이러한 신뢰가 문제되지 않으므로 외형이론을 적용하는 것이 설득력이 없다고 한다.

반면 사실적 불법행위의 경우에도 피해자가 사용자와의 계약관계 또는 교섭관계에 있었고 그에 따른 계약 이행이나 계약 체결을 신뢰하여 자신의 법익에 대한 침해 가능성을 사용자 측에 허여한 경우, 피해자로서는 피용자가 정당한 사무집행 즉 정상적인 계약 이행을 할 것이라고 신뢰하여 자신에 대한 침해 가능성을 허여한 것이기 때문에 판례가 정당한 사무집행의 외형을 언급하는 것을 이해할 수 있다고 하는 견해도 있다.

생각건대 거래적 불법행위의 경우에는 외형이론의 적용이 합리적이다. 이러한 사례에서는 피해자가 피용자의 가해행위가 사무집행의 범위 내라는 것을 신뢰하고 피용자와 거래한 것이므로, 그러한 피용자의 행위가 사무집행의 범위 내에 있는 것과 같은 외관을 보인다면 그와 같이 믿은 피해자의 신뢰는 보호되어야 한다. 따라서 피해자가 피용자의 행위가 사무집행의 범위 내가 아님을 알았다면, 보호될 수 있는 신뢰 자체가 없는 것이고, 피해자가 그러한 사실을 몰랐지만 모른 데 중대한 과실이 있었던 경우에는 신뢰를 보호할 가치가 없다고 할 수 있다.

반면 사실적 불법행위에서는 피용자의 가해행위가 사무집행의 범위 내라고 믿었는지 아닌지는 문제되지 않으므로, 이러한 경우에 외형이론을 적용하는 것은 별로 설득력이 없다. 가령 방송극 제작책임자의 지시에 따라 다른 단원들과 함께 여관에 합숙한 자가 실화로 여관건물을 소실케 한 경우(대판 1994.3.22, 93다45886)에는 여관 경영자의 입장에서는 실화를 일으킨 자가 방송사의 피용자였는지 여부는 중요하지 않았을 것이다. 실제로 판례가 사실적 불법행위에 관하여 외형이론을 적용한 경우에도 외형이론이 판례의 결론을 이끌어내는 데 도움이 된다고도 할 수 없다. 그러므로 이러한 경우에는 결국 사용자가 피용자를 사용함으로써 사고의 위험을 증가시켰는가, 또는 사용자가 피용자의 불법행위를 막을 수 있는 위치에 있었는가 하는 점을 고려하여 결정할 수밖에 없다. 위 대판 2000.2.11, 99다47297은, 피용자가 고의에 기하여 다른 사람에게 가해행위를 한 경우 그 행위가 사용자의 사업과 시간적, 장소적으로 근접하고, 피용자의 사무의 전부 또는 일부를 수행하는 과정에서 이루어지거나 가해행위의 동기가 업무처리와 관련된 것일 경우에는 사용자책임이 성립한다고 보았다.

다른 한편 사실적 불법행위 중 일부 사례에서는 피해자가 채무불이행책임을 물을 수 있는 경우가 있고, 이때에는 굳이 외형이론을 원용할 필요가 없다. 예컨대 택시회사의 운전사가 택시를 운행하던 중 승객인 부녀를 강간한 경우(대판 1991.1.11, 90다8954)에는 택시회사와 승객 사이에 계약관계가 존재하고, 택시회사는 승객에 대하여 계약상 보호의무를 부담하므로(**[판례 60]** 참조), 외형이론에 의하지 않더라도 택시운전사의 강간행위에 대하여 택시회사는 채무불이행책임을 져야 한다.

5. 대상판결에 대하여

대상판결은 거래상 불법행위에 관한 것으로서 이제까지 살펴본 외형이론이 적용되는 전형적인 사례라고 할 수 있고, 그 결론도 타당하다. 뿐만 아니라 대상판결은 사용자책임의 근거에 대하여도 상세한 설시를 하고 있어서, 다른 대법원 판례와 비교할 때 이색적이다.

참고문헌

김재형, 사용자책임에서의 사무집행관련성, 민법론 2, 2004.
김형석, 사용자책임의 연구, 2013.
양창수, 회사 경리직원의 어음위조와 사용자책임, 민법산고, 1998.
이주흥, 사용자 책임에서의 업무집행관련성과 외형이론, 민사판례연구 8권, 1986.
이주흥, 사실적 불법행위에서의 업무집행관련성, 판례월보 1995.10.
지원림, 사용자책임에 있어서 외형이론의 한계, 민사판례연구 14, 1992.

[판례 119]

공작물책임에 있어서의 하자

대법원 1992.9.14. 선고 92다3243 판결

사 실

A는 1990.9.29. 03:25경 트럭을 운전하여 경부고속도로 상행선 서울기점 176.5킬로미터 지점을 통과하다가, 그곳을 지나던 다른 자동차에서 떨어진 타이어 1개에 앞바퀴가 걸려 중앙선을 넘어 들어가 맞은편 하행선에서 운행하던 트럭과 충돌하여 즉석에서 사망하였다.

A의 상속인인 X들은 고속도로 유지관리자인 Y(한국도로공사)를 상대로 도로의 설치보존상의 하자로 인한 손해배상책임을 청구하였고, 원심은 Y의 손해배상책임을 인정하였다. 그러나 대법원은 원심판결을 파기하였다.

이 유

공작물인 도로의 설치보존상의 하자는 도로의 위치 등 장소적인 조건, 도로의 구조, 교통량, 사고시에 있어서의 교통사정 등 도로의 이용상황과 그 본래의 이용목적 등 제반사정과 물적 결함의 위치, 형상 등을 종합적으로 고려하여 사회통념에 따라 구체적으로 판단하여야 할 것인 바, 도로의 설치 후 제3자의 행위에 의하여 그 본래의 목적인 통행상의 안전에 결함이 발생된 경우에는 도로에 그와 같은 결함이 있다는 것만으로 성급하게 도로의 보존상 하자를 인정하여서는 안 되고, 당해 도로의 구조, 장소적 환경과 이용상황 등 제반의 사정을 종합하여 그와 같은 결함을 제거하여 원상으로 복구할 수 있는데도 이를 방치한 것인지 여부를 개별적, 구체적으로 심리하여 하자의 유무를 판단하여야 한다.

이 사건에 있어서 Y에게 도로의 보존상 하자로 인한 손해배상책임을 인정하기 위하여는 도로에 타이어가 떨어져 있어 고속으로 주행하는 차량의 통행에 안전상의 결함이 있다는 것만으로 족하지 아니하고, 관리자인 Y가 사고 발생 전 다른 차량 등 제3자의 행위에 의하여 야기된 도로의 안전상의 결함을 미리 발견하고 이를 제거하여 차량의 안전한 통행상태로 회복하도록 하는 방호조치를 취할 수 있음에도 이를 취하지 아니하고 방치한 경우에 한하여 책임이 인정된다. 다시 말하자면 도로의 안전상의 결함이 객관적으로 보아 시간적, 장소적으로 피고의 관리행위가 미칠 수 없는 상황 아래에 있는 경우에는 관리상의 하자를 인정할 수 없는 것이다.

이 사건 사고지점 고속도로를 관리하는 피고의 충청지사 영동지부는 야간 4회, 주간 2회의 왕복도로순찰을 하며, 그 소속인 C의 이 사건 사고지점의 통과시간은 03:10 내지 03:15경으로 당시는 고속도로상에 타이어와 같은 장애물이 발견되지 아니하였으며, 사고발생의 원인이 된 타이어가 사고지점 고속도로 상에 떨어진 것은 C가 사고지점을 통과한 후로서 사고시로부터 10분 내지 15분밖에 경과되지 아니한 것으로 인정된다.

위와 같은 사실관계에서는 피고가 이 사건 사고지점의 도로에 떨어진 타이어를 발견하고 이를 제거하여 사고방지 조치를 취한다는 것은 시간적으로 거의 불가능한 일이 아닌가 생각된다. 따라서 피고의 손해배상책임을 인정한 원심의 조치는 수긍하기 어렵다.

해 설

1. 공작물책임의 법적 성격

758조는 공작물 하자에 대하여 제1차적으로 공작물 점유자에게 손해배상의무를 부과하고, 다만 점유자가 손해의 방지에 필요한 주의를 해태하지 아니한 때에는 제2차적으로 소유자가 손해를 배상할 책임이 있다고 규정한다. 여기서 점유자는 면책사유를 증명하면 손해배상책임을 면할 수 있으므로, 순수한 무과실책임은 아니고 증명책임이 전환된 과실책임으로 보아야 하지만, 소유자의 책임은 순수한 무과실책임으로서 위험책임이라고 보는 것이 일반적인 견해이다. 다만 입법론적으로는 소유자에게 무과실책임을 부담시키는 것은 부당하다고 하는 비판이 많다.

2. 하자의 개념

공작물책임의 요건인 "공작물의 설치 또는 보존의 하자"를 어떻게 파악할 것인가에 관하여는 객관설과 의무위반설이 대립한다. 객관설은 공작물이 통상 갖추어야 할 성질 또는 설비를 결하여 본래 있어야 할 안전성을 객관적으로 결한 상태를 하자로 보고, 하자의 존재에 관하여 점유자에게 고의나 과실이 있는지 여부를 묻지 않는다. 이에 반하여 의무위반설은 공작물의 설치·관리의 하자는 손해방지조치의 해태·방치에 기하는 손해회피의무 위반이라고 한다. 이러한 학설은 원래 영조물의 하자로 인한 국가배상책임을 규정하고 있는 국가배상법 5조에 관하여 논의되었던 것인데, 이것이 758조의 하자 개념에 관하여도 영향을 미치고 있다.

판례는 한편으로는 공작물의 설치·보존상의 하자란 공작물이 그 용도에 따라 통상 갖추어야 할 안전성을 갖추지 못한 상태에 있음을 말하는 것이라고 하여(대판 1988.10.24, 87다카827

등), 객관설에 따르는 것처럼 보이기도 하지만, 다른 한편으로는 이와 같은 안전성의 구비 여부를 판단함에 있어서는 당해 공작물의 설치보존자가 그 공작물의 위험성에 비례하여 사회통념상 일반적으로 요구되는 정도의 방호조치의무를 다하였는지의 여부를 기준으로 삼아야 한다고 하여(대판 1994.10.28, 94다16328 등), 의무위반설을 따르는 것도 있다. 대상판결도 도로에 결함이 있다는 것만으로 성급하게 도로의 보존상 하자를 인정하여서는 안 되고, 그와 같은 결함을 제거하여 원상으로 복구할 수 있는데도 이를 방치한 것인지 여부를 개별적, 구체적으로 심리하여 하자의 유무를 판단하여야 한다고 보았다. 근래의 판례는 의무위반설을 따르는 것이 많다(대판 2010.2.11, 2008다61615; 2018.8.1, 2015다246810 등).

3. 도로의 하자 여부에 관한 판례

대상판결과 같이 도로에 원래 없던 장애물이 생겨 사고가 발생한 경우에 관하여, 판례는 장애물이 생긴 때와 사고가 발생한 시점 사이에 점유자가 사고의 발생을 방지할 수 있는 여유가 있었는가 하는 점을 중요하게 생각하는 것으로 보인다. 대상판결은 타이어가 떨어진 후 사고 발생시까지 10분 내지 15분밖에 지나지 않았던 경우에 하자의 존재를 부정하였고, 그 외에도 장애물이 생긴 시점부터 사고 발생시까지 1시간이 경과하지 않은 경우에는 하자의 존재를 부정하였다(대판 1997.4.22, 97다3194; 2000.11.28, 2000다41424).

반면 대판 1996.10.11, 95다56552은 고속도로의 추월선에 각목이 방치되어 있었던 것은 공작물 보존의 하자에 해당하고, 또한 피고가 손해의 방지에 필요한 주의를 해태하지 아니하였다고 보기는 어렵다고 하였다. 그 사건 원심판결은 고속도로의 순찰을 규정한 안전관리규정이 개정된 이래 차량의 통행대수가 약 2.7배 이상 증가하였음에도 불구하고 이에 상응하여 안전관리규정을 개정하여 순찰횟수를 늘리거나 순찰방법을 개선하는 등 안전관리체계를 개선하기 위한 조치를 취하지 아니한 점을 하자를 인정하는 중요한 이유로 들었다.

그리고 대판 2002.9.27, 2002다15917은, 차량이 도로의 75% 정도를 차지한 채 그곳에 불법주차되어 차량의 통행 및 안전에 현저한 지장을 초래하고 있었음에도 도로의 관리자가 이를 5일 간이나 방치하다가 다른 차량이 위 차량과 충돌하는 사고가 생긴 경우에는 도로에 관리상의 하자가 있다고 하였다.

또한 대판 1998.2.10, 97다32536은 도로상에 교통사고의 원인이 될 수 있는 크기의 돌멩이가 방치되어 있었고, 도로의 점유·관리자인 피고가 그것에 대한 관리 가능성이 없다는 입증을 하지 못하고 있는 경우에는 하자가 인정된다고 하였다.

다른 한편 대판 1992.10.27, 92다27164는 고속도로상에 들어온 개를 피하려다 사고가 난 경우에 하자의 존재를 인정하였는데, 이 사건에서는 한국도로공사가 동물들의 출현으로 인한 사고발생을 방지하기 위하여 보호 방책 등 적절한 시설을 하지 않았기 때문에 하자의 존재가 인정된 것으로 보인다. 그리고 대판 1998.2.13, 97다49800은 집중호우로 인하여 도로에 물이 고여 교통사고가 발생한 경우에, 도로에 물이 고이지 않도록 하고 도로에 내린 비가 신속히 집수구 쪽으로 흘러들어 갈 수 있도록 하는 등의 방호조치를 취하지 않았다면 하자가 있다고 하였다.

4. 검 토

점유자의 공작물책임이 문제되는 경우에 하자에 해당하기 위하여 방호조치의무를 다하지 않았을 것이 요구된다면, 이는 758조 1항 단서가 점유자가 손해의 방지에 필요한 주의를 해태하지 아니한 때에는 면책된다고 규정하고 있는 것과 중복되지 않는가 하는 의문이 제기될 수 있다. 그런데 이는 영조물책임을 규정한 국가배상법 5조와 연관하여 검토할 필요가 있다. 여기서는 도로·하천, 그 밖의 공공의 영조물의 설치나 관리에 하자가 있어서 손해가 생긴 경우에 국가나 지방자치단체의 손해배상의무를 인정하면서, 민법과 같은 면책사유를 규정하고 있지 않다. 그러나 대판 2000.2.25, 99다54004; 2014.4.24, 2014다201087 판결은, 국가배상법상의 영조물의 하자에 관하여도 758조의 경우와 마찬가지로 하자의 유무는 영조물의 설치관리자가 그 영조물의 위험성에 비례하여 사회통념상 일반적으로 요구되는 정도의 방호조치의무를 다하였는지 여부를 그 기준으로 삼아야 할 것이라고 하면서, 대상판결을 선례로서 인용하고 있다. 생각건대 이 판결이 설시하고 있는 영조물의 기능상 결함으로 인한 손해발생의 예견가능성과 회피가능성이 없는 경우, 즉 그 영조물의 결함이 영조물의 설치관리자의 관리행위가 미칠 수 없는 상황 아래에 있는 경우에까지 영조물의 설치관리상의 하자를 인정할 수는 없다고 봄이 타당하다. 국가배상법에서 하자의 개념을 이처럼 이해한다면, 758조 1항 본문의 하자와 국가배상법 5조의 하자 개념을 통일적으로 이해하기 위해 하자에 방호조치의무를 포함시키는 것이 합리적이다.

다만 방호조치를 다하지 않았을 것을 하자의 인정 기준에 포함시키게 된다면 이를 피해자가 증명하여야 하게 되는 반면, 방호조치를 다하였을 것을 면책사유로 보게 되면 이 점은 공작물 점유자가 증명하여야 하는 차이가 있을 수 있다. 그러나 대상판결을 포함한 판례는 하자의 존재 여부를 판단함에 있어서는 당해 도로의 결함을 제거하여 원상으로 복구할 수 있는데도 이를 방치한 것인지 여부를 개별적, 구체적으로 심리하여야 한다고 판시하고 있으므로, 두 견해 사이에 실제적인 차이는 없고, 오히려 공작물 점유자에게 증명책임을 부담시킨 것과 마찬가지 결과가 된다. 위 대판 1998.2.10, 97다32536이 국가배상법상의 영조물책임에 관하여, 도로의 점유·관리자가 도로상에 방치된 돌멩이의 관리 가능성이 없다는 입증을 하지 못하고 있는 경우에는 하자가 인정된다고 한 것도 이러한 취지로 이해된다.

문제는 어느 경우에 방호조치를 다하였다고 볼 것인가 하는 점이다. 이 점에 관하여는 과실(negligence)의 판단 기준에 대한 이른바 핸드 공식(Learned Hand Formula)을 참고할 필요가 있다. 핸드 공식은, 손해의 방지를 위한 비용(Burden, B)과 사고가 날 경우 발생할 손해(Loss, L)에 손해 발생의 확률(Probability, P)을 곱한 손해의 기댓값(PL)을 비교하여, 그 비용이 손해의 기댓값보다 작다면(B 〈 PL), 그러한 비용을 지출하여서라도 손해의 발생을 막는 것이 효율적이므로, 그러한 비용을 지출하지 않았다면 과실이 있다고 본다. 반대로 비용이 손해의 기댓값보다 크다면(B〈PL), 비용을 지출하지 않았어도 과실이 없다는 것이다. 다만 실제로는 단순히 총비용과 총손해를 비교하여서는 안 된다. 지출 비용이 늘어나면 그로 인하여 막을 수 있는 손해의 기댓값도 커지지만, 어느 정도 이상을 지나면 추가로 지출하는 비용이 그로 인하여 방지할 수 있는 추가적 손해의 기댓값보다 커지게 되고, 따라서 그러한 추가 비용을 지출하는 것은 비효율적이므로, 그러한 추가 비용을 지출하지 않았다고 하여 과실이 있었다고 할 수는 없다는 것이다. 이 점에서 핸드 공식은 한계비용과 한계효용을 포괄하는 한계개념(marginal concept)으로 이해해야 한다.

예컨대 고속도로를 달리는 차에서 짐이 떨어져서 뒤에 오던 차가 피해를 입는 일이 자주 있다. 이러한 피해는 도로공사가 고속도로를 자주 순찰하면 막을 수 있다. 그런데 이러한 순찰의 횟수를 늘리는 데에도 비용이 든다. 이때 다음과 같은 관계가 성립한다고 하자.

기대 손해액(A)	순찰비용(B)	총비용(A+B)
2000만 원	0	2000만 원
1000만 원	100만 원	1100만 원
700만 원	200만 원	900만 원
500만 원	300만 원	800만 원
450만 원	400만 원	850만 원

얼핏 생각하기에는 순찰비용을 400만 원을 지출하면 손해액이 가장 작은 450만 원이 되므로, 이것이 최선일 것처럼 생각된다. 그러나 그것이 합리적이 아님은 쉽게 알 수 있다. 이때에는 400만 원의 비용이 지출되므로, 기대 손해액과 순찰비용을 합한 총비용은 850만 원이 되고, 따라서 300만 원의 순찰비용을 지출하여 500만 원의 손해가 나는 것을 감수하는 것이 합리적이다. 따라서 300만 원 미만의 순찰비용을 지출하면 과실이 있다고 할 수 있지만, 300만 원의 순찰비용을 지출한다면 과실이 없는 것이 될 것이고, 300만 원 이상의 순찰비용을 지출하여 기대 손해액을 더 줄일 수 있다고 하더라도, 그렇게 하지 않은 것을 가리켜 과실이 있다고 할 수는 없는 것이다.

대상판결의 경우에, Y는 야간 4회, 주간 2회의 왕복도로순찰을 하였다는 것인데, 이 횟수를 늘린다면 사고 발생의 확률은 줄어들겠지만, 그만큼 사고 방지를 위한 비용이 늘어나게 된다. 이 경우에 비용과 사고 발생의 확률을 정확하게 비교하기는 어렵지만, 대법원으로서는 이러한 상황에서 왕복도로순찰의 횟수를 늘린다는 것은 그다지 효율적이 아니라고 판단하였을 수 있다. 반면 불법주차된 차량을 5일 간이나 방치한 경우(대판 2002.9.27, 2002다15917)에는 기본적인 순찰만으로도 불법주차를 발견하여 이를 견인하는 등의 조치를 취하는 것이 특별히 과다한 비용을 필요로 하는 것은 아니었을 것이므로, 도로 관리상의 하자를 인정하는 것이 타당할 것이다. 그리고 고속도로상에 들어온 개를 피하려다 사고가 난 경우(대판 1992.10.27, 92다27164)에는 개 등 동물이 들어오는 것을 막을 수 있는 보호 방책 등 적절한 시설을 하지 않았기 때문에 유사한 사고가 여러 차례 일어났던 것으로 보이므로, 그러한 시설을 하지 않은 것은 하자라고 할 수 있다.

5. 이후의 판례

대판 2019.11.28, 2017다14895는 명시적으로 공작물의 하자 여부를 판단함에 있어서 핸드 공식을 참고할 수 있다고 하였다. 이 사건에서는 어린이용 수영구역과 성인용 수영구역이 구분되어 있기는 하지만, 분리되어 있지는 않은 수영장에서 어린이가 성인용 수영구역에 빠져 상해를 입었다. 대법원은, 이른바 'Hand Rule'을 참고하여, 사고 방지를 위한 사전조치를 하는 데 드는 비용(B)과 사고가 발생할 확률(P) 및 사고가 발생할 경우 피해의 정도(L)를 살펴, 'B 〈 P · L'인 경우에는 공작물의 위험성에 비하여 사회통념상 요구되는 위험방지조치를 다하지 않은 것으로 보아 공작물의 점유자에게 불법행위책임을 인정하는 접근방식도 고려할 수 있다고 하였다.

참고문헌

권순일, 불법행위법상 주의의무의 기준, 법조 1997.3.

김건식, 불법행위법과 법경제학, 민사판례연구 15권, 1993.

김동희, 국가배상법 제5조상의 영조물의 설치 · 관리상 하자의 관념, 서울대학교 법학 43권 1호, 2002.

류광해, 판례에 나타난 도로의 하자, 원광법학 25권 1호, 2009.

박설아, 공작물 설치 · 보존의 하자에 대한 판단 기준과 핸드공식, 대법원판례해설 121호, 2020.

박성준, 수영장 익수사고에서 수영장 관리자의 공작물 설치 보존상의 하자로 인한 손해배상책임, 부산판례연구회 판례연구 32집, 2021.

안철상, 도로의 설치 · 관리의 하자로 인한 손해배상책임, 판례연구 4집, 부산판례연구회, 1994.

윤진수, 공작물책임의 경제적 분석, 법경제학연구 17권 1호, 2020.

이동원, 고속도로상의 장해물과 도로보존의 하자, 형평과 정의 11집, 대구지방변호사회, 1997.

이인재, 공작물책임에 있어서의 하자, 민사재판의 제문제 7권, 1993.

이재찬, 민법 제758조의 공작물책임에 관한 법경제학적 논의 - 핸드 공식을 중심으로, 민사판례연구 43권, 2021.

이준희, 도로의 설치상의 하자로 인한 관리청의 손해배상책임, 저스티스 80호, 2004.

[판례 120]

공동불법행위와 과실상계, 기여도에 따른 감책

대법원 1998.6.12. 선고 96다55631 판결

사 실

A는 1994.9.20. 12:30경 그 소유의 승합차를 운전하여 국도를 운행하다가, 중앙선을 침범하여 반대편에서 마주 오던 B 운전의 승용차 왼쪽 앞부분을 위 승합차의 왼쪽 앞 범퍼 부분으로 들이받았다(1차 충돌사고). 그런데 Y는 그 소유의 승용차를 운전하여 B의 승용차 바로 뒤를 따라가다가, 위와 같이 충돌되어 도로 가장자리에 걸쳐져 있는 B의 승용차를 미처 피하지 못하고 자신의 승용차 오른쪽 앞 범퍼 부분으로 B의 승용차의 왼쪽 앞 문짝 부분을 들이받았다(2차 충돌사고). 위 교통사고로 B는 사망하고, 동승하고 있던 가족들(X_1, X_2, X_3, X_4)은 각기 중상을 입었다. X들은 A와 Y를 상대로 소송을 제기하였는데, A와의 사이에서는 제1심 법원의 조정에 갈음하는 결정이 확정되어 A에 대하여는 소의 취하가 있는 것으로 보게 되었다.

제1심은 B 및 X들의 사고에 대한 과실 비율을 10%로 보아 그만큼을 손해배상액에서 공제하였다. 반면 원심은, 이 사건 사고는 1차적으로 A의 중대한 과실에 의하여 발생하였고 B와 X들 측의 손해도 주로 A에 의한 1차 충돌사고로 인하여 일어나 Y에 의한 2차 충돌사고는 이 사건 손해에 기여한 정도가 비교적 작은 점, 그리고 손해배상소송의 기본이념인 손해의 공평분담이라는 관점에서 보아, B 및 X들과 피고 사이에 있어서 Y가 부담하여야 할 책임 부분은 전체의 30%로 봄이 상당하다고 판단하였다.

그러나 대법원은 원심판결을 파기하였다.

이 유

공동불법행위의 성립에는 공동불법행위자 상호간에 의사의 공통이나 공동의 인식이 필요하지 아니하고 객관적으로 각 그 행위에 관련공동성이 있으면 족하고 그 관련공동성 있는 행위에 의하여 손해가 발생하였다면 그 손해배상책임을 면할 수 없으며, 또한 공동불법행위책임은 가해자 각 개인의 행위에 대하여 개별적으로 그로 인한 손해를 구하는 것이 아니라 그 가해자들이 공동으로 가한 불법행위에 대하여 그 책임을 추궁하는 것으로, 법원이 피해자의 과실을 들어 과실상계를 함에 있어서는 피해자의 공동불법행위자 각인에 대한 과실비율이 서로 다르더라도 피해자의 과실을 공동불법행위자 각인에 대한 과실로 개별적으로 평가할 것이 아니고 그들 전원에 대한 과실로 전체적으로 평가하여야 하는 것이다.

A와 Y에 의하여 발생한 위 1, 2차 충돌사고는 객관적으로 보아 그 행위에 관련공동성이 있다고 할 것이므로 A와 Y는 공동불법행위자로서 위 1, 2차 충돌사고로 야기된 위 사망이나 상해로 인한 손해배상책임의 전부에 대하여 연대책임을 부담하고, 이 사건 사고를 야기함에 있어서 Y보다는 오히려 A에게 보다 큰 과실이 있다거나, B와 X들 측의 손해가 주로 위 A에 의한 1차 충돌사고로 인하여 일어난 것으로 Y에 의한 2차 충돌사고는 이 사건 손해에 기여한 정도가 비교적 작다는 등의 사정이 인정된다고 하여 달리 볼 것은 아니다.

해 설

1. 객관적 공동설과 주관적 공동설

760조 1항은 "수인이 공동의 불법행위로 타인에게 손해를 가한 때에는 연대하여 그 손해를 배상할 책임이 있다"고 규정한다. 여기서 "공동"의 의미에 관하여 학설이 대립하고 있다.

통설이라고 할 수 있는 객관적 공동설은, 수인의 행위가 객관적으로 관련 공동되어 있으면 공동불법행위가 성립한다고 한다. 판례(대판 1982.6.8, 81다카1130 등)도, 공동불법행위의 성립에 있어서는 불법행위자 상호간에 공모나 공동의 인식을 요하지 않고 다만 객관적으로 공동행위가 관련공동되어 있으면 족하고, 그 관련공동성이 있는 행위에 의하여 손해가 발생하거나 확대되면 그 손해배상책임을 면할 수 없다고 하여 객관적 공동설을 따르고 있다. 대상판결도 마찬가지이다.

반면 주관적 공동설은, 불법행위자 수인 사이에 공모 내지 공동의 인식이라는 이른바 주관적 공동이 있어야만 1항의 공동불법행위가 성립한다고 본다. 이 설에 따르면 대상판결의 경우에는 1차 충돌사고를 일으킨 A와 2차 충돌사고를 일으킨 Y 사이에 공모 내지 공동의 인식이 없으므로 공동불법행위가 성립하지 않는다고 본다. 그렇지만 공모 내지 공동의 인식은 손해의 발생이 아니라 손해의 원인에 대한 행위에 대한 것이므로, 건축공사에 종사하고 있는 인부 두 사람이 각목을 맞들어서 아래로 던졌는데 지나던 통행인이 각목에 맞아 부상한 경우와 같이 과실에 의한 공동의 경우에도 공동불법행위가 인정된다고 한다.

주관적 공동설에 따를 때에는 대상판결과 같은 경우에는 공동불법행위가 성립하지는 않으나, 각 행위자는 750조에 의하여 발생한 전체 결과 전부에 배상책임을 부담하므로, 각 행위자의 행위로 인한 손해가 겹치는 한 부진정연대책임을 지고, 이 점에서는 원래의 공동불법행위와 마찬가지라고 한다. 다만 부진정대책임의 근거를 760조 1항 또는 2항의 유추적용에서 찾기도 한다.

2. 공동불법행위에서의 과실상계

피해자의 공동불법행위자 각인에 대한 과실비율이 서로 다른 경우에, 과실상계를 함에 있어 가해자별로 과실상계의 비율을 달리 할 것인가(개별평가설), 아니면 피해자의 과실을 그들 전원에 대한 과실로 전체적으로 평가하여야 하므로 가해자별로 과실상계 비율을 달리할 수는 없는가(전체평가설) 하는 점에 관하여, 다수의 판례는 후자의 입장을 취하고 있다. 즉 대판 1961. 7.20, 4293민상469는, 피해자가 공동불법행위자 중의 일부만을 상대로 손해배상을 청구하는 경우에도 과실상계를 함에 있어 참작하여야 할 쌍방의 과실은 피해자에 대한 공동불법행위자 전원의 과실과 피해자의 공동불법행위자 전원에 대한 과실을 전체적으로 평가하여야 하고, 공동불법행위자 간의 과실의 경중이나 구상권 행사의 가능 여부 등은 고려할 여지가 없다고 하였으며, 대상판결도 이를 따랐다.

그러나 가해자별로 과실상계의 비율을 달리한 경우도 없지 않다. 우선 대판 1992.2.11, 91다34233은, 건물 신축공사장에서 비계공이 비계해체공사 중 고압선에 감전되어 추락한 사고의 경우에, 사고방지를 위한 안전설비를 갖추지 않은 건설공사의 수급인과 감전사고 발생의 가능성 유무를 파악하여 공사 수급인에게 사고방지를 위한 안전조치의 이행을 요구할 주의의무를 다하지 않은 한국전력주식회사에게 모두 손해배상책임이 있다고 하면서, 피해자의 과실 비율을 가해자별로 따로 정한 원심판결이 타당하다고 하였다.

또한 대판 2007.6.14, 2005다32999는, 종래의 판례와 마찬가지로 피해자의 공동불법행위자 각인에 대한 과실비율이 서로 다르더라도 그들 전원에 대한 과실로 전체적으로 평가하여야 할 것이라고 하면서도, 이 경우 피해자의 부주의를 이용하여 고의로 불법행위를 저지른 자가 바로 그 피해자의 부주의를 이유로 자신의 책임을 감하여 달라고 주장하는 것은 허용될 수 없지만, 그러한 사유가 없는 다른 불법행위자까지도 과실상계의 주장을 할 수 없다고 해석할 것은 아니라고 하였다. 따라서 고의의 불법행위자와 그렇지 않은 불법행위자 사이에는 과실상계에 관하여 차이가 생기게 되었다.

3. 검 토

이른바 주관적 공동이 있는 경우와, 객관적 공동만이 있는 경우는 인과관계의 문제에 있어서 차이가 있으므로, 양자를 구별할 필요가 있다. 주관적 공동이 있는 경우에는 각 불법행위자의 행위와 발생한 손해 사이에 엄밀한 의미에서 인과관계가 존재하지 않더라도 손해배상책임을 지게 된다. 예컨대 A와 B가 한 편이 되어 C와 D를 상대로 싸웠는데, A는 C만을, B는 D만을 구타하였다 하더라도, A와 B는 모두 C와 D가 입은 손해 전체에 대하여 손해배상책임을 지게 된다. 이 경우에 C가 입은 손해는 반드시 B의 행위로 인한 것은 아니고, D가 입은 손해도 반드시 A의 행위로 인한 것이라고는 할 수 없지만, A로서는 B가 D를 구타한 행위를 자신의 행위로 용인하면서, 자신의 행위가 타인의 행위로 이용되는 것을 받아들인 것이므로(주관적 공동), A는 B의 행위에 대하여도 책임을 져야 한다. 이 경우에 심리적 인과관계를 인정할 수 있다는 설명도 있으나, 이는 원래의 의미에서의 인과관계와는 다르다.

반면 객관적 공동만이 있는 경우에는 각 행위자의 행위와 손해 발생 사이에 각각 인과관계가 존재하여야 한다. 판례(위 **[판례 116]** 등)는 교통사고와 의료사고가 각기 독립하여 불법행위의 요건을 갖추고 있으면서 객관적으로 관련되고 공동하여 위법하게 피해자에게 손해를 가한 것으로 인정된다면, 공동불법행위가 성립된다고 하므로, 각각의 행위와 손해 사이에 인과관계가 인정되어야 한다는 취지이다. 그러므로 어느 행위자의 행위로 인하여 손해가 발생하였으나 그 손해가 다른 행위자의 행위와 인과관계가 없는 경우는 다른 행위자가 손해배상책임을 지지 않고, 공동불법행위는 성립하지 않는다(대판 2012.4.26, 2010다102755 참조). 또 판례는 과실에 의한 방조를 인정하면서도, 방조자에게 공동불법행위자로서의 책임을 지우기 위하여는 방조행위와 피방조자의 불법행위 사이에 상당인과관계가 있어야 한다고 보고 있다(대판 1998.12.23, 98다3126; 2015.6.24, 2014다231224 등).

그러므로 760조 1항의 공동불법행위는 원래는 주관적 공동이 있는 경우에 그에 의하여 인과관계 문제를 해결하려는 것이었다고 할 수 있다. 그럼에도 불구하고 통설이나 판례가 객관적 공동설을 따르고 있는 것은, 객관적 공동이 있는 경우에 각 행위자에게 부진정연대책임을 부담시키는 근거를 760조 1항에서 찾으려는 데 이유가 있는 것으로 보인다. 그러나 주관적 공동설에서는 이를 공동불법행위로 보지 않더라도 불법행위 일반론 및 부진정연대채무의 이론에 따라 각 행위자의 부진정연대책임을 인정할 수 있다고 주장한다.

주관적 공동설에 따르든 객관적 공동설에 따르든 객관적 공동만이 있는 각 행위자의 책임이 부진정연대관계에 있다는 점에는 차이가 없다. 그러나 양자가 모든 경우에 같이 취급되어야 하는 것은 아니다. 과실상계에 있어서는 주관적 공동이 있는 경우에는 피해자와 각 행위자 사이의 과실 비율이 각각 다르다고 인정할 수는 없다. 그러나 객관적 공동만이 있는 경우에는, 각 행위자의 행위는 독립하여 불법행위를 구성하므로, 피해자와 가해자의 과실 비율도 각각 별개로 따져야 한다(개별평가설).

대상판결의 경우에도 중앙선을 침범하여 B 운전의 승용차와 1차 충돌사고를 일으킨 A의 과실과, B의 승용차를 미처 피하지 못한 Y의 과실 사이에는 상당한 차이가 있고, B의 과실 비율도 A에 대한 관계와 Y에 대한 관계에서 각각 별도로 따져야 할 것이다.

4. 기여도에 따른 감책의 허용 여부

다른 한편 원심판결이 단지 B의 과실 비율을 A에 대한 관계와 Y에 대한 관계에서 각각 별도로 따져야 한다고 판단한 것은 아니고, 이 사건 사고에 대하여 Y가 기여한 정도가 비교적 작다는 점이 Y의 손해배상책임을 제한하는 주된 이유였다. 이를 기여도 감책론이라고 부른다. 그러나 대상판결은 이 점에 대하여는 직접적으로 판단하지 않고, 피해자의 과실을 공동불법행위자 각인에 대한 과실로 개별적으로 평가할 것이 아니고 그들 전원에 대한 과실로 전체적으로 평가하여야 하는 것이라는 점을 원심판결의 파기사유로 들었다.

그러나 이후의 판례는 피해자에게 과실이 없어서 과실상계의 비율은 문제되지 않는 사안에 관하여, 공동불법행위책임은 가해자 각 개인의 행위에 대하여 개별적으로 그로 인한 손해를 구하는 것이 아니라 그 가해자들이 공동으로 가한 불법행위에 대하여 그 책임을 추궁하는 것이므로, 공동불법행위로 인한 손해배상책임의 범위는 피해자에 대한 관계에서 가해자들 전원의 행위를 전체적으로 함께 평가하여 정하여야 하고, 그 손해배상액에 대하여는 가해자 각자가 그 금액의 전부에 대한 책임을 부담하는 것이며, 가해자의 1인이 다른 가해자에 비하여 불법행위에 가공한 정도가 경미하다고 하더라도 피해자에 대한 관계에서 그 가해자의 책임범위를 위와 같이 정하여진 손해배상액의 일부로 제한하여 인정할 수 없다고 하여(대판 1998.10.20, 98다31691; 2001.9.7, 99다70365 등), 기여도 감책론을 정면으로 부정하였다.

이러한 기여도 감책론은 수인의 행위자 중 기여도가 작은 자에게도 전체 손해에 대하여 배상할 의무를 부담시키는 것이 가혹하다는 생각에서 나온 것으로서, 미국의 상당수의 주에서는 이를 인정하고 있고, 일본에서도 이와 같이 주장하는 학설이 있다. 우리나라에서도 2013.12.30. 신설된 주식회사의 외부감사에 관한 법률 17조 4항은 감사인의 책임비율에 따른 손해배상제도를 도입하였다.

그러나 이와 같은 특별법이 존재하지 않는 한, 여러 행위자의 행위로 인하여 단일한 손해가 발생하였다면, 각 행위와 손해 사이에 인과관계를 부정할 수 없으므로, 개별 행위자의 기여도가 작다는 이유만으로 책임을 제한할 합리적인 근거는 찾기 어렵다.

참고문헌

고홍석, 선하증권 사본 송부 시 발생한 운송인 자회사 직원의 과실과 선하증권 원본의 상환 없이 이루어진 물품인도 사이의 인과관계, 대법원판례해설 91호, 2012.

권순일, 공동불법행위와 과실상계, 법조 47권 11호, 1998.

서광민, 공동불법행위의 성립요건, 민사법학 41호, 2008.

이광범, 공동불법행위자의 기여율에 따른 감책이 가능한지 여부, 판례실무연구 3, 1999.

정태윤, 공동불법행위에서의 과실상계, 민사판례연구 22권, 2000.

[판례 121]

위헌인 긴급조치로 인한 국가배상책임

대법원 2022.8.30. 선고 2018다212610 전원합의체 판결

사 실

X(X_5 제외)들은 1977년에서 1979년 무렵에 1975.5.13. 발령된 "국가안전과 공공질서의 수호를 위한 대통령 긴급조치 제9호" 위반을 이유로 구속되어 징역형 및 자격정지형을 선고받고 복역하다가 석방된 피고인들 또는 그 가족들이다. 위 피고인들은 재심을 청구하여, 2013년에서 2014년 사이에 긴급조치 제9호가 당초부터 위헌·무효이어서 피고사건이 범죄로 되지 아니하는 경우에 해당한다는 이유로 무죄를 선고하는 재심판결을 선고받았고, 위 재심판결은 확정되었다. 한편 X_5는 긴급조치 제9호 위반 혐의로 구속되었다가 1979.11.21. 구속취소로 석방되었다. X들은 2013.9.17. 국가 Y를 상대로 국가배상을 청구하는 이 사건 소송을 제기하였다.

1심과 원심은 X들의 청구를 기각하였다. 그러나 대법원 전원합의체는 원심판결을 파기환송하였다. 이 판결에는 3개의 별개의견이 있었다.

이 유

긴급조치 제9호는 위헌 · 무효임이 명백하고 긴급조치 제9호 발령으로 인한 국민의 기본권 침해는 그에 따른 강제수사와 공소제기, 유죄판결의 선고를 통하여 현실화되었다. 이러한 경우 긴급조치 제9호의 발령부터 적용 · 집행에 이르는 일련의 국가작용은, 전체적으로 보아 공무원이 직무를 집행하면서 객관적 주의의무를 소홀히 하여 그 직무행위가 객관적 정당성을 상실한 것으로서 위법하다고 평가되고, 긴급조치 제9호의 적용 · 집행으로 강제수사를 받거나 유죄판결을 선고받고 복역함으로써 개별 국민이 입은 손해에 대해서는 국가배상책임이 인정될 수 있다.

긴급조치 제9호가 위헌 · 무효이고 그 위헌성이 중대하고 명백한 이상 대통령의 긴급조치 제9호 발령행위는 객관적 정당성을 상실하였다고 보기 충분하다. 다만 긴급조치 제9호 발령행위만으로는 개별 국민에게 손해가 현실적으로 발생하였다고 보기는 어렵고, 긴급조치 제9호를

그대로 적용 · 집행하는 추가적인 직무집행을 통하여 그 손해가 현실화될 수 있다.

헌법재판소의 위헌결정으로 소급하여 효력을 상실하였거나 법원에서 위헌·무효로 선언되었다는 사정만으로 형벌에 관한 법령을 제정한 행위나 법령이 위헌으로 선언되기 전에 그 법령에 기초하여 수사를 개시하여 공소를 제기한 수사기관의 직무행위 및 유죄판결을 선고한 법관의 재판상 직무행위가 국가배상법 2조 1항에서 말하는 공무원의 고의 또는 과실에 의한 불법행위에 해당한다고 단정할 수 없다. 그러나 긴급조치 제9호는 영장주의를 전면 배제함으로써 수사과정에서 국민의 기본권 보장이나 법치국가의 사법질서 확립을 포기하였다. 긴급조치 제9호에 따라 영장 없이 이루어진 체포·구금, 그에 이은 수사 및 공소제기 등 수사기관의 직무행위와 긴급조치 제9호를 적용하여 유죄판결을 한 법관의 직무행위는 긴급조치의 발령 및 적용 · 집행이라는 일련의 국가작용으로서 전체적으로 보아 국민의 기본권 보장의무에 반하여 객관적 정당성을 상실하였다.

긴급조치 제9호의 발령행위가 위법하다고 하더라도 그 발령행위 자체만으로는 개별 국민에게 구체적인 손해가 발생하였다고 보기 어렵고, 긴급조치 제9호의 적용·집행과정에서 개별 공무원의 위법한 직무집행을 구체적으로 특정하거나 개별 공무원의 고의·과실을 증명 또는 인정하는 것은 쉽지 않다. 따라서 이처럼 광범위한 다수 공무원이 관여한 일련의 국가작용에 의한 기본권 침해에 대해서 국가배상책임의 성립이 문제되는 경우에는 전체적으로 보아 객관적 주의의무 위반이 인정되면 충분하다.

긴급조치 제9호의 발령과 적용·집행에 관한 국가작용 및 이에 관여한 다수 공무원들의 직무수행은 법치국가 원리에 반하여 유신헌법 8조가 정하는 국가의 기본권 보장의무를 다하지 못한 것으로서 전체적으로 보아 객관적 주의의무를 소홀히 하여 그 정당성을 결여하였다고 평가되고, 그렇다면 개별 국민의 기본권이 침해되어 현실화된 손해에 대하여는 국가배상책임을 인정하여야 한다.

이와 달리 대통령의 긴급조치 제9호 발령 및 적용·집행행위가 국가배상법 2조 1항에서 말하는 공무원의 고의 또는 과실에 의한 불법행위에 해당하지 않는다고 보아 국가배상책임을 부정한 대법원 2014.10.27. 선고 2013다217962 판결; 대법원 2015.3.26. 선고 2012다48824 판결 등은 이 판결의 견해에 배치되는 범위에서 이를 변경하기로 한다.

해 설

1. 유신헌법에 기한 대통령 긴급조치

박정희 대통령은 1972.10.17. 전국에 비상계엄을 선포하고, 국회를 해산하고, 정당 및 정치 활동의 중지 등 현행 헌법의 일부 조항 효력을 정지시키는 대통령 특별선언을 발표하였다.

그리고 새로운 개헌안을 공고하고, 같은 해 11.21. 이를 국민투표에 붙여, 이를 통과시킴으로써 이른바 유신헌법이 제정되었다. 이 헌법은 같은 해 12.27.부터 시행되었다.

유신헌법 53조는 대통령의 긴급조치권에 관하여 규정하면서, 제4항에서 긴급조치는 사법적 심사의 대상이 되지 아니한다고 규정하고 있었다.

유신헌법에 기한 대통령 긴급조치는 총 9차례 발령되었다. 긴급조치 제1호는 1974.1.8. 공포되었는데, 이는 대한민국 헌법을 부정, 반대, 왜곡 또는 비방하는 일체의 행위와 그 개정 또는 폐지를 주장, 발의, 제안, 또는 청원하는 일체의 행위 및 유언비어를 날조, 유포하는 일체의 행위를 금하고, 그 금지된 행위를 권유, 선동, 선전하거나, 방송, 보도, 출판 기타 방법으로 이를 타인에게 알리는 일체의 언동도 금하며, 이 조치에 위반한 자와 이 조치를 비방한 자는 법관의 영장없이 체포, 구속, 압수, 수색하며 15년 이하의 징역에 처하고, 15년 이하의 자격정지를 병과할 수 있다고 규정하였다. 긴급조치 제4호는 1974.4.3. 공포되었다. 그 주된 내용은 전국민주청년학생총연맹(이른바 민청학련)을 조직하거나 가입하는 행위, 그 활동을 찬양, 고무하는 행위 등을 금지하고, 이에 위반한 자는 사형, 무기 또는 5년 이상의 유기징역에 처한다는 것이었다.

그리고 긴급조치 제9호는 1975.5.13. 공포되었다. 여기서는 유언비어를 날조, 유포하거나 사실을 왜곡하여 전파하는 행위, 대한민국 헌법을 부정 · 반대 · 왜곡 또는 비방하거나 그 개정 또는 폐지를 주장 · 청원 · 선동 또는 선전하는 행위 등을 금지하고, 그에 위반한 자는 1년 이상의 유기징역에 처하도록 하였다.

2. 대통령 긴급조치의 위헌성

종래 대법원의 판례는, 긴급조치는 유신헌법에 근거한 것으로서 사법적 심사의 대상이 되지 아니하므로 그 위헌 여부를 다툴 수 없다고 하였다. 그러나 근래 대법원은 이러한 판례를 변경하여, 긴급조치는 위헌이라고 하였다{대판(전) 2010.12.16, 2010도5989(긴급조치 제1호); 대결(전) 2013.4.18, 2011초기689(긴급조치 제9호); 대판(전) 2013.5.16, 2011도2631(긴급조치 제4호)}.

한편 헌재결 2013.3.21, 2010헌바70, 132, 170은, 대법원과는 별도로 긴급조치 제1호, 제2호 및 제9호가 위헌이라고 하였다.

3. 피해자들의 국가배상청구

이처럼 긴급조치가 위헌으로 선고되자, 그에 의하여 처벌받았거나 수사를 받았던 사람들은 형사보상을 청구하는 외에 국가를 상대로 국가배상을 청구하였다. 그러나 대법원은 이러한 청구를 받아들이지 않았다.

우선 대판 2014.10.27, 2013다217962는, 긴급조치 제9호에 의하여 수사를 진행하고 공소를 제기한 수사기관의 직무행위나 유죄판결을 선고한 법관의 재판상 직무행위는 공무원의 고의 또는 과실에 의한 불법행위에 해당하지 않는다고 하였다. 즉 형벌에 관한 법령이 헌법재판소의 위헌결정으로 소급하여 효력을 상실하였거나 법원에서 위헌·무효로 선언된 경우, 그 법령이 위헌으로 선언되기 전에 그 법령에 기초하여 수사가 개시되어 공소가 제기되고 유죄판결이 선고되었더라도, 그러한 사정만으로 수사기관의 직무행위나 법관의 재판상 직무행위가 국가배상법 2조 1항에서 말하는 공무원의 고의 또는 과실에 의한 불법행위에 해당하여 국가의 손해배상책임이 발생한다고 볼 수는 없다는 것이다.

그리고 대판 2015.3.26, 2012다48824는, 긴급조치 제9호가 사후적으로 법원에서 위헌·무효로 선언되었다고 하더라도, 유신헌법에 근거한 대통령의 긴급조치권 행사는 고도의 정치성을 띤 국가행위로서 대통령은 국가긴급권의 행사에 관하여 원칙적으로 국민 전체에 대한 관계에서 정치적 책임을 질 뿐 국민 개개인의 권리에 대응하여 법적 의무를 지는 것은 아니므로, 대통령의 이러한 권력행사가 국민 개개인에 대한 관계에서 민사상 불법행위를 구성한다고는 볼 수 없다고 하여 불법행위의 성립을 인정한 원심판결을 파기하였다.

4. 대법원 판례에 대한 비판과 그 후의 하급심 판례

이처럼 국가의 국가배상책임을 인정하지 않은 대법원 판례에 대하여는 많은 비판이 있었다. 한 견해는, 대통령의 긴급조치는 국회가 제정한 법률과 마찬가지로 취급하여야 한다는 것을 전제로 하여, 대법원의 판례가 대통령은 국가긴급권의 행사에 관하여 원칙적으로 국민 전체에 대한 관계에서 정치적 책임을 질 뿐 국민 개개인의 권리에 대응하여 법적 의무를 지는 것은 아니라고 한 점을 비판하고, 기본권을 침해하는 법률을 만든 것은 국민 개개인을 보호하기 위한 헌법 규정을 위반한 것임이 명백하며, 입법부가 위헌인 법률을 제정함으로써 국민의 기본권을 침해하였다면, 그에 따른 책임도 부담하여야 한다고 주장한다.

다른 견해는 위헌임이 명백한 법률에 대하여는 공무원이 이를 준수할 의무가 없고, 위헌인 법률을 집행하였다면 고의 또는 과실이 인정되므로 불법행위가 성립한다고 본다.

최근에는 다시 긴급조치 자체가 위헌임을 이유로 하여 국가배상청구를 받아들인 하급심 판결들이 나왔다. 이러한 판례들도 그 이유에서는 약간 차이가 있다. 즉 긴급조치의 발령 그 자체를 불법행위로 볼 것인가, 또는 긴급조치에 따른 수사와 재판을 불법행위로 볼 것인가, 아니면 양자 모두를 불법행위로 볼 것인가 하는 점이다.

5. 대상판결

대상판결은 위 대판 2014.10.27, 2013다217962; 2015.3.26, 2012다48824를 변경하면서, 대통령 긴급조치가 위헌임을 이유로 하는 국가배상책임을 인정하였다. 이 판결의 특징은, 긴급조치 제9호의 적용 · 집행과정에서 개별 공무원의 위법한 직무집행을 구체적으로 특정하거나 개별 공무원의 고의 · 과실을 증명 또는 인정하지 않더라도, 광범위한 다수 공무원이 관여한 일련의 국가작용에 의한 기본권 침해에 대해서 국가배상책임의 성립이 문제 되는 경우에는 전체적으로 보아 객관적 주의의무 위반이 인정되면 충분하다고 한 점이다.

반면 김재형 대법관의 별개의견 1과 김선수, 오경미 대법관의 별개의견 3은 박정희 대통령의 고의 · 과실에 기한 불법행위라고 주장한다. 그러나 안철상 대법관의 별개의견 2와 민유숙 대법관의 다수의견에 대한 보충의견은 대통령의 고의 · 과실을 인정하기 어렵다고 한다.

그리고 김선수, 오경미 대법관의 별개의견 3은 긴급조치를 적용한 법관의 재판행위가 독립적으로 불법행위를 구성한다고 하였다.

6. 검 토

우선 유신헌법 당시 대통령이 발령한 긴급조치는 법률과 같은 효력을 가지고 있었다. 그러므로 위헌인 대통령 긴급조치가 불법행위가 될 수 있는가는 위헌인 법률의 제정이 불법행위가 될 수 있는가와 같은 차원에서 다루어져야 할 것이다. 다만 어느 법률이 사후적으로 위헌으로 선고되었다고 하여 항상 국가가 국민들에게 손해배상책임을 진다고 할 수는 없다. 위헌인 법률을 제정하였다는 이유로 국가배상책임을 묻기 위하여는, 그 법률의 위헌성이 제정 당시에 이미 명백하였음에도 불구하고 입법을 강행하였다는 것과 같은 특별한 사정이 있어야 할 것이다. 유럽연합의 유럽사법재판소 판례나, 근래의 일본 최고재판소 판례도 그와 같은 취지이다.

또한 박정희 대통령의 일련의 긴급조치 발령은 당시부터 그것이 헌법을 뛰어넘는 것으로서, 초헌법적(超憲法的)인 것임이 명백하였다. 즉 대법원 2013.4.18. 결정 2011초기689 전원합의체 결정이 판시한 것처럼, 긴급조치 제9호는 그 발동 요건을 갖추지 못한 채 목적상 한계를 벗어나 국민의 자유와 권리를 지나치게 제한함으로써 헌법상 보장된 국민의 기본권을 침해한 것이므로, 긴급조치 제9호가 해제 내지 실효되기 이전부터 이는 유신헌법에 위반되어 위헌 · 무효였다. 나아가 대상판결은, 긴급조치 제9호가 위헌·무효이고 그 위헌성이 중대하고 명백한 이상 대통령의 긴급조치 제9호 발령행위는 객관적 정당성을 상실하였다고 보기 충분하다고 하였다. 그러므로 대통령의 긴급조치 발령은 그것이 위헌이라는 점이 명백함에도 불구하고 이루어졌으므로 국가배상책임을 인정하는 데 이론적인 문제점이 없다.

한편 대상판결의 다수의견은 긴급조치 제9호의 발령과 적용·집행과 같이 광범위한 다수 공무원이 관여한 일련의 국가작용에 의한 기본권 침해에 대해서 국가배상책임의 성립이 문제되는 경우에는 전체적으로 보아 객관적 주의의무 위반이 인정되면 충분하고, 개별 공무원의 위법한 직무집행을 구체적으로 특정하거나 개별 공무원의 고의·과실을 개별적·구체적으로 요구할 필요는 없다고 한다. 그러나 유신헌법 53조 4항이 긴급조치에 대하여 사법심사를 배제하고 있었던 이상 긴급조치의 집행 등에 관여한 법관이나 다른 공무원들의 행위가 독립적인 불법행위가 된다고는 할 수 없을 것이다. 그런데 공무원들의 행위가 개별적으로는 불법행위가 되지 않지만, 이를 합치면 불법행위가 된다고 말할 수는 없다.

참고문헌

김광수, 긴급조치와 국가배상, 경찰법연구 21권 3호, 2023.
김중권, 긴급조치와 관련한 국가배상책임에서 재판상의 불법의 문제, 인권과 정의 510호, 2022.
박성구, 긴급조치 제9호의 발령 및 적용 · 집행 행위로 인한 국가배상책임, 사법 제62호, 2022.
윤진수, 위헌인 대통령 긴급조치로 인한 국가배상책임, 민사법학 101호, 2022.
이재승, 긴급조치 제9호를 적용한 법관의 책임, 민주법학 81호, 2022.
정남철, 긴급조치와 국가배상, 행정판례연구 27-2집, 2022.

[판례 122]

의료행위에 대한 설명의무

대법원 1994.4.15. 선고 92다25885 판결

사 실

Y가 경영하는 병원의 신경외과 전문의인 A는 교통사고로 인한 두부손상으로 가면상태에 빠져 의식을 잃은 채 생명이 매우 위독한 상태에 있던 X_1에게 B 회사(이 사건 공동피고)가 제조·판매하는 뇌압 하강과 뇌기능 보호를 위하여 중증 쇼크치료제로 쓰이는 솔루메드롤(Solumedrol)을 6일간에 걸쳐 투약을 하였다. 그 결과 X_1의 의식이 정상상태로 회복되어 투약을 중단하였다가 그 후 두개기저골 골절에 따른 우측 고막파열이 발견된 데다가 두부외상부의 조직부종으로 인한 후발성 우측 안면신경마비가 발생하여 이를 치료하기 위하여 다시 X_1에게 6일간에 걸쳐 솔루메드롤을 투약하였다. 솔루메드롤은 골격 계통의 무혈성 괴사증 등의 부작용을 일으킬 수 있는 약품인데, A는 X_1이나 보호자 기타 가족들에게 위 부작용에 관하여 설명하지는 아니하였고, 또한 그들의 승낙이나 동의도 없이 독자적 판단으로 위 약품을 투약하였다. X_1은 위 약품투여의 결과 뇌 부분의 상해가 회복되어 퇴원하였으나, 약 1년 5개월 후 위 약품의 부작용인 대퇴골두골저 무혈성 괴사증이 발병하였다. X_1 및 그 부모 형제들인 나머지 원고들은 Y에 대하여 손해배상을 청구하였다. X들은 B 회사에 대하여도 손해배상청구를 하였으나, 이 청구는 대법원에 이르기까지 받아들여지지 않았다.

원심은, A에게는 투약에 의한 치료상의 과실은 없고, 응급입원 당시 및 의식회복 후 발생한 신경마비증세에 대한 치료가 급박하여 치료방법 및 약제사용에 관한 사전설명이 사실상 불가능하였으며, 달리 대체할 치료방법이 없었으므로, 위 원고가 사전에 치료방법, 약제의 선택 및 발생 가능한 부작용에 관한 설명을 들었다 해도 투약에 동의할 것으로 추정되며, 위 부작용은 지극히 비전형적인 사례이고, 그 발생가능성 또한 희박한 것이므로, 두부손상이 완치된 후 부작용의 징후가 전혀 보이지 아니한 상황에서 그 가능성을 원고들에게 알리지 아니한 것에 잘못이 없고, 설령 이를 원고들에게 예고하였다손 치더라도 그 발병을 사전 예방할 수 있다는 것을 인정할 만한 자료도 없다는 등의 이유로 X들의 손해배상청구를 전부 기각하였다. 그러나 대법원은 원심판결을 파기환송하였다.

이 유

환자에 대한 수술은 물론, 치료를 위한 의약품의 투여도 신체에 대한 침습(侵襲)을 포함하는 것이므로, 의사는 긴급한 경우 기타의 특별한 사정이 없는 한, 그 침습에 대한 승낙을 얻기 위한 전제로서 환자에 대하여 질환의 증상, 치료방법 및 내용, 그 필요성, 예후 및 예상되는 생명, 신체에 대한 위험성과 부작용 등, 환자의 의사결정을 위하여 중요한 사항에 관하여 사전에 설명함으로써 환자로 하여금 수술이나 투약에 응할 것인가의 여부를 스스로 결정할 기회를 가지도록 할 의무가 있고, 이러한 설명을 아니한 채 승낙 없이 침습한 경우에는, 설령 의사에게 치료상의 과실이 없는 경우에도 환자의 승낙권을 침해하는 위법한 행위가 된다.

먼저, X_1이 생명이 위독한 상태 하에서 의식이 회복되기 전까지의 투약에 관한 한, 사전의 설명이 불가능하여 긴급한 경우에 해당하므로, 그때까지 A의 설명의무를 부인한 원심판단은 옳다.

그러나, X_1이 의식을 회복한 후에도 치료의 경과와 부작용의 가능성에 관한 설명의무가 없다고 판단한 것은 아래와 같은 점에서 수긍하기 어렵다.

① 원심 판시에 의하여도 설명을 할 시간적 여유가 없을 정도로 긴급한 사태가 존재하였다고 볼 근거가 없다.

② 위 의약품 투여에 따른 부작용의 범위가 광범위하고, 그 투약시 이 사건에서와 같은 부작용이 이미 의학계에 보고되어 있는 형편에서, 위 부작용이 비전형적인 것이라고 단정할 수 없고, 그 발생가능성의 희소성만으로 설명의무가 면제된다고도 할 수 없으며, X_1의 두부손상 치료 후에 그 부작용이나 합병증의 징후가 없었다 하더라도 그 후의 투약을 위하여는 여전히 그에 의한 부작용 등의 가능성에 관한 사전의 설명이 필요하고, 그에 관한 사전검사나 예방방법이 구체적으로 의학계에 알려지지 않았다면 그 알려진 부작용의 중대성 등에 비추어 더욱 그 설명의 필요성이 있으며, 의사가 그 의약품의 용법과 용량에 따른 투약을 할 경우에도 그 부작용의 가능성을 미리 설명하여 환자의 승낙을 받아야 한다.

③ 환자가 의사로부터 올바른 설명을 들었더라도 위 투약에 동의하였을 것이라는 이른바 가정적 승낙에 의한 의사의 면책은 의사 측의 항변사항으로서 환자의 승낙이 명백히 예상되는 경우에만 허용되는데, Y의 이에 관한 주장이 없을 뿐만 아니라 의사 입장에서 달리 대체할 치료방법이 없었다는 사유만으로 환자인 X_1이 위 부작용을 고려하여 여러 가지로 대처할 선택의 가능성을 모두 배제하고 그 투약을 승낙했을 것이 명백하다고 추정하여 환자의 자기결정권 침해를 부정할 수는 없다.

결국 X_1은 A의 설명의무 위반으로 투약 여부에 대한 승낙권을 침해당하였다면 그 위법행위 때문에 예기치 못한 의약품의 부작용으로 인한 정신적 고통을 입었다 할 것이고 가족인 나머지 원고들도 위 고통을 함께 입었다 할 것이므로, 이러한 경우 Y는 X_1에게 신체장해 등에 의한 재산적 손해를 배상할 책임은 없다 하더라도 X들에게 위 정신적 고통에 대한 위자료는 지급할 책임이 있다.

해 설

1. 의료행위에 대한 설명의무

환자에 대한 의료행위는 그 자체로는 환자의 신체에 대한 침해('침습'이라는 표현도 쓰인다)라고 할 수 있고, 따라서 다른 위법성 조각사유가 없으면 그 자체만으로는 위법하게 된다. 그러므로 환자가 의료행위에 대하여 동의(승낙)를 할 수 있을 때에는 이를 받아야 한다. 그런데 적법한 승낙이라고 할 수 있으려면 사전에 환자가 그 의료행위의 의미를 충분히 알아야만 하고, 이를 위하여는 의사와 같은 의료제공자의 설명이 필요하게 된다. 따라서 의료행위를 하려는 의료제공자로서는 환자에 대하여 설명의무를 부담하게 된다. 보통은 의사의 설명의무가 많이 문제되지만, 의사 외에 약사(대판 2002.1.11, 2001다27449)나 한약업사(대판 2002.12.10, 2001다56904)도 설명의무를 부담한다.

설명의무도 여러 가지 유형으로 구분할 수 있으나, 환자의 질병과 치료에 관한 정보를 제공하여 환자의 알 권리에 이바지하는 설명(고지설명), 환자의 자기결정권을 행사하는 데에 도움을 주는 설명(조언설명), 환자의 알 권리 또는 자기결정권과는 관계없이 환자가 질병의 치료나 부작용의 예방을 위하여 지키거나 조심하여야 할 내용을 알려주는 설명(지도설명)으로 구분하는 것이 편리하다. 대상판결에서 문제된 것은 조언설명에 해당한다.

설명의무의 법적 근거로는 헌법상 행복추구권에 기초한 환자의 자기결정권에서 찾을 수 있다는 견해와 의료계약에 기초한 직무상의 주의의무라는 견해, 의사 또는 의료제공자에게 부과된 독립적 업무상 주의의무라는 견해 등이 주장된다. 그러나 이들이 서로 다른 것이라고 볼 수는 없다. 의료계약이 성립한 경우에는 의사는 계약상 의무로서 설명의무를 부담하게 되는데, 이는 의료제공자에게 부과된 독립적 업무상 주의의무라고 볼 수 있고, 그 목적은 결국 환자의 자기결정권을 보장하기 위한 것이다. 다만 의료계약이 성립하지 않은 경우에는 의료계약에 기초한 의무라고는 할 수 없을 것이다. 대상판결뿐만 아니라 많은 판례들은 설명의무의 근거를 환자의 자기결정권에서 찾고 있다.

2. 설명의무가 인정되는 범위

환자에 대한 설명은 당해 환자가 그 필요성이나 위험성을 충분히 비교해 보고 그 의료행위를 받을 것인가의 여부를 선택할 수 있도록 하기 위한 것이다. 따라서 설명의무의 범위는 이러한 기준에 따라 결정되어야 한다. 대상판결은 설명의무의 대상으로서, 질환의 증상, 치료방법 및 내용, 그 필요성, 예후 및 예상되는 생명, 신체에 대한 위험성과 부작용 등 환자의 의사결정을 위하여 중요한 사항을 들고 있다. 그리고 대판 1995.1.20, 94다3421은 설명의무의 대상이 당시의 의료수준에 비추어 상당하다고 생각되는 것이라야 한다고 보았다. 뿐만 아니라 의료행위로 인한 비용도 동의 여부에 관하여 중요한 의미를 가지므로 이 또한 설명하여야 할 것이다.

이러한 설명의무는 그 의료행위에 따르는 후유증이나 부작용 등의 위험발생 가능성이 희소하다는 사정만으로 면제될 수 없으며, 그 후유증이나 부작용이 당해 치료행위에 전형적으로 발생하는 위험이거나 회복할 수 없는 중대한 것인 경우에는, 그 발생가능성의 희소성에도 불구하고 설명의 대상이 된다(대판 1995.1.20, 94다3421; 1996.4.12, 95다56095; 2007.9.7, 2005다69540; 2013.6.27, 2010다96010, 96027 등).

설명의무의 상대방은 환자 본인이지만, 환자가 의료행위에 대한 동의능력이 없는 때에는 법정대리인과 같이 동의를 할 수 있는 사람에 대하여 설명하여야 한다(대판 2007.5.31, 2005다5867). 그러나 그러한 사정이 없으면 환자의 배우자에 대하여 설명을 할 의무는 없다(대판 2014.12.24, 2013다28629).

대판 2023.3.9, 2020다218925는, 환자가 미성년자라도 의사결정능력이 있는 이상 원칙적으로 의사는 미성년자인 환자에 대해서 의료행위에 관하여 설명할 의무를 부담하지만, 의사가 미성년자인 환자의 친권자나 법정대리인에게 의료행위에 관하여 설명하였다면, 그러한 설명이 친권자나 법정대리인을 통하여 미성년자인 환자에게 전달됨으로써 의사는 미성년자인 환자에 대한 설명의무를 이행하였다고 볼 수 있다고 하면서, 다만 친권자나 법정대리인에게 설명하더라도 미성년자에게 전달되지 않아 의료행위 결정과 시행에 미성년자의 의사가 배제될 것이 명백한 경우나 미성년자인 환자가 의료행위에 대하여 적극적으로 거부 의사를 보이는 경우처럼 의사가 미성년자인 환자에게 직접 의료행위에 관하여 설명하고 승낙을 받을 필요가 있는 특별한 사정이 있으면 의사는 친권자나 법정대리인에 대한 설명만으로 설명의무를 다하였다고 볼 수는 없고, 미성년자인 환자에게 직접 의료행위를 설명하여야 한다고 판시하였다.

그러나 이에 대하여는 의사능력 있는 환자에 대하여는 직접 설명하여야 한다는 비판이 있다.

판례상 설명의무의 대상으로 인정된 것은 의약품의 위험성 또는 부작용(대상판결 외에도 대판 2002.1.11, 2001다27449; 2010.10.14, 2007다3162; 2011.10.13, 2009다102209), 수술의 위험성, 후유증과 부작용(대판 1994.4.15, 93다60953; 1995.1.20, 94다3421 등), 수혈에 의한 에이즈 바이러스의 감염 위험성(대판 1998.2.13, 96다7854), 의료검사의 위험성(대판 2007.5.31, 2005다5867) 등이 있다.

3. 설명의무가 인정되지 않는 경우

판례는 의사의 설명은 환자에게 자기결정에 의한 선택이 요구되는 경우만을 대상으로 하여야 하고, 따라서 환자의 자기결정권이 문제되지 아니하는 사항에 관한 것은 위자료 지급대상으로서의 설명의무 위반이 문제될 여지는 없다고 보고 있다(대판 1995.4.25, 94다27151). 예컨대 제왕절개수술을 실시할 상황이 아니라면 질식분만(膣式分娩)이 가장 자연스럽고 원칙적인 분만 방법이므로, 의사가 산모에게 질식분만을 실시할 경우 발생할 수 있는 위험 등을 설명하지 않았다고 하여 설명의무를 위반하여 산모의 자기결정권을 침해하였다고 할 수는 없다(대판 2010. 6.24, 2007다62505).

또한 환자에 대한 설명 자체가 불가능하거나 설명을 할 수 있는 여유가 없었던 경우에는 설명의무 위반으로 인한 책임을 물을 수 없다. 대상판결도 이와 같이 판시하고 있다. 환자가 동의능력이 없을 때에는 법정대리인 등 의료행위에 대한 다른 동의권자에 대하여 설명하여야 할 것이다. 그런데 대상판결에서는 X_1이 생명이 위독한 상태 하에서 의식이 회복되기 전까지의 투약에 관한 한, 사전의 설명이 불가능하여 긴급한 경우에 해당한다는 이유로 그 때까지의 설명의무를 부인하였다. 그러나 이러한 경우에는 X_1의 부모와 같은 다른 동의권자에게 설명을 하였는가를 따져 보았어야 할 것이다. 원심판결은 X_1이 성년이라는 이유로 나머지 원고들에게는 설명하지 않아도 된다고 하였으나, 의문이다.

그리고 환자가 이미 알고 있거나 상식적인 내용까지 설명할 필요는 없고, 환자가 위험성을 알면서도 스스로의 결정에 따라 진료를 거부한 경우에는 특별한 사정이 없는 한 위와 같은 설명을 하지 아니한 데 대하여 의료진의 책임을 물을 수는 없다(대판 2011.11.24, 2009다70906).

4. 가정적 승낙에 의한 면책 여부

이론적으로는 환자가 의료행위자로부터 올바른 설명을 들었더라도 위 투약에 동의하였을 것이라는 이른바 가정적 승낙이 인정될 수 있다면 의료행위자가 설명의무 위반으로부터 면책될 수 있을 것이다. 그러나 판례는 엄격한 요건 하에서만 가정적 승낙에 의한 면책을 인정한다. 대상판결은 가정적 승낙에 의한 의사의 면책은 의사 측의 항변사항으로서 환자의 승낙이 명백히 예상되는 경우에만 허용된다고 하였고, 이후의 판례에서도 가정적 승낙을 근거로 하여 의사를 면책시킨 사례는 찾아보기 어렵다(대판 1995.1.20, 94다3421; 2002.1.11, 2001다27449 등 참조).

5. 설명의무 위반으로 인한 손해배상의 범위

설명의무 위반이 인정되는 경우에, 그로 인한 손해배상의 범위가 인격권 침해를 이유로 하는 위자료 부분에 한정되는지, 아니면 의료행위의 결과로 인한 재산상의 손해 등 모든 손해에 미치는지에 관하여는 학설의 대립이 있다. 위자료에 한정된다는 설은, 의사가 설명의무를 위반한 경우, 그가 침해한 것은 환자의 신체가 아니라 환자의 자기결정권이라는 일반적 인격권을 침해한 것이므로 인격권 침해에 따른 정신적 손해만을 배상하면 된다고 설명한다. 반면 모든 손해를 배상하여야 한다는 설은, 설명의무를 다하지 않은 채로 얻은 동의는 치료행위의 위법성을 조각하지 못하므로, 위법한 치료행위로 인한 모든 손해를 배상하여야 한다고 주장한다.

판례(대판 1994.4.15, 93다60953 등)는 의사가 설명의무를 위반한 채 수술 등을 하여 환자에게 사망 등의 중대한 결과가 발생한 경우에, 환자 측에서 자기결정권을 행사할 수 없게 된 데 대한 위자료만을 청구하는 경우에는 의사의 설명 결여 내지 부족으로 선택의 기회를 상실하였다는 사실만을 입증함으로써 족하고, 설명을 받았더라면 사망 등의 결과는 생기지 않았을 것이라는 관계까지 입증할 필요는 없으나, 그 결과로 인한 모든 손해를 청구하는 경우에는 그 중대한 결과와 의사의 설명의무 위반 내지 승낙취득과정에서의 잘못과의 사이에 상당인과관계가 존재하여야 하며, 그 경우 의사의 설명의무의 위반은 환자의 자기결정권 내지 치료행위에 대한 선택의 기회를 보호하기 위한 점에 비추어 환자의 생명·신체에 대한 의료적 침습 과정에서 요구되는 의사의 주의의무 위반과 동일시 할 정도의 것이어야 한다고 보았다. 대상판결도 Y는 X1에게 신체장해 등에 의한 재산적 손해를 배상할 책임은 없더라도 정신적 고통에 대한 위자료는 지급할 책임이 있다고 하였다.

이후의 판례 가운데에는 실제로 재산적 손해의 배상까지 인정한 것은 드물다(대판 1996.4.12, 95다56095가 그 드문 예이다). 대판 2013.4.26, 2011다29666은, 설명의무 위반으로 인하여 지급할 의무가 있는 위자료에는, 설명의무 위반이 인정되지 않은 부분과 관련된 자기결정권 상실에 따른 정신적 고통을 위자하는 금액 또는 중대한 결과의 발생 자체에 따른 정신적 고통을 위자하는 금액 등은 포함되지 않고, 의료행위로 인하여 환자에게 나쁜 결과가 발생하였는데 의사의 진료상 과실은 인정되지 않고 설명의무 위반만 인정되는 경우에 설명의무 위반에 대한 위자료의 명목 아래 사실상 재산적 손해의 전보를 꾀하여서는 아니 된다고 판시하였다.

6. 검 토

우선 설명의무의 불이행을 자기결정권 침해로 본다면, 그 의료행위에 의하여 환자에게 불이익이 발생하지 않은 때에도 설명의무를 이행하지 않음으로 인한 위자료는 지급되어야 할 것이나, 이러한 결론은 합리적이라고는 할 수 없다. 그러므로 의료제공자의 설명의무가 위법성조각사유인 의료행위에 대한 동의를 얻기 위한 것이라면, 설명의무를 제대로 이행하지 않고 받은 동의에 기한 의료행위는 위법한 것이고, 따라서 그러한 의료행위로 인한 손해는 재산적 손해이건 정신적 손해이건 가리지 않고 배상하여야 할 것이다. 판례는 모든 손해의 배상을 인정하기 위하여는 중대한 결과와 의사의 설명의무 위반 내지 승낙취득과정에서의 잘못과의 사이에 상당인과관계가 존재하여야 한다고 보고 있으나, 여기서의 상당인과관계란 무엇을 의미하는지 명확하지 않다.

다만 이러한 경우에 의료제공자의 책임이 지나치게 무거워지는 것을 방지하기 위하여는 가정적 승낙이 인정되는 범위를 넓혀서, 당시 환자의 상태에 비추어 볼 때에는 그 의료행위가 꼭 필요하였고, 설명의무를 이행하였더라도 환자가 그 의료행위에 동의하였을 것이라고 판단되는 경우에는 설명의무 위반을 인정하지 않고, 환자가 의료행위에 동의하지 않았을 가능성이 높은 경우에만 설명의무 위반을 인정하는 것이 적절할 것이다.

전체 손해의 배상을 인정한 판례(대판 1996.4.12, 95다56095)는 미골통 이외에는 다른 병이 없이 건강하던 환자가 미골절제 수술을 받고 마취에 사용된 할로테인의 부작용으로 사망한 경우에 대한 것이었는데, 위 미골통은 그 자체로는 생명에 지장을 초래하는 중대한 질환이 아니며, 환자의 이모가 할로테인 마취제를 사용하여 수술을 받은 후 고열 등 이상증세를 보이기 시작한 직후에 수술을 받은 사안에 관한 것으로서, 대법원은 환자나 가족들이 설명을 들었더라면 위 수술을 받지 않았거나 위 마취방법에 동의하지 않았을 수도 있었을 것이므로, 피고들이 위와 같은 설명을 다하지 아니한 과실과 환자의 사망과의 사이에는 상당인과관계가 있다고 봄이 상당하다고 판시하였다.

참고문헌

김나래, 미성년자에 대한 의료행위의 설명과 동의, 전북대 법학연구 72집, 2023.
박종렬 · 김운신, 의사의 설명의무와 손해배상 범위에 관한 연구, 법학연구, 한국법학회, 27호, 2007.
박혜진, 의사결정능력 있는 미성년자 환자에 대한 의사의 설명의무, 법조 72권 5호, 2023.
신양균, 의사의 치료행위와 가정적 승낙, 비교형사법연구 12권 1호, 2010.
심병연, 가. 의사가 환자에게 수술 등 침습을 가함에 있어 그 승낙을 얻기 위한 전제로서 부담하는 설명의무의 내용 나. 설명의무위반과 손해배상의 범위, 대법원판례해설 21호, 1994.
이동진, 의사의 위험설명의무, 의료법학 21권 1호, 2020.
임통일, 의사의 설명의무와 그 위반의 효과, 판례연구 9집, 서울지방변호사회, 1996.
전하은, 의사의 설명의무위반과 가정적 승낙, 손해배상책임의 범위, 재판과 판례 4집, 1995.
최아름, 김성은, 백경희, 미성년자인 환자에 대한 의사의 설명의무에 대한 소고(小考), 서강법률논총 12권 2호, 2023.

[판례 123]

담배로 인한 제조물책임

대법원 2014.4.10. 선고 2011다22092 판결

사 실

X들은 1957년에서 1968년 사이에 담배를 피우기 시작하였는데, 담배로 인하여 폐암 또는 후두암에 걸렸다고 주장하면서 담배를 제조·판매하였던 Y_1(대한민국)과 현재 담배를 제조·판매하고 있는 Y_2(주식회사 케이티엔지)를 상대로 하여 손해배상청구 소송을 제기하였다. X들 중 일부는 소송계속 중 암으로 인하여 사망하였다.

1심과 원심은 모두 X들의 청구를 기각하였고, 대법원도 X들의 상고를 기각하였다.

이 유

1. 피고들이 제조한 담배에 결함이 있다는 상고이유에 대하여

가. 설계상의 결함이 있는지에 관하여 제조물의 결함 중 주로 제조자가 합리적인 대체설계를 채용하였더라면 피해나 위험을 줄이거나 피할 수 있었음에도 대체설계를 채용하지 아니하여 제조물이 안전하지 못하게 된 경우를 말하는 이른바 설계상의 결함이 있는지 여부는, 제품의 특성 및 용도, 제조물에 대한 사용자의 기대의 내용, 예상되는 위험의 내용, 위험에 대한 사용자의 인식, 사용자에 의한 위험회피의 가능성, 대체설계의 가능성 및 경제적 비용, 채택된 설계와 대체설계의 상대적 장단점 등의 여러 사정을 종합적으로 고려하여 사회통념에 비추어 판단하여야 한다.

담배소비자는 안정감 등 니코틴의 약리효과를 의도하여 흡연을 하는데, 니코틴을 제거하면 이러한 효과를 얻을 수 없는 점 등을 고려하면, 설령 니코틴이나 타르를 완전히 제거할 수 있는 방법이 있다 하더라도 이를 채용하지 않은 것 자체를 설계상의 결함이라고 볼 수 없고, 피고들이 흡연으로 인한 담배소비자의 피해나 위험을 줄일 수 있는 합리적인 대체설계를 채용할 수 있었음에도 이를 채용하지 아니하였다고 인정할 수 없다.

나. 표시상의 결함이 있는지에 관하여 제조물에 표시상의 결함이 존재하는지 여부에 대한 판단을 함에 있어서는 제조물의 특성, 통상 사용되는 사용형태, 제조물에 대한 사용자의 기대의 내용, 예상되는 위험의 내용, 위험에 대한 사용자의 인식 및 사용자에 의한 위험회피의 가능성 등의 여러 사정을 종합적으로 고려하여 사회통념에 비추어 판단하여야 한다.

우리나라에서도 1950년대부터 1990년대까지 담배가 건강에 해롭고 폐암 등 다양한 질병의 원인이 된다는 등의 내용이 신문 등을 통하여 수십 차례 보도된 점, Y_1은 1976.1.1.부터 제조담배의 담뱃갑 옆면에 "건강을 위하여 지나친 흡연을 삼갑시다"라는 문구를 표시하였고, Y_2는 1989.12.17.부터 담뱃갑 옆면에 "경고: 흡연은 폐암 등을 일으킬 수 있으며, 특히 임신부와 청소년의 건강에 해롭습니다"라는 경고문구를 표시하였으며, 이러한 언론 보도와 법적 규제 등을 통하여 흡연이 폐를 포함한 호흡기에 암을 비롯한 각종 질환의 원인이 될 수 있다는 것이 담배소비자들을 포함한 사회 전반에 널리 인식되게 되었다고 보이는 점, 흡연을 시작하는 것은 물론이고 흡연을 계속할 것인지 여부는 자유의지에 따른 선택의 문제로 보일 뿐만 아니라, 흡연을 시작하는 경우 이를 쉽게 끊기 어려울 수도 있다는 점 역시 담배소비자들 사이에 널리 인식되어 있었던 것으로 보이는 점 등에 비추어 보면, 담배제조자인 Y들이 법률의 규정에 따라 담뱃갑에 경고문구를 표시하는 외에 추가적인 설명이나 경고 기타의 표시를 하지 않았다고 하여 피고들이 제조·판매한 담배에 표시상의 결함이 인정된다고 하기는 어렵다.

다. 그 밖에 통상적으로 기대할 수 있는 안전성이 결여된 결함이 있는지에 관하여 Y들이 제조한 담배와 그 연기 속에 발암물질 등이 존재한다거나, 담배 연기 속에 포함된 니코틴이 의존증을 유발할 수 있고 금연을 저해하여 발암에 기여한다고 하더라도, 그러한 사실만으로 피고들이 제조한 담배에 통상적으로 기대할 수 있는 안전성이 결여되어 있는 등의 결함이 있다고 보기 어렵다.

2. 흡연과 폐암 발병 사이의 인과관계에 관한 상고이유에 대하여

라. 특정 병인에 의하여 발생하고 원인과 결과가 명확히 대응하는 '특이성 질환'과 달리 비특이성 질환의 경우에는 특정 위험인자와 비특이성 질환 사이에 역학적 상관관계가 인정된다 하더라도, 어느 개인이 그 위험인자에 노출되었다는 사실과 그 비특이성 질환에 걸렸다는 사실을 증명하는 것만으로 양자 사이의 인과관계를 인정할 만한 개연성이 증명되었다고 볼 수 없다. 흡연과 비특이성 질환인 비소세포암, 세기관지 폐포세포암의 발병 사이에 역학적 인과관계가 인정될 수 있다고 하더라도, 어느 개인이 흡연을 하였다는 사실과 위 비특이성 질환에 걸렸다는 사실이 증명되었다고 하여 그 자체로서 양자 사이의 인과관계를 인정할 만한 개연성이 증명되었다고 단정하기는 어렵다.

해 설

1. 제조물책임에서 결함의 개념

제조물책임이란 제조물의 결함으로 발생한 손해에 대한 제조업자 또는 판매·대여한 자가 부담하는 불법행위로 인한 손해배상책임을 말한다. 이러한 제조물책임이 인정되게 된 것은 종래의 과실책임 원칙만으로는 이러한 자들에게 제조물의 결함으로 인하여 발생한 손해에 대하여 충분한 책임을 부담시키는 것이 어렵기 때문이다.

우리나라에서는 2000년에 제조물책임법이 만들어졌는데, 그 전에도 판례가 제조물의 결함으로 인한 불법행위책임을 인정하고 있었다(대판 1992.11.24, 92다18139 등). 제조물책임법은 2002.7.1.부터 제조업자가 최초로 공급한 제조물부터 적용되는데(2000년 부칙 2항), 이 사건에서는 X들의 암이 발병한 것은 모두 그 전이었으므로, 제조물책임법이 직접 적용되지는 않는다. 그러나 손해배상책임의 발생에 관한 한 종전의 판례와 제조물책임법의 규정에 큰 차이가 있지는 않다.

제조물책임법은 제조물책임의 발생 원인이 되는 제조물의 결함을 제조상의 결함, 설계상의 결함 및 표시상의 결함으로 나누고, 그 외에도 통상적으로 기대할 수 있는 안전성이 결여된 것도 결함으로 본다(2조 2호). 이처럼 결함을 3가지로 나누는 것은 미국에서 비롯된 것인데, 대법원의 판례는 제조물책임법 시행 전의 사건에 관하여도 결함을 이와 같이 구분하였다(대판 2003.9.5, 2002다17333; 2004.3.12, 2003다16771 등).

제조상의 결함이란 제조물이 원래 의도한 설계와 다르게 제조·가공됨으로써 안전하지 못하게 된 경우, 즉 설계로부터 일탈된 것(departure from design)을 말한다. 제조상의 결함으로 인한 책임은 설계상의 결함이나 표시상의 결함과는 달리 무과실책임이다. 대상판결에서는 제조된 담배가 원래의 설계와 달라졌다고 볼 수는 없을 것이다. 대상판결의 원심판결도 그와 같이 판단하였다.

2. 설계상의 결함 유무

설계상의 결함이란 제조업자가 합리적인 대체설계(代替設計)를 채용하였더라면 피해나 위험을 줄이거나 피할 수 있었음에도 대체설계를 채용하지 아니하여 해당 제조물이 안전하지 못하게 된 경우를 말한다. 이러한 개념 정의는 이른바 위험-효용 기준(risk-utility test)을 채택한 것으로 이해된다. 제조물책임을 일반적으로 무과실책임이라고 이해하는 경우가 많으나, 설계상의 결함은 합리적인 대체설계를 채용하지 않은 것이므로, 합리적인 대체설계를 하지 않은 것 자체를 과실이라고 볼 수 있다. 판례상 설계상 결함을 인정하였던 것으로는 월남전에서 사용되었던 고엽제가 있다(대판 2013.7.12, 2006다17539). 그 외에는 판례는 설계상 결함을 잘 인정하지 않는다(대판 2003.9.5, 2002다17333; 2004.3.12, 2003다16771 등).

그런데 담배의 경우에는 니코틴과 타르를 제거하면 담배의 본래 효용이 상실될 것이므로, 니코틴이나 타르를 완전히 제거할 수 있는 방법이 있다 하더라도 이를 채용하지 않은 것 자체를 설계상의 결함이라고 볼 수 없을 것이다. 대상판결도 그와 같이 판시하였다.

3. 표시상의 결함 유무

표시상의 결함이란 제조업자가 합리적인 설명 · 지시 · 경고 또는 그 밖의 표시를 하였더라면 해당 제조물에 의하여 발생할 수 있는 피해나 위험을 줄이거나 피할 수 있었음에도 이를 하지 아니한 경우를 말한다. 이 또한 합리적인 표시를 하지 않은 것 자체를 과실로 파악할 수 있다. 대판 2006.3.10, 2005다31361은, 비료의 발효과정에서 작물의 생육에 유해한 가스가 필연적으로 발생하는 미발효 유기질 비료는 이미 비닐하우스 시설 내에 정식되어 생육중인 다년생 화훼작물에 사용하기에는 부적합한데도 이를 표시하지 않은 것은 표시상의 결함에 해당한다고 하였다.

대상판결은 담배에 표시상의 결함이 없다고 보았다. 즉 담배에 경고문구가 표시되지 않았던 1975년 전에도 담배의 유해성은 국내에 잘 알려져 있었고, 1975년 이후에는 담배에 표시된 경고로서 충분히 경고가 있었다는 취지이다. 그러나 1975년 전에 과연 일반인이 담배가 폐암을 일으킬 수 있다는 것을 충분히 알고 있었다고 단정할 수 있는지는 의문이다. 그리고 1975년부터 사용된 "건강을 위하여 지나친 흡연을 삼갑시다"라는 문구가 폐암 발생의 위험성을 충분히 알렸다고 보기도 어렵다. 다만 1989년부터 사용된 "경고: 흡연은 폐암 등을 일으킬 수 있으며, 특히 임신부와 청소년의 건강에 해롭습니다"라는 문구는 어느 정도 충분한 경고라고 볼 수 있을 것이다.

4. 그 밖에 통상적으로 기대할 수 있는 안전성이 결여된 결함 유무

제조물책임법은 위의 3가지 결함 외에 그 밖에 통상적으로 기대할 수 있는 안전성이 결여된 것도 결함으로 보고 있다. 여기서 "통상적으로 기대할 수 있는"이라는 표현을 쓰고 있는 것은 제조물책임법이 결함의 판단 기준으로서 위험-효용 기준 외에도 소비자 기대 기준(consumer expectation test)도 아울러 채택하고 있다는 근거가 될 수 있다. 그러나 과연 어떤 경우가 위의 3가지 외의 결함으로 인정될 수 있는지는 명백하지 않다.

대상판결은 담배 및 그 연기 속에 발암물질이 존재한다거나 이로 인해 흡연자들에게 건강상 위해가 발생할 수 있고 의존증이 유발될 수 있다는 사정만으로 기호품인 담배 자체에 통상적으로 기대할 수 있는 안전성이 결여되었다고 보기는 어렵다고 하였다. 미국에서도 유용하지만 피할 수 없이 위험한 물건을 제조하는 사람은 그 본래의 위험을 알면서도 이를 원하는 사람에게 제공하는 데 대하여 책임을 져서는 안 된다고 보고 있다.

5. 역학적 인과관계에 대하여

대상판결에서는 흡연과 폐암 발병 사이의 인과관계를 인정할 수 있는가도 문제되었다. 원심판결은 X들에게 발생한 암 중 편평세포암과 소세포암은 흡연과의 사이에 인과관계가 인정되고, 비소세포암, 세기관지 폐포세포암과 흡연 사이에는 역학적 인과관계는 인정되지만 개별적 인과관계는 인정되지 않는다고 하였다. 대상판결도 흡연과 비특이성 질환인 비소세포암, 세기관지 폐포세포암의 발병 사이에 역학적 인과관계가 인정될 수 있다고 하더라도, 양자 사이의 인과관계를 인정할 만한 개연성이 증명되었다고 단정하기는 어렵다고 하였다. 그러나 원심이 인과관계를 인정한 편평세포암과 소세포암에 대하여는 언급하지 않았다.

역학(疫學, epidemiology)이란 집단현상으로서의 질병의 발생, 분포, 소멸 등과 이에 미치는 영향을 분석하여 여러 자연적 · 사회적 요인과의 상관관계를 통계적 방법으로 규명하고 그에 의하여 질병의 발생을 방지 · 감소시키는 방법을 발견하려는 학문이다. 그러므로 역학에 의하여 밝혀낼 수 있는 것은 상관관계일 뿐 인과관계 자체는 아니다. 다만 상관관계가 높으면 인과관계를 추정할 수 있는 유력한 근거가 된다. 고엽제에 관한 대판 2013.7.12, 2006다17539은, 이처럼 상관관계로부터 인과관계를 추정하기 위하여는 위험인자에 노출된 집단에서 질병에 걸린 비율이 그 위험인자에 노출되지 않은 집단에서 질병에 걸린 비율을 상당히 초과하고, 위험인자에 노출된 집단에 속한 개인이 위험인자에 노출된 시기와 노출 정도, 발병시기, 그 위험인자에 노출되기 전의 건강상태, 생활습관, 질병 상태의 변화, 가족력 등의 개별적인 요소도 존재하여야 인과관계를 인정할 수 있다고 하였다. 대상판결도 위 판결을 인용하면서 같은 취지로 판시하였다. 대판 2014.9.4, 2011다7437도, 원고가 자동차 배출가스 때문에 자신의 천식이 발병 또는 악화되었다고 주장하면서 국가와 지방자치단체 및 자동차 제조 · 판매회사 을 주식회사 등을 상대로 대기오염물질의 배출 금지와 손해배상을 청구한 사안에서, 미세먼지나 이산화질소, 이산화황 등의 농도변화와 천식 등 호흡기질환의 발병 또는 악화 사이의 유의미한 상관관계를 인정한 연구 결과들이 다수 존재하고 있지만, 위 역학연구 결과들만으로 대기오염물질과 원고의 천식 사이의 인과관계를 인정하기 어렵다고 보았다.

그런데 판례가 특이성 질환과 비특이성 질환을 구별하고 있는 것은 근거가 없다는 비판이 있다. 대법원은 특정 병인에 의하여 발생하고 원인과 결과가 명확히 대응하는 질환을 특이성 질환이라고 부르고 있으나, 질병이 오로지 하나의 병인에 의하여 발생할 수는 없고, 복수의 요인이 복합적으로 상호 작용하여 발생한다고 보는 것이 의학계의 일반적인 견해라고 한다. 또한 특정 병인에 의하여 발생하고 원인과 결과가 명확히 대응한다는 의미에서의 특이성이 인정되지 않는다고 하더라도 그것만으로 인과성을 부정할 수는 없다는 것이다.

그러므로 위험인자와 질병 사이의 상관관계가 인정될 뿐만 아니라, 위험인자에 노출된 집단에서 질병에 걸린 비율이 그 위험인자에 노출되지 않은 집단에서 질병에 걸린 비율을 상당히 초과하는 경우에는 역학적 인과관계를 인정할 수 있고, 일단 역학적 인과관계가 인정되는 때에는 위험인자와 당해 피해자의 질병 사이에 개별적 인과관계가 없다는 점을 책임을 부정하는 측이 증명하여야 한다고 봄이 상당할 것이다.

6. 국민건강보험공단의 담배회사에 대한 손해배상청구소송

대상판결이 선고된 후 국민건강보험공단은 국내외 담배회사 4곳을 상대로 하여 손해배상청구소송을 제기하였다. 주위적 청구는 국민건강보험공단이 담배회사가 제조한 담배를 피운 흡연자가 폐암이나 후두암 등에 걸려 국민건강보험공단이 보험급여 비용을 지출하는 손해를 입었으므로 담배회사가 그 손해를 배상하여야 한다는 것이었고, 예비적 청구는 흡연자들의 담배회사에 대한 손해배상청구권을 보험자대위에 근거하여 청구한다는 것이었다. 그러나 서울중앙지법판 2020.11.20, 2014가합525054은, 주위적 청구에 대하여는 원고가 보험급여 비용을 지출하여 재산의 감소 또는 재산상 불이익을 입었다고 하더라도, 그것은 원고의 설립 당시부터 국민건강보험법이 예정하고 있는 사항으로서 원고가 감수하여야 하는 불이익에 해당한다고 봄이 상당하고, 이와 달리 원고에게 어떠한 법익 침해가 발생하였다고 보기 어렵다고 하여 이를 기각하였다. 그리고 예비적 청구에 대하여는 대상판결과 같은 취지에서 흡연자들의 손해배상청구권이 인정되지 않는다고 보아 마찬가지로 기각하였다. 이 사건은 원고의 항소로 현재 서울고등법원에 계속되어 있다.

참고문헌

권오상, 담배소송의 민사법상 쟁점에 관한 검토, 저스티스 184호, 2021.

박규용, 흡연자의 건강침해에 대한 담배제조사의 제조물책임, 민사법학 제40호, 2008.

박도현 · 유병수, 통계학적 관점에서 본 집단적 유해물질 사건에서의 인과관계 법리에 관한 연구, 공익과 인권 15호, 2015.

신승아 · 정상원, 역학적 인과관계와 담배 소송의 인과관계 법리, 저스티스 193호, 2022.

윤진수, 제조물책임의 주요 쟁점, 민법논고 6권, 2015.

이연갑, 역학연구결과에 의한 인과관계의 증명, 법조 2012.7.

이선구, 유해물질소송에서 역학적 증거에 의한 인과관계의 증명, 저스티스 146-1호, 2015.

이소은, 담배소송의 제조물책임 관련 쟁점에 대한 고찰, 저스티스 150호, 2015.

[판례 124]

공적 인물에 대한 명예훼손

대법원 2003.7.8. **선고** 2002**다**64384 **판결**

사 실

전라북도 도지사인 X는 1999.3.7. 전라북도 서울사무소 사택에 있던 금품을 도난당한 뒤, 다음날인 1999.3.8. 경찰서에 현금 3,500만 원, 보석류 5점을 도난당하였다고 신고하였다. 그 후 위 금품의 절도범인 A가 검거되어 구치소에 수감중이던 1999.4.8. 한나라당 지구당위원장인 B에게 'X의 사택에서 현금, 보석류뿐만 아니라 미화 12만 달러도 훔쳤는데 수사과정에서 위 사실이 축소, 은폐되었다'는 내용이 담긴 진정서를 보냈다. 한나라당 소속 변호사는 1999.4.15. 구치소에서 A를 면담하였고, 한나라당은 그 직후 기자회견을 열어 "수사기관은 A가 12만 달러는 절취하지 않은 것으로 허위내용의 자백을 강요하여 수사 결과를 축소, 은폐하였다. 이에 대한 철저한 진상규명이 필요하다"는 내용을 포함하는 성명(제1성명)을 발표하였으며, 그 기자회견문을 기자들에게 배포하였다. 한나라당 대변인인 Y는 그 다음날 X의 경우 12만 달러를 집에다 은닉하고 있었다는 것은 이 정권의 양심의 실상이 어땠다는 것을 여실히 증명하는 것이라는 등의 성명(제2성명)을 발표하였고, 이에 관한 기사가 중앙일간지와 텔레비전 방송을 통하여 보도되었다.

X는 Y를 상대로 하여 명예훼손을 이유로 하는 손해배상청구소송을 제기하였는데, 원심은 제1성명에 대하여는 Y에게 책임이 없지만, 제2성명에 대하여는 Y의 명예훼손으로 인한 불법행위책임이 있다고 판단하였다.

Y는 상고를 제기하였는데, 대법원은 원심판결을 파기하였다.

이 유

언론 · 출판의 자유와 명예보호 사이의 한계를 설정함에 있어서는, 당해 표현으로 명예를 훼손당하게 되는 피해자가 공적인 존재인지 사적인 존재인지, 그 표현이 공적인 관심사안에 관한 것인지 순수한 사적인 영역에 속하는 사안에 관한 것인지 등에 따라 그 심사기준에 차이를 두어, 공공적 · 사회적인 의미를 가진 사안에 관한 표현의 경우에는 언론의 자유에 대한 제한이 완화되어야 하고, 특히 공직자의 도덕성, 청렴성에 대하여는 국민과 정당의 감시기능이 필요함에 비추어 볼 때, 그 점에 관한 의혹의 제기는 악의적이거나 현저히 상당성을 잃은 공격이 아닌 한 쉽게 책임을 추궁하여서는 안 된다. 또한 민주정치제도하에서는 정당활동의 자유도 너무나 중요하여 그 보장에 소홀함이 있어서는 아니되고, 정당의 정치적 주장에는 국민의 지지를 얻기 위하여 어느 정도의 수사적인 과장표현은 용인될 수 있으므로, 정당 대변인의 정치적인 논평의 위법성을 판단함에 있어서는 이러한 특수성도 고려되어야 할 것이다.

Y는 A가 보낸 진정서의 내용만을 믿고서 성명을 발표한 것이 아니라, Y가 소속된 한나라당 국회의원이자 변호사들이 구치소에서 A를 만나서 그가 진술하는 내용을 직접 듣고 신빙성 있는 것으로 판단하였다는 점까지 종합하여 이를 진실로 믿고서 성명을 발표하였고, 한편 종래 국민적 관심의 대상이 되면서도 정치적으로 민감한 사건의 수사에 있어서 수사내용에 대하여는 보안이 철저하게 지켜짐으로써 국민들의 의구심을 해소하기에 아쉬움이 있었던 일이 없지 않았고 바로 이러한 경우에 정당이나 언론의 역할이 필요함은 우리의 경험으로 알 수 있다. 이러한 사정을 앞에서 본 법리에 비추어 살펴보면, 고위공직자의 도덕성에 관한 공적 사안에서 정당 대변인의 정치적 논평에 해당하는 이 사건 제2성명의 발표에 위법성을 선불리 인정할 수는 없다.

해 설

1. 명예훼손의 위법성 조각

민법은 명예훼손으로 인한 불법행위가 어느 경우에 성립하는가에 관하여는 특별한 규정을 두지 않고 있으며, 다만 764조에서 명예훼손의 경우에 법원은 손해배상에 갈음하거나 손해배상과 함께 명예회복에 적당한 처분을 명할 수 있다는 규정을 두고 있다. 그러나 명예훼손이 불법행위가 되기 위하여는 일반적인 불법행위와 마찬가지로 고의나 과실, 위법성 및 책임능력 등의 요건을 갖추어야 함은 물론이다.

그런데 대판 1988.10.11, 85다카29는, 형사상이나 민사상으로 타인의 명예를 훼손하는 행위를 한 경우에도, 그것이 공공의 이해에 관한 사항으로서 그 목적이 오로지 공공의 이익을 위한 것일 때에는 진실한 사실이라는 증명이 있으면 위 행위에 위법성이 없으며, 또한 그 증명이 없더라도 행위자가 그것을 진실이라고 믿을 상당한 이유가 있는 경우에는 위법성이 없다고 보아야 하고, 이렇게 함으로써 인격권으로서의 명예의 보호와 표현의 자유의 보장과의 조화를 꾀할 수 있다고 하였다. 이는 명예훼손죄의 위법성 조각에 관한 형법 310조의 규정을 민법상 명예훼손이 불법행위가 되는가에 관하여도 원용한 것이다. 그 후의 판례는 이를 따르고 있고, 학설도 일반적으로 이러한 판례를 지지한다.

다만 판례 가운데에는 진실한 사실이라는 점이 증명되지 아니하였어도 그 행위자가 그 사실을 진실하다고 믿은 데 상당한 이유가 있는 경우에는 그 행위에 고의 또는 과실이 있다 할 수 없어 불법행위는 성립하지 않는다고 한 것이 있으나(대판 1995.6.16, 94다35718; 1998.2.27, 97다19038), 이는 이러한 경우에 고의 또는 과실이 아니라 위법성이 없다고 한 다른 판례들과는 상반된다.

2. 공적 인물에 대한 명예훼손의 판단기준

미국 연방대법원은 1964년의 New York Times Co. v. Sullivan 판결(376 U.S. 254)에서, 공직자의 공적 행위에 관한 잘못된 보도에 대하여 명예훼손으로 인한 손해를 배상받기 위해서는 그 보도가 '현실적 악의(actual malice)'에 의하여, 즉 그 내용이 허위임을 알았거나 또는 허위인지의 여부에 대하여 무분별하게 무시하고서 이루어졌다는 증명을 하여야 한다고 판시하였다.

우리나라에서도 공직자 내지 공적 인물에 대하여 현실적 악의의 이론을 채택하여야 한다는 주장이 있으나, 대판 1997.9.30, 97다24207은 이러한 현실적 악의의 이론을 받아들일 수 없다고 하였다.

그런데 헌재결 1999.6.24, 97헌마265은, 명예훼손죄의 성립에 관하여, 공적 인물과 사인, 공적인 관심 사안과 사적인 영역에 속하는 사안 간에는 심사기준에 차이를 두어야 하고, 공적 인물이 그의 공적 활동과 관련된 명예훼손적 표현은 그 제한이 더 완화되어야 한다고 보았다.

대판 2002.1.22, 2000다37524, 37531은 위 헌법재판소 결정을 인용하면서, 공적인 존재의 정치적 이념은 더욱 철저히 공개되고 검증되어야 하며, 이에 대한 의문이나 의혹은 그 개연성이 있는 한 광범위하게 문제제기가 허용되어야 하고 공개토론을 받아야 하며, 이에 대한 의혹의 제기나 주관적인 평가가 진실에 부합하는지 혹은 진실하다고 믿을 만한 상당한 이유가 있는지를 따짐에 있어서는 일반의 경우에 있어서와 같이 엄격하게 입증해 낼 것을 요구해서는 안되고, 그러한 의혹의 제기나 주관적인 평가를 내릴 수도 있는 구체적 정황의 제시로 입증의 부담을 완화해 주어야 한다고 판시하였다. 여기서 문제된 것은 전국민주노동조합총연맹과 개별 노동조합의 정치적 주장에 관한 비판이 명예훼손이 되는가 하는 점이었다.

이어서 대판 2002.12.24, 2000다14613은, 좌와 우의 이념문제, 그 연장선상에서 자유민주주의 가치를 앞세운 이념이냐 민족을 앞세운 통일이냐의 문제는 국가의 운명과 이에 따른 국민 개개인의 존재양식을 결정하는 중차대한 쟁점이고 이 논쟁에는 필연적으로 평가적인 요소가 수반되는 특성이 있으므로, 이 문제에 관한 표현의 자유는 넓게 보장되어야 하고, 이에 관한 일방의 타방에 대한 공격이 타방의 기본입장을 왜곡시키는 것이 아닌 한 부분적인 오류나 다소의 과장이 있다 하더라도 이를 들어 섣불리 불법행위의 책임을 인정함으로써 이 문제에 관한 언로를 봉쇄하여서는 안 된다고 판시하였다.

3. 대상판결 및 그 후의 판례

대상판결도 이러한 판례의 연장선상에 있는 것으로 평가할 수 있다. 특히 대상판결은 공직자의 도덕성, 청렴성에 관한 의혹의 제기는 악의적이거나 현저히 상당성을 잃은 공격이 아닌 한 쉽게 책임을 추궁하여서는 안 된다고 하여, 결과에 있어서는 미국의 실질적 악의 이론과 큰 차이가 없게 되었다. 또한 대상판결은 정당활동의 자유 보장에 소홀함이 있어서는 안 되고, 정당의 정치적 주장에는 국민의 지지를 얻기 위하여 어느 정도의 수사적인 과장표현은 용인될 수 있으므로, 정당 대변인의 정치적인 논평의 위법성을 판단함에 있어서는 이러한 특수성도 고려되어야 한다고 판시하였다.

그 후의 판례도 이를 확인하고 있다. 판례가 인정하는 공적 인물 내지 공적 존재는 공직자(대판 2003.7.22, 2002다62494; 2003.9.2, 2002다63558; 2004.2.27, 2001다53387 등) 외에도 민노총과 노동조합(대판 2002.1.22, 2000다37524, 37531), 방송사의 프로듀서(대판 2002.12.24, 2000다14613), 언론사(대판 2006.3.23, 2003다52142; 2008.2.1, 2005다8262; 2012.11.15, 2011다86782)가 있다.

판례가 이처럼 공적 인물에 대한 명예훼손의 판단 기준을 사인과 달리 취급하는 것을 이론적으로 어떻게 설명할 것인가에 대하여는 견해가 대립한다. 1설은 판례는 행위자가 진실이라고 믿을 상당한 이유가 있는지 여부의 판단에서 이를 완화하여 인정하는 것이라고 설명한다. 반면 다른 견해는 판례가 악의적이거나 현저히 상당성을 잃지 않으면 명예훼손이 아니라고 보는 것은 공적 인물에 대한 명예훼손에 대하여 독자적인 위법성 조각사유를 인정하는 것으로 이해한다.

참고문헌

권태상, 공적 인물에 대한 명예훼손, 비교사법 22권 2호, 2015.
김민중, 공적 존재 · 공적 관계와 명예훼손책임, 저스티스 75호, 2003.
김재형, 인격권에 관한 판례의 동향, 민사법학 27호, 2005.
문병찬, 명예훼손과 판례상의 면책심사기준, 재판과 판례 13집, 2005.
한위수, 명예훼손에 특유한 위법성조각사유에 대한 고찰, 사법 창간호, 2007.

[판례 125]

노동능력 상실로 인한 손해의 산정

대법원 1990.11.23. 선고 90다카21022 판결

사 실

Y는 1987.9.17. 18:20경 차를 운전하고 가던 중 도로를 횡단하던 X를 치어 X가 상해를 입었다. X는 사고 당시 국가공무원으로 근무하고 있었는데, 이 사건 사고로 인한 제1요추 압박골절로 척추후만곡 변형의 후유증이 남게 되었다. 그런데 X는 위 사고 후 위 후유증에도 불구하고 국가공무원의 직에 계속 근무하면서 종전에 받던 수입과 동일한 봉급을 지급받았다. X는 Y를 상대로 일실수입 상당의 손해배상을 청구하였다. 원심은 X에게 일실수입 상당의 손해가 발생하지 않았다고 하여 X의 청구를 기각하였다. 그러나 대법원은 원심판결을 파기하였다.

이 유

X가 이 사건 사고 후에도 종전과 다름없는 보수를 지급받고 있는 것은 X가 노동능력 감퇴로 인한 직무수행능력의 감퇴를 극복하기 위해 특별한 노력을 기울이고 있을 뿐만 아니라, 현재와 같은 건강상태가 지속된다면 권고사직 내지는 직권면직 등의 불이익한 처분을 받을 염려가 있으나, 아직까지 그와 같은 불이익처분을 받지 않는 것은 동료직원들이 X가 수행하기 어려운 업무분야를 대신 처리하여 주고 X는 가벼운 단순업무를 처리하는 데 그치는 등 동료직원들 및 상사의 배려에 힘입은 것으로서, 장래에 승진, 승급 기타 급여 등에 불이익을 받을 염려가 없지 않다면, X는 국가공무원으로서의 직무를 수행함에 있어 그에 상응하는 정도의 지장이 초래되었다고 인정하는 것이 우리의 경험칙에도 합치된다. 결국 X가 종전과 같은 직장에서 종전과 다름없는 보수를 지급받고 있다는 이유만으로 위와 같은 신체훼손으로 인한 재산상의 손해가 없다고 단정하는 것은 조급한 판단이라 아니할 수 없다.

타인의 불법행위로 인하여 상해를 입고 노동능력의 일부를 상실한 경우에 피해자가 입은 일실이익의 산정방법에 대하여서는 알려진 것으로 일실이익의 본질을 불법행위가 없었더라면

피해자가 얻을 수 있는 소득의 상실로 보아 불법행위 당시의 소득과 불법행위 후의 향후소득과의 차액을 산출하는 방법(소득상실설 또는 차액설)과, 일실이익의 본질을 소득창출의 근거가 되는 노동능력의 상실 자체로 보고 상실된 노동능력의 가치를 사고 당시의 소득이나 추정소득에 의하여 평가하는 방법(가동능력상실설 또는 평가설)의 대립이 있는데, 판례는 당해 사건에 현출된 구체적 사정을 기초로 하여 합리적이고 객관성 있는 기대수익액을 산정할 수 있으면 족한 것이고 반드시 어느 하나의 산정방법만을 정당한 것이라고 고집해서는 안 된다고 한다. 그런데 이 사건에 있어서는 사고 전후에 있어서의 현실적인 소득의 차액이 변론과정에서 밝혀지지 않고 있는 경우이므로, 차액설의 방법에 의하여 일실이익을 산정하는 것은 불가능하고 평가설에 의하여 이를 산정하는 것이 합리적이고 정의와 형평에도 합당하다.

다만 가동능력 상실률을 정함에 있어 그 상실률은 단순한 의학적 신체기능 장애율이 아니라 피해자의 연령, 교육 정도, 종전 직업의 성질과 직업경력 및 기능 숙련 정도, 신체기능장애 정도 및 유사 직종이나 타 직종에의 전업 가능성과 그 확률 기타 사회적 · 경제적 조건 등을 모두 참작하여 경험칙에 따라 정하여지는 수익상실률로서 법관의 자의가 배제된 합리적이고 객관성 있는 것이어야 한다.

해 설

1. 손해의 개념에 관한 학설

손해배상청구권의 요건인 손해를 어떻게 파악할 것인가에 관한 종래의 지배적인 견해는 차액설이다. 이 설은 손해를 가해사실이 있은 후의 어떤 사람의 현재의 재산상태와, 가해사실이 없었더라면 존재하였을 그 사람의 재산상태가 보유하였을 가액과의 차이로 파악한다. 판례도 기본적으로 차액설을 따르고 있다. 대판(전) 1992.6.23, 91다33070은, 불법행위로 인한 재산상 손해는 위법한 가해행위로 인하여 발생한 재산상 불이익, 즉 그 위법행위가 없었더라면 존재하였을 재산상태와 그 위법행위가 가해진 현재의 재산상태의 차이를 말하는 것이라고 하였고, 그 후에도 같은 취지의 판결례가 많이 있다(최근의 대판 2012.11.29, 2010다93790 등). 이러한 차액설은 손해를 특별한 가치평가 없이 사실적인 측면에서만 파악한다는 면에서 자연적 손해개념의 일종이라고 할 수 있다.

그러나 차액설만으로는 손해가 있음에도 불구하고 손해로 파악되지 않아서 부당한 결과가 생길 수 있다는 점에서 차액설로 일관할 수는 없다는 비판이 제기되었다. 이러한 견해는 손해의 개념을 법적인 가치평가를 통하여 규범적으로 파악하려고 하므로 이를 규범적 손해개념이라고 부른다. 그러나 규범적 손해개념을 주장하는 학자들의 주장도 반드시 일치하고 있는 것은 아니다. 나아가 새로운 견해로서는 손해의 개념을 자연적인 요소와 규범적인 요소를 같이 고려하여야 한다는 사실적 · 규범적 손해개념이 주장되고 있다.

노동능력을 상실하여 장래 얻을 수 있었을 수입을 얻지 못하게 된 경우의 손해(일실이익의 손해)를 어떻게 파악하는가에 관하여는, 대상판결이 설명하는 것처럼 소득상실설 또는 차액설과 노동능력(가동능력)상실설 또는 평가설의 대립이 있다. 소득상실설은 일실이익의 본질을 불법행위가 없었더라면 피해자가 얻을 수 있는 소득의 상실로 보아 불법행위 당시의 소득과 불법행위 후의 향후소득과의 차액을 산출하는 것으로 전통적인 차액설에 따른 것이다. 반면 소득창출의 근거가 되는 노동능력의 상실 자체를 손해로 보아 상실된 노동능력의 가치를 사고 당시의 소득이나 추정소득에 의하여 평가하는 방법이 노동능력상실설 또는 평가설이다.

2. 판 례

판례는 초기에는 소득상실설의 입장에 서서, 노동능력 상실이 있더라도 수입이 감소되지 않았다면 손해가 없다고 보아 왔다. 예컨대 대판 1971.12.28, 71다2254 판결은, 광부 퇴직 후의 예상 수익인 일반 농촌노임액이 노동능력 상실 정도를 감안하고도 오히려 사고 전에 받던 광부 노임보다 많은 경우에는 일실이익의 손해가 있다고 볼 수 없다고 하였다.

그러나 그 후 대판 1984.10.23, 84다카325는, 생명이나 신체에 대한 불법행위로 인하여 가동능력의 전부 또는 일부를 상실함으로써 일실하는 이익의 액은 그 피해자가 그로 인하여 상실하게 된 가동능력에 대한 총평가액이고, 불법행위 전후의 수입을 비교하여 사고 후 수입이 감소된 부분을 수익상실로 보는 것은 잘못이라고 하여 노동능력상실설을 따랐다.

이처럼 종전의 판례는 소득상실설과 노동능력상실설 중 한 가지만이 타당한 것처럼 설시하고 있었다. 그러나 그 뒤의 대판 1986.3.25, 85다카538은, 사고 당시 일정한 직업에 종사하여 수입을 얻고 있던 자가 사고로 인한 부상으로 신체기능장애가 생겨 그 직업에는 더 이상 종사할 수 없게 된 경우에, 그 일실이익은 종전직업의 소득으로부터 잔존한 신체기능을 가지고 장차 다른 직업에 종사하여 얻을 수 있을 것이 예상되는 향후소득을 공제하는 방법으로 산정할 수 있음은 물론, 종전직업의 소득에 피해자의 노동능력상실율을 곱하는 방법으로 일실이익을 산정할 수도 있다고 하여, 두 가지 방법 중 어느 한 가지를 채택하더라도 좋다고 하였고, 그 뒤의 판례도 이를 따르고 있다.

그리하여 대판 1987.6.23, 87다카296은, 불법행위로 인하여 신체기능의 일부를 침해당한 피해자의 손해는 피해자가 사고 당시 갖고 있던 노동능력 중에서 사고로 인하여 상실한 노동능력에 대한 평가액으로 산정해야 하므로, 피해자가 일시 종전과 다름없는 수입을 얻은 바 있다 할지라도 그 피해자는 신체기능의 일부 훼손에 불구하고 재산상 아무런 손해를 입지 않았다 할 수는 없다고 하였다. 또한 대판 1990.2.27, 88다카11220의 원심은 대상판결과 비슷한 사실관계에 대하여 피해자의 손해가 없다는 이유로 손해배상청구를 받아들이지 않았으나, 대법원은 피해자의 손해배상청구를 인정하였다.

대상판결도 이러한 판례와 맥을 같이 하는 것이지만, 특히 사고 전후의 현실적인 소득의 차액이 변론과정에서 밝혀지지 않고 있는 경우에는 차액설의 방법에 의하여 일실이익을 산정하는 것은 불가능하고 평가설에 의하여야 한다는 점을 명언하였다.

다른 한편 대판 1988.3.22, 87다카1958은, 사고로 인한 부상으로 어느 정도의 노동능력의 감퇴가 있을지라도 피해자가 종사하는 직업의 성질로 보아 그 후유증의 정도가 그 직무를 수행함에 있어 뚜렷한 지장을 가져올 정도에 이르지 아니할 정도로 비교적 경미하고, 그와 같은 후유증의 정도만으로는 부상 이전에 비하여 특별한 불이익을 받지 아니하도록 관계법령에 의한 신분보장이 되어 있어 현재 또는 장래에 있어서의 수입의 감소로 인한 손해가 발생할 개연성이 없는 경우에는, 특단의 사정이 없는 한 노동능력의 일부상실을 이유로 하는 손해배상청구는 허용되지 아니한다고 하였다. 그러나 대판 1995.1.20, 94다38731은, 현실적인 장애사실이 인정되고 그 장애가 완전히 극복되지 않았다면, 설령 피해자가 사고로 인한 상해의 후유증에도 불구하고 종전과 같은 직장에서 종전과 다름없는 수입을 얻고 있다 하더라도 당해 직장이나 수입이 피해자의 가동능력의 정상적인 한계에 알맞는 것이었다는 사정까지 나타나지 아니하는 한 피해자가 신체적인 기능장애에도 불구하고 아무런 재산상의 손해도 입지 않았다고 단정할 수는 없다고 하였고, 이러한 판례는 그 후에도 계속 이어지고 있다(대판 2006.12.22, 2006다48991 등).

결국 현재의 판례는 신체의 장애가 있다면 그 후 사고 당시와 같은 수입을 얻고 있더라도 노동능력상실설에 따라 일단 손해가 있는 것으로 보고, 가해자 쪽에서 당해 직장이 피해자의 잔존 가동능력의 정상적 한계에 알맞은 것이었다는 사정을 입증하여야만 손해가 없는 것으로 볼 수 있다는 태도를 취하고 있으며, 위 87다카1958 판결과 같이 손해가 없다고 판단한 것은 더 이상 찾아보기 어렵다.

3. 검 토

일반적으로는 차액설에 의할 때 손해의 존부 내지 그 액수의 확정을 명확하게 할 수 있는 경우가 많다. 가령 피해자가 불법행위 당시 일정한 수입을 얻고 있었는데, 불법행위로 인하여 사망하여 전혀 수입을 얻지 못하게 되었다면, 차액설(소득상실설)에 의하여 일실이익을 산정하는 것이 합리적이다. 그러나 피해자가 사고 당시에 수입을 얻고 있지 않았다면, 차액설에 따를 때에는 손해가 없다고 보기 쉬울 것이지만, 사고 당시에 수입이 없었다는 이유만으로 장래에도 수입을 얻을 수 없을 것이라고 단정할 수는 없다. 차액설은 장래의 피해자 상황이 어떻게 될 것인지를 정확히 예측할 수 있다는 것이 전제가 되어야 하지만, 그러한 전제가 성립하지 않는 경우가 얼마든지 있다. 그러므로 이러한 경우에는 차액설보다는 평가설이 더 합리적이라고 할 수 있다.

대상판결과 같이 피해자가 불법행위가 있은 후에도 불법행위가 있기 전과 같은 수입을 얻고 있다고 하더라도, 앞으로도 그러한 수입을 계속하여 얻을 수 있을 것인지는 확실하지 않으므로, 이러한 경우에는 노동능력상실설(평가설)에 의하는 것이 보다 타당한 결과를 얻을 수 있다.

4. 노동능력 상실 비율

노동능력 상실설에 의할 경우에는 노동능력 상실의 비율을 어떻게 정할 것인가가 중요한 문제가 된다. 이전의 실무에서는 피해자가 우선 종전 직업에 계속 종사할 수 있는가를 판단하여, 종전 직업에 계속 종사할 수 있다면 종전 수입에 노동능력상실률을 곱하여 일실이익을 산정하고, 그렇지 않으면 피해자가 최소한 도시 또는 농촌 일용노동에 종사하여 잔존노동능력에 응한 수입을 얻을 수 있다고 추정한 다음, 종전 수입에서 위 수입을 공제한 차액을 일실이익으로 인정하였다(대판 1969.6.24, 69다562 등). 그러나 우선 종전 직업에 종사할 수 있는가의 판단 기준이 명확하지 않다는 비판이 있었다. 종전의 실무례에서는 법원이 의사에게 노동능력 상실 비율에 대한 감정을 명하여 그 감정 결과를 토대로 하였으나, 과연 이러한 사항이 의사가 판단할 수 있는 것인지도 문제가 된다. 또 전문직에 종사하는 사람인 경우에 종전 직업을 계속할 수 없게 되었다고 해서 일용노동을 할 것이라고 의제하는 것은 합리적이라고 볼 수 없다.

그리하여 대판 1985.9.24, 85다카449는, 피해자가 노동능력의 일부 상실로 종전 직업에 종사할 수 없게 된 경우, 그 피해자가 일용노동임금보다 소득이 많은 직업이나 직종에 종사하기 어렵고 일용노동에만 종사할 수밖에 없을 것이라고 예측되는 특별한 사정이 있을 때에 한하여 그의 장래의 소득을 일용임금 상당액이라고 추정할 수 있을 것이라고 판시하였다. 이어서 대판 1986.3.25, 85다카538은, 일실이익을 종전 직업의 소득에 피해자의 노동능력 상실율을 곱하는 방법으로 산정할 수도 있는데, 그 노동능력 상실율은 단순한 의학적 신체기능장애율이 아니라, 피해자의 연령, 교육 정도, 종전직업의 성질과 직업경력 및 기능숙련 정도, 신체기능장애 정도 및 유사직종이나 타직종에의 전업가능성과 그 확률 기타 사회적 · 경제적 조건을 모두 참작하여, 경험칙에 따라 정한 수익상실율로서 법관의 자의가 배제된 합리적이고 객관성 있는 것임을 요한다고 판시하였다. 이 또한 확립된 판례로서, 대상판결도 이를 따르고 있다. 따라서 종전의 방식은 더 이상 사용되고 있지 않다.

참고문헌

박해성, 노동능력을 상실한 자가 종전 직장에 그대로 다니는 경우의 일실이익, 민사판례연구 14권, 1992.

부구욱, 사고 후에도 종전과 같은 수입을 얻고 있는 피해자에 대한 손해배상책임 인정의 한계, 대법원판례해설 25호, 1996.

신동현, 민법상 손해의 개념, 2014.

손지열, 후유장해로 인한 손해배상액의 산정, 민사판례연구 8권, 1986.

윤진수, 보험사고에 있어서 손해배상액의 산정, 민법논고 3권, 2008.

[판례 126]

손해액 산정에 있어서 중간이자 공제

대법원 1985.10.22. 선고 85다카819 판결

사 실

Y 소유의 자동차 운전자인 A가 1982.5.26. 23:50 경 위 자동차를 운전하다가 횡단보도상에서 횡단보도를 건너던 X를 치어 뇌자상 등의 부상을 입게 하였다. 그리하여 X는 노동능력을 완전히 상실하였고, 또 개호인 없이는 기동이 불가능하게 되었다. 원심은 Y가 X에게 일실수익을 배상하는 외에 평생 개호를 받는 데 필요한 개호비 상당의 손해도 배상하여야 한다고 보고, 그 개호비 상당의 손해액을 다음과 같이 계산하였다. 즉 X는 이 사건 사고 발생 당시부터 그의 여명까지 500개월 동안 성인여자 1명의 개호가 필요하고, 그 개호비로서 최소한 도시 일용노동임금 상당의 금원이 필요하므로, 그 개호비는 이 사건 사고발생 당시부터 1984.9.26.까지 28개월 동안은 매월 금 118,625원, 그 다음날부터 그 여명까지 472개월 동안은 매월 금 133,833원(계산근거: 4,400원×365일÷12월)씩이므로 이를 이 사건 사고 발생 당시를 기준으로 하여 일시에 구할 수 있는 호프만식 계산방법에 의하여 현가를 환산하면 금 35,720,250원[계산근거(118,625원×26.43136368)+{133,833원×(269.90517595−26.43136368)}]이 된다고 하였다.

그러나 대법원은 원심판결 중 일부를 파기하였다.

이 유

호프만식 계산법에 의하여 중간이자를 공제하여 장래의 일실이익의 현가를 산정하는 것은 위법한 것이 아니다. 그러나 호프만식 계산법에 의하여 중간이자를 공제하는 경우에 단리연금현가율이 240을 넘는 중간이자 공제기간 414월(연별 호프만식 계산에 있어서는 그 율이 20을 넘는 36년) 이후에 있어서는 그 단리연금현가율을 그대로 적용하여 그 현가를 산정하게 되면 현가로 받게 되는 금액의 이자가 매월 입게 되는 손해액보다 많게 되는 것은 수리상 명백한 바, 이와 같이 그 원금의 이자만으로 손해에 충당하고도 남게 되는 금원을 그대로 손해배상액으로 한다는 것은 피해자가 입은 손해액보다 더 많은 금원을 배상하게 되는 불합리한 결과를 가져오게 될 것이고, 이는 피해자의 현실적 손해의 전보를 목적으로 하는 손해배상제도의 근본취지에 어긋나는 것으로서 위법한 것이라 할 것이다. 그러므로 호프만식 계산법상의 단리연금현가율이 240을 넘는 중간이자 공제기간의 현가를 산정함에 있어서는 그 수치표상의 단리연금현가율이 얼마인지를 불문하고 모두 240을 적용 계산함으로써 현가의 원본으로부터 생기는 이자가 그 손해액을 초과하지 않도록 하여 피해자가 과잉배상을 받는 일이 없도록 하여야 할 것이다.

해 설

1. 중간이자 공제의 방법

불법행위로 인하여 손해는 발생하였으나, 그 손해의 내용이 장래 얻을 수 있었을 이익을 얻지 못하는 것이거나 장래 비용을 지출하여야 하는 것인 경우에, 그러한 이익이나 비용을 피해자가 그 액수 그대로 미리 지급받을 수 있게 된다면, 과다배상의 문제가 생긴다. 예컨대 불법행위가 없었더라면 10년 뒤에 100만 원의 이익을 얻을 수 있었던 경우에, 지금 100만 원을 지급받게 되면, 그 100만 원을 예금하기만 하더라도 10년 뒤에는 100만 원보다 많은 금액이 될 것이다. 그리하여 장래의 손해를 현재 일시금으로 배상하는 경우에는, 수입을 얻을 수 있을 때까지의 중간이자를 공제하여, 배상액에 이자를 가산하면 장래의 소득액이 되는 방식으로 배상액을 산정하여야 한다. 국가배상법 3조의2 2항은 국가배상사건에 관하여 중간이자를 빼야 한다고 규정한다. 판례는 그 중간이율을 일반적으로 민법상의 법정이율인 연 5%(월 단위로 계산하면 $\frac{5}{12}$%)로 보고 있다.

그런데 장래의 손해에 대하여 중간이자를 공제하여 현가로 환산하는 방법으로는 단리계산에 따른 호프만(Hoffman)식 계산법과, 복리계산에 따른 라이프니쯔(Leibniz)식 계산법이 있다. 호프만식에 따르면 장래의 n기간 후에 S라는 이익을 얻을 수 있을 때 그 현가는 $\frac{S}{1+ni}$(i: 매 기간의 이율)이 된다. 따라서 호프만식에 의하여 현재로부터 n기간 계속하여 매기간 말에 생기는 이익 S의 현가인 S_n을 구하는 공식은 다음과 같다.

$$S_n = S(\frac{1}{1+i} + \frac{1}{1+2i} + \frac{1}{1+3i} + \cdots \frac{1}{1+ni})$$

반면 라이프니쯔식에 따르면 장래의 n기간 후에 S라는 이익을 얻을 수 있을 때 그 현가는 $\frac{S}{(1+i)^n}$이 된다. 따라서 라이프니쯔식에 의하여 현재로부터 n기간 계속하여 매기간 말에 생기는 이익 S의 현가인 S_n을 구하는 공식은 다음과 같다.

$$S_n = S(\frac{1}{1+i} + \frac{1}{(1+i)^2} + \frac{1}{(1+i)^3} + \cdots \frac{1}{(1+i)^n})$$

그런데 호프만식에 따를 때에는 일정기간(이율이 월 $\frac{5}{12}$%이면 414개월)이 되면 월 단위의 그 현가율(S_n)이 240이 되어, 그 현가로 받은 금액에 이자만으로도 손해액과 같게 된다(240 ×5/12=100). 반면 라이프니쯔식에서는 이러한 문제가 생기지 않으므로, 라이프니쯔식 계산법을 채택하여야 한다는 주장이 있다.

2. 판 례

과거의 하급심 판례 가운데에는 한때 라이프니쯔식을 따른 것도 있었으나, 현재는 일반적으로 호프만식이 쓰이고 있다. 그런데 대판 1983.6.28, 83다191은 호프만식과 라이프니츠식 중 어느 것이라도 괜찮다고 하였다. 그러나 대상판결은 호프만식에 의하여 중간이자를 공제하는 경우에 현가로 받게 되는 금액의 이자가 매월 입게 되는 손해액보다 많게 되는, 단리연금현가율이 240을 넘는 공제기간 414월 이후에는 그 수치표상의 단리연금현가율이 얼마인지를 불문하고 모두 240을 적용계산함으로써 원본으로부터 생기는 이자가 그 손해액을 초과하지 않도록 하여 피해자가 과잉배상을 받는 일이 없도록 하여야 한다고 보았다. 다만 가동연한까지의 총기간 자체는 414개월을 초과하더라도 그 총기간에 예컨대 성년에 이르는 기간, 군복무기간 등으로 피해자가 순이익을 얻을 수 없는 기간이 포함되어 있어서 이 기간에 해당하는 단리연금 현가율을 공제한 수치를 적용하여야 하는 경우에는, 공제한 결과의 수치가 240을 넘지만 않는다면, 가동연한까지의 총기간에 해당하는 단리연금현가율이 얼마이든지 그에 해당하는 수치 그대로를 적용하여 현가를 산정할 수 있다(대판 1986.3.25, 85다카2375 등).

3. 기준이율에 관하여

그런데 중간이자 공제의 기준이율을 얼마로 볼 것인가에 관하여는 직접적인 규정이 없다. 다만 국가배상법 시행령 6조 3항은 중간이자 공제방식은 법정이율에 의한 호프만방식에 의한다고 규정하고 있다. 그렇지만 대판 1980.12.9, 80다1820은, 공제방식에 관하여 법정이율에 의한 복할인법(라이프니쯔식)으로 중간이자를 공제하도록 규정하고 있던 당시의 국가배상법 3조 2항은 동법 소정의 절차에 따라 배상심의회에 그 배상을 신청할 경우에 해당하는 규정으로서 법원을 기속하는 규정이 아니라고 하였으므로, 기준이율에 관하여도 위 국가배상법의 규정이 직접적인 근거는 될 수 없다.

이 점에 대하여는 장래의 물가상승, 임금상승 등을 고려한다면 중간이자율 연 5%는 너무 높고, 이를 공제하지 않거나 공제하더라도 연 1~2% 정도라야 한다는 주장이 있고, 다른 한편으로는 그 이율을 현실의 금융시장에 있어서의 통상의 이자율, 즉 은행의 예금이자율에 의하는 것이 가장 합리적이라고 하는 주장도 있다.

4. 검 토

우선 기준이율에 관하여는 이를 법정이율로 하여야 한다는 직접적인 규정은 없고, 국가배상법의 규정도 일반적으로 적용될 수는 없다. 나아가 현재의 손해배상 산정방식에서는 장래의 물가상승이나 임금 상승 등은 고려되지 못하고 있을 뿐만 아니라, 현재의 일반 금리는 법정이율인 연 5%에 훨씬 미치지 못하고 있으므로(가장 최근인 2020.5.28.의 한국은행 기준금리는 0.5%이다), 법정이율을 기준이율로 한다면 피해자는 과소배상을 받게 된다는 것이 명백하다. 그러므로 판결 당시의 이율 또는 과거의 이율을 평균한 이율을 적용하는 것이 합리적이다.

그리고 공제방식에 관하여는 이론적으로는 라이프니쯔식이 합리적이라고 할 수 있지만, 호프만식에 의하더라도 피해자가 충분한 배상을 받지는 못하고 있으므로, 호프만식을 따르는 것이 불합리하다고는 할 수 없다. 과거에는 국가배상사건에서는 라이프니쯔식에 의하여 중간이자를 공제하도록 하였으나, 현재에는 호프만식에 의하는 것으로 바뀌었다(국가배상법 시행령 6조 3항).

참고문헌

김주상, 라이프니쯔식 계산법의 합리성, 민사재판의 제문제 3권, 1985.

마승렬, 손해액 산정에 적용되는 연금계리 방법의 합리화 방안, 손해사정연구 7권, 2013.

박용수, 호프만식 계산법에 의한 중간이자의 공제와 과잉배상의 문제, 판례연구 6집, 부산판례연구회, 1996.

이동진, 장래 손해의 현재가치산정, 비교사법 24권 1호, 2017.

이보환, 중간이자공제의 비현실성, 민사재판의 제문제 5권, 1989.

이홍권, 기별손해액의 증감과 호프만식 중간이자공제방식에 있어서의 과잉배상문제, 대법원판례해설 18호, 1993.

이윤호 · 이천성, 일실이익산정에 있어서 합리적인 중간이자공제, 손해사정연구 2권 2호, 2009.

[판례 127]

금지청구권

대법원 2010.8.25. 자 2008마1541 결정

사 실

X는 국내 최대의 인터넷 포털사이트 "네이버"를 운영하면서 광고영업을 하는 회사이다. Y는 인터넷 사용자들에게 "업링크 솔루션"이라는 프로그램을 배포하였는데, 이 프로그램을 설치한 사용자들이 네이버를 방문하면 그 화면이나 화면의 여백에 X의 광고 대신 같은 크기의 Y의 광고가 나타나거나, 화면의 여백에 Y의 배너광고가 나타나거나, 검색창에 키워드를 입력하면 검색결과 화면의 최상단에 위치한 검색창과 X의 키워드광고 사이에 Y의 키워드 광고가 나타난다. X는 위 프로그램의 제조 및 배포를 금지하는 가처분을 신청하였고, 법원은 이를 받아들였다. 이에 대하여 Y가 가처분이의를 하였다.

원심은 Y의 가처분 이의를 받아들이지 않고 가처분을 인가하였으며, 대법원도 Y의 재항고를 기각하였다.

이 유

경쟁자가 상당한 노력과 투자에 의하여 구축한 성과물을 상도덕이나 공정한 경쟁질서에 반하여 자신의 영업을 위하여 무단으로 이용함으로써 경쟁자의 노력과 투자에 편승하여 부당하게 이익을 얻고 경쟁자의 법률상 보호할 가치가 있는 이익을 침해하는 행위는 부정한 경쟁행위로서 민법상 불법행위에 해당하는바, 위와 같은 무단이용 상태가 계속되어 금전배상을 명하는 것만으로는 피해자 구제의 실효성을 기대하기 어렵고 무단이용의 금지로 인하여 보호되는 피해자의 이익과 그로 인한 가해자의 불이익을 비교 · 교량할 때 피해자의 이익이 더 큰 경우에는 그 행위의 금지 또는 예방을 청구할 수 있다.

X의 네이버를 통한 광고영업의 이익은 법률상 보호할 가치가 있는 이익이고, Y의 광고행위는 X가 상당한 노력과 투자에 의하여 구축한 네이버를 상도덕이나 공정한 경쟁질서에 반하

여 자신의 영업을 위하여 무단으로 이용함으로써, X의 노력과 투자에 편승하여 부당하게 이익을 얻는 한편, 법률상 보호할 가치가 있는 이익인 네이버를 통한 X의 광고영업 이익을 침해하는 부정한 경쟁행위로서 민법상 불법행위에 해당한다.

한편 Y의 위와 같은 광고행위가 일회적인 것이 아니라 이 사건 프로그램을 설치한 인터넷 사용자들이 네이버에 접속할 때마다 계속적으로 반복되는 것이고, 이 사건 프로그램에 의한 광고행위의 성질상 X가 인터넷 사용자들의 이 사건 프로그램의 설치현황 및 그로 인한 네이버에서의 Y의 광고현황 등을 일일이 파악하여 대응하기가 매우 곤란할 것으로 보이는 점과 Y의 광고내용에 따라서는 X의 신용, 명성 등 무형적인 가치까지도 손상시킬 수 있을 것으로 보이는 점 등을 고려할 때 Y에게 금전배상을 명하는 것만으로는 채권자 구제의 실효성을 기대하기 어려우며, Y의 광고행위를 그대로 방치하는 경우 결국 네이버에서의 광고영업을 그 수익모델로 삼고 있는 X 회사의 존립 자체를 위협할 수 있다는 점에서 Y의 위와 같은 광고행위를 금지함으로써 보호되는 X의 이익이 그로 인한 Y의 영업의 자유에 대한 손실보다 더 크다. 따라서 X는 Y에 대하여, 네이버에 접속한 인터넷 사용자들의 모니터에서 이 사건 프로그램을 이용한 광고행위를 하는 것의 금지 또는 예방을 청구할 수 있다.

해 설

1. 부정한 경쟁행위로 인한 불법행위의 성립

원래 부정경쟁행위를 규율하는 법은 부정경쟁방지 및 영업비밀보호에 관한 법률(부정경쟁방지법)이 있는데, 이 법은 그 적용 대상인 부정경쟁행위를 한정적으로 열거하고 있다(2조 1호). 그렇다면 이 법에 규정하지 않은 부정경쟁행위는 불법행위가 될 수 없는가가 문제되는데, 학설상으로는 기술의 발전으로 인해서 등장한 새로운 유형의 분쟁이 부정경쟁방지법이나 독점규제법에 의해서 적절히 규제되지 못하는 경우에는 그 불공정 경쟁행위가 위법한 행위로서 불법행위에 해당될 수 있고, 민법상의 불법행위 관련 규정에 의해서 규제될 수 있다고 보는 견해가 주장되고 있다. 이 견해는, 문제된 경쟁행위가 권리침해 또는 그에 상응하는 보호할 만한 가치 있는 법익의 침해가 있거나, 또는 상도덕이나 관습에 반하여 행위태양 자체의 불공정성이 명백한 경우 등과 같이 제한된 경우에 한해서, 민법의 불법행위 규정에 의한 불공정경쟁행위의 규제는 가능하다고 한다.

대상결정은 경쟁자가 상당한 노력과 투자에 의하여 구축한 성과물을 상도덕이나 공정한 경쟁질서에 반하여 자신의 영업을 위하여 무단으로 이용함으로써 경쟁자의 노력과 투자에 편승하여 부당하게 이익을 얻고 경쟁자의 법률상 보호할 가치가 있는 이익을 침해하는 행위는 부정한 경쟁행위로서 민법상 불법행위에 해당한다고 하였다. 대판 2012.3.29, 2010다20044도 대상결정을 인용하면서 같은 취지로 판시하였다.

참고로 Y는 부정경쟁방지법 위반으로도 기소되었는데, 원심은 Y의 행위가 부정경쟁방지법 위반이 아니라고 하였으나, 대상결정보다 약 한 달 뒤에 선고된 대판 2010.9.30, 2009도12238은, Y의 행위가 국내에 널리 인식된 타인의 성명, 상호, 표장(標章), 기타 타인의 영업임을 표시하는 표지와 동일하거나 유사한 것을 사용하여 타인의 영업상의 시설 또는 활동과 혼동하게 하는 부정경쟁행위(부정경쟁방지법 2조 1호 (나)목)에 해당한다고 하여 원심판결을 파기환송하였다. 만일 위 형사판결이 대상결정보다 먼저 선고되었다면, 대상결정은 바로 부정경쟁방지법에 근거하여 채무자의 책임을 인정할 수 있었을 것이다.

그리고 2013.7.30. 개정된 부정경쟁방지법은 2조 1호 (차)목{현재는 (파)목}을 신설하여, "타인의 상당한 투자나 노력으로 만들어진 성과 등을 공정한 상거래 관행이나 경쟁질서에 반하는 방법으로 자신의 영업을 위하여 무단으로 사용함으로써 타인의 경제적 이익을 침해하는 행위"를 부정경쟁행위에 포함시켰다. 이는 대상결정의 판시를 입법화한 것이라고 할 수 있다.

2. 불법행위로 인한 금지청구권의 인정 여부

민법은 불법행위의 효과로서는 금전에 의한 손해배상을 인정하고 있으나(763조에 의한 394조의 준용), 불법행위 자체의 금지 또는 예방을 청구할 수 있는 권리(금지 또는 예방청구권, 이하 금지청구권)는 따로 인정하고 있지 않다. 다만 민법은 물권에 대한 방해에 대하여는 방해제거청구권과 방해예방청구권을 인정하고 있고(214조, 290조, 301조, 319조, 370조), 부정경쟁방지법 4조 및 10조, 특허법 126조, 실용신안법 30조, 디자인보호법 113조, 상표법 65조, 저작권법 123조 등은 침해행위에 대한 금지청구권을 인정하고 있다.

이러한 명문 규정이 없는 경우에도 금지청구권을 인정할 수 있는가에 관하여는 종래 의견이 대립하고 있었다. 전에는 법률이 금지청구권이 인정되는 경우를 한정적으로 열거하고 있는 점에 비추어, 명문 규정이 없이는 금지청구권이 인정될 수 없다는 견해가 많았다. 그러나 명문 규정이 없더라도 금지청구권을 인정할 수 있는 경우가 있다는 주장도 점차 유력해지고 있다.

긍정설도 여러 가지로 나누어진다. 먼저 금지청구권을 인정하는 근거에 관하여는 불법행위설과 유추적용설이 있다. 전설은 불법행위를 이유로 손해배상을 인정하면서 그 손해를 발생시키는 원인인 위법행위의 배제·예방을 청구할 수 없다면, 이는 불법행위제도의 취지에 어긋난다고 주장한다. 반면 후설은 현행법상 금지청구권이 인정되는 경우와 유사한 경우에는 유추에 의하여 금지청구권을 인정하자고 한다. 후설에 따를 때에는 전설과는 달리 고의나 과실이 없는 경우에도 금지청구권을 인정할 수 있다.

그리고 금지청구권을 인정할 수 있는 범위에 관하여도 소유권이나 특허권과 같이 배타성이 있는 절대권에 한하여 이를 인정할 수 있다는 견해와, 절대권이 아닌 영업적 이익과 같은 것이 침해된 경우에도 인정할 수 있다는 견해가 있다. 후자의 견해는 그 근거로서 다수의 법률 규정들의 기초를 이루는 원칙에 의하여 법률 내에 존재하는 흠결을 보충하는 유추방식인 전체

유추(Gesamtanalogie)에 의하여 금지청구권을 인정할 수 있다는 점과 법익의 실효적인 보호를 위하여 금지청구권이 인정되어야 한다는 점 등을 든다.

종전의 판례(대판 1996.4.12, 93다40614, 40621 등)는 인격권은 그 성질상 일단 침해된 후의 구제수단만으로는 그 피해의 완전한 회복이 어렵고 손해전보의 실효성을 기대하기 어려우므로, 인격권 침해에 대하여는 사전(예방적) 구제수단으로 침해행위 정지 · 방지 등의 금지청구권을 인정할 수 있다고 보았다. 그리고 그 근거로서는 인격권은 물권의 경우와 마찬가지로 배타성을 가지는 권리라는 점을 들고 있다(대결 2005.1.17, 2003마1477). 또한 대판 2002.2.26, 99다67079는 등기된 임차권이 침해된 경우, 그 임차권에 기한 방해배제를 청구할 수 있다고 하였다. 그러나 그 외의 경우에는 금지청구권을 인정하고 있지 않았다. 예컨대 대판 2001.5.8, 99다38699는 채권침해에 대하여는 방해배제청구를 인정하지 않았다.

그러므로 종전의 판례는 인격권과 같은 절대권이나 등기된 권리에 한하여 명문의 규정이 없는 경우에도 금지청구권을 인정하고 있었다고 할 수 있다.

3. 대상결정

그런데 대상결정은 민법상 불법행위가 계속되어 금전배상을 명하는 것만으로는 피해자 구제의 실효성을 기대하기 어렵고, 무단이용의 금지로 인하여 보호되는 피해자의 이익과 그로 인한 가해자의 불이익을 비교 · 교량할 때 피해자의 이익이 더 큰 경우에는 그 행위의 금지 또는 예방을 청구할 수 있다고 하는 새로운 판시를 하였다. 그러나 대상결정은 그와 같은 금지청구권이 인정될 수 있는 근거를 정확하게 제시하지 않고 있어서 그 의미에 관하여 논란이 생기게 되었는데, 이를 불법행위 일반에 대하여 금지청구권을 인정한 것으로 보아야 한다는 견해와, 대상결정의 사안과 같은 부정한 경쟁행위에 한하여 부정경쟁방지법 4조를 유추하여 인정한 것이라는 견해가 있다.

또한 대상결정은 금지청구권이 인정되기 위하여는 금전배상을 명하는 것만으로는 피해자 구제의 실효성을 기대하기 어렵고, 무단이용의 금지로 인하여 보호되는 피해자의 이익과 그로 인한 가해자의 불이익을 비교 · 교량할 때 피해자의 이익이 더 큰 경우라야 한다고 판시하였다. 이는 종래 논의되었던 위법성단계설, 즉 금지청구권을 인정하기 위해서는 손해배상청구권만이 인정되는 경우보다 더 높은 위법성이 있어야 한다는 위법성단계설을 채택한 것으로 볼 수 있다.

4. 검 토

대상결정에 관여한 것으로 보이는 재판연구관의 설명에 의하면 대상결정은 부정경쟁방지법 4조를 유추하여 금지청구권을 인정한 것처럼 보이기도 한다. 그러나 대상결정의 문언만을 놓고 본다면 대상결정은 일반적으로 불법행위에 대하여 금지청구권을 인정할 수 있다는 것으로 받아들여야 할 것이다. 위 결정이 부정한 경쟁행위라는 말을 쓰고 있기는 하지만, 그것이 바로 부정경쟁방지법상의 부정경쟁행위를 의미한다고 말할 수는 없다. 위 결정이 부정경쟁방지법상의 금지청구권을 유추한 것이었다면 그와 같이 명백하게 판시하였어야 할 것이다.

그리고 이처럼 불법행위에 대하여 일반적으로 금지청구권을 인정할 수 있다고 보는 것은 지지될 수 있다. 위법행위에 의한 손해가 발생하였거나 발생할 우려가 있는 경우에 그에 따른 구제수단이 획일적으로 금전배상에 국한되는 것은 바람직하지 않고, 손해의 종류에 따라 원상회복이나 금지청구와 같은 다양한 구제수단이 인정될 필요가 있는 것이다. 그 이론적인 근거로서는 이른바 전체유추(Gesamtanalogie)를 들 수 있다. 전체유추란 서로 상이한 구성요건에 대하여 동일한 법률효과를 규정하고 있는 몇 개의 법률규정으로부터 일반적인 법원칙을 도출하여 이를 법률에 규정되어 있지 않은 다른 구성요건에 적용하는 것이다. 이는 어떤 특정의 법규범을 그와 유사한 다른 사실관계에 적용하는 개별유추(Einzelanalogie)와는 구별된다. 그런데 금지청구권이나 방해배제 또는 방해예방청구권과 같은 권리는 민법뿐만 아니라 부정경쟁방지 및 영업비밀보호에 관한 법률, 특허법, 저작권법 등에 규정되어 있으므로, 이들 규정을 유추하면 일반적인 금지청구권을 인정할 수 있는 것이다. 이처럼 본다면 반드시 절대권에 한하여 금지청구권을 인정하여야 할 이유도 없다. 대판 2014.5.29, 2011다31225는, TV를 통한 광고서비스사업자가 종합유선방송사업자들의 등의 광고영업 이익을 침해하는 것이 민법상 불법행위에 해당할 때에는 종합유선방송사업자들은 광고서비스사업자가 위와 같은 행위를 하는 것과 제3자에게 이를 하게 하는 것의 금지를 청구할 수 있다고 하였다. 여기서 말하는 광고영업 이익이 절대권이라고 하기는 어려울 것이다.

다른 한편 대판 2011.10.13, 2010다63720은, 일반 공중의 통행에 제공된 도로를 통행하고자 하는 자는 다른 사람들과 같은 방법으로 그 도로를 통행할 자유가 있고, 제3자가 특정인에 대하여만 그 도로의 통행을 방해함으로써 그 특정인의 통행의 자유를 침해하였다면 민법상 불법행위에 해당하며, 그 침해를 받은 자로서는 그 방해의 배제나 장래에 생길 방해를 예방하기 위하여 통행방해 행위의 금지를 소구할 수 있다고 보아야 한다고 판시하였다. 이 판결에 대하여는 통행의 자유는 인격권에 속하므로 인격권의 침해에 대하여 금지청구를 인정한 것이라는 견해가 있으나, 통행의 자유를 인격권에 포함시킬 수 있는지는 의문이다.

다만 불법행위가 성립하려면 가해자의 고의나 과실이 있어야 하는데, 가해자의 행위가 위법하기는 하지만, 고의나 과실이 없었던 경우에는 금지청구권이 인정될 수 없는 것이 아닌가 하는 의문이 제기될 수 있다. 그러나 이론적으로는 금지청구권은 사후적인 손해배상이 아니고 사전적으로 손해의 발생을 막으려는 것이므로, 문제의 행위가 위법하기만 하면 되고, 반드시 고의나 과실에 기한 것일 필요는 없다. 뿐만 아니라 금지청구의 대상이 될 정도이면 대체로 고의나 과실은 충분히 인정될 수 있을 것이다.

5. 민법개정안

2014년 법무부 민법개정위원회의 민법개정안은 다음과 같이 금지청구권에 관하여 규정을 두기로 하였다.

제766조의2 (금지청구) ① 타인의 위법행위로 인하여 손해를 입거나 입을 염려가 있는 자는 손해배상에 의하여 손해를 충분히 회복할 수 없고 손해의 발생을 중지 또는 예방하도록 함이 적당한 경우에는 그 행위의 금지를 청구할 수 있다.
② 제1항의 금지를 위하여 필요한 경우에는 손해를 입거나 입을 염려가 있는 자는 위법행위에 사용되는 물건의 폐기 또는 그 밖에 적절한 조치를 청구할 수 있다.

참고문헌

강지웅, 통행의 자유와 통행방해 금지청구, 민사판례연구 35권, 2013.
김상중, 금지청구권의 소고, 비교사법 17권 4호, 2010.
송오식, 불법행위의 효과로서 금지 및 예방청구권, 법학논총 31집 1호, 전남대학교, 2011.
위계찬, 불법행위의 금지청구권, 강원법학 33권, 2011.
유영선, 부정한 경쟁행위와 관련한 불법행위 성립요건 및 그에 기한 금지청구권 허용 여부, 사법논집 53집, 2011.
윤진수, 이용훈 대법원의 민법판례, 정의로운 사법, 2011.
이연갑, 법인의 업무방해에 대한 금지청구, 민사판례연구 34권, 2012.
정상조, 불공정경쟁행위의 규제, 서울대학교 법학 45권 3호, 2004.
최민수, 부정경쟁행위와 불법행위법상 금지청구권, 법조 2013.1.

[판례 128]

일조방해로 인한 손해배상청구권의 소멸시효

대법원 2008.4.17. 선고 2006다35865 전원합의체 판결

사 실

Y는 1993.10.27. 아파트 7동 1,032세대를 건설하는 공사를 시행하여 1995.11.18. 사용검사를 마치고, 1995.11.20. 준공검사를 받았다. X들은 위 아파트와 약 40미터 떨어진 곳에 건축된 이 사건 아파트를 분양받아 소유하고 있거나, 그 이전에 분양받은 소유자로부터 이를 매수하여 소유한 주민들이다. X들은 2003.8.14. Y에 대하여 일조권 침해로 인한 손해배상청구의 소를 제기하였는데, X들 중 일부는 2004.11.경 1995.11.20. 당시의 이 사건 아파트의 소유자로부터 일조권이 침해받음으로써 Y에 대하여 가지고 있는 손해배상청구권을 양수하였다.

원심은 X들의 손해배상채권은 1995.11.20.경부터 3년 후에 소멸시효가 완성되었다고 판단하여 X들의 청구를 모두 기각하였다. 대법원도 X들의 상고를 기각하였다. 다만 반대의견이 있었다.

이 유

토지의 소유자 등이 종전부터 향유하던 일조이익(日照利益)이 객관적인 생활이익으로서 가치가 있다고 인정되면 법적인 보호의 대상이 될 수 있는데, 그 인근에서 건물이나 구조물 등이 신축됨으로 인하여 햇빛이 차단되어 일조량이 감소하는 그늘, 즉 일영(日影)이 증가함으로써 일조방해가 발생한 경우, 그 일조방해가 사회통념상 일반적으로 해당 토지 소유자의 수인한도를 넘게 되면 그 건축행위는 정당한 권리행사의 범위를 벗어나 사법상(私法上) 위법한 가해행위로 평가된다. 일반적으로 위와 같이 위법한 건축행위에 의하여 건물 등이 준공되거나 외부골조공사가 완료되면 그 건축행위에 따른 일영의 증가는 더 이상 발생하지 않게 되고 해당 토지의 소

유자는 그 시점에 이러한 일조방해행위로 인하여 현재 또는 장래에 발생 가능한 재산상 손해나 정신적 손해 등을 예견할 수 있다고 할 것이므로, 이러한 손해배상청구권에 관한 민법 766조 1항 소정의 소멸시효는 원칙적으로 그 때부터 진행한다. 다만, 지극히 예외적이기는 하지만, 위와 같은 일조방해로 인하여 건물 등의 소유자 내지 실질적 처분권자가 피해자에 대하여 건물 등의 전부 또는 일부에 대한 철거의무를 부담하는 경우가 있다면, 이러한 철거의무를 계속적으로 이행하지 않는 부작위는 새로운 불법행위가 되고 그 손해는 날마다 새로운 불법행위에 기하여 발생하는 것이므로 피해자가 그 각 손해를 안 때로부터 각별로 소멸시효가 진행한다고 볼 수 있을 것이다.

해 설

1. 일조권의 의의

일조권(日照權)이란 태양의 직사광선을 향유할 권리를 말하는 것으로, 우리나라와 같이 지구의 북반구에 있는 나라에서는 북쪽 건물의 거주자가 태양의 직사광선을 받고 있었는데, 남쪽 토지 위에 그 사용권자가 건물 기타 공작물을 세움으로써 이를 방해받는 경우에 북쪽 거주자가 법적으로 그 보호를 요구할 수 있는 권리를 말한다.

민법이나 다른 법률이 권리로서 일조권을 규정하고 있지는 않으나, 학설상은 모두 일조를 향유할 이익이 침해되면 이는 일조권을 침해하는 것으로서 불법행위에 해당한다고 본다. 판례도 일조방해의 정도가 현저하게 커 사회통념상 수인한도를 넘은 경우에는 위법행위로 평가될 수 있는데, 사회통념상 수인한도를 넘었는지 여부는 피해의 정도, 피해이익의 성질 및 그에 대한 사회적 평가, 가해 건물의 용도, 지역성, 토지 이용의 선후관계, 가해방지 및 피해회피의 가능성, 공법적 규제의 위반 여부, 교섭 경과 등 모든 사정을 종합적으로 고려하여 판단하여야 한다고 보고 있다(대판 1999.1.26, 98다23850 등). 현재 실무상으로는 도시의 일반적인 주거지역에서는 그 정도가 9시부터 15시까지 사이에 연속 2시간의 일조가 확보되거나, 8시부터 16시까지 사이에 최소한 도합 4시간의 일조가 확보되면, 이러한 피해정도는 도시의 일반주거지역에서 이를 수인하여야 하는 피해 정도의 기준으로 보고 있다.

일조권의 법적 성격에 관하여는 일조가 한편으로는 개인의 건강하고 쾌적한 생활을 위해 필요하고, 다른 한편으로는 토지 및 건물의 사용과도 밀접한 관계에 있다고 하여 인격권적 성격과 물권적 성격을 함께 지니고 있는 것으로 이해하는 견해가 많다. 따라서 일조권 침해로 인한 손해도 재산상 손해와 정신적 손해로 나누어 볼 수 있다. 재산상 손해는 주로 일조침해로 인하여 토지나 건물의 가치가 하락된 것이고, 정신적 손해는 건강하고 쾌적한 환경에서 살 수 없게 되어 받는 정신적 고통으로 인한 것이다.

대상판결의 반대의견은 위법한 일조방해는 단순한 재산권의 침해에 그치는 것이 아니라 건강하고 쾌적한 환경에서 생활할 개인의 인격권을 침해하는 성격도 지니고 있다고 하였고, 다수의견도 이 점을 부정하는 것으로는 보이지 않는다.

다른 한편 Y는 적법한 건축허가를 받았는데, 건축허가가 있다고 하여 항상 위법성이 없다고는 할 수 없지만, 그러한 점을 건축법상 건축허가를 거부할 수 있는 사유로 규정하지 않고 있다면 법원이 침해를 인정하기에는 신중할 필요가 있다고 생각된다. 그러나 대판 1999.1.26, 98다23850은, 건물신축이 건축 당시의 공법적 규제에 형식적으로 적합하다고 하더라도 현실적인 일조방해의 정도가 현저하게 커 사회통념상 수인한도를 넘은 경우에는 위법행위로 평가될 수 있다고 하여 이와는 다른 취지이다.

2. 단기소멸시효의 기산점

일조권 침해로 인한 손해배상청구권의 단기소멸시효가 언제부터 진행하는가에 대하여는 종래 몇 가지의 견해가 주장되었다. 1설은 일조방해를 계속적인 불법행위로 보고, 재산상 손해와 정신적 손해 모두 나날이 새로운 손해가 발생하므로 나날이 발생한 새로운 손해를 안 날로부터 각각 별개로 소멸시효가 진행한다고 본다. 다른 설은 재산상의 손해 및 이로 인한 위자료 청구의 경우에는 가해건물의 골조 완성이 이루어지면 그 손해가 확정되므로 골조 완성시부터 소멸시효가 진행하고, 인격권의 침해로 인한 위자료 청구의 경우에는 나날이 새로운 불법행위가 있는 것으로 보아 각 손해를 안 날로부터 별개로 소멸시효가 진행한다고 본다. 이것이 하급심 판례의 주류였다고 한다. 그리고 재산상 손해는 가해건물의 골조 완성시부터 소멸시효가 진행하지만, 인격권 침해로 인한 정신적 손해의 경우에는 일조방해가 계속되는 한 소멸시효에 걸리지 않는다고 보는 견해도 있다.

그런데 대상판결의 다수의견은, 위법한 건축행위에 의하여 건물 등이 준공되거나 외부골조공사가 완료되면, 해당 토지의 소유자는 그 시점에 이러한 일조방해행위로 인하여 현재 또는 장래에 발생 가능한 재산상 손해나 정신적 손해 등을 예견할 수 있으므로, 766조 1항 소정의 소멸시효는 원칙적으로 그 때부터 진행하고, 다만 예외적으로 건물 등의 소유자 내지 실질적 처분권자가 피해자에 대하여 건물 등의 전부 또는 일부에 대한 철거의무를 부담하는 경우가 있다면, 이러한 철거의무를 계속적으로 이행하지 않는 부작위는 새로운 불법행위가 되고 그 손해는 날마다 새로운 불법행위에 기하여 발생하는 것이므로 피해자가 그 각 손해를 안 때로부터 각별로 소멸시효가 진행한다고 하였다.

반면 반대의견은 위법한 일조방해로 인하여 피해 건물의 거주자가 입게 되는 손해 중 재산적 손해가 아닌 정신적 손해는 가해 건물이 존속하는 한 날마다 계속적으로 발생하는 것으로 보아야 한다고 주장하였다. 피해 건물의 거주자가 일조방해를 받는 상태에서 단기간을 거주한 경우와 장기간을 거주한 경우에 그 정신적 손해의 정도가 같을 수 없는데, 이러한 거주 기간을 가해 건물의 완성 시점에는 예견할 수 없다는 것이다.

3. 검 토

대상판결의 반대의견이 정신적 손해로 인한 위자료청구권의 소멸시효는 가해 건물이 존속하는 한 날마다 개별적으로 진행된다고 한 것은 이른바 계속적 불법행위의 이론을 적용한 것이다. 통설과 판례(대판 1966.6.9, 66다615; 1999.3.23, 98다30285 등)는, 가해행위가 계속적으로 존재하고 따라서 손해도 계속하여 발생하는 경우, 예컨대 타인의 토지를 불법으로 점유하여 소유자에게 계속적으로 그 토지의 차임 상당의 손해를 가하는 경우에는, 나날이 새로운 불법행위에 의한 손해가 발생하므로 766조 1항이 규정하는 3년의 단기소멸시효는 나날이 발생한 새로운 각 손해를 안 날로부터 각각 별개로 소멸시효가 진행한다고 보고 있다. 이러한 설의 근거는, 불법행위가 계속되고 있는 동안에는 장래의 손해발생을 피해자가 예견하기 어렵고, 불법행위가 계속되는 동안에 손해의 완성을 인정하게 되어서는 안 되며, 불법행위가 계속되는 이상 피해감정의 진정을 기대할 수 없다는 점 등에 있다.

그런데 타인의 토지를 불법으로 점유하는 경우에는 그로 인한 차임 상당의 손해는 계속적으로 발생하는 것임에 틀림없고, 손해액의 산정도 그 점유기간에 따라 이루어지며, 소유자가 바뀌면 새로운 소유자도 불법점유자에게 손해배상을 청구할 수 있으므로 단기소멸시효는 나날이 발생한 새로운 각 손해를 안 날로부터 각각 별개로 소멸시효가 진행한다고 보는 것이 합리적이다. 반면 일조권 침해의 경우에는 일조권 침해의 사실을 알면서 취득한 새로운 소유자는 재산적 손해는 물론 정신적 손해에 대하여도 손해배상을 청구할 수 없다고 보아야 할 것이다. 이때에는 새로운 소유자가 입을 수 있는 손해의 내용은 매매가격 등에 이미 반영되었을 것이다. 그렇다면 일조권 침해로 인한 불법행위는 건물이 지어진 때에 이미 완성된 것으로 보아야 할 것이고, 계속적으로 불법행위가 있는 것으로 볼 수는 없다.

반대의견은 피해 건물의 거주자가 일조방해를 받는 상태에서 단기간을 거주한 경우와 장기간을 거주한 경우에 그 정신적 손해의 정도가 같을 수 없다고 하지만, 피해자가 가해 건물의 철거를 청구할 수 없고 손해배상만 청구할 수 있다면, 손해액을 산정함에 있어서는 원칙적으로 거주자가 그 피해 건물이 존속하는 한 계속 거주한다고 전제를 하여야 한다. 그리고 그 거주자가 중도에 다른 사람에게 건물의 소유권을 이전하였다면, 그 가격은 일조권 침해가 없는 경우보다 낮아지겠지만, 이는 가해자로부터 받는 손해배상에 의하여 전보된다고 할 수 있다.

다른 한편 다수의견은 건물 등의 소유자 내지 실질적 처분권자가 피해자에 대하여 건물 등의 전부 또는 일부에 대한 철거의무를 부담하는 경우에는 철거의무를 계속적으로 이행하지 않는 부작위는 새로운 불법행위가 되고, 그 손해는 날마다 새로운 불법행위에 기하여 발생하는 것이므로 피해자가 그 각 손해를 안 때로부터 각별로 소멸시효가 진행한다고 하였다. 그러나 이러한 판시에도 문제가 있다.

일반적으로 일조권 침해에 대한 구제수단으로는 아직 건물이 완공되지 않았을 때에는 건물 건축의 중지를 청구할 수 있고, 건물이 완공되었다면 손해배상을 청구하는 외에도 건물 자체의 철거를 청구하는 방법이 있다. 그러나 실제로는 법원이 건물의 철거를 명하는 것은 찾아보기 어려운데, 이는 철거로 인하여 가해자 측이 입는 손실이 큰 반면, 피해자의 손해는 손해배상의 방법에 의하여 보상될 수 있기 때문이다. 그렇지만 예외적으로는 가해자 측이 건물의 철거의무를 부담하는 경우도 있을 수 있다. 그러나 이러한 경우 철거의무를 계속적으로 이행하지 않는 부작위가 반드시 새로운 불법행위가 되어, 그 손해는 날마다 새로운 불법행위에 기하여 발생하는 것이라고 볼 수는 없다. 일조를 방해하는 건축물을 건축한 것 자체가 불법행위인 것이고, 그 건물의 철거의무를 이행하지 않는 것은 위법한 상태를 유지하는 것뿐이지, 별도로 불법행위가 되는 것은 아니다. 다수의견이 인용하고 있는 대판 1999.3.23, 98다30285는, 주택 준공검사의무의 해태라는 위법한 부작위가 계속되어 그로 인한 손해가 계속하여 발생하는 경우에는 그 손해는 날마다 새로운 불법행위에 기한 손해로서 그 각 손해를 안 때로부터 각별로 소멸시효가 진행된다고 보아야 한다고 판시하였다. 그러나 위 사건에서는 준공검사의 지연 자체가 불법행위에 해당하는 것이어서 대상판결과는 차이가 있다. 반대의견에 대한 이홍훈 대법관의 보충의견은, 일조방해라는 동일한 가해행위에 대하여 단지 일조방해의 정도가 중대하다는 이유만으로 그 성질이 계속적 불법행위로 변하여 불법행위의 성립시기나 소멸시효 진행이 달라진다는 것은 불합리하다고 지적하고 있다.

그리고 피해자가 철거를 청구할 수 있는 경우에는 실제로 철거가 이루어지는 시기도 예측할 수 있으므로 정신적 손해의 산정에도 큰 문제가 없다. 만일 피해자가 철거 청구를 지체한다면, 그만큼의 기간은 고려되어서는 안 될 것이다.

참고문헌

김시철, 건물신축으로 인한 일조방해의 법적 성격과 이로 인한 불법행위 손해배상청구권의 소멸시효 기산점, 대법원 판례해설 75호, 2008.

손윤하, 환경침해를 원인으로 한 민사소송에 관한 문제, 저스티스 81호, 2004.

송혜정, 일조방해로 인한 손해배상청구권의 소멸시효 기산점, 민사판례연구 31, 2009.

이동원, 일조권 침해에 관한 판례의 동향, 민사법학 27호, 2005.

태기정, 일조방해로 인한 손해배상청구권의 소멸시효 기산점, 동북아법연구 5권 3호, 2012.

[판례 129]

과거사 사건에서 국가배상청구권에 관한 소멸시효 규정의 위헌성

대법원 2019.11.14. 선고 2018다233686 판결

사 실

이 사건 수분배자들은 Y(대한민국) 산하 영등포구청장으로부터 이 사건 ○○동 일대 농지를 적법하게 분배받았음에도, Y는 1953.5.경 이후 상환곡 수령을 거절하고 이 사건 ○○동 일대 토지에 ○○공단 등을 조성하였다. 이 사건 수분배자들은 Y를 상대로 구 농지개혁법에 따라 농지를 분배받았다고 하여 상환곡 납부를 조건으로 하여 상환완료를 원인으로 한 소유권이전등기절차의 이행을 구하는 소를 제기하여 1968.3.19. 수분배자들의 승소판결이 확정되었다. 그러자 수사기관은 Y를 상대로 소송을 제기한 수분배자들과 그들의 주장에 부합하는 증언을 한 공무원들에 대한 수사를 진행하였는데, 수사기관은 수분배자들을 구속영장 없이 4, 5일간 구금하거나 같은 죄로 재구속하기도 하였고, 폭행과 협박 등으로 수분배자들에게 소 취하와 권리 포기를 강요하거나 일부 증인들에게 재판과정에서 허위 증언을 하도록 하였다. 결국 위 수분배자들과 공무원들을 포함하여 40여명이 기소되었고, 그 중 일부는 소송사기죄 등으로 유죄판결이 확정되었다. Y는 형사유죄판결 등을 기초로 피고가 패소한 민사확정판결에 대한 재심을 청구하였고, 재심법원은 1989.12.6. 민사확정판결을 취소하고 이 사건 수분배자들의 청구를 기각하는 판결을 선고하였으며, 위 판결은 그대로 확정되었다.

과거사정리위원회는 이 사건 ○○동 일대 토지 관련 형사사건을 '○○ 분배농지 소송사기 조작의혹 사건'으로 명명하고, 2008.7.8. 위 형사사건의 성격을 국가가 행정목적을 달성하기 위하여 민사소송에 개입하여 공권력을 부당하게 남용한 사건으로 규정하고 나아가 '당시 이 사건 ○○동 일대 토지 관련 민사소송을 제기한 수분배자들에 대하여 소송사기의 책임을 묻기 어렵고, 수분배자들을 집단적으로 불법 연행하여 가혹행위를 가하고 위법하게 권리 포기와 위증을 강요한 것은 형사소송법상 재심사유에 해당한다는 취지'의 진실규명결정을 하였다. 위 형사유죄판결을 받은 피고인들 중 이 사건 수분배자들을 비롯한 23명(본인 또는 유족들)은 2009.2.4. 과

거사정리위원회 결정을 토대로 서울중앙지방법원에 형사유죄판결 등에 대한 재심을 청구하였다. 서울중앙지방법원은 2011.11.29. 이 사건 수분배자들을 비롯한 21명에 대하여 무죄를 선고하였고, 위 재심무죄판결은 2011.12.7. 확정되었다.

이 사건 수분배자들 본인 또는 그 유족들은 형사재심판결이 선고되자 민사재심판결에 대하여 재심청구를 하였고, 재심법원은 민사재심판결 중 이 사건 수분배자들에 관한 부분을 취소하고 피고의 종전 재심청구를 기각하는 판결을 선고하였고, 위 각 판결이 2015년 및 2016년 무렵 각 확정되었다.

X들은 수분배자들 본인 또는 그 상속인들인데, 2013.5.22. Y를 상대로 Y가 한 일련의 불법행위로 인하여 원고들 관련 수분배자들이 농지대가 상환 및 등기를 완료함으로써 농지 소유권을 취득할 수 있는 시한으로 구 농지법 부칙이 규정하고 있는 1998.12.31.까지 이를 완료하지 못하게 되어 분배농지에 관한 소유권을 취득할 수 없게 되었음을 이유로 손해배상을 구하는 이 사건 소를 제기하였다.

여기서는 주로 국가배상청구권에 관한 5년의 소멸시효가 적용되는가가 쟁점이 되었다. 원심은 X들의 손해가 1998.12.31.이 지남으로써 현실적인 것으로 되었고 그 손해배상을 구하는 원고들의 이 사건 소가 그로부터 5년이 지난 후인 2013.5.22.에야 제기되었지만, X들이 그동안 손해배상청구를 할 수 없는 객관적인 장애사유가 있었고 그 장애사유가 해소된 때로부터 상당한 기간 내에 이 사건 소를 제기했으므로 Y의 소멸시효 항변이 신의성실 원칙에 반하는 권리남용으로 허용될 수 없다고 하였고, 대법원도 Y의 상고를 기각하였다.

이 유

국가배상법 8조, 민법 166조 1항, 766조 1항, 2항, 국가재정법 96조 2항, 1항(구 예산회계법 96조 2항, 1항)에 따르면, 국가배상청구권에 대해서는 피해자나 법정대리인이 그 손해와 가해자를 안 날(민법 166조 1항, 766조 1항에 따른 주관적 기산점)로부터 3년 또는 불법행위를 한 날(민법 166조 1항, 766조 2항에 따른 객관적 기산점)로부터 5년의 소멸시효가 적용됨이 원칙이다.

그런데 헌법재판소 2018.8.30. 선고 2014헌바148 등 결정은, 민법 166조 1항, 766조 2항 중 진실 · 화해를 위한 과거사정리 기본법 2조 1항 3호의 '민간인 집단 희생사건', 같은 항 4호의 '중대한 인권침해사건 · 조작의혹사건'에 적용되는 부분은 헌법에 위반된다는 결정을 선고하였다.

헌법재판소 위헌결정의 효력은 위헌제청을 한 당해 사건만 아니라 위헌결정이 있기 전에 이와 동종의 위헌 여부에 관하여 헌법재판소에 위헌여부심판제청이 되어 있거나 법원에 위헌여부심판제청신청이 되어 있는 경우의 당해 사건과 별도의 위헌제청신청 등은 하지 않았지만 당해 법률 또는 법조항이 재판의 전제가 되어 법원에 계속된 모든 일반 사건에까지 미친다.

따라서 이 사건 위헌결정의 효력은 과거사정리법 2조 1항 3호의 '민간인 집단 희생사건'이나 같은 항 4호의 '중대한 인권침해사건 · 조작의혹사건'에서 공무원의 위법한 직무집행으로 입은 손해에 대한 배상을 청구하는 소송이 위헌결정 당시까지 법원에 계속되어 있는 경우에도 미친다고 할 것이어서, 그 손해배상청구권에 대해서는 민법 166조 1항, 766조 2항에 따른 '객관적 기산점을 기준으로 하는 소멸시효'(이하 '장기소멸시효'라 한다)는 적용되지 않고, 국가에 대한 금전 급부를 목적으로 하는 권리의 소멸시효기간을 5년으로 규정한 국가재정법 96조 2항(구 예산회계법 96조 2항) 역시 이러한 객관적 기산점을 전제로 하는 경우에는 적용되지 않는다.

해 설

1. 소멸시효 남용의 법리

판례는 소멸시효 완성으로 인하여 권리가 소멸하였다는 주장이 신의칙에 어긋날 때에는 그러한 주장은 권리남용으로서 받아들일 수 없다는 소멸시효 남용의 이론을 채택하고 있고, 학설상으로도 이러한 이론은 일반적으로 받아들여지고 있다.

어떠한 경우에 소멸시효의 주장이 신의칙에 위반된다고 할 수 있는가에 대하여는 이 이론을 처음으로 인정한 대판 1994.12.9, 93다27604 이래 확립된 판례는 다음과 같은 4가지 유형을 들고 있다.

제1유형: 채무자가 시효완성 전에 채권자의 권리행사나 시효중단을 불가능 또는 현저히 곤란하게 하거나 그러한 조치가 불필요하다고 믿게 하는 행동을 한 경우.

제2유형: 객관적으로 채권자인 원고가 권리를 행사할 수 없는 장애사유가 있었던 경우.

제3유형: 일단 시효완성 후에 채무자가 시효를 원용하지 아니할 것 같은 태도를 보여 권리자인 원고로 하여금 그와 같이 신뢰하게 한 경우.

제4유형: 채권자보호의 필요성이 크고 같은 조건의 다른 채권자가 채무의 변제를 수령하는 등의 사정이 있어 채무이행의 거절을 인정함이 현저히 부당하거나 불공평하게 되는 등의 특별한 사정이 있는 경우.

2. 사실행위형에서의 소멸시효 남용

2005년에 제정된 「진실 · 화해를 위한 과거사정리 기본법」(과거사정리법)에 의하여 설치되었던 「진실 · 화해를 위한 과거사정리위원회」(과거사정리위원회)는 한국전쟁 전후의 시기에 불법적으로 이루어진 민간인 집단 희생사건과, 1945년 8월 15일부터 권위주의 통치시까지 위법 또는 현저히 부당한 공권력의 행사로 인하여 발생한 중대한 인권침해사건과 조작의혹사건에 관하여 진실규명결정을 할 수 있게 되었다. 이러한 진실규명결정을 받은 사람들이 국가를 상대로 손해배상청구를 하는 경우에 판례는 소멸시효 남용의 이론을 적용하고 있었다.

그런데 진실규명결정이 있은 사건은 크게 2가지로 나누어 볼 수 있다. 그 하나는 6 · 25를 전후하여 자행되었던, 재판 없이 행한 불법처형을 비롯한 물리적인 사실행위에 의한 인권침해이다. 다른 하나는 장기간의 불법구금 및 고문 등에 의한 방법으로 허위 자백을 받아낸 후, 그에 기하여 유죄판결을 받은 경우이다. 이하에서는 앞의 경우를 사실행위형, 뒤의 경우를 유죄판결형이라고 부른다.

판례는 사실행위형에 관하여는 초기에는 제2유형, 즉 객관적으로 채권자인 원고가 권리를 행사할 수 없는 장애사유가 있었던 경우에 해당한다고 보아 국가의 소멸시효 항변이 권리남용에 해당한다고 하였다(대판 2011.6.30, 2009다72599; 2011.9.8, 2009다66969 등). 그러나 대판(전) 2013.5.16, 2012다202819는 이와는 다른 취지이다. 이 판결에서 대법원은, 채권자에게 객관적으로 자신의 권리를 행사할 수 없는 장애사유가 있었다는 사정을 들어 소멸시효 완성의 항변이 신의성실의 원칙에 반하여 허용되지 아니한다고 평가하는 것은, 소멸시효의 기산점에 관하여 변함없이 적용되어 왔던 법률상 장애와 사실상 장애의 기초적인 구분기준을 일반조항인 신의칙을 통하여 아예 무너뜨릴 위험이 있으므로 매우 신중하여야 한다고 하여 원심이 당해 사건을 제2유형에 해당한다고 본 것은 잘못이라고 하였다.

그리하여 대법원은 당해 사건이 피고 대한민국이 소멸시효 완성 후 시효를 원용하지 아니할 것 같은 태도를 보여 권리자로 하여금 이를 신뢰하게 하였고, 채무자가 그로부터 권리행사를 기대할 수 있는 상당한 기간 내에 자신의 권리를 행사한 경우로서 소멸시효 항변이 권리남용에 해당하는 제3유형에 해당한다고 보았다. 다만 위와 같이 신의성실의 원칙을 들어 시효 완성의 효력을 부정하는 것은 소멸시효 제도에 대한 대단히 예외적인 제한에 그쳐야 하므로, 위 권리행사의 '상당한 기간'은 특별한 사정이 없는 한 민법상 시효정지의 경우에 준하여 단기간으로 제한되어야 하고, 매우 특수한 사정이 있어 그 기간을 연장하여 인정하는 것이 부득이한 경우에도 불법행위로 인한 손해배상청구의 경우 그 기간은 아무리 길어도 민법 766조 1항이 규정한 단기소멸시효기간인 3년을 넘을 수는 없다고 하였다.

한편 대판 2013.12.12, 2013다210220은, 과거사정리위원회의 진실규명결정일로부터 소 제기가 3년이 넘은 경우에는 대한민국의 소멸시효 항변이 신의성실 원칙에 반하는 권리남용에 해당된다고 볼 수 없다고 하면서, 위 진실규명결정이 진실규명신청인에게 통지된 날로부터 따지면 3년이 넘지 않은 경우에도 마찬가지라고 하였다. 그리하여 이러한 경우에는 대한민국의 소멸시효 항변을 받아들였고, 이러한 이유로 국가배상청구가 받아들여지지 않은 경우가 여러 건 있었다.

3. 유죄판결형에서의 소멸시효 남용

대법원은 유죄판결형에 대하여는 이는 제2유형, 즉 객관적으로 채권자가 권리를 행사할 수 없는 장애사유가 있었던 경우에 해당한다고 보아 대한민국의 소멸시효 주장이 신의칙에 어긋난다고 보고 있다(대판 2011.1.13, 2009다103950; 2011.1.13, 2010다53419 등). 그런데 이러한 경우에 피해자가 언제까지 권리를 행사하여야 하는가에 관하여 대판 2013.12.12, 2013다201844은, 그러한 장애가 해소된 재심무죄판결 확정일로부터 민법상 시효정지의 경우에 준하는 6개월의 기간 내에 권리를 행사하여야 한다고 하였다. 다만 재심무죄판결이 확정된 경우에 채권자로서는 형사보상 및 명예회복에 관한 법률(형사보상법)에 따른 형사보상을 먼저 청구할 수 있으므로, 채권자가 재심무죄판결 확정일로부터 6개월 내에 형사보상법에 따른 형사보상청구를 한 경우에는 형사보상결정 확정일로부터 6개월 내에 손해배상청구의 소를 제기하면 상당한 기간 내에 권리를 행사한 것으로 볼 수 있다고 하였다. 그리하여 위 기간 경과 후에 국가배상청구를 한 피해자들은 손해배상을 받지 못하였다.

4. 헌법재판소의 위헌결정

그런데 헌재결 2018.8.30, 2014헌바148 등은, 민법 166조 1항, 766조 2항 중 '과거사정리법 2조 1항 3호, 4호의 '중대한 인권침해사건 · 조작의혹사건'에 적용되는 부분은 헌법에 위반된다고 선고하였다. 그 요지는, 일반적인 국가배상청구권에 적용되는 소멸시효의 기산점과 시효기간의 기준 자체에 합리적인 이유가 인정된다 하더라도, 과거사정리법에 규정된 '중대한 인권침해사건 · 조작의혹사건'의 특수성을 고려하지 아니한 채 민법 166조 1항, 766조 2항의 객관적 기산점이 그대로 적용되도록 규정하는 것은, 소멸시효제도를 통한 법적 안정성만을 지나치게 중시한 나머지 위 사건 유형에 관한 국가배상청구권의 보장 필요성을 외면한 것으로서 입법형성의 한계를 일탈하였다는 것이다.

그러나 이러한 다수의견에 대하여는, 청구인들의 헌법소원심판청구는 법률조항 자체의 위헌 여부를 다투는 것이 아니라 당해사건 재판의 기초가 되는 사실관계의 인정이나 평가 또는 개별적 · 구체적 사건에서의 법률조항의 단순한 포섭 · 적용에 관한 법원의 해석 · 적용이나 재판결과를 다투는 것에 불과하므로 재판소원을 금지한 헌법재판소법 68조 1항의 취지에 비추어 허용될 수 없다는 반대의견이 있었다.

대상판결은 위 헌재결정의 기속력을 인정하여, Y의 소멸시효 항변을 배척한 원심판결이 결론에 있어서는 정당하다고 하였다. 대판 2020.4.9, 2018다23886도 같은 취지이다.

5. 유죄판결의 존재는 법률상 장애인가, 사실상 장애인가?

소멸시효는 권리를 행사할 수 있는 때로부터 진행하는데(166조 1항), 여기서 권리를 행사할 수 있는 때란 권리 행사에 법률적 장애가 없는 때를 말하고, 사실상의 장애가 있는 것은 소멸시효의 진행에 장애가 되지 않는다.

그러면 유죄의 확정판결을 받게 한 것이 불법행위라고 하여 손해배상을 청구하는 경우에, 확정판결이 실효되지 않고 존속하고 있는 것은 사실상의 장애인가, 법률상의 장애인가? 판례는 이를 사실상의 장애로 보아 손해배상청구권의 소멸시효는 완성하였지만, 그 소멸시효의 주장은 권리남용에 해당한다고 보고 있다. 그러나 이처럼 유죄판결을 받게 한 것 자체가 불법행위라고 주장하는 것은 유죄판결의 기판력에 저촉되고, 따라서 유죄의 확정판결이 있으면 그 확정판결이 재심판결의 확정에 의하여 실효되기 전까지는 손해배상청구를 하는 것이 허용되지 않는다고 보아야 한다. 따라서 유죄 확정판결의 존재는 손해배상청구권의 행사에 대한 법률상 장애에 해당하고, 따라서 손해배상청구권의 소멸시효는 진행하지 않는다고 보아야 한다.

물론 종래의 판례는 당사자가 위법한 방법으로 확정 민사판결을 받은, 이른바 확정판결의 편취가 있는 경우에는 특별한 사정이 있으면 확정판결의 변론종결 전의 사유를 내세워서 확정판결에 기한 강제집행에 대하여 청구이의의 방법으로 그 강제집행을 저지하거나, 강제집행이 완료되었으면 불법행위를 이유로 손해배상을 청구할 수 있다고 보고 있다(대판 1984.7.24, 84다카572; 2007.5.31, 2006다85662 등). 그러나 이러한 판례들은 확정판결의 기판력에 저촉된다는 비판을 받고 있고, 대판 1977.1.11, 76다81도 이러한 문제점을 시인하고 있다. 뿐만 아니라 설령 이러한 경우에 불법행위를 이유로 하는 손해배상청구가 가능하다고 하여도, 소멸시효가 확정판결이 있는 경우에도 여전히 진행한다고 볼 이유는 없고, 확정판결의 존재는 여전히 법률상 장애로 보아야 할 것이다.

뿐만 아니라 형사확정판결이 있는 경우를 민사확정판결이 있는 경우와 같이 취급할 수는 없다. 민사확정판결의 기판력에도 불구하고, 판례가 손해배상청구나 청구이의의 소를 허용하는 이유는 기본적으로 이러한 손해배상청구나 청구이의의 소가 재심의 소에 대한 대체수단에 해당된다고 보기 때문이다. 그러나 민사상의 손해배상청구가 형사 재심의 소에 대한 대체수단이 될 수는 없다. 민사소송법상의 재심은 그 허용되는 범위가 형사소송법상의 재심에 비하여 좁고, 민사소송에서는 사실 인정에 관하여 변론주의가 지배하지만, 형사소송에서는 직권탐지주의에 따라 실체적 진실을 추구하며, 피고인은 국가에 비하여 절대적으로 불리한 지위에 있다. 따라서 피고인이 확정된 유죄판결의 효력이 그대로 존속하고 있는 상황에서 재심청구를 하지 않은 채로 민사절차에 의하여 손해배상청구를 하지 않았다는 것이 피고인에게 불리하게 작용한다는 것은 공정하다거나 타당하다고 할 수 없다.

따라서 이러한 경우의 손해배상청구권의 소멸시효는 유죄확정판결의 효력이 소멸된 재심판결이 확정된 때부터 진행한다고 보아야 할 것이다.

다른 한편 이 사건은 형사확정판결뿐만 아니라 민사확정판결도 있는 경우였다. 즉 이 사건 수분배자들이 승소한 소유권이전등기이행청구소송 판결이 Y의 재심청구에 의하여 취소되고 청구를 기각하는 판결이 확정된 것이다. 그렇다면 위 청구기각 판결이 실효되기 전까지는 수분배자들에게 소유권이전등기청구권이 있음을 전제로 하는 손해배상청구는 위 청구기각 판결의 기판력에 저촉되는 것이고, 따라서 손해배상청구권의 행사에 법률상 장애가 있는 것으로 보아야 한다. 대상판결의 원심판결도 이 점을 인정하면서도, 이는 법률상 장애가 아닌 사실상의 객관적 장애라고 보았다.

6. 사실행위형에서의 소멸시효 남용은 제2유형인가, 제3유형인가?

과거사정리법은 그 목적을 항일독립운동, 반민주적 또는 반인권적 행위에 의한 인권유린과 폭력 · 학살 · 의문사 사건 등을 조사하여 왜곡되거나 은폐된 진실을 밝혀내려는 데 있다고 규정하고 있다(1조). 이는 위 법률이 피해자 개개인으로서는 그러한 인권침해에 관한 진실을 밝혀내기 어려워서 다른 도움 없이는 사법적으로 피해 구제를 받는 것을 사실상 기대하기 어렵다는 전제에서 출발한 것임을 보여준다. 이 점에 비추어 본다면, 위 법률 자체가 피해자의 권리행사가 객관적으로 불가능하다고 하는 점을 인정한 것이라고 보아야 할 것이다. 따라서 이러한 경우에는 제3유형이 아니라 제2유형에 해당한다고 보는 것이 타당할 것이다. 그리고 이러한 경우에는 객관적으로 권리를 행사할 수 없었던 사유가 사실상의 장애라고 하여도, 실제로는 이를 법률상의 장애와 같이 평가할 수 있고, 따라서 그러한 사실상의 장애가 해소된 후 일반적인 소멸시효의 기간이 진행된다고 보는 것이 합리적이다.

그리고 대판 2013.12.12, 2013다210220 등은 진실규명결정이 있은 후 권리를 행사하여야 하는 '상당한 기간'의 기산점을 당사자가 진실규명결정이 있음을 안 날이 아니라 진실규명결정이 있은 날로 보고 있다. 그러나 당사자가 진실규명결정이 있음을 모르고 있었다면, 그 기간 내에 권리를 행사하지 않은 것을 당사자의 불이익으로 돌리는 것은 불합리하다고 하지 않을 수 없다.

7. 헌재 결정에 대한 평가

헌법재판소가 위헌결정을 내린 것은 실질적으로 법원의 재판에 대한 헌법소원을 인정한 것이라고 볼 여지도 있다. 그러나 이러한 사안들에서 소멸시효 남용의 법리를 엄격하게 적용하여, 권리 행사의 기간을 단기간으로 한정하였던 대법원의 종전 판례는 국가의 조직적이고 고의적인 불법행위에 대하여 저항하지 못했던 피해자들을 제대로 구제하는 것을 소홀히 한 것으로서, 매우 부당하다. 헌법재판소의 위헌결정은 이러한 관점에서 수긍할 수 있다.

한편 대법원은 헌법재판소의 이른바 한정위헌결정에 대하여 법원에 대한 기속력을 인정하지 않았으나, 대상판결은 위 헌재 결정에 대하여 그 기속력을 인정하였다. 이에 대하여는 위 헌재결정은 한정위헌과는 구별되는 법률문언 중 분리 가능한 일부에 대한 양적 위헌결정이라는 주장이 있다.

참고문헌

강재원, 한정위헌결정의 기속력 인정 기준 및 재판소원금지와 법률해석을 심판대상으로 하는 한정위헌의 허용 여부, 사법논집 76집, 2023.

김상훈, 재심절차에서 무죄 확정판결을 받은 자의 손해배상 청구에 대한 소멸시효 항변의 허용 여부, 대법원판례해설 97호, 2014.

김상훈, 과거사 국가배상사건에서 국가의 소멸시효 항변 제한법리, 민사법연구 22집, 2014.

박보영, 과거사 사건에서 소멸시효의 적용, 저스티스 173호, 2019.

승이도, 민법 제166조 제1항 등 위헌소원 등, 2018년 헌법재판소결정해설집, 2019.

승이도, 과거사 사건에 있어 국가배상청구와 소멸시효에 관한 위헌심사 연구, 윤진수교수 정년기념 민법논고, 2020.

윤진수, 과거사 정리와 소멸시효, 민사재판의 제문제 23권, 2015.

윤진수, 소멸시효 남용론의 전개, 민사법학 93호, 2020.

이영창, 대법원 과거사 사건의 사실확정 및 소멸시효 문제, 대법원판례해설 95호, 2013.

이은경, 반인권 국가범죄에 주관적 소멸시효 기산점 적용에 대한 이해, 저스티스 vol.70-1호, 2019.

한삼인 · 차영민, 국가의 소멸시효항변과 신의성실의 원칙, 경북대학교 법학논고 43집, 2013.

홍관표, 과거사 사건의 소멸시효와 신의성실의 원칙 문제, 법조 65권 2호, 2016.

홍관표, 국가에 대한 손해배상청구권과 소멸시효, 전남대 법학논총 39권 2호, 2019.

V 친족법

[판례 130]

성전환자의 법적 지위

대법원 2006.6.22.자 2004스42 전원합의체 결정

사 실

X는 1951.7.12. 출생하여 호적상 여성으로 등재되어 있다. 신청인은 성장기부터 남성적 기질과 외관을 뚜렷이 보이고 남자 옷을 입어야 마음이 편해지는 등 일상생활에서 여성에 대한 거부감과 남성으로의 귀속감으로 혼란을 겪어 왔으며, 20대 이후 타지로 나가 남성으로서 생활하면서 공사인부 등 주로 육체노동에 종사하여 왔다. X는 41세 때인 1992.7. 병원에서 성전환증의 진단을 받고 유방·자궁 및 질제거술 및 음낭성형 및 인공고환 삽입술을 받아 남성 성기 및 음낭을 갖게 되었고 그 후 계속 남성호르몬을 투여받음으로써 남성의 외부성기와 외관을 갖추게 되었다. 그리하여 X는 당시의 호적법 120조에 의하여 법원에 X의 호적상 성을 여성에서 남성으로 정정하는 것으로 정정하는 것을 허가하여 달라는 신청을 하였다. 그러나 1심과 항고심은 신청인의 신청을 받아들이지 않았다. 그렇지만 대법원 전원합의체는 원심결정을 파기환송하였다. 여기에는 반대의견이 있었다.

이 유

종래에는 사람의 성을 성염색체와 이에 따른 생식기·성기 등 생물학적인 요소에 따라 결정하여 왔으나 근래에 와서는 생물학적인 요소뿐 아니라 개인이 스스로 인식하는 남성 또는 여성으로의 귀속감 및 개인이 남성 또는 여성으로서 적합하다고 사회적으로 승인된 행동·태도·성격적 특징 등의 성 역할을 수행하는 측면, 즉 정신적·사회적 요소들 역시 사람의 성을 결정하는 요소 중의 하나로 인정받게 되었으므로 성의 결정에 있어 생물학적 요소와 정신적·사회적 요소를 종합적으로 고려하여야 한다.

성전환증을 가진 사람의 경우에, 출생 후의 성장에 따라 일관되게 출생 당시의 생물학적인 성에 대한 불일치감 및 위화감·혐오감을 갖고 반대의 성에 귀속감을 느끼면서 반대의 성으로

서의 역할을 수행하며 성기를 포함한 신체 외관 역시 반대의 성으로서 형성하기를 강력히 원하여, 정신과적으로 성전환증의 진단을 받고 상당기간 정신과적 치료나 호르몬 치료 등을 실시하여도 여전히 위 증세가 치유되지 않고 반대의 성에 대한 정신적·사회적 적응이 이루어짐에 따라 일반적인 의학적 기준에 의하여 성전환수술을 받고 반대 성으로서의 외부 성기를 비롯한 신체를 갖추고, 나아가 전환된 신체에 따른 성을 가진 사람으로서 만족감을 느끼고 공고한 성정체성의 인식 아래 그 성에 맞춘 의복, 두발 등의 외관을 하고 성관계 등 개인적인 영역 및 직업 등 사회적인 영역에서 모두 전환된 성으로서의 역할을 수행함으로써 주위 사람들로부터도 그 성으로서 인식되고 있으며, 전환된 성을 그 사람의 성이라고 보더라도 다른 사람들과의 신분관계에 중대한 변동을 초래하거나 사회에 부정적인 영향을 주지 아니하여 사회적으로 허용된다고 볼 수 있다면, 사람의 성에 대한 평가 기준에 비추어 사회통념상 신체적으로 전환된 성을 갖추고 있다고 인정될 수 있는 경우가 있고, 이와 같은 성전환자는 출생시와는 달리 전환된 성이 법률적으로도 그 성전환자의 성이라고 평가받을 수 있을 것이다.

현행 호적법에는 출생시 호적에 기재된 성별란의 기재를 전환된 성에 따라 수정하기 위한 절차 규정이 따로 마련되어 있지 않다. 그러나 진정한 신분관계가 호적에 기재되어야 한다는 호적의 기본원칙과 아울러, 첫째, 성전환자도 인간으로서의 존엄과 가치를 향유하며 행복을 추구할 권리와 인간다운 생활을 할 권리가 있고, 호적법이 성전환자의 호적상 성별란 기재를 수정하는 절차규정을 두지 않은 이유는 입법자가 이를 허용하지 않기 때문이 아니라 입법 당시에는 미처 그 가능성과 필요성을 상정하지 못하였기 때문이며, 호적법 120조에 의한 호적정정사유 중 호적의 기재가 법률상 허용될 수 없는 경우를 해석함에 있어서 호적 기재 후의 법령의 변경 등 사정의 변경에 의하여 법률상 허용될 수 없음이 명백하게 된 경우를 반드시 배제하여야 할 필요가 있다고 보기 어려울 뿐 아니라, 호적법 120조에 의한 호적정정 절차를 둔 근본적인 취지가 호적의 기재가 부적법하거나 진실에 반하는 것이 명백한 경우에 그 기재 내용을 판결에 의하지 아니하고 간이한 절차에 의하여 사실에 부합하도록 수정할 수 있도록 함에 있다는 점을 함께 참작하여 볼 때, 성전환자에 해당함이 명백한 사람에 대하여는 호적정정에 관한 호적법 120조의 절차에 따라 호적의 성별란 기재의 성을 전환된 성에 부합하도록 수정할 수 있도록 허용함이 상당하다. 위 호적정정 허가는 성전환에 따라 법률적으로 새로이 평가받게 된 현재의 진정한 성별을 확인하는 취지의 결정이므로 호적정정허가 결정이나 이에 기초한 호적상 성별란 정정의 효과는 기존의 신분관계 및 권리의무에 영향을 미치지 않는다고 해석함이 상당하다.

해 설

1. 이 결정의 의의

종래 성전환수술을 받은 사람에 대하여 호적상 성별정정을 인정할 것인가 하는 점에 관하여는 하급 법원들의 처리가 갈라져 있었고, 대법원의 판례는 없었다. 다만 대판 1996.6.11, 96도791은 남자에서 여자로 성전환수술을 받은 사람이 강간죄의 객체인 부녀에 해당하지 않는다고 하였다. 그러나 성전환수술을 받은 사람에 대하여 전환된 성으로 활동할 수 있는 법적·제도적 장치를 보완하는 등의 배려가 필요하다는 점에 대하여는 국제적인 합의가 이루어지고 있다고 할 수 있다. 특히 유럽인권재판소(European Court of Human Rights)는 2002.7.11. Christine Goodwin v. UK 판결과 I. v. UK 판결에서 종래의 판례를 변경하여, 영국 법이 성전환수술을 받은 사람의 출생증명서상 변화된 성으로의 변경을 인정하지 않는 것은 사생활의 존중을 규정한 유럽인권협약 8조 및 혼인의 자유를 규정한 유럽인권협약 12조에 위반된다고 하였다.

문제는 과연 성전환자의 성별변경이 당시의 호적법 120조에 의한 호적정정에 의하여 가능한가 하는 점이다. 기본적으로 당시의 호적법 120조에 의한 호적정정 절차는 경정 절차와는 달리 호적 기재 당시부터 존재하는 잘못을 시정하기 위한 절차이기 때문이다. 구 호적법은 가족관계의 등록 등에 관한 법률(가족관계등록법)로 대체되었으나, 가족관계등록법 104조의 내용은 대체로 구 호적법 120조와 같다. 따라서 호적 기재 당시에는 남성 또는 여성으로 기재된 데 잘못이 없었으나 사후에 성전환이 이루어진 경우가 미처 입법자가 예상하지 못했던 경우라고 보아 호적법 120조에 의하여 포섭될 수 있는가, 아니면 이는 해석의 한계를 넘는 것으로서 입법을 기다려야 하는가 하는 점은 논란이 될 수밖에 없다. 그런데 이 결정의 다수의견은 호적법 120조에 의한 호적정정이 가능하다고 보았다. 반면 이 사건 반대의견도 성전환자에 대한 성 변경 절차의 필요성은 인정하면서도, 이는 판례 아닌 입법에 의하여 이루어져야 하고, 다수의견은 유추해석을 한 것으로서 이는 정당한 유추해석의 한계를 벗어나는 것이라고 주장하였다. 그리고 다수의견에 대한 보충의견은 주로 헌법합치적 해석을 강조하여, 위와 같은 다수의견이 해석의 범위를 넘는 것이 아니라고 한다.

2. 종래의 논의

이 점에 대하여는 종래 호적법에 의한 호적의 정정 내지 경정을 인정하여야 한다는 견해가 많았다. 호적정정에 의하여야 한다는 견해는, 성전환자의 호적정정은 법률이 당초 예정하고 있지 아니한 경우에 해당하는 특수한 사안이고, 성전환수술로 인한 성별정정을 예상하지 못한 상태에서 제정한 위 조항을 법의 흠결이라고 본다면, 법률조항의 흠결을 들어 신청인의 주장을 배척하는 것은 헌법정신에 위배되고 성전환수술로 인하여 최종적으로 밝혀진 성별이 호적부의 기재와 일치하지 아니하는 이상 호적법 120조에 정한 정정의 대상이 된다는 것이다.

반면 호적정정이 아니라 호적경정이라고 보는 견해도 있다. 즉 호적법 시행규칙 79조 3항이 법령의 변경 기타의 사유로 본적 이외의 호적기재를 경정하는 경우를 규정하고 있는데, 호적법 23조(행정구역, 명칭 등의 변경과 호적기재의 경정) 및 위 시행규칙 규정을 성별의 변경을 포함한 호적기재의 후발적 변경(경정)의 포괄적 근거규정으로 보고, 그 절차는 호적정정절자를 유추적용한다는 것이다.

그리고 부정설은, 성전환의 허용에는 그 허용조건에 까다로운 요건과 절차가 필요하고, 성의 변경은 당사자 본인을 포함한 각종의 법률관계에 엄청한 파장을 몰고 오게 되어 있는데, 이러한 복잡한 문제들을 도외시하고 그 성의 변경만을 허용하는 것은 무책임한 처사가 아닐 수 없으며, 궁극적으로는 입법으로 해결하는 것이 바람직하다고 한다.

이 사건 결정은 호적정정의 방법에 의하여 성 변경이 가능하다고 보았다. 그러나 구체적으로 호적정정이 허용되는 요건 중 어디에 해당한다고 보았는지는 다소 분명하지 않다. 다수의견은 호적정정사유 중 호적의 기재가 법률상 허용될 수 없는 경우를 해석함에 있어서 호적 기재 후의 법령의 변경 등 사정의 변경에 의하여 법률상 허용될 수 없음이 명백하게 된 경우를 반드시 배제하여야 할 필요가 있다고 보기 어렵다고 하여, 성전환은 착오가 아니라 호적의 기재가 법률상 허용될 수 없는 경우에 해당한다고 본 것으로 추측된다.

3. 대상결정에 대하여

다수의견은 독일 판례의 영향을 받은 것으로 보인다. 독일연방헌법재판소 1978.9.11. 결정(BVerfGE 49, 286)에서는 남자가 성전환수술을 받은 다음 출생부에 기재된 자신의 성을 남자에서 여자로 바꾸어 달라는 신청을 하였는데, 연방대법원은 이를 받아들이지 않았으나, 연방헌법재판소는 이를 받아들였다. 즉 인간의 존엄과, 인격의 자유로운 발현권은 인간이 심리적 및 육체적 구조에 따라 소속하고 있는 성으로 귀속될 것을 명하고 있으며, 출생부의 정정을 거부하는 것이 헌법과 합치되지 않는다면, 법규정이 없다고 하여 기본권에 합치하게 재판하여야 할 법원의 의무를 거부할 수는 없고, 구 호적법 120조에 해당하는 독일의 신분등록법 47조를 헌법에 합치되게 해석함으로써 성의 정정을 허용할 수 있다는 것이다.

생각건대 이와 같은 다수의견의 결론은 수긍할 수 있지만, 이론적으로는 이 사건 결정이 호적법 120조를 해석한 결과라고 설명하기는 어렵다. 이 사건 다수의견은 성전환자의 호적이 정정되면 그때부터 성이 변경되는 것으로 보고 있다. 그러나 원래 호적법 120조의 호적정정은 처음부터 잘못된 것을 바로잡는 것이므로, 그 정정 자체에 의하여 창설적인 효력이 생기는 것은 아니다. 그런데 다수의견에 의하면 성전환자의 호적정정에 의하여 비로소 성이 변경되는 창설적 효력이 생기는 것이 된다. 따라서 이러한 호적정정은 호적법 120조를 직접 적용한 것은 아니고, 이를 유추적용한 것이라고 설명하여야 할 것이다.

4. 그 후의 판례와 대법원 예규

대판 2009.9.10, 2009도3580은 남자에서 여자로 성전환수술을 받은 사람이 강간죄의 객체인 법률상 여성이라고 하였다. 그런데 이 판결과 그러한 사람을 사회통념상 여자로 볼 수는 없다고 하여 강간죄의 성립을 부정한 대판 1996.6.11, 96도791과의 관계가 문제되는데, 위 96도791 판결에서는 성전환수술을 받은 때부터 4~5년 정도밖에 지나지 않은 반면, 2009도3580의 경우에는 최초로 성전환수술을 받은 때부터 약 34년이라는 긴 시간이 흘렀다는 차이가 있다. 한편 2009도3580 판결은 성전환수술을 받았으면 성별정정허가를 받지 않더라도 남성에서 여성으로 변경된 것으로 보았으나, 이 점은 의문이다.

그리고 대결(전) 2011.9.2, 2009스117은, 혼인하였다가 이혼하였으며 미성년 자녀가 있는 남자가 여자로 성전환수술을 받고 성별정정허가신청을 한 사안에서, 성별정정이 허용될 수 없다고 보았다. 다수의견은 현재 혼인 중에 있는 성전환자는 전환된 성을 법률적으로 그 사람의 성이라고 평가할 수 없으므로 가족관계등록부의 성별정정도 허용되지 않지만, 현재 혼인 중이 아니라면 과거 혼인한 사실이 있다고 하더라도 성별정정을 불허할 사유가 되지 아니한다고 하였다. 그렇지만 성전환자에게 미성년자인 자녀가 있음에도 성별정정을 허용한다면 미성년자인 자녀는 정신적 혼란과 충격에 노출될 수 있으므로 성별정정을 허용할 수 없다고 하였다.

그러나 대결(전) 2022.11.24, 2020스616는 위 대결(전) 2011.9.2, 2009스117을 변경하여, 단지 성전환자에게 미성년 자녀가 있다는 사정만을 이유로 성별정정을 불허하여서는 아니 된다고 하였다.

사견으로는 혼인 중에 있는 사람의 성전환으로 인한 성별정정 허가를 허용하게 되면 결과적으로 동성혼(same-sex marriage)을 허용하는 것이 되므로, 성별정정 허가를 하는 것은 문제가 있다고 생각한다. 반면 성별정정허가를 신청하는 사람에게 미성년인 자녀가 있다는 이유만으로는 성별정정을 불허할 사유가 될 수는 없다. 위 대결(전) 2011.9.2, 2009스117은 성별정정 허가로 인한 미성년자인 자녀의 정신적 혼란과 충격을 염려하고 있으나, 반드시 그러한 정신적 혼란과 충격이 뒤따를 것인지는 구체적인 상황에 따라 얼마든지 다를 수 있다. 또한 정신적 혼란과 충격은 성별정정허가 이전에 부 또는 모가 성전환수술을 받아 성전환이 더 이상 돌이킬 수 없는 기정사실(fait accompli)이 되었을 때 이미 발생하는 것이고, 성별정정허가로 인하여 추가적으로 생길 정신적 혼란과 충격이 있다고 하더라도, 그것이 성별정정 자체를 불허할 정도로 중요한 의미가 있다고는 생각되지 않는다. 따라서 위 대결(전) 2022.11.24, 2020스616은 긍정적으로 평가할 수 있다. 그러나 위 결정이 미성년 자녀가 있다는 사정을 성별정정 허가 여부를 고려함에 있어서 하나의 고려사유가 될 수 있는 것으로 설시한 점은 수긍하기 어렵다. 다수의견의 설시에 따르더라도, 성전환자의 성별정정을 허가하는 것이 미성년 자녀의 복리에 부정적인 영향을 주기 때문에 성별정정을 불허해야 하는 경우가 있을지 알기 어렵다.

그리고 근래에는 성전환수술을 받아야만 성별정정허가가 가능한가가 다투어지고 있다. 대법원의 예규인 성전환자의 성별정정허가신청사건 등 사무처리지침(가족관계등록예규 550호)은 성전환수술의 결과 신청인이 생식능력을 상실하였고, 향후 종전의 성으로 재 전환할 개연성이 없거나 극히 희박한지 여부를 성별정정허가를 위한 참고사항으로 규정하고 있으나, 이는 위헌이라는 주장이 있다. 서울서부지법결 2013.11.19, 2013호파1406은 외부성기의 형성이 없어도 여자에서 남자로 성별정정 허가를 할 수 있다고 하였고, 청주지법 영동지원결 2017.2.14, 2015호기302은, 남자에서 여자로의 성별정정도 외부성기의 형성 없이도 허용된다고 하였다.

참고로 일본 최고재판소 2023(令和 5).10.25. 대법정 결정{令和2年(ク)第993号}은 종래의 판례를 변경하여, 성동일성장해자의 성별의 취급의 특례에 관한 법률이 성별변경의 요건으로서 생식선(生殖腺)이 없거나 또는 생식선의 기능을 영구적으로 갖추지 못한 상태에 있을 것을 요구하는 것은 위헌이라고 하였다.

기본적으로 성전환자에 대하여 성별정정을 허용할 것인지, 허용한다면 어떤 요건을 갖춘 경우에 허용할 것인지 하는 점은 법률로 규정하여야 할 문제이다. 빠른 입법이 이루어져야 할 것이다.

참고문헌

김선일, 미성년자인 자녀를 둔 성전환자의 성별정정신청을 허용할 것인지 여부, 이용훈 대법원장 재임기념 정의로운 사법, 2012.

민유숙, 성전환자에 대한 호적정정의 가부, 대법원판례해설 60호, 2006.

박한희, 미성년 자녀가 있는 트랜스젠더의 성별정정 허가기준 및 입법적 제안, 공익과 인권 23호, 2023.

신윤주, 성전환자의 성별정정 허가 요건에 관한 대법원 전원합의체 결정의 의미와 한계, 사법 64호, 2023.

안소영, 성전환자의 가족관계등록부상 성별정정 방법 및 그 기준에 대한 고찰, 이화젠더법학 4권 2호, 2012.

윤진수(김수인 역), 성전환자의 인권 보호에 있어서 법원의 역할, 민법논고 7, 2015.

윤진수, 미성년 자녀를 둔 성전환자의 성별정정, 서울대학교 법학 61권 3호, 2020.

이승현, 성전환자의 법적 지위에 대한 국내 논의 동향 및 제언, 법과 사회 44호, 2013.

이승현, 법적 성별 변경 기준으로서의 의료 조치 강제의 위헌성 논의, 연세법학 43호, 2023.

최성경, 성전환자의 성별정정 허가기준과 그 입법적 제안, 가족법연구 27권 1호, 2013.

[판례 131]

혼인의 의사

대법원 2012.11.29. 선고 2012므2451 판결

사 실

Y_1은 1929년생의 남자이고 Y_2는 1966년생의 여자인데, 2003.12.16. 일본의 호텔 예식장에서 Y들의 지인 각 3명이 참석한 가운데 혼례식을 올린 후 동거하였다. Y들은 혼인신고는 하지 않았으나, Y_1은 Y_2를 배우자로 인정하는 언동을 많이 하였다. Y_1은 2007.11.26. 급성 뇌경색 발병으로 병원에 입원하여 2007.11.28. 뇌감압술을 시행받았고, 2008.5.1. 퇴원하여 다른 병원에 입원하여 재활치료를 받다가 2009.9.3. 퇴원하였다. Y_1은 병원에 입원할 당시 의식 저하가 심해져 의사소통이 불가능할 정도였다가 점차 호전되었으나, 사리분별 능력이나 독자적인 의사결정능력이 온전하지는 못하였다. Y_2는 Y_1이 병원에서 재활치료를 받던 중이던 2008.12.26. Y들 사이의 혼인신고를 마쳤다.

X들은 Y_1의 동생 및 조카들로서, Y들을 상대로 위 혼인의 무효확인을 청구하였다. 1심은 위 혼인이 무효라고 하였으나, 원심은 X들의 청구를 기각하였고, 대법원도 X들의 상고를 기각하였다.

이 유

혼인의 합의란 법률혼주의를 채택하고 있는 우리나라 법제 하에서는 법률상 유효한 혼인을 성립하게 하는 합의를 말하는 것이므로 비록 사실혼관계에 있는 당사자 일방이 혼인신고를 한 경우에도 상대방에게 혼인의사가 결여되었다고 인정되는 한 그 혼인은 무효라 할 것이나, 상대방의 혼인의사가 불분명한 경우에는 혼인의 관행과 신의성실의 원칙에 따라 사실혼관계를 형성시킨 상대방의 행위에 기초하여 그 혼인의사의 존재를 추정할 수 있으므로 이와 반대되는 사정, 즉 혼인의사를 명백히 철회하였다거나 당사자 사이에 사실혼관계를 해소하기로 합의하였다는 등의 사정이 인정되지 아니하는 경우에는 그 혼인을 무효라고 할 수 없다.

원심은 사실혼관계인 Y들 사이에 혼인신고가 이루어질 때에 Y_1이 의사무능력 상태에 있었다 하더라도 그 이전에 Y_1에게 혼인의사가 결여되어 있었다거나 Y_1이 혼인의사를 철회하였다는 등의 사정이 인정되지 아니하므로, Y_1의 혼인의사의 존재는 추정되고, 따라서 Y_2의 혼인신고에 따른 Y들 사이의 혼인은 유효하다고 판단하였다.

앞에서 본 법리에 비추어 볼 때 원심의 이러한 판단은 정당하고, 거기에 사실혼관계에서의 혼인의사 추정에 관한 법리를 오해하거나 판례를 위반하는 등 판결에 영향을 미친 위법이 없다.

해 설

1. 혼인의 의사의 의미

혼인의 의사에 관하여는 두 가지 의미를 생각할 수 있다. 그 하나는 정신적 · 육체적 결합에 의한 부부관계를 생기게 할 의사(실질적 혼인의사, 실질의사)이고, 다른 하나는 혼인신고를 하여 혼인을 성립하게 할 의사(형식적 혼인의사, 신고의사)이다. 종래 학설상으로는 혼인의사는 실질적 의사이고 신고는 그 방식에 불과하다는 견해(실질적 의사설)와, 혼인의사는 신고의사만을 말하고, 실질적 의사는 혼인의 유무효에 영향을 주지 않는다는 견해(형식적 의사설)가 주장되고 있었다. 실질적 의사설은 혼인신고의사는 실질적 의사에 당연히 포함되어 있으므로, 특별히 혼인신고를 하지 않겠다는 합의가 없는 한 별도로 혼인신고의사는 필요하지 않다고 보고 있다.

근래에는 혼인의사는 혼인의 법률효과를 발생시키려는 효과의사라는 법적 의사설이 유력하게 주장되고 있다. 이 견해는 신고는 의사표시의 방식이 아니라 별도의 요건이고, 혼인은 의사표시와 신고의 두 가지 요건에 의하여 성립한다고 한다.

2. 판 례

판례는 실질적 의사와 형식적 의사가 모두 필요하다는 것으로 이해된다. 우선 판례는 가장혼인은 무효라고 한다. 그리하여 외국인이 한국에 입국할 목적으로 한국인과 한 혼인(대판 1996. 11.22, 96도2049), 피청구인으로 하여금 국민학교의 교사직으로부터 면직당하지 아니하게 할 수단으로 호적부상 부부가 되는 것으로 가장하기 위하여 한 혼인(대판 1980.1.29, 79므62, 63), 혼인 외의 자녀를 혼인 중의 자녀로 만들기 위한 혼인(대판 1975.5.27, 74므23) 등은 실질적 의사가 결여된 경우로서 무효라고 판시하였다.

그리고 판례는 법률혼주의를 택하고 있는 우리 법에서 혼인의 합의란 법률상 유효한 혼인을 성립하게 하는 합의를 말하는 것이므로, 비록 양성 간 정신적 · 육체적 관계를 맺는 의사가 있다는 것만으로는 혼인의 합의가 있다고 할 수 없다고 하였고(대판 1983.9.27, 83므22), 사실혼관계가 해소된 상태에서 일방적으로 이루어진 혼인신고도 무효라고 하였다(대판 1986.7.22, 86므41; 1989.1.24, 88므795 등). 그러나 상대방의 혼인의사가 불분명한 경우에는 혼인의 관행과 신의성실의 원칙에 따라 사실혼관계를 형성시킨 상대방의 행위에 기초하여 그 혼인의사의 존재를 추정할 수 있으므로, 혼인의사를 명백히 철회하였다거나 당사자 사이에 사실혼관계를 해소하기로 합의하였다는 등의 사정이 인정되지 아니하는 경우에는 그 혼인을 무효라고 할 수 없다고 보았다(대판 2000.4.11, 99므1329).

다른 한편 대상판결과 비슷한 사안에서 대판 1996.6.28, 94므1089는, 혼인의 합의는 혼인신고를 할 당시에도 존재하여야 한다고 하면서, 혼례식을 거행하고 사실혼관계에 있었으나 일방이 뇌졸증으로 혼수상태에 빠져 있는 사이에 혼인신고가 이루어졌다면, 특별한 사정이 없는 한 위 신고에 의한 혼인은 무효라고 보았다.

그러나 대상판결은, 사실혼관계인 피고들 사이에 혼인신고가 이루어질 때에 피고 중 한 사람이 의사무능력 상태에 있었다 하더라도 그 이전에 그 피고에게 혼인의사가 결여되어 있었다거나 혼인의사를 철회하였다는 등의 사정이 인정되지 아니하므로, 그 피고의 혼인의사의 존재는 추정되고, 따라서 다른 피고의 혼인신고에 따른 피고들 사이의 혼인은 유효하다고 보았다.

3. 검 토

종래 실질적 의사설이 유력하게 주장되었던 배경에는, 당사자들이 혼인신고 없이 사실혼관계를 유지하고 있는 것은 혼인신고를 하여야 혼인이 성립한다는 것을 잘 모르고 있거나, 또는 혼인신고를 하고 싶어도 하기 어려워서 혼인신고를 하지 못하는 것이라고 보고, 이러한 당사자를 보호하기 위하여 사실혼관계에 있으면 당연히 혼인신고의사를 포함한 혼인의사는 있는 것으로 보려는 생각이 바탕에 깔려 있었다고 생각된다. 그러나 현재 혼인신고를 하여야 혼인이 성립한다는 것을 모르는 사람이 얼마나 있을지 의문이고, 또 혼인신고를 하고 싶어도 하기 어려운 경우란 별로 없다는 점에서, 종래의 실질적 의사설의 전제는 더 이상 유지될 수 없게 되었다.

그런데 판례는 사실혼 당사자 일방만에 의하여 혼인신고가 이루어진 경우에는 혼인의사의 존재를 추정할 수 있으므로, 원칙적으로는 그 혼인을 무효라고 할 수 없다고 보고 있다. 그러나 사실혼관계에 있다는 것만으로 혼인신고의 의사가 있는 것이라고는 할 수 없다. 사실혼의 요건으로서 요구되는 합의는 법률혼의 합의와는 다른 것으로서, 사실혼관계에 있다는 것만으로 당연히 혼인의 의사 내지 혼인신고의사가 있는 것으로 볼 수는 없다. 오히려 사실혼 당사자가 일방적으로 혼인신고를 하게 된 것은 다른 일방의 동의를 받지 못하였기 때문일 것이므로, 적어도 일방 당사자에게는 혼인신고를 하려는 의사가 없는 것으로 추정하는 것이 경험칙에 부합할 것이다.

그러므로 사실혼관계에 있는 당사자 일방이 한 혼인신고가 유효하다고 보기 위하여는 다른 일방이 그 혼인신고에 동의하였음이 증명되어야 하고, 사실혼관계에 있다는 것만으로 혼인

의사의 존재를 추정하여서는 안 된다. 당사자가 사실혼관계에 있다는 것만으로 혼인의사를 추정하는 것은 혼인은 강제될 수 없다는 원칙에도 어긋난다.

참고문헌

권순한, 혼인의사와 혼인신고, 가족법연구 13호, 1999.

김세준, 혼인의사의 합치에 대한 재평가, 가족법연구 37권 1호, 2023.

김현선, 사실혼관계에서 혼인신고시 상대방이 의사무능력 상태인 경우 그 혼인의 효력, 가족법연구 27권 1호, 2013.

박기동, 가장 혼인신고가 공정증서원본불실기재죄에 해당하는지 여부, 인권과 정의 1997.4.

박영목, 혼인계약에서의 효과의사, 민사법학 51호, 2010.

박희호, 혼인의 성립요건에 대한 소고, 가족법연구 25권 1호, 2011.

이화숙, 가족법상 법률행위에 있어 의사와 신고, 민사법학 36호, 2007.

조미경, 혼인의사와 신고, 가족법연구 10호, 1996.

[판례 132]

국제혼인에서 혼인의 의사

대법원 2021.12.10. 선고 2019므11584, 11591 판결

사 실

한국 국적의 남성인 X는 결혼을 목적으로 2016.12.26. 키르기즈 공화국을 방문하여 키르키즈 국적의 여성인 Y를 소개받은 후 2016. 12.29. Y와 키르기즈 공화국 비쉬켁시에서 혼인신고를 마쳤고, 2017.1.9. 서울특별시 관악구청에서 피고와의 혼인신고를 마쳤다. 한편 Y는 X에게 자신의 부모 성명을 다르게 알려 주었다. Y는 2017.6.17. 대한민국에 입국하였고, 그 무렵부터 X와 동거하였으나, 성관계를 하지는 않았다.

Y는 2017.7.11. 외국인등록증이 발급되자, 2017.7.26. X에게 전화를 걸어 "부산에 가서 일을 하고, 비행기 표를 구해 비쉬켁으로 갈 거예요. 오빠 미안해요."라고 말한 뒤 가출하였다. Y는 2017.9.21. X를 상대로 이혼 소송을 제기하였으나 위 이혼 청구는 기각되어 그대로 확정되었다.

X는 Y를 상대로 혼인 무효확인 소송을 제기하였다. 1심은 X의 청구를 기각하였으나, 원심은 X의 청구를 받아들였다. 그러나 대법원은 원심판결을 파기환송하였다.

이 유

혼인무효 사건은 가류 가사소송사건으로서 자백에 관한 민사소송법의 규정이 적용되지 않고 법원이 직권으로 사실조사 및 필요한 증거조사를 하여야 하는바, 일방 배우자가 상대방 배우자를 상대로 혼인신고 당시에 진정한 혼인의사가 없었다는 사유를 주장하면서 혼인무효 확인의 소를 제기하는 경우, 가정법원으로서는 직권조사를 통해 혼인의사의 부존재가 합리적 · 객관적 근거에 의하여 뒷받침되는지 판단하여야 한다.

가정법원은 상대방 배우자에게 혼인신고 당시 혼인의사가 없었던 것인지, 혼인 이후에 혼인을 유지할 의사가 없어진 것인지에 대해서 구체적으로 심리 · 판단하여야 하고, 상대방 배우

자가 혼인을 유지하기 위한 노력을 게을리하였다거나 혼인관계 종료를 의도하는 언행을 하는 등 혼인생활 중에 나타난 몇몇 사정만으로 혼인신고 당시 혼인의사가 없었다고 추단하여 혼인무효 사유에 해당한다고 단정할 것은 아니다.

우리나라 국민이 외국인 배우자에 대하여 혼인의 의사가 없다는 이유로 혼인무효 소송을 제기한 경우, 가정법원은 위 법리에 더하여 통상 외국인 배우자가 자신의 본국에서 그 국가 법령이 정하는 혼인의 성립절차를 마친 후 그에 기하여 우리나라 민법에 따른 혼인신고를 하고, 우리나라 출입국관리법령에 따라 결혼동거 목적의 사증을 발급받아 입국하는 절차를 거쳐 비로소 혼인생활에 이르게 된다는 점, 언어장벽 및 문화와 관습의 차이 등으로 혼인생활의 양상이 다를 가능성이 있는 점을 고려하여 외국인 배우자의 혼인의사 유무를 세심하게 판단할 필요가 있다.

해 설

1. 종전의 판례

대판 2010.6.10, 2010므574은 대상판결과는 다른 태도를 보였다. 이 사건에서는 원고와 혼인한 필리핀 여자인 피고가 입국한 지 한 달 만에 가출하여 연락을 두절해 버렸고, 가출 당시 가족들을 부양하기 위해 일을 해야 하는데 그러한 가족들이 있기 때문에 원고와 결혼했다는 편지를 남긴 점 등을 근거로 하여 피고에게 진정한 혼인의 의사가 없었을 것이라고 보았다.

그러나 위 판결에 대하여는 비판이 있었다. 즉 피고가 혼인을 진심으로 바라서 혼인신고를 한 것은 아니지만, 부부로서의 의무조차 용인하지 않았다고는 볼 수 없고, 피고는 혼인신고를 하게 되면 부부로서의 의무가 생긴다는 것을 인식하고 혼인신고에 응하였으므로 의무의 발생을 용인했다고 보아야 한다는 것이다. 또 외국 여성이 가출 후 취업하였다는 사정이나 혼인의사가 없었다는 내용의 진술서만으로 혼인의사가 없었다고 쉽게 인정해서는 안 되므로, 위 판결에도 불구하고 국제결혼의 현실에 비추어 외국여성의 취업을 부당하게 평가할 수 없고, 혼인무효가 쉽게 인정될 경우 된다는 주장도 있다.

2. 대상판결 및 그 후의 판례

대상판결은 실질적으로 위 2010므574 판결을 변경한 것으로 보인다. 대상판결이 특히 강조한 것은, 외국인 배우자가 자신의 본국에서 그 국가 법령이 정하는 혼인의 성립절차를 마친 후 그에 기하여 우리나라 민법에 따른 혼인신고를 하고, 우리나라 출입국관리법령에 따라 결혼동거 목적의 사증을 발급받아 입국하는 절차를 거쳐 비로소 혼인생활에 이르게 된다는 점이다. 나아가 언어장벽 및 문화와 관습의 차이 등으로 혼인생활의 양상이 다를 가능성이 있는 점도 중요하게 판단하여야 한다는 것이다.

대상판결은 또한 원심이 혼인무효의 사정으로 들고 있는 사정 중 혼인 전에 있었던 사정은 피고가 부모 이름을 다르게 알려주었다는 사정밖에 없는데, 피고가 자신의 부모 이름을 다르게 알려준 사정이 진정한 혼인의사의 부존재를 추정하게 할 사유에 해당하는지 의문이고, 게다가 피고가 알려준 부모의 이름이 완전히 다른 이름인지도 불확실하므로 신분위장 등의 목적이 있었다고 보기도 어렵다고 하였다.

대상판결 이후에 대법원은 몇 차례에 걸쳐서 국제혼인에서 혼인의 의사가 없음을 이유로 혼인이 무효라고 하는 데에는 신중하여야 한다고 판시하였다(대판 2021.12.30, 2020므11221, 11238; 2022.1.27, 2019므287; 2022.2.10, 2019므12044, 12051 등).

위 대판 2022.1.27, 2019므287은, 대한민국 국민이 베트남 배우자와 혼인을 할 때에는 대한민국에서 혼인신고를 할 뿐만 아니라 베트남에서 혼인 관련 법령이 정하는 바에 따라 혼인신고 등의 절차를 마치고 혼인증서를 교부받은 후 베트남 배우자가 출입국관리법령에 따라 결혼동거 목적의 사증을 발급받아 대한민국에 입국하여 혼인생활을 하게 되는 경우가 많은데, 이와 같이 대한민국 국민이 베트남 배우자와 혼인을 하기 위해서는 양국 법령에 정해진 여러 절차를 거쳐야 하고, 언어장벽이나 문화와 관습의 차이 등으로 혼인생활의 양상이 다를 가능성이 있기 때문에 혼인신고 당시 당사자 사이에 혼인의 합의가 없었는지 여부를 세심하게 판단할 필요가 있다고 하였다.

3. 검 토

생각건대 혼인이 무효인지 여부는 혼인 성립 단계에서의 문제이다. 그런데 혼인 성립 후의 사유, 가령 혼인 성립 이후에 동거기간이 짧았다는 것을 이유로 혼인의 의사가 없었다고 결론을 내리는 데에는 신중할 필요가 있다. 또한 취업 목적이 있었다고 하여 혼인의 의사가 없었다고 단정하기도 어렵다. 그러므로 대상판결의 결론은 타당한 것으로 보인다.

참고문헌

박영목, 혼인계약에서의 효과의사, 민사법학 51호, 2010.

최미영, 국제결혼과 혼인무효의 소 하급심 판례 동향, 가족법연구 37권 3호, 2023.

허윤, 국제이혼사건의 실무상 문제, 가정법원 50주년 기념논문집, 서울가정법원, 2014.

[판례 133]

중혼으로 인한 혼인 취소와 상속

대법원 1996.12.23. 선고 95다48308 판결

사 실

A는 재일교포로서 1964.5.12. 일본에서 재일교포인 X_1와 결혼식을 올리고 1965.3.29. 일본법에 따라 혼인신고를 마쳤으나, 따로 국내에서는 혼인신고를 하지 않았다. 그 후 A와 X_1 사이에 X_2, X_3, X_4가 출생하였다. 그런데 A는 1979.경부터 고향인 제주도를 왕래하면서 Y와 내연관계를 맺었고, 1981.2.13. 국내에서 Y와의 혼인신고를 하여 호적상 Y가 A의 처로 등재되었으며, A와 Y 사이에는 B(이 사건 공동피고)가 출생하였다. A가 1989.8.9. 사망하자 당시 호적부상으로 처와 유일한 자녀로 등재되어 있던 Y, B는 A의 소유이던 이 사건 부동산에 대하여 공동상속을 원인으로 한 소유권 이전등기를 경료한 후 위 부동산을 점유·사용하여 왔다. X_1은 1990.2.경 A와 Y 사이의 혼인이 중혼이라는 이유로 제주지방법원에 혼인취소를 청구하여 1990.5.31. 승소판결을 받은 후 항소심과 상고심을 거쳐 1991.12.10. 승소판결이 확정되었다.

X들은 중혼취소 판결이 확정된 이상 Y는 A의 사망시에 소급하여 배우자의 자격과 상속인의 자격을 동시에 상실한다는 이유로 이 사건 부동산에 대한 Y 명의의 지분소유권 이전등기 말소를 청구하였다. 그러나 1심과 원심은 X_1과 Y는 모두 A의 배우자로서 배우자에게 상속될 상속분의 1/2씩을 취득한다고 판시하였다. 대법원도 이에 대한 X_1의 상고를 기각하였다.

이 유

민법 824조는 "혼인의 취소의 효력은 기왕에 소급하지 아니한다."고 규정하고 있을 뿐 재산상속 등에 관해 소급효를 인정할 별도의 규정이 없는바, 혼인 중에 부부 일방이 사망하여 상대방이 배우자로서 망인의 재산을 상속받은 후에 그 혼인이 취소되었다는 사정만으로 그 전에 이루어진 상속관계가 소급하여 무효라거나 또는 그 상속재산이 법률상 원인 없이 취득한 것이라고는 볼 수 없다.

해 설

1. 혼인 취소의 비소급효

824조는 "혼인의 취소의 효력은 기왕에 소급하지 아니한다"고 규정하여 혼인 취소의 소급효를 인정하지 않는다. 혼인의 취소는 혼인 성립 과정에서의 하자를 원인으로 하는 것이므로, 일반 원칙에 따르면 혼인이 처음부터 성립하지 않았던 것과 마찬가지로 다루어야 할 것이다. 그러나 일단 성립한 혼인을 처음부터 없었던 것으로 한다는 것은 실제로 여러 가지 문제를 일으킨다. 가령 혼인 중에 출생한 자녀가 소급하여 혼인외의 자녀로 되고, 또 일상가사대리행위의 효력도 소급하여 소멸하게 된다. 그리하여 민법은 하자가 중대한 혼인무효 사유의 경우에는 혼인이 처음부터 없었던 것과 같이 다루지만, 그렇지 않은 경우에는 혼인이 취소되더라도 취소되기까지의 혼인관계는 유효하게 존재하는 것으로 취급하는 것이다. 혼인관계도 일종의 계속적 계약관계로 파악할 수 있는데, 일반적으로 계속적 계약관계의 경우에는 채무불이행이 있더라도 소급효를 가지는 해제 아닌 소급효가 없는 장래효만이 인정되는 등, 기존의 상태는 되도록 존중하는 것이 원칙이다(근로계약 취소의 소급효를 부정한 대판 2017.12.22, 2013다25194, 25200 참조). 이처럼 혼인 취소의 효과가 소급하지 않는다는 점에서 혼인 취소는 이혼과 큰 차이가 없다.

2. 중혼자의 사망 후 취소된 후혼 배우자의 상속권 유무

당사자의 일방이 사망한 후에도 혼인 취소의 소가 인정된다(가사소송법 24조 2항). 그러면 대상판결과 같이 중혼자가 사망한 후 후혼이 취소된 경우에도 후혼 배우자의 상속권은 그대로 유지되는가? 대상판결은 이를 긍정하였다. 혼인 취소의 비소급효를 관철한다면 이와 같은 결론을 이끌어낼 수 있을 것이다. 즉 중혼자가 사망할 당시에 아직 후혼이 취소되지 않았다면 후혼 배우자는 중혼자의 재산을 상속하고, 그 후 후혼이 취소되더라도 이는 소급효가 없으므로 후혼 배우자의 상속권은 후혼 취소에 의하여 영향을 받지 않는다는 것이다.

학설로서는 이러한 판례를 지지하는 견해도 있다. 그러나 판례를 비판하는 견해도 있다. 그 중 한 견해는, 부부의 일방이 사망한 후에 혼인이 취소된 경우에는 그 사망한 때에 혼인이 소멸한 것으로 보아야 하고, 따라서 생존배우자는 상속권을 가지지 않는다고 한다. 다른 설은 혼인 당시 취소 원인이 있음을 알고 있는 당사자는 혼인에 의하여 얻은 이익을 전부 반환하여야 한다고 주장한다. 그리고 혼인은 사망에 의하여서가 아니라 혼인 취소에 의하여 사망시까지 소급하여 해소되므로 생존배우자는 상속자격을 상실하고, 이때에는 실종선고의 취소에 관한 29조 2항을 유추하여, 생존배우자가 선의이면 재산을 현존이익의 범위에서 반환하고, 악의이면 그 받은 이익에 이자를 붙여서 반환하고 손해가 있으면 이를 배상하여야 한다고 보는 견해도 있다.

3. 검 토

중혼자 사망 후에 후혼이 취소되면, 그 취소의 효력은 중혼자의 사망 당시로 소급하고, 따라서 후혼은 중혼자의 사망이 아니라 혼인 취소에 의하여 해소된 것으로 보아야 하고, 따라서 이 한도에서는 혼인 취소에 소급효를 인정하여야 하며, 후혼 배우자는 상속권을 상실한다고 하여야 할 것이다. 혼인 취소의 기본적인 효과는 혼인관계를 해소시키는 것이다. 그런데 혼인 취소의 소급효를 전혀 인정하지 않으면, 후혼이 취소되었음에도 불구하고 그로 인하여 후혼이 해소된 것은 아니게 되어, 혼인 취소의 기본적인 효과가 발생하지 않는 것이 된다.

뿐만 아니라 이처럼 소급효가 전면적으로 부정된다면, 이러한 경우 후혼을 취소할 소의 이익 자체가 인정되기 어렵다. A와 Y와의 혼인 취소를 인정한 대판 1991.12.10, 91므535는 중혼자가 사망한 후 중혼 취소의 소의 이익을 인정하는 이유로서, 중혼자가 사망한 후에라도 그 사망에 의하여 중혼으로 인하여 형성된 신분관계가 소멸하는 것은 아니라는 점에서 찾고 있다. 이는 혼인 취소에 의하여 인척관계가 소멸하는 것(775조 1항)을 가리키는 것으로 보인다. 그러나 단순히 중혼으로 인하여 형성된 인척관계를 소멸시킨다는 것은 혼인의 취소를 인정할 소의 이익으로는 충분하지 못하다. 인척관계의 해소는 혼인 취소로 인한 부수적인 효과에 불과할 뿐만 아니라, 민법은 현재의 인척관계뿐만 아니라 과거의 인척관계도 금혼사유로 다루고 있으므로(809조), 사망한 사람과의 혼인으로 인하여 발생한 인척관계를 해소시킨다는 것이 법적인 이익으로서 보호될 수 있는지 의문이다.

그러므로 중혼자가 사망한 후에도 혼인의 취소가 인정되는 것을 체계적으로 설명할 수 있는 방법은, 혼인 취소로 인한 혼인 해소의 효과가 중혼자의 사망시에 소급하여 발생하고, 이때에는 취소된 혼인의 배우자는 상속권을 소급하여 상실하는 것이라고 설명하여야 할 것이다. 외국의 입법례를 본다면, 독일 민법은 혼인 취소의 소급효를 인정하지 않고, 혼인이 사망 등으로 인하여 해소된 경우에는 혼인 취소를 청구할 수 없도록 하면서도, 생존 배우자가 혼인 취소 사유 있음을 알았던 경우에는 배우자로서의 상속권을 인정하지 않는다(1317조 3항, 1318조 5항). 스위스 민법 109조 1항은 혼인의 무효(Ungültigkeit der Ehe)는 원칙적으로 소급효가 없는 것으로 규정하면서도, 생존 배우자의 상속권은 인정하지 않는다.

다만 이처럼 혼인 취소의 소급효를 인정하는 경우에도, 혼인 당사자가 취소 사유가 있음을 몰랐던 경우에는 실종선고의 취소에 관한 29조 2항을 유추하여, 그 상속재산을 그 받은 이익이 현존하는 한도에서 반환할 의무가 있다고 보아야 할 것이다.

참고문헌

남효순, 혼인(중혼)취소의 소급효와 재산상의 법률관계, 민사판례연구 20권, 1998.

박종용, 혼인취소의 효과, 가족법연구 17권 2호, 2003.

윤진수, 1990년대 친족상속법 판례의 동향, 민법논고 5, 2011.

[판례 134]

일상가사로 인한 연대책임, 일상가사대리권에 기한 표현대리

대법원 1999.3.9. 선고 98다46877 판결

사 실

A는 (1) 1992.5.경 X에게 자신의 남편인 Y 명의로 분양받은 아파트분양금으로 필요한 돈이라며 금 5,000,000원을 빌려 달라고 하여 X가 A에게 이를 월 2푼의 이율로 대여한 것을 비롯하여 그 때부터 1994.1.경까지 사이에 금 2,000,000원 내지 금 5,000,000원씩 십수 회에 걸쳐 아파트분양금 및 피고의 진급 준비를 위한 경비 명목으로 합계 금 40,000,000원을 대여하였고, (2) A는 X가 1994.3.경 조직한 계금 10,000,000원의 20구좌 번호계에 8구좌를 가입하여 월불입금으로 합계 금 4,994,000원을 불입하여 오다가 19 및 20번째 계불입금을 납입하지 아니하여 X가 이를 대납하였으며, (3) A는 1994.5.경부터 1995.3.경까지 사이에 X로부터 아파트분양금 및 위 계불입금 명목으로 수 회에 걸쳐 금 20,000,000원을 차용한 후, 1996.3.20. X와 사이에 위 계불입 미납금과 차용금 및 이에 대한 이자를 합하여 금 30,000,000원을 차용한 것으로 정산하여 Y가 연대보증인으로 서명날인된 금 10,000,000원짜리 차용증 3매를 X에게 교부하였다.

X는 Y를 상대로, Y는 A의 채무를 연대보증하였고, 그렇지 않더라도 A의 위 채무부담행위는 일상가사의 범위에 속하며, 또한 X는 A가 Y를 대리하여 연대보증할 권한이 있는 것으로 믿었고 그와 같이 믿은 데에 대하여 민법 126조의 권한을 넘은 표현대리에 있어서의 정당한 사유가 있으므로, 위 합계 금 70,000,000원을 지급하라는 소를 제기하였다. 원심은 X의 청구를 기각하였으나, 대법원은 원심판결을 파기환송하였다.

이 유

1. 민법 832조에서 말하는 일상의 가사에 관한 법률행위란 부부가 공동생활을 영위하는 데 통상 필요한 법률행위를 말하므로 그 내용과 범위는 그 부부공동체의 생활 구조, 정도와 그 부부의 생활 장소인 지역사회의 사회통념에 의하여 결정되며, 문제가 된 구체적인 법률행위가 당해 부부의 일상의 가사에 관한 것인지를 판단함에 있어서는 그 법률행위의 종류 · 성질 등 객관적 사정과 함께 가사처리자의 주관적 의사와 목적, 부부의 사회적 지위 · 직업 · 재산 · 수입능력 등 현실적 생활상태를 종합적으로 고려하여 사회통념에 따라 판단하여야 한다.

그리고 금전차용행위도 금액, 차용 목적, 실제의 지출용도, 기타의 사정 등을 고려하여 그것이 부부의 공동생활에 필요한 자금조달을 목적으로 하는 것이라면 일상가사에 속한다고 보아야 할 것이므로, 아파트 구입비용 명목으로 차용한 경우 그와 같은 비용의 지출이 부부공동체를 유지하기 위하여 필수적인 주거 공간을 마련하기 위한 것이라면 일상의 가사에 속한다고 볼 여지가 있다고 할 것이다. 그리고 기록에 의하면, 피고의 진급 준비를 위한 경비 명목으로 차용한 돈은 피고가 진급시험 준비를 위하여 절에 가서 공부하는 데 드는 비용 명목이라는 것인바, 피고는 실제로 1994.경 진급시험 준비를 위하여 절에 가서 한두 달 공부한 사실이 있다는 것이므로 처로서 이를 위한 금전차용이라면 위에서 본 법리에 따라 일상가사에 관한 것으로 볼 수 있을 것이다.

따라서 이와 같은 사정하에서는 이 사건 청구액 중 계불입금 명목으로 차용한 금원을 제외한 나머지 부분의 차용행위는 특별한 사정이 드러나지 아니하는 한 일상가사에 해당한다고 보아 피고에게 민법 832조 본문에 의하여 연대책임을 인정하여야 할 것이다.

2. Y를 연대보증인으로 하는 기명날인이 되어 있는 서류들은 X가 A에게 돈을 대여한 후에 작성 교부받은 것이므로 X가 A에게 돈을 대여할 당시에 A에게 Y를 대리하여 연대보증계약을 체결할 권한이 있는 것으로 믿었다고 보기 어렵고, 또 이미 돈을 대여하고 난 후에 위 서류들을 교부받을 때 A가 그것이 Y의 인감도장에 의한 것이라고 말하였다는 등 X가 주장하는 사정들만으로 위와 같이 믿을 정당한 사유가 있었다고 보기 어렵다.

해 설

1. 일상가사의 의의

민법은 부부의 일상가사에 대하여 827조와 832조 두 조문에서 규정하고 있다. 827조 1항은 혼인의 일반적 효력에 관하여, “부부는 일상의 가사에 관하여 서로 대리권이 있다”고 규정한다. 그리고 832조는 혼인의 재산적 효력에 관하여, "부부의 일방이 일상의 가사에 관하여 제삼자와 법률행위를 한 때에는 다른 일방은 이로 인한 채무에 대하여 연대책임이 있다. 그러나 이미 제삼자에 대하여 다른 일방의 책임없음을 명시한 때에는 그러하지 아니하다"고 규정한다. 두 조문의 관계에 관하여는, 양자를 구별할 이유가 없다거나, 같은 제도라는 견해가 있다. 즉 부부 일방의 가사에 관한 행위의 효과가 일상가사대리권에 터잡아 다른 일방에게 확장된 것이 일상가사채무의 연대책임이고, 일상가사대리는 그 효과가 본인에게만 귀속되는 것이 아니라 부부 모두에게 귀속된다는 점에서 대리가 아니라 가족공동체의 「대표」라거나, 자기를 위한 법률행위와 상대방 배우자를 위한 대리행위가 복합된 것이라는 것이다. 반면 양자를 구별하여야 한다는 견해는 827조는 배우자 명의로 행위한 경우에 적용되고, 832조는 본인 명의로 행위한 경우에 적용된다고 한다. 양자를 구별하는 것이 법의 규정과 체계에 부합한다.

어쨌든 "일상의 가사"의 범위는 두 조문 사이에 차이가 없을 것이다.

2. 일상가사의 범위

판례(대판 1997.11.28, 97다31229; 2000.4.25, 2000다8267 등)는, 832조에서 말하는 일상의 가사에 관한 법률행위란 부부의 공동생활에서 필요로 하는 통상의 사무에 관한 법률행위를 말하는 것으로, 그 구체적인 범위는 부부공동체의 사회적 지위 · 직업 · 재산 · 수입 능력 등 현실적 생활 상태뿐만 아니라 그 부부의 생활 장소인 지역 사회의 관습 등에 의하여 정하여지나, 당해 구체적인 법률행위가 일상의 가사에 관한 법률행위인지 여부를 판단함에 있어서는 그 법률행위를 한 부부공동체의 내부 사정이나 그 행위의 개별적인 목적만을 중시할 것이 아니라, 그 법률행위의 객관적인 종류나 성질 등도 충분히 고려하여 판단하여야 한다고 하였다. 그리하여 예컨대 처가 자가용차를 구입하기 위하여 타인으로부터 금전을 차용하는 행위(대판 1985.3.26, 84다카1621)나, 교회에의 건축 헌금, 화장품 가게의 인수대금, 장남의 교회 및 주택 임대차보증금의 보조금, 2억 원이나 되는 거액의 대출금에 대한 이자지급 등(대판 1997.11.28, 97다31229)은 부부의 공동생활에서 필요로 하는 통상의 사무에 관한 것은 아니므로 일상가사에 속한다고는 볼 수 없다.

나아가 그것이 일상적인, 즉 통상의 범위 안에 있어야 한다. 그러므로 당해 거래의 규모 내지 거래액이 중요하다. 대판 1997.11.28, 97다31229은, 부부공동체를 유지하기 위하여 필수적인 주거공간을 마련하는 것은 일상의 가사에 속한다고 볼 여지가 있지만, 고가(高價)의 대형 주택이나 아파트를 구입하는 것은 일상의 가사에 속한다고 볼 수 없다고 하였다.

그런데 대상판결은, 금전차용행위도 부부의 공동생활에 필요한 자금조달을 목적으로 하는 것이라면 일상가사에 속한다고 보아야 하므로, 아파트 구입비용 명목으로 차용한 경우 그와 같은 비용의 지출이 부부공동체를 유지하기 위하여 필수적인 주거 공간을 마련하기 위한 것이라면 일상의 가사에 속한다고 볼 여지가 있다고 하였다. 그리고 피고의 진급 준비를 위한 경비 명목으로 차용한 돈도 위에서 본 법리에 따라 일상가사에 관한 것으로 볼 수 있을 것이라고 하였다.

생각건대 부부와 가족의 주거공간을 마련하는 것은 부부의 공동생활에서 필요로 하는 것이라고는 할 수 있을 것이다. 그러나 그 금액이 6,000만 원 정도에 이른다면 이를 가리켜 일상적인 것 또는 통상적인 것이라고 하기는 어려울 것이다. 이는 위 대판 1997.11.28, 97다31229와도 상충된다. 부부 사이의 일상가사로 인한 연대채무 또는 일상가사에 관한 대리권은, 상대방이 그러한 행위가 일상가사에 관한 것인지를 통상 확인할 필요가 없을 만큼 명백한 경우에 한정되어야 할 것이다. 처에게 6,000만 원에 달하는 돈을 대여하면서 남편도 연대책임을 질 것으로 기대하였다면, 남편에게 이를 확인하여 보는 것이 통상적일 것이다.

참고로 프랑스 민법 220조는 부부 일방이 단독으로 체결한 가사유지 또는 자녀교육을 목적으로 하는 계약에 기한 채무에 대하여 부부가 연대책임을 진다고 하면서도, 생활수준, 거래의 유익성 또는 무익성, 계약 상대방의 선의나 악의를 고려하여 명백히 과다한 지출인 때에는 연대책임이 없고, 부부 쌍방의 합의 없이 행해진 할부구매나 차입행위의 경우에는 이러한 행위가 일상가사상의 수요에 필요한 정도의 경미한 금액이 아닌 한 연대책임이 없다고 한다.

3. 다른 해결책

그런데 대상판결이 이처럼 6,000만 원이라는 돈을 차용한 것에 대하여 Y의 연대책임을 인정한 것은, 결과적으로 그 차용금이 부부가 거주할 아파트 구입비용이나 Y의 진급시험 준비를 위한 비용으로 사용되어, Y도 이익을 얻었기 때문이라는 점을 중시한 때문으로 보인다. 그러나 이러한 법률행위 후의 사정을 일상가사 여부를 판단함에 있어 고려하여야 하는지는 의문이다.

Y도 이익을 얻었다는 사정은 오히려 X의 Y에 대한 전용물소권(轉用物訴權, actio de in rem verso)에 근거한 부당이득반환청구를 인정할 수 있는 근거로 고려하여야 할 것이다. 전용물소권이란, 계약상의 급여가 계약상대방에 대해서뿐만 아니라 제3자의 이익이 된 경우에 급여를 행한 계약당사자가 그 제3자에 대해서 부당이득의 반환을 청구하는 권리를 말한다. 예컨대 어떤 물건의 소유자 아닌 사람이 다른 사람에게 그 물건의 수리를 맡겨 그 물건의 가액이 증가한 경우에, 수리한 수급인(급여자)이 도급인(중간자) 아닌 소유자(수익자)에게 부당이득반환을 청구할 수 있는가 하는 점이다. 대판 2002.8.23, 99다66564, 66571은 원칙적으로 이를 부정하고 있다. 즉 계약상의 급부가 계약의 상대방뿐만 아니라 제3자의 이익으로 된 경우에 급부를 한 계약당사자가 계약 상대방에 대하여 계약상의 반대급부를 청구할 수 있는 이외에 그 제3자에 대하여 직접 부당이득반환청구를 할 수 있다고 보면, 자기 책임 하에 체결된 계약에 따른 위험부담을 제3자에게 전가시키는 것이 되어 계약법의 기본원리에 반하는 결과를 초래할 뿐만 아니라, 채권자인 계약당사자가 채무자인 계약 상대방의 일반채권자에 비하여 우대받는 결과가 되어 일반채권자의 이익을 해치게 되고, 수익자인 제3자가 계약 상대방에 대하여 가지는 항변권 등을 침해하게 되어 부당하므로, 위와 같은 경우 계약상의 급부를 한 계약당사자는 이익의 귀속 주체인 제3자에 대하여 직접 부당이득반환을 청구할 수는 없다는 것이다.

그러나 수익자가 무상으로 이익을 얻은 경우에는 이러한 원칙에 대하여 예외를 인정할 필요가 있다. 비교법적으로 보더라도, 많은 나라에서 수익자가 무상으로 이익을 얻은 경우에는 전용물소권을 인정하고 있다. 수익자가 중간자로부터 무상으로 이익을 얻는 경우에는 전용물소권을 원칙적으로 부정하는 학설이 지적하는 문제점, 즉 채권자인 계약당사자가 채무자인 계약 상대방의 일반채권자에 비하여 우대받는 결과가 되어 일반채권자의 이익을 해치게 되고, 수익자인 제3자가 계약 상대방에 대하여 가지는 항변권 등을 침해하게 되어 부당하다는 등의 사태는 발생하지 않는다. 이때에는 계약 상대방이 수익자에 대하여 어떤 반대급여청구권을 가지는 것은 아니기 때문에, 계약 당사자에게 전용물소권을 인정한다고 하여 다른 채권자의 이익을 해치는 것이라고는 할 수 없다. 또한 수익자도 계약 상대방에 대하여 어떠한 항변권을 가지는 것은 아니다. 나아가 이러한 경우에 수익자로서는 중간자에게 대가를 지급하지 않았으므로, 부당이득반환책임을 부담하는 것을 회피하기 위하여 사전에 특별히 비용을 지출하려고 하지 않을 것이다. 그러므로 대상판결과 같은 경우에는 X가 Y에 대하여 전용물소권에 기한 부당이득반환을 청구할 수 있다고 보는 것이 합리적이다([**판례 106**]의 해설 참조).

이와 비슷한 문제가 일상가사대리에서도 존재한다. 대판 1970.10.30, 70다1812는, 남편이 정신이상으로 입원 중에 처가 남편 소유의 부동산을 매도하여 입원비, 생활비 등에 충당하고 나머지로 대신 살 집을 마련하려고 하였고 실제로 매매대금을 그렇게 지출하였다면, 이 경우 상대방으로 보아서 상대방인 매수인이 이러한 사유를 알았건 몰랐건 간에 처에게 남편의 대리권이 있다고 믿을 만한 정당한 사유가 있다고 하였다. 이 판결도 실제로 매매대금이 남편의 이익을 위하여 쓰여졌다는 점을 중요시한 것으로 보인다. 그러나 상대방이 이러한 사유를 몰랐더라도 정당한 사유가 있다고 할 수는 없다. 그러므로 이러한 경우에는 남편이 전용물소권에 근거한 부당이득반환의무가 있다고 할 수 있고, 이러한 지위에 있는 남편이 무권대리로서 무효라고 주장하는 것이 신의칙에 어긋난다고 설명하여야 할 것이다.

4. 일상가사대리와 표현대리

이 사건에서는 A가 X로부터 돈을 차용한 후 나중에 Y가 연대보증인으로 서명날인된 금 10,000,000원짜리 차용증 3매를 X에게 교부하였는데, 이때 X가 A에게 Y를 대리하여 연대보증계약을 체결할 권한이 있는 것으로 믿었다거나, 그와 같이 믿을 만한 정당한 사유가 있는가가 문제되었고, 대상판결은 이를 부정하였다.

이는 126조의 권한을 넘은 표현대리가 성립하는가 하는 점에 관한 것으로 보인다. 일상가사대리권이 126조에 의한 표현대리의 기본대리권이 될 수 있는가에 관하여, 다수설은 이를 긍정한다. 그러나 이에 대하여는, 부부의 일상가사대리권은 일종의 대표권이라고 보고 따라서 본조의 적용도 부정하며, 다만 개별적 · 구체적인 일상가사의 범위가 일반적 · 추상적인 일상가사의 범위와 일치하지 않는 때에 한하여 표현대리의 취지를 유추하여 제3자를 보호하고, 그 밖의 경우에 대하여는 별도로 대리권의 수여가 있는 경우에 한하여 표현대리를 적용하여야 한다는 견해도 있다.

대판 1968.11.26, 68다1727, 1728은, 부부에게 일상가사대리권이 있어도 아내가 특별한 수권 없이 남편 소유 부동산에 관하여 근저당권의 설정 또는 소유권이전 등에 관한 등기절차를 이행케 하거나 그 각 등기의 원인되는 법률행위를 하였을 경우에 그것이 126조 소정의 표현대리가 되려면 그 아내에게 그 행위에 관한 대리의 권한을 주었다고 믿었음을 정당화할 만한 객관적인 사정이 있어야 하는 것이라고 하였는데, 이는 일상가사대리권은 기본대리권이 될 수 있지만, 그에 의하여 표현대리가 성립하기 위해서는, 상대방이 문제된 월권행위에 관하여 그 권한을 수여받았다고 믿을 만한 정당한 사유가 있을 때에만 표현대리가 성립한다는 취지로 이해된다.

생각건대 일상가사대리권은 그야말로 일상적인 가사에 대한 것이므로, 이를 벗어나는 거래에 관하여는 상대방으로서도 그것이 일상가사대리의 범위를 벗어난다는 사실을 쉽게 알 수 있을 것이고, 따라서 일상가사대리권이 126조의 기본대리권이 될 수 있다고 하더라도, 실제로 상대방이 그러한 대리권이 있다고 믿을 만한 정당한 이유가 있는 경우는 생각하기 어렵고, 따라서 표현대리가 성립할 여지는 별로 없을 것이다. 판례상으로도 일상가사대리권을 기본대리권으로 하는 126조의 표현대리가 인정된 사례는 위 대판 1970.10.30, 70다1812을 제외하고는 찾아보기 어렵다.

참고문헌

김선이, 일상가사대리권과 126조 표현대리, Jurist 413 호, 2007.
성위석, 일상가사에 관한 법률행위의 범위, 가족법연구 13호, 1999.
윤진수, 부당이득법의 경제적 분석, 서울대학교 법학 55권 3호, 2014.
임성권, 일상가사대리권과 표현대리, 인하대 법학연구 2집, 2000.
홍춘의, 일상가사의 범위, 판례월보 355호, 2000.

[판례 135]

가장이혼의 효력

대법원 1975.8.19. 선고 75도1712 판결

사 실

Y_1(남자)은 A와 1941.1.3. 혼인하였는데, Y_1은 A 몰래 Y_2와 간통을 하고 있었다. 1967.5 초순경 A가 운영하던 계가 깨져 많은 채무를 부담하게 되어 그로 인하여 Y_1의 재산에까지도 강제집행을 당할 우려있는 상태가 생기게 되자, Y_1과 A는 일시 이혼신고를 하여 약 3개월간 별거하면서 채무를 수습한 뒤 다시 혼인신고를 하여 원래의 혼인관계로 복귀하기로 합의하여 1967.5.10 협의이혼신고를 마쳤다. A는 Y_1과의 사이에서 낳은 5남매를 거느리고 은거생활을 하고 Y_1은 다른 곳에 거주하면서 Y_2와 계속 정을 통하였고, 1967.10.17자로 호적상 Y_1과 A가 다시 혼인한 것으로 혼인신고가 되어 있었다. A는 Y_1과 Y_2를 간통죄로 고소하였고, 원심은 A와 Y_1의 1967.5.10자 이혼신고는 무효이므로 그들 사이의 혼인관계는 계속 유효하게 존속하고, 따라서 이혼신고 뒤에 다시 제출된 1967.10.17자 혼인신고가 유효한 것인지 여부를 가릴 것도 없이 Y_1, Y_2의 1972.2.19부터 1972.8.18.까지의 행위는 유죄라고 하였다. 그러나 대법원은 원심판결을 파기환송하였다.

이 유

협의이혼계를 제출하였는데도 당사자간에 혼인생활을 실질상 폐기하려는 의사는 없이 단지 강제집행의 회피 기타 어떤 다른 목적을 위한 방편으로 일시적으로 이혼신고를 하기로 하는 합의가 있었음에 불과하다고 인정하려면 누구나 납득할 만한 충분한 증거가 있어야 하고 그렇지 않으면 이혼당사자 간에 일응 일시나마 법률상 적법한 이혼을 할 의사가 있었다고 인정함이 이혼신고의 법률상 및 사실상의 중대성에 비추어 상당하다. 본건에 있어서 Y_1과 A가 제출한 1967.5.10.자 이혼신고는 당사자간에 이혼신고를 하기로 하는 합의에 따라 행하여졌음은 원판결이 확정한 사실인 이상 일방 당사자(처)의 주장과 원심인정의 사정만을 믿어 당사자간의 이혼의 진의가 없었으므로 위 이혼신고는 무효라고 인정하여 Y_1과 Y_2에게 간통죄를 인정하여 처단하였음은 비합리적이고 불충분한 증거에 의하여 피고인들을 유죄로 인정한 데 귀착한다. 즉 Y_1과 A 간의 부부관계는 위 이혼신고에 의하여 유효하게 일단 해소되었다고 보아야 할 것이다. 그렇다면 위 이혼신고가 된 후 1967.10.17자로 제출된 재혼인신고가 유효한지 여부를 가려보지 아니하고는 본건 혼인관계가 존속함을 전제로 Y들에게 간통의 죄책을 물을 수 없다.

해 설

1. 이혼의사의 의미

협의상 이혼이 유효하기 위하여는 부부 사이에 이혼의사의 합의가 있어야 한다. 이혼의사가 무엇인가에 관하여는 혼인의사가 무엇인가에 관하여 대립이 있는 것과 마찬가지로 견해의 대립이 있다. 실질적 의사설은 사실상의 혼인관계의 실체를 해소하려는 의사라고 한다. 따라서 혼인관계의 실체를 해소할 의사 없이 채권자의 집행을 면하기 위하여 협의이혼을 하는 경우 그러한 협의이혼은 무효라고 한다. 반면 형식적 의사설은 이혼신고를 하려는 의사가 있는 이상 이혼의사가 있다고 보아야 한다고 주장한다. 법적 의사설은 혼인의 의사에 혼인신고의사가 포함되므로, 이혼신고를 하는 것은 쌍방이 혼인신고의사를 철회하는 것과 마찬가지이고, 따라서 당사자들이 종전과 마찬가지로 공동생활관계를 유지할 의사가 있었다고 하더라도, 종전의 혼인관계는 법적으로 소멸하고, 공동의 생활관계는 사실혼으로 바뀌는 것으로 된다고 한다.

2. 판 례

판례는 한때 서자(庶子)를 적자(嫡子)로 하기 위한 전제로 서자의 생모와 혼인하기 위하여 형식상 이혼신고를 하였다 하더라도 신고당시의 쌍방 또는 일방에 이혼의 의사가 없었을 경우에는 협의이혼은 효력이 생기지 아니한다고 하였고(대판 1961.4,27, 4293민상536), 혼인파탄의 사실 없이 부부가 종전과 다름없이 부부생활을 계속하면서 통모하여 형식상으로만 협의이혼신고를 하고 있는 것이라면 신분행위의 의사주의적 성격에 비추어 무효한 협의이혼이라고 하여(대판 1967.2.7, 66다2542) 실질적 의사설을 취한 것으로 이해되었다.

그런데 대상판결은, 당사자간에 혼인생활을 실질상 폐기하려는 의사는 없이 단지 강제집행의 회피 기타 어떤 다른 목적을 위한 방편으로 일시적으로 이혼신고를 하기로 하는 합의가 있었음에 불과하다고 인정하려면 누구나 납득할 만한 충분한 증거가 있어야 하고 그렇지 않으면 이혼당사자 간에 일응 일시나마 법률상 적법한 이혼을 할 의사가 있었다고 인정함이 이혼신고의 법률상 및 사실상의 중대성에 비추어 상당하다고 하여, Y_1과 A 간의 부부관계는 이혼신고에 의하여 일단 유효하게 해소되었다고 하였다. 그 후의 판례들도 같은 태도를 보이고 있다(대판 1981.7.28, 80므77; 1993.6.11, 93므171; 1997.1.24, 95도448; 2017.9.12, 2016두58901 등).

그러므로 판례는, 혼인에 관하여는 당사자 사이에 비록 혼인신고 자체에 관하여 의사의 합치가 있는 경우에도 그것이 다른 목적을 달성하기 위한 방편에 불과한 것으로서 그들 간에 참다운 부부관계의 설정을 바라는 효과의사가 없을 때에는 그 혼인은 무효라고 하는 반면(대판 1985.9.10, 85도1481 등), 이혼에 관하여는 당사자 사이에 이혼신고에 관한 합의가 있으면 그것이 다른 목적을 위한 방편이라고 하여도 원칙적으로 이혼은 무효가 아니라고 보고 있다. 판례는 이처럼 혼인의 무효와 이혼의 무효를 달리 보는 이유로서, 협의상 이혼의 경우에는 이혼하려는 당사자 쌍방은 가정법원에 출석하여 이혼의사의 유무에 관하여 판사의 확인을 받아 그 확인서를 첨부하여 이혼신고를 하여야 하는 반면, 혼인의 경우에는 혼인 당사자 사이에 혼인의 의사가 있는지에 관하여 호적공무원이 이를 심사할 권한이 없다는 점을 들고 있다(대판 1996.11.22, 96도2049).

이러한 판례의 태도를 어떻게 이해할 것인가에 관하여는, 판례는 외형상 실체법적으로는 실질적 의사설을 유지하면서 증거법상 그 번복을 극히 곤란하게 하고 있을 뿐이라고 하는 견해와, 형식적 의사설을 따른 것이라고 하는 견해가 있다. 그리고 혼인이나 입양과 같은 신분관계를 창설하는 행위(창설적 신분행위)와, 이혼이나 파양과 같은 신분관계를 해소하는 행위(해소적 신분행위)를 구분하여 전자의 경우에는 그러한 신분관계를 실현하려는 적극적 의사가 필요하지만, 후자의 경우에는 그러한 신분관계를 해소하고 부부관계라는 법적 구속에서 해방된다는 소극적 의사의 합치로 족하다는 주장도 있다.

3. 검 토

이 문제는 혼인의 의사를 법적인 의사로 파악하고, 혼인의 의사는 혼인을 성립시키려는 법적 의사, 즉 혼인신고의사를 포함한다고 보면 간명하게 설명할 수 있다(위 **[판례 131]**의 해설 참조). 즉 이혼신고를 하는 것은 쌍방이 혼인신고의사를 철회하는 것과 마찬가지이고, 따라서 당사자들이 종전과 마찬가지로 공동생활관계를 유지할 의사가 있었다고 하더라도, 종전의 혼인관계는 법적으로 소멸하고, 공동의 생활관계는 사실혼으로 바뀌는 것으로 된다. 따라서 이러한 경우에는 당사자에게는 법률혼을 사실혼으로 바꾸려는 의사가 있는 것이고, 가장이혼이라는 용어 자체도 정확하다고 할 수 없다.

이와 같이 본다면 판례의 결론도 충분히 이해될 수 있다. 판례는 협의이혼의 무효를 쉽게 인정하지 않는 이유로서 이혼의사의 유무에 관하여 판사의 확인을 받는 절차가 있는 점을 들지만, 이는 별로 설득력이 없다. 일본에는 우리나라와 같은 이혼의사의 확인 제도가 없지만, 일본 판례는 당사자가 법률상의 혼인관계를 해소하는 의사의 합치에 기하여 협의이혼 신고가 된 이상, 이혼의사가 없다고 할 수는 없다고 보고 있어서, 대법원의 판례와 실질적으로 차이가 없다.

참고문헌

김민규, 이혼실태와 가장이혼의 법리, 아세아여성법학 4호, 2001.

박병호, 가장이혼의 효력, 민사판례연구 1권, 1979.

차선자, 영주권 취득을 위한 가장이혼의 효력과 재산분할의 효력, 전남대 법학논총 24집, 2004.

[판례 136]

유책배우자의 이혼청구

대법원 2015.9.15. 선고 2013므568 전원합의체 판결

사 실

X(남자)와 Y(여자)는 1976.3.9. 혼인신고를 마친 법률상 부부로서, 그 사이에 성년인 자녀 3명을 두고 있는데, X는 2000.1.경 집을 나와 X의 딸을 출산한 A와 동거하고 있었다. Y는 X가 집을 나간 후 혼자서 세 자녀를 양육하였으며, 직업이 없어서 X로부터 생활비로 지급받은 월 100만 원 정도로 생계를 유지하였는데 그나마 2012.1.경부터는 X로부터 생활비를 지급받지 못하고 있었다. Y는 원심 변론종결 당시 만 63세가 넘는 고령으로서 위암 수술을 받고 갑상선 약을 복용하고 있는 등 건강이 좋지 아니하며 X와의 혼인관계에 애착을 가지고 혼인을 계속할 의사를 밝히고 있었다.

X가 Y를 상대로 이혼을 청구하였으나, 1심과 원심은 유책배우자의 이혼청구가 허용되지 아니한다는 이유로 X의 청구를 기각하였다. 대법원 전원합의체는 X의 상고를 기각하였으나, 반대의견이 있었다.

이 유

가. 우리나라에서는 유책배우자라 하더라도 상대방 배우자와 협의를 통하여 이혼을 할 수 있는 길이 열려 있으므로, 유책배우자의 행복추구권을 위하여 재판상 이혼원인에 있어서까지 파탄주의를 도입하여야 할 필연적인 이유가 있는 것은 아니다. 유책배우자의 상대방을 보호할 입법적인 조치가 마련되어 있지 아니한 현 단계에서 파탄주의를 취하여 유책배우자의 이혼청구를 널리 인정하는 경우 유책배우자의 행복을 위해 상대방이 일방적으로 희생되는 결과가 될 위험이 크다.

여러 나라에서 간통죄를 폐지하는 대신 중혼에 대한 처벌규정을 두고 있는 것에 비추어 보면 이에 대한 아무런 대책 없이 파탄주의를 도입한다면 법률이 금지하는 중혼을 결과적으로

인정하게 될 위험이 있다.

가족과 혼인생활에 관한 우리 사회의 가치관이 크게 변화하였고 여성의 사회 진출이 대폭 증가하였더라도 우리 사회가 취업, 임금, 자녀양육 등 사회경제의 모든 영역에서 양성평등이 실현되었다고 보기에는 아직 미흡한 것이 현실이고, 우리나라에서 이혼율이 급증하고 이혼에 대한 국민의 인식이 크게 변화한 것이 사실이더라도 이는 역설적으로 혼인과 가정생활에 대한 보호의 필요성이 그만큼 커졌다는 방증이고, 유책배우자의 이혼청구로 인하여 극심한 정신적 고통을 받거나 생계유지가 곤란한 경우가 엄연히 존재하는 현실을 외면해서도 아니 될 것이다.

나. 이상의 논의를 종합하여 볼 때, 민법 840조 6호 이혼사유에 관하여 유책배우자의 이혼청구를 원칙적으로 허용하지 아니하는 종래의 대법원판례를 변경하는 것이 옳다는 주장은 아직은 받아들이기 어렵다. 유책배우자의 이혼청구를 허용하지 아니하는 것은 혼인제도가 요구하는 도덕성에 배치되고 신의성실의 원칙에 반하는 결과를 방지하려는 데 있으므로, 혼인제도가 추구하는 이상과 신의성실의 원칙에 비추어 보더라도 책임이 반드시 이혼청구를 배척해야 할 정도로 남아 있지 아니한 경우에는 그러한 배우자의 이혼청구는 혼인과 가족제도를 형해화할 우려가 없고 사회의 도덕관 · 윤리관에도 반하지 아니하므로 허용될 수 있다.

그리하여 상대방 배우자도 혼인을 계속할 의사가 없어 일방의 의사에 따른 이혼 내지 축출이혼의 염려가 없는 경우는 물론, 나아가 이혼을 청구하는 배우자의 유책성을 상쇄할 정도로 상대방 배우자 및 자녀에 대한 보호와 배려가 이루어진 경우, 세월의 경과에 따라 혼인파탄 당시 현저하였던 유책배우자의 유책성과 상대방 배우자가 받은 정신적 고통이 점차 약화되어 쌍방의 책임의 경중을 엄밀히 따지는 것이 더 이상 무의미할 정도가 된 경우 등과 같이 혼인생활의 파탄에 대한 유책성이 이혼청구를 배척해야 할 정도로 남아 있지 아니한 특별한 사정이 있는 경우에는 예외적으로 유책배우자의 이혼청구를 허용할 수 있다.

해 설

1. 종래의 학설과 판례

840조 1호에서 6호까지는 재판상 이혼사유를 열거하고 있다. 이 중 1호에서 4호까지는 이혼 청구의 상대방인 배우자에게 책임있는 사유이다. 반면 5호(3년 이상의 생사불명)과 6호(혼인을 계속하기 어려운 중대한 사유)는 반드시 그렇지 않다. 그러므로 가령 부정행위를 한 배우자 자신이 1호 사유에 기하여 이혼을 청구할 수 없지만, 혼인을 계속하기 어려운 중대한 사유가 있다고 하여 6호에 기하여는 이혼을 청구할 수 있는가 하는 점이 유책배우자의 이혼청구 문제이다.

판례는 기본적으로 유책배우자의 이혼청구는 허용되지 않는다고 보고 있다(대판 1965.9.21, 65므37 등 다수). 혼인의 파탄을 자초한 자에게 이혼청구권을 인정하는 것은 혼인제도가 요구하고 있는 도덕성에 근본적으로 배치되고, 배우자 일방의 의사에 의한 이혼 내지는 축출이혼을 시인하는 부당한 결과가 되기 때문이라는 것이다(대판 1987.4.14, 86므28).

학설상으로도 기본적으로는 이에 동조하는 견해가 많다. 파탄을 자초한 자가 혼인의 해소를 요구하는 것은 혼인의 도의성이 허용하지 아니하고, 스스로의 비행을 주장하는 자에게 원조의 손을 건네주어서는 안 되며, 축출이혼을 시인하는 것이 되고, 신의성실 · 권리남용의 원칙에 어긋난다는 것이다.

그렇지만 유책배우자로부터의 이혼청구를 부정하는 학설도 예외적으로는 그 청구가 인정될 수 있는 경우가 있다고 보고 있고, 판례도 다음과 같은 경우에는 유책배우자의 이혼청구를 허용한다.

판례는 우선 혼인파탄과 유책과의 인과관계가 없는 경우에는 유책배우자의 이혼청구도 허용된다고 본다. 즉 유책배우자라고 하는 경우 이 유책성은 혼인파탄의 원인이 된 사실에 기초하여 평가할 일이며, 혼인관계가 완전히 파탄된 뒤에 있은 일을 가지고 따질 것은 아니라고 하였고(대판 1988.4.25, 87므9; 2004.2.27, 2003므1890 등), 혼인파탄의 원인이 직접적으로는 청구인 측의 다른 여자와의 동거에 있다 하여도 다른 여자와의 동거가 피청구인과 사이에 이혼합의가 있은 후의 일이라면 이를 가리켜 혼인파탄의 주된 책임이 청구인에게 있다고 할 수는 없다고 하여 청구를 인용하였다(대판 1987.12.22, 86므90).

그리고 청구인에게 전적으로 또는 주된 책임을 물어야 할 사유로 그 파탄의 원인이 조성된 경우가 아닌 이상 이혼청구는 허용되어야 할 것이라고 하여, 혼인생활의 파탄을 초래한 책임이 그 당사자 어느 한 쪽에만 있다고 확정할 수 없는 경우에는 이혼청구가 허용되어야 한다고 하였고(대판 1988.4.25, 87므9), 부부관계가 파탄에 이른 데 대해 청구인에게 뿐만 아니라 피청구인에게도 책임이 있는 경우에는 비록 피청구인에게 이혼의사가 없더라도 이혼청구를 인정하여야 한다고 판시하였다(대판 1986.3.25, 85므85).

2. 근래의 동향

근래의 판례는 유책배우자의 이혼청구를 인정하는 범위를 좀더 넓게 보고 있다. 대판 1987.4.14, 86므28은, 군의관인 청구인이 간통하자 피청구인이 청구인을 간통죄로 고소하여 징역형을 살게 되어 의사면허까지 취소되었으나 피청구인이 청구인을 상대로 청구한 이혼심판청구는 주소 미보정으로 각하된 사건에서, 유책배우자의 이혼청구를 기각하는 것이 상대방 배우자에게도 혼인을 계속할 의사가 없음이 객관적으로 명백한 경우에까지 파탄된 혼인의 계속을 강제하려는 취지는 아니므로, 상대방 배우자도 이혼의 반소를 제기하고 있는 경우 혹은 오로지 오기나 보복적 감정에서 표면적으로는 이혼에 불응하고 있기는 하나 실제에 있어서 혼인의 계속과는 도저히 양립할 수 없는 행위를 하는 등 그 이혼의 의사가 객관적으로 명백한 경우에는 유책배우자의 이혼청구라 할지라도 이를 인용하여야 하고, 그러한 경우에까지 이혼을 거부하여 혼인의 계속을 강제하는 것은 유책배우자를 사적으로 보복하는 것을 도와주는 것에 지나지 아니한다고 하였다. 이후 같은 취지의 판결이 계속하여 선고되어, 이는 확립된 판례가 되었다(대판 1987.9.22, 86므87; 1987.12.8, 87므44, 45; 1988.2.9, 87므60 등).

그리하여 현재는 주로 문제가 되는 것이, 어떠한 경우가 상대방이 오로지 오기나 보복적 감정에서 표면적으로만 이혼에 불응하는 것인가 하는 점인데, 판례는 오기나 보복적 감정으로 이혼을 거부하는 경우를 비교적 좁게 보고 있다. 대판 1993.11.26, 91므177, 184은, 유책배우자를 간통으로 고소하여 유죄판결을 받게 한 경우에도 고소인이 이혼심판청구를 취하한 경우에는 그것만으로 바로 유책배우자의 이혼심판청구가 허용된다고는 할 수 없다고 하였다.

그런데 최근의 판례는 별거기간이 장기간에 이른 경우에 관하여 다소 일관된 태도를 보이지 않고 있었다. 한편으로는 별거기간이 장기에 이르고 부부 사이에 어린 자녀가 없더라도 유책배우자의 이혼청구는 허용되지 않는다고 한 예가 있는 반면(대판 2004.9.24, 2004므1033), 다른 판례는 별거기간이 장기에 이른 경우에는, 현 상황에 이르러 파탄에 이르게 된 데 대한 책임의 경중을 엄밀히 따지는 것의 법적 · 사회적 의의(意義)는 현저히 감쇄(減殺)되었고, 피고의 혼인계속의사에 따라 현재와 같은 파탄 상황을 유지하게 되면, 특히 원고에게 참을 수 없는 고통을 계속 주는 결과를 가져올 것으로 보인다는 이유로 이혼청구를 인용하였다(대판 2009.12.24, 2009므2130; 2010.6.24, 2010므1256).

3. 대상판결

대상판결은 유책배우자의 이혼청구는 원칙적으로 허용되지 않는다고 하여 종래의 태도를 유지하였지만, 유책배우자의 이혼청구가 허용될 수 있는 예외를 다음과 같이 밝혔다. 즉 상대방 배우자도 혼인을 계속할 의사가 없어 일방의 의사에 의한 이혼 내지 축출이혼의 염려가 없는 경우는 물론, 나아가 이혼을 청구하는 배우자의 유책성을 상쇄할 정도로 상대방 배우자 및 자녀에 대한 보호와 배려가 이루어진 경우, 세월의 경과에 따라 혼인파탄 당시 현저하였던 유책배우자의 유책성과 상대방 배우자가 받은 정신적 고통이 점차 약화되어 쌍방의 책임의 경중을 엄밀히 따지는 것이 더 이상 무의미할 정도가 된 경우 등과 같이 혼인생활의 파탄에 대한 유책성이 그 이혼청구를 배척해야 할 정도로 남아 있지 아니한 특별한 사정이 있는 경우에는 예외적으로 유책배우자의 이혼청구를 허용할 수 있다는 것이다. 이 판결이 이혼을 청구하는 배우자의 유책성을 상쇄할 정도로 상대방 배우자 및 자녀에 대한 보호와 배려가 이루어진 경우에도 이혼청구가 허용된다고 한 것은, 종래의 판례에 비하여 유책배우자의 이혼청구가 허용되는 예외를 넓힌 것이다.

이 판결은 종래의 판례를 유지하여야 하는 이유로서 다음과 같은 점을 들고 있다. 첫째, 우리나라에서는 유책배우자라 하더라도 상대방 배우자와 협의를 통하여 이혼을 할 수 있는 길이 열려 있다. 둘째, 우리나라에는 미성년 자녀의 이익을 위하여 부부관계를 유지하는 것이 꼭 필요한 특별한 사정이 있거나 이혼에 동의하지 아니하는 일방에게 심히 가혹한 결과를 초래하는 경우 등에는 이혼을 허용하지 아니하는 이른바 '가혹조항'을 두지 않고 있고, 이혼 후 부양제도라든지 보상급부제도 등 유책배우자에게 이혼 후 상대방에 대한 부양적 책임을 지우는 제도를 마련하고 있지 않다. 셋째, 우리나라에는 중혼에 대한 형사제재가 없는데, 이에 대한 아무런 대책 없이 파탄주의를 도입한다면 법률이 금지하는 중혼을 결과적으로 인정하게 될 위험이 있다. 넷째, 우리 사회가 취업, 임금, 자녀양육 등 사회경제의 모든 영역에서 양성평등이 실현되었다고 보기에는 아직 미흡하고, 유책배우자의 이혼청구로 인하여 극심한 정신적 고통을 받거나 생계유지가 곤란한 경우가 엄연히 존재하는 현실을 외면해서도 안 된다.

반면 반대의견은, 혼인관계가 파탄되었음에도 유책배우자가 이혼을 청구하고 상대방이 이를 거부한다는 사정만으로 일률적으로 이혼청구를 배척하는 것은 더 이상 이혼을 둘러싼 갈등 해소에 적절하고 합리적인 해결 방안이라고 보기 어렵다고 하여 유책배우자의 이혼청구도 허용되어야 한다고 보았다. 반대의견은 혼인생활을 지속할 수 없는 중요한 사유가 있는 경우에는 더 나은 삶의 질을 추구하기 위하여 이혼도 가능하다는 가치관의 변화가 생겼고, 이혼 후 여성의 자립에 관한 사회·경제적 여건이 많이 개선되었으며, 1990.1.13. 개정된 민법은 이혼당사자에게 재산분할청구권과 자녀에 대한 면접교섭권을 인정하는 제도 등을 신설하고, 이혼 재판 실무에서도 여성배우자에 대한 보호가 지속적으로 확대되어 왔으며, 실무상 이혼 후의 부양 필요성을 반영하여 재산분할의 범위를 정하고 있다는 점 등을 들어, 종전의 대법원판례와 같이 유책배우자의 이혼청구라는 이유만으로 6호 이혼사유에 의한 재판상 이혼청구를 제한하여야 할 필요는 상당히 감소하였고, 오히려 이러한 사정들을 반영하여 6호 이혼사유에 의한 이혼 여부에 관한 합리적인 판단 기준을 새로이 세워야 할 때가 되었다고 하였다.

그리하여 부부공동생활관계가 회복할 수 없을 정도로 파탄된 경우에는 원칙적으로 6호 이혼사유에 해당하지만, 이혼으로 인하여 파탄에 책임 없는 상대방 배우자가 정신적·사회적·경제적으로 심히 가혹한 상태에 놓이는 경우, 부모의 이혼이 자녀의 양육·교육·복지를 심각하게 해치는 경우, 혼인기간 중에 고의로 장기간 부양의무 및 양육의무를 저버린 경우, 이혼에 대비하여 책임재산을 은닉하는 등 재산분할, 위자료의 이행을 의도적으로 회피하여 상대방 배우자를 곤궁에 빠뜨리는 경우 등과 같이, 유책배우자의 이혼청구를 인용한다면 상대방 배우자나 자녀의 이익을 심각하게 해치는 결과를 가져와 정의·공평의 관념에 현저히 반하는 객관적인 사정이 있는 경우에는 헌법이 보장하는 혼인과 가족제도를 형해화할 우려가 있으므로, 그와 같은 객관적인 사정이 부존재하는 경우에 한하여 6호 이혼사유가 있다고 해석하여야 한다고 보았다.

4. 검 토

위와 같은 다수의견의 태도는 현행법의 해석상으로는 타당한 것으로 보인다. 840조 6호만을 본다면 혼인을 계속하기 어려운 중대한 사유가 있기만 하면 그것이 누구에게 책임있는 사유인지를 묻지 않고 이혼이 허용될 것처럼 보이지만, 그렇게 되면 1호에서 4호까지의 규정이 상대방이나 그 직계존속에게 책임 있는 사유가 있는 때에만 이혼을 허용하도록 규정하고 있는 것이 무의미하게 되어버린다. 그리고 우리나라에서는 이혼 후 부양이 제도적으로 인정되고 있지 않으므로, 이혼 후 특히 경제적 능력이 부족한 여성이 곤궁해지게 될 우려가 있다.

이에 대하여 반대의견은, 민법이 재판상 이혼에 따른 손해배상청구권을 인정하고 있으며, 재산분할청구 사건에서는 실무상 이혼 후의 부양 필요성을 반영하여 재산분할의 범위를 정하고 있다고 주장한다. 그러나 이혼에 따른 손해배상은 혼인의 파탄이 누구의 책임인가를 묻지 않는 파탄주의 하에서는 일반적으로 인정되고 있지 않다. 그리고 현행 실무상 재산분할에서 부양적 요소가 얼마나 고려되고 있는지는 의문이다.

다만 다수의견이 인정하고 있는 예외적인 경우에는 유책배우자의 이혼청구라고 하여도 이를 인정하는 것이 유책배우자의 이익과 그 상대방의 이익을 균형있게 고려하는 것이라고 할 수 있다. 특히 이혼을 청구하는 배우자의 유책성을 상쇄할 정도로 상대방 배우자 및 자녀에 대한 보호와 배려가 이루어진 경우에는 유책배우자의 이혼청구를 허용한다고 한 것은 매우 중대한 의미를 가진다.

한편 다수의견이 유책배우자의 이혼청구를 허용할 수 없다는 이유로서 들고 있는, 협의이혼이 허용된다는 점은, 유책배우자의 이혼청구를 허용할 실제적 필요성이 그다지 크지 않다는 취지로 보이지만, 협의가 이루어지지 않는 경우에 유책배우자의 재판상 이혼을 불허할 규범적 근거로는 불충분하다. 그리고 파탄주의와 중혼죄가 반드시 논리적으로 관련이 있는 것은 아니므로, 우리나라에서 중혼죄를 처벌하지 않는다는 것도 논거로서는 적절하지 않다.

그러나 입법론으로는 이혼 후 부양과 같은 제도의 도입과 함께 전면적인 파탄주의 이혼으로의 전환을 고려할 필요가 있다. 다른 나라에서도 파탄주의의 도입과 전면적인 이혼 후 부양제도의 도입은 같이 이루어졌다.

5. 관련판례

대상판결 후에 유책배우자의 이혼청구를 허용한 대법원 판례로는 대판 2015.10.29, 2012므721이 있다. 이 사건에서는 부부이던 원고와 피고가 자녀들과 함께 외국으로 이주하여 생활하다가, 원고가 집을 나가 외국 국적의 여성과 동거를 시작하자, 피고는 자녀들과 함께 귀국하였고, 16년이 넘게 서로 떨어져 별개의 생활을 영위하고 있었다. 원고의 이혼청구에 대하여 원심은 갑이 유책배우자라는 이유로 이를 기각하였다.

그러나 대법원은 원심판결을 파기환송하였다. 대법원은, 원고와 피고 사이에서 부부공동생활 관계의 해소 상태가 장기화되면서 원고의 유책성도 세월의 경과에 따라 상당 정도 약화되고, 30년 전에 한국을 떠나 계속 외국에서 생활하여 온 원고가 처한 상황 등에 비추어 그에 대한 사회적 인식이나 법적 평가도 달라질 수밖에 없으며, 나아가 피고가 원고의 사업체들을 정리한 돈 전부를 생활비 등으로 사용하여 왔고, 원고가 위 돈을 반환받지 아니하였을 뿐만 아니라 피고와 함께 생활하던 자녀들에게 거액의 결혼자금이나 사업자금을 지원하였다면, 결과적으로 피고 및 자녀들에 대한 상당한 배려가 이루어졌다고 볼 수 있으므로, 현 상황에 이르러 원고와 피고의 이혼 여부를 판단하는 기준으로 파탄에 이르게 된 데 대한 책임의 경중을 엄밀히 따지는 것의 법적·사회적 의의가 현저히 감쇄되었다고 볼 여지가 충분하다고 하였다.

한편 대판 2022.6.16, 2021므14258은, 과거에 일방 배우자가 이혼소송을 제기하였다가 유책배우자라는 이유에서 기각판결이 확정되었더라도 그 후로 상대방 배우자 또한 종전 소송에서 문제되었던 일방 배우자의 유책성에 대한 비난을 계속하고 일방 배우자의 전면적인 양보만을 요구하거나 민·형사소송 등 혼인관계의 회복과 양립하기 어려운 사정이 남아 있음에도 이를 정리하지 않은 채 장기간의 별거가 고착화된 경우, 이미 혼인관계가 와해되었고 회복될 가능성이 없으며 상대방 배우자에 대한 보상과 설득으로 협의에 의하여 이혼을 하는 방법도 불가능해진 상태까지 이르렀다면, 종전 이혼소송의 변론종결 당시 현저하였던 일방배우자의 유책성이 상당히 희석되었다고 볼 수 있고, 이는 현재 이혼소송의 사실심 변론종결시를 기준으로 판단하여야 한다고 하였다. 이 판결은, 상대방 배우자의 혼인계속의사를 인정하려면 소송 과정에서 그 배우자가 표명하는 주관적 의사만을 가지고 판단할 것이 아니라, 혼인생활의 전 과정 및 이혼소송이 진행되는 중 드러난 상대방 배우자의 언행 및 태도를 종합하여 그 배우자가 악화된 혼인관계를 회복하여 원만한 공동생활을 영위하려는 노력을 기울임으로써 혼인유지에 협조할 의무를 이행할 의사가 있는지 객관적으로 판단하여야 한다고 판시하였다. 특히 이 판결은 유책배우자의 상대방의 혼인관계 회복의무를 강조하고 있다.

참고문헌

강영호, 유책배우자로부터의 이혼청구, 사법논집 18집, 1987.

김태환, 유책배우자의 이혼청구에 관한 실무상 검토, 가족법연구 31권 3호, 2017.

박선영, 개인의 존엄과 이혼에 관한 비교법적 고찰 – 헌법 제10조와 제36조 제1항의 관점에서 본 대법원판례(2013므568)와 EU국가의 입법을 중심으로 –, 유럽헌법연구 20호, 2016.

방웅환, 유책배우자의 이혼청구, 사법 36호, 2016.

윤성호·주수익, 유책배우자의 이혼청구권에 관한 소고, 법학연구 60집, 한국법학회, 2015.

이희배·김혜숙, 유책배우자 이혼청구의 제한과 파탄주의 지향, 가족법연구 29권 2호, 2015.

임정윤, 유책배우자의 이혼청구의 허부(허부) 및 상대방 배우자의 혼인계속의사의 판단 기준, 대법원판례해설 131호, 2022.

조경애, "재판상 이혼원인에서 파탄주의 도입에 관한 제언", 가족법연구 32권 3호, 2018.

현소혜, 유책배우자의 이혼 청구, 민사법학 101호, 2022.

[판례 137]

재산분할청구권에 대한 파산관재인의 소송수계

대법원 2023.9.21. 선고 2023므10861, 10878 판결

사 실

X_1과 Y는 2006.10.16. 혼인신고를 마친 법률상 부부로서 슬하에 자녀가 있었다. 두고 있다. X_1이 2020.3.5. Y를 상대로 이혼, 재산분할, 위자료 및 자녀의 양육자로 X_1을 정할 것을 청구하는 이 사건 소를 제기하였다. 그런데 X_1은 2020.10.13. 인천지방법원 2020하단 100607호로 파산선고 결정을 받았으며, X_2가 파산관재인으로 선임되었다. 이에 따라 X_2가 이 사건 소송 중 위자료, 재산분할 청구 부분을 수계하였다.

1심은 X_1의 이혼청구를 받아들이고, X_2의 재산분할 청구를 일부 받아들였으며, X_2의 위자료 청구는 기각하였고, 친권자 및 양육자로 X_1을 지정하였다.

원심에서 Y는 이혼 및 자녀들 중 2인의 친권자 및 양육자로 Y를 지정한다는 반소를 제기하였다. 원심은 본소 및 반소의 이혼청구를 받아들이고, 재산분할로 X_2는 Y에게 부동산 지분에 관하여 소유권이전등기를 하고, Y는 X_2에게 돈을 지급하며, 직권으로 Y가 X_1에게 매월 양육비를 지급할 것을 명하였다. 그 외에 Y의 항소는 기각되었다. 한편 X_2의 위자료 청구는 X_2가 항소하지 않아서 심판범위에서 제외되었다.

그러나 대법원은 원심판결 중 본소 재산분할청구에 관한 부분을 파기하고, 이 부분 제1심 판결을 취소하여 사건을 제1심 법원에 환송하였으며, X_2의 소송수계신청을 기각하였다.

이 유

이혼으로 인한 재산분할청구권은 이혼을 한 당사자의 일방이 다른 일방에 대하여 재산분할을 청구할 수 있는 권리로서 청구인의 재산에 영향을 미치지만, 순전한 재산법적 행위와 같

이 볼 수는 없다. 오히려 이혼을 한 경우 당사자는 배우자, 자녀 등과의 관계 등을 종합적으로 고려하여 재산분할청구권 행사 여부를 결정하게 되고, 법원은 청산적 요소뿐만 아니라 이혼 후의 부양적 요소, 정신적 손해(위자료)를 배상하기 위한 급부로서의 성질 등도 고려하여 재산을 분할하게 된다. 또한 재산분할청구권은 협의 또는 심판에 의하여 구체적 내용이 형성되기까지는 그 범위 및 내용이 불명확 · 불확정하기 때문에 구체적으로 권리가 발생하였다고 할 수 없어 채무자의 책임재산에 해당한다고 보기 어렵고, 채권자의 입장에서는 채무자의 재산분할 청구권 불행사가 그의 기대를 저버리는 측면이 있다고 하더라도 채무자의 재산을 현재의 상태보다 악화시키지 아니한다. 이러한 사정을 종합하면, 이혼으로 인한 재산분할청구권은 그 행사 여부가 청구인의 인격적 이익을 위하여 그의 자유로운 의사결정에 전적으로 맡겨진 권리로서 행사상의 일신전속성을 가지므로, 채권자대위권의 목적이 될 수 없고 파산재단에도 속하지 않는다고 보아야 한다.

「채무자 회생 및 파산에 관한 법률」 347조 1항 1문은 파산재단에 속하는 재산에 관하여 파산선고 당시 법원에 계속되어 있는 소송은 파산관재인 또는 상대방이 수계할 수 있다고 정하고 있다. 그러나 이혼으로 인한 재산분할청구권은 파산재단에 속하지 아니하여 파산관재인이나 상대방이 절차를 수계할 이유가 없으므로, 재산분할을 구하는 절차는 특별한 사정이 없는 한 위 규정에 따른 수계의 대상이 아니라고 보아야 한다.

법원이 부적법한 소송수계신청을 받아들여 소송을 진행한 후 소송수계인을 당사자로 하여 판결을 선고하였다면, 소송에 관여할 수 있는 적법한 당사자가 법률상 소송행위를 할 수 없는 상태에서 심리되어 선고된 것이어서 마치 대리인에 의하여 적법하게 대리되지 아니하였던 경우와 마찬가지로 위법하다.

해 설

1. 재산분할청구권의 일신전속성에 관한 종래의 판례

대판 2017.9.21, 2015다61286은, 재산분할청구권은 협의 또는 심판에 의하여 구체적 내용이 형성되기 전까지는 그 범위 및 내용이 불분명·불명확하기 때문에 아직 발생하지 아니하였고 그 구체적 내용이 형성되지 아니한 재산분할청구권을 미리 양도하는 것은 성질상 허용되지 않으며, 법원이 이혼과 동시에 재산분할로서 금전의 지급을 명하는 판결이 확정된 이후부터 채권양도의 대상이 될 수 있다고 하였다. 이 사건에서는 재산분할청구권을 양도한 시기는 이혼 및 재산분할을 명한 항소심판결이 선고되었으나 아직 확정되지 아니한 때였고, 그 후 이혼 및 재산분할을 명한 항소심 판결이 대법원의 상고기각으로 확정되었는데도 대법원은 확정 전의 재산분할청구권 양도는 무효라고 한 것이다.

그리고 대결 2022.7.28, 2022스613은, 배우자 일방의 파산관재인이 그 배우자의 상대방 배우자에 대한 재산분할청구권을 소송상 청구한 사건에서, 이러한 청구는 각하되어야 한다고 판시하였다. 즉 이혼으로 인한 재산분할청구권은 이혼을 한 당사자의 일방이 다른 일방에 대하여 재산분할을 청구할 수 있는 권리로서 청구인의 재산에 영향을 미치지만, 순전한 재산법적 행위와 같이 볼 수는 없고, 재산분할청구권은 협의 또는 심판에 의하여 그 구체적 내용이 형성되기까지는 그 범위 및 내용이 불명확·불확정하기 때문에 구체적으로 권리가 발생하였다고 할 수 없어 채무자의 책임재산에 해당한다고 보기 어려우며, 채권자의 입장에서는 채무자의 재산분할청구권 불행사가 그의 기대를 저버리는 측면이 있다고 하더라도 채무자의 재산을 현재의 상태보다 악화시키지 아니하고, 따라서 이혼으로 인한 재산분할청구권은 행사상의 일신전속성을 가지므로, 채권자대위권의 목적이 될 수 없고 파산재단에도 속하지 않는다고 보아야 한다는 것이다.

한편 대판 2013.10.11, 2013다7936은, 재산분할청구권을 포기하는 행위가 채권자취소권의 대상이 될 수 없다고 하였다. 그 이유는 협의 또는 심판에 의하여 그 구체적 내용이 형성되기까지는 그 범위 및 내용이 불명확·불확정하기 때문에 구체적으로 권리가 발생하였다고 할 수 없으므로 협의 또는 심판에 의하여 구체화되지 않은 재산분할청구권은 채무자의 책임재산에 해당하지 아니한다는 것이다.

2. 대상판결

대상판결은 위와 같은 판례의 연장선상에 있는 것으로 이해할 수 있다. 특히 대상판결은 배우자 일방의 파산관재인이 그 배우자의 상대방 배우자에 대한 재산분할청구권을 소송상 청구할 수 없다고 한 대판 2022.7.28, 2022스613을 인용하면서, 이혼으로 인한 재산분할청구권은 그 행사 여부가 청구인의 인격적 이익을 위하여 그의 자유로운 의사결정에 전적으로 맡겨진 권리로서 행사상의 일신전속성을 가지므로, 채권자대위권의 목적이 될 수 없고 파산재단에도 속하지 않는다고 보아야 한다고 하였다.

3. 검 토

재산분할청구권의 일신전속성은 인정할 수 있다. 이를 부정한다면 부부 사이의 관계에 채권자가 지나치게 간섭하는 것이 되기 때문이다. 그러나 일정한 경우에는 재산분할의 지급을 명하는 판결이 확정되기 전이라도 양도나 압류가 허용된다고 보아야 할 것이다.

이혼으로 인한 재산분할청구권과 비교할 수 있는 것은 이혼으로 인한 위자료청구권이다. 806조는 약혼 해제로 인한 정신상 고통에 대한 배상청구권은 양도 또는 승계하지 못하지만, 당사자간에 이미 그 배상에 관한 계약이 성립되거나 소를 제기한 후에는 그러하지 아니하다고 규정하고, 843조는 재판상 이혼에 따른 손해배상책임에 관하여는 806조를 준용하고 있다. 그리하여 대판 1993.5.27, 92므143은 이혼위자료 청구권자가 위자료의 지급을 구하는 소송을 제기함으로써 청구권을 행사할 의사가 외부적 객관적으로 명백하게 된 이상 양도나 상속 등 승계가 가능하다고 하였다.

이 사건에서는 X_1의 위자료청구권도 X_2가 수계하였는데, 이 부분은 원심의 판단대상이 되지 않았다. 그러나 위 대판 1993.5.27, 92므143에 비추어 보면 위자료청구권에 관하여 X_2가 수계한 것은 적법하다고 인정되었을 것이다.

한편 대판 2010.5.27, 2009다93992는, 유류분반환청구권은 그 행사 여부가 유류분권리자의 인격적 이익을 위하여 그의 자유로운 의사결정에 전적으로 맡겨진 권리로서 행사상의 일신전속성을 가진다고 보아야 하므로, 유류분권리자에게 그 권리행사의 확정적 의사가 있다고 인정되는 경우가 아니라면 채권자대위권의 목적이 될 수 없다고 하였다.

그런데 이혼으로 인한 재산분할청구권의 일신전속성을 이혼으로 인한 위자료청구권이나 유류분반환청구권보다 더 강력하게 인정하여, 재산분할청구의 소송을 제기하였거나 판결이 선고된 상태에서도 재산분할청구권을 양도하지 못하게 할 이유는 없을 것이다.

그러므로 당해 재산분할청구권자가 재산분할청구의 소를 제기하거나 그 밖에 권리 행사의 확정적인 의사를 표시하기 전에는 재산분할청구권을 임의로 포기할 수 있고, 이것이 채권자취소권의 대상이 되지 않는다. 또한 이 단계에서는 재산분할청구권자가 파산하더라도 파산관재인이 재산분할청구권을 행사할 수 없다.

이에 대하여는 이혼 전 재산분할청구권만 양도하는 것은 마치 혼인관계 해소 전 혼인관계 당사자 일방의 지위를 이전하거나 승계를 허용하는 것과 다를 바 없고, 이혼이 성립하였으나 재산분할에 관한 협의 또는 심판이 확정되지 않은 경우에도, 재산분할에 관한 협의 또는 심판에 제3자가 개입하는 것은 적절하지 않다는 이유로 양도가능성을 부정하는 견해가 있다. 그러나 이혼 전 재산분할청구권의 양도가 혼인관계 해소 전 혼인관계 당사자 일방의 지위를 이전하거나 승계를 허용하는 것과 같다고 볼 수는 없다. 또 재산분할에 관한 협의 또는 심판에 제3자가 개입하는 것도 재산분할청구권자가 이를 용인하였다면 허용되지 않을 이유가 없다.

그렇지만 일단 재산분할청구권자가 재산분할청구의 소를 제기하였다면, 그때부터는 재산분할청구권을 양도할 수 있고, 압류할 수도 있으며, 파산관재인이 소송을 수계할 수도 있다고 보아야 할 것이다.

4. 법원이 위자료를 포함하여 재산분할을 명할 수 있는지 여부

대상판결은 법원은 청산적 요소뿐만 아니라 이혼 후의 부양적 요소, 정신적 손해(위자료)를 배상하기 위한 급부로서의 성질 등도 고려하여 재산을 분할하게 된다고 판시하였다. 이는 대판 2021.6.24, 2018다243089; 대결 2022.7.28, 2022스613을 따른 것이다.

그러나 대상판결이나 이들 사건에서는 재산분할에 위자료가 포함되는가가 전혀 쟁점이 아니었으므로, 위와 같은 판시는 그야말로 방론에 불과하다. 뿐만 아니라 재판상 재산분할에서 법원이 위자료적 요소를 포함시켜 분할을 명할 수 있다고 볼 수 있는 이론적, 법적 근거가 부족하다. 그리고 대판 2021.6.24, 2018다243089는 같은 취지의 선례로서 대판 2006.6.29, 2005다73105를 인용하고 있으나, 위 판결은 당사자들이 재판이 아니라 협의에 의하여 재산분할을 하는 경우에 혼인중 형성한 재산의 청산적 요소와 이혼 후의 부양적 요소 외에 정신적 손해(위자료)를 배상하기 위한 급부로서의 성질까지 포함하여 분할할 수 있다고 한 것으로, 재판상 재산분할에서 위자료까지 포함하여 분할할 수 있다고 한 것은 아니다.

참고문헌

김상훈, 재산분할청구권의 상속성과 양도성, 상속법판례연구, 세창, 2020.

나재영, 재산분할청구권의 양도성, 민사판례연구 42권, 2020.

임채웅, 이혼을 원인으로 한 재산분할청구채권의 확정 전 양도가능성에 관한 연구, 가족법연구 31권 3호, 2017.

정구태, 이혼 시 재산분할청구권의 행사상 일신전속성, 정태윤·지원림 교수논문집 새봄을 여는 민법학, 홍문사, 2023.

[판례 138]

장래 받을 퇴직급여의 재산분할

대법원 2014.7.16. 선고 2012므2888 전원합의체 판결;

대법원 2014.7.16. 선고 2013므2250 전원합의체 판결

사 실

1. 2012므2888 사건

가. X(여, 1957년생)와 Y(남, 1949년생)는 1992.8.6. 혼인신고를 마친 부부인데, Y는 1977. 2.경부터 경찰관으로 근무하다가 2006.6.30. 정년퇴직을 하고, 월 2,128,600원의 공무원연금을 수령하고 있었다. X는 2011.2.경 Y를 상대로 이혼, 위자료, 재산분할을 구하는 소를 제기하였는데, 이혼 청구에 관하여는 원심에서 조정이 성립하여 이혼이 이루어졌다.

원심은 Y의 퇴직연금수급권을 재산분할의 대상으로 인정하고, 재산분할에 관하여는 일반재산과 공무원 퇴직연금을 나누어서, Y는 X와 Y의 순재산 합계액 중 30%에 해당하는 금액에서 X의 순재산을 공제한 금액에 해당하는 237,000,000원을 X에게 지급하고, 공무원 퇴직연금에 대하여는 Y가 사망할 때까지 매월 수령하는 퇴직연금액 중 마찬가지로 30%의 비율에 의한 돈을 매월 말일에 X에게 지급하라고 판단하였다.

대법원 전원합의체는 원심판결 중 재산분할 청구 부분을 파기환송하였다.

2. 2013므2250 사건

X(1970년생, 여자)와 Y(1970년생, 남자)는 1997.1.25. 혼인신고를 마친 부부로서, 이들 사이에는 자녀 2명이 있다. X는 1992년부터 현재까지 사립학교 교사로 근무하고 있고, Y는 대기업에서 근무하다가 2001년경부터 현재까지 정부출연연구기관에서 연구원으로 근무하고 있다. X는 2010.10.18. Y를 상대로 이혼 및 재산분할과 위자료를 청구하는 소를 제기하였다. 원심은 X의 청구를 일부 인용하였는데, 재산분할에 관하여는 X와 Y가 퇴직하면 받을 수 있는 퇴직금을 각자의 적극재산에 포함하여 재산분할을 하여야 한다고 하는 Y의 주장을 받아들이지 않았다. 그러나 대법원 전원합의체는 재산분할에 관하여 원심판결을 파기환송하였다.

이 유

1. 2012므2888 사건

가. 이혼소송의 사실심 변론종결 당시에 부부 중 일방이 공무원 퇴직연금을 실제로 수령하고 있는 경우에, 위 공무원 퇴직연금에는 사회보장적 급여로서의 성격 외에 임금의 후불적 성격이 불가분적으로 혼재되어 있으므로, 혼인기간 중의 근무에 대하여 상대방 배우자의 협력이 인정되는 이상 공무원 퇴직연금수급권 중 적어도 그 기간에 해당하는 부분은 부부 쌍방의 협력으로 이룩한 재산으로 볼 수 있다. 따라서 재산분할제도의 취지에 비추어 허용될 수 없는 경우가 아니라면, 이미 발생한 공무원 퇴직연금수급권도 부동산 등과 마찬가지로 재산분할의 대상에 포함될 수 있다고 봄이 상당하다. 그리고 구체적으로는 연금수급권자인 배우자가 매월 수령할 퇴직연금액 중 일정 비율에 해당하는 금액을 상대방 배우자에게 정기적으로 지급하는 방식의 재산분할도 가능하다고 할 것이다(판례변경).

나. 민법 839조의2 2항의 취지에 비추어 볼 때, 재산분할비율은 개별재산에 대한 기여도를 일컫는 것이 아니라 기여도 기타 모든 사정을 고려하여 전체로서의 형성된 재산에 대하여 상대방 배우자로부터 분할받을 수 있는 비율을 일컫는 것이라고 봄이 상당하므로, 법원이 합리적인 근거 없이 분할대상 재산들을 개별적으로 구분하여 분할비율을 달리 정하는 것은 허용될 수 없다.

그러나 공무원 퇴직연금수급권에 대하여 위와 같이 정기금 방식으로 재산분할을 할 경우에는 공무원 퇴직연금수급권은 연금수급권자인 배우자의 여명을 알 수 없어 가액을 특정할 수 없는 등의 특성이 있으므로, 재산분할에서 고려되는 제반 사정에 비추어 공무원 퇴직연금수급권에 대한 기여도와 다른 일반재산에 대한 기여도를 종합적으로 고려하여 전체 재산에 대한 하나의 분할비율을 정하는 것이 형평에 부합하지 아니하는 경우도 있을 수 있다. 그러한 경우에는 공무원 퇴직연금수급권과 다른 일반재산을 구분하여 개별적으로 분할비율을 정하는 것이 타당하다.

2. 2013므2250 사건

근로자퇴직급여보장법, 공무원연금법 등이 각 규정하고 있는 퇴직급여는 사회보장적 급여로서의 성격 외에 임금의 후불적 성격과 성실한 근무에 대한 공로보상적 성격도 지니고, 이러한 퇴직급여를 수령하기 위하여는 일정기간 근무할 것이 요구되는바, 그와 같이 근무함에 있어 상대방 배우자의 협력이 기여한 것으로 인정된다면 그 퇴직급여 역시 부부 쌍방의 협력으로 이룩한 재산으로서 재산분할의 대상이 될 수 있다.

그런데 이에 관하여 이제까지 대법원은, 이혼 당시 아직 퇴직하지 아니한 채 직장에 근무하고 있는 경우에는 그의 퇴직일과 수령할 퇴직금이 확정되었다는 등의 특별한 사정이 없는 한 그가 장차 퇴직금을 받을 개연성이 있다는 사정만으로 그 장래의 퇴직금을 청산의 대상이 되는 재산에 포함시킬 수는 없고, 다만 위와 같이 장래 퇴직금을 받을 개연성이 있다는 사정은 민법 839조의2 2항 소정의 분할의 액수와 방법을 정하는 데 필요한 기타 사정으로 참작하면 충분하다는 입장을 견지하여 왔다.

그러나 퇴직급여채권을 재산분할의 대상에서 제외하고 단지 장래의 그 수령가능성을 재산분할의 액수와 방법을 정하는 데 필요한 기타 사정으로만 참작하는 것은 부부가 혼인 중 형성한 재산관계를 이혼에 즈음하여 청산 · 분배하는 것을 본질로 하는 재산분할제도의 취지에 맞지 않고, 당사자 사이의 실질적 공평에도 반하여 부당하다. 위와 같은 재산분할제도의 취지 및 여러 사정들에 비추어 볼 때, 비록 이혼 당시 부부 일방이 아직 재직 중이어서 실제 퇴직급여를 수령하지 않았더라도 이혼소송의 사실심 변론종결 시에 이미 잠재적으로 존재하여 그 경제적 가치의 현실적 평가가 가능한 재산인 퇴직급여채권은 재산분할의 대상에 포함시킬 수 있으며, 구체적으로는 이혼소송의 사실심 변론종결 시를 기준으로 그 시점에서 퇴직할 경우 수령할 수 있을 것으로 예상되는 퇴직급여 상당액의 채권이 그 대상이 된다(판례변경).

해 설

1. 재산분할제도의 성격

1990.1.13. 개정되어 1991.1.1.부터 시행된 839조의2는 이혼의 경우에 일방의 상대방에 대한 재산분할청구제도를 신설하였다.

재산분할청구권이 왜 인정되는가에 대하여 판례와 통설은 일반적으로 청산적 요소와 부양적 요소 두 가지 이유가 있다고 한다. 청산적 요소란 당사자 쌍방의 협력으로 이룩한 재산을 청산한다는 것이다. 그리고 부양적 요소란 부부 간에 인정되는 부양의무가 이혼에 의하여 혼인이 해소된 경우에도 인정된다는 것이다. 그러나 반대설은 재산분할청구권은 청산적 요소만을 가질 뿐 부양적 요소는 포함하지 않는다고 한다. 재판 실무에서도 청산적 요소가 중요하게 고려되고 있다.

한편 대법원 판례 가운데에는 법원은 청산적 요소와 부양적 요소뿐만 아니라 정신적 손해(위자료)를 배상하기 위한 급부로서의 성질 등도 고려하여 재산을 분할하게 된다고 판시한 것들이 있다(대판 2021.6.24, 2018다243089; 대결 2022.7.28, 2022스613; 대판 2023.9.21, 2023므10861, 10878).

그러나 이들 사건에서는 재산분할에 위자료가 포함되는가가 전혀 쟁점이 아니었으므로, 위와 같은 판시는 그야말로 방론에 불과하다. 뿐만 아니라 재판상 재산분할에서 법원이 위자료적 요소를 포함시켜 분할을 명할 수 있다고 볼 수 있는 이론적, 법적 근거가 부족하다([**판례** 137]의

해설 참조).

2. 장래 받을 퇴직금의 재산분할 대상성에 관한 종래의 판례

부부 중 일방이 직장에서 일하다가 이혼 당시에 이미 퇴직금 등의 금원을 수령하여 소지하고 있는 경우에는 이를 청산의 대상으로 삼을 수 있고(대판 1995.3.28, 94므1584 등), 재판분할의 대상이 되는 퇴직금에는 명예퇴직금도 포함된다(대판 2011.7.14, 2009므2628, 2009므2635). 그런데 아직 받지 못한 퇴직금이나 퇴직연금과 같은 퇴직급여도 재산분할의 대상이 될 수 있는가?

여기서 아직 받지 못한 퇴직급여에는 두 가지가 있다. **첫째,** 이혼 당시에 배우자 일방이 아직 퇴직하지 아니하여 현실적인 퇴직급여청구권이 발생하지 않은 경우이다. **둘째,** 이혼 당시에 이미 퇴직하였으나, 퇴직일시금을 받지 아니하고 연금을 선택하여 정기적으로 연금을 받는 경우이다.

종래의 판례는 두 가지 경우에 모두 장래의 퇴직급여는 원칙적으로 재산분할의 대상이 될 수 없고, 다만 위와 같이 장래 퇴직금을 받을 개연성이 있다는 사정은 839조의2 2항 소정의 분할의 액수와 방법을 정하는 데 필요한 기타 사정으로 참작하면 충분하다는 입장을 견지하여 왔다. 이혼 당시 아직 퇴직하지 않은 경우에 관하여는 대판 1995.5.23, 94므1713, 1720; 1998.6.12, 98므213 등. 퇴직연금에 관하여는 대판 1997.3.14, 96므1533, 1540; 2006.7.13, 2005므1245, 1252 등.

2013므2250 판결은, 아직 퇴직하지 않은 경우에 대법원이 종래 위와 같은 입장을 취하여 온 이유는, 이혼 당시 아직 퇴직하지 아니한 채 직장에 근무하고 있는 경우에는 퇴직 시점을 알 수 없어 장래 수령할 퇴직금을 산정하기 어렵고, 회사의 파산, 징계해고, 형의 선고 등 사정 변경으로 인하여 실제 퇴직금의 전부 또는 일부를 수령하지 못하게 될 가능성도 배제할 수 없으며, 기타 사정으로만 참작하더라도 공평한 재산분할이 가능하다고 판단한 데 있는 것으로 보인다고 설명하고 있다.

그리고 퇴직연금에 관하여 재산분할의 대상이 될 수 없다고 한 종래의 판례는 그 이유로서 퇴직연금은 그 수령권자의 여명을 확정할 수 없다는 점을 들고 있었다.

3. 대상판례

그런데 같은 날 선고된 위 두 개의 대상판결들은 모두 종래의 판례를 변경하였다.

가. 2012므2888 판결 위 판결은, 연금수급권자인 배우자의 여명을 확정할 수 없다는 등의 이유만으로 공무원 퇴직연금수급권을 재산분할의 대상에서 제외하고 이를 재산분할의 내용과 방법을 정함에 있어서 참작되는 '기타 사정'에만 해당한다고 한다면, 공무원인 배우자가 퇴직급여를 연금이 아닌 일시금의 형태로 수령한 경우와 비교하여 현저히 불공평한 결과가 초래되고, '기타 사정'으로 참작한다고 하더라도 어느 정도로 참작하여야 하는지 명확한 기준이 없고, 분할할 다른 재산이 얼마나 있는지 등에 따라 기타 사정으로도 충분히 참작할 수 없거나

아예 참작할 수 없는 결과가 초래될 수 있으며, 국민연금법 64조가 혼인기간이 5년 이상인 경우 이혼한 배우자의 노령연금액 중 혼인기간에 해당하는 연금액의 절반을 지급받을 수 있도록 규정하고 있는 것과도 균형이 맞지 않는다는 이유를 들었다. 다만 분할권리자가 공무원 퇴직연금수급권에 대한 재산분할을 원하지 아니하거나, 혼인기간이 너무 단기간이어서 매월 지급할 금액이 극히 소액인 경우 등 퇴직연금 자체를 재산분할의 대상으로 하는 것이 적절하지 아니한 특별한 사정이 있는 경우에는 당사자들의 자력 등을 고려하여 이를 재산분할의 대상에서 제외하고 기타 사정으로만 고려하는 것도 허용될 수 있다고 하였다.

다만 재산분할에 의하여 분할권리자가 분할의무자에 대하여 가지게 되는 위와 같은 정기금채권은 비록 공무원 퇴직연금수급권 그 자체는 아니더라도 그 일부를 취득하는 것과 경제적으로 동일한 의미를 가지는 권리인 점, 재산분할의 대상인 공무원 퇴직연금수급권이 사회보장적 급여로서의 성격이 강하여 일신전속적 권리에 해당하여서 상속의 대상도 되지 아니하는 점 등을 고려하면, 분할권리자의 이러한 정기금채권은 제3자에게 양도되거나 분할권리자의 상속인에게 상속될 수 없다고 하였다.

그리고 분할의 비율에 대하여는, 법원이 합리적인 근거 없이 분할대상 재산들을 개별적으로 구분하여 분할비율을 달리 정하는 것은 허용될 수 없다는 원칙에 대한 예외를 인정하여, 전체 재산에 대한 하나의 분할비율을 정하는 것이 형평에 부합하지 아니하는 경우에는 공무원 퇴직연금수급권과 다른 일반재산을 구분하여 개별적으로 분할비율을 정하는 것이 타당하다고 하였다. 그 근거는 공무원 퇴직연금수급권은 연금수급권자인 배우자의 여명을 알 수 없어 가액을 특정할 수 없는 등의 특성이 있다는 점이다.

나. 2013므2250 판결 위 판결은 이혼 당시 부부 일방이 아직 재직 중이어서 실제 퇴직급여를 수령하지 않았더라도 이혼소송의 사실심 변론종결 시에 이미 잠재적으로 존재하여 그 경제적 가치의 현실적 평가가 가능한 재산인 퇴직급여채권은 재산분할의 대상에 포함시킬 수 있다고 하였다. 그리하여 구체적으로는 이혼소송의 사실심 변론종결 시를 기준으로 그 시점에서 퇴직할 경우 수령할 수 있을 것으로 예상되는 퇴직급여 상당액의 채권이 그 대상이 된다고 하였다.

위 판결은 퇴직급여채권은 퇴직이라는 급여의 사유가 발생함으로써 현실화되는 것이므로, 이혼 시점에서는 어느 정도의 불확실성이나 변동가능성을 지닐 수밖에 없지만, 그렇다고 하여 퇴직급여채권을 재산분할의 대상에서 제외하고 단지 장래의 그 수령가능성을 재산분할의 액수와 방법을 정하는 데 필요한 기타 사정으로만 참작하는 것은 부부가 혼인 중 형성한 재산관계를 이혼에 즈음하여 청산·분배하는 것을 본질로 하는 재산분할제도의 취지에 맞지 않고, 당사자 사이의 실질적 공평에도 반하여 부당하다고 하였다.

그리고 다음과 같은 이유를 덧붙였다. **첫째,** 현실에서는 정상적으로 퇴직급여를 수령하는 경우가 훨씬 많은데, 위와 같은 불확실성이나 변동가능성을 이유로 퇴직급여채권을 재산분할의 대상에서 완전히 제외할 경우 오히려 불공평한 결과를 초래할 가능성이 크다. **둘째,** 퇴직급여채권을 재산분할의 대상에서 제외하고 기타 사정으로만 참작할 경우에는 실제 어느 정도로 참작할지 그 기준이 명확하지 않고, 분할할 다른 재산이 없는 경우에는 아예 재산분할을 할 수 없으므로 공평한 재산분할을 담보하기 어렵다. **셋째,** 재산분할의 대상으로 인정되고 있는 다른 재산도 정도의 차이가 있을 뿐 장래 그 경제적 가치가 변동할 수 있고, 특히 채권은 기본적으로 장래 이행되지 않을 가능성이 내포되어 있다. **넷째,** 근로자는 퇴직하기 전에도 계속근로기간에 대한 퇴직금을 미리 정산하여 지급받을 수 있고, 일반적으로 퇴직하기만 하면 그때부터 14일 이내에 퇴직급여를 받을 수 있다는 점에서 퇴직급여채권은 이행기의 정함이 없는 일반 채권과 실질적으로 큰 차이가 없고, 법이 퇴직급여의 우선변제를 규정하고, 퇴직급여지급의무를 위반한 사용자의 형사처벌을 규정하고 있는 점을 고려하면 오히려 일반 채권보다 이행가능성이 크다고 볼 수도 있다.

4. 검 토

위와 같은 판례의 변경은 타당하다고 여겨진다. 아직 퇴직하기 전에 장래 퇴직하면 받을 수 있는 퇴직급여청구권은 아직 현실적으로 발생하지 않은 것이므로, 어느 정도의 불확실성이나 변동가능성을 지닐 수밖에 없다. 그러나 그러한 이유만으로 이를 재산분할의 대상에서 제외할 수는 없다. 기본적으로 퇴직급여는 후불적인 임금의 성격을 가지는 것으로서, 실제로 퇴직하면 받게 될 수 있는 가능성이 훨씬 높다. 그리고 많은 경우에는 이러한 퇴직급여를 받을 수 있는 권리는 배우자의 재산 중 상당한 부분을 차지한다. 그럼에도 불구하고 이를 재산분할의 대상에서 제외한다는 것은 매우 불합리하다.

그리고 이미 퇴직하여 정기적으로 퇴직연금을 받고 있는 경우에는 이러한 불확실성은 상당한 부분 제거되었다. 그럼에도 불구하고 퇴직연금 수령자의 여명이 불확실하다는 이유만으로 이를 재산분할의 대상에서 제외할 합리적인 이유가 없다. 2012므2888 판결은 퇴직연금 수령자의 여명이 불확실하다는 사정을 퇴직연금수급권과 다른 일반재산을 구분하여 개별적으로 분할비율을 정할 수 있다는 사유로 고려하였다.

대상판결들에는 아무런 반대의견도 없었고, 학설도 일반적으로는 판례를 지지한다.

다만 아직 퇴직하지 않은 경우에 이혼소송의 사실심 변론종결 시를 기준으로 그 시점에서 퇴직할 경우 수령할 수 있을 것으로 예상되는 퇴직급여 상당액의 채권을 산정하여, 이를 재산분할의 대상으로 삼는 것은 현실적으로는 불가피하지만, 이를 지급하여야 하는 의무자의 처지에서 볼 때에는 실제로 받지 않은 것을 받은 것으로 의제하여 지급한다는 점에서 다소 가혹할 수 있다. 특히 의무자에게는 별다른 재산이 없는 경우에는 현실적인 집행도 쉽지 않다. 이러한 경우에 대비하여, 실제로 의무자가 재산분할 재판을 보류하였다가 실제로 퇴직한 후 재산분할을 할 수 있도록 하는 등의 입법적인 개선이 필요하다.

5. 연금관계 법률의 개정

위 전원합의체 판결들 후에 2015.6.22. 개정된 공무원연금법은, 배우자가 공무원으로서 재직한 기간 중의 혼인기간이 5년 이상인 자가 배우자와 이혼하였고, 65세가 되면 그가 생존하는 동안 배우자의 퇴직연금 또는 조기퇴직연금 중 혼인기간에 해당하는 연금액을 균등하게 나눈 금액의 분할연금을 받을 수 있도록 규정하면서(46조의3), 「민법」 839조의2 또는 843조에 따라 연금분할이 별도로 결정된 경우에는 그에 따른다(46조의4)고 규정하였고, 이 규정은 사립학교교직원의 연금에 관하여도 준용되었다(사립학교교직원 연금법 42조 1항). 그 후 2018.3.20. 전부개정된 공무원연금법은 45조와 46조에서 연금분할을 규정하였는데, 46조는 분할의 비율을 혼인기간에 해당하는 연금액을 균등하게 나눈 금액으로 한다는 45조 2항에도 불구하고 민법에 따라 연금분할이 별도로 결정된 경우에는 그에 따른다고 하여, 이는 공무원 연금법상의 요건이 충족되어 발생한 분할연금 수급권을 전제로 연금의 분할비율을 산정하는 방법에 관한 특칙을 정한 것임을 명백히 하였다.

또한 국민연금법은 혼인 기간이 5년 이상인 자가 60세가 된 이후에 노령연금 수급권자인 배우자와 이혼한 때에는 배우자였던 자의 노령연금액에 관하여도 공무원연금법과 같이 규정하고 있다(64조, 64조의2).

한편 헌재결 2016.12.29, 2015헌바182는, 별거나 가출 등으로 실질적인 혼인관계가 존재하지 아니하여 연금 형성에 기여가 없는 이혼배우자에 대해서까지 법률혼 기간을 기준으로 분할연금 수급권을 인정하는 국민연금법 64조 1항이 재산권을 침해한다고 선고하였다. 그에 따라 국민연금법 64조 1항은 2017.12.19. 혼인 기간에서 별거, 가출 등의 사유로 인하여 실질적인 혼인관계가 존재하지 아니하였던 기간을 제외하도록 개정되었다. 공무원연금법 45조 1항도 같은 취지로 개정되었다.

참고문헌

김자영 · 백경희, 장래의 퇴직급여채권에 대한 재산분할청구에 관한 고찰, 외법논집 38권 3호, 2014.
김정민, 잠재적 퇴직급여채권에 대한 재산분할청구, 민사재판의 제문제 23권, 2015.
김정민, "공무원 퇴직연금수급권에 대한 재산분할", 사법 30호, 2014.
박보영, 장래의 퇴직급여가 이혼시 재산분할의 대상이 되는지 여부, 가족법연구 28권 3호, 2014.
배인구, 장래의 퇴직급여채권과 재산분할, 가족법연구 29권 1호, 2015.
이진기, 재산분할의 대상으로서 [장래의] 퇴직급여채권, 가족법연구 28권 3호, 2014.
최서은, 장래 퇴직급여채권의 재산분할, 민사판례연구 37권, 2015.
현소혜, 장래의 퇴직급여와 재산분할, 조선대 법학논총 21권 2호, 2014.
홍남희, 이혼시 퇴직금과 연금의 분할 문제에 대한 고찰, 경북대 법학논고 49호, 2015.

[판례 139]

소극재산의 총액이 적극재산의 총액을 초과하는 경우 재산분할의 가부

대법원 2013.6.20. 선고 2010므4071, 4088 전원합의체 판결

사 실

X(남자)와 Y(여자)는 2001.10.16. 혼인신고를 마친 법률상 부부로서 슬하에 자녀는 없다. X와 Y는 2008.10.경부터 이혼을 전제로 Y의 빚 청산 문제를 논의하였으나 의견의 일치를 보지 못하여 협의이혼에 이르지 못하였고, X는 Y를 상대로 2009년 이혼 및 재산분할을 청구하였고, Y는 반소로서 이혼, 위자료 및 재산분할을 청구하였다. 1심과 원심은 X의 본소청구는 기각하고, Y의 이혼 및 위자료 청구는 받아들였으나, 재산분할청구는 X와 Y의 총 재산가액 190,744,010원에서 채무액 230,400,309원을 공제하면 남는 금액이 없다는 이유로 기각하였다.

그러나 대법원 전원합의체는 판례를 변경하여 원심판결을 파기하였다. 여기에는 1개의 반대의견과 2개의 별개의견이 있었다.

이 유

민법은 재산분할에 관하여 "이혼한 자의 일방은 다른 일방에 대하여 재산분할을 청구할 수 있다."고 하고, 나아가 "가정법원은 당사자의 청구에 의하여 당사자 쌍방의 협력으로 이룩한 재산의 액수 기타 사정을 참작하여 분할의 액수와 방법을 정한다."고 규정하고 있을 뿐(839조의2 1항 및 2항), 분할대상인 재산을 적극재산으로 한정하고 있지 않다. 따라서 이혼 당사자 각자가 보유한 적극재산에서 소극재산을 공제하는 등으로 재산상태를 따져 본 결과 재산분할 청구의 상대방이 그에게 귀속되어야 할 몫보다 더 많은 적극재산을 보유하고 있거나 소극재산의 부담이 더 적은 경우에는 적극재산을 분배하거나 소극재산을 분담하도록 하는 재산분할은 어느 것이나 가능하다고 보아야 하고, 후자의 경우라고 하여 당연히 재산분할 청구가 배척되어야 한

다고 할 것은 아니다. 그러므로 소극재산의 총액이 적극재산의 총액을 초과하여 재산분할을 한 결과가 결국 채무의 분담을 정하는 것이 되는 경우에도 법원은 그 채무의 성질, 채권자와의 관계, 물적 담보의 존부 등 일체의 사정을 참작하여 이를 분담하게 하는 것이 적합하다고 인정되면 그 구체적인 분담의 방법 등을 정하여 재산분할 청구를 받아들일 수 있다 할 것이다. 그것이 부부가 혼인 중 형성한 재산관계를 이혼에 즈음하여 청산하는 것을 본질로 하는 재산분할 제도의 취지에 맞고, 당사자 사이의 실질적 공평에도 부합한다.

해 설

1. 재산분할에서 채무의 취급

판례는 부부 일방이 혼인 중 제3자에게 부담한 채무는 일상가사에 관한 것 이외에는 원칙으로 그 개인의 채무로서 청산의 대상이 되지 않으나 그것이 공동재산의 형성에 수반하여 부담한 채무일 때에는 청산의 대상이 된다고 하여(대판 1993.5.25, 92므501 등), 일상가사에 관한 채무와 공동재산의 형성에 수반하여 부담한 채무를 재산분할에서 고려하고 있다. 다만 여기서 채무가 청산의 대상이 된다고 하는 것은 채무 그 자체를 분할한다는 의미가 아니라, 재산분할의 대상이 되는 재산을 산정할 때 적극재산에서 공제한다는 의미이다.

그런데 부부의 적극재산에서 청산의 대상이 되는 채무를 공제하면 0이거나 마이너스가 되면 어떤가? 종래의 판례는 부부 일방이 청산의 대상이 되는 채무를 부담하고 있어 총 재산가액에서 위 채무액을 공제하면 남는 금액이 없는 경우에는 상대방의 재산분할 청구는 받아들여질 수 없다고 보고 있었다(대판 1997.9.26, 97므933; 2002.9.4, 2001므718 등).

이러한 판례를 어떻게 이해하여야 하는지에 관하여도 견해가 일치하지 않았다. 즉 부부 쌍방의 총적극재산의 가액에서 총채무액을 공제하여 남는 순재산이 없는 경우에는 부부 어느 쪽의 재산분할 청구도 받아들일 수 없다는 것인지, 또는 재산분할의 상대방의 소극재산이 상대방의 적극재산을 초과하는 경우에 재산분할이 허용되지 않는다는 것인지, 아니면 재산분할 상대방의 소극재산이 부부 쌍방의 총적극재산을 초과하는 경우에 적용된다는 것인지 의견이 나누어졌다. 그러나 일반적으로는 첫째의 견해와 같이 이해되었다.

2. 대상판결

그런데 이러한 판례에 대하여는 소극재산이 적극재산을 초과하는 경우에도 재산분할을 허용할 필요가 있다는 주장이 유력하게 제기되었다. 그리하여 대상판결의 다수의견은 종전의 판례를 변경하여 이러한 경우에도 재산분할이 허용된다고 판시하였다. 그런데 이러한 다수의견에 대하여는 종래의 판례와 마찬가지로 재산분할을 허용하여서는 안 된다고 하는 반대의견과, 채무의 총액이 적극재산의 총액을 초과하는 경우 가운데 재산분할 청구의 상대방 명의로 순재산이 남아 있는 때에는 순재산가액을 한도로 재산분할을 명할 수 있다는 제1별개의견 및 상대방이 적극재산을 가지고 있는 경우에는 소극재산이 적극재산을 초과한다는 사유만으로 재산분할을 부정할 것이 아니라, 일단 재산분할 청구 자체는 가능하다고 하는 제2별개의견이 있었다.

반대의견은 그 중요한 논거로서, 839조의2에서 분할의 대상으로 규정한 '재산'이라는 말은 일반적으로 재화와 자산을 통틀어 이르는 말로 사용될 뿐 채무를 포함하는 의미로 사용되지 않는다는 점을 든다.

또한 제1별개의견은 특히 재산분할과 관련하여 제3자인 채권자에 대한 관계에서 직접적으로 효력이 생기게 하는 특별한 규정을 두고 있지 않은 우리 민법 하에서는 다수의견과 같이 채무의 분담을 명하는 형태의 재산분할이 이루어지더라도 실질적인 경제적 만족을 얻기 어려우므로 그 효과는 반감된다고 하면서, 다만 재산분할 청구의 상대방 명의로 순재산이 남아있는 때에는 단지 청산의 대상이 되는 채무의 총액이 적극재산의 총액을 초과한다는 이유만으로 재산분할 청구를 허용하지 않는다면 청구인은 아무런 재산분할을 받지 못하고 채무만을 분담하게 되는 반면, 상대방은 이혼 후에도 그 명의의 순재산을 그대로 보유하게 되어 현저히 공평에 반한다고 하였다. 이 사건에서는 청산의 대상이 되는 채무액이 총 재산가액을 초과하지만 X(반소피고)는 순재산 2,214,730원을 보유하고 있으므로 그 한도 내에서는 재산분할이 가능하다는 것이다.

그리고 제2별개의견은 단기간 내에 또는 장래에 상당한 적극재산을 취득할 수 있는 확실한 경제력이 있는 경우에는 이를 실질적인 적극재산과 같이 취급하여 이를 고려한 재산분할의 방법을 정할 수 있다는 점을 강조하고 있다.

3. 검 토

종래의 판례와 같이 총 재산가액에서 청산의 대상이 되는 채무액을 공제하면 남는 금액이 없는 경우에는 재산분할 청구는 받아들여질 수 없다고 하는 것은, 재산 형성에 대한 기여가 큰 사람의 기여를 제대로 보상할 수 없는 결과가 되고, 이 점에서 문제가 있었다. 그러나 현실적으로는 이러한 경우에 재산분할을 허용하는 것도 여러 가지 문제점을 낳는다.

이러한 경우에 고려될 수 있는 분할방식으로는 상대방으로 하여금 일방의 채무를 인수하도록 명하는 것(채무인수방식)과, 상대방이 분담하여야 할 채무상당액을 지급하게 하는 것(대상분할방식)이 있다. 그런데 채무인수방식의 경우에는 법원이 이혼한 부부 사이에 채무인수를 명하는 재산분할심판을 하더라도 제3자인 채권자가 그에 따라야 할 의무는 없고, 채권자가 채무인수를 승낙하지 않으면 그 심판은 실효가 없을 것이다.

그리고 대상분할방식의 경우에도 재산분할 청구인이 대상분할방식에 따라 상대방으로부터 분담채무 상당액을 지급받더라도 그 돈으로 자신의 채무를 이행하지 않는다면 그 채무는 여전히 남아있게 된다. 뿐만 아니라 현실적으로 상대방이 자력이 없다면 그러한 대상분할을 명하더라도 실제로 집행할 가능성은 별로 없다.

다른 한편 두 개의 별개의견처럼 재산분할의 상대방에게 적극재산이 있는 경우에만 재산분할을 명한다면 이러한 문제점은 어느 정도 해소되지만, 재산분할에서는 쌍방의 재산을 아울러 고려하여야 하는 것인데, 왜 채무초과인 경우에는 그러한 원칙을 따르지 않는 것인지 명확하지 않다.

참고문헌

김인유, 채무만을 대상으로 한 재산분할, 경북대 법학논고 46집, 2014.

박근웅, 채무에 대한 재산분할청구, 연세대 법학연구 25권 3호, 2015.

오상진, 재산분할에 있어서 소극재산이 적극재산을 초과하는 경우, 가족법연구 18권 2호, 2004.

이동진, 재산분할과 채무, 가족법연구 26권 3호, 2012.

이승원, 부부 쌍방의 총 소극재산이 총 적극재산을 초과하는 경우에도 이혼에 따른 재산분할이 가능한지, 사법 25호, 2013.

장재형, 소극재산 초과 시의 재산분할과 채무의 분담, 인권과 정의 2013.12.

전경근, 이혼시 재산분할에 있어서 채무분할, 전북대 법학연구 40집, 2013.

전보성, 소극재산이 적극재산을 초과하는 경우 재산분할방법에 관한 시론, 민사판례연구 30권, 2008.

정구태, 부부 쌍방의 소극재산 총액이 적극재산 총액을 초과하는 경우에도 재산분할이 가능한지 여부, 조선대학교 법학논총 20권 2호, 2013.

[판례 140]

혼인이 파탄된 후에 일방 배우자와 성적 행위를 한 제3자가 상대방 배우자에 대하여 손해배상책임을 부담하는지 여부

대법원 2014.11.20. 선고 2011므2997 전원합의체 판결

사 실

X(남자)와 A(여자)는 1992.10.19. 혼인신고를 마치고 법률상 부부로서 생활하다 경제적인 문제, 성격 차이 등으로 불화를 겪었다. A는 2004.2.경 가출하여, 이때부터 별거가 시작되었다. A는 2008.4.29. 원고를 상대로 이혼청구의 소를 제기하여 2008.9.26. 이혼판결이 선고되었다. 이에 X가 항소하고 A를 상대로 이혼청구의 반소를 제기하였는데, 그 항소심에서 2010.6.18. '본소 및 반소에 의하여 소외인과 원고는 이혼하고, 본소 및 반소의 위자료 청구를 모두 기각한다'는 내용의 판결이 선고되었고, 2010.9.30. 이에 대한 원고의 상고가 기각됨으로써 그대로 확정되었다.

한편 Y는 2006년 봄경 등산모임에서 A를 알게 되어 친밀하게 지내왔는데, 위 이혼소송이 항소심에 계속 중이던 2009.1.29. 밤에 A의 집에서 A와 애무하는 등 신체적 접촉을 가지다가 당시 밖에 있던 X가 출입문을 두드리는 바람에 그만두었다.

X는, Y가 2009.1.29. A와 부정한 행위를 함으로써 X와 A의 혼인관계가 파탄에 이르렀다고 주장하면서 위자료의 지급을 청구하였다.

1심은 Y가 A를 만날 무렵에는 이미 X와 A의 혼인관계가 불화 및 장기간의 별거로 파탄되어 그 파탄상태가 고착된 이후로서, Y가 A와 부정한 관계를 맺었다고 하더라도 이로 인하여 X와 A의 혼인관계가 파탄되었다고 볼 수는 없다는 이유로 X의 청구를 기각하였다. 반면 원심은 배우자 있는 사람과 부정한 행위를 한 자는 그 사람의 배우자에 대하여 불법행위를 구성하고, 따라서 그로 인하여 그 사람의 배우자가 입은 정신상의 고통을 위자할 의무가 있다고 하여 X의 청구를 일부 인용하였다.

그러나 대법원 전원합의체는 원심판결을 파기환송하였다. 여기에는 대법관 3인의 별개의견이 있었다.

이 유

제3자도 타인의 부부공동생활에 개입하여 부부공동생활의 파탄을 초래하는 등 혼인의 본질에 해당하는 부부공동생활을 방해하여서는 아니 된다. 제3자가 부부의 일방과 부정행위를 함으로써 혼인의 본질에 해당하는 부부공동생활을 침해하거나 유지를 방해하고 그에 대한 배우자로서의 권리를 침해하여 배우자에게 정신적 고통을 가하는 행위는 원칙적으로 불법행위를 구성한다.

부부간의 애정과 신뢰가 바탕이 되어야 할 혼인의 본질에 해당하는 부부공동생활 관계가 회복할 수 없을 정도로 파탄되고 혼인생활의 계속을 강제하는 것이 일방 배우자에게 참을 수 없는 고통이 되는 경우에는 위 이혼사유에 해당할 수 있다. 이에 비추어 보면 부부가 장기간 별거하는 등의 사유로 실질적으로 부부공동생활이 파탄되어 실체가 더 이상 존재하지 아니하게 되고 객관적으로 회복할 수 없는 정도에 이른 경우에는 혼인의 본질에 해당하는 부부공동생활이 유지되고 있다고 볼 수 없다.

따라서 비록 부부가 아직 이혼하지 아니하였지만 이처럼 실질적으로 부부공동생활이 파탄되어 회복할 수 없을 정도의 상태에 이르렀다면, 제3자가 부부의 일방과 성적인 행위를 하더라도 이를 두고 부부공동생활을 침해하거나 유지를 방해하는 행위라고 할 수 없고 또한 그로 인하여 배우자의 부부공동생활에 관한 권리가 침해되는 손해가 생긴다고 할 수도 없으므로 불법행위가 성립한다고 보기 어렵다. 그리고 이러한 법률관계는 재판상 이혼청구가 계속 중에 있다거나 재판상 이혼이 청구되지 않은 상태라고 하여 달리 볼 것은 아니다.

해 설

1. 종래의 판례

판례는 이전부터 배우자 있는 사람이 다른 사람과 부정행위를 한 경우에는 원래의 배우자가 부정행위의 상대방에 대하여 정신상 고통으로 인한 위자료를 청구할 수 있다고 보았다(대판 1967.4.25, 67다99; 1981.7.28, 80다1295; 2005.5.13, 2004다1899 등).

위 대판 1981.7.28, 80다1295는, 처가 있는 남성과 동거생활을 한 여성은 고의 또는 과실이 있는 한 그 남성의 처에 대하여 불법행위를 구성하고 따라서 그로 인하여 처가 입은 정 신상의 고통을 위자할 의무가 있지만, 여성이 자녀 있는 남성과 동거생활을 함으로써 그 자녀들이 일상생활에 있어서 부친으로부터 애정을 품고 그 감호교육을 받을 수 없게 되었다 하여도 그 여성이 악의로써 부친의 자녀에 대한 감호 등을 적극적으로 저지하는 등 특단의 사정이 없는 한 위 여성의 행위는 자녀에 대하여 불법행위를 구성하는 것은 아니라고 하였고, 대판 2005.5.13, 2004다1899도 같은 취지이다.

그리고 대상판결이 선고된 후의 대판 2015.5.29, 2013므2441은, 부부의 일방과 제3자가 부담하는 불법행위책임은 공동불법행위책임으로서 부진정연대채무 관계에 있다고 하였다.

2. 학 설

종래의 학설은 일반적으로는 위와 같은 판례를 지지하였고, 혼인이 파탄되었는지 여부는 특별히 고려하지 않았다. 그러나 근래에는 다른 견해가 주장되고 있다.

한 설은 제3자가 성적 성실의무의 직접적인 당사자가 아니고, 배우자 일방의 완전한 자유의사에 의한 행위라면 이는 그 배우자만 책임을 지면 될 것이므로, ① 제3자가 가정질서를 파탄시킬 적극적인 의사를 가지고 ② 일방 배우자를 기망, 협박 등 사회상규에 반하는 방법으로 유도하여 육체적 관계에 이르게 하는 행위의 경우에 위법성이 인정되고, 그 방법이 독립적으로 불법행위로 평가될 정도는 아니라 하더라도 가정질서를 파탄시킬 적극적인 의사가 있다면 이러한 경우에는 사회상규에 반하는 방법으로서 인정하는 것이 가능하다고 주장한다. 또한 이 설은 혼인관계가 이미 파탄에 이른 후에 단순히 이혼만 되지 않은 상태에서 이루어진 부정가담행위에 대하여까지 가정질서를 보호하고, 배우자의 혼인관계 유지의 자유에 대한 인격적 이익을 보호해야 할 필요는 없고, 또한 제3자가 파탄시킬 대상도 없으므로 이에 대하여는 위법성을 부인해야 한다고 주장한다.

다른 설은 배우자 일방의 성적 성실의무위반에 가담한 제3자의 행위태양이 강한 위법성을 띠는 경우, 예를 들어 스캔들을 일으키는 행위, 정신적 폭력에 가까운 언동에 의한 가해행위 및 이혼 등 배우자관계를 단절시키려는 “책략(les manoeuvres)” 행위로 부정행위를 한 배우자의 타방 배우자의 혼인생활을 방해하여 특별한 피해를 입힌 경우에만 불법행위가 성립한다고 주장한다.

3. 대상판결

대상판결은 부부가 아직 이혼하지 아니하였지만 실질적으로 부부공동생활이 파탄되어 회복할 수 없을 정도의 상태에 이르렀다면, 제3자가 부부의 일방과 성적인 행위를 하더라도 배우자의 부부공동생활에 관한 권리가 침해되는 손해가 생긴다고 할 수도 없으므로 불법행위가 성립한다고 보기 어렵다고 하였다.

반면 별개의견은, 부부공동생활이 파탄되어 회복할 수 없는 상태에 이르렀다고 하여도 이혼 절차나 부부 일방의 사망에 의하여 혼인관계가 해소되지 아니하는 이상 법률상 부부는 여전히 법적인 권리의무가 있다고 하여 다수의견에 반대한다. 부부공동생활의 실체가 소멸되었다고 하여도 상대방 배우자가 종용 또는 유서하거나 법률혼이 해소되지 아니한 이상 간통죄의 성립이 부정될 수 없는데, 다수의견에 의하면 형사 처벌되는 간통행위가 손해배상책임을 물을 때는 위법성이 부정되는 것이 되어 법체계상 모순되는 결과가 발생하게 된다는 것이다.

다만 부부공동생활이 파탄되어 이를 회복할 수 없는 상태에 이른 후에 그러한 상황을 인식하고 있는 부부 일방이 배우자에게 이혼의사를 표시한 경우라면, 이를 장래에 향하여 배우자의 성적 성실의무 등을 면제 내지 소멸시키려는 의사로 인정할 수 있고, 또한 민법 840조 6호에 의하여 이혼이 가능한 파탄상태에서 실제로 부부 일방으로부터 이혼청구가 있는 경우에는 부부 상호 간에 성적 성실의무의 소멸을 인정할 수 있다고 한다. 그리하여 대상판결의 경우에는 Y가 A와 이 사건 성적 행위를 하였을 당시 이미 X와 A의 혼인생활은 객관적으로 회복할 수 없을 정도로 파탄되어 있었고, A와 X 사이에 이혼청구의 본소 및 반소가 제기되어 혼인관계의 해소를 앞두고 있었으므로, Y가 A와 위와 같은 성적 행위를 한 것은 X에 대한 불법행위를 구성한다고 보기 어렵다고 하였다.

한편 다수의견에 대한 보충의견은, 간통죄에 의한 형사적인 처벌과 제3자의 부부의 일방과의 성적 행위로 인한 민사적인 불법행위책임은 그 제도의 입법 목적과 법적 효과가 다르므로 항상 동일한 결론에 이르러야 한다고 단정하기 어렵다고 하면서, 간통죄의 위헌성 여부 등을 둘러싸고 형사정책적 · 입법적 논쟁이 계속되고 있으므로, 부부의 파탄상태가 고착화되어 부부공동생활의 실체가 소멸하고 객관적으로 그 회복을 기대할 수 없을 정도의 상태에까지 이르렀다면 종용의 의사표시를 추인하거나 묵시적인 종용의 의사표시를 인정하는 등의 해석론도 고려될 수 있다고 하였다.

4. 검 토

대상판결의 다수의견은 별개의견이 지적하는 것처럼 유책배우자의 이혼청구는 원칙적으로 허용되지 않는다는 것(위 **[판례 136]**)과, 혼인 파탄 후에도 간통죄가 성립할 수 있다는 것과는 다소 조화되지 않는다. 다만 간통죄는 헌법재판소결 2015.2.26, 2009헌바17에 의하여 위헌으로 선고되었다.

그리고 유책배우자의 이혼청구가 허용되지 않는다고 하여도, 혼인관계가 파탄된 후에는 보호되어야 할 부부공동생활은 더 이상 존재하지 않는다고 볼 수 있으므로, 이 점에서 다수의견을 수긍할 수 있다.

그리고 특별한 사정이 있는 경우에만 제3자의 손해배상책임을 인정하여야 한다는 주장은 신중하게 검토할 필요가 있다.

5. 그 후의 판례

대판 2021.6.24, 2017므13586는 배우자의 부정행위가 있음을 안 후 3년이 지나 배우자에 대하여는 이혼 및 위자료를, 부정행위의 상대방에 대하여는 위자료를 청구한 사안에서, 부정행위 상대방의 766조 1항에 의한 3년의 소멸시효가 완성되었다고 본 원심판결에 위법이 없다고 하였다.

배우자를 상대로 하는 위자료청구에서 이혼 원인을 이유로 하는 정신적 고통으로 인한 위자료(이혼원인 위자료, 부정위자료도 포함됨)와 이혼 자체로 인한 정신적 고통으로 인한 위자료(이혼위자료)의 관계에 대하여는 학설상 양자를 구별하여야 한다는 준별설(峻別說)과 양자를 구별할 필요가 없다고 하는 일체설(一體說)의 논의가 있는데, 대법원 판례는 반드시 분명하지 않고, 학설상으로는 준별설이 우세한 것으로 보인다. 그러나 위 판례는 부정행위의 상대방에 대하여는 이혼 자체로 인한 위자료를 인정하지 않은 것처럼 보인다.

그리고 대판 2023.12.21, 2023다265731 판결은 대상판결을 인용하면서, 부부의 일방과 부정행위를 한 제3자가 실질적으로 부부공동생활이 파탄되어 회복할 수 없을 정도의 상태에 이르게 된 원인을 제공한 경우라 하더라도, 배우자 아닌 자와의 성적인 행위가 부부공동생활이 실질적으로 파탄되어 실체가 더 이상 존재하지 아니하거나 객관적으로 회복할 수 없는 정도에 이른 상태에서 이루어졌다면 불법행위가 성립하지 않는다고 하였다. 이 사건에서 원심은 부정행위를 한 배우자와 상대방 배우자인 원고의 혼인관계가 부정행위의 상대방인 피고와 원고의 배우자의 부정행위로 인하여 사실상 파탄에 이른 사실을 인정하고, 대상판결은 원용하기 어렵다고 하여 파탄상태에서 이루어진 것으로 소멸시효가 완성되지 아니한 부정행위에 대해 피고가 원고에게 불법행위책임을 진다고 하였다. 원고의 배우자는 이혼하지 않은 상태에서 사망하였다. 그러나 대법원은 대상판결이 이 경우에도 적용된다고 보아 원심판결을 파기한 것이다.

참고문헌

박설아, 제3자에 대한 이혼위자료청구권과 소멸시효, 가족법연구 37권 2호, 2023.

서종희, 배우자 일방과 간통한 상간자(相姦者)의 타방배우자 및 그 자녀에 대한 불법행위책임에 대한 소고, 일감법학 48호, 2021.

서종희, 이혼원인 위자료와 이혼자체 위자료의 준별, 안암법학 64권, 2022.

이동국, 제3자의 부정행위 가담으로 인한 불법행위의 성립, 저스티스 97호, 2007.

이동진, 부부관계의 사실상 파탄과 부정행위(不貞行爲)에 대한 책임, 서울대학교 법학 54권 4호, 2013.

한삼인 · 김상헌, 혼인 파탄 후 제3자의 부부 일방과의 성적 행위에 따른 불법행위 성립 여부, 한양대 법학논총 32권 4호, 2015.

홍춘의 · 송문호 · 태기정, "부부의 일방과 성적인 행위를 한 제3자의 손해배상책임", 전북대학교 법학연구 51집, 2017.

[판례 141]

공동양육을 명할 수 있는 기준

대법원 2020.5.14. 선고 2018므15534 판결

사 실

X(여자)와 Y(남자)는 2016.12.27. 혼인신고를 한 법률상 부부로, 그 사이에 2017.6.22. 아들 A(사건본인)가 태어났다. X는 혼인 초부터 길고양이 8마리를 데려와 집에서 키우고 있었는데, A를 고양이와 함께 키우는 문제로 X와 Y 사이에 다툼이 발생하였고, 다툼 끝에 2017.7.9. X의 동의하에 Y가 사건본인을 본가로 데리고 갔다. X는 Y를 상대로 이혼 및 양육자지정 등을 청구하였다. 1심은 이혼을 명하고, A의 친권자 및 양육자로 X를 지정하였으며, Y에게 양육비 지급을 명하고, Y가 A를 매주 금요일 17시부터 일요일 17시까지 면접교섭할 수 있다고 하였다. Y는 이혼 부분에 대하여는 불복하지 아니하여 원심에서는 A의 양육 부분이 다투어졌다. 원심은 A의 친권자 및 양육자로 X와 Y를 공동으로 지정하고, 공동양육의 방법으로 X는 매주 일요일 17시부터 금요일 17시까지, Y는 매주 금요일 17시부터 일요일 17시까지 사건본인을 각 양육한다고 하였으며, X와 Y는 공동명의 계좌를 개설한 후, A의 양육비로 A가 성년에 이르기 전날까지 X는 월 30만 원씩을, Y는 월 90만 원씩을 매월 말일에 위 계좌에 각 입금하도록 명하였다.

그러나 대법원은 원심판결을 파기하였다.

이 유

부모가 이혼하는 경우에 미성년인 자녀의 양육자를 정할 때에는, 미성년인 자녀의 성별과 연령, 그에 대한 부모의 애정과 양육의사의 유무는 물론, 양육에 필요한 경제적 능력의 유무, 부와 모가 제공하려는 양육방식의 내용과 합리성·적합성 및 상호간의 조화 가능성, 부 또는 모와 미성년인 자녀 사이의 친밀도, 미성년인 자녀의 의사 등의 모든 요소를 종합적으로 고려하여, 미성년인 자녀의 성장과 복지에 가장 도움이 되고 적합한 방향으로 판단하여야 한다.

부모가 이혼하는 경우 법원이 친권자를 정하거나 양육자를 정할 때 반드시 단독의 친권자나 양육자를 정하도록 한 것은 아니므로 이혼하는 부모 모두를 공동양육자로 지정하는 것도 가능하다. 그러나, 재판상 이혼에서 이혼하는 부모 모두를 공동양육자로 정할 때에는 그 부모가 부정행위, 유기, 부당한 대우 등 첨예한 갈등이나 혼인을 계속하기 어려운 사유로 이혼하게 된 것이라는 점을 고려하여 그 허용 여부는 신중하게 판단할 필요가 있다. 게다가 공동양육의 경우 자녀가 부모의 주거지를 주기적으로 옮겨 다녀야 하는 불편함이 있고, 자녀는 두 가정을 오가면서 두 명의 양육자 아래에서 생활하게 되어 자칫 가치관의 혼란을 겪거나 안정적인 생활을 하지 못하게 될 우려가 있으며, 부모 사이에 양육방법을 둘러싸고 갈등이 계속되는 경우에는 공동양육을 통해 달성하고자 하는 긍정적인 효과보다는 그 갈등이 자녀에게 미칠 부정적 영향이 크다는 점에서 보더라도 그러하다. 따라서 재판상 이혼의 경우 부모 모두를 자녀의 공동양육자로 지정하는 것은 부모가 공동양육을 받아들일 준비가 되어 있고 양육에 대한 가치관에서 현저한 차이가 없는지, 부모가 서로 가까운 곳에 살고 있고 양육환경이 비슷하여 자녀에게 경제적 · 시간적 손실이 적고 환경 적응에 문제가 없는지, 자녀가 공동양육의 상황을 받아들일 이성적 · 정서적 대응능력을 갖추었는지 등을 종합적으로 고려하여 공동양육을 위한 여건이 갖추어졌다고 볼 수 있는 경우에만 가능하다고 보아야 한다.

그러나 X와 Y는 계속하여 공동양육이 아니라 자신을 단독 친권자 및 양육자로 지정하여 줄 것을 청구하였고, 현재로서는 X와 Y가 가까운 장래에 서로 의견을 조율하여 공동양육과 그 방법에 대하여 서로 원만하게 협력할 것을 기대하기는 어려워 보인다. 설령 원심이 의도한 바대로 X와 Y가 향후 A를 공동양육하는 과정에서 필요한 사항을 충분히 협의할 수 있게 되더라도 이것이 공동양육을 통하여 X와 Y의 거주지를 오가면서 부모 각각의 양육에 대한 결정에 따르게 되고 서로 다른 물리적 환경에 처하게 될 A의 경제적 · 시간적 손실과 정서적 불안정을 감소시키는 데 크게 기여할 것으로 보이지도 않는다. 오히려 일방에 대한 양육자 지정과 상대방에 대한 면접교섭을 통해서도 원심이 공동양육자 지정을 통해 달성하고자 한 목적을 대부분 달성할 수 있을 것으로 보인다.

그런데도 원심은 X와 Y를 사건본인의 공동양육자로 지정하고 공동양육 방법을 정하였으므로, 이러한 원심의 판단에는 양육자 지정에 관한 법리를 오해하는 등으로 판결에 영향을 미친 잘못이 있다.

해 설

1. 친권자와 양육자의 지정

친권자와 양육자를 법원이 지정하는 것은 대부분 부모가 이혼하는 경우이다. 민법은 부모의 법적인 권리 의무인 친권과 실제로 자녀를 기르는 양육을 분리하여 규정하고 있고(837조, 909조 등), 친권자의 지정과 양육자의 지정도 별개로 이루어진다.

민법이 친권과 양육권을 분리하여 각각 다른 부모에게 귀속할 수 있다고 규정하는 것은 1990년 민법 개정 전에는 이혼 후에 친권은 언제나 아버지에게 귀속되도록 규정되어 있었으므로, 어머니에게 양육권이라도 부여하기 위해서였다. 그러나 양육권은 친권이라는 개념으로 통합되어야 한다는 주장이 있다.

그렇지만 현실적으로 반드시 친권자와 양육자가 일치하여야 할 이유는 없다. 예컨대 친권은 부모가 공동으로 행사하지만, 양육은 그 중 한 사람만이 담당하는 것이 적절한 경우도 있다. 그러므로 예컨대 이혼한 부모 쌍방이 공동친권자로서 친권을 행사하지만, 양육은 그 중 한 사람이 담당할 수도 있다. 가정법원은 부모가 공동으로 친권을 행사할 수 있도록 명할 수 있다(대판 2012.4.13, 2011므4719). 그런데 위 2011므4719 판결은 이혼 후 자에 대한 양육권이 부모 중 어느 일방에, 친권이 다른 일방에 귀속되는 것으로 정하는 것도 허용된다고 하였으나, 적어도 부모인 양육자는 특별한 사정이 없는 한 친권을 가져야 할 것이다. 친권 없는 양육은 자녀의 복리를 해칠 우려가 있다.

2. 친권자 및 양육자를 정하는 기준

법원이 친권자 및 양육자를 정하는 기준은 제1차적으로는 자녀의 최선의 복리(the best interest of the child)이다. 912조 2항은 친권자의 지정에 관하여, "가정법원이 친권자를 지정함에 있어서는 자(子)의 복리를 우선적으로 고려하여야 한다"라고 규정하고 있고, 837조도 양육자의 결정에 관하여 자녀의 복리를 고려하여야 하는 것으로 규정하고 있다.

그러나 자녀의 최선의 이익이라는 기준은 불확정하다는 비판을 받는다. 미국에서는 종전에 '어린 시절의 추정(tender years presumption)' 내지 '모 선호(maternal preference)'의 원칙이 많이 적용되었다. 이 원칙은 자녀가 어릴 때에는 어머니와의 애착이 중요하므로, 이혼 시의 양육자를 지정할 때에는 어머니가 부적합하다는 증명이 없는 한 어머니를 양육자로 하여야 한다는 것이다. 그러나 1970년대 이래로 이러한 어린 시절의 추정은 평등권 위반이라는 이유로 각 주 법원이 위헌이라고 하거나, 아니면 각 주가 이를 폐지하는 법률을 제정하였다. 우리나라에서도 본래의 의미에서의 어린 시절의 추정 원칙을 채택할 수는 없다. 그러나 현실적으로는 부와 모 중 누가 양육자로 적합한지를 판단하기 어려울 때 최종적 결정 요소로 작용하는 것으로 보인다. 실무상으로는 어머니가 양육자로 결정되는 비율이 많다.

이외에 미국에서는 이혼 전에 자녀의 일상생활을 돌보고 식사, 의복, 목욕 및 건강을 돌보던 사람을 양육자로 한다는 '제1차적 보호자 추정(primary caretaker presumption)'의 원칙이나, 양육자가 누가 될 것인가에 관하여 다툼이 있을 때에는, 법원은 자녀가 부 및 모와 보내는 시간의 비율이 부부가 별거하기 전에 부모가 자녀를 돌보는 데 들인 시간의 비율에 가깝게 정해야 한다는 근사성의 규칙(approximation rule) 내지 과거의 돌봄기준(past caretaking standard)이 논의되고 있으나, 아직 통일적인 기준은 없는 것 같다.

3. 종래의 판례

이 점에 관한 최초의 대법원 판례는 대판 2008.5.8, 2008므380이다. 이 판결은 일반론으로 다음과 같이 판시하였다. “부모가 이혼하는 경우에 부모 중 누구를 미성년인 자의 친권을 행사할 자 및 양육자로 지정할 것인가를 정함에 있어서는, 미성년인 자의 성별과 연령, 그에 대한 부모의 애정과 양육의사의 유무는 물론, 양육에 필요한 경제적 능력의 유무, 부 또는 모와 미성년인 자 사이의 친밀도, 미성년인 자의 의사 등의 모든 요소를 종합적으로 고려하여 미성년인 자의 성장과 복지에 가장 도움이 되고 적합한 방향으로 판단하여야 한다.” 이러한 판례의 일반론은 대상판결을 비롯한 이후의 판례에서도 자주 인용되고 있다.

그 사건 원심에서는 주로 어머니에게 경제적 능력이 부족하다는 것을 주된 근거로 양육자를 아버지로 지정하였다. 그러나 대법원은 어머니가 자녀들을 양육해 오고 있는데, 그 동안 그 양육에 특별한 문제가 있었던 것으로는 보이지 아니하는 점, 어머니가 사건본인들의 양육에 필요한 경제적 능력을 구비하고 있는지에 의문이 있을 수 있으나, 이는 원고와 양육비를 분담함으로써 어느 정도 극복할 수 있다고 볼 것인 점 등을 강조하면서, 자녀들에 대한 현재의 양육상태에 변경을 가하여 아버지를 그 친권자 및 양육자로 지정하는 것이 정당하기 위하여는, 어머니로 하여금 계속하여 양육하게 하는 것이 자녀들의 건전한 성장과 복지에 도움이 되지 아니하고 오히려 방해가 되고, 어머니를 친권자 및 양육자로 지정하는 것이 자녀들의 건전한 성장과 복지에 도움이 된다고 볼 수 있어야 한다는 사정이 있어야 한다고 판시하였다.

대판 2010.5.13, 2009므1458, 1465도 마찬가지 취지에서, 아버지가 자녀를 양육하고 있던 현재의 상태에 변경을 가하여 어머니를 친권행사자 및 양육자로 지정하는 것이 정당화되기 위하여는 그러한 변경이 현재의 양육상태를 유지하는 경우보다 사건본인의 건전한 성장과 복지에 더 도움이 된다는 점이 명백하여야 한다고 판시하였다.

대판 2021.9.30, 2021므12320, 12337도 같은 취지로 판시하면서, 재판을 통해 비양육친이 양육자로 지정된다고 하더라도 미성년 자녀가 현실적으로 비양육친에게 인도되지 않는 한 양육자 지정만으로는, 설령 자녀 인도 청구를 하여 인용된다고 할지라도 강제집행이 사실상 불가능하므로, 비양육친은 미성년 자녀를 양육하지 않으면서도 양육비를 지급할 의무가 없어지므로 경제적으로는 아무런 부담을 갖지 않게 되는 반면, 양육친은 양육에 관한 경제적 부담을 전부 부담하게 되고, 따라서 비양육친이 자신을 양육자로 지정하여 달라는 청구를 하는 경우, 법원은 양육자 지정 후 사건본인의 인도가 실제로 이행될 수 있는지, 그 이행 가능성이 낮음에도 비양육친을 양육자로 지정함으로써 비양육친이 경제적 이익을 누리거나 양육친에게 경제적 고통을 주는 결과가 발생할 우려가 없는지 등에 대해 신중하게 판단할 필요가 있다고 하였다.

그리고 위 판결은, 미성년 자녀의 양육에 있어 한국어 소통능력이 부족한 외국인보다는 대한민국 국민에게 양육되는 것이 더 적합할 것이라는 추상적이고 막연한 판단으로 해당 외국인 배우자가 미성년 자녀의 양육자로 지정되기에 부적합하다고 평가하는 것은 옳지 않다고 하였다.

4. 공동양육의 허부

외국에서는 부모의 이혼 후에도 공동양육을 원칙으로 하는 입법례도 있다. 부모 중 일방을 양육자로 하는 것보다는 공동양육이 자녀의 복리를 위하여 더 바람직하다는 것이다. 그러나 대법원의 판례는 공동양육을 허용할 수 있는 가능성을 부정하지는 않지만, 현실적으로는 부정적으로 보고 있다.

대판 2012.4.13, 2011므4665은 원심이 부모를 공동친권자 및 공동양육자로 지정한 것을 파기환송하였다. 주된 이유는 아버지와 어머니가 서울과 화성시에 각각 거주하고 있어 자녀에게 어려움이 있을 것이라는 점과, 아내가 남편에 대한 강한 적대감을 가지고 있는데 이러한 상황에서 자녀에 대한 친권행사나 양육과 관련하여 아내와 남편이 서로 원만히 협력하기는 쉽지 않아 보이고 이에 관한 갈등은 결국 자녀의 정서적 안정이나 복지에 나쁜 영향을 미칠 것으로 예상되는 점을 들었다.

그리고 대판 2013.12.26, 2013므3383, 2013므3390은, 원고와 피고 사이에 자녀들의 양육방식에 관한 의사나 가치관에 현저한 차이가 있어 서로 첨예하게 대립하고 있고 현재로서는 가까운 장래에 쌍방의 의견을 조율하여 사건본인들의 양육방식에 대한 의사 합치가 이루어질 가능성이 전혀 불투명하다고 하면서, 원고와 피고가 각기 다른 방식과 가치관을 내세워 사건본인들을 양육하려고 할 경우에 예상되는 원고와 피고 사이의 심각한 분쟁 상황 및 이에 따라 자녀들에게 초래될 정신적 혼란이나 갈등 등을 고려하면, 공동양육자 지정 등의 조치가 이 사건에서 사건본인들의 성장과 복지에 가장 도움이 되고 적합한 것이라고 보기에 충분하지 않다고 하였다.

대상판결도 이와 같은 취지이지만, 공동양육을 명할 수 있는 기준을 좀더 명확히 하였다. 즉 부모가 공동양육을 받아들일 준비가 되어 있고 양육에 대한 가치관에서 현저한 차이가 없는지, 부모가 서로 가까운 곳에 살고 있고 양육환경이 비슷하여 자녀에게 경제적 · 시간적 손실이 적고 환경 적응에 문제가 없는지, 자녀가 공동양육의 상황을 받아들일 이성적 · 정서적 대응능력을 갖추었는지 등을 종합적으로 고려하여 공동양육을 위한 여건이 갖추어졌다고 볼 수 있는 경우에만 가능하다고 보아야 한다는 것이다.

결국 이혼한 부부 사이에 갈등이 심하고 공동양육을 받아들일 준비가 되어 있지 않는 경우에는 판례는 공동양육이 자녀의 복리에 도움이 되지 않는다고 보는 것이다. 물론 판례가 공동양육이 원칙적으로 허용되지 않는다고 한 것은 아니지만, 이혼한 부부 사이에 갈등이 있는 것이 보통이므로, 공동양육이 허용될 수 있는 경우는 드물 것이다. 현재 법원의 실무상 공동양육을 명하는 경우는 찾아보기 어렵다고 한다.

그러나 공동양육을 좀더 적극적으로 인정할 필요도 있다. 가령 부모의 전체적인 세계관과 가치관이 크게 다르지 않고, 이혼 소송 중에도 자녀와의 유대관계가 양측 모두 양호하게 우호적으로 지속되어 있으며, 자녀에 대한 강한 애정과 양육의사를 표시하고 있고, 자녀도 부모 쌍방과 같이 살고 싶다는 의사를 보이며, 양측 부모가 거주지가 가깝고 경제적으로도 공동양육이 가능한 등 여러 사정이 인정되는 경우에는 공동양육을 명하는 것도 가능할 것이다.

다른 한편 대상판결의 1심은 X를 양육자로 지정하면서 Y가 A를 매주 금요일 17시부터 일요일 17시까지 면접교섭할 수 있다고 하였는데, 이는 X와 Y를 공동양육자로 지정한 원심과 실질적으로 차이가 없다. 대상판결은 1심과 같이 하더라도 원심이 공동양육자 지정을 통해 달성하고자 한 목적을 대부분 달성할 수 있을 것으로 보인다고 언급하고 있다.

다만 1심은 Y의 양육비 지급 의무를 인정하였는데, 원심은 공동으로 양육비를 부담하도록 하고 그 방법으로 공동명의 예금 계좌를 개설하도록 하였다. 그러나 대법원은 공동양육에 관한 원심의 판단을 유지하기 어려운 이상, 이 부분도 다시 심리하라고 하면서, 공동명의의 예금계좌 개설에 관하여 부정적인 태도를 보였다.

참고로 대상판결과 같은 날 선고된 대판 2020.5.14, 2019므15302은, 원심이 원고를 자녀의 친권자 및 양육자로 지정하면서 자녀의 양육비로 원고와 피고에게 각각 30만 원과 50만 원의 양육비를 부담하도록 하고, 원고와 피고가 원고 또는 자녀 명의로 새로운 예금계좌를 개설하도록 명한 데 대하여, 재판상 이혼 시 친권자와 양육자로 지정된 부모의 일방은 상대방에게 양육비를 청구할 수 있고, 이 경우 가정법원으로서는 자녀의 양육비 중 양육자가 부담해야 할 양육비를 제외하고 상대방이 분담해야 할 적정 금액의 양육비만을 결정하는 것이 타당하며, 예금계좌 개설을 명하는 주문은 불명확할 뿐만 아니라, 그러한 계좌를 개설하는 것이 원고의 양육비 유용이나 원고의 채권자에 의한 강제집행을 효과적으로 막을 수 있는 방법이 될 수 있는지도 분명하지 않다고 하여 원심판결을 파기하였다.

참고문헌

송재일, 미래세대 관점에서 친권, 양육권, 면접교섭권의 개선 제안, 정태윤 · 지원림 교수논문집, 새봄을 여는 민법학, 홍문사, 2023.

양혜원, 자녀보호의 관점에서 본 양육권 문제, 가족법연구 25권 3호, 2011.

윤진수, 미국 가정법원의 현황과 개선논의, 민법논고 7권, 2015.

이수진, 우리 민법에서 이혼과 공동양육 논의의 재고, 가족법연구 37권 1호, 2023.

장준현, 부모의 이혼에 따른 친권행사자 및 양육자 지정의 판단 기준과 고려요소, 대법원판례해설 83호, 2010.

전보성, 친권자 지정 · 변경에 관한 판례의 최근 경향, 민사판례연구 38집, 2016.

정진아, 이혼 후 양육자 지정 및 그 참작요소, 청연논총 13집, 2016.

정윤주, 시티즌십의 관점에서 살펴본 대법원 2021.9.30. 선고 2021므12320, 12337 판결, 사법 60호, 2022

최진섭, 이혼과 자녀, 1994.

[판례 142]

중혼적 사실혼

대법원 1996.9.20. 선고 96므530 판결

사 실

Y(남자)는 1974.경 X(여자)를 알게 되어, 같은 해 5.경 Y의 처 A가 1남 4녀의 자녀를 두고 가출하여 행방불명이 된 채 계속 귀가하지 아니한 상태에서, X에게 7개월 이내에 A와의 혼인관계를 정리하고 X와 혼인하겠다고 하면서 혼인할 것을 제의하고 X가 이를 승낙함에 따라 같은 해 11.30.부터 자녀들과 함께 동거를 시작하였다. 그런데 Y는 계속 A와의 호적관계를 정리하지 아니하여 원고와의 혼인신고를 하지 못하는 상태에 있었으며, 1993.2.경부터는 B라는 여자를 사귀어 동침하는 등 관계를 지속하여 오면서 이를 따지는 X에게 폭행을 가하고 "너는 법적으로 부부가 아니다. 왜 내가 하는 일에 간섭하느냐. 꼴보기 싫다"고 하는 등 구박을 일삼아 왔다. 이에 X는 더 이상 Y와의 동거생활을 유지할 수 없다고 생각하고, 1994.6.초경 가출하였다가 같은 달 10. 22:00경 Y와 B가 여관에서 나오는 현장을 사진 촬영한 후 사실혼의 부당파기를 이유로 한 손해배상과 사실혼해소에 따른 재산분할을 구하는 소를 제기하였다.

원심은 Y에게 위자료 지급 및 재산분할을 명하였으나, 대법원은 원심판결을 파기하였다.

이 유

법률상의 혼인을 한 부부의 어느 한 쪽이 집을 나가 장기간 돌아오지 아니하고 있는 상태에서 부부의 다른 한 쪽이 제3자와 혼인의 의사로 실질적인 혼인생활을 하고 있다고 하더라도 특별한 사정이 없는 한, 이를 사실혼으로 인정하여 법률혼에 준하는 보호를 허여할 수는 없다.

원심이 인정한 사실관계에 의하더라도 Y는 법률상의 처인 A가 자식들을 두고 가출하여 행방불명이 된 채 계속 귀가하지 아니한 상태에서 조만간 A와의 혼인관계를 정리할 의도로 X와 동거생활을 시작하였으나 그 후 X와의 혼인생활이 파탄에 이르게 될 때까지도 Y와 A 사이의 혼인은 해소되지 아니하였다는 것이므로, X와 Y 사이에는 법률상 보호받을 수 있는 적법한 사실혼관계가 성립되었다고 볼 수는 없고, 따라서 X의 Y에 대한 사실혼관계 해소에 따른 손해배상 청구나 재산분할 청구는 허용될 수 없다.

해 설

1. 중혼적 사실혼에 관한 학설

중혼적 사실혼이란 법률상 배우자 있는 자가 다른 이성과 사실혼 관계에 있는 경우를 말한다. 주로 문제되는 것은 전혼인 법률혼이 사실상 파탄 내지 이혼상태에 이르러 부부 공동생활의 실체를 상실한 경우에 사실혼 배우자가 보호를 받을 수 있는가 하는 점이다.

중혼적 사실혼의 효력에 관하여는 일본에서 논의되는 무효설, 유효설 등이 소개되기도 하였으나, 현재 우리나라의 학설은 거의 대부분 중혼적 사실혼은 원칙적으로 보호를 받을 수 없지만, 법률혼이 사실상 이혼상태에 있는 경우에는 사실혼의 성립을 인정할 수 있다고 하는 이른바 상대적 유효설을 지지하고 있다. 그런데 어떤 경우에 법률혼이 사실상 이혼상태에 있는 것으로 볼 것인가에 관하여는 견해가 나누어진다. 우선 법률혼 당사자에게 이혼 의사의 합의가 있어야 된다고 보는 견해가 있다. 그런데 이혼 의사의 합의가 명시적이어야 하는지, 아니면 묵시적인 것으로도 충분한지에 관하여는 의견의 대립이 있다. 또 다른 견해는 법률혼에서 이혼에 관한 합의가 없기는 하지만, 장기간 별거 등으로 인하여 부부로서의 공동생활이 사실상 종료된 경우에도 중혼적 사실혼이 보호될 수 있다고 한다. 나아가 학설들은 대체로 중혼적 사실혼의 경우에도 상대방이 법률혼 상태에 있다는 사실을 알지 못했거나 또는 사실상 이혼상태에 있다고 믿은 선의의 당사자는 보호되어야 한다고 보고 있다.

그리고 중혼적 사실혼이라고 하여 재산분할청구나 위자료 청구를 부정하고 있는 아래에서 보는 판례들에 대하여는, 그러한 경우에는 법률혼에 묵시적인 이혼의사의 합의가 있었다고 보아야 한다거나, 위자료청구는 몰라도 재산분할은 인정하여야 한다는 견해 등의 비판이 있다.

2. 판 례

판례는 중혼적 사실혼은 원칙적으로 보호를 받지 못한다고 보고 있다. 우선 대판 1993.7. 27, 93누1497은, 공무원연금법상 유족으로서 연금수급권자인 “사실상 혼인관계에 있던 배우자”에 법률상 배우자 있는 자의 사실혼 배우자가 포함되는가에 관하여, 사실상 배우자 외에 법률상 배우자가 따로 있는 경우에는, 법률상 배우자 사이에 이혼의사가 합치되어 법률혼은 형식적으로만 존재하고 사실상 혼인관계가 해소되어 법률상 이혼이 있었던 것과 마찬가지로 볼 수 있는 등의 특별한 사정이 없는 한, 법률상의 배우자가 유족으로서 연금수급권을 가지고, 사실상 배우자는 위 법에 의한 유족으로 보호받을 수는 없다고 하였다. 대판 2007.2.22, 2006두18584

도 같은 취지이다.

그리고 판례는 대상판결 전부터 이러한 경우 법률혼관계가 사실상 이혼상태라는 등의 특별한 사정이 없는 한, 재산분할청구나 사실혼 파기로 인한 손해배상 등 법률혼에 준하는 보호를 할 수는 없다고 하였다(대결 1995.7.3, 94스30; 대판 1995.9.26, 94므1638). 대상판결도 이러한 태도를 재확인한 것이다.

다만 대판 1995.9.26, 94므1638은 중혼적 사실혼의 경우에도 나중에 법률혼이 해소되면 그때부터는 다른 사실혼과 마찬가지로 보호될 수 있다고 한다. 대판 2010.9.30, 2010두9631도 같은 취지에서, 중혼적 사실혼일지라도 군인 또는 군인이었던 자의 퇴직 후 61세 전에 법률혼인 전 혼인의 배우자가 사망함으로써 전 혼인이 해소됨과 동시에 통상적인 사실혼이 된 경우 등과 같은 특별한 사정이 있다면, 전 혼인의 배우자 사망 후에는 사실상 혼인관계에 있던 자를 군인연금법 3조 1항 4호에 규정된 배우자로 보아야 한다고 판시하였다.

한편 대판 1977.12.27, 75다1098은 법률상의 처가 근로자와 사실상 이혼하여 다른 사람과 사실혼관계를 맺고 그에 의하여 부양되고 있는 경우에는 근로자의 사망으로 인하여 지급되는 산업재해보상보험법상의 유족보상일시금의 수급권자는 법률상의 처가 아니라 근로자의 사망 당시 그에 의하여 부양되고 있던 중혼적 사실혼의 상대방이라고 하였다. 그러나 이 판결은 법률상 배우자가 다른 사람과 사실혼관계까지 맺었다는 특별한 사정이 있는 경우였다.

3. 근래의 판례

그런데 근래의 판례는 특히 보험에 관하여 이와 약간 다른 취지로 보인다. 대판 2009.12.24, 2009다64161 판결에서는, 기명피보험자의 사실혼 관계 배우자를 승낙피보험자에 포함시키고 있는 자동차종합보험의 부부운전자한정운전 특별약관의 해석상 기명피보험자의 사실혼 배우자로서 법률상 배우자가 있는 사람도 피보험자에 해당하는가가 문제되었다. 대법원은, 중혼에 해당하는 혼인이라도 취소되기 전까지는 유효하게 존속하는 것이고, 이는 중혼적 사실혼이라 하여 달리 볼 것이 아니며, 비록 중혼적 사실혼관계일지라도 법률혼인 전 혼인이 사실상 이혼상태에 있다는 등의 특별한 사정이 있다면 법률혼에 준하는 보호를 할 필요가 있을 수 있다고 하면서, 사실혼 배우자의 법률상 배우자가 집을 나가 행방불명됨으로써 그들의 혼인은 사실상 이혼상태에 이르렀고, 사실혼 당사자들은 부부공동생활을 인정할 만한 혼인의 실체를 갖춘 사실혼관계에 있다면, 사실혼관계가 법률혼에 준하는 보호를 받을 수 있다고 하여, 법률상 배우자가 있는 사실혼 배우자라도 위 약관상의 사실혼 배우자에 해당할 수 있다고 하였다.

또한 대판 2010.3.25, 2009다84141은, 피고들이 각자 법률상 혼인을 한 배우자와 별거하고 있는 상태에서 혼인의 의사로 실질적인 부부생활을 하는 경우이므로, 각자 특별한 사정이 있다는 점을 입증한다면, 피고 중 1인은 자동차종합보험의 부부운전자한정운전 특별약관에서 규정하는 '사실혼 관계에 있는 배우자'에 해당하여 보상을 받을 수 있다고 하였다.

그리고 대판 2002.2.22., 2001도5075는, 중혼적 사실혼으로 인하여 형성된 인척도 성폭력

범죄의 처벌 및 피해자보호 등에 관한 법률 7조 5항 소정의 '사실상의 관계에 의한 친족'에 해당한다고 하였다.

한편 서울고등판 2021.9.8, 2020누48149은, 법률상 배우자가 산업재해보상보험법상의 유족급여의 수급권자라고 주장하였으나, 사망한 근로자의 중혼적 사실혼 배우자가 검사를 상대로 사망한 근로자와의 사이에 사실혼관계존재가 존재하였다는 확인 청구를 하여 법원으로부터 인용판결을 받은 것을 이유로 하여, 법률상 배우자가 아니라 사실혼 배우자가 유족급여의 수급권자라고 하였다. 대법원도 이 판결에 대한 상고를 심리불속행으로 기각하였다(대판 2022.1.27, 2021두55036).

4. 검 토

중혼적 사실혼이 일부일처제를 채택하고 있는 우리나라의 혼인법 질서에 어긋난다는 점은 명백하지만, 중혼적 사실혼관계를 맺은 사람은 일률적으로 공서양속에 어긋나므로 보호할 필요가 없다고 단정할 수는 없다. 중혼적 사실혼관계라고 하여도, 법률혼 배우자와의 혼인이 파탄되었을 뿐만 아니라, 당사자 사이에 이혼의 합의도 존재하지만, 이혼신고만을 하지 않은 상태라면, 구태여 사실혼 배우자의 보호를 거부할 이유는 없다. 학설이나 판례도 이 점에 관하여는 견해가 일치한다. 반대로 법률상 배우자와 공동생활을 여전히 유지하면서 다른 사람과 사실혼관계를 맺고 있는 경우라면, 이러한 사실혼관계를 보호할 필요가 없다는 점도 명백하다.

문제는 법률혼 배우자와의 혼인이 파탄되어 실제 공동생활을 하고 있지는 않으나 아직 이혼의 합의에까지 이르지 않은 경우에, 중혼적 사실혼을 보호할 필요가 있는가 하는 점인데, 이는 일률적으로 가부를 논하기보다는 개별적으로 문제되는 법률관계의 성격 내지 목적을 따져서 결정하여야 한다.

우선 재산분할청구에 관하여는, 재산분할 제도는 당사자들이 사회관념상 부부처럼 보이는 공동생활을 하면서 재산 형성에 기여를 한 경우에 그 보상으로서 인정되는 것이므로, 중혼적 사실혼이라고 하여 이를 부정할 이유는 없다. 만일 이를 부정한다면 일방의 기여로 형성된 재산을 상대방에게 아무런 대가 없이 취득하게 하는 것으로서 부당하다. 이 경우에 재산분할을 허용하면 불법원인급여의 반환을 인정하는 것이어서 문제가 있다는 주장이 있을 수 있으나, 중혼적 사실혼 기간 동안에 재산을 형성한 것이 불법원인급여에 해당하는지도 명백하지 않을 뿐만 아니라, 설령 불법원인급여에 해당한다고 하더라도, 그 상대방인 법률상 배우자 있는 자의 불법성이 재산분할청구를 하는 사람보다 현저하게 크다고 판단된다면 재산분할이 거부되어서는 안 될 것이다.

반면 중혼적 사실혼의 파기로 인한 손해배상청구에 관하여는 달리 볼 필요가 있다. 중혼적 사실혼을 맺는 것은 현행법상 위법하게 평가되는 간통에 해당한다. 따라서 법률상 배우자 있는 자가 사실혼 관계를 해소하겠다고 주장하더라도 이는 위법한 상태를 종결시키겠다는 것이므로 그 자체로는 위법하다고 할 수 없고, 따라서 이를 이유로 하는 손해배상청구는 원칙적으로 허용되어서는 안 될 것이다. 다만 사실혼의 상대방이 선의였던 것과 같이 특별한 사정이 있는 경우에는 손해배상청구를 인정할 수 있을 것이다.

그리고 각종 연금법이나 사회보장 관련 법률에서 법률상 배우자 아닌 중혼적 사실혼의 배우자가 급여수급권자인 유족으로 인정될 수 있는가 하는 점은 당해 법률들을 구체적으로 살펴보아야 한다. 이러한 법률들의 유족급여는 기본적으로 유족의 생활보장을 위한 것으로서, 중혼적 사실혼 배우자라고 하여도 생활보장의 필요성을 부정할 수는 없다. 다른 한편 개별적인 법률규정을 본다면, 급여수급권자인 배우자(사실혼 배우자 포함)를 사망할 당시 공무원 등이 부양하고 있던 사람 또는 근로자가 사망할 당시 그 근로자와 생계를 같이 하고 있던 유족과 같이 범위를 한정하고 있다. 따라서 법률상 배우자라도 사망 당시 실제로 부양을 받고 있지 않거나 생계를 같이하고 있지 않았다면 배우자로서 급여수급권을 주장할 수는 없다. 그러므로 이러한 경우에는 중혼적 사실혼의 배우자라고 하여도 급여수급권을 인정하는 데 특별한 문제가 있다고 보이지는 않는다.

끝으로 자동차책임보험에서 중혼적 사실혼 배우자가 약관상의 승낙피보험자인 사실혼 배우자에 해당하는가 하는 점은 기본적으로는 약관의 해석 문제이고, 중혼적 사실혼의 유무효와 직접 연결되는 문제는 아니다. 그런데 이 경우 보험계약자의 의사는 현재의 사실혼 배우자를 승낙피보험자로 생각하였을 것이고, 이러한 사실혼 배우자를 승낙피보험자로 인정한다고 하여 보험회사에게 특별히 불이익을 주는 것은 아니며, 또 이것이 공서양속에 반한다고 할 수는 없으므로, 현재의 사실혼 배우자도 승낙피보험자로 인정될 수 있을 것이다.

참고문헌

김상준, 혼외가족의 법률문제, 민사판례연구 18권, 1996.
김성대, "중혼적 사실혼의 보호", 민사재판의 제문제 23권, 2015.
김준원, 중혼적 사실혼관계 해소시의 손해배상청구권, 법조 1997.7.
서인겸, 혼인의 실질적 요건을 흠결한 사실혼의 가족법상 보호에 관한 소고, 경희법학 51권 3호, 2016.
이소은, 중혼적 사실혼 배우자의 산업재해보상보험법상 유족급여 수급권, 법조 72권 5호, 2023.
임성근, 사실혼의 보호와 그 한계, 부산판례연구회 판례연구 8집, 1998.
주선아, 중혼적(重婚的) 사실혼의 보호범위, 저스티스 127호(2011.12).
최진갑, 중혼적 사실혼 배우자의 재산분할청구권, 부산판례연구회 판례연구 8집, 1998.
최행식, 사실혼관계의 성립 여부와 그 해소에 따른 보호, 판례월보 1997.10.

[판례 143]

사실혼 당사자 일방이 사망한 경우 재산분할의 가부

대법원 2006.3.24. 선고 2005두15595 판결

사 실

A는 1988년경부터 미혼여자인 X와 같은 집에서 동거하다가 2001.2.20. 갑자기 사망하였다. 그 후 X는 2001.5.17. A의 자녀인 상속인 B와 C를 상대로 서울가정법원에 A의 X에 대한 위자료지급채무와 재산분할금지급채무를 상속인 등이 상속하였음을 이유로 위자료 및 재산분할을 청구하는 소를 제기하였다. 위 법원의 2001.12.18.자 조정기일에서 "B와 C는 X에게 상속인 중 1명의 예금채권을 양도하고 그 양도사실을 각 은행에 통지한다"는 취지로 임의조정이 성립되었다. 위 상속인 등은 2001.7.24. X에게 현금을 증여하고, 2002.3.2. 위 조정조서에 따라서 이 사건 예금채권을 X에게 양도하고 그 무렵 각 은행에 그 양도사실을 통지하였다.

과세관청인 Y는 위와 같은 증여 및 예금채권 양도가 상속세 및 증여세법에 규정한 증여에 해당한다는 이유로, 증여세를 부과하였다. 이에 X는 Y를 상대로 위 증여세부과처분취소청구의 소를 제기하였다.

원심은 X의 청구를 기각하였고, 대법원도 X의 상고를 기각하였다.

이 유

사실혼이란 당사자 사이에 혼인의 의사가 있고 객관적으로 사회관념상으로 가족질서적인 면에서 부부공동생활을 인정할 만한 혼인생활의 실체가 있는 경우이고, 부부재산에 관한 청산의 의미를 갖는 재산분할에 관한 법률 규정은 부부의 생활공동체라는 실질에 비추어 인정되는 것으로서 사실혼관계에도 이를 준용 또는 유추적용할 수 있기 때문에, 사실혼관계에 있었던 당사자들이 생전에 사실혼관계를 해소한 경우 재산분할청구권을 인정할 수 있으나, 법률상 혼인

관계가 일방 당사자의 사망으로 인하여 종료된 경우에도 생존 배우자에게 재산분할청구권이 인정되지 아니하고 단지 상속에 관한 법률 규정에 따라서 망인의 재산에 대한 상속권만이 인정된다는 점 등에 비추어 보면, 사실혼관계가 일방 당사자의 사망으로 인하여 종료된 경우에는 그 상대방에게 재산분할청구권이 인정된다고 할 수 없다. 사실혼관계가 일방 당사자의 사망으로 인하여 종료된 경우에 생존한 상대방에게 상속권도 인정되지 아니하고 재산분할청구권도 인정되지 아니하는 것은 사실혼 보호라는 관점에서 문제가 있다고 볼 수 있으나, 이는 사실혼 배우자를 상속인에 포함시키지 않는 우리의 법제에 기인한 것으로서 입법론은 별론으로 하고 해석론으로서는 어쩔 수 없다.

해 설

1. 사실혼의 일방 당사자가 사망한 경우 사실혼 배우자의 상속권 여부

사실혼관계가 쌍방 생존 중에 해소되면 이혼에 의한 재산분할청구에 관한 839조의2가 유추적용되어, 일방이 상대방에 대하여 재산분할을 청구할 수 있다고 보는 것이 판례(대판 1995.3.10, 94므1379, 1386 등)이고, 이는 일반적으로 지지를 받고 있다.

그런데 사실혼이 일방의 사망으로 인하여 종료되면 어떻게 되는가? 이러한 경우에 생존 사실혼 배우자의 상속권을 인정하여야 한다는 견해가 있기는 하지만, 해석론의 범위를 넘는 주장이다. 헌재결 2014.8.28, 2013헌바119는, 1003조 1항이 사실혼 배우자에게 상속권을 인정하지 아니하는 것이 위헌이 아니라고 하였다. 즉 이 조항은 상속인에 해당하는지 여부를 객관적인 기준에 의하여 파악할 수 있도록 함으로써 상속을 둘러싼 분쟁을 방지하고, 상속으로 인한 법률관계를 조속히 확정시키며, 거래의 안전을 도모하기 위한 것이고, 제3자에게 영향을 미쳐 명확성과 획일성이 요청되는 상속과 같은 법률관계에서는 사실혼을 법률혼과 동일하게 취급할 수 없으므로, 이 사건 법률조항이 사실혼 배우자의 평등권을 침해한다고 보기 어려우며, 법적으로 승인되지 아니한 사실혼은 헌법 36조 1항의 보호범위에 포함되지 않는다는 것이다. 다만 여기에는 입법적 개선이 필요하다는 보충의견이 있었다.

2. 사실혼 배우자에 대한 재산분할 및 그에 대한 증여세의 부과 여부

사실혼이 당사자 쌍방의 생존 중에 해소된 경우에, 법에는 명문 규정이 없으나, 판례(대판 1995.3.10, 94므1379, 1386 등)와 학설은 일반적으로 이혼의 경우와 마찬가지로 재산분할에 관한 규정은 부부의 생활공동체라는 실질에 비추어 인정되는 것이므로 사실혼관계에도 준용 또는 유추적용할 수 있다고 보고 있다.

한편 1991년 재산분할제도가 시행된 후 처음에는 당시의 상속세법이 이혼에 따른 재산분할도 증여세의 부과대상이 된다고 보았으나, 헌재결 1997.10.30, 96헌바14는 이것이 위헌이라고 하였다. 그에 따라 이혼뿐만 아니라 사실혼 해소의 경우에도 그에 따른 재산분할에는 증여세가 부과되지 않는다. 그러므로 이 사건에서는 B와 C는 X에게 재산을 이전해 준 것을 이처럼 증여세가 부과되지 않는 재산분할로 볼 수 있는가가 문제되었다.

3. 대상판결

대상판결은 사실혼이 일방 당사자의 사망으로 해소된 경우에 생존 사실혼 배우자의 재산분할청구권을 부정하였다. 즉 법률상 혼인관계가 일방 당사자의 사망으로 인하여 종료된 경우에도 생존 배우자에게 재산분할청구권이 인정되지 아니하고, 단지 상속에 관한 법률 규정에 따라서 망인의 재산에 대한 상속권만이 인정된다는 점 등에 비추어 보면, 사실혼관계가 일방 당사자의 사망으로 인하여 종료된 경우에는 그 상대방에게 재산분할청구권이 인정된다고 할 수 없다는 것이다.

이 판결에 대한 재판연구관의 해설은 이러한 경우에 재산분할청구를 인정할 수 없는 근거로서 다음과 같은 점을 들고 있다. **첫째,** 법률상 배우자에게도 인정되지 아니하는 권리를 명시적 법률규정 없이 사실혼 배우자에 대해서는 인정하는 것은 현행법 체계에 부합하지 않는다. **둘째,** 사실혼관계가 이혼이 아닌 사망으로 종료된 경우에 유추할 수 있는 법률효과는 '상속'이고 '재산분할'이 아니기 때문에, 이러한 사안에서 상속권이 아닌 재산분할청구권을 인정하는 유추해석은 현행법의 전체적인 체계에 배치된다. **셋째,** 1057조의2는 특별연고자에 대한 분여제도를 규정하고 있기 때문에, 현행법상으로도 망인의 법정상속인이 없는 사안에서는 사실혼 배우자가 실질적으로 상속권과 유사한 권리를 인정받을 수 있다. **넷째,** 명문의 법률규정이 없는 상태에서 법원이 유추해석 등의 방법으로 사실혼 배우자에게 재산분할청구권을 인정하는 경우, 법원이 자의적인 법률해석을 통하여 법률상 보장된 상속인이나 수유자(受遺者)와 같은 제3자의 권리를 침해한다는 비판을 피하기 어렵다. **다섯째,** 사실혼관계를 유지하고 있는 당사자들에게 법률혼관계를 선택할 수 있는 기회가 충분히 보장되므로, 이러한 선택을 하지 아니하고 사실혼관계를 유지하고 있는 당사자들에 대하여 법률혼의 경우와 다른 법적 규율을 하는 것이 오히려 당사자들의 주관적 의사 등에 합치되는 결론이다.

4. 재산분할 긍정설

학설 가운데에는 이러한 경우에 재산분할청구를 인정하여야 한다고 보는 견해도 유력하다. 즉 실질적 부부 공유재산관계의 청산이나 혼인관계 해소 후 부양이라는 재산분할의 실질적 근거는 생존 중 혼인관계 해소의 경우나 사망에 의한 해소의 경우나 모두 동일하게 충족되어 있고, 다만 법률혼의 경우에는 재산분할청구권은 배우자상속권에 의해 배제되지만, 사망에 의한 사실혼 해소의 경우에는 배우자상속권과 같은 재산분할을 방해하는 체계상의 장애요소는 존재하지 않는다. 또한 재산분할청구권은 원래 생존 사실혼 배우자의 것을 그에게 되돌리는 것일 뿐, 상속인이나 수증자에게 돌아갈 것을 실질적으로 침해하는 것은 아니다. 사실혼 당사자가 법률혼을 선택할 수 있었음에도 그러한 선택을 하지 않았다고 하더라도, 사실혼 부부가 협력하여 쌓아 올린 재산을 재산형성에 아무런 기여도 하지 않은 상속인에게 독점시키는 것이 타당하다고 할 수는 없다.

5. 검 토

생각건대 재산분할청구 인정설이 지적하는 점, 즉 재산분할청구를 부정하면 생존 중 사실혼관계가 해소되는 경우와 사망으로 인하여 사실혼관계가 해소되는 경우에 불균형이 생긴다는 점은 수긍할 수 있다. 그러나 이러한 경우에 해석론으로서 재산분할청구를 인정할 수 있다고 보는 데에는 난점이 있다. 사실혼의 생전해소의 경우에 재산분할청구를 인정하는 것은 법률혼의 경우를 유추하는 것인데, 사실혼이 사망으로 인하여 해소된 경우에도 재산분할청구를 인정하자고 하는 것은 이러한 유추의 결과를 다시 유추하려는 것이다. 그러나 이처럼 유추의 결과를 다시 유추할 수 있는지는 신중한 검토를 요한다. 나아가 일방 당사자의 사망으로 사실혼관계가 해소되는 경우를 법률혼의 경우와 비교한다면, 그 재산 청산에 관하여는 재산분할보다는 상속이 더 유사하다. 그러나 사실혼의 경우에는 당사자 일방이 사망하더라도 상속은 인정되지 않는다. 결국 재산분할 긍정설은 이러한 경우에 상속이 인정되지 않는다는 문제점을 재산분할청구를 인정함으로써 해결하려고 하는 것이지만, 이는 사실혼의 경우에는 상속을 인정할 수 없다는 민법의 체계에 어긋난다고 보지 않을 수 없다.

다만 사망으로 인한 사실혼 해소의 경우에 상속도 인정되지 않고, 재산분할도 인정되지 않는 데 대하여 해석론상 또는 입법론적인 대안을 제시하려는 논의가 있다. 우선 해석론상으로는 이러한 경우에 민법상 조합의 청산에 의하거나 또는 공유물 분할의 유추적용에 의하여야 한다는 주장 또는 사실혼 당사자들 사이에 명의신탁관계를 인정하여야 한다는 주장이 있다.

생각건대 사실혼 부부 사이에 묵시적인 조합계약이 있었던 것으로 보아 그 청산을 인정하는 것은 이론적으로 불가능한 것은 아니다. 그러나 묵시적인 조합계약이 있었다고 인정될 수 있는 경우는 그다지 많지 않을 것으로 보일 뿐만 아니라, 그에 의하여 구제가 인정될 수 있는 범위도 한정될 것으로 여겨진다. 또한 이러한 경우에 부당이득이 성립한다거나 공유관계를 인정할 수 있는지는 의문이다. 그리고 명의신탁이 있었던 것으로 보자는 견해에 대하여는, 과연 당사자 사이에 명의신탁의 합의가 있었다고 인정할 수 있는지도 의심스러울 뿐만 아니라, 또 사실혼 부부 사이에는 명의신탁이 허용되지 않는다(대판 1999.5.14, 99두35 참조).

6. 그 후의 판례

대결 2009.2.9, 2008스105은 사실혼관계의 당사자 중 일방이 의식불명이 된 상태에서 상대방인 청구인이 사실혼관계의 해소를 주장하면서 재산분할심판청구를 하였고, 그 후 그 일방은 사망한 경우였다. 대법원은, 청구인이 사실혼관계의 해소를 주장하며 재산분할심판청구를 함으로써 사실혼관계는 청구인의 일방의 의사에 의하여 해소되었고 따라서 사실혼관계의 해소에 따라 청구인에게 재산분할청구권이 인정된다고 하면서, 상대방이 의사능력이 없거나 생사가 3년 이상 불명인 경우 등에서의 재판상 이혼과의 균형상으로도 굳이 상대방에 대한 의사표시 및 그 수령 등을 그 해소의 요건으로 할 필요는 없다고 하였다. 나아가 대상판결에 대하여 언급하면서, 현재 우리 판례는 당사자의 사망으로 인한 사실혼관계 해소의 경우에 재산분할청구권을 부인하는 태도를 취하고 있는데, 이러한 법상태를 전제로 하더라도 재산분할청구제도의 제반 취지를 살릴 방도는 무엇인지를 강구할 필요가 있다는 점도 고려되어야 할 것이라고 하였다.

7. 입법론

입법론으로서는 우선 사실상 혼인관계에 있었던 자의 일방이 사망한 때에는, 다른 일방은 그 사망을 안 날로부터 2년 내에 검사를 상대로 하여 사실상혼인관계존재확인의 소를 제기하여 그 재판이 확정되면 상속개시시로 소급하여 상속권을 인정하자는 제안이 있다. 그러나 이렇게 되면 사실혼 배우자와 법률혼 배우자가 상속에 관하여 차이가 없게 되어, 민법이 법률혼주의를 채택한 것과는 맞지 않는다. 실제로도 당사자 일방이 사망한 후 다른 일방으로 하여금 사실혼 관계존재확인을 받도록 하여 상속권을 인정한다는 것은, 제3자가 사실혼 관계에 있었는지 여부를 쉽게 판단할 수 없기 때문에, 거래의 안전에도 위험을 가져올 뿐만 아니라, 분쟁을 조장하는 결과가 되고, 또 사망한 사람과 사실혼관계가 존재한다는 것을 검사를 상대로 하여 확인을 청구하는 경우에는 실체적 진실을 파악하기 어렵다.

사견으로는 영국과 같이 사실혼 배우자가 상속인들에 대하여 기본적으로 부양을 위한 청구권을 행사할 수 있도록 하는 방법이 무난할 것으로 보인다. 부양을 필요로 하는 사람이 부양을 받아야 한다는 것은 인간으로서의 기본적인 생존을 위한 최소한의 요구이며, 어떤 면에서는 재산상의 손실을 입었기 때문에 이를 보상받아야 한다는 것보다 더 절실한 문제이다. 그런데 사실혼 배우자에게 인정되어야 할 청구권이 원칙적으로 부양적인 성격의 것이라고 하여도, 이 배우자가 상대방 배우자에게 현저한 재산적 기여를 하였을 때 이를 전혀 고려하지 않는다는 것은 형평에 어긋난다. 이러한 때에는 청산적인 성격도 가미되어야 할 것이다.

참고문헌

김상용 사실혼의 해소와 재산분할청구, 민사판례연구 32권, 2010.

김시철, 일방 당사자의 사망으로 인하여 사실혼관계가 종료된 경우 그 상대방에게 재산분할청구권을 인정할 수 있는지, 대법원판례해설 61호, 2006.

문흥안, 사실혼 배우자 일방의 사망과 재산의 청산, 일감법학 21호, 2012.

박인환, 사망에 의한 사실혼의 해소와 재산분할의 유추, 가족법연구 21권 3호, 2007.

박종용, 사실혼배우자의 보호: 특히 사망으로 인한 혼인해소의 경우를 중심으로, 가족법연구 21권 3호, 2007.

윤진수, 사실혼배우자 일방이 사망한 경우의 재산문제: 해석론 및 입법론, 민법논고 7, 2015.

최정인, 사망으로 인한 사실혼의 해소와 재산분할청구, 서울가정법원 50주년 기념논문집, 서울가정법원, 2013.

[판례 144]

친생추정이 미치는 범위

대법원 2019.10.23. 선고 2016므2510 전원합의체 판결

사 실

X(남자)는 A와 1985.8.2. 혼인신고를 마친 부부로서 동거하고 있었는데, 1992년경 병원에서 무정자증 진단을 받았고, 이에 A는 제3자로부터 정자를 제공받아 시험관시술을 통한 인공수정 방법으로 임신한 다음 Y_1을 출산하였다. X는 1993.3.29. Y_1의 출생에 대해서 아무런 문제도 제기하지 않은 채 자신과 A의 자녀로 Y_1의 출생신고를 마쳤다.

한편 A는 혼외 관계를 통해 Y_2를 임신하여 Y_2를 출산하였다. X는 1997.8.6. X와 A의 자녀로 Y_2의 출생신고를 마쳤다. X는 늦어도 2008년경에는 병원 검사를 통하여 Y_2가 자신의 친자가 아니라는 사실을 이미 알고 있었던 것으로 보인다. 그런데도 X는 그 후로도 Y_2가 친생자로 출생신고된 사실에 관하여 문제 삼지 않은 채 Y_2와 동거하면서 아버지로서 Y_2를 보호·교양해 왔다.

X와 A는 이혼소송에까지 이르러 결국 2015.10.30. 이혼하기로 하는 내용으로 조정이 성립하였다.

X는 2013.9.26. Y들을 상대로 하여 이 사건 친생자관계부존재확인소송을 제기하였다.

원심은 X의 소를 각하하였고, 대법원 전원합의체는 X의 상고를 기각하였다. 그러나 여기에는 별개의견과 반대의견이 있었다.

이 유

1. Y_1에 대한 판단

가. 친생자와 관련된 민법 규정, 특히 친생추정 규정의 문언과 체계, 민법이 혼인 중 출생한 자녀의 법적 지위에 관하여 친생추정 규정을 두고 있는 기본적인 입법 취지와 연혁, 헌법이 보장하고 있는 혼인과 가족제도 등에 비추어 보면, 아내가 혼인 중 남편이 아닌 제3자의 정자

를 제공받아 인공수정으로 자녀를 출산한 경우에도 친생추정 규정을 적용하여 인공수정으로 출생한 자녀가 남편의 자녀로 추정된다고 보는 것이 타당하다. 민법은 친생추정 규정과 이에 대한 번복방법인 친생부인의 소 규정을 엄격하게 정하고 있고, 친생부인을 할 수 없게 된 경우 자녀의 법적 지위가 종국적으로 확정된다. 따라서 혼인 중 출생한 자녀의 부자관계는 민법 규정에 따라 일률적으로 정해지는 것이고 그 혈연관계를 개별적 · 구체적으로 심사하여 정해지는 것이 아니다.

나. 정상적으로 혼인생활을 하고 있는 부부 사이에서 인공수정 자녀가 출생하는 경우 남편은 동의의 방법으로 자녀의 임신과 출산에 참여하게 되는데, 이것이 친생추정 규정이 적용되는 근거라고 할 수 있다. 남편이 인공수정에 동의하였다가 나중에 이를 번복하고 친생부인의 소를 제기하는 것은 허용되지 않는다. 나아가 인공수정 동의와 관련된 현행법상 제도의 미비, 인공수정이 이루어지는 의료 현실, 민법 852조에서 친생자임을 승인한 자의 친생부인을 제한하고 있는 취지 등에 비추어 이러한 동의가 명백히 밝혀지지 않았던 사정이 있다고 해서 곧바로 친자관계가 부정된다거나 친생부인의 소를 제기할 수 있다고 볼 것은 아니다. 부부가 정상적인 혼인생활을 하고 있는 경우 출생한 인공수정 자녀에 대해서는 남편의 동의가 있었을 개연성이 높다. 따라서 혼인 중 출생한 인공수정 자녀에 대해서는 다른 명확한 사정에 관한 증명이 없는 한 남편의 동의가 있었던 것으로 볼 수 있다.

민법 852조는 자의 출생 후에 친생자임을 승인한 자는 다시 친생부인의 소를 제기하지 못한다고 정하면서 친생부인의 기회를 제한하고 있다. 이와 같이 친생부인의 소를 제기할 수 있는 자가 자녀에 대해서 친생자임을 승인하면 이후 친자관계는 확정되고 이로써 친자관계라는 신분관계가 신속하게 안정화되며 이를 통하여 자녀의 복리에 부합하는 결과를 가져온다. 남편이 인공수정 자녀에 대해서 출생신고를 하거나 인공수정 자녀의 출생 이후 상당 기간 동안 실질적인 친자관계를 유지해 오는 것과 같이 친자관계를 공시 · 용인하는 행위를 한 경우 이는 인공수정 자녀의 출생 전 과정을 알고 있다고 볼 수 있는 남편이 그러한 사실을 전제하면서 인공수정 자녀를 자신의 자녀로 승인하는 행위로 평가할 수 있다. 그 후 남편이 친생부인을 주장하는 것은 민법 852조의 취지에 반할 뿐만 아니라 선행행위와 모순되는 행위로서 신의성실의 원칙에 비추어 허용되지 않는다고 보아야 한다.

X는 Y_1과 친자관계를 형성하려는 의미에서 동의를 한 것으로 볼 수 있을 뿐만 아니라 X는 Y_1을 자신의 자녀로 승인하고 출생신고를 통하여 사회적으로도 공시하였다

2. Y_2에 대한 판단

친생추정 규정의 문언과 체계, 민법이 혼인 중 출생한 자녀의 법적 지위에 관하여 친생추정 규정을 두고 있는 기본적인 입법 취지와 연혁, 헌법이 보장하고 있는 혼인과 가족제도, 사생활의 비밀과 자유, 부부와 자녀의 법적 지위와 관련된 이익의 구체적인 비교 형량 등을 종합하면, 혼인 중 아내가 임신하여 출산한 자녀가 남편과 혈연관계가 없다는 점이 밝혀졌더라도 친

생추정이 미치지 않는다고 볼 수 없다.

혈연관계의 유무를 기준으로 친생추정 규정이 미치는 범위를 정하는 것은 민법 규정의 문언에 배치될 뿐만 아니라 친생추정 규정을 사실상 사문화하는 것으로 친생추정 규정을 친자관계의 설정과 관련된 기본 규정으로 삼고 있는 민법의 취지와 체계에 반한다.

법리적으로 보아도 혈연관계의 유무는 친생추정을 번복할 수 있는 사유에는 해당할 수 있지만 친생추정이 미치지 않는 범위를 정하는 사유가 될 수 없다. 혈연관계가 없다는 점을 친생추정이 미치지 않는 전제사실로 보는 것은 원고적격과 제소기간의 제한을 두고 있는 친생부인의 소의 존재를 무의미하게 만드는 것으로 현행 민법의 해석상 받아들이기 어렵다.

X는 늦어도 Y_2가 초등학교 5학년 무렵이던 2008년경에는 병원 검사를 통하여 Y_2가 자신의 친자가 아니라는 사실을 이미 알고 있었던 것으로 보인다. X가 친생추정을 받는 Y_2에 대하여 친생부인 사유가 있음을 안 날부터 2년 내에 친생부인의 소를 제기하여 친생자임을 부인하는 판결을 받지 않은 이상 친생자관계존부확인의 소로써 친생자관계의 부존재확인을 구하는 것은 부적법하다.

해 설

1. 친생추정의 의의

아내가 혼인 중에 임신한 자녀는 남편의 자녀로 추정하고, 혼인이 성립한 날부터 200일 후 또는 혼인관계가 종료한 날부터 300일 내에 출생한 자녀는 혼인 중에 임신한 것으로 추정한다(844조). 이는 모자관계는 일반적으로 분만이라는 사실에 의하여 확정되지만, 부자관계의 확정은 생물학적인 검사를 거치기 전에는 반드시 확실하지 않기 때문에 이러한 아버지를 추정하는 규정을 둔 것이다. 이 추정은 반증을 들면 깨뜨릴 수 있는 일반적인 추정과는 달라서, 원칙적으로 친생부인의 소(847조)를 제기하여 승소판결을 받지 않으면 추정이 깨어지지 않는다. 친생부인의 소를 제기하여야 하는데 친생자관계부존재확인의 소를 제기하면 이는 부적법한 것으로서 각하된다.

다만 헌재결 2015.4.30, 2013헌마623은, 당시의 844조 2항 중 "혼인관계종료의 날로부터 300일 내에 출생한 자"도 남편의 자녀로 추정하는 것이 위헌이라고 하여 헌법불합치결정을 선고하였고, 이에 따라 2017년 개정된 854조의2, 855조의2는 친생부인의 허가와 인지 허가 제도를 두어, 소송 아닌 비송사건절차에 의하여 간이한 방법으로 친생부인을 하거나 생부가 인지를 할 수 있도록 하였다.

2. 2005년 개정 전의 법과 외관설을 따른 판례

2005.3.31. 개정 전의 846조는 친생부인의 소의 제소권자를 남편{부(夫)}으로 한정하였고, 847조는 그 제소기간을 부(夫)가 그 출생을 안 날로부터 1년 내로 규정하고 있었다. 당시의 판례(대판 1979.5.22, 79므4; 1988.4.25, 87므73 등)는 제소기간의 기산점인 출생을 안 날의 의미를, 자의 출생 그 자체를 안 날을 말하고 자신의 자가 아님을 안 여부와는 관계가 없다고 하였다. 그런데 이와 같이 친생부인의 소의 제소기간이 짧게 규정된 결과, 자녀의 출생 후 1년이 지나서야 비로소 자신의 친생자가 아님을 안 경우에는 결과적으로 자신의 친생자가 아님에도 불구하고 자신의 친생자로 취급되는 것을 감수하여야 하는 불합리가 있게 되었다.

그리하여 학설상 844조에 의한 친생자 추정의 범위를 제한하려는 주장이 제기되게 되었고, 대판(전) 1983.7.12, 82므59는 종래의 판례를 변경하여 친생추정의 범위를 제한하였다. 즉 부부의 한쪽이 장기간에 걸쳐 해외에 나가 있거나 사실상 이혼으로 부부가 별거하고 있는 경우 등 동서(同棲)의 결여로 처가 부(夫)의 자를 포태할 수 없음이 외관상 명백한 경우에는 그 추정이 미치지 않고, 따라서 이때에는 친자관계부존재확인의 소를 제기할 수 있다고 하였다. 이러한 판례와 같은 견해를 외관설이라고 부른다.

3. 학 설

학설상으로는 이러한 외관설 외에도 친생추정의 범위를 제한하려는 설들이 여러 개 주장되었다. 혈연설은 객관적 · 과학적으로 부자관계가 있을 수 없음이 증명된 경우에는 추정이 미치지 않는다고 한다. 가정파탄설은 이미 지켜져야 할 가정이 붕괴되고 있는 경우에 한하여 혈연주의를 우선시켜 추정이 미치지 않는다고 한다. 동의설은 당사자나 관계인의 친생자가 아니라는 점에 대한 동의가 있는 경우에는 추정이 미치지 않는다고 한다. 사회적 친자관계설은 유전자 배치와 같이 남편과 자녀 사이에 혈연관계가 존재하지 않음이 과학적으로 증명되었고, 남편과 자녀 사이에 사회적 친자관계도 소멸한 경우에는 친생추정이 미치지 않는다고 한다.

반면 근래에는 이러한 예외를 인정할 필요가 없다는 무제한설도 유력하게 주장되고 있다. 이 설은 특히 헌재결 1997.3.27, 95헌가14, 96헌가7이, 당시의 847조 1항 중 '그 출생을 안 날로부터 1년 내' 부분은 헌법에 합치되지 아니한다고 결정하였고, 그에 따라 2005.3.31. 개정된 846조는 제소권자를 부뿐만 아니라 처도 될 수 있도록 하였으며, 847조 1항은 그 제소기간을 친생부인(親生否認)의 소(訴)는 부(夫) 또는 처(妻)가 다른 일방 또는 자(子)를 상대로 하여 "그 사유가 있음을 안 날부터 2년 내"로 바꾸었으므로, 종래 친생부인제도가 가지고 있던 문제점은 대부분 해소되게 되었고, 따라서 제한설이 주장될 수 있었던 실질적 근거도 사라지게 되었다는 점을 중시하고 있다.

4. 대상판결 중 Y_2에 대한 부분

대상판결에서 X와 A는 Y_1과 Y_2가 출생할 때 동거하고 있었으므로, 종래의 판례가 따르고 있는 외관설에 의할 때에는 X는 Y_1과 Y_2를 상대로 친생자관계부존재확인의 소를 제기할 수는 없다.

그런데 대상판결의 반대의견(민유숙 대법관)은 일정한 요건 하에 친생추정의 예외를 인정하는 종래의 대법원 판례는 유지되어야 하며, 오히려 확대해석할 필요가 있다고 하면서, 종래 대법원 판례에서 친생추정 예외 인정 범위와 관련하여 판단 기준으로 삼은 '아내가 남편의 자녀를 임신할 수 없는 외관상 명백한 사정'은 '동거의 결여'뿐 아니라 '아내가 남편의 자녀를 임신할 수 없었던 것이 외관상 명백하다고 볼 수 있는 다른 사정'도 포함하는 것으로 해석되어야 한다고 하였다. 구체적으로는 혈액형 검사, 유전인자 검사 등 과학적 방법에 따른 검사결과뿐만 아니라 별거 유무와 그 기간, 부부 중 일방이 별도의 주거지를 가졌거나 외국 등 먼 장소로의 왕래가 잦았는지 여부 등 제반 사정을 종합적으로 고려할 수 있고, 또 그 부부의 혼인관계가 종료 또는 파탄되어 자녀를 둘러싼 종래의 공동생활을 유지할 수 없을 정도가 되었는지 여부와 경위, 관련자들의 태도와 의사, 친생자관계의 부존재를 주장하는 사람이 부모, 자녀와 같이 그 친생자관계의 직접 이해당사자인지 여부, 자녀의 생부가 청구하는 경우 그에게 인지 및 양육의 의사가 있는지 여부, 제3자가 청구하는 경우 진실한 신분관계의 확정이라는 본래의 목적을 넘어선 재산적 이해관계 같이 다른 의도가 엿보이는지 여부 등 여러 사정들도 심리하고 평가하여 '외관상 명백한 사정'을 판단할 수 있을 것이라고 하였다. 이 반대의견은 혈연설과 가정파탄설과 같은 요소를 고려하여 외관설의 적용 범위를 확대하려는 것이다.

반면 별개의견(권순일, 노정희, 김상환 대법관)은, 남편과 자녀 사이에 혈연관계가 없음이 과학적으로 증명되고 그들 사이에 사회적 친자관계가 형성되지 않았거나 파탄된 경우에는 친생추정의 예외로서 친생부인의 소에 의하지 아니하고도 그 친자관계를 부정할 수 있지만, 혈연관계가 없음이 과학적으로 증명되었더라도 사회적 친자관계가 형성되어 있는 경우에는 함부로 친생추정 예외의 법리로써 친자관계를 부정할 수 없다고 봄이 타당하다고 하였다. 이는 사회적 친자관계설에 따른 것이다.

그러나 다수의견은 X와 Y_2 사이에 친생추정이 미친다고 보았다. 우선 혈연관계의 유무를 기준으로 친생추정 규정이 미치는 범위를 정하는 것은 민법 규정의 문언에 배치될 뿐만 아니라 친생추정 규정을 사실상 사문화하는 것으로 친생추정 규정을 친자관계의 설정과 관련된 기본 규정으로 삼고 있는 민법의 취지와 체계에 반한다고 한다. 그리고 혈연관계의 유무를 기준으로 친생추정 규정의 효력이 미치는 범위를 정하게 되면 필연적으로 가족관계의 당사자가 아닌 제3자가 부부관계나 가족관계 등 가정 내부의 내밀한 영역에 깊숙이 관여하게 되는 결과를 피할 수 없고, 법리적으로 보아도 혈연관계의 유무는 친생추정을 번복할 수 있는 사유에는 해당할 수 있지만 친생추정이 미치지 않는 범위를 정하는 사유가 될 수 없다고 하였다.

다수의견에 대한 김재형 대법관의 보충의견은, 친생추정 규정의 적용 여부를 결정하는 요소는 혼인, 임신, 출생인데, 이들은 모두 출생 당시에 결정되는 것이므로, 출생 이후의 사정에 따라 친생추정이 미치는지 여부가 달라진다고 볼 수는 없고, 출생 이후의 사정인 '사회적 친자관계'의 존부를 친생추정의 예외 사유로 보는 것은 출생 당시를 기준으로 친생추정 규정의 적용 여부를 정하고 있는 민법의 태도에 부합하지 않으며, 출생 이후 사회적 친자관계가 형성되지 않았다거나 파탄되었다는 사정은 일관된 판단 기준으로 작용하기 어려울 뿐만 아니라 이를 친생추정이 미치지 않는 방향으로 해석하는 것은 친생추정 규정의 취지와 목적에도 반한다고 하였다.

5. 대상판결 중 Y_1에 대한 부분

다수의견과 제2별개의견(민유숙 대법관)은 X의 Y_1에 대한 친생자관계부존재확인의 소가 부적법하다는 점에 대하여 결론을 같이하였다. 즉 남편이 제3자가 제공한 정자로 아내가 임신하여 출산하는 데 남편이 동의하였으면 나중에 친생부인의 소를 제기하는 것은 852조의 유추적용에 의하여 허용되지 않는다는 것이다. 다만 다수의견은 남편의 동의 여부가 명백하지 않더라도 인공수정 자녀의 출생 이후 남편이 인공수정 자녀라는 사실을 알면서 출생신고를 하는 등 인공수정 자녀를 자신의 친자로 공시하는 행위를 하거나, 인공수정 자녀의 출생 이후 상당 기간 동안 실질적인 친자관계를 유지하면서 인공수정 자녀를 자신의 자녀로 알리는 등 사회적으로 보아 친자관계를 공시 · 용인해 왔다고 볼 수 있는 경우에는 동의가 있는 경우와 마찬가지로 취급하여야 한다고 한 반면, 제2별개의견은 남편이 동의를 하였는지 여부는 증거에 의하여 인정되어야 함은 당연하고 동의 사실이 인정되지 않는 경우는 물론 동의 여부가 불분명하여 결과적으로 동의 사실을 인정하기 어려운 경우까지 동의를 추정 내지 의제할 수는 없다고 보았다.

반면 제1별개의견(권순일, 노정희, 김상환 대법관)은 혼인 중인 남편과 아내가 인공수정 자녀의 출생에 관하여 의사가 합치되어 이를 토대로 제3자의 정자를 제공받아 인공수정이라는 보조생식 시술에 동의함으로써 자녀가 출생하였다면 그 자녀는 그 부부의 친생자로 보아야 한다고 주장하였다. 이렇게 보는 것이야말로 헌법에 규정된 국민의 행복추구권, 사생활의 비밀과 자유, 가족생활의 보장 원칙에 부합하고, 가족관계에 관한 민법 규정과도 조화를 이루며, 법이 추구하고자 하는 기본적인 가치와 사회 일반의 보편적인 법감정 및 법의식에도 맞는다는 것이다.

이러한 제1별개의견에 대하여 제2별개의견은 민법은 부모가 되려는 '의사'만을 근거로 친생자관계의 성립이라는 효과가 발생하는 것으로 정하고 있지 않다고 비판하였다.

6. 친생추정 규정의 적용범위

친생추정 규정의 존재 이유는, 위 규정에 의한 친생추정의 요건에 부합하는 자녀가 출생하였을 때 그의 법적인 아버지를 출산한 여자의 남편으로 확정하는 것이다. 따라서 친생자로 추정되는지 아닌지의 여부는 자녀의 출생시를 기준으로 하여야 한다. 좀더 구체적으로는 원칙적으로 가족관계의 등록 등에 관한 법률 44조 1항에 따라 자녀의 출생 후 1개월 내에 하여야 하는 출생신고시에 자녀의 아버지를 누구로 기재할 것인가를 정하는 기준인 것이다. 종래 친생추정의 적용범위 제한에 관한 논의에서는 이 점이 중시되지 않았던 것으로 보인다. 즉 친생추정이 미치는지 여부는 가족관계등록부상 아버지로 기재된 사람과 자녀 사이의 친생자관계를 다투는 방법이 친생부인의 소여야 하는가 아니면 친생자관계부존재확인의 소여야 하는가의 기준인 것으로 인식하고 있었던 것이다. 그러나 친생추정 여부는 그보다 앞서서 자녀가 출생하면 그 아버지를 누구로 정하여야 하는가 하는 점의 기준인 것이다.

그러므로 친생추정이 미치는지 여부는, 출생 당시를 기준으로 하여, 부모가 언제 혼인하였는가에 따라 결정될 뿐이다. 따라서 출생 이후의 사정을 이유로 하여 친생추정이 미치는지 여부가 달라질 수는 없다. 그러한 사정이 친생추정에 영향을 미친다면, 이는 일단 성립한 친생추정이 친생부인 등의 절차에 의하여 소급하여 깨어지는 것이고, 그러한 사정이 있다고 하여 출생 당시부터 친생추정의 성립 자체가 부정되는 것은 아니다. 이 점에서 종래 844조의 적용 범위를 규정보다 제한하여 적용하려는 제한설 중 가정파탄설, 동의설 및 사회적 친자관계설은 출생신고 이후의 사정에 따라 친생추정이 미치는지 여부를 결정하려는 것이므로, 처음부터 성립할 수 없는 주장이다.

혈연설은 일단은 자녀의 출생 당시를 기준으로 하여 친생추정 여부를 결정하는 것이라고 말할 수 있다. 그러나 이는 현행 민법상 친생추정제도를 형해화(形骸化) 내지 공동화(空洞化)하는 것으로서, 받아들이기 어렵다. 친생부인의 소의 제기기간은 친생부인의 사유가 있음을 안 날부터 2년이다(847조 1항). 그런데 혈연설에 의하면 유전자형 배치가 있다는 것을 확인할 수 있으면 위 2년의 제소기간이 경과한 후에도 언제나 친생부인의 소 아닌 친생자관계부존재확인의 소를 제기할 수 있다는 것이 되어, 실제로는 제소기간의 제한을 받는 친생부인의 소를 제기할 필요가 있는 경우는 없게 된다.

다른 한편 친생추정을 받는 자녀가 출생신고된 경우에는 출생신고를 받은 가족관계등록공무원이 어머니의 남편을 그 자녀의 아버지로 기재하여야 하므로, 친생추정이 미치는지 여부는 그 공무원의 입장에서 판단하여야 한다. 그런데 현행 가족관계의 등록 등에 관한 법률상의 신고에 대한 가족관계등록공무원의 심사는 이른바 형식적 심사주의에 따르고 있으므로, 신고인이 제출하는 법정의 첨부서류만에 의하여 법정의 요건을 구비하고 있는지, 절차에 부합하는지의 여부를 형식적으로만 심사하는 것이고, 그 신고사항의 실체적 진실과의 부합 여부를 탐지하여 심사하여야 하는 것은 아니다. 그런데 가족관계등록공무원이 출생한 자녀 어머니의 남편과 자녀가 유전자 검사 결과 친생자가 아닌지 여부를 심사하는 것은 가족관계등록공무원의 심사권한을 초과하는 것이다.

외관설도 가족관계등록공무원이 형식적 심사에 의하여 동서(同棲)의 결여로 처가 부(夫)의 자를 포태할 수 없음이 외관상 명백한 경우를 가려낼 수 있는 방법이 없다는 점에서 역시 이론적으로 문제가 있다. 뿐만 아니라 2005년 민법이 개정된 후에는 이와 같이 볼 현실적 필요성이 사실상 소멸되게 되었다. 2005년 개정 전에도, 아내가 남편의 자를 임신할 수 없음이 외관상 명백한 경우에는, 남편이 자신의 처가 자녀를 출산하였다면 그때 이 자녀가 자신의 자녀가 아님을 알았을 것이고, 따라서 당시의 민법 하에서도 1년의 제소기간 내에 친생부인의 소를 제기하는 것이 얼마든지 가능하였다. 다만 당시에는 친생부인권자가 남편뿐이었으므로, 남편이 친생부인의 소를 제기하지 않는다면 아내라 하여도 친생자관계를 다툴 방법이 없었다. 그러나 2005년 민법 개정에 따라 처도 친생부인권자로 추가되었으므로, 이러한 불합리는 상당부분 사라지게 되었다. 따라서 민법의 명문 규정상 인정되지 않는 이러한 외관설을 계속 유지할 필요가 있는지는 의문이다.

다른 한편 2017년 개정된 854조의2와 855조의2는 가정법원의 허가에 의한 친생부인과 생부에 의한 인지를 허가할 때 고려할 사항으로서 장기간의 별거를 들고 있는데, 이 또한 외관설이 더 이상 유지될 수 없다는 근거가 된다.

그런데 대판 2021.9.9, 2021므13293은, 혈연관계가 없다는 점을 친생추정이 미치지 않는 전제사실로 보는 것은 현행 민법의 해석상 받아들이기 어렵다고 하면서도, 외관설을 택한 종래 판례에 따라 원고가 출생할 무렵 소외인과 망인 사이에는 동거가 결여되어 소외인이 망인의 자를 포태할 수 없는 것이 외관상 명백한 사정이 있는 경우에 해당되므로 원고는 망인에 대하여 친생추정이 미치지 아니한다고 하였다.

7. 인공수정 자녀에 대한 친생추정 규정의 적용 여부

대상판결의 다수의견과 민유숙 대법관의 별개의견은 모두 남편이 제3자가 제공한 정자로 아내가 임신하여 출산하는 데 남편이 동의하였으면 나중에 친생부인의 소를 제기하는 것은 852조의 유추적용에 의하여 허용되지 않는다고 보았다. 이는 학설상으로도 통설이고, 타당한 결론이다. 다만 위 두 의견 사이의 차이는 남편의 동의 여부가 명백하지 않은 경우에도 이러한 동의가 있었다고 추정할 것인가 하는 점에 있는데, 일반적으로는 아내가 남편의 동의 없이 제3자의 정자로 인공수정을 한다는 일은 쉽지 않고, 인공수정을 시술하는 의료기관도 남편의 동의 여부를 확인할 것이므로, 동의를 추정하는 다수의견이 타당하다고 보인다.

그리고 제1별개의견은 남편이 아내가 제3자의 정자를 제공받는 인공수정이라는 보조생식 시술에 동의함으로써 자녀가 출생하였다면 그 자녀는 그 부부의 친생자로 보아야 한다고 주장하지만, 제2별개의견이 지적하는 것처럼, 민법은 부모가 되려는 '의사'만을 근거로 친생자관계의 성립이라는 효과가 발생하는 것으로 정하고 있지 않다.

8. 친생부인의 소의 원고적격에 관한 김재형 대법관의 보충의견

민법은 친생부인의 소의 원고적격을 남편이나 아내로 제한하고 있다. 그리하여 친생부인에 관하여 가장 이해관계가 크다고 할 수 있는 자녀나 자녀의 생부는 친생부인의 소의 원고적격이 인정되지 않는다. 김재형 대법관의 보충의견은, 이 문제를 해결하기 위하여 친생추정을 받는 자녀가 친생자관계부존재확인의 소를 제기할 수 있다고 주장하였다. 다만 이 경우에도 특별한 사정이 없는 한 친생부인의 소 규정을 유추적용하여 그 제소기간을 제한하여야 하는데 그 기산점은 친생부인의 사유가 있음을 알았을 때(자녀가 미성년인 동안 그 사유를 알았다면 성년에 이른 날)

로 보아야 하고, 친생부인의 효과를 갖는 친생자관계부존재확인의 소를 제기할 수 있는 자녀라고 하더라도 그러한 판결이 없는 상태에서는 곧바로 친생추정의 예외를 주장하거나 친생추정의 효력을 부인할 수는 없다고 한다.

그러나 이는 친생자관계부존재확인의 소라는 확인소송을 사실상 친생부인의 소라는 형성소송으로 운용하자는 것으로서, 법체계에 어긋난다. 이를 유추라는 이름으로 정당화할 수도 없을 것이다.

9. 입법론

친생추정에 관한 해석론으로는 친생추정의 예외를 인정하지 않는 무제한설이 타당하지만, 입법론적으로는 이를 개선할 필요가 있다.

먼저 친생부인의 원고적격을 친생추정을 받는 자녀와, 생부에게도 원고적격을 인정할 필요가 있다. 독일과 같은 나라에서는 이러한 사람에게 친생부인의 원고적격을 인정하지 않는 것은 위헌이라는 헌법재판소의 판례가 있었다.

뿐만 아니라 남편과 자녀(자녀의 법정대리인인 모 포함) 사이에 다툼이 없을 때에는 제소기간이 경과한 후에도 친생부인을 인정할 필요가 있다. 말하자면 동의설을 입법화하자는 것이다.

참고문헌

류일현, 민법상 친생추정 제도에 관한 일고, 경북대 법학논고 67집, 2019.
양천수 · 우세나, 친생자 추정논의에 관한 법학방법론적 문제, 가족법연구 33권 2호, 2019.
윤진수, 의견서-대법원 2016므0000 친생자관계부존재확인-, 가족법연구 33권 2호, 2019.
이동진, 부자관계의 설정과 해소: 입법론적 고찰, 인권과 정의 509호, 2022.
장재용, 친생추정의 예외 인정 여부와 인공수정 자녀에 대한 친생추정 여부, 사법 52호, 2020.
제철웅, 생물학적 부모, 법적 부모 그리고 사회적 부모, 비교사법 26권 2호, 2019.
조인영, 친생추정의 범위에 관한 무제한설의 재조명, 가족법연구 36권 1호, 2022.
차선자, 친생추정의 법리와 혈연 진정성, 가족법연구 33권 2호, 2019.
현소혜, 부자관계의 결정기준: 혼인과 혈연, 가족법연구 33권 2호, 2019.

[판례 145]

인지의 소급효와 후순위 상속인에 대한 변제의 효력

대법원 1995.1.24. 선고 93다32200 판결

사 실

A(남자)는 Y 회사 소속 운전사인 B가 운전하던 덤프트럭에 치어 사망하였다. 당시 A는 미혼이었고, 호적상 자녀도 없었다. 그리하여 A의 어머니인 C와 A의 형제자매들은 Y를 상대로 손해배상청구소송을 제기하여 1991.9.6. 법원으로부터 일부승소판결을 선고받았다. 그러자 Y는 보험회사를 통하여 1991.9.24. C 등에게 판결원금 및 그때까지의 지연손해금 합계 금 97,677,047원에서 일부를 면제받고, 금 85,000,000원을 손해배상금으로 지급하였다.

그런데 X는 X가 A와 D 사이에서 태어난 혼인외의 자라고 주장하면서 같은 해 5.18. 인지청구소송을 제기하여 같은 해 12.27. 인지판결을 선고받고, 그 판결이 그 무렵 확정되었다. 또한 A와 D는 C 등이 Y를 상대로 손해배상청구소송을 제기하자 곧바로 같은 해 3.9. 내용증명우편으로 Y 및 Y의 보험회사에게 X가 A의 친생자이므로 A에 대한 손해배상금을 C 등에게 지급하여서는 아니 된다는 통지를 하였고, 그 후 위 보험회사에 위 인지청구소송의 소장 및 소제기접수증 등의 사본을 건네주었다. A와 D는 같은 해 7.28. Y를 상대로 손해배상을 구하는 이 사건 소를 제기하였고, 그 소장부본이 같은 해 8.5. Y에게 송달되었다.

Y는 이 사건 소송에서 Y가 C에게 한 변제는 채권의 준점유자에 대한 변제로서 적법하다고 주장하였으나, 원심법원은 Y로서는 C가 적법한 상속권자라고 믿은 데 과실이 있다고 하여 A의 손해배상채권에 해당하는 부분에 관한 Y의 변제는 이를 유효한 변제라 할 수 없는 것이라고 하였다. 그러나 대법원은 이 부분에 관한 원심판결을 파기환송하였다.

이 유

혼인외의 자의 생부가 사망한 경우, 혼인외의 출생자는 그가 인지청구의 소를 제기하였다고 하더라도 그 인지판결이 확정되기 전에는 상속인으로서의 권리를 행사할 수 없고, 그러한 인지판결이 확정되기 전의 정당한 상속인이 채무자에 대하여 소를 제기하고, 나아가 승소판결까지 받았다면, 채무자로서는 그 상속인이 장래 혼인외의 자에 대한 인지판결이 확정됨으로 인하여 소급하여 상속인으로서의 지위를 상실하게 될 수 있음을 들어 그 권리행사를 거부할 수는 없다고 할 것인바(만약 혼인외의 자의 인지청구의 소가 확정될 때까지 채무자가 판결에 따른 이행을 하지 아니하고 상소하지 않으면 안 된다고 한다면, 이는 결국 부당한 항쟁을 조장하는 결과가 된다고 하지 않을 수 없을 것이다), 따라서 그러한 표현상속인에 대한 채무자의 변제는, 특별한 사정이 없는 한, 채무자가 표현상속인이 정당한 권리자라고 믿은 데에 과실이 있다 할 수 없으므로, 채권의 준점유자에 대한 변제로서 적법하다.

해 설

1. 종래의 학설과 판례 및 대상판결

이 사건과 같이 피상속인이 다른 사람의 불법행위로 사망하였고, 그에게는 혼인외의 자가 있었으나 아직 인지는 되어 있지 않은 경우에, 불법행위의 가해자가 피상속인의 부모나 형제자매와 같은 사람을 적법한 상속인으로 믿고 그에게 변제를 하는 경우가 있다. 이와 같이 변제가 이루어진 후에 피상속인의 혼인외의 자가 검사를 상대로 하여 인지의 판결을 받으면 인지의 소급효(860조)로 인하여 그가 선순위의 상속인이 된다. 그러면 가해자가 후순위 상속인에게 한 변제의 효력은 어떻게 되는가?

학설상은 이러한 경우에도 거래의 안전을 위하여 1014조를 유추하여 인지된 자가 변제를 받은 후순위 상속인에게 가액의 지급을 청구할 수 있을 뿐이고, 가해자에게 직접 청구를 할 수는 없다는 주장이 있다. 그러나 대판 1974.2.26, 72다1739는 "후순위 상속인에게 제1014조를 적용하기는 문리상 안될 것이 분명한데"라고 판시하여 이를 부정하고 있다. 1014조의 문언상으로도 후순위 상속인에 대하여 적용하기에는 난점이 있을 뿐만 아니라, 이론적으로 보더라도 1014조의 취지는 공동상속인들이 한 상속재산의 분할 기타 처분은 자신들의 상속분에 관하여는 원래 유효하고 다만 상속개시 후에 공동상속인으로 된 자의 상속분에 한하여 효력이 없는 것인데, 이를 유효로 하는 대신 상속개시 후의 공동상속인에게 다른 공동상속인에 대한 가액지급청구권을 인정하는 것이다. 즉 원래대로라면 일부무효인데 그 일부무효를 치유하는 것이라고 할 수 있다. 그러나 이 사건과 같이 선순위상속인을 제쳐 놓고 후순위상속인이 상속을 받았는데 그 후 선순위 상속인이 나타난 경우에는 후순위 상속인의 상속은 전부 무효가 되어야 할 것이다. 이러한 경우에 일부 무효에 관한 1014조를 유추적용한다는 것은 무리이다.

다른 한편 판례는 이 경우 인지의 소급효 제한에 관한 민법 860조 단서도 적용될 수 없다고 한다. 위 대판 1974.2.26, 72다1739는 이 사건과 같은 경우 피인지자보다 후순위 상속인은 860조 단서에서 말하는 제3자에 해당하지 않는다고 한다. 즉 후순위 상속인들을 860조 단서의 제3자로 인정 처우한다면 상속순위에서 뒤떨어지는 후순위 상속인이 그보다 순위에 있어 상위에 놓인 공동상속인보다 후하게 보호되는 결과가 되어 균형을 크게 잃는 불합리를 가져오기 때문이라는 것이다. 그리하여 위 사건에서는 결과적으로 인지판결 확정 전에 후순위 상속인에게 이미 변제한 피상속인의 가해자가 피인지자에게 또다시 변제를 하여야 하는 결과가 되었다.

그 후 대판 1993.3.12, 92다48512도 이 판결을 인용하면서, 이러한 경우의 후순위 상속인이 취득한 상속권은 민법 860조 단서의 규정에 따라 인지의 소급효 제한에 의하여 보호받게 되는 제3자의 기득권에 포함된다고는 볼 수 없다고 판시하였다. 나아가 이러한 경우 후순위 상속인에게 일부 면제를 받고 나머지 채무를 변제한 가해자가 피상속인의 손해배상채권의 처분에 의하여 새로이 권리를 취득한 자로 볼 수 없으므로 그를 민법 860조 단서에서 말하는 제3자의 지위에 있다고 볼 수도 없다고 하였다. 그렇지만 가해자의 후순위 상속인에 대한 손해배상채무의 일부변제는 후순위 상속인이 표현상속인으로서 채권의 준점유자에 해당한다고 볼 수 있음에 비추어, 가해자가 후순위 상속인의 상속권한에 관하여 선의, 무과실인 한은 경우에 따라 유효하다고 볼 여지가 있고, 그러한 경우라면 피인지자는 단지 후순위 상속인에 대하여 그 변제액의 범위 내에서 부당이득의 반환청구를 할 수 있음에 그친다고 하였다.

그리고 이 사건 판결은 이러한 종래의 태도를 유지하면서, 원심이 이 사건과 같은 사실관계 하에서는 Y가 C가 적법한 상속권자라고 믿은 데 과실이 있다고 하여 채권의 준점유자에 대한 적법한 변제가 아니라고 한 것과는 달리 채무자가 표현상속인이 정당한 권리자라고 믿은 데에 과실이 있다 할 수 없으므로, 채권의 준점유자에 대한 변제로서 적법한 것이라고 하였다.

2. 종래 판례의 문제점

이러한 판례는 Y가 860조 단서에 의하여 보호되는 제3자가 아니라고 봄으로써 생기는 거래의 안전에 대한 위험을 채권의 준점유자의 변제(470조)의 법리에 의하여 보완하려는 것으로 이해할 수 있다. 그러나 과연 후순위 상속인을 채권자 아닌 채권의 준점유자로 볼 수 있을까?

일반적으로는 상속인이 아니면서 상속인과 같은 외관을 보이는 표현상속인(表見相續人)도 채권의 준점유자에 해당될 수 있다. 대판 1995.3.17, 93다32996은 사실관계가 이 사건과 비슷하지만, 피해자가 여자였고 가해자가 후순위 상속인에게 변제를 한 후 피해자의 혼인외 자가 나타난 경우에 관하여, 가해자의 후순위 상속인에 대한 변제는 채권의 준점유자에 대한 변제로서 유효하다고 하였다. 그러나 채권의 준점유자라고 하려면 채권자는 아니지만 채권자와 같은 외관을 보이는 자라야 하는데, 이 사건과 같은 경우에는 C는 X에 대한 인지판결이 확정되기 전까지는 A의 적법한 상속인으로서 Y에 대한 관계에서 손해배상청구권을 가지고 있는 적법한 채권자였고, 단지 채권의 준점유자에 불과하였다고는 볼 수 없다. 이러한 경우에 Y가 C에게 한 변제는 일단은 진정한 채권자에 대한 유효한 변제였고, 채권의 준점유자에 대한 변제라고는 볼 수 없다. 따라서 이러한 경우에 Y가 C에게 한 변제를 채권의 준점유자에 대한 변제라고 본 것은 정당하다고 할 수 없다.

이처럼 Y의 C에 대한 변제 당시 C가 A의 적법한 상속인이었으므로 이 변제에 의하여 A의 사망으로 인한 A 자신의 손해배상청구권은 당연히 소멸되게 된다. 문제는 그 후 인지 판결의 확정에 의하여 A의 상속인이 C에서 X로 소급적으로 바뀌게 된 것이 Y의 C에 대한 변제에 어떠한 영향을 주는가 하는 점이다. 이는 860조가 규정하고 있는 인지의 소급효가 어떤 의미를 가지는가 하는 점에 달려 있다.

우선 이 사건에서 C와 같은 후순위 상속인은 위 규정 단서에서 말하는 제3자에 해당한다고 볼 수는 없다. 이러한 경우의 후순위 상속인이 위 규정 단서에서 말하는 제3자에 해당한다고 한다면 인지의 소급효가 인정되는 경우란 찾아보기 어려울 뿐만 아니라, 판례가 말하고 있듯이 1014조에 의하여 피인지자와 동순위의 상속인이 있는 경우에는 피인지자가 동순위의 상속인과 공동으로 상속을 받거나 또는 그에 대하여 가액지급을 청구할 수 있는데, 피인지자보다 후순위의 상속인이 있는 경우에는 피인지자가 상속권을 행사할 수 없게 된다는 것은 매우 불합리하기 때문이다. 그리고 이러한 경우의 후순위 상속인은 단지 법률의 규정에 의하여 상속권을 취득하게 되는 것일 뿐, 그러한 상속권을 취득하기 위하여 별다른 노력을 한 것도 아니므로 인지의 소급효를 제한하면서까지 그러한 후순위 상속인을 보호할 이유는 없다. 그러나 이러한 후순위 상속인이 적법한 상속인이라고 신뢰하고 이해관계를 맺은 제3자는 위 규정 단서에서 말하는 제3자에 해당하여 보호를 받아야 한다. 따라서 이러한 후순위 상속인이 피상속인의 채권을 적법하게 상속하였다고 믿고 그에게 변제를 한 사람은 보호를 받아야 한다. 동순위 상속인이 860조 단서의 제3자에 해당하는가에 대하여는 아래 **[판례 157]** 참조.

그런데 대판 1993.3.12, 92다48512은 이러한 경우의 변제를 한 가해자는 피상속인의 손해배상채권의 처분에 의하여 새로이 권리를 취득한 자로 볼 수 없으므로 그를 민법 860조 단서에서 말하는 제3자의 지위에 있다고 볼 수도 없다고 하였다. 물론 860조 단서는 "제3자의 취득한 권리를 해하지 못한다"고 규정하고 있으나, 이 규정의 취지가 권리를 취득한 자만을 보호하려는 것이고, 의무를 면한 자는 보호에서 제외하려는 것이라고는 볼 수 없다. 이 규정의 취지는 새로운 이해관계를 맺은 제3자를 보호하려는 데 있는 것이므로, 그 이해관계의 내용이 의무를 면하는 것인 경우에 권리를 취득한 자와 달리 취급하여야 할 합리적인 이유는 없는 것이다.

이처럼 후순위 상속인에게 변제를 한 가해자를 860조 단서의 규정에 의하여 보호하는 것은 판례와 같이 채권의 준점유자 변제의 법리에 의하여 보호하는 것과는 다음의 점에서 차이가 있다. 즉 후순위 상속인에게 가해자가 변제한 것이 적법한 변제가 된다는 점에서는 마찬가지이지만, 이 사건처럼 가해자가 후순위 상속인으로부터 일부 면제를 받은 것에 대하여 판례는 그 면제는 효력이 없다는 취지이다(위 대판 1993.3.12, 92다48512). 그러나 이러한 가해자가 860조 단서의 규정에 의하여 보호된다고 본다면 후순위 상속인이 한 면제의 의사표시도 유효하게 될 것이다.

그리고 이처럼 가해자가 후순위 상속인에게 한 변제 및 그로부터 받은 면제가 유효하다면 피인지자는 가해자에게는 더 이상 청구를 할 수 없고, 후순위 상속인에게 부당이득에 근거한 상속회복청구권을 행사하여 그가 변제받은 액수의 반환을 청구할 수 있을 뿐이다. 다만 후순위 상속인이 피인지자의 존재를 알았거나 알지 못하였더라도 그에 과실이 있었다면 피인지자는 후순위 상속인에게 불법행위에 근거한 상속회복청구권을 행사하여 그가 상실시킨 손해배상청구권 전액 상당의 배상 청구를 할 수 있을 것이다.

3. 이 사건의 경우

그런데 이 사건에서는 X가 C와 Y 사이의 손해배상소송 판결이 선고되기 전에 Y에게 자신이 A의 친생자임을 알려주었고, 또 인지청구소송의 제기 사실도 알려 주었는데도 Y가 C에게 변제를 하였다는 특수한 사정이 있다. 그러므로 이러한 경우에까지 Y의 변제를 유효하다고 하기는 어렵다. Y로서는 X가 제기한 인지청구소송의 판결에서 어떤 결론이 나는가를 지켜보고, 필요하다면 C이 제기한 소송의 담당 재판부에 그러한 사정을 알리고 그 인지청구소송의 판결이 선고되기까지 재판을 연기해 줄 것을 요청하는 것이 충분히 가능하였다. 그런데도 Y는 그와 같은 조치를 취하지 않고, 그러한 사정을 담당 재판부에 알리지도 않았을 뿐만 아니라 패소판결을 받고도 항소도 하지 아니하였다. X가 C로부터 C가 변제받은 금액을 반환받을 수 있다면 크게 부당하지는 않겠지만, 만일 C가 무자력이 되었다는 등의 사정이 있다면 Y가 X를 불리한 처지에 빠뜨린 것이 된다. 이러한 사정에 비추어 보면 Y가 인지판결이 확정되기까지는 C가 적법한 상속인이라는 이유만으로 C에게 변제를 한 것은 신의칙에 어긋나는 것으로서 무효라고 봄이 상당할 것이다. 따라서 결론에 있어서는 Y의 항변을 배척한 이 사건 원심판결이 타당하다.

이 점에 관하여 대법원은 인지판결이 확정되기 전에는 혼인외의 출생자는 상속인으로서의 권리를 행사할 수 없다는 점을 들어 Y의 과실을 부정하고 있으나, 그러한 논리대로라면 이러한 경우의 후순위 상속인에 대한 변제는 언제나 채권의 준점유자에 대한 변제로서 유효하다는 것이 되어 채권의 준점유자에 대한 변제의 유효요건으로서 선의 무과실이 요구되는 것과는 맞지 않는다.

참고문헌

김용균, "사후인지받은 혼인외의 자보다 후순위상속인이 피상속인의 손해배상에 관하여 한 합의의 효력", 대법원판례해설 19-1호 (93년 상반기).

엄동섭, 손해배상청구권의 상속과 인지, 고시연구 2004.9.

오종근, 인지의 소급효와 제3자 보호, 이화여대 법학논집 18권 4호, 2014.

윤진수, 인지의 소급효와 후순위상속인에 대한 변제의 효력, 가족법판례해설, 2009.

[판례 146]

친생자관계존부확인소송의 원고적격

대법원 2020.6.18. 선고 2015므8351 전원합의체 판결

사 실

A(1909.8.10. 사망)는 2010.8.15. 건국훈장 4등급 애국장 포상대상자로 결정되었다. A와 그의 처인 B(사망) 사이의 장녀인 C(사망)의 자녀인 D가 행정소송을 통해 독립유공자의 유족으로 인정되자, A의 장남 E(사망)의 손자인 X가 검사 Y를 상대로 C와 A, B 사이에 친생자 관계가 존재하지 않는다는 확인을 구하는 등의 소송을 제기하였다.

제1심은 C가 A와 B 사이에서 출생한 자녀가 아니라고 인정하기에는 부족하다는 이유로 원고의 청구를 기각하였다. 반면 원심은 X가 위와 같은 친생자관계부존재확인판결을 받더라도 독립유공자 유족으로 등록될 수 없고, 달리 X에게 위와 같은 친생자관계부존재확인을 구할 이해관계가 없다는 이유로 원고적격을 부정하고 이 사건 소를 전부 각하하였다. 원심은 가정적 판단으로 C와 A, B 사이에 친생자관계가 부존재한다고 볼 수도 없다고 하였다.

대법원 전원합의체는 X의 상고를 기각하였다. 그러나 대법관 2인의 별개의견이 있었다.

이 유

1. 민법 865조에 의한 친생자관계존부확인의 소의 원고적격

가. 친생자관계존부확인의 소의 제기권자 민법 865조 1항(이하 '이 사건 조항'이라 한다)은 "제845조, 제846조, 제848조, 제850조, 제851조, 제862조, 제863조의 규정에 의하여 소를 제기할 수 있는 자는 다른 사유를 원인으로 하여 친생자관계존부확인의 소를 제기할 수 있다." 라고 정한다.

이 사건 조항이 정한 친생자관계존부확인의 소는 법적 친생자관계의 성립과 해소에 관한 다른 소송절차에 대하여 보충성을 가진다. 이처럼 이 사건 조항의 규정 형식과 문언 및 체계, 위 각 규정들이 정한 소송절차의 특성, 친생자관계존부확인의 소의 보충성 등을 고려하면, 친생

자관계존부확인의 소를 제기할 수 있는 자는 이 사건 조항에서 정한 제소권자로 한정된다고 봄이 타당하다.

나. 원고적격의 구체적 범위

(1) 친생자관계의 당사자로서 부, 모, 자녀 친생자관계의 당사자인 부, 모, 자녀는 이 사건 조항에 열거된 민법 845조, 846조, 862조, 863조에 의하여 소를 제기할 수 있는 자로서 다른 사유를 원인으로 하는 경우에는 친생자관계존부확인의 소를 제기할 수 있다.

(2) 자녀의 직계비속과 그 법정대리인 친생자관계의 당사자인 자녀의 직계비속과 그 법정대리인은 이 사건 조항에 열거된 민법 863조에 의하여 소를 제기할 수 있는 자로서 다른 사유를 원인으로 하는 경우에는 친생자관계존부확인의 소를 제기할 수 있다.

(3) 성년후견인, 유언집행자, 부(夫) 또는 처(妻)의 직계존속이나 직계비속 이 사건 조항에 열거된 민법 848조, 850조, 851조는 모두 친생부인의 소의 원고적격에 관한 기본규정인 민법 846조를 전제로 하여 보충적으로 원고적격을 확대하는 규정들이다. 따라서 민법 848조, 850조, 851조의 제소권자인 성년후견인, 유언집행자, 부 또는 처의 직계존속이나 직계비속은 위 규정들에 의하여 소를 제기할 수 있는 요건을 갖춘 경우에 한하여 원고적격이 있다고 봄이 옳다.

즉, 성년후견인은 남편이나 아내가 성년후견을 받게 되었을 때(848조), 유언집행자는 부 또는 처가 유언으로 친생자관계를 부정하는 의사를 표시한 때(850조), 부 또는 처의 직계존속이나 직계비속은 부(夫)가 자녀의 출생 전에 사망하거나 부 또는 처가 친생부인의 소의 제기기간 내에 사망한 때(851조) 비로소 다른 사유를 원인으로 하여 친생자관계존부확인의 소를 제기할 수 있다.

(4) 이해관계인 이해관계인은 이 사건 조항에 열거된 민법 862조에 따라 다른 사유를 원인으로 하여 친생자관계존부확인의 소를 제기할 수 있다. 여기서 이해관계인은 다른 사람들 사이의 친생자관계가 존재하거나 존재하지 않는다는 내용의 판결이 확정됨으로써 일정한 권리를 얻거나 의무를 면하는 등 법률상 이해관계가 있는 제3자를 뜻한다. 따라서 다른 사람들 사이의 친생자관계존부가 판결로 확정됨에 따라 상속이나 부양 등에 관한 자신의 권리나 의무, 법적 지위에 구체적인 영향을 받게 되는 경우이어야 이해관계인으로서 친생자관계존부확인의 소를 제기할 수 있다.

결국 친생자관계존부확인의 소를 제기한 원고가 앞서 (1), (2), (3)에서 본 바와 같이 당연히 원고적격이 인정되는 경우가 아니라면, 여기서 말하는 이해관계인에 해당하는 경우에만 원고 적격이 있다. 이러한 이해관계인에 해당하는지 여부는 원고의 주장 내용과 변론에 나타난 제반 사정을 토대로 상속이나 부양 등에 관한 원고의 권리나 의무, 법적 지위에 미치는 구체적인 영향이 무엇인지를 개별적으로 심리하여 판단해야 한다.

2. 민법 777조에서 정한 친족은 당연히 친생자관계존부확인의 소를 제기할 수 있는지 여부

대법원 1981.10.13. 선고 80므60 전원합의체 판결은 구 인사소송법 35조가 "당사자 및 법정대리인 또는 민법 제777조의 규정에 의한 친족은 언제든지 혼인무효의 소를 제기할 수 있다."라고 규정한 26조를 민법 865조에서 정한 친생자관계존부확인의 소에 준용하고 있음을 이유로, 민법 777조에서 정한 친족관계에 있다는 사실만으로 당연히 친생자관계존부확인의 소의 원고적격이 인정된다고 하였다. 그 후 대법원은 구 인사소송법이 적용되는 사안에 대해서는 물론, 구 인사소송법이 폐지되면서 새로 제정된 가사소송법의 적용을 받는 사안에 대해서도 같은 취지로 판단하였다.

그러나 구 인사소송법 등의 폐지와 가사소송법의 제정 · 시행, 호주제 폐지 등 가족제도의 변화, 신분관계 소송의 특수성, 가족관계 구성의 다양화와 그에 대한 당사자 의사의 존중, 법적 친생자관계의 성립이나 해소를 목적으로 하는 다른 소송절차와의 균형 등을 고려할 때, 민법 777조에서 정한 친족이라는 사실만으로 당연히 친생자관계존부확인의 소를 제기할 수 있다고 한 종전 대법원 판례는 더 이상 유지될 수 없게 되었다고 보아야 한다.

구 인사소송법에는 민법 777조에서 정한 친족이 당연히 친생자관계존부확인의 소를 제기할 수 있다는 명문의 규정(35조, 26조)이 있었다. 실제로 이는 종전 대법원 판례의 핵심적 근거가 되었다. 그러나 구 인사소송법과 구 가사심판법을 통합한 가사소송법은 구 인사소송법과 달리 친생자관계존부확인의 소의 제기권자가 누구인지에 관하여 아무런 규정을 두고 있지 않다. 따라서 구 인사소송법이 폐지되고 가사소송법이 시행됨으로써 종전 대법원 판례의 법률적 근거가 사라지게 되었다.

이와 달리 가사소송법이 적용되는 사안에 대해 민법 777조에서 정한 친족은 특별한 사정이 없는 한 그와 같은 신분관계에 있다는 사실만으로 친생자관계존부확인의 소를 제기할 소송상 이익이 있다고 판단한 대법원 1998.10.20. 선고 97므1585 판결; 대법원 2004.2.12. 선고 2003므2503 판결을 비롯하여 그와 같은 취지의 판결은 이 판결의 견해에 배치되는 범위에서 이를 변경하기로 한다.

이와 같은 다수의견에 대하여 별개의견은, 부(夫) 또는 처(妻)의 직계존속이나 직계비속은 다수의견과 같은 제한 없이 원고적격이 인정되어야 하고, 이해관계인의 범위를 정하는 1차적 기준은 현재 가족관계등록부에 진실한 혈연과 다른 친생자관계가 등록됨으로 인해 자신의 신분관계를 기초로 한 법적 지위에 불이익을 받는지 여부가 되어야 하며, 친생자관계존부확인 판결을 통해 잘못된 가족관계등록부의 기록을 바로잡아야 할 법률상 보호할 가치가 있는 이익이 있어야 한다고 주장하였다.

결국 다수의견은 X가 원고적격이 없다고 본 반면, 별개의견은 X의 원고적격은 인정되지만, 소외 A와 C 사이 및 B와 C 사이에 친생자관계가 존재한다는 원심판결의 가정적 판단이 타당하므로 상고를 기각하여야 한다고 보았다.

해 설

1. 종전의 판례와 구 인사소송법의 규정

대판(전) 1981.10.13, 80므60은, 당시에 시행되고 있던 인사소송법 35조는 동법 33조 3항에 규정된 친생관계의 존부확인을 목적하는 소에 인사소송법 26조를 준용한다고 규정하고 있는데, 인사소송법 26조는 당사자 및 그 법정대리인 또는 민법 777조의 규정에 의한 친족은 제소권자로 명시하고 있으므로 위 소정의 친족은 특단의 사정이 없는 한 그와 같은 신분관계를 가졌다는 사실만으로써 당연히 친자관계 존부확인의 소를 제기할 소송상의 이익이 있다고 하여, 이와 다른 취지인 대판 1966.7.26, 66므11을 변경하였다.

당시의 인사소송법 35조는 친생관계의 존부확인을 목적하는 소에 같은 법 26조를 준용한다고 규정하고 있었고, 26조는 당사자 및 그 법정대리인 또는 민법 777조의 규정에 의한 친족은 언제든지 혼인무효의 소를 제기할 수 있다고 규정하고 있었다.

그러므로 친생자관계존부확인의 소송의 제소권자는 865조가 규정하는 제소권자 외에 777조의 친족이 될 수 있었다.

2. 가사소송법의 제정과 그 후의 상황

그러나 인사소송법과 구 가사심판법을 통합하여 제정되어 1991.1.1.부터 시행된 가사소송법에서는 구 인사소송법과 달리 28조(준용규정)에서 친생자관계존부확인의 소에 관하여 23조(혼인무효 및 이혼무효의 소의 제기권자)에 관한 규정을 준용하지 않고, 단지 24조(혼인무효·취소 및 이혼무효·취소의 소의 상대방)만 준용하였다. 또한 가사소송법 23조는 구 인사소송법(26조)과 달리 혼인무효 및 이혼무효의 소의 제기권자 범위를 '민법 제777조의 규정에 의한 친족'이 아니라 '4촌 이내의 친족'으로 축소하였다.

그런데 대법원 판례는 777조의 규정에 의한 친족은 친생자관계 존부확인의 소의 원고적격을 가진다는 종래의 판례를 유지하였다(대판 1998.10.20, 97므1585; 2004.2.12, 2003므2503 등).

이에 대하여는 종전의 판례가 가사소송법 제정 후에도 여전히 타당하다는 주장, 가사소송법의 시행으로 777조의 친족이라는 이유만으로 당연히 원고적격이 인정되는 것은 아니라고 보는 주장 및 가사사송법 28조에서 준용하는 24조 2항은 제3자가 1항에 규정된 혼인무효 및 이혼무효의 소를 제기할 때의 상대방을 정한 것이므로, 여기서 제3자는 결국 23조의 제소권자 가운데 당사자 및 법정대리인을 제외한 '4촌 이내의 친족'을 의미하는 것이라는 주장이 있었다.

3. 대상판결의 다수의견과 별개의견

대상판결은 위와 같이 종전 판례의 핵심적 근거였던 인사소송법 35조의 규정이 바뀐 가사소송법에는 포함되지 않았음을 근거로 하여 777조의 친족이라는 것만으로는 당연히 친생자관계존부확인의 소의 원고적격을 가진다고 볼 수 없다고 하면서 종래의 판례를 변경하였다. 여기에는 대상판결의 다수의견과 별개의견이 모두 동의하였다.

그러나 다수의견과 별개의견은 두 가지 점에서 의견이 달랐다. **첫째,** 865조에 의하여 준용되는 851조(夫의 子 출생 전 사망 등과 친생부인)에서 규정하는 부 또는 처의 직계존속이나 직계비속에 관하여는, 다수의견은 851조의 규정과 같이 부(夫)가 자녀의 출생 전에 사망하거나 부 또는 처가 친생부인의 소의 제기기간 내에 사망한 때(851조) 비로소 다른 사유를 원인으로 하여 친생자관계존부확인의 소를 제기할 수 있다고 본 반면, 별개의견은 자녀의 직계비속이 다른 제한 없이 친생자관계존부확인의 소를 제기할 수 있도록 한다면, 부모의 직계비속도 기간 제한 없이 친생자관계존부확인의 소를 제기할 수 있다고 주장한다.

둘째, 다수의견은 865조에 의하여 준용되는 862조(인지에 대한 이의의 소)에서 규정하는 이해관계인에 관하여, 이해관계인은 다른 사람들 사이의 친생자관계가 존재하거나 존재하지 않는다는 내용의 판결이 확정됨으로써 일정한 권리를 얻거나 의무를 면하는 등 법률상 이해관계가 있는 제3자를 뜻하고, 따라서 다른 사람들 사이의 친생자관계존부가 판결로 확정됨에 따라 상속이나 부양 등에 관한 자신의 권리나 의무, 법적 지위에 구체적인 영향을 받게 되는 경우이어야 이해관계인으로서 친생자관계존부확인의 소를 제기할 수 있다고 하였다. 종래의 판례는 이 경우의 이해관계인은 타인들 사이에 친생자관계가 존재하지 않는 것이 확정됨으로써 특정한 권리를 얻게 되거나 특정한 의무를 면하게 되는 등의 직접적인 이해관계가 있는 제3자를 말한다고 하였는데, 다수의견은 '직접적인'이라는 표현은 쓰지 않고 있다.

반면 별개의견은, 이해관계인의 범위를 정하는 1차적 기준은 현재 가족관계등록부에 진실한 혈연과 다른 친생자관계가 등록됨으로 인해 자신의 신분관계를 기초로 한 법적 지위에 불이익을 받는지 여부가 되어야 하고, 친생자관계존부확인 판결을 통해 잘못된 가족관계등록부의 기록을 바로잡아야 할 법률상 보호할 가치가 있는 이익이 있어야 한다고 하면서, 다수의견이 제시한 기준인 '일정한 권리를 얻거나 의무를 면하는지 여부'는 신분관계에는 영향이 없으면서 재산적 이해관계만을 갖는 경우(가령 보험금 수익자나 상속인의 채권자 등)까지 확장될 우려가 있어 타당한 기준이라고 하기 어렵다고 비판한다.

요컨대 부 또는 처의 직계존속이나 직계비속의 경우에는 다수의견은 그 범위를 좁게 본 반면, 별개의견은 그 범위를 넓게 보았고, 이해관계인의 경우에는 다수의견은 그 범위를 넓게 파악하였지만 별개이견은 그 범위를 좁게 보았다.

4. 검 토

대상판결이 777조에서 정한 친족은 당연히 친생자관계존부확인의 소를 제기할 수 있다고 보았던 종래의 판례를 변경한 것은 당연하다. 종래 판례의 근거가 되었던 인사소송법의 규정이 없어졌기 때문이다. 그러므로 친생자관계존부확인의 소의 원고적격은 865조에 의하여 결정되어야 한다.

그런데 구체적으로 865조에 의하여 준용되는 851조의 의미에 관하여, 다수의견은 851조의 규정을 그대로 865조에도 적용하였고, 별개의견은 이를 제한적으로 축소해석하였다. 그러나 별개의견과 같이 축소해석할 근거가 분명하지 않다.

다른 한편 865조에 의하여 준용되는 862조에서 규정하는 이해관계인의 의미에 관하여는 별개의견과 같이 재산적 이해관계만을 갖는 경우를 이해관계인에서 제외할 근거도 분명하지 않다고 보인다.

참고문헌

권영준, 2020년 민법 판례 동향, 서울대 법학 62권 1호, 2021.

이소은, 친생자관계 부존재 확인의 소의 소송요건에 관한 연구, 가족법연구 35권 2호, 2021.

이준호, 친생자관계 존부 확인의 소에서의 원고적격과 확인의 이익, 국민대 법학논총 35권 2호, 2022.

정현숙, 친생자관계존부확인의 소의 제기권자 범위, 부산판례연구회 판례연구 33집, 2022.

[판례 147]

출생신고에 의한 입양의 성립

대법원 1977.7.26. 선고 77다492 전원합의체 판결

사 실

A는 소외 B와 혼인하였으나 아들이 없어, 9촌 조카인 C를 데려와 양가의 합의 하에 양자로 삼았으나 편의상 입양신고를 하지 않고 친생자로 출생신고를 하였다. 그 후 A는 소외 D를 소실로 얻어 동거하던 중 그 사이에 E를 출산하였고 B가 사망하자 D와 혼인신고를 함으로써 E가 호적상 친생차남으로 되었다. A는 E가 출생한 후로는 C를 자식으로 생각하지 않고, 또 C 자신도 자식으로 행세하지 않으며, 서로 따로 살아왔고, A의 봉양을 E가 맡았고, A가 1944.5.2. 사망하자 E와 함께 C도 상주노릇을 하고 C가 호주상속신고까지 마쳤으나, 부의 제사 등은 E만이 단독으로 하였으며 그 유산도 사실상 E가 관리하였다. 이 사건 임야는 원래 A의 소유로서 A가 사망하자 C가 호주 상속인으로 이를 상속하였고, C가 사망하자 그의 처와 자녀들이 공동상속하였으며, X가 1974.11.16. 그들로부터 이 사건 임야를 매수하였다. 그런데 D와 E는 공모하여 토지의 관계문서인 A 명의의 매도증서 · 인감증명 등을 위조하여 아무런 권원 없이 E 명의의 소유권이전등기를 마치고 다시 이를 Y에게 넘겨주었다. 이에 X가 Y를 상대로 소유권이전등기말소청구를 하였다.

원심은, C는 A의 친생자도 아니고 양자도 아니므로, A의 호주상속인으로서 이 사건 임야를 상속할 수 없고, 오히려 E가 A의 호주상속인으로서 이 사건 임야를 상속하였으므로 E 명의의 등기는 실체적 권리관계에 부합하는 유효한 것이라고 하여 X의 청구를 배척하였다. 그러나 대법원 전원합의체는 원심판결을 파기환송하였다. 여기에는 반대의견이 있었다.

이 유

신분행위의 신고라는 형식을 요구하는 실질적 이유는 당사자 사이에 신고에 대응하는 의사표시가 있었음을 확실히 하고 또 이를 외부에 공시하기 위함이다. 입양신고 역시 당사자의

입양에 관한 합의의 존재와 그 내용을 명백히 하여 실질적 요건을 갖추지 아니한 입양을 미리 막아 보자는 것이 그 기본이라고 본다면, 당사자 사이에 양친자관계를 창설하려는 명백한 의사가 있고 나아가 기타 입양의 성립요건이 모두 구비된 경우에 입양신고 대신 친생자 출생신고가 있다면 형식에 다소 잘못이 있더라도 입양의 효력이 있다고 해석함이 타당하다. 다시 말하여 허위의 친생자 출생신고라도 당사자 간에 법률상 친자관계를 설정하려는 의사표시가 명백히 나타나 있고, 양친자관계는 파양에 의하여 해소될 수 있다는 점을 제외하고는 법률적으로 친생자 관계와 똑같은 내용을 가지고 있는 것이므로 허위의 친생자 출생신고는 법률상 친자관계의 존재를 공시하는 신고로서 입양신고의 기능을 발휘한다고도 볼 수 있다.

해 설

1. 쟁점의 소재

이 사건에서 문제되는 C의 출생신고와 A의 사망은 모두 1960년 민법이 시행되기 전에 있었던 일이다. 당시에는 입양을 하기 위하여는 입양신고가 있어야 하였다(1922.12.7. 개정된 조선민사령 11조 2항). 이는 현행법상으로도 마찬가지이다. 그러므로 A가 C를 입양할 의사를 가졌다고 하여도, C에 대한 입양신고는 없었으므로 입양이 유효하게 성립하였는지는 문제가 된다.

그리고 당시에는 호주가 사망하면 장남인 호주상속인이 전 호주의 재산을 단독으로 상속하였고, 다만 동생들은 분재청구권만을 가졌다(대판 1969.11.25, 67므25 등). 따라서 C가 유효하게 A의 양자로 되었다면, A가 사망하면 A의 재산은 C가 단독으로 상속하게 되고, E에게는 상속권이 없으므로, E와 Y 명의의 등기가 무효가 된다.

2. 종래의 판례와 대상판결

대판 1947.11.25, 4280민상126은, 아직 출생신고를 하지 않은 유아를 양자로 하는 입양에 있어서 다른 요건이 모두 구비된 경우에는 당사자 간의 합의로 입양신고에 갈음하여 양부될 당사자가 양자될 자를 그 처와의 사이에 출생한 적출자로 출생신고를 한 때에는 입양의 효력이 발생한다고 하였다. 이에 반해 대판 1967.7.18, 67다1004 판결은, "신고에 의하여서만 비로소 입양의 효력이 발생하며 그 입양에 여러 가지 무효요건의 정함이 있는 요식행위인 입양신고를 출생신고로써 갈음할 수는 없다"고 판시하였다.

그러나 대상판결은 위 67다1004 판결을 변경하여, 입양의 성립요건이 모두 구비된 경우에 입양신고 대신 친생자 출생신고가 있다면 형식에 다소 잘못이 있더라도 입양의 효력이 있다고 하였다. 대상판결은, 그 논거로서 혼인신고가 위법하여 무효인 경우에도 무효한 혼인중 출생한 자를 그 호적에 출생신고하여 등재한 이상 그 자에 대한 인지의 효력이 있다는 대판 1971.

11.15, 71다1983을 원용하였다.

이에 반하여 반대의견은 위 67다1004 판결을 그대로 유지하여야 한다고 주장하였다. 즉 입양을 요식행위로 규정한 입법이유는 호적상 창설된 신분관계를 공시하여 신분관계의 혼란과 각종 분쟁의 씨를 미연에 방지하고 입양의 실질적 성립요건의 위반을 사전에 방지하는 기능을 부여하는 데 있고, 따라서 요식의 입양신고 없는 입양은 법제도상 그 효력을 인정않음이 타당하다는 것이다. 그리고 유아 시대에 입양된 자는 자기가 양자임을 알기도 매우 어려운 경우도 있으므로 양자에게서 파양권을 사실상 박탈함은 물론 그 실부모가 누구인지 찾기 곤란한 비인도적이랄까 비정한 결과를 가져올 것이라고 하였다.

그리고 다수의견이 71다1983 판결을 원용하는 데 대하여는, 인지는 부친의 단독행위이나 입양은 다수관계 당사자 간의 합의에 의하여 그것도 합식의 호적신고에 의하여서만 성립하는데 본건에 있어서는 합의를 증명하는 입양신고가 없는 사건으로 본질적으로 다르다고 비판하였다.

3. 이후의 판례

대판 1992.10.23, 92다29399은, 무효인 인지도 입양의 성립요건이 갖추어졌으면 입양으로 유효하다고 하였고, 대판 2007.12.13, 2007므1676은, 당사자가 입양의 의사로 양친이 될 자를 부 또는 모로 정정하는 호적정정신고를 하고 거기에 입양의 실질적 요건이 구비되어 있는 경우에도 입양의 효력을 인정하였다.

그러나 판례(대판 1984.11.27, 84다458; 1995.1.24, 93므1242)는, 여자가 사실상의 양자를 내연관계에 있는 남자의 혼인외의 자로 출생신고하게 한 경우에는 양친자관계가 성립할 수 없다고 하였다. 그런데 대판 2018.5.15, 2014므4963은, 그러한 경우에도 입양신고 대신 친생자 출생신고가 이루어진 후, 2008.1.1 호적제도가 폐지되고 가족관계등록제도가 시행됨으로써 사실상 양모의 가족관계등록부에는 사실상 양자가 사실상 양모의 자녀로 기록되었고, 사실상 양자의 가족관계증명서에도 사실상 양모가 사실상 양자의 모로 기록된 경우에는 양친자관계가 성립한다고 하였다.

한편 이러한 경우 입양 장애 사유가 있으면 어떠한가? 판례는 입양 취소 사유가 있는 경우에도 입양이 유효하게 성립하고, 다만 취소 사유가 될 뿐이라고 한다(대판 1990.3.9, 89므389; 1991.12.13, 91므153 등). 반면 당사자나 대락권자의 승낙이 없는 경우와 같이 입양 무효 사유가 있는 경우에는 입양이 유효하게 성립하지 못한다. 그렇지만 양자가 될 자가 입양을 승낙할 수 있는 15세가 된 후 입양이 무효임을 알면서도 아무런 이의도 하지 않았다면, 묵시적으로라도 입양을 추인한 것으로 보는 것이 상당하다고 한다(대판 1990.3.9, 89므389; 1997.7.11, 96므1151).

그리고 이러한 경우 당사자가 친생자관계부존재확인청구를 하는 경우에, 판례(대판 1988.2.23, 85므86; 1988.2.23, 86므25 등)는 이와 같이 진실에 부합하지 않는 친생자출생신고의 호적기재가 법률상의 친자관계인 양친자관계를 공시하는 것으로 그 효력을 인정하는 이상, 파양에 의하여 양친자관계를 해소할 필요가 있는 등 특별한 사정이 없는 한 그 호적기재 자체를 말소하여 법률상 친자관계의 존재를 부정하게 되는 친생자관계부존재확인청구는 허용될 수 없다고 하여 이러한 경우에는 이러한 청구는 확인의 이익이 없어서 부적법하다고 하였다.

4. 검 토

이러한 판례는 2013.7.1. 이후에는 미성년자의 입양에는 법원의 허가를 받아야 하고, 이러한 허가가 없는 입양은 무효인 것으로 민법이 개정되었으므로(867조, 883조), 현행법 아래서는 더 이상 판례로서의 의미를 가지지 않는다. 그러나 출생신고가 그 이전에 있었던 경우에는 여전히 문제가 된다.

학설은 대체로 이러한 판례를 무효행위의 전환(138조)을 인정한 것으로 보고 찬성하고 있다. 그러나 무효행위의 전환이 인정되려면, 당사자가 그 무효를 알았더라면 다른 법률행위를 하는 것을 의욕하였으리라는 가정적 의사가 있을 뿐만 아니라, 무효인 법률행위가 다른 법률행위의 요건을 구비하였어야 할 것이 요구된다(앞의 **[판례 22]** 해설 참조). 그런데 이러한 경우에는 입양의 성립요건인 입양신고 자체가 없었으므로, 이를 무효행위의 전환이라고 설명할 수는 없고, 이러한 판례는 이론적으로 문제가 있다.

참고문헌

서인겸, 친생자 출생신고에 관한 무효행위전환 법리의 적용상 문제점, 원광법학 34권 4호, 2018.

윤진수, 허위의 친생자출생신고에 의한 입양에 관한 몇 가지 문제, 민법논고 IV, 2009.

이은정, 「친생자관계부존재확인의 소」에 관한 개정 논의, 가족법연구 37권 1호, 2023.

임혜원, 입양의 실질적 요건을 갖춘, 친생자 출생신고로 인한 입양의 효력, 대법원판례해설 115호, 2018.

정귀호, 허위의 친생자출생신고와 입양의 효력, 민사판례연구 1권, 1979.

키토우 유우키, 허위의 출생신고에 의한 입양 성립에 관한 소고, 가족법연구 37권 3호, 2023.

한상호, 여자가 사실상의 양자를 내연관계에 있는 남자의 혼인외의 자로 출생신고하게 한 경우 양친자관계의 성립 여부, 민사판례연구 18권, 1996.

[판례 148]

조부모의 손자녀 입양

대법원 2021.12.23.자 2018스5 전원합의체 결정

사 실

사건본인 A의 친생모 B(1996년생)는 A의 친생부 C와의 사이에서 A를 임신하였고, 2014. 10.15. 혼인신고 후 같은 달 28. A를 낳았다. A가 생후 7개월이 되었을 무렵 B는 A를 못 키우겠다며 자신의 부모인 X_1, X_2 집에 두고 갔고, 그때부터 X들이 A를 양육하고 있다. B와 C는 2015.9.18. 협의이혼하였다. X들은 가정법원에 A를 X들의 양자(일반양자)로 하는 것을 허가해 달라고 신청하였는데, B와 C는 위 입양에 동의하였다.

1심은 생모인 B가 생존하고 있는 이 사건에서 X들이 A를 입양할 경우, X들은 외조부모이자 부모가 되고, B는 어머니이자 누나가 되는 등 가족내부 질서와 친족관계에 중대한 혼란이 초래될 것이 분명한 점, 현재 상태에서 X들이 A를 양육함에 있어 어떠한 제약이나 어려움이 있다고 보기 어렵고, 설령 A의 양육에 법률상 또는 사실상의 장애가 있다 하더라도 입양이 아니라 미성년후견을 통하여 그 장애를 제거할 수 있다고 보이는 점, 장래에 A가 진실을 알게 됨으로써 받을 충격 등을 고려하면, 신분관계를 숨기기보다 정확히 알리는 것이 A에게 이롭다고 볼 여지도 충분한 점, X들의 입양을 통해 생부모가 A에 대한 책임을 회피할 수 있게 하는 것이 사건본인의 복리를 위하여 바람직하다고 보기도 어려운 점 등을 이유로 입양허가 신청을 기각하였고, 원심도 같이 판단하여 X들의 항고를 기각하였다.

그러나 대상결정은 원심결정을 파기환송하였다. 여기에는 반대의견이 있었다.

이 유

입양은 출생이 아니라 법에 정한 절차에 따라 원래는 부모 · 자녀가 아닌 사람 사이에 부모 · 자녀 관계를 형성하는 제도이다. 조부모와 손자녀 사이에는 이미 혈족관계가 존재하지만 부모 · 자녀 관계에 있는 것은 아니다. 민법은 입양의 요건으로 동의와 허가 등에 관하여 규정

하고 있을 뿐이고 존속을 제외하고는 혈족의 입양을 금지하고 있지 않다(민법 877조 참조). 따라서 조부모가 손자녀를 입양하여 부모·자녀 관계를 맺는 것이 입양의 의미와 본질에 부합하지 않거나 불가능하다고 볼 이유가 없다.

조부모가 자녀의 입양허가를 청구하는 경우에 입양의 요건을 갖추고 입양이 자녀의 복리에 부합한다면 이를 허가할 수 있다. 다만 조부모가 자녀를 입양하는 경우에는, 양부모가 될 사람과 자녀 사이에 이미 조손(祖孫)관계가 존재하고 있고 입양 후에도 양부모가 여전히 자녀의 친생부 또는 친생모에 대하여 부모의 지위에 있다는 특수성이 있으므로, 이러한 사정이 자녀의 복리에 미칠 영향에 관하여 세심하게 살필 필요가 있다.

해 설

1. 종래의 판례

조부모나 외조부모가 자신의 손자녀나 외손자녀를 친양자 또는 일반양자로 입양할 수 있는가? 이 문제에 대하여는 하급심 판례가 나누어지고 있었으나, 이를 부정한 예가 많았다.

대법원 판례로서는 이를 허용하지 않은 하급심 판례에 대하여 재항고를 기각한 사례가 두 건 있었다. 우선 대결 2010.12.24, 2010스151의 원심은, 외손자를 친양자로 입양할 것을 구한 데 대하여, 외손자를 친양자로 입양하면 외조부모가 부모가 되고 생모와 외손자는 자매지간이 되는 등 가족내부 질서와 친족관계에 중대한 혼란이 초래될 것이 분명하고, 이 사건 청구는 그 주된 동기가 사건본인의 복리가 아니라 생모의 재혼을 용이하게 하려는 것이어서 친양자 입양이 생모의 복리를 실현하기 위한 방편에 불과하며, 현재 상태에서 외조부모가 외손자를 양육하는 데 어떠한 제약이나 어려움이 있는 것도 아니기 때문에 굳이 친양자 입양을 해야 할 현실적인 이유나 필요성을 인정하기도 어렵다고 하였고, 대법원도 원심 결정이 정당하다고 하였다.

대결 2017.3.17, 2016스138은 당사자들이 재항고이유로 사건본인이 조부모로부터 직접 상속을 받을 수 있도록 친양자입양을 신청한다고 주장한 사안에서, 위 2010스151 결정 법리를 인용하고 조부모의 손자녀 입양 시 가족내부의 질서와 친족관계에 중대한 혼란이 초래될 것이 분명하고, 이로 인해 사건본인이 회복할 수 없는 심각한 정서적 불안정을 겪게 될 가능성이 크다는 등의 이유로 입양을 불허한 원심판단을 수긍하였다.

2. 대상결정의 다수의견과 반대의견

대상결정의 다수의견은 가정법원이 미성년자의 입양을 허가할 것인지 판단할 때에는 '입양될 자녀의 복리에 적합한지'를 최우선적으로 고려하여야 한다고 하면서, 조부모가 자녀의 입양허가를 청구하는 경우에 입양의 요건을 갖추고 입양이 자녀의 복리에 부합한다면 이를 허가 할 수 있다고 판시하였다. 다만 조부모가 자녀를 입양하는 경우에는, 양부모가 될 사람과 자녀 사이에 이미 조손(祖孫)관계가 존재하고 있고 입양 후에도 양부모가 여전히 자녀의 친생부 또는 친생모에 대하여 부모의 지위에 있다는 특수성이 있으므로, 이러한 사정이 자녀의 복리에 미칠 영향에 관하여 세심하게 살필 필요가 있다고 하였다.

또한 조부모가 자녀에게 친생부모에 관한 사실을 알리지 않고 자신들이 친생부모인 것처럼 자녀를 양육하였거나 앞으로도 그러할 것이라고 해서 입양의 의사를 부정할 수는 없다고 하였고, 입양의 주된 목적이 부모 · 자녀 관계를 맺고 부모로서 자녀를 양육하기 위한 것이 아니라 자녀의 국적 취득, 상속, 다자녀로 인한 각종 사회적 · 경제적 혜택 등을 목적으로 하는 것인지에 관하여는 신중하게 심리하여야 한다고 판시하였다.

그리고 가정법원은 자녀가 13세 미만인 경우에도 자신의 의견을 형성할 능력이 있다면 가급적 그 나이와 상황에 맞는 적절한 방법으로 입양되는 자녀의 의견을 청취하는 것이 바람직하다고 보았다.

한편 종래 조부모가 자녀를 입양하면 조부모와 양부모의 지위가 중첩되고 친생부모는 자녀의 부모이자 형제가 되는 등 가족 내부 질서나 친족관계에 중대한 혼란이 초래될 수 있고, 자녀의 정서에도 부정적 영향을 미칠 수 있다는 점을 주된 이유로 조부모의 입양을 불허한 실무례가 많았다고 지적하면서, 조부모와 자녀가 이미 실질적으로 양친자와 같은 생활관계를 맺고 있는 경우 법적으로도 실제에 부합하는 신분관계를 맺을 수 있는데, 이러한 점은 입양이 자녀의 복리에 적합한 사정으로 평가할 수 있다고 하였다. 반면 조부모와 자녀 사이에 이미 조손관계가 확립되어 있거나 자녀가 친생부모와 자주 교류하는 경우에는, 입양이 자녀의 복리에 적합하지 않다고 평가할 수 있다고 보았다.

또한 입양은 단순한 양육을 넘어 영속적인 부모 · 자녀 관계를 맺기 위한 제도로서, 미성년자에게 친권자가 없는 경우 친권자를 대신하여 그를 보호 · 감독하고 대리할 사람을 두기 위한 미성년후견과는 그 제도 취지나 법적 효력이 다르다고 하면서, 조부모가 부모 · 자녀 관계를 맺기 위하여 입양을 청구하는 경우 후견 제도의 존재를 이유로 입양을 불허할 것은 아니라고 하였다.

반면 반대의견은, 종래의 대법원 판례가 조부모의 미성년 손자녀 입양으로 가족 내부 질서와 친족관계에 혼란이 초래된다는 이유로 입양을 불허한 듯한 것은 친족 내부의 질서 등 구시대적 관념을 중시하였다는 점에서 바람직하지 않다고 하면서도, 조부모의 미성년 손자녀를 입양하는 것은 법정 친자관계의 기본적인 의미에 자연스럽게 부합하지 않는데다가, 조부모가 입양 사실을 감추고 친생부모인 것처럼 양육하기 위하여 하는 비밀 입양은 향후 자녀의 정체성 혼란을 야기할 우려가 크므로, 조부모의 입양은 이러한 우려가 모두 해소될 수 있음이 밝혀진 경우에 허가할 수 있다고 하였다.

나아가 다수의견의 법리를 받아들이더라도 다수의견이 지적하는 원심의 잘못은 재판 결과에 영향을 미치지 아니하였기 때문에 원심을 파기할 사유에 이르지 않는다고 주장하였다.

3. 검 토

외국의 예를 살펴본다면, 미국에서는 조부모가 손자녀를 입양하는 것이 넓게 인정되고 있다. 반면 독일에서는 이것이 금지되지는 않으나, 쉽게 인정되지는 않는 것으로 보인다. 프랑스의 판례도 마찬가지였고, 2022.2.21. 개정된 프랑스 민법 346조는 직계존속과 직계비속 사이 및 형제와 자매 사이의 입양은 금지되지만, 법원은 중대한 사유가 있는 경우에 입양을 허가할 수 있다고 하는 명문 규정을 두었다.

종래 하급심이나 대법원이 조부모의 손자녀 입양을 허용하지 않았던 것은 기본적으로 그것이 가족 내부 질서와 친족관계에 혼란이 초래된다는 점을 중시한 때문으로 보인다. 그러나 대상결정의 반대의견이 지적하는 것처럼, 이는 구시대적 관념에 기인한 것으로, 미성년자의 입양 허가 여부에 관하여는 미성년자의 복리를 최우선의 가치로 고려하여야 하는 것과는 맞지 않는다.

대상결정의 다수의견과 반대의견의 차이는 결국 비밀입양, 즉 입양되었다는 사실을 입양된 자녀나 다른 사람들에게 알리지 않으려는 것을 어떻게 볼 것인가 하는 시각의 차이에 기인한다. 다수의견은 입양 사실을 자녀에게 알릴 것인지, 언제 어떤 방식으로 알릴 것인지는 입양 가족이 처한 상황, 자녀의 나이, 성격, 주위 환경 등에 따라 개별적으로 결정되어야 할 문제이고, 가정법원은 입양허가 사건의 가사조사와 심리 과정에서 적절한 시기에 자녀에게 입양 사실을 밝혀 자녀가 입양 사실을 자연스럽게 받아들일 수 있도록 상담과 조언을 할 수 있다고 하여 이를 반드시 부정적으로 보지 않고 있다.

반면 반대의견은, 입양허가를 청구하는 조부모가 재판과정에서 사건본인에게 향후 입양 사실에 관하여 묵비하고 친생부모로서 행동하고 사건본인에게도 자신을 친생부모로 여기게 하겠다고 주장하는 경우 입양의 의사를 인정하는 데에는 더욱 신중을 기할 필요가 있고, 비밀 입양은 미성년 자녀의 정체성 혼란을 가져올 우려가 있다는 측면에서도 가볍게 취급할 수 없다고 하여 이를 부정적으로 평가한다.

생각건대 입양을 희망하는 조부모가 입양의 대상인 손자녀에게 그 당시에 친생자가 아니라는 사실을 알리지 않으려고 한다고 하여 이를 이유로 입양을 불허하여야 하는지는 의문이다. 다수의견이 지적하는 것처럼 가정법원은 입양허가 사건의 가사조사와 심리 과정에서 적절한 시기에 자녀에게 입양 사실을 밝혀 자녀가 입양 사실을 자연스럽게 받아들일 수 있도록 상담과 조언을 할 수 있을 것이다.

다만 손자녀의 입양은 위 대결 2010.12.24, 2010스151이 보여주듯이, 입양대상인 아동의 복리가 아니라 다른 이유에서 행해질 가능성이 많고, 이 점에서 법원의 허가 과정에서 좀더 세심한 심사가 필요하다. 이렇게 본다면 다수의견과 반대의견의 차이는 그리 크지 않다.

한편 이 사건은 일반입양에 관한 것인데 친양자 입양의 경우에는 어떻게 볼 것인가가 문제된다. 대상결정은 기존의 친양자 입양을 불허한 대법원 판례 2건은 모두 조부모의 입양에 관해 일반론적 판시를 한 것이 아니라 당해 사안의 사실관계를 고려하여 원심의 판단을 수긍하였으므로, 판례 변경의 대상은 되지 않는 것으로 본 것으로 여겨진다.

한편 다수의견이 가사소송법 45조의9 1항이 가정법원은 입양허가 심판을 할 때에 양자가 될 사람이 13세 이상인 경우에는 그의 의견을 들어야 한다고 규정하고 있지만, 아동권리협약 12조가 자신의 의견을 형성할 능력이 있는 아동은 자신에게 영향을 미치는 모든 문제에 대하여 의견을 자유롭게 표현할 권리가 있다고 하는 점을 들어 가정법원은 자녀가 13세 미만인 경우에도 자신의 의견을 형성할 능력이 있다면 가급적 그 나이와 상황에 맞는 적절한 방법으로 입양되는 자녀의 의견을 청취하는 것이 바람직하다고 한 점도 주목할 필요가 있다. 2022.11.10. 제21대 국회에 제출된 정부의 가사소송법 전부개정안 20조는 가정법원은 미성년자의 복리에 직접적인 영향이 있는 재판을 할 때에는 그의 진술을 들어야 하고, 다만 미성년자가 진술할 수 없거나 그의 진술을 듣는 것이 그의 복리를 해칠 우려가 있는 경우에는 그러하지 아니하다고 규정한다.

4. 그 후의 경과

사건을 환송받은 울산가정법원 2023.2.2.자 2022브1 결정은 환송전 원심과 마찬가지로 X들의 항고를 기각하였다. 그 주된 이유는 X들이 A에게 자신들이 조부모임을 알리지 않으려고 하고 있고, 가정법원이 가사조사관이나 상담위원 등을 통하여 사건본인의 입양에 대한 의사를 확인하는 절차에 협조하지 않겠다면서 이른바 '비밀입양'을 고집하고 있어 사건본인의 의사를 확인할 수 없게 되었다는 점에서 사건본인의 입양의사를 확인하지 않는 입양허가는 사건본인의 복리에 부합하지 않는다는 것이다. 대결 2023.6.30.자 2023스526도 X들의 재항고를 기각하였다.

참고문헌

권영준, 2021년 민법 판례 동향, 서울대학교 법학 62권 1호, 2022.
김기영, 조부모의 입양에 대한 법적 문제와 비교법적 검토, KHU 글로벌 기업법무 리뷰 3권 2호, 2010.
김미경, 프랑스 개정민법상 직계존비속 간 입양의 원칙적 금지, 법과 정책 29집 1호, 2023.
김현진, 조부모의 손주입양, 가족법연구 36권 2호, 2022.
이지영, 조부모의 미성년 손자녀 입양허가 사건의 판단 기준과 고려 요소, 대법원판례해설 129호, 2022.

[판례 149]

과거의 양육비 구상청구

대법원 1994.5.13.자 92스21 전원합의체 결정

사 실

X(여)와 Y(남)는 1986.3.24. 혼인하여 1987.4.29. 사건본인 A를 출산하였으나, 1990.8.4. 이혼심판이 확정되어 이혼하였으며, 이혼 후에도 청구인이 아들을 양육하여 왔다. X는 Y를 상대로 양육자 지정 및 양육비 지급청구를 하였다.

원심은 양육자를 X로 지정하고, 이혼한 달인 1990.12.부터 결정 고지 전달인 1992.6.까지 양육비로 152만 원과 그 다음부터 청구인의 청구에 따라 사건본인이 10세가 될 때까지 월 8만 원의 비율에 의한 금원의 지급을 명하였다. X와 Y가 모두 재항고하였으나, 대법원 전원합의체는 재항고를 기각하였다. 여기에는 반대의견이 있었다.

이 유

부모는 그 소생의 자녀를 공동으로 양육할 책임이 있고, 그 양육에 소요되는 비용도 원칙적으로 부모가 공동으로 부담하여야 하는 것이며, 이는 부모 중 누가 친권을 행사하는 자인지 또 누가 양육권자이고 현실로 양육하고 있는 자인지를 물을 것 없이 친자관계의 본질로부터 발생하는 의무이다.

그러므로 어떠한 사정으로 인하여 부모 중 어느 한쪽만이 자녀를 양육하게 된 경우에, 그와 같은 일방에 의한 양육이 그 양육자의 일방적이고 이기적인 목적이나 동기에서 비롯한 것이라거나 자녀의 이익을 위하여 도움이 되지 아니하거나 그 양육비를 상대방에게 부담시키는 것이 오히려 형평에 어긋나게 되는 등 특별한 사정이 있는 경우를 제외하고는, 양육하는 일방은 상대방에 대하여 현재 및 장래에 있어서의 양육비 중 적정 금액의 분담을 청구할 수 있음은 물론이고, 부모의 자녀양육의무는 특별한 사정이 없는 한 자녀의 출생과 동시에 발생하는 것이므로 과거의 양육비에 대하여도 상대방이 분담함이 상당하다고 인정되는 경우에는 그 비용의 상환을 청구할 수 있다고 보아야 한다.

다만 한쪽의 양육자가 양육비를 청구하기 이전의 과거의 양육비 모두를 상대방에게 부담시키게 되면 상대방은 예상하지 못하였던 양육비를 일시에 부담하게 되어 지나치고 가혹하며 신의성실의 원칙이나 형평의 원칙에 어긋날 수도 있으므로, 이와 같은 경우에는 반드시 이행청구 이후의 양육비와 동일한 기준에서 정할 필요는 없고, 부모 중 한쪽이 자녀를 양육하게 된 경위와 그에 소요된 비용의 액수, 그 상대방이 부양의무를 인식한 것인지 여부와 그 시기, 그것이 양육에 소요된 통상의 생활비인지 아니면 이례적이고 불가피하게 소요된 다액의 특별한 비용(치료비 등)인지 여부와 당사자들의 재산 상황이나 경제적 능력과 부담의 형평성 등 여러 사정을 고려하여 적절하다고 인정되는 분담의 범위를 정할 수 있다고 볼 것이다(판례변경).

해 설

1. 양육비 지급의무의 근거

양육이란 부모가 미성년 자녀를 부양하는 것을 말하는데, 부양의 일종이지만 일반적인 부양과는 다른 특수성을 가진다. 친권자는 자녀를 양육할 의무가 있고, 여기에서 부모의 양육비 지급의무가 발생한다. 양육비 지급의무의 근거에 관하여는 견해가 대립한다. 제1설은 자녀에 대한 양육비 지급의무는 부모의 자녀에 대한 관계 자체에서 나온다고 한다. 다른 설은 양육비 지급의무의 근거는 부모의 친권으로서, 자녀에 대한 양육비 지급의무는 913조의 보호 · 교양의무에 포함되어 있다고 한다. 제3설은 자녀에 대한 부모의 양육비 지급의무는 974조 1호의 직계혈족간의 부양에서 찾아야 한다고 주장한다.

이 점에 대하여 대상결정은, 부모의 양육비 부담의무는 부모 중 누가 친권을 행사하는 자인지 또 누가 양육권자이고 실로 양육하고 있는 자인지를 물을 것 없이 친자관계의 본질로부터 발생하는 의무라고 하였다.

2. 종래의 판례

다른 나라에서 일반적으로 양육비를 포함하는 부양료 채권에 관하여는 과거의 부양료 청구는 인정되지 않고, 다만 부양권리자가 부양의무자에게 청구한 날 이후의 부양료만 인정하는 것이 일반적이었다. 판례도 부부 간의 부양에 관하여, 부양료의 지급을 구함에 있어 그 성질상 부양의무자가 부양권리자로부터 그 재판상 또는 재판 외에서 부양의 청구를 받고도 이를 이행하지 않음으로써 이행지체에 빠진 이후의 분에 대한 부양료의 지급을 구할 수 있음에 그치고 그 이행청구를 받기 전의 부양료에 대하여는 이를 청구할 수 없다고 하였다(대판 1991.10.8, 90므781, 798; 1991.11.26, 91므375, 91므382 등).

그리고 부모 일방의 다른 상대방에 대한 양육비 청구에 대하여는, 대판 1967.1.31, 66므40이, 부모는 모두 자식을 부양할 의무가 있는 것이므로 생모가 혼인외의 자식을 낳은 뒤 그 아이의 아버지가 양육하겠다는 것을 뿌리치고 그 자식을 양육하였다면 그 생모는 그 자식을 부양할 자기고유의 의무를 이행한 데 불과하므로 그 아이의 아버지에게 그 과거의 양육비를 청구하지 못한다고 하였고, 대판 1976.6.22, 75므17, 18은 아내가 남편과 별거하면서 자녀의 양육비를 청구한 경우에도 같은 취지로 판시하였으며, 대판 1985.6.11, 84다카1536은 협의이혼한 아내가 남편에게 미성년 자녀의 양육비를 청구한 경우에도 마찬가지로 보았다.

3. 대상결정

그러나 이처럼 판례가 과거의 양육비 청구를 부정하는 데 대하여는, 어머니도 아버지와 마찬가지로 양육의무가 있다는 점만으로 실제로 양육한 어머니의 아버지에 대한 구상청구를 부정할 근거가 없다는 비판이 많았다.

그리하여 대상결정은 종래의 판례를 변경하여, 과거의 양육비에 대하여도 상대방이 분담함이 상당하다고 인정되는 경우에는 그 비용의 상환을 청구할 수 있다고 하였다. 다만 과거의 양육비 모두를 상대방에게 부담시키게 되면 상대방은 예상하지 못하였던 양육비를 일시에 부담하게 되어 지나치고 가혹하다는 이유로, 이와 같은 경우에는 반드시 이행청구 이후의 양육비와 동일한 기준에서 정할 필요는 없고, 적절하다고 인정되는 분담의 범위를 정할 수 있다고 하였다.

이에 반하여 반대의견은 첫째, 가사비송절차에서 과거 양육비의 지급을 명할 법률의 근거가 없고, 둘째, 단독 양육한 당사자는 상대방의 책임을 대신 이행한 것이 아니라 자기 자신의 의무를 이행한 것이라고 하여 장래의 양육비 청구만을 인정하여야 한다고 주장하였다.

4. 그 후의 판례

대결 1994.6.2, 93스11은 대상결정을 인용하면서, 이혼한 여자가 전 남편을 상대로 하여 전 남편과의 혼인 중에 낳은 성년이 된 딸의 치료비로 지출한 비용의 구상청구를 인정하였다.

한편 판례는 앞에서 본 것처럼 부부간의 부양에 관하여는 이행청구를 받기 전의 부양료는 인정하지 않고 있었는데, 대상결정에 의하여 이러한 판례도 변경될 것이 아닌가 하는 의문이 있었다. 그러나 대결 2008.6.12, 2005스50은 부부간의 부양에 관하여 종전의 판례를 유지하였고, 아래 대판 2012.12.27, 2011다96932(**[판례 151]**)도 이를 재확인하였다.

한편 이처럼 과거의 양육비 청구를 인정하는 경우에 그러한 청구권은 소멸시효에 걸리는 것이 아닌가 하는 문제가 생긴다. 대결 2011.7.29, 2008스67은, 양육자가 상대방에 대하여 자녀 양육비의 지급을 구할 권리는 하나의 추상적인 법적 지위이었던 것이 당사자 사이의 협의 또는 당해 양육비의 내용 등을 재량적 · 형성적으로 정하는 가정법원의 심판에 의하여 구체적인 청구권으로 전환됨으로써 비로소 보다 뚜렷하게 독립한 재산적 권리로서의 성질을 가지게 되고, 이와 같이 당사자의 협의 또는 가정법원의 심판에 의하여 구체적인 지급청구권으로서 성립하기 전에는 과거의 양육비에 관한 권리는 양육자가 그 권리를 행사할 수 있는 재산권에 해당하지 않으므로 소멸시효가 진행할 여지가 없다고 하였다.

한편 대결 2023.10.31, 2023스643은, 혼인외 자녀를 아버지가 인지한 경우에도 양육자는 인지판결의 확정 전에 발생한 과거의 양육비에 대하여도 상대방이 부담함이 상당한 범위 내에서 그 비용의 상환을 청구할 수 있다고 하였다.

5. 검 토

대법원이 과거의 양육비에 대하여도 지급을 청구할 수 있다고 판례를 변경한 것은 타당하다. 종래 판례가 과거의 양육비에 대하여 부모 일방의 청구를 부정한 것은 청구하는 사람도 양육비 지급의무가 있으므로, 양육비를 지출한 것은 자신의 의무를 이행한데 불과하다는 것이지만, 양육비 지급의무가 있는 사람이 여럿이면 그 중 양육비를 지출한 사람은 다른 의무자에 대하여 구상할 수 있어야 하고, 지출자도 자신의 의무를 이행한 것이라는 점은 구상을 부정할 수 있는 사유가 되지 못한다. 다만 대법원은 이러한 경우 구상의무자의 과다한 부담을 덜어주기 위하여, 과거의 양육비를 반드시 이행청구 이후의 양육비와 동일한 기준에서 정할 필요는 없고, 적절하다고 인정되는 분담의 범위를 정할 수 있다고 하였는데, 이 또한 수긍할 수 있다.

다른 한편 판례가 과거의 양육비 지급 청구는 인정하면서, 부부 사이의 과거 부양료 청구는 인정하지 않는 것은 모순이라는 비판이 있다. 그러나 양자를 반드시 동일하게 취급하여야 하는 것은 아니다. 스스로 양육비 청구를 할 수 없는 미성년인 자녀의 경우에는 법정대리인이 양육비 청구를 게을리하였다고 하여 손해를 입어서는 안 되지만, 성년인 부부 일방이 부양의무의 이행청구를 게을리 한 것은 스스로 감수하여야 한다고 하더라도 반드시 부당하다고는 할 수 없다. 이에 대하여는 아래 **[판례 151]** 참조.

그리고 소멸시효는 권리 행사에 법률적 장애가 없으면 진행하는 것인데, 과거의 양육비 지급청구권을 확정하기 위하여 협의를 하거나 가정법원의 심판을 구하는 데 어떤 법률상의 장애가 없다면 소멸시효가 진행한다고 보아야 할 것이다. 이 점에서 소멸시효의 진행을 인정하지 않는 판례는 부당하다. 참고로 대판 2015.1.29, 2013다79870은, 부양료청구권의 침해를 이유로 채권자취소권을 행사하는 경우의 제척기간은 부양료청구권이 구체적인 권리로서 성립한 시기가 아니라 민법 406조 2항이 정한 '취소원인을 안 날' 또는 '법률행위가 있은 날'로부터 진행한다고 하였다.

참고문헌

문형식, 친자관계를 중심으로 한 부양료청구와 구상(상, 하), 대한변호사협회지 130, 131호, 1987.
박병호 · 김유미, 과거의 양육비 구상, 서울대 법학 35권 3 · 4호, 1994.
박삼봉, 부모의 자녀 양육의무와 과거의 양육비 상환청구, 김용준 헌법재판소장 화갑기념 재판의 한길, 1998.

이동진, “부모 일방의 타방에 대한 과거의 양육비 상환청구와 소멸시효”, 가족법연구 26권 2호, 2012.
최행식, “자의 양육 및 부양과 과거의 부양료”, 가족법연구 8호, 1994.

[판례 150]

친권자의 이해상반행위

대법원 2002.1.11. 선고 2001다65960 판결

사 실

A는 1990.4.20. 사망하여 그 처인 B와 자녀 X, C, D가 A 소유의 이 사건 토지를 공동으로 상속하였다. B는 고철도매업을 경영하면서 1995년 5월경부터 Y로부터 금원을 차용하였는데, 1998년 10월경까지 차용금 합계액이 1억 2,000만 원에 이르렀다. B는 1998.10.15. 당시 성년이던 C의 동의를 얻어 Y와 사이에, 위 1억 2,000만 원의 채무에 관하여 주채무자를 C로 하고, B를 연대보증인으로 하는 채무인수계약을 체결하였고, 같은 날 C의 위 1억 2,000만 원의 채무를 담보하기 위하여 Y와 사이에, 이 사건 토지 중 자신의 공유지분에 관하여는 공유지분권자로서, 이 사건 토지 중 미성년자이던 X의 공유지분에 관하여는 그 법정대리인의 자격으로 각각 근저당권설정계약을 체결함으로써 이 사건 토지 중 X의 공유지분에 관하여 이 사건 근저당권설정등기가 경료되었다. 그 후 X는 B가 X의 친권자로서 이 사건 토지 중 X의 공유지분에 관하여 근저당권설정계약을 체결한 행위는 921조 1항 소정의 이해상반행위임에도, B가 특별대리인을 선임하지 않고 X를 대리하여 근저당권설정계약을 체결하였으므로, 위 근저당권설정등기는 원인무효로 말소되어야 한다고 주장하였다.

원심은 X의 청구를 기각하였으나, 대법원은 원심판결을 파기환송하였다.

이 유

친권자인 모가 자신이 연대보증한 차용금 채무의 담보로 자신과 자의 공유인 토지 중 자신의 공유지분에 관하여는 공유지분권자로서, 자의 공유지분에 관하여는 그 법정대리인의 자격으로 각각 근저당권설정계약을 체결한 경우, 위 채권의 만족을 얻기 위하여 채권자가 위 토지 중 자의 공유지분에 관한 저당권의 실행을 선택한 때에는, 그 경매대금이 변제에 충당되는 한도에 있어서 모의 책임이 경감되고, 또한 채권자가 모에 대한 연대보증책임의 추구를 선택하여

변제를 받은 때에는, 모는 채권자를 대위하여 위 토지 중 자의 공유지분에 대한 저당권을 실행할 수 있는 것으로 되는바, 위와 같이 친권자인 모와 자 사이에 이해의 충돌이 발생할 수 있는 것이, 친권자인 모가 한 행위 자체의 외형상 객관적으로 당연히 예상되는 것이어서, 모가 자를 대리하여 위 토지 중 자의 공유지분에 관하여 위 근저당권설정계약을 체결한 행위는 이해상반행위로서 무효라고 보아야 한다.

해 설

1. 이해상반행위의 의의

921조는, 법정대리인인 친권자와 그 자 사이에 이해가 상반되는 행위를 하는 경우(1항) 및 법정대리인인 친권자가 그 친권에 복종하는 수인의 자 사이에 이해가 상반되는 행위를 하는 경우(2항)에는 법원에 특별대리인의 선임을 요청하여야 한다고 규정하여, 친권자의 대리권을 제한하고 있다.

그런데 어떠한 행위가 이해상반행위인가를 판단하는 기준에 대하여는 견해가 대립한다. 한 견해는, 당해 법률행위의 동기나 실질적인 결과 여하와는 관계없이 그 법률행위 자체 내지 법률행위의 외형으로 보아 미성년자에게 불이익이 되는지 여부를 판단하여야 한다고 하고(형식적·객관적 또는 추상적 판단설), 다른 견해는 행위의 형식 여하를 불문하고 동기·연유, 결과 등을 고려하여 실질적으로 이해상반 여부를 판단하여야 한다고 주장한다(실질적 또는 구체적 판단설). 가령 친권자가 자신이 돈을 사용할 목적으로 자녀의 이름으로 돈을 차용하고 그 담보를 위하여 자녀의 재산에 저당권을 설정한 경우, 형식적 판단설에 의하면 이는 이해상반행위가 아니지만, 실질적 판단설에 의하면 그 돈을 실제로 친권자가 사용하는 경우에는 이해상반행위에 해당한다.

형식적 판단설은 그 근거로서, 행위의 동기 등은 외형상 나타나지 않는 것이 보통이므로, 실질적 판단설에 따르게 되면 이를 알지 못하는 거래의 상대방을 해하게 된다고 한다. 반면 실질적 판단설은, 행위의 외형만으로 판단하면, 친권자가 실질적으로 자녀에게 불리하고 자신에게는 이익이 되는 경우라도, 그 외형을 이해상반하지 않는 것으로 꾸미기만 하면 특별대리인 선임을 피할 수 있으므로 부당하다는 것이다.

이 외에 실질관계를 고려한 형식적 판단설이라는 것도 주장된다. 친권자가 단지 자녀의 대리인으로서 자녀의 재산에 저당권을 설정하는 경우에는 형식적 판단설에 따라서 이해상반행위가 되지 않지만, 친권자와 자녀가 다른 채무자를 위하여 동시에 물상보증인이 되는 경우에는 이해상반행위가 될 수 있다고 한다. 즉 제3자인 채권자가 먼저 자녀의 공유지분에 관한 저당권을 실행하는 때에는 자녀의 공유지분에 해당하는 경매대금이 변제에 충당되는 한도에서 친권자의 책임이 경감되므로 소극적인 의미에서는 친권자가 미성년인 자녀의 부담으로 이익을 얻는 것으로 해석할 수도 있고, 친권자의 공유지분에 관한 저당권이 실행되는 경우에 친권자와 미성년인 자녀 사이의 구상관계가 생기므로 친권자와 자녀 사이에 이해가 대립된다고 할 수 있으며, 이러한 결과가 저당권설정계약 당시에도 행위 그 자체로부터 예측되고 계약당사자인 제3자와 자녀 사이의 이해관계를 쉽게 알 수 있는 이상 위와 같은 물상보증행위와 법적 관련성이 있는 사항도 행위 자체 내지는 행위외형으로 파악할 수 있으므로, 형식적 판단설의 입장에서도 이러한 경우에는 이해상반행위로 된다고 해석할 수 있다고 한다.

2. 종래의 판례와 대상판결

판례는 921조의 이해상반행위란 행위의 객관적 성질상 친권자와 그 자 사이 또는 친권에 복종하는 수인의 자 사이에 이해의 대립이 생길 우려가 있는 행위를 가리키는 것으로서 친권자의 의도나 그 행위의 결과 실제로 이해의 대립이 생겼는가의 여부는 묻지 아니한다고 하여(대판 1991.11.26, 91다32466; 1993.4.13, 92다54524; 1994.9.9, 94다6680; 1996.11.22, 96다10270 등), 기본적으로 형식적 판단설을 취하고 있다.

특히 대판 1991.11.26, 91다32466; 1996.11.22, 96다10270은, 대상판결과 마찬가지로 친권자가 미성년인 자녀와 공유하는 부동산에 관하여 자신의 지분과 미성년자의 지분에 채무의 담보를 위하여 저당권을 설정한 경우에, 형식적 판단설의 입장에서 이해상반행위가 아니라고 하였다.

그러나 대상판결은 실질관계를 고려한 형식적 판단설을 택하였다.

3. 검 토

생각건대 미성년자 본인의 보호가 중요하기는 하지만, 이를 위하여 거래의 상대방은 전혀 알 수 없는 행위의 동기 등을 고려하여 이해상반행위 여부를 판단하는 것은 거래의 안전을 해친다. 또한 이해상반행위 여부의 판단은 제1차적으로는 그 행위를 함에 있어 특별대리인을 선임하여야 하는가라는 문제이므로, 이해상반행위에 해당하는가 여부는 특별대리인을 선임하는 법원이 알 수 있는 객관적으로 명확한 기준에 의하여야 한다는 점에서, 실질적 판단설을 지지하기는 어렵다. 따라서 기본적으로는 형식적 판단설이 타당하다고 생각된다. 그리고 실질관계를 고려한 형식적 판단설은 제3자의 채무에 대하여 친권자가 미성년자와 같이 물상보증인이 된 경우에는 이해상반행위에 해당한다고 주장하지만, 미성년자가 단독으로 물상보증인이 된 경우보다도 친권자와 공동으로 물상보증인이 된 경우가 미성년자에게는 부담이 더 작아서 유리한데도, 전자의 경우는 이해상반행위로 되지 않아서 특별대리인을 선임하지 않아도 무방한 반면 후자의 경우에는 특별대리인을 선임하지 않으면 무권대리로서 무효가 되게 되어 균형이 맞지 않는다. 또한 가령 친권자가 처음에는 미성년자의 법정대리인으로서만 물상보증 또는 연대보증을 한 다음, 시차를 두고 스스로 물상보증인 또는 연대보증인이 된 경우에는 이 설의 입장에서도 대리행위가 이해상반행위에 해당한다고 하기는 어려울 것이나, 이것이 균형에 맞지 않음은 명백하다.

그러나 형식적 판단설에 따르는 경우에 생길 수 있는 미성년 자녀의 불이익은 이른바 친권(대리권)의 남용 이론에 의하여 보완할 필요가 있다. 즉 이러한 행위가 형식적으로는 이해상반행위가 아니라 하더라도 친권자가 법정대리권을 남용한 경우에 해당한다고 볼 수 있는 것이다.

판례는 대리인이 본인의 이익을 위한 것이 아니라 대리인이나 제3자의 이익을 위하여 법률행위를 하는 것이라는 사실을 상대방이 알았거나 알 수 있었을 때에는 민법 107조 단서의 적용 내지 유추적용에 의하여 그 법률행위가 무효로 된다고 한다(**[판례 19]** 참조). 그런데 대상판결의 경우에는 B가 C의 채무 담보를 위하여 X의 공유 지분에 관하여 근저당권을 설정하는 것은 X에게는 이익이 되지 않고 B나 C에게만 이익이 될 뿐만 아니라, 근저당권설정행위의 상대방인 Y도 이러한 내용을 충분히 알고 있었던 것으로 보인다. 따라서 이러한 경우에는 B의 X 공유 지분에 관한 근저당권 설정행위는 대리권 남용으로서 무효라고 하지 않을 수 없다.

참고문헌

김성수, 자의 공유재산의 담보제공과 이해상반행위, 가족법연구 17권 2호, 2003.

김유미, 민법 제921조의 이해상반행위에 관한 몇 가지 문제, 박병호교수화갑기념(Ⅰ) 가족법학논총, 1991.

배성호, 이해상반행위와 대리권남용, 저스티스 77호, 2004.

윤용섭, "친권과 후견", 민사판례연구 18권, 1996.

윤장원, 민법 제921조 소정의 이해상반행위 해당여부, 부산판례연구회 판례연구 14집, 2003.

윤진수, "친권자와 자녀 사이의 이해상반행위 및 친권자의 대리권 남용", 민법논고 Ⅳ, 2009.

이균룡, 제삼자의 채무를 담보하기 위한 물상보증행위와 이해상반행위 등, 민사판례연구 16권, 1994.

[판례 151]

부모와 배우자의 부양의무의 관계

대법원 2012.12.27. 선고 2011다96932 판결

사 실

X는 A(1968년생)의 모(母)이고, Y는 2001.7.4. 혼인신고를 마친 A의 처이다. A는 2006. 11.14. 사고를 당하여 경막외 출혈, 외상성 뇌지주막하 출혈, 두개골 골절, 출혈성 뇌좌상 등을 입게 되었고, 2006.11.15. 개두술 및 혈종제거술을 받았으며, 현재까지 의식이 혼미하고 마비증세가 지속되고 있다. X는 2006.11.15.부터 A의 병원비 및 간병비로 합계 164,060,377원을 지출하였고, 한편 A의 보험금 8,000만 원을 수령하여 일부 충당하였다. Y는 A의 병원비 등으로 3,000만 원 가량을 지출하였으나, X가 2007.12.20. A의 보험금 8,000만 원을 수령한 무렵부터는 병원비 및 간병비를 별도로 지급하지 않았다. X는 Y를 상대로 지출한 병원비 및 간병비의 반환을 청구하였다.

그런데 원심은 X의 청구를 기각하였다. 그 이유는 배우자의 부양의무가 친족 간의 부양의무보다 항상 우선한다고 볼 근거가 없고, X의 청구를 동순위의 부양의무자 사이의 구상권 행사로 선해한다고 하더라도, 동순위의 부양의무자가 여럿인 경우 과거의 부양료 중 각자의 분담부분에 관한 구상권의 행사는 가사소송법 소정의 마류 가사비송사건에 해당하므로, 민사소송을 제기할 수 없다는 것이다.

그러나 대법원은 원심판결을 파기하였다.

이 유

가. 민법 826조 1항에 규정된 부부간의 상호부양의무는 혼인관계의 본질적 의무로서 부양을 받을 자의 생활을 부양의무자의 생활과 같은 정도로 보장하여 부부공동생활의 유지를 가능하게 하는 것을 내용으로 하는 제1차 부양의무이고, 반면 부모가 성년의 자녀에 대하여 직계혈족으로서 민법 974조 1호, 975조에 따라 부담하는 부양의무는 부양의무자가 자기의 사회적 지

위에 상응하는 생활을 하면서 생활에 여유가 있음을 전제로 하여 부양을 받을 자가 그 자력 또는 근로에 의하여 생활을 유지할 수 없는 경우에 한하여 그의 생활을 지원하는 것을 내용으로 하는 제2차 부양의무이다. 이러한 제1차 부양의무와 제2차 부양의무는 의무이행의 정도뿐만 아니라 의무이행의 순위도 의미하는 것이므로, 제2차 부양의무자는 제1차 부양의무자보다 후순위로 부양의무를 부담한다.

따라서 제1차 부양의무자와 제2차 부양의무자가 동시에 존재하는 경우에 제1차 부양의무자는 특별한 사정이 없는 한 제2차 부양의무자에 우선하여 부양의무를 부담하므로, 제2차 부양의무자가 부양받을 자를 부양한 경우에는 그 소요된 비용을 제1차 부양의무자에 대하여 상환청구할 수 있다.

나. 부부간의 부양의무 중 과거의 부양료에 관하여는 특별한 사정이 없는 한 부양을 받을 사람이 부양의무자에게 부양의무의 이행을 청구하였음에도 불구하고 부양의무자가 부양의무를 이행하지 아니함으로써 이행지체에 빠진 후의 것에 관하여만 부양료의 지급을 청구할 수 있을 뿐이므로, 부양의무자인 부부의 일방에 대한 부양의무 이행청구에도 불구하고 배우자가 부양의무를 이행하지 아니함으로써 이행지체에 빠진 후의 것이거나, 그렇지 않은 경우에는 부양의무의 성질이나 형평의 관념상 이를 허용해야 할 특별한 사정이 있는 경우에 한하여 이행청구 이전의 과거 부양료를 지급하여야 한다.

다. 가사소송법 2조 1항 2호 나. 마류사건 1호는 민법 826조에 따른 부부의 부양에 관한 처분을, 같은 법 2조 1항 2호 나. 마류사건 8호는 민법 976조부터 978조까지의 규정에 따른 부양에 관한 처분을 각각 별개의 가사비송사건으로 규정하고 있다. 따라서 부부간의 부양의무를 이행하지 않은 부부의 일방에 대한 상대방의 부양료 청구는 위 마류사건 1호의 가사비송사건에 해당하고, 친족간의 부양의무를 이행하지 않은 친족의 일방에 대한 상대방의 부양료 청구는 위 마류사건 8호의 가사비송사건에 해당하지만, 부부간의 부양의무를 이행하지 않은 부부의 일방에 대하여 상대방의 친족이 구하는 부양료의 상환청구는 같은 법 2조 1항 2호 나. 마류사건의 어디에도 해당하지 아니하여 이를 가사비송사건으로 가정법원의 전속관할에 속하는 것이라고 할 수는 없고, 이는 민사소송사건에 해당한다.

라. Y는 제1차 부양의무자로서 특별한 사정이 없는 한 제2차 부양의무자인 X에 우선하여 A를 부양할 의무가 있으므로, X의 주장과 같이 X가 A의 병원비 등을 지출함으로써 A를 부양하였다면 Y는 X에게 자신이 A에게 부담할 부양의무의 범위 내에서 이를 상환할 의무가 있다.

한편 A는 의사소통이 불가능하다는 등의 이유로 Y에게 부양을 청구하기가 곤란하였던 점, Y는 A가 부양이 필요하다는 사실을 잘 알고 실제 부양을 하기도 하였던 점, Y는 자신이 부양을 중단한 후에도 A가 여전히 부양이 필요한 상태였고 X가 부양을 계속한 사실을 알았던 점 등에 비추어 보면, Y에게는 A로부터 부양의무의 이행청구를 받기 이전의 과거 부양료도 지급할 의무가 있다고 볼 만한 사정이 있다고 볼 여지가 많다.

해 설

1. 부양의무 2원론

종래 친족 사이의 부양의무를 제1차적 부양의무와 제2차적 부양의무로 구분하는 것이 일반적인 견해이다. 전자를 “생활유지의 의무”라고 하고, 후자를 “생활부조의 의무”라고 한다. 후자는 자신의 여력이 있을 때 비로소 부양의무가 인정되는 것으로서 최소한의 생활을 할 수 있도록 하는 것인 데 반하여, 전자는 자기 자신과 마찬가지로 부양하여야 할 의무로, 자신의 생활여력에 관계없이 한 조각의 빵이라도 갈라 먹어야 한다는 것이다. 그리하여 생활유지의무에 의한 부양청구권에는 974조 이하의 부양에 관한 규정이 적용되지 않으며, 부부 사이의 부양의무와, 부모의 미성년자녀에 대한 양육의무는 생활유지의무에 해당한다고 본다. 반면 그 외의 친족 사이의 부양의무는 제2차적 부양의무 내지 생활부조의무이다. 예컨대 자녀의 생활능력이 없는 노부모에 대한 부양의무는 제2차적 부양의무이다. 다만 이 경우도 제1차적 부양의무라고 하는 견해도 있다.

대판 1998.12.8, 97므513, 520, 97스12도 이러한 취지로 판시하였다. 즉 민법은 친족 사이의 부양에 관하여 부부 사이에는 “부부는 동거하며 서로 부양하고 협조하여야 한다”고 규정하고(826조 1항), 부모의 미성년인 자에 대한 부양에 관하여는 “친권자는 자를 보호하고 교양할 권리의무가 있다”고 규정하면서(913조), 자녀의 부모부양 등과 같은 그 외의 직계혈족 등 친족 사이의 부양에 관하여는 부양을 받을 자가 자기의 자력 또는 근로에 의하여 생활을 유지할 수 없는 경우에 한하여 부양의무를 부담하는 것으로 규정하여(974조, 975조), 민법이 친족 사이의 부양에 관하여 그 당사자의 신분관계에 따라 달리 규정하고 있다는 것이다. 그리하여 이 판결은 성년인 자녀가 부양의무의 존부나 그 순위에 구애됨이 없이 스스로 장기간 그 부모와 동거하면서 생계유지의 수준을 넘는 부양자 자신과 같은 생활수준을 유지하는 부양을 한 경우에는 그 부모의 상속재산에 대하여 기여분(1008조의2)을 인정함이 상당하다고 하였다.

이러한 부양의무 2원론에 따를 경우, 성년인 A와 그 어머니인 X 사이의 부양의무는 제2차적 부양의무인 반면, A와 그 처인 Y 사이의 부양의무는 제1차적 부양의무이다. 대상판결도 부부간의 상호부양의무는 부양을 받을 자의 생활을 부양의무자의 생활과 같은 정도로 보장하여 부부공동생활의 유지를 가능하게 하는 것을 내용으로 하는 제1차 부양의무이고, 반면 부모가 성년의 자녀에 대하여 직계혈족으로서 부담하는 부양의무는 부양의무자가 자기의 사회적 지위에 상응하는 생활을 하면서 생활에 여유가 있음을 전제로 하여 부양을 받을 자가 그 자력 또는 근로에 의하여 생활을 유지할 수 없는 경우에 한하여 그의 생활을 지원하는 것을 내용으로 하는 제2차 부양의무임을 명백히 하였다.

2. 부양의무의 이행순위

대상판결은 제1차 부양의무와 제2차 부양의무는 의무이행의 정도뿐만 아니라 의무이행의 순위도 의미하는 것이므로, 제2차 부양의무자는 제1차 부양의무자보다 후순위로 부양의무를 부담한다고 하였다. 입법례로서는 부양의무자의 순위를 법률에서 규정하는 나라도 있다. 예컨대 독일 민법 1608조는, 배우자는 그 친족에 우선하여 부양의 책임이 있지만, 배우자가 그 밖의 다른 의무를 고려하면 자신의 적정한 생계를 위험에 빠뜨리지 않고는 부양을 할 능력이 없을 때에는 친족이 배우자에 우선하여 책임을 지고, 선순위의 부양의무자에 대한 내국에서의 권리 추급이 불가능하거나 현저하게 어려울 때에도 후순위자가 부양의무를 부담한다고 규정한다.

그러나 우리 법에는 그러한 규정이 없고, 제1차 부양의무와 제2차 부양의무의 구별도 법률상 명문 규정이 없으므로, 이러한 구별이 의무의행의 순위까지 의미하는 것이라고 하기는 어렵다. 근래에는 양자 사이에 질적인 차이가 있는 것은 아니고, 다만 양적인 차이만이 있을 뿐이라는 비판이 유력하여지고 있다. 그러므로 제1차 부양의무와 제2차 부양의무의 구별을 인정하더라도, 양자가 병존한 때에는 부양권리자로서는 제1차 부양의무자를 제치고 제2차 부양의무자에게도 부양을 청구할 수 있다고 보는 것이 부양권리자에게 유리하다. 다만 일단 부양의무를 이행한 부양의무자 일방이 다른 부양의무자에게 구상을 할 때에는 제1차 부양의무자의 부담부분이 제2차 부양의무자보다 더 크다고 보아야 할 것이다.

대상판결은 제2차 부양의무자는 제1차 부양의무자보다 후순위로 부양의무를 부담한다고 하면서도, 부양의무를 이행한 제2차 부양의무자의 제1차 부양의무자에 대한 구상을 인정하는 범위에 관하여는 그 지급한 부양료 전액이 아니라 제1차 부양의무자인 Y와 남편인 A 쌍방의 재산 상태와 수입액, 생활 정도 및 경제적 능력, 사회적 지위 등에 따라 부양이 필요한 정도, 그에 따른 부양의무의 이행 정도, 혼인생활 파탄의 경위와 정도 등을 종합적으로 고려하여 판단하여야 한다고 판시하여, 결과적으로는 제1차 부양의무자와 제2차 부양의무자의 순위를 인정하지 않고 다만 구상의 범위를 정함에 있어서 이를 고려한 것과 큰 차이가 없게 되었다.

3. 배우자 사이에 과거 부양료를 청구할 수 있는 경우

대상판결은 종래의 판례와 마찬가지로(위 **[판례 149]** 참조), 부부간의 부양의무 중 과거의 부양료에 관하여는 특별한 사정이 없는 한 부양을 받을 사람이 부양의무자에게 부양의무의 이행을 청구한 이후의 것만 청구할 수 있다고 하면서도, 이 사건의 경우에는 특별한 사정이 있다고 하여 Y의 과거의 부양의무를 인정하였다. 대상판결이 들고 있는 특별한 사정이란 A는 의사소통이 불가능하다는 등의 이유로 Y에게 부양을 청구하기가 곤란하였던 점, Y는 A가 부양이 필요하다는 사실을 잘 알고 실제 부양을 하기도 하였던 점, Y는 자신이 부양을 중단한 후에도 A가 여전히 부양이 필요한 상태였고 X가 부양을 계속한 사실을 알았던 점 등이다.

실제로 과거의 부양료는 청구할 수 없다는 원칙에 대하여도 예외를 인정할 필요가 있다. 독일 민법 1613조는 과거의 부양료 청구를 원칙적으로 인정하지 않으면서도 예외적으로 뜻밖에 매우 고액의 부양 필요가 발생하였거나, 법적으로 또는 부양의무자의 책임 범위에 있는 사유로 인하여 부양료 청구권을 행사하는 데 장애가 있는 경우에는 과거의 부양료 청구를 인정한다.

위 대결 1994.5.13, 92스21([판례 149])의 반대의견도, 양육비 권리자가 청구하기 전의 과거의 양육비는 원칙적으로 청구할 수 없지만, 자의 양육에 관한 협의의 요청이나 변경심판을 청구하기 전에, 급박한 사정이나 그 밖의 부득이한 사정으로 미처 그러한 협의의 요청이나 심판청구를 하지 못한 채 종전의 통상적인 양육비가 아닌 고액의 특별한 비용을 지출한 경우에는, 그 지출한 일방이 혼자서 이를 부담하려는 것이 아니라 우선 상대방이 부담할 부분을 상대방을 위하여 지출한다는 의사로 한 것이라고 보여지고 또 정의와 형평의 관념에 비추어 보아 그 지출한 당사자에게만 부담하게 하는 것이 부당하다고 보여지는 등 특별한 사정이 있는 경우에 한하여, 그 적정한 상환을 허용할 수 있을 것이라고 하였다.

4. 이 사건이 가사비송사건에 해당하는지 여부

원심은 X의 청구를 동순위의 부양의무자 사이의 구상권 행사로 보더라도, 동순위의 부양의무자가 여럿인 경우 과거의 부양료 중 각자의 분담부분에 관한 구상권의 행사는 가사사송법 소정의 마류 가사비송사건에 해당한다고 하였다. 그러나 마류 가사비송사건 중 어느 것에 해당하는지는 밝히지 않았다. 원심은 이 점에 관하여 대결 1994.6.2, 93스11 결정을 원용하고 있는데, 위 결정은 성년인 자녀의 치료비를 어머니가 지출하고 아버지에게 구상청구하는 것은 가사소송법 2조 1항 나. (2) 8호의 마류 가사비송사건이라고 하였다.

그러나 위 가사소송법 2조 1항 나. (2) 8호는 "민법 제976조부터 제978조까지의 규정에 따른 부양(扶養)에 관한 처분"에 관한 것인데, 부부간의 부양의무를 이행하지 않은 부부의 일방에 대하여 상대방의 친족이 구하는 부양료의 상환청구는 여기에 해당하지 않고, 이 사건이 달리 마류 가사비송사건에 해당한다고 볼 근거가 없다. 따라서 이 사건은 가사비송사건은 아니고, 민사소송사건으로 보아야 할 것이다. 이에 대하여는 위 가사소송법 규정이 이 사건에 직접 적용될 수는 없다고 하더라도, 적어도 유추적용될 수 있다고 하는 주장이 있다. 그러나 가사소송법이 규정하는 가사소송 또는 가사비송 사건은 예시적이 아니라 제한적으로 열거한 것이고, 여기서 열거되지 않은 것은 다른 법률이나 대법원 규칙이 정하는 바에 한하여 가사사건이 되는 것이므로(가사소송법 2조 2항 참조), 함부로 유추할 것은 아니다.

참고문헌

김승정, 배우자 사이의 부양의무와 직계혈족 사이의 부양의무의 우선순위, 대법원판례해설 제93호(2012년 하), 2013.
서인겸, 부양의무 이행의 순위 및 체당부양료의 구상에 관한 고찰, 경희법학 49권 3호, 2014.
이재찬, 부양의무의 순위 및 그에 기초한 구상관계에 관한 연구, 민사판례연구 38권, 2016.
최준규, 다수당사자 사이의 부양관계에 관한 고찰, 가족법연구 26권 3호, 2012.

/ 민법기본판례 /

Ⅵ 상 속

[판례 152]

피상속인과 상속인이 될 자가 동시에 사망한 경우 대습상속의 가부

대법원 2001.3.9. 선고 99다13157 판결

사 실

A는 처인 B와의 사이에 딸 C와 아들 D가 있다. 딸 C는 Y와 혼인하여 E와 F라는 자녀를 두고 있고, 아들 D는 G와 혼인하여 H라는 자녀를 두고 있다. A에게는 직계존속은 없고, 형제자매인 X들이 있다. A는 여름휴가를 위하여 괌으로 가족여행을 떠났고, 이 여행에는 처 B와 자녀 C와 D, 며느리 G 그리고 손자녀인 E, F, H가 동행하였으나, 사위인 Y는 일정을 달리하여 출발하기로 하여 같은 항공기에 동승하지 않았다. 그런데 이 항공기가 1997.8.6. 괌에서 추락하여 A를 포함한 동행한 가족 전원이 사망하였고, 이로 인하여 A의 상속이 개시되자, Y는 A의 부동산에 대하여 A의 대습상속인임을 근거로 하여 상속등기를 신청하였고, 이 등기신청은 수리되었다. 이에 대하여 A의 형제자매인 X들은 Y에게 대습상속권이 없다는 것을 이유로 하여 Y 앞으로 경료된 소유권이전등기말소를 청구하였다.

1심 및 원심은 X들의 청구를 기각하였고, 대법원도 X들의 상고를 기각하였다.

이 유

가. 외국에서 사위의 대습상속권을 인정한 입법례를 찾기 어렵고, 피상속인의 사위가 피상속인의 형제자매보다 우선하여 단독으로 대습상속하는 것이 반드시 공평한 것인지 의문을 가져 볼 수는 있다 하더라도, 이를 이유로 곧바로 피상속인의 사위가 피상속인의 형제자매보다 우선하여 단독으로 대습상속할 수 있음이 규정된 민법 1003조 2항이 입법형성의 재량의 범위를 일탈하여 행복추구권이나 재산권보장 등에 관한 헌법규정에 위배되는 것이라고 할 수 없다.

나. 원래 대습상속제도는 대습자의 상속에 대한 기대를 보호함으로써 공평을 꾀하고 생존

배우자의 생계를 보장하여 주려는 것이고, 또한 동시사망 추정규정도 자연과학적으로 엄밀한 의미의 동시사망은 상상하기 어려운 것이나 사망의 선후를 입증할 수 없는 경우 동시에 사망한 것으로 다루는 것이 결과에 있어 가장 공평하고 합리적이라는 데에 그 입법 취지가 있는 것인바, 상속인이 될 직계비속이나 형제자매(피대습자)의 직계비속 또는 배우자(대습자)는 피대습자가 상속개시 전에 사망한 경우에는 대습상속을 하고, 피대습자가 상속개시 후에 사망한 경우에는 피대습자를 거쳐 피상속인의 재산을 본위상속을 하므로 두 경우 모두 상속을 하는데, 만일 피대습자가 피상속인의 사망, 즉 상속개시와 동시에 사망한 것으로 추정되는 경우에만 그 직계비속 또는 배우자가 본위상속과 대습상속의 어느 쪽도 하지 못하게 된다면 동시사망 추정 이외의 경우에 비하여 현저히 불공평하고 불합리하고, 이는 앞서 본 대습상속제도 및 동시사망 추정규정의 입법 취지에도 반하는 것이므로, 민법 1001조의 '상속인이 될 직계비속이 상속개시 전에 사망한 경우'에는 '상속인이 될 직계비속이 상속개시와 동시에 사망한 것으로 추정되는 경우'도 포함하는 것으로 합목적적으로 해석함이 상당하고, 따라서 피고의 처인 망 소외 3이 피상속인인 망 소외 1과 동시에 사망한 것으로 추정된다는 점이 피고가 망 소외 1의 재산을 대습상속함에 장애가 된다고 볼 수 없다.

다. 피상속인의 자녀가 상속개시 전에 전부 사망한 경우 피상속인의 손자녀는 본위상속이 아니라 대습상속을 한다고 봄이 상당하다.

해 설

1. 대습상속제도의 취지와 배우자의 대습상속

1001조에 의하면 제1순위의 상속인이 될 피상속인의 직계비속이나 제3순위의 상속인이 될 피상속인의 형제자매(피대습인 또는 피대습자)가 상속개시 전에 사망하거나 결격자가 된 경우에는 그 피대습인의 직계비속이 피대습인의 순위에 갈음하여 대습상속을 하고, 1003조 2항은 피대습인의 배우자는 피상속인의 직계비속이나 직계존속과 동순위로 대습상속을 하고, 피상속인의 직계비속이나 직계존속이 없는 때에는 단독상속을 한다고 규정한다.

대습상속의 근거는 일반적으로 형평의 원칙에 있다고 설명한다. 즉 본래 상속인이 될 자가 상속을 받았다면 그가 사망한 때에는 다시 그의 상속인이 상속을 받을 것인데, 본래의 상속인이 사망 등으로 인하여 상속을 받지 못하였다고 하여 그의 상속인이 될 자가 전혀 상속을 받지 못하는 것은 부당하기 때문이다.

그러나 우리나라는 비교법적으로 특이하게 혈족뿐만 아니라 배우자의 대습상속을 인정하고 있는데, 배우자의 대습상속이 형평의 원칙만으로 충분히 정당화할 수 있는지는 의문이다. 상속은 혈족상속과 배우자상속으로 나눌 수 있는데, 배우자의 대습상속을 인정하는 것은 혈족상속과 배우자상속을 결합시킨 것이다. 그러나 이는 혈족상속의 근거나 배우자상속의 근거에 의하여 정당화되기 어렵다. 혈족상속의 근거로서 거론되는 혈연대가설(血緣代價說)은 배우자의 대습상속의 근거가 될 수 없다. 또 피상속인의 의사가 자신의 혈족의 배우자에게까지 자신의 재산을 상속시키려는 것이었다고 추정할 수도 없다. 이 점은 피상속인의 형제자매의 배우자가 대습상속하는 경우에 두드러진다. 다른 한편 배우자상속의 근거인 부부관계에서의 상속재산 형성과 자녀의 출산 · 양육 등에 협력한 대가나 자녀 양육을 위한 배려 및 사후부양 등도 배우자의 대습상속을 설명할 수 없다. 그리하여 근래에는 입법론적으로 배우자의 대습상속을 인정하지 말아야 한다는 주장이 유력하게 제기되고 있다.

한편 대상판결은 우리나라에서는 전통적으로 오랫동안 며느리의 대습상속이 인정되어 왔다고 하는데, 이는 정확하지 않다. 조선 시대에는 피대습인의 직계비속이 대습상속을 할 수 있었고, 피대습인의 배우자의 대습상속은 인정되지 아니하였지만, 피상속인보다 먼저 사망한 자에게 자녀가 없는 경우에 한하여 수신(守信, 개가하지 않는 것)을 조건으로 하여 그 유처의 대습권이 인정되었고, 다만 종국적인 소유권의 귀속이 인정되는 것은 아니며 개가하거나 종신할 때까지의 용익권이 부여될 뿐이었다.

대상판결은, 피상속인의 사위가 피상속인의 형제자매보다 우선하여 단독으로 대습상속하는 것이 반드시 공평한 것인지 의문을 가져볼 수는 있다고 하면서도, 이를 이유로 곧바로 1003조 2항이 입법형성의 재량의 범위를 일탈하여 행복추구권이나 재산권보장 등에 관한 헌법규정에 위배되는 것이라고 할 수 없다고 하였다.

2. 동시사망의 경우 대습상속이 인정되는지 여부

1001조와 1003조 2항에 의하면 제1순위의 상속인이 될 피상속인의 직계비속이나 제3순위의 상속인이 될 피상속인의 형제자매(피대습인 또는 피대습자)가 상속개시 "전(前)", 즉 피상속인의 사망 전에 사망한 경우에는 그 피대습인의 직계비속이나 배우자가 대습상속을 하는 것으로 규정하고 있다. 그러므로 상속인이 될 자가 피상속인보다 후에 사망하였다면 그가 대습상속 아닌 원래의 상속(본위상속)을 하고, 대습상속은 일어나지 않는다. 그런데 위 법의 문언 그대로라면 상속인이 될 자가 피상속인과 동시에 사망한 경우에는 대습상속의 사유가 될 수 없다. "상속개시 전(前)"이라는 것은 상속개시와 동시를 포함하지는 않기 때문이다.

그러나 학설은 피상속인과 상속인이 될 자가 동시에 사망한 경우에도 상속인이 될 자의 직계비속이나 배우자가 대습상속을 한다고 보고 있고, 반대의견은 없는 것으로 보인다. 만일 그렇지 않다고 본다면, 대상판결이 설명하는 것처럼 피대습인의 직계비속이나 배우자는 피대습인이 피상속인의 사망 전에 사망한 경우에는 대습상속을 하고, 피대습자인이 피상속인의 사망 후에 사망한 경우에는 피대습인을 거쳐 피상속인의 재산을 본위상속하므로 두 경우 모두 상속을 하는데, 만일 피대습인이 피상속인의 사망과 동시에 사망한 경우에는 본위상속과 대습상속의 어느 쪽도 하지 못하게 된다면, 현저히 불공평하고 불합리하기 때문이다.

대상판결은 이 점 외에도, 자연과학적으로 엄밀한 의미의 동시사망은 상상하기 어려운 것이나 사망의 선후를 입증할 수 없는 경우 동시에 사망한 것으로 다루는 것이 결과에 있어 가장 공평하고 합리적이라는 데에 동시사망 규정의 입법 취지가 있다는 점도 들고 있다.

다만 이를 이론적으로 어떻게 설명할 것인가가 문제되는데, 이를 대습상속 규정의 유추라고 하는 주장도 있다. 그러나 보다 정확하게는 법의 문언을 법의 목적에 부합하게 확장하여, 원래의 문언에는 포함될 수 없는 사례에까지 적용하는 이른바 목적론적 확장(teleologische Extension)의 한 예라고 보아야 할 것이다. 목적론적 확장에 대하여는 **[판례 86]** 참조. 영미에서는 이처럼 불합리한 결과를 회피하도록 해석하여야 한다는 것이 해석의 원칙의 하나(absurd result rule 또는 golden rule)로 받아들여지고 있다.

3. 피상속인의 자녀가 상속개시 전에 전부 사망한 경우 피상속인의 손자녀의 상속의 성질

피상속인의 복수의 자녀 중 한 사람이 사망하고, 그 후 피상속인이 사망하면 그 사망한 자녀의 직계비속인 피상속인의 손자녀는 1001조의 규정에 의하여 대습상속을 한다. 그런데 피상속인의 복수의 자녀 모두가 피상속인의 사망 전에 사망하고 이어서 피상속인이 사망하면 피상속인의 손자녀가 피상속인을 상속하는데, 이때 그 상속의 성질이 대습상속인가 본위상속인가가 문제된다.

이에 관하여는 견해가 대립한다. 본위상속설은, 1000조 1항 1호에서는 상속인을 "직계비속"이라고 규정하고 있지, 자녀 또는 아들딸로 규정하고 있지 않으므로, 손자녀는 부모를 대위하지 않고 모두 피상속인을 본위상속한다고 한다. 다만 이 설도 사망한 자녀에게 배우자가 있으면 그 배우자와 손자녀는 공동으로 대습상속을 하게 된다고 한다. 반면 대습상속설은 상속인의 일부가 상속권을 잃게 된 경우와 상속인 전원이 상속권을 잃은 경우를 구별할 이론적 근거가 없고, 자녀가 한 사람이라도 살아 있으면 손자녀 등의 대습상속이 개시되지만, 자녀가 모두 사망하면 별안간 손자녀 등의 본위상속이 개시된다는 것은 타당성이 없으며, 본위상속설에 의하면 사망한 자녀의 생존배우자는 대습상속을 받지 못하게 되므로, 대습상속을 한다고 주장한다. 판례도 이 경우 대습상속을 한다고 본다.

생각건대 대습상속설이 타당하다. 그렇게 보지 않으면, 원래 상속인이 될 사람들이 모두 사망하였는가, 아니면 일부만 사망하였는가라는 우연한 사정에 의하여 상속분이 달라질 것이기 때문이다. 본위상속설은 자녀가 모두 사망하였으나 사망한 자녀에게 배우자가 있는 경우에는 그 배우자가 손자녀와 공동으로 대습상속을 한다고 하지만, 사망한 자녀에게 배우자가 있는가 없는가에 따라 손자녀의 상속의 성질이 달라진다는 것은 합리적이 아니다. 이러한 논란을 피하기 위하여는 자녀 아닌 직계비속은 항상 대습상속을 하도록 규정할 필요가 있다.

대상판결도 이러한 경우에 대습상속을 한다고 판시하였다. 그런데 엄밀히 말하면 이러한 판시는 결론에 도달하는 데 꼭 필요하지는 않은 방론이다. 대상판결이 그와 같이 판시한 것은,

피상속인의 자녀가 상속개시 전에 전부 사망한 경우 피상속인의 손자녀의 상속은 본위상속이라고 하는 전제에서, 대습상속은 단독상속으로는 불가능하고 피대습자와 같은 촌수의 다른 직계비속이 생존하여 공동상속인의 지위가 유지·보존된 경우에 한하여 공동상속으로만 가능하다고 하는 상고이유를 배척하기 위한 것이었다. 그러나 1003조 2항이 피대습인의 배우자가 단독으로 대습상속을 할 수 있음을 명문으로 규정하고 있는 이상, 위와 같은 상고이유는 주장 그 자체로 성립할 수 없고, 따라서 대상판결의 이러한 판시는 불필요하였다.

참고문헌

신영호, 피대습자의 배우자의 대습상속, 가족법의 변동요인과 현상 창간호, 1998.
안영하, 소위 괌에서의 KAL기 추락사건, 가족법연구 19권 2호, 2005.
정긍식, 배우자의 대습상속권, 민사판례연구 25권, 2003.
최성경, 동시사망 추정과 배우자 대습상속, 가족법연구 19권 1호, 2005.

[판례 153]

낙태와 상속결격

대법원 1992.5.22. 선고 92다2127 판결

사 실

A는 1989.8.16. Y의 불법행위로 사망하였는데, 당시 그의 처인 제1심 공동원고 B는 그의 태아를 잉태하고 있었다. 그런데 B는 1989.9.18. 태아를 낙태하고 말았다. B가 Y를 상대로 손해배상청구를 하자, A의 부모인 X들도 뒤늦게 손해배상청구를 하였고, 두 사건은 제1심에서 병합심리되었다. 제1심은 B의 상속분을 3/7, X들의 상속분을 각각 2/7로 인정하였는데, B의 승소부분은 확정되었고, X들만이 항소하였다. X들은 원심에서 B는 상속의 동순위자인 태아를 낙태하였으니, 1004조 소정의 상속결격자라고 주장하였다. 원심은 상속결격자라고 하기 위하여는 1004조 소정의 범죄를 범한 자의 고의 안에는 적어도 그 범행으로 말미암아 상속에 유리하게 된다는 인식도 함께 있을 것을 필요로 하는데, B에게는 그러한 인식이 없었다고 하여 X들의 주장을 배척하였다.

그러나 대법원은 원심판결을 일부 파기환송하였다.

이 유

민법 규정들 소정의 상속결격사유로서 '살해의 고의' 이외에 '상속에 유리하다는 인식'을 필요로 하는지 여부에 관하여 살피건대, (1) 우선 민법 992조 1호 및 1004조 1호는 그 규정에 정한 자를 고의로 살해하면 상속결격자에 해당한다고만 규정하고 있을 뿐, 더 나아가 '상속에 유리하다는 인식'이 있어야 한다고까지는 규정하고 있지 아니하고 있으므로, 원심의 판시는 위 규정들의 명문에 반하고, (2) 또한 민법은 '피상속인 또는 호주상속의 선순위자'(992조 1호)와 '피상속인 또는 재산상속의 선순위나 동순위에 있는 자'(1004조 1호) 이외에 '직계존속'도 피해자에 포함하고 있고, 위 '직계존속'은 가해자보다도 상속순위가 후순위일 경우가 있는바, 민법이 굳이 동인을 살해한 경우에도 그 가해자를 상속결격자에 해당한다고 규정한 이유는, 상속결격

요건으로서 '살해의 고의' 이외에 '상속에 유리하다는 인식'을 요구하지 아니한다는 데에 있다고 해석할 수밖에 없으며, (3) 그리고 민법 992조 2호 및 이를 준용하는 1004조 2호는 '고의로 직계존속, 피상속인과 그 배우자에게 상해를 가하여 사망에 이르게 한 자'도 상속결격자로 규정하고 있는데, 이 경우에는 '상해의 고의'만 있으면 되므로, 이 '고의'에 '상속에 유리하다는 인식'이 필요없음은 당연하므로, 이 규정들의 취지에 비추어 보아도 그 각 1호의 요건으로서 '살해의 고의' 이외에 '상속에 유리하다는 인식'은 필요로 하지 아니한다고 하지 않을 수 없다.

해 설

1. 상속결격제도의 근거

민법이 규정하고 있는 상속결격 사유는 크게 2가지로 나누어 볼 수 있다. 그 하나는 피상속인 등 일정한 자에 대한 살인 또는 살인미수 내지 상해치사의 범죄행위이고(1004조 1, 2호), 다른 하나는 피상속인의 유언에 관한 부정행위이다(1004조 3, 4, 5호).

상속결격제도가 왜 인정되는지에 관하여는 상속적 협동관계 파괴설과, 개인법적 재산취득질서 파괴설 및 이원설의 대립이 있다. 상속적 협동관계 파괴설은 상속의 근거는 상속인과 피상속인을 연결하는 상속적 협동관계(윤리적 · 경제적 협동관계)에 있는데, 상속결격은 이러한 관계를 파괴 또는 침해한 데 대한 제재로 보는 견해이다. 개인법적 재산취득질서 파괴설은 상속인에 의한 재산취득의 측면을 중시하여, 상속결격은 그 취득질서를 교란시키고 위법하게 이득을 얻으려는 것에 대한 제재라고 한다. 이원설은 결격사유에 따라 상속결격제도의 근거를 달리 설명한다. 피상속인 또는 선순위나 동순위의 상속인에 대한 생명침해(1004조 1, 2호)의 경우에는 상속적 협동관계의 파괴에 대한 제재라고 보고, 피상속인의 상속에 대한 유언행위에 대한 위법한 간섭(1004조 3, 4, 5호)의 경우에는 상속인이 상속법상 유리하게 되거나 또는 불리하지 않게 되려고 위법하게 간섭하는 행위에 대한 제재라고 한다.

이러한 견해의 대립은, 주로 상속결격의 효과가 발생하기 위하여 상속인이 될 자에게 상속결격사유에 해당하는 행위를 함에 있어 그 행위의 고의 이외에 "상속에 유리하다는 인식"이 필요한가 여부에 관하여 차이가 있다. 상속적 협동관계 파괴설은 이러한 인식은 필요하지 않다고 보는 반면, 개인법적 재산취득질서 파괴설은 이러한 인식이 필요하다고 본다.

우리 민법상으로는 상속결격제도의 근거를 반드시 통일적으로만 이해할 수는 없고, 결격사유에 따라 다르게 이해함이 타당하다(이원설). 즉 1004조 1, 2호의 경우에는 공익의 관점에서 상속인으로 될 자의 비도덕적 행위가 반드시 상속과 결부되지 않더라도 그에 대한 제재를 가하는 것이라고 볼 수 있고, 반면 3, 4, 5호의 경우에는 피상속인의 유언의 자유를 침해한 데 대한 제재라는 면이 중시된다고 할 수 있다. 그러므로 상속에 유리하다는 인식은 원칙적으로

1004조 1, 2호의 경우에는 요구되지 않고, 3, 4, 5호의 경우에는 요구된다고 해석함이 타당하다. 왜냐하면 2호는 상해치사를 상속결격으로 들고 있는데, 이 경우에는 상속에 유리하다는 인식이 있을 여지는 없고, 또 1, 2호는 직계존속을 살해 또는 사망에 이르게 한 경우도 상속결격사유로 보고 있는데, 직계존속은 상속에 관하여 후순위일 수도 있기 때문이다. 반면 3, 4, 5호는 피상속인의 유언의 자유를 침해하는 것으로서, 이에 관하여는 상속에 유리하다는 인식이 있어야만 상속결격사유에 해당하는 것으로 보아야 할 것이다. 이러한 인식이 있어야만 재산취득질서를 파괴하는 것으로 볼 수 있기 때문이다.

대상판결은 1호와 2호의 경우에는 상속에 유리하다는 인식이 요구되지 않는다고 보고 있으나, 3호에서 5호까지의 경우에도 그렇게 보는지는 명확하지 않다.

2. 낙태는 상속결격 사유에 해당하는가?

대법원은 낙태는 1004조 1호 소정의 상속결격사유에 해당한다고 보았다. 1004조 1호는 "고의로 직계존속, 피상속인, 그 배우자 또는 상속의 선순위나 동순위에 있는 자를 살해하거나 살해하려 한 자"가 상속인이 되지 못한다고 규정하고 있다.

여기서 살해란 고의에 의한 살인을 가리킨다. 살인, 영아살해(刑 251조), 위계에 의한 촉탁살인(刑 253조) 등을 포괄하며, 정범·종범, 기수·미수를 묻지 않는다. 나아가 예비음모로써도 족하다. 그러나 정당방위 또는 긴급피난의 경우는 상속결격에 해당하지 않을 것이다.

우리나라의 통설은 자살의 교사나 방조도 이에 해당한다고 하나, 본인의 의사에 기인한 사망을 살해와 동일시하는 것은 의문이다. 상속결격은 일종의 민사벌(民事罰)에 해당하므로, 상속결격사유의 해석은 엄격하게 하여야 한다.

이런 관점에서 볼 때 대상판결이 낙태가 상속결격사유에 해당한다고 본 것은 의문이다. 낙태가 상속결격사유에 해당한다고 보는 설의 주된 근거는 "태아는 상속순위에 관하여는 이미 출생한 것으로 본다"는 1000조 3항의 규정이다. 그러나 우선 상속결격제도의 해석은 엄격하게 하여야 하는데, 형법상으로는 낙태죄는 살인죄와는 별도의 장에 규정되어 있어서 살인죄와 동일하게 취급할 수 없다. 뿐만 아니라 태아가 상속에 관하여 출생한 것으로 본다는 것은 어디까지나 살아서 출생한 것을 전제로 하는데, 정지조건설에 의하면 낙태된 경우는 조건이 성취되지 않았으므로 태아가 동순위나 선순위의 상속인은 되지 않으며, 해제조건설에 의하더라도 낙태에 의하여 해제조건이 성취되었으므로 태아는 소급하여 권리능력 내지 상속능력을 취득하지 못하게 되고, 따라서 태아가 동순위나 선순위의 상속인이 될 수는 없다.

한편 헌재결 2019.4.11, 2017헌바127은, 낙태죄를 규정한 형법 269조, 270조 1항이 위헌이라고 하면서, 위 조항들은 2020.12.31.을 시한으로 입법자가 개정할 때까지 계속 적용된다고 하였다. 위 결정에서 4인의 헌법불합치의견은, 태아가 모체를 떠난 상태에서 독자적으로 생존할 수 있는 시점인 임신 22주 내외 이후의 낙태는 처벌할 수 있다는 취지이다. 그러므로 위 헌재결정에 따라 개선입법이 만들어진다면 임신 후 일정 기간 이후의 낙태는 처벌될 수 있을 것이고, 그 범위 내에서는 위 판례가 여전히 적용될 수 있을 것이다. 그러나 아직까지 개선입법은 만들어지지 않았다. 어쨌든 이 판례는 변경되어야 한다.

참고문헌

박병호, "상속결격의 제문제", 남송한봉희교수 화갑기념 현대민법의 과제와 전망, 1994.

오종근, 상속결격사유: 낙태의 경우, 가족법연구 7호, 1993.

윤진수, 1990년대 친족상속법 판례의 동향, 민법논고 5, 2011.

이성룡, 상속결격자에 관한 구 민법 제992조 제1호, 제1004조 제1호 소정의 '고의'에 '상속에 유리하다는 인식'도 필요한지 여부, 법조 1992.7.

이홍민, 낙태와 상속결격에 관한 연구, 연세법학 41호, 2023.

황경웅, 상속결격에 관한 제반문제, 가족법연구 20권 2호, 2006.

[판례 154]

상속재산협의분할이 무효인 경우 참칭상속인에 해당하는지 여부

대법원 2007.10.25. 선고 2007다36223 판결

사 실

이 사건 부동산은 A의 소유였는데, A가 1994.5.12. 사망하자 A의 상속재산은 남편인 Y_1과 자녀들인 X들, Y_2, B, C, 그리고 1983.1.13. 사망한 2남인 D의 배우자인 F에게 공동상속되었다. Y_1은 1994.9.경 G 변호사를 선임하여 이미 사망한 D를 포함한 자녀들을 상대방으로 하여 상속재산분할심판을 청구하였고, 자녀들의 소송대리인으로 H 변호사가 선임되었으나, D는 이미 사망한 상태였고, X_2는 미국에 거주하고 있었으므로 H 변호사는 이들로부터 소송대리권을 위임받지는 못하였다. 1994.11.1. 위 사건의 조정기일에서 G 변호사와 H 변호사는 이 사건 각 부동산 및 그 지상의 건물과 서화 3점은 Y_1이 단독으로 상속하고, 주식은 Y_2가 단독으로 상속한다는 내용의 조정이 성립하였다. 그 후 Y_1은 1994.12.3. 이 사건 부동산에 관하여 협의분할에 의한 상속을 원인으로 하여 자신의 명의로 그 소유권이전등기를 마쳤고, 다시 2003.6.24. 증여를 원인으로 하여 Y_2 명의로 그 소유권이전등기가 마쳐졌다.

한편, X들은 이 사건 조정에 관하여 H 변호사에게 소송대리권을 수여한 사실이 없다고 하여 2003.12.3. 준재심을 청구하였고, 이에 따라 법원은 2006.7.26. 이 사건 조정조서를 취소하고 위 상속재산분할청구를 각하한다는 결정이 내려졌으며 이 결정은 확정되었다.

X들은 Y들을 상대로 이 사건 부동산에 관한 소유권이전등기의 말소를 청구하였는데, 원심은 이 사건 소는 상속회복청구의 소에 해당하고, X들은 늦어도 1996.3.15.경에는 Y_1이 이 사건 각 부동산에 관하여 협의분할에 의한 상속을 원인으로 하여 소유권이전등기를 마침으로써 X들의 상속권을 침해한 사실을 알았으며, 그로부터 3년이 경과한 후인 2003.12.3. 이 사건 소를 제기하였으므로, X들의 이 사건 소는 제척기간을 도과하여 제기된 것으로서 부적법하다고 하여 이를 각하하였다.

그러나 대법원은 원심판결을 파기환송하였다.

이 유

1. 원심이 이 사건 소는 민법 999조 소정의 상속회복청구의 소에 해당한다고 판단한 것은 옳은 것으로 수긍이 간다.

2. 상속회복청구권의 제척기간의 기산점이 되는 민법 999조 2항 소정의 '상속권의 침해를 안 날'이라 함은 자기가 진정한 상속인임을 알고 또 자기가 상속에서 제외된 사실을 안 때를 가리키는 것으로서, 단순히 상속권 침해의 추정이나 의문만으로는 충분하지 않으며, 언제 상속권의 침해를 알았다고 볼 것인지는 개별적 사건에 있어서 여러 객관적 사정을 참작하고 상속회복청구가 사실상 가능하게 된 상황을 고려하여 합리적으로 인정하여야 할 것인바, 공동상속인 중 1인이 나머지 공동상속인들을 상대로 제기한 상속재산분할심판 사건에서 공동상속인 일부의 소송대리권이 흠결된 채로 소송대리인 사이에 재판상 화해나 조정이 성립되어 화해조서 또는 조정조서가 작성되고, 그 조서에 기하여 공동상속인 중 1인 명의로 상속재산협의분할을 원인으로 한 소유권이전등기가 경료된 경우, 위와 같은 화해나 조정은 무효이지만, 그 조서에 확정판결과 같은 효력이 있는 이상 그 조서가 준재심에 의해 취소되기 전에는 당사자들로서는 위 화해나 조정의 무효를 확신할 수 없는 상태에 있고, 그 후 소송대리권의 흠결 여부가 다투어진 끝에 준재심에 의해 화해조서나 조정조서가 취소되었다면, 나머지 공동상속인들은 그 준재심의 재판이 확정된 때에 비로소 공동상속인 중 1인에 의해 자신들의 상속권이 침해된 사실을 알게 되었다고 봄이 상당하므로, 상속회복청구권의 제척기간은 그때부터 기산된다.

해 설

1. 상속회복청구권의 성질

상속회복청구권의 성질에 관하여는 종래부터 독립권리설과 집합권리설의 논쟁이 있다. 독립권리설은, 상속회복청구권은 상속인의 소유권 기타의 권리에 기한 개별적 청구권과는 별개의 독립한 권리로서, 상속권 그 자체에 대한 침해를 포괄적으로 회복하는 것을 목적으로 하는 독립된 권리라고 한다. 반면 집합권리설은, 상속회복청구권은 상속재산을 구성하는 개개의 재산에 관하여 생기는 개별적 청구권의 집합에 불과한 것이라고 이해한다. 따라서 상속을 이유로 하여 상속재산의 반환을 청구하는 소는 그것이 포괄적으로 행하여지든, 상속재산 중의 특정재산에 대하여 개별적으로 행하여지든, 또는 참칭상속인에 대하여 행하여지든, 제3취득자에 대하여 행하여지든, 상속을 원인으로 하여 행하여지면 상속회복청구권의 행사로 보며, 물권적 반환청구권과의 경합을 인정하지 않는다.

양 설의 실제적인 차이는 상속회복청구권이 999조 2항의 제척기간 경과에 의하여 소멸하더라도 물권적 청구권과 같은 개별적 청구권은 여전히 행사할 수 있는가 하는 점에서 나타난다. 집합권리설은 이를 부정하는 반면, 독립권리설은 이를 긍정한다.

초기에는 판례가 엇갈렸으나, 대판(전) 1981.1.27, 79다854은 집합권리설을 따름을 명백히 하였다. 그 후 대판(전) 1991.12.24, 90다5740 등도 이러한 태도를 유지하고 있다. 대상판결도 마찬가지이다.

집합권리설에 대하여는 본래는 소멸시효에 걸리지 않는 권리에 대하여도 999조의 제척기간을 적용하는 것이 합리적인가 하는 의문이 제기될 수 있다. 그러나 상속회복청구권을 개별적 청구권과 별개의 독립적 권리로 인정한다면 그 권리의 내용이 별로 없는 공허한 권리가 된다. 그러므로 현행법의 해석론으로는 집합권리설을 따르지 않을 수 없다.

2. Y_1은 참칭상속인인가?

상속회복청구권 행사의 상대방인 참칭상속인이란, 재산상속인인 것을 신뢰하게 하는 외관을 갖추고 있는 자나 상속인이라고 참칭하여 상속재산의 전부 또는 일부를 점유하는 자를 가리킨다(대판 1991.2.22, 90다카19470 등).

문제는 이 사건과 같이 상속권을 가지는 공동상속인도 자신의 상속분을 넘는 범위에서는 참칭상속인에 해당하는가 하는 점이다. 부정설은, 상속재산분할 전, 즉 공동소유관계가 계속되어 있는 동안에는 공동상속인 사이에는 상속회복 문제는 일어나지 않고, 진정상속인 중 1인이 상속재산관리에서 제외된 경우에는 제외된 진정상속인은 상속재산의 관리에의 참가(265조)나 상속재산의 분할청구(1013조)의 방법에 의하여 상속권의 내용을 실현하면 된다고 주장한다.

그러나 다수설은 공동상속인도 자신의 상속분을 넘는 범위에서는 상속회복청구의 상대방이 될 수 있다고 본다. 대판(전) 1991.12.24, 90다5740 등 판례는 일관하여 공동상속인도 참칭상속인이 될 수 있다고 보고 있고, 헌재결 2006.2.23., 2003헌바38, 61도 공동상속인을 참칭상속인의 범위에 포함시키는 것이 위헌이 아니라고 하였다.

그런데 이 사건에서는 공동상속인 중 1인인 Y_1이 다른 공동상속인들을 상대로 하여 상속재산분할청구를 하였다가, 조정에 의하여 협의분할이 성립하였고, 그에 따라 상속재산에 관하여 자신 명의로 이전등기를 마쳤다. 이 경우에는 비록 그 협의분할이 무효라고 하더라도, Y_1은 다른 공동상속인들의 상속권은 있다는 것을 전제로 하여, 그들로부터 상속재산을 취득한 것이 되고, 처음부터 다른 공동상속인들의 상속권을 배제한 것은 아니다. 상속재산분할에는 소급효가 있기는 하지만(1015조), 상속재산분할에 의하여 상속재산에 관한 권리를 소급적으로 상실하는 상속인이 아닌 것으로 되지는 않는다. 만일 Y_1이 상속재산을 다른 공동상속인들로부터 매수한 일이 없음에도 불구하고 매수한 것처럼 서류를 위조하여 자기 명의로 소유권이전등기를 마쳤다면, Y_1을 참칭상속인이라고 하기는 어렵다. 이 사건의 경우도 그와 같이 보아야 할 것이다.

따라서 대상판결이 Y_1을 참칭상속인이라고 한 것은 찬성하기 어렵다. 그러나 대판 2011.

3.10, 2007다17482도 대상판결과 같은 취지이다.

3. 제척기간의 기산점

999조 2항은 3년의 단기제척기간과 10년의 장기제척기간을 규정하고 있다. 2002.1.14. 999조 2항 개정 전에는 10년의 제척기간이 상속개시가 있은 날부터 진행하는 것으로 규정되어 있었다. 그 당시의 판례는 상속개시일로부터 10년을 경과한 후에 상속권의 침해가 있었다고 하더라도, 10년의 제척기간 경과로 상속회복청구권은 소멸한다고 보았다{대판(전) 1991.12.24, 90다5740 등}. 그러나 그 후 헌재결 2001.7.19, 99헌바9은, 상속회복청구권의 행사기간을 상속 개시일로부터 10년으로 제한한 것이 재산권, 행복추구권, 재판청구권 등을 침해하고 평등원칙에 위배된다고 하였다. 이에 따라 2002.1.14. 개정된 999조 2항은, 10년의 상속회복청구권의 제척기간의 기산점을 상속권의 침해행위가 있은 날로 고쳤다. 판례(대판 2006.9.8, 2006다26694 등)는 위 개정 조항은 개정 조항 시행 전에 상속권 침해행위가 있은 경우에도 적용된다고 보고 있다.

이 사건에서 문제된 것은 "그 침해를 안 날부터 3년"의 단기제척기간이 언제부터 진행하는가 하는 점이다. 원심은 X들은 늦어도 1996.3.15.경에는 Y_1이 이 사건 부동산에 관하여 협의분할에 의한 상속을 원인으로 하여 소유권이전등기를 마침으로써 원고들의 상속권을 침해한 사실을 알았다고 보인다는 이유로, 그때부터 3년의 제척기간이 진행한다고 보았다. 그러나 대상판결은 상속재산분할의 조정조서에 확정판결과 같은 효력이 있는 이상 그 조서가 준재심에 의해 취소되기 전에는 당사자들로서는 위 화해나 조정의 무효를 확신할 수 없는 상태에 있고, 그 후 소송대리권의 흠결 여부가 다투어진 끝에 준재심에 의해 조정조서가 취소되었다면, X들은 그 준재심의 재판이 확정된 때에 비로소 공동상속인 중 1인에 의해 자신들의 상속권이 침해된 사실을 알게 되었다고 봄이 상당하므로, 상속회복청구권의 제척기간은 그때부터 기산된다고 하였다.

Y_1이 참칭상속인에 해당한다고 전제한다면, 대상판결의 위와 같은 판시는 수긍할 수 있다. 위와 같은 확정판결과 같은 효력을 가지는 조정조서가 있는 이상, 그것이 준재심에 의해 취소되기 전에는 당사자들은 그 조정이 무효라는 주장을 할 수 없기 때문이다.

이와 비교할 수 있는 것이 1014조에 의한 상속분가액상당지급청구권의 경우이다. 판례는 이 경우에도 999조 2항의 제척기간이 적용된다고 보고 있는데, 3년의 제척기간에 관하여는 혼인외의 자가 법원의 인지판결 확정으로 공동상속인이 된 때에는 그 인지판결이 확정된 날에 상속권이 침해되었음을 안 것이라고 보고 있다(대판 1977.2.22, 76므55; 2007.7.26, 2006므2757, 2764 등). 이처럼 형성판결인 인지판결이 확정되기 전에는 혼인외의 자가 자신의 상속권을 주장할 수 없기 때문이다.

참고문헌

김병선, 민법 제999조(상속회복청구권)의 해석에 관한 몇 가지 문제점, 가족법연구 26권 제1호, 2012.

[판례 155]

제사주재자의 결정

대법원 2023.5.11. 선고 2018다248626 전원합의체 판결

사 실

X들은 A의 배우자, 장녀(1994년생), 차녀(2000년생)이다. A는 X_1과 혼인관계에 있던 중 2006.11. 경 Y_2와 사이에 장남 B(2006년생)를 두었다. A가 2017.4.16. 사망하자 Y_2는 A의 유체를 화장한 후 그 유해를 Y_1 재단법인이 운영하는 추모공원 내 봉안당에 봉안하였다. 이에 X들은 Y들을 상대로 A의 유해를 X들에게 인도할 것을 구하는 소를 제기하였다.

1심은 장남 B가 제사주재자로서 A의 유해에 대한 권리를 가지고 있고 Y_2는 B의 법정대리인으로서 그 유해를 점유·관리하고 있다고 보아, 유해에 대한 권리가 X들에게 있음을 전제로 하는 X들의 청구를 모두 기각하였고, 원심도 제1심판결을 그대로 유지하였다.

그러나 대법원 전원합의체는 원심판결을 파기환송하였다. 여기에는 대법관 4인의 별개의견이 있었다.

이 유

1. 대법원 2008.11.20. 선고 2007다27670 전원합의체 판결은, 제사주재자는 우선적으로 망인의 공동상속인들 사이의 협의에 의해 정하되, 협의가 이루어지지 않는 경우에는 제사주재자의 지위를 유지할 수 없는 특별한 사정이 있지 않는 한 망인의 장남(장남이 이미 사망한 경우에는 장손자)이 제사주재자가 되고, 공동상속인들 중 아들이 없는 경우에는 망인의 장녀가 제사주재자가 된다고 판시하였다.

그러나 공동상속인들 사이에 협의가 이루어지지 않는 경우 제사주재자 결정방법에 관한 2008년 전원합의체 판결의 법리는 더 이상 조리에 부합한다고 보기 어려워 유지될 수 없다.

2. 공동상속인들 사이에 협의가 이루어지지 않는 경우 특별한 사정이 없는 한 장남 또는 장손자 등 남성 상속인을 제사주재자로 우선하는 것은 성별에 의한 차별을 금지한 헌법 11조

제1항 및 개인의 존엄과 양성의 평등에 기초한 혼인과 가족생활의 성립과 유지를 보장하는 헌법 36조 1항의 정신에 합치하지 않는다.

현재의 법질서, 국민들의 변화된 의식 및 정서와 생활양식 등을 고려하면, 장남 또는 장손자 등 남성 상속인이 여성 상속인에 비해 제사주재자로 더 정당하다거나 그 지위를 우선적으로 인정받아야 한다고 볼 수 없다. 제사주재자로 장남 또는 장손자 등 남성 상속인을 우선하는 것이 보존해야 할 전통이라거나 헌법 9조 등에 의하여 정당화된다고 볼 수도 없다.

3. 공동상속인들 사이에 협의가 이루어지지 않는 경우에는 제사주재자의 지위를 인정할 수 없는 특별한 사정이 있지 않는 한 피상속인의 직계비속 중 남녀, 적서를 불문하고 최근친의 연장자가 제사주재자로 우선한다고 보는 것이 가장 조리에 부합하고, 이는 현행 법질서 및 사회일반의 보편적 법인식에 부합한다고 볼 수 있다.

한편 피상속인의 직계비속 중 최근친의 연장자라고 하더라도 제사주재자의 지위를 인정할 수 없는 특별한 사정이 있을 수 있다. 이러한 특별한 사정에는, 2008년 전원합의체 판결에서 판시한 바와 같이 장기간의 외국 거주, 평소 부모를 학대하거나 모욕 또는 위해를 가하는 행위, 조상의 분묘에 대한 수호·관리를 하지 않거나 제사를 거부하는 행위, 합리적인 이유 없이 부모의 유지 또는 유훈에 현저히 반하는 행위 등으로 인하여 정상적으로 제사를 주재할 의사나 능력이 없다고 인정되는 경우뿐만 아니라, 피상속인의 명시적·추정적 의사, 공동상속인들 다수의 의사, 피상속인과의 생전 생활관계 등을 고려할 때 그 사람이 제사주재자가 되는 것이 현저히 부당하다고 볼 수 있는 경우도 포함된다.

이와 달리 공동상속인들 사이에 제사주재자 결정에 관한 협의가 이루어지지 않는 경우 특별한 사정이 없는 한 장남 또는 장손자 등 남성 상속인이 제사주재자로 우선한다고 본 2008년 전원합의체 판결은 이 판결의 견해와 배치되는 범위에서 변경하기로 한다.

4. 이와 같이 제사주재자 결정방법에 관한 대법원의 견해 변경은 부계혈족인 남성 중심의 가계계승에 중점을 두었던 관습상 제사제도의 근간을 바꾸는 것이다. 그런데 만약 새로운 법리를 소급하여 적용하면 종전 전원합의체 판결을 신뢰하여 형성된 제사용 재산 승계의 효력에 바로 영향을 미침으로써 법적 안정성과 당사자의 신뢰 보호에 반하게 된다. 따라서 새로운 법리는 이 판결 선고 이후에 제사용 재산의 승계가 이루어지는 경우에만 적용된다고 봄이 타당하다.

다만 대법원이 새로운 법리를 선언하는 것은 이 사건의 재판규범으로 삼기 위한 것이므로 이 사건에는 새로운 법리를 소급하여 적용하여야 한다.

해 설

1. 유체의 법적 지위 및 그 귀속

유체가 물건인가, 소유권의 대상이 될 수 있는가에 대하여는 특수한 소유권의 대상이 된다는 특수소유권설과, 소유권의 대상은 될 수 없고 다만 관리의 대상이 될 뿐이라는 관리권설의 대립이 있다. 그러나 어느 설을 취하더라도 그 결과에는 큰 차이가 없다. 즉 소유권의 객체가 된다고 보더라도, 이를 함부로 처분할 수 없으며 오로지 매장 등을 할 수 있는 권능과 의무가 따른다고 한다.

대상판결이 변경한 대판(전) 2008.11.20, 2007다27670은 사람의 유체 · 유골은 매장 · 관리 · 제사 · 공양의 대상이 될 수 있는 유체물이라고 하였으나, 소유권의 대상이 될 수 있는지에 관하여는 명백한 태도를 밝히고 있지 않다. 대상판결은 이 점에 대하여 특별히 언급하지 않고 있다.

그리고 통설은 피상속인의 유체는 1008조의3에 따라 제사주재자에게 귀속된다고 보고 있고, 대상판결도 마찬가지이다. 다만 위 대판(전) 2008.11.20, 2007다27670의 반대의견(안대희 · 양창수 대법관)은 1008조의3은 유체의 귀속자를 정하는 일반적 기준이 될 수 없고, 망인의 종국적인 의사가 1차적인 기준이 된다고 주장하였다. 그러나 유체를 제사용 재산과 구별하는 것은 매우 부자연스러울 뿐만 아니라 법률적인 근거나 현실적인 필요성이 없다.

2. 제사주재자에 관한 종래의 논의

1008조의3은 "분묘에 속한 1정보 이내의 금양임야와 600평 이내의 묘토인 농지, 족보와 제구의 소유권은 제사를 주재하는 자가 이를 승계한다"고 규정하고 있다. 여기서 규정하는 승계되는 재산을 일반적으로 제사용 재산이라고 부른다. 1958년 제정된 민법 996조는 "분묘에 속한 1정보 이내의 금양임야와 600평 이내의 묘토인 농지, 족보와 제구의 소유권은 호주상속인이 이를 승계한다"고 규정하고 있었는데, 1990년 민법 개정으로 호주상속이 호주승계로 바뀌면서, 승계하는 사람을 호주상속인에서 제사주재자로 바꾸었다.

그러나 제사주재자가 누구인가에 대하여 민법에서 규정을 두지 않았기 때문에, 논란이 있었다. 1990년 민법 개정 후에 선고된 대판 1997.9.5, 95다51182; 2000.9.26, 99다14006은, 종손이 있는 경우라면 그가 제사를 주재하는 자의 지위를 유지할 수 없는 특별한 사정이 있는 경우를 제외하고는 일반적으로 선조의 분묘를 수호 · 관리하는 권리는 그 종손에게 있다고 봄이 상당하다고 하였는데, 이는 민법 개정 전의 판례(대판 1985.11.12, 84다카1934; 1988.11.22, 87다카414, 415)를 그대로 유지한 것이다. 결국 민법 개정 후에도 판례는 제사주재자를 호주승계인으로 본 것과 마찬가지이다.

그런데 종손이라 함은 장자계(長子系)의 남자손(男子孫)으로서 적장자(嫡長子)이므로, 딸은 이에 해당하지 않고, 또 서자(庶子)는 장자라도 종손이 될 수 없었다. 그러므로 이러한 관습에는 적서(嫡庶) 및 남녀 차별의 요소가 있었다.

3. 대판(전) 2008.11.20, 2007다27670

위 판결의 다수의견은, 이처럼 적장자인 종손이 우선적으로 제사를 승계해야 한다는 종래의 관습은 가족 구성원인 상속인들의 자율적인 의사를 무시하는 것이고 적서간에 차별을 두는 것이어서, 더 이상 관습 내지 관습법으로서의 효력을 유지할 수 없게 되었다고 하였다. 그리하여 1조가 규정하는 조리에 의하여 제사주재자를 정해야 하는데, 공동상속인들이 있는 경우에는 그 공동상속인들 사이의 협의에 의해 제사주재자가 정해져야 하고, 공동상속인들 사이에 협의가 이루어지지 않는 경우에는, 망인의 장남(장남이 이미 사망한 경우에는 장남의 아들, 즉 장손자)이 제사주재자가 되며, 공동상속인들 중 아들이 없는 경우에는 망인의 장녀가 제사주재자가 된다고 봄이 상당하다고 하였다.

이에 대하여는 반대의견 2개가 있었는데, 이들은 모두 종래의 관습은 효력이 없다는 점 및 제사주재자에 관하여 공동상속인들 사이에 협의가 있으면 그에 따른다는 점은 다수의견과 같았다. 다만 협의가 이루어지지 않은 경우에 대하여 박시환, 전수안 대법관의 반대의견은 다수결에 의해 제사주재자를 결정하는 것이 가장 적절하다고 하였고, 김영란, 김지형 대법관의 반대의견은 법원이 제반 사정을 종합적으로 고려하여 제사주재자를 결정해야 한다고 보았다.

4. 대상판결

그런데 대상판결은 위 대판(전) 2008.11.20, 2007다27670을 변경하였다. 대상판결의 다수의견은, 공동상속인들 사이에 협의가 이루어지지 않는 경우 특별한 사정이 없는 한 장남 또는 장손자 등 남성 상속인을 제사주재자로 우선하는 것은 헌법 11조 1항 및 헌법 36조 1항의 정신에 합치하지 않으므로 더 이상 조리에 부합한다고 할 수 없다고 하면서, 이때에는 특별한 사정이 있지 않는 한 피상속인의 직계비속 중 남녀, 적서를 불문하고 최근친의 연장자가 제사주재자로 우선한다고 보는 것이 가장 조리에 부합하고, 현행 법질서 및 사회 일반의 보편적 법인식에 부합한다고 하였다.

반면 대상판결의 별개의견(민유숙, 김선수, 노정희, 이흥구 대법관)은, 다수의견이 2008년 전원합의체 판결을 변경하는 데에는 찬성하지만, 사주재자의 지위를 인정할 수 없는 특별한 사정이 있지 않는 한 피상속인의 직계비속 중 최근친의 연장자를 제사주재자로 우선해야 한다는 부분에는 동의하기 어렵다고 한다. 공동상속인들 사이에 협의가 성립되지 않아 망인의 유체·유해에 대한 권리의무의 귀속이 다투어지는 경우, 법원은 제반 사정을 종합적으로 고려하여 누가 유체·유해의 귀속자로 가장 적합한 사람인지를 개별적·구체적으로 판단하여야 하고, 여기에는 배우자가 포함된다고 하였다.

그리고 다수의견에 대한 보충의견(조재연, 노태악, 오경미 대법관)은, 제사주재자의 결정은 상속제도와 관련된 것으로서 법적 안정성의 확보가 매우 중요하고, 다수의견은 이를 위하여 조리에 따라 제사주재자를 정하는 객관적 기준을 제시하는 것이 바람직하다고 판단하였다고 하면서, 제사용 재산도 그 승계의 원인이 발생하는 즉시 대내외적으로 승계인이 누구인지 알 수 있는 명확하고 객관적인 기준을 제시할 필요성이 매우 크다고 강조하였다.

5. 검 토

대판(전) 2008.11.20, 2007다27670 이전의 판례가 따랐던 견해, 즉 제사주재자가 종손으로서 적장자가 되어야 한다는 관습은 적서를 차별하고, 남녀를 차별하는 것이므로, 오늘날은 그 효력을 인정할 수 없다고 보지 않을 수 없다. 그리고 제사주재자가 1차적으로 가족인 공동상속인들의 협의에 의하여 결정될 수 있다면 그렇게 하면 되고, 별 문제가 없다.

그러한 협의가 불가능한 경우에는 어떻게 하여야 하는가? 대판(전) 2008.11.20, 2007다27670은 이 경우에 망인의 장남이나 장손자가 제사주재자가 되고, 공동상속인들 중 아들이 없는 경우에는 망인의 장녀가 제사주재자가 된다고 하였다. 그러나 이는 적서차별은 제거하였지만, 남녀차별이나 연령에 의한 차별은 여전히 유지하고 있으므로, 결국 종래의 관습과 큰 차이가 없다.

대상판결은 위 2007다27670 판결과는 달리 이때에는 특별한 사정이 있지 않는 한 피상속인의 직계비속 중 남녀, 적서를 불문하고 최근친의 연장자가 제사주재자로 우선한다고 보는 것이 가장 조리에 부합한다고 하였다. 그러나 이는 연령에 의한 차별이라고 하지 않을 수 없다. 또한 조리란 법의 일반원칙을 의미하는 것으로 이해되어야 하는데, 다수의견의 설명에도 불구하고 연장자가 우선한다는 내용의 조리가 있는지 의심스럽다.

그러므로 별개의견과 같이 법원이 여러 사정을 참작하여 제사주재자를 정하는 것이 타당하다. 위 대판(전) 2008.11.20, 2007다27670에서 다수의견에 대한 보충의견은, 가사소송법은 제사주재자를 정하는 것을 가사사건으로 규정하지 않고 있으므로, 법원이 개개의 사건에서 제사주재자를 결정하는 것은 법을 개정하여야만 가능하다고 한다. 그러나 이러한 사항이 가사사건으로 규정되어 있지 않더라도, 분쟁이 있으면 분쟁을 해결하는 권한을 가진 법원이 부수적 심사(Inzidentprüfung)로서 제사주재자를 정하는 것은 얼마든지 가능하다. 대상판결의 별개의견은 공동상속인들 중 누가 제사를 주재하기에 가장 적합한가 하는 판단은 사인(私人) 간의 법적 분쟁을 해결하는 법원의 당연한 역할이라고 하였다.

다수의견과 별개의견의 대립은 누가 제사주재자가 되어야 하는가에 대하여 명확한 요건을 규정하는 규칙(rule)에 의할 것인가, 아니면 여러 가지 사정을 종합하여 판단하는 기준(standard)에 의할 것인가 하는 것으로 이해할 수도 있다. 법적 안정성 내지 예측가능성 면에서는 규칙에 의하는 편이 낫지만, 구체적 타당성을 달성한다는 면에서는 기준에 의하는 편이 우월하다. 그런데 대상판결의 다수의견에 따르더라도 특별한 사정이 있으면 최근친의 연장자가 제사주재자가 아닐 수 있다고 하므로, 다수의견이 가지는 장점은 크지 않다.

설령 다수의견처럼 공동상속인들 사이의 협의가 이루어지지 않는 때에는 최근친의 연장자가 제사주재자가 된다고 보더라도, 피상속인의 의사에 따라 이미 매장이 이루어졌다면, 제사주재자라고 하여 유체를 자신에게 인도할 것을 청구하는 것은 권리남용으로서 허용될 수 없다고 보아야 할 것이다.

6. 선택적 장래효의 문제

대상판결은 대상판결의 새로운 법리는 이 판결 선고 이후에 제사용 재산의 승계가 이루어지는 경우에만 적용된다고 봄이 타당하고, 대법원이 새로운 법리를 선언하는 것은 이 사건의 재판규범으로 삼기 위한 것이므로 이 사건에는 새로운 법리를 소급하여 적용하여야 한다는 이른바 선택적 장래효(selective prospectivity)를 인정하였다. 이는 위 대판(전) 2008.11.20, 2007다27670의 판시를 이 사건에서 다시 한 번 적용한 것이다. 여기에 대하여는 별개의견도 이의가 없었다. 이 문제에 대하여는 **[판례** 1]의 해설 참조.

참고문헌

권태상, 자신의 유체(유체)에 관한 사망자의 인격권, 법학논총 33권 2호, 2009.

김상훈, 유해의 귀속주체로서의 제사주재자, 민사법연구 28집, 2020.

김판기, 분묘 등의 승계에 관한 민법 제1008조의3의 해석론, 충북대 법학연구 21권 3호, 2010.

박동규, 민법 제1008조의3에서 정하는 제사주재자의 결정방법, 사법 65호, 2023.

서을오, 상속 제도의 존재 이유와 망인 의사의 존중, 이화여대 법학논집 28권 1호, 2023.

송경근, 제사주재자의 결정방법과 망인 자신의 유체·유골(유체·유골)에 관한 처분행위의 효력 및 사자(사자)의 인격권, 대법원판례해설 77호, 2009.

윤진수, 이용훈 대법원의 민법판례, 민법논고 7, 2015.

이준형, 소유권에 기한 유체인도청구의 허용 여부, 의료법학 11권 1호, 2010.

이진기, 제사주재자의 결정과 제사용재산, 고려법학 56호, 2010.

임미원, 대법원의 유체인도 판결의 법철학적 고찰, 법조 2013.8.

전효숙, 제사주재자의 결정방법, 이화여대 법학논집 14권 3호, 2010.

정구태, 제사주재자의 결정방법에 관한 소고, 경희법학 45권 4호, 2010.

최행식, 사자의 인격권과 유체·유해에 대한 권리, 원광법학 27권 2호, 2011.

한유진, 제사주재자 결정 법리에 대한 헌법적 소고, 이화젠더법학 15권 2호, 2023.

[판례 156]

특별수익과 유류분

대법원 2022.3.17. 선고 2021다230083, 2021다230090 판결

사 실

A는 2018.4.24. 사망하였고, 상속인으로 자녀들인 X들, Y 및 B가 있다. A는 2005년과 2014년에 Y에게 이 사건 토지를 증여하고, 소유권이전등기를 해 주었다. Y는 1984. 6.경부터 A가 107세의 나이로 사망할 때까지 34년 동안 제주에서 A와 동거하며 A를 부양해 왔고, 그 동안 A의 치료비로 약 1억 2,000만 원을 지출하였다. 한편 X들은 Y가 A를 부양하는 동안 제주를 떠나 생활하면서 A와의 교류를 사실상 단절하였고, A에 대한 부양의무를 이행하지 않았다. 한편 Y의 아버지인 C가 1963년경 약 45만 원의 보증채무를 부담하게 되었고 이로 인해 배우자인 A와의 갈등이 심각해지자, Y는 1968년경 위 보증채무 약 45만 원을 대신 변제하였다. A는 2005. 12.경 자녀인 B와 Y에게 "Y가 과거 부친의 채무를 대신 갚아 준 것을 돌려주지 못한 것이 평생의 한이 되었다. Y에게 진 빚을 갚는 대신 이 사건 토지를 주겠다."라고 말하였고, B에게 "이 사건 토지를 Y에게만 주는 것을 너무 서운하게 생각하지 말고 조금도 이의를 갖지 말라."라고 당부한 바 있다.

X들은 Y를 상대로 A의 Y에 대한 위 토지 증여에 대하여 유류분반환을 청구하는 소를 제기하였다.

1심은 X들의 청구를 받아들였으나, 원심은 X들의 청구를 기각하였고, 대법원도 X들의 상고를 기각하였다.

이 유

피상속인으로부터 생전 증여를 받은 상속인이 피상속인을 특별히 부양하였거나 피상속인의 재산의 유지 또는 증가에 특별히 기여하였고, 피상속인의 생전 증여에 상속인의 위와 같은 특별한 부양 내지 기여에 대한 대가의 의미가 포함되어 있는 경우와 같이 상속인이 증여받은

재산을 상속분의 선급으로 취급한다면 오히려 공동상속인들 사이의 실질적인 형평을 해치는 결과가 초래되는 경우에는 그러한 한도 내에서 생전 증여를 특별수익에서 제외할 수 있다. 여기서 피상속인이 한 생전 증여에 상속인의 특별한 부양 내지 기여에 대한 대가의 의미가 포함되어 있는지 여부는 당사자들의 의사에 따라 판단하되, 당사자들의 의사가 명확하지 않은 경우에는 피상속인과 상속인 사이의 개인적 유대관계, 상속인의 특별한 부양 내지 기여의 구체적 내용과 정도, 생전 증여 목적물의 종류 및 가액과 상속재산에서 차지하는 비율, 생전 증여 당시의 피상속인과 상속인의 자산, 수입, 생활수준 등을 종합적으로 고려하여 형평의 이념에 맞도록 사회일반의 상식과 사회통념에 따라 판단하여야 한다. 다만 유류분제도가 피상속인의 재산처분행위로부터 유족의 생존권을 보호하고 법정상속분의 일정비율에 해당하는 부분을 유류분으로 산정하여 상속인의 상속재산 형성에 대한 기여와 상속재산에 대한 기대를 보장하는 데 그 목적이 있는 점을 고려할 때, 피상속인의 생전 증여를 만연히 특별수익에서 제외하여 유류분제도를 형해화시키지 않도록 신중하게 판단하여야 한다.

해 설

1. 종래의 판례

종래의 대법원 2011.12.8. 선고 2010다66644 판결은, 생전증여를 받은 상속인이 배우자로서 일생 동안 피상속인의 반려가 되어 그와 함께 가정공동체를 형성하고 이를 토대로 서로 헌신하며 가족의 경제적 기반인 재산을 획득·유지하고 자녀들에 대한 양육과 지원을 계속해 온 경우, 그 생전증여에는 위와 같은 배우자의 기여나 노력에 대한 보상 내지 평가, 실질적 공동재산의 청산, 배우자의 여생에 대한 부양의무의 이행 등의 의미도 함께 담겨있다고 봄이 상당하므로, 그러한 한도 내에서는 위 생전증여를 특별수익에서 제외하더라도 자녀인 공동상속인들과의 관계에서 공평을 해친다고 말할 수 없다고 하였다.

2. 학설상의 설명

이 판결에 대한 학설의 이해는 갈라져 있었다. 기여에 대한 대가는 '무상성'을 결여하므로 특별수익이 아니라는 취지라고 이해하는 견해가 많았다. 또한 이 판결은 유류분반환청구에서 기여분을 고려할 수 없다는 문제점을 완화하기 위하여, 특별수익의 결정에서 기여분을 고려한 것이라는 주장도 있다.

또한 현행 민법상 배우자의 상속분이 자녀들과 동등지분으로 정해진 결과 자녀의 수가 많을수록 배우자 상속분이 낮아짐으로써 이혼 시 받는 재산분할과 균형이 맞지 않는 점, 1008조의2로 기여분제도가 인정되지만 배우자의 내조와 헌신은 통상적인 기여에 불과하다는 이유로 기여분이 부정되었던 점 등 상속인으로서의 배우자의 지위가 열악하다는 비판이 있는데, 이 판결로 일정 부분 보완될 것으로 기대된다는 설명도 있다.

다른 한편 이 판결은 기여분이 아니라 재산분할과의 균형을 지시한 것이고, '상속분'이 아니라 '재산분할의 선급', 즉 사전적 내지 선취된 재산분할은 유류분 반환의 대상이 되지 아니한다고 한 것이라고 하는 주장도 있다.

실무적으로는 위 판결이 피상속인의 배우자에 대한 관계에서만 적용될 수 있는지, 아니면 배우자 아닌 다른 상속인에 대한 관계에서도 적용될 수 있는지 명확하지 않았다. 하급심 판례 중에는 위 판결은 배우자에 한하여 적용되는 것이고, 다른 상속인에 적용될 수 없다는 취지의 판시를 한 것도 있다.

3. 대상판결

그런데 대상판결은 상속인이 배우자가 아닌 자녀인 경우에도 위 2010다66644 판결과 같은 법리가 적용될 수 있다고 하였다. 이 판결은 기여의 대가는 특별수익이 아니라는 것을 전제로 한 것으로 보인다. 실질적으로는 판례(대판 1994.10.14, 94다8334 등)가 유류분반환청구에서 기여분의 주장을 할 수 없다고 하는 것을 교정하는 기능을 한다고도 볼 수 있다.

다만 이 판결은, 피상속인의 생전 증여를 만연히 특별수익에서 제외하여 유류분제도를 형해화시키지 않도록 신중하게 판단하여야 한다고 하였다. 이 판결에 대한 재판연구관의 판례해설은, 배우자 아닌 다른 상속인의 경우에는 기여의 대가로 증여가 이루어졌다는 점이 명확한 경우에만 특별수익에서 제외해야 하고, 단순히 상속인이 기여를 하였다는 점만으로 특별수익에서 제외하는 것은 바람직하지 않다고 설명한다.

참고문헌

김승정, 유류분 산정의 기초가 되는 재산 산정과 관련하여, 배우자가 생전 증여받은 재산이 특별수익에 해당하는지 여부, 이인복 대법관 퇴임기념 논문집 올바른 재판 따뜻한 재판, 2016.

박세황, 생존배우자 수증재산의 특별수익 해당 여부, 광주지방법원 재판실무연구 2015.

박원철, 배우자 특별수익에 관한 하급심 실무동향 및 분석, 가족법연구 35권 1호, 2021.

이동진, 배우자의 특별수익, 기여분, 유류분, 사법 56호, 2021.

이봉민, 특별한 부양 내지 기여에 대한 대가인 생전 증여가 특별수익에 해당하는지 여부, 대법원판례해설 131호, 2022.

[판례 157]

상속재산의 과실에 대한 상속분가액상당청구권

대법원 2007.7.26. 선고 2006므2757, 2764 판결;

대법원 2007.7.26. 선고 2006다83796 판결

사 실

A(남자)는 B와의 사이에 혼인신고를 하지 아니한 채 1959.6.10. C를, 1962.4.2. X를 낳았다. 그 후 A는 1967.6.1. Y_1과 혼인신고를 마친 후 그 사이에서 Y_2, Y_3을 낳았고, 1994.11.30. 사망하였다. Y들은 A 사망 후인 1995년 초경 협의에 의하여 위 상속재산 중 일부인 주식과 부동산을 분할하였다. 한편 C와 X는 A 사망 후인 1995.1.4. 검사를 상대로 인지의 소를 제기하여, C와 X를 A의 친생자로 인지한다는 내용의 판결이 선고되었고, 위 판결은 1999.10.8. 확정되었다.

X는 Y들을 상대로 하여 가정법원에 위 분할된 재산에 대하여 1014조에 의한 상속분상당가액지급청구를 하였는데, 위 청구에는 위 분할된 재산의 과실에 해당하는 주식의 배당금과 부동산의 차임도 가액지급청구의 대상으로 포함되어 있었다. 그런데 위 사건 제1심 판결이 과실부분 청구를 받아들이지 않자, 원고는 별도의 민사소송으로 위 분할된 재산의 과실에 해당하는 주식의 배당금과 부동산의 차임 상당을 부당이득이라 하여 그 반환청구를 하였다.

위 가사사건과 민사사건에 대하여 항소심인 서울고등법원은 같은 날인 2006.10. 24. 판결을 선고하였는데, 위 과실 부분에 대하여 민사소송에서는 부당이득이 되지 않는다고 하였고, 가사소송에서는 민법 1014조에 의한 가액지급청구의 대상이 되지 않는다고 하였다. 대법원도 X의 상고를 기각하였다.

이 유

1. 가사판결(2006므2757, 2764)

상속개시 후에 인지되거나 재판이 확정되어 공동상속인이 된 자도 그 상속재산이 아직 분할되거나 처분되지 아니한 경우에는 당연히 다른 공동상속인들과 함께 분할에 참여할 수 있으나, 인지 이전에 다른 공동상속인이 이미 상속재산을 분할 내지 처분한 경우에는 인지의 소급효를 제한하는 민법 860조 단서가 적용되어 사후의 피인지자는 다른 공동상속인들의 분할 기타 처분의 효력을 부인하지 못하게 되는바, 민법 1014조는 그와 같은 경우에 피인지자가 다른 공동상속인들에 대하여 그의 상속분에 상당한 가액의 지급을 청구할 수 있도록 하여 상속재산의 새로운 분할에 갈음하는 권리를 인정함으로써 피인지자의 이익과 기존의 권리관계를 합리적으로 조정하는 데 그 목적이 있다.

따라서 인지 이전에 공동상속인들에 의해 이미 분할되거나 처분된 상속재산은 이를 분할받은 공동상속인이나 공동상속인들의 처분행위에 의해 이를 양수한 자에게 그 소유권이 확정적으로 귀속되는 것이며, 그 후 그 상속재산으로부터 발생하는 과실은 상속개시 당시 존재하지 않았던 것이어서 이를 상속재산에 해당한다 할 수 없고, 상속재산의 소유권을 취득한 자가 민법 102조에 따라 그 과실을 수취할 권능도 보유하고, 민법 1014조도 '이미 분할 내지 처분된 상속재산' 중 피인지자의 상속분에 상당한 가액의 지급청구권만을 규정하고 있을 뿐 '이미 분할 내지 처분된 상속재산으로부터 발생한 과실'에 대해서는 별도의 규정을 두지 않고 있으므로, 결국 민법 1014조에 의한 상속분상당가액지급청구에 있어 상속재산으로부터 발생한 과실은 그 가액산정 대상에 포함된다고 할 수 없다.

2. 민사판결(2006다83796)

상속개시 후에 인지되거나 재판이 확정되어 공동상속인이 된 자도 그 상속재산이 아직 분할되거나 처분되지 아니한 경우에는 당연히 다른 공동상속인들과 함께 분할에 참여할 수 있으나, 인지 이전에 다른 공동상속인이 이미 상속재산을 분할 내지 처분한 경우에는 인지의 소급효를 제한하는 민법 860조 단서가 적용되어 사후의 피인지자는 다른 공동상속인들의 분할 기타 처분의 효력을 부인하지 못하게 되는바, 민법 1014조는 그와 같은 경우에 피인지자가 다른 공동상속인들에 대하여 그의 상속분에 상당한 가액의 지급을 청구할 수 있도록 하여 상속재산의 새로운 분할에 갈음하는 권리를 인정함으로써 피인지자의 이익과 기존의 권리관계를 합리적으로 조정하는 데 그 목적이 있다.

따라서 인지 이전에 공동상속인들에 의해 이미 분할되거나 처분된 상속재산은 민법 860조 단서가 규정한 인지의 소급효 제한에 따라 이를 분할받은 공동상속인이나 공동상속인들의 처분행위에 의해 이를 양수한 자에게 그 소유권이 확정적으로 귀속되고, 상속재산의 소유권을 취득한 자는 민법 102조에 따라 그 과실을 수취할 권능도 보유하므로, 피인지자에 대한 인지 이전에 상속재산을 분할한 공동상속인이 그 분할받은 상속재산으로부터 발생한 과실을 취득하는 것은 피인지자에 대한 관계에서 부당이득이 된다고 할 수 없다.

민법 860조가 그 본문에서 '인지는 그 자의 출생시에 소급하여 효력이 생긴다'고 하면서도 단서에서 '그러나 제3자의 취득한 권리를 해하지 못한다'고 규정하여 인지의 소급효를 제한하고 있는 이상, 피인지자에 대한 인지 전에 이미 상속재산을 분할한 다른 공동상속인들이 위 단서 규정에 따라 그 분할받은 상속재산의 소유권을 확정적으로 취득하게 되고, 나아가 그 분할받은 상속재산의 소유자로서 그로부터 발생하는 과실을 수취할 권리까지 갖게 되는 결과 피인지자가 인지 전에 이미 다른 공동상속인에게 분할된 상속재산으로부터 발생한 과실 중 자신의 상속분에 해당하는 부분의 가액 상당액을 부당이득으로 반환청구할 수 없다고 보는 것이 인지의 소급효에 의한 피인지자의 권리를 부당하게 불리하게 취급하는 것으로서 공평과 정의에 반한다고 할 수는 없다.

해 설

1. 1014조의 취지

1014조의 취지는, 원래 상속재산분할 당시에 상속인을 빼놓고 분할하였다면 그 분할은 무효가 될 것이나, 이를 무효로 한다면 다른 공동상속인이나 제3자의 이익을 해할 우려가 있기 때문에, 이러한 경우에 그 분할의 효력은 인정하고 그 대신 사후에 상속인이 되었거나 상속인으로 판명된 자가 공동상속인에 대하여 상속분에 상당하는 가액의 지급을 청구할 수 있게 한 것이다. 다른 공동상속인이 처분을 한 경우도 마찬가지이다.

2. 1014조와 860조의 관계

그런데 대상판결들은 1014조의 취지를 인지의 소급효를 제한하는 860조 단서와 관련시켜 설명하고 있다. 즉 인지 이전에 다른 공동상속인이 이미 상속재산을 분할 내지 처분한 경우에는 인지의 소급효를 제한하는 860조 단서가 적용되어 사후의 피인지자는 다른 공동상속인들의 분할 기타 처분의 효력을 부인하지 못하게 되므로, 1014조는 그와 같은 경우에 피인지자가 다른 공동상속인들에 대하여 그의 상속분에 상당한 가액의 지급을 청구할 수 있도록 하여 피인지자의 이익과 기존의 권리관계를 합리적으로 조정하는 데 그 목적이 있다는 것이다.

그러나 이러한 설명의 타당성에는 의문이 있다. 이는 피인지자와 공동으로 상속하게 된 사람이 860조 단서의 제3자에 해당함을 전제로 하는데, 기본적으로 피인지자와 공동으로 상속하게 된 자는 860조 단서에서 말하는 제3자에 해당하지 않는다고 보아야 할 것이다. 이 점은 우선 인지 당시에 아직 다른 공동상속인이 상속재산을 분할하거나 처분하지 않은 경우를 생각해 보면 알 수 있다. 이러한 경우에는 위 판결들도 인정하고 있는 것처럼, 상속개시 후에 인지된 자도 당연히 다른 공동상속인과 함께 분할에 참여할 수 있고, 다른 공동상속인을 860조 단서에서 말하는 제3자라고 볼 여지가 없다. 그런데 다른 공동상속인들이 이미 상속재산을 분할하거나 처분한 경우에는 이들이 제3자에 해당하게 된다고 볼 수는 없는 것이다. 판례는 860조 단서가 "제3자의 취득한 권리를 해하지 못한다"고 규정하고 있으므로, 다른 공동상속인들이 상속재산을 분할하거나 처분한 경우에 비로소 권리를 취득한 것이라고 이해하였는지 모르나, 다른 공동상속인들은 상속 개시와 동시에 상속재산을 취득하였고, 이 또한 "취득한 권리"에 해당하지 않을 이유가 없다. 이들이 취득한 상속재산을 분할하거나 처분하였다 하여도 그 분할에 의하여 취득한 재산이나 처분의 대가는 원래의 상속재산과는 경제적으로 동일한 것이고, 새로운 권리 취득이라고는 볼 수 없는 것이다.

오히려 860조 단서와 1014조를 체계적으로 해석한다면, 860조 단서의 제3자에는 상속에 의하여 권리를 취득한 다른 공동상속인이나 후순위 상속인은 포함되지 않는다고 봄이 옳을 것이다([**판례** 145]의 해설 참조). 만일 이러한 경우의 다른 상속인이 위 규정 단서에서 말하는 제3자에 해당한다고 한다면 인지의 소급효가 인정되는 경우란 찾아보기 어려울 뿐만 아니라, 이러한 경우의 다른 상속인은 단지 법률의 규정에 의하여 상속권을 취득하게 되는 것일 뿐, 그러한 상속권을 취득하기 위하여 별다른 노력을 한 것도 아니므로 인지의 소급효를 제한하면서까지 그러한 상속인을 보호할 이유는 없다.

그런데 학설 가운데에는 860조 단서에 따라 보호되는 제3자에는 인지자와 피인지자를 제외한 모든 자가 이에 해당되므로, 공동상속인과 후순위상속인도 제3자에 포함된다는 주장이 있다. 그러나 이 설은 피인지자는 인지 이후에는 자신이 상속인임을 주장할 수 있으므로, 그 결과 공동상속인 또는 후순위상속인이 상속재산을 처분하여 얻은 이익은 피인지자의 상속권을 침해하는 범위에서 부당이득이 되어 피인지자에게 반환하여야 한다고 하는데, 그렇다면 이들이 860조 단서에 따라 보호된다는 의미가 무엇인지 알 수 없다. 그들의 부당이득반환의무를 인정하기 위하여는 인지의 소급효를 전제로 하지 않을 수 없다.

3. 과실에 대한 피인지자의 권리

대상판결은 상속 개시 후에 인지된 자의 상속재산으로부터 발생한 과실에 대한 권리를 부정한다. 가사판결(2006므2757, 2764 판결)은, 인지 이전에 공동상속인들에 의해 이미 분할되거나 처분된 상속재산은 이를 분할받은 공동상속인이나 공동상속인들의 처분행위에 의해 이를 양수한 자에게 그 소유권이 확정적으로 귀속되고, 그 후 그 상속재산으로부터 발생하는 과실은 상속재산이 아니며, 1014조는 '이미 분할 내지 처분된 상속재산으로부터 발생한 과실'에 대해서는 별도의 규정을 두지 않고 있으므로, 상속분상당가액지급청구에 있어 상속재산으로부터 발생한 과실은 그 가액산정 대상에 포함된다고 할 수 없다고 하였다. 그리고 민사판결(2006다83796)도,

인지 이전에 공동상속인들에 의해 이미 분할되거나 처분된 상속재산은 860조 단서가 규정한 인지의 소급효 제한에 따라 이를 분할받은 공동상속인이나 공동상속인들의 처분행위에 의해 이를 양수한 자에게 그 소유권이 확정적으로 귀속되는 것이며, 상속재산의 소유권을 취득한 자는 102조에 따라 그 과실을 수취할 권능도 보유하므로, 피인지자에 대한 인지 이전에 상속재산을 분할한 공동상속인이 그 분할받은 상속재산으로부터 발생한 과실을 취득하는 것은 피인지자에 대한 관계에서 부당이득이 된다고 할 수 없다고 하였다.

결국 대상판결들이 강조하는 것은 인지 이전에 공동상속인들에 의해 이미 분할되거나 처분된 상속재산은 이를 분할받은 공동상속인이나 공동상속인들의 처분행위에 의해 이를 양수한 자에게 그 소유권이 확정적으로 귀속된다는 점이다. 그러나 인지 이전에 상속재산이 분할되면 분할받은 공동상속인이 그 소유권을 확정적으로 취득한다는 것으로부터 그 공동상속인이 피인지자에 대한 관계에서 그 과실을 수취할 권능을 보유한다는 결론은 나오지 않는다. 이를 부당이득의 관점에서 본다면, 물건의 물권법적 귀속과 그 물건에서 발생하는 과실의 채권법적 귀속이 반드시 일치하여야 하는 것은 아니다. 오히려 양자 사이의 괴리를 부당이득법이 메우는 기능을 하는 것이다. 이 점은 첨부로 인한 부당이득에 관한 규정을 보면 알 수 있다. 261조는 첨부(부합, 가공, 혼화)로 인하여 물건에 대한 소유권을 상실하여 손해를 받은 자가 있으면 그는 부당이득에 관한 규정에 의하여 보상을 청구할 수 있다고 규정한다. 여기서 '부당이득에 관한 규정에 의하여 보상을 청구할 수 있다'는 것은 법률효과만이 아니라 법률요건도 부당이득에 관한 규정이 정하는 바에 따른다는 의미이다(대판 2009.9.24, 2009다15602; 2016.4.28, 2012다19659 등). 여기서 부당이득반환의무자는 첨부로 인하여 물건의 소유권을 취득한 자이다. 그러므로 소유권을 취득한다는 것이 부당이득을 배제하는 것이라고는 할 수 없다.

원래 상속 개시 후에 인지를 받은 자는 상속재산에 관하여 다른 상속 개시 전에 인지를 받은 자나 혼인중의 자녀와 실질적으로 달리 취급되어서는 안 된다. 따라서 상속재산에서 발생하는 과실의 귀속에 관하여도 피인지자도 참가하여 상속재산분할이 이루어지는 경우와 달라지는 것은 막아야 하는 것이다. 그렇지 않으면 상속재산분할 후에 인지를 받은 자를 혼인중의 자녀나 상속재산분할 전에 인지를 받은 자와 차별대우하는 것이 된다. 그러므로 상속 개시 후에 인지를 받은 자에게도 과실의 수취권 내지 그에 상당하는 이익이 인정되어야 할 것이다.

4. 구체적인 과실의 반환방법

이처럼 상속재산으로부터 발생한 과실에 대하여 피인지자가 권리를 가진다면, 구체적으로는 어떻게 권리를 행사할 수 있는가? 1설은 분할된 재산의 과실 부분도 1014조에 의한 가액지급청구의 대상이 된다고 한다. 즉 위 가액지급청구권은 원래 피인지자가 상속개시시에 소급하여 취득하였을 상속재산에 대한 구체적 상속분이 변환된 것으로서, 상속재산의 새로운 분할에 갈음하는 권리를 인정해 주는 것이므로, 상속재산에 대한 과실이 존재한다면 이 또한 반환의 대상에 포함시키는 것이 타당하고, 별도의 부당이득 반환 법리에 따를 것이 아니라고 한다.

이 문제는 일반적으로 상속재산에서 발생하는 과실이 상속재산분할의 대상이 될 수 있는가 하는 문제와 마찬가지라고 할 수 있다. 이에 대하여는 여러 가지 논란이 있으나, 근래의 지배적인 견해는 원칙적으로는 분할의 대상이 되지 않고, 다만 공동상속인 전원의 합의가 있으면 예외적으로 분할할 수 있다고 하는 절충적인 태도를 취하고 있다. 이러한 견해에 따른다면 인지가 확정되기 전에 분할된 상속재산에서 발생하는 과실도 원칙적으로는 1014조에 의한 가액지급청구의 대상이 될 수 없다고 보아야 할 것이다. 그러므로 이 경우에는 결국 민사소송에 의한 부당이득반환의 대상이 될 것이다.

참고문헌

김세준, "상속분가액지급청구의 범위", 조선대 법학논총 30집 1호, 2023.
오종근, 민법 제1014조 가액지급청구권, 가족법연구 34권 1호, 2020.
윤진수, 상속재산 분할 후 인지된 자의 과실수취권, 가족법판례해설, 2009.

[판례 158]

법정단순승인의 성립 여부

대법원 2016.12.29. 선고 2013다73520 판결

사 실

X는 A에 대하여 5,000만 원 상당의 대여금 채권을 가지고 있었는데, A는 2011.12.17. 사망하였고, 그 처인 Y를 포함한 그 상속인들은 2012.1.26. 법원에 A의 재산상속을 포기하는 내용의 상속포기 신고를 하였고, 같은 해 3.14. 그 신고를 수리하는 내용의 심판을 받았다. 한편 Y는 위 상속포기를 하였으나 아직 그 수리가 되기 전인 2012.1.30. B 회사의 대표이사인 C에게 A가 B 회사에 지입하여 실질적으로 소유하고 있던 화물차량 6대를 폐차하거나 매각하는 일을 모두 위임한 후, 2012.2.6. C로부터 위 폐차대금 및 매각대금으로 합계 2,730만 원을 지급받았고, 2012.2.29. Y가 A와 1/2지분씩 공유하고 있던 그랜저 차량에 관하여 2011.12.26. 상속을 원인으로 A의 1/2지분에 관하여 명의이전등록을 마쳤다.

X는 Y가 A로부터의 상속을 포기하였어도 그 후 1026조에 의하여 법정단순승인의 효과가 발생하였다고 하여 A의 채무 이행을 구하는 이 사건 소를 제기하였다. 1심과 원심은 X의 청구를 기각하였으나, 대법원은 원심판결을 파기하였다.

이 유

민법 1026조 1호는 상속인이 상속재산에 대한 처분행위를 한 때에는 단순승인을 한 것으로 본다고 규정하고 있다. 그런데 상속의 한정승인이나 포기의 효력이 생긴 이후에는 더 이상 단순승인으로 간주할 여지가 없으므로, 이 규정은 한정승인이나 포기의 효력이 생기기 전에 상속재산을 처분한 경우에만 적용된다고 보아야 한다. 한편 상속의 한정승인이나 포기는 상속인의 의사표시만으로 효력이 발생하는 것이 아니라 가정법원에 신고를 하여 가정법원의 심판을 받아야 하며, 그 심판은 당사자가 이를 고지 받음으로써 효력이 발생한다. 이는 한정승인이나 포기의 의사표시의 존재를 명확히 하여 상속으로 인한 법률관계가 획일적으로 처리되도록 함으

로써, 상속재산에 이해관계를 가지는 공동상속인이나 차순위 상속인, 상속채권자, 상속재산의 처분 상대방 등 제3자의 신뢰를 보호하고 법적 안정성을 도모하고자 하는 것이다.

따라서 상속인이 가정법원에 상속포기의 신고를 하였다고 하더라도 이를 수리하는 가정법원의 심판이 고지되기 이전에 상속재산을 처분하였다면, 이는 상속포기의 효력 발생 전에 처분행위를 한 것에 해당하므로 민법 1026조 1호에 따라 상속의 단순승인을 한 것으로 보아야 한다.

원심은, 상속인이 상속포기 신고를 한 이상 그 신고를 수리하는 심판이 있기 전에 상속재산을 처분하였더라도 민법 1026조 1호가 적용되지 않는다는 전제하에, Y가 C에게 위 화물차량들을 폐차하거나 매도하게 하여 그 대금을 수령한 시점이 Y가 상속포기 신고를 한 이후이므로, 단순승인을 한 것으로 간주되는 경우에 해당하지 않는다고 판단하였다.

그러나 위와 같은 사실관계를 앞에서 본 법리에 따라 살펴보면, Y가 상속포기 신고를 한 후 C로 하여금 위 화물차량들을 폐차하거나 매도하게 하여 그 대금을 수령함으로써 상속재산을 처분한 것은 피고의 상속포기 신고를 수리하는 법원의 심판이 고지되기 이전이므로, 민법 1026조 1호에 따라 상속인인 Y가 상속의 단순승인을 한 것으로 보아야 한다.

그럼에도 원심은 Y가 상속재산을 처분한 시점이 상속포기 신고를 한 이후라는 사정만으로 민법 1026조 1호가 적용되지 않는다고 판단하였으니, 거기에는 민법 1026조 1호의 법정단순승인사유 및 상속포기의 효력발생시기 등에 관한 법리를 오해하여 판결에 영향을 미친 잘못이 있다.

해 설

1. 1026조 1호의 상속재산 처분

1026조는 다음 각호의 사유가 있는 경우에는 상속인이 단순승인을 한 것으로 본다고 하여, 1호에서 "상속인이 상속재산에 대한 처분행위를 한 때"라고 규정하고, 3호에서는 "상속인이 한정승인 또는 포기를 한 후에 상속재산을 은닉하거나 부정소비하거나 고의로 재산목록에 기입하지 아니한 때"라고 규정한다. 여기서 1호의 처분행위와 3호의 부정소비는 서로 겹칠 수 있다. 그러므로 양자의 관계를 어떻게 볼 것인가가 문제된다.

1호 사유는 법문상 그 시점이 한정승인이나 포기를 하기 전인가 후인가를 구분하지 않고 있다. 그러나 대판 2004.3.12, 2003다63586은, 1호는 상속인이 한정승인 또는 포기를 하기 이전에 상속재산을 처분한 때에만 적용되는 것이고, 상속인이 한정승인 또는 포기를 한 후에 상속재산을 처분한 때에는 그것이 3호에 정한 상속재산의 부정소비에 해당되는 경우에만 상속인이 단순승인을 한 것으로 보아야 한다고 판시하였다. 이처럼 1호 사유가 한정승인 포기를 하기

이전에만 적용되는 것은, 1호 사유를 법정단순승인으로 의제하는 이유가 상속재산을 처분하는 것은 한정승인이나 포기를 하지 않고 상속을 승인하겠다는 의사를 추정하는 근거가 되기 때문이다. 독일과 프랑스에서는 상속재산의 처분을 법정단순승인으로 의제한다는 규정이 없으나, 이는 추단적 행위에 의한 승인 내지 묵시적 승인으로 본다. 그러므로 일단 한정승인이나 포기를 한 후에는 상속재산의 처분을 단순승인으로 추정할 근거가 없게 된다.

2. 1026조 3호의 부정소비

반면 1026조 3호에 의하여 상속재산의 소비가 법정단순승인이 되는 것은 그 소비가 부정한 경우에 한한다. 부정소비란 정당한 사유 없이 상속재산을 써서 없앰으로써 그 재산적 가치를 상실시키는 행위를 의미하는 것이다(대판 2004.3.12, 2003다63586). 그러므로 소비에 정당한 사유가 있으면 부정소비라고 할 수 없다. 가령 관습상 또는 위생상 견지에서 사망한 사람의 옷이나 이불을 소각하는 행위는 부정소비에 해당하지 아니한다. 그러므로 상속을 포기한 뒤 근저당권자의 경매신청에 따라 상속재산인 토지에 대하여 경매절차가 진행되던 중 상속인들이 근저당권자의 동의를 얻어 위 토지를 제3자에게 매각하고 매매대금 전액을 우선변제권자인 근저당권자에게 직접 지급하게 하는 행위는 부정소비라고 할 수 없고(대판 2004.3.12, 2003다63586), 상속인들이 피상속인이 보험회사에 대하여 가지고 있던 보험계약 해약환급금을 수령하여 이를 상속비용에 속하는 피상속인의 장례비용에 충당한 것도 법정단순승인 사유가 아니다. 대판 2003.11.14, 2003다30968은 이러한 경우 상속인들이 한정승인 신고시 해약환급금을 상속재산의 목록에 기재하지 아니한 것은 상속재산의 은닉에 해당하지 않는다고 하였다.

대상판결의 1심 판결은 Y가 상속재산인 화물차량을 처분하여 그 처분대금을 A의 대출금 채무를 변제하는 데 쓴 이상 3호의 법정단순승인사유가 되지 않는다고 하였다.

3. 대상판결

이 사건에서는 Y의 처분행위가 상속 포기 신고를 하였으나 아직 그 수리의 심판이 있기 전에 있었다. 그러므로 이것이 상속 포기 전에 있었던 것으로 볼 것인가, 아니면 상속 포기 후에 있었던 것으로 볼 것인가에 따라 결론이 달라진다.

이 점에 관하여 원심판결은, 1019조 1항과 1026조 2호가 포기라고 하는 것은 포기 신고를 의미하므로 3호에서도 포기 신고를 기준으로 함이 자연스럽고, 법원이 포기를 수리하는 것은 절차적 처리에 불과하며, 법원에 포기의 요건을 심사하거나 그 수리를 거부할 권한이 있는 것도 아니고, 3호는 포기의 의사를 표시한 상속인이 그 의사에 반하는 배신적 행위를 한 때에 이를 제재하겠다는 취지이므로 그 적용 여부는 상속 포기의 의사가 표시된 시점을 기준으로 하는 것이 그 취지에 부합하며, 상속포기 신고를 한 시점을 기준으로 1026조 1호와 3호의 적용 여부를 결정한다고 해서 포기 신고가 수리된 때를 기준으로 하는 경우보다 특별히 더 상속채권자들에게 손해를 줄 염려는 없어 보인다고 하여 이 사건에서는 1026조 1호가 적용되지 않는다고 하였다.

그러나 대법원은 상속의 한정승인이나 포기는 가정법원의 심판을 받아야 그 효력이 발생하는데, 이는 한정승인이나 포기의 의사표시의 존재를 명확히 하여 상속으로 인한 법률관계가 획일적으로 처리되도록 함으로써, 상속재산에 이해관계를 가지는 공동상속인이나 차순위 상속인, 상속채권자, 상속재산의 처분 상대방 등 제3자의 신뢰를 보호하고 법적 안정성을 도모하고자 하는 것이므로, 상속인이 가정법원에 상속포기의 신고를 하였다고 하더라도 이를 수리하는 가정법원의 심판이 고지되기 이전에 상속재산을 처분하였다면, 이는 상속포기의 효력 발생 전에 처분행위를 한 것에 해당하여, 1026조 1호에 따라 상속의 단순승인을 한 것으로 보아야 한다고 판시하였다.

4. 검 토

대상판결의 설시에는 의문이 있다. 대상판결은 이 경우 1026조 1호를 적용하여야 하는 근거로서, 상속의 한정승인이나 포기가 가정법원의 심판을 받아야 그 효력이 발생하는 것은 한정승인이나 포기의 의사표시의 존재를 명확히 하여 상속으로 인한 법률관계가 획일적으로 처리되도록 함으로써, 상속재산에 이해관계를 가지는 공동상속인이나 차순위 상속인, 상속채권자, 상속재산의 처분 상대방 등 제3자의 신뢰를 보호하고 법적 안정성을 도모하고자 하는 것이라는 점을 들었다. 그러나 설령 상속 포기의 심판이 필요한 이유가 포기의 의사표시의 존재를 명확히 하는 데 있다고 하더라도, 그것만으로 대상판결과 같은 결론이 나오는 것은 아니다.

첫째, 1026조 1호가 상속재산의 처분을 법정단순승인으로 보는 것은, 그것이 한정승인이나 포기를 하지 않겠다는 의사를 추정하는 근거가 되기 때문이다. 그러므로 상속인이 일단 상속포기의 신고를 하였다면 더 이상 상속을 승인하겠다는 의사를 추정할 근거가 없다고 보아야 할 것이다.

둘째, 이 경우에 1026조 3호를 적용한다고 하여 특별히 누구에게 피해를 주거나 제3자의 신뢰를 깨뜨리는 것이라고 볼 수도 없다. 1026조 3호의 부정소비가 적용되려면 소비에 정당한 이유가 없어야 하는데, 이 사건에서는 Y가 상속재산인 화물차량을 처분하여 그 처분대금을 A의 대출금 채무를 변제하는 데 썼으므로 정당한 이유가 있다고 보아야 한다. 그런데 이러한 경우에 1026조 1호를 적용하여, 법정단순승인이 있었다고 보아야 할 특별한 이유가 없다. X도 Y가 A의 상속을 승인했다고 믿어 특별한 행동을 취한 것도 아니므로, X에게 보호할 만한 신뢰가 있었다고 할 수도 없다.

셋째, 원심판결이 설시하는 것처럼, 1019조 1항과 1026조 2호가 사용하는 "포기"란 포기 신고를 의미하는 것으로 보아야 한다. 그렇다면 1026조 1호의 상속재산 처분이 포기가 있기 전이어야 한다고 할 때에는, 이는 포기 신고 전을 의미한다고 해석함이 타당할 것이다.

다만 상속인이 상속을 포기하고 그 수리심판 전에 상속인이 상속재산을 처분한 다음 그 수리심판청구를 취하한 때에는 결국 한정승인이나 포기는 없었던 것이므로, 1026조 1호의 법정

단순승인을 인정하여야 할 것이다. 이러한 경우에는 상속인은 실제 단순승인을 하려는 의사를 가지고 있다고 추정할 수 있다.

참고문헌

이광만, 한정승인 또는 포기 후에 한 상속재산의 처분행위가 법정단순승인 사유에 해당하기 위한 요건, 대법원판례해설 49호, 2004.

이동진, 민법 제1026조 제1호의 법정단순승인, 가족법연구 31권 1호, 2017.

정구태, 상속포기신고 후 수리심판 전 상속인의 처분행위와 단순승인의제, 2016년 가족법 주요 판례 10선, 2017.

[판례 159]

한정승인이 있은 경우 상속채권자와 상속인의 채권자 사이의 관계

대법원 2010.3.18. 선고 2007다77781 전원합의체 판결

사 실

A는 2002.11.7. 사망하였는데, A의 상속인들 중 자녀들은 2003.2.2. 상속포기신고를 하여 같은 해 4.15. 수리되었고, A의 처인 B는 2003.4.19. 이 사건 부동산이 포함된 상속재산목록을 첨부해 한정승인신고를 하여 같은 달 30. 수리되었다. B는 2003.5.29. 이 사건 부동산에 관하여 상속을 원인으로 한 소유권이전등기를 마친 다음, 자신의 채권자인 X에게 2003.7.28. 이 사건 부동산에 관하여 채권최고액 1,000만 원의 근저당권을 설정해 주었다. 한편 X는 A의 채권자로서 A 사망 후 B를 상대로 소송을 제기하여 2004.4.27. 5억 원 및 그 지연손해금을 A의 상속재산 한도 내에서 지급하라는 승소판결을 받았다.

X는 2004.9.16. 위 판결금 중 2억 원을 청구채권으로 하여 이 사건 부동산 등에 관한 강제경매를 신청하였다. 경매법원은 2006.5.3. 배당기일에서, 실제 배당할 금액 중 근저당권자인 Y에게 채권최고액 1,000만 원을 우선 배당하는 내용의 배당표를 작성하였다. X는 Y에 대하여 이 사건 배당이의 소송을 제기하였다. 1심은 X의 청구를 기각하였으나, 원심은 X의 청구를 받아들였다. 그러나 대법원 전원합의체는 원심판결을 파기환송하였다. 여기에는 반대의견이 있었다.

이 유

민법 1028조는 "상속인은 상속으로 인하여 취득할 재산의 한도에서 피상속인의 채무와 유증을 변제할 것을 조건으로 상속을 승인할 수 있다"고 규정하고 있다. 이에 따라 법원이 한정승인신고를 수리하게 되면 피상속인의 채무에 대한 상속인의 책임은 상속재산으로 한정되고, 그

결과 상속채권자는 특별한 사정이 없는 한 상속인의 고유재산에 대하여 강제집행을 할 수 없다.

그런데 민법은 한정승인자에 관하여 그가 상속재산을 은닉하거나 부정소비한 경우 단순승인을 한 것으로 간주하는 것(1026조 3호) 외에는 상속재산의 처분행위 자체를 직접적으로 제한하는 규정을 두고 있지 않기 때문에, 한정승인으로 발생하는 위와 같은 책임제한 효과로 인하여 한정승인자의 상속재산 처분행위가 당연히 제한된다고 할 수는 없다.

또한 민법은 한정승인자가 상속재산으로 상속채권자 등에게 변제하는 절차는 규정하고 있으나(1032조 이하), 한정승인만으로 상속채권자에게 상속재산에 관하여 한정승인자로부터 물권을 취득한 제3자에 대하여 우선적 지위를 부여하는 규정은 두고 있지 않으며, 민법 1045조 이하의 재산분리 제도와 달리 한정승인이 이루어진 상속재산임을 등기하여 제3자에 대항할 수 있게 하는 규정도 마련하고 있지 않다.

따라서 한정승인자로부터 상속재산에 관하여 저당권 등의 담보권을 취득한 사람과 상속채권자 사이의 우열관계는 민법상의 일반원칙에 따라야 하고, 상속채권자가 한정승인의 사유만으로 우선적 지위를 주장할 수는 없다고 할 것이다. 그리고 이러한 이치는 한정승인자가 그 저당권 등의 피담보채무를 상속개시 전부터 부담하고 있었다고 하여 달리 볼 것이 아니다.

해 설

1. 한정승인과 상속채권자의 지위

상속인이 상속을 한정승인하면, 상속인은 피상속인의 채무는 승계하지만, 그 책임의 범위는 상속으로 인하여 취득할 재산의 한도로 제한되는 이른바 물적 유한책임을 지게 된다. 그리하여 상속채권자가 한정승인을 한 상속인을 상대로 상속채무의 이행을 청구하는 경우에 상속인이 한정승인의 항변을 하면, 법원은 채무의 이행을 명하는 판결의 주문에서 상속재산의 한도에서만 집행할 수 있다는 취지를 명시하여야 한다(대판 2003.11.14, 2003다30968). 그 주문 형식은 "피고는 원고에게 돈 ○원을 소외 망 ○으로부터 상속받은 재산에 의하여 (또는 상속재산의 한도에서) 지급하라"와 같다.

그 결과 상속채권자는 상속재산 아닌 상속인의 고유재산에 대하여는 상속채무를 변제받기 위하여 강제집행을 할 수 없다. 만일 상속채권자가 한정승인을 한 상속인의 고유재산에 대하여 강제집행을 한다면 상속인은 어떻게 구제를 받을 수 있는가? 대결 2005.12.19, 2005그128은, 승소판결인 집행권원 자체에 '상속재산의 범위 내에서만' 금전채무를 이행할 것을 명하는 것이 명시되어 있는 경우에는 제3자이의의 소에 의하여야 한다고 본 반면, 대판 2006.10.13, 2006다23138은 확정판결이 있은 후 상속인이 비로소 한정승인을 한 경우에는 청구이의의 소에 의하여야 한다고 보았다. 이는 집행권원인 이행판결의 주문에 한정승인의 취지가 기재되어 있는 경우에는 상속인은 제3자이의의 소를 제기할 수 있고, 이행판결의 변론종결 후 한정승인을 한 경우에는 상속인은 청구이의의 소를 제기할 수 있다는 이른바 이원설을 따른 것으로 이해된다.

2. 한정승인과 상속재산에 대한 상속인의 채권자의 권리

그러면 한정승인을 한 경우에 상속인의 채권자(고유채권자)는 상속재산에 대하여 어떤 권리를 행사할 수 있는가? 형식적으로 볼 때에는 상속인은 상속재산을 승계하였으므로, 상속인의 채권자도 상속재산에 대하여 권리를 행사할 수 있을 것처럼 생각할 수 있다. 그러나 이는 상속채권자가 상속인의 고유재산에 대하여는 권리를 행사할 수 없는 것과는 균형이 맞지 않는다. 그리하여 상속인의 채권자는 원칙적으로는 상속재산에 대하여는 권리를 행사할 수 없다고 보아야 할 것이다. 상속인의 채권자가 우선변제권을 가지지 않는 일반채권자인 경우에는 이러한 결론에 대하여 별다른 반대가 없다.

그런데 대상판결에서는 상속인이 한정승인을 한 후 상속재산에 대하여 자신의 채권자에게 근저당권을 설정하여 주었다. 이러한 경우에 근저당권자가 상속채권자에 대하여도 자신의 근저당권에 기한 우선변제권을 주장할 수 있는가?

이 점에 대하여는 대상판결이 선고될 무렵부터 논쟁이 시작되었다. 부정설은, 프랑스 및 일본의 논의를 원용하면서 한정승인이 있으면 재산분리(1045조 이하)와 같은 효과가 인정되어야 하므로, 재산분리에 관한 1052조를 유추하여, 상속재산은 청산이 계속되는 동안 상속채권자의 책임재산이 되고, 상속인의 채권자는 이로부터 만족을 받을 수 없다고 한다. 이 설은 그 근거로서, 채무자 회생 및 파산에 관한 법률(채무자회생법)은 상속재산에 대하여 파산선고가 있는 때에는 상속인은 한정승인한 것으로 보고(389조 3항 본문), 파산선고를 받은 채무자가 파산선고 후 파산재단에 속하는 재산에 관하여 한 법률행위는 파산채권자에게 대항할 수 없다(329조 1항)고 규정하고 있는데, 상속재산 파산에 대해 재산분리의 효과를 인정한다면 한정승인에 대해서도 같은 효과를 인정하는 것이 합리적이고, 재산분리의 효과를 누리기 위해 상속채권자가 스스로 재산분리나 상속재산 파산을 신청하도록 하는 것은 번거로움만 더한다는 점, 우리의 한정승인 제도는 연혁에 있어 일본 민법을 거쳐 프랑스 민법으로 소급되는데, 프랑스 민법상 한정승인의 경우 오랫동안 판례를 통해 상속재산에 대한 상속채권자의 선취특권을 인정해왔고, 2006년 개정상속법을 통해 명문으로 이를 인정했다는 점 등을 근거로 제시한다.

반면 긍정설은, 민법은 한정승인을 한 상속인의 상속재산 처분행위 자체를 직접적으로 제한하는 규정을 두고 있지 않고, 한정승인자가 상속재산을 자신의 채권자에게 담보로 제공한 경우, 그 채권자는 단순히 채무자의 신용이나 책임재산 상태를 신뢰하고 거래를 한 일반채권자와 달리 우선변제권이 인정되는 담보물권을 확보한 후 거래한 자로서 그 신뢰보호의 가치가 높으며, 상속채권자에게 법률에 근거도 없고, 등기부에 공시도 되지 않는 우선적 권리를 인정하는 것은 거래 안전을 크게 해치는 결과를 가져오므로 이를 피하는 것이 합당하고, 적법하게 재산분리를 한 경우에도 등기 없이는 제3자에게 대항할 수 없는데 등기되지 않은 한정승인에 의해

상속채권자가 제3자에게 대항할 수 있다는 것은 형평에 맞지 않는다는 점 등을 든다.

3. 대상판결

대상판결의 다수의견은 한정승인자로부터 상속재산에 관하여 저당권 등의 담보권을 취득한 사람과 상속채권자 사이의 우열관계는 민법상의 일반원칙에 따라야 하고, 상속채권자가 한정승인의 사유만으로 우선적 지위를 주장할 수는 없다고 보았다. 그리고 그 근거로서는 상속재산의 처분행위 자체를 직접적으로 제한하는 규정을 두고 있지 않고, 한정승인만으로 상속채권자에게 상속재산에 관하여 한정승인자로부터 물권을 취득한 제3자에 대하여 우선적 지위를 부여하는 규정은 두고 있지 않다는 점 및 재산분리 제도와 달리 한정승인이 이루어진 상속재산임을 등기하여 제3자에 대항할 수 있게 하는 규정(1049조)도 마련하고 있지 않다는 점을 들었다.

다수의견에 대한 보충의견은, 반대의견이 한정승인자가 상속재산을 처분하여 소유권을 상실한 경우와 담보물권 등을 설정하여 준 경우를 구분하여, 후자에 관하여만 추급을 인정하여 상속채권자의 우선적 지위를 그대로 인정하고, 전자에 관하여는 이를 인정하지 않는 것은 불합리하고, 상속재산에 관한 담보물권의 취득에는 한정승인자의 처분행위가 개재되어 있기 때문에, 그렇지 아니한 일반채권자와 반드시 동일한 평면에서 평가할 수는 없다는 점 등을 근거로 들고 있다.

반면 반대의견은, 담보물권 등을 설정하였더라도, 그 재산은 여전히 상속재산으로서 한정승인자의 책임재산이 되는 것이어서 상속채권자가 강제집행할 수 있고, 그 강제집행이 허용되는 한 상속채권자의 우선적 권리가 상실되지 않고 그대로 유지되는 것으로 보는 것이 한정승인 제도의 취지에 맞고, 한정승인자의 고유채권자가 상속재산에 대하여 강제집행할 수 없다면 한정승인자로부터 담보물권을 취득한 자의 담보권 행사 역시 상속채권자에 우선하지 못한다고 보는 것이 균형에 맞으며, 상속채권자의 우선적 권리는 한정승인신고가 수리됨으로써 즉시 발생하는데, 그 후에 한정승인자가 상속재산에 대하여 담보물권 등을 설정한다고 하여 이미 발생한 상속채권자의 우선적 권리가 소멸할 아무런 이유가 없고, "재산의 분리는 상속재산인 부동산에 관하여는 이를 등기하지 아니하면 제3자에게 대항하지 못한다"고 규정하는 1049조는 재산의 분리에 관한 규정이고, 재산의 분리에 있어서는 앞에서 본 바와 같은 의미에서의 상속채권자의 우선적 권리는 인정되지 않으므로, 위 규정에 근거하여 한정승인 사실이 등기되지 않는다는 것 때문에 상속채권자의 우선적 권리가 유지될 수 없다고 볼 것도 아니라고 주장하였다.

4. 검 토

한정승인이 있으면 상속채권자는 한정승인자의 고유재산에 대하여는 집행할 수 없으므로, 형평의 관점에서는 상속인의 채권자도 상속재산에 대하여 권리를 행사할 수 없다고 보는 것이 맞다. 그러나 한정승인자의 처분에 의하여 권리를 취득한 채권자에 대하여까지 그렇게 볼 수 있는지는 다시 따져 보아야 한다. 이러한 한정승인자의 처분을 제한하는, 파산에 관한 채무자회생법 329조 1항과 같은 규정이 없기 때문이다. 그러므로 한정승인자의 처분은 원칙적으로 유효하다고 보지 않을 수 없다. 가령 한정승인자가 상속재산인 부동산을 제3자에게 매도하고 등기까지 마쳤다면, 이는 원칙적으로 유효하고, 상속채권자가 이를 다툴 방법은 없다. 반대의견도 이 점은 인정한다. 그러므로 한정승인자로부터 근저당권을 취득한 자도 상속채권자에 대한 관계에서 자신의 우선변제권을 주장할 수 있다는 결론을 내리지 않을 수 없다.

다른 한편 재산분리에 관한 1049조(재산의 분리는 상속재산인 부동산에 관하여는 이를 등기하지 아니하면 제삼자에게 대항하지 못한다)와 같은 규정이 한정승인에는 없다는 점도 고려하여야 한다. 이러한 규정이 없는 이상 한정승인의 효력을 재산분리와 동일하게 취급하는 데에는 한계가 있다.

5. 그 후의 판례

대판 2016.5.24, 2015다250574는 한정승인자의 고유채권자는 상속재산에 관하여 담보권을 취득하였다는 등 사정이 없는 이상, 상속채권자가 상속재산으로부터 그 채권의 만족을 받지 못한 상태에서 상속재산을 고유채권에 대한 책임재산으로 삼아 이에 대하여 강제집행을 할 수 없다고 보는 것이 형평의 원칙이나 한정승인제도의 취지에 부합한다고 판시하였다.

이미 대상판결의 다수의견에 대한 보충의견에서는 한정승인자의 고유채권자와 상속채권자가 모두 일반채권자인 한, 상속채권자는 한정승인자의 고유재산에 대하여, 한정승인자의 고유채권자는 상속재산에 대하여 각 강제집행을 할 수 없다고 하였는데, 이 판결은 이를 확인한 것이다.

다만 이 사건에서는 한정승인자의 고유채권자는 대한민국으로서, 부가가치세 등 조세채권을 집행하려고 하였다. 조세채권은 납세자의 모든 재산에 대한 강제집행에서 다른 공과금 기타 채권에 우선한다(국세기본법 35조 1항 등). 그러므로 이 점을 중시한다면 이 사건에서도 한정승인자의 조세채권자는 상속채권자에 우선하는 것처럼 보일 수도 있다. 실제로 이 사건의 1심과 2심은 그와 같이 보았다. 그러나 대법원은, 한정승인자의 고유채무가 조세채무인 경우에도 일반채권자와 마찬가지로 보아야 한다고 하면서, 다만 상속재산 자체에 대하여 부과된 조세나 가산금, 즉 당해세는 달리 보아야 한다고 하였다.

여기서 당해세란 해당 재산에 대하여 부과된 상속세, 증여세 및 종합부동산세를 말한다(국세기본법 35조 3항). 일반 조세채권과 담보물권의 우열은 조세채권의 법정기일과 담보물권이 설정된 날 중 어느 것이 빠른가에 의하여 결정되지만, 당해세는 당해세의 법정기일이 담보물권이 설정된 날보다 늦은 경우에도 당해세가 담보물권에 우선한다. 이 점에서 당해세는 일반 조세채권보다도 더 우월한 효력을 가진다.

그러므로 이 판결이 한정승인자에 대한 조세채권자도 한정승인자의 일반채권자와 같이 취급한 것은, 한정승인자의 처분에 기하여 조세채권을 취득한 것도 아니고, 등기를 신뢰한 것도 아니며, 조세채권이 등기부에 의하여 공시되는 것도 아니라는 점 때문으로 보인다. 다만 당해세에 대하여 예외를 인정한 것은 그것이 상속재산 자체에 대하여 부과된 것이라는 점을 중시한 때문으로 이해된다. 이 점에 대하여는, 당해세는 그 재산 자체에 부과된다는 점에서 그 재산에 대하여 부과될 것이 상당한 정도로 예측할 수 있으므로, 한정승인자의 조세채권자를 우선하더라도 상속채권자의 신뢰를 침해하게 될 우려는 없다는 설명이 있다.

참고문헌

곽규은, 한정승인한 상속재산의 배당시 상속채권의 순위, 동북아법연구 10권 3호, 2017.
김미경, 한정승인에 있어 한정승인자의 상속재산 처분과 상속채권자 보호, 충북대 법학연구 27권 1호, 2016.
김형석, 한정승인의 효과로서 발생하는 재산분리의 의미, 가족법연구 22권 3호, 2018.
나진이, 상속재산에 관한 강제집행절차에 있어 한정승인자의 고유채권자와 상속채권자 사이의 우열관계, 민사판례연구 34권, 2012.
박종훈, 한정승인과 상속채권자의 우선변제권, 부산판례연구회 판례연구 22집, 2011.
송재일, 한정승인과 담보권, 서울법학 19권 3호, 2012.
윤진수, 이용훈 대법원의 민법판례, 민법논고 7권, 2015.
이영철, 한정승인이 이루어진 경우 상속채권자와 상속인의 근저당권자간의 우열관계, 대구판례연구회 재판과 판례 23집, 2015.
이원범, 한정승인이 이루어진 경우 상속채권자가 상속재산에 관하여 한정승인자로부터 담보권을 취득한 고유채권자에 대하여 우선적 지위를 주장할 수 있는지 여부, 민사재판의 제문제 23권, 2015.
전경근, 한정승인을 한 상속인이 취득한 상속재산의 법적 지위, 법조 2018.10.
정구태, 상속채권자와 한정승인자의 근저당권자 간의 우열 문제, 고려법학 64호, 2012.
정구태, 2016년 상속법 관련 주요 판례 회고, 조선대 법학논총 24권 1호, 2017.

[판례 160]

피상속인의 배우자와 자녀 중 자녀 전부가 상속을 포기한 경우 상속재산의 귀속

대법원 2023.3.23.자 2020그42 전원합의체 결정

사 실

A는 B 등을 상대로 구상금 청구의 소를 제기하여 2011.2.16. 승소판결을 받았고, 위 판결은 2011.3.31. 확정되었다. B는 아내인 C와 사이에 4명의 자녀들을 두었고 2015.4.16. 사망하였는데, X들은 B의 손자녀들로서 B 사망 당시 만 18세 또는 만 10세였다. B가 사망하자 C는 상속한정승인 신고를 하여 2015.8.7. 수리심판을 받았고, 4명의 자녀들은 모두 상속포기 신고를 하여 2015.8.3. 수리심판을 받았다. A는 B의 아내인 C와 손자녀들인 X들이 망인을 공동상속하였다는 이유로 이들을 상대로 B에 대한 위 확정판결에 관하여 승계집행문 부여신청을 하여 2020.2.6. 승계집행문을 부여받았다. X들은 B의 상속인이 아니라는 이유로 이 사건 승계집행문 부여에 대한 이의를 신청하였다. 원심인 부산지방법원은 X들이 B의 손자녀로서, C와 공동상속인이라는 이유로 이의를 기각하였다. 신청인들은 위 결정에 대하여 대법원에 특별항고를 제기하였다.

대법원 전원합의체는 원심결정을 파기환송하였다. 그러나 여기에는 2인의 반대의견이 있었다.

이 유

피상속인의 배우자와 자녀 중 자녀 전부가 상속을 포기한 경우에는 배우자가 단독상속인이 된다고 봄이 타당하다. 이와 달리 피상속인의 배우자와 자녀 중 자녀 전부가 상속을 포기한

경우 배우자와 피상속인의 손자녀 또는 직계존속이 공동상속인이 된다는 취지의 대법원 2015. 5.14. 선고 2013다48852 판결은 이 판결의 견해에 배치되는 범위 내에서 변경하기로 한다.

해 설

1. 종래의 판례

1043조는 "상속인이 수인인 경우에 어느 상속인이 상속을 포기한 때에는 그 상속분은 다른 상속인의 상속분의 비율로 그 상속인에게 귀속된다"고 규정한다. 그러므로 이 조문을 이 사건에 그대로 적용한다면, B의 상속인인 배우자 C와 자녀인들 가운데 자녀들이 모두 상속을 포기하면, 배우자 C가 B를 단독으로 상속하게 되고, B의 손자녀들인 X들은 B를 상속하지 못한다.

그런데 대판 2015.5.14, 2013다48852는 이러한 경우에 피상속인의 배우자가 피상속인의 손자녀들과 같이 공동상속한다고 하였다. 즉 상속을 포기한 자는 상속개시된 때부터 상속인이 아니었던 것과 같은 지위에 놓이게 되므로, 피상속인의 배우자와 자녀 중 자녀 전부가 상속을 포기한 경우에는 배우자와 피상속인의 손자녀 또는 직계존속이 공동으로 상속인이 된다고 한 것이다.

이는 "상속의 포기는 상속개시된 때에 소급하여 그 효력이 있다"고 규정한 1042조를 근거로 한 것이다. 일반적으로 피상속인의 자녀들만이 공동상속하였고, 피상속인의 배우자는 없었던 경우에, 자녀들이 모두 상속을 포기하면, 이 자녀들은 상속개시된 때에 소급하여 상속인이 아닌 것으로 되므로, 그 자녀들의 자녀인 손자녀들이 1000조에 의하여 피상속인의 직계비속으로 상속인이 된다(대판 1995.9.26, 95다27769 등). 위 판결은 이 사건도 그와 같다고 본 것이다.

2. 공동상속설과 배우자 단독상속설

위 판결에 대하여는 이를 지지하는 견해(공동상속설)와 반대하는 견해(배우자 단독상속설)가 주장되었다. 공동상속설은 다음과 같이 주장한다. 즉 1000조, 1003조는 혈족상속권과 배우자상속권을 구분하여 규정하면서, 직계비속 또는 직계존속이 존재하는 경우 배우자가 그들과 공동상속하도록 규정하고 있으므로, 자 전부가 상속을 포기하고 손이 있는 경우 배우자는 단독상속할 수 없고 손과 공동상속하여야 한다는 결론에 이른다. 또 1003조의 문언적 해석에 의하면 배우자와 자는 동순위의 공동상속인으로서 그 중 자 전부가 상속을 포기하면 자의 상속분은 배우자에게 귀속하고, 이와 같은 경우 배우자가 상속을 승인한 이상 손을 비롯한 차순위 혈족상속인의 상속은 개시되지 아니한다고 해석될 수 있지만, 이는 1000조, 1003조, 1042조에 의한 해석과는 충돌되고, 이러한 경우에는 1043조에 의한 해석보다 1000조, 1003조, 1042조에 의한 해석이 우선되어야 한다고 한다. 왜냐하면 1042조는 상속포기의 효력 일반을 규율하는 조항이고, 1043조는 공동상속인 중 일부가 상속을 포기한 특별한 경우의 상속분 귀속에 대하여 규율하는 조항이므로, 1043조를 실효성 있게 하기 위하여 1042조에 대한 현재의 해석을 변경할 수는 없기 때문이라는 것이다.

그러나 대상판결을 비판하는 배우자 단독상속설도 주장되고 있다. 이 설은 위와 같은 공동상속설은 결국 1043조의 "다른 상속인"에 피상속인의 배우자를 포함하지 않는 것이고, 1043조의 다른 상속인에 피상속인의 배우자를 포함하면 1042조와 1043조의 충돌은 존재하지 않으며, 민법이 혈족상속과 배우자상속을 구분하고 있다고 하여 대상판결과 같은 결론이 나오는 것은 아니라고 한다.

3. 대상결정의 다수의견과 반대의견

가. 다수의견 대상결정의 다수의견은 배우자 단독상속설을 따랐으며, 공동상속설을 따랐던 대판 2015.5.14, 2013다48852를 변경하였다.

그 이유는 다음과 같다.

(1) 구 관습이 적용될 때는 물론이고 제정 민법 이후 현재에 이르기까지 배우자는 상속인 중 한 사람이고 다른 혈족상속인과 법률상 지위에서 차이가 없다.

(2) 공동상속인인 배우자와 자녀들 중 자녀 전부가 상속을 포기한 경우 민법 1043조에 따라 상속을 포기한 자녀의 상속분은 남아 있는 '다른 상속인'인 배우자에게 귀속되고, 따라서 배우자가 단독상속인이 된다.

(3) 피상속인의 상속재산 중 소극재산이 적극재산을 초과하는 경우의 상속에서 피상속인의 배우자와 자녀들 중 자녀 전부가 상속을 포기한 경우 피상속인의 배우자와 손자녀 또는 직계존속이 공동상속인이 된다고 보는 것은 상속을 포기하려는 당사자들의 기대나 의사에 반하고 사회 일반의 법감정에도 반한다.

(4) 종래 판례에 따라 피상속인의 배우자와 손자녀 또는 직계존속이 공동상속인이 되었더라도, 그 이후 피상속인의 손자녀 또는 직계존속이 다시 적법하게 상속을 포기함에 따라 결과적으로는 피상속인의 배우자가 단독상속인이 되는 실무례가 많이 있는데, 그 과정에서 상속채권자와 상속인들 모두에게 불필요한 분쟁을 증가시키며 무용한 절차에 시간과 비용을 들이는 결과가 되었다.

나. 대상결정의 반대의견 대법관 2인(이동원, 노태악)의 반대의견은 위 대판 2015.5.14, 2013다48852가 유지되어야 한다고 주장하였다. 그 주된 이유는 다음과 같다.

(1) 피상속인의 자녀 전부가 상속을 포기한 경우 그 자녀 전부는 처음부터 상속인이 아니었던 것으로 보아야 한다. 혈족 상속인 중 자녀를 처음부터 상속인이 아니었던 것으로 보면 1000조 2항에 따라 그다음 순위인 피상속인의 손자녀가 혈족 상속인이 되고, 만약 피상속인에게 손자녀 등 직계비속이 아무도 없다면 1000조 1항에 따라 피상속인의 직계존속이 혈족상속인이 된다. 이는 피상속인에게 배우자가 있었던 경우에도 마찬가지로 보아야 한다. 1000조 1

항, 2항의 규율은 피상속인에게 배우자가 있는지 여부를 묻지 않고 적용되기 때문이다.

(2) 1043조는 1000조, 1003조에서 규정하는 상속인 결정의 원칙을 전제로 해석하여야 한다. 1043조의 해석으로 상속인을 변경한다면 1000조, 1003조에서 정한 상속인 결정의 원칙이 무너지기 때문이다. 즉 피상속인의 배우자는 피상속인에게 직계비속 또는 직계존속이 있다면 반드시 그들과 공동상속을 하여야 하는데, 피상속인에게 손자녀 또는 직계존속이 있음에도 민법 1043조를 들어 배우자가 단독상속인이 된다고 해석하는 것은 위와 같은 상속인 결정의 원칙에 반하게 된다. 그렇다면 1043조에 따라 상속포기자의 상속분이 귀속되는 상속인은 1000조, 1003조 등에 따라 정해지는 상속인을 의미하고, 상속포기자의 상속분은 위와 같이 종국적으로 정해진 상속인의 상속분이 1009조에서 정한 법정상속분의 비율로 산정되도록 해당 상속인에게 귀속되어야 한다고 해석하여야 한다.

4. 검 토

생각건대 공동상속설은 단독상속설이 지적하는 것처럼 논리적 비약이 있고, 1043조를 무시하는 것이다. 1043조의 다른 상속인에 피상속인의 배우자를 제외할 특별한 근거가 있다고 할 수 없고, 1042조는 상속 포기의 일반적인 효력에 관한 것이며, 1043조는 공동상속인 중 일부만이 상속을 포기한 경우로서 1043조는 특별규정이므로 이것이 우선 적용되어야 한다. 그리고 배우자만이 상속을 포기하지 아니한 경우를 자녀 중 1인만이 상속을 포기하지 아니한 경우와 달리 취급하는 것은 비합리적이다. 배우자만이 상속을 포기하지 아니한 경우에는 1043조가 1003조 1항의 적용을 배제한다고 보아 배우자가 단독상속인이 된다고 해석함이 타당하다.

참고로 일본 최고재판소(最高裁判所) 1968(昭和43).2.27. 판결(民集 21巻 4号 988)은 대상결정과 같은 사안에서 현행 1043조와 같이 규정하고 있었던 1962년 개정 전의 일본 민법 939조 2항의 해석에 관하여, 피상속인의 배우자와 손자녀가 공동상속한다는 주장은 939조 2항의 명문의 규정에 반한다고 하여 배우자 단독상속설을 따랐다.

대상판결의 배후에는, 등기 실무와 관련하여 공동상속설이 거래의 안전에 기여한다는 고려가 있었던 것으로 보인다. 즉 우리 등기 실무는 자 전부가 상속을 포기하는 경우 배우자와 손 또는 직계존속이 공동상속함을 원칙으로 하고 있고, 상당수 사건이 공동상속설에 입각하여 처리되었는데, 배우자 단독상속설을 취하면, 기존에 이루어진 상속등기에 기하여 손 또는 직계존속이 행한 상속지분의 처분은 모두 무권리자의 처분이 되어 특별한 사정이 없는 한 무효로 되는 등 거래의 안전이 문제될 수 있다는 것이다. 그러나 등기 실무가 통일된 것이 아니었을 뿐만 아니라, 공동상속설에 의할 때에는 배우자가 단독상속인으로서 처분한 것의 효력도 마찬가지로 문제될 것이다.

나아가 반대의견과 같이 해석하는 것은 또 다른 문제를 낳는다. 반대의견에 따른다면 소극재산이 적극재산을 초과하는 경우에는 자녀의 상속 포기로 인하여 상속채무를 승계하게 된 손자녀가 다시 상속을 포기하는 절차를 밟아야 하고, 이를 몰라서 1019조 1항의 기간 내에 포기를 하지 못하였다면 어떻게 되는가 하는 문제가 생기게 된다. 그런데 다수의견에 따른다면 이러한 문제는 처음부터 생기지 않는다. 그럼에도 굳이 반대의견과 같이 해석할 이유가 없다.

참고문헌

김정범, 부모가 할아버지의 상속을 포기하면 손자녀들이 상속인의 지위에서 할아버지 빚을 갚아야 하나, 서울지방변호사회 판례연구 제37집 1, 2023.

류일현, 선순위 혈족상속인 전원의 상속포기와 그 효과, 성균관법학 28권 1호, 2016.

박근웅, 동순위 혈족상속인 전원의 상속포기와 배우자상속, 가족법연구 29권 2호, 2015.

박종미, 상속포기와 상속포기자의 상속분이 귀속되는 상속인, 한양법학 34권 2집, 2023.

박혜선, 피상속인의 배우자와 자녀 중 자녀 전부가 상속을 포기하는 경우의 상속인, 대법원판례해설 103호, 2015.

윤진수, 피상속인의 배우자와 자녀 중 자녀 전원이 상속을 포기한 경우 상속재산의 귀속, 법률신문 2023.5.1. 제5078호.

이봉민, 피상속인의 배우자와 자녀 중 자녀 전부가 상속을 포기한 경우 배우자가 단독상속인이 되는지, 배우자와 피상속인의 손자녀 또는 직계존속이 공동상속인이 되는지 여부, 사법 64호, 2023.

임종효, 피상속인의 배우자와 자녀 중 자녀 전부가 상속포기한 경우 상속재산의 귀속, 가족법연구 29권 3호, 2015.

정구태, 2015년 상속법 관련 주요 판례 회고, 사법 35호, 2016.

현소혜, "혈족상속인에 의한 상속포기의 효과", 비교사법 29권 1호, 2022.

[판례 161]

자필증서 유언에서 주소의 기재와 날인

헌법재판소 2008.12.26. 선고 2007헌바128 결정

사 실

A는 2002.6.15. 사망하였는데, 그 법정상속인으로는 B 외에 6명의 딸들이 있었다. 위 법정상속인들은 2002.12.9.경까지 각 상속지분에 따라 상속재산인 부동산들에 관하여 각 소유권이전등기를 마치거나 위 예금채권을 모두 인출하였다. 그런데 이 사건 청구인(B의 자녀)은 A가 작성한 자필증서 유언으로 그 소유의 재산 일체를 자신에게 유증하였다고 주장하면서 B 등 법정상속인들을 상대로 2003.4.14. 유증을 원인으로 한 소유권이전등기청구권을 피보전권리로 하여 위 각 상속부동산에 대하여 처분금지가처분결정을 받아 둔 다음 2003.5.27. 위 각 상속 부동산에 관한 지분이전등기절차의 이행을 구함과 아울러 인출한 예금의 반환을 구하였다. 위 유언증서에는 A의 자필로 유언장이라는 제목과 A 명의로 소유한 부동산 및 기타 일체의 재산을 청구인에게 상속한다는 내용 및 작성연월일(음력 1999.8.15.)과 A의 성명이 세로로 정서되어 있고, A의 성명 아래에는 A의 무인인지 식별할 수 없을 정도로 많은 인주가 묻은 채 네 번에 걸쳐 연속적으로 무인이 찍혀져 있었다. 청구인이 위 유언장이 담겨져 있던 것이라고 주장하는 봉투에는 그 표면에 가로줄이 그어져 있는 흰색의 편지지(양면괘지)의 일부가 오려 붙여져 있고 그 위에 A의 주소와 전화번호 및 A의 이름이 기재되어 있는데, '유언장 재중' 등 유언장을 담고 있는 봉투라는 뜻의 기재는 없었다.

그러나 청구인의 청구는 2005.5.11. 1심에서 B에 대해서만 자백간주판결로 승소하였을 뿐, 나머지 법정상속인들에 대해서는 위 유언증서가 A의 것이라고 볼 만한 날인 또는 무인이 흠결되어 있을 뿐만 아니라 그 주소가 자서되어 있는 것이라고 보기 어렵다는 이유로 모두 기각되었다.

이에 청구인은 사건이 대법원에 계속중 1066조 1항 가운데 '주소' 및 '날인'을 자필증서에 의한 유언의 방식으로 정한 부분에 대하여 위헌법률심판제청신청을 하였으나 청구인의 상고 및

위 신청이 모두 기각되자, 2007.11.23. 이 사건 헌법소원심판을 청구하였다.

헌법재판소는 헌법소원을 기각하였으나, 여기에는 반대의견 3개가 있었다.

이 유

1. 날인에 관한 부분

1066조 1항 중 '날인' 부분은 유언자의 사망 후 그 진의를 확보하고, 상속재산을 둘러싼 이해 당사자들 사이의 법적 분쟁과 혼란을 예방하여 법적 안정성을 도모하며, 상속제도를 건전하게 보호하기 위한 것으로서 그 입법목적은 정당하고, 자필증서에 의한 유언은 가장 간이한 방식의 유언이지만 위조나 변조의 위험성이 상대적으로 크고 유언자의 사후 본인의 진의를 객관적으로 확인하는 것이 어려우므로 방식을 구비할 것을 요구하는 것 자체는 위와 같은 입법목적을 달성할 수 있는 적절한 수단이다.

한편, 동양문화권인 우리나라에는 법률행위에 있어서 인장을 사용하는 오랜 법의식 내지 관행이 존재하는바, 이 사건 법률조항 중 '날인' 부분은 이와 같은 법의식 내지 관행에 비추어 성명의 자서만으로는 입법목적을 달성하기에 부족하다는 고려에 입각하고 있으므로 성명의 자서 외에 날인이라는 동일한 기능을 가진 두 가지 방식을 불필요하게 중복적으로 요구하는 것으로 볼 수는 없다. 나아가 유언자로서는 무인을 통하여 인장을 쉽게 대체할 수 있고, 민법이 마련하고 있는 다른 방식의 유언을 선택하여 유증을 할 수 있는 기회가 열려 있으며, 생전에 수증자와 낙성·불요식의 사인증여 계약을 체결함으로써 원하는 바를 달성할 수도 있으므로, 날인을 요구하는 것은 기본권침해의 최소성원칙에 위반되지 않을 뿐 아니라 법익균형성의 요건도 갖추고 있다.

2. 주소에 관한 부분

1066조 1항 중 '주소' 부분 역시 유언자의 인적 동일성을 명확히 함으로써 유언자의 사망 후 그 진의를 확보하고, 상속재산을 둘러싼 이해 당사자들 사이의 법적 분쟁과 혼란을 예방하여 법적 안정성을 도모하고 상속제도를 건전하게 보호하기 위한 것이므로 그 입법목적은 정당하고, 성명의 자서로 유언자의 인적 동일성이 1차적으로 특정될 것이지만 특히 동명이인의 경우에는 유언자의 주소가 그 인적 동일성을 확인할 수 있는 간편한 수단이 될 수 있을 뿐만 아니라 전문, 성명의 자서에다 주소의 자서까지 요구함으로써 유언자로 하여금 보다 신중하고 정확하게 유언의 의사를 표시하도록 하기 위한 것이므로 입법목적을 달성할 수 있는 적절한 수단이다.

한편, 자필증서에 의한 유언에서 자서를 요구하는 주소는 유언자의 생활의 근거가 되는 곳이면 되고, 반드시 주민등록법에 의하여 등록된 곳일 필요가 없으므로 자필증서에 의한 유언을 할 정도의 유언자라면 쉽게 이를 기재할 수 있을 뿐만 아니라, 주소의 기재는 반드시 유언전문과 동일한 지편에 하여야 하는 것은 아니며, 유언증서로서의 일체성이 인정되는 이상 주소는 유언증서를 담은 봉투에 기재하여도 무방하므로 유언의 자유에 대한 침해를 최소화할 수 있고, 유언의 요식주의를 취하는 이상, 유언을 하는 자가 당연히 작성할 것이라고 기대되는 '유언의 전문, 유언자의 성명' 등과 같은 최소한의 내용 이외에 다른 형식적인 기재 사항을 요구하는 것은 유언의 요식주의를 관철하기 위한 불가피한 선택이라고 볼 수 있으며, '주소의 자서'는 다른 유효요건과는 다소 다른 측면에서 의연히 유언자의 인적 동일성 내지 유언의 진정성 확인에 기여하는 것이므로 기본권침해의 최소성원칙에 위반되지 않을 뿐 아니라 법익균형성의 요건도 갖추고 있다.

해 설

1. 자필증서 유언의 요건 일반

1060조는 유언은 본법의 정한 방식에 의하지 아니하면 효력이 생하지 아니한다고 하는 유언의 요식성을 선언하고 있다. 자필증서에 의한 유언의 요건은 유언자가 그 전문(全文)과 연월일, 주소, 성명을 자서(自書)하고 날인하는 것이다(1066조 1항). 그런데 자필증서 유언은 그 작성이 간단한 반면 그만큼 요건을 갖추지 못한 유언이 작성될 가능성이 많다.

전문을 자필하여야 하므로, 다른 사람에게 구수하거나 필기하게 한 것은 자필증서로 볼 수 없다. 타자기나 컴퓨터로 작성한 것도 마찬가지이다(대판 1994.12.22, 94다13695; 1998.6.12, 97다38510). 유언자의 필적이라야 사후에 진정성 유무를 쉽게 판단할 수 있기 때문이다.

연월일의 기재는 매우 중요한 요건이다. 유언능력 유무의 판단에서는 언제 유언을 하였는가가 기준이 되고, 복수의 유언서가 있는 경우에는 후의 유언에 의하여 전의 유언은 철회된 것으로 되기 때문이다. 그러므로 연월일의 기재가 없는 유언은 무효이다. 연월만 있고 일이 없는 경우에도 같다(대판 2009.5.14, 2009다9768). 그러나 예컨대 '회갑일'과 같이 유언을 한 날짜를 특정할 수 있으면 반드시 연월일 전부를 기재해야 하는 것은 아니다.

성명은 반드시 가족관계등록부(과거에는 호적부)상의 성명에 의해야 하는 것은 아니며, 유언자가 통상 사용하는 이름, 예컨대 아호(雅號)나 예명이라도 무방하다. 유언자의 동일성만 특정된다면 성과 이름 중 이름만을 적어도 괜찮고, 이니셜만 적어도 된다고 보아야 할 것이다.

자필증서 유언의 요건으로서 주소의 기재를 요구하는 것은 외국에서는 찾기 어렵고, 우리나라만이 이를 요구하고 있다. 유언에서 주소가 문제되는 것은 제1차적으로는 유언자의 동일성 확인에 필요하고, 그 외에 큰 의미를 가지지 않으므로, 유언에 주소가 누락되었더라도 유언자의 동일성 확인에 문제가 없는 한 이를 유효한 것으로 보아야 할 것이라는 주장도 있으나, 문언 해석상 그와 같은 주장은 무리이다(대판 2007.10.25, 2006다12848). 대판 2014.9.26, 2012다71688은, 유언자가 자필증서유언에 '암사동에서'라고 기재한 경우에, 유언자가 암사동 주소지에서 거주하였다고 볼 수 있다 하더라도, 그가 '암사동에서'라는 부분을 다른 주소와 구별되는 정도의 표시를 갖춘 생활의 근거되는 곳을 기재한 것으로 보기는 어렵다고 하여 유언이 무효라고 하였다. 그리고 서울고법 2014.11.21. 선고 2014나2011213 판결은, 유언자가 자필증서에 자신의 주소지인 건물의 주소를 명시하여 이를 유증하겠다고 하였어도, 따로 주소라는 표시가 없으면 무효라고 하였다.

다른 한편 판례(대판 1998.5.29, 97다38503; 1998.6.12, 97다38510)는 유언자의 주소는 반드시 유언 전문과 동일한 지편(紙片)에 기재하여야 하는 것은 아니고, 유언증서로서 일체성이 인정되는 이상 그 전문을 담은 봉투에 기재하더라도 무방하다고 하였다. 그리고 대구고법판 2016.6.1, 2015나22565는, 유언자의 주민등록상 주소의 지번이 1134-4 또는 1134-7인데 유언에는 1134로 기재된 경우에, 유언자를 수신인으로 한 수신지가 1134로 기재된 우편물이 제대로 수령된 점 등을 근거로 하여, 유언장의 주소 기재 부분은 법정 요건을 갖추었다고 하였다.

민법은 그 외에 날인을 요구하고 있다. 이러한 날인이 없더라도 유효하다고 보아야 한다는 견해가 있으나, 대판 2006.9.8, 2006다25103, 25110은 유언자의 날인이 없는 자필증서에 의한 유언은 무효라고 하였고, 헌재결 2008.3.27, 2006헌바82의 다수의견은 자필증서의 요건으로서 날인을 요구하는 것이 위헌이 아니라고 하였다. 날인은 자필증서가 단순히 유언의 초안에 불과한 것이 아니라 확정적인 유언임을 담보하는 의미, 즉 의사의 최종성을 확인하는 의미가 있으므로 날인을 요구하는 것이 위헌이라고는 할 수 없다. 다만 판례(대판 1998.5.29, 97다38503; 1998.6.12, 97다38510)는, 무인(拇印)도 날인으로 유효하다고 보고 있다. 날인을 반드시 유언자 본인이 해야 하는 것은 아니다.

2. 대상결정

대상결정은 자필증서 유언에 주소의 기재를 요구하는 것이나, 날인을 요구하는 것이 모두 위헌이 아니라고 하였다. 날인 부분에 대하여는 대상결정이 처음이 아니고, 헌재결 2008.3.27, 2006헌바82가 이미 같은 취지로 판시하였다.

그런데 주소 부분에 대하여는 2개의 반대의견이 있었고, 날인 부분에 대하여는 1개의 반대의견이 있었다.

주소 부분에 대한 한정위헌의견(조대현 재판관)은, 성명과 함께 유언자를 특정할 수 있는 요소는 주소 외에 주민등록번호 · 생년월일 · 본적 · 가족 성명 · 사회적 신분 등 여러 가지를 생각할 수 있고, 그 중에서 주소의 특정기능이 가장 우월하다고 보기 어렵고, 유언자의 주소 기재가 없으면 유언자를 특정할 수 없게 된다고 볼 수도 없으므로, 유언자필증서에 유언자의 주민등록번호 기타 유언자를 특정할 수 있는 기재가 있는 경우에도 1066조 1항 중 '주소' 부분을 적용하여 유언자필증서의 효력을 부인하는 것은 헌법에 위반된다고 하였다.

그리고 주소 부분에 대한 단순위헌의견(이동흡, 송두환, 김종대 재판관)은, 동명이인의 경우에 유언자의 주소가 기재되지 않았더라도 그 유언의 내용 등에 비추어 보면 누구의 유언인지를 쉽게 확인할 수 있을 것이고, 이를 확인할 수 없는 경우란 쉽게 생각할 수 없으므로 1066조 1항이 주소를 반드시 기재하도록 요구하는 것은 유언자의 인적 동일성을 확인하기 위한 적절한 방법이라고 보기는 어렵고, 주소의 기재가 유언자의 인적 동일성의 확인을 위해 적절한 방법이라고 하더라도 유언장 전문의 자서와 성명의 자서, 그리고 유언의 내용에 의해서 유언장의 실제 작성자와 유언장의 명의자의 동일성을 확보할 수 있음은 물론, 유언이 그의 진의에 의한 것임을 충분히 밝힐 수 있는 등 누가 한 유언인지를 밝혀내는 것은 그리 어려운 문제가 아니므로, 주소를 반드시 기재하도록 요구하는 것은 침해의 최소성 원칙과 법익의 균형성 원칙에 위반된다고 한다.

그리고 날인 부분에 대한 위헌 의견(김종대 재판관)은, 오늘날 날인은 자필에 비해 타인에 의한 날인가능성과 위조가능성이 커 의사의 최종적 완결 방법으로는 부적당하게 되어 각종 법률에서 서명(성명의 자서)만으로 처리하는 경향이 점차 확대되고 있으며, 자필증서에 의한 유언에서 날인을 요구하는 목적은 유언장의 전문의 자서와 성명의 자서에 의해서 충분히 달성되므로 그 밖에 날인을 요구하는 것은 불필요하게 중복적인 요건을 요구하는 것으로 헌법 10조에 의하여 보장되는 유언자의 일반적 행동의 자유를 제한함에 있어 최소침해성의 원칙을 준수하지 못한 것이고, 법익 균형성의 원칙에도 위반되므로 위헌으로 선언하여야 한다고 주장하였다. 김종대 재판관은 헌재결 2008.3.27, 2006헌바82에서도 같은 취지의 반대의견을 낸 바 있다.

3. 주소의 기재를 요구하는 것이 위헌인지 여부

민법이 자필증서 유언의 요건으로서 주소의 기재를 요구하는 것이 위헌이라는 설은 다음과 같이 주장한다. 우선 자필증서유언에 유언자의 주소의 기재를 요구하는 법규정의 목적은 유언자의 인적 동일성을 확인하려는 것이므로, 그 목적 자체의 정당성은 쉽게 인정될 수 있다. 그러나 이러한 목적을 위하여 주소의 기재를 요구하는 것이 방법상 적정한가가 문제이다. 유언자의 인적 동일성은 동명이인이 있는 경우에 문제될 수 있을 것인데, 동명이인의 경우에 유언자의 주소가 기재되지 않았더라도 그 유언의 내용 등에 비추어 보면 누가 한 유언인지를 쉽게 확인할 수 있을 것이며, 이를 확인할 수 없는 경우란 생각하기 어렵다. 한걸음 양보하여 주소의 기재가 유언자의 인적 동일성의 확인을 위하여 적정한 방법이라고 하더라도, 주소의 기재가 없는 자필증서유언을 무효로 하면서까지 주소의 기재를 요구할 이유는 없다. 즉 누가 한 유언인지 문제가 되는 드문 사례의 경우에는 주소의 기재 아닌 다른 방법에 의하여 이를 입증할 수 있는 것이다. 다시 말하여 유언의 내용뿐만 아니라 필적과 같은 유언 자체에 근거한 입증도 가능할 것이고, 그 외에도 다른 증인이나 증거에 의하여 누가 한 유언인지를 밝혀내는 것은 그리 어려운 문제가 아니다. 결국 자필증서 유언에 주소의 기재를 요구하고, 주소의 기재가 누락되었으면 유언을 무효로 하는 것은 방법의 적정성 내지 피해의 최소성이라는 요건을 충족하지 못하는 것으로서 유언의 자유를 침해하여 위헌이라는 것이다.

또한 주소 부분은 원칙적으로 위헌이지만, 성명 및 전문의 자서와 유언의 내용만으로는 유언자의 인적 동일성을 확보할 수 없는 경우에 적용되는 한 예외적으로 헌법에 위반되지 아니한다는 견해도 있다.

반면 합헌이라는 견해는, 어떠한 법질서가 다양한 방식에 의한 유언을 가능하게 하고 있는 이상 자필증서에 의한 유언을 허용하지 않는다고 해도 그 상태를 위헌으로 보기는 어렵고, 그렇다면 자필증서 유언을 도입함으로써 그 단점을 무릅쓰고 유언의 자유를 확대하고 있는 입법자가 그 단점을 상쇄하기 위해 날인이나 주소 자서를 요구한다고 해도 그것은 확대하는 유언의 자유의 범위를 조정하는 것이어서 유언의 자유를 과도하게 제약한다고 말할 수는 없다고 한다.

생각건대 자필증서 유언의 요건으로서 주소의 기재를 요구하는 것은 위헌이라고 보아야 한다. 자필증서 유언에서 주소의 기재가 없다고 하여 유언자가 누구인지를 확인할 수 없는 경우란 생각하기 어렵기 때문이다. 동명이인이라 하더라도 그 유언의 내용에 비추어 보면 누가 한 유언인지를 쉽게 확인할 수 있을 것이다. 다른 나라에서 자필증서 유언의 요건으로서 주소의 기재를 요구하는 입법례를 찾을 수 없다는 점도 주소의 기재가 없다고 하여 유언자의 인적 동일성을 확인하기 어려울 수 있다는 우려는 근거가 없다는 점을 보여준다.

자필증서 유언을 인정하지 않더라도 위헌이 아니라는 것으로부터, 자필증서 유언에서 주소의 기재를 요구하는 것이 위헌이 아니라는 결론이 나오는 것은 아니다. 대상결정의 다수의견은 유언자로서는 자필증서 유언 외에도 다른 방식의 유언을 선택하여 유증을 할 수 있는 기회가 열려 있고, 유언자가 유증을 하기 어려운 경우에는 생전에 사인증여를 함으로써 자신의 의사를 관철할 수도 있다는 점에서 주소의 기재를 요구하는 것이 위헌이 아니라고 하였다. 그러나 자필증서유언의 방식을 택한 사람도 다른 유언방식을 택한 사람과 마찬가지로 보호되어야 한다. 뿐만 아니라 국가가 국민의 자유와 권리를 제한함에 있어서는 규제하려는 쪽에서 국민의 기본권을 보다 덜 제한하는 다른 방법이 있는지를 모색하여야 할 것이지(피해의 최소성), 제한당하는 국민의 쪽에서 볼 때 그 기본권을 실현할 다른 수단이 있다고 하여 그와 같은 사유만으로 기본권의 제한이 정당화되는 것은 아니다. 자필증서 유언에 주소의 자서를 요구하는 것이 합헌이라고 하려면 여기에 합리적인 근거가 있다는 점을 논증하여야 하는 것이지, 다른 유언 방식으로 유언할 수 있다는 것만으로는 충분한 답변이 되지 못한다.

합헌론은 유언의 자유는 재산권보장에 기초를 두고 있으므로 그것의 내용과 한계는 법률에 의해 비로소 정해지므로 입법자에게 넓은 입법형성 재량이 인정된다는 점을 강조하면서, 자필증서에 주소 기재를 요구하는 것이 유언의 자유 일반의 본질적 내용이 침해되는 것이 아니므로 위헌이 아니라고 주장한다. 하지만, 입법형성의 자유가 있다고 하여 왜 비례의 원칙 적용이 배제되고, 유언의 자유의 본질적 내용이 침해되어야만 위헌이라고 할 수 있는지 알 수 없다. 대상결정도, 상속권은 재산권의 일종이므로 상속제도나 상속권의 내용은 입법자가 입법정책적으로 결정하여야 할 사항으로서 원칙적으로 입법자의 입법형성의 자유에 속하지만, 입법자가 법률로써 상속제도와 상속권의 내용을 정함에 있어서 입법형성권을 자의적으로 행사하여 헌법 37조 2항이 규정하는 기본권제한의 입법한계를 일탈하는 경우에는 그 법률은 헌법에 위반된다고 하여, 비례의 원칙 적용을 긍정하고 있다.

4. 날인을 요구하는 것이 위헌인지 여부

날인을 요구하는 것이 위헌이라고 하는 설은, 우리 민법은 독일 민법처럼 날인이 유언 서면의 말미에 행해질 것을 요구하고 있지 않으므로 문서의 완결성 담보를 그 입법목적의 하나로 예정하고 있었는지는 의문이고, 성명의 자서 내지 서명은 유언자의 인적 동일성을 확인하고 당해 서면이 유언자의 최종적 의사임을 보장하는 기능을 하므로, 날인을 요구하는 것은 침해의 최소성에 반한다고 한다.

그러나 날인이 단순히 유언의 초안에 불과한 것이 아니라 확정적인 유언임을 담보하는 의미를 가진다는 것은 민법이 날인이 유언 서면의 말미에 행해질 것을 요구하고 있지 않다고 하여 부정될 수 있는 것은 아니다. 완결되지 않은 문서에 날인을 하는 것은 보통 있기 어려운 일이고, 종래의 관념상으로도 날인이 있어야만 완결된 문서라고 보고 있기 때문이다. 따라서 자필증서의 요건으로서 날인을 요구하는 것이 위헌이라고 하기는 어려울 것이다.

5. 그 후의 판례

헌재결 2011.9.29, 2010헌바250, 456은 대상결정을 인용하여 자필증서 유언의 요건으로서 주소의 기재를 요구하는 것이 합헌이라고 하였고, 반대의견은 대상결정의 반대의견을 인용하여 위헌이라고 하였다. 여기서는 합헌의견과 위헌의견이 4:4로 동수였다.

참고문헌

김형석, 유언의 성립과 효력에 관한 몇 가지 문제, 민사판례연구 38권, 2016.

윤진수, 법률해석의 한계와 위헌법률심사—유언자의 주소가 기재되지 않은 자필증서유언을 중심으로—, 민법논고 7권, 2015.

정구태, 헌법합치적 법률해석의 관점에서 바라본 주소가 누락된 자필증서유언의 효력, 강원법학 43권, 2014.

조인섭, 자필증서유언의 개선방안, 가족법연구 30권 3호, 2016.

조혜수, 민법 제1066조 제1항 헌법소원: 자필증서에 의한 유언의 방식 중 '주소' 및 '날인' 부분의 위헌 여부, 헌법재판소 결정해설집(2008년), 2009.

현소혜, 유언방식의 개선방향에 관한 연구, 가족법연구 23권 2호, 2009.

[판례 162]

공정증서 유언에서 유언취지의 구수(口授)

대법원 2007.10.25. 선고 2007다51550, 51567 판결

사 실

X와 Y들(3명)은 A(아버지)와 B(어머니) 사이에서 태어난 형제자매 사이이다. A는 2004.1.17. 자신의 집에서 법무법인 소속 변호사를 공증인으로 하여, 이 사건 각 부동산을 X에게 유증하기로 하는 유언공정증서를 작성하였다. 그런데 유언 하루 전날 X는 공정증서 작성 당시 증인이 된 사람들을 대동하고, 위 법무법인 공증사무실로 찾아가 상담을 하였고, 공증 변호사는 미리 공증할 내용을 작성하여 두었다가 다음날 A의 집을 방문하여 증인들이 참석한 상태에서, A에게 유증할 재산이 어떤 것인지 물어서 대답을 들은 후 개별적인 지번별로 A에게 하나씩 불러준 후 맞는지 확인하고 유언공정증서의 내용을 읽어준 다음, A가 이의없다고 하자 서명날인하도록 하여 A와 증인들의 자필서명을 받았다. A는 2004.9.28. 사망하였고, Y들은 2004.11.19. 이 사건 부동산에 대하여 B 명의로 3/11, X와 Y들 명의로 각 2/11 지분에 관하여 2004.9.28. 상속을 원인으로 한 소유권이전등기를 마쳤다.

X는 Y들에게 이 사건 각 부동산에 관하여 유증을 원인으로 하는 소유권이전등기를 청구하였다. 원심은 X의 청구가 이유 있다고 하면서, Y들의 유류분 주장도 인정하여, X의 청구를 일부 인용하였다. 대법원은 Y들의 상고를 기각하였다.

이 유

민법 1068조 소정의 '공정증서에 의한 유언'은 유언자가 증인 2인이 참여한 공증인의 면전에서 유언의 취지를 구수하고 공증인이 이를 필기낭독하여 유언자와 증인이 그 정확함을 승인한 후 각자 서명 또는 기명날인하여야 하는 것인바, 여기서 '유언취지의 구수'라고 함은 말로

써 유언의 내용을 상대방에게 전달하는 것을 뜻하는 것이므로 이를 엄격하게 제한하여 해석하여야 하는 것이지만, 공증인이 유언자의 의사에 따라 유언의 취지를 작성하고 그 서면에 따라 유언자에게 질문을 하여 유언자의 진의를 확인한 다음 유언자에게 필기된 서면을 낭독하여 주었고, 유언자가 유언의 취지를 정확히 이해할 의사식별능력이 있고 유언의 내용이나 유언경위로 보아 유언 자체가 유언자의 진정한 의사에 기한 것으로 인정할 수 있는 경우에는, 위와 같은 '유언취지의 구수' 요건을 갖추었다고 보아야 한다.

원심은 A가 의식이 명확한 상태에서 본인의 의사에 따라 유증할 의사를 밝혔고, 사전에 작성하여 온 공정증서에 따라 공증인이 개별 부동산에 대하여 불러준 후 유증의사가 맞는지 확인함과 더불어 유언공정증서의 내용을 낭독하고 이의 여부를 확인한 후 A의 자필서명을 받은 점에 비추어 이 사건 공정증서에 의한 유언은 유언자의 구수가 있었다고 보아야 할 것이고, 비록 공증인이 미리 유언내용을 필기하여 왔고 이를 낭독하였더라도 유언자의 구수내용을 필기하여 낭독한 것과 다를 바 없으므로 이 사건 공정증서에 의한 유언은 민법 1068조의 요건을 모두 갖추어 유효하다고 판단하였다.

원심의 위와 같은 판단은 정당하고, 거기에 공정증서에 의한 유언방식에 관한 법리오해나 채증법칙 위반 등의 위법이 없다.

해 설

1. 공정증서 유언에서의 구수

공정증서에 의한 유언은 유언자가 증인 2인이 참여한 공증인의 면전에서 유언의 취지를 구수하고, 공증인이 이를 필기 · 낭독하여 유언자와 증인이 그 정확함을 승인한 후 각자 서명 또는 기명날인하는 것이다(1068조). 여기서 구수(口授)란 입으로 말을 하여 상대방에게 그 취지를 전달하는 행위를 말한다.

구수에 갈음하여 필기문답이나 거동 · 수화에 의해 유언의 취지를 공증인에게 전달하는 것은 허용되는가에 대하여, 거동은 구수가 아니라는 것이 다수설이지만, 언어능력이 없는 사람의 경우에는 다양한 방식으로 자신의 의사를 표시하므로 거동도 구수의 일종으로 볼 수 있다는 견해도 있다.

2. 구수가 없다고 하여 무효라고 본 판례

판례는 구수를 엄격하게 해석하여 "공증인이 묻는 말에 끄덕거린 정도로는 구수가 있었다고 볼 수 없다고 본다(대판 1980.12.23, 80므18; 1993.6.8, 92다8750). 다만 이 사건들에서는 모두 유언자가 반혼수상태에 있는 등 유언능력 자체를 인정하기 힘든 사안이었다.

대판 1996.4.23, 95다34514도 비슷한 경우였는데, 대법원은 유언공정증서를 작성할 당시에 유언자가 반혼수상태였으며, 유언공정증서의 취지가 낭독된 후에도 그에 대하여 전혀 응답하는 말을 하지 아니한 채 고개만 끄덕였다면, 유언공정증서를 작성할 당시에 유언자에게는 의사능력이 없었으며 그 공정증서에 의한 유언은 유언자가 유언의 취지를 구수(口授)하고 이에 기하여 공정증서가 작성된 것으로 볼 수 없어서 무효라고 하였다.

한편 대판 2006.3.9, 2005다57899는 공정증서가 아니라 구수증서 유언(1070조)에서의 구수에 관하여 구수가 없다고 보았다. 이 사건에서는 유언자가 건강이 극도로 악화되어 식사를 하지 못함은 물론 다른 사람이 부축하여 주지 않고서는 일어나 앉지도 못하였고, 큰며느리를 몰라보거나 천장에 걸린 전기줄을 뱀이라고 하는 등 헛소리를 하기도 하였으며, 이 사건 유언 당시에도 고개를 끄덕이거나 "음", "어" 정도의 말을 할 수 있었을 뿐 자신의 의사를 제대로 말로 표현할 수 없었는데, 변호사들 중 한 사람이 유언서에 들어갈 내용을 불러주면 망인은 고개를 끄덕이거나 "음", "어" 하는 정도의 말을 한 경우에는 구수한 것이라고 볼 수 없다고 한 것이다.

3. 대상판결의 경우

이처럼 판례가 공정증서 유언에서 구수가 없어 무효라고 한 것은 대체로 유언능력 자체가 있었다고 보기 어려운 경우였다. 그런데 대상판결에서는 유언자의 유언능력에는 문제가 없으나, 유언자의 구수를 공증인이 필기한 것이 아니라 유언자가 미리 작성한 서면을 가지고 공증인이 공정증서 원본을 작성하여 유언자의 확인을 받았으므로, 이를 가리켜 법에서 말하는 구수라고 볼 수 있는가가 문제된다.

학설상 이를 부정하는 견해도 있다. 즉 유언자가 공증인의 면전에서 유언의 취지를 말하지 않고, 공증인이 미리 작성한 공정증서 내용의 정확함을 묻는 것은 구수가 아니며, 다른 방법으로 유언의 내용이 유언자의 의사에 부합한다는 것이 인정되면 구수라는 요건은 없어도 되는 것은 아니라고 한다.

그러나 일반적으로는 이러한 경우에도 구수가 있었다고 보고 있다. 즉 유언에 있어서는 유언자의 질병 등 급박한 사유 때문에 공증인이 병상에 출장하여 긴급하게 유언서를 작성하는 경우 등이 많으므로, 반드시 '구수 → 필기 → 낭독'의 순서를 거쳐 엄격하게 준행하여야만 유효한 유언이 된다고 해석하는 것은 탄력성을 잃게 되어 바람직스럽지 않고, 유언을 하게 된 사항이 급박하여 유언자가 일일이 그 내용을 구수하기 어렵고 유언의 내용이 장황, 복잡하여 유언자가 미리 내용을 정리해 두지 아니하면 내용의 일부를 빠뜨릴 우려가 있는 경우도 있을 것이므로, 필기가 구수보다 앞섰다는 이유만으로 그 유언을 무효라고 단정해서는 안 될 것이며, 이처럼 '필기 → 낭독 → 구수'의 순서로 유언을 하는 경우에는 공증인의 낭독에 대하여 유언자가 긍정하는 정도로도 유언의 취지를 구수한 것으로 보아야 할 것이라는 것이다.

4. 검 토

이 문제는 유언의 요식성이라는 법이 요구하는 요건과, 유언자의 진의 존중이라는 필요 사이에 내재하는 긴장관계에서 유래하는 것이다. 그 한계를 어떻게 그어야 할 것인가는 선험적으로 답변할 수 있는 것은 아니며, 구체적인 사실관계에 따라 결론이 달라질 수밖에 없다. 그렇지만 위 판결의 사실관계와 같은 경우에는 유언자의 진의는 확보되었다고 보아 유언이 유효하다고 볼 수 있을 것이다.

그러나 위 대법원 판결도 밝히고 있는 것처럼, 이는 유언자가 유언의 취지를 정확히 이해할 의사식별능력이 있고 유언의 내용이나 유언경위로 보아 유언 자체가 유언자의 진정한 의사에 기한 것으로 인정할 수 있는 경우에 한하여야 하고, 유언자의 유언능력 자체가 의심스러울 때에는 그러하지 않다.

5. 관련 판례

대판 2008.2.28, 2005다75019, 75026은 대상판결과 같은 취지이지만, 좀더 구체적으로 설시하였다. 즉 공정증서에 의한 유언에서 '유언취지의 구수'라고 함은 말로써 유언의 내용을 상대방에게 전달하는 것을 뜻하는 것으로서 이를 엄격하게 제한 해석하는 것이 원칙이므로 어떠한 형태이든 유언자의 구수는 존재하여야 하나, 실질적으로 구수가 이루어졌다고 보기 위하여 어느 정도의 진술이 필요한지는 획일적으로 정하기 어렵고 구체적인 사안에 따라 판단하여야 한다는 것이다.

참고문헌

박영규, 규정의 목적과 해석. 서울법학 15권 2호, 2008.

윤진수, 2007년도 주요 민법 관련 판례 회고, 민법논고 7권, 2015.

장재형, 유언공정증서 작성에서의 실무상 주요 쟁점, 인하대 법학연구 21권 2호, 2018.

정갑주, 공정증서에 의한 유언의 방식. 판례월보 1993. 12.

[판례 163]

유증의 목적물이 제3자의 권리의 목적인 경우의 법률문제

대법원 2018.7.26. 선고 2017다289040 판결

사 실

A는 1971.10. Y 법인을 설립하여 이사장으로 재직하면서 Y를 운영하였다. Y는 A 소유인 이 사건 토지 위에 1987.7.31. 건물을 신축하고 그 소유권을 취득하였으나, A에게 토지의 사용료를 지급한 일이 없었다. A는 1994.6.13. 이 사건 토지를 B 종친회에게 유증한 후 1999.11.1. 사망하였으며, 2001.4.11. 이 사건 토지에 관하여 B 앞으로 유증을 원인으로 한 소유권이전등기가 마쳐졌다. 한편 X는 B 종친회에 대한 약정금채권을 지급받기 위해 B를 상대로 지급명령을 신청, 발령받고 이에 기하여 B가 Y에 대해 가지는 2001.4.11.부터 2016.3.까지 이 사건 토지를 점유 사용하여 발생한 부당이득반환채권에 관하여 채권압류 및 추심명령을 받은 다음 그 추심금 지급을 청구하는 이 사건 소송을 제기하였다.

1심과 원심은 X의 청구를 받아들였으나, 대법원은 원심판결을 파기환송하였다.

이 유

민법 1085조는 "유증의 목적인 물건이나 권리가 유언자의 사망 당시에 제3자의 권리의 목적인 경우에는 수증자는 유증의무자에 대하여 그 제3자의 권리를 소멸시킬 것을 청구하지 못한다"라고 규정하고 있다. 이는 유언자가 다른 의사를 표시하지 않는 한 유증의 목적물을 유언의 효력발생 당시의 상태대로 수증자에게 주는 것이 유언자의 의사라는 점을 고려하여 수증자 역시 유증의 목적물을 유언의 효력발생 당시의 상태대로 취득하는 것이 원칙임을 확인한 것이다. 그러므로 유증의 목적물이 유언자의 사망 당시에 제3자의 권리의 목적인 경우에는 그와 같은 제3자의 권리는 특별한 사정이 없는 한 유증의 목적물이 수증자에게 귀속된 후에도 그대로 존

속하는 것으로 보아야 한다.

이 사건 토지에 대한 Y의 무상의 점유 · 사용이 유언자인 A와 사이에 성립된 사용대차관계에 의한 것이라면, 유증의 목적물인 이 사건 토지에 대한 사용차주로서 Y의 권리는 특별한 사정이 없는 한 수증자인 B 종친회가 이 사건 토지에 대한 소유권을 취득한 후에도 그대로 존속하는 것으로 보아야 한다. 따라서 원심으로서는 A가 사망할 당시 Y와 사이에 이 사건 토지에 관한 사용대차관계가 성립되어 있었는지 여부를 심리하여 B 종친회의 소유권 취득일 후에도 피고의 점유권원이 그대로 유지되는지 여부를 판단하였어야 함에도, 막연히 Y가 A에 대한 무상사용권을 가지고 새로운 소유자에게 대항할 수 없다는 이유를 들어 위와 같은 점유권원에 관한 Y의 주장을 배척한 원심의 판단에는 민법 1085조의 해석에 관한 법리를 오해하여 필요한 심리를 다하지 아니함으로써 판결 결과에 영향을 미친 위법이 있다.

해 설

1. 유증과 담보책임

유증은 무상행위이므로, 유증을 실행할 의무를 부담하는 유증의무자는 담보책임을 지지 않음이 원칙이다(증여에 관한 559조 1항 참조). 다만 유증의 목적물이 불특정물인 경우에는, 불특정물을 유증의 목적으로 한 경우에는 유증의무자는 그 목적물에 대하여 매도인과 같은 담보책임이 있다(1082조). 이 경우에는 유언자에게 완전한 물건을 유증할 의사가 있었다고 보는 것이 합리적이므로, 담보책임을 인정하고 있는 것이다. 여기서 말하는 담보책임에는 권리의 하자에 대한 담보책임과 물건의 하자에 대한 담보책임이 다 포함된다.

반면 특정물이 유증의 목적인 때에는 유증의무자에게는 담보책임이 없는 이유는, 유증자의 의사는 그 목적물을 현상 그대로 주려는 것이고, 수유자로서도 유증자가 보유하고 있던 상태 그 이상을 요구할 수는 없기 때문이다.

1085조는 유증의 목적인 물건이나 권리가 유언자의 사망 당시에 제삼자의 권리의 목적인 경우에는 수증자는 유증의무자에 대하여 그 제삼자의 권리를 소멸시킬 것을 청구하지 못한다고 규정한다. 이는 매매의 목적이 된 부동산에 저당권이나 전세권이 설정되어 있는 경우에 매도인이 담보책임을 부담하는 것(575, 576조)과는 다르다.

다만 유언자가 타인에 대하여 유증의 목적물 위에 존재하는 제3자의 권리를 소멸시키도록 청구할 권리를 가지고 있는 경우에는 수유자는 그 권리의 이전을 청구할 수 있다. 가령 유언자가 저당권이 있는 부동산을 매수하여 매도인에 대하여 그 저당권의 제거를 청구할 권리를 가지는데 그 부동산을 유증한 경우에는 수유자는 그 부동산의 매도인에 대하여 저당권의 제거를 청구할 수 있다. 1082조와 1085조는 임의규정이어서 유언자가 유언으로 다른 의사를 표시한 때에는 그에 의한다(1086조).

2. 대상판결 및 그에 대한 비판

대상판결은, 1085조를 근거로 하여, 유증의 목적물이 유언자의 사망 당시에 제3자의 권리의 목적인 경우에는 그와 같은 제3자의 권리는 특별한 사정이 없는 한 유증의 목적물이 수유자(유증을 받는 자, 민법과 대상판결은 이를 수증자라고 부른다)에게 귀속된 후에도 그대로 존속하는 것으로 보아야 한다고 판시하였다.

이에 대하여는 다음과 같은 비판이 있다. **첫째,** 유증목적물에 대한 제3자의 권리가 물권이 아닌 사용대차에 기한 권리와 같은 채권인 경우에는 1085조는 적용되지 않는다. 1085조와 같은 규정을 두고 있는 외국의 입법례에서도 제3자의 권리가 물권인 경우에만 이러한 규정이 적용되고, 유언자와 제3자 간의 채권관계가 수증자에게 당연히 이전될 이유는 없다는 것이다.

둘째, 1085조는 수유자와 유증의무자의 관계에 대해서만 다루고 있으므로, 수유자와 제3자의 관계는 1085조의 적용 대상이 아니다.

셋째, 일반적인 증여 또는 사인증여에는 인정되지 않는 법적 효과가 유독 유증에만 인정될 합리적 사유가 없다.

넷째, 유언자의 의사는 제3자의 권리를 소멸시켜 가면서까지 유증하겠다는 의사를 가지지는 않겠지만, 굳이 대항력 없는 제3자의 권리에 새로운 대항력을 부여해 가면서까지 제3자의 권리를 보호하겠다는 의사를 가진다고 단정하기도 어렵다.

3. 판례를 지지하는 견해

반면 판례를 지지하는 견해는 다음과 같이 주장한다. **첫째,** 1085조의 문언상 제3자의 권리에 채권이 포함된다고 보는 것에 특별히 문제는 없다. **둘째,** 채권과 같은 경우에 1085조가 적용되지 않는다면 제3자는 유증의무자에게 책임을 묻게 될 것인데, 그렇다고 하여 유증의무자가 수유자에게 구상을 청구할 수도 없다. **셋째,** 1085조는 부담부 유증을 하려는 것이 피상속인의 의사였던 것으로 해석하는 의사해석규정이라고 할 수 있다. **넷째,** 유증은 단독행위인 반면 증여는 계약이므로 양자를 동일하게 취급할 필요는 없다.

4. 검 토

이 문제에 대하여는 양론이 있을 수 있다. 그러나 결론적으로는 대상판결이 타당하다고 보인다.

첫째, 1085조가 "제3자의 권리"라고 하였을 뿐 이를 물권으로 제한하고 있지는 않으므로, 여기에 사용대차에서 발생하는 권리와 같은 채권을 포함시키는 것은 법의 문언에 어긋나지 않는다.

둘째, 1085조가 수유자와 유증의무자의 관계에 대해서만 다루고 있다고 본다면 1085조는 독자적인 존재이유가 별로 없게 된다. 특정물의 유증에서 유증의무자가 담보책임을 부담하지 않는다는 것은 1085조가 없더라도 담보책임은 유상행위에서만 인정된다는 원칙에서 당연히 나오는 것이기 때문이다.

셋째, 유언자의 의사를 보더라도, 유증의 목적물에 사용대차가 설정되어 있다면 수유자가 이를 용인하여야 한다고 생각하였을 수도 있다. 이 사건의 경우에는 A가 Y 법인을 설립하여 이사장으로 재직하면서 Y를 운영하였던 점에 비추어 보면, A가 B에게 이 사건 토지를 유증할 때에도 Y가 이 사건 토지를 대가 없이 사용하는 것은 그대로 용인하여야 한다고 생각하였을 수 있다.

한 가지 덧붙일 것은, 이 사건에서 B가 2001년부터 2016년까지 상당히 긴 기간 동안 Y에게 부당이득반환을 청구하였다는 사정이 보이지 않고, 부당이득반환을 청구한 것은 B의 채권자인 X였다. 이 점에서 이러한 청구가 B의 의사에 부합하는지도 의문이다.

참고문헌

권영준, 제3자의 권리 대상인 유증 목적물의 법률관계, 민법판례연구 1, 2019.
김가을, 민법 제1085조 해석에 관하여, 홍익법학 20권 4호, 2019.
이소은, 제3자의 권리 대상인 유증 목적물의 법률관계, 비교사법 26권 2호, 2019.
최수정, 유증목적물에 대한 제3자의 권리, 가족법연구 33권 1호, 2019.
현소혜, 특정물 유증에서의 담보책임, 2018년 가족법 주요 판례 10선, 2019.

[판례 164]

유류분 제도 시행 전에 증여된 재산이 유류분 부족액 산정시 공제되어야 하는지 여부

대법원 2018.7.12. 선고 2017다278422 판결

사 실

A(2015.9.4. 사망)는 남편인 B(1950.7.8. 사망)와 사이에 4명의 자녀로 X_1, X_2, Y 및 C를 낳았다. C는 A의 사망 전인 2001.11.19. 사망하였는데, 그 배우자로는 처 D, 자녀들로는 E, F, G, H가 있었다. A가 2015.9.4. 사망할 당시 A 소유의 재산으로는 이 사건 부동산이 있었고, 그 밖에 다른 적극재산이나 소극재산은 없었다. A는 사망 전인 2013.5.30. 이 사건 부동산을 Y에게 유증하는 내용의 유언공정증서를 작성하였고, 이에 따라 Y는 A의 사망 후인 2015.10.7. 이 사건부동산에 관하여 유증을 원인으로 한 소유권이전등기를 마쳤다.

X들은 Y에 대하여 유류분반환을 청구하였는데, 이에 대하여 Y는 X들이 A로부터 1960년부터 1972년 사이에 증여된 재산은 X들의 유류분 부족액에서 공제하여야 한다고 주장하였다. 원심은 Y의 주장을 받아들이지 않았으나, 대법원은 원심판결을 파기환송하였다.

이 유

유류분 제도가 생기기 전에 피상속인이 상속인이나 제3자에게 재산을 증여하고 이행을 완료하여 소유권이 수증자에게 이전된 때에는 피상속인이 1977.12.31. 법률 제3051호로 개정된 민법 시행 이후에 사망하여 상속이 개시되더라도 소급하여 증여재산이 유류분 제도에 의한 반환청구의 대상이 되지는 않는다. 개정 민법의 유류분 규정을 개정 민법 시행 전에 이루어지고 이행이 완료된 증여에까지 적용한다면 수증자의 기득권을 소급입법에 의하여 제한 또는 침해하

는 것이 되어 개정 민법 부칙 2항의 취지에 반하기 때문이다

그러나 유류분 제도의 취지는 법정상속인의 상속권을 보장하고 상속인 간의 공평을 기하기 위함이고, 민법 1115조 1항에서도 '유류분권리자가 피상속인의 증여 및 유증으로 인하여 그 유류분에 부족이 생긴 때에는 부족한 한도 내에서 그 재산의 반환을 청구할 수 있다'고 규정하여 이미 법정 유류분 이상을 특별수익한 공동상속인의 유류분반환청구권을 부정하고 있다. 이는 개정 민법 시행 전에 증여받은 재산이 법정 유류분을 초과한 경우에도 마찬가지로 보아야 하므로, 개정 민법 시행 전에 증여를 받았다는 이유만으로 이를 특별수익으로도 고려하지 않는 것은 유류분 제도의 취지와 목적에 반한다고 할 것이다. 또한 민법 1118조에서 1008조를 준용하고 있는 이상 유류분 부족액 산정을 위한 특별수익에는 그 시기의 제한이 없고, 민법 1008조는 유류분 제도 신설 이전에 존재하던 규정으로 민법 부칙 2조와도 관련이 없다.

따라서 개정 민법 시행 전에 이행이 완료된 증여 재산이 유류분 산정을 위한 기초재산에서 제외된다고 하더라도, 위 재산은 당해 유류분 반환청구자의 유류분 부족액 산정 시 특별수익으로 공제되어야 한다.

해 설

1. 유류분 부족액의 산정방법

유류분 부족액의 산정은 다음과 같은 공식에 의하여 나타낼 수 있다.

유류분 부족액=A(유류분 산정의 기초가 되는 재산액)×B(그 상속인의 유류분 비율)－C(그 상속인의 특별수익액)－D(그 상속인의 순상속액)

A=적극적 상속재산+산입될 증여－상속채무액

B=법정상속분의 1/2 또는 1/3

C=당해 유류분권리자의 수증액+수유액

D=당해 유류분권리자의 구체적 상속분－(소극재산×상속분)

예컨대 피상속인 A의 상속인으로 배우자 B와 딸 C가 있는데, 적극상속재산은 1억 원이고 상속채무는 9,000만 원이며, 죽기 6개월 전에 제3자 D에게 가액 3,000만 원의 증여를 하였다. 그리고 B과 C는 A로부터 각각 200만 원의 생전증여를 받았다.

B의 유류분 부족액: {(1억 원+3,000만 원+400만 원－9,000만 원)×(3/5×1/2)}－200만 원－{(1억 원+400만 원)×3/5－200만 원－9,000만 원×3/5}=480만 원

C의 유류분 부족액: {(1억 원+3,000만 원+400만 원－9,000만 원)×(2/5×1/2)}－200만 원－{(1억 원+400만 원)×2/5－200만 원－9,000만 원×2/5}=320만 원

그리하여 B는 480만 원, C는 320만 원을 각각 D에게 청구할 수 있다.

초과특별수익자가 있는 경우는 어떠한가? 이때에는 유류분 부족액을 산정함에 있어서 공제할 상속재산(앞 식에서 D)을 초과특별수익자가 있음을 고려하여 산정하여야 하고, 단순히 원래의 상속재산에 상속분을 곱하여 계산하여서는 안 된다(대판 2021.8.19, 2017다235791, [**판례** 167] 참조).

2. 산입될 증여

유류분 산정의 기초재산에 산입될 증여(A)는 모든 증여가 아니고, 다음 2가지가 상속재산에 가산된다. **첫째,** 상속개시 전의 1년 간에 행하여진 증여(1114조 1문). **둘째,** 당사자 쌍방이 유류분권리자에 손해를 가할 것을 알고 한 증여(동조 2문). 여기서 상속개시 전 1년간인지의 여부는 증여계약 체결시를 기준으로 하며, 따라서 증여계약이 상속개시보다 1년 전에 행하여졌으면, 그 이행이 1년 이내에 이루어졌더라도 상속재산에 가산되지 않는다고 보는 것이 일반적인 견해이다. 그러나 증여가 행해졌다는 것은 그 이행이 완료된 때를 의미하고, 따라서 부동산의 경우에는 등기가 경료된 때라고 해석하여야 한다. 대상판결이나 아래에서 언급할 대판 2012.12.13, 2010다78722도 상황은 다소 다르지만 이행이 완료된 때를 기준으로 하고 있다.

3. 공동상속인에 대한 증여

공동상속인에 대한 증여는 그것이 특별수익에 해당할 때에는 1118조가 특별수익에 관한 1008조를 준용하고 있으므로, 증여시기를 불문하고 유류분 산정의 기초재산에 산입한다는 것이 판례(대판 1995.6.30, 93다11715 등)이고 통설이다. 헌법재판소 2010.4.29. 선고 2007헌바144 결정도 그것이 재산권과 평등권을 침해하는 것이 아니라고 하였다.

그러나 상속개시보다 훨씬 이전에 행하여진 증여까지 공동상속인에 대한 증여라 하여 유류분 산정에서 고려하는 것은 문제가 있다. 이에 대하여는 [**판례** 166]의 해설 참조.

4. 1979년 이전에 이루어진 증여가 유류분 반환청구의 대상이 되는지 여부

유류분 제도는 1977.12.31. 민법이 개정되면서 도입되었고, 이는 1979.1.1.부터 시행되었다. 공동상속인에 대한 증여가 1978.12.31. 이전에 이루어진 경우에, 여기에도 1114조 1문이 적용된다면 이제 와서는 이것이 유류분 산정의 기초재산에 산입되는지 여부가 문제되지 않을 것이다. 그러나 판례와 같이 이 점을 부정한다면, 1979년 이전에 이루어진 증여가 유류분 산정의 기초재산에 산입되는지 여부를 따져 보아야 한다.

이에 관하여 대판 2012.12.13, 2010다78722는, 유류분 제도가 생기기 전에 피상속인이 상속인이나 제3자에게 재산을 증여하고 그 이행을 완료하여 소유권이 수증자에게 이전된 때에는 피상속인이 개정 민법 시행 이후에 사망하여 상속이 개시되더라도 소급하여 그 증여재산이 유류분 제도에 의한 반환청구의 대상이 되지는 않는다고 하였다. 그 근거는 개정 민법의 유류분

규정을 개정 민법 시행 전에 이루어지고 이행이 완료된 증여에까지 적용한다면 수증자의 기득권을 소급입법에 의하여 제한 또는 침해하는 것이 되어 위 개정 민법 부칙 제2항('이 법은 종전의 법률에 의하여 생긴 효력에 대하여 영향을 미치지 아니 한다')의 취지에 반한다는 것이다. 이 판결은 대체로 지지를 받고 있다.

한편 이 판결은, 개정 민법 시행 이전에 증여계약이 체결되었더라도 그 이행이 완료되지 않은 상태에서 개정 민법이 시행되고 그 이후에 상속이 개시된 경우에는 상속 당시 시행되는 개정 민법에 따라 위 증여계약의 목적이 된 재산도 유류분 반환의 대상에 포함된다고 하였다.

5. 1979년 이전에 이루어진 증여가 유류분 부족액 산정시 공제되어야 하는지 여부

대상판결의 원심은 위 2010다78722 판결이, 유류분청구권자가 증여받은 재산에도 적용되는 것으로 이해하였다. 그리하여 X들이 유류분제도 시행 전에 소유권이전등기를 마친 부동산은 유류분권리자의 유류분 부족액을 산정함에 있어 공제되어야 할 특별수익(위 공식에서 C)에 해당하지 않는 것으로 보았다.

그러나 대상판결은 이러한 부동산은 공제되어야 할 특별수익에 해당한다고 보았다. 그 근거는, 1118조가 유류분에 관하여 특별수익에 관한 1008조('공동상속인 중에 피상속인으로부터 재산의 증여 또는 유증을 받은 자가 있는 경우에 그 수증재산이 자기의 상속분에 달하지 못한 때에는 그 부족한 부분의 한도에서 상속분이 있다')를 준용하고 있는데, 특별수익에는 그 시기의 제한이 없고, 1008조는 유류분 제도 신설 이전에 존재하던 규정으로 이 1977년 개정 민법 부칙 2조와도 관련이 없다는 점을 들고 있다.

이러한 판시는 타당하다. 유류분 제도 시행 전에 이행이 완료된 증여재산이 유류분 반환청구의 대상이 되지는 않더라도, 그러한 재산을 유류분권리자가 증여받았다면, 이는 특별수익으로서 공제되는 것이 유류분제도의 목적에 부합한다. 유류분권리자가 유류분 이상을 상속받았거나 증여받았다면 유류분반환청구권이 없는데, 이는 그 증여가 유류분 제도 시행 전이라 하여 달라질 이유가 없다. 다른 말로 한다면, 이러한 유류분권리자는 이미 충분한 특별수익을 받았으므로 유류분제도에 의한 보호를 필요로 하지 아니하며, 이는 그 증여가 유류분제도 시행 전에 이행이 완료되었다 하여도 마찬가지라는 것이다.

참고문헌

박영욱, 개정 민법 시행 이전에 완료된 유류분반환청구권자에 대한 증여를 유류분반환청구에서 고려하여야 하는지 여부, 대법원판례해설 117호, 2019.

신종열, 유류분 제도 시행 전 증여의 법률관계, 법과 정의 그리고 사람, 박병대 대법관 재임기념 문집, 2017.

정구태, 유류분제도 시행 전 증여된 재산에 대한 유류분반환, 홍익법학 14권 1호, 2013.

정구태, 유류분 부족액 산정 시 유류분제도 시행 전 이행된 특별수익의 취급, 2018년 가족법 주요판례 10선, 2019.

[판례 165]

상속분 양도가 유류분 산정의 기초재산에 산입되는 증여에 해당하는지 여부

대법원 2021.7.15. 선고 2016다210498 판결

사 실

A는 B와 혼인하여 그 사이에 자녀로 X, Y, C, D, E를 두었다. A는 1980.5.21. 사망하였고, B는 2011.9.6. 사망하였다. A의 사망 당시 상속재산은 이 사건 아파트뿐이다.

Y는 2013.10.21. X를 비롯하여 다른 공동상속인을 상대로 A의 상속재산에 관하여 상속재산분할 심판을 청구하였다. B는 그 심판청구 전인 2011.5.경 Y에게 자신의 상속분 6/25을 무상으로 양도하였고, D는 2014.2.경 Y에게 자신의 상속분 4/25를 무상으로 양도하였다.

상속재산분할 심판 절차에서 법원은 2014.4.3. Y의 최종 상속분은 16/25(= Y의 원래 상속분 6/25 + B의 상속분 6/25 + D의 상속분 4/25)이 되었다고 판단하고, 이 사건 아파트는 Y의 소유로 하고 Y가 다른 공동상속인들에게 정산금을 지급하도록 하는 상속재산분할 심판을 하였다. 이 심판은 항고, 재항고를 거쳐 그대로 확정되었다. 그러자 X는 다시 Y를 상대로 유류분반환청구를 하였다. 여기서 쟁점은 B가 Y에게 A의 상속재산 중 상속분 6/25을 양도한 것은 실질적으로 증여한 것과 같으므로, 이는 유류분 산정을 위한 기초재산에 산입되어야 하는가 하는 점이었다.

1심은 A의 Y에 대한 상속분 양도는 증여라고 보았으나, 원심은 이를 부정하였다. 그러나 대법원은 이 부분에 관한 원심판결을 파기환송하였다.

이 유

공동상속인이 다른 공동상속인에게 무상으로 자신의 상속분을 양도하는 것은 특별한 사정이 없는 한 유류분에 관한 민법 1008조의 증여에 해당하므로, 그 상속분은 양도인의 사망으로 인한 상속에서 유류분 산정을 위한 기초재산에 산입된다고 보아야 한다.

유류분 산정의 기초재산에 산입되는 증여에 해당하는지 여부를 판단할 때에는 피상속인의 재산처분행위의 법적 성질을 형식적·추상적으로 파악하는 데 그쳐서는 안 되고, 재산처분행위가 실질적인 관점에서 피상속인의 재산을 감소시키는 무상처분에 해당하는지 여부에 따라 판단하여야 한다.

다른 공동상속인으로부터 상속분을 양수한 공동상속인은 자신이 가지고 있던 상속분과 양수한 상속분을 합한 상속분을 가지고 상속재산분할 절차에 참여하여 그 상속분 합계액에 해당하는 상속재산을 분배해 달라고 요구할 수 있다. 따라서 상속분에 포함된 적극재산과 소극재산의 가액 등을 고려할 때 상속분에 재산적 가치가 있다면 상속분 양도는 양도인과 양수인이 합의하여 재산적 이익을 이전하는 것이라고 할 수 있다. 상속재산분할이 상속이 개시된 때 소급하여 효력이 있다고 해도, 위와 같이 해석하는 데 지장이 없다.

해 설

1. 유류분 산정의 기초재산에 포함되는 증여의 개념

유류분 산정의 기초재산에 포함되는 증여의 개념은 폭넓게 파악하여야 한다. 그러므로 유류분 산정의 기초재산에 포함되는 '증여'는 실질적인 관점에서 피상속인의 재산 감소를 가져오는 무상처분을 의미한다. 554조의 이하의 전형적인 증여계약에 해당하지 않더라도 여기의 증여에 포함되고, 단독행위도 포함될 수 있다. 이렇게 해석하는 것이 유류분 제도의 입법 목적에 부합하기 때문이다.

예컨대 소유권 등 권리의 무상 양도, 무상의 용익물권 설정, 대가 없는 물적 담보의 제공, 채무 면제, 노무의 무상 제공, 법인 설립을 위한 무상의 출연행위, 사용대차 또는 무이자 소비대차는 여기서 말하는 증여에 포함된다. 증여와 동일시할 수 있는 제3자를 위한 무상의 사인처분도 유류분 산정의 기초가 되는 재산에 산입된다. 상속인을 보험수익자로 지정하여 생명보험계약을 체결한 경우 그 보험금은 상속재산이 아니라 상속인의 고유재산이지만, 실질적으로 보험계약자의 무상출연이 있는 것이므로 여기의 증여에 해당한다([판례 168] 참조).

2. 상속분의 무상양도

대상판결은 공동상속인이 다른 공동상속인에게 무상으로 자신의 상속분을 양도하는 것을 증여로 보았다. 일본 最高裁判所 2018(平成 30).10.19. 판결(民集 72巻 5号 900면)도 같은 취지이다.

그 근거는 다음과 같다. **첫째,** 상속분의 양도에 따라 개개의 상속재산의 공유지분의 이전도 생기므로, 상속분의 양도는 재산적 이익의 이전이라고 볼 수 있다. 상속채무를 고려할 때 상속분을 양수받아도 재산적 이익이 없는 경우가 있을 수 있으나, 그렇다고 하여 일반적으로 '상속분의 양도'가 '재산적 이익의 이전'이 아니라고 할 수 없다.

둘째, 상속분의 양수인은 상속재산분할 절차에 참가하여 그 상속분에 해당하는 재산의 분배를 요구할 수 있으므로, 상속분 양도의 효과가 잠정적인 것에 불과하다고 볼 수 없다.

셋째, 상속재산분할의 소급효는 의제에 불과할 뿐 실제로 상속재산 공유 상태가 존재하였다는 사실까지 없었다고 보는 것은 아니다. 상속분의 양도로 인해 양수인이 재산적 이익을 얻었다면 유류분 산정에서 이를 고려해야 유류분 제도의 취지에 맞는다.

3. 상속의 포기와의 관계

대결 2012.4.16, 2011스191, 192는, 유류분이 아니라 상속재산 분할과 관련하여, 상속의 포기는 상속이 개시된 때에 소급하여 그 효력이 있고, 포기자는 처음부터 상속인이 아니었던 것이 되므로, 수인의 상속인 중 1인을 제외한 나머지 상속인들의 상속포기 신고가 수리되어 결과적으로 그 1인만이 단독상속하게 되었다고 하더라도 그 1인의 상속인이 상속포기자로부터 그 상속지분을 유증 또는 증여받은 것이라고 볼 수 없다고 하였다. 이는 대상판례와는 조화되지 않는다.

이에 대하여는 상속의 포기는 절대적 소급효가 인정되므로 상속분이 양도와는 다르다는 주장이 있으나, 그러한지 의문이다.

4. 그 후의 판례

대판 2021.8.19, 2017다230338은 대상판결을 원용하면서, 상속분의 양도가 아니라 상속재산 분할협의에 따라 무상으로 양도된 것으로 볼 수 있는 상속분은 양도인의 사망으로 인한 상속에서 유류분 산정을 위한 기초재산에 포함된다고 보아야 한다고 판시하였다.

참고문헌

권재문, 상속분 양도와 제1008조의 특별수익, 민사법학 97호, 2021.

이봉민, 무상의 상속분 양도가 유류분 산정을 위한 기초재산에 산입되는지 여부, 대법원판례해설 129호, 2022.

[판례 166]

상속개시 전 증여재산이 수용된 경우 유류분 산정시 증여재산의 가액산정 시점

대법원 2023.5.18. 선고 2019다222867 판결

사 실

A는 2014.12.2. 사망하였는데, 자녀인 X들과 Y가 망인을 공동상속하였다. A는 1995.5.30. 자신이 소유하고 있던 이 사건 각 토지에 관하여 1995.5.25. 증여를 원인으로 하여 Y 앞으로 소유권이전등기를 마쳐주었다. 한국토지주택공사는 2009.11.3. 이 사건 각 토지를 수용하였고, Y는 2009.12.11. 한국토지주택공사로부터 수용보상금 5,118,316,500원을 수령하였다.

X들은 Y를 상대로 유류분반환을 청구하였다. 원심은 이 사건 각 토지의 증여로 인하여 X들의 유류분이 침해되었다고 인정하고 Y에게 유류분 반환을 명하였는데, 이를 산정함에 있어서 위 토지의 가액을 상속개시시(2014.12.2.)를 기준으로 하여 7,233,034,000원으로 인정하였다.

그러나 대법원은 원심판결 중 Y 패소 부분을 파기환송하였다.

이 유

민법 문언의 해석과 유류분 제도의 입법 취지 등을 종합할 때 피상속인이 상속개시 전에 재산을 증여하여 그 재산이 유류분반환청구의 대상이 된 경우, 수증자가 증여받은 재산을 상속개시 전에 처분하였거나 증여재산이 수용되었다면 민법 1113조 1항에 따라 유류분을 산정함에 있어서 그 증여재산의 가액은 증여재산의 현실 가치인 처분 당시의 가액을 기준으로 상속개시까지 사이의 물가변동률을 반영하는 방법으로 산정하여야 한다.

해 설

1. 종전의 판례

대판 2005.6.23, 2004다51887은, 유류분액을 산정함에 있어 피고들이 증여받은 재산의 시가는 상속개시 당시를 기준으로 산정하여야 하고, 당해 피고에 대하여 반환하여야 할 재산의 범위를 확정한 다음 위에서 본 바와 같이 그 원물반환이 불가능하여 가액반환을 명하는 경우에는 그 가액은 사실심 변론종결시를 기준으로 산정하여야 한다고 판시하였다. 이 사건은 피고가 피상속인으로부터 주식을 증여받았는데, 원고가 유류분 반환청구를 하였고, 피고는 당시 증여받은 주식을 보유하고 있지 않았던 경우였다. 그러나 위 판결에서 원물반환이 불가능하게 된 시점이 상속개시 전인지 아닌지는 불분명하다. 또 대법원 2021.6.10. 선고 2021다213514 판결도 이를 재확인하면서, 원물반환이 불가능한지 여부에 따라 반환할 가액의 산정 기준이 달라지지 아니한다고 하였다. 그런데 이 사건에서는 유류분권리자와 반환의무자가 모두 가액반환에 동의한 사건이었다.

한편 대상판결과 같이 부동산이 수용된 경우에 관하여는 대법원의 명시적인 판례는 없다. 다만 서울고등판 2018.10.17, 2017나2065297은, 상속개시 전에 증여된 부동산이 수용된 경우에 대하여, 상속개시 당시 시가를 반환하여야 할 증여재산으로 인정하였다.

그리고 헌재결 2010.4.29, 2007헌바144는, 유류분산정의 기초재산에 가산되는 증여재산의 평가시기를 증여재산이 피상속인 사망 전에 처분되거나 수용되었는지를 묻지 않고 모두 상속개시시로 하는 것이 헌법에 위반되지 않는다고 하였다.

2. 학 설

상속개시 전에 증여받은 목적물의 원물반환이 이미 불가능하게 된 경우에 증여재산의 가액산정 기준시에 관하여는 몇 가지 학설이 주장되고 있다.

제1설은 유류분액을 산정하여 유류분 침해의 유무를 판단하는 제1단계와, 원물반환이 불가능하여 그 가액을 산정하는 제2단계에서 모두 상속개시시설을 기준으로 하여야 한다고 주장한다. 제2설은 제1단계에서는 상속개시시가 기준이 되지만, 제2단계에서는 원물반환이 불가능하게 된 때, 즉 처분시 또는 멸실시로 보아야 한다고 주장한다. 제3설은 제2단계의 유류분 산정시에는 수증재산의 대상인 처분대가가 상속개시시에 갖는 가치를 기준으로 삼아야 한다는 점에서는 제2설과 마찬가지이지만, 1단계에서도 상속개시시가 아니라 수증재산의 처분시 시가에 상속개시 시까지의 물가상승률을 고려한 금액을 유류분 산정 기초재산에 산입하여야 한다고 주장한다.

3. 대상판결

대상판결은 수증자가 증여받은 재산을 상속개시 전에 처분하였거나 증여재산이 수용되었다면 유류분을 산정함에 있어서 그 증여재산의 가액은 증여재산의 현실 가치인 처분 당시의 가액을 기준으로 상속개시까지 사이의 물가변동률을 반영하는 방법으로 산정하여야 한다고 판시하였다.

그 이유는 다음과 같다. 수증자가 증여재산을 상속개시 시까지 그대로 보유하고 있는 경우에는 그 재산의 상속개시 당시 시가를 증여재산의 가액으로 평가할 수 있다. 이에 비하여 수증자가 상속개시 전에 증여재산을 처분하였거나 증여재산이 수용된 경우 그 재산을 상속개시 시를 기준으로 평가하는 방법은 위의 경우와 달리 보아야 한다.

1113조 1항이 "상속개시 시에 있어서 가진 재산의 가액"이라고 규정하고 있을 뿐이므로 상속개시 시에 원물로 보유하고 있지 않은 증여재산에 대해서까지 그 재산 자체의 상속개시 당시 교환가치로 평가하라는 취지로 해석하여야 하는 것은 아니고, 상속개시 전에 증여재산이 처분되거나 수용된 경우 그 상태대로 재산에 편입시켜 유류분을 반환하도록 하는 것이 타당하다.

대법원은 유류분반환에 있어서 증여받은 재산이 금전일 경우에는 그 증여받은 금액을 상속 개시 당시의 화폐가치로 환산하여 이를 증여재산의 가액으로 봄이 상당하고, 그러한 화폐가치의 환산은 증여 당시부터 상속개시 당시까지 사이의 물가변동률을 반영하는 방법으로 산정하는 것이 합리적이라고 판시하였다. 부동산 등 현물로 증여된 재산이 상속개시 전에 처분 또는 수용된 경우, 상속개시 시에 있어서 수증자가 보유하는 재산은 수증자가 피상속인으로부터 처분대가에 상응하는 금전을 증여받은 것에 대하여 처분 당시부터 상속개시 당시까지 사이의 물가변동률을 반영하는 방법으로 상속개시 당시의 화폐가치로 환산한 것과 실질적으로 다를 바 없다.

증여재산이 상속개시 전에 처분되었음에도 그와 같이 이미 처분된 재산을 상속개시 시의 시가로 평가하여 가액을 산정한다면, 수증자가 상속개시 당시 증여재산을 원물 그대로 보유하는 것으로 의제하는 결과가 된다. 증자가 재산을 처분한 후 상속개시 사이에 그 재산의 가치가 상승하거나 하락하는 것은 수증자나 기타 공동상속인들이 관여할 수 없는 우연한 사정이다. 그럼에도 상속개시 시까지 처분재산의 가치가 증가하면 그 증가분만큼의 이익을 향유하지 못 하였던 수증자가 부담하여야 하고, 감소하면 그 감소분만큼의 위험을 유류분청구자가 부담하여야 한다면 상속인 간 형평을 위하여 마련된 유류분제도의 입법 취지에 부합하지 않게 된다.

만약 피상속인이 재산을 보유하다가 자신의 생전에 이를 처분하거나 재산이 수용된 후 사망하였다면 재산 자체의 시가상승으로 인한 이익이 상속재산에 편입될 여지가 없다. 그런데 피상속인이 생전에 증여를 한 다음 수증자에 의하여 처분되거나 수용되었다고 하여 그 재산의 시가상승 이익을 유류분 반환대상에 포함시키도록 재산가액을 산정한다면 수증자의 재산 처분을 제재하는 것과 마찬가지가 된다.

4. 검 토

이 문제는 기본적으로 수증재산의 가액이 변동하는 경우에, 그 변동의 이익 또는 위험을 유류분을 반환하여야 하는 수증자에게 귀속시킬 것인가 아니면 유류분권리자에게 귀속시킬 것인가 하는 점이다. 수증자가 수증재산을 처분한 후 유류분 반환이 청구된다면, 그 수증재산의 가액을 반환함에 있어서 목적물의 가치 산정은 수증재산을 처분한 때를 기준으로 하여야 할 것이다. 그리고 상속개시 전에 수증자가 수증재산을 처분한 경우에는 유류분부족액을 산정하는 제1단계에서도 마찬가지로 적용되어야 한다. 다만 수증자가 수증재산을 처분한 것이 상속 개시 후라면, 유류분부족액을 산정하는 제1단계에서는 상속개시 시의 수증재산의 가액을 산정하고, 반환하여야 할 가액을 산정하는 제2단계에서는 처분시를 기준으로 하여야 할 것이다.

먼저 제2단계를 중심으로 하여 살펴본다. 수증자가 수증재산을 더 이상 보유하고 있지 않다면, 그 후의 수증재산의 가치 변동은 더 이상 수증자가 영향을 미칠 수 없는 사항이고, 따라서 이로 인하여 수증자가 불이익을 받거나 이익을 받는 것은 합리적이라고 할 수 없다. 경우를 나누어 살펴본다. 수증자가 수증재산을 제3자에게 처분한 후 수증재산의 시가가 올랐다면, 그 오른 가격을 수증자에게 부담시키는 것은 부당하다. 프랑스의 문헌이 설명하는 것처럼, 증여에 의하여 받은 이익과 관계없는 것까지 청구함으로써 수증자를 파산에까지 이르게 하는 것은 불공정(injuste)하다고 하지 않을 수 없다. 반대로 수증자가 수증재산을 제3자에게 처분한 후 목적물의 시가가 떨어졌다고 하여 시가가 떨어진 시점의 가액만을 반환하게 한다는 것도 마찬가지로 불합리하다.

그러므로 수증자가 수증재산을 처분함으로써 이를 반환하지 못하게 되었다면 그 처분 시점의 수증재산의 가액만큼을 반환하는 것이 공평하다. 좀 더 정확히 말한다면, 처분이 상속개시 전에 이루어졌을 때에는 처분 당시의 수증재산의 가액에 상속개시 당시까지 사이의 물가변동률을 반영하는 방법으로 산정하여야 한다. 이는 수증자가 금전을 증여받은 경우와 마찬가지로 취급하는 것이 된다.

반면 처분이 상속개시 후에 이루어졌다면, 이때에는 처분 당시의 증여 목적물 가액이 기준이 될 것이다. 이 때 수증재산을 대가를 받고 처분하였다면, 통상적으로는 그 대가를 그 처분 시점의 수증재산의 가액으로 볼 수 있을 것이다.

대법원 판결도 기본적으로 같은 취지이다. 즉 수증자가 재산을 처분한 후 상속개시 사이에 그 재산의 가치가 상승하거나 하락하는 것은 수증자나 기타 공동상속인들이 관여할 수 없는 우연한 사정인데, 그럼에도 상속개시시까지 처분재산의 가치가 증가하면 그 증가분만큼의 이익을 향유하지 못하였던 수증자가 부담하여야 하고, 감소하면 그 감소분만큼의 위험을 유류분청구자가 부담하여야 한다면 상속인간 형평을 위하여 마련된 유류분제도의 입법취지에 부합하지 않게 된다는 점을 강조하고 있다. 또 피상속인이 생전에 증여를 한 다음 수증자에 의하여 처분되거나 수용되었다고 하여 그 재산의 시가상승 이익을 유류분 반환대상에 포함시키도록 재산가액을 산정한다면 수증자의 재산 처분을 제재하는 것과 마찬가지가 된다고 지적한다.

5. 증여의 시기

대상판결에서 문제가 된 증여는 1995.5.25. 있었고, 상속 개시는 2014.12.2.이었다. 종래 판례(대판 1995.6.30, 93다11715 등)와 통설은, 공동상속인에 대한 증여는 그것이 특별수익에 해당할 때에는 1118조가 특별수익에 관한 1008조를 준용하고 있으므로, 증여는 상속 개시전의 1년간에 행한 것에 한하여 그 가액을 산정한다고 규정하고 있는 1114조에도 불구하고 증여시기를 불문하고 유류분산정의 기초재산에 산입한다고 보고 있다. 대상 판결도 같은 전제에 서 있다.

그러나 상속개시 전 1년 전의 증여는 그것이 공동상속인에 대한 것인 때에도 1114조에 따라 당사자 쌍방이 유류분권리자에 손해를 가할 것을 알고 증여를 한 때에만 유류분산정의 기초재산에 해당한다고 보아야 한다. 우선 1118조에 의하여 준용되는 1008조는 "공동상속인 중에 피상속인으로부터 재산의 증여 또는 유증을 받은 자가 있는 경우에 그 수증재산이 자기의 상속분에 달하지 못한 때에는 그 부족한 부분의 한도에서 상속분이 있다."고 규정하여, 증여 또는 유증을 받은 사람은 그만큼을 원래의 상속분에서 공제할 것을 규정하고 있을 뿐, 증여 또는 유증을 받은 액수를 원래의 의미의 상속재산에 가산할 것을 규정하고 있지는 않다. 증여가 상속재산에 산입된다는 것은 1113조 1항이 규정하고 있고, 1114조는 그 산입될 증여의 범위를 제한하고 있다. 그러므로 1008조의 준용에 의하여 공동상속인에 대한 증여가 상속재산에 가산된다고 본다면 공동상속인에 대한 증여에 관하여는 중복된 규정을 두는 것이 된다. 따라서 1008조에 의하여 1114조의 적용범위가 달라진다고 하는 것이 해석상 당연히 도출되는 결론은 아니다. 가령 입법자가 그러한 결과를 의도하였다고 한다면, 공동상속인에 대한 증여에 관하여는 제1114조가 적용되지 않는다고 명확히 규정하였어야 할 것이다. 단순히 1008조를 준용한다는 것만으로 그러한 결론을 이끌어낼 수는 없다.

참고문헌

권민재, 증여재산의 처분과 유류분 가액산정, 대법원판례해설 135호, 2023.

김형석, 유류분의 반환과 부당이득, 민사판례연구 제29권, 2007.

양승욱, 우리 민법상 유류분액 산정의 기초재산에 산입될 증여의 의미, 홍익법학 22권 3호, 2021.

윤진수, 유류분반환청구에서 공동상속인에 대한 증여의 시기와 증여 가액의 산정 시점, 비교사법 29권 4호, 2022.

윤진수, 수증자가 증여받은 재산을 상속개시 전에 처분하였거나 수용된 경우 유류분 산정의 기준시기, 법률신문 2023.8.28.(5108호).

이승현, 상속개시 전 증여재산이 처분된 경우와 유류분 산정시 증여재산의 가액산정 시점, 법조 72권 6호, 2023.

이은정, 특별수익 반환가액의 산정, 경북대 법학논고 제35집, 2011.

임종효, 민법 제1118조 중 제1008조를 유류분에 준용하는 부분의 위헌 여부에 대한 소고(小考), 서울가정법원 가사소년재판연구회, 가사재판연구(3), 2018.

정구태, 공동상속인 간의 유류분 반환과 특별수익, 가족법연구 제24권 3호, 2010.

정구태, 2021년 상속법 관련 주요 판례 회고, 가족법연구 제36권 2호, 2022.

최준규, 유류분과 기업승계, 사법 제37호, 2016.

[판례 167]

유류분액에서 공제할 순상속분액의 산정방법

대법원 2021.8.19. 선고 2017다235791 판결

사 실

A는 2013년 6월 17일 사망하였고, 사망 당시 망인의 상속인으로는 자녀들인 X_1, X_2, X_3과 Y가 있었다. A 사망 당시 적극적 상속재산으로는 상속개시 당시의 시가 4억 1,000만 원 상당의 부동산과 아파트에 대한 임차인으로부터 지급받은 2억 4,000만 원이 있었고, 상속채무는 위 임대차보증금반환채무 2억 4,000만 원이 있었다. A는 원고들과 피고에게 생전증여를 하였는데, 그 증여의 상속개시 당시 액수는 X_1: 156,546,274원, X_2: 441,207,832원, X_3: 150,912,518원, Y: 18,500,000,000원이었다. X들은 Y가 A로부터 생전증여를 받아서 자신들의 유류분이 침해되었다고 주장하면서 Y를 상대로 이 사건 유류분반환청구소송을 제기하였다.

원심은 유류분액을 산정하면서 공제할 순상속분액을 법정상속분으로 보아 Y에게 X_1과 X_3에게 유류분을 반환할 것을 명하였다. 그러나 대법원은 원심판결 중 Y 패소부분을 파기환송하였다.

이 유

유류분제도는 피상속인의 재산처분행위로부터 유족의 생존권을 보호하고 법정상속분의 일정 비율에 해당하는 부분을 유류분으로 산정하여 상속인의 상속재산형성에 대한 기여와 상속재산에 대한 기대를 보장하는 데 입법 취지가 있다. 유류분에 관한 민법 1118조에 의하여 준용되는 민법 1008조는 "공동상속인 중에 피상속인으로부터 재산의 증여 또는 유증을 받은 자가 있는 경우에 그 수증재산이 자기의 상속분에 달하지 못한 때에는 그 부족한 부분의 한도에서 상속분이 있다."라고 규정하고 있다. 이는 공동상속인 중 피상속인으로부터 재산의 증여 또는 유

증을 받은 특별수익자가 있는 경우에 공동상속인들 사이의 공평을 기하기 위하여 그 수증재산을 상속분의 선급으로 다루어 구체적인 상속분을 산정함에 있어 이를 참작하도록 하려는 데 취지가 있다.

이러한 유류분제도의 입법 취지와 민법 1008조의 내용 등에 비추어 보면, 공동상속인 중 특별수익을 받은 유류분권리자의 유류분 부족액을 산정할 때에는 유류분액에서 특별수익액과 순상속분액을 공제하여야 하고, 이때 공제할 순상속분액은 당해 유류분권리자의 특별수익을 고려한 구체적인 상속분에 기초하여 산정하여야 한다.

해 설

1. 초과특별수익자가 있는 경우 구체적 상속분의 산정

이 사건에서 Y는 자신의 특별수익이 본래의 상속분을 초과한 초과특별수익자이다. 이러한 경우 초과특별수익자가 초과특별수익을 다른 공동상속인에게 반환하여야 한다는 견해가 전혀 없는 것은 아니지만, 통설이나 판례(대결 2016.5.4, 2014스122)는 초과특별수익자가 다른 공동상속인의 유류분을 침해하지 않는 한 초과특별수익을 반환할 필요는 없다고 보고 있다.

이러한 경우에 구체적 상속분을 어떻게 산정하는가? 이에 관하여는 초과특별수익자가 처음부터 상속인이 아니던 것으로 의제하여 다른 공동상속인들이 그 초과수익을 그 법정상속분율에 따라 분담하는 법정상속분 기준설(초과특별수익자부존재 의제설)과 구체적 상속분율에 따라 분담하는 구체적 상속분 기준설이 대립되어 왔다. 그러나 법정상속분 기준설이 타당하다. 구체적 상속분 기준설에 의하면, 초과특별수익자가 없는 경우에는 초과특별수익자 아닌 다른 특별수익자가 얻는 최종적 이익, 즉 「구체적 상속분에 특별수익을 합산한 액」과, 특별수익자 아닌 다른 공동상속인이 얻는 최종적 이익(즉 구체적 상속분)의 비율이 그들 사이의 법정상속분의 비율과 같게 되는 반면, 초과특별수익자가 있는 경우에는 초과특별수익자 아닌 다른 특별수익자가 얻는 이익의 다른 공동상속인이 얻는 이익에 대한 비율이 법정상속분보다 높게 된다. 그러나 초과특별수익자 부존재 의제설에 의할 때에는, 초과특별수익자가 있거나 없거나 관계없이 초과특별수익자 아닌 특별수익자와 다른 공동상속인의 본래의 상속분의 비율이 항상 법정상속분의 비율과 같게 된다. 최근 판례(대결 2022.6.30, 2017스98, 99, 100, 101)도 법정상속분 기준설에 의하여야 한다고 판시하였다.

그러므로 이 사건에서 초과특별수익자인 Y가 상속개시 때부터 상속인이 아니던 것으로 의제하고 나머지 공동상속인 X1, X2, X3의 구체적인 상속분을 산정하면 다음과 같다.

상정상속재산: 1,398,666,624원(= 156,546,274원 + 441,207,832원 + 150,912,518원).

각자의 본래의 상속분: 466,222,208원(=1,398,666,624원 * 1/3).

X_1의 구체적 상속분: 309,675,934원(= 466,222,208원 - 156,546,274원).

X_2의 구체적의 상속분: 25,014,376원(= 466,222,208원 - 441,207,832원).

X_3의 구체적의 상속분: 315,309,690원(= 466,222,208원 - 150,912,518원)이 된다.

2. 유류분 부족액의 산정에서 공제할 순상속분

유류분 부족액의 산정은 다음과 같은 공식에 의하여 나타낼 수 있다. 유류분 부족액 = A (유류분 산정의 기초가 되는 재산액) × B(그 상속인의 유류분 비율) - C(그 상속인의 특별수익액) - D (그 상속인의 순상속액).

여기서 A는 3,008,666,624원이다. 적극재산액 650,000,000원과 특별수익(156,546,274원 + 441,207,832원 + 150,912,518원 + 1,850,000,000원)을 합한 3,248,666,624원에서 상속채무액 240,000,000원을 공제한 액수.

그리고 B는 각 376,083,328원(3,008,666,624원 × 1/8)이다.

그런데 D를 산정할 때 법정상속분에 의하여야 하는가, 아니면 특별수익을 고려한 구체적 상속분에 기초해야 하는가 하는 점인데, 종래의 다수설은 구체적 상속분 기준설에 따라야 한다고 보고 있다.

3. 검 토

구체적 상속분 기준설에 따라야 한다. 우선 유류분제도의 목적이라는 측면에서 본다면, 유류분반환청구권을 인정하는 것은 상속인의 상속분이 유류분에 미치지 못하게 되는 경우 이를 보충하기 위한 것이므로, 상속인이 실제 상속을 통하여 구체적으로 얼마나 이익을 얻는가가 중요하고, 따라서 유류분액에서 공제되어야 할 순상속액은 상속재산 분할을 통하여 얻을 수 있는 이익인 구체적 상속분을 반영하는 것이 당연하다. 그리고 성문법상의 근거를 들자면 민법 1118조가 유류분에 관하여 특별수익에 관한 1008조를 준용하고 있다는 점을 들 수 있다. 그러므로 유류분 권리자의 순상속액 산정에 있어서도 특별수익을 고려하지 않을 수 없다. 2018년 개정된 일본 민법 1046조는 유류분침해액의 산정방법에 관하여 규정하면서, 공제할 순상속분액에 대하여는 구체적 상속분을 기준으로 하여야 함을 명백히 하였다.

그런데 X들의 구체적 상속분은 X_1: 309,675,934원, X_2: 25,014,376원, X_3: 315,309,690원이 되며, 이들의 특별수익인 생전증여를 합산하면 각자의 유류분액 376,083,328원을 초과하므로, X들은 유류분반환 청구를 할 수 없다.

참고문헌

권재문, 유류분 침해액 산정과 구체적 상속분, 비교사법 29권 2호, 2022.

김명숙, 2021년 가족법 중요판례평석, 인권과 정의 504호, 2022.

김명숙, 2022년 가족법 중요판례평석, 인권과 정의 512호, 2023.

윤진수, 초과특별수익이 있는 경우 구체적 상속분의 산정방법, 민법논고 5권, 2011.
윤진수, 유류분 침해액의 산정방법, 민법논고 7권, 2015.
윤진수, 2021년 가족법 핵심판결, 법조신문 제850호(2022.5.9.), 제851호(2022.5.30.).
이봉민, 유류분의 산정방법에 관한 최근 대법원 판례의 분석, 사법 61호, 2022.

[판례 168]

유류분권리자에게 손해를 가할 것을 알고 한 증여, 한정승인과 유류분, 생명보험과 유류분

대법원 2022.8.11. 선고 2020다247428 판결

사 실

A는 2017.1.8. 자살하였는데, X는 A와 1997년 혼인신고를 마친 배우자로서 A의 유일한 상속인이고, Y는 2011.10.경부터 A 사망 시까지 그와 동거하던 사람이다. A는 2012년 X를 상대로 이혼청구의 소를 제기하였으나, 2013.8.9. 유책배우자라는 이유 등으로 이혼청구를 기각하는 제1심판결이 선고되었고, 이에 대한 항소와 상고도 모두 기각되었다. A는 2013.8.9. A를 피보험자로 하여 사망보험금이 지급되는 4건의 생명보험계약 보험수익자를 Y로 변경하였고, 다시 2015.2.경에도 1건의 생명보험계약 보험수익자를 Y로 변경하였다. Y는 A 사망 후 그 생명보험금을 지급받았다. A의 사망 당시 적극적 상속재산은 약 2억 3,000만 원이고, 소극적 상속재산(상속채무)은 약 5억 7,500만 원이다. 한편 X는 A 사망 후 3개월 내에 상속한정승인 신고를 하였고, 신고가 수리되었다.

X는 Y를 상대로 유류분 반환을 청구하였다.

원심은 2013.8.9. 이후의 A의 Y에 대한 증여(생명보험금 포함)는 A가 유류분권리자인 X에게 손해를 가할 것임을 알면서 그 소유의 재산을 Y에게 증여하였고 이러한 사정을 피고도 알고 있었다고 하여, 이를 상속개시 1년 전에 증여한 것일지라도 유류분 산정의 기초재산에 가산하였고, 생명보험금에 대하여는 A가 납입한 보험료를 증여한 것으로 보았으며, 한정승인을 한 상속인이 유류분반환청구권의 행사로 반환받은 재산도 상속재산에 해당하여 상속채권자가 이에 대하여 강제집행할 수 있다는 이유 등을 들어, 원고의 유류분 부족액을 산정하면서 원고가 상속채무 초과 상태에서 한정승인을 하였음에도 유류분액에서 공제되는 순상속분액을 음수로 처리하여 이를 유류분액에 가산하였다.

그러나 대법원은 원심판결을 파기하였다.

이 유

가. 공동상속인이 아닌 제3자에 대한 증여는 원칙적으로 상속개시 전의 1년간에 행한 것에 한하여 유류분반환청구를 할 수 있고, 다만 당사자 쌍방이 증여 당시에 유류분권리자에 손해를 가할 것을 알고 증여를 한 때에는 상속개시 1년 전에 한 것에 대하여도 유류분반환청구가 허용된다. 제3자에 대한 증여가 유류분권리자에게 손해를 가할 것을 알고 행해진 것이라고 보기 위해서는, 당사자 쌍방이 증여 당시 증여재산의 가액이 증여하고 남은 재산의 가액을 초과한다는 점을 알았던 사정뿐만 아니라, 장래 상속개시일에 이르기까지 피상속인의 재산이 증가하지 않으리라는 점까지 예견하고 증여를 행한 사정이 인정되어야 하고, 이러한 당사자 쌍방의 가해의 인식은 증여 당시를 기준으로 판단하여야 하는데, 그 증명책임은 유류분반환청구권을 행사하는 상속인에게 있다.

나. 피상속인이 자신을 피보험자로 하되 공동상속인이 아닌 제3자를 보험수익자로 지정한 생명보험계약을 체결하거나 중간에 제3자로 보험수익자를 변경하고 보험회사에 보험료를 납입하다 사망하여 그 제3자가 생명보험금을 수령하는 경우, 피상속인은 보험수익자인 제3자에게 유류분 산정의 기초재산에 포함되는 증여를 하였다고 봄이 타당하다. 또한 공동상속인이 아닌 제3자에 대한 증여이므로 민법 1114조에 따라 보험수익자를 그 제3자로 지정 또는 변경한 것이 상속개시 전 1년간에 이루어졌거나 당사자 쌍방이 그 당시 유류분권리자에 손해를 가할 것을 알고 이루어졌어야 유류분 산정의 기초재산에 포함되는 증여가 있었다고 볼 수 있다.

이때 유류분 산정의 기초재산에 포함되는 증여 가액은 피상속인이 보험수익자 지정 또는 변경과 보험료 납입을 통해 의도한 목적, 제3자가 보험수익자로서 얻은 실질적 이익 등을 고려할 때, 특별한 사정이 없으면 이미 납입된 보험료 총액 중 피상속인이 납입한 보험료가 차지하는 비율을 산정하여 이를 보험금액에 곱하여 산출한 금액으로 할 수 있다.

다. 유류분 부족액 산정에 있어 순상속분액의 처리 방법 유류분권리자가 반환을 청구할 수 있는 '유류분 부족액'은 '유류분액'에서 유류분권리자가 받은 특별수익액과 순상속분액을 공제하는 방법으로 산정하는데, 유류분액에서 공제할 순상속분액은 특별수익을 고려한 구체적인 상속분에서 유류분권리자가 부담하는 상속채무를 공제하여 산정한다. 이처럼 유류분액에서 순상속분액을 공제하는 것은 유류분권리자가 상속개시에 따라 받은 이익을 공제하지 않으면 유류분권리자가 이중의 이득을 얻기 때문이다.

유류분권리자의 구체적인 상속분보다 유류분권리자가 부담하는 상속채무가 더 많다면, 즉 순상속분액이 음수인 경우에는 그 초과분을 유류분액에 가산하여 유류분 부족액을 산정하여야 한다. 이러한 경우에는 그 초과분을 유류분액에 가산해야 단순승인 상황에서 상속채무를 부담해야 하는 유류분권리자의 유류분액 만큼 확보해줄 수 있기 때문이다.

그러나 위와 같이 유류분권리자의 구체적인 상속분보다 유류분권리자가 부담하는 상속채무가 더 많은 경우라도 유류분권리자가 한정승인을 했다면, 그 초과분을 유류분액에 가산해서는 안 되고 순상속분액을 0으로 보아 유류분 부족액을 산정해야 한다. 유류분권리자인 상속인이 한정승인을 하였으면 상속채무에 대한 한정승인자의 책임은 상속재산으로 한정되는데, 상속채무 초과분이 있다고 해서 그 초과분을 유류분액에 가산하게 되면 법정상속을 통해 어떠한 손해도 입지 않은 유류분권리자가 유류분액을 넘는 재산을 반환받게 되는 결과가 되기 때문이다. 상속채권자로서는 피상속인의 유증 또는 증여로 피상속인이 채무초과상태가 되거나 그러한 상태가 더 나빠지게 되었다면 수증자를 상대로 채권자취소권을 행사할 수 있다.

라. 그리하여 대법원은, 이 사건에서, 증여 당사자 쌍방의 가해의 인식, 특히 A가 장래 상속 개시일에 이르기까지 자신의 재산이 증가하지 않으리라는 점까지 예견하고 Y에게 증여를 하였다고 단정하기 어렵고, A가 납입한 보험료를 유류분 산정의 기초재산에 포함되는 증여 가액으로 보려면, A가 Y를 보험수익자로 지정하거나 변경한 것이 상속개시 전 1년간에 이루어졌거나 그 당시에 당사자 쌍방이 유류분권리자에 손해를 가할 것을 알고 이루어진 경우에만 증여가액으로 가산할 수 있으며, 유류분액에서 공제되는 순상속분액을 음수로 보아 유류분액에 상속채무 초과분을 가산한 원심 판결은 잘못이라고 하여 원심판결 중 Y 패소 부분을 파기환송하였다.

해 설

1. 유류분권리자에게 손해를 가할 것임을 알고 한 증여

유류분 산정에서 산입될 증여는 원칙적으로 상속개시전의 1년간에 행한 것에 한정된다. 그러나 당사자 쌍방이 유류분권리자에 손해를 가할 것을 알고 증여를 한 때에는 1년 전에 이루어진 것이라도 산입된다.

종래의 판례는 제3자에 대한 증여가 유류분권리자에게 손해를 가할 것을 알고 행해진 것이라고 보기 위해서는, 당사자 쌍방이 증여 당시 증여재산의 가액이 증여하고 남은 재산의 가액을 초과한다는 점을 알았던 사정뿐만 아니라, 장래 상속개시일에 이르기까지 피상속인의 재산이 증가하지 않으리라는 점까지 예견하고 증여를 행한 사정이 인정되어야 하고, 이러한 당사자 쌍방의 가해의 인식은 증여 당시를 기준으로 판단하여야 한다고 하였고(대판 2012.5.24, 2010다50809), 대상판결도 같은 취지이며, 여기에 그 증명책임은 유류분반환청구권을 행사하는 상속인에게 있다는 것을 덧붙였다.

손해를 가한다는 객관적 인식이 있으면 족하고 유류분권리자를 해할 목적이나 의사가 필요한 것은 아니다. 특히 판례가 강조하는 점은 장래 상속개시일에 이르기까지 피상속인의 재산이 증가하지 않으리라는 점까지 예견하였어야 한다는 것이다. 증여당시 증여자가 고령이고 증여 이후 증여자의 재산이 증가할 가능성이 희박하다면, 증여자와 수증자 모두에게 손해를 가한다는 인식이 있었다고 볼 여지가 크지만, 증여시점 이후 오랜 시간이 경과해서야 피상속인이 사망하였다면, 당사자 쌍방에게 손해를 가한다는 인식이 인정되기는 쉽지 않을 것이다. 이를 판단하기 위하여는 특히 증여자의 연령이나 건강상태 등이 중요한 고려사항이 될 것이다.

2. 유류분권리자가 한정승인을 한 경우 상속채무의 공제

대상판결은 유류분액에서 공제할 순상속분액은 특별수익을 고려한 구체적인 상속분에서 유류분권리자가 부담하는 상속채무를 공제하여 산정한다고 하였다. 이는 이미 대판 2022.1.27, 2017다265884가 선언한 바이다. 유류분액을 산정함에 있어서 상속채무를 공제한다면, 유류분 침해액을 산정하기 위하여 유류분액에서 순상속액을 산정할 때에도 유류분권리자의 상속채무부담액을 공제하는 것이 균형에 맞고, 이외에 상속채무 부담액이 유류분액보다도 많은 경우를 상정하여 본다면 유류분을 확보하여도 상속채무 부담액에도 미치지 못하게 되어 버리게 되기 때문이다.

만일 유류분권리자의 구체적인 상속분보다 유류분권리자가 부담하는 상속채무가 더 많다면 그 초과분을 유류분액에 가산하여 유류분 부족액을 산정하여야 한다. 이 점도 위 대판 2022.1.27, 2017다265884가 이미 인정하였다.

상속 당시 상속재산보다 상속채무가 더 크면 유류분권리자는 상속으로 인해 오히려 손해를 입게 된다. 그렇다고 유류분권리자가 상속을 포기하면 유류분반환을 청구할 수 없으므로, 유류분권리자는 상속을 승인해야 할 이익이 있다. 이러한 상황에서 유류분권리자가 유류분액만큼만 유류분반환을 받으면, 그가 부담하는 상속채무 분담액만큼 상속이익이 줄어들고, 결과적으로 유류분권리자에게 유류분액만큼의 이익이 보장되지 않는다. 따라서 유류분액에다 상속채무 분담액을 더하여 유류분반환을 받아야 한다.

그런데 이 사건에서는 상속재산보다 상속채무가 더 커서 X가 한정승인을 하였다. 원심은 이 경우에도 마찬가지라고 하면서, 그 이유를 한정승인을 한 상속인이 유류분반환청구권의 행사로 반환받은 재산도 상속재산에 해당하므로 상속채권자가 이에 대하여 강제집행 할 수 있다는 점에서 찾았다.

그러나 대법원은 이러한 경우 순상속분액을 0으로 보아 유류분 부족액을 산정해야 한다고 보았다. 유류분권리자인 상속인이 한정승인을 하였으면 상속채무에 대한 한정승인자의 책임은 상속재산으로 한정되는데, 상속채무 초과분이 있다고 해서 그 초과분을 유류분액에 가산하게 되면 법정상속을 통해 어떠한 손해도 입지 않은 유류분권리자가 유류분액을 넘는 재산을 반환받게 되는 결과가 되기 때문이라는 것이다.

이 문제는 기본적으로 유류분반환청구권의 행사로 반환받은 재산이 상속재산에 해당하여,

상속채권자가 이에 대하여도 강제집행을 할 수 있는가 하는 점에 달려 있다. 유류분반환청구권의 성질에 관하여는 청구권설과 형성권설의 대립이 있다(아래 [**판례** 169] 참조). 청구권설에 따른다면 유류분반환청구권을 행사하더라도 유류분을 침해하는 피상속인의 증여나 유증의 효력에는 영향이 없으므로 반환받은 재산이 상속재산이 되지는 않는다. 반면 형성권설에 따른다면 반환받은 재산이 상속재산이 된다고 볼 수도 있다. 그러나 형성권설 가운데에서도 반환받은 재산이 상속재산이 아니라고 보는 견해도 있다. 일본 최고재판소 1996.1.26. 판결(民集 50-1, 132)은, 유언자의 재산 전부에 관한 포괄적 유증에 대하여 유류분권리자가 감쇄청구권을 행사하는 경우에 유류분권리자에게 귀속하는 권리는 유산분할의 대상으로 되는 상속재산으로서의 성질을 가지지 않는다고 하였다.

대상판결은 반환받은 재산이 상속재산이 되지 않는다고 본 것으로 이해된다. 대판 2023. 5.18, 2019다222867([**판례** 166])은, 수증자가 피상속인으로부터 증여받은 재산을 상속재산으로 되돌리는 데 유류분 제도의 목적이 있는 것은 아니라고 하였다.

3. 생명보험의 보험수익자에 대한 유류분반환청구의 가부

피상속인이 생전에 다른 사람을 보험수익자로 하는 생명보험계약을 체결하고 보험료를 지급하다가 사망하여 보험수익자가 보험금을 지급받은 경우에, 유류분권리자가 보험수익자에 대하여 유류분반환청구를 할 수 있는가?

일반적으로 이러한 경우에 보험수익자가 지급받는 생명보험금은 상속재산이 아니라고 본다. 판례도 같은 취지이다(대판 2001.12.28, 2000다31502; 2004.7.9, 2003다29463; 2023.6. 29, 2019다300934 등). 그러나 이를 특별수익으로 취급할 것인가, 또는 유류분 반환의 대상이 되는 증여로 볼 것인가에 대하여는 견해가 갈린다.

1설은 보험수익자가 수령한 생명보험금은 보험계약에 따른 보험수익자의 고유재산에 해당하고, 피상속인의 생명보험 계약 체결을 보험수익자에 대한 증여로 볼 수 없으므로 유류분 반환의 대상이 되지 않는다고 한다. 일본 최고재판소는 보험계약자 겸 피보험자가 제3자를 수익자로 변경하는 행위는 원칙적으로 유류분반환대상인 증여나 유증에 해당하지 않고, 공동상속인들 사이의 불공평이 특별수익 조정관련 규정의 취지에 비추어 도저히 시인할 수 없을 정도로 심한 경우, 예외적으로 보험금을 특별수익에 준하여 취급할 수 있다고 본다{최고재판소 2002.11.5. 판결(民集 56-8, 2069); 2004.10.29. 판결(民集 58-7, 1979)}.

그러나 통설은 유류분 산정의 기초재산에 포함되는 증여를 폭넓게 파악하여, 유류분 산정의 기초재산에 포함되는 '증여'는 실질적인 관점에서 피상속인의 재산 감소를 가져오는 무상처분을 의미한다는 전제에서 이러한 생명보험계약의 체결도 증여에 포함되므로 유류분 산정의 기초재산에 포함된다고 본다. 대상판결도 그와 같이 보았다.

4. 생명보험이 유류분 산정의 기초재산에 포함되는 액수

생명보험이 유류분산정의 기초재산에 포함된다고 할 때 그 액수 내지 범위를 어떻게 파악할 것인가에 대하여는 종래부터 견해의 대립이 있었다.

1설은 보험계약자인 피상속인이 지급한 보험료 총액을 증여재산으로 가산해야 한다고 본다. 2설은 보험수익자가 지급받은 보험금 액수가 가산되어야 한다고 본다. 구체적으로는 전체 보험료 중 피상속인이 사망 시까지 납입한 보험료가 차지하는 비율을 산정하여 이를 보험금액에 곱한 금액을 증여재산으로 가산해야 한다는 견해이다. 3설은 보험계약자가 보험계약을 사망하기 직전에 해지하였다면 반환받을 수 있었던 해약환급금을 증여재산으로 가산해야 한다는 견해이다.

대상판결의 원심은 보험료설을 채택하였으나, 대상판결은 이미 납입된 보험료 총액 중 피상속인이 납입한 보험료가 차지하는 비율을 산정하여 이를 보험금액에 곱하여 산출한 금액으로 할 수 있다고 하였다.

이 문제에 관하여는 여러 나라의 입법이나 판례상 위 각 견해가 모두 관찰된다. 가령 독일에서는 종전 판례가 보험료 기준설을 따르다가, 연방대법원 2010.4.28. 판결(BGHZ 185, 252)이 판례를 변경하여 해약환급금 기준설을 채택하였다.

생각건대 각 설이 다 일리가 있으나, 판례와 같은 보험금 기준설을 택하는 것이 무난하다. 보험금 기준설에 대하여는 피상속인이 가지지 않았던 것을 수익자에게 공짜로 줄 수 없다는 비판이 있다. 그러나 통계적으로 볼 때 생명보험의 보험료 합계는 생명보험금의 합계보다 많을 것이다.

5. 상속개시 전에 증여된 것인지 여부

대상판결은 생명보험계약의 보험수익자를 그 제3자로 지정 또는 변경한 것이 상속개시 전 1년간에 이루어졌거나 당사자 쌍방이 그 당시 유류분권리자에 손해를 가할 것을 알고 이루어졌어야 유류분 산정의 기초재산에 포함되는 증여가 있었다고 볼 수 있다고 하였다. 그러므로 보험수익자의 지정 또는 변경이 상속개시 전 1년 전에 있었다면 유류분 산정의 기초재산에 포함되는 증여에 해당하지 않게 될 것이다. 그러나 이 점은 찬성하기 어렵다.

이 문제는 일반적인 증여의 경우에 어느 시점을 기준으로 상속개시 전 1년간인지 여부를 판단하여야 할 것인가 하는 것과 관련하여 살펴보아야 한다. 국내의 다수설은 증여계약 체결시를 기준으로 하며, 따라서 증여계약이 상속개시보다 1년 전에 이루어졌으면, 그 이행이 1년 내에 이루어졌더라도 상속재산에 가산되지 않는다고 본다. 그러나 증여가 행하여졌다는 것은 그 이행이 완료된 때를 의미하는 것으로 해석하여야 한다(유류분제도 시행 전에 체결된 증여에 관한 대판 2012.12.13, 2010다78722 참조). 그런데 보험금은 상속개시시에 취득하는 것이므로 생명보험계약이 상속개시 전 1년 간에 체결되었는지 여부와 관계없이 보험금 상당액이 증여재산에 준하여 가산되어야 한다고 보아야 할 것이다.

만일 가산되는 증여의 액수를 보험료를 기준으로 하여야 한다고 본다면 보험수익자의 지정 또는 변경 시점을 기준으로 한다고 볼 여지도 있을 것이다. 그러나 보험금을 기준으로 한다고 본다면 생명보험계약이 언제 체결되었는지는 중요하지 않다.

참고문헌

김판기·홍진희, 상속인 아닌 보험수익자가 생명보험금을 수령한 경우 상속인의 유류분 산정의 기초재산 결정에 관한 민법 및 보험법의 조화로운 해석, 법과 정책연구 23집 1호, 2023.

김형석, 사후(死後) 이행을 위한 제3자를 위한 계약, 사법 62호, 2022.

윤진수, 유류분 침해액의 산정방법, 민법논고 7권, 박영사, 2015.

윤진수, 전년도 핵심판결 해설 - 가족법②, 법조신문 873호, 2023.

윤진수, 한정승인을 한 상속인이 유류분반환청구권을 행사하는 경우 상속채무의 처리, 법률신문 5155호(2024.2.19.).

이봉민, 유류분의 산정방법에 관한 최근 대법원 판례의 분석, 사법 61호, 2022.

정구태, 2022년 상속법 관련 주요 판례 회고, 사법 64호, 2023.

최준규, 상속법의 관점에서 본 생명보험, 보험연구원, 2018.

[판례 169]

유류분반환청구권의 성질과 양수인에 대한 유류분반환청구

대법원 2015.11.12. 선고 2010다104768 판결

사 실

A(남자)는 B와 혼인하였다가 B가 사망하자 1942년경 C와 혼인하였고, 1983.11.4. C와 협의이혼한 후 1983.11.9. Y_1과 혼인하였다. A는 2007.7.30. 사망하였는데, 상속인으로는 배우자인 Y_1과, 자녀들로서 B와의 사이에 태어난 X_1, X_2와 D, C와의 사이에 태어난 X_3, 다른 여자인 E와의 사이에 태어난 F, G(각 제1심 공동원고), Y_1과의 사이에 태어난 Y_2, Y_3이 있었다.

Y들은 A로부터 여러 부동산을 증여받았는데, 그 중 일부는 A가 Y_1에게 증여하였고, Y_1은 1999.12.13. 이를 다시 Y_2, Y_3에게 증여하였으며, 2000.7.19. 공유물분할을 원인으로 Y_2, Y_3 각자의 명의로 등기가 마쳐졌다가, 2006.5.30. 제3자에게 소유권이 이전되었다. 그리고 또 다른 일부는 A가 Y들에게 증여하였는데, Y_2는 1990.2.16. 또는 2003.11.8. 그 중에서 자신이 증여받은 부동산 일부를 다시 Y_3에게 증여하였다. 그리하여 X들과 제1심 원고들이 Y들을 상대로 하여 유류분의 반환을 구하는 이 사건 소송을 제기하였다.

이 사건의 쟁점 중 하나는, Y들이 A로부터 증여받은 재산을 다시 다른 Y에게 증여한 경우에, X들이 다시 증여받은 자들에 대하여도 유류분 반환을 청구할 수 있는가 하는 점이었다. 원심은 이를 긍정하였고, 대법원도 상고를 기각하였다.

이 유

유류분반환청구권의 행사에 의하여 반환하여야 할 유증 또는 증여의 목적이 된 재산이 타인에게 양도된 경우, 그 양수인이 양도 당시 유류분권리자를 해함을 안 때에는 양수인에 대하여도 그 재산의 반환을 청구할 수 있다(대법원 2002.4.26. 선고 2000다8878 판결 참조).

원심은 Y_2, Y_3은 위 각 부동산을 증여받거나 공유물분할을 할 당시 유류분권리자인 X들을 해함을 알고 있었다고 봄이 상당하므로, 악의의 양수인으로서 X들에게 위 각 부동산에 관하여 원고들의 유류분을 침해하는 한도에서 이를 반환할 의무가 있다고 판단하였다.

원심의 위와 같은 판단은 앞에서 본 법리에 따른 것으로, 거기에 상고이유에서 주장하는 바와 같은 위법 등이 없다.

Y_2, Y_3은, 유류분반환청구권은 유류분반환 목적물에 대한 채권적 청구권에 불과하여 유류분권리자가 악의의 양수인에 대하여도 반환청구를 할 수 없다고 보아야 하므로, 이와 다른 견해를 취한 대법원판례는 변경하여야 한다고 주장하나, 대법원판례를 변경할 필요성이 있는 것으로 보이지 아니하므로, 위 상고이유의 주장은 받아들일 수 없다.

해 설

1. 유류분반환청구권의 성질에 관한 형성권설과 청구권설

유류분 반환의 목적물이 제3자에게 양도된 경우, 유류분권리자가 제3자에 대하여 유류분반환을 청구할 수 있는가 하는 점은 유류분반환청구권의 성질을 어떻게 볼 것인가와 관련이 있다. 이 문제에 관하여는 형성권설과 청구권설의 대립이 있다.

형성권설에 따르면, 유류분을 침해하는 유증 또는 증여는 유류분권리자의 반환청구에 의하여 효력을 상실하고, 반환의 목적물 위의 권리는 당연히 유류분권리자에게 이전한다고 한다. 이 설은 그 근거로서, 우리 민법상의 유류분제도가 유류분을 상속분의 일부로 보고 있고, 현물반환을 전제로 하고 있음에 비추어 볼 때 연혁적으로는 게르만 형의 유류분제도에 가깝고, 형성권설에 의하여 물권적 보호를 하는 것이 유류분권리자의 보호에 더 충실하다는 점을 들고 있다. 청구권설에 의하면 유증이나 증여가 아직 이행되지 않았을 때 유류분권리자가 이행을 거절할 수 있는 근거가 명확하지 않다는 점도 근거로 들기도 한다.

다른 한편 청구권설 가운데에도 원물반환을 원칙으로 보는가, 아니면 가액을 반환하여야 하는가에 관하여 견해가 갈린다. 원물반환설은, 우리 법은 감쇄라는 제도를 인정하지 않고 있고, 일본 민법 1040조와 같이 감쇄청구의 목적물이 제3자에게 양도된 경우에 악의의 제3자에 대하여서만 감쇄를 청구할 수 있다는 규정을 두고 있지 않으므로, 물권적 형성권을 인정하면 거래의 안전을 해한다고 한다. 그리고 그 반환의 대상은 원물이라고 보고 있다. 반면 가액반환설은, 형성권적 구성은 유언의 자유를 원칙으로 하는 우리 민법의 상속체계와 모순되고, 상속분적 구성은 법정상속인에게 유산을 남기지 않겠다는 피상속인의 의사에 어긋나기 때문에 청구권설이 타당하고, 우리 민법처럼 현물반환적 구성을 취할 명백한 규정이 없는 법제 하에서는 가액반환주의가 타당하다고 한다.

2. 제3자에 대한 유류분반환청구의 가부

형성권설과 청구권설의 차이는 주로 반환청구의 목적물에 대하여 제3자가 이해관계를 가지게 되었을 때 나타난다. 즉 유증 또는 증여의 목적물에 대하여 제3자가 강제집행을 한 경우에, 형성권설에 의하면 유류분권리자는 목적물이 자신의 소유임을 주장하여 제3자 이의의 소(민사집행법 48조)를 제기할 수 있고, 또 수유자 또는 수증자가 파산한 경우에 유류분권리자에게는 소유자로서 환취권(「채무자 회생 및 파산에 관한 법률」 407조)을 행사할 수 있으나, 유류분반환청구권을 청구권으로 본다면 이러한 권리는 인정되지 않는다. 그리고 반환의 목적물이 수유자나 수증자로부터 제3자에게로 양도되었거나, 수유자나 수증자가 제3자를 위해 용익물권 또는 담보물권을 설정하였을 때에는, 형성권설을 관철한다면 유류분권리자는 위와 같은 제3자에 대하여도 권리를 주장할 수 있다고 하여야 할 것이다.

그러나 형성권설을 주장하는 학설은, 거래의 안전을 위하여 제3자가 선의인 경우에는 그 제3자에 대하여 목적물의 반환을 청구할 수 없고, 유류분을 침해한 수유자 또는 수증자에 대하여 그 가액의 반환을 청구할 수 있을 뿐이라고 한다. 그 근거에 대하여는 1014조를 유추하여야 한다거나, 선의의 제3자 보호에 관한 민법의 여러 규정을 전체유추(Gesamtanalogie)하는 방법에 의하여 선의의 전득자를 보호할 수 있다는 주장이 있다.

반면 청구권설에 의하면 원래의 수증자 또는 수유자 외의 제3자는 원칙적으로 반환의무를 부담하지 않는다고 보게 된다. 다만 제3자가 악의인 경우에는 그에 대해서도 반환을 청구할 수 있다는 견해, 수증자가 무자력이고 제3자가 악의인 경우에는 747조 2항을 유추하여 제3자에 대해서도 유류분반환청구권을 행사할 수 있다는 견해, 악의의 제3자가 유류분권리자를 해함을 알면서 수증자 등의 재산처분에 적극적으로 가담한 경우에는 이중매매에서와 마찬가지로 수증자 등의 유류분 침해행위는 103조 위반으로 무효라는 견해 등이 있다.

3. 판 례

판례(대판 1995.6.30, 93다11715 등)는 유류분반환청구권의 행사는 재판상 또는 재판 외에서 상대방에 대한 의사표시의 방법으로 할 수 있다고 하였고, 대판 2013.3.14, 2010다42624, 42631는, 유류분권리자가 반환의무자를 상대로 유류분반환청구권을 행사하는 경우 그의 유류분을 침해하는 증여 또는 유증은 소급적으로 효력을 상실한다고 하여, 유류분반환청구권을 형성권으로 보고 있음을 명백히 하였다.

그리고 유류분반환청구권의 행사에 의하여 반환하여야 할 유증 또는 증여의 목적이 된 재산이 타인에게 양도된 경우 그 양수인이 양도 당시 유류분권리자를 해함을 안 때에는 양수인에 대하여도 그 재산의 반환을 청구할 수 있다고 하였다(대판 2002.4.26, 2000다8878). 그러나 그 근거는 밝히지 않고 있다. 대상판결도 이 판례를 선례로 인용하면서, 판례를 변경할 필요성이 없다고 하였다. 대판 2016.1.28, 2013다75281도 마찬가지이다.

4. 검 토

민법의 해석상으로는 유류분반환청구권을 형성권으로 볼 수 있는 아무런 근거가 없고, 이는 청구권으로 보아야 한다.

우선 1115조는 "그 재산의 반환을 청구할 수 있다"라고만 규정하고 있을 뿐이어서, 이 규정만으로는 기존의 증여 또는 유증의 효력이 상실된다고 볼 근거가 없다. 민법상 법문상으로는 "청구할 수 있다"고만 되어 있는 경우에도 형성권이라고 해석되는 경우가 있으나(283조, 285-287조, 628조, 643-647조 등), 이들 경우에는 그 청구의 내용이 지료나 차임의 증감, 지상권의 소멸, 매매계약의 성립과 같이 법률관계 자체의 형성이나 소멸에 관한 것이므로, 그 권리의 성질을 형성권이라고 볼 수밖에 없다. 그러나 유류분반환청구권의 내용은 유류분의 반환으로서, 이를 형성권으로 보아야 할 특별한 이유가 없다.

또한 민법에는 유류분반환청구의 목적물이 제3자에게 양도된 경우에 관하여도 아무런 법률 규정이 없다. 이 경우에 형성권설에 의한다면 유류분권리자가 선의의 제3자에 대하여도 유류분반환청구권을 주장할 수 있어야 하나, 이는 거래의 안전을 해친다. 이 점에 대하여 형성권설에서는 1014조를 유추한다거나, 선의의 제3자 보호에 관한 민법 규정을 전체유추하면 된다고 한다. 그러나 1014조는 유류분반환과 별다른 유사성이 없다. 또 개별유추가 아니라 전체유추를 인정하는 데에는 신중을 기하여야 할 뿐만 아니라, 선의의 제3자 보호는 우리 민법상으로는 예외적인 제도로서, 예외는 확대 적용되어서는 안 된다. 민법의 입법자가 악의의 양수인에 대하여는 반환청구를 할 수 있다는 일본 민법과 같은 규정을 두지 않은 것은 의도적인 것으로 보이므로, 그와 같은 유추를 필요로 하는 흠결이 있다고 할 수 없다.

그리고 1117조는 유류분반환청구권을 제척기간 아닌 소멸시효에 걸리도록 하였는데, 형성권은 원칙적으로 소멸시효에 걸리지 않는다. 결국 우리 민법의 해석상으로는 형성권설을 뒷받침할 만한 근거가 없다. 기본적으로 프랑스 민법과 일본 민법은 상속재산 가운데 유류분과 자유분을 구별하여, 피상속인은 자유분의 범위 내에서만 증여나 유증을 할 수 있다는 전제에 서 있으나, 우리 민법은 유류분과 자유분을 구별하지 않으므로, 피상속인은 자신의 재산을 자유롭게 증여하거나 유증할 수 있고, 따라서 그러한 증여나 유증의 효력을 상실시킬 수 있는 근거가 없다.

청구권설을 택한다면, 유류분을 침해하는 유증 또는 증여가 이행되지 않은 경우에는 청구권설로만은 설명할 수 없고 일종의 이행거절권을 인정하여야 하게 되어 이원적인 설명이 불가피하므로 이론상 일관성이 없다는 비판이 있다. 그러나 반환되어야 할 것의 이행을 청구하는 것은 신의칙에 어긋나고 권리남용에 해당하므로, 유류분반환청구권을 가지는 사람이 이행을 거절할 수 있는 것은 당연하다(토지매도인이 매매목적 토지 위에 매수인이 건축한 건물을 취득한 자에 대하여 토지소유권에 기한 물권적청구권을 행사할 수 없다고 한 대판 1988.4.25, 87다카1682 등 참조).

그리고 수유자 또는 수증자가 파산하거나 강제집행을 당한 경우에 제3자(채권자 등)와 유류분권리자 중 누구를 더 보호할 것인가 하는 점에 관하여는, 피상속인의 유증 또는 증여가 그 자체 무효는 아니고, 피상속인의 정당한 권리에 기하여 행하여진 것이라는 점에서 본다면 반드시 유류분권리자를 물권적으로 보호하여야 하는 것은 아니다. 그리고 반환되어야 할 목적물에 전득자가 생긴 경우에는 그러한 전득자에 대하여는 원칙적으로 유류분반환을 청구할 수는 없다. 다만 수증자 또는 수유자가 무자력이고, 전득자가 유류분권리자를 해하는 사실을 알면서 무상으로 목적물을 취득하였다면, 747조 2항을 유추하여 전득자에게도 유류분반환을 청구할 수 있다고 보아야 할 것이다.

또 전득자를 수증자 또는 수유자와 동일시할 수 있다는 등의 특별한 사정이 있는 경우에도 마찬가지이다. 대상판결은 수증자로부터의 양수인에 대한 유류분반환청구를 인정하였는데, 이 사건에서는 양수인들이 피상속인과 수증자인 그 배우자 사이에서 출생한 자녀로서, 수증자로부터 다시 증여를 받았고, 또 양수인이 증여를 받을 당시에 유류분권리자를 해함을 알고 있었으므로, 전득자를 수증자와 동일시하게 볼 수 있고, 따라서 대상판결의 결론은 수긍할 수 있다.

참고문헌

김능환, 유류분반환청구, 재판자료 78집, 1998.

김진우, 유류분반환청구권의 법적 성질, 홍익법학 10권 3호, 2009.

김형석, 유류분의 반환과 부당이득, 민사판례연구 29권, 2007.

박영규, 유류분반환청구권의 법적 성질과 행사기간, 외법논집 34권 2호, 2010.

변동열, 유류분 제도, 민사판례연구 25권, 2003.

우성만, 유류분반환청구권의 행사방법과 상대방 및 소멸시효, 부산판례연구회 판례연구 14집, 2003.

윤진수, 유류분반환청구권의 성질과 양수인에 대한 유류분반환청구, 전남대 법학논총 36권 2호, 2016.

정구태, 유류분반환청구권의 법적 성질에 대한 시론적 고찰, 동아법학 42호, 2008.

정소민, 유류분반환청구권에 관한 고찰, 외법논집 30집, 2008.

| 판례색인 |

지방법원

헌법재판소

| 사항색인 |

저자 약력

윤진수

서울대학교 법과대학 졸업(1977)
사법연수원 제9기 수료(1979)
서울대학교 법학박사(1993)
전) 수원지방법원 부장판사
전) 서울대학교 법과대학 조교수, 부교수, 교수, 법학전문대학원 교수(1997-2020)
전) 비교사법학회, 법경제학회, 가족법학회, 민사법학회, 민사판례연구회 회장
현) 서울대학교 명예교수, 변호사

저 서

민법논고 1-9권(2007-2023)
주해친족법 1, 2권, 2015(편집대표)
주해상속법 1, 2권, 2019(편집대표)
친족상속법강의 제5판, 2023
판례의 무게, 2020

제3판 **민법기본판례**

2016년 3월 10일 제1판 발행
2020년 9월 10일 제2판 발행
2024년 4월 10일 제3판 발행

저 자 윤 진 수
발행인 임 권 규
발행처 弘 文 社

05855 서울시 송파구 송파대로 167 테라타워 B동 802호
등록 1993. 6. 24. 제1-1543호
TEL. 712-5311(代) FAX. 716-5311
e-mail hongmoonsa@hanmail.net
홈페이지 http://www.hongmoonsa.co.kr

값 45,000원

ISBN 978-89-7770-761-0 93360